ANTON TAUTSCHER

Wirtschaftsgeschichte Österreichs auf der Grundlage abendländischer Kulturgeschichte

Wirtschaftsgeschichte Österreichs

auf der Grundlage abendländischer Kulturgeschichte

Von

Anton Tautscher

> Der Historiker hat sein Hauptaugenmerk darauf zu richten, wie die Menschen in einer Periode gedacht und gelebt haben.
>
> Leopold v. Ranke: Über die Epochen der neueren Geschichte
> 1. Vortrag vor König Maximilian II. von Bayern am 25. September 1854 zu Berchtesgaden

DUNCKER & HUMBLOT / BERLIN

Gedruckt 1974 bei Berliner Buchdruckerei Union GmbH., Berlin 61
Printed in Germany
ISBN 3 428 02946 1

Gewidmet
meiner Frau
meinen Kindern Eva Maria und Elisabeth
meinen Enkeln Veronika, Elisabeth und Thomas
meinen Schwiegersöhnen:
Franz Nunner und Rudolf Vogeltanz

Mein Dank

Wenn sich die Arbeit an einem Buch über den Zeitraum mehrerer Lustren erstreckt, häufen sich soviele Erlebnisse und Begebenheiten, daß man mit Fug und Recht sagen kann: habent sua fata libelli. Eine erkleckliche Anzahl von Mitwirkenden haben unmittelbar oder mittelbar an der Erarbeitung des Materials oder an der Bearbeitung von Quellen und Texten für das vorliegende Buch mitgearbeitet. Manch andere haben am Erscheinen des Buches mitgewirkt. Nach glücklichem Abschluß geziemt es sich wohl, allen für ihre Mitarbeit zu danken.

Herrn Ministerialrat a. D. Dr. *J. Broermann*, Inhaber des Verlages Duncker & Humblot in Berlin, danke ich vielmals für die Veröffentlichung meines Buches. Er übernahm damit schon das achte Buch von mir in seinen Verlag. Damit möchte ich auch meinen Dank an Herrn *Helmut Appelt,* den drucktechnischen Betreuer meines Buches, verbinden, der in viel Mühe dem Buch die schöne Form gab.

Da ein so umfangreiches Werk übermäßig hohe Kosten verursacht, ersuchte ich, die Präsidien zweier Institutionen um entsprechende Zuschüsse für die Druck- und Klischeekosten.

Der *„Fonds zur Förderung der Wissenschaftlichen Forschung“* in Wien gab auf Grund zweier Gutachten einen überaus beachtbaren Druckkostenzuschuß, so daß die Last des Verlegens gemindert und das Erscheinen des Buches ermöglicht werden konnte.

Der *„Jubiläumsfonds“ der Österreichischen Nationalbank zur Förderung der Forschung und „Lehraufgaben der Wissenschaft“* in Wien half mit einem nennenswerten Zuschuß für die Klischeekosten. Beiden Institutionen und ihren Präsidien möchte ich für ihre Hilfe herzlichst danken.

Danken möchte ich meinen *Assistenten:* Herrn Dr. *Arthur Karisch,* jetzt Oberregierungsrat der Steiermärkischen Landesregierung in Graz, Herrn Dr. *Josef Krainer,* jetzt Bauernbunddirektor und Mitglied der Steiermärkischen Landesregierung in Graz, Herrn Dr. *Heribert Gasser,* jetzt Personalchef der Firma Binder-Magnete in Villingen, und Herrn Dr. *Karl Kumpfmüller,* Assistent am Institut für Finanzwissenschaft und Wirtschaftsgeschichte der Universität Graz. Sie alle haben mit viel Mühe und Fleiß am Aufbringen des Materials und an der Aufbereitung der Quellen bedeutende Mitarbeit geleistet. Ihnen möchte ich meinen besonderen Dank sagen.

Den vielen in Anspruch genommenen Beamten von Museen, Bibliotheken und im besonderen der Bildstelle der Universitätsbibliothek in Graz danke ich für ihre Hilfe.

Meine Frau leistete mir durch die vielen Jahre unbeachtet von Wochen- oder Sonntagen und unbeschadet von Dienst- oder Ferienzeiten ihre wertvolle Mitarbeit bei allen Arbeiten, sei es bei der Erstellung der Quellenabschriften oder des Manuskriptes oder sei es auch bei den Korrekturen. Ich möchte ihr von ganzem Herzen meinen Dank sagen.

Der Verfasser

Vorwort

Die vorliegende Wirtschaftsgeschichte ist eine Geschichte der Wirtschaftsordnungen.

Da die Wirtschaft ein System der Mittelbereitstellung für die Ziele des Menschen und der Gesellschaft ist, formen die Ziele: die Lebenserhaltung und die Lebenshaltung, alle Vorgänge in der Wirtschaft. Die Ziele entstammen der gepflegten Lebensform des Menschen und der Gesellschaft.

Österreich hat an der europäischen Kulturentwicklung teilgenommen und diese sogar durch mehrere Jahrhunderte mitgestaltet, weshalb die Wirtschaftsgeschichte Österreichs nur auf der Grundlage der europäischen Kulturgeschichte geschrieben werden kann. Die europäische Kultur- und Wirtschaftsentwicklung wurde für die einzelnen Epochen im vorliegenden Buch auf Österreich projiziert.

Die Ausschöpfung der Quellen reicht deshalb von der „Regula monachorum" des Ordensgründers Benedikt und vom „Capitulare de villis" von Ludwig, dem Sohn Karl des Großen, über die einschlägigen Werke der patristischen und thomistischen Literatur, über die Verhaltensspiegel für Fürsten, Ritter und Gesellen und über die Lex Baiuvariorum, den Sachsen- und Schwabenspiegel bis zur Staatslehre von Machiavelli und Bodin wie auch bis zur Gesellschafts- und Wirtschaftstheorie des Liberalismus und Sozialismus und schließlich bis zur „Europäischen Konvention der Menschenrechte" und zur „Europäischen Sozial-Charta".

Die Wirtschaftsordnung wird von zwei Faktoren, der Wirtschaftsgesinnung und der Gesellschaftsordnung, gestaltet, weshalb die Geschichte der Wirtschaftsordnung eine Geschichte der Weltanschauung und Lebensweise wie auch eine Geschichte der Gesellschaftsordnung sein muß.

Der Anlaß für die Bearbeitung dieser Ordnungsgeschichte der Wirtschaft war die ehedem vielfach vertretene Auffassung: die ungebundene Wirtschaftsordnung der freien Marktwirtschaft sei die natürliche Ordnung der Wirtschaft. Die Kenntnis von der nur kurzen Dauer der freien Wirtschaftsordnung drängte aber zur Erstellung des Beweises, daß die freie Wirtschaftsordnung nur ein kurzes Zwischenspiel zwischen den von verschiedenen Kräften gebundenen Wirtschaftsordnungen war.

Der Zweck der vorliegenden Wirtschaftsgeschichte ist eine Ausweitung des Lehrgegenstandes „Wirtschaftsgeschichte" an den Universitäten und Hochschulen. Die Wirtschaftsgeschichte soll als Kulturgeschichte gelehrt werden. Nur so vermag diese Lehrveranstaltung die Grundlage dafür abzugeben: die verschiedenen Disziplinen der Wirtschaftslehre nicht bloß als eine in Formeln gefaßte Physik des Wirtschaftsmechanismus, sondern als Lehre vom kulturell geformten und gesellschaftlich organisierten Wirtschaftsleben verstehen zu lassen.

Die Darstellung geht von einem Prolegomenon der Lehre von der Wirtschaft und der Wirtschaftsgesellschaft aus und zeigt im weiteren die Gestaltungskräfte der Wirtschaftsordnung wie die Wirtschaftsgesinnung und die Gesellschaftsordnung. Ferner wird für den Fortgang der verschiedenen Wirtschaftsordnungen im Verlauf der Geschichte eine Stiltheorie entwickelt, die die einzelnen Epochen als durchgehende Einheiten zu erklären versucht. Diese Stiltheorie wird durch eine „verstehende Geschichtsschreibung" aufgeschlossen (W. Sombart).

Die Gliederung in der Darstellung der einzelnen Epochen gibt in der Einleitung neben einer historischen Skizze eine Zeittafel mit den bedeutungsvoll scheinenden Daten und eine Liste von Leitsätzen, die als Ouvertüre in die Epoche einführen sollen. Die eigentliche Darstellung enthält im ersten Teil die Erörterung der Wirtschaftsgesinnung, im zweiten die Darlegung der Gesellschaftsordnung und im dritten die Analyse der Wirtschaftsordnung. Als Zusammenfassung wird jeweils eine Skizze der Rechtsordnung gegeben, die die Gesellschafts- und Wirtschaftsordnung immer wieder widerspiegelt.

Der Anhang enthält den Quellenausweis mit den wichtigsten Textstellen für alle einzelnen Aussagen, weil es für viele schwer sein dürfte, an die Quellenstellen heranzukommen, und zwar auch dann, wenn die Quellenliteratur angeführt ist. Außerdem bestand die Absicht: durch die Einsicht in die Quellen jede Zeit und ihre Geschehnisse von einer anderen Seite aufzuschließen.

Die beigegebenen Bilder sollen die Aussagen bekräftigen und die geschilderten Vorgänge unter bildhaften Beweis stellen.

Möge diese Stilgeschichte der Wirtschaftsordnungen vielen den Zugang zum Verstehen der Geschichte und zum Verständnis der Sozial- und Wirtschaftsgeschichte geben!

Graz, im Juni 1972

Inhaltsverzeichnis

I. Grundlegung für eine Geschichte der Wirtschaftsordnung

A. Wirtschaft und Gesellschaft

1. Die Wirtschaft

Der Mensch ist ein Wesen aus Leib und Seele und braucht für die Sicherung seines leiblichen Lebens, aber auch für die Entfaltung seiner seelisch-geistigen Fähigkeiten und für die Teilnahme am Schönen, Wahren und Guten und an all dem, was das Leben angenehm und lebenswert macht, Dinge der Außenwelt.

Die Hereinnahme der Dinge erfolgt wegen der *Bedürfnisse*. Diese sind ein Komplex von empfundenem Mangel und dem Willen, diesen Mangel zu beheben. Die Bedürfnisse entspringen aus der Lebenshaltung und der Lebenserfüllung. Der *Bestand des Lebens* fordert notwendig: um die Not zu wenden, *Lebensmittel,* wie Nahrung, Kleidung, Wohnung. Die *Lebenserfüllung* mit dem Streben, am Schönen, Wahren und Guten teilzunehmen, läßt den Mangel an Dingen deutlich und den Willen, diesen Mangelzustand zu beheben, klar werden. Solche Dinge sind sowohl „Werkzeuge" als auch „Dokumente" des Kulturwillens, des Willens nach einer gepflegten Lebensweise und nach einer schön geformten Lebensentfaltung. Will der Mensch seine geistigen Anlagen entfalten, dann braucht er die Dinge der Außenwelt, die ihm das Leben als gepflegte Seinsentfaltung möglich sein lassen: die Leistungen der Kunst, der Wissenschaft, der Religion: eben die *Kulturgüter.*

Der Mensch strebt auch nach einer *angenehmen Lebensführung* und verlangt aus der Erfüllung des Angenehmen nach *Zivilisationsgütern.* Diese machen das Leben leichter, angenehmer und geben die Grundlage für eine stärkere Teilnahme an der Kultur und bieten die Möglichkeit einer intensiveren Lebenserfüllung.

Die Bedürfnisse treten in großer Fülle und breiter Mannigfalt hervor, weil sie subjektiv von Mensch zu Mensch verschieden sind. Um dieser Subjektivität, aber auch der Zufälligkeit zu entkommen, versucht man, die Bedürfnisse als *Bedarf* zu objektivieren. Demgemäß stellt man dann fest: ein Mensch braucht so viele Kalorien und daher so viele Lebensmittel, er braucht auf dieser oder jener Kulturstufe so viele Kulturgüter und er bedarf in dieser Zivilisationssituation soviel an Zivilisationsgütern. Die auf diese Weise ermittelten Güterarten und Gütermengen werden die Kalkulations- und Planungsgrundlagen für die jeweilige Wirtschaftspolitik.

Alles, was der Bedürfnisbefriedigung und der Bedarfsdeckung dient und hiefür dienlich ist, sind *Güter*. Güter sind *gegenständliche Dinge*, aber auch „nicht-gegenständliche“ und auch nicht-sachliche, nämlich *geistige Leistungen*, wie Unterrichtsstunden, künstlerische Aufführungen, Rechte und Patente für Erzeugungsverfahren usw. Die Welt der Güter ist von reicher Zahl und mannigfacher Vielfalt.

In der Wirtschaft und für die Wirtschaft erscheint der Kosmos der Güter vorzüglich in zwei Kategorien: als Konsumgüter oder Güter erster Ordnung und als Produktionsgüter oder Güter höherer Ordnung.

Konsumgüter sind alle materiellen und immateriellen Güter, die unmittelbar der Bedürfnisbefriedigung oder der Bedarfsdeckung dienen oder diesem Zweck gewidmet sind. In diesen Gütern erfüllt sich der Sinn und der Zweck aller wirtschaftlichen Güter, weshalb sie mit Recht auch *Güter erster Ordnung* genannt werden. In dieser Sinn- und Zweckerfüllung erhalten diese Güter ihre *wirtschaftliche Bedeutung* und dieser gemäß auch ihren *Gebrauchswert*. In dieser Wichtigkeit für die Bedürfnisbefriedigung stuft sich der Gebrauchswert der Güter ab.

Dieser Gütergruppe gehören sowohl die Lebensmittel als auch die Kultur- und Zivilisationsgüter an. *Über all diese Güter strömt das Menschliche und damit das Geistige und Kulturelle in die Sachenwelt der Wirtschaft ein und hebt damit auch die „Sachenwelt“ in den Bereich des Humanen, Sozialen und des Kulturellen.*

Zur Herstellung der Güter erster Ordnung bedarf es der *Rohstoffe*, aus denen die Konsumgüter gefertigt werden. Es bedarf aber auch der *„Werkzeuge“ und „Instrumente“*, durch die die Rohstoffe zu brauchbaren Konsumgütern umgeformt werden. Alle Rohstoffe und alle Werkzeuge sind *Produktionsgüter* oder *Güter höherer Ordnung*. Diese höhere Ordnung beginnt bei den unmittelbaren Rohstoffen für die Konsumgüter (z. B. Mehl für Brot), sie sind daher die Güter zweiter Ordnung. Die Arbeitsgeräte, aber auch die Werkanlagen, durch die die Fertigung der Konsumgüter aus den Rohstoffen erfolgt, sind die Güter dritter Ordnung. Von da an setzen sich die Güter höherer Ordnung weiter fort.

Diese Produktionsgüter aller Art oder auch *„produzierten Produktionsmittel“* wurden produziert und dienen wieder einer weiteren Produktion. Sie kommen nie in die Gruppe der Konsumgüter und verbleiben immer im werkzeuglichen Bereich, eben auf der Stufe der Güter höherer Ordnung. Sie haben daher auch keinen unmittelbaren Gebrauchswert, sie sind deshalb aber auch nicht wertlos, denn sie sind Güter mit einem allerdings *abgeleiteten Wert,* der sich aus ihrer „Dienststellung" bei der Herstellung von Gütern erster Ordnung ergibt. Man muß daher vom „originären" Wert der Konsumgüter allen Produktionsgütern *den für sie geltenden Wert zurechnen.*

Dadurch schließt sich der Kosmos der Güterwelt und aus der zwei Gruppen der Konsumgüter und der Produktionsgüter wird die *einheitliche Welt der wirtschaftlichen Güter.* All diesen ist gemeinsam, daß sie in der Regel *knapp* sind und daher für alle Wirtschafter nie in beliebiger Fülle vorhanden sind. Da sie meist *nur in einem knappen Ausmaß verfügbar* sind, muß mit all diesen Gütern *wirtschaftlich umgegangen* werden, man muß mit allen wirtschaftlichen Gütern *haushalten.*

Das Wirtschaften als Tätigkeit oder die Wirtschaft als menschlicher Lebensbereich und als Lebensaufgabe geht aus dem *Spannungsverhältnis* hervor: *viele Bedürfnisse und großer Bedarf und in zu geringem Maße verfügbare Güter. Diese Spannung zu überbrücken und zu überwinden ist die Aufgabe der Wirtschaft.*

Diese Wirtschaft hat für alle ihre Verrichtungen im Rahmen der Spannungsverminderung dem *Rational- oder Wirtschaftsprinzip* zu folgen und die Güter entsprechend zu gebrauchen und zu verwalten und, da diese durch den Verbrauch dem Verschleiß verfallen, *Güter herzustellen* und für alle *bereitzustellen.*

Wenn das Spannungsverhältnis zwischen den vielen Bedürfnissen und den zu wenig verfügbaren Gütern zweckmäßig überbrückt werden soll, muß so vorgegangen werden, daß *mit den verfügbaren Gütern die größtmögliche Menge der Bedürfnisse befriedigt* oder *ein bestimmtes Bedürfnis oder ein bestimmter Bedarf mit dem geringstmöglichen Aufwand an Gütern befriedigt oder gedeckt wird.* Diesen Grundsatz des rationalen Wirtschaftens nennt man das *„wirtschaftliche Prinzip".* In Wahrheit ist dieses das *allgemeine Rationalprinzip* für alle nicht nur wirtschaftlichen Handlungen, die rational vorgenommen oder mindestens so verrichtet werden sollen. In der Wirtschaft gilt dieses Rationalprinzip als Wirtschaftsprinzip, soferne und soweit rational und nicht emotional vorgegangen wird. In der Wirtschaft gibt es im Gegensatz zu früheren Annahmen der Wirtschaftstheorie gar nicht wenige Vorgänge, die aus emotionellen Gründen gesetzt werden, wie etwa der Prachtaufwand der Fürsten im Merkantilismus oder der Repräsentationsaufwand der Menschen von heute, die durch den Konsumaufwand ihr soziales Quale legitimiert wissen wollen. *Im wesentlichen aber gilt für die Wirtschaft das rationale Wirtschaftsprinzip.*

Der zweckentsprechende Verbrauch der Konsumgüter bringt diese im Verbrauch sofort oder durch den Gebrauch allmählich zur Unbrauchbarkeit oder in einen Zustand, der den weiteren Konsum ausschließt. Der sinnvolle Einsatz der Produktionsgüter führt diese nach mehr oder minder langem „Dienst“ dem Verschleiß zu. Die Konsumgüter und die Produktionsgüter gehen durch ihre Verwendung zugrunde und müssen daher immer wieder *neu hergestellt und erzeugt* werden.

Die eine Aufgabe der Wirtschaft ist daher die *Herstellung von Gütern*. Sie erfolgt sachlich durch den Einsatz des Produktionsfaktors Mensch und der *Produktionselemente Boden und Kapital*.

Der Mensch leistet eine geistige und manuelle Arbeit, die auf die Verwaltung, Herstellung und Bereitstellung der Güter gerichtet ist, unabhängig davon, ob der beabsichtigte wirtschaftliche Erfolg sich einstellt oder nicht. Die Arbeit ist durch ihre geistig dispositive, technische und organisatorische Leistung *der eigentliche Produktionsfaktor*, weil alle Wirtschaft von ihr ihren Ausgang nimmt und durch sie durchgeführt wird.

Der Mensch bedient sich des *Produktionsinstrumentes Kapital*. In diesem sind alle Werkzeuge der produzierten Produktionsgüter und alle Instrumente des Erwerbes zusammengefaßt. Die Güterherstellung wird ergiebiger, der Produktionsausstoß größer und die Produktivität als Verhältnis von Produktionsmittelaufwand und Produktionsausbringung günstiger, wenn immer mehr Kapital in der Erzeugung eingesetzt wird. Die Ergiebigkeit der Wirtschaft wird mit steigendem Kapitaleinsatz größer.

Das Produktionselement *Boden* liefert beim Einsatz von Arbeit und Kapital im Wege des *Anbaues* durch den *Ackerbau* oder im Wege des *Abbaues* durch den *Bergbau* die Rohstoffe für die Herstellung von Konsum- und Produktionsgütern. Die Bodenbearbeitung untersteht dem *Bodenertragsgesetz*, demzufolge bei zunehmendem Produktionsmittelaufwand der Ertrag bis zum Optimum progressiv und dann bis zum Maximum noch absolut zunimmt, aber nach Erreichung des Maximums trotz größeren Aufwandes abnimmt. Dadurch ist der „Ausbeutung“ des Bodens immer eine Grenze gesetzt. Das Produktionselement Boden ist immer begrenzt vorhanden und noch dazu beschränkt nutzbar.

Die Herstellung der Güter verursacht durch den Einsatz der Arbeit und der Produktionselemente Kapital und Boden *Kosten*. Diese ergeben nach Umrechnung auf die einzelnen erzeugten Güter den *Produktionskostenwert*.

Die Erzeugung ist wirtschaftlich richtig gelungen, wenn dieser Produktionskostenwert unter dem Gebrauchswert der Güter liegt, denn nur dann hat sich der Aufwand der Produktionskosten „gelohnt“.

Die Erzeugung der Güter erfolgt organisatorisch durch die *Arbeitsteilung*, denn nie hat jeder Wirtschafter seine Konsumgüter und Produktionsgüter selbst und allein hergestellt. Ausnahmen gibt es nur in den absonderlichen Fällen der Einsiedler. Alle Güter werden im Zusammenwirken vieler erzeugt. *Die Wirtschaft ist daher immer eine soziale Erscheinung und geht daher immer in gesellschaftlich organisierter Form vor sich.*

Diese gesellschaftlich organisierte Produktion läßt durch die Arbeitsteilung die Menschen in der *Berufsgliederung* immer mehr spezialisieren, wodurch der Arbeitseinsatz verbunden mit der stärkeren Verwendung von Arbeitsgeräten, ergiebiger wird. In den Produktionsstätten vermehrt sich diese Ergiebigkeit noch durch die betrieblich bedingte *Arbeitszerlegung* in der Aufteilung der Verrichtungsvorgänge in einzelne Handgriffe. Die gesellschaftliche Verdichtung der Erzeugung steigert den Produktionsertrag und die Produktivität.

In dieser arbeitsteiligen Erzeugungsweise erzeugt jeder das, was er gar nicht oder nur zum geringsten Teil selbst braucht, er muß daher aber auch das Fehlende von den anderen eintauschen. Die Arbeitsteilung und daher die gesellschaftliche Erzeugung macht die Bereitstellung der erzeugten Güter für weitere Erzeugungsphasen, aber auch für den Konsum erforderlich.

Die andere Aufgabe der wirtschaftlichen Tätigkeit ist demnach die *Bereitstellung der Güter* im Rahmen der Wirtschaftsgemeinschaft. Diese erfolgt durch den Handel und den Verkehr.

Der *Handel* zieht die Güter aus den Erzeugungsstätten und beordert sie an die Stelle der Weitererzeugung oder an die Stellen des Verbrauches. Der Handel vermittelt die Güter und stellt sie jeweils dorthin, wo sie ihren Sinn und Zweck erfüllen. Die bisher werkreifen Güter führt der Handel dem Markt zu und macht sie so *marktreif* oder er führt sie den Verbrauchern zu und macht sie konsumreif. Erst in dieser Vollendungsstufe erfüllen die Güter ihren wirtschaftlich gewidmeten Zweck. Der Handel „vollendet" die Erzeugung.

Der Handel braucht für den räumlichen Vollzug seiner Bereitstellungs- und Vermittlungstätigkeit den *Verkehr als Transport.* Dieser vollzieht die handelsmäßige Vermittlung über den Raum hinweg durch die Verfrachtung der Güter. Die Frachtleistungen geben den erzeugten Gütern die ihnen wirtschaftlich bestimmte *Ortsreife.* Dadurch erst erlangen die erzeugten Güter ihren sinnvollen Platz in der gesellschaftlichen Wirtschaft und erreichen die letzte Stufe der Produktion. Der Verkehr gehört zur Vollendungsstufe der Erzeugung.

Alle erzeugten Güter und hervorgebrachten wie auch bereitgestellten Leistungen ergeben in der Zeiteinheit eines Jahres das vom gesamten, staatlich organisierten Volk hervorgebrachte *Sozialprodukt.*

Da alle nur in gesellschaftlich organisierter Weise an der Herstellung und der Bereitstellung der Güter mitbeteiligt sind, muß das Ergebnis der Produktion auf alle Mitwirkenden wieder verteilt werden. Dies geschieht auf dem Markt.

Die gesellschaftliche Zerlegung der Erzeugung und Bereitstellung der Güter bringt immer wieder weiter detaillierte und spezialisierte Verrichtungen. Dadurch aber werden alle immer mehr voneinander abhängig. *Die detaillierte Spezialisierung verursacht die stärkere Integrierung.*

Diese Verflechtung vollzieht sich am *Markt*. Am Markt formieren sich zwei Marktparteien: die, die die Güter anbieten, sie bilden das *Angebot*, und die, die die Güter nachfragen, sie bilden die *Nachfrage*. Wo immer Angebot und Nachfrage aufeinander stoßen, ergibt sich funktionell ein Markt. Über das Angebot und die Nachfrage werden die Güter umgesetzt und erhalten die vom Markt gestaltete Eigenschaft *„Ware“*. *Die gesellschaftliche, arbeitsteilige Wirtschaft ist daher immer auch eine Marktwirtschaft.*

Im Zusammenstoß von Angebot und Nachfrage wird eine Ware gegen die andere getauscht. In diesem Tausch ergibt sich als *Wertverhältnis* der am Markt getauschten Waren der *Marktpreis*. Für die Menge einer Ware tauscht man das Äquivalent einer anderen Ware ein.

Jeder Wirtschafter hat in der arbeitsteiligen Wirtschaft eine *Personalunion* in sich: er ist *Anbieter* von Waren und *Nachfrager* nach Waren zugleich. Keiner kann sich daher nur einer Marktpartei verschreiben. Jeder muß immer in der gesellschaftlich integrierten Wirtschaft seine Interessen mit den Interessen der anderen in Übereinstimmung bringen.

Die *Erzeuger* sind an *hohen Preisen* für ihre Waren interessiert, weil sie einen möglichst hohen Markterlös erreichen wollen, durch den ihre weitere Erzeugung fortgesetzt und ihre Lebenshaltung bestritten werden kann. Die *Verbraucher* wünschen *niedere Preise*, denn nur durch diese können sie einen entsprechenden Warenfonds für ihren höheren Lebensstandard erwerben. Je nach der Bedeutung der Waren läßt man die Preisbildung am Markt frei oder man entzieht sie „den blinden Gesetzen von Angebot und Nachfrage“ (H. Thünen). In der Art und Weise des Marktgeschehens unterscheiden sich die verschiedenen Wirtschaftsordnungen.

Am Markt erhalten auch alle für den Einsatz ihrer Arbeit oder den ihrer Produktionselemente, Kapital und Boden, ihr *Einkommen:* für die Arbeit den Lohn, für das Kapital den *Kapitalzins* und für den Boden die *Grundrente*. Ist das Einkommen in Geldbeträgen als *Geldeinkommen* verteilt, dann können alle Einkommensbezieher durch ihr Geld auf Grund der Kaufkraft dieses die verschiedenartigen Waren aus dem volkswirtschaftlich hervorgebrachten Sozialprodukt in Anspruch nehmen. Alle Erzeuger erhalten so ihr reales Einkommen vom volkswirtschaftlich hervorgebrachten Sozialprodukt.

Damit ist der Kreislauf der gesellschaftlich arbeitsteiligen Wirtschaft geschlossen, denn *aus dem Einkommen* entsteht in der Wirtschaftsgesellschaft die *Nachfrage nach Waren,* für diese Nachfrage werden die Waren erzeugt und *als Angebot der Nachfrage gegenübergestellt.* Das Einkommen steht am Ende des gesellschaftlichen Wirtschaftsprozesses und vollendet den Zweck und den Sinn der Wirtschaftstätigkeit aller, weil durch das Einkommen alle Waren für die Bedürfnisbefriedigung und die Bedarfsdeckung erworben werden können.

2. Die Wirtschaftsgesellschaft

Der Mensch ist ein gesellschaftliches Wesen, ein ζῷον πολιτικόν oder ein ens sociale und er braucht daher die Gesellschaft, um sein Ureigenstes, die *Persönlichkeit,* zu entfalten. Die Persönlichkeit ist die integrierte und unzerteilbare Einheit von Personalität und Sozialität. Die *Personalität* ist gleichsam die Innenseite der Persönlichkeit, die aus der individuellen Anlage der Person zur Einzigartigkeit und daher zur Individualität der Persönlichkeit führt. Diese Innenseite des Menschen drängt durch die Sozialität nach außen, weil sich der Mensch nur mit Hilfe der anderen Menschen und daher mit Hilfe der Gesellschaft in seiner Personalität entwickeln und als gereifte Persönlichkeit in der Gesellschaft zur Geltung kommen kann. Über die Außenseite, die *Sozialität,* nimmt der Mensch von der Gesellschaft die geistigen und seelischen Impulse auf. Sie sprechen als Antriebe die in der Persönlichkeit schlummernden Potenzen an und aktuieren diese. Über die Sozialität gibt der Mensch aber auch aus der Fülle seines Innenlebens, seiner Personalität, Bereicherungsakte und Werte an die anderen in der Gesellschaft ab. Der Mensch drängt mit einem unwiderstehlichen Sog zum *„Nehmen aus der Gesellschaft“* und mit einem unbändigen Drang zum *„Geben an die Gesellschaft“.*

Dieses Wollen und Müssen im Geben und im Nehmen geschieht für mancherlei Werte und Güter und in allerlei Gemeinschaften und Gesellschaften.

Aus dem Alleinsein drängt es den Menschen durch die *Zuneigung* zum anderen Menschen in die *Ehegemeinschaft* oder zu anderen Menschen in die *Gemeinschaft der Freunde.* In diesen dichten Gemeinschaften ist das gegenseitige Nehmen und Geben am stärksten, weshalb diese Gemeinschaften die Persönlichkeit der einbezogenen Menschen am meisten bereichern.

Die Vergesellschaftung erfolgt für die Menschen auch aus einer *Wertverbundenheit.* Alle, die sich in einem Wert oder auch in mehreren Werten verbunden fühlen, wie etwa in den Werten der Religion, der Kunst, der Wissenschaft und der Politik, stehen *in einer Gemeinschaft zusammen,* um „ihren gemeinsamen Wert" zu pflegen und zu intensivieren.

Da der Mensch im Durchsetzen seiner verschiedenen Absichten und Zwecke nicht immer über genügend Kräfte verfügt, muß er andere *für die gleichen Zwecke* interessieren und diese für ein gemeinsames Durchsetzen dieser oder jener Absichten „engagieren". Die so für eine Absicht Organisierten und für die Erreichung eines vorgenommenen Zweckes Verbundenen bilden eine Gesellschaft, die sich nach Erreichung des gesetzten Zweckes wieder auflöst. Diese *Zweckgesellschaften* haben alle mehr oder minder ihren Schlußpunkt in der Zweckerreichung. Sie sind daher auch von geringerer Dichte oder von dürftiger Bezogenheit der in Anspruch genommenen Personen. Da sie nämlich nur diese oder jene Interessensparte der Vergesellschafteten zum Einsatz beordern, ist die Verbundenheit auch nur eine weniger dichte.

Eine dieser Zweckgesellschaften ist die *Wirtschaftsgesellschaft.* Diese wird von den Wirtschaftern gebildet, weil diese im arbeitsteiligen Verfahren die erforderlichen wirtschaftlichen Güter herstellen oder für alle in der Wirtschaftsgemeinschaft Verbundenen bereitstellen wollen. Der gesellschaftliche Zweck ist hier bloß auf die Bereitung und Sicherung der wirtschaftlichen Mittel bezogen. Da dieser Zweck der Mittelbeschaffung ohne zeitliches Ende sein kann, sind die Wirtschaftsgesellschaften auch von Dauer. Sie bleiben daher auf die Dauer bestehen, auch dann, wenn ihr Zweck zeitlich immer wieder eng begrenzt ist. Nach Erreichung des zeitlich gesetzten Zieles springt aber ein solcher Zweck der Mittelbeschaffung von neuem wieder an.

All diese Gesellschaftsarten stehen meist nicht getrennt nebeneinander, sondern sind in der Regel *vielfach übereinander gelagert* und ineinander integriert, weil die Zwecke und die Gründe für die Vergemeinschaftung in einem verbunden sind.

Alle Gesellschaften bedürfen für ihren Bestand und für ihre Entfaltung der wirtschaftlichen Güter. Sie müssen sich daher die Güter selbst herstellen und werden auf diese Weise *Wirtschaftsgesellschaften.* Sie müssen sich die erforderlichen Mittel unter Umständen auch von anderen erwerben und treten so als Wirtschaftsgesellschaft den anderen gegenüber. Auf jeden Fall ziehen die verschiedenen *Zuneigungsgemeinschaften* und *wertverbundenen Gesellschaften* den Wirtschaftszweck in ihren Bereich ein und werden so *immer auch Wirtschaftsgemeinschaften.* Die übergroße Zahl der Gesellschaften, vor allem dann, wenn sie auf Dauer veranlagt sind, sind immer auch Wirtschaftsgesellschaften. *Indem sie der Mittel-*

bereitstellung oder Mittelerwerbung bedürfen, sind sie auch Wirtschaftsgesellschaften.

Damit wird aber auch das Verhältnis zwischen den wertbestimmten Gesellschaften und den Wirtschaftsgesellschaften deutlich: die Wirtschaftsgesellschaften stehen *im Dienste* der Zuneigungsgemeinschaften und der wertbezogenen Gesellschaften.

Indem sich die wertbestimmten Gesellschaften zur Bereitstellung von wirtschaftlichen Gütern notwendigerweise als Wirtschaftsgesellschaften konstituieren, nehmen sie den werkzeuglichen Mittelbereich der Wirtschaft in ihre Gesellschaft auf. Sie nehmen daher die Wirtschaft in ihre Wertbezogenheit herein. Durch diese In-Dienst-Stellung der Wirtschaft werden alle wirtschaftlichen Zweckhandlungen von den Werten der Neigungsgemeinschaften und der wertverbundenen Gesellschaften mit ihrem Wertgehalt „infiziert". Die von der Wirtschaft bereitgestellten Mittel erhalten so von den höheren Lebenswerten einen abgeleiteten Gehalt. *Sie werden aus dem bloß werkzeuglichen Instrumentalbereich herausgenommen und auf die Stufe der menschlichen und kulturellen Werte gehoben.* Durch diese In-Dienst-Stellung erhält die *Wirtschaft* einen kulturellen Gehalt und wird so auch eine *Kulturangelegenheit der Gesellschaft.*

So strömen immer wieder verschiedene Leitbilder des kulturellen und gesellschaftlichen Lebens in die Wirtschaft ein. Da sich mit den wertbestimmten und prägekräftigen Leitbildern die Bedürfnisse der Menschen und der Bedarf der Gesellschaften verändern, ändern sich auch die Ziele der Wirtschaft. *Die Wirtschaft wird so in ihrer dienstlichen Wertverbundenheit den Wandlungen der Gesellschaften und ihrer Wertinhalte unterstellt.*

Die Wirtschaftsgesellschaften sind in einer zweifachen Weise mit den anderen Gesellschaften verbunden: in bezug auf den *Zweck* und in bezug auf die *Verwirklichung der Werte.*

In der *Zweckbezogenheit* geben die Gesellschaften mit ihren höheren Werten den Wirtschaftsgesellschaften eine *Wertleihe. Die wertbezogenen Gesellschaften sind den Wirtschaftsgesellschaften wertmäßig vorgeordnet.*

Da aber die verschiedenen Werte ohne Mittel meist nicht gelebt und verwirklicht werden können, *brauchen sie als Voraussetzung die von der Wirtschaft bereitgestellten Mittel.* Die Wirtschaftsgesellschaften müssen daher ihre Dienstleistung der Mittelbereitung zeitlich voraus leisten.

Dies bedeutet:

In der Abwicklung steht die Wirtschaftsgemeinschaft den wertverbundenen Gesellschaften oft zeitlich voran, in der Wertbezogenheit stehen die Zuneigungsgemeinschaften und Wertgesellschaften über den Wirtschaftsgesellschaften.

Dieses Verhältnis hat sowohl *für die Ordnung* als auch *für den geschichtlichen Fortgang der Wirtschaftsgesellschaft* eine besondere Bedeutung. In der Wirtschaftsordnung muß nämlich der Vorrang der höheren Gesellschaften wegen ihrer Werte immer beachtet werden, soll es nicht zu verkehrten Zuständen kommen, in denen die Wirtschaft die Herrschaft über alle anderen Bereiche übernimmt und das gesamte Leben der Menschen verwirtschaftlicht. Für die Wirtschaftsgeschichte muß man dieses Verhältnis der Überordnung der Wertgemeinschaften über die Wirtschaftsgesellschaft kennen, damit man die gestaltenden Kräfte für die Entwicklung der Wirtschaft nicht zunächst in der Wirtschaft, sondern in den der Wirtschaftsgesellschaft übergeordneten Wertgemeinschaften sucht. In einem solchen Koordinatensystem kann man *nie* von einem *aus der Wirtschaft heraus verursachten gesellschaftlichen Überbau,* sondern muß *immer nur* von einer *Unterordnung der Wirtschaftsgesellschaften unter die wertverbundenen Gemeinschaften sprechen.*

B. Die Wirtschaftsordnung

Das Wirtschaften wird immer arbeitsteilig und daher in Wirtschaftsgesellschaften vorgenommen. Jede Gesellschaft braucht aber eine Ordnung, durch die die Ziele im Zusammenwirken der einzelnen erreicht werden können. Die Ordnung der Wirtschaft und der Wirtschaftsgesellschaft hat als *ein* gestaltendes Ordnungselement die *Ziele und die Gesinnung der Wirtschafter,* denn von den Zielen und von der Gesinnung der Wirtschafter hängt es ab, ob die Wirtschaftsgesellschaft in einer freien oder beschränkten, weil mehr gebundenen Ordnung zusammenwirkt. Ein *anderes* Ordnungselement der Wirtschaftsordnung ist die der Wirtschaft vorgegebene *Gesellschaftsordnung,* denn aus dieser ergeben sich die Träger der Gesellschaft, die ihrerseits die Ziele der Wirtschafter weitgehend mitbestimmen. Ein *drittes* Ordnungselement der Wirtschaftsordnung ist die ordnungstechnische *Verteilung von Bindung und Freiheit.* Dieses System von Bindung und Freiheit ist aber weitgehend von der Gesinnung und den Zwecken der Wirtschafter und von den gesellschaftlichen Trägern der Wirtschaftsgesellschaft abhängig.

1. Die Wirtschaftsordnung nach der Wirtschaftsgesinnung

Die Wirtschafter haben in ihren Bedürfnissen und in ihrem Bedarf das Ziel ihres Wirtschaftens, weil sie Güter erzeugen und anstreben, die sie für die Bedürfnisbefriedigung und die Bedarfsdeckung brauchen. In diesen *Zielen* ist das gesamte Wirtschaften begründet. Jede wirtschaftliche Tätigkeit erhält von diesen Zielen her ihren Sinn und ihren Zweck. Auf diese Ziele hin ist das gesamte Sinnen und Trachten, das gesamte Begehren und Verlangen der Wirtschafter gerichtet. Aus dieser Grundhaltung ergibt sich die *Gesinnung der Wirtschafter.* Dieser entströmt der Grundgehalt im Sinnen und Trachten der Wirtschafter. Die Wirtschaftsgesinnung ist daher nicht nur das Verlangen nach einzelnen Wirtschaftsgütern, es ist vielmehr die Grundhaltung der Wirtschafter: im Verlangen nach Zielerreichung in der Bedürfnisbefriedigung und in der Bedarfsdeckung.

Die *Wirtschaftsgesinnung* kann in zwei entgegengesetzten Polen gefaßt werden: *im Sinnen nach Sicherung des Auskommens* und im *Trachten nach Steigerung des Aufwandes.* Von diesen zwei Grundhaltungen der Wirtschaft und von diesen zwei Gesinnungsarten kann jeweils eine Wirtschaftsordnung geprägt und daher in besonderer Art geformt werden.

Besteht in einer Zeitepoche die Gesinnung der Wirtschafter: *das Auskommen zu sichern,* dann ist ihr Sinnen auf die Erreichung einer vorgegebenen Aufwandgröße gerichtet. Ein aus persönlichen Motiven und gesellschaftlichen Gegebenheiten bestimmter und daher jeweils *ein stets begrenzter* und *nie unbegrenzter Bedarf oder Aufwand* soll gedeckt werden. Die Wirtschaftsgesinnung ist so auf ein begrenztes Wirtschaftsziel: einen meist gesellschaftlich vorgegebenen und begrenzten Bedarf zu decken, gerichtet. Dadurch ist in der Gesinnung der Wirtschafter ein *beruhigendes und statisches Ordnungselement* gegeben. Der jeweils gegebene Bedarf ist als Ziel schon begrenzt. Diese Begrenztheit kommt aus einer streng hierarchisch gestuften und gegliederten Gesellschaft, die für die einzelnen Gruppen keinen variablen, sondern nur einen in vorgegebenen Grenzen bestimmten Bedarf „zuläßt". Die auf das gesicherte Auskommen gerichtete Wirtschaftsgesinnung ist im Ziel schon gebunden.

Die Wirtschaftsordnung mit einem gesetzten Verhältnis von Bindung und Freiheit ist durch diese statische Wirtschaftsgesinnung *schon im Ziel* und dann *erst recht im Zusammenwirken der gesellschaftlich organisierten Wirtschafter gebunden.* Damit keiner oder keine Gruppe aus den vorgegebenen Größen des Aufwandes „ausschere" und „ausreiße", ist eine genau einzuhaltende *Ordnung in der Erzeugung und in der Verteilung der Güter* vorgegeben.

Die aus der Wirtschaftsgesinnung: das Auskommen zu sichern, stammende Wirtschaftsordnung ist eine *weitgehend gebundene Ordnung.* In ihr wird die Aufbringung der Güter von den zugehörigen Trägern der Gesellschaft genau geplant und in strenger Lenkung durchgeführt; in ihr wird die Verteilung der Güter nach den gesellschaftlich legitimierten Arten und Größen des Aufwandes vorgenommen.

Die Wirtschaftsgesinnung, einen vorgegebenen Aufwand zu decken, verursacht eine in der Erzeugung geplante und gelenkte und in der Verteilung nach gesellschaftlichen Rangstufen geregelte Wirtschaftsordnung. Die Gesellschaftsordnung ist der Wirtschaftsordnung vorgegeben und bindet das gesamte Wirtschaftsleben, damit die Wirtschaft ihren Dienst an der Gesellschaft entsprechend leisten kann. *Das soziale Quale bestimmt das ökonomische Quantum des Aufwandes und damit die Ziele der Wirtschaftsgesellschaft.*

Wenn das *Sinnen und Trachten der Wirtschafter auf einen stets wachsenden Aufwand* gerichtet ist und die *Wirtschaftsgesinnung daher stets auf Mehr-Verbrauch und* auf einen wirtschaftlich höheren Lebensstandard zielt, dann ergreift eine *dynamische Kraft* das gesamte Wirtschaftsleben. Alle und jeder wollen ein höheres Einkommen, um sich einen höheren Aufwand leisten zu können. Daher „müssen" die Unternehmer einen größeren Gewinn und die Mitarbeiter in allen Betrieben einen höheren Lohn anstreben. Diese Dynamik zieht aus der verstärkten Nachfrage das größere Angebot nach sich. Die vergrößerte Erzeugung gibt allen, den Unternehmern und ihren Mitarbeitern, ein höheres Einkommen, wodurch die Aufwandsteigerung in der nächsten Phase wieder höher sein kann. Die Wirtschaftsgesinnung nach höherem Aufwand gibt dem ganzen Geschehen der Wirtschaftsgesellschaft eine stets vorwärtstreibende Dynamik.

Diese Dynamik *entbindet die Ziele des Wirtschaftens aller etwaigen Bindungen,* so daß in den nicht gebundenen Zielen das Trachten nach Mehraufwand ungehemmt von religiösen, gesellschaftlichen, ethischen oder anderweitigen Bindungen zur Verwirklichung kommen kann.

Das Streben nach Aufwandssteigerung setzt sich auch von jedem gesellschaftlichen Rahmen frei, weshalb diese Wirtschaftsgesinnung nur in einer ökonomisierten Gesellschaft, in der die wirtschaftlich bestimmten Verbrauchsgrößen normgebend für die Gesellschaftsgruppierung sind, möglich ist. Die Wirtschaft löst sich so aus dem Geflecht einer bis dahin noch nicht verwirtschaftlichten Gesellschaft, *bis das Konsumquantum das soziale Quale bestimmt.* Erst in einer auf diese Weise verwirtschaftlichten Gesellschaft kann sich die Wirtschaftsgesinnung des Mehrverbrauches durchsetzen und in Geltung bleiben.

Die Wirtschaft wird auf diese Weise in den Zielen und Zwecksetzungen von etwaigen Gesellschaftsbindungen und ethischen Hemmungen frei. Diese Freisetzung der Wirtschaftsziele und diese freiheitliche Wirtschaftsgesinnung zerreißt auch etwa noch bestehende Beschränkungen in der Erzeugung und in der Verteilung. Die Erzeugung wird von jeder Regulierung und Lenkung seitens des Staates oder organisierter Gruppen frei. Die ins einzelne aufgelöste Wirtschaftsgesellschaft kennt nur noch die einzelnen Wirtschafter mit ihrer auf Mehrkonsum gerichteten Gesinnung. Die Verteilung wird der anonymen Macht des Marktes mit dem Größengeschiebe von Angebot und Nachfrage in der jeweiligen Ausschaltung der schwachen Käufer vorgenommen. Die Wirtschaftsordnung ist von der dynamischen Zielsetzung des größeren Aufwandes her von allen ethischen, gesellschaftlichen und organisatorischen Bindungen frei.

Als dritte Gesinnungsvariante ist auch eine *Kombination* von gesichertem Auskommen und gewünschtem Mehraufwand möglich. Wegen einer in der ungebundenen Wirtschaftsordnung etwa erfahrenen dauernden Gefährdung nicht nur des stets steigenden Aufwandes, sondern auch wegen der Bedrohung des Minimums eines erforderlichen Auskommens, richtet sich das Sinnen und Trachten der Wirtschafter auf eine Vermengung beider gegensätzlich scheinenden Ziele: der Sicherung des Auskommens und der Steigerung des Aufwandes.

Die Wirtschaftsgesinnung richtet sich *zunächst auf die Sicherung eines so großen Einkommens, daß damit ein persönlich und sozial gerechtfertigtes Auskommen garantiert* erscheint. Damit wird eine *statische Komponente* für die Wirtschaftsordnung ausgelöst, die vorzüglich von Selbsthilfeorganisationen im Streben nach gesichertem Einkommen gesetzt wird.

Auf dieser Grundlage des einigermaßen gesicherten Einkommens und Auskommens springt in der Wirtschaftsgesinnung das *Sinnen auf einen höheren Aufwand* auf, weshalb über das abgesicherte Einkommen hinaus auch noch ein stets wachsendes Einkommen angestrebt wird. *In den Zielen* des Wirtschaftens durchdringen sich anscheinend gegensätzliche Elemente zu einer neu integrierten Einheit: *dem gesicherten Einkommen mit stets steigendem Aufwand.*

Die Träger der Wirtschaftsgesellschaft mit dieser Wirtschaftsgesinnung sind zum Teil für die Sicherung ihres Einkommens in Gruppen organisiert und daher in Sicherungsorganisationen gebunden und zum Teil im Trachten nach höherem Aufwand in Konkurrenz miteinander. Die soziale Position wird durch ein gesichertes ökonomisches Einkommensquantum gegen alle Gefahren abgeschirmt, aber durch die stets sich verschiebenden Statusmerkmale im Konsum der einzelnen Wirtschafter immer wieder aufgelöst.

Von dieser in den Zielen vermengten und in den Trägern organisierten, aber doch wieder aufgelösten Wirtschaftsordnung tritt ein vielfältiges System von Bindung und Freiheit hervor, das als System zwischen den Polen der freien und gebundenen Wirtschaftsordnung zu stehen scheint.

Aus den Zielen der Wirtschaft und *aus der Gesinnung* der Wirtschafter können sich *drei* verschiedenartige Wirtschaftsordnungen ergeben: eine *gebundene,* eine *freie* und eine *kombiniert gebundene und freie Wirtschaftsordnung.*

2. Die Wirtschaftsordnung nach den Trägern der Gesellschaft

Die Wirtschaft ist der Lebensbereich der Mittelbereitung für vorgegebene Ziele. Sie hat eine Dienststellung für den Menschen und für die Gesellschaft. Die *Ziele,* die der Mensch der Wirtschaft vorgibt, sind zwar persönliche Ziele, sind aber in der Art und Form *von der Gesellschaft stilhaft* zugerichtet. Wenn auch die Bedürfnisse persönlich empfundene Mangelerscheinungen und subjektiv geäußerte Willensregungen für die Überwindung der Mangelerscheinungen sind, *wird doch die Form und die Weise der Bedürfnisbefriedigungs-Mittel zumeist von der Gesellschaft und ihren verschiedenen Gemeinschaften zugerichtet.*

Die Stilprägung der Lebens-Mittel: Wohnung, Kleidung und selbst der Nahrungsmittel und erst recht die Stilformung der kulturellen Mittel, wird für die in der Gesellschaft lebenden Menschen in der Regel von den jeweils führenden Gruppen der Gesellschaft vorgenommen. Die führenden Gruppen und Schichten oder auch nur eine leitende Gesellschaftsschicht bestimmt durch ihre Formgebung die zu gestaltenden Mittel in der Art und Weise der Ausführung. *Die gesellschaftliche Führungsgruppe bestimmt meist das Gepräge der Mittelaufbringung.*

Kraft des *Gesetzes vom sinkenden Kulturgut* richten sich die jeweils „nachfolgenden" und untergeordneten Gruppen und Schichten in der Prägung ihrer Ziele und Mittel nach der führenden Schichte aus. Das Formgepräge der führenden Schichte sinkt gleichsam, alles auf sich abstimmend und für alle „maß-gebend" und normdurchdringend von einer gesellschaftlichen Stufe zu den nächsten gesellschaftlichen Schichten ab, so daß kaum „einer aus der geprägten Reihenfolge tanzen kann". Nach jeweils verschiedener Abgleitgeschwindigkeit erreicht die normgebende Form alle, so daß *von der führenden Schichte bis zu den untergebenen und nachfolgenden Gruppen ein einheitliches Gepräge zum Vorschein kommt,* wodurch dann für eine Epoche eine *einheitliche Stilstruktur* gegeben erscheint.

Die Gesellschaft mit all ihren Schichten und Gruppen ist demnach der Boden, auf dem die Wirtschaftsgesellschaft die Formung der wirtschaftlichen Ziele und Mittel vornimmt. Die Gesellschaft mit ihren führenden Schichten nimmt gleichsam die normende und gestaltprägende Form für die Mittel vor, die die Wirtschaftsgesellschaft bereitzustellen hat. *Die Wirtschaft ist daher immer gesellschaftsgebunden,* denn nur in dieser von der Gesellschaft bestimmten Form kann die Wirtschaft die Ziel- und Mittelgestaltung nach Inhalt und äußerer Form vornehmen.

Die jeweils führenden Schichten der Gesellschaft bestimmen von sich aus und kraft des Gesetzes vom sinkenden Kulturgut die Ziele der Wirtschafter und die Formprägung der Mittel.

Je nach der Gesellschaftsschichtung gibt es verschiedene Gesellschaftsordnungen und demgemäß unterschiedliche Wirtschaftsordnungen.

In einer *herrschaftlichen Gesellschaftsordnung* hat eine Herrenschichte die Führung über ihre Untertanen und bestimmt auf diese Weise das Lebensgepräge für sich und in mehr oder minder genauer Nachahmung auch den Lebensstil der Untertanen, denn all diese wollen auch etwas vom Glanze der Lebensführung der oberen Schichte „genießen“. Wenn auch die Lebensform Unterschiede in ihrem Gepräge und in der nachgeahmten Form aufweist, so zeigt die Epoche der herrschaftlich gebundenen Gesellschaft doch eine durchgehende, in allem ausgerichtete Zeitsignatur.

Die Gesellschaft steht im Dienste dieser Zeitsignatur und formt die kleine Welt der Wirtschaft im herrschaftlichen Gepräge so, daß die Ziele der Wirtschafter, aber auch die Mittelbereitung für diese Ziele einheitlich genormt erscheinen. Die herrschaftliche Gesellschaftsordnung setzt sich auf diese Weise als herrschaftliche Wirtschaftsgesellschaft fort.

In einer *ständischen Gesellschaftsordnung* treten organisierte Gruppen aus der gesamten Gesellschaft heraus, die durch das eigene Recht und den eigenen Rechtsgang einen selbständigen, rechtlichen Stand, durch die religiöse und kulturelle Bindung einen eigenen Kulturstand, durch gemeinsame politische Verhaltensweisen und durch die gemeinsamen Ziele, wie auch durch die vielfach für alle Mitglieder in eigener Weise gestalteten Lebensvorgänge auch einen *ständisch gebundenen Sozialstatus* ergeben. Diese für die verschiedenen Lebensbereiche gleichartigen Eigenrechte richtig als *Stand* angesprochen werden kann. Die Gesellschaft gliedert sich demnach in viele gleichwertige, aber von einander verschieden geformte Stände auf. Diese *ständische Gesellschaft* bestimmt für die in den Ständen dicht integrierten Gruppen ein *klares Gepräge der Wirtschaftsziele,* etwa in der Weise des *„standesgemäßen Unterhaltes“.* Durch dieses normgebende und für alle maßgebundene Leitziel werden die Mitglieder eines solchen Standes in ihrem nach Inhalt und Größe bestimmten Wirtschaftsziel verpflichtet. Hiebei kann die Verpflichtung in verschiedenen Bindungsgraden bestehen, wenn etwa die ständischen Bindungsnormen nur aus „gesellschaftlichem Anstand“ oder durch Verbrauchs- und Aufwandsordnungen eingehalten werden müssen. In gleicher Weise setzt sich, vom Ziel abgeleitet und „imprägniert“, die ständische Vollzugsordnung zur Erlangung der Ziele fort. So können die ständischen Wirtschaftsnormen den gesamten Erzeugungsvorgang und selbst alle Verteilungsprozesse ordnen und daher der ständischen Gesellschaft unterstellen.

Die Stände geben der Gesellschaft ein vielfältiges Gepräge der Mannigfalt in der Lebensweise und Lebensführung, sie geben aber für ihre in Gruppen organisierten Gemeinschaften ein stark einheitlich geformtes Wirtschaftsziel und ein ebenso durchgehend einheitlich bewirktes Erzeugungs- und Verteilungssystem. Die ständische Gesellschaftsordnung setzt sich als ständische Wirtschaftsordnung fort.

In einer *fürstlichen Gesellschaftsordnung* tritt der Fürst mit seinem Hof und mit den ihm nachdrängenden „Höflingen" so stark aus der Gesellschaft heraus, daß er mit dem Hof und mit seinen Beamten die gesellschaftliche Spitze bildet. Alle anderen fallen soweit zurück, daß sie nur noch als untergebene und unterworfene Gesellschaft eine Einheit bilden können. Die fürstlich höfische Gesellschaftsspitze wirkt mit einer so starken Prägekraft, daß in Verbindung mit dem Gesetz des sinkenden Kulturgutes die gesamte Gesellschaft, allerdings in großen Gradunterschieden der Aufwandsintensität, alsbald eine einheitlich geformte Gesellschaft darstellt. *Der fürstliche Hof und seine Lebensform wird normgebend für alle,* wenn auch in der verschiedenen Aufwandskraft der einzelnen. Der Fürst und sein höfischer Lebensstil bestimmt die Wirtschaftsziele für sich in unmittelbarer Weise und in abgeleiteter und daher in geschwächter Form auch die Wirtschaftsziele aller seiner Untertanen. Der Fürst gibt „aus eigener Machtvollkommenheit" die Prachtvollkommenheit seines Hofes und die Prachtneigung seiner Untertanen, wenn auch nur in der Unvollkommenheit ihrer schwächeren Aufwandskraft, an.

Die *Wirtschaft* als System der Mittelbereitung ist dem vom Fürsten organisierten und von seinen Beamten getragenen System *der „landesfürstlichen Wohlstandspolizei" unterstellt.* Der Fürst nimmt in seiner Camera und in seinem zentralen Wirtschaftsdirektorium die Planung und Lenkung für die Volkswirtschaft vor. So werden auch in Vollzug der Mittelbereitung die Untertanen Befehl ausführende Handlanger im Dienste der fürstlichen Wohlstandspolizei. Die fürstliche Gesellschaftsordnung und die höfische Lebensweise setzen sich folgerichtig in der Wirtschaftsordnung fort.

In einer Gesellschaftsordnung ohne institutionelle Führungsschichte scheint eine *Gesellschaftsmasse von gleichen Einzelnen* zu bestehen. Zunächst trügt der Schein, weil trotz oder gerade wegen der Gleichheit aller mehrere Gruppen im Wettbewerb zur Gesellschaftsführung mit faktisch bevorzugten Statusmerkmalen drängen. Diese können in Zeiten von Kriegsgefahren die Militärs mit den Offizieren, in Zeiten friedlicher

1. Leitsatz für die Lebensführung der Mönche: ora et labora: bete und arbeite
Kapelle für das Chorgebet

2. Mönche bauen ein Kloster um 1450

und fortschrittlicher Entwicklung die Akademiker und die Beamten und in Zeiten ökonomischer Prosperität die wirtschaftlich Stärkeren mit den vermögenden Unternehmern sein. Bei jeder Lageveränderung wechseln die Spitzengruppen einander rasch ab, bis ein verhältnismäßig dauerhafter Zustand mit äußerlich klar sichtbaren Merkmalen von Vermögensgrößen die Führungsschichte heraushebt. Hier schichtet sich wegen des Fehlens fester meta-ökonomischer Werte und der an diese gebundenen Gruppen die wirtschaftliche Führungsschichte über die anderen hinweg und dokumentiert ihre Führungseigenschaft und den Führungswillen durch die unternehmerische Qualität in der Wirtschaft und durch ihr Vermögensquantum in der Gesellschaft. *Das Vermögensquantum bestimmt das soziale Quale.*

Diese freie Gesellschaft mit einer freien Wirtschaft, in der die Wirtschaftsgesinnung vieler auf die differenzierten Qualitäten der höheren Einkommen und der größeren Vermögen gerichtet ist, ist von kurzer Dauer, denn die anderen Gruppen verfallen nämlich in der freien Wirtschaft einer immer mehr bedrohlichen wirtschaftlichen Ungesichertheit und gesellschaftlichen Geworfenheit, so daß sie im Ringen um ihre wirtschaftliche Existenz und um ihre soziale Geltung nunmehr mit allen verfügbaren Mitteln nach Sicherheit streben müssen.

Bei größeren Umstürzen und Umbrüchen gleiten selbst die bislang im Wechsel führenden Gruppen durch den Verlust ihres Geltungsinstrumentes, des Vermögens, nach unten ab, so daß dann wieder eine Gesellschaft der Gleichen, diesmal eine *Gesellschaft der gleich Schwachen und Geworfenen,* zum Vorschein kommt. Jeder und alle hängen mit ihrer Sicherungsleine in einem Gestrüpp verbunden und streben nach Sicherheit. Die einzelnen wissen, daß sie in ihrer Isoliertheit kaum etwas für ihre Sicherheit erreichen können, weshalb sie sich unter verschiedenen Symbolen organisieren und in Verbänden zusammenschließen. *So wird aus der Gesellschaft der einzelnen eine Gesellschaft der Organisationen.* In diesen Organisationen versuchen alle, ihre gewünschte Sicherheit im Selbsthilfeverfahren zu erreichen. *Die Dichte dieser Organisationen gibt den Grad der Sicherheit.*

Wenn anfänglich die einzelnen Gruppen ihre erforderliche und gewünschte Sicherung selbst organisieren, so *wenden sie sich alsbald an den Staat.* Alle hängen dann in gleicher Weise konzentrisch und in gegenseitigem Lizitationsverfahren am Staate, um von ihm in gleichen, aber stets wachsenden Quoten „betreut zu werden". Alle müssen aber auch dem Staat geben, was der Staat wegen des wachsenden Aufwandes durch die progressive Besteuerung fordert. Dadurch werden etwa noch bestehende Unterschiede im Einkommen und im Vermögen ausgelöscht. Alle sind dann in der staatlichen Betreuung gleich gesichert und in der progressiven und nivellierenden Besteuerung gleich reich und gleich arm.

Diese Gesellschaftswandlungen verursachen auch *entsprechende Wirtschaftsgesinnungen.*

Die Wirtschaftsgesinnung ist auf allgemeine Sicherung gerichtet. In diesem nivellierten Zustand mit statischem Verhalten der Wirtschafter kann die Wirtschaft doch wieder einen dynamischen Impuls erhalten, indem immer wieder diese von der Werbung oder jene aus sich selbst angetrieben, aus der nivellierten Masse in der Zuflucht zum höheren Konsum ausbrechen wollen.

Die Wirtschaftsgesinnung zeigt so eine Antinomie in sich: in der einen Neigung strebt man zu einer gefestigten und ausgeglichenen Sicherheit und in der anderen Neigung drängt man nach einem stets steigenden Aufwand. *Diese aktive Konsumneigung wird so stark, daß das Konsumquantum das soziale Quale in der Gesellschaft zu bestimmen vermag.*

Die Menschen suchen aus einer Gesellschaft der Gleichen durch die Differenzierung ihres Aufwandes zu entkommen. Aus der Gesellschaft, die einem *„Verein von Ichen"* gleicht, wird eine Gesellschaft von straff *integrierten Großorganisationen* und die Wirtschaftsordnung wird *gruppengebunden.* Aus dem Streben nach höherem Einkommen und Vermögen erwuchs die *Wirtschaftsgesinnung der Sicherheit für alle und des differenzierten Aufwandes für jeden einzelnen.*

3. Die Wirtschaftsordnung als System von Bindung und Freiheit

Jede Wirtschaftsordnung ist ein *System von Bindung und Freiheit* für die Wirtschafter. Deshalb ist es auch verständlich, daß das Verhältnis von Bindung und Freiheit nicht komplementär, sondern integral gesehen werden muß.

Wenn das Verhältnis von Bindung und Freiheit *komplementär* betrachtet wird, dann schließt jede Bindung den entsprechenden Teil der Freiheit aus und es kommt zur Feststellung der Gegensätzlichkeit: *mehr Bindung beläßt weniger Freiheit.* Da aber zur Sicherung der Freiheit unbedingt ein mehr oder weniger festes System von Bindungen in einem integralen Ordnungsganzen erforderlich ist, *kann die Freiheit nur in Bindung bestehen,* denn Bindung ist Sicherheit. Da nämlich eine „zu freie Freiheit" wegen der verschiedenen „Startbedingungen" der Wirtschafter zu chaotischen, gewiß aber zu verzerrten Verhältnissen der sozialen Wirtschaft mit dem Übergewicht der in der Erzeugung und am Markt stärkeren und mächtigeren Wirtschafter führt, ist immer ein System von Bindungen als Sicherung für die wirtschaftlich Geschwächten vonnöten, um eine erforderliche Freiheitssphäre für jeden einzelnen und daher für alle durch ein System von Sicherungsbindungen garantiert zu haben. „Freiheit ist der Zweck des Zwanges."

Die freieste Ordnung bedarf nämlich mindestens der Sicherungsbindung für einen gleichmäßigen Ansatz der wirtschaftlichen Tätigkeit aller und für die Sicherung des Erfolges des Wirtschaftens jedes einzelnen. Diese Bindungen meta-ökonomischer Art sind unerläßlich notwendig, soll ein optimales System der Freiheit Bestand haben. Im Gegengleich bedarf eine Wirtschaftsordnung mit einem großen Dichtegrad von Bindungen, wie etwa in einer totalen Planwirtschaft, doch auch wieder eines Maßes von Freiheit, damit die persönliche Initiative des einzelnen Wirtschafters zur Entfaltung kommen kann. *In jeder Wirtschaftsordnung geht es daher um das zeitgerechte System von Bindungsdichte und den erforderlichen Freiheitsgraden.*

Deshalb unterscheiden sich *die Wirtschaftsordnungen* nicht im Verhältnis totaler Bindung und totaler Freiheit, sie *unterscheiden sich* vielmehr *nach den Graden der Bindungsdichte* und *den Graden der Freigesetztheit* der Wirtschafter.

Die Wirtschaftsgeschichte hat es nicht leicht, weil sie die Typen der Mischsysteme von Bindung und Freiheit als Modell erarbeiten muß, um sie mit den Systemen der wirklichen Wirtschaftsordnungen der Geschichte zu messen und diese verständlich zu machen.

Von der integralen Bedingtheit von Bindungen und Freiheit können *zwei Grundtypen* der Wirtschaftsordnung herausgestellt werden: die *herrschaftliche* und die *genossenschaftliche Wirtschaftsordnung.* Als Übergangsordnung gilt noch die *ungebundene Marktwirtschaft.*

Die *herrschaftliche Wirtschaftsordnung* ist ein System von herrschaftlich angeordneten Bindungen und verschieden belassenen Graden von Freiheit. Dieses System der herrschaftlichen Bindungen kommt aus der jeweils bestehenden Gesellschaftsordnung und setzt sich in der Wirtschaftsordnung fort.

Die herrschaftliche Gesellschaftsordnung setzt der Wirtschaft die *Ziele* in der unterschiedlichen Stufung für die Herren und ihre Gefolgschaften. Sie ordnet aber auch an, wie und auf welche Weise die Gefolgschaften die *Vollzugshandlungen* für die Erreichung der Ziele zu setzen haben. Die herrschaftliche Wirtschaftsordnung hält als System herrschaftlich angeordneter Bindungen die Wirtschaftsgesellschaft so in Ordnung, daß die wichtigsten Entscheidungen über die Wirtschaftsziele und die Vollzugspläne von der herrschenden Gruppe der Gesellschaft getroffen werden. Die herrschaftliche Wirtschaftsordnung ist demnach eine Planwirtschaft mit einer zentralen Lenkungsstelle oder mit mehreren dezentralen Ordnungsstätten, von denen aus die Durchführung der Pläne geleitet wird.

Diese herrschaftlich erstellten Pläne und die zentral oder abgeschichtet durchgeführte Lenkung lassen den Wirtschaftlern *soviel Freiheit,* daß sie im Rahmen des herrschaftlichen Bindungs- und Sicherungssystems ihre Initiative im Rahmen der vorgegebenen Ordnung der *Ziele für ihre persönliche Eigenheit* entfalten und im Ordnungsrahmen der gelenkten Vollzugshandlungen ihre *Sonderheit in der Arbeitsweise* unbehelligt verwirklichen können.

Die herrschaftliche Wirtschaftsordnung fügt die Wirtschafter zwar in eine *Ordnung von Plan und Lenkung* für die wirtschaftliche Sicherung der Herrschaften, aber auch für die gesellschaftliche und wirtschaftliche Sicherung der Gefolgschaften ein, beläßt aber den untergeordneten und nachgeordneten Wirtschaftern und Wirtschaftsgesellschaften soviel *Freiheitsspielraum,* daß sie ihre persönlichen Eigenheiten für die Setzung der Wirtschaftsziele und für die Wirtschaftsführung ihrer Betriebe verwirklichen können.

Die herrschaftliche Wirtschaftsordnung kann in zwei Arten zum Vorschein kommen: in einer *aristokratischen* oder in einer *monokratischen Wirtschaftsordnung.*

Die aristokratische Wirtschaftsordnung gab es in Österreich im frühen Mittelalter, als der Markgraf mit dem Grafen, den freien Herren und den Äbten und Prälaten die Gesellschaftsführung wie auch die Wirtschaftsplanung und Wirtschaftslenkung innehatte. Die *monokratische Wirtschaftsordnung* gab es zur Zeit der landesfürstlichen Herrschaft, als die Gesellschaft vom Landesfürsten angeführt und die Wirtschaft nach dessen Plänen und Lenkungsanweisungen ausgeführt wurde.

Der zweite Grundtypus der Wirtschaftsordnung aus dem Verhältnis von Bindung und Freiheit ist die *genossenschaftliche Wirtschaftsordnung.* In dieser werden die Ziele des Wirtschaftens in genossenschaftlicher Beratung und demokratischer Beschlußfassung aller beteiligten Wirtschafter gruppenweise nach Inhalt und Umfang festgehalten. Für diese genossenschaftlichen Übereinkommen über die jeweiligen *Wirtschaftsziele* ist vielfach das in einer Gruppe geltende Herkommen und daher gesellschaftlich bedingte Leitbild in Aufwand und Verbrauch als sozial gültiges Ziel maßgebend. Über dieses geltende Leitbild fließt das kulturelle und soziale Gepräge der Gruppe als meta-ökonomischer „Faktor" über die Zielbestimmung in die wirtschaftliche Zweckwelt ein. Die Gruppe kann aber auch in aktiver Weise neue Ziele etwa in der Forderung nach einem höheren Lebensstandard stellen. Die Wirtschaftsziele sind in der organisierten Gruppe als maßgebend anerkannt und zur Darnachachtung stärker oder weniger stark herausgestellt. Als Ziel kommt daher immer ein *„standesgemäßer Unterhalt"* oder ein *„gruppenlegitimierter Lebensstandard"* zum Vorschein.

Für die Zielerreichung in der Reihe der Gütererzeugung von der Produktion bis zur Distribution werden von einzelnen Gruppen genossenschaftliche Sicherungs- und Bindungsmaßnahmen getroffen, die für die Wirtschafter als angeordnete Norm gelten und im wesentlichen bei der jeweils angedrohten Strafe der „gesellschaftlichen Acht" oder auch bei der Strafe des angedrohten Ausschlusses mit einer „echten oder unechten Verfemung" gehalten werden. Diese *gruppenbedingten Wirtschaftspläne* und die daraus folgenden *Lenkungsmaßnahmen* können die Festlegung sowohl der Zahl der Betriebe als auch die der Mitarbeiter in den Betrieben, ja selbst die Mengen der erforderlichen Rohstoffe wie auch die auf die einzelnen in der Gruppe verteilten Absatzgebiete umfassen. Die in Gruppen geplante Wirtschaftsordnung ist eine in viele Zentren aufgeteilte, dezentralisierte Planwirtschaft mit entsprechend aufgegliederten Lenkungsstellen.

Diese genossenschaftliche Wirtschaftsordnung mit der dezentralisierten Planwirtschaft kann die Wirtschafter soweit binden, daß sie nicht mehr für sich entscheiden können: wieviel und zu welchen Preisen sie erzeugen. Das gesamte Geschehen der Erzeugung kann genossenschaftlichen, ständischen und gruppenbedingten Normen unterstellt werden. Dann ist aber trotzdem und gerade wegen der vielseitigen Bindungen in den Produktionsquanten die Art und Weise oder die Gestaltung der Erzeugnisse in der Qualität den Wirtschaftern für ihre Entscheidung freigestellt. Die für die Qualität der Erzeugnisse und Werkstücke offengelassene Initiative läßt den persönlichen Werkeinsatz als Persönlichkeitsentfaltung in der Wirtschaft frei. Trotz der vielfältigen Mengenregulierungen der dezentralisierten Planwirtschaft ist dem eigentlichen Persönlichkeitseinsatz in der Werkstückformung die Freiheit belassen.

Die genossenschaftliche Wirtschaftsordnung kann in zwei Formen zutage treten: in der *ständisch-gebundenen* oder in einer *verbandsgebundenen Wirtschaftsordnung.*

Die *ständisch-gebundene Wirtschaftsordnung* gab es im Hochmittelalter und in beachtlichen Restbeständen bis weit in die Neuzeit hinein, als die Stände in ihren Zünften und Zechen die Stadtwirtschaft und die gewerbliche Wirtschaft prägten. Die *verbands-gebundene Wirtschaftsordnung* entwickelte sich vom letzten Drittel des vorigen Jahrhunderts aus den gesellschaftlichen und wirtschaftlichen Bruchstücken der freien Marktwirtschaft zunächst in den Organisationen der Selbsthilfe und dann in den tragenden Verbänden und Kammern der Wirtschaftsordnung der Gegenwart.

Als *Sonderfall* wurde von der Sozialwirtschaftslehre der Klassiker, Adam Smith und David Ricardo und deren Epigonen, ein Modell der *ungebundenen und freien Wirtschaftsordnung* konstruiert. Demnach brauche die soziale Wirtschaft keine von außen gesetzte Ordnung, weil der Eigennutz der Wirtschafter dem wirtschaftlichen Kreislauf von der Rohstofferzeugung über die Fertigungsstufen bis zum Verbrauch die

Schwungkraft und das unbehinderte Gesetz des Marktes und des Preises mit dem Angebot und der Nachfrage die Ordnung gäbe. Für die Wirtschafter gibt es nur die Orientierung aus der Differenz der eigenen Erzeugungskosten und der Marktpreise. Liegen die Preise über den Erzeugungskosten, dann kommt dies einer Weisung auf weitere Erzeugung gleich; liegen aber die Preise unter den Kosten, dann ergeht daraus der „Befehl“: von der Erzeugung abzulassen. *Das Markt-Preisgesetz regelt die Erzeugung nach Inhalt und Umfang.*

Da die Besitzer der Produktionsfaktoren diese über das Marktpreisgesetz zum Einsatz beordern, erhalten die Arbeiter ihren Lohn, die Kapitalisten ihren Kapitalzins und die Grundbesitzer ihre Grundrente durch das Marktgesetz als Preis zugeteilt. *Das Marktgesetz regelt demnach auch die Einkommensverteilung.*

Diesem ökonomischen Marktmechanismus vertraute man die gesamte Wirtschaftsgesellschaft an und erhoffte von ihm die ökonomischen und sozialen Harmonien für alle und das größte wirtschaftliche Glück für jeden (F. Bastiat).

Diese mechanisch durch „die blinden Gewalten des Marktes“ geregelte Wirtschaft (Heinrich Thünen) absorbierte die gesamte Gesellschaft, so daß es nur noch eine Wirtschaftsgesellschaft gab, in der *die ökonomischen Quanten des Einkommens und des Vermögens das soziale Quale der verwirtschaftlichten Gesellschaftsgruppen bestimmten.*

In dieser Wirtschaftsgesellschaft standen sich systemgerecht zwei Marktparteien gegenüber: die, die ihre Arbeitskraft als Ware anboten, und die, die nach der Ware Arbeit nachfragten. So wurde die freie und ungebundene Wirtschaft naturgemäß und dem ordre naturel entsprechend eine *Wirtschaftsgesellschaft mit zwei Klassen* und das *Wirtschaftsgeschehen wurde ein fortgesetzter Klassenkampf.*

Diese Wirtschaftsordnung war *bloß eine Übergangsordnung* in der Mitte des vorigen Jahrhunderts und dauerte solange, bis die alten Bindungen aus der Gesellschaft ersetzt waren und die Sicherungen für die Wirtschafter durch neue Bindungen eine reduzierte, aber eine mit Sicherheit verbundene Freiheit garantierten. So führte die freie und ungebundene Wirtschaft als Zwischenordnung zur verbands-gebundenen Wirtschaftsordnung der sozial gesicherten Wirtschafter.

C. Die Geschichte der Wirtschaftsordnung

Die Darstellung der Geschichte erfolgt meist in der Aufzählung von geschichtlichen Daten und in Erzählung von Geschichten. Es werden die aus Urkunden eruierten Daten mehr oder minder genau wiedergegeben und einzelne geschichtliche Vorgänge erzählt. Hiebei kommen meist nicht mehr als Geschichten zum Vorschein, die jeweils interessant und für eine Zeit auch signifikant sein mögen. Die Geschichte, auf diese Weise dargestellt, wird eine deskriptive Wiedergabe einer *Vielheit von Einzelheiten,* die nebeneinander gereiht, *eine Geschichte in Geschichten* ergeben.

Vor dieser Gegebenheit stand auch Friedrich Schiller. Er nahm in seiner Antrittsvorlesung in Jena (November 1789) in folgender Weise hiezu Stellung:

„So würde denn unsere Weltgeschichte nie etwas anderes als ein Aggregat von Bruchstücken werden und nie den Namen einer Wissenschaft verdienen. Jetzt kommt ihr der philosophische Verstand zu Hilfe und, indem er die Bruchstücke durch künstliche Bindungsglieder verkettet, erhebt er das Aggregat zum System, zu einem vernunftmäßig zusammenhängenden Ganzen."

Wenn der Sozialökonom an die Wirtschaftsgeschichte oder der Soziologe an die Gesellschaftsgeschichte herangeht, nimmt er die ökonomischen und soziologischen Kenntnisse gleichsam als Sieb und siebt die vielen Daten und Vorgänge der geschichtlichen Vergangenheit. In diesem siebenden und prüfenden Verfahren zeigen sich zunächst in den vielen Einzelheiten Ähnlichkeiten und dann bei genauer Hinsicht und pedanter Prüfung sogar Gleichheiten. Schließlich deuten sich zwischen den Ähnlichkeiten und Gleichheiten sogar Zusammenhänge an. Damit wird die Geschichtsdarstellung zur *theoretisch gesichteten Geschichte.*

Genau dies meint der Meister der Wirtschaftsgeschichtsschreibung Friedrich Lütge, wenn er für das Verfahren der Geschichtsschreibung festhält:

„Daß wohl genetisch die Erfassung, auch die historische Erfassung der Tatsachen vorangeht, daß aber logisch die Theorie vor der Geschichte steht, in unserem Fall die Wirtschaftstheorie vor der Wirtschaftsgeschichte" (F. Lütge, Geschichte, Wirtschaft, Wirtschaftsgeschichte, München 1959, S. 14, Münchner Universitätsreden N.F. A. 25).

In dieser Sichtung der Zusammenhänge wird das Oberflächliche beiseite geschoben und das bloß Vordergründige durchstoßen. Durch die Abdeckung der äußeren, bloß individuellen Hülle und durch das Vordringen in das Eigentliche kommt man dem *Wirklichen* nahe. Über das Beiläufige, Zufällig-Einhergehende und nur Begleitende *stößt man vor zum: tiefer ergründeten Wirklichen* (André Breton, Manifest des Surrealismus, 1924). Damit wird der Durchstoß zum eigentlich Wirklichen: zur surrealité und zur Überwirklichkeit gemacht (*Maurice Nadeau,* Histoire du surrealisme, Paris 1954 dt. v. K. H. Laier, Geschichte des Surrealismus, Hamburg 1965, S. 32). Nun erkennt man ein Zweifaches: das Wirkliche als wirkende Kraft des geschichtlichen Geschehens und das Wirkliche als gewirktes Geschehen.

So erkennt man, daß jede Zeitepoche ihre eigene formende Kraft und daher ihre *Entelechie* hat, durch die alle einzelnen Bauelemente und alle Vorgänge *zu einem Ganzen zusammengefaßt* und in diesem *von einer Einheit durchwirkt* werden. Für jede Zeit wird das in ihr selbst tätige Wirkziel erkannt, weil jeder Zeitabschnitt „entelechial konstituiert" ist (H. Conrad-Martius, Der Lebensaufbau der Natur, Entelechien und Energien, Hamburg 1944). *Jede Geschichtsepoche,* auch die der Sozial- und Wirtschaftsgeschichte, *hat ihr einheitlich prägendes Gestaltungsprinzip.*

Wenn die Geschichte in jedem ihrer Abschnitte eine aus inneren Formzusammenhängen geschaffene Einheit ist, dann läßt sich auch jede Geschichtsepoche als eine Einheit darstellen. Man muß hiebei nur das vereinheitlichende und überwirkliche Leitbild als Idealtypus herausarbeiten und in den entsprechend geprägten Formen der Einzelerscheinung darstellen. *Die Geschichtsschreibung wird eine Darstellung der Idealtypen für die einzelnen Geschichtsepochen.*

Die Darstellung der Wirtschaftsgeschichte zeigt demgemäß für jede Epoche das *Gesetz der Entfaltung* eines Idealtypus und für den Fortgang der Epochen das *Gesetz der gegensätzlichen Entfaltungsfolge* der verschiedenen Idealtypen.

1. Die Entelechie als formende Kraft in der Geschichte der Wirtschaftsordnung

Deckt man bei der Betrachtung einer geschichtlichen Epoche die äußere und obere Schichte der einzelnen Erscheinungen ab, dann ent-deckt man den Stil einer Zeit und erkennt in allen Lebensbereichen des Menschen und der Gesellschaft eine Einheit im Ausdruck und in der Haltung. In jeder Epoche sieht man, daß alle Lebensäußerungen von einer Form durchzogen sind und daher den Eindruck einer Einheit machen. Diese Einheit reicht von den äußeren Gestalten der Gebäude und den inneren Einrichtungen der Räume über die geprägten Werkzeuge der Lebensentfaltung bis zu den Kleinigkeiten des täglichen Lebens der Wirtschaft. In all diesen mannigfachen Lebensbereichen leuchtet deutlich und unübersehbar eine einheitliche Gestaltung und ein Formprinzip: nämlich der *Stil der Zeit* durch (A. Müller-Armack). Alle Erscheinungsformen sehen so aus, als ob sie ein „Zeitgeist" geprägt hätte. *Jede Epoche der Geschichte hat ihr Zeitgepräge und ihren Stil.*

Wenn dem aber so ist, dann kann aus dem einheitlichen Zeit- und Stilgepräge mit Fug und Recht auf eine *einheitlich wirkende Kraft,* die die einheitlich geformte Ganzheit der Epoche hervorbringt, geschlossen werden. Diese cinigende Kraft kann mit Aristoteles und Driesch *Entelechie* genannt werden.

Entelechie (ἐντελέχεια aus: ἐντελής und ἔχεια = die Vollkommenheit und die Vollendung in sich haben) ist nach *Aristoteles* die Abschlußphase eines Entwicklungsganges, und zwar die *Phase der Voll-Endung,* der Zustand des *Voll-Da-Seins* oder der Zustand des *„Fertig-Seins“* (*H. Diels,* Etymologie Nr. 3, in: Zs. f. vergleichende Sprachforschung, Bd. 46, 1916).

In der Überarbeitung durch *Thomas von Aquin* erhält der Begriff der Entelechie einen neuen Inhalt. Entelechie wird zur *„prägenden, formenden Kraft“* für jede zu gestaltende Materie. Die Entelechie wirkt als immanentes Prinzip, das das Sein und Werden aller Dinge bestimmt. Die Entelechie wird als *ziel-führende Kraft in jedem Werdeprozeß* und daher wohl auch in der Geschichte der Menschen angesehen.

Die Entelechie wird schließlich von *Driesch* als zielführende und *ganzheitformende Kraft* angesprochen. Sie ist demnach die Kraft, die in einem Werdegang und in einem Entwicklungsprozeß alle Einzelteile aus der bloßen Summenhaftigkeit herausnimmt und *zu einem sinnvoll gestalteten Ganzen führt* (*H. Driesch,* Philosophie des Organischen, Leipzig 1921, S. 40: Entelechie bedeutet: das Ziel in sich selbst haben: ὅ ἔχει ἐν ἑαυτῷ τό τέλος). Die Teile verlieren durch die Kraft der Entelechie ihre Einzelheit und erhalten die zielhafte Einordnung und werden in das Ganze eingefügt und *vom Ganzen zur Einheit* geprägt. Die Welt der Geschichte ist demnach nicht ein Konglomerat gleichartiger Elemente, durch einen Mechanismus blinder Kräfte zusammengehalten, sondern ein sinnvolles System selbsttätiger und zielstrebiger Menschen. Die Geschichte ist in jeder Epoche ein sinnvolles Ganzes und die Entelechie verwirklicht im Werdegang der Geschichte die einzelnen in sich ganzheitlich geformten Epochen (*W. Stein,* Person und Sache, Leipzig 1924, Bd. 3, S. 139).

Die Entelechie enthält als einheitsprägende Kraft für ihre Ziel-Kausalität einen stiftenden Plan, der alle eingefaßten Elemente und Kräfte als Einheit erfaßt und vom Ansatz an in zeitlicher Folge entwickelt und zur Vollentfaltung und Vollendung führt. Von der Vollentfaltung an wirkt wegen der allzustarken Einseitigkeit jeder Gestaltung die Zurücknahme der Prägekraft, und der Verfall der Epoche setzt ein. Während des Verlaufes der Entfaltung vermag aus dem jeweils geltenden Leitbild selbst eine korrigierende und rektifizierende Kraft abwegige und gestaltfremde Entwicklungsansätze anzukünden und zu korrigieren (*H. Conrad-Martius,* Der Lebensaufbau der Natur, Entelechien und Energien, Hamburg 1944, S. 53. Wenn hier aus der Biologie und den Naturwissenschaften die Deutung der Entelechie für die Klärung der Menschengeschichte „herübergenommen“ wird, so wird einerseits das Wagnis der Analogie mitgenommen, aber auch andererseits die Erfolgsfähigkeit für die Stilerklärung ausgewertet.)

Für eine Epoche der Ordnungsgeschichte der Wirtschaft tritt demgemäß aus dem transzendenten Sinn des Lebens jeweils ein Ziel für den Menschen oder ein Leitbild für die Entfaltung des Menschen als ordnende Mitte im Lebensplan hervor. Von diesem *Leitbild* strahlt die *Kraft der Entelechie* auf alle wirtschaftlichen Lebensvorgänge und Lebensbereiche aus, so daß das Leitbild wie ein *„magischer Werkmeister"* in der Epoche wirkt (H. Conrad-Martius, S. 55). Diese Kraft mit dem formenden Ziel der Vollendung in sich setzt jeder Epoche einen „allgemeinen *Bauplan*", aus dessen Rahmen die Ordnungselemente der Wirtschaft nicht „entfliehen" können, obwohl trotz der Stileinheit die einzelnen „Bauelemente" für ihre Einzelentfaltung freien Spielraum haben (Driesch).

Aus diesem Bauplan tritt die einheitliche Wirtschaftsgesinnung der Epoche hervor, der alle mehr oder minder folgen, und jeder einzelne in seiner Weise entspricht. Diese durchgehende Wirtschaftsgesinnung wird im Wirtschaftsziel der gesellschaftlichen Führungsschichte repräsentiert, so daß von dieser gesellschaftlichen Spitzengruppe im Entwicklungsgang das Epochengepräge durch das Gesetz vom sinkenden Kulturgut in allen nachfolgenden Schichten und Gruppen soweit beeinflußt wird, daß diese in ihrer Wirtschaftsgesinnung eine Einheit darstellen.

Von der Wirtschaftsgesinnung und der führenden Trägerschichte der Gesellschaft wird das Verhältnis von Sicherheit und Freiheit, oder anders ausgedrückt: das Verhältnis von Bindung und Freiheit gesetzt. Die Ordnungselemente der Wirtschaftsgesinnung und der gesellschaftlichen Elite wirken so auf das System von Bindung und Freiheit in der Wirtschaft ein, daß eine einheitlich geprägte Ordnung als Ganzes mit den einzelnen Zweck- und Funktionsbereichen hervortritt. Auf Grund dieses von der Formungskraft der Entelechie erstellten Bauplanes der Epochenentwicklung folgt das *Gesetz der Entfaltung* mit den *Phasen der Entwicklung*, der *Vollentfaltung* und schließlich der *Phase der Zurücknahme oder des Verfalles.*

In der *Phase der Entwicklung* werden die Ansätze für die neue Stilepoche gesetzt. Ihnen folgt nach der Art der Ab-Wickelung eines eingerollten Bandes die Ent-Wicklung der neuen Zeit. Für diese ist die bislang „eingerollte Zukunft" als gesamte Entwicklung vom Anfang an bis zum Verfall in der Formkraft der Entelechie im gesamten schon vorgegeben. Die Ansätze, die entweder von den Ordnungselementen der Wirtschaftsgesinnung oder von der neu zur Führung gelangten Elite, stammen, lösen den Entwicklungsgang und mit ihm die neue Stilepoche aus. Meist kommen die Neuerungen von einer neuen Wirtschaftsgesinnung oder von einer neuen Führungsschichte der Gesellschaft.

Die *neue Wirtschaftsgesinnung,* sei sie eine Gesinnung des Mehrerwerbes, der durchgehenden Sicherung oder des Mehrverbrauches, kommt aus dem Gegensatz zur früher geltenden Gesinnung. Diese hat sich nämlich bis zu ihrem abwegigen Extrem ausgelebt, so daß eine neue gegensätzliche Wirtschaftsgesinnung als Erlösung empfunden wird. Die alte und durch die einseitige Überdehnung noch bestehende Wirtschaftsgesinnung gilt vielen schon als ein Hemmschuh und als eine Kruste einer überalterten Anschauung. Manch Aufgeschlossene streben für sich eine geistige Herauslösung aus dem veralteten Gesinnungszustand an und suchen eine neue Art der Wirtschaftsgesinnung, in der sie im Gegensatz zur bestehenden Wirtschaftsgesinnung und Wirtschaftsordnung die erlösende Befreiung sehen. Diese Neuerungssucht wird meist als Auswirkung einer nunmehr neuartigen Persönlichkeitsentfaltung angesprochen und als solche angesehen. Dadurch erhält die neue Wirtschaftsgesinnung eine zusätzliche Durchschlagskraft. Der Durchbruch einer neuen Wirtschaftsgesinnung ist so gelungen.

Ist die neue Wirtschaftsgesinnung für eine Gruppe aus geistigen Überlegungen gelungen oder aus sozialen und wirtschaftlichen Gründen erfolgt, dann wird die neue Gesinnung als *notwendig* erkannt. Sie gilt als das neue und nunmehr richtige Prinzip. Nun wirkt die Entelechie so stark als geistige Infektion, daß immer mehr einzelne Wirtschafter, aber auch schon einzelne Gruppen der Wirtschafter die neue, aus alten Banden erlösende Wirtschaftsgesinnung für unbedingt zielgerecht und daher begehrenswert und deshalb für *allgemein* richtig halten. Die Entelechie führt wie mit einer „unsichtbaren Hand" die Wirtschafter zur neuen Wirtschaftsgesinnung und damit zur neuen Wirtschaftsepoche.

Eine *neue Führungsschichte der Gesellschaft* kann mit der neuen Wirtschaftsgesinnung von außen kommen, dann gibt sie mit der neuen Wirtschaftsgesinnung auch der Gesellschaft das neue Gepräge. Eine neue gesellschaftliche Führungsgruppe kann aber auch von innen kommen, wenn sie als Träger der neuen Wirtschaftsgesinnung vom Rande der bisher geltenden Gesellschaftsstruktur in die führende Mittelschichte hineinwächst. Die anfangs noch am Rande oder beinahe abseits des Gesellschaftsgefüges stehende Gruppe erringt mit der allmählichen Anerkennung ihrer neuen Wirtschaftsgesinnung auch eine gesellschaftliche In-Stand-Setzung. Die Gruppe wird allmählich interessant im ursprünglichen Sinne dieses Wortes, weil allmählich die anderen auch schon mit dabei sein wollen. Immerhin ist diese Gruppe *nicht mehr übersehbar*, man muß sie sehen und zur Kenntnis nehmen. Wenn sie auch noch nicht vollends anerkannt ist, ist sie doch als besondere Gruppe in der Gesellschaft schon existent.

Wenn ihr Einfluß durch die Verbreitung der von ihr getragenen neuen Wirtschaftsgesinnung stärker wird und wenn sie auch noch der Zahl nach größer wird, ist die neue Führungsschichte im gesellschaftlichen Entwicklungsgang eigentlich schon als *Spitzengruppe* etabliert. Wenn ihr auch noch nicht durchgehend die Anerkennung als Führungsgruppe allgemein zukommt, so kann sie doch schon mit einer weitgehenden gesellschaftlichen Geltung rechnen. *Die neue gesellschaftliche Führungsschichte gilt als Träger der „neuen Zeit"*.

Das *Verhältnis von Freiheit und Bindung* löst sich mit der neuen Wirtschaftsgesinnung allmählich aus der alten Fassung heraus. Die alte Fassung von viel Freiheit und geringer Bindung wird nun als Weg zur Ungeordnetheit und daher als Gang zum Chaos empfunden, weshalb das Streben zu einer Umwechslung im bisherigen Verhältnis von Freiheit und Bindung latent gegeben ist. Hat die alte Fassung von Freiheit und Bindung die zwangsweise Bindung überbetont, dann beginnt man diesen Zustand als unfreie Zwangslage zu empfinden und strebt, aus der „sklavenhaften" Zwangsordnung zu entkommen. Von manchen wird der *bestehende Ordnungszustand als widernatürlich* empfunden, weshalb man einem *neuen Verhältnis* von Bindung und Freiheit zustrebt.

Obwohl noch viele die Vorzüge der Freiheit oder die Vorteile der Bindung und daher die Gesichertheit „genießen", wird doch auch schon deutlich, daß die ungehemmte Freiheit oder die engmaschige Bindung *unbrauchbar* und daher für die jeweilige Gegenwart doch schon *überholt* ist. Aus dieser Erkenntnis vom ungeeigneten Zustand des alten überspannten Verhältnisses von Freiheit und Bindung tritt der unabdingbare Wunsch nach einer Regeneration hervor. Es scheint immer größeren Kreisen wünschenswert: ein der neuen Wirtschaftsgesinnung entsprechendes Verhältnis von Freiheit und Bindung zu setzen.

Die Gegnerschaft gegen eine zu konstituierende neue Ordnung von Freiheit und Bindung schwindet und wird daher unbedeutend, während im Gegengleich das *neu zu erstellende Verhältnis als notwendige Ergänzung* entweder für eine Auflockerung einer allzu straffen Organisation oder für eine ordnungsmäßige Zusammenfassung einer allzu lockeren Gesellschaft empfunden wird. Das neue Verhältnis von Freiheit und Bindung in einer neu konstituierten Verfassung drängt zur Anerkennung.

In der *Phase der Vollentfaltung und Vollendung* greift die zielkausale Ordnungskraft der Entelechie noch stärker durch und bringt die bislang nur in Andeutungen erschienene Entwicklung zur formvollendeten Verwirklichung. Die Entelechie führt die Entfaltung zu der im Verborgenen schon immer schlummernden *Voll-Entfaltung* und daher zur *Voll-Endung*.

Was in der Entfaltung als schlummernde Potenz vorgegeben war, wird nun nach dem Ansatz in der Entwicklungsphase voll aktuiert und verwirklicht. Der gesamte Entfaltungsvorgang wird von allen Seiten durch die das vollendete Ziel in sich bergende, aber auch durch die das Ziel verwirklichende Kraft der Entelechie zur Vollendung geführt. Vom vollentfalteten Leitbild her werden *alle Lebensbereiche* in unausweichlicher Formkraft *dem einheitlichen Gepräge der Epoche eingefügt.* Alle Lebensbereiche und Lebensvorgänge werden in einem einheitlich geformten Strukturgefüge zusammengeführt, so als ob sie „ein Zeitgeist" durchdringe und zur gleichen Form dränge. Die Entelechie strebt mit ihrer die Formeinheit der Epoche erzwingenden Kraft zur vollendeten Verwirklichung des am Eingang der Epoche schon angelegten Bauplanes. Die Entelechie bringt in der Phase der Vollentfaltung die Lebensbereiche zur einheitlich geformten Voll-Endung.

In der Phase der Entfaltung und Vollendung werden die Wirtschafter gleichsam wie von einer „unsichtbaren Hand" zur gleichen *neuen Wirtschaftsgesinnung* zusammengeführt. Alle bisher vorgebrachten Einreden und Einwände weichen zurück und werden unwirksam. Sie können nun als überwunden gelten. Die angebahnte neue Wirtschaftsgesinnung wird für alle gültig und allgemein geltend. Die neue Wirtschaftsgesinnung hat sich für alle durchgesetzt und eine andere, etwa eine frühere oder auch eine andere neu anzustrebende Wirtschaftsgesinnung scheint nicht denkbar. Eine gültige und anerkannte Wirtschaftsgesinnung stellt ein Leitbild für das wirtschaftliche Verhalten aller normgebend heraus. Wie „von einem Trend gepackt" folgen alle dem normgebenden Leitbild und bilden so eine einförmig ausgerichtete Gesinnungsgemeinschaft. Die neue Wirtschaftsgesinnung wird durch ihr Leitbild zum normkräftigen Gestaltungsprinzip und zur durchgreifenden Formkraft für den neuen Stil der neuen Ordnungsepoche der Wirtschaft.

Parallel mit der Durchsetzung der neuen Wirtschaftsgesinnung erfolgt die allgemeine Anerkennung der *neuen Führungsgruppe.* Niemand zweifelt nunmehr an der Qualität und daher am Führungsrecht der an die Spitze gelangten Gruppe. Alle gehen als Gefolge der neuen Führungsschichte nach. Sie folgen sosehr der neuen Gruppe, daß deren Gehaben und deren Status normgebend für alle wird, wodurch das Gesetz vom sinkenden Kulturgut unbehindert zur Wirkung kommen kann.

Die neue Spitzengruppe repräsentiert die Gesellschaft im ganzen. Der eigene „gesellschaftliche Wert" der Führungsgruppe liegt in der Führungsfunktion, die von allen anerkannt wird. Das Sozialprestige der Führungsschichte gilt für alle anderen Gruppen als gerechtfertigt. Das Gehaben der Führungsschichte wird für alle normgebend. Mit der Gültigkeit des neuen Wirtschaftsstiles in der neuen Wirtschaftsgesinnung erhält die neue Oberschichte die unumstrittene Führungseigenschaft und das unbezweifelte Führungsrecht.

Das *Verhältnis von Freiheit und Bindung* ist neu erstellt. Entweder gibt es in der Wirtschaftsordnung nunmehr mehr Freiheit oder mehr Bindung oder es gilt ein neu geordnetes Verhältnis in einer neuen Proportion von Freiheit und Bindung. Diese neue Ordnung im Gleichgewicht von Freiheit oder Initiative und von Bindung oder Sicherheit wird allgemein als richtig angesprochen. Sie gilt als *„naturgemäß"* und deshalb auch als unumstößlich. Sie gilt als die Ordnung, die den in der Gesellschaft lebenden Menschen ganz und gar entspricht.

Das neue Verhältnis von Freiheit und Bindung gilt für die Wirtschaftsgesellschaft als richtig, weil es für die Erzeugung der Güter am ergiebigsten ist und für die Verteilung der Waren als gerecht gilt. Für den einzelnen Menschen wird das neue Verhältnis von Freiheit und Bindung als einzig richtig angesprochen, weil es für die Persönlichkeitsentfaltung zweckentsprechend ist und daher auch als gerecht gilt, weil es dem zeitlichen Verhältnis des suum cuique entspricht. Die neue Proportion von Freiheit und Bindung wird von allen Wirtschaftern und in allen Lebensbereichen nicht nur als zeitgerecht, sondern sogar als unbedingt gültig angesehen. Die neue Wirtschaftsordnung ist mit dem allseits anerkannten neuen Verhältnis von Freiheit und Bindung, mit der neuen Wirtschaftsgesinnung und der neuen Führungsschichte zur Geltung gekommen.

Die neue Wirtschaftsordnung ist voll-entfaltet und voll-endet.

In der *Phase der Zurücknahme und des Verfalles* ist anfänglich noch alles beim Alten. Die Wirtschaftsgesinnung ist unbestritten noch in Geltung, die führende Schichte ist im Vollbesitz ihres Sozialprestiges und das Verhältnis von Bindung und Freiheit verbleibt auch noch in der gleichen Proportion mit dem in der Epoche herausentwickelten Schwerpunkt für die eine oder für die andere Seite. Trotz dieses anscheinend ungestörten Zustandes ändert sich im Innern des Geschichtsgeschehens etwas: *die ordnende Kraft der Entelechie verliert an Prägevermögen.*

Das oben gebrauchte Bild der Entwicklung eines geschichtlich aufgerollten Bandes für die Darstellung des Entfaltungsgesetzes kann nur für die Erläuterung der Verfallsphase so gebraucht werden, daß man von einer Zurücknahme des aufgerollten Bandes sprechen kann. Im Ein-Rollen der ehemals entfalteten Binde schwindet die Prägekraft der für die Wirtschaftsgesinnung normgebenden „Anordnung", es schwindet die Alleingültigkeit der bislang führenden Schichte und es verliert sich erst recht die Alleinherrschaft des einseitig herausgebildeten Übergewichtes eines Ordnungspoles von Bindung und Freiheit.

Die *Wirtschaftsgesinnung* wird als noch geltend hingenommen, sie verliert aber ihre anziehende Kraft und vor allem ihren Begehrenswert. Alle, die an der Entwicklung der Wirtschaftsgesinnung tragend teilnehmen, verlieren durch die Gewöhnung ihren mühevoll errungenen neuen Wert und die Gültigkeit ihres Wirtschaftsprinzips. Viele stehen schon gleichgültig der noch geltenden Wirtschaftsgesinnung gegenüber. Die nachwachsenden Schichten treten in die gegebene Wirtschaftsgesinnung ein, ohne zu wissen, wie mühevoll einst die Erringung und Durchsetzung dieser Gesinnung war. Im gesamten wird die geltende Wirtschaftsgesinnung wohl noch „gebraucht", aber *nicht mehr als etwas Schätzenswertes geachtet.* Diese Geringachtung der alten Wirtschaftsgesinnung läßt allmählich das Feld frei für eine neue Gesinnungsart. Der Überschlag zu einer neuartigen Wirtschaftsgesinnung ist nunmehr möglich.

Die *führende Schichte der Gesellschaft* wird auch noch als bevorzugte Gruppe anerkannt, aber nicht mehr gebührend geachtet. Die Gewohnheit läßt die Schichte mehr in der führenden Position als die immer neu errungene Leistung und der dieser folgenden Achtung. Mit dem bloß auf Gewohnheit aufgebauten Sozialprestige *verliert sich die Alleingültigkeit der Führungsschichte.* Diese weicht einer bloß im Hergebrachten *noch bestehenden Duldung.*

Die bloße Duldung der Führungsschichte läßt schon den Platz für eine neue Führungsgruppe offen.

Das *Verhältnis von Bindung und Freiheit* läßt in der Regel zuerst den Verfall ankünden, denn die einseitige Überbetonung eines Ordnungsprinzipes der Bindung oder der Freiheit bringt entweder eine so große Erstarrung, daß eine leistungsbedingte Weiterentwicklung der Wirtschaft mit steigendem Wohlstand und wohl begründeter Gesichertheit gefährdet wird, oder sie bringt eine so große Lockerung, daß manche Gruppen, denen die Sicherung durch Vermögensbestände nicht gelang, vom wirtschaftlichen und gesellschaftlichen Verfall bedroht werden. In beiden Fällen wird zunächst das jeweils geltende Verhältnis von Freiheit und Bindung *für unzulänglich* und alsbald auch für *unrichtig* und daher für *untragbar* erkannt und als solches hingestellt. Das wichtigste Ordnungsprinzip verliert auf diese Weise seine Gültigkeit und damit seine prägende Kraft in der Wirtschaftsepoche.

Die Ordnung der gesellschaftlichen Wirtschaft ist für eine Wandlung reif.

Ist das Ordnungsgefüge von der Wirtschaftsgesinnung über die Führungsschichte bis zum Verhältnis von Freiheit und Bindung durch die Rücknahme der bisher geltenden Ordnungskraft der Entelechie soweit gelockert, dann kann im Gegenstoß eine neue Entwicklung ansetzen.

Das Gesetz der gegensätzlichen Entfaltungsfolge kann wegen des Verfalles der alten Ordnung wirksam werden.

Im Endstadium des Entfaltungsgeschehens wird die Ordnungskraft der Entelechie so schwach, daß nicht nur *keine Weiterentwicklung* möglich wird, sondern von allen Seiten her die Verfallserscheinungen auf das *Ende der Entfaltungsphase* hinweisen.

Die *Wirtschaftsgesinnung* ist zwar noch in Geltung, wird aber vielfach nicht mehr verstanden. Sie wird deshalb zum einseitigen Dogma, das gar keine Varianten offen läßt und daher abwegig wirkt. Der *Ausweg* scheint nur noch die *Flucht ins Gegenteil* zu sein.

Die *gesellschaftliche Führungsschichte* begründet ihr Führungsrecht kaum mehr durch ihre Führungsleistungen, sondern nur noch durch zugerichtete Privilegien und ein System verfestigter Rechte. Die *Führungsgruppe* verliert den Zusammenhang mit den anderen Gruppen und gerät so in einen *Schwebezustand,* von dem sie die *geringste Erschütterung abtreiben* kann.

Die *Proportion von Bindung und Freiheit* schlägt derart in ein Extrem aus, daß keine Spannung mehr möglich, sondern bloß ein starres System gegeben ist. Die abwegige Einseitigkeit von Bindung oder Freiheit läßt die *Hoffnung auf eine Änderung immer stärker* werden.

Der Verfall ist allseitig gegeben und wirkt wie ein Sog zu einer im Gegensatz erneuerten Ordnung. Das gegenwärtige Ordnungssystem scheint in allen Ordnungselementen ausgeschöpft, weshalb eine Erneuerung aus sich selbst heraus allen unglaubwürdig wird und daher unmöglich scheint. Die alte Ordnung ist so erfüllt, daß nur noch die Flucht zu einer gegensätzlich neuen Ordnung die geschichtliche Weiterentwicklung zu bringen verspricht. So setzt in der gegensätzlichen Wirtschaftsgesinnung und im gegenteiligen Spannungsverhältnis von Freiheit und Bindung eine neue Gesellschaftsgruppe zu einer neuen Entfaltungsentwicklung einer neuen Epoche an.

Die Geschichte der Wirtschaftsordnung beginnt mit einem neuen Ordnungssystem, das mit dem alten wegen dessen abwegiger Schlußphase nur im Gegensatz beginnen kann.

Das Gesetz der gegensätzlichen Entfaltungsfolge bringt neuerdings das Gesetz der Entfaltung einer neuen Wirtschaftsordnung hervor.

2. Die Darstellung der Wirtschaftsordnung in Idealtypen

Die Geschichte eines Kulturkreises ist ein Integrum und die einzelnen Epochen sind seine Teilganzen. Diese Ganzen gilt es durch die integrale Methode zu erkennen und darzustellen. Vom Ausgang her, von einer ganzen Epoche ist die geschichtliche Darstellung integral, weil die jeweils ganze Epoche und über eine solche hinweg die Epochenfolge in Betracht gezogen wird. Die Darstellung des Gesetzes der Entfaltung für eine Epoche und die Darlegung des Gesetzes der gegensätzlichen Entfaltungsfolge ist, weil jeweils von einem Ganzen ausgegangen wird, *integral.*

3. Mönche bei der Erntearbeit um 1500

.I.

Incipit liber primus fratris thome de kē
pis canonici regularis ordinis sancti au
gustini. De imitatione cristi et de contēp
tu omni vanitatū mundi. Capit I.
Qui sequitur me non ambu
lat in tenebris sed habebit lu
men vite dicit dominus. Hec
sunt verba cristi quibus āmonemur

4. Thomas v. Kempen schreibt „die Nachfolge Christi“

Die geschichtliche Darstellung kann auf diese Weise zwei Seiten gerecht werden:

„ihrer vergänglichen Seite, die sie hineinbettet in die Geschichte mit ihren Geisteskämpfen, mit ihren Widersprüchen, ihren Antinomien, mit der Größe und dem Elend der Menschen, die diese Geschichte machen,

und zugleich ihrem Unvergänglichen, das die Geschichtlichkeit hinter sich gelassen hat und hier, noch im irdischen Bereich, schon hineinreicht, sagen wir nicht in Zeit*loses*, sondern Zeit*freies*, in die Sphäre allgemeiner Gültigkeit" (*H. Sedlmayr*, Salzburgs Aufgabe in der Kunstgeschichte, Salzburg - München 1966, S. 18, Salzburger Universitätsreden, H. 8).

In der Erläuterung einer Epoche greift ein *analytisches Verfahren* ein, in dem ein in jeder Epoche geltender Idealtypus analysiert und in seinen ganzheitlich bedingten Ordnungselementen dargestellt wird. Die Darstellung der Geschichte der Wirtschaftsordnung ist integral und analytisch in einem.

Da die Geschichte im gesamten und daher auch die Geschichte der Wirtschaftsordnung dem Gesetz der Entelechie und damit dem Bauplan eines Werdeganges folgt, ist im Verlauf der Geschichte eine Gesetzmäßigkeit gegeben. Da dem so ist, kann die Darstellung der Geschichte der Wirtschaftsordnung auch in einem System erfolgen und braucht sich nicht in einer Darstellung von vielen nebeneinander gelegenen Ordnungserscheinungen und Verhaltensweisen der Wirtschafter zu erschöpfen. Wäre die Geschichte der Wirtschaftsordnung nur die Darstellung jeweils zufällig gehäufter Ordnungselemente, dann brauchte man diese bloß zu beschreiben, ohne jemals einen inneren Zusammenhang der Ordnungselemente erkennen zu können. So kann aber die geschichtliche Darstellung dem eigentlichen Gesetz der Wirklichkeit in jeder Ordnungsepoche folgen und die Wirklichkeit nach-schreiben. Bei dieser Nach-Schreibung wird die geschichtlich verlaufene Wirklichkeit komprimiert, damit sie deutlich sichtbar wird. Sie wird für jede Epoche in Idealtypen konzentriert und daher in *„überwirklichen Idealtypen" herausgestellt. Die Darstellung der Geschichte der Wirtschaftsordnung erfolgt in Idealtypen* (Max Weber).

Die Idealtypen sind jeweils *übersteigerte* oder für die Darstellung *zusammengepreßte Wirklichkeiten.* Im Idealtypus werden die Ordnungselemente einer Epoche in einem „gedachten System" (Werner Sombart) oft einseitig übersteigert und entgegen der nicht selten „unsauberen", weil nicht immer in den kleinen Details ganz folgerichtigen Wirklichkeit, „typenrein" dargestellt. „Der Idealtypus wird durch einseitige Steigerung eines oder einiger Gesichtspunkte und durch den Zusammenschluß einer Fülle von diffusen, hier mehr, dort weniger, stellenweise gar nicht vorhandenen Einzelerscheinungen gewonnen, soferne diese zu einem einheitlichen Gedankengebilde zusammengefaßt werden" (*M. Weber*, Die Objektivität sozialwissenschaftlicher und sozialpolitischer Erkenntnisse, in: Gesammelte Aufsätze zur Wissenschaftslehre, Tübingen 1922, S. 191).

Der Idealtypus einer Ordnungsepoche kommt nie rein zum Vorschein, weil in der Wirklichkeit wegen der verschiedenen Entfaltungsdichte einmal die Wirtschaftsgesinnung voraus ist und das Verhältnis von Freiheit und Bindung dem Gesinnungstypus nachhinkt oder auch umgekehrt. Der Idealtypus ist auch nicht überall in gleicher Reinheit gegeben, weil die Entwicklungsverhältnisse nicht überall gleich sind. Ebenso kann der Idealtypus des Entwicklungsbauplanes der Epoche in der Zeit ungleich wirksam sein, weshalb Vorausentwicklungen und nachhinkende Entfaltungen sichtbar werden. Im Idealtypus wird als „geistige Einheit" trotz der zeitlich, räumlich und funktionell verschiedenen Entfaltungsgrade der für die Epochenentfaltung wirksame Bauplan offenbar. Diesen Plan der Entfaltung gilt es durch den erdachten und aus dem Ganzen erahnten Idealtypus zu erfassen (*W. Sombert*, Die Ordnung des Wirtschaftslebens, Berlin 1925, Enzyklopädie der Rechts- und Staatswissenschaften, Bd. 35, S. 14). Da die Wirklichkeit einem hinter den Einzelheiten wirksamen Entelechieplan folgt, kann dieser auch in der Nachschrift der Wirklichkeit als Idealtypus verstanden werden.

Je näher der Idealtypus dem Entelechieplan kommt, desto genauer ist die Darstellung der Geschichte der Wirtschaftsordnung.

Die Aufgabe der geschichtlichen Darstellung ist es nun

zunächst: den Idealtypus als konzentrierte Wirklichkeit für jede Ordnungsepoche herauszustellen und

dann: die Annäherungsgrade zwischen Wirklichkeit und Idealtypus im einzelnen festzuhalten.

In dieser *integralen* vom Ganzen der Ordnungseinheit der Epoche her verfolgten *Methode* kann *in Analyse* der im Zusammenhang stehenden Ordnungselemente *die Wirtschaftsordnung einer Zeit verstanden werden*.

Nun gilt es: die *einzelnen Idealtypen* der Ordnungsgeschichte abstrakt herauszuarbeiten und in der Darstellung der Geschichte der Wirtschaftsordnung *die einzelnen Idealtypen der Wirklichkeit nachzuschreiben*.

3. Die Idealtypen in der Geschichte der Wirtschaftsordnung

Jede Gesellschaft bedarf einer Ordnung für ihre Stände, Gruppen und Schichten, damit diese dem Aufbau der Gesellschaft gemäß ihre Aufgaben und Funktionen für das Ganze ungestört leisten können und damit die einzelnen in den Gruppen und Schichten das Ihre vollbringen und damit sich selbst zur Entfaltung bringen können. Die Ordnung bestimmt, welche

Lebensbereiche von welchen Schichten und von welchen Ständen und Gruppen getätigt werden. Die Ordnung bestimmt auch, wie die Gruppen und wie die Einzelnen miteinander in Beziehung treten. Die Ordnung bestimmt immer auch, in welcher Über- und Unterordnung die Gruppen zueinander stehen, sie bestimmt: welche Schichte den anderen vorgeordnet und welche Gruppen nachgeordnet sind. Diese Grundordnung der Gesellschaft mit Über- und Unterordnung der Gruppen ist immer gegeben, mag auch die Bestellung der Führungsschichte verschieden geregelt sein. Die Führungsschichte kann sich gewaltsam etwa durch Einwanderung oder durch Überwanderung über die anderen gesetzt haben, sie kann ihre Führungsfunktion durch das Herkommen legitimiert erhalten, sie kann aber auch durch genossenschaftlichen Auftrag als beauftragte Schichte die Leitung innehaben. *Die Gesellschaftsordnung ist immer eine Über- und Unterordnung.*

Da die Wirtschaft ein Teilbereich der Gesellschaft ist, kann die Wirtschaftsgesellschaft auch nur als Gesellschaftsgruppe im *Rahmen* der Gesellschaftsordnung leben und werken. Ja, die Gesellschaft ist noch mehr als nur ein Rahmen, sie ist der *Boden,* aus dem die Wirtschaft mit ihrer gesellschaftlichen Verpflichtung sprießt. Die Gesellschaft bestimmt für die Wirtschaft den Auftrag, indem sie die Ziele für das Wirtschaften setzt, sie gibt aber auch die Grundlagen für die Wirtschaftsentfaltung, indem sie die Menschen als die tragenden Kräfte der Wirtschaft zur Verfügung stellt. Die Gesellschaftsordnung bestimmt auch die Ordnung der Wirtschaftsgesellschaft.

Im Verlauf der Geschichte der Wirtschaftsordnung kommen die zwei anderen Ordnungselemente, die Wirtschaftsgesinnung und das Verhältnis von Freiheit und Bindung, jeweils im Ordnungstypus der verschiedenen Herrschaftsformen entsprechend zur Wirkung. Die Wirtschaftsgesinnung bringt mit den gesellschaftlich bedingten Motiven des Wirtschaftens das Streben nach Mehrerwerb und höherem Lebensstandard oder das Streben nach Sicherheit für die materielle Grundlegung einer Gesellschaftsordnung. Das Verhältnis von Freiheit und Bindung folgt der Gesellschaftsordnung so, daß der Ordnungsstruktur gemäß einmal die Freiheit und ein andermal die Bindung stärker verwirklicht wird. So ergibt sich mit der Gesellschaftsordnung auch die Wirtschaftsordnung mit der jeweils zugehörigen Wirtschaftsgesinnung und dem entsprechenden Verhältnis für Freiheit und Bindung.

Im Verlauf der Gesellschaftsgeschichte treten dem Gesetz der gegensätzlichen Entfaltungsfolge gemäß einander abwechselnde Idealtypen mit der jeweils prägnanten Führungsschichte hervor. *Die Gesellschaftsgeschichte ist demnach eine Reihenfolge verschiedener Idealtypen der Führungsschichten.*

In jeder Epoche tritt ein Idealtypus mit einer Führungsschichte, aber auch mit einem durchgehenden Ordnungsgepräge für alle Lebensbereiche hervor. Der Idealtypus als Bauplan der Epoche ist so gestaltungskräftig, daß er alle Gesellschaftsglieder und alle Lebensbereiche durchdringt, daß er alles in seine Gestaltungstätigkeit einbezieht und daß er alles: die Religion und die Kunst, die Gesellschaft und die Wirtschaft einheitlich durchwirkend formt. Dadurch erhält jede Ordnungsepoche einen durchgehend einheitlichen Ausdruck. Dieser einheitliche Ausdruck erfaßt die Gesellschaftsordnung und die Wirtschaftsordnung genau so wie den Kunststil der Zeit. Beide folgen dem gleichen Idealbild und dem gleichen formenden und einheitlich geformten Leitbild. Das leitende und normgebende Ordnungsbild der Gesellschaft und der Wirtschaft ist in gleicher Weise als Idealtypus auch für den Zeitstil der Kunst bestimmend. So kommt in der Struktur der Gesellschafts- und Wirtschaftsordnung der „gleiche Grundriß und Aufriß" wie im Kirchenbau zum Vorschein. Der Grundriß und der Aufriß der repräsentativen Bauten, der Dome, zeigt wie im Spiegelbild die Gesellschaftsordnung oder umgekehrt: die Ordnungsstruktur der Gesellschaft und der Wirtschaft findet im Grundriß wie auch im Aufriß der Dome ihren Niederschlag. Die Zeitsignatur zeigt sich im gleichen Ordnungsbild der Gesellschaft und Wirtschaft wie im gleichen Stil der Bauten.

Diese Parallele ist so stark und so eindeutig, daß man beinahe von einer „naturgegebenen Ordnung" für beide Bereiche sprechen kann. Es wirkt eben in allen Bereichen der gleiche Idealtypus durch, in der Gesellschaftsordnung und im geformten Stil der Kunst. Die formende Entelechie, ausgeprägt im geltenden und formenden Leitbild des Idealtypus, durchdringt alle und „erzeugt" die Einheit einer Zeitepoche. Dies kann unschwer in den Wirtschaftsordnungen für die einzelnen geschichtlichen Epochen des Abendlandes gezeigt werden: in der *herrschaftlichen*, in der *ständischen*, in der *landesfürstlichen*, in der *ungebundenen* und in der *organisations- und staatlich gebundenen Wirtschaftsordnung*.

Die herrschaftlich gebundene Wirtschaftsordnung

ist in der Gesellschaftsgliederung fundiert. Diese Gesellschaftsordnung kennt zwei Ordnungsgruppen: den Adel und die meist unfreien Bauern. Beide haben ihre Standesfunktionen und ihre Standesrechte mit den Standespflichten.

Der *Adel* gliedert sich in Herzog, Markgraf, Grafen und freie Herren, wozu auch die Bischöfe und die Äbte gezählt werden können. Der Adel und die Äbte haben die Gesellschaftsführung in allen Kulturbereichen, in den gesellschaftlich-politischen Aufgaben und in allen wirtschaftlichen und fürsorglichen Verpflichtungen. Sie haben den Ihren Schutz und Schirm zu leisten. Diesen ihren Aufgaben entspricht auch ein bestimmter

Stil der Lebensführung und demgemäß auch ein in Art und Menge bestimmter Aufwand. Um diesen Aufwand gewährleistet zu haben, gebührt der führenden Gruppe auch eine bestimmte Zuteilung aus dem Ertrag der Bodenbearbeitung.

Die *Bauern* haben die wirtschaftlichen Mittel aufzubringen, damit die Führungsschichte ihre Leistungspflichten vollbringen kann und die Bauern ihre Lebenshaltung gesichert haben. Für die Sicherung von oben leisten die Bauern die wirtschaftliche Mittelbereitung von unten.

Dadurch ist die *Wirtschaftsgesinnung* dieser Epoche auf *gegenseitige Sicherung* abgestellt. Der Adel schirmt die Bauern gegen alle Gefährdungen ab und die Bauern sichern den Adel gegen wirtschaftliche Not. Dieser Wirtschaftsgesinnung der Sicherung entspricht die herrschaftliche Bindung, in der die Führungsschichte die Ziele des Wirtschaftens und die Dispositionen für die wirtschaftlichen Unternehmungen bestimmt, die technischen Vollzugshandlungen für die Wirtschafter aber frei bleiben.

Die *Bestätigung* dieser Gesellschafts- und Wirtschaftsordnung findet sich im Grundriß und Aufriß der zeitgemäßen romanischen Dome. Der *Grundriß* ist zweigeteilt: der Raum der Apside entspricht der Adelsschichte und der große Raum des Kirchenschiffes der großen Zahl der Bauern. Der Apsidenraum ist noch gegliedert in die Hauptapsis mit der Deutung auf Herzog und Markgraf und in die zwei Seitenapsiden mit der Deutung einerseits auf den Adel mit Grafen und freien Herren und anderseits auf die geistlichen Herren mit Bischöfen und Äbten. Die Bestätigung im *Aufriß* einer seitlichen Bogenflanke der Dome entspricht eben dieser Raumdeutung: der große Bogen im unteren Teil schließt die Bauern ein und der obere Teil mit meist einer Zweiteilung läßt auf den Herzog und Markgrafen zu oberst und auf die Adeligen und Äbte im Mittelfeld schließen (vgl. Skizze 1).

Die herrschaftliche Gesellschafts- und Wirtschaftsordnung hat ihre durchgehend einheitliche Signatur mit der Gesinnung der Sicherung und mit dem gebundenen herrschaftlichen Dispositionsrecht des Adels und dem freien Vollzugsrecht der Hintersassen.

Die ständisch gebundene Wirtschaftsordnung

hat ihre Grundlage in der ständischen Gesellschaft, die sich in mehrere ständische Gruppen aufgliedert, und zwar im Adel der Fürsten, Grafen, Freien Herren und der als rittermäßige Leute zugewachsenen Ministerialen, im städtisch-bürgerlichen Kreis die Zünfte, Zechen und Gilden und im ländlichen Bereich der Bauern in den weltlichen und geistlichen Grundherrschaften. All diese vielfältigen Ständegruppen sind nur in sich gleich, weil nur Ebenbürtige und Standesgenossen gleich sind. Sie waren nach außen hin durch ein eigenes Recht abgeschlossen. Das gesamte Leben spielte sich in den ständischen Gemeinschaften ab. Daher war auch die Lebensführung für jede Gruppe standesgemäß, was bis zur ständisch bedingten Kleiderordnung gehen konnte. Diesem *ständischen Leben* entsprach in der Folge für die Wirtschaft der *standesgemäße Unterhalt*. Dies war der standesbedingte, vom gesellschaftlichen Quale der Standeszugehörigkeit bestimmte Aufwand, dem in den verschiedenen Zunft- und Gildeordnungen das standesgemäße Einkommen garantiert wurde. Die Gesellschaftsordnung gab der Wirtschaft die Ziele und die Wirtschaftsordnung garantierte die Zielerreichung. Die Wirtschaftsgesinnung folgte aus der ständisch geordneten Gesellschaft und war durch die Garantie des standesgemäßen Auskommens weitgehend gebunden. Sie ließ nur für die Persönlichkeitsentfaltung die Freiheit für die Qualitätsarbeit zu.

Die *Bestätigung für die Gesellschafts- und Wirtschaftsordnung* ist im *Grundriß* und Aufriß der gotischen Dome und Kirchen zu finden. Der Grundriß gliedert sich im gotischen Dom in einen Kranz von Kapellen auf, wodurch in der Kirche die Gesellschaftsordnung als eine in vielen Gemeinschaften und Ständen gegliederte Ordnung zum Vorschein kommt. Der *Aufriß* einer Domseitenflanke zeigt einen großen Bogen vom Boden aufstrebend, die Bauern symbolisierend, in der Mittelhöhe ein mannigfach gegliedertes Bogengebilde als reichhaltiges Bild der Zünfte und Gilden und schließlich im Oberteil auch wieder eine meist übereinandergeordnete Mannigfalt von Bögen und Feldern, die unweigerlich den gesellschaftlich weit aufgegliederten Adel andeuten (vgl. Skizze 2).

Die ständische Gesellschafts- und Wirtschaftsordnung fächerte sich in Adel, Bürger und Bauern und in diesen Gruppen in viele Teilgemeinschaften des Adels, der Zechen und Gilden und der vielen geistlichen und weltlichen Grundherrschaften auf. Die Wirtschaftsordnung gab allen die Garantie des gesellschaftlich bedingten, standesgemäßen Unterhaltes für das Einkommen und Auskommen. Die Wirtschaftsgesinnung erschöpfte sich in der ständischen Gesichertheit und das Verhältnis von Bindung und Freiheit gewährleistete die Garantie für die ständische Wirtschaftsgesellschaft.

Die landesfürstlich gebundene Wirtschaftsordnung

folgte einer monokratischen Gesellschaftsordnung, in der der Landesfürst alles und die anderen nur Untertanen waren. Dies erwirkte der Landesfürst, indem er allen ständischen Gesellschaften die soziale Funktion und damit auch die Eigenständigkeit mit dem eigenen Recht und dem eigenen Gericht, aber auch die eigene Art der Lebensführung vindizierte. Der Landesfürst blieb allein als Herr, der aus eigener Machtvollkommenheit alles anordnete und regelte. Das Motiv dieses allseitigen Staatsreglements war: die staatlich-politische Macht durch den Reichtum als Machtinstrument zu steigern, denn „mächtig seyn ist zu einem relativo geworden, so die anderen schwächer seyn“ (Hornigk, Österreich über alles, wann es nur will). Es störte keineswegs, wenn am größeren Wohlstand, allerdings in einem ehrfürchtigen „Abstand vom Hofe“, die Untertanen einen entsprechenden Anteil hatten. Diese landesfürstliche Gesellschaftsordnung mit der einen Mitte und dem Umstand der gleichen Untertanen ließ eine Wirtschaftsordnung entstehen, die im ganzen einer staatlichen Manufaktur, eben der Staatswirtschaft, wie man damals für die Volkswirtschaft sagte, glich. Alles Wirtschaften wurde im Merkantilismus von der landesfürstlichen Wohlstandspolizei geplant, geregelt und gelenkt. Die staatlichen Manufakturen erzeugten im Großen für den breiten heimischen und ausländischen Markt, die Handwerker hingegen erzeugten die Waren unter der Kontrolle der Staatskommissäre für den kleinen täglichen Gebrauch und Verbrauch. Die Bauern wurden in den erlassenen Wald- und Flurordnungen wie auch in den staatlichen Polizeiordnungen für die Agrarmärkte und in den staatlichen Verordnungen für die Grundherrschaften vom Landesfürsten gegen ihre bisherigen Schutzherren in Schutz genommen.

Die *Bestätigung dieser Gesellschafts- und Wirtschaftsordnung* ist wieder in den Grundrissen und Aufrissen der Renaissance- und Barockkirchen zu finden. Die Kirche erhält vom *Grundriß* aus ein deutlich sichtbar herausgehobenes Mittelfeld, das nur von unbedeutenden Abstellplätzen für das Volk umgeben ist. Der *Aufriß* bekräftigt dieses steingewordene System der Alleinherrschaft, indem das Mittelfeld durch Säulen überhöht und mit einer weit in die Höhe gezogenen Kuppel gekrönt wird. Der Landesfürst als alleinige Mitte und Höhe läßt für seine Untertanen gerade noch die Plätze für den Umstand frei (vgl. Skizze 3).

Die landesfürstliche Wirtschaftsordnung war eine monokratische Ordnung, in der der Fürst das dynamische Ziel der politischen und ökonomischen Machtstellung für sich und die Wohlstandssicherung für seine Untertanen angab. Die landesfürstliche Wohlstandspolizei reichte bis an die Grenzen des Reglementierbaren. Dort blieb für den Vollzug der Wirtschaft den Untertanen eine noch eng begrenzte Freiheit.

Die ungebundene Wirtschaftsordnung

wurde im Gegensatz zur hypertrophen Staatsumklammerung des merkantilistischen Polizeistaates von der Gesellschaft und vom Staat herausgelöst und der Eigengesetzlichkeit der Wirtschaft unterstellt. In dieser folgten alle Wirtschaftsvorgänge und alle wirtschaftlichen Überlegungen dem Marktgesetz von Angebot und Nachfrage und nur diesem: in der *freien Marktwirtschaft*. Das Marktgesetz regelte die Erzeugung und die Verteilung. Die Erzeugung wurde in Hinsicht auf die Art und die Menge der Erzeugung vom Marktgesetz geregelt, weil nur die Differenz von Marktpreis und Erzeugungskosten die Anweisung für die Erzeugung gab: ist die Differenz positiv, dann weist der Gewinn an, weiter zu erzeugen; ist die Differenz negativ, dann verbietet der Verlust die weitere Erzeugung. Auch die Verteilung wurde vom Marktgesetz geregelt, weil die Eigentümer der Produktionsfaktoren für die Mitwirkung ihrer Faktoren an der Erzeugung im Marktpreis als Lohn, Zins und Grundrente ihre Vergeltung erhalten. *Die Wirtschaft regelte sich auf Grund des Markt-Preisgesetzes autonom.* Die Wirtschaft brauchte keine Abhängigkeit von der Gesellschaft und keine Lenkung durch den Staat.

Die von der freien Marktwirtschaft erwarteten ökonomischen und sozialen Harmonien (F. Bastiat) stellten sich aber nicht ein. Im Gegenteil: aus der Wirtschaft erwuchsen für die Gesellschaft solche Spannungen, wie sie bis dahin noch nie gegeben waren. Der Oligarchie der Industriellen stand das industrielle Proletariat gegenüber, das sich aus den abgestifteten Bauern und aus den zu Tode konkurrierten Handwerkern als Gruppe der aus der geltenden Gesellschaftsstruktur Geworfenen ergab. Die Wirtschaftsgesellschaft drückte der Gesellschaft das Siegel des Klassenkampfes auf, indem der kleinen Klasse mit geballtem Reichtum die große Klasse der gehäuften Not und totalen Ungesichertheit gegenüberstand.

Eine *Bestätigung* in der Kunst fand sich für diese Gesellschafts- und Wirtschaftsordnung nicht, weil zu dieser Zeit trotz des wachsenden Reichtums keine eigene Kunstrichtung entstand. Die Kunst der Zeit lebte bloß von der Leihe aus früheren Stilen. Wäre ein eigener Stil gewachsen, dann hätte dieser einen Raum mit einer oligarchen Spitze und einem breiten Feld für die Massen darstellen müssen.

Die Wirtschaftsordnung der ungebundenen und freien Marktwirtschaft brachte wohl eine Steigerung des Reichtums, aber auch eine Wirtschaftsgesellschaft mit Klassengegensätzen.

Die organisations- und staatlich gebundene Wirtschaftsordnung

entstand zur Behebung der wirtschaftlichen und gesellschaftlichen Disharmonien aus der freien Marktwirtschaft, indem sich die sozial und wirtschaftlich Geschwächten, die Industriearbeiter, die Handwerker und die Bauern, in Selbsthilfeorganisationen zusammenschlossen. Die totale wirtschaftliche Ungesichertheit wurde durch neue organisatorische Bindungen mit den erforderlichen Sicherheits- und Sicherungsinstitutionen zu überwinden versucht. Die Massengesellschaft zerteilt sich wieder in den neuen Organisationen der Gewerkschaften, der Genossenschaften und der Kartelle, so daß schließlich die ungegliederte Masse eine in Gruppen neu organisierte Gesellschaft wurde. Die freiwillig gebildeten Organisationen wurden durch die gesetzlich geschaffenen Kammern für Arbeiter und Angestellte, für die Unternehmer der gewerblichen Wirtschaft

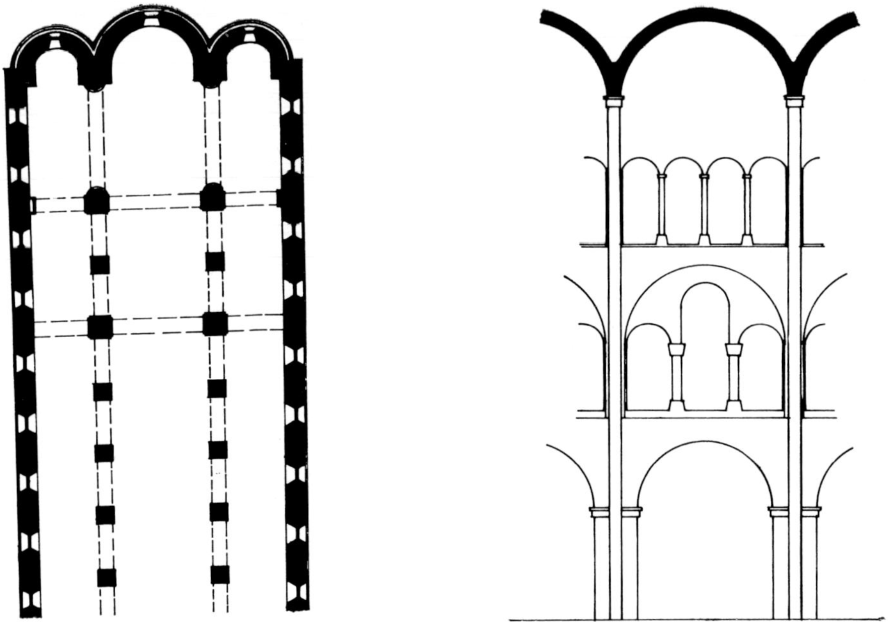

Skizze 1: Dom zu Gurk.

Gleichförmigkeit von Raumordnung und Gesellschaftsordnung: romanischer Dom und herrschaftliche Ordnung.

Der Grundriß deutet mit der dreigliedrigen Apsis die Führungsgruppe mit Markgraf und den weltlichen und geistlichen Herren und mit der einheitlichen Halle das Volk der Hintersassen an.

Im Aufriß weist der große Bogen auf die vielen Hörigen und das Drei-Bogen-Gebilde auf die dreigliedrige Führungsspitze hin.

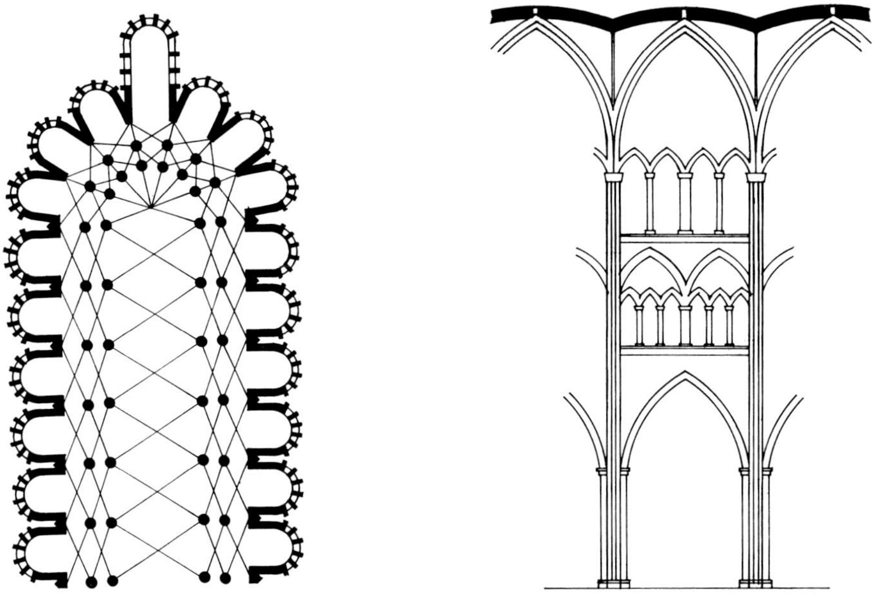

Skizze 2: Dom zu Le Mans.

Gleichläufigkeit von Raumordnung und Gesellschaftsordnung: gotischer Dom und ständische Ordnung.

Der Grundriß mit dem Kapellenkranz spiegelt die vielgliedrige Gesellschaft mit der Herrschaftsspitze des Herzogs und

der Aufriß im großen Bogen die Bauern, im gegliederten Bogen die Städte mit den Zünften und zu oberst den reich gegliederten Adel mit der Spitze des Herzogs wieder.

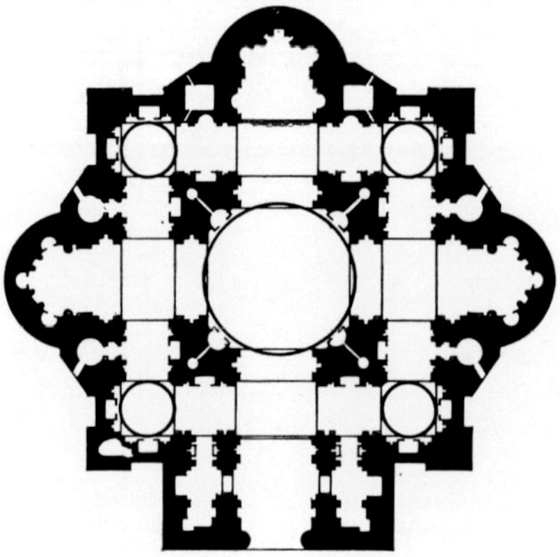

Skizze 3: Dom zu St. Peter in Rom.

Parallele von Raumordnung und Gesellschaftsordnung:
Renaissance-Dom und landesfürstliche Ordnung.

Die Grundfläche schließt die Masse der gleichen Untertanen ein, der Aufriß mit der hoch gezogenen Kuppel zeigt als Symbol die Souveränität des Fürsten.

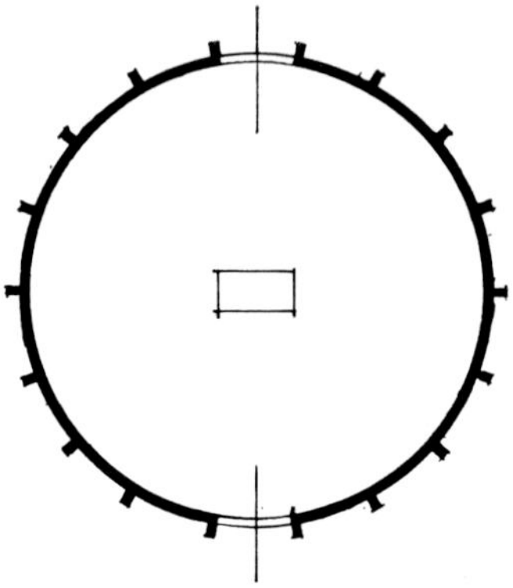

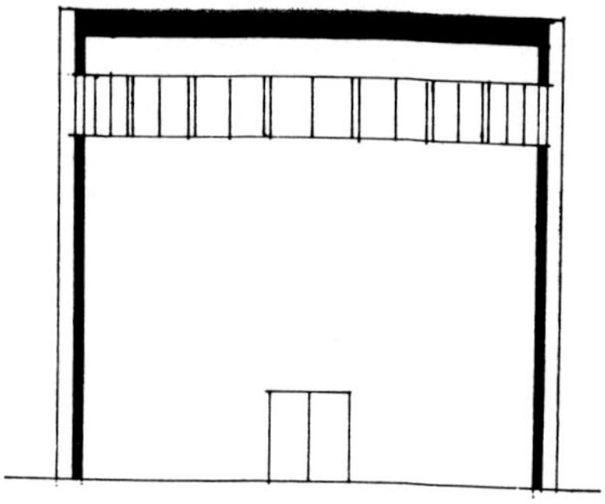

Skizze 4: Plan vieler moderner Kirchen.

Entsprechend von Raumordnung und Gesellschaftsordnung:
Rundkirche und Massengesellschaft.

Die Rundmauer schließt die Gesellschaft der Gleichen ein und weist radial auf die Organisationszentrale.

Das schwere Dach der Zylinderkirche zeigt deutlich die Schutzgewalt des Versorgungsstaates.

und für die Bauern in Land- und Forstwirtschaft zu einem Ganzen ergänzt. All diese Organisationen haben einen beinahe gleichlautenden Zweckparagraphen: sie haben „die Interessen ihrer Mitglieder zu vertreten". Sie sind demnach Schutzorganisationen zur Betreuung ihrer Mitglieder. Das Schutzinteresse richtet sich nach der zur allgemeinen Geltung kommenden Wirtschaftsgesinnung auf die *Sicherung des Einkommens* und auf die *Sicherheit des Auskommens.* Die Gesellschaft wurde eine in Großgruppen durchorganisierte Verbände-Gesellschaft, in der die Verbände die Tendenz verfolgten: *die Organisierten für alle Lebensbereiche total zu erfassen.* Die Macht der Organisationen verursachte so auch die Ohnmacht der Organisierten.

Da die Betreuung der Organisationsmitglieder immer intensiver wurde, wurde sie auch kostspieliger, weshalb die Verbände und die Kammern konzentrisch den lange abseits stehenden Staat mit immer mehr Ordnungs- und Fürsorgeaufgaben betrauten. Der Staat wurde gemäß dem Gesetz von den wachsenden Staatsaufgaben zur gesellschaftlichen und wirtschaftlichen Sicherungseinrichtung für alle und gegen alle Unfälle des Lebens. *Der Staat wurde zum versorgenden Verwaltungsleviathan.*

Da der Staat für die Volkswirtschaft immer mehr Ordnungs- und Lenkungsaufgaben für die Struktur- und Konjunkturpolitik übernehmen mußte, wurde er die oberste und die alles umfassende Ordnungsinstanz. Da man dem Staat für die volkswirtschaftlichen Planungs- und Direktionsaufgaben auch noch eine stets sich erweiternde Reihe von sozialwirtschaftlichen Schlüssel-Unternehmungen übereignete, wurde er in Verbindung mit seiner organisationskräftigen Staatswirtschaft, die mit ihren Ausgaben, vor allem mit den Investitions- und Subventionsausgaben, aber auch mit ihren Einnahmen die gesamte Volkswirtschaft durchdringend gestaltete, *zum ökonomischen Leviathan der Volkswirtschaft.*

Der Staat nahm seine Staatsbürger als Verwaltungs-„Material" (Rechtsunterworfene) und seine Wirtschafter als total Betreute unter seine Schutzglocke, wodurch sie total befürsorgte Untertanen wurden, die auf die eigene Initiative und Selbstverantwortung verzichten konnten, weil ihnen die gewünschte Sicherung für das Einkommen und Auskommen vom Staate zukam.

Als *Bestätigung für diese Ordnung* kann in den modernen Kirchenbauten unschwer die Parallele im Grundriß und Aufriß gefunden werden. Der *Grundriß* stellt eine Kreisfläche dar, in deren Mitte der Altar wie ein Selbstbedienungsladen fungiert und in deren umfassende Ringfläche die Massen in organisiert gleichwertigen Gruppen „aufgestellt" sind. Der *Aufriß* stellt einen Zylinder dar, der im oberen Teil durch einen schmalen Schlitz das Licht gebrochen durchläßt und der zu oberst von einer schweren Betondecke überdacht wird. Die zylindrische Umfassung deutet die gleichmäßig umfaßte und betreute Masse an, das schwere Beton-Schutzdach zeigt die gesellschaftlich und wirtschaftlich fürsorgende Schutzmacht des Staates. Das Bild der Gesellschafts- und Wirtschaftsordnung ist mit der künstlerischen Raumgestaltung von heute „gleichgeschaltet“ (vgl. Skizze 4).

Die organisations- und staatlich gebundene Wirtschaftsordnung umfaßte eine für alle Fälle gesicherte Gesellschaftsordnung, in der das System der Sicherungsbindungen stärker war als die initiative Freiheit der einzelnen.

D. Østerreich und seine geschichtlichen Ansätze

1. Österreich und die Österreicher

Das österreichische Credo

Euch singe ich, ihr künftigen Geschlechter,
Von denen, die schon fast vergangen sind,
Als ihrer einer, der ich bin: ein echter
Altösterreicher und ein Wiener Kind!
Klein bist du zwar, mein Vaterland, geworden,
Ein Baum, entblättert durch der Zeiten Sturm;
Sieht deine Grenzen jetzt nach Ost und Norden
Beinah der Wächter doch vom Stephansturm.
Und was da fiel, sind leider nicht nur Blätter,
Ab brach auch mancher engverwachsne Ast.
Doch immerhin, das Herzland deutscher Väter,
Der Stamm blieb zwar nicht ganz, doch blieb er's fast.
Er war's ja immer, den wir heimlich meinten,
Wenn uns're Lippe aussprach: Österreich;
Denn all die anderen mit uns Vereinten
Empfanden fremd, zum mindesten nicht gleich.
Wir aber fühlten diesen alten Namen
Wie Heiliges, aus dem ein Schauer weht,
Und Millionen Herzen schlugen Amen
Zu diesem Namen wie auf ein Gebet.
Von eben diesen Herzen will ich künden,
Nicht nur als Lober der Vergangenheit;
Sie hatten ihren Irrtum, ihre Sünden,
Wer hat sie nicht: welch Volk und welche Zeit?
Wohl wahr, sie schienen unbewegte Zecher
An ihren Tischen, schön und wohlbestallt;
Allein die Neige ihrer heitren Becher
War nie der Haß, ihr Rausch war nie Gewalt.
Sie trauten ihren Obern leicht wie Kinder
Und hielten Treu', selbst wo man sie verriet.
Je nun, die Treue ward darob nicht minder,
Vielleicht gerad darum zum hohen Lied.

Von Freiheit hörte man sie wenig schreien,
Und als sie kam, kam sie fast unverhofft;
Doch war sie nicht Gehorsam von Lakaien,
Wer innen frei, fügt sich nach außen oft.
Sie ließen ihre Waffen gerne rosten,
Brauchten als Zeichen: Kaiser und Altar.
Doch wo sie standen, hielten sie den Posten,
Selbst wenn der Posten ein verlorner war.
Sie lebten gern für sich und ihre Erben
Und freuten sich an ihrem Eigentum,
Doch wie zu leben, wußten sie zu sterben
Und groß ist ihrer Leiden Dulderruhm.
Unendlich ist, was dieses Volk gelitten,
Erniedrigung, Verfolgung, Hunger, Leid —
Und trug es stark und trug's mit sanftem Bitten
In Stolz und Demut seiner Menschlichkeit.

Anton Wildgans

Trauernd fährt Frau Frohmut nun dahin von Land zu Land,
Ob sie jemand fände, der so richtig fröhlich sei.
Wer denn ist der Frohe, der ihr seine Boten sandte
Mit der Kunde: Sei von allem Ungemach nun frei!
Wer spürt soviel Mut in sich,
Ihr sich zu verbinden?
Das ist Herzog Friedrich.
Möge sie ihn finden!
Sie hat auf der Suche alles deutsche Land durchfahren,
aber nirgends einen Fröhlichen erblickt.
Wo sie hin kam, nichts als Trauer war da zu gewahren.
Ihr ihre Späher nun hat sie nach Österreich geschickt.
Sie ziehn all da her und hin,
Heimlich, ungesehen,
Um mit freudevollem Sinn
Friedrich zu erspähen.
Bietet er ihr Herberg, wird sie gerne bei ihm bleiben.
Also wars ihr Wille, als der Bote von ihr schied.
Hier mit den Gespielen will sie sich die Zeit vertreiben.

Neidhard von Reuenthal um 1230
Übertragen von Wilhelm Szabo, 1960

Ja,
Der Österreicher hat ein Vaterland
Und liebt's und hat auch Ursach, es zu lieben.

Friedrich Schiller, Wallensteins Tod, I, 5

Drum ist der Österreicher froh und frank,
Trägt seinen Fehl, trägt offen seine Freuden,
Beneidet nicht, läßt lieber sich beneiden!
Und was er tut, ist frohen Muts getan,
's ist möglich, daß in Sachsen und beim Rhein
Es Leute gibt, die mehr in Büchern lasen:
Allein, was not tut und was Gott gefällt,
Der klare Blick, der offne, richt'ge Sinn,

Da tritt der Österreicher hin vor jeden,
Denkt sich sein Teil, und läßt die andern reden.

Franz Grillparzer,
König Ottokars Glück und Ende, I, 3

Die Österreicher: was immer sie sind, sind sie halb und ganz zugleich, sie sind jeweils aber auch das Gegenteil dessen, was sie zu sein scheinen, sie sind die verewigte Möglichkeit, die in Permanenz erklärte Verheißung.

H. Weigel, O du mein Österreich,
Stuttgart 1956, S. 205

Der österreichische Mensch ist seiner Sprache und ursprünglichen Abstammung nach Deutscher und hat als solcher der deutschen Kultur und Volkheit auf allen Gebieten menschlichen Wirkens und Schaffens immer wieder die wertvollsten Dienste geleistet; Aber sein Deutschtum, so es sich zeigt und er treu auch daran festhält, ist durch die Mischung vieler Blute in ihm und durch die geschichtliche Erfahrung weniger eindeutig und spröde, dafür aber um so konzilianter, weltmännischer und europäischer.

Mag sein, daß er das jeweils vorgeschriebene Tempo nicht ganz und gar mitmacht, und nicht behende genug mittut im Veitstanze einer immer mehr entheiligenden Zivilisation, aber er wird dafür ein anderes bewahren, worauf es denn doch vielleicht einmal noch ankommen wird, wenn die Völker der Erde dereinst etwa nach anderen Maßen als denen der Gewalt und Konkurrenzfähigkeit gezählt und gewogen werden sollten:

das menschliche Herz und die menschliche Seele!

Anton Wildgans, Die Rede über Österreich,
entworfen für eine Vorlesung in Stockholm
im Herbst 1929

Wir lechzen nicht nach Menschenpein und Streit,
Denn was wir sind, sind doppelt wir im Frieden,
Und was wir können, blüht aus Heiterkeit.
Wir sind umwirkt von holdestem Betören,
Die Landschaft sänftigt jeden Sorgenblick
Und ladet ein zu süßem Ihrgehören,
Zu Wein und Liebe, Rührung und Musik.
Musik ist unsrer jungen Menschen Schreiten,
Musik, von allen Hängen jubelt sie,
Uns selbst der großen Städte Nüchternheiten
Berückt die allgemeine Melodie.
Das macht das Leben wert, die Herzen weicher,
Die Sinne fein, das Urteil menschlich-mild,
Das macht den Künstler, macht den Österreicher
Und schafft aus Träumern Helden, wenn es gilt.
Denn immer noch, wenn des Geschickes Zeiger
Die große Stunde der Geschichte wies,
Stand dieses Volk der Tänzer und der Geiger
Wie Gottes Engel vor dem Paradies.
Und hat mit rotem Blut und blanken Waffen,
Zum Trotze aller Frevelgier und List,
Sich immer wieder dieses Land erschaffen,

Das ihm der Inbegriff der Erde ist.
Erwäge dies in deinem dunklen Walten,
Unendlicher, der Schmach und Sieg verleiht!
Denn unser großes stummes Händefalten
Ist nur gerichtet auf Gerechtigkeit.

Anton Wildgans,
Ein Gebet für Österreichs Volk und Kämpfer 1914

Dies Österreich ist eine kleine Welt,
In der die große ihre Probe hält,
Und waltet erst bei uns das Gleichgewicht,
So wird's auch bei den andern wieder licht.

Friedrich Hebbel, 1862

Freilich ist, was die Eigenart des Österreichers so unverkennbar macht, schwer zu fassen. Zunächst und am auffälligsten zeigt sich, daß die Lebensführung des Österreichers von einem wunderlichen Dilemma beherrscht wird, von dem ängstlichen Gefühl einerseits, daß im Ablauf der Dinge immer etwas Drohendes, Unberechenbares mitwirke, und anderseits von der wehmütigen Einsicht, daß es im Grund vergeblich sei, etwas dagegen zu tun. Die Sprache des Landes drückt das in zwei Redensarten aus: „Da muß was g'schehn!" und „Da kann man halt nichts machen." Dieses ständige Schwanken, die Scheu vor endgültigen Entschlüssen, überhaupt vor allem, was scharfe Konturen hat, bringt ihn in den Ruf, unzuverlässig zu sein. Allerdings trägt ihm seine Schwäche auch den Nutzen ein, daß er nirgends in der Welt Feinde hat. Denn überall verzeiht man dem Nächsten lieber seine Fehler als seine Vorzüge. In Wahrheit ist der Österreicher gar nicht so unsicher, er ist nur vorsichtig. Das Schicksal hat ihn an Gefahren gewöhnt, immer mußte er und muß auch heute noch vieles gegeneinander abwägen. Die Natur ist nirgends genau, wie sollte es der Mensch in seinen Entschlüssen sein können? So ist der Österreicher zum Meister der Improvisationen geworden, der Kunst, sich mit dem jeweils Gegebenen einzurichten. Dazu braucht er Zeit, oder vielmehr, er gebraucht sie, indem er sie aus sich selbst wirken läßt. Nichts haßt er mehr als Hast, als überstürztes Tätigsein, das, was er „hudeln" nennt. Unerschöpflich ist die Geduld, mit der der Österreicher seine eigenen Schwächen erträgt. Er betrachtet eben das Dasein als ein Gefüge, das sich mit Sinn und Widersinn im Gleichgewicht hält. Vielleicht hat er auch im jahrhundertelangen Umgang mit seinen östlichen Nachbarn etwas vom Fatalismus der Orientalen ins Blut bekommen; zudem aber liebt er es, das Nüchtern-Materielle zu beseelen, zu vermenschlichen.

Der Österreicher liebt sein Land, inbrünstig sogar, obgleich er ständig nörgelt und um so weniger Gutes gelten läßt, je wohler er sich fühlt. Aber freilich wäre er arg gekränkt, wenn ihm etwa ein Auswärtiger Recht geben wollte. Er ist ein Heimwehmensch und trotzdem paßt er sich leicht an. In das Fremde schmiegt er sich hinein, aber er verschmilzt nie mit dem Fremden.

Alles Pathetische, Übersteigerte empfindet der Österreicher als peinlich, weil er im Grunde seines Herzens verschämt ist. Dennoch läßt er sich leicht rühren, er neigt zum Überschwang und gefällt sich selbst darin wie ein Schauspieler. Im gleichen Augenblick, eben aus Scham, ist er fähig, das Preisgegebene ironisch zu verzerren. Aber wer das mißversteht und ihn in seiner Blöße belächeln will, der hat sich seines schlagfertigen Witzes zu versehen.

Die Fähigkeit, sich in andere Menschen einzufühlen, ist ihm im höchsten Maße gegeben. So ungern er sich selbst belehren und schulmeistern läßt, so aufrichtig ist sein gerechtes Bemühen, jedermann in seiner Eigentümlichkeit gelten zu lassen. Es gibt kaum einen Österreicher, der sich nicht fähig fühlte, für sich allein das Österreichische zu repräsentieren. Die Freiheit im Persönlichen ist ihm heilig, und bei aller Nachlässigkeit in der äußeren Haltung hat er doch einen hohen Begriff von der inneren Würde eines jeden Menschen. Daher stammen auch die umständlichen Formen der Höflichkeit, die hierzulande üblich sind. Um nur allen Möglichkeiten gerecht zu werden, hat der Österreicher zum Beispiel ein wunderliches Zeremoniell des Grüßens entwickelt, derart, daß er mit einer unnachahmlichen Verwindung des Körpers am Begrüßten vorbei geht und sozusagen zur Auswahl eine Litanei von Redensarten murmelt, ein „Servus — Grüßgott — meine Hochachtung — habe die Ehre — wie geht's.“ Österreich ist ja auch das Land, in dem nicht nur vom Präsidenten, sondern auch von jeder Gemüsefrau Titel und Würden verliehen werden.

Immer lebt der Österreicher ein wenig über seine Verhältnisse. Es muß wohl Nestroy gewesen sein, der es fertig brachte, diese Tatsache in einem einzigen, alles umfassenden Bekenntnis auszudrücken: „Herrgott, ich möcht' so leben können, wie ich leb'!“ So ist es, seit den Tagen des lieben Augustin.

Karl Heinrich Waggerl: Vom Wesen des Österreichers
in: Österreich, Landschaft, Mensch und Kultur, Innsbruck 1952, S. 3 f.

Das tiefe Mißtrauen des Österreichers gegen sich selbst fließt ja nur aus der Erkenntnis, daß es auf dieser Welt nie etwas Vollkommenes geben kann. Und die Scheu, seine Talente auszuwerten, ergibt sich nur aus der Furcht, in den Gang der Welt, wie ihn eine höhere Macht plant, störend einzugreifen. Diese Erkenntnis und Anerkennung einer höheren Macht, die die Welt erhält und regiert, die dem Österreicher sozusagen „im Blute“ sitzt, ist vielleicht sein größtes Glück. Aber auch wenn es eine höhere Macht gibt, so hat sie ihm doch alle Talente verliehen, damit er sie im Dienste für diese und damit für die Mitmenschen verwende. Daher muß er versuchen, alles so ganz wie möglich zu tun.

Unvollendet wird sein Tun auch dann noch sein, aber er wird vom vollendeten Unvollendeten einen Schritt weiter gelangt sein zum unvollendeten Vollendeten.

Willy Lorenz, A.E.I.O.U. Allen Ernstes ist Österreich unersetzlich,
Wien 1961, 3. Aufl., S. 31 f.

Aber in Österreich ist jene Spannung des Baiuvarentums durch bewegten Geist und alte Kultur verfeinert und zu einer der höchsten Blüten menschlicher Zustände überhaupt gebracht. Gewissermaßen hat sich das rauhe Baiuvarentum von der Hochebene nach dem milderen Österreich hinabgesenkt, und zwischen den pflanzlichen Polen des Baierntums spielt hier ein beweglicher Geist. Was bei den Bayern im Volkstümlich-Derben stecken blieb, das Urteilen, Musizieren, Dichten, ja wohl auch das Erfinden und Politisieren, das ist hier im schöpferischen Sinne geistig.

Eugen Diesel, Die deutsche Wandlung, Das Bild eines Volkes,
Stuttgart 1929, S. 142

Alle Österreicher bitte ich inständig, die rot-weiß-rote Fahne hochzuhalten und unser Österreich als einen Hort der Freiheit zu bewahren!

Aus dem Testament des Altbundeskanzlers Julius Raab
gestorben am 8. Jänner 1964

2. Die geschichtlichen Ansätze Österreichs

Österreich und die Österreicher sind als Symphonie aus den mannigfachen Völkerschaften Europas herausgewachsen. Viele Gruppen und Stämme wanderten auf dem Durchzug von Ost nach West und von Nord nach Süd durch österreichisches Gebiet und hinterließen ihre Spuren. Nicht wenige wichen wegen der verschieden anstürmenden Bedrängnisse in das schützende Rückzugsgebiet der Alpentäler und verblieben, bis sie überschichtet wurden. Immer wieder kamen Völkerschaften und besiedelten die leeren Bezirke, aus denen die Bewohner geflohen waren, oder sie überzogen mit ihrer Herrschaft die Ansässigen. So entstand eine neue Komposition aus verschiedenen Elementen als *neuartige Einheit: Österreich und die Österreicher.*

Für die Altsteinzeit, neuerdings als *Lithikum* bezeichnet (Pittioni), weisen die ersten „Denkmäler" in der Gudenushöhle bei Hartenstein im niederösterreichischen Kremstal und in der Drachenhöhle bei Mixnitz in der Steiermark auf Siedlungen von Menschen hin, die von der Jagd und vom Sammeln von Früchten lebten. Von 100 000 bis 10 000 v. Chr. wurde diese Lebensweise „verfeinert" fortgesetzt, wie die Funde in der Lößzone Niederösterreichs und in der Wachau (Venus von Willendorf) zeigen. In der Zeit von 10 000 bis 3500 v. Chr. verdichteten sich die Siedlungen, wie die Funde in Galgenberg bei Horn und im Zigeunerloch bei Gratkorn ausweisen. Die wirtschaftliche Sicherung erfolgte damals schon durch den Anbau von Weizen, Gerste und Hirse und durch das Halten von Haustieren.

In der Jungsteinzeit, im *Keramikum* (3500 - 1800), ist unweigerlich der Ansatz für das erste Bauerntum mit Ackerbau und Viehzucht zu registrieren. Im *Metallikum* tritt der Bergbau zunächst auf Kupfer und dann auf Eisenerz hinzu. Für die ältere Eisenzeit (800 - 400 v. Chr.) gab Hallstatt als Fundort der gesamten Epoche den Namen. Die Menschen benutzten Gebrauchsgegenstände aus Eisen und Schmuck aus Bronze. Sie wohnten in Blockhäusern, die den heute üblichen Almhütten nicht unähnlich sind. Für diese Epoche ist auch der tragende Volksstamm dem Namen nach bekannt: die *Illyrer.*

Um 400 v. Chr. brachen aus Gallien kommend die Kelten im Donau- und Alpenraum von Nordwesten her ein und ihre führenden Stämme, die *Noriker* und *Taurisker,* begründeten mit ihrem Königtum eine staatliche Ordnung, die bis zur römischen Besetzung eigenständig und dann unter römischer Oberhoheit vielfach weiter bestand.

Im Gebiet von Krain, Friaul, Tirol und im südlichen Vorarlberg saßen die *Räter* als Restbestand einer illyrischen Hallstätter Bevölkerung mit Einschluß verdrängter Etrusker.

Bis in die Gegenwart vernehmbar ließen diese Völkerschaften die Namen der von ihnen benannten Orte, Flüsse und Gebirge zurück:

die *Illyrer:* Aist (Agista), Erlauf (Arelape), Matrei (Mateirum), Triest (Tergeste) und Tauern,

die *Kelten:* Ischl (Escala), Lorch (Lauriacum), Linz (Lentia) und Wien (Vindobona),

die *Räter:* Salurn (Salurnae), Scharnitz (Scarantia), Wilten (Veldidena).

Im Jahre 15 v. Chr. setzte *Kaiser Augustus* die Kolonisierung der Alpenprovinzen durch seine Adoptivsöhne *Drusus* und *Tiberius* mit der Eroberung von Rätien an. Die Eroberungen wurden im Laufe der Zeit bis an die Donau vorgetrieben, so daß das Gebiet des heutigen Österreich im Westteil zur Provinz Rätien, im Ostteil zur Provinz Pannonien gehörte und das Alpen-Donau-Kerngebiet als Provinz Norikum der römischen Provinzverwaltung unterstellt war. Dadurch zogen auch die Römer und mit ihnen andere als Soldaten, Beamte und Wirtschafter in das besetzte Gebiet ein und errichteten eine dauerhafte Ordnung für mehrere Jahrhunderte. Sie hinterließen *römische Ortsnamen* wie: Bregenz (Brigantium), Passau (Castra Batava), Ybbs (Adjuvense), Melk (Namara), Wels (Ovilava), Salzburg (Juvavum), Flavia Solva (Wagna bei Leibnitz) und Cilli (Celeia). Die nach dem Zusammenbruch der römischen Alpenprovinzen verbliebenen Provinz-Römer (in den Quellen: Romini tribuales genannt) wurden von den nunmehr einwandernden Bayern Walchen (Welsche) genannt und nach ihnen mehrere Orte wie Seewalchen, Straßwalchen, Wals (790: vicus Romanicus), Anif (Anua) benannt. Westlich der Linie: Passau—Salzburg—Villach blieb das Provinzlatein neben dem bajuvarischen Deutsch noch länger bestehen.

Im 5. und 6. Jahrhundert n. Chr. wanderten die *Bayern* aus Böhmen (Boiohaemium) kommend, in das Alpenvorland und von 530 an auch in die Alpentäler ein. Sie brachten mit ihrer Kultur auch die staatliche und rechtliche Ordnung und gründeten u. a. die Orte: Gaisenhaim (Giomouteshaim), Siezenheim (Suazzinheim), Itzling (Uizilingen) und Ostermietung (Ostermundingen).

Ende des 6. Jahrhunderts erfolgte von Süden her der Einbruch der *Slawen* in die Alpen. Sie erreichten im Norden über den Phyrnpaß (Windisch-Garsten) das Alpenvorland, über den Semmering die Donau und im Westen die Quellgebiete der Enns, der Mur und der Drau. Sie prägten in ihrer Weise das Land; das zeigen heute noch ihre einstigen Siedlungsgebiete mit den *slawischen Ortsnamen* an, wie: Gloggnitz (Klokotnica: die Glucksende), Aflenz (jablan: Apfelbaum), Fladnitz (Cladnica: Sumpfwasser), Liesing (lesnica), Feistritz (bistrica: schnelles Wasser), Göriach, Görtschach (gora: Hügel), Friesach (brezza: Birke), Edlitz (jedla: Tanne), Stammersdorf (Stoymirsdorf).

5. Mönch beim Unterricht

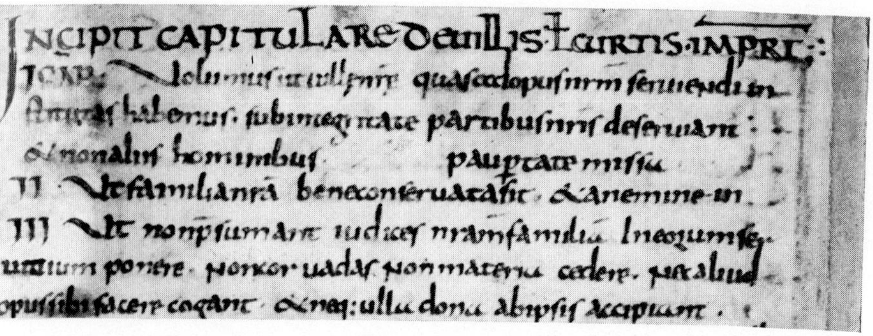

Volumus ut villae nostrae, quas ad opus nostrum serviendi institutas habemus, sub integritate partibus nostris deserviant et non aliis hominibus.

2. Ut familia nostra bene conservata sit et a nemine in paupertate missa.

3. Ut non praesumant iudices nostram familiam in eorum servitium ponere, non corvadas[1] non materia[2] cedere nec aliud opus sibi facere cogant, et neque ulla dona ab ipsis accipiant.

Wir wollen:

1. daß unsere Landgüter, die wir zu unserer Versorgung eingerichtet haben, nur uns und niemand anderem dienen,
2. daß unsere grundherrschaftliche Familie (Verwalter und Hintersassen mit Frauen und Kindern) gut versorgt und von niemandem in Armut gelassen werde,
3. daß kein Verwalter (Meier) Mitglieder unserer Familie zu seinen Diensten verwende, nicht im Haus und im Wald und zu keiner sonstigen Verrichtung, und darf er irgendein Geschenk annehmen.

6. Capitulare de villis um 800. Grundlage der Villifikationsverfassung

Im weiteren Geschehen setzte dann die Christianisierung von Salzburg und Passau aus und die Klostergründung wie in Mondsee (748) und Kremsmünster (777) ein, die immer auch eine deutsche Überlagerung der „Einheimischen" war. Die vordringenden Bayern hatten eben die stärkere Machtfülle und bessere Ordnung hinter sich. Mit der karlingischen Mark wurde von den landnehmenden Herren die bayrische Ordnung im österreichischen Donau- und Alpenland allmählich und nach Rückschlägen immer wieder aufgebaut.

Die Vielfalt der oftmals überschichteten Völkerschaften blieb trotz der Eindeutschung in den Ortsnamen, in den Sitten und Wohnbauweisen, in den Sprachidiomen und trotz mannigfacher Kreuzungen im Erbgefüge durch die immer wiederkehrende „Heraus-Mendelung" mit den vielen persönlichen Eigenheiten und den vielfältigen völkischen Sonderheiten erhalten, so daß *die Österreicher als Symphonie der europäischen Völkerschaften* gelten können.

Die Gesellschafts- und Wirtschaftsordnung wurde von dem im Lande führenden deutschen Schichten nach den geistigen Leitbildern des gesamten christlichen Abendlandes und seinen geistigen Trägern von Augustinus über Benedikt und Thomas v. Aquin bis zu den Vertretern der Aufklärung französischer, deutscher und englischer Art geprägt.

II. Herrschaftlich gebundene Wirtschaft 750 - 1155

In omnibus partibus relucet totum
Nicolaus von Kusa

Der signifikante Nenner aller Geschehnisse, Zustände und Bestrebungen von der Mitte des achten bis zur Mitte des zwölften Jahrhunderts war die Coincidentia Oppositorum (Nicolaus v. Kusa) oder der Zusammenfall von Gegensätzen bis zur Aufhebung in einer höheren Ordnung oder auch die offen gebliebene Spannung gegensätzlicher Kräfte. Die Gegensätze waren in einer langen Reihe gepaart.

Diese frühmittelalterliche Gesamtsignatur zeigte sich in auffälliger Weise in der zweimaligen Gründung der „österreichischen" Ostmark. Die Staatsentstehung als Mark weist von sich aus schon auf einen stets provisorischen Charakter mit der Tendenz auf Dauer hin.

Nach der Abschirmung des Abendlandes gegen den Ansturm des Islam von Westen her durch Karl Martell in der Schlacht von Tours und Poitiers (732) konnten die deutschen Stämme den Schutz ihrer Gebiete nach Osten in die Regionen Österreichs vorschieben.

Unter Anregung aber auch unter der schützenden Hand frühstaatlicher Herzogsgewalten konnte die Kirche als erste den missionarischen Weg nach Osten antreten. So wurde das Bistum Passau (731) und nach der Pioniertat des Hlg. Rupert (Hrodbert) das Erzbistum Salzburg (798) gegründet. Im Gefolge dieser religiösen und kultivierenden Sendung folgten die Klostergründungen der Benediktiner in Mondsee (748), Scharnitz (763), Innichen (769), Kremsmünster (777), Zell am See (796) und in St. Florian (805).

Von diesen aufgeschlossenen Gebieten nach Osten vorstoßend gründete Karl der Große in den Jahren 791 - 800 die *erste Ostmark* (machio orientalis) als *Awaren-Mark* zwischen Enns und Raab. Als Symbol abendländischer Einheit kann die Krönung Karls zum Kaiser am Weihnachtstag 800 gelten. Europa ist wieder eins und die *karlingische Ostmark* ist ein vorgeschobener Teil des Abendlandes.

Nachdem in all diesen Gebietsteilen einigermaßen eine einheitliche Ordnung durch die Kirche, durch die Bayernherzöge und durch das „Reich" geschaffen war, zerfiel sie wieder im Ansturm der Awaren. Der Anfang vom Ende wurde nach dem „Vorgefecht" bei Wenia (881) in der Schlacht bei Preßburg (907) gesetzt, in der der bayrische Heerbann vollends aufgerieben wurde und in der der Markgraf Luitbold und der Salzburger Erzbischof fielen. Der Ordnung folgte wieder die Wildnis, die vom Zerfall der öffentlichen Ordnung bis zur abermaligen Verwaldung mühsam gerodeter Gebiete (silvescat: sagt eine Urkunde) reichte.

Durch die Schlacht am Leechfeld (955) wurde von Otto I., dem „Vater des Vaterlandes", wie ihn seine Kämpfer nach der Schlacht nannten, der österreichische Raum wieder für eine neue Ordnung frei. Es folgte auch folgerichtig durch Otto II. im Jahre 979 die Gründung der *zweiten Ostmark,* indem Luitpold von Bamberg mit der Markgrafschaft Österreich (regio vulgo Ostarichi: 996) belehnt wurde. Nun folgten auf dem Gebiet vorzüglich bayrischer Landnahme und Besiedlung nach der rechtlichen und politischen Lösung von Bayern (995) neben der *ottonischen Ostmark* die Gründungen der Marken: Kärnten (1012), Steiermark (1035) und der Mark an der Drau und an der Sann.

Im Rahmen dieser neu geordneten Lebensverhältnisse folgte die zweite Welle der geistlichen und weltlichen Kultivierung der österreichischen Gebiete durch die Benediktiner und nunmehr verstärkt auch durch die Zisterzienser. Die Klostergründungen zeigen eine erfolgreiche Reihe: Melk (1000), Millstatt (1070), Gurk (1072), Admont (1074), Göttweig (1083), Lambrecht (1098), Klosterneuburg (1114), Rein (1129), Wilten und Zwettl (1138) und schließlich Wilhering (1146).

Beinahe könnte man sagen, daß in abschließender Abrundung der rodenden und aufbauenden Tätigkeit und der sich verfestigenden Ordnung die Ostmark im Jahre 1136 ihren Namen „Austria" erhielt. Damit aber war die „markgräfliche Vorarbeit" beendet und ein neues Österreich mit einem neuen rechtlichen und politischen Status konnte beginnen (1156).

Nach dem Gesetz der gegensätzlichen Entfaltungsfolge trat an die Stelle der Unordnung die Ordnung.

Die Coincidentia oppositorum trat in der Spannung der überbrachten alten Welt der Antike mit den geistigen Werten der bewahrten literarischen Kultur und der bewährten rechtlichen Institutionen einerseits mit der durch das Christentum erneuerten Welt der Humanitas mit dem Hinweis auf die transcendente Sinnerfüllung des Menschen anderseits hervor. So wurde das Zusammentreffen von Spätzeit und überlagerter Frühzeit zu einer eigenartigen Einheit. Die romanischen Völker verzahnten sich mit den germanischen zu einer mit Vielfalt geladenen Einheit.

In Fortsetzung hiezu brachte die Missionierung der Germanen, beinahe könnte man sagen: eine Germanisierung der bislang bloß römischen Kirche, indem viele Einrichtungen der Kirche aber auch nicht wenige sittliche Verhaltensweisen von den zum Christentum bekehrten Germanen aus deren eigenem geistigen Fonds erneuert wurden. Die germanische Tatkraft einer Bauern- und Kriegerkultur wurde gebändigt und so in der christlichen Gesittung veredelt. Die formalen, starren Institutionen der Kirche wurden durch die gesellschaftliche Grundweise der Treue verpersönlicht und der Starre entzogen.

Die Complexio Oppositorum kam abermals im Spannungsfeld von Imperium und Sacerdotium zum Vorschein. Der Kaiser als „Pfleger des Erdenrundes" (Dante) stand dem Papst als Statthalter Christi in dieser Welt gegenüber. Der Kaiser wurde durch einen sakralen Akt der Salbung Kaiser und in der kirchlichen Hierarchie Diakon, die Bischöfe wurden durch die weltliche Investitur mit Reichslehen zu Lehensträgern des Reiches: zu Amtsträgern des weltlichen Reiches.

Die Coincidentia oppositorum als gegensätzliche Spannung zweier Zustände trat im früheren Mittelalter auch im Werdegang der Ordnung für die Gesellschaft und die Wirtschaft hervor. Mit der Niederschrift des Volksrechtes der Bayern in der lateinisch gefaßten Form der Lex Baiuvariorum (um 745) wurde versucht, im bayrisch-österreichischen Raum: gegen die rechtlosen, turbulenten Verhältnisse eine einheitliche Rechtsordnung zu setzen, weil man in richtiger Erkenntnis wußte, daß rechtliche Ordnung Frieden und rechtliche Unordnung Unfrieden, Unsicherheit und stete Gefahr ist. Mit der Recht-Schaffung entstand Ordnung und durch die Ordnung Frieden in der bislang oft friedlosen, weil rechtlosen Zeit.

Für die Ordnung der Gesellschaft und Wirtschaft in den geistlichen und weltlichen Grundherrschaften, die in einem System für das gesamte Leben im Entstehen begriffen waren, traten zwei Ordnungen in zwei bedeutungsvollen Dokumenten hervor: in der Regula Sancti Benedicti und im Capitulare de villis.

Die Ordensregel des Hlg. Benedikt, wohl nach der Gründung des Klosters in Monte Cassino (529) entstanden, wollte eine Lebensordnung mit Verhaltensweisen schaffen, die aus antikem und christlichem Gedankengut stammten. „Diese Regel haben wir verfaßt, damit wir Mönche durch die Beachtung dieser in unseren Klöstern zeigen, daß wir tugendhafte Sitten wenigstens bis zu einem gewißen Grad besitzen". So traten die mönchischen Tugenden gegen die Willkür der weltlichen Untaten.

Das karlingisch-königliche „Mönchs-Capitular" von 817 ließ diese Ordnung des Benediktinerordens als Königs- und daher als Reichsanordnung gelten und befahl den Äbten, die diese Anordnung in Aachen empfingen (10. Juli 817): „Die Äbte und ihre Mönche müßen die Regel mit Gottes Hilfe in der Tat zu erfüllen suchen." Hier wurde ein geistlicher Tugendspiegel vom König gegen die weltliche Willkür gesetzt.

Für die wirtschaftlichen Verhältnisse brachte die Ordensregel eine Ordnungsregelung für die Führung der klösterlichen Hauswirtschaft und damit die grundlegende Ordnung für eine Selbstversorgungswirtschaft: „damit jedem nach Bedarf zugeteilt werde“ (Cap. 34). Des weiteren wurde eine hauswirtschaftliche Buchführung angeordnet, damit im Wirtschaften „rational verfahren werde“ (Cap. 32).

Diese geistliche Lebensregel und Ordnungsanweisung für die Wirtschaft war wegen der allseitigen Gegenwart der Benediktinermönche in allen Ländern normgebend und vielfach wohl auch für die Wirtschaftsführung weltlicher Grundherrschaften maßgebend, weshalb wohl auch die königliche Dienstanweisung für die Führung königlicher Fronhöfe in manchen Bestimmungen ihre Ordnungsanregung von dort bezog, sonst wären die Anlagen der Klöster und Pfalzen einander nicht so ähnlich gewesen.

Das Capitulare de villis et curtis imperialibus von Karl d. G. (800) brachte die Ordnung für die Bewirtschaftung der königlichen Güter, die so durchdacht und für alle Fälle brauchbar disponiert war, daß sie gewiß als Grundschema auch für viele andere grundherrschaftliche Betriebe Geltung bekam. Wegen der weiten Verzweigung der karlingischen Pfalzen und Fronhöfe (in Österreich gab es am Ende der Karolingerzeit: rund 150) konnte diese Betriebsordnung „auch eine breite Gültigkeit und eine nachhaltige Geltung erhalten“.

In der Erlassung zahlreicher Rechtsanordnungen (Capitularien, weil in Capitel geteilt) gegen die bestehende Unordnung war die königliche Gesetzgebung die bändigende Kraft der Willkür, der Unordnung und des Unfriedens.

Die Complexio oppositorum als Ineinanderschiebung von Gegensätzen zeigte sich auch im Ordnungsinhalt. Gegen die chaotische Unordnung trat nicht eine alles unterdrückende Gewalt, sondern eine persönliche Verbindung und Verbundenheit vom Herren und seinen Verpflichteten. Ein personenrechtliches Verhältnis band den Herrn und seine Untertanen aneinander. Aus dieser Verbundenheit ergab sich ein Ordnungsverhältnis, das durch die persönlichen und gegenseitigen Verpflichtungen im Treueverhältnis der Härte bloßer Institutionen entbehrte. Im Gegenteil: die institutionelle Herrschaftsordnung wurde durch das persönliche Treueverhältnis in einem lockeren und beweglichen Ordnungsgefüge überhöht. Die Complexio oppositorum in der Ordnung brachte zwar eine herrschaftliche Ordnung, aber ein durch die persönlichen Treuebeziehungen „weicheres“ Ordnungssystem in beweglichen Bindungsformen, die sich je nach Orts- und Zeitverhältnissen verdichten oder lockern ließen.

Die Complexio oppositorum wurde auch in den Zielen und Grundlagen der Wirtschaft: in der Auffassung von der Arbeit und in der Zweckbestimmung des Arbeitsertrages, in der auskömmlichen Nahrung, ausgewiesen.

Die Arbeit wurde aus der Wertlosigkeit und gesellschaftlichen Verachtung in der antiken Welt herausgehoben. Sie wurde im persönlichen Wert und im sozialen Ansehen auf die gleiche Ebene mit dem Gebet gestellt: Ora et labora! Damit wurde der Arbeit das Sklavenhafte, Knechtische und das Des-Freien-Mannes-Unwürdige genommen. Die Arbeit wurde vielmehr zu einem menschenwürdigen und gottgefälligen Wert erhoben. Das frühe Mittelalter nahm die Arbeit aus den Tiefen des gesellschaftlichen Nichts und machte sie zu einer ehrenvollen und des freien Menschen würdigen und zu einer selbst Gott gefälligen Tätigkeit. Aus dieser Auffassung und Wertschätzung der Arbeit erwuchs das Abendland.

Die Arbeit wurde aber auch nicht durch ihren Effekt des stets höheren Ertrages und des immer wachsenden Reichtums überwertet, denn es galt als Wirtschaftsgesinnung, daß „jedem nach Bedarf zugeteilt werde". Damit war aber auch das Ziel des Wirtschaftens in die Mitte eines Spannungsfeldes gerückt. Jedem sollte wirtschaftlich soviel zukommen, daß er auskömmlich leben könne. Jedem sollte ein „bene vivere" gesichert sein. Damit war das Ziel des Wirtschaftens nach unten gegen die Not abgeschirmt, aber auch nach oben hin gegen eine geizige Sucht nach Reichtum und Üppigkeit abgeriegelt. Die Coincidentia oppositorum ließ das anzustrebende Wirtschaftsziel zwischen dem Zuwenig im Notstand und dem Zuviel in der Prasserei in der Mitte mit der auskömmlichen Nahrung und dem bene vivere zur Ruhe kommen.

Der durchgehend allgemein gültige Nenner: die coincidentia oppositorum zeigte sich im frühen Mittelalter in allen Lebensbereichen und ließ sich daher in allen Zuständen und für alle Bestrebungen in der Verschmelzung antiker Werte mit christlicher Mensch- und Weltdeutung im Raum der romanischen und germanischen Völker nachweisen. Die Complexio oppositorum war die geltende Zeitsignatur, aber auch die Entelechie, die die Einheit in Mannigfalt hervorbringt.

1. Zeittafel

um
700 Kommt der hlg. Rupert aus rheinfränkischem Geschlecht bei Worms als Missionar nach Salzburg.

Libellus de Conversione Bagovariorum et Carantanorum (872: Salzburg):

Der genannte Herzog (Theoto) gab dem Hlg. Mann (Hrodbert) die Erlaubnis, für sich und die Seinen einen passenden Ort auszuwählen, um Kirchen zu bauen und alles andere, was zu einem Kirchenbesitz gehört, auszuführen ... Es kam zur Kenntnis des

Hlg. Hrodbert, es befinde sich am Fluße Ivarus ein mit dem alten Namen Juvavia genannter Ort, wo in alten Zeiten viele wundervoll errichtete Gebäude standen, welche jedoch damals gänzlich verfallen und vom Walde überwuchert waren ... (Nach Erlaubnis des Herzogs) fing der Mann des Herrn an, jenen Ort wieder aufzubauen, indem er zuerst eine schöne Kirche Gottes baute, die er zu Ehren des Hlg. Petrus weihte. Dann errichtete er ordnungsgemäß ein Kloster nebst anderen Wohnungen der Geistlichen ... Er reiste wieder in sein Vaterland und kehrte mit zwölf Schülern zurück und brachte auch eine Jungfrau Christi Erintrud (seine Nichte) mit, die er in der oberen Burg zu Juvavia einsetzte und die eine Gemeinschaft von Nonnen gründete. Er selbst ging emsig im Bereich des Landes umher, stärkte die Seelen der Christen, ermahnte sie, im Glauben tapfer auszuharren ... Am eigenen Sitze gab er im Kreise seiner Brüder den Geist in Frieden auf.

nach: O. Fraß: Quellenbuch z. österr. Geschichte, Wien 1956, S. 28 f.

731 Gründung des Bistums Passau: Mit Salzburg in Konkurrenz mit dem Drang nach Osten: bis Wien

732 Sieg des fränkischen Maior domus Karl Martell über die Araber bei Tours und Poitiers

739 Bonifaz ordnet das bayrische Kirchenwesen

744 - 748 lex Bajuvariorum: bayr. Volksrecht in Latein abgefaßt mit übernommenen Volksausdrücken

744 - 805 Klostergründungen: Mondsee 748, Innichen 769, Scharnitz 763, Kremsmünster 777, Zell am See 790, St. Florian 805.

747 Bistum Salzburg wird an Virgil, den Kelten Feirgil, übertragen.

751 Pippin, Sohn Karl Martells, wird König der Franken und begründet die Dynastie der Karlinger

768 - 814 Karl der Große

777 Gründung von Kremsmünster durch den Herzog von Bayern: Unter der ewigen Herrschaft des Herrn Jesus Christus, der vom Himmel herabzusteigen sich gewürdigt hat und am Ende der Zeiten zum Gericht wieder kommen wird ...

Meine Vorfahren guten Angedenkens haben, soviel sie vermochten, das Ihrige Gott gewidmet, haben Kirchen gebaut und sie mit ihrem Reichtum begabt ... Deshalb hab auch ich in meiner Seele bestimmt, mit der Freigebigkeit (opidulatione) des Herrn Jesu Christi ein Kloster zu erbauen. Das ist mit seiner Hilfe geschehen. Ich habe also das Kloster erbaut am Flusse, genannt Krems, zu Ehren des Hlg. Erlösers. Ich habe es Gott geweiht und in der Widmung beschenkt (Dann wird der Besitzstand aufgezählt).
Nach: O. Fraß, a.a.O., T. 1, S. 30

785 Gesetz gegen den Wucher, Verbot des Zinsnehmens nach der Reichssynode von Aachen

791 Pfarre Linz: St. Martinskirche

791 - 803 Gründung der Awaren-Mark zwischen Enns und Raab
in Salzburger und Garstner Annalen: „Machio Orientalis" — „Ostmark" genannt.

798	Salzburg wird Erzbistum, Arno erhält Auftrag für die Ostchristianisierung.
800	Karl in Rom am 25. Dezember zum Römischen Kaiser gekrönt
800	Capitulare de villis von Karl d. G.
um 800	Salzburger Buchmalerei: Cutbrecht-Evangeliar, Codex Millenarius von Kremsmünster, Mondseer Psalter in Montpellier
811	Grenzziehung zwischen den Erzbistümern Salzburg (Arno) und Aquileia (Maxentius) durch Karl den Großen: die Drau
	Verwaltungsreglement für die Königsgüter, dann Ordnungsschema für die Grundherrschaft
843	Vertrag von Verdun: Teilung des Reiches: Westfranken — Karl der Kahle, Ostfranken — Ludwig der Deutsche.
860	Pfarre St. Lorenzen im Mürztal und St. Ruprecht a. d. Raab gegründet
881	Ungarnschlacht bei Wenia (Wien): Vernichtung des bayrischen Heerbannes
887 - 899	Arnulf v. Kärnten: König der Ostfranken (in Rom gekrönt)
888	Arnulf feiert in Karnburg in Kärnten das Weihnachtsfest
888	Pfarre Wels gegründet
893	Pfarre Melk gegründet
894 - 955	Ungarneinfälle
um 900	Grundherrschaft: weltliche und geistliche: allgemeine Erscheinung
906	Raffelstetter Zollordnung: Regelung des Handelsverkehrs auf der Donau
907	4. Juli: Schlacht bei Preßburg: die Bayern völlig vernichtet; gefallen: Markgraf Luitbold, Erzbischof v. Salzburg, Bischof v. Säben und Freising und viele Adelige und Mannen
920	Pfarre Wilten gegründet
927	Friesach: Burgkirche St. Peter gegründet
955	10. August: Schlacht auf dem Leechfeld: Otto der Große vernichtet das Heer der Ungarn; Widukind v. Corvey: Sächsische Geschichten. Cap. 44: Leechfeldschlacht.
	König Otto: „Daß wir in dieser Bedrängnis großen Mut beweisen müssen, das seht ihr selbst, meine Mannen, die ihr dem Feind vor uns aufgestellt entgegenblickt. An der Menge, ich weiß es, übertreffen sie uns, aber nicht an Tapferkeit und nicht an Rüstung. Schimpflich wäre es für uns, die Herren von fast ganz Europa, jetzt dem Feind die Hand zu bieten. Jetzt lasst uns lieber mit den Schwertern als mit der Zunge das Zwiegespräch eröffnen!" . . . Glorreich durch den Kampferfolg wurde der König von seinem Heere als Vater des Vaterlandes begrüßt.
962	Otto I. in Rom zum Kaiser gekrönt: „Heiliges römisches Reich deutscher Nation"
970	Gründung der Marken: Ostmark (Melk), Kärntner Mark (Hengstburg), Mark an der Drau und Sann
976	Luitpold I. von Bamberg wird von Kaiser Otto II. als Markgraf der Ostmark eingesetzt

995	Kärnten, Steiermark, Krain vom Herzogtum Bayern abgetrennt
996	Erstmalige Bezeichnung der Ostmark als „Österreich": „Regio vulgo Ostarichi" Urkunde Otto III. in einer Schenkung an das Bistum Freising: „Gewisse Besitzungen unseres Rechtes in der Gegend, die im Volk ‚Ostarichi' heißt."
1000	Gründung des Benediktinerstiftes Melk
1000 - 1300	Rodungen im Waldgebiet nördlich und südlich der Donau und in den Alpentälern
1035	Steiermark selbständige Mark
1050 - 1180	Die Traungauer Markgrafen in Steiermark
1070	Stift Millstatt gegründet
1072	Bistum Gurk von Salzburg gegründet
1074	Salzburger Erzbischof Gebhard gründet das Benediktinerstift Admont
1083	Stift Göttweig gegründet
1093	Kloster Mehrerau
1096	Benediktinerstift Lambrecht
1096 - 1099	Erster Kreuzzug unter Gottfried v. Bouillon: Eroberung Jerusalems, Gründung des Königreiches Jerusalem
1114	Stift Klosterneuburg gegründet
1120 - 1220	Romanische Kunstdenkmäler: Stiftskirche von Millstatt (1120 - 1170), Salzburger Dom nach dem Brand von 1167, Dom zu Gurk (1140 - 1200), Dom zu Seckau (1150 bis 1164), Dom zu St. Paul in Kärnten (1180 - 1230), Antiphonar v. Salzburg (1150), Admonter Bibel
1122	Herzogtum Kärnten kommt nach dem Aussterben der Eppensteiner an die Sponheimer (bis 1269)
1122	Wormser Konkordat: Ende des Investiturstreites: Kaiser belehnt die Bischöfe mit dem Szepter, der Papst mit Ring und Stab
1125	Österreich schlägt eigene Münzen
1125	Markgraf Leopold III. verzichtet auf die angebotene Kaiserwürde
1129	Zistenzienserstift Rein (Reun) von Otto v. Freising (Sohn Leopold d. Heiligen als Zisterzienser von Morimont) gegründet
1136	Erstmalige Benennung der Ostmark als „Austria" in der Stiftungsurkunde des Stiftes Heiligenkreuz
1138	Kloster Wilten und Stift Zwettl gegründet
1139	König Konrad III. setzt Markgraf Leopold IV. (1136 - 1141) anstelle Heinrich d. Stolzen als Herzog von Bayern ein
1140	Chorherrenstift Seckau gegründet
1141	Markgraf Heinrich II. Jasomirgott residiert als erster Markgraf in Wien
1146	Zisterzienserstift Wilhering gegründet
1147 - 1149	Zweiter Kreuzzug auf Anregung von Bernhard v. Clairvaux
1156	von König Friedrich I. erhält Heinrich der Löwe, Sohn Heinrich des Stolzen, das Herzogtum Bayern wieder zurück, Markgraf

Heinrich Jasomirgott wird Herzog von Österreich und erhält im Privilegium minus eine Reihe von Vorrechten. Vorgeschichte des Privilegiums: Otto von Freising: Taten Friedrichs I.:

Das war die Summe der Einung, wie ich mich erinnere:

Heinrich der Ältere verzichtet auf das Herzogtum Bayern durch Rückgabe von sieben Fahnen an den Kaiser (Friedrich Barbarossa). Nachdem diese dem Jüngeren übergeben waren, gab dieser durch zwei Fahnen die Ostmark mit den seit altersher zu ihr gehörigen Grafschaften dem Kaiser zurück. Darauf machte der Kaiser aus ebendieser Mark nach dem Urteil der Fürsten ein Herzogtum und übergab es nicht nur allein ihm, sondern auch seiner Gemahlin mit zwei Fahnen und bestätigte mit einer Urkunde, daß das in Zukunft von keinem seiner Nachfolger geändert oder aufgehoben werden könne (Urkunde mit 17. September 1156 datiert).

Nach: O. Fraß, a.a.O., T. I, S. 77

2. Leitsätze

1. Die Wirtschaftsgesinnung der herrschaftlich-gebundenen Wirtschaftsordnung

a) Die Arbeit als gottgefällige Persönlichkeitsentfaltung

1. Der Weg zur Wertschätzung der Arbeit

Setzet eure Ehre darein, ein friedliches Leben zu führen, eure Angelegenheiten zu besorgen und eurer Hände Arbeit zu verrichten, wie wir euch aufgetragen haben. So wandelt ihr in Ehren vor den Außenstehenden und ihr braucht niemanden in Anspruch zu nehmen.

Paulus: II. Brief an die Thessalonicher, 4, 11 f.

Wie notwendig jedem das tägliche Brot ist, so notwendig ist ihm auch, nach Kräften zu arbeiten.

Basilius (um 330 - 379): Regulae fusius tractatae 37,2
nach Patrologia Gr. Bd. 31, Sp. 1012

Was die Arbeit betrifft, so sind sie (in den ägyptischen Mönchsgemeinschaften) auf verschiedene Weise beschäftigt: in Feld und Garten, in Schmiede und Bäckerei, auf Baustellen und in der Walkerei, in der Gerberei und in der Schusterwerkstätte, andere flechten Körbe und wieder andere sind Schönschreiber.

Palladius (gest. vor 431): Historia Lausiaca 32, 94

Müßiggang ist ein Feind der Seele. Deshalb müssen sich die Brüder zu bestimmten Zeiten mit Handarbeit und wieder zu bestimmten Stunden mit heiliger Lesung beschäftigen (cap. 48). Wenn es die örtliche Lage (necessitas loci) oder die Armut verlangt, daß die Brüder selbst die Feldfrüchte ernten, so sollen sie darüber nicht ungehalten sein (non tristuntur). Dann sind sie ja in Wahrheit Mönche, wenn sie gleich unseren Vätern und Aposteln von der Arbeit ihrer Hände leben (labore manum vivunt). Doch soll der Schwachen wegen alles mit Maß (mensurate) geschehen (cap. 48).

Benedikt (480 - 543): Regula sancti Benedicti

2. Die Arbeit als gottgefällige Tätigkeit

Machet euch die Erde untertan! Genesis 1, 28

Was wir vermögen, können wir nur durch sein Geschenk (eius munere). Wenn wir davon leben, so leben wir von der Freigiebigkeit dessen, der das Können gab. Augustinus, Aurelius (384 - 430): De opere monachorum 27, 35

Die Jünger der Kirche sollen in allen beruflichen Verrichtungen (negotiis necessariis) fleißig und ohne Nachlässigkeit sein (diligenter sine socordia). Ihr Gläubigen, seid, wenn ihr nicht in der Kirche seid, täglich und zu aller Zeit (in omni tempore) bei euren Arbeiten fleißig (operibus vestris studete), damit ihr Zeit eures Lebens entweder in dem verharret, was Gottes ist, oder bei eurer Arbeit eifrig und nicht müßig seid (non odiosi sitis).

Arbeitet also zu jeder Zeit! Die Faulheit ist nämlich ein unheilbarer Aussatz (irreparabilis labes). Wenn einer von euch nicht arbeitet, so soll er auch nicht essen! (Si quis autem apud vos non operatur, hic nec manducet!) Der Herr haßt die Faulen (odit pigros), denn ein Fauler kann nicht ein richtiger Gläubiger sein (non potest esse fidelis).

Didascalia et constitutiones apostolorum I, 1 u. 5;
im 3. Jhdt. abgefaßte Ordnung für die syrische Kirche,
hrsg. v. F. X. Funk, Paderborn 1905

Lasset eure Kinder ein für die Frömmigkeit geeignetes Handwerk lernen! (Docete filios vestros artifica apta ac salubria ad pietatem!)

Didascalia et constitutiones apostulorum IV, 11, 1

Der Mensch ist eine lebendige Werkstatt in dauernder und ununterbrochener Tätigkeit. Er ist durch alle und die verschiedenen Wirklichkeiten hin und je nach ihrer gesamten Vielfalt durch sich selbst und kraft seiner Natur im Guten und im Schönen gemäß der Genese eines jeden Seins der Werkmeister, der ihre Prägung zur Einheit führt. Wohl ist er in Mann und Frau geteilt, aber durch seine Natur besitzt er die Kraft: alles als Ganzes zu gestalten. Die zur Einheit formende Kraft bestätigt sich im Werden der verschiedenen Werke. Sie bringt das Werden zur Vollendung und dadurch offenbart sich das Geheimnis des göttlichen Planes. Sie führt sie schließlich zur Einheit in Gott.

Zu diesem Zweck kommt der Mensch als letztes Wesen, denn er ist das Wesen der physischen Verbindung aller. Er führt alle Elemente zu Gott als ihrer Ursache zurück. Wohl beginnt er mit ihrer Zerteilung, aber er vereinigt sie wieder und führt sie zur letzten Höhe, wo keine Teilung mehr ist. Dies alles vermag die Arbeit des Menschen.

Maximus Confessor (gest. 662): Ambigua 3, 37
nach: Patrologia Gr. Bd. 91, Sp. 1305, bei M. d. Chenu:
Die Arbeit und der göttliche Kosmos, aus dem Franz. Mainz 1956, S. 180 ff.

b) Die auskömmliche Nahrung: bene vivere

1. Die Eigenkirchen der Grundherren

Die Eigenkirche ist ein sachenrechtliches Gebilde und wird vom germanischen Gewere-Gedanken beherrscht. Mittelpunkt ist der mit dem Boden fest verbundene Steinaltar, in dem Reliquien, „der Heilige“, geborgen sind. Darüber erhob sich ein Holz- und Fachwerkbau. Alles, was zum Altar-Grundstück gehörte, stand dazu in einem Zubehör-Verhältnis und teilte im Zweifel seine rechtlichen Schicksale.

Der Nutzen und Ertrag diente zunächst dem Unterhalt und Betrieb der Kirche, dem Unterhalt des Geistlichen, dem Kirchenbau und den Lichtern. Den Überschuß konnte der Herr behalten.

Feine, Hans Erich: Kirchliche Rechtsgeschichte, Weimar 1950, Bd. 1: Die katholische Kirche, S. 134 u. 139

2. Die auskömmliche Nahrung: bene vivere

Es ist festgesetzt:

daß jeder Kirche eine Hufe, ungeteilt und frei von jeder Verpflichtung, zugeteilt werde, daß die Eigenkirchenpriester nicht verpflichtet sein sollen für den Zehent, für die Gaben der Gläubigen, für die Gebäude, für die Höfe und Gärten, die neben der Kirche gelegen sind, noch sollen sie für die vorgeschriebene Hufe einen anderen als den kirchlichen Dienst leisten.

Ludwig d. Fromme: Capitulare ecclesiasticum v. 818/819, Cap. 10, in: U. Strutz: Geschichte des Benefizialwesens, Berlin 1895, Bd. 1, H. 1, S. 254

Wenn ein Priester (einer Eigenkirche) nicht mit den Mönchen (im Kloster) leben will, soll ihm der Abt *soviel von den Kirchengütern geben, daß er gut leben* (bene vivere) und den Kirchendienst entsprechend leisten kann. Wenn aber ein Abt dies nicht tun will, soll er vom Bischof verhalten werden, dies zu tun. Der Priester sei dem Bischof rechtmäßig untertan und soll die bischöflichen Abgaben erfüllen. Wenn etwas übrig bleibt, soll es der Abt zum Gebrauch des Klosters haben. Das Gleiche soll auch bei den Kirchen der Kanoniker Geltung haben.

Consilium Juliobonense, Can. XII, von 1080
in: J. D. Mansi: Sacrorum conciliorum nova et amplissima collectio, Venedig u. Florenz 1759, XX, 557,
nach: *J. Bombiero-Kremenać:* Geschichte und Recht der „Portio congrua", in: Zeitschrift der Savigny-Stiftung f. Rechtsgeschichte, Kan.-Abt., Bd. 11, 1921, S. 36

Die „portio congrua" ist jenes Einkommen, welches in bestimmter Höhe zum standesgemäßen Unterhalt der Geistlichen notwendig ist.

nach: U. Strutz, Geschichte des Benefizialwesens, Berlin 1895, Bd. 1, H. 1, S. 254

2. Die herrschaftliche Gesellschaftsordnung

a) Ordnung, Gliederung und Grundverhältnis der Gesellschaft

1. Die Ordnung und Gliederung der Gesellschaft

Unter allem Entstandenen findet sich nichts mehr Zusammengesetztes als der Mensch, der nicht nur ein aus Sein zusammengesetztes Sein hat (qui non solum ex esse compositum habet esse), sondern auch aus Entgegengesetztem zusammengefügt ist. Daher ist es nicht verwunderlich, daß er auch leicht der Auflösung unterliegt.

Otto von Freising (um 1111 bis 1158): Gesta Friderici: Chronica sive historia de duabus civitatibus, lib. I, Cap. 5

Was zum Sein strebt, strebt zur Ordnung (haec vero quae tendunt esse, ad ordinem tendunt). Die Ordnung gibt das Sein, die Unordnung das Nichtsein (quare ordinatio esse cogit, inordinatio vero non esse). Diese Verkehrung wird auch corruptio genannt. Wo also etwas korrumpiert wird, da gibt es kein Sein (quidquid igitur corrumpitur, eo tendit ut non sit).

Aurelius Augustinus (384 - 430): De moribus ecclesiae catholicae, lib. II: De moribus Manichaeorum, Cap. 6,
in: Patrologia Lat. T. 32, Sp. 1348

Unter Ordnung aber versteht man die Verteilung von gleichen und ungleichen Dingen, die jedem seinen Platz anweist.

Aurelius Augustinus: De civitate Dei, lib. XIX, Cap. 13,
in: Bibliothek der Kirchenväter, R. I, Bd. 28, S. 228 f.

Die Gliederung der geistlichen und weltlichen Würdenträger

Am Schluß dieser Erörterungen ist es wohl angebracht, einen Vergleich der weltlichen und geistlichen Würden anzustellen: mit dem Papst in Rom sind die Kaiser zu vergleichen (comparetur papa Romanus Augustis et Caesaribus), dann kann man mit den Erzbischöfen die Könige vergleichen (deinde archiepiscopos regibus conferamus). Was die Grafen und Präfekten im weltlichen, sind die Bischöfe im kirchlichen Bereich. So wird aus der Verbundenheit und Zusammengehörigkeit beider Ordnungen das eine Haus Gottes gefügt (una domus construitur) und alle Glieder tragen zum gemeinsamen Erfolg und Nutzen bei (cunctis membris officiorum suorum fructus mutuae utilitati conferentibus).

Walafrid Strabo (um 808 - 849): De ecclesiasticarum rerum ex ordinis et incrementis, Cap. 31: Comparatio ecclesiasticorum ordinum et saecularium,
in: Patrologia Lat. T. 114, Sp. 983 ff. (im Auszug)

Die Gliederung nach der Lex Baiuvariorum

Der Herzog, der dem Volk vorsteht, war immer aus dem Geschlecht der Agilolfinger und soll es auch sein. Da er Herzog ist, soll ihm auch eine größere Ehre zuteil werden (addatur ei maior honor) als seinen übrigen Verwandten. So werde ein Drittel zu dem dazu geschlagen, womit seine Verwandten gebüßt werden (die bis zum Vierfachen gebüßt werden). Die Agilolfinger aber sollen bis zum Herzog hin vierfach gebüßt werden (in quadruplum), weil sie die höchsten Fürsten unter euch sind. Diese Geschlechter sind sozusagen die Vornehmsten nach den Agilolfingern. Ihnen gewähren wir die doppelte Ehre (duplum honorem concedamus) und so sollen sie auch die doppelte Buße haben (Tit. III., C. 1). Die Freien haben einfache Bußgebühr. Diese werden im Tit. IV, C. 1 - 31 aufgezählt.

Die Freigelassenen (quod Frilaz vocant) werden in der Regel mit der halben Buße der Freien gebüßt (Tit. V. C. 1 - 9). Die Knechte (Unfreie) werden jeweils schwerer bestraft (Tit. XII, C. 5 - 7).

Lex Baiuvarioum (744 - 748), lateinisch und deutsch, Faksimile-Ausgabe nach der Ingolstädter Handschrift, hrsg. v. K. Beyerle, München 1926

2. Das Grundverhältnis der Gesellschaft: Die Treue

Die Elemente, aus denen sich das Lehenswesen in der Karolingerzeit entwickeln konnte, waren die Vasallität und das Benefizium. Die Vasallität war ein *personenrechtliches* Verhältnis. Sie begründete eine persönliche Beziehung zwischen Herrn und Vasallen. Das Benefizium (später feudum = Lehen) stellte ein sachenrechtliches Verhältnis dar. Es war die dingliche Seite des Lehensbandes.

Das persönliche Verhältnis, die Vasallität, entstammte dem gallo-römischen Rechtskreis. Der Vasall (vassus, vasallus, keltisch gwas = Knecht) stand auf Grund eines Ergebungsaktes (commendatio) in der Gewalt eines Herrn. Er schuldete diesem Gehorsam. Der Herr übernahm den Schutz und Unterhalt des Vasallen. Begründet wurde die Vasallität durch die Ergebung.

Als die Franken die Vasallität übernahmen, erfuhr diese verschiedene Umwandlungen und Fortbildungen. Die Vasallität nahm Züge des germanischen Gefolgschaftswesens, insbesondere den Treueeid und die Treuepflicht des Mannes gegenüber dem Herrn, an.

Der Vasallitätsvertrag verpflichtete den Vasallen zu Diensten gegenüber seinem Herrn. Ursprünglich wurden niedere Dienste (auch bäuerliche Dienste) vom Vasallen gefordert. Später stand der Militärdienst im Vordergrund.

Die Treueverpflichtung war gegenseitig. Auch der Herr, der den Eid empfing, schuldete Treue, so daß der Grundsatz galt: Treue um Treue.

Der Abschluß des Vasallitätsvertrages erfolgte in Form der Handreichung (commendatio: se commendare — sich ergeben). Der Vasall legte seine gefalteten Hände in die Hände des Herrn und schwur Treue. Der Herr reichte dem Vasallen eine Gabe, mit der er seine Verpflichtung zum Unterhalt und zur Ausrüstung des Vasallen versinnbildlichte.

Die Vasallität begründete eine höchst persönliche Beziehung, die mit dem Tod des Herrn (Herrnfall) oder mit dem Tod des Mannes (Mannfall) ihr Ende fand.

H. Conrad: Deutsche Rechtsgeschichte, Karlsruhe 1954, Bd. 1, S. 148 ff.

Das Volk kommt vor dem Herrn. Es sind die gemeinen Leute zahlreicher als die übrigen. Weil sie im Frieden leben wollen, haben sie die Herren geschaffen, um die Starken zu bändigen und zu besiegen und jedem Menschen sein Recht zu geben, so daß ein jeder seinen Verhältnissen entsprechend leben kann, der Arme in seiner Armut und der Reiche in seinem Reichtum.

Um dies in alle Ewigkeit zu sichern, hat sich das Volk einem Herrn unterworfen, hat ihm das gegeben, was er besitzt, und hat das behalten, was dem Volk gehört. Angesichts dessen sollte der Herr seinen Eid dem Volk gegenüber zuerst ablegen, bevor dies das Volk gegenüber seinem Herrn tut. Der Eid des Volks dem Herrn gegenüber gilt so lange, wie der Herr seinen Eid hält.

Coutûme de Bayonne (1270)
nach: J. Evans, Das Leben im mittelalterlichen Frankreich, Köln 1960, S. 20

Wenn der Herr den Schutz eines Vasallen leisten kann, nachdem sich dieser in seine Hand begeben hat, der Herr es aber nicht tut, ist es dem Vasallen erlaubt, ihn zu verlassen.

(Si senior vasalli sui defensionem facere potest, postquam ei ipse manus suas commendaverit et non fecerit, liceat vasallum eum dimittere.)

Caputulare aus dem Jahre 816, Cap. 2
nach: J. Becker-Dillingen, Quellen und Urkunden zur Geschichte des deutschen Bauern, Berlin 1935, S. 384

b) Die Führungsgruppe der Gesellschaft

1. König, Herzog, Markgraf

Der König

Der König trat durch Wahl oder Erbgang sein Amt an. Er wurde auf einen Schild gehoben und, damit er von jedermann gesehen werden konnte, dreimal im Kreis des versammelten Volkes herumgetragen, das durch Handschlagen seinen Beifall zu erkennen gab.

Grimm, Jacob: Deutsche Rechtsaltertümer, Leipzig 1899, Bd. 1, S. 323 - 343

Der Herzog

Der Herzog (dux) aber, der dem Volk vorsteht, er war immer aus dem Geschlecht der Agilolfinger und soll es sein. Denn so haben es die Könige und unsere Vorfahren jenen zugestanden, als sie denjenigen aus ihrem Geschlecht, der dem König treu und der klug war (fidelis regi erat et prudens), zum Herzog einsetzten, um jenes Volk zu regieren (ducem ad regendum populum illum).

Und weil er Herzog ist, soll ihm auch größere Ehre zuteil werden (addatur maior honor) als den übrigen Verwandten.

So werde ein Drittel zu dem dazugeschlagen, womit seine Verwandten gebüßt werden.

Lex Baiuvariorum, hrsg. u. übers. v. K. Beyerle, München 1926, Tit. III, Cap. 1 u. 2

Der Markgraf

An den Grenzen des Reiches bestanden in karolingischer Zeit Markgrafschaften, die den Grenzschutz gegen feindliche Nachbarn übernahmen und zugleich als Aufmarsch-Räume dienten. Sie umfaßten meist erobertes Gebiet, in dem der fränkische Staat kolonisierte und fränkische Bewohner ansiedelte und außerdem die christliche Mission betrieb.

An der Spitze der Verwaltung der Mark stand regelmäßig der Markgraf (comes marcae, marchio), dem vor allem militärische Aufgaben zufielen. Die Mark war militärischer Bezirk. Sie wurde durch Kastelle und Befestigungen gegen feindliche Einfälle gesichert. Die eingesessenen Wehrpflichtigen mußten Wach- und Kundschafterdienst leisten.

H. Conrad: Deutsche Rechtsgeschichte, Karlsruhe 1954, Bd. 1, S. 147

2. Adel und Äbte

Adel

Der Adel (adal oder nobilitas) stammte aus edlen Geschlechtern, aus denen der König gewählt wurde. Der Adel war dem König daher ebenbürtig. Diese Verwandtschaft gab gegenüber den Freien Gewicht und Ansehen. Der Adelige hatte ein höheres Wehrgeld als der Freie. Der Adel war im Gefolge des Königs und diente ihm zu Feld und Hof. Fast alle Adeligen standen im Lehensdienst anderer Fürsten oder des Kaisers selbst.

J. Grimm: Deutsche Rechtsaltertümer, Leipzig 1899, Bd. 1, S. 376 - 387

Äbte

Bei der Einsetzung des Abtes gelte immer die Regel: es werde immer der bestellt, den die ganze Gemeinschaft in der Furcht Gottes einmütig (omnis consors) wählt. Das Verdienst des Lebens und die Weisheit in der Lehrtätigkeit sei für die Wahl entscheidend.

Benedikt: Regula Monachorum

c) *Die Freien und die Unfreien*

1. *Die Freien und die Freilassung*

Frei war jeder vom freien Vater und einer freien Mutter Geborene. Äußeres Kennzeichen der Freien ist das lange, lockichte Haar. Jeder Freie hat das Recht, unbehindert zu gehen, wohin er will, das heißt, es folgt ihm kein Herr nach, der ihn zurückverlangen kann.

Jeder freie Mann trägt Waffen. Sie heißen Folkvapn. Auf das Leben jedes Freien war ein Wehrgeld als Komposition gesetzt, das die Verwandten des Getöteten vom Täter forderten, wenn sie nicht vorzogen, gegen ihn Fehde zu erheben.

Der Freie ist des echten Eigentums fähig. Von diesem Eigentum hängt dann weiter die Teilnahme am Gericht und an der Volksversammlung ab.

Alle Freien wurden zur Teilnahme an öffentlichen Angelegenheiten aufgeboten: Volksversammlung, Gericht, Verfolgung von Missetätern und Kriegszug.

Jacob Grimm: Deutsche Rechtsaltertümer, Leipzig 1899, Bd. 1, S. 392 - 409

2. *Die Unfreien und die Autotradition*

Die unfreien Knechte trugen geschorenes Haar und ein kurzes, enges Gewand. Der Knecht ist nicht waffenfähig, nicht schildwürdig, Schwert und Lanze sind ihm unerlaubt, er darf aber Waffenträger (armiger) seines Herrn sein. Der Freie hat ein Geschlecht, der Unfreie keines und in der Regel auch kein Wehrgeld.

Den Knecht kann der Herr verkaufen. Der Knecht darf sich nicht vom Grund und Boden entfernen, den ihm der Herr angewiesen hat. Der Knecht muß den Willen seines Herrn sogleich erfüllen. Der Knecht ist keines echten Eigentums fähig und wird auf andere Weise bestraft.

In der Hörigkeit liegt aber ein Band wie in der Vatergewalt und in der Ehe.

Jacob Grimm: Deutsche Rechtsaltertümer, Leipzig 1899, Bd. 1, S. 468 - 484

3. *Die herrschaftliche Wirtschaftsordnung*

a) *Das Entstehen der Grundherrschaft*

1. *Die Königs- und Adelsgüter*

Beide Parteien legten an der Stätte der Heiligenreliquien einen Eid ab. So wurde die Angelegenheit wiederholt erörtert und besprochen. Darnach kamen beide Parteien gemäß der Überlieferung (iuxta memoriam) und der väterlichen

7. Ein Grundholde leistet seinen Eid auf das Reliquiar und empfängt durch die Hand-in-Handnahme den Schutz des Grundherren

Sachsenspiegel: Landrecht II, art. 58 § 3

8. Abgabe von Vieh- und Feldzins an der Kirche von Schöngrabern in Niederösterreich um 1210

Ordnung (paternam relationem) unter Wahrung der Gerechtigkeit überein, daß der Freibesitz des Königs von Landgut zu Landgut, von Dorf zu Dorf, von Berg zu Berg und von Hügel zu Hügel jeder für sich ohne jede Beteiligung eines Dritten bleiben soll. Eine Ausnahme bildet nur die Überlassung des Lebensunterhaltes im Wege eines Precariums oder einer Servitut.

Formel einer Markabgrenzung zwischen Fiskus und Markgenossen,
nach: Becker-Dillingen: Quellen u. Urkunden zur Geschichte des
deutschen Bauern, Berlin 1935, S. 482 f.

Wenn das Land infolge des Todes seines Erblassers wieder dem Reich ledig wird, dann soll derjenige, dem das Land vom Reich als Lehen gegeben wird (wem es das Reich leicht), auf das Zollfeld kommen.

Wenn der Herzog den Sitz zum Zeichen der Lehensübernahme eingenommen hat, muß er unverzüglich den Eid schwören:

Daz er schaff Frid und Suen und rechts Gerichts pfleg und
ab dez Glaubens weg weder strauch noch vall.

Nun kommen mit großem Lärm die Herren und beeilen sich, ihr Lehen zu empfangen. Ist dies geschehen, so szwernt sy ym all zehant.

Herzogseinsetzung in Kärnten am Zollfeld,
nach: P. Puntschart: Herzogseinsetzung und Huldigung in Kärnten,
Leipzig 1899, S. 31

Wenn ein Mann dem König treulos wird (regi infidelis exsteterit), büsse er mit dem Leben und all sein Vermögen soll dem Fiskus zugesprochen werden (omnes res suas fisco censeantur). Lex Ripuaria v. 741/747, Cap. 69

Wird bis zum siebenten Grad kein Verwandter oder kein Vorfahre gefunden, dann erwerbe der Fiskus das Vermögen (tunc illas res fiscus adquirat).

Lex Baiuvariorum, T. 15, 10

2. *Die Kirchen- und Klostergüter*

Wo ein Ort gerodet werden kann, soll gerodet werden (stirpare faciant).

Capitulare de villis, Cap. 36

Was einer zum Heil seiner Seele an Höfen, an Grund und Boden, an Knechten oder an Geld der Kirche schenkt, das soll er durch eine Urkunde mit eigener Hand bestätigen und überdies sechs Zeugen oder mehr zuziehen.

Lex Baiuvariorum, T. 1, 1

Im Namen Gottes des Vaters, des Sohnes und des Heiligen Geistes. Ist auch klein und gering, was ich für die Sünden und Untaten darbringe, so weiß ich gleichwohl, dass der gerechte Richter mehr auf die Gesinnung des Geistes als auf den Umfang der Gabe achtet. Ich schenke einen Weinberg im Wormser Gau, ich schenke ihn ganz und ungeteilt vom heutigen Tage ab dem Kloster Unseres Erlösers und des Heiligen Petrus. Am 17. Juni 753.

Nach: Becker-Dillingen, a.a.O., S. 609

Wir kamen überein, einige entsprechende Grundstücke auszutauschen, was wir auch ausgeführt haben. Herwig überliess dem Abt Helmerich zu Gunsten des Klosters vom Hl. Nazarius Weinberge an sieben Orten, wie es sein Vertreter bezeichnete. Auf der anderen Seite gab Abt Helmerich Weinberge des Klosters vom Hl. Nazarius ab. Das Übereinkommen beider soll unverbrüchliche Geltung haben (inconvulsa et inviolata permaneant) (782).

Nach: Becker-Dillingen, a.a.O., S. 641

b) Die Ordnung in der klösterlichen Grundherrschaft

1. Die wirtschaftliche Eigenständigkeit für die Bedarfsdeckung

Man lege das Kloster wenn möglich so an, daß alles, was man braucht sich innerhalb der Klostermauern befinde (Cap. 57). Sind Brüder im Kloster, die ein Handwerk verstehen, so sollen sie es in aller Demut betreiben, wenn es der Abt erlaubt (Cap. 57).

Man halte es so, wie geschrieben steht: einem jeden werde nach Bedarf zugeteilt. Damit wollen wir aber nicht sagen, es dürfe kein Ansehen der Person gelten, vielmehr achte man auf die schwachen Kräfte der Einzelnen (Cap. 34). Um das Laster des Privateigentums mit der Wurzel auszurotten, gebe der Abt alles, was man braucht (Cap. 55).

2. Der wirtschaftliche Verkehr mit der Aussenwelt

Wenn etwas von den Arbeiten der Handwerker zu verkaufen ist, dann sollen jene, die den Verkauf vermitteln, sich davor in acht nehmen, irgendeine betrügerische Handlung zu begehen. Bei der Festsetzung der Preise darf sich kein schmutziger Geist einschleichen (non subripiat avaritiae malum). Vielmehr soll man die Waren immer ein wenig billiger geben (vilius detur), als es die Kaufleute tun (Cap. 57).

3. Das Kloster-Inventar

Der Abt führe über alles: Gerätschaften, Kleidungsstücke und alle sonstigen Dinge ein Verzeichnis (brevem teneat), damit er jederzeit wisse, was er ausgibt und was er zurückbekommt, wenn die Brüder einer nach dem anderen ihre Gebrauchsgegenstände übertragen erhalten (Cap. 32).

4. Der Verwalter des Klosters: der Cellerar

Er trage für alles Sorge und tue nichts ohne Weisung des Abtes. Er halte sich genau an das, was ihm aufgetragen ist. Er mische sich aber nicht in Dinge, die ihm der Abt nicht unterstellte.

Der Kranken, Kinder, Gäste und Armen nehme er sich mit Sorgfalt an, fest überzeugt, dass er wegen all dieser am Tage des Gerichts wird Rechenschaft ablegen müssen. Er gewähre den Brüdern das festgesetzte Maß der Nahrung ohne hochfahrendes Wesen und ohne Zögern (Cap. 31).

Zum Cellerar des Klosters soll einer aus der Gemeinde bestellt werden, der weise, reif an Charakter, nüchtern, mässig im Essen, nicht stolz und nicht ungestüm, nicht verletzend, nicht saumselig und verschwenderisch, vielmehr gottesfürchtig ist und für die ganze Gemeinschaft wie ein Vater sorgt (omni congregationi sit sicut pater) (Cap. 31).

Regula Sancti Benedicti: Die Regel des Hl. Benedikt,
übers. v. P. Pius Bichlmayer, in: Bibliothek der Kirchenväter,
Reihe 1, Bd. 20, Kempten 1914

c) *Die Ordnung in der weltlichen Grundherrschaft*

1. *Zweck und Umfang der königlichen Güter*

Wir wollen, dass unsere Landgüter (villae nostrae), die wir zu unserer Versorgung eingerichtet haben, nur uns dienen und nicht irgendwelchen anderen Personen (Cap. 1). Die Maier (maiores) sollen keinen größeren Dienstbereich haben, als sie an einem Tag umgehen und besichtigen können (Cap. 26).

2. *Die Bewirtschaftung des Fronhofes*

Forstwirtschaft: Unsere Wälder und Forste sollen unter gute Aufsicht genommen werden (Cap. 36). Wo gerodet werden kann, soll gerodet werden (stirpare faciant). Wo aber Wald sein muß, sollen die Verwalter verhindern, daß der Wald zu stark abgeholzt und beschädigt wird (Cap. 36).

Ackerbau: Wir wollen, daß die Verwalter unsere Felder (campos) und Neuanlagen (cultura) gut bestellen und unsere Wiesen rechtzeitig bewachen (Cap. 67) und daß die Felder nicht mit Gestrüpp überzogen werden. Jeder Verwalter sorge dafür, daß er stets gutes und bestes Saatgut halte (sementem bonum et optimum), es sei ein selbstbereitetes oder auch ein solches, das anderswoher bezogen wird (Cap. 32).

Weinbau: Wir wollen, daß unsere Verwalter die Weintrauben in ihrem Amtsbereich gut verarbeiten und den Wein in gute Fässer füllen und gewissenhaft Vorsorge treffen, daß der Wein keinen Schaden leide (Cap. 8).

Viehwirtschaft:

Pferde: Wir wollen, daß die Verwalter für unsere Hengste gut sorgen (Cap. 13).

Rinder und anderes Vieh: Auf jedem unserer Landgüter sollen unsere Verwalter haben: Kühe, Schweine, Schafe, Ziegen und Böcke, wieviele sie immer können (quantum plus poterint) (Cap. 23).

Darüber hinaus müssen sie noch Kühe zur Arbeitsleistung von Hufenbesitzern als Fron gestellt bekommen (pro servizio ad dominicum opus) (Cap. 23).

Wir wollen, daß von fetten Schafen ebenso wie von Schweinen Fett gewonnen werde und daß noch zwei Mastochsen gehalten werden, um Fett für die Abgabe an die Hofhaltung zu gewinnen (Cap. 37).

Soviele Landgüter ein Verwalter in seinem Dienstbereich hat, soviele Leute soll er für die Bienenpflege halten (Cap. 17). Um der Zierde willen soll jeder Verwalter auf unseren Landgütern halten: edle Hühner, Pfauen, Fasanen, Enten, Tauben, Rebhühner und Turteltauben (Cap. 70).

3. *Die Handwerker am Fronhof*

Wir wollen, daß jeder Verwalter in seinem Bereich (in suo ministerio) gute Handwerksleute (artifices) habe (Cap. 45).

4. *Die Gebäude- und Hausverwaltung*

Unsere Wohnhäuser sollen eine ständig unterhaltene Herdglut (intensinenter foca) und eine ständige Wache haben, so daß sie wohl bewahrt sind (Cap. 27).

Wir wollen, daß die Verwalter die Gebäude auf unseren Hofgütern und die Umzäunungen in gutem Zustand erhalten, die Ställe, Küchen, Backhäuser, Kelterhäuser sachgemäß ausgestattet seien, damit unsere Bediensteten ihre Verrichtungen gut und sauber vornehmen können (Cap. 41).

Es ist mit aller Sorgfalt darauf zu achten, daß alles, was immer mit den Händen verarbeitet und verfertigt wird, mit höchster Sauberkeit gefertigt und zubereitet wird (cum summo nitore facta) (Cap. 34).

Die Häuser, Arbeitsräume, Schupfen und Kästen sollen in guter Ordnung gehalten werden, damit unser Betrieb gut fortschreite (opera nostra bene peragere) (Cap. 49).

Sie sollen unsere Wildgatter gut beaufsichtigen und zur rechten Zeit ausbessern, genauso wie bei jeglichem Bauwerk (Cap. 46). Was jeder Verwalter für unsere Tafel zu liefern verpflichtet ist, soll er in seiner Verwahrung haben, was abgegeben wird, sei gut und vorzüglich, sorgfältig und zierlich zugerichtet (Cap. 24).

5. Die Ablieferung an die Königliche Pfalz

Wir wollen, daß das, was wir für unsere Hofhaltung brauchen, und das, was für den Dienst der Verwalter erforderlich ist, aus dem ganzen Gutsertrag ausgeschieden werde (Cap. 30).

Jeder Verwalter hat während seiner Hoflieferung Malz zur Pfalz führen zu lassen und die Braumeister mitzugeben, damit sie dort gutes Bier brauen (Cap. 61).

Das fette Pöckelfleisch ist alljährlich an uns abzuführen (Cap. 66). Was abgegeben ist, sei gut und vorzüglich, sorgfältig und gefällig zugerichtet (qualiter bona et optima atque bene studiose et nitide composita) (Cap. 24).

6. Die Betriebsabrechnung

Jeder Verwalter hat Jahr für Jahr (per singulos annos) Rechnung zu legen: über den Ochsenspanndienst, die Pflugleistung unserer Hufenbauern, den Ackerzins (de sogalibus) und die anderen Abgaben (censis).

Das alles ist, jeder Gegenstand für sich, in Gruppen zusammengestellt und übersichtlich geordnet, zu verzeichnen und das Verzeichnis bis Weihnachten bei uns einzureichen, damit wir imstande sind, zu vernehmen, wieviel Gesamtertrag und wieviel wir an Erträgen im einzelnen haben (Cap. 62).

Wir wollen, daß der Verwalter alles, was er an unsere Hofhaltung abgibt, auf einen Merkzettel schreibe (in uno breve conscribi), über den verbleibenden Rest soll uns ein schriftlicher Bericht zukommen (Cap. 55). Wenn alles abgeschlossen, gesät und in Teilen abgesondert ist, dann wird das vom ganzen Ertrag Erübrigte bis zu unserer Verfügung aufbewahrt, damit es nach unserer verfügten Entscheidung (secundum iussionem nostram) verkauft oder gespeichert werde (Cap. 33).

Wir wollen, daß die Verwalter sich alljährlich in der Fastenzeit am Palmsonntag befleissigen, unseren Anordnungen gemäß das aus unserem Wirtschaftsertrag erlöste Geld, nachdem wir für das laufende Jahr die Höhe des Betrages festgelegt haben, an uns abzuführen (deferre studeant) (Cap. 28).

7. *Das Recht für das Gesinde am Fronhof*

Wir wollen, daß unsere Arbeitsleute (familia nostra) gut versorgt (bene conservata sit) und von niemandem ins Elend gebracht werden (Cap. 2), daß unsere Verwalter den Mitarbeitern, den Fiskalen (fiscales), den Knechten (servi) und den Freigeborenen (ingenui), welche sich auf unseren Landgütern dauernd aufhalten, ein volles und uneingeschränktes Recht (plenam et integram iustitiam) zuteil werden lassen (Cap. 52). Jeder Amtmann soll in seinem Bezirk darauf sehen, daß unter unseren Leuten keine Lumpen (latrones) und keine Zauberer (maleficii) aufkommen können (Cap. 53), und daß unser Gesinde seine Tätigkeit gut vollführe (bene laboret) und nicht auf Jahrmärkten herumlaufe (per mercata vacando non eat) (Cap. 54), daß unser Gesinde ordentlich lebe (qualiter recte familiae nostrae vivant) (Cap. 56).

Wenn einer unserer Knechte über seinen Meister in unseren Angelegenheiten etwas sagen wolle, so soll man ihm den Weg, zu uns zu kommen, nicht verbieten. Wenn ein Verwalter erfährt, daß seine Untergbenen mit einer Klage zur Pfalz gehen wollen, dann soll er selbst eine Darlegung der Vorfälle an die Pfalz gelangen lassen, damit die Klagen jener in unseren Ohren keinen Verdruß erzeugen (fastidium non generet). Auf diese Weise wollen wir erfahren, ob jene aus Notwendigkeit oder nur aus eigenem Vorhaben kommen (Cap. 57). Wenn unsere Arbeitsleute unser Eigentum durch Dieberei oder Nachlässigkeit irgendwie geschädigt haben, so sollen sie dem Wert entsprechend Schadenersatz leisten und nach dem Gesetz gezüchtigt werden, es sei denn, es läge Mord oder Brandlegung vor.

8. *Inventar eines königlichen Fronhofes*

Wir fanden dort einen Maierhof, ein herrschaftliches Haus und andere Gebäude.

Zu diesem Hof gehören 750 Tagwerk Ackerland und Wiesen mit einer Ertragsfähigkeit von 610 Karren Heu.

Getreide trafen wir keines, außer die 30 Karren, die wir den 72 Pfründnern bis zum Johannisfest geben. An Malz fanden wir 12 Mut. Wir fanden noch: 1 Pferd, 26 Zugochsen, 20 Kühe, 1 Stier, 61 Kalbinen, 5 Kälber, 87 Schafe, 14 Lämmer, 17 Böcke, 58 Ziegen, 12 Zickel, 40 Schweine, 50 Jungschweine, 63 Gänse, 50 Hühner, 7 Bienenstöcke. 20 Speckseiten (de lardo baccones), ebensoviele frische Speckseiten, 17 Pfund Schmer, 1 geschlachteten und aufgehangenen Eber.

40 Käse, 1/2 Sikel Honig, 2 Sikeln Butter, 5 Mut Salz, 3 Sikeln Seife, 5 Federpfühle, 3 eherne und 6 eiserne Kesseln, 5 Kesselhacken, einen eisernen Leuchter, 17 mit Eisen gebundene Zuber, 10 große und 17 kleine Sikeln, 7 Breithacken und 7 Äxte, 10 Bockhäute, 26 Schaffelle und ein Fischnetz.

Es ist daselbst eine Tuchmacherei (genitium), worin sich 24 Frauen aufhalten. Wir fanden darin 4 wollene Kleider mit 4 Gürteln und 5 Kamisole.

Es ist daselbst auch eine Mühle, die jährlich 12 Mut abgibt. Zu diesem Hof gehören 23 freie Mansi (mansi ingenuiles vestii); unter diesen sind 6, von denen jeder jährlich zinst: 14 Mut Getreide, 4 Ferkel, Flachs im Werte einer Seige an die Arbeitsstube, 2 Hühner, 10 Eier, ein Sextar Leinsamen, ein Sextar Linsen, Frondienst jährlich 5 Wochen, Pflugarbeit von 3 Tagewerken, Abmähen und Ernten eines Karren Heu auf der Herrschaftswiese und Botenreisen, von den übrigen sind 6, deren jeder jährlich 2 Tagewerk Acker säet und erntet, auf der herrschaftlichen Wiese 5 Karren Heu gewinnt und einbringt, sowie 2 Wochen front, ihrer 2 gestellen für den Kriegsdienst je 1 Ochsen; ziehen sie nicht selbst gegen den Feind, so reiten sie, wohin sie befohlen;

5 Mansi finden sich, die jährlich 2 Ochsen geben,

4 Mansi sind, von denen jeder jährlich 9 Tagewerk Acker säet und einfährt und auf der Herrschaftswiese 9 Karren Heu gewinnt und einbringt.

Jährlich front jeder 3 Wochen, geht zur Weinfuhre, düngt ein Tagewerk Herrschaftsland und gibt 10 Karren Brennholz.

Zu dem Hof gehören noch 19 dienstbare Mansi (serviles mansi). Von diesen gibt jeder jährlich 1 Ferkel, 5 Hühner, 10 Eier, füttert 4 herrschaftliche Jungschweine, pflügt ein halbes Ackerwerk, front wöchentlich 3 Tage, macht Botendienst und stellt ein Vorspannpferd. Seine Frau fertigt ein Kamisol, fertigt Malz und backt Brot.

Breviarium Caroli Magni um 811, Königshof in Stephanswerth bei Augsburg, aus: J. Becker-Dillingen: Quellen und Urkunden zur Geschichte des deutschen Bauern, Berlin 1935, S. 559 ff.

9. *Die Verwalter*

Die Beamten (maiores) der Gutsverwaltung sollen keineswegs Personen gehobenen Standes, sondern redliche Männer des Mittelstandes sein (de mediocribus qui fideles) (Cap. 60).

Wenn unsere Verwalter die Arbeiten durchzuführen haben, säen oder ackern, ernten und heumachen oder weinlesen, so soll jeder von ihnen an jedem Ort nachsehen, damit alles, was getan wird, gut und untadelig sei (ut bene salva) (Cap. 5). Jeder Verwalter soll seine Leistungen für unsere Hofhaltungen so vollbringen, wie sie ihm aufgetragen wurden.

Ist es aber nötig, mehr zu arbeiten (plus servire debeat) und reichen die Dienste bis in die Nacht nicht aus, so soll er (für die Überstunden) Rechnung stellen (computare faciat) (Cap. 7).

Jeder Verwalter halte drei- oder viermal Nachschau (nach den Erträgnissen) (Cap. 20). Jeder Amtmann sehe zu, daß nicht Bösewichte unsere Saat unter die Erde oder sonstwohin verstecken und deshalb die Ernte verkürzen (Cap. 51).

Wir wollen, daß kein Amtmann die Hufenbesitzer zu seinen Geschäften gebrauche, wir wollen auch, daß kein Verwalter irgendeinen uns Fremden auf dem Landgut unterhalte (Cap. 12).

Wenn wir das im Vorstehenden Angeführte von unseren Verwaltern verlangen, so darf man uns nicht für streng halten (asperum videatur), denn wir wollen, daß sie selbst auch von ihren Untergebenen dies alles ohne jede Absicht, diese zu ärgern, zu fordern sich bemühen (Cap. 63). Alles das aber, was ein Mann in seinem Hause oder in seinem Wirtschaftsbetrieb tun muß, sollen unsere Verwalter bei der Bewirtschaftung unserer Landgüter eben auch tun (Cap. 63).

Capitulare de villis et curtis imperialibus
nach der Übersetzung: J. Becker-Dillingen, Quellen und Urkunden zur Geschichte des deutschen Bauern, Berlin 1935, S. 542 - 556

A. Die Wirtschaftsgesinnung

Von der Mitte des achten bis zur Mitte des zwölften Jahrhunderts war die Wirtschaftsgesinnung in einem bipolaren Spannungsverhältnis zwischen der dynamischen Auffassung von der Arbeit und der statischen Auffassung vom bedarfsdeckenden Einkommen eingeklemmt.

Die Arbeit wurde als wertvolle Leistung des Menschen angesehen, die die leistende Person ehrt und der Gemeinschaft einen Fortschritt bringt. Die Arbeit galt auch als gottgefällige Tätigkeit, weil sie mit dem Gebet auf eine Ebene gestellt wurde. So konnte die Auffassung von der Werthaftigkeit der Arbeit als dynamische Kraft des Fortschrittes in der Aufbereitung des Landes und der Landschaften und in der kulturellen Durchdringung des Lebens wirksam werden.

Das Ziel des Wirtschaftens war im Streben nach Einkommen und Auskommen begrenzt und ohne reizbare Kraft. Das Einkommen war durch das Prinzip der Bedarfsdeckung nach oben gegen eine üppige, luxuriöse Lebensweise abgeriegelt, weil man nur den herkömmlichen Bedarf zu decken wünschte. Das Auskommen war nach unten gegen wirtschaftliche Notstände abgeschirmt, weil man durch ein gesellschaftliches System von Bindungen versuchte, die Notstände hintanzuhalten und, wenn sie schon einmal einbrachen, zu beheben. In der Begrenzung nach oben und unten ergab sich als Wirtschaftsziel eine Ertrags- und Einkommensgröße, die die „auskömmliche Nahrung" und in Erweiterung der Nahrungssicherung auf den gesamten Lebensstandard ein „bene vivere" sichern sollte. So konnte die Auffassung von der auskömmlichen Nahrung in der Wirtschaftsgesinnung eine statische Hemmung bilden gegen ein Zuviel in Prasserei und ein Zuwenig in darbender Not.

Mit dieser statischen Wirtschaftsgesinnung vermochte die Wirtschaft nicht in die Gesellschaft sprengend einzudringen. Die Wirtschaft verblieb in der Dienststellung für den Menschen und für die Gesellschaft.

1. Die Arbeit als gottgefällige Persönlichkeitsentfaltung

a) Der Unwert der Arbeit in der antiken Welt

Sowohl in der hellenistischen als auch in der römischen Antike galt die körperliche Arbeit als „opus servile" und daher als „knechtliche Arbeit". Als Sklaventätigkeit war die Handarbeit aber eines freien Mannes unwürdig. Ein freier Bürger tätigte daher auch keine solche Arbeit und sollte er schon eine solche verrichten, so war dies so entehrend, daß es beinahe einer sozialen capitis deminutio gleichkam.

Aus dieser negativen Beurteilung und sozialen Verurteilung war der Zugang zur Erkenntnis eines persönlichen und ethischen Wertes der manuellen Arbeit verschlossen. Deshalb kam es zu einem eigenartigen

Zwiespalt in der Bewertung eines Kunstwerkes und in der Beurteilung des schaffenden Künstlers. Dem Kunstwerk wurde die entsprechende ästhetische Wertschätzung und Hochachtung entgegengebracht, dem Künstler hingegen, der mit seiner Hände Arbeit sein Brot verdienen mußte, kam keine Verehrung zu, weil er als „armseliger Handwerker“ gesellschaftlich unbeachtet blieb.

Deutlich sprach dies Lukian (geboren um 125 n. Chr.) in seinem Werk „Der Traum“ aus: „Würdest du auch ein Phidias oder ein Polyklet sein und hättest du eine Menge bewundernswerter Werke geschaffen, so wird zwar jeder, der diese sieht, deine Kunst rühmen, aber keiner wird deinesgleichen zu sein wünschen — so lange er bei Sinnen ist; denn so groß du auch in deinem Fache wärest, immer würdest du doch nur als armseliger Handwerker (βάναυσος καὶ χειρῶναξ) gelten, der sein Brot mit seiner Hände Arbeit (ἀποχειροβίωτος) verdienen muß“ verdienen muß“.

Die gesellschaftliche Unwürde der Arbeit ließ den Handwerker zu keiner sozialen Anerkennung kommen. Die Arbeit blieb eine sozial entwertende Tätigkeit (βάναυσος: ein niedriges Handwerk betreibend, gemein), die nur von Sklaven vorgenommen werden konnte.

In dieser Versperrung der Werterkenntnis der Arbeit stellte dann auch Seneca (4 v. Chr. - 65 n. Chr.) fest, daß die Handarbeit immer auch der Weisheit und damit des Eigentlich-Menschlichen entbehre, denn „die Weisheit wohnt an einem höheren Ort, sie lehrt nicht die Hände, sondern den Geist“. Damit wurde der Arbeit die Anteilnahme am Geist und an der Weisheit abgesprochen, aber auch all denen, die sie leisteten, blieb der Zugang zur menschlichen Geistigkeit vorenthalten. Deshalb standen aber auch alle, die eine Handarbeit vollbrachten, außerhalb des achtbaren Kreises der vom Geist und der Weisheit erfaßten Gesellschaft. Die Arbeit war nur eine unbeachtbare Tätigkeit, weil sie ohne den eigentlich menschlichen Einsatz geleistet wurde. Die Handarbeiter standen daher auch außerhalb der Gesellschaft der freien Menschen.

Die Arbeit entbehrte in der ganzen antiken Welt jeder Wertschätzung, weshalb sie auch nie zu einer gesellschaftsbildenden Kraft werden konnte. Der Unwert der Arbeit ließ aber auch all die, die sie verrichteten, außerhalb der freien Gesellschaft stehen.

b) Der Weg zur Aufwertung der Arbeit

Der Ausgang für eine persönliche und soziale Aufwertung der Arbeit in einer Welt der negativen Haltung gegenüber der Arbeit war der Auftrag des Schöpfers an die Menschen: „Machet euch die Erde untertan!“ (Genesis, 1, 28). Diesem Auftrag folgte nach der Bruchsituation der Menschen die Fluchbelastung der Arbeit: „So ruht der Fluch um deinetwillen auf dem Acker. In Mühsal sollst du dich dein leben lang von ihm nähren!" (Genesis, 3, 17).

Damit war die Arbeit mit einem segensreichen Auftrag begleitet, der jeden Arbeiter zum Mitschöpfer machte und so die Arbeit zur anerkennenswerten Leistung deklarierte. So war aber auch die Arbeit fluchbeladen, die sie mühevoll sein und deshalb auch als gesellschaftlich entehrend gelten ließ. Die Arbeit war in dieser biblischen Auffassung sowohl segenbringend als auch fluchbeladen. Diese Zweischichtigkeit begleitete die Arbeit auch durch ihre ganze Geschichte.

Als Jesus Christus in der Darstellung seiner Lehre immer wieder Bilder aus der Arbeitswelt gebrauchte und so die Tätigkeit des Hirten, des Fischers, des Winzers und des Bauern ehrenhaft erwähnte und vielfach als gewinnendes Beispiel hinstellte, erhielt die Arbeit die allerhöchste Würdigung und Anerkennung. Wenn die Arbeit bisher der vornehmen Welt verächtlich schien und den arbeitenden Schichten drückend vorkam, so wurde sie jetzt durch Jesus zum Verdienst erhoben (H. Holzapfel). Mit dieser Rechtfertigung der Arbeit war der Weg für ihre Aufwertung freigelegt, soweit die Anerkennung gegen immer wieder bestehende Abwertungen durchdringen konnte.

In der Folge wurde der Wert der Arbeit durch verschiedene Gründe zu stützen versucht.

Der Apostel Paulus forderte seine Christen in Saloniki auf: „Setzet eure Ehre darein, ein friedliches Leben zu führen, eure Angelegenheiten zu besorgen und eurer Hände Arbeit zu verrichten! So haben wir es euch aufgetragen. So wandelt ihr in Ehren vor den Außenstehenden und ihr braucht niemanden in Anspruch zu nehmen" (2. Brief an die Thessaloniker, 4, 11 ff. Damit kam deutlich ein praktischer Zweck der Arbeit zum Vorschein: die Arbeit macht wirtschaftlich unabhängig und daher frei. Die Arbeit zwang aber auch den Außenstehenden unweigerlich eine Anerkennung ab. Jetzt trat die Arbeit aus der engen Zwecksetzung des Wirtschaftlichen heraus und wurde der ehrenden Anerkennung durch die Gesellschaft teilhaft.

Die Zweckmäßigkeit der Arbeit stellte der der praktischen Lebensgestaltung seiner Mönche zugewandte Basilius (um 354 - 407) heraus, indem er kurz feststellt: „Wie notwendig jedem das tägliche Brot, so notwendig ist ihm auch, nach Kräften zu arbeiten" (Regulae fusius tractatae). Die Lebensnot zwingt die Menschen zu arbeiten und rechtfertigt damit auch die Arbeit als eine dem rechtschaffenen und ordentlichen Leben entsprechende Tätigkeit.

Genauso wie die Arbeit für die einzelnen Wirtschafter unerläßlich ist, so fügt sie auch die Wirtschafter unweigerlich zu einer Gemeinschaft zusammen, weil die Arbeit nur in einer Wirtschaftsgemeinschaft verrichtet werden kann und jede Wirtschaftsgemeinschaft immer eine arbeitsteilige ist. So ordneten sich die Christen in die vorgegebenen Wirtschaftsgemeinschaften ein und leisteten das Ihre. „Wir wohnen mit euch in dieser Welt zusammen nicht ohne Gebrauch des Forums, nicht ohne den Fleischmarkt, ohne die Bäder, ohne euere Kaufläden, Werkstätten, Gasthäuser, Jahrmärkte und ohne den sonstigen Handelsverkehr" (Tertullian, Apologeticus 42). In dieser arbeitsteiligen Wirtschaftsgemeinschaft ordneten sich die Christen mit ihrer Arbeit und mit ihrem Arbeitsergebnis ein und anerkannten damit die Notwendigkeit der Arbeit und die unerläßliche Einordnung in die jeweils gegebene Wirtschaftsgemeinschaft. Aus dieser arbeitsteiligen Wirtschaftsgemeinschaft wurde auch die Arbeit in ihrer verbindenden Kraft einsichtig und die gesellschaftliche Abhängigkeit aller voneinander klar. Theodoret schilderte die arbeitsteilige Wirtschaft und rechtfertigte die Arbeit und mit ihr die Arbeitsgesellschaft, indem er die Interdependenz aller von allen nachwies: „Der Baumeister braucht den Schmied und der Schmied den Bergmann und Köhler. Alle hinwiederum brauchen den Holzhacker und diese wiederum die Forstleute und Bauern. So schafft sich jedes Handwerk von den anderen den geeigneten Nutzen" (Quaestiones in Genesis, 20; Patr. Gr. Bd. 80, Sp. 105). Damit fand die Arbeit ihre persönliche Anerkennung und ihre soziale Rechtfertigung.

Von diesem arbeitsteiligen Zusammenwirken berichtete Palladius (gest. 431) über die ägyptischen Mönchsgemeinschaften und zählte die dort zu verrichtenden Arbeiten auf: „in Feld und Garten, in Schmiede und Bäckerei, auf Baustellen und in der Walkerei, in der Gerberei und in der Schusterwerkstätte, andere flechten Körbe und wieder andere sind Schönschreiber" (Palladius). Jede Gemeinschaft braucht das arbeitsteilige Zusammenwirken. Dadurch ist aber auch die Arbeit in ihrem sozialen Wert legitimiert.

Mit der persönlichen Rechtfertigung und der gesellschaftlichen Würdigung der Arbeit war auch die ethische Wertschätzung gegeben. Zunächst hielt der große Seelsorger, der Heilige Benedikt, die Arbeit als bestes Mittel gegen den gefährdenden Müßiggang. „Deshalb müssen sich die Brüder (im Kloster) zu bestimmten Zeiten mit Handarbeit und wieder zu bestimmten Stunden mit heiliger Lesung beschäftigen. Die Brüder sollen, wenn es die örtliche Lage oder die Armut erfordert, selbst die Feldfrüchte ernten, darüber sollen sie aber nicht ungehalten sein" (non tristuntur) (Cap. 48) (Benedikt: Regula).

Chrysostomus (354 - 407) hielt die Arbeit nicht nur als Schutz gegen Abwegigkeiten für wichtig, er sah in der Arbeit vielmehr die Voraussetzung und Grundlage für ein tugendhaftes Leben.

Die Arbeit wurde durch diesen Weg der Aufwertung aus der Sphäre des Unwertes der antiken Welt herausgehoben, sie wurde durch die Verchristlichung der Welt als ehrenhafte Tätigkeit und für alle, die Arbeit leisten, gesellschaftlich nicht nur als notwendig, sondern als ehrenvoll angesprochen. Die Arbeit wurde in allen Bereichen segensreich und für die weitere Entwicklung die Kraft des Aufstieges. Mit dieser Arbeitsgesinnung fing das Abendland seine eigenständige Entwicklung an.

c) Die Arbeit als gottgefällige Persönlichkeitsentfaltung

Soll die Arbeit in ihrem ganzen essentiellen Wert ausgelotet werden, dann muß von der Schaffenskraft des Menschen ausgegangen werden. Diese fand im göttlichen Auftrag: „Machet euch die Erde untertan" (Genesis, 1, 28) ihren Ausgang. Für diesen Auftrag, so wurde in christlicher Schau argumentiert, wird der Mensch mit Fähigkeiten der verschiedensten Art ausgerüstet. Was der Mensch zu arbeiten und zu leisten vermag, kann er kraft „eines Geschenkes Gottes" (eius munere). Und was immer von den Menschen geschaffen und geleistet wird, stammt „aus der Freigiebigkeit dessen, der die Schaffenskraft gab" (Augustinus [384 - 430]). Mit diesen Fähigkeiten ausgestattet wird der Mensch zum „Werkmeister", der die Kraft besitzt: alles und jedes als Ganzes zu gestalten (Maximus Confessor [gest. 660]). Der schaffende Mensch beginnt jeweils mit einer Zerteilung der Rohstoffe, fügt sie dann nach seinem Plane wieder zusammen und führt sie durch seine Formgebung „zur letzten Höhe, wo es keine Teilung mehr gibt". Die menschliche Gestaltungskraft „bringt das Werden zur Vollendung und dadurch offenbart sie das Geheimnis des göttlichen Planes" in ihren Leistungen. Die menschliche Arbeit und die formende Kraft der Arbeit führt die Werkstücke „zur Einheit in Gott" (Maximus Confessor). Die Arbeit wird durch ihre schöpferische Kraft jeweils zur Mitarbeit am Schöpfungsgang der Welt. So gesehen konnte die Arbeit als immerwährende Kraft der Schöpfung und als stets treibende Kraft des Fortschrittes gelten. Sie konnte, weil sie im Auftrage des Schöpfers geschieht, ebenso als Gottesdienst oder als Dienst Gottes gewertet werden wie das Gebet. „Ora et labora" stehen in ihrer Seinsbestimmtheit auf einer Ebene, weil die Arbeit wie das Gebet ein gottgefälliges Tun ist. Damit war der Wertdurchbruch für die Arbeit endgültig getan. Mit dieser Auffassung von der wertbestimmten Arbeit und von der rechtschaffenen Leistung zog das Mittelalter in die Wirtschaftsgeschichte ein. Durch diese Auffassung von der Arbeit unterscheiden sich das Mittelalter von der Antike und die Völker des Abendlandes von allen Stämmen und Völkern in anderen Kontinenten.

Aus dieser vollkommenen Rehabilitierung der Arbeit und aus dieser Requalifizierung der Arbeiter können die ethischen Folgerungen für das praktische Leben gezogen werden. Eine solche Anweisung wurde in den „Didascalia" für die syrische Kirche im dritten Jahrhundert gegeben, die dann auch zur Gänze im Abendland rezipiert wurde:

„Die Jünger der Kirche sollen in allen beruflichen Verrichtungen fleißig und ohne Nachlässigkeit sein (diligenter sine socordia). Arbeitet also zu jeder Zeit!"

„Die Faulheit ist nämlich ein unheilbarer Aussatz (irreparabilis labes). Wenn einer von euch nicht arbeitet, so soll er auch nicht essen!" (Si quis autem apud vos non operatur, hic nec manducet!).

„Der Herr haßt die Faulen (odit pigros), denn ein Fauler kann kein richtiger Gläubiger sein" (Didascalia et constitutiones apostolorum I, 1 u. 5).

Am Höhepunkt unseres Zeitabschnittes, um 1100, stellte der Benediktinermönch Theophil Presbyter aus dem Stift Helmarshausen bei Paderborn in seiner „Schedula divisarum artium" den Menschen wieder als mitschöpfende Kraft Gottes hin, weil der Mensch „als Ebenbild und zur Ähnlichkeit Gottes geschaffen wurde" und durch „die Einhauchung des göttlichen Odems dem übrigen Lebendigen so vorangestellt ist, daß er der Teilnahme an der göttlichen Weisheit, ihres Rates und Geistes für würdig befunden wurde".

In einer den sieben Gaben des Heiligen Geistes analogen Weise stellte Theophilus die Fähigkeiten der menschlichen Schaffens- und Arbeitskraft dar:

Durch den Geist der Gottesfurcht weißt du, wie du nichts aus dir selbst vermagst;

Durch den Geist der Weisheit erkennst du, daß alles Geschaffene aus Gott hervorgeht und ohne ihn nichts ist;

Durch den Geist des Verstandes hast du die Fähigkeit zu wissen: nach welchen Regeln du die verschiedenen Werke leisten sollst;

Durch den Geist der Frömmigkeit wirst du Maß halten: was, für wen, wieviel und auf welche Weise du immer schaffest;

Durch den Geist der Stärke beseitigst du alle Erstarrungen der Trägheit und führst alles zur Vollendung;

Durch den Geist der Überlegung versteckest du das dir von Gott verliehene Pfund nicht, sondern zeigst es all denen, die es wissen wollen;

Durch den Geist des Wissens wirst du durch deine Begabung aus reinem Herzen schaffen.

Mit dieser Theologie der Arbeit war die höchste Legitimierung der Arbeit als persönliche und soziale Leistung gegeben. Der Mensch ist in der Arbeitsverrichtung Gott gefällig, weil er seinen Auftrag mit göttlicher Kraftausrüstung vollbringt. Der Mensch ist im Effekt seiner Arbeit, im erstellten Werkstück, Gott gefällig, weil er ein Werk und ein Erzeugnis setzt, das im Schöpfungsplane Gottes vorgesehen war. Der Mensch ist als leistende, geistige und manuelle Kraft die Dynamik der Wirtschaft.

Mit dieser christlichen Arbeitsgesinnung gingen die abendländischen Völkerschaften an die Wirtschaftsentwicklung des Abendlandes heran. In diesem Arbeitsethos ist das Abendland geworden und in dieser Arbeitsgesinnung liegt bis heute noch die dynamische Kraft der europäischen Wirtschaftsentwicklung.

Die Arbeit als gottgefällige Persönlichkeitsentfaltung wurde die treibende Kraft in der abendländischen Wirtschaftsgestaltung und Wirtschaftsordnung.

2. Die auskömmliche Nahrung

Der Grundsatz der Wirtschaftsgesinnung von der „auskömmlichen Nahrung" stammte in seinem *ideellen Gehalt* von der *Regel des hlg. Benedikt* und in der *praktischen Sicherung* von der *„Portio congrua" der grundherrlichen Eigenkirchen.*

Der wirtschaftliche Zweck der Klostergemeinschaft wurde in der Bedarfsdeckung gesehen. Die klösterliche Wirtschaft sollte daher soviel an Ertrag und Einkommen bringen, daß *der Bedarf gedeckt* wird oder daß das, worüber *die Gemeinschaft und in ihr alle einzelnen an wirtschaftlichen Gütern verfügen müssen und wollen, bereitgestellt* werde.

Der Umfang und das Maß des „Auskömmlichen" wurde in der Benediktinerregel genau zu bestimmen versucht. In der Bedarfsermittlung ging man nicht von gleichen „Portionen" für die einzelnen aus, sondern nahm vielmehr auf das „Ansehen der Person" Rücksicht. „Wer weniger braucht, danke Gott und betrübe sich nicht, wenn ein anderer mehr braucht; der hinwiederum verdemütige sich wegen seiner Schwäche. So bleiben alle Glieder in Frieden: ita omnia membra erunt in pace" (Cap. 34). *„Jedem werde gegeben: wie er es nötig hat"* (dividebatur singulis: prout cuique opus erat) (Cap. 34).

Daß unter „auskömmliche Nahrung" nicht nur all das, was für das Essen und Trinken gebraucht wird, verstanden wurde, sondern auch alle anderen für das Leben erforderlichen „Utensilien", wie Kleider, Gebrauchsgegenstände und Werkzeuge, sagt das Kapitel 55 der Regel.

„Auskömmliche Nahrung" bedeutet in der lebensweiten Umfassung: mit allem versorgt sein, abgesichert und daher wirtschaftlich gesichert sein.

Dieses wirtschaftliche Versorgtsein nimmt von jedem die Lebensnot und die wirtschaftliche Gefährdung, das Versorgtsein enthebt vielmehr jeden vom wirtschaftlichen Bedrohtsein durch die Ungewißheit und Ungesichertheit der Natur und der politischen Verhältnisse. Auskömmliche Nahrung bedeutet Gesichertheit gegen „Pest, Hunger, Krieg und alles Übel", wie es im entsprechenden Kirchengebet heißt.

Im Kloster waren alle Mönche durch den Ertrag der Klosterwirtschaft mit der „auskömmlichen Nahrung" versorgt und gegen alle wirtschaftlichen Unsicherheiten abgeschirmt. Anders war es mit den Mönchen und Priestern, die außerhalb der Klostergemeinschaft ihren seelsorglichen Pflichten nachkommen mußten: wie etwa in den Eigenkirchen der geistlichen und weltlichen Grundherren.

a) Die Eigenkirchen der Grundherren

Die Eigenkirchen gehen auf das altgermanische Hauspriestertum des Hausvaters zurück, nach dem der Hausherr im Rahmen des Hauskultes die Familien- und Hofangehörigen zum gemeinsamen Gottesdienst: zu Opfer und Mahl, vereinigte. Als letzter Rest hievon kann heute noch der Herrgottswinkel angesehen werden (H. E. *Feine,* Kirchliche Rechtsgeschichte, Weimar 1950, Bd. 1: Katholische Kirche, S. 132 ff.).

In der Zeit des früheren Mittelalters errichteten die Grundherren auf ihrem Gebiet und für ihre Untertanen auf Grund ihrer Patronatsverpflichtung Kirchen als Eigenkirchen und „stellten hiefür Priester an", die vom Bischof geweiht wurden und seit dem Jahre 819 Freie sein mußten.

Diese Eigenkirchen bestanden in einem eigenen Zweckvermögen wie: „Kirchengebäude und Ausstattung, Kirchhof mit Grabstätten, Pfarrhof mit Garten, Land und Hintersassen, Almende-Anteil, Zehenden und Stollgebühren. Der Heilige der Eigenkirche gab gewißermaßen die ‚Firma' für das Ganze„ (H. E. *Feine,* ebenda, S. 134).

Ertrag und Nutzen der von den Grundherren gestifteten Eigenkirchen diente *dem Unterhalt der Geistlichen,* dem Kirchenbau und der Kirchenerhaltung, wie auch den Erfordernissen für alle gottesdienstlichen und seelsorglichen Verrichtungen. Aus dem Kirchenvermögen und seinen Erträgen mußte neben anderem der Unterhalt der Priester bestritten werden. Im weiteren ging es nun darum, diesen Unterhalt in dem *Ausmaß der „auskömmlichen Nahrung"* oder der wirtschaftlichen Versorgung *in der Einrichtung der Portio congrua zu sichern.*

b) Die auskömmliche Nahrung: bene vivere

Die Priester der Eigenkirchen standen zwar im Dienste ihres Eigenkirchenpatrones, da sie meist aber „eben Freigelassene" waren, standen sie nicht mehr ganz im Gesinde des Grundherren und daher auch nicht mehr ganz in dessen Versorgungspflicht. Sie standen eben nicht mehr in der Gesinde-Gemeinschaft. Sie waren meist aber auch noch nicht im lehensrechtlichen Verhältnis zu ihrem Grundherren, weil das Lehenssystem damals noch nicht allgemein entwickelt war, weshalb die Eigenkirchenpriester auch noch nicht im gesellschaftlich legitimierten Lehensbande lebten. Die Priester der Eigenkirchen waren daher meist außerhalb des Hausgesindes und noch nicht in der Lehensgesellschaft: *sie gehörten gesellschaftlich keiner festgefügten Gemeinschaft an,* wenn sie nicht als Mönche einem Kloster zugehörten. Dies war aber in einer Zeit der „geschlossenen Gemeinschaften und Gesellschaften" sozial bedrohlich und ökonomisch gefährlich. Heute würde man in Analogie zu den Verhältnissen der Gegenwart sagen, obwohl Analogien nie ganz zutreffend sind: die Priester der Eigenkirchen waren in einem Zustand der „Proletarität". Es war daher verständlich, daß die Priester der Eigenkirchen und die Kirche einem Ausweg aus dieser sozialen Verklemmung zustrebten.

Von sich aus versuchten diese Priester in das Lehensverhältnis oder wenigstens in ein ähnliches Verhältnis zu kommen, damit sie in Anlehnung an das Lehensrecht eine entsprechende soziale Legitimation und damit auch wieder eine ökonomische Sicherungsgarantie erhielten. Die gesellschaftliche Zugehörigkeit zu einer geschlossenen Gesellschaft oder wenigstens der „Anschein einer Zugehörigkeit" bietet mindestens für andere und für Außenstehende eine gesellschaftliche Wertstufen-Zugehörigkeit.

Die Kirche strebte für ihre gesellschaftlich Schwächsten und wirtschaftlich Gefährdeten, die Priester der Eigenkirchen, eine soziale Qualifizierung und eine wirtschaftliche Sicherung durch die Fixierung der *portio congrua* oder die Garantie jenes Einkommens an, welches in der bestimmten Höhe der auskömmlichen Nahrung zum Unterhalt der Geistlichen erforderlich war (U. *Strutz,* Geschichte des Benefizialwesens, Berlin 1895, Bd. 1, H. 1, S. 254). Die Kirche hatte für dieses Sicherungsstreben auch den Schlüssel in der Hand, weil sie durch die Oberaufsicht über die Klöster darauf drängen konnte, daß wenigstens diese die Priester der klösterlichen Eigenkirchen ausreichend versorgten. Über eine ausreichende Versorgung der Priester an den klösterlichen Eigenkirchen konnte auch eine solche bei den Eigenkirchen der weltlichen Grundherren angestrebt und allmählich auch erreicht werden.

Das Streben nach einer auskömmlichen Nahrung durch die portio congrua konnte in der Zeit der Agrarwirtschaft praktisch *nur durch die „Zuweisung" eines ausreichenden Grundstückes ermöglicht werden,* wenn der Ertrag aus diesem Boden hinreichend war, um die Eigenkirchenpriester „auskömmlich zu versorgen".

Die verschiedenen Bestrebungen der Eigenkirchenpriester und der Kirche zielten schließlich auf eine „staatliche Gesetzessicherung", die im *Capitulare ecclesiasticum* vom Jahre 818/819 von Ludwig dem Frommen auch gegeben wurde. Wegen der großen Bedeutung dieser Capitular-Anordnung sei sie im Wortlaut hier festgehalten:

„Es ist festgesetzt:

daß jeder Kirche *ein Hufe, ungeteilt und ſrei von jeder Verpflichtung, zugeteilt* werde,

daß die Eigenkirchenpriester nicht verpflichtet sein sollen: für den Zehent, für die Gaben der Gläubigen, für die Gebäude, für die Höfe und Gärten, die neben der Kirche gelegen sind, noch für die vorgeschriebene Hufe einen anderen als den kirchlichen Dienst zu leisten; wenn sie aber mehr haben, sollen sie ihrem Herren den schuldigen Dienst leisten."

Ludwig d. Fromme: Capitulare ecclesiasticum v. 818/819, Cap. 10 nach: U. *Strutz,* Geschichte des Benefizialwesens, Berlin 1895, Bd. 1, H. 1, S. 254.

Jeder Eigenkirche mußte nun vom zugehörigen Grundherrn als Patron „eine Hufe" (unus mansus) „ungeteilt und frei von jeder Verpflichtung" (integer absque alio servitio) zugeteilt werden, damit aus dem unverkürzten und nicht durch verschiedene Verpflichtungen verminderten Hufenertrag für den Priester die auskömmliche Nahrung gesichert sein sollte. *Der Hufenertrag sollte allein und ausschließlich der auskömmlichen Versorgung des Eigenkirchenpriesters dienen.*

Das Modell für das Ausmaß der auskömmlichen Nahrung konnte wohl vom vorgegebenen Leitbild für die Versorgung der Mönche in den Klöstern genommen werden. Die Priester konnten daher wohl auf den „Lebensstandard" der Mönche in den Klöstern hinweisen und das „Aufwandniveau" der Mönche als den auch für sie geltenden Standard in Anspruch nehmen. Durch das Capitulare ecclesiasticum war die gefährdete Gruppe der Eigenkirchenpriester gegen die wirtschaftliche Not abgeschirmt und gegen Unsicherheit und Ungesichertheit geschützt. *Die wirtschaftliche Ungesichertheit wich der wirtschaftlichen Gesichertheit.*

Die gesellschaftliche Festigung mußte die Kirche im Wege von Reformen zur Hebung des geistigen Niveaus der Geistlichen selbst vornehmen. Dies geschah auch in der Folge durch die Verbesserung der Ausbildung und die Qualifizierung der Geistlichen.

Immer wieder, so scheint es, blieb aber doch die Frage offen: Was ist „auskömmliche Nahrung und wieviel braucht man zur auskömmlichen Versorgung?"

Die Beantwortung dieser Frage zog sich bis zum *Consilium Iuliobonense* vom Jahre 1080 hin. Dort wurde im Canon 12 verfügt:

„Wenn ein Priester (einer Eigenkirche) nicht mit den Mönchen (im Kloster) leben will, soll ihm der Abt soviel von den Kirchengütern geben, daß er *gut leben* (bene vivere) und den Kirchendienst entsprechend leisten kann;

Des Adelichen Land- und Feld-Lebens

Zum Zehenden / im schweren Getrayd soll der Zehend-Mann das Mandel zu funffzehen/und den Schober zu sechzig gleichmässigen Garben aufrichten: nachdem soll der Herr des Zehends selbigen nach Gefallen / doch der Billichkeit gemäß/ausstecken/ und/ ohne Verhinderung des Zehend-Manns heimführen lassen. Das Sommer-Trayd aber/wo es nicht in Garben gebunden wird/stehet dem Zehend-Herrn frey/die zehende Matt/ oder den zehenden Hauffen (die/ so viel als möglich/ gleich sollen gemacht seyn) für sich auszustecken und zu erheben.

9. Getreide-Mandel am Felde: durch Ausstecken eines Zweiges für die Abgabe an den Grundherren gekennzeichnet: 1682

10. Blumenpflege und Obstbaumveredelung: 1518

11. Feldbestellung: 1682

Wenn aber ein Abt dies nicht tun will, soll er vom Bischof verhalten werden, dies zu tun. Der Priester sei dem Bischof rechtmäßig untertan und soll die bischöflichen Abgaben erfüllen. Wenn etwas übrig bleibt, soll es der Abt zum Gebrauch des Klosters haben.

Das Gleiche soll auch bei den Kirchen der Kanoniker Geltung haben."

Consilium Juliobonense von 1080, can. 12
nach: J. *Bombiero-Kremenac*, Geschichte und Recht der „Portio congrua", in: Zeitschrift f. Rechtsgeschichte, Can. Abt. Bd. 11, S. 36.

Durch diese Verfügung wurde dem Eigenkirchenpriester eine portio congrua zugeteilt, die in der Größe und im Umfang keine Unklarheit offen ließ. Der Bodenertrag der dem Priester zugeteilten Hufe sollte so groß sein, daß er *„auskömmlich leben kann"* (bene vivere).

In diesem bene vivere ist für die Bestimmung des angemessenen Lebensstandards eine klare Begrenzung nach unten und nach oben und damit ein den Aufgaben des Eigenpriesters angemessenes und entsprechendes Einkommen gegeben, das den beinahe nur agrarwirtschaftlichen Verhältnissen entsprechend zunächst als Bodenertrag anfällt. Aus diesem wurde die Lebenshaltung unmittelbar und über die Verwertung des nicht naturaliter gebrauchten Ertrages der übrige Aufwand mittelbar bestritten.

Die Bestimmung, daß dem Priester eine wirtschaftliche Sicherung im Ausmaß des bene vivere zukommen soll, enthob ihn von allen unmittelbaren Nöten. Das bene vivere setzte den Eigenkirchenpriester *von jeder unmittelbaren wirtschaftlichen Not frei.* In der Festlegung des bene vivere lag aber auch die Zusicherung, daß der Priester hinreichend, ordentlich und auskömmlich leben könne. Damit war durch die ausreichende Dotierung der Portio congrua wohl ein Lebensstandard sichergestellt, der den Priester mit einer gehobenen Lebenshaltung leben ließ. Die Ausstattung für das bene vivere *ermöglichte eine ausreichende und gehobene Lebenshaltung.*

Da die Leitlinien für die obere und untere Begrenzung dieses Lebensstandards zweifellos vom Lebensniveau der Mönche in den Klöstern, denen der Priester ja auch vielfach angehörte, kamen, mengte sich in den Begriff des bene vivere so etwas wie ein „sozial bedingter Gruppen-Aufwand" ein. Die Versorgung im Ausmaß des bene vivere *deutete auf einen Lebensstandard hin, der später als „standesgemäßer Unterhalt" zum Vorschein kam.*

Das Bedeutungsvolle an der Consiliar-Bestimmung vom Jahre 1080 war neben der Größenfixierung der auskömmlichen Nahrung die *Ga-*

rantiebestimmung für diese. Wenn nämlich der Abt einer Eigenkirche die auskömmliche Ausstattung der portio congrua nicht vornehmen wollte, dann „sollte er vom Bischof verhalten werden, dies zu tun: ab episcopo convenienter cogatur, ut faciat". Diese Garantiebestimmung galt auch für die Eigenkirchen von Kanonikern, so daß sie für alle Eigenkirchen geistlicher Grundherren Geltung hatte. Diese Geltung wirkte aber auch auf die Eigenkirchen der Grundherrschaften weltlicher Herren. In der weiteren Wirkungsfolge kann wohl angenommen werden, daß die Verfügung über das Auskommen der Eigenkirchenpriester im Ausmaße des bene vivere allmählich eine *allgemeine Gültigkeit erreichen* konnte.

Mit der allgemeinen Geltung der auskömmlichen Nahrung im Umfang des bene vivere als Grundsatz der Wirtschaftsgesinnung war zwar die Abschirmung gegen die Not und damit eine wirtschaftliche Gesichertheit gegeben. Es war aber auch mit der Begrenzung des Lebensstandards nach oben gegen eine Reichtumsgier die Dynamik der Wirtschaftsgesinnung genommen. Wenn jedem das Seine zukommen sollte, brauchte keiner mehr und in der Folge wollten wohl auch die meisten nicht mehr. *Die Wirtschafter strebten einen angemessenen Lebensstandard und damit einen begrenzten Wohlstand und einen beschränkten Reichtum an.*

Der Wirtschaftsgesinnung war damit die Dynamik des „Mehrhaben-Wollens" genommen. Sie konnten daher gewiß nicht einen unbegrenzten Reichtum anstreben; ja: so etwas konnten sich die Menschen gar nicht vorstellen, weil sie nur in den Kategorien des gebundenen Reichtums und des angemessenen Lebensstandards im Rahmen des bene vivere zu denken vermochten. Die Wirtschaftsgesinnung mit dem Prinzip der auskömmlichen Nahrung brachte *ein beharrendes und statisches Element* in die Gestaltung der Wirtschaftsordnung.

Der *dynamischen Kraft der Arbeitsbetonung* und der hohen Arbeitsbewertung steht in der Wirtschaftsgesinnung *eine hemmende Bremse im Prinzip der auskömmlichen Nahrung* entgegen. Damit spiegelte sich der Grundcharakter des Mittelalters, die coincidentia oppositorum, auch in der Wirtschaftsgesinnung wieder: der fortschreitenden Kraft der Arbeits-Verehrung stand eine Hemmung für den Arbeitsertrag in der Bindung des Reichtumsstrebens gegenüber. Wie immer es in einem solchen Spannungsverhältnis auch sein mag: im gegenseitigen Zerren der Spannungspole gibt es einmal ein Ausreissen nach der einen Seite und ein andermal ein Ausweichen nach der anderen Seite — im wesentlichen aber und für längere Zeiten einen Ausgleich in der Mitte der Pole.

Dieser Wirtschaftsgesinnung entsprach im früheren Mittelalter auch die Gesellschafts- und Wirtschaftsordnung.

B. Die herrschaftliche Gesellschaftsordnung

1. Die Ordnung und Gliederung der Gesellschaft

Um die Gesellschaftsordnung einer Zeit erkennen zu können, muß man zwei Wege gehen. Der eine Weg führt über die Aufschließung der zeitgemäßen Philosophie und Anthropologie, wie im besonderen der der Zeit entsprechenden Sozialphilosophie, weil aus diesen Disziplinen die Denkkategorien über Gesellschaft und Gesellschaftsordnung stammen und weil von diesen Theorien die Leitbilder für die Ordnungszurichtung der Gesellschaft herkommen. Die der Zeit entsprechende Theorie schließt die Kenntnis für die jeweils geltende Gesellschaftsordnung vom Denken über die Gesellschaft auf. Der andere Weg führt über die Beschreibung und die Interpretation der bestehenden Gesellschaftsordnung, die sich in einer bestimmten Gesellschaftsgliederung niederschlägt. Aus der Beschreibung der Gesellschaftsordnung und Gesellschaftsgliederung kann wiederum auf den geltenden Gehalt der Gesellschaftsphilosophie zurückgeschlossen werden.

a) Die Ordnung: die Grundlage der Gesellschaft

Die Epoche des frühen Mittelalters war das Zeitalter der Ordnungsbrüche. Die Ordnung des römischen Reiches zerbrach und die Restbestände der Provinzen zerfielen in sich selbst wieder. Die Völkerwanderung zerriß immer wieder aufgebaute Ordnungen. Dieser Dauerzustand der Ordnungsbrüche führte immer wieder zur Un-Ordnung und damit zum Chaos und zum Nicht-Sein. „Unordnung ist das Nicht-Sein: inordinatio vero non-esse“ (Aurelius Augustinus). Dieses Nichtsein der Gesellschaft gefährdet immer wieder die Menschen auch in ihrer physischen Existenz. Das jeweilige Chaos verschlang immer wieder die Menschen. Die Un-Ordnung (corruptio) vernichtete die Gesellschaft und die Menschen. Wo nämlich der Zustand der gebrochenen Ordnung, der Corruptio herrscht, dort gibt es kein dauerhaftes Sein: quidquid igitur corrumpitur, eo tendit ut non sit (Augustinus, De moribus ecclesiae catholicae, lib. II: De moribus Manichaeorum, Cap. 6).

In diesem Verfall der Geschichte und in diesem zerstörten Zustand der Gesellschaft war nichts notwendiger als eine Lehre von der Gesellschaftsordnung, denn diese zeigt die Sicherung des Seins für den Menschen. Von Augustinus bis zu Otto v. Freising in der ersten Hälfte des 12. Jahrhunderts gab es daher immer wieder Erörterungen über die Ordnung der Gesellschaft.

„Unter Ordnung versteht man die Verteilung von gleichen und ungleichen Dingen, die jedem seinen Platz anweist“ (Augustinus: De civitate Dei, lib. 19, Cap. 13). Die Ordnung regelt eine Vielfalt von Menschen, in-

dem sie jeweils die Gleichen zusammenstellt und so die Gruppen im Ganzen der Gesellschaft zueinanderfügt und jeder Gruppe die zugehörige Aufgabe mit den entsprechenden Rechten und erforderlichen Befugnissen zuteilt. Diese Ordnung gibt in der Verteilung der gesellschaftlichen Aufgaben die Ordnung der Gesellschaft und damit auch den Frieden, denn der geordnete Zustand der Gesellschaft ist zugleich der Friedenszustand der Gesellschaft (Augustinus). Diese Friedensordnung gibt der Gesellschaft die Einheit dessen, was geordnet ist: ordo enim ad convenientiam, quod ordinat (Augustinus). *Die Ordnung gibt die Einheit, die Einheit den Frieden und den Bestand der Gesellschaft, die Ordnung gibt der Gesellschaft das Sein.*

Die Ordnung setzt die einzelnen zu einer Einheit zusammen. Wie sich die Menschen nicht selber erzeugen, so fügen sie sich auch nicht selbst zu einer geordneten Gesellschaft zusammen. Was aber von einem anderen zusammengesetzt wird, muß notwendigerweise auch von einem anderen die Ordnung haben (Otto v. Freising: Gesta Friderici: De duabus civitatibus, lib. 1, Cap. 5). *Die Ordnung ist immer eine gesetzte Ordnung.* Die Setzung der Ordnung bringt daher einen Ordner und die Geordneten hervor. Dadurch ergibt sich aber auch ein Herrschaftsverhältnis und eine Gesellschaft von Herren und Gefolgschaft. Die Ordnung der Gesellschaft gibt eine herrschaftlich geordnete Gesellschaft.

b) Die Gliederung der Gesellschaft: geistliche und weltliche Würdenträger

Die Ordnung jeder Gesellschaft und Gemeinschaft bringt eine Gliederung in Gruppen, weil das gemeinsame Ziel der Gesellschaft nur in der Verrichtung verschiedener Aufgaben und Funktionen zu erreichen ist. Für die Gesellschaft des frühen Mittelalters stellte *Walafried Strabo* (808 bis 849) zwei Bereiche der Gesellschaft, den weltlichen und den kirchlichen, mit den jeweils zugehörigen hierarchischen Stufen heraus. „So wird aus der Verbundenheit und Zusammengehörigkeit beider Ordnungen das eine Haus gefügt (una domus Dei construitur) und alle Glieder tragen zum gemeinsamen Erfolg und Nutzen bei". Die Parallele der geistlichen und weltlichen Würden- und Amtsträger zeigt sich in folgender Stufenreihe: mit dem *Papst* ist der *Kaiser* vergleichbar, dann kann man mit den *Erzbischöfen* die *Könige* vergleichen; was die *Grafen* und Präfekten im weltlichen Bereich sind, sind die *Bischöfe* im kirchlichen (Walafrid Strabo: De ecclesiasticum rerum ex ordinis et incrementis, Cap. 31). Diese Stufenfolge der geistlichen und weltlichen Würdenträger ist zugleich auch eine Skala der Herrschaftsbereiche und der herrschaftlichen Gewalten. Rang- und Herrschaftsstufen durchziehen die Gesellschaft, weshalb es nur eine herrschaftlich gegliederte Gesellschaft geben kann.

c) Die Gliederung der Gesellschaft im Spiegel der Lex Baiuvariorum

Die herrschaftliche Ordnung der Gesellschaft ist durchgehend für alle Bereiche geltend, so auch für das System des Rechtes. Dies kam deutlich in der Lex Baiuvariorum vom Jahre 744/48 zum Vorschein. Die herrschaftliche Gliederung der Gesellschaft fand dort ihre Wiederspiegelung im Recht der Bußtaxen. Die Begründung für die Stufen in den Bußtaxen wurde in der Abstufung der gesellschaftlichen Ehrenklassen gegeben. Die, die eine höhere Stufe der Ehre hatten und daher eine höhere Stufe in der Gesellschaft einnahmen, hatten deshalb eine höhere Bußtaxe. *Die Gliederung der Gesellschaft wurde in den Ehrenklassen und in der Stufenfolge der Bußtaxen reflektiert.*

Auf der breiten Gesellschaftsgrundlage der Freien und der Freigelassenen baute sich eine sich verjüngende Gesellschaftspyramide bis zum Herzog auf. Die *Freien* hatten *einfache Bußgebühren,* wie sie in der Lex Baiuvariorum Tit. 4, Cap. 1 - 31 festgehalten waren. Die *Freigelassenen* (frilaz vocant) wurden in der Regel mit der *halben Buße* gebüßt (Tit. 5, Cap. 1 - 9). Die *Adelsgeschlechter* (die namentlich angeführt sind) „sind die vornehmsten (quasi primi), ihnen gewähren wir die *doppelte Ehre* (duplum honorem concedamus) und deshalb sollen sie auch die *doppelte Buße* haben“ (Tit. 3, Cap. 1).

„Die *Agilolfinger* aber sollen bis zum Herzog hin *vierfach gebüßt* werden (quadruplum), weil sie die höchsten Fürsten unter euch sind“ (quia summi principes inter vos sunt) (Tit. 3, Cap. 1). „Der Herzog, der dem Volk vorsteht, war immer aus dem Geschlecht der Agilolfinger und soll es auch sein. Da er *Herzog* ist, soll ihm auch die größere Ehre als seinen übrigen Verwandten zuteil werden (addatur ei maior honor). So wird ein Drittel zu dem geschlagen, womit seine Verwandten gebüßt werden“ $\left(\text{4fach} + \frac{\text{4fach}}{3}\right)$ (Tit. 3, Cap. 1).

Die *Knechte und Unfreien* standen außerhalb der Gesellschaft der Freien und hatten daher *keine Ehre* und erhielten deshalb auch *kein Bußgeld,* wohl aber unterlagen sie dem Strafrecht, weshalb sie keine Sacheneigenschaft und daher auch keinen Sklavencharakter hatten. Die Strafen waren für die Unfreien wesentlich höher als für die Freien. Wenn etwa ein Freier einen Grenzstein rechtswidrig versetzte, „nehme er die Strafe von 6 Schilling auf sich, wenn er aber ein Knecht ist und ohne Kenntnis seines Herrn die Tat begeht, so empfange er 200 Streiche“. Der entsprechende Katalog der Übertretungen mit den entsprechenden Strafen ist im Titel 12, in den Kapiteln 5 - 7 festgehalten.

Das System der differenzierten Bußtaxen bestätigte die Ehrenstufen und damit die Herrschaftsgrade in der Gesellschaft.

d) Die Gliederung der bestehenden Gesellschaft

Aus der monotheistischen Weltanschauung mit Gott als dem allgegenwärtigen und alles beherrschenden Herrn stammte im frühen Mittelalter die Ordnungsvorstellung von der herrschaftlich geordneten Gesellschaft. Eben diese Vorstellung ließ die Gesellschaftsordnung in geschichteten Gruppen aufgebaut sein, für die es im einzelnen eigene Gesellschaftsverpflichtungen und demgemäß auch entsprechende Rechte und Würden gab. Die *Ordnungsvorstellung:* Herr und Gefolge, Schutz und Dienst, Vorgeordneter und Nachgeordneter, Herr und Bauer war von solcher Gestaltungskraft, daß die bestehende Gesellschaftsordnung kein anderes Gepräge als eben dieses herrschaftliche haben konnte.

Dieses Herrschafts- und Dienstverhältnis war auch notwendig aus dem Verhältnis der Landnahme und der Besiedlung entstanden. Die weltlichen und geistlichen Herren zogen mit ihren Gefolgsleuten in ihre durch Schenkung oder durch Lehen zugeteilten Gebiete ein und nahmen das Land in ihre Herrschaft. Dieses Land war oft menschenfrei und mußte erst gerodet und so dienstbar und nutzbar gemacht werden.

Die *Rodungsaufgaben* ganzer Landstriche konnte wegen der schwierigen und nicht selten gefährlichen Arbeiten nie eine Familie allein leisten: es mußte vielmehr in der Weise herrschaftlicher Raumplanung und herrschaftlicher Arbeitsorganisation „das Land unter den Pflug genommen werden". Nur eine herrschaftliche Ordnung ermöglichte die Landnahme zum Zwecke der Besiedlung.

Erfolgte die Landnahme durch *„Überschichtung"* bisher im Lande seßhafter Volksgruppen wie der Kelten in den zentralen Gebirgsländern, der Walche (Welschen = Romanen) vor und nach dem Arlberg bis in das Salzburgische und der Slawen in Oberösterreich, Steiermark und Kärnten, dann war für die Landnahme eine herrschaftlich-militärische Ordnung und für die Neuverteilung der Böden und die Einrichtung der neuen Ordnung erst recht eine Herrschaft mit nachdrückender Gewalt erforderlich. Wie schwer der herrschaftliche Druck gelegentlich sein mochte, zeigte eine Bestimmung in der Schenkungsurkunde Herzog Tassilos an das Stift Kremsmünster, in der es heißt, daß die ansässigen Slawen Abgaben an das Stift leisten müssen: „wenn sie dies aber nicht wollen, dann mögen sie auswandern." Die Landnahme und Neubesiedlung belehnter Landstriche bedurfte einer herrschaftlichen Ordnung.

Die im Christentum begründete Welt-Anschauung mit dem Gottesbild als Herrscher und die faktischen Tatbestände der Landnahme durch Rodung und Eroberung bewirkten auch in der bestehenden Gesellschaftsordnung das Verhältnis: *Freie und Unfreie, Herren und Dienstleute.*

Die *Herren* waren keine gleichförmige Schichte der Elite, sondern auch eine in sich wieder gegliederte Gesellschaft des Adels und der Äbte.

Die Spitze des Adels bildeten der *König*, der *Herzog* und der *Markgraf*. Sie waren die leitende Elite und die herrschenden Ordnungskräfte der gesamten Gesellschaft. Durch die Belehnung standen die *Adeligen* in ihren Diensten, die sich aus dem alten Blutadel oder auch schon allmählich aus neuem Dienstadel rekrutierten, und die *Äbte* mit ihren Klostergemeinschaften und Grundherrschaften. In den weltlichen und geistlichen Grundherrschaften reichte die Herrschaft von der Spitzenelite über die belehnten Adeligen und Äbte bis zu den Bauern, die als Schichte der Hintersassen und Grundholden im Entstehen begriffen waren.

Die *Freien* waren auch keine einförmige Gruppe, denn sie waren aus verschiedenen Schichten gebildet und entstanden. Es gab die *alten Freien*, die seit jeher keiner Oberherrschaft außer der des Herzogs oder der des Markgrafen unterstanden. Dann gab es die Freien, die dem Grundherren bloß *zinspflichtig* waren, weil sie dem Gericht des Grundherrn unterstanden. Schließlich gab es noch die Freien, die dem Grundherrn zwar dienstpflichtig waren, aber der *Freizügigkeit nicht darbten*. Die unterste Schicht der Freien bildeten die *Freigelassenen*, die zwar einige, aber nicht alle Freiheiten nutzen konnten. Diese Gruppe, aber nicht zur Gänze, bildet die Schichte der *„unbehausten Leute"*, die kein Grundstück und kein Haus zur Nutzung hatten, sondern das ländliche Gesinde bildeten.

Trotz der verschiedenartigen Schichten in den einzelnen Gruppen gab es zwei tragende Teile in der herrschaftlichen Gesellschaftsordnung: die *Herren und die Freien* — die *Gefolgsleute und Knechte*.

Daß es neben dieser herrschaftlichen Gesellschaftsordnung auch Elemente einer genossenschaftlichen Gesellschaft mit demokratischer Organisation gab, ist verständlich, weil die jeweiligen Herrschaften der Ergänzungshilfe bedurften. Diese war nachbarlicher oder dörflicher Art.

Aus den verschiedenen Schichten der Freien und der Unfreien bildeten sich allmählich die *Bauern* als Entsprechungsgruppe den *Grundherren* gegenüber heraus. Die verschiedenartigen Freien wurden immer mehr von den Grundherren abhängig und so durch den Prozeß der *„Vergrundholdung"* zu grundherrlich gebundenen Bauern. Die Unfreien stiegen im Laufe der Zeit aus dem Zustand der Unfreiheit auf und gingen durch den Prozeß der *„Verbäuerlichung"* auch in die grundherrschaftlich gebundenen Bauern ein (F. *Lütge*, Deutsche Sozial- und Wirtschaftsgeschichte, Berlin 1966, 3. Aufl., S. 68).

So bildeten sich in der herrschaftlichen Gesellschaftsordnung zwei Gesellschaftsgruppen: die *Herren und die Bauern*, die einander ergänzten und nicht zueinander in Gegensatz standen; in Gemeinschaft miteinander versuchten sie die auskömmliche Nahrung für alle zu sichern.

e) Die Ethik für die Gruppen der Gesellschaft

Die in Gruppen gegliederte Gesellschaft gab für die einen die Position der Vorordnung und die Lage der Herren und für die anderen die Position der Nachordnung und die Lage der Untertanen. Wo immer aber die einzelnen in der aufgegliederten Gesellschaft standen, sie dienten der gesamten Gesellschaft und waren daher „Mitarbeiter" in der Gemeinschaft, wenn auch immer in unterschiedlicher Lage. Für diese sozial unterschiedenen Positionen bedurften alle einer gleichen Grundhaltung: sie müssen sich einfügen und ihre Sonderleistungen vollbringen wollen. In dieser Haltung mußte auch die Zustimmung zur herrschaftlich organisierten Gesellschaft gegeben sein. Der Herr mußte wissen, daß er seine vorgesetzte Position nur im Dienste der gesamten Gemeinschaft hat, weshalb ihm die Untertanen als Gefolge anvertraut sind. Der Untertane mußte wissen, daß er seine Gefolgschaftsaufgabe auch im Dienste der gesamten Gesellschaft nach den Weisungen seines Herrn zu leisten habe (Rather v. Verona, um 811). Aus dieser ethischen Grundhaltung folgten wie durch Grundlinien angeleitet und dirigiert, die Normen für das Verhalten der einzelnen Handlungen und einzelnen Gruppen. Die ethischen Grundhaltungen für einige Gesellschaftsgruppen und Berufe zählte Rather auf.

Im Kapitel „De Dominis" gibt er den Herren eine klare Weisung. „Bist du ein vorgesetzter Herr, überhebe dich nicht! Gedenke, daß du und dein Untertan einen Herrn hast und auch du gleichsam ein Mit-Untertan bist. Achte, daß du deinem Untertan nichts auflastest, was er nicht tragen kann" (quod ferre non possit). Der Herr ist demnach im Rahmen der Gemeinschaft vorgesetzt und muß sich in Verantwortung für seine Mitarbeiter entsprechend verhalten. *Der Herr ist in der Gesellschaft auch seinen Untertanen gegenüber verpflichtet.*

Im Kapitel „De servis" weist Rather den *Untertanen* in folgender Weise an: „Bist du ein Untertan, sei nicht traurig: noli tristari! Wenn du deinem Herrn treu dienst, wirst du unter allen ein Freigelassener des Herrn, denn wir alle sind Brüder in Christus." Dem Untertanen wird dadurch deutlich gemacht, daß er in Christus ein Freigelassener sei und daher in seinem Untertanenzustand nicht traurig zu sein brauche. Er ist wohl äußerlich Untertan, innerlich aber ein Freigelassener, weil er *durch die treuen Dienste das Seine für die Gemeinschaft leistet.*

Für den *Handwerker* wird im Kapitel „De artificibus" die ethische Weisung gegeben: „Bist du ein Handwerker, dann höre! Erkenne, daß du durch die Arbeit Gott ein wohlgefälliges Lob darbringen kannst, wenn du dich bemühst, deine Seele Gott zu widmen und das Gesetz zu erfüllen. Übe dein Handwerk, das dir zum Lebensunterhalt dient, so aus, daß es dir auch für die Seele nützlich ist." Die Arbeit erhält eine Art Weihe und wenn der Handwerker seine Arbeit vollbringt, erhält auch seine Seele eine Bereicherung.

Dem *Kaufmann* wird wegen seines „gefährlichen" Amtes eine ethische Weisung mit besonderem Nachdruck gegeben. „Bist du ein Kaufmann, so höre! Wenn es schon so ist, so überlege, ich bitte dich, ein wie gefährliches Amt du für deine Seele gewählt hast. Wisse, daß du mit den Betrügern in einem Atem genannt wirst: scito, te cum praedonibus appellari publicaris." Diese harte Bewertung des Kaufmannes — wohl den Gegebenheiten der Zeit entsprechend — machte eine besonders *straffe Haltung notwendig, damit die einzelnen Geschäftshandlungen den reellen Verhaltungsnormen entsprechen.*

Diese „Berufsethik" stammte aus der Vorstellungswelt der gegliederten Gesellschaft im Herrschaftsverhältnis vom Herren und seinem Gefolge. Sie wirkte aber auch wieder durch ihre richtungweisenden Normen auf diese zurück. Die Sozialphilosophie der Gesellschaftsordnung in der herrschaftlichen Gesellschaft hatte auch die Ethik einbezogen, so daß sie von der Seinslehre bis zur Verhaltenslehre reichte.

2. Das gesellschaftliche Grundverhältnis: die Treue

Das Grundverhältnis für fast alle Gemeinschaften war vom frühen bis zum späten Mittelalter und auch noch lange Zeit darnach: *die Treue.* Dieses Verhältnis wurde in seinem Gehalt lange falsch interpretiert und unrichtig gedeutet. Die Juristen und Sozialwissenschafter waren vom vorigen bis in die Mitte dieses Jahrhunderts von der Aufklärung und deren analytischer Methode so infiziert und von den Parolen des Liberalismus in der Sicht so getrübt, daß eine richtige Erkenntnis des Treueverhältnisses versperrt war. Man deutete das Verhältnis entweder sachenrechtlich und deklarierte den Herrn als Eigentümer und den Untertanen als Sache und Sklaven oder man interpretierte das Treueverhältnis obligationsrechtlich und löste es in ein quasiarbeitsrechtliches Verhältnis auf.

Nach der sachenrechtlichen Auffassung wurde der Herr als Eigentümer, der nach Willkür im Sinne des rezipierten römischen Rechtes verfügen kann, und der Untertane als Sache ohne jeden Menschencharakter angesehen. Diese Auffassung richtete sich selbst, weil es im deutschen Recht vor der Rezeption des römischen Rechtes ein solches Eigentumsrecht gar nicht gab, denn die deutsche Gewere war kein Eigentumsrecht mit Willkür-Vollmacht.

Nach der schuldrechtlichen Auffassung wurde das Treueverhältnis der personenrechtlichen Qualität beraubt und als eine bloße äußere Verpflichtung dem Vertragsrecht zugesprochen. Diese Auffassung ist auch unrichtig, weil das Treueverhältnis umfassender und nachdrücklicher war, als daß es nur auf einige konkrete Verpflichtungen gerichtet gewesen wäre.

In dieser bislang falschen Deutung des Verhältnisses der Gesellschaft und Gemeinschaft liegt der Grund, daß das Verhältnis der Treue neu dargestellt werden muß. Der Weg hiezu führt über die beschreibende Darstellung des Werdeprozesses bis zur Erklärung des Wesens der Treue, der eine analytische Deutung folgt.

a) Das Lehen aus Vasallität und Benefizium

Zur Zeit der Merowinger setzte die Entwicklung des Lehenswesens ein, beschleunigte sich in der Zeit der Karolinger und fand am Ende der eben in Betracht stehenden Epoche mit der Vollendung der Feudalgesellschaft und des durchgebildeten Lehensstaates den Abschluß. Den Ausgang für die Einrichtung des Lehens bildeten zwei Wurzeln: die Vasallität und das Benefizium.

Die *Vasallität* stammte aus dem *gallo-römischen* Rechtsleben. Ein Ergebungsakt (Commendation) des Vasallen gegenüber dem Herrn begründete ein personenrechtliches Verhältnis, in dem der Herr den Schutz und Unterhalt für den Vasallen übernahm und hiefür das persönliche Dienstrecht über den Vasallen erhielt. Der Vasall mußte dem Herrn die geforderten Dienste leisten und ihm stets in Ergebenheit begegnen, was in manchen symbolischen Handlungen, wie etwa im Halten des Steigbügels, sichtbar wurde.

Das Vasallitätsverhältnis machte in der karolingischen Zeit eine Umwandlung und Weiterentwicklung durch, weil aus dem *germanischen* Rechtsleben die Einrichtung der Gefolgschaft hereingenommen wurde. Das Verhältnis der Gefolgschaft war ein persönliches Treueverhältnis vom Herrn und seinen Gefolgsleuten, die gegenseitige Verpflichtung war eine Treueverpflichtung, der sich nach dem Eingang eines solchen keiner entziehen konnte. Der Inhalt dieser Treueverpflichtung war nicht abgegrenzt und auch nicht in einzelnen Dienstleistungen aufzählbar, der Inhalt umfaßte vielmehr alle Lebensbereiche. Mit dem Einschmelzen dieses Treue-Gefolgschaftsverhältnisses in die Vasallität erhielt das an sich schon bestehende persönliche Verhältnis einen deutlich erkennbaren *personenrechtlichen Charakter*.

Die Vasallität war ein gegenseitiges Treueverhältnis von Herren und Vasallen.

In diesem hatte der Herr die umfassende und immerwährende Pflicht: seinen Vasallen *Schutz und Schirm* zu sichern. Dieser Schutz bezog sich auf die äußere Sicherung gegen kriegerische Gefahren und naturgegebene Bedrängnisse, aber ebenso auch gegen innere Gefährdungen. Der Schirm könnte auch noch so interpretiert werden, daß der Herr auch die allseitige und stets wirkende Förderung des Vasallen zu leisten hatte.

Im Vasallitätsverhältnis mußte der Gefolgsmann zunächst niedere Dienste, auch solche bäuerlicher Art vollbringen, und dann immer mehr militärische bis sich die Dienstpflicht so verbreitete, daß alle aushelfenden und fördernden Dienste vom Vasallen dem Herrn zu leisten waren.

Die Schutz- und Schirmpflicht des Herrn war umfassend und die Gefolgschaftsverpflichtung des Vasallen galt für alle Lebensbereiche.

Die Entstehung des personenrechtlichen Treueverhältnisses erfolgte durch den *Eid*. Der Vasall gab seine *Ergebung* kund, indem er seine Hände in die Hände des Herrn legte und Treue schwur. Diese Ergebung des Mannes und Begebung in das Schutzverhältnis des Herrn (commendatio: se commendare = sich ergeben) ließ den Vasallen in die Gefolgschaft des Herrn eintreten. Mit der Hinnahme der gefalteten Hände des Vasallen wurde gleichsam der ganze Mann in den persönlichen Kreis des Herrn einbezogen. Mit der Entgegennahme der Hände des Vasallen breitete sich der Schutz und Schirm des Herrn über den Gefolgsmann. Nunmehr gehörten beide in einer neuen personenrechtlichen Gemeinschaft zusammen. Der Herr reichte dem Vasallen eine Gabe als Symbol für die übernommene Schutzpflicht, die mit der Versorgung des Unterhaltes und der sonstigen Ausrüstung begann und schließlich den Schutz gegen alle Notfälle und den Schirm als umfassende Förderung des Vasallen einschloß. Dieses so geschlossene Vasallitätsverhältnis *konnte nicht gekündigt werden*. Es dauert bis zur Auflösung durch den Tod des Herrn (*Herrnfall*) oder des Dienstmannes (*Mannfall*). Wenn aber einer das Vasallitätsverhältnis brach, war auch der andere von allen Verpflichtungen frei.

Das *Benefizium* begann in der merowingischen Zeit, indem die Könige von heimgefallenem oder erobertem Landbesitz *Landschenkungen* an Verdiente oder Große des Landes tätigten. Diese Schenkungen erfolgten teils als Belohnung für besondere Verdienste und teils zur Stärkung der politischen Anhängerschaft. In dieses Schenkungssystem des Benefiziums mengte sich das germanische Schenkungsrecht ein. Dieses kannte nicht die freie Hingabe einer Sache des Schenkers zur freien Verfügung des Beschenkten, so daß der Beschenkte nunmehr nur nach seiner Willkür verfügen kann. Die Schenkung nach germanischem Recht begründete vielmehr ein persönliches Verhältnis zwischen Schenker und Beschenktem, und zwar derart, daß der Schenker den Zweck der Schenkung und die Verwendung des Geschenkes vorschreibt. Der Beschenkte muß sich darnach verhalten.

Die *Verbindung von Vasallität und Benefizium* erfolgte, indem der Herr seinen Vasallen mit Ländereien beschenkte. Dadurch wurde das personenrechtliche Verhältnis der Vasallität mit dem sachenrechtlichen Tatbestand des Benefiziums verbunden. *Diese Koppelung von Vasallität und Benefizium ergab das Lehen (feudum).*

Das Lehen wurde als Einrichtung immer weiter ausgebaut und für immer mehr Lebensbereiche in Verwendung genommen, so daß das Lehenssystem die gesamte Gesellschaft zur *Lehensgesellschaft* oder zur *feudalen Gesellschaft* werden ließ. Von den Karlingern an wurde das Lehenssystem auch über den Staat gestülpt, woraus sich der *Lehensstaat* ergab. Demnach wurden alle Ämter in der Weise des Lehens vergeben, so daß für die Pflicht der Amtsführung die Belehnung mit Landstrichen zur Nutzung gegeben wurde.

b) Der Treueid

Das Volk will in Frieden leben und hat sich daher einem Herrn unterworfen. Er gibt ihm, was er besitzt, und behält das, was dem Volk gehört. Der Herr muß das Volk stützen und die Starken bändigen, damit die Armen in ihrer Armut und der Reiche in seinem Reichtum, beide aber in Frieden leben können. *Die Ordnung zwischen Herrn und Volk sichert den Frieden.*

Da nach dieser Auffassung, wie sie in der Coutûme de Bayonne festgehalten war, das Volk als Ganzes vor dem Herrn steht, mußte der Herr den Eid dem Volk gegenüber zuerst ablegen, dann erst leistete das Volk gegenüber dem Herrn den Eid. Der Eid des Volkes galt so lange, solange der Herr seinen Eid hielt. Dies ist auch in einem Capitular aus dem Jahre 816 im Kapitel 2 festgehalten. Dort heißt es: „Si senior sui defensionem ferre potest, postquam ei ipse manus suas commendaverit et non fecit, liceat vasallum eum dimittere: Wenn der Herr seinem Vasallen den Schutz leisten kann, nachdem sich dieser in seine Hände begab, der Herr den Schutz aber nicht leistet, kann der Vasall den Herrn verlassen." *Die Treue und Schutzverpflichtung war eine gegenseitige zwischen Herrn und Vasallen, sie wurde durch den Eid begründet.*

Für Österreich ist eine Herzogseinsetzung mit Eidesleistung des Herzogs und der „Herren" im Lande Kärnten in der Reimchronik von Ottokar Hornigk in einer Vorauer Handschrift aus dem Jahre festgehalten. Der zeremonielle Ritus geht nach den Feststellungen der Rechtsgeschichte bis in das 9. Jahrhundert zurück.

Wenn das Land wegen des Todes seines Erbherren und Fürsten wieder „dem Reich ledig" ist, dann soll der, dem das Land vom Reich zu Lehen gegeben wird („Wem es das Raich leicht"), auf das Zollfeld kommen. Mit ihm sollen sich auch alle Herren des Landes am Zollfeld einfinden. Auf dem Feld steht ein Stein, in dem ein Sitz eingehauen ist, der Herzogsstuhl.

Eingeleitet wird die feierliche Zeremonie mit einem Amt in der Kirche. Von dort ziehen alle zum Herzogsstuhl. Der Herzog ist bekleidet mit Hosen aus grauem Tuch und einem vorn und hinten offenen Rock, darüber wird ein grauer Mantel ohne Fransen getragen. Als Schuhe hat er rote Bundschuhe. In der einen Hand führt der Herzog einen scheckigen Stier und in der anderen ein schwarz-weiß-geflecktes Pferd. Den Herzog sollen zwei „Herren von freier Art" zum Herzogsstuhl begleiten. Dort sitzt der „eldiste" (Älteste) aus einem nahe wohnenden Bauerngeschlecht, das nach altem Recht hiefür belehnt ist. Der Bauer soll ein Bein über das andere legen und in windischer Sprache sprechen („in windischer Red").

Der Bauer spricht die Begleiter des Fürsten an: „Wer ist der, den ihr hieher führt?" Sie antworten: „Ihn hat der Herr, der Vogt des Reiches gesandt. Du sollst ohn Säumen den Stuhl räumen und ihn darauf Platz nehmen lassen." Der Bauer: „Das tu ich nit, denn ich muß erst wissen, ob er dessen wert ist." Die zwei Begleiter sagen: „Das geheißen wir dir." Der Bauer spricht weiter: „Nun sagt mir, wie es mit ihm steht! Ob er aus einer christlichen Ehe stamme und ob er gläubig?" „Ja, das ist er", sagen sie. Der Bauer fragt weiter: „Gebt mir bekannt: Ist er ein guter Richter, der ohne Lieb und Haß Gericht halte?" „Das versprechen wir", ist die Antwort. Der Bauer fragt noch weiter: „Noch mehr will ich wissen! Will er dieses Land beschirmen, so daß er Witwen und Waisen, geistlichen Leut und Pfaffen guten Frieden mag schaffen." Sobald sie dies bejahten, muß jeder von beiden dem Bauern einen Eid schwören, daß sie die Wahrheit sagten.

Jetzt räumt der Bauer den Sitz, nimmt Pferd und Stier in Besitz. Hierauf muß der Herzog unverzüglich, sobald er den Sitz eingenommen, den Eid schwören:

„Daß er schaff Frid und Suen,
Und rechts Gericht phleg,
Und ab des Glaubens Weg,
Weder strauch noch vall."

Nun kommen die Herren mit großem Lärm und beeilen sich, ihr Lehen zu empfangen. Ist dies geschehen,

„so sweren sy ym all zehant".

Dem Eid des Herzogs folgt nach der Belehnung der Eid der Lehensträger. Beide: Herzog und Herrn, sind nun in Treue miteinander verbunden, *der eine gebe Schutz und Schirm und die anderen Dienst und Hilfe*.

Dieses Lehensverhältnis wurde nun auf jeder Stufe für alle lehensfähigen Leute bei Herrnfall und Mannfall neu begründet. Auf der letzten Stufe wurde zwischen dem Herrn und dem Bauern dieses Verhältnis in gleicher Weise, wenn auch nicht als echtes Lehensverhältnis, aber doch in ähnlicher Belehnung begründet. Die Eidesleistung war eine ähnliche.

Dieses Herren- und Untertanenverhältnis entstand auch, wenn sich ein Freier seiner Freiheit begab und sich in den Schutzverband eines Herren stellte. Solche Fälle gab es in großer Zahl vor allem, weil viele die Last des Kriegsdienstes des freien Mannes für zu drückend und vielfach für unerträglich hielten. Der Freie, der sich mit den Seinen „in die Hand eines Herren“ begab, verlor seine Freiheit und damit auch die Rechte und die Lasten eines Freien für sich und die Nachkommen. Er gab auch seinen Besitz hin, bekam ihn aber zur Nutznießung unter dem Schutz des Herrn mit der Pflicht, für den Untertanen zu sorgen und ihn zu versorgen.

Die Begründungsformel für das neue Schutz- und Untertanenverhältnis lautete: „Ich übergebe meinen erworbenen Besitz, nämlich ein Grundstück. Ich mache diese Übergabe in der Absicht, daß es mir gestattet sei, die Nutzung von all dem zu haben“ (ut mihi de his omnibus uti liceat ad meliorandum).

Deutlicher war eine andere Commendationsformel, in der die Gegenseitigkeit noch einsichtiger zum Vorschein kam:

„Da allen bekannt ist, daß ich fast nichts besitze, womit ich mich nähren und kleiden kann, so habe ich in meinem Willen beschlossen: mich in eure Gewalt zu begeben (me in vestrum mundoburdium tradere vel commendare), was ich auch getan habe, und zwar auf diese Weise, daß du schuldig bist, mir zu helfen und zu raten (adiuvare vel consultare debeas) und ich für die Nahrung und Kleidung verpflichtet bin, euch zu dienen und mich zu unterwerfen (tibi servitium vel obsequium impendere debeam). Indem ich mich in eure Gewalt begeben habe, soll ich von dir in Dienst und Gefolgschaft abhängen und ich soll nicht die Macht haben, mich eurer Macht und Herrschaft Zeit meines Lebens zu entziehen, soferne ich unter Eurer Gewalt und unter Eurem Schutz verbleiben soll.“

Damit war in der Commendationsformel das gegenseitige Verpflichtungsverhältnis klar sichtbar und deutlich. *Es bestand demnach keine Unterjochung der Untertanen, sondern ein gegenseitiges persönliches Verpflichtungsverhältnis: der Herr leistete Nahrung und Kleidung und wohl auch allen anderen Schutz und der Untertan leistete Dienst und Gefolgschaft.*

3. Die Führungsgruppe der Gesellschaft

Die herrschaftliche Gesellschaftsordnung bedurfte zu ihrem Bestande einer Führungsgruppe, von der die Weisungen für die Politik und die Leitbilder für die kulturelle Gestaltung der Lebensvorgänge gemäß dem Gesetz vom sinkenden Kulturgut für die Nachgeordneten ausgehen. In der Politik regelten die Führungselemente die Lebensverhältnisse nach außen gegen die stets noch üblichen Einbrüche von Reichsfeinden und die Verhältnisse der Reichsteile zueinander. In der Kultur- und Gesellschaftspolitik regelte die Führungselite die Verhältnisse der Kirche und Klöster wie auch das im Werden begriffene Geschehen des Adels in der Hofkultur.

Zur Führungsgruppe gehörten in der herrschaftlichen Ordnungsepoche der König, die Herzöge, die Markgrafen, der übrige Adel und die Bischöfe mit den Äbten.

Der *König* lenkte die Politik des Reiches und gab dadurch auch für die Herzogtümer, Markgrafschaften, Bistümer und Klöster die Ziele und den Rahmen des Handelns. Der König war des Reiches Mitte. Der Herzog vollzog als Lehensträger des Königs die Reichspolitik und war daher zur Reichsheerfahrt und Reichshoffahrt dem König gegenüber verpflichtet. Er versäumte es aber nie, wie die Geschichte deutlich ausweist: die eigene Landespolitik mit dem Ziel einer eigenen Landeshoheit zu verfolgen, die soweit als möglich unabhängig sein sollte. Der *Markgraf* war als Graf mit den besonderen Vollmachten des „Standrechtes" ausgestattet, weil im Land an der Grenze meist Landsnot herrschte. Diese Sonderpflicht, den „Hofzaun des Reiches" zu schützen, brachte aber auch durch die umfassende Landesverteidigung eine Reihe von Sonderrechten, die aus sich heraus zur Eigenständigkeit des Landes und seiner Herrschaft drängten. Der *Adel* mit den *Grafen* und *freien Herren* strahlte aus seinen Fronhöfen und Grundherrschaften ordnende und daher schützende und aufbauende Anregungen und kulturelle Vollziehungstätigkeiten aus, die von der Bodenkultur bis zur Hofkultur reichte. Die Äbte durchdrangen durch ihren „Religionsunterricht" die Gesinnung der nachgeordneten Klostergemeinschaft und diese in Weiterwirkung auch die der Kloster-Untertanen. In dieser Rückverbundenheit mit Gott prägten sie ein Lebensbild, das durch viele Jahrhunderte die Menschen zufrieden und glücklich sein ließ. *Die Führungsgruppe der herrschaftlichen Gesellschaftsordnung prägte die Lebenswerte für die gesamte Gesellschaft.*

a) König, Herzog und Markgraf

Der *König* wurde durch Abstammung oder durch Wahl in sein Amt und zu seiner Würde berufen. In der germanischen Zeit wurde der neu gewählte oder berufene König auf einen Schild gehoben, damit ihn jedermann sehen konnte, und so dreimal im Kreis des versammelten Volkes herumgetragen. Durch Zuruf gab das Volk seine Zustimmung und Huldigung kund. Von der fränkischen Zeit an erfolgte durch den Einfluß der Kirche die Salbung im Münster, die einem Sakramentenempfang gleichgestellt wurde, und die Inthronisation mit der Krönung und der Belehnung der Lehensträger, an die sich die Huldigung und die weiteren Feste anschlossen, bei denen die Träger der vier Erzämter, Marschall, Kämmerer, Truchsess und Mundschenk, ihre Dienste versahen.

Der König trug langes gepflegtes Haar und in der germanischen Zeit oberpriesterliche Kleidung (J. Grimm).

Die herrschaftliche „Staatstheorie“ für das Königsamt bezog die Begründung für den Herren-Sonderstatus des Königs aus der geltenden Weltanschauung, wie dies eine zeitgemäße Quelle festhielt: „Einer ist es, der da thront in der Halle des Äthers, der Donnerer. So ziemt es sich, daß unter ihm *einer auf Erden herrsche,* mit Recht allen Menschen ein Vorbild“. In näherer Ausführung begründete *Alkuin* (730 bis 804) in seiner Schrift vom Jahre 802, die das Andenken des vornehmsten und größten Mannes bewahren sollte: „Die von Gott eingesetzte Majestät scheint deshalb erhöht zu sein, um dem Volk vorzustehen und zu nützen: populo praeesse et prodesse. So wird von Gott dem Auserwählten Macht und Weisheit gegeben: die Macht (potestas), damit er die Hochmütigen unterdrücke (superbos opprimat) und die Schwachen vor den Unredlichen schütze (defendat ab improbis humiles), die Weisheit (sapientiam), damit er die in Ergebenheit Untergeordneten (pia sollicitudine subiectos) regiere und lehre.

Die persönlichen Eigenschaften König Karl des Großen wurden von *Einhard* (770 - 840: Vita Caroli Magni) und die von Karl III. anläßlich seines Besuches in St. Gallen im Jahre 883 von *Notker* (840 - 912: Gesta Caroli) herausgehoben. *Einhard* schrieb: Der König überragte alle Fürsten seiner Zeit an Klugheit und Seelengröße (animi magnetudine praestantissimus), er war gewöhnt, alles zu bestehen und zu ertragen, weder im Unglück nachzugeben, noch im Glück falschen Lockungen zu folgen (Cap. 8). Leicht war er für Freundschaft zugänglich und unverbrüchlich hielt er gegen alle die Treue (Cap. 19). Während seines ganzen Lebens genoß er die Zuneigung im Inland und im Ausland (Cap. 20). *Notker,* der Stammler, ergänzte das Spiegelbild des Königs im Nachhinein und vermerkte: er bewies die Fähigkeit, allen Listen seiner Feinde zuvorzukommen oder sie zuschanden zu machen, Streitigkeiten seiner Untertanen zu schlichten und auf jede Weise für das Wohl seiner Getreuen zu sorgen. Deutlich wurden die königlichen Tugenden und Aufgaben: *Schutz gegen alle Bedrängnisse und Schirm zum Wohl der Getreuen.*

Wie immer die Könige mit all ihren menschlichen Vorzügen und Schwächen auch tatsächlich gewesen sein mögen, der vorgehaltene Tugendspiegel des Königs begründete die Herrschaftsstellung von Fall zu Fall wohl auch durch das Verhalten des Königs. *Der König war der von Gott berufene Herr des Reiches.*

Der *Herzog* (dux: nicht Führer) entstammte dem herzoglichen Geschlecht und wurde seit der Frankenzeit mit dem Herzogtum belehnt. Die Inthronisation erfolgte durch Eidesleistung von seiten des Herzogs und von seiten seiner Lehensträger wie durch die Huldigung. Das Zeremoniell der Herzogseinsetzung ist in der Reimchronik Ottokars bis in alle Einzelheiten festgehalten.

12. Heumahd: 1682

13. Kornschnitt: 1682

Der Herzog stand im Dienste des Reiches und hatte sein Land, das Herzogtum, zu regieren und zu verwalten und in allen Teilen aufeinander abzustimmen und so als richtig gefügten Teil dem Ganzen des Reiches einzuordnen. Wegen dieser besonderen Aufgabe wurde ihm auch eine größere Ehre zuteil (addatur maior honor) wie es in der lex Baiuvariorum heißt. Diese Ehren-Sonderstellung begründete auch die besondere Bußtaxe. *Der Herzog war der Herr seines Landes und hatte die Herrschaft über seine Untertanen.*

Wenn Bischöfe Reichslehen hatten, waren sie den Herzögen vergleichbar, wie etwa der Erzbischof von Salzburg. Wenn sie ihr Bistum nur als religiösen Bezirk zu verwalten hatten, kam ihre Funktion den Äbten gleich.

Der *Markgraf* (comes marcae oder machio) hatte als Herr und Gebieter in der Mark an den Grenzen des Reiches den Grenzschutz zu leisten. Dies ermächtigte ihn, bei stets drohender Landnot die Mark unter Kriegs- und Standrecht zu regieren. Er mußte demgemäß die Feinde abwehren und so die Seinen schützen und die gewonnenen Landstriche immer wieder neu kultivieren. Diese Tätigkeit reichte von der Rodung der Ländereien bis zur Christianisierung der neuen Untertanen. Der Markgraf mußte seine Mark dem Reich dienstbar machen, indem er dort die Ordnung des Reiches etablierte und die Gesittung des „Reichsvolkes" an die „Hinzugekommenen" weitergab. Diese Sonderstellung hob den Markgrafen über die anderen Grafen hinaus und ließ ihn dem Herzog ähnlich werden. Der Markgraf hatte kraft seiner *Sonderverpflichtung* auch seine *Sonderstellung* in der Führung der neuen Gebiete mit den neuen Untertanen.

b) Adel und Äbte

Der *Adel (adal,* nobilitas) bildete den inneren gesellschaftlichen Ring und die Mitte der herrschaftlich geordneten Gesellschaft. Die Adeligen (optimates) entstammten den edlen Geschlechtern, denen auch der König oder der Herzog entsproß. Die Adeligen mit den *Grafen* und *Freiherren* waren, weil aus adeligem Geschlecht stammend, dem König ebenbürtig und gleich ihm dem Adelsgericht unterstellt. Sie bildeten demnach eine engere Kerngruppe und die Führungsschichte der Gesellschaft, die ihre Wirkungen zufolge ihrer Weisungskraft einerseits und entsprechend dem Gesetz vom sinkenden Kulturgut anderseits über die Gruppen der Freien aller Stufen hinweg bis zu den Unfreien aller Sprossen taten. *Der Adel war die Spitze der Gesellschaftspyramide in der herrschaftlichen Gesellschaftsordnung.*

Die Adeligen standen meist im Gefolge des Königs, Herzogs und des Markgrafen und vollzogen für diese die „Dienste im Feld oder am Hof"

(J. Grimm). Sie hatten auch in der Regel größere Ländereien als die Gemeinfreien und daher auch eine größere Zahl von Hörigen und eine intensivere Bewirtschaftung ihrer Fronhöfe. Der höheren Würde der Adeligen in der Gesellschaft entsprach auch ein höheres Wehrgeld, meist das Doppelte der Freien (Lex Baiuvariorum, Tit. 13, c, 1 u. 2).

Der höheren Würde und dem höheren Wehrgeld entsprach auch die höhere sittliche Verpflichtung, denn, so sagt Alkuin: „Gott hat dich durch Verleihung von Würden geadelt, darum sollst du auch adelig in deinen Sitten sein." Das Ständeideal des Adels kam etwa bei der Totenklage um den Markgraf Erich von Friaul deutlich heraus, indem man ihm „Freigiebigkeit, Schutz der nicht waffenfähigen Untertanen, Milde und Freundschaft für die Gleichgeordneten, kriegerische Tüchtigkeit und listenreiche Schlauheit" nachsagte.

Der Adel war in seiner Vielfalt der besonderen Würden- und Amtsträger die Führungsgruppe der herrschaftlich-geordneten Gesellschaft.

Die *Äbte* als Mitte ihrer religiösen Klostergemeinschaft und als Zentrum ihrer weltlichen Grundherrschaftsgemeinschaft der Bauern mit dem zugehörigen Gesinde wurden auf Grund ihrer „Verdienste im Leben" und ihrer „Weisheit in der Lehrtätigkeit" von ihrer Ordensgemeinschaft für die Zeit ihres Lebens einmütig bestellt (omnis consors) (Cap. 64 der Benediktinerregel).

Der Abt muß, so verlangte es der Ordensgründer, der Heilige Benedikt, für seine Leitungsfunktion eine Reihe von Führungsqualitäten haben, wie: „er sei nicht ungestüm und nicht ängstlich" (non sit turbulentus et anxius), „er sei nicht übereifrig und nicht eigensinnig" (non zeliotibus et nimis subitiosus), „er sei keusch, nüchtern, mild und stets lenke er mit Barmherzigkeit" (semper super exaldet misericordiam iusticio) (Cap. 64). Diese Eigenschaften mußte der Abt in seinen Führungsmaximen verwirklichen, denn „er muß je nach Zeit und Umständen bald Strenge und bald Milde walten lassen, er muß einmal den Ernst eines Meisters und dann wieder die Liebe eines Vaters zeigen" (miscens temporibus tempora terroribus blandimenta, dirum magistri pium patris ostendat) (Cap. 2). All diese geforderten Qualitäten und Maximen konnten zwar nicht immer getätigt werden, sie standen aber als Postulate vor jeder Tat und Aktion und wurden so doch teilweise in das Leben umgesetzt.

Der Abt wirkte von sich aus auf seine Ordensgemeinschaft ein und führte sie zu diesen strebenswerten Charaktereigenschaften, er wirkte aber auch auf die Bauern seiner Grundherrschaft ein und regte auch all diese an, ein ordentliches Leben zu führen. Die Führungsfunktion des Abtes begann im geistlichen Leben und setzte sich fort im kulturellen Bereich der Schule und Erziehung, im rechtlichen Bezirk und in allen der klösterlichen Grundherrschaft zugehörigen Gemeinschaften.

4. Die Freien und Unfreien

a) Die Freien und die Autotradition

Die *Freien* (ingenui, liberi) waren all die, die von einem freien Vater und einer freien Mutter abstammten, und die, die zur vollen Freiheit freigelassen wurden.

Das äußere Zeichen des freien Mannes war das lange Haar und das Recht, Waffen zu tragen. Damit war er jederzeit fähig, seine Freiheit unmittelbar zu verteidigen. Der innere Gehalt der Freiheit war das Recht, „unbehindert zu gehen, wohin er will, das heißt, es folgt ihm kein Herr nach, der ihn zurückverlangen kann" (J. Grimm). Der freie Mann war freizügig. Er hatte auch das Recht auf Wehrgeld als Sühnegeld, das nach fränkischem Recht 200 Solidi ausmachte, wovon der Fiskus ein Drittel, die Familie als Erbsühne ein Drittel und die Sippe als Maßsühne ein Drittel bekamen.

Der Freie hatte die volle Rechts- und Handlungsfähigkeit und das Recht auf freies und unbelastetes Eigentum an Grund und Boden. Kraft dieser Rechte der freien Person hatte jeder Freie das Recht, am öffentlichen Leben teilzunehmen und demnach an der Volksversammlung und am Gericht, soweit beide Institutionen als freie Einrichtungen in der herrschaftlichen Ordnung verblieben, mitzuwirken. Vor allem aber war es das Vorzugsrecht der Freien, am Krieg teilzunehmen.

Der Freie hatte freie Dispositionsfähigkeit, er war freizügig und besaß freies Eigentum. Das Recht am Krieg teilzunehmen brachte mit der fortschreitenden „Technisierung" des Krieges den Freien immer mehr und größere Lasten, wie die Lasten der Ausrüstung, die jeder selbst tragen mußte, die Lasten der Kriegsteilnahme, weil sich jeder selbst versorgen mußte, die Lasten des Kriegsrisikos, die von der Körperbehinderung bis zum Tod reichen konnten, wie auch die Lasten der Hinterbliebenen-Fürsorge. *So bedeutete Freiheit persönliche Freiheit und sachliche Belastung.*

Durch die immer stärkere herrschaftliche „Überschichtung" der freien Bauern durch den Adel und die Grundherrschaften trat die Entscheidung für viele in den Vordergrund: freier Mann mit kaum tragbaren Lasten oder unfreier Mann ohne Kriegslasten und durch den herrschaftlichen Schutz abgeschirmt zu sein. Die *Entscheidung* war: *gesellschaftlich höher zu stehen und wirtschaftlich gefährdet zu sein oder wirtschaftlich gesichert zu sein und gesellschaftlich tiefer zu stehen.* Viele gingen den Weg der „Vergrundholdung", verzichteten auf die Freiheit und begaben sich in die Macht eines Herrn.

Wie drückend die Last des Krieges war, möge ein Beispiel aus einem Brief Kaiser Karls an Fulrad, den Abt von Niederalteich bei Regensburg, aus dem Jahre 802 mit dem Gestellungs- und Mobilisierungsbefehl für den Sachsenkrieg zeigen.

„Im Namen des Vaters und des Sohnes und des Heiligen Geistes entbietet Karl, der Erlauchte (serenissimus Augustus), von Gott gekrönt, der Große, der Friedensfürst und Kaiser, Abt Fulrad seinen Gruß! Es ergeht an Dich der Befehl, vollzählig mit deinen Mannen (pleniter cum hominibus tuis) in guter Bewaffnung und Ausrüstung (bene armatis ac praeparatis) am angegebenen Sammelpunkt einzutreffen und zwar am 20. Juni" (802).

Die Ausrüstung mußte umfassen: Waffen, Werkzeug und übriges Gerät, Verpflegung und Bekleidung (cum armis atque utensilibus nec non et cetero instrumento bellico, victualibus et vestimentis), so daß jeder Reiter verfügbar habe: Schild, Lanze, Lang- und Kurzschwert, Bogen mit Köcher und Pfeilen. Die Wagen sollten verschiedenes Kriegsgerät mitführen, wie: Äxte, Hobel, Bohrer, Beile, Hacken, eiserne Spaten und das übrige Gerät, das dem Angriff dienlich ist. Diese Werkzeuge wurden auf drei Monate, die Waffen und die Bekleidung auf ein halbes Jahr berechnet (nach: J. Becker-Dillingen: Quellen und Urkunden zur Geschichte der dt. Bauern, Berlin 1935, S. 275 f.).

Diese und ähnliche Belastungen führten bei gar nicht wenig Freien zur Entscheidung, sich durch Aufgabe der Freiheit in die Macht eines Herrn zu begeben. Sie verzichteten so auf ihre Freiheit und Freizügigkeit und gaben ihr Eigentum dem Herrn, der ihre Unterwerfung entgegennahm und sich verpflichtete, für sie Schutz und Schirm zu übernehmen und für sie nunmehr zu sorgen. So trat das Verhältnis gegenseitiger Treue von Herrn und Gefolgsmann ein. Dies ist aus einer der vielen Traditionsformeln deutlich erkennbar.

Ein Bauer Tota begab sich mit seinem Sohn Truunberi und seiner Tochter Luiphilt und den Dienstleuten in die Macht des Bischofs Hitto (im Jahre 833).

„Mit der Gnade des allmächtigen Gottes habe ich, Tota, aus Liebe zu Gott, meinen Besitz dem Bischof Hitto übergeben und zwar mit den Hofleuten und den Gebäuden, auf daß sie immer der Marienkirche gehören." In weiterer Verpflichtung bestimmte Tota, daß der Sohn Truunberi „jährlich an drei Tagen pflüge, ernte und die Ernte einbringe, einen Tag Gras mähe und dies einführe, wie auch ein Pferd für den Dienst bei St. Marien halte, daß er mit Hingabe den Weisungen gehorche und den aufgetragenen Dienst treu ausführe, daß auch meine Tochter jährlich eine Kopfsteuer von 4 Denaren entrichte" (J. Becker-Dillingen, a.a.O., S. 369).

Aus dem freien Mann wurde ein höriger Bauer und die Kinder folgten dem Vater in das Verhältnis des abhängigen und nicht freizügigen Bauern.

Auf diese und ähnliche Weise ergab sich eine Strukturveränderung der Gesellschaft. Da aus dem Kreise der Freien immer mehr den Weg in die Gebundenheit der gesellschaftlichen Unfreiheit gingen und aus Gründen der wirtschaftlichen Sicherung gehen „mußten“, entwickelte sich immer deutlicher die herrschaftliche Gesellschaftsordnung mit Adel und abhängigen Bauern.

b) Die Unfreien und die Freilassung

Die Unfreien (servus, scalch, Schalk, mancipium, Eigenleute: homines proprii, casati: zum Haus gehörig, mansuarii: zur Hufe gehörig) konnten aus verschiedenen Gründen in ihren Zustand geraten sein. In der Regel waren die Unfreien die, die unfrei geboren wurden, weil sie von unfreien Eltern stammten oder durch Heirat mit einer Unfreien unfrei wurden. Die Unfreiheit konnte aber auch als Folge einer Strafe wie als Folge der Unterwerfung im Krieg eintreten. Außerdem konnte es auch die gewaltsame Verknechtung geben, wie es ja auch die freiwillige Selbstverknechtung gab.

Das äußere Zeichen der Unfreiheit war das geschorene Haupt und das kurze, enge Gewand, aus dem dann der Bauernkittel wurde, der durch Jahrhunderte den Bauern erkennen ließ.

Da der Freie sein Recht mit sich trug und deshalb alle Rechte des Freien genoß, mangelte dem Unfreien, weil ihm das Recht als Personsmerkmal fehlte, eine Reihe von Rechten. Da er nicht vollberechtigt war, fehlte ihm die Zugehörigkeit zu einem Geschlecht und damit auch der Schutz der Familie und der Sippe. Der Unfreie war für sich allein und hatte daher auch kein Wehrgeld. Der Unfreie durfte keine Waffen tragen, weil er nicht „schildbürtig“ war und weder Schwert noch Lanze tragen konnte. Wohl konnte er als „armiger“ die Waffen seines Herrn tragen — selbst im Krieg. Da ihm die Freiheit fehlte, konnte er auch kein echtes Eigentum haben, er hatte nur ein ihm vom Herrn erlaubtes Nutzungsrecht an den zugewiesenen Grundstücken. Durch diesen Rechtsstatus war er zwar nicht ein Sklave und auch keine Sache, sondern vielmehr ein Mensch mit verminderter Rechtspersönlichkeit. Diese Eigenschaft gab ihm die Fähigkeit, bewegliche Sachen zu besitzen und über die eigene Fahrhabe durch Rechtsgeschäfte zu verfügen. Der Unfreie durfte nicht von Grund und Boden, den ihm der Herr zuwies, abwandern, er hatte kein ius emigrandi. Dem Unfreien fehlte die Freizügigkeit, er war gleichsam als „Zubehör“ am Boden festgeschrieben (glaebae adscriptus). Daher ging er auch bei Verkauf eines Grundstückes, dem er zugehörte, an den Käufer und neuen Besitzer über. Der Übergang begründete für die Unfreien ein neues Untertanenverhältnis mit dem neuen Herrn.

Da ihm die Fähigkeit, freies Eigen zu besitzen und sich freizügig zu bewegen, fehlte, hatte er auch keine politischen Rechte in den öffentlichen Institutionen, wie bei Gericht und im Kriegsdienst. Für den Krieg mußte er nur bei Landnot in den Abwehrdienst treten.

Der Unfreie war nie Sache wie im römischen Recht, er war immer auch Rechtsträger, wenn ihm auch in vielen Belangen die Handlungsfähigkeit fehlte, *er war Höriger und Untertane aber kein Sklave* (J. Grimm, a.a.O., Bd. 1, S. 468 - 484).

Dieses Modell des Unfreien änderte sich vielfach in den neu gewonnenen Landstrichen, weil dort den neu angesiedelten Untertanen mehr selbständige Verfügungsbefugnis belassen werden mußte. Der Unfreie stand wie der Freie in steter Landnot, so daß sich die Freien um mehr Schutz bewerben und die Unfreien hinwiederum mehr Handlungsfreiheit erhalten mußten. In dieser Entwicklungstendenz der „Rechtsausgleichung" stiegen die Unfreien durch „Verbäuerlichung" zu einem freieren Status auf (F. Lütge).

Dieser Prozeß der stückweisen Freilassung konnte auch bis zur echten Entlassung aus der Unfreiheit durch die *Freilassung* reichen. Die Freilassung der Untertanen wurde vor allem von der Kirche und ihren Institutionen gefördert, so daß sowohl der Inhalt der Unfreiheit teilweise gelockert oder genauer: die Leere der Unfreiheit mit immer mehr Rechten und Befugnissen „aufgefüllt" wurde als auch die Freiheit durch die Freilassung (frilaz) unmittelbar gegeben wurde.

Eine solche Freilassungsformel sei hier festgehalten. Ein Grundherr Jakob ließ den Leibeigenen Herimotar mit Erlaubnis König Karls zur vollen Freiheit am 28. Oktober 792 im Beisein namhafter Zeugen frei:

„Im Namen Jesu Christi, unseres Erlösers, Herrn und Gottes! Ich, Jakob, habe den Leibeigenen Herimotar mit Erlaubnis des Magisters Richolf und König Karls freigelassen (dimisi liberum) und zwar in Gegenwart des Grafen Ortleip in Hesilinlih am 28. Oktober (792). Demgemäß ist er frei unter Freien (liber inter liberos), hat das Recht zu gehen und zurückzukehren, zu verkaufen und Geschäfte zu machen, wie es den übrigen Freien zusteht, so wie wenn er von freien Eltern abstammte."

Die Freilassung mußte aber auch nicht so vollkommen erfolgen, sie wurde in der Regel vielmehr in verschiedenen Stufen gegeben, so daß immer noch eine Bindung zum früheren Herrn bestehen blieb. *Die Freilassung erfolgte zu verschiedenen Freiheitsbefugnissen, konnte aber auch bis zur vollen Freiheit reichen.*

C. Die herrschaftliche Wirtschaftsordnung

1. Die Grundherrschaft

Keine Institution der Wirtschaftsgeschichte wurde so abwegig dargestellt und so unrichtig beurteilt wie die Grundherrschaft. Die irrige Bewertung ging so weit, daß man den meisten Beurteilern im besten Fall Unsachlichkeit, vielen wohl sogar Bösartigkeit zusprechen muß. Der Irrtum ging von der Aufklärung aus, die das Treueverhältnis, das der Grundherrschaft zugrunde lag, nicht verstand und auch nicht verstehen konnte, weil das Verhältnis nicht ein nur rationelles war. Die beiden Stiefsöhne der Aufklärung, der Liberalismus und der Sozialismus, stellten die Grundherrschaft falsch dar und beurteilten sie unrichtig.

Der *Liberalismus* sah das System: Grundherr und Grundholden als *System der Unfreiheit,* in dem die Herren die Gewalt hatten und die Bauern die Unterjochten waren. Die Grundherrschaft galt als ein System der Unterdrückung und Unterjochung. Wegen der unmenschlichen Unterdrückung konnte es auch nur ein Postulat geben: die Grundherrschaft muß aufgehoben werden. In dieser Art der Darstellung erschöpften sich die vielen Abhandlungen der Liberalen, die oft so plump in der Darstellung und dürftig in der Beurteilung waren, daß man es oft schwer hat, an die Redlichkeit der Autoren zu glauben. Aber politischer Fanatismus kann oft eine trübe Sicht entschuldigen.

Der *Sozialismus* hatte es nach dieser verschrobenen Vorarbeit nicht mehr schwer, das System der Grundherrschaft als *System der Ausbeutung* des „Feudalkapitalismus" darzustellen. Die Herren als Ausbeuter sind die ausbeutenden Nutznießer und die Bauern sind die unterjochten Ausgebeuteten.

Beide sahen die Grundherrschaft in der Vorstellung des Eigentumsrechtes nach der Rezeption des römischen Rechtes und das Verhältnis vom Grundherrn zu seinen Grundholden als bloß obligatorisches Verhältnis im Vertragstypus der locatio conductio operarum. Die zwei „Vertragsteile" Herr und Bauer wurden auf diese Weise in ein gänzlich unrichtiges Verhältnis gesetzt und aus der unrichtigen Darstellung wurde das Verhältnis dann abwegig beurteilt.

Die Grundherrschaft war vielmehr eine vielseitige Gemeinschaft in einer gesellschaftlichen und wirtschaftlichen Einheit mit zwei Funktionsträgern auf der Grundlage der mittelalterlichen personenrechtlichen Grundverhältnisse der Treue.

a) Die Grundlage der Grundherrschaft: Landherrschaft und Leibherrschaft

Die Grundherrschaft hatte *zwei Ausgangslagen* und verband beide zu einem eigenen Gemeinschaftswesen, das mit keiner gegenwärtigen Gemeinschaft vergleichbar ist (höchstens mit einer lebendigen und ungebrochenen Ehe ohne den Hintergedanken einer jederzeitigen „Kündigung"). Die eine Ausgangslage der Grundherrschaft war die *Herrschaft über das Land* als Grundlage der *Grundherrschaft* und die andere die *Herrschaft über die Menschen* als Grundlage über die *Leibherrschaft* (F. Lütge). Die Verbindung von Herrschaft und Mannschaft brachte die

Grundherrschaft nicht als vertragliches Verpflichtungsverhältnis im Sinne des römischen und geltenden Obligationsrechtes, sondern vielmehr als das dem Mittelalter entsprechende *Grundverhältnis der Treuegemeinschaft.* Als nämlich der Sippenschutz für die einzelnen Familien und ihre Angehörigen als Schutzverband der Blutsverwandten im Schwinden war, wurde der mangelnde Schutz durch den Herrenschutz allmählich ersetzt. *Dem Sippenschutz folgte der Herrenschutz.* In der Grundherrschaft war der Herr und seine zugehörigen Holden eine Gemeinschaft für Schutz und Schirm in der Verbindungsweise der Treue.

Der *Herr* schuldete seinen Hörigen und Holden Schutz und Schirm, was eine Betreuungspflicht zum Inhalt hatte, die nicht auf einzelne Maßnahmen begrenzt, sondern allumfassend und unbegrenzbar war, woraus sich die Mannigfalt der Funktionen für die Grundherrschaft als Schutz für alle Lebensverhältnisse ergab. Der hörige *Grundholde* schuldete Abgaben und Frondienste oder Robot. Die Abgaben brachten dem Herrn einen Ertragsanteil des dem Holden zur Verfügung gestellten Bauernlandes und die Dienste brachten die Gefolgschaftsleistung der untertänigen Hintersassen. *Wie sich Herr und Holde entsprachen, so gehörten Schutz und Schirm wie auch Abgaben und Dienste zusammen.*

b) Die räumliche Aufgliederung: Fronhof, Meierhof, Bauernhof

Die Grundherrschaft war ein Komplex verschiedenartiger Wirtschaftshöfe, und zwar der Fronhöfe, der Meierhöfe und der Bauernhöfe.

Am *Fronhof* oder *Salhof* (curtis dominicalis, curtis salica) war das Herrenhaus der Sitz der Grundherren. Bei klösterlichen Grundherrschaften war das Kloster der Herrenhof. Zum Herrenhaus gehörten die Wirtschaftsgebäude für die Landwirtschaft und die Werkstätten für die handwerklichen Arbeiten, die Wohnhäuser für Verwalter, Gesinde und Gefolgschaftsmitglieder. Das zugehörige Land war das *Salland* und umfaßte Äcker, Wiesen, Weide, Wälder, Teiche, Bäche und Jagdgründe. *Die Grundherrschaft bildete mit der Familie des Grundherren und allem zugehörigen Gesinde und den Dienstleuten eine Familie* (familia).

Der Fronhof war die *herrschaftliche Mitte* für das gesamte dem Grundherrn gehörige Land. Von hier wurde das gesamte Gebiet in Bewirtschaftung genommen und von da gingen die Weisungen für das politische, gesellschaftliche, kulturelle und wirtschaftliche Leben auch für die umliegenden Meierhöfe und Bauernhöfe aus. Zum Fronhof strömten die organisatorischen Kräfte, aber auch die Erträge aus der Bewirtschaftung von Boden und Vieh. Die Bewirtschaftung führte der Grundherr selbst oder ein Verwalter. *Der Fronhof war die Mitte des Herrschaftsbereiches und der hörigen Untertanen.*

In Abschichtung vom Fronhof gab es die grundherrlichen *Meierhöfe* (curtis villicalis, villa: das Landgut) als die Wirtschaftshöfe, die der Grundherr *durch einen Verwalter* (maier, röm. maior) bewirtschaften ließ. Die Bewirtschaftung erfolgte im Auftrage und auf Rechnung des Herrn. Die Überschüsse der Meierhöfe mußten an den Fronhof abgegeben werden. Diese „agrarischen Filialbetriebe" waren notwendig, weil die großen Ländereien nicht von einer weit abgelegenen Zentrale erfolgreich bewirtschaftet und bearbeitet werden konnten. Der große landwirtschaftliche Betriebsbereich mit den verschiedenen Meierhöfen kam aus dem „Autarkiestreben" der Grundherren, die versuchten, im Rahmen ihrer gesamten Grundherrschaft mit allem versorgt zu werden. Deshalb mußten neben den gebirgigen Landschaftsteilen auch Landstriche in der Ebene oder in klimabegünstigten Lagen, wie etwa solche für den Weinbau, bestehen. *Von den Verwaltern der Meierhöfe gingen die Anordnungen für die Bewirtschaftung an die Bauern weiter.*

Die *Bauernhöfe* (mansus, hoba, Hube) waren die an die Hörigen (mhd.: hoerec: hörend auf, folgsam) zur Bewirtschaftung ausgegebenen *„Huben"*. Zur Hube gehörte das Wohnhaus, die Wirtschaftsgebäude mit Stallungen, Scheunen, Geräteschuppen und Kästen als Lagerräumen für Nahrungsmittel und Saatgut, die Felder und Wiesen, die Holzbezugsrechte aus den herrschaftlichen Wäldern für den Eigenbedarf an Brenn-, Bau- und Zaunholz, aber auch die Wasserrechte für Nutz- und Trinkwasser und schließlich das Weiderecht auf der Almende und den Almen.

Die *Größe der Hube* war nicht genau in Maßen festgehalten, weil die Böden nicht die gleiche Ertragsfähigkeit hatten, sie war aber *im Zwecke* so bestimmt, daß die Größe ausreichend sein mußte, um *einer Bauernfamilie die auskömmliche Nahrung zu sichern.* So ergaben sich dann wieder Größen für die Huben, die im Durchschnitt auch wieder bestimmbar waren. Die deutsche Hube umfaßte rund 30 Joch und die slawische Hube in Kärnten und der Steiermark rund 24 Joch.

Auf dem Bauernhof lebte die Familie der Hörigen (servi manentes: am Hof Verbleibende: glaebae adscripti) mit Kindern und Gesinde. Man nannte sie auch *Holden* (mhd.: holt: gnädig, ergeben, dienstbar, treu) oder *Hintersassen* (mhd.: besezzen, besetzt, bewohnen, ansässig). Da sie zum Boden gehörten, konnten sie bei einem Verkauf der Grundstücke auch mitübertragen werden und so entstand dann zwischen dem Herrn und seinen Holden neuerlich das Verhältnis der Treue.

Der Herr verlieh den Boden mit allem Zubehör an seine hörigen Hintersassen in der Art der Freistift oder des Leibgedinges. Bei der Verleihung der Hube durch *Freistift* (stiften: gründen) konnte der Herr den Grundholden *jederzeit „ab-stiften"* und einen anderen Holden mit der Hube „be-stiften". Die Einrichtung des Freistiftes war für die Grundholden sehr riskant, weil sie unter Umständen nie sicher waren, in Haus und am Hof verbleiben zu dürfen. Daher drängten die Grundholden nach verstärkter Sicherheit und dem Recht, stets am Hof verbleiben zu können. Diesem Bestreben kam die Entwicklung entgegen, weil die Bevölkerungszunahme nach verstärkter Rodung drängte und „den rodenden Neusiedlern“ stärkere Rechte gegeben werden mußten. Dazu kam ferner noch die durch die Gebirgslage an sich schon gegebene weite Abschichtung vom Fronhof und die daraus sich ergebende stärkere Freiheit. So ergab sich allmählich aus dem Freistift und vielfach auch neben dem Freistift das *Leibgedinge,* dem gemäß die Hube *auf Lebzeit* zur Nutzung vergeben wurde. In der weiteren Entwicklung wurde das Leibgedinge nicht nur für einen Leib, den des Bauern, sondern auf mehrere Leiber, auf den des Bauern, der Bäuerin und der Kinder gegeben. Auf diese Weise ergab sich die *Tendenz zur Erblichkeit* und damit die Gesichertheit, wenn diese auch mit der Bindung an die Scholle verbunden war. Freiheit und Bindung schlug hier auf die Seite der Bindung aus, weil die Boden-Verbundenen in der Bodengebundenheit ihre wirtschaftliche Sicherheit hatten. Die vom Grundherrn den hörigen Hintersassen zur Bewirtschaftung gegebenen Huben wurden zur Grundlage des bäuerlichen Lebens und des wirtschaftlichen Auskommens.

Durch die Verleihung des Bodens zur Nutzung durch die Grundholden ergab sich eine Teilung des Eigentums in Ober- und Untereigentum. Der Herr hatte im *Obereigentum* das Verfügungsrecht durch die Verleihung des Bodens in Freistift oder im Leibgedinge. Der Grundholde hatte das *Untereigentum* als Nutzungsrecht des Bodens, wofür dem Herrn aber der Anspruch auf Abgaben und Dienste erwuchs. Die Teilung des Eigentums minderte die Eigentums-Herrschaft des Herrn, die mit der „Verblichung“ der Grundnutzung immer schwächer wurde, bis dann oft nur eine „nuda proprietas“ übrig blieb. Im Gegengleich wurde das Untereigentum der Nutznießer zufolge der gewonnenen Erblichkeit des Nutzungsrechtes immer stärker, so daß der Untertane materiell ein stärkeres Recht haben konnte als der Herr mit seinem verblaßten Obereigentum. *Im geteilten Eigentum zeigte sich die personenrechtliche Grundlage sachenrechtlicher Tatbestände.*

c) Die Pflichten der Grundholden

Die hörigen Bauern mußten für die „Bodenleihe“ dem Herrn Abgaben und Dienste leisten.

Die *Abgaben* traten in verschiedenen Rechtstiteln hervor, wurden aber lange Zeit hindurch als *Naturalabgaben* geleistet. Die *„Abgabe“* oder der *Grundzins* (census, Zins der Grundpflichtigen, die ihre Abgabe „zinsten“) war eine naturale *Ertragsabgabe* vom Feldbau und der Viehzucht. Der

Großzins bestand in der Abgabe von Getreide und Feldfrüchten wie auch von Jungvieh, der *Kleinzins* war die Abgabe von Gartenprodukten und Kleintieren. *Der Grundzins war die Abgabe des Ertragsanteiles für die Bodenleihe.*

Des weiteren entwickelten sich noch andere Abgaben. Die *Weisat* (exenium) war der *Anerkennungszins,* der anläßlich von hohen Festtagen dem Grundherrn in der Form von Schinken und Eiern geliefert wurde. Die *Anleit* (institutio) war die Abgabe, die anläßlich der „Bestiftung" als *Quasi-Übertragungsgebühr* gegeben werden mußte. Der *Todfall* (ius mortuarium) war die Abgabe, die beim Tod des Hintersassen an den Herrn geleistet werden mußte. Diese Abgabe bestand oft im „Besthaupt", weil der Herr das beste Stück Vieh unter diesem Titel nehmen konnte.

All diese Abgaben der verschiedensten Arten waren *Bringschulden,* weil sie der Pflichtige dem Herrn bringen mußte. Die Ablieferung konnte am „Kasten" des Fronhofes, bei einem Meierhof oder an einer bestimmten Stelle, etwa beim „Stiftswirt" an den Stiftstagen, wie zu St. Georgen am 24. April, zu St. Egiden am 1. September, zu Michaeli am 29. September und zu Martini am 11. November oder auch anläßlich hoher Festtage erfolgen.

Die *Frondienste* oder *Robot* (aus dem slawischen robota: Arbeit) wurden als verschiedene Dienste entweder als *Handrobot,* wenn der Dienst nur mit den Händen auf dem Acker oder am Feld oder auch im Haus des Grundherrn zu vollbringen war, oder als *Zugrobot,* wenn die Arbeit mit einem mitgebrachten Gespann geleistet werden mußte, bekannt.

Die Robot wurde als *gemessene Robot* in jährlich gleichartig wiederkehrender Arbeit getan. Sie betrug *in der Regel 8 bis 15 Tage für das Jahr* und erstreckte sich auf *Feldarbeiten* wie pflügen, eggen, säen, ernten und dreschen für die Männer und auf *Hausarbeiten,* wie spinnen, sticken, waschen, Küchen- und Wohnungsdienste für die Frauen. Sie konnte auch als *ungemessene Robot* oder als nicht vorher festgelegte und daher als nicht bestimmte Robot je nach Bedarf und Umständen gefordert werden. Hiezu zählten Bauarbeiten an Neubauten und Ausbesserungen am Herrenhof, an den Burgen, Kirchen und Pfarrhöfen, Wegen und Straßen, Brücken und Wildbachverbauungen und an ähnlichem. Dazu gehörten auch die *Jagd-* und *Fischfron,* wenn die Grundholden als Treiber bei der Jagd und als Helfer beim Fischfang herangezogen wurden. In diese Robotart gehörten auch die *Botengänge* und die Zurverfügungstellung von Fahr- und Frachtgelegenheiten.

Die Bauern mußten an die Kirche den *Zehent* (decima, zehanto) als kirchliche, naturale Ertragsabgabe leisten, und zwar von allem, „was die Sonne bescheint, worauf der Tau fällt und worüber der Wind streicht". Der Zehent wurde vom Getreide, vom Garten, vom Wein und Vieh geleistet. Nach einer Bischofskonferenz im Jahre 807 zu Salzburg sollte der Zehent in vier Teile geteilt werden: ein Teil gehört dem Bischof, der andere den Klerikern, der dritte den Armen und der vierte Teil für den Kirchendienst.

Schließlich hatte auch von Fall zu Fall bei Kriegsnot und sonstigen Bedrängnissen der Markgraf oder Herzog *Steuern* (stiura: Beihilfe) in unregelmäßigen Zeitabständen vorgeschrieben, die wiederum die Bauern zu tragen hatten.

Wenn auch die Tendenz dahin ging: die Pflichten der Grundholden immer genauer nach Maß und Umfang, Form und Art festzulegen, so war dies bei dem engen Verhältnis von Herrn und Grundholden nicht immer möglich, weil immer wieder neue Aufgaben und auch neue Verpflichtungen in der Grundherrschaft zum Vorschein kamen.

All die Abgaben und Frondienste waren für den Grundherrn kein arbeitsloses Renteneinkommen, wenn man sie auch nach sozialistischer Deutungsinfektion fälschlich so auslegte. Die sachlichen und persönlichen Dienste waren die Treueverpflichtung der Grundholden, der die Treueverpflichtung der Grundherrn gegenüberstand.

d) Die Pflichten der Grundherren

Der Grundherr hatte für seine hörigen Hintersassen *Schutz und Schirm* zu leisten und mußte daher jeden *Schaden abwenden* und das *Bestehende mehren.* Diese zwei Aufgaben des Grundherren reichten über alle Lebensvorgänge hinweg. Der grundherrschaftliche Schutz und Schirm war so vielfältig und weitreichend, daß es für ihn keine Grenze gab. Deshalb muß der Schutz und Schirm in ein System gefaßt werden, in dem der äußere Schutz vom inneren Schutz getrennt werden soll.

Der *äußere Schutz* in der *Abwehr gegen Schaden und Verlust* begann mit dem militärischen Schutz. Wenn das Land und seine Bewohner in kriegerische Not gerieten, hatte der Grundherr seinen *militärischen Schutz* zu leisten, indem er mit seiner Gefolgschaft den kriegerischen Horden entgegentrat und bei Landnot seinen Grundholden Einlaß in die schützende Wehranlage des Fronhofes gewährte. In der Zeit der Burgen boten diese den hörigen Bauern die befestigten Fronhöfe. Aber auch die verpflichtete Teilnahme des Grundherrn mit seinem Gefolge an „Landeskriegen" oder gar an „Reichskriegen" war nichts anderes als der Schutz der Heimischen. *Der militärische Schutz des Grundherrn bewahrte Leben und Eigen seiner Hörigen.*

Der *polizeiliche Schutz* des Grundherrn bewahrte das Land und seine Leute vor Missetaten von Verbrechern und Übeltätern. Der Polizeischutz war in den Zeiten der Wirrnisse von besonderer Bedeutung, weil nur eine organisierte Abwehr die Übeltäter abwenden konnte, womit wiederum *Mensch und Besitz gesichert* wurden.

Diesen Schutzmaßnahmen nahe verwandt war der *Rechtsschutz* des Grundherrn, in dem dieser in seinem grundherrschaftlichen Gericht zivilrechtliche und strafrechtliche Streitigkeiten, soweit sie in seine Zuständigkeit gehörten, schlichtete und durch Urteile zu Ende führte. Dieser Rechtsschutz gab den Hintersassen die Überzeugung der Gesichertheit und das Gefühl des Geschütztseins. *Der Rechtsschutz durch das grundherrliche Gericht sicherte wieder Gut und Leben.*

Der *Gefahrenschutz* des Grundherrn gegen die Nöte nach Kriegen, Seuchen und Hungerzeiten mußte eine Vielfalt von Maßnahmen umfassen, weil sowohl die erforderlichen Abwehrmöglichkeiten als auch die notwendigen Aktionen von Fall zu Fall verschieden gestaltet werden mußten. Die schützende Hilfe umfaßte die Lebensmittelausgabe aus dem grundherrlichen Kasten und reichte bis zu seuchenbekämpfenden Maßnahmen und zur Bereitstellung von Ärzten und Medikamenten. *Der herrschaftliche Gefahrenschutz bewahrte vor Schäden oder behob die Folgen dieser.*

Der *innere Schutz* des Grundherrn versuchte den gesellschaftlichen, kulturellen und wirtschaftlichen Zustand nicht nur vor Verlusten zu bewahren, sondern ihn in allen Sparten zu verbessern und den *Wohlstand zu mehren.* Er richtete sich vor allem auf wirtschaftspolitische, sozialpolitische und kulturpolitische Maßnahmen.

Der Grundherr hatte in der Zeit des wirtschaftlichen Aufbaues und der Landnahme und Rodezeit die Pflicht: das *Land wirtschaftlich aufzuschließen.* Er plante die Landnahme und die Rodungen und formte dadurch die Naturlandschaft zu einer Kulturlandschaft, wie wir sie eben ererbt haben. Diese *Landschaftsgestaltung* bekam durch die Straßen- und Brückenbauten eine brauchbare Gliederung und eine vereinheitlichende Zusammenfassung. Zu dieser Landaufschließung gehörten auch die *Landesschutzbauten.* All diese Landplanungen und Landgestaltungen aktivierten die Kräfte des Bodens und der Landschaft zugunsten der Grundherrschaft, des Grundherrn und seiner hörigen Grundholden.

Der Grundherr hatte die weitere Pflicht: die *Bewirtschaftung* durch das Beispiel der *Musterwirtschaft* seines Fronhofes *zu intensivieren* und ertragreicher zu gestalten. Die Fronhofwirtschaft mußte wegen der beispielgebenden Pflicht zum *Lehrhof* für die Hintersassen werden. Am Fronhof konnte man jeweils sehen und lernen, wie man den Boden bearbeitet und das Vieh betreut. Hier wurden auch die „technischen Fortschritte" an den Gerätschaften sichtbar und konnten an die umliegenden Bauernhöfe weitergegeben werden. Auf diese Weise wurde die Dreifelderwirtschaft allgemein gebräuchlich. Das gleiche galt für die Viehwirtschaft. Was an Neuerung bei der Zucht und in der Wartung errungen wurde, ging im Wege der Lehrausbildung oder mindestens der Neiderregung am höheren Ertrag an die bäuerlichen Hofwirtschaften weiter. Durch die am Fronhof geleisteten Robotdienste wurden im Wege der „erzwungenen Betriebsspionage" die Neuerungen und „Vorteile" von den Bauern übernommen und so allgemein ausgewertet. Als „Schulungshof und Musterbetrieb" wirkte der Fronhof ertragsteigernd auf die Bauernhöfe ein.

Der Grundherr mußte auch *bei allen Schäden aushelfen.* Wenn Hagel oder Unwetter an den Fluren oder am Haus und in den Wirtschaftsgebäuden der Hintersassen Schaden anrichtete, den die Bauern nicht mehr unmittelbar und allein beheben konnten, mußte der Grundherr aus seiner Schutzpflicht heraus die entsprechenden Hilfen leisten. Bei Feuer- und Brandschäden war es wieder der Grundherr, der die Schirmhilfe bringen mußte. Ebenso war es bei den Schäden durch Pflanzenschädlinge oder durch Viehseuchen. *Der Grundherr war die allseitige „Schadensversicherungsanstalt" für seine Grundholden.*

Wenn die Hörigen zur Überbrückung von Liquiditätsschwierigkeiten oder bei sonstigen Geldklemmen für ihren Hofbetrieb einen Kredit brauchten, dann mußte der Grundherr als „Kreditinstitut" Vorschüsse in Geld geben, damit seine Hörigen aus der Betriebs- und Geldklemme entkommen konnten. Wie bedeutungsvoll die *„grundherrschaftliche Kreditkasse"* war, war sogleich nach der Auflösung der Grundherrschaften zu erkennen, weil damals der herrschaftliche Kredit ausfiel und der private Kredit mit Wucherzinsen einsetzte. *Solange der grundherrschaftliche Kredit gegeben wurde, gab es keine bedrohliche Verschuldung der Bauernschaft.*

Der Grundherr war auch die *„Sozialversicherungsanstalt"*, weil er die Pflicht hatte, bei außerordentlichen Krankenhilfen, bei der Versorgung der alten Fronhof-Zugehörigen und bei der Schutzsicherung von Hinterbliebenen die entsprechende „Sorge dafür zu tragen", daß keiner ohne ausreichenden Schutz vor dem Nichts stand. Diese herrschaftliche Versorgungspflicht reichte in manchen Sparten zeitlich über die Grundherrschaft hinweg. *Der Grundherr war aus seiner Schirmpflicht die soziale Sicherungsanstalt für seine Hintersassen.*

Der innere Schutz des Grundherrn reichte auch bis in die *kulturelle Versorgung.* Die höfische Lebensweise am Fronhof lernten die zu Hofdiensten verpflichteten weiblichen Hintersassen kennen. Dort lernten sie die Pflege von Haus und Küche, von Wäsche und Kleidern und dort lernten sie auch den Umgang mit den Menschen. Durch diese „Teilnahme am höfischen Leben" konnten die Dienstleute das Kulturgut des Hofes bis in ihre Bauernhäuser „hinaustragen". Von der Oberschichte angeregt konnte das Volk dieses sinkende und abgesunkene Kulturgut eigenständig weiterformen, wofür es schöne und deutliche Niederschläge in der literarischen und in der darstellenden Kunst gibt. *Die Grundherrschaft war die Mitte des kulturellen Lebens, aus dem die Strahlungswirkung bis in die entlegenen Höfe reichte.*

Da die Grundherren nach dem Frankfurter Konzil vom Jahre 794 *Eigenkirchen* halten konnten und als Patronatsherren für die Kirchen, die Gottesdienste und die Priester sorgen mußten, waren die Grundherren auch die *„Patrone" der Seelsorge.* Erst die grundherrschaftliche Kirchenbaupflicht mit den zugehörigen Versorgungsleistungen für Kirche, Pfarrhaus und Priester ermöglichte in den abgeschichteten Gegenden eine Seelsorge. Mit der Teilnahme am Gottesdienst war es den betreuten „Pfarrkindern" auch möglich, am schön geformten Kult teilzunehmen. Für gar nicht wenige war die Teilnahme am Gottesdienst zu den hohen Festtagen die einzige „Berührung mit dem Schönen". *Neben der seelsorglichen Betreuung gab die Grundherrschaft auf diese Weise auch die Anteilnahme am Schönen.*

Wie immer die Schutz- und Schirmpflicht des Grundherren interpretiert und aufgeschlüsselt wird, sie war allumfassend und ohne Grenze, sie war tiefgehend und erreichte alle Nöte und Bedrängnisse, aber auch alle Forderungen der hörigen Hintersassen. Der grundherrschaftliche Schutz aus dem Treueverhältnis zwischen Herrn und Zugehörigen umfaßte alle Vorgänge des Lebens und war deshalb ein *Lebens-Schutzverband.*

2. Die Entstehung der Grundherrschaften

Die geistlichen und weltlichen Grundherrschaften entsprossen aus verschiedenen Wurzeln. Wenn auch immer wieder gleiche Rechtstitel bei der Gründung von königlichen, herzoglichen, adeligen und kirchlichen Grundherrschaften zum Vorschein kamen, so gab es für die einzelnen Gruppen doch auch wieder verschiedene, weil aus den Umständen fallweise eigenständige Titel zur Geltung kamen.

a) Die Königsgüter

Sie stammten zunächst aus dem Titel: *„Alles eroberte Land gehört dem König".* Eine solche Erwerbsart war für den Fall anzunehmen, in dem ein eigenständiges „Schiedsgericht" als Versammlung von Fürsten und Volksvertretern (conventus principum et vulgarium) zur Beseitigung langwieriger Streitigkeiten (diurnissimas lites) zusammenkam, um die

Teilung der Mark zwischen dem königlichen Fiscus und den Besitzungen der Volksangehörigen vorzunehmen (dividendam macham inter fiscum regis et populares possessiones). Beide Parteien legten an der Stätte der Heiligenreliquien einen Eid ab. Dann wurde die Angelegenheit eingehend besprochen. Schließlich kamen beide Parteien gemäß der Überlieferung (iuxta memoriam) und der väterlichen Ordnung (paternam relationem) unter Wahrung der Gerechtigkeit überein: daß der Freibesitz des Königs von Hof zu Hof, von Dorf zu Dorf, von Berg zu Berg und von Hügel zu Hügel für sich und ohne eine Beteiligung eines Dritten bleiben solle. Durch diese schiedsrichterliche Regelung und Entscheidung wurden die königlichen Fronhöfe und Meierhöfe von den anderen klar abgegrenzt. *Was Königsgut war, blieb Königsgut.*

Durch *Schenkungen* erhielt der König auch Höfe von freien Bauern für den Fall, daß sie nicht mehr zurückkommen, wenn diese etwa in den Krieg zogen. Diese Schenkung hatte wohl im wesentlichen nicht den Zweck, das Königsgut zu vergrößern, sondern vielmehr die Hinterbliebenen bei einem etwaigen Tod im Feldzug unter königlichen Schutz zu stellen. Wie immer aber das Motiv gewesen sein mag, der König wurde etwa durch feierlichen Akt mit dem Bauernhof des Fulquinius aus dem Engrisgau beschenkt: „Euch allen sei zur Kenntnis gebracht, daß ein Mann, namens Fulquinius uns eröffnete, daß er seine Habe (res suas proprias) unserem Archivar übergab, als er im Dienst Gottes und in unserem Dienste gegen die Slawen zog. Dies geschah unter der Bedingung, daß dieser ihm sein Eigen zurückgebe, falls er aus dem Heereszug zurückkehre. Sollte er aber sein Leben einbüßen, dann soll jener die besagte Habe für seine Seelenruhe opfern."

Der König war bei der *Einbeziehung von Kirchengut* wegen der besonderen Kriegsgefahren und Kriegsnöte nicht kleinlich. Eingezogenes Kirchengut wurde zur Gänze oder zur Nutzung für den Unterhalt des Heeres in königliche Verwaltung genommen. Als Anerkennungszins wurde wenigstens von jedem Hof ein Schilling an die Kirche oder an das zugehörige Kloster gegeben, so verfügte es die Synode zu Liftinae im Jahre 843.

Ein üblicher Fall der Landgewinnung für den König war der *Heimfall eines Benefiziums* wegen Treulosigkeit. Dies war sogar in der Lex Ripuaria von den Jahren 741/47 im Capitel 69 festgehalten: „Wenn ein Mann dem König treulos wird (regi infidelis exsteterit), büßt er mit dem Leben und all sein Vermögen soll dem Fiskus zugesprochen werden (omnes res suas fisco censeantur)."

Dem König kamen aus verschiedenen Anlässen und Rechtsgründen Landstriche und Bauernhöfe zu, die er in seine Königshöfe einordnete oder auch im Lehenswege an seine Vasallen weitergab. *Der König war ohne Zweifel der bedeutendste Grundherr.*

14. Dorf-„Kirtag“ am Kirchweihfest: 1682

15. Kaiser Josef II., der Befreier aus der Untertänigkeit führt den Pflug und ehrt dadurch die Bauern

b) Die Herzogsgüter

Der Herzog als Vasall des Königs wurde *mit dem Herzogtum*, das ihm „das Reich leicht", *belehnt*. Damit bekam der Herzog auch alle mit dem Herzogsamt verbundenen Herzogsgüter. Die Lehensübernahme erfolgte, wie dies nach altem Herkommen für Kärnten in der Herzogseinsetzung am Zollfeld in der Reimchronik Ottokars festgehalten wurde.

Der Herzog konnte auch einen *Nachlaß einziehen*, wenn dieser ohne Erben blieb (Lex Baiuvariorum, T. 50, Cap. 10). Auch Güter wurden vom Herzog eingezogen, wenn jemand überführt wurde, daß er sich eines Anschlags auf das Leben des Herzogs schuldig gemacht hatte (Lex Baiuvariorum, T. 1, Cap. 1). Damit war aber die Titelreihe für den Erwerb von Herzogsgütern noch nicht erschöpft.

c) Die Adelsgüter

Der übliche Weg für den Erwerb von Landstrichen mit den zugehörigen Huben war wohl die *Belehnung*. Für die belehnten Güter zeigte sich alsbald die Tendenz der Erblichkeit, denn die Nachkommen eines verstorbenen Lehensmannes strebten dahin, daß ihnen das durch den Tod des Vaters und des Lehensmannes freigewordene Lehen wieder verliehen werde. Die Synode von Dingolfingen (769) hielt schon den Rechtssatz fest: „Was die Voreltern der Fürsten an Adelige innerhalb Bayerns, verschenkten, muß bleiben und darf den Nachkommen vererbt werden, solange sie im Dienste des Fürsten verharren und Treue bewahren" (Cap. 8).

Belehnungen an adelige Vasallen wurden in feierlicher Weise vorgenommen. Eine solche *Belehnungsformel* lautete:

„Im Namen Gottes und unseres Erlösers, Jesus Christus, Ludwig, nach göttlicher Anordnung und Vorsehung Kaiser. Es wollen all unsere Getreuen zur Kenntnis nehmen, daß wir auf Bitte unseres getreuen und befreundeten Gefolgsmannes Patogero ein Landgut am Ennsfluß in der Grafschaft Kodoldt, Gensdorf im Gebiet der Slawen mit allem Zubehör (cum omnibus appendiciis suis) in sein Eigen übertragen" (in ius et dominationem contulimus). „Dieses Gehöft mit allen Gebäuden, Häusern, Manzipien (Bauernhöfen), Wegen, beweglichen und unbeweglichen Sachen, alles und jedes (totum et integrum) überlassen wir ungeschmälert besagtem Manne vom heutigen Tage an. Gegeben zu Aachen am 21. Dezember des 21. Jahres der Regierung des gnädigen erlauchten Herrn Ludwig" (im Jahre 834).

Da die Adeligen nicht selten die noch freien Bauern auf verschiedene Weise bedrängten, indem sie ihnen die Weiden wegnahmen und selbst die Huben einzogen und so die „armen Leute" willkürlich vertrieben und mit Gewalt nahmen, was ihnen beliebte (per vim quaelibet tollant), verfügte der König nach Kenntnisnahme dieser Übergriffe in einem Capitulare aus dem Jahre 850: „Auch dies ist uns durch vieler Leute Klagen zu Ohren gekommen, daß mächtige und angesehene Männer (potentes ac honoriti viri) an ihren Wohnorten das niedrige Volk ausplündern und unterdrücken. Daher untersagen wir dies, so daß solches in Zukunft nicht mehr geschehe. Ein jeder ehrenwerte Mann ernähre sich und die Seinen aus seiner Habe!"

Die Adelsgüter sind wohl zumeist durch Belehnung an die Vasallen gekommen, wenn manche auch im Laufe der Zeit oft *durch Verpfändung und Kauf* erworben wurden.

d) Die Kirchen- und Klostergüter

Die Bischöfe und Äbte wurden, wenn sie zum Reichsadel gehörten, ebenso wie die weltlichen Vasallen mit ihrem Lehensgut vom König *belehnt.* Es war aber auch möglich, daß sie vom Herzog oder von anderen Lehensträgern belehnt wurden.

Mit der Belehnung war meist auch die Landgewinnung durch *Rodung* verbunden. Die Mönche und Brüder der Benediktiner und vor allem die Zisterzienser haben an den Rodungsarbeiten mitgewirkt und so aus wilden und unwegsamen Gebirgsgegenden Landschaften geschaffen, die heute noch Österreich das landschaftliche Gepräge geben. Das *Rodungsrecht* wurde in den Schenkungen für die einzelnen Landstriche eigens angegeben, es war aber auch durch eine generelle Weisung des Capitulare de villis von 812 im Kapitel 36 allgemein gegeben: „Wo gerodet werden kann, soll auch gerodet werden" (stirpare faciant). Die Rodungstätigkeit erkennt man heute noch in einer Reihe von Hof- und Ortsnamen, wie in allen Namen, die mit „-brand", „-schwend", „-schlag", „reut", „-wald" zusammengesetzt sind. Wenn die Brandrodung beendet war, wurden die Wurzelstöcke herausgearbeitet, was man „reuten" oder „rieden" nannte, woraus „Gereut" oder Ried" entstand. Das gleiche bedeutete „schwenden" als „verschwinden lassen". Dies kam dann in Ortsnamen mit „Gschwendt" oder „Gschwandt" wieder zum Vorschein.

Der Gründungsakt für kirchliche und klösterliche Grundherrschaften wurde zumeist durch *Schenkung* vollzogen. Viele Erweiterungen der Klostergüter erfolgten durch Schenkungen. Solche waren in der Lex Baiuvariorum (T. 1, Cap. 1) auch vorgesehen und erlaubt, aber nur unter der Voraussetzung, daß der Schenker vor der Schenkung an die Kirche sein Land „mit seinen Söhnen geteilt hatte". Diese Vorschrift entsprang wohl der damals geltenden Eigentumsvorstellung, der gemäß der Vater neben den Söhnen kein freies Verfügungsrecht über seine Grundstücke hatte, weil seine Habe auch schon teilweise den Söhnen gehörte (familienrechtliche Beschränkung des Eigentums). Die Lex Baiuvariorum bestimmte: „Was immer zum Heil einer Seele an Höfen, an Grund und Boden, an Knechten oder an Geld der Kirche geschenkt wird, das soll durch eine Urkunde mit eigener Hand (des Schenkers) bestätigt und durch sechs Zeugen bewiesen werden. Diese Zeugen sollen ihre Hände auf die Urkunde legen. Alsdann soll die Schrift auf den Altar gelegt und auf diese Weise das Gut selbst in Gegenwart des Priesters übergeben werden (T. 1, Cap. 1).

Einen genauen Einblick in die Landschenkung an ein Kloster gibt die *„Gründungsurkunde von Kremsmünster“*. Der Bayernherzog Tassilo gab im Jahre 777 an die Kloster unkultiviertes und kultiviertes Land, wie im folgenden verzeichnet:

das Land um den Ort des Münsters an der Krems und alles zugehörige Ödland, das urbar gemacht werden kann (cultum faciant), das Land bei Sulzibach mit allen rodbaren Landstrichen, bei Liobilinsbach möge es ähnlich gehalten werden, bei Ipfa wird Nutz- und Ödland mit 40 Höfen (casata) übergeben; dazu kommen noch das Land im slawischen Dekanat (decanam slaworum) und das Land der Slawen, die ohne Erlaubnis dort siedeln; ferner kommt noch das Gut Allinchora gegen den Tausch eines anderen Hofes nach Vereinbarung mit dem Abt, schließlich wird noch der Flecken in Eparestal mit dem Recht, nach Belieben zu roden, gegeben.

Zu dieser Landherrschaft werden noch die zugehörigen Leute für die Leuteherrschaft gegeben: die Leute im Ort Kremsmünster, die Leute in Sulzibach, die dort Salz gewinnnen (salem coquentes), die Slawen im Slawendekanat und die, die in der Nähe ohne Genehmigung siedeln, weiter die 30 Slawen in Todicha, ferner die Winzer bei Ascha und Razotulo, wie auch zwei Imker, sechs Schmiede und zwei Fischer und schließlich die „zinspflichtigen Leute“ (homines tributarii) der Güter Alinchova.

Mit dieser Ausstattung an Land und Leuten wurde dem Stift Kremsmünster die seelsorgerische, kulturelle, politische und wirtschaftliche Aufgabe übergeben.

Die Kirche und die Klöster konnten auch durch *Tausch* und *Kauf* Land und Leute erwerben, wenn dies der Wirtschaftsführung zweckmäßig erschien und die erforderlichen Mittel verfügbar waren. Beispiele hiefür gibt es zahlreiche.

In den verschiedenen Erwerbsarten zeigte sich die Vielfalt der Rechtsgeschäfte, aber auch die Mannigfalt der Lebensverhältnisse.

3. Die Ordnung der klösterlichen Grundherrschaft

Die klösterlichen Grundherrschaften hatten ihre Verfassung in der Regel des Hlg. Benedikt aus dem Jahre 529, die er seiner Gemeinschaft in Montecassino gab. Obzwar diese Regel bloß die Hausgemeinschaft des

Klosters ordnen sollte, wurde sie doch auch die Grundlage für die klösterlichen Grundherrschaften. In der Ausgangszeit der Grundherrschaften gab es zwischen der Grundlage für die klösterlichen Grundherrschaften in der Mönchsregel des Hlg. Benedikt und der Grundlage der weltlichen Grundherrschaften, vor allem der königlichen, im Capitulare de villis vom Jahre 812 ohne Zweifel organisatorische Zusammenhänge, wenn auch die Verfassung der Königsgüter stärker auf den wirtschaftlichen Zweck abgestellt war.

Diese Verwandschaft zeigte sich in den gleichartigen Anlagen der Klöster und der königlichen Fronhöfe und Pfalzen. Für den idealtypischen Klosterplan von St. Gallen und den königlichen Pfalzplan in Aachen soll es enge Zusammenhänge gegeben haben. Mabillon meint, daß der Plan für das Benediktinerstift St. Gallen von Einhard, dem Verwalter der Pfalz Karl d. Großen stamme, weil, so führt man an, in beiden Plänen die gleichen Pflanzen für den Garten angegeben sind. Dem entgegen meinte Dopsch und nach ihm die allgemeine Auffassung, daß Abt Haito von Reichenau nach einem Konzil bei Inden in der Nähe von Aachen im Jahre 816 den Plan für St. Gallen brachte. Wer immer der Überbringer gewesen sein mag, sei dahingestellt, wichtig ist nur die unweigerlich innere Verwandschaft der beiden Baupläne: für die Pfalz in Aachen und das Kloster in St. Gallen (nach H. *Reinhardt*: Der St. Galler Klosterplan, St. Gallen 1952, S. 16).

In beiden Anlagen sind jeweils die Zweckzentren zu sehen, hier die königliche Verwaltungszentrale und dort die Kirche als kultische Mitte der Gemeinschaft. Im Umkreis fügen sich hier die Gebäude und Räume für die Verwaltungstätigkeit und dort für die geistlichen und geistigen Bereiche, wie Gemeinschaftsräume, Noviziat, Bibliothek mit Schreibstube ein. In beiden Anlagen gibt es am Rande die wirtschaftlichen Zweckgebäude, wie Stallungen, Geräteschuppen, Werkstätten, und die gebauten Kasten mit den Lebensmittelvorräten für das Haus und seine Bewohner, aber auch im Notfalle für alle zum Schutz eingelassenen Hintersassen mit Familien und Dienstleuten.

a) Die wirtschaftliche Eigenständigkeit für die Bedarfsdeckung

In der Mönchsregel wurde als Hauptzweck der Klosterwirtschaft die *autarke Bedarfsdeckung* angegeben. „Man lege das Kloster so an, daß alles, was man braucht, sich innerhalb der Klostermauern befinde" (Cap. 66). Man wollte durch diese angestrebte Autarkie von außen unabhängig sein, damit man ungehindert den eigenen Lebensstil leben könne. Zudem war die wirtschaftliche Selbstversorgung beinahe eine Notwendigkeit, weil in einer Zeit der noch dürftigen Geldwirtschaft eine tauschwirtschaftliche Ergänzung zwar nicht unmöglich, aber doch nie sicher war. Und nichts galt als gefährlicher als die wirtschaftliche Ungesichertheit.

Daher war in der Regel für den Bauplan des Klosters vorgesehen, daß neben den Erfordernissen für das beschauliche Leben und für die Seelsorge allen wirtschaftlichen Ansprüchen genüge getan werden konnte. Deshalb mußten innerhalb der Klostermauern Wasser, Mühle, Gärten, wie auch die verschiedenen Werkstätten (artes diversae) vorhanden sein (Cap. 66). In der gleichen Absicht wurde angeordnet, daß „Brüder im Kloster, die ein Handwerk verstehen, dieses ausführen sollen" (Cap. 57), damit die Klostergemeinschaft auch handwerklich versorgt werden könne. *Das Kloster solle wirtschaftlich selbständig sein.*

Dieses Autarkieprinzip wurde später und vor allem in den klimatisch nicht begünstigten Landstrichen so erweitert ausgelegt, daß für die Selbstversorgung der Klostergemeinschaft auch Gebiete außerhalb des Klosterbezirkes angestrebt wurden. In gleicher Weise wurde auch die „Öffnung des Klosters" für abgelegene Wälder, Jagd- und Fischereigebiete und vor allem für Bergwerke, wie dies in der Salzgewinnung im Schenkungsbrief des Herzogs Tassilo für das Kloster Kremsmünster festgehalten war, für richtig gehalten. Dies galt auch für die Klöster Admont und Lambrecht, die ihre Erzbergwerke weitab vom Kloster nicht selten in Konkurrenz gegen die Bergwerke des Landesherrn führten. Die wirtschaftliche Selbständigkeit des Klosters zur Bedarfsdeckung der Klostergemeinschaft wie auch aller zur klösterlichen Grundherrschaft Gehörigen wurde als Prinzip der wirtschaftlichen Sicherung angestrebt.

Von besonderem Interesse und von Bedeutung war das *Prinzip der differenzierten Bedarfsdeckung*. Die Versorgung der Klosterangehörigen erfolgte nämlich nicht in gleichen Portionen; im Gegenteil: die Verteilung *in verschiedenen Zuteilungsquoten* wurde wegen der Verschiedenheit der Menschen für richtig und gerecht gehalten. Es sollte nämlich: „einem jeden nach Bedarf zugeteilt werden" (Cap. 34). Man achtete nämlich auf die Kraft der einzelnen. „Wer weniger braucht, danke Gott und betrübe sich nicht, wenn ein anderer mehr braucht". „So bleiben alle Glieder in Unterschiedlichkeit in Frieden" (ita omnia membra erunt in pace) (Cap. 34).

Dieses Prinzip der differenzierten Zuteilung galt natürlich erst recht für die verschiedenen Familienverhältnisse der Grundholden. Als gerecht galt in der Bedarfsdeckung die unterschiedliche Zuteilung der wirtschaftlichen Mittel je nach den gegebenen Umständen. *„Immer beachte der Abt: es werde jedem gegeben, was er nötig hat"* (Cap. 55).

b) Die Ordnung für Nahrung und Kleidung

Der *oberste Grundsatz* für die Ordnung von Nahrung und Kleidung sei der der *Sparsamkeit*, denn „überall sehe man auf Sparsamkeit“ (in omnis servata parcitatio, Cap. 39). In der Zuteilung der Nahrung mußte wieder die jeweilige Sondergegebenheit berücksichtigt werden, so die körperliche Verfassung, die geleisteten Mühen und die klimabedingten Landesgegebenheiten. Nur in der Beachtung all dieser Besonderheiten konnte die Versorgung mit Nahrung gerecht sein. Dies galt natürlich auch für die dem Kloster zugehörigen Grundholden, denn auch sie mußten der Größe und der Sonderheit ihrer Familien entsprechend versorgt werden.

Die Mönche wurden vom Kloster je „nach Lage und Klima des Ortes“ in „richtigen Maßen“ mit Kleidern versorgt (Cap. 55).

c) Der Küchen- und Krankendienst

Der Küchen- und Krankendienst war genau geregelt. Die, die den Wochendienst versahen (septimanarii), sollten den Küchen- und Krankendienst so leisten, daß allen die brüderliche Betreuung zukam.

d) Der wirtschaftliche Verkehr mit der Außenwelt

Das Kloster brachte in seinen Werkstätten handwerkliche Produkte und in seiner Landwirtschaft Agrarprodukte hervor, die nicht alle im Hause selbst der Versorgung und Bedarfsdeckung dienten. Der Überschuß wurde zunächst an die zur klösterlichen Grundherrschaft gehörigen Hintersassen im Wege des naturalen oder monetären Tausches abgegeben. Dann aber wurden die Erzeugnisse des Überschusses auch an andere „am Markt“ abgegeben. Wenn nun für solche Waren die Preise kalkuliert und festgesetzt wurden, „durfte sich kein schmutziger Geist einschleichen“ (non subripiat avaritiae malum). „Die Waren sollen vielmehr *immer ein wenig billiger abgegeben werden*, als es die Weltleute tun“ (Cap. 57). In der Preisgestaltung sollte der „Marktpreis“, welcher Art er je nach Gegebenheit sei, für die vom Kloster veräußerten Waren in der Regel ein wenig billiger sein (vilius detur). Die Klöster übernahmen dadurch auf den damals unregelmäßigen und unzusammenhängenden Märkten die Aufgabe der Preisregulierung.

e) Das Kloster-Inventar

Der Abt des Klosters führte die *„Buchhaltung des Klosters“* (brevem teneat) (Cap. 32). Er mußte alle Zugänge an Gerätschaften, Kleidern und allen sonstigen Wirtschaftsgütern der klösterlichen Landwirtschaft und des klösterlichen Handwerkes „verzeichnen" und die Ausgänge mit den Verwendungszwecken „verbuchen". Wenn diese Zugangs- und Abgangsrechnung auch nur eine *„einfache Buchführung"* war, so war dadurch doch eine *Ordnung im wirtschaftlichen Geschäftsbetrieb* gegeben.

f) Der Verwalter des Klosters: der Cellerar

Der Cellerar war der Verwalter des Klosters, er führte die interne Hauswirtschaft für die Klostergemeinschaft (Cap. 31). Er mußte aber auch alle wirtschaftlichen Angelegenheiten der klösterlichen Grundherrschaft und alle Beziehungen mit den klösterlichen Hintersassen abwickeln.

Der Cellerar mußte auf Grund der Wirtschaftsgegebenheiten der Klostergemeinschaft alle für die Bedarfsdeckung und Versorgung dienenden Mittel bereitstellen, wodurch er zum *„Betriebsleiter"* der Kloster-Hauswirtschaft und zum *Verwalter der Grundherrschaft* wurde. Er mußte daher den *Erzeugungsplan* für die Klosterwirtschaft, aber auch für alle nah und fern gelegenen hörigen Höfe erstellen, so daß im Anbauplan die kommenden Versorgungsnotwendigkeiten gesichert waren. Der Cellerar mußte auch für die verschiedenen Werkstätten die handwerklichen Verrichtungen planen und lenken, so daß die Deckung des Bedarfes an handwerklichen Leistungen für die Klostergemeinschaft und die zugehörigen Grundholden garantiert war. Der planmäßig erwirtschaftete Überschuß mußte dem Kloster die Geldeinnahmen bringen, die das Kloster für entsprechende Dispositionen brauchte. *Der Cellerar war der unternehmerische Verwalter des Klosters.*

Für diese wirtschaftlich-organisatorische und gesellschaftlich-menschliche Aufgabe bedurfte der Cellerar als unternehmerischer Verwalter einer Reihe besonderer Eigenschaften. Hier wurde zum ersten Mal in der abendländischen Wirtschaftsgeschichte das *Bild des Unternehmers* in der Gestalt des Cellerars gezeichnet. Der Cellerar sei „mäßig im Essen", „nicht verschwenderisch" und daher „kein Verschwender und kein Vergeuder des Klostergutes", „er hüte sich vor Geiz" und sei „nicht stolz". Immer „halte er in allem das rechte Maß". Im Umgang mit den Klosterangehörigen, aber auch mit den Grundholden sei er nie „ungestüm", nie „verletzend" und „schenke jedem ein freundliches Wort", denn es steht geschrieben: „Ein gutes Wort ist besser als die beste Gabe". Der Cellerar sei „weise" und verwalte sein Amt „mit Gleichmut" (Cap. 31), damit er in der Bedarfssicherung für alle seine Schutzbefohlenen „wie ein Vater sorge" (omni congregationi sit sicut pater).

Dieses frühmittelalterliche Unternehmerbild der Klosterwirtschaft färbte gewiß auch auf die Verwalter der weltlichen Grundherrschaften und mit verschiedenen Abständen auch auf alle anderen Wirtschafter ab.

4. Die Ordnung der weltlichen Grundherrschaft

Die „Betriebsverfassung" der weltlichen Grundherrschaften war in einer königlichen *Dienstanweisung für die Verwaltung der Königshöfe* im *Capitulare de villis et curtis imperialibus* von Karl d. G. aus dem Jahre 800 in 70 Kapiteln festgehalten. Diese *Villificationsverfassung* hatte eine Reihe von Organisationsanregungen aus der schon lange bestehenden und erprobten Klosterwirtschaft übernommen. Das Capitulare galt aber wegen seiner idealtypischen und durchdringenden Organisationsklarheit sehr bald nach Erlaß auch für andere, nicht königliche Fronhöfe. Die weite Streuung der Königsgüter — in Österreich gab es in der Karlingerzeit allein 150 (nach Becker - Dillingen) — ließ naturgemäß die Organisationsform der königlichen Fronhöfe mustergültig auch für die anderen weltlichen und natürlich auch für die geistlichen Grundherrschaften sein. Ohne Zweifel war die allgemeine Gültigkeit der Villifikationsordnung nach dem Capitulare de villis für die Betriebsführung der weltlichen und geistlichen Grundherrschaften durch viele Jahrhunderte gegeben.

a) Zweck und Umfang der königlichen Güter

Der *Zweck* der königlichen Fronhöfe wird deutlich mit der *Versorgung des königlichen Hofes* an der Pfalz angegeben. „Wir wollen, daß unsere Landgüter (villae nostrae), die wir zu unserer Versorgung einrichteten, nur uns dienen" (Cap. 1). Aus dieser deutlichen Zweckbestimmung und aus der verstärkenden Hinzufügung: „und nicht irgendwelchen anderen Personen", kann wohl geschlossen werden, daß wegen etwaiger zerrütteter Zustände eine solche Feststellung erforderlich gewesen sein mußte. Die Verwalter scheinen die Zweckentfremdung des öfteren forciert zu haben. Dem trat das Capitulare entschieden entgegen. Die Feststellung: die Landgüter haben der Versorgung zu dienen, brachte das *Prinzip der Bedarfsdeckung* wieder ausdrücklich zum Vorschein. *Der Zweck der Fronhöfe war die Versorgung des königlichen Hofes an der Pfalz.*

Der *Umfang* eines königlichen Hofes war allgemein bestimmt (Cap. 26), indem der Dienstbereich des Meiers und Verwalters (maior) „so weit gezogen wurde, wie der Verwalter an einem Tag umgehen und besichtigen kann" (Cap. 26). Soweit der Verwalter auf seinem täglichen Kontrollgang kommen konnte, soweit sollte der Umfang eines Fronhofes oder eines Meierhofes gezogen werden.

b) Die Bewirtschaftung des Fronhofes

Die Bewirtschaftung der königlichen Landgüter erstreckte sich auf alle Zweige der *Forst-* und *Landwirtschaft*.

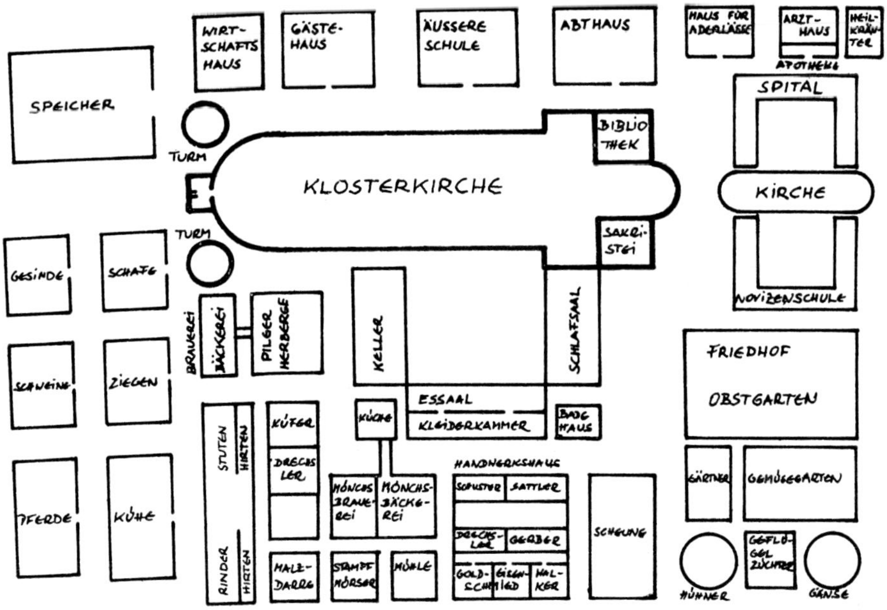

Benediktiner-Kloster
nach dem St. Gallener Bauriß von ca. 820

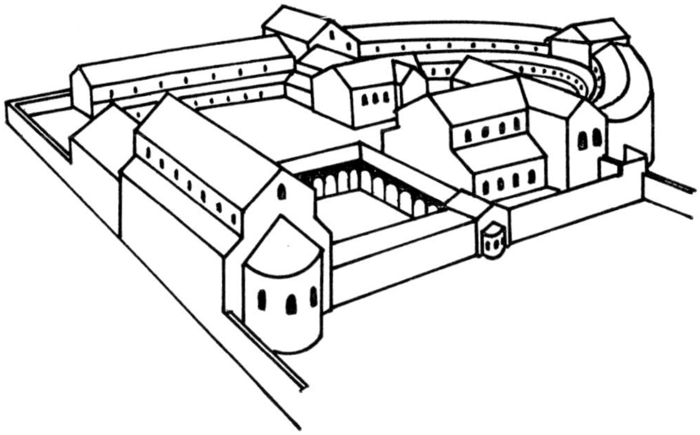

Kaiserpfalz zu Ingelheim, erbaut zwischen 774 und 789
Rekonstruktion nach Chr. Rauch

Für die *Forstwirtschaft* wurde gefordert, daß die Wälder und Forste (silvae vel forestes) gut gepflegt und gehütet werden. vor allem mußte das übermäßige Roden verhindert werden, denn „wo gerodet werden darf, soll gerodet werden", wo aber Wald sein mußte, durfte nicht zu stark abgeholzt werden (Cap. 36). Es galt also schon damals der heute noch geltende Grundsatz der Forstpolitik: *Wald muß Wald bleiben.*

Im *Ackerbau* sollten die Wiesen und Äcker vor dem Eindringen des Waldes durch Einwuchs von Stauden, Gestrüpp und Bäumen bewahrt werden. Es sollten auch alle Felder (campi) und alle Neuanlagen (culturae) rechtzeitig bestellt und die Wiesen zeitgerecht gemäht und abgeweidet werden (Cap. 31). Bei der Bestellung der Felder sollte dafür Sorge getragen werden, daß „stets gutes und bestes Saatgut genommen werde". Das Saatgut sollte selbst gezogen werden, konnte aber auch von anderswoher bezogen werden (Cap. 92).

Für den *Gartenbau* wurden sogar die Bäume, Gemüsearten, Heilkräuter und Blumen genau vorgeschrieben und namentlich angeführt. An *Obstbäumen* wurden folgende zu pflanzen befohlen: Kirschen, Äpfel, Zwetschken, Pfirsiche, Marillen, Mispel, Edelkastanien, Wallnuß, Feigen, Mandel und Quitten. Wenn auch aus der Aufzählung das unmittelbare Geltungsgebiet für die königlichen Obstgärten bei den Fron- und Meierhöfen in Frankreich angesprochen wurde, dann galt die Bepflanzungsanweisung doch mutatis mutandis auch für andere Gebiete. An *Gemüse* sollten angebaut und gepflegt werden: Gurken, Kürbis, Melone, Erbsen, Bohnen, Salat, Endiviensalat, Kren, Kohl, Karfiol, Fenchel, Petersilie, Pastinak, Möhre, Zwiebel, Knoblauch, Rettich, Porree, Scharlotte, Schnittlauch, Kümmel und Kresse. Der Gartenbau mußte auch *Heilkräuter* ziehen wie Minze, Salbei, Garten- und Eberraute, Rosmarin, Meerzwiebel, Estragon, Anis, Zichorien, Vanille, Mohn, Dill, Eibisch, Käsepappel und Koriander. Als *Zierblumen* sollten gepflanzt werden: Lilie, Schwertlilie, Rose, Klette, Polei, Sadebaum und Hauswurz (Cap. 70).

Für den Komplex einer Grundherrschaft war auch der *Weinbau* erforderlich, auch wenn er abgeschichtet in einer anderen Klimazone gehalten werden mußte. Die Weintrauben mußten gut gezogen und gepflegt werden. Bei der Verarbeitung mußte auf gute Fässer und gewissenhafte Sorgfalt Wert gelegt werden, damit der Wein keinen Schaden leide (Cap. 8). Auf dem entsprechenden Fronhof mußte eine Kelterei (torcularia) gut eingerichtet sein (bene praeparata). Der Verwalter sollte darauf achten, daß sich niemand unterstehe, die Trauben mit den Füßen zu treten (pedibus praemere). „Alles geschehe reinlich und anständig" (Cap. 48).

Die *Viehwirtschaft* erstreckte sich besonders auch auf *Pferdezucht* (Cap. 13), weil die Pferde im Frieden und im Krieg von besonderer Bedeutung waren. Deshalb wurden auch eingehende Vorschriften über die Behandlung der Pferde erlassen (Cap. 14, 15 und 50). An *Vieh* sollten Kühe, Schweine, Schafe und Ziegen, „so viel wie möglich, gehalten werden" (quantum plus poterint) (Cap. 23). Dazu kamen noch die Spanndienste der Hörigen, die sie als Frondienste leisten mußten (pro servitio ad dominicum opus). Um Fett für die Abgabe an die Hofhaltung zu gewinnen, sollten Schafe, Schweine und Mastochsen gezüchtet werden (Cap. 37).

Bei den Mühlen sollte eine entsprechende Zahl von Hühnern und Gänsen sein, je mehr desto besser (Cap. 18). Gewiß sollten aber nicht weniger als 100 Hühner und 30 Gänse beim Fronhof und bei den zugehörigen Bauernhöfen nicht weniger als 50 Hühner und 15 Gänse sein (Cap. 19). Auf jedem Hof sollte auch ein *Fischteich* (Cap. 21) und eine entsprechende Zahl von *Bienenkörben* sein (Cap. 17). Zur *Zierde* sollten auf den königlichen Fronhöfen gehalten werden: edle Hühner, Pfauen, Fasanen, Enten, Tauben, Rebhühner und Turteltauben (Cap. 70).

Diese bunte Bewirtschaftung mit Ackerbau und Viehzucht sicherte die Versorgung des Königs, der königlichen Familie und des Gefolges auf den königlichen Pfalzen.

c) Die Handwerker am Fronhof

Zur Selbstversorgung des Fronhofes gehörte auch eine Reihe von Handwerkern, die ihre Leistungen der Herrschaft wie auch den zur Grundherrschaft gehörigen Grundholden zur Verfügung stellten. Erst die Ergänzung durch die Handwerker machte die Hofwirtschaft zu einer wirtschaftlichen Einheit. Die im Capitulare gegebene Aufzählung von Handwerkern war gewiß nicht vollständig, wie die Aufzählung in der Benediktinerregel gewiß auch unvollständig war. Jeder Verwalter sollte danach trachten, daß er in seinem Verwaltungsbereich (in suo ministerio) gute Handwerker habe (Cap. 45). Beispielsweise wurden 19 Handwerker aufgezählt: Eisenschmiede, Gold- und Silberschmiede, Schuhmacher, Drechsler, Schreiner, Böttcher, Sattler, Korbmacher, Stellmacher, Schildmacher, Fischer, Vogelfänger, Seifensieder, Brauer, Bäcker, die zu unserem Gebrauch Semmeln herstellen sollten (similas), Netzstricker, Tuchmacher und Müllner, wie auch andere Handwerker, die aufzuzählen zu weitläufig wäre (adnumerandum longum est) (Cap. 45, 18, 31, 43 und 62).

Aus diesen Fronhofgewerben war zweifellos auch eine, aber nicht die einzige Entwicklungslinie für die weitere Entwicklung des Handwerks und des Gewerbes hervorgegangen.

d) Die Gebäude- und Hausverwaltung

In den königlichen Landgütern mußte immerfort eine Herdglut unterhalten werden (intensiter foca), damit jederzeit das Haus bezogen werden konnte (Cap. 27). Jeder Fronhof sollte in der Kammer alle erforderlichen Geräte und Betten, Bettwäsche und Tischtücher, Geschirr und Kochgeräte bereit haben (Cap. 42). Auch sollte das Kriegsgerät in gutem Zustand gehalten sein, damit es jederzeit greifbar und verfügbar sei (Cap. 42). Der Verwalter mußte im besonderen auf den Erhaltungszustand der Gebäude, Ställe, Backhäuser, Kellerhäuser und der Zäune achten (Cap. 41). „Es soll mit aller Sorgfalt darauf bedacht sein, daß alles, was zubereitet wird, mit größter Sauberkeit gefertigt werde“ (cum summo nitore facta) (Cap. 34). Häuser, Arbeitsräume, Schuppen und Kästen sollten stets in guter Ordnung gehalten werden (Cap. 49). Der Verwalter möge stets alles in bester Ordnung und in erfolgreicher Arbeitsbereitschaft halten. Der Verwalter mußte wie ein guter Hausverwalter sein.

e) Die Ablieferungen an die königliche Pfalz

Der Ertrag der königlichen Hofwirtschaft sollte in allen Fron- und Meierhöfen in zwei Teile geteilt werden: der eine Teil sollte am Hof verbleiben und der andere mußte an die Pfalz abgegeben werden (Cap. 30). Was an die Pfalz abgegeben werden mußte, sollte gut und vorzüglich, sorgfältig und gefällig zugerichtet sein (qualiter bona et optima atque bene studiose et nitide composita) (Cap. 24). Für die einzelnen Verwaltungsstellen wurden die Ablieferungen nach Menge und Termin genau bestimmt. In den Ablieferungen erfüllten die Verwalter der königlichen Höfe ihre Pflicht und den Versorgungszweck der gesamten grundherrschaftlichen Organisation.

f) Betriebsabrechnung

Die Betriebsabrechnung mußte der Verwalter der königlichen Fron- und Meierhöfe in dreifacher Weise vornehmen: er mußte ein „Eingangsjournal“ für alle Eingänge und Einnahmen laufend führen und alljährlich abschließen (per singulos annos), er mußte eine *Abrechnung über den Rohertrag* für alle einzelnen Erträge und den Rohertrag im Gesamten geben und schließlich mußte er eine *Abrechnung über alle Gelderträge* vorlegen (Cap. 62).

Demgemäß mußte der Verwalter Rechnung legen über alle einzelnen Zugänge an Naturalabgaben und Leistungen der Freien und der zinspflichtigen Leute (de liberis et centenis), an Taxen, Gebühren, Wehrgeldern, Bußen und Strafen und schließlich mußte er die Gesamterträge aus allen Sparten der herrschaftlichen Hofwirtschaft zusammenfassen.

Auf den einzelnen „Konten“ mußten verzeichnet werden (Cap. 62):

1. Spanndienste für Frachten und Pflugleistungen der Hufenbauern,
2. Abgaben an Ackerzins (de sogalibus) und andere Naturalabgaben (censis),
3. Einnahmen aus Brücken- und Schiffszoll, Marktgebühren, Wehrgeldern, Bußen und Strafgeldern,
4. Eingänge aus den Weingärten und Weinabgaben,
5. Eingänge aus Werk- und Fackelholz, Schindeln und anderem Holz,
6. Erträge aus Ödland, wie Einnahmen aus Schottergruben und Steinbrüchen,
7. Eingänge an Hülsenfrüchten, Rips, Wolle, Lein, Hanf, Baumfrüchten und Obst,
8. Erträge von den Rübenfeldern,
9. Erträgnisse an Häuten, Fellen und Hörnern,
10. Erträge an Honig und Wachs, Fett und Seife, Beerenwein und gekochtem Wein, Essig und Bier,
11. Erträge an Hühnern, Gänsen und Eiern,
12. Einnahmen von Fischern, Schmieden, Schildmachern, Schuhmachern, Korbmachern, Schreinern, Böttchern und Sattlern,
13. Einnahmen aus Eisen- und Bleigruben.

Dies alles war für jeden Gegenstand, aber auch in einzelnen Gruppen übersichtlich gegliedert und zusammengestellt zu verzeichnen (Cap. 62).

Bis Weihnachten mußte jeder Verwalter die *Abrechnung der gesamten* Roherträge und Roheinnahmen für alle Produkte vorlegen, „damit wir zu ermitteln imstande sind: wie viel Gesamtertrag und wieviel Erträge im einzelnen gegeben sind (Cap. 62). Neben dieser Eingangsrechnung mußte der Verwalter eine *Aufstellung* machen (in uno breve) über das, *was an unsere Hofhaltung geliefert* wurde und was *an Rest bei den Höfen verblieb*. Wenn nun alles abgeschlossen war und für die nächste Aussaat das Saatgut abgetrennt wurde, war von uns zu entscheiden: „was verkauft und was gespeichert wird“ (Cap. 33).

Schließlich mußte der Verwalter jeweils am *Palmsonntag* eine *Abrechnung über den Gelderlös,* der sich aus den Erträgnissen ergab, „an uns abgeben (deferre studeat, Cap. 28).

Kein Wirtschafter könnte je vermuten, daß im Jahre 800 eine so detaillierte Buchführung und eine so ausführliche Bilanz auf den königlichen Grundherrschaften erstellt werden mußte. Nur mit einer solchen „Buchführung“ war eine rationale Bewirtschaftung der vielen Ländereien möglich. Wenn auch nicht in allen Grundherrschaften diesem königlichen Abrechnungsmuster Folge geleistet wurde, so war doch mindestens die

Tendenz hiefür gegeben. In den Archiven der Grundherrschaften und vor allem in den Klöstern sind solche Abrechnungen in großer Zahl zu finden. Die Grundherrschaften führten demgemäß eine rechenhaft genau verfolgbare Haus- und Hofwirtschaft.

g) Das Gesinde am Fronhof

„Wir wollen, daß all unsere Dienstleute gut versorgt werden (familia nostra bene conservata) und keiner ins Elend gerate" (Cap. 2). „Wir wollen auch, daß unsere Verwalter den Mitarbeitern, den Fiskalen, den Knechten und den Freigeborenen, welche sich auf unseren Höfen dauernd aufhalten, ihr volles und uneingeschränktes Recht zuteil werden lassen" (plenam et integram iustitiam) (Cap. 52). Dies war die sozialpolitische Anordnung aus der Treueverpflichtung des Grundherrn.

Die Verwalter sollten darauf sehen, daß sich unter unseren Leuten keine Lumpen (latrones) und keine Zauberer (maleficii) aufhalten (Cap. 53), daß sich unsere Leute nicht auf den Jahrmärkten herumtreiben und daß unser Gesinde gute Arbeit leiste (Cap. 54) und ordentlich und anständig lebe (Cap. 56).

Alle Bediensteten, die Verwalter (maiores), die Förster (forestarii), die Pferdehüter (poletrarii), die Kellermeister (cellerarii), die Vögte (decani), die Zöllner (telonarii) und alle übrigen Bediensteten (ministeriales) sollen ihr Amt ordentlich verwalten und für ihre Hufen fronen und zinsen. An Stelle der Handdienste sollen sie ihre Ämter gut führen und ihre Obliegenheiten ordentlich verrichten (Cap. 10).

Für jeden „Bediensteten" gab es das Recht, „gehört zu werden" (Cap. 57). Wenn nämlich einer der Knechte in Angelegenheiten des Hauses gegen seinen Vorgesetzten etwas aussagen möchte, dann soll man ihm den Weg, zu uns zu kommen, nicht verbieten (Cap. 57). Der Verwalter lasse aber gleichzeitig eine Darstellung des Vorfalles an die Pfalz gelangen, damit die Klagen keinen Verdruß verursachen. Dadurch wissen wir nämlich, wie der Fall liegt, und beide sind gehört worden (Cap. 57).

Wenn sich aber die Dienstleute an unserem Eigentum durch Diebereien vergreifen oder durch Nachlässigkeiten Schaden verursachen, dann sollen sie Schadenersatz leisten und nach dem Gesetz gezüchtigt werden (Cap. 4). Hier liegt ein Dienstrecht von besonderer Art aus dem Jahre 812 vor.

h) Das Inventar eines königlichen Fronhofes

Um die Größe eines Fronhofes, die „Kapitalausrüstung" eines solchen und die etwaige Zahl der zugehörigen Zinsbauern mit ihren unterschiedlichen Abgaben und Zinsverpflichtungen konkret zu erfahren, sei das

Inventar (breviarium Caroli Magni) des Königshofes von Stephanswerder bei Augsburg aus dem Jahre 811, also aus der Zeit des Erlasses des Capitulare de villis, festgehalten.

Wohl eine königliche „Rechnungs-Kontroll-Kommission" hat den *Inspektionsbericht* für den König verfaßt, was aus dem Eingang des Berichtes zu ersehen ist: „wir fanden dort einen Meierhof, ein herrschaftliches Haus und andere Gebäude".

Zu diesem Hof gehörten 750 Tagwerke Ackerland und Wiesen mit einer Ertragsfähigkeit von 670 Fuhren Heu. Getreide fanden wir keines, außer die 30 Fuhren für die 72 Pfründner. An Vieh gab es: 1 Pferd, 26 Zugochsen, 20 Kühe, 1 Stier, 61 Kalbinnen, 5 Kälber, 87 Schafe, 14 Lämmer, 17 Böcke, 58 Ziegen, 12 Zicklein, 40 Schweine, 50 Jungschweine, 63 Gänse, 50 Hühner und 7 Bienenstöcke. Nach diesem Viehstand zu schließen, mußte der königliche Fronhof eine beachtliche Wirtschaftskraft besessen haben.

Daneben standen im Kontrollbericht noch die Werkzeuge und die Warenvorräte.

Nun waren aber noch die zum Hof gehörigen Bauern aufgezählt und zwar 23 freie Bauern (mansi ingenuiles) und 19 dienstbare Bauern (mansi serviles). Sie alle waren dem Hof zins- und dienstpflichtig, wenn auch in unterschiedlicher Weise. Gerade dieser Unterschied kam im Kontrollinventar deutlich zum Vorschein.

Von den *freien Bauern* gaben:

6 jährlich 14 Mut Getreide, 4 Ferkel, Flachs, 2 Hühner, 10 Eier, 1 Sextar Leinsamen, 1 Sextar Linsen und sie machten jährlich 5 Wochen Frondienste und sonstige Fronarbeiten;

6 leisteten jährlich 2 Tagwerke am Acker und machten je 5 Fuhren Heu und außerdem noch 2 Wochen sonstige Fronarbeiten;

2 von ihnen stellten für den Kriegsdienst je 1 Ochsen, zogen sie nicht selbst in den Krieg, dann leisteten sie noch Botengänge;

5 Bauern gaben jährlich 2 Ochsen;

4 Bauern gaben 9 Tagwerk Ackerarbeit und brachten 9 Fuhren Heu ein.

Für alle galt, daß sie 3 Wochen für Weinfuhren und Düngung des Herrschaftslandes fronen. Außerdem mußten sie noch 10 Fuhren Brennholz einbringen.

Von den *unfreien Bauern* gab jeder jährlich 1 Ferkel, 5 Hühner, 10 Eier, jeder fütterte 4 Jungschweine für den Fronhof, pflügte ein halbes Ackerwerk, fronte wöchentlich 3 Tage, machte Botengänge und stellte ein Vorspannpferd; die Frau eines jeden fertigte 1 Kamisol und buck Brot.

i) Der Verwalter der Meierhöfe: der Meier

Der königliche Gutsverwalter mache alles so, „wie es ein Mann in seinem Haus oder in seinem Wirtschaftsbetrieb tun muß“ (Cap. 63). Dann wird er mit der nötigen Sorgfalt und der erforderlichen Umsicht die Grundherrschaft mit dem Fronhof, den Meierhöfen und den Bauernhöfen so verwalten, daß jeder Schaden abgewendet wird und die Erträge allenthalben zunehmen. Um dies zu erreichen, muß jeder Verwalter alle Arbeiten, wie säen, ernten, Heu machen, Wein lesen, immer wieder kontrollieren, damit alles gut und untadelig geleistet werde (Cap. 5). Diese Aufsichtstätigkeit verpflichtete den Verwalter zur steten Nachschau in allen Anlagen, Stallungen, Werkstätten und Wohnräumen (Cap. 20). Der Verwalter war *der „Direktor“* der grundherrschaftlichen Betriebswirtschaft.

In dieser Aufsichtstellung mußte der Verwalter in jeder Weise untadelig sein. Das Dienstrecht verbot ihm streng, er möge sich ja nicht unterstehen, die Dienstleute des Königs für seine eigenen Arbeiten zu gebrauchen (Cap. 3) oder von den Dienstleuten „irgendwelche Geschenke anzunehmen“ (neque ulla dona ab ipsis accipiat) (Cap. 3). Der Verwalter durfte aber auch die zinspflichtigen Hintersassen nicht für seine Arbeiten und Geschäfte in Anspruch nehmen (Cap. 12). Er durfte aber auch nicht „irgend einen uns Fremden auf unseren Landgütern unterhalten“ (Cap. 12). „Wenn wir all das Angeführte von unseren Verwaltern verlangen, so darf man uns nicht für streng halten (asperum videatur), denn wir wollen, daß sie selbst auch von ihren Untertanen dies alles fordern“ (Cap. 63).

Der Verwalter stand als wirtschaftlicher Unternehmer und als politischer Organisator der Grundherrschaft vor und gab so das Leitbild des damals geltenden Unternehmers.

III. Die ständisch gebundene Wirtschaft 1156 - 1521

Uuaz kant ir liute anderes uuar suochendo dia salda, die ir habent in iu selben.
Notker v. St. Gallen

Jeder mag wol sin teil gewinnen, al des er bedarf.
Eilhart v. Oberg

Alle Teile sind offenbar auf die Vollendung des Ganzen hingeordnet.
Thomas v. Aquin

Die *Zeitsignatur* in der ständisch gebundenen Wirtschaftsordnung war die *Einheit in Vielheit.* So sah man die Welt als Einheit mit vielfältig in der Vertikale gestaffelten Gebilden und mit mannigfach in der Horizontalen gegliederten Sondergemeinschaften. In dieser Weltanschauung sah man auch die Gesellschaft als hierarchisch mit verschiedenen, in die Tiefe geschichteten Gemeinschaften und auf jeder Stufe reichlich aufgefächerten Gesellschaften.

In einer solchen Fülle von Sondergebilden wuchs das Herzogtum Österreich in der Mannigfalt der verschiedenen Rechtsformen als Gemeinwesen mit reich gegliederten Gemeinschaften und unterschiedlichen Gesellschaftsgebilden heran.

In einer *Einheit aus regional verschiedenen Teilen* mit Gebirgsländern und Küstenlandschaften und *aus national verschiedenen Sprachgruppen:* aus Deutschen, Slowenen, Italienern und Rhätern wuchs das Herzogtum Österreich als reich gegliederter und mannigfach geschichteter Kern heraus, der von sich aus auf eine noch weitere Raumerfassung hindeutete.

Zum Herzogtum Österreich mit den beiden Flanken ob und unter der Enns kam 1192 auf Grund des Georgenberger Erbvertrages das Herzogtum Steiermark. Beide Länder mit verschiedenartigen Alpenlandschaften bildeten als Innerösterreich die Ausgangslage für eine weitere Territorialentwicklung. Sie blieb es auch, als Rudolf von Habsburg seine Söhne, Rudolf und Albrecht, mit den zwei Herzogtümern als Reichslehen belehnte (1282).

Über weitere Erbverträge und Vermächtnisse kamen die Alpenländer Kärnten (1335) und Tirol (1363) zum Herzogtum Österreich. Einem politischen Sog vergleichbar folgte der Erwerb von Ostkrain und Inneristrien

16. Bauernhochzeit in Maria-Zell: 1811. Man achte auf die Gleichartigkeit bei Bild 45 (gesunkenes Kulturgut)

17. Verfallenes Bauernhaus bei Gnas. Zeuge der Bauernabtreibung

(1374) und dann als räumlicher Abschluß der Erwerb von Triest als Zugang zum Meer (1382).

Nach der politischen Festigung dieser bisher erfolgten Integration räumlich und national verschiedener Teile wurde die Ausweitung nach Westen durch die Angliederung der Grafschaft Bludenz und des Montafon (1418) vorgetrieben. Notwendige Arrondierungen erfolgten im Süden durch den „Zugang“ von Görz, Lienz und des Pustertales (1500) und im Westen durch die „Angliederung“ von Kufstein, Rattenberg und Kitzbühel (1504).

Mit diesem nach allen Seiten hin offenen Raumgebilde versuchte das Herzogtum Österreich seiner geschichtlichen Aufgabe in der Epoche der ständisch gebundenen Wirtschaftsordnung gerecht zu werden.

Das Prinzip von *Einheit in Vielheit* kam, wenn auch *in gegenläufiger Entwicklung von Reichsland und eigenständigem Land* in der „verfassungsrechtlichen Gestaltung des Herzogtums zum Vorschein. In den zwei grundlegenden Verfassungsdokumenten, dem Privilegium minus und dem Privilegium maius kam die Entwicklungstendenz zur Selbständigkeit des Herzogtums durch immer stärkere Integrationsprozesse organisatorischer Art und die Entwicklungslinie zur Unabhängigkeit vom Reich durch politische Loslösung aus dem Kranze der Reichsländer zum Vorschein.

Im Privilegium minus (1156) wurde die in der Mark schon bestehende Sonderstellung durch die Hebung zum Herzogtum und damit zur höchsten Stufe der Reichsländer noch verstärkt. Der Herzog hatte nur noch eine „formale“ Reichspflicht: er mußte vor einem Reichstag, wenn ein solcher in Bayern stattfand, erscheinen. Im übrigen war er der Herr der Gerichtsbarkeit in seinem Lande, da sich kein Gericht ohne die Zustimmung des Herzogs etablieren konnte, so daß die *Tendenz zum ius non evocandi et non appellandi* deutlich vorgegeben war. Wer aber der unabhängige *Herr des Gerichtes* war, war der *eigentliche Herr des Landes*. Diese Sonderstellung kam auch im Recht der Erbfolge zum Vorschein: das Herzogtum war erblich für die Söhne und Töchter.

Im Privilegium maius (1359, bestätigt 1413), das im Entstehen eine großzügige Fälschung des Privilegium minus war, wurde der Herzog praktisch von „jeder Reichspflicht“ gelöst und in der Herrschpflicht über seine Länder vollends unabhängig und eigenständig. Diese Eigenständigkeit wurde in der *vollen Unabhängigkeit des Gerichtes* und in der *Gehorsamspflicht aller Untertanen* gegenüber allen Geboten und Verboten des Herzogs, die auch im Nachhinein von niemandem geändert werden durften, bestätigt.

Wenn der Herzog aus eigenem Willen an einem Reichstag teilnahm, erschien er nach den Kurfürsten *als erster Fürst des Reiches,* als Pfalzherzog, vor dem Kaiser.

Im Gebiet der Erbländer wurde die organisierte Einheit der Teile immer dichter zur Einheit geführt, während die Zugehörigkeit zum Reich auf das beschränkt blieb, was dem Herzog selbst für notwendig schien.

Die Maxime von der *Einheit und Vielheit* wurde in der *Gesellschaftsanschauung* und in der *Gesellschaftsgestaltung* der ständisch gebundenen Wirtschaftsordnung bis zur Vollendung durchgebildet. Wie die Welt ein gegliedertes Ganzes ist, so ist auch die Gesellschaft ein stufenmäßig in die Tiefe gegliedertes Gebilde. In dieser hierarchischen Gesellschaftsordnung galt das Prinzip der gruppenbedingten Herrschaft, denn die Angehörigen jeder Gemeinschaft „kiesent künige unde reht, si setzent herren unde kneht“ (Walther von der Vogelweide: Sprüche) und haben entweder ihre gegebenen oder ihre gekürten Herren.

Die Tiefengliederung reichte bildhaft von der Turmspitze der Kirchen in zehn „Stockwerken“, die auf jeder Etage in mehreren Gemeinschaftsgebilden jeweils die Gleichen der Ebenbürtigen und der Standesgenossen zusammenhielt, bis zur ebenen Erde. So sah Berthold von Regensburg den zehn Engelchören entsprechend *zehn Stufen der „ständischen Gesellschaft“*, so daß sich eine Gesellschaft mit hierarchischem Aufbau und auf jeder Gesellschaftsstufe mit gleichartigen Gemeinschaften ergab. Einem anderen Bilde zufolge stellt die Gesellschaft einen Dom dar. Den Fenstern entsprechen die gelehrten Geistlichen, weil sie das Licht in die Gesellschaft einbringen. Die Säulen gleichen den Bischöfen, weil sie das Domgewölbe tragen. Die Trambäume hinwiederum stellen die weltlichen Fürsten dar, weil sie die Verbindung zwischen den Teilen leisten. Die Dachziegel deuten auf die Ritter hin, die die Gesellschaft vor Unbilden schützen. Der Boden schließlich deutet mit den vielen Steinplatten das zahlreiche Volk an. Dieses Bild der Gesellschaft in Einheit mit Vielheit wurde von Honorius Augustodunensis entworfen. Es folgten im Lehensrecht *die Heerschildordnung vom König bis zum Einschilder* und im Landrecht die vielen eigenständigen Gesellschaftsgruppen und Gemeinschaften, die nur in ihren gesellschaftlichen Wert- und Rangstufen gesellschaftlich Gleiche mit gleichem Recht und mit gleichem Gericht wie auch mit gleichen Verpflichtungen waren. Das war die ständische Gesellschaft in Einheit mit Vielheit.

Die Wirtschaftsgesellschaft diente der Bedarfsdeckung, denn jeder „mag sin teil gewinnen, al des er bedarf“ (Eilhart v. Oberg). Der strukturelle *Aufbau der Wirtschaftsgesellschaft* folgte in der arbeitsteiligen Zusammenarbeit ganz und gar dem gesellschaftlichen Bauprinzip von der *Einheit in Vielheit.*

Die Wirtschaftsgesellschaft war in drei einander nachgeordnete Stufen gegliedert.

Die oberste Gesellschaftsgruppe, der *Adel und die rittermäßigen Leute*, deckten den Bedarf ihrer Hauswirtschaft mit dem Ertrag des Fronhofes und mit den Abgaben der zinspflichtigen Bauern. Diese Führungsgruppe lebte in verschiedenen Rängen von Fürsten, freien Herren und Ministerialen, die alle im Verlaufe eines gesellschaftlichen Verschmelzungsprozesses die rittermäßigen Leute ergaben. Sie lebten in den vielen Herrensitzen, Burgen und Schlössern. Oft gab es für jeden Fronhof ein eigenes Hofrecht, so daß auf der Ebene der Adeligen viele gesonderte und oft mit eigenem Hofrecht ausgestattete Hofwirtschaften bestanden.

Die mittlere Schichte bildeten in der Wirtschaftsgesellschaft die freien *Bürger der Städte*. Sie waren in vielen Zünften, Zechen, Gilden und Gruppen jeweils mit eigenem Recht und oft auch mit eigenem Gericht organisiert und bildeten so eine zahlreiche und mannigfache Gesellschaft mit vielen Gemeinschaften. In diesen eigenständigen Gesellschaftsgebilden bildeten die Haus- und Betriebsgemeinschaften mit Meistern, Gesellen, Lehrlingen und Familienangehörigen Lebensgemeinschaften, in denen alle Vorgänge nach dem Stil der gesonderten Hausgemeinschaften vollzogen wurden.

Die über das Land hinweg verstreuten *Bauern* bildeten auf Grund der Hofrechte eine Einheit in vielen Fronwirtschaften, Meierwirtschaften und in diesen mit vielen Bauern-Hofwirtschaften. Die Hofrechte machten die einzelnen regional aufgegliederten Einheiten vielfach zu selbständigen und eigenständigen Gemeinschaften, so daß die Bauern zwar überall im gleichen Gesellschafts- und Rechtsstatus, aber doch in unterschiedlich gestalteten Gemeinschaften lebten.

Die Wirtschaftsgesellschaft zeigte in ihren drei Hauptschichten und auf jeder von diesen eine Einheit mit Vielheit von Haus-Hofwirtschaften und häuslichen Betriebswirtschaften.

1. Zeittafel

1155 Friedrich Barbarossa wird in Rom zum Kaiser gekrönt

1156 Priviligium minus, verliehen von Kaiser Friedrich:
In nomine sancte et individue trinitatis. Fridericus divina favente clementia Romanorum imperator augustus.
Damit die Ehre und der Ruhm unseres geliebten Oheims nicht vermindert erscheine, verwandeln wir die Mark Österreich in ein Herzogtum (marchiam Austrie in ducatum commutavimus) und übergeben dieses Herzogtum mit allen Rechten vorgenanntem Oheim und seiner Gemahlin als Lehen für ewige Zeiten, daß sie und ihre Kinder ohne Unterschied ob Söhne oder Töchter dieses Herzogtum Österreich erblich vom Reich innehaben und besitzen sollen ... Keine Person dieses Herzogtums darf ohne Zustimmung und Erlaubnis des Herzogs irgendeine Gerichtsbarkeit sich anmaßen ... Der Herzog braucht nur an den Reichstagen in Bayern

zu erscheinen und an keinem anderen Krieg teilzunehmen als an dem, welchen der Kaiser an den Grenzen Österreichs anordnet.
Gegeben zu Regensburg am 17. September 1156

1157 Gründung von Maria-Zell

1180 Steiermark wird Herzogtum: Markgraf Ottokar IV. wird Herzog

1184 Pfingstfest auf der Rheinebene bei Mainz: Friedrich I. erteilt auf dem höchsten Hoffest seinen Söhnen Friedrich und Heinrich den Ritterschlag

1186 Erbvertrag von Georgenberg: Ottokar vermacht Steiermark den Babenbergern

1190 Kampf bei Akkon im Heiligen Land anläßlich des 3. Kreuzzuges: Entstehung des Bindenschildes: Leopold hatte bis zum Abend so heftig gekämpft, daß der weiße Rock, als er die Waffen abgelegt hatte, überall von Blut durchtränkt war, außer dem Teil, den das Wehrgehenk deckte, und als der Kaiser dies sah, ordnete er zum nie versiegenden Ruhme Österreichs an: den Bindenschild nach dem Vorbild des blutgetränkten Rockes zu tragen.
Thomas Ebendorfer v. Haselbach: Chronicon Austriacarum

1192 Vereinigung der Steiermark mit Österreich
der englische König Richard Löwenherz auf Burg Dürnstein gefangen gesetzt

1198 - 1230 Leopold IV. der Glorreiche
am Hof zu Wien Blüte des Minnesangs:
Walther v. d. Vogelweide, der von Kürenberg, Reimar v. Hagenau, Ulrich v. Lichtenstein, Entstehung des Nibelungenliedes und des Gudrunliedes

1202 Gründung des Zisterzienserklosters Lilienfeld

1212 - 1250 Friedrich II., der Staufer: gründet einen neuzeitlichen Staat in Sizilien

1215 Magna Charta libertatum in England

1217 Erstes Dominikanerkloster auf deutschem Boden in Friesach

1218 Bistum Seckau von Salzburg gegründet

1220 Confoederatio cum principibus ecclesiasticis u. Statutum in favorem principum (1231): Sonderrechte der deutschen Fürsten vom Kaiser gegeben

1220 - 1300 Anfänge der Gotik:
Kreuzgang zu Lilienfeld, Pfeilerbasilika der Dominikaner in Friesach
Kirche in Imbach, Krems und Retz

1221 Leopold VI. gibt das Wiener Stadtrecht

1225 Das Bistum Lavant von Salzburg gegründet

1225 - 1274 Thomas von Aquin: Dominikaner, Vollendung der Scholastik

1226 Franz v. Assisi gründet den Franziskaner-Bettelorden

1230 - 1246 Friedrich II., der streitbare Babenberger

1230 Minoritenkonvent in Wien

1237 Wien: freie Reichsstadt

1239 Österreichisches Landrecht von Friedrich II.

1241	Schlacht bei Wahlstatt (Liegnitz) gegen die Mongolen, diese ziehen sich nach Rußland zurück
1241	Hansa: Bündnis zwischen Lübeck und Hamburg, Bereich: Brügge, London, Bergen, Nowgorod
1245	Österreich und Steiermark sollten Königreich werden
1246	Friedrich fällt im Kampf an der Leitha gegen Ungarn: Aussterben der Babenberger
1251	Ottokar II. Przemysl, Markgraf von Böhmen und Mähren, rückt in Österreich ein
1251	Bela IV., König von Ungarn, besetzt Steiermark Prägung von Goldgulden in Florenz (Florin = Gulden: fl)
1254	Schisma: Rom—Byzanz (Papst Leo IX. und Patriarch Michael Kerularios)
1256 - 1273	Interregnum in Deutschland
1257	Ottokar besiegt die Ungarn, die Ungarn verzichten auf Steiermark
1273	Rudolf v. Habsburg in Frankfurt zum deutschen König gewählt
1274	Reichstag zu Nürnberg: Rudolf erhält die Vollmacht: die verlorenen Länder Österreich, Steiermark und Kärnten wieder für das Reich einzuziehen
1276	Der Adel Steiermarks stellt sich in der Versammlung zu Rain auf die Seite Rudolfs, Ottokar muß sich vor Wien dem deutschen König unterwerfen und verliert die zwei Länder
1278	Schlacht am Marchfeld bei Dürnkrut: Rudolf siegt, Ottokar fällt
1282	Rudolf belehnt seine Söhne Rudolf und Albrecht mit Österreich und Steiermark
1286	Graf Meinhard II. von Görz und Tirol erhält Kärnten
1291	Bildung der Schweizer Eidgenossenschaft gegen die Habsburger (Tellsage)
1296	Fondaco dei Tedeschi in Venedig: Niederlassung der deutschen Kaufleute
1300 - 1340	Hochgotik: Heiligenkreuz, Zwettl, Neuberg a. d. Mürz, Augustinerkirche in Wien
1302	Papst Bonifaz VIII.: Bulle „Unam sanctam", Papst stellt sich über den Kaiser
1310	Dante Alighieri: Divina commedia
1330	Berthold Schwarz (Constantin Anklitz) entdeckt das Schießpulver
1335	Erwerbung Kärntens
1348	Erste deutsche Universität in Prag von Karl IV. gegründet
1350	Drahtziehen in Augsburg und Nürnberg
1358 - 1365	Rudolf IV., der Stifter Bau des gotischen Stephansdomes
1356	Goldene Bulle von Karl IV., genannt nach dem Siegelbullen Kaiserwahl durch sieben Kurfürsten: Erzbischöfe von Mainz, Köln und Trier König v. Böhmen, Pfalzgraf bei Rhein, Herzog v. Sachsen, Markgraf v. Brandenburg

1365 Universität Wien gegründet: freie Künste: Trivium: Grammatik, Rhetorik, Dialektik
Quatrivium: Musik, Astronomie, Arithmetik, Geometrie

1359 Privilegium maius: Erweiterung des Privilegium minus, Fälschung in der Kanzlei Rudolf IV., von Kaiser Karl IV. nicht, sondern erst 1453 von Kaiser Friedrich III. bestätigt. Der Herzog ist zu keinem Dienst dem Reich gegenüber verpflichtet, „außer er leiste ihn aus freiem Willen". Das Lehen wird ihm in Österreich verliehen und nicht außer Landes. Der Herzog braucht keinen Reichstag zu besuchen. Alle Lehen in Österreich können nur vom Herzog verliehen und übertragen werden. Jedes weltliche Gericht soll vom Herzog abhängen. Der Herzog braucht sich vor keinem Gericht zu verantworten, es sei denn, er stelle sich selbst. Was der Herzog in seinem Gebiet getan und verfügt hat, darf nicht vom Kaiser oder einer anderen Macht nachträglich verändert werden. Den Befehlen und Verboten muß man in seinem Herzogtum Folge leisten. Der Herzog soll alle Rechte, Privilegien und Freiheiten besitzen, welche die übrigen Fürsten erhielten. Der Herzog soll sein Lehen vom Reich, angetan mit fürstlichen Kleidern, den Herzogshut auf dem Kopf und das Szepter in der Hand tragend, erhalten. Wenn der Herzog an einem Reichstag anwesend ist, soll er als Pfalz-Erzherzog an der rechten Seite des Kaisers nach den Kurfürsten den ersten Platz einnehmen.

1360 Hansa: erste Seemacht Europas

1363 Erwerb Tirols durch Vertrag mit Margareta Maultasch

1374 Erwerb von Ostkrain und Inner-Istrien

1375 Kauf der Grafschaft Feldkirch

1382 Triest zu Österreich

1418 Erwerb der Herrschaft Bludenz und des Montafon

1438 Albrecht wird als Albrecht II. deutscher König; 1438 - 1806: röm.-deutsche Kaiser aus dem Hause Habsburg

1440 - 1493 Friedrich V. als Kaiser Friedrich III.
Wahlspruch A.E.I.O.U.: Austria erit in orbe ultima — Allen Ernstes ist Österreich unersetzlich

1450 Johannes Gutenberg (Gensfleisch) erfindet in Mainz den Buchdruck durch gegossene, bewegliche Lettern

1450 - 1520 Spätgotik:
Stadtpfarrkirche, jetzt Franziskanerkirche in Salzburg, Steyr, Schwaz, Krems, Eggenburg, Graz, Villach, Kitzbühel, St. Leonhard in Tamsweg, St. Leonhard bei Kundl, Heiligenblut

1450 Jacques Yolens erfindet den Eisenguß: neue Kriegstechnik: Geschütze

1452 Friedrich III. von Papst Nikolaus V. in Rom zum Kaiser gekrönt

1453 Friedrich unterzeichnet als Kaiser das Privilegium maius

1453 Konstantinopel von den Türken erobert
Kunst der Glasherstellung geht von Konstantinopel nach Venedig über

1458 Bruderzwist in Habsburg: Kaiser Friedrich III. und Herzog Albrecht VI.

1469	Bistum Wien gegründet, bisher zum Bistum Passau gehörig
1477	Maximilian, Sohn Friedrich III. erhält durch Heirat mit Maria v. Burgund, Tochter Karl des Kühnen, die burgundischen Länder
1477 - 1490	Matthias Corvinus v. Ungarn besetzt Innerösterreich und regiert in Wien
1480	Einfall der Türken bis in das Paltental
1480 - 1515	letzte Gotik: Flügelaltar in St. Wolfgang von Michael Pacher, Flügelaltar von Kefermarkt, Marmorgrabmal Kaiser Friedrich III. in St. Stephan, Kanzel von St. Stephan
1492	Christoph Columbus entdeckt Amerika
1493 - 1519	Kaiser Maximilian I., seit 1508 „erwählter römischer Kaiser"
1494	Amerigo Vespucci: mehrere Fahrten nach Südamerika, nach ihm wird Amerika benannt (1507)
1497	Leipzig erhält kaiserl. Privileg: jährlich 3 Messen abzuhalten
1498	Vasco da Gama in Ostindien nach Umfahrung von Afrika
1500	Erwerb des Gebietes um Görz, Lienz und das Pustertal Gründung der Wiener Hofmusikkapelle
1501	Mehr als 1000 Druckereien in Europa in Betrieb
1504	Erwerb von Kufstein, Rattenberg und Kitzbühel
1508	Michelangelo beginnt mit der Ausmalung der Sixtinischen Kapelle
1508 - 1550	Maximilians Grabmal in der Innsbrucker Hofkirche
1515	Bauernaufstand in Steiermark, Kärnten und Krain, niedergeschlagen durch Dietrichstein Erbvertrag in Wien mit den Jagellonen über Ungarn und Böhmen
1517	Kaffee und Kakao in Europa eingeführt
1517	Beginn der Reformation durch Martin Luther (1483 - 1546), Augustinermönch, Doktor der Theologie u. Professor in Wittenberg 95 lateinische Thesen gegen den Ablaß an der Schloßkirche zu Wittenberg angeschlagen (!), verweigert am 16. April 1521 am Reichstag zu Worms vor Kaiser Karl V. die Zurücknahme seiner Lehre (Schlußsatz: ... weil gegen das Gewissen zu handeln unsicher und gefährlich ist. Gott helfe mir! Amen.) 1521 - 1522 Übersetzung des Neuen Testaments auf der Wartburg
1519	Thomas Morus verfaßt das staatsphilosophische Werk „Utopia"
1519 - 1556	Enkel Maximilians Karl V., als letzter in Bolognia zum römischen Kaiser gekrönt, vereinigt alle habsburgischen Länder: Spanien mit den amerikanische Kolonien, die Niederlande und die österreichischen Erbländer: „in seinem Reich geht die Sonne nicht unter."
1521	Karl überträgt die Regierung der österreichischen Erblande seinem Bruder Ferdinand I. (1556 - 1564 auch röm.-deutscher Kaiser)
1552	Bernhard Walther: Von den dienstbaren und zinsbaren Gründten und Guetern: Kompilation des mittelalterlichen grundherrschaftlichen Agrar- und Bauernrechtes in Österreich

2. Leitsätze

Die Wirtschaftsgesinnung

a) Saelde und gelücke: der Weg zum inneren Glück

1. Der Ansatz bei Boethius im „Trost der Philosophie“

Ad rem me inquit, omnium quaesitu maximam vocas, cui vix exhausti quicquam satis sit.

Anicius Manlius Severinus Boethius (480 - 525), „letzter Römer und erster Scholastiker“: De consulatione philosophiae, lib. IV, Cap. 6

Du rufst mich zu einer Aufgabe, deren Lösung unter allen die schwierigste ist, die sich kaum jemals vollends ausschöpfen läßt.

A. M. S. Boethius: Trost der Philosophie, übers. v. E. Gothein, Berlin 1932, S. 141

Der Wandel im Glück

Ich habe dich mit Überfluß und Glanz und all dem, was nach Recht mir gehört, umgeben ... Jetzt beliebt es mir, die Hand zurückzuziehen. Warum stöhnst du? Es ist dir von uns keine Gewalt widerfahren. Reichtum, Ehren und dergleichen stehen unter meiner Botmäßigkeit. Die Dienerinnen kennen ihre Herrin. Sie kommen mit mir und, wenn ich gehe, gehen sie auch.

A. M. S. Boethius: Trost der Philosophie, übers. v. E. Gothein, S. 37 f.

Álles tés míh háftêt. in gnúhte. íóh scôni. dés keníetota íh tíh. Nû lústet mih mîna hánt zu mír zezíhenne. Nû hábest tu mír is zedánchônne. Uuáz sûftôst tû dánne. Îh nehábo dír mít nôte níeht kenómen. Ôtuuála. únde êra. únde dáz sô getâna. Táz háftêt ál mih. Mîne díuuâ sínt sie. sáment mír chóment sie. sament mír rûoment sie.

Notker Labeo Teutonicus v. St. Gallen (950 - 1022) übersetzte:
Boethius: Trost der Philosophie, lib. II, Cap. 7,
in: Die Schriften Notkers, hrsg. v. Paul Pieper, Freiburg u. Tübingen 1882, Bd. 1, S. 59

Dies ist unsere Macht, dies ununterbrochene Spiel spielen wir: wir drehen das Rad im kreisenden Schwung. Wir freuen uns, das Tiefste mit dem Höchsten und das Höchste mit dem Tiefsten zu tauschen.

A. M. S. Boethius: Trost der Philosophie, übers. v. E. Gothein, S. 39

Ertrage dein Glück

Schließlich mußt du mit Gleichmut ertragen, was innerhalb des Bereiches des Glückes geschieht ... Hast du dich dem Regiment der Fortuna anvertraut, so mußt du auch den Sitten der Herrin gehorchen.

A. M. S. Boethius: Trost der Philosophie, übers. v. E. Gothein, S. 37

Das Glück ist in euch

Warum ihr Sterblichen, suchet ihr das Glück draußen, das doch in euch liegt? ... Und um zu erkennen, daß in den zufälligen Dingen die Glückseligkeit nicht bestehen kann, so überlege! ... Es ist doch klar, daß die Unbeständigkeit des Glückes nicht Anspruch erheben kann, die Seligkeit zu geben.

A. M. S. Boethius: Trost der Philosophie, übers. v. E. Gothein, S. 47

Die Vorschung ist die im höchsten Herrscher aller Dinge selbst begründete göttliche Vernunft, die alles in Ordnung hält. Das Schicksal aber ist die den beweglichen Dingen innewohnende Anlage, durch die die Vorsehung alles mit ihren Ordnungen verknüpft. Die Vorsehung umfaßßt alles gleichmäßig, das Schicksal aber treibt das Einzelne zur Bewegung an ... So kommt es, daß alles, was dem Schicksal unterstellt ist, auch der Vorsehung unterworfen ist, auch das Schicksal selbst.

A. M. S. Boethius: Trost der Philosophie, übers. v. E. Gothein, S. 143

Gestaltet euer Glück selbst!

Nehmet mit starker Kraft die Mitte ein!

Alles, was darunter bleibt oder darüber hinausgeht, enthält die Verachtung der Glückseligkeit. In eurer Hand ist es gelegen, wie ihr auch das Glück gestalten wollt.

A. M. S. Boethius: Trost der Philosophie, übers. v. E. Gothein, S. 155

Hábent íuuih fásto ze dero ébenmûoti. dáz íuuih tiu léidega nesuâre únde ûberuuínde. nóh tiu lústsamo neuerchúste íuueres mûotes. sô dáz ír neuuízînt. uuér ír sînt. Souuáz síh níderôr gelâzet. tánne ze ébenmûoti. álde hóhor gestîget. táz ferliuset tia sâlighéit. Îz stát an díu. uuîolicha sâldâ ir íu sképfen uuéllênt. uuîo ébeno ír íuuih íro gehában uuéllênt.

Notker v. St. Gallen: Trost der Philosophie, lib. IV, cap. 54

2. *Saelde: der Leitstern im ritterlichen Leben*

Der Wandel im Glück

saelde diu ist sinewel
und walzet umbe als ein rat.

Von dem üblen wîbe, 240 f.

gelücke daz ist sinewel
dicke alsam ein bal.

Kudrun (um 1230), 649, 2

unser aller saelekeit
diu was ein lützel uf gestigen
und ist nu wider nider gesigen.

Gottfried v. Straßburg (um 1210): Tristan, 5830 ff.

hie an so nim ein bild:
wer sich ze hoch wil heben,
dem wird genidret sin leben;
wen im die seld ist wider
si wirfet in da nider.

Pfaffe Lamprecht (1120 - 1130): Alexander 3857 ff.

Gott, der Herr des Glücks

In gotes und der werlde hulde leben,
got unde der werlde gevallen

Wolfram v. Eschenbach (etwa: 1197 - 1210): Parzival, 827, 19 ff.

daz si in ir gemüete / sîns gelückes waeren vrô,
von schulden muosen si dô / von den gnâden vreude hân /
die got hete an im getân.

Hartmann von Aue (1210): Armer Heinrich, 1382 ff.

got wîse mich der saelden wege!
gelücke vor der hoechsten hant.

Wolfram v. Eschenbach: Parzival 8, 10 u. 269, 16

Nu walde es got, ob ich gesige
oder tot hie belige.
got wolle, daz ez wol erge!

Herbort v. Fritzlar (um 1210): Liet von Troye, 11680 ff.

Schaffe dein Glück selbst: durch Maß-halten

wollent irz rehte verstân,
sô hîz got machen
sus wunderlîche sachen
dem kuninge ze lêren:
er irhûb sih grôzer êren.
ouh sît ir algemeine
gemanet mit dem steine
daz ir ûh nihtis ne verhebet
al di wîle di ir lebet.
bewaret ûh von der giricheit . . .

Pfaffe Lambrecht: Alexander, 7154 ff.

swer got von herzin minnet
und nâch den êrin ringet,
dem volgit selden unheil.
ouch mag her wol sîn teil
gewinnen, al des er bedarf.

Eilhart v. Oberg (um 1170 - 1180):
Graf Rudolf, 3113 ff.

Diu maze sol sin an allen dingen.
Wizzet daz diu maze ist
diu rehte maz diu hat ir zil
enzwischen lützel unde vil
swer mit der maz kan mezzen wol,
der tuot ez allez als er sol.

Thomasin v. Zirklaere (1186 - 1235):
Der wälsche Gast (um 1215) 9931 ff.

b) Der Beruf als Erfüllung des Lebens

1. Der Beruf als Berufung

So ungleich die Leute sind, so ungleich sind auch die Wege zu Gott. Nimm von allen Dingen wahr, welches dein Ruf sei: in dem, wozu dich Gott gerufen hat, in dem folge! Johann Tauler: Predigten, Prager Ausgabe, 1872, Bd. 2, S. 281

2. *Die Berufsarbeit als Amt*

Denn wenn wir alle nach Gottes Gebot arbeiten, so arbeiten wir nicht allein um des Gewinnes willen, denn das gibt keinen Segen und bringt der Seele Schaden.

Arbeiten heißt: Gott dienen nach seinem Gebot. Darum sollen alle arbeiten: die einen mit der Hand am Felde, im Hause und in der Werkstatt, die anderen in Gelehrtheit und Kunst, noch andere als Regenten des Volkes, wiederum andere als geistliche Diener Christi.

Eyn christliche ermahnung, Mainz 1513, 23a

2. *Die ständische Gesellschaftsordnung*

a) *Die Welt: eine Einheit in Vielheit*

1. *Das Ganze in vielen Teilen*

In jedem Ganzen sind die Hauptteile ihretwillen für das Ganze erforderlich, während alle anderen Teile dazu da sind, um jene Hauptteile zu konstituieren und irgendwie zu vervollkommnen.

Alle Teile sind offenbar auf die Vollendung des Ganzen hingeordnet, denn das Ganze ist nicht um der Teile willen da, sondern die Teile um des Ganzen willen.

Thomas v. Aquin (1225 - 1274): Summa contra gentiles, lib. III, Cap. 112, 4 u. 5

2. *Das Ganze in stufenmäßig gegliederter Vielheit*

Bei sorgfältiger Betrachtung wird man finden, daß *die Verschiedenheit der Dinge eine Stufenleiter bildet:*

so findet man über den unbeseelten Körpern die Pflanzen,
über diesen die vernunftlosen Tiere
und über diesen die Menschen.

Daher ergibt es sich, daß die Verschiedenheit der Dinge nicht eine Gleichheit aller Dinge, sondern eine Rangordnung in den Dingen in sich schließt.

Thomas v. Aquin: Summa contra gentiles, lib. III, Cap. 97, 1, 2 u. 6

3. *Die Ordnung: der Garant der Einheit und des Friedens*

Was zum Sein strebt, strebt zur Ordnung. Wenn etwas der Ordnung folgt, dann hat es im Sein Bestand. Die Ordnung bewirkt das Sein, die Unordnung das Nichtsein. Diese Verkehrung nennt man corruptio (Bruchsituation).

Augustinus (354 - 430): De moribus Manichaeorum, Cap. 6

b) *Die Menschheit: eine Vielheit in geordneter Einheit*

1. *Der Mensch: ein gesellschaftliches Wesen*

Der Mensch ist von Natur aus ein gesellschaftliches Wesen, was man schon daran erkennt, daß ein einziger Mensch sich nicht genügt, wenn er allein lebt.

Thomas v. Aquin: Summa contra gentiles, lib. III, Cap. 85, 10

2. *Die Vielfalt der menschlichen Gemeinschaften*

Da der Mensch Verstand, Sinne und Körperkraft besitzt, so sind auch wiederum diese Vermögen in ihm selbst gemäß der Anordnung der göttlichen Vorsehung in einer ähnlichen Rangordnung aufeinander eingestellt, wie sie sich im Universum vorfinden.

Aus gleichem Grunde gibt es unter den Menschen eine Rangordnung: denn jene, die durch ihren Verstand hervorragen, herrschen von Natur aus, während jene, die weniger Verstand besitzen, dagegen körperlich stärker sind, von Natur aus zum Dienen geeignet scheinen. Also sieht man: daß die göttliche Vorsehung allen Dingen eine Rangordnung auferlegt.

Thomas v. Aquin: Summa contra gentiles, lib. III, Cap. 81, 6 u. 10

c) Die Ordnungsbilder der ständischen Gesellschaft

1. Die tragenden Säulen der ständischen Gesellschaft

Zwei Leben gibt es: ein irdisches und ein himmlisches, das eine ist leiblich und das andere geistig. Das eine lebt aus der Seele, das andere aus Gott. Beide haben ihr Gutes, aus dem sie erhalten werden, damit sie leben können.
Hugo v. St. Victor (1096 - 1141): De sacramentis. Liber II: De unitate ecclesiae, Cap. III; in: Patrologia lat., Tom. 176, Sp. 417 f.

Daz wilt und daz gewürme
die stritent starke stürme,
sam tuont die vogel under in;
wan daz si habent einen sin:
si duhten sich ze nihte,
si entschüefen starc gerihte.
si kiesent künege unde reht,
si setzent herren unde kneht.

Walther v. d. Vogelweide (1160 [1170] - 1228): Sprüche

In der Hierarchie der Engel empfangen einen Strahl des göttlichen Lichtes die des ersten Ranges, dann die des mittleren und schließlich jene des letzten Ranges ... So ist es wohl auch bei den menschlichen Rangstufen, daß das Licht der Weisheit zuerst *auf die Obersten*, dann auf die Mittleren und schließlich auf die Unteren ausgegossen wird.

Bonaventura (1221 - 1274): Commentarius in librum sapientiae, proemium 9, opera omnia, Tom. 6, p. 109

Nu pfaffe, werder pfaffe,
lâz ander orden under wegen;
du stolzer ritter schaffe,
daz ritterschaft dir lache,
niht nim an dich ein ander leben,
du bûman solt niht hôher streben,
daz lêre ich dich durch werndes prises sache.

Heinrich v. Meissen (1275 - 1318): Sprüche, Nr. 244: Priester, Ritter, Bauer; in: Bibliothek der ges. dt. National-Literatur, Bd. 16, S. 141

d) Die Grundlagen der ständischen Gesellschaft

1. Das Grundverhältnis der Gesellschaft: die Treue

Auch der Herr muß sich seinem Getreuen gegenüber in allen Angelegenheiten gleich verhalten (in his omnibus vicem reddere debet). Wenn er dies nicht tut, gilt er mit Recht als verabscheuungswürdig (malefidus), untreu (perfidus) und ungerecht (periurus).

Fulbert von Chartres (um 960 - 1028) im Brief an Herzog Wilhelm V. v. Aquitanien vom Jahre 1020; in: Patrologia lat., Tom. 141, 229 Nr. 58

2. Der Treueid

Der man sol seinen herrn huld gewinnen oder tun mit seinem ayd, das er im also getrau und also holt sey als von recht ein man seinem herrn sein sol recht zu sagen, wo er des gefragt wirt seinem frumen ze fudern (fördern) und sein schaden zu wenden als uerr er muge.

Schwabenspiegel v. 1275, Lehnsrecht 5, Laßberg

Wir sullen de hernn darumbe dienen, das sy uns schirmen. Beschirmen sy uns nit, so sind wir jnen nit dienstes schuldig nach rechte.

Schwabenspiegel v. 1275, Landrecht 308, Laßberg

Swer triwelos oder flüchtig uz des riches dienest wirt, dem verteilet man sin erb unde sin lehenrecht.

Schwabenspiegel, Lehnrecht, Laßberg

3. Der Schutz und Schirm des Herrn

König Ladislaus verpfändet Oswald von Eitzung die Herrschaft Drosendorf und bestimmt (1452): Er soll auch die leut, die zu derselben herrschaft gehören, getreulich beschirmen nach seinem vermugen unvergeverlich und sy und uher ir gewonlich zins, robot und alts herkomen nit hoher dingen noch besweren in dhain (kein) weis.

nach: O. Brunner: Land und Herrschaft, Brünn, München, Wien 1943, S. 303

4. Rat und Hilfe der Untertanen

Dem Schutz, den der Herr den Holden gewährt, stellt sich „Rat und Hilfe" gegenüber, die diese ihrem Herrn schulden. Rat und Hilfe sind der unmittelbare Ausdruck der Treuepflicht.

O. Brunner: Land und Herrschaft, S. 309

Item, es seint auch die holden der kürchen der st. Lorentzen (schuldig), einen ieden fürsten von Österreich, der da ihr rechter erbvogt ist, daß sie ihm zu hilf kommen mit ihren haab und guet nach ihrem vermögen (Obritzberg 1578).

Österreichische Weistümer: Bd. 9, S. 417

e) Die Gesellschaftsgliederung nach geltendem Recht

1. Die Gesellschaftsgliederung nach der Heerschildordnung

In dieser selben weise sind die heerschilde angeordnet:

von denen der könig den ersten hat;
die bischöfe, äbte und äbtissinnen den zweiten;
die laienfürsten den dritten;
die freien herren den vierten;
die schöffenbaren leute und der freien herren mannen leute den fünften;
deren mannen sodann den sechsten.
Wie die christenheit in der siebenten welt nicht mit sicherheit weiß, wie lange sie bestehen wird, so weiß man auch von dem siebenten schilde nicht, ob er lehnrecht und heerschild hat (§ 2).

Sachsenspiegel v. Eike v. Repgow (um 1225): Landrecht

2. Die Gesellschafts-Glieder nach Verwandtschaftsgraden

Nu merkchet auch, wo sich die sippe zale an hebt und wo sy end nympt. In dem haubt ist man und weib, die eleichen und recht und redlich zesamen chomen sint. Also ist der vater und die mueter das haubt.

Welich sipp sich zwischen dem haubt und dem nagel genossen mag an gleicher sipp zal, die nement auch das erib geleich.

Schwabenspiegel (Kurzform): Landrecht 2, 5: Von der sippe zal

f) Der Adel

1. Die Verschmelzung von Geburts- und Dienstadel: die rittermäßigen Leute

Da die Dienstmannen in steigendem Maße zum Reiterdienst herangezogen wurden, so näherte sich ihre soziale Lage den übrigen nach Rittersart lebenden Adeligen und Freien. Die Schranken wurden niedergelegt, verband doch ein gleicher Geist alle die rittermäßig lebenden Personen zu einer Standesgruppe, die sich durch eigene Lebensart und eigene Standesehre auszeichnete.

H. Conrad: Deutsche Rechtsgeschichte, Karlsruhe 1962, Bd. 1, S. 297

Um zu den Rittern gezählt zu werden, genügt es nicht, daß man einem ritterlichen Geschlecht angehörte und dem ritterlichen Berufe nachging, es bedurfte vielmehr eines besonderen Aktes: der Ritterweihe oder Schwertleite, um den „Edelknecht" oder „Edelknaben" zum Ritter zu machen.

E. Schröder u. E. v. Künßberg: Lehrbuch der dt. Rechtsgeschichte, 7. Auflage, Berlin u. Leipzig 1932, S. 481

2. Leitbilder des Adels im „Fürstenspiegel" und im „Ritterspiegel"

Das Erste ist: Verlust und Übel abzuwenden, d. h. niemandem zu schaden, das ist die Tugend der Unschuld; das Zweite ist: Gutes zu tun, d. h. allen zu nützen, das ist die Tugend der Wohltätigkeit (Cap. 5).

Der König übt die Milde aus, indem er den Bedrängten gegen die Unterdrückung zu Hilfe kommt (Cap. 11).

Engelbert von Admont: De regimine principum (um 1290)

g) Die Bürger

1. Die Stadt und die Bürger

Die Stadt baute sich auf der Stadtgemeinde auf, die durch den freien Zusammenschluß der Bürger entstand. Diese freie Einung entstand in Form der Eidgenossenschaft. Durch diese wurde zwischen den Bürgern der Zustand des Bürgers begründet.

H. Planitz: Die deutsche Stadt im Mittelalter, Graz 1954, S. 111 f.

2. Die Freiheiten der Bürger

Stadtluft macht frei: Auch tun wir in die gnad, wer in derselben unserer Stat und in Irem Purckhfridt Jar und Tag (= ein Jahr, sechs Monate und drei Tage) unversprochen an Nutz und fever sitzet, daß der auch on all Zuespruch und Irrung dabey beleiben soll, als das von Alter ist heerkhumben (§ 2).

Brucker Stadtrecht: Privileg Rudolfs I. von 1277; nach: *H. G. Ph. Gengler:* Deutsche Stadtrechte des Mittelalters, Neue Ausgabe, Nürnberg 1866, S. 58

3. Die Selbstverwaltung der Bürger

Waz in dem statfrid ligt, sol man vor dem statrichter reht tun (§ 5).

Stadtrecht von St. Veit: Rechtsbrief Herzog Friedrichs von 1308, wie oben

f) Die Bauern

1. Die Schollenpflichtigkeit der Bauern

Mangel an Freizügigkeit:

Wer kein veräußerliches Recht an Grund und Boden besaß, der hatte keine freie Ortswahl und darbte der Freizügigkeit.

A. Luschin v. Ebengreuth: Grundriß der österreichischen Reichsgeschichte, Bamberg 1899, S. 157

Heiratsbewilligung des Herrn:

Heirat zwischen Leibeigenen verschiedener Herren: Eine solche Verbindung setzt das Einvernehmen beider beteiligter Herrschaften voraus. Dabei wurden von Anfang an Abmachungen über die Teilung der Nachkommenschaft getroffen.

J. Becker-Dillingen: Quellen und Urkunden zur Geschichte des deutschen Bauern, Berlin 1935, S. 402

2. Das Recht der Bauern

Teilnahme und Mitwirkung am Banntaiding:

Daß erste recht: daß ein ieder haußgenoß soll sein bei der panthaidung und wer darbei nicht wehr, da man das panthaiding gerueft hat, ist zu wandl 72 Pf.

Daß ander recht: auch ist von alters herkommen das sie vier geschworne sollen haben, die da haben zu stain und zu rain und zu beschauen waß nottürftig ist zu velt und zu dorf mit ganzen trauen, ân gefähr, den armen alß den reichen.

Banntaiding des Stiftes Heiligenkreuz zu Trumau an der Tristing, hergeleitet von 1352; nach: Österreichische Weistümer, Bd. 7: Niederösterreichische Weistümer, T. 1, S. 409 f.

Zum andern sull der hofrichter fragen: ob iemand herfuerkamb, der mit dem rechten zu klagen het: es war umb erb und aigen grund und poden oder umb ander sachen.

Stifts- und Banntaiding des Stiftes Wilhering von 1493; nach: Österreichische Weistümer, Bd. 14: Oberösterreichische Weistümer, T. 3, S. 210

3. Die ständisch gebundene Wirtschaft

a) Die Ordnung der gewerblichen Wirtschaft

1. Die Zunft als Trägerin der Wirtschaftspolitik

Die Zunft ist im ganzen gesehen eine der wichtigsten Lebenserscheinungen dieser Jahrhunderte. Ihre Bedeutung geht weit über das Wirtschaftliche hinaus, ja ist eigentlich von vornherein mehr auf dem Gebiete des sozialen Bereiches im weiteren Umfang des Wortes gelegen. Sie ist — wenn wir das Idealbild vor Augen haben — der Kreis, in dem sich das alltägliche Leben des städtischen Bürgers abspielt. In ihr lebt er als Gleicher unter Gleichen, in ihr ist er handelndes Glied der größeren Gemeinschaft, und als Mitglied der Zunft findet er überhaupt Zutritt zum politischen Leben, vielfach auch nur durch sie Zugang zu politischen Ämtern.

F. Lütge: Deutsche Sozial- und Wirtschaftsgeschichte, 3. Aufl., Berlin 1966, S. 178

a) *Das Ziel der Zunftwirtschaft: der standesgemäße Unterhalt*

Jeder mag wol sin teil
gewinnen, al des er bedarf.

Eilhart von Oberg: Tristan

b) *Die Planwirtschaft der Zunft*

c) *Die Garantie des standesgemäßen Unterhalts*

1. *Die Sicherung des Absatzgebietes*

... Sunderlich verpieten wir, daz ynner ainer Meil Wegs bey unsern Stetten und Merkchten daselbs nyemand mer dhain Gasthaws, Lewtthaws noch Tafern nicht haben sol in dhain Weis ... Wir seczen und schaffen auch, daz fürbazzer dhain Hantwercher, weder Ledrer, Pekchen, Fleischhakcher, Kursner, Maler noch ander Hantwercher, die auf dem Land siczen, sölh ir Hantwerch nicht treyben noch arbayten sullen, awsgenomen Sneyder und Schuster, die mugen ir Hantwerch wol arbaiten, doch daz sy ynner ainer Meil Wegs bey den benanten unsern Stetten und Merkchten nicht siczen noch arbaitten.

Erzherzog Ernst erließ auf Bitten der steir. Städte und Märkte am 12. Juli 1418 ein allgemeines Arbeitsverbot für Handwerker innerhalb der Bannmeile; nach: F. Popelka: Schriftdenkmäler des steir. Gewerbes, Graz 1950, Bd. 1, S. 81

2. *Beschränkung der Betriebszahl durch den Zunftzwang*

Von erst, das khain Knecht (Geselle) oder ander ausser Maister ires Handtwerchs sich zu Gräz sezen oder niderlassen soll, er pewär den vorhin vor den Maistern das Handtwerch ordentlich mit dem Schnidt auf allein Schuech zu machen. Darzue soll er brieflich beweisen, ob er redtlich geborn sey und wo oder wie er sich auf dem Handtwerch endthalten. So er das alles erbarlich beweist, so thue er dann den Meister nach des Handtwerch Gewonhait und halte dann mit in hie zu Graz alle Rechten als ein ander gesessner Maister nach Gewonhait.

Handwerksordnung, vom Stadtrichter und dem Rat zu Graz am 6. Februar 1432 bestätigt, nach: F. Popelka: ebenda, S. 90

d) *Die Garantien der Leistungsqualität*

1. *Die Ausbildung der Lehrlinge und Gesellen*

Der Lehrling

Ein Lehrling soll in seinen Lehrjahren seinem Meister und seiner Meisterin gehorsam und auch sonst fleißig sein, des Sonntags zur Kirchen gehen und Gottes Wort anhören, ohne Erlaubnis seines Meisters oder Meisterin nicht ausgehen, viel weniger des Nachts aus dem Hause bleiben, auch nicht spielen, sauffen oder sonst ungebührlich sich verhalten.

F. Hähnsen: Geschichte der Kieler Handwerksämter, Kiel 1920, nach: R. Wissell: Des alten Handwerks Recht u. Gewohnheit, Berlin 1929, S. 145

Der Geselle

„Und so ein Junger auslernet, so sol er wandern 2 yor yn ander lant, das er fertig wirt yn seinem Hantwergk vor wann er Meister wirt oder ein weip nymt.

B. Bucher: Die alten Zunft- und Verkehrsordnungen der Stadt Krakau, Wien 1889, nach: R. Wissell: a.a.O., Bd. 1, S. 151 f.

18. Die summierte Kraft der bäuerlichen Genossenschaften gibt den Bauern den wirtschaftlichen Schutz von heute

19. Burg Hochosterwitz: eine der bedeutendsten Burgen Kärntens: 1630

Meister

„Es soll auch eyn jeder, der ein meister seyn wil, vor er eintritt ayn musterstück machen und daz für die gesworen pringen und beschauen lassen, ob er daz hantwerk kün oder nit.“

Münchner Handwerksordnung des 15. Jahrhunderts,
nach: R. Wissell: a.a.O., Bd. 1, S. 176

2. Die Qualitätskontrolle durch die Zunft

Ich N. N. schwere zu Gott, dem Allmächtigen, einen leiblichen Eid, daß, nachdem ich bei der Stadt N. zu einem Schaumeister der wollenen Tücher ordentlich bestellt worden, solchem mir anbefohlenen Amte treulich und fleißig vorstehen, der errichteten Tuchmacher-Schauordnung in allen Punkten treulich nachleben, die Tücher in den dazu gesetzten und verordneten Stunden sowohl vom Wirkstuhl als auch aus der Walke und endlich aus der Farbe im Rahmen der Schauordnung ohne Ansehung der Person niemand zulieb oder zuleid schauen, die dabei vorkommenden Mängel wohl beobachten, selbige zu gebührender Bestrafung gehörigen Orten anzeigen, nach meinem besten Wissen und Gewissen treulich tun und verrichten will. So wahr mir Gott helfe durch seinen Sohn Jesum Christum in Kraft des heiligen Geistes, Amen!

nach: R. Wissell: Tuchmacher-Schauordnung, a.a.O., Bd. 1, S. 310

2. Die Zunft als Trägerin der Sozialpolitik

a) Der Schutz der gesellschaftlichen Würde und Ehre

Gefordert wird ein „pryflich gezeugnis“, daß, der das Amt gewinnen will, „sey geporn recht und redlich, von erlichin fromen aldern“, damit „keyn befleckter adir bekryschener adir meyneidiger“ in die Zeche aufgenommen werde.

Klausenburger Goldschmiedeordnung von 1473, nach: R. Wissell: a.a.O.,

Klausenburger Goldschmiedeordnung von 1473,
nach: R. Wissell: a.a.O., Bd. 1, S. 72

b) Die soziale „Versicherung“ der Zunft

Die Beiträge zum Versicherungsfonds der Zunftbüchse wurden von den Zunftmitgliedern unter den verschiedensten Titeln genommen; so nach der Zechenordnung der Schneider von Wien im Jahre 1340 von Herzog Albrecht:

1. Wer Zeche und Recht der Schneider gewinnen will, zahlt 2 Pfund Pfenning.
2. Witwer und Witwe müssen bei der Wiederverehelichung 1/2 Pfund Pfenning zahlen.
3. Jedes Mitglied muß sonntags 1/2 Pfenning zahlen.
4. Anläßlich eines Leichenbegängnisses sollen alle den Leichenpfenning zahlen.
5. Wenn ein Meister oder Geselle an Feiertagen arbeitet und dessen überführt wird, zahlt er 1 Pfund Pfenning.
6. Kein Zechenmitglied darf vor dem Ende der Meisterversammlung weggehen, sonst zahlt er 72 Pfenning.
7. Unzüchtige Reden oder Handlungen in der Zeche bringen eine Buße von 72 Pfenning.

nach: H. Zatschek: Handwerk und Gewerbe in Wien, Wien 1949, S. 19 f.

Wäre aber sach, das ein kranker handtwerksgesell bey seinem Meister underhaltung hat und selbs so arm wäre, das er sich nicht underhalten kann, so soll ime die geschworenen Maister und Gesellen aus dem gelt, so sie in ihrer Büchsen zu dem Gottesdienst oder Almosen haben, ain zimlich darstreckhen thun. Doch soll er angeloben, daß er on ihr erlaubniß von dannen nit ziehen woll. Er hab dann solichs ehe bezahlt oder zufriden gestellt, und das soll er also, soferne er in leben bleibt, thun.

d) Die Ordnung für Arbeit und Freizeit

3. Die Zunft als Trägerin von Kultur und Politik

a) Die Zunft und die religiösen Bruderschaften

Ich Perenhart der Ramung, Chaplan, und ich Wulfing Pöchel von Swannberch, dizeit Gesell daz Judenburch ... di in der Cymmerlecwtprwdershaft sind, yczu gegenwurtyg oder dy noch chunftig werdent, wir veriehen all mit dem offen Pryff unverschaidenleihen all den, dy in sehent, hörent oder lesent, daß wir mit Hilf und Gnad des heiligen Gaist haben pedacht, daz unstät, churcz und czergänchleich Leben hy in diser Welt und darumb hab wir mit veraynten willigen Mut verhayzen ain Prudershaft in den Eren Gotes und seiner Muter unser Vrawen der rainen Magt und darczue aller Gotes Hailigen. czu ainer Merung christenleihes Hail der Lebentigen und der Toten czu Losung und czu Trost unser aller unser Vordern Sel haben wir pedacht, erfunden und aufgesaczt.

Es folgen dann die Bruderschaftsstatuten.

nach: F. Popelka: Schriftdenkmäler des steirischen Gewerbes, Graz, 1950, Bd. 1, S. 61 f.

b) Die Ordnung der ländlichen Wirtschaft

1. Die räumliche Ordnung der ländlichen Wirtschaft

Die geistliche Herrschaft von Kremsmünster hatte nach dem Urbar von 1299: 18 Fronhöfe = „Ämter“ mit rund 1000 untertänigen Häusern, die folgende Abgaben leisteten:

22.076 Pfenning, 3008½ Eimer Bier, 322 Scheffel Hafer, 2020 Einheiten Käse und 334 Lämmer.

Dies ergab für den einzelnen zinsbaren Hof eine Abgabenpflicht von durchschnittlich:

22 Pfenning, 3 Eimer Bier, 2 Einheiten Käse und für jeden dritten Hof 1 Lamm und 1 Scheffel Hafer.

nach: P. Pöttinger: Die wirtschaftlichen Aufgaben und sozialen Leistungen des Stiftes Kremsmünster, Diss. Graz 1966, S. 19 f. und 33 ff.

2. Die rechtliche Ordnung der ländlichen Wirtschaftsgemeinschaft

a) Die dienstbaren und zinsbaren Bauernhöfe

Wenn ein Herr einen Grundt oder ein Gueth einem andern umb ein järlichen Zinß oder Dienst aufgibt so hat der Zinßman an dem Grundt oder Gueth das nützliche Aigenthume (Cap. 1, 1). Der Zinßman mag den Grundt innehaben, nutzen und niessen, vermachen, verkaufen und vergeben (Cap. 1, 2).

Die Aufgebung (Verleihung) der Gründt und Gütter kann nicht allein erblich, sondern auch auf eine Annzall Jar oder auf etliche Leib geschehen (Cap. 1, 2).

B. Walther: Von den dienstbaren und zinsbaren Gründten, Traktat: 1552, hrsg. von M. Rintelen: Privatrechtliche Traktate, Leipzig 1937, S. 1 - 29

b) Das Recht der Grundherren und der Grundholden

Ein yeder Grundtherr hat alle Speen und Irungen, so sich zwischen den Partheyen der Gründt halben zuetragen, selbst zu richten und darinnen zu erkennen (Cap. 8, 1). Der Zinßman ist schuldig, dem Grundtherren jerlich den Grunddinst zu bezallen (Cap. 11, 1). Der Hold ist schuldig, die Dienst dem Grundtherr selbst anhaim zubringen (Cap. 10). Ein yeder Hold ist von seinem Guett, sovern dasselb ein behausst Guett ist, seinem Grundherrn zu robathen schuldig (Cap. 19, 1).

Wenn ein Zinsmann den Grundtdienst drei Jar lang einander unbezahlt anstehen lässt, so mag der Grundtherr den Grund einziehen (Cap. 11, 1).

B. Walther: Von den dienstbaren und zinsbaren Gründten, Traktat: 1552 hrsg. von M. Rintelen: Privatrechtliche Traktate, Leipzig 1937

3. Die gegenseitigen Pflichten der Herren und Bauern

Pflichten der Grundherren:

1. Militärischer Schutz nach außen
2. Schutz im Innern
3. Schutz gegen gesundheitliche Schäden
4. Schutz gegen soziale Not
5. Schutz vor wirtschaftlicher Not
6. Sicherung des wirtschaftlichen Erfolges
7. Steigerung des wirtschaftlichen Erfolges
8. Hilfe für Verkehrsverbesserung
9. Hilfe für die Seelsorge
10. Hilfe für die Verschönerung des Lebens

Pflichten des Grundholden

1. Zugrobot
2. Handrobot
3. Getreidezins
4. sonstige Zinsabgaben
5. kleine Abgaben

A. Die Wirtschaftsgesinnung

Die Wirtschaftsgesinnung in der ständisch gebundenen Wirtschaftsordnung gleicht einem bunt gewirkten Wandteppich aus verschiedenen Farben und verschiedenartigen Motiven. Von den verschiedenen Farben deuten die dunklen ein ruhiges und die leuchtenden ein lebhaftes Verhalten an. Von den verschiedenartigen Motiven weisen die ausgewogenen auf eine statische und die aufgerissenen auf eine dynamische Gesinnung hin. Diese Gegensätze sind in der Wirtschaftsgesinnung der ständisch gebundenen Wirtschaftsordnung zu einer Einheit verknüpft.

Der Ausgang für diese Wirtschaftsgesinnung war das Streben des Menschen nach Glück und Glückseligkeit. Dieses Streben nach Glück (im Mittelalter: saelde — gelücke — heil) ist dem Menschen eingeboren (Thomas v. Aquin: Summa contra gentiles, lib. I, Cap. 90, 2 u. 3). Für dieses Glück bedarf der Mensch der Wirtschaft, damit diese ihm die Mittel und die sachliche Grundlage für das Ergötzen und die Freude im Glücklichsein bieten kann. Die von der Wirtschaft gebotenen „Güter" sind aber nicht in sich selbst die Erfüllung des Glückes. Die zu große Liebe zum guot (Reichtum) bringt den Verlust von saelde und Ehre, ein Schwinden des

Gutes ist aber der Tod der „Fröude“ (Walter v. d. Vogelweide). Für dieses Spannungsfeld zwischen den der Wirtschaft vorgegebenen Zielen und den verfügbaren Mitteln für diese Ziele gab die Lebenskunde des Mittelalters schon vom Eingang an, seitdem Boethius' Werk vom „Trost der Philosophie“ durch Notker v. St. Gallen übersetzt, übertragen und interpretiert wurde, bis zum Lehrgedicht „Der wälsche Gast“ des Thomasin v. Zirclaere und weiter danach durch die gesamte epische und lyrische Literatur den Spiegel für die richtigen Verhaltensweisen. Aus diesem Spiegel ist aber auch heute noch die Wirtschaftsgesinnung von damals zu ermitteln.

Das „getaufte“ stoische „Grundbuch des ganzen Mittelalters“ (E. R. Curtius) „De consolatione philosophiae“ von *Anicius Manlius Severinus Boethius* wurde vom König Aelfred in das Angelsächsische und von *Notker, dem Stammler*, aus St. Gallen in das Althochdeutsche übersetzt. Es wurde zum „bekanntesten Schulbuch“ und so zum allgemein gültigen *Lehrbuch der Lebenskunde* für die gebildeten Schichten des Mittelalters (E. R. *Curtius:* Europäische Literatur und lateinisches Mittelalter, Bern 1954, 2. Aufl., S. 215).

Das Glück und mit ihm der Reichtum galten nach dieser Lebenskunde als stets unbeständig, weshalb es auch als Rad oder Ball symbolisiert wurde. Die Glücksgöttin Fortuna meinte daher: „Rotam volubile orbe versamus — wir drehen das Rad im Kreise“ und bringen dem Menschen einmal Glück und einmal Unglück. Wegen dieser Unsicherheit des äußeren Glückes setzte Boethius die Maxime: „Quid o mortales, extra petitis intra vos positam felicitatem“: „Uuáz kânt ír líut ánderes uuâr sûochendo, dîa sâldâ, dîe ír hábent in íu sélbên?“ (Notker). Das Glück habt ihr in euch! Dieses innere Glück wurde in „saelde“ als Zustand des inneren Erfülltseins und der glückhaften Erfüllung gefunden. *Diese lebenskundliche Maxime vom inneren Glück wirkte in der Wirtschaft als beharrendes und statisches Motiv.*

„Saelde“ wurde zum Leitstern für die Werterfüllung des Menschen und zugleich auch zur Kraft: den Weg zum Heil zu gehen. Die im Zustand der saelde gegebene Seligkeit kann nur über das mâze-halten erreicht werden. Das Maßhalten ergibt immer eine Mitte von Zuwenig und Zuviel. „Diu rehte mâze, diu hat ir zil enzwischen lützel unde vil“ (Thomasin v. Zirclaere). Im Massehalten liegt die Grundlage für das innere Glück, denn es bewahrt von der „giricheit“ und von der Not. Die Beschränkung auf die Mitte von „lützel unde vil“ lässt in der Wirtschaft *ein Genug anstreben,* das zwischen einem Zuwenig und einem Zuviel liegt und daher auch wieder eine *statische Gesinnung* verbürgt.

Zum glückhaften Erfülltsein gehört auch die *Arbeit im Beruf.* Die Berufstätigkeit ist nicht nur eine äußere Beschäftigung, sondern wegen der verschiedenen Anlagen der einzelnen (diversatione divisorum individuorum), die der göttlichen Vorsehung entspringen, ein aus innerer Berufung und aus göttlichem Ruf geleisteter Dienst (Johann Tauler). Die Gesellschaft ist nämlich ein Leib mit vielen Gliedern und jedes von ihnen hat „ein besonderes Amt und Werk", das ihnen Gott zuordnete (Johann Tauler). Die Berufung zum Beruf gibt den Menschen den Antrieb zur bestmöglichen Leistung. Die aus göttlicher Vorsehung stammende Berufung bildet eine *dynamische Kraft für die wirtschaftliche Tätigkeit.*

Aus den statischen Motiven im Ringen um das Glück des Menschen und aus der dynamischen Kraft des aus Berufung zu leistenden Amtes und Dienstes ergab sich das konkrete Ziel für die Wirtschaft: die *„auskömmliche Nahrung"* und der *„standesgemäße Unterhalt"*. Die auskömmliche Nahrung sollte soviel an Einkommen für alle und für jeden bringen, daß sie ohne Not leben können. Das Prinzip der auskömmlichen Nahrung war demgemäß die Absicherung des Auskommens nach unten. Der standesgemäße Unterhalt baute sich von der Untergrenze der auskömmlichen Nahrung auf und deutete die obere Grenze des standesgemäß gerechtfertigten Auskommens an. In dieser Absicherung gegen die Not und in der Abschirmung gegen die Gierigkeit war der standesgemäße Unterhalt die Mitte: die durch den vorgegebenen gesellschaftlichen Rahmen und das persönliche Verhalten des Maßhaltens gegeben war.

Daß es neben dieser Grundnorm Ausnahmen in der Wirtschaftsgesinnung gab, ist verständlich, weil sich nie alle Menschen an die jeweils geltende Norm halten. Durch solche Ausnahmen wird aber die geltende Leitlinie nicht unterbrochen, sondern bleibt als normende Kraft für die Gesinnung der großen Vielzahl bestehen (Vgl. F. *Lütge:* Deutsche Sozial- u. Wirtschaftsgeschichte, Berlin 1966, 3. Aufl., S. 168).

1. Saelde und gelükke: der Weg zum inneren Glück

a) Der Ansatz bei Boethius im „Trost der Philosophie"

Der Mensch ist ein Geschöpf Gottes. Da Gott das Glück selbst ist, ist dem Menschen das Streben nach Glück und dem Glückszustand mit der Geburt und mit dem Menschsein mitgegeben (Thomas v. Aquin: Summa contra gentiles, lib. III, Cap. 27, 3).

Die Frage nach dem *Wesen des Glückes* und die Frage nach der *Erreichung des Glückes* ist deshalb die *Grundfrage für die Lebenskunde des Menschen.* Diese Lebenskunde wurde aus der Stoa des Altertums in der verchristlichten Weise des *Boethius* (480 - 525), des „letzten Römers und ersten Scholastikers" in seinem Buch *„De consolatione philosophiae"* in das Mittelalter eingebracht. Dieses wurde durch die Übersetzung und Interpretation des Mönches *Notker Labeo Teutonicus* aus dem Kloster St. Gallen (950 - 1022) zum „Grundbuch" und zum „bekanntesten Schulbuch des Mittelalters“ (E. R. Curtius). Alle gebildeten Schichten, die Priester, Mönche und Nonnen, aber auch der Adel und nach dem Gesetz des sinkenden Kulturgutes auch die Bauern folgten in der Gestaltung ihres Lebens dieser Anweisung für das Verhalten im Leben, weshalb diese in der Weltanschauung und daher auch für die Wirtschaftsgesinnung im Mittelalter durch Jahrhunderte in Geltung blieb.

Das Wesen des Glücks und die Erreichung des Glücks bringt Fragen, die kaum ausschöpfbar sind, denn es ist schwer zu ermitteln, wie weit das Glück durch die göttliche Vorsehung vorgegeben und wie weit es durch das eigene Verhalten der Menschen erreichbar ist (Boethius, lib. IV, Cap. 6). Gewiß ist: *das Glück ist immer unbeständig,* schwankend und unverläßlich, denn einmal gibt es in Überfülle und ein andermal nimmt es sogar vom Bestande (Boethius, lib. II, Cap. 2). Die Beständigkeit ist dem Wesen des Glückes fremd. „Es ist unsere Macht“, so sagt die Glücksgöttin Fortuna, „das ununterbrochene Spiel zu spielen: wir drehen das Rad im kreisenden Schwunge, wir freuen uns, das Tiefste mit dem Höchsten und das Höchste mit dem Tiefen zu tauschen“ (Boethius, lib. II, Cap. 2 u. Notker, lib. II, Cap. 7).

In diesem Spiel kann die Laune der Göttin Fortuna oder aber auch die Vorsehung Gottes im Hintergrund gesehen werden. In diesem Hintergrund unterschieden sich die Antike und das Mittelalter. Da die Vorsehung die „im höchsten Herrscher aller Dinge selbst begründete göttliche Vernunft ist, kommt es, dass alles, was dem Schicksal untersteht, auch der Vorsehung unterstellt ist. So untersteht auch das Schicksal selbst der Vorsehung“ (Boethius, lib. IV, Cap. 6 u. Notker, lib. IV, Cap. 40 u. 41). Die Geschicke und das Glück des Menschen sind demnach ganz und gar der göttlichen Vorsehung unterstellt. Dieser Vorsehung entspringt der Mensch und aus ihr empfängt er auch sein Glück.

Um den steten Wandel des äußeren Glückes und die Zufälligkeiten von Reichtum und Ehre zu bändigen, hat der Mensch den *Weg zum inneren Glück,* das von den zufälligen Äußerlichkeiten des Zuviel und Zuwenig frei ist, für sich offen. „Quid igitur, o mortales, extra petitis intra vos positam felicitatem?“ — „Warum, o Sterbliche, sucht ihr draußen das Glück, das doch in euch selbst liegt?“ — Uuaz kant ir liut andersuuar suochendo, dia salda, diu ir habent in iu selben?“ (Boethius, lib. II, Cap. 4 u. Notker, lib. II, Cap. 25). Und dieses innere Glück ist frei von Unbeständigkeiten. Es ruht im Menschen selbst. „Wenn du also deiner selbst mächtig wärest, würdest du auch besitzen, was du weder verlieren könntest, noch was dir geraubt werden kann.“ Dieses innere Glück kann sich jeder selbst geben, denn „in eurer Hand ist es gelegen, wie ihr das Glück gestalten wollt!“ Der Schlüssel für diesen glückhaften Zustand ist im persönlichen Verhalten gelegen „firmis medium viribus occupate“. *„Neh-*

met mit starker Kraft die Mitte ein!" „Hábent îuuih fásto ze dero ébenmûoti!" (Boethius, lib. IV, Cap. 7 u. Notker, lib. IV, Cap. 54).

Wenn der Mensch auf alles, was über seinen Stand, über seine Maße und über seine Verhältnisse hinausgeht, verzichtet, kann er nie ein Zuviel verlieren. Wenn er durch sein Streben und seinen Fleiß über die Lebensgefährdung durch die Not hinweggeht, kann er nicht in den Zustand des Zuwenig geraten. Wenn der Mensch mit all seiner Verhaltenskraft seine Mitte anstrebt, ist er von unbeständigen Schwankungen befreit und daher ungefährdet. Soweit der Mensch in seinem Streben die Mitte hält, bereitet er sich selbst den Zustand der Gesichertheit und daher den Zustand des Glückes. In der Gesinnung des Wirtschaftens soll der Mensch als Ziel sein Genug suchen und daher so viel „guot" anstreben, *daß er frei von Gîrhéit (Notker) und auch frei von Not sei.*

b) Saelde: der Leitstern des Lebens

Saelde (auch gelücke und heil) war in der Vorstellungswelt der höfisch-ritterlichen Gesellschaft des Mittelalters ein *Zustand der „Ergötzung und Freude"*, in dem „der Wille zum Wünschen zur Ruhe kommt" und die „Tätigkeit eine gewisse Vollendung und Vollkommenheit" erreicht (Thomas v. Aquin: Summa contra gentiles, lib. I, Cap. 90, 2 u. 3). Saelde war die Erfüllung des Menschen im Guten, sie war „aller guote ervollunge" (Thomasin v. Zirclaere [1186 - 1235]: Der wälsche Gast 4335). *Saelde war ein Zustand der Erfüllung und Erfülltheit.*

Saelde war auch ein *Zustand der Begnadung,* in dem die genâde als inniges Band zwischen Gott und Mensch die Vereinigung in Treue (triuwwe) mit Gott brachte. Saelde verleiht „gottes hulde" und „weltlich êre" (Walther v. d. Vogelweide). Diesem Zustand entsprang die *Lebenslust und Lebensfreude* (fröude), die wiederum dem erfüllten Menschen den *„hôhen mûot"* oder den „hochgemûet" gab. Aus dieser hochgemuten Haltung folgten die Verhaltensweisen, wie sie in den Fürsten- und Adelsspiegeln wiedergegeben sind.

Dieses Ziel der saelde stand allen Menschen als Leitstern des Verhaltens und des Handelns voran. Von der Erfülltheit im Zustand der saelde ging auch die normende Kraft für das richtige Verhalten des Menschen in allen Lebenslagen aus. Von hier aus ergab sich die Leitkraft im Verhalten gegen den Wandel des Glückes und in der Schaffung des Glückes durch das Maß-Halten.

Saelde war eine Art und Weise der Lebensführung und gestaltete so auch die Ziele der Wirtschaft.

Der Mensch war in vielfacher Weise in einem ausgesetzten Zustand. So stand er in der dürftigen Zivilisation des Mittelalters der Ausgesetztheit der Natur gegenüber und vernahm so das Auf und Ab des Glückes. Der Mensch lebte auch noch in einem unsicheren Rechtszustand und war daher immer der Unsicherheit ausgesetzt, wenn der herrschaftliche Schutz und Schirm oder die genossenschaftliche Sicherung der ständischen Gemeinschaften nicht hinreichte, um die Unbilden der Rechtlosigkeit zu bannen. Der Mensch lebte auch in der Unordnung der Gesellschaft, die immer wieder trotz der versuchten Ordnungssicherung durchbrach und den Menschen in den Zustand der gesellschaftlichen Ungesichertheit und der Friedenslosigkeit stellte. In all diesen Schwankungen des Lebens wurde allen und jedem klar, daß das Glück „sinewel" (rund) wie ein Rad oder wie ein Ball ist (Vom alten wibe, 240 f. und Kudrun [um 1230] 649, 2) und daher stetem Wechsel von Aufstieg und Fall folgt, denn kaum ist jemand aufgestiegen, muß er auch schon wieder niedersteigen (Gottfried v. Strassburg: Tristan [um 1210], 5830 ff.). Kennt einer dieses Wechselspiel des Glückes nicht, dann muß er erfahren:

wer sich ze hoch wil heben,
dem wird genidret sin leben
(Pfaffe Lambrecht [1120 - 1180]: Alexander 3857 f.)

In diesem unsteten Wandel des Lebens und der Erfolgschancen brauchte der Mensch das Leitbild der saelde, das ihm immer den Zustand der Erfülltheit vor Augen hielt. Und gerade in diesem Leitbild war auch der Herr des Glückes: Gott erkennbar, weil Gott die Ursache für die saelde und die Ursache für den Wandel des Glückes ist.

Da Gott der Herr des Geschickes ist, gibt er auch das Glück (gît uns got gelükke: Nibelungenlied [um 1210] 889.1 ff.). Diese göttliche Fügung bewahrt jeden vor Unglück und bringt allen die Stunden des Glückes. Die göttliche Fügung durchzieht das ganze menschliche Leben mit den Stunden des Glückes und den Tagen des Unglücks (Herbort v. Fritzlar [um 1210]: Liet von Troye 11 680 ff.). In dieser göttlichen Fügung zieht auch der Weg zum Glück:

Got wîse mich der saelden wege!
Gelücke vor der hoechsten hant.
(Wolfram v. Eschenbach [1197 1210]: Parzival 8, 10; 269, 16).

Die mâze und das Masshalten geleiten den Menschen zum Zustand der saelde, denn „mâze bringt gelücke, heil, saelde und êre" (Walther v. d. Vogelweide).

Das Masshalten bewahrte den Menschen vor der „giricheit" und dem über-mäßigen Streben nach „guot" und Reichtum. Ein solches Streben trübte die Sicht für das Eigentlich-Menschliche: das innere Glück der saelde. Die Gier des Menschen nach äusseren Gütern und Reichtum verstellte den Zugang zum inneren Erfülltsein. Wenn nur das Äußere und der materielle Reichtum für das erstrebenswerte Gut gehalten wird, wird die Erkenntnis für die eigentlichen Glücksgüter des Menschen verstellt. Da man so den glückhaften Zustand der saelde gar nicht mehr erkannte, konnte man ihn auch gar nicht mehr als wünschenswert anstreben. Mit dem Streben nach den Gütern minderen Wertes verkümmerte das Streben nach den wirklichen Werten. Der Reichtum in der Fülle wirtschaftlicher Güter war nicht für sich selbst wertvoll, weil er nur um anderer Dinge und Werte willen seinen Zweck erfüllt (Thomas v. Aquin: Summa contra gentiles, lib. III, Cap. 30, 1). Wenn jemand sich im unmâze ökonomisiert und verwirtschaftet und sein Leben kommerzialisiert und vergreisslert, verliert er sich und selbst ein Herr wird zum Knecht (Thomasin, 9939). Mit dem Schwund der Erkenntnis vom eigentlichen Glückswert verstellte die giricheit auch das Streben nach dem eigentlichen Glück der saelde.

Mit Nachdruck warnte der Pfaffe Lambrecht (Alexander 7285 u. 7154) vor der Gier im Erwerbsstreben:

Lazet alle giricheit!
bewaret ûh von der giricheit!

Dies bedeutet aber nicht eine Absage an die Wirtschaft. Nein, die wirtschaftliche Tätigkeit und das wirtschaftliche Streben mußte nur im richtigen Masse geschehen, denn jeder:

mag wol sin teil
gewinnen, al des er bedarf.

(Eilhart v. Oberg [um 1170]: Graf Rudolf, 3116 f.).

Deutlicher konnte die *Wirtschaftsgesinnung der Bedarfsdeckung* (Sombart) wohl nicht mehr ausgedrückt werden. Der Bedarf hat eine persönliche und eine soziale Seite. Der *persönliche Inhalt* des Bedarfes ist aus den Erfordernissen nach Lebensmitteln im weitesten Sinne wie Nahrungsmittel, Kleider und Wohnung gegeben. Der *soziale Inhalt* des Bedarfes wird durch den ständigen Rahmen, in dem der Mensch steht, bestimmt, denn dieser gibt den gesellschaftlich gerechtfertigten Aufwand und damit seinen Teil („sin teil") für den Verbrauch an. Die Gesinnung der Bedarfsdeckung entsprach dem Maßhalten und ließ den Menschen für *das Glück der saelde offen.*

Für das Maßhalten in der Gesinnung der Bedarfsdeckung gab *Thomasin v. Zirclaere,* Domherr von Aquileia (1186 - 1235), in seinem weit verbreiteten Lehrgedicht *„Der wälsche Gast"* (um 1215) eine lebenskundliche Anweisung, um mit der „mâze lêre die untugend ze tugend ze bringen" (9987 f.).

Die mâze oder die richtige Proportion, das richtige und ausgewogene Verhältnis, gibt allen Dingen Sein und Bestand. In allen Dingen der Welt, aber auch in der Gesellschaft, gilt das *System der mâze*. Dieses System besteht nicht aus gleichen Elementen, sondern aus ganz verschiedenartigen Bauteilen. Das System der Gesellschaft ist auch eine Ordnung verschiedener Stände und Gruppen und erst in diesem stehen die einzelnen Menschen mit ihrem Dienst am Ganzen. Dieses System der mâze erkennen, heißt, die Welt und die Gesellschaft erkennen. *Richtig leben heißt daher: in der Welt die mâze erkennen und sich an diese Ordnung der mâze halten, denn wer mit den richtigen Maßen das Seine verbringt, „tuot allez als er sol"* (Thomasin, 9940).

Wer mit mâze handelt und im rechten Ausmaß die Güter in der Wirtschaft erzeugt und zu angemessenen Preisen veräußert, handelt „nach reht" (Thomasin, 9938). Wenn alle maßvoll wirtschaften, gereicht dies den Bürgern und dem gesamten Lande zu Nutzen (Thomasin, 9951), weil alle das ihnen persönlich und gesellschaftlich Zustehende erhalten. Dann hat niemand zuviel und keiner zu wenig und alles liegt im rechten Masse.

Diu rehte mâze diu hât ir zil
enzwischen lützel unde vil

(Thomasin, 9934 f.).

Das Leben im rechten Masse gibt:
êre und guot,
gotes hulde und sîn saelekeit

(Thomasin, 9936 u. 10 153).

Das Wirtschaften in der Weise des Masshaltens in der Vermeidung des Zuviel und Zuwenig sichert dem Menschen den Glückszustand der saelde.

Während des ganzen Mittelalters von der Lebenskunde des Boethius mit der Maxime: „Nehmet mit starker Kraft die Mitte ein" (Boethius, lib. IV, Cap. 7) bis zum lebenskundlichen Lehrgedicht Thomasins mit dem Postulat nach dem rechten „mâze enzwischen lützel unde vil" (Thomasin, 9934) folgte die Wirtschaftsgesinnung dem Masshalten und damit dem verstetigenden Prinzip der Bedarfsdeckung.

2. Der Beruf als Erfüllung des Lebens

a) Der Beruf als Berufung

Die Gesellschaft war eine Einheit aus vielen Ständen, Gruppen und Gemeinschaften. „Die Ritter, Kaufleute, Bauern und Handwerker und die verschiedenen Arten der Menschen haben ihre verschiedenen Ordnungen und Einrichtungen je nach ihren verschiedenen Talenten von Gott erhalten" (secundum divisa talentorum genera a Domino sibi commendata) (Jakob v. Vitry). Die verschiedenartige Verteilung der Berufe auf die einzelnen geschieht *durch die göttliche Vorsehung,* die alles so lenkt, daß der einen den einen Beruf wählt, wie etwa den des Bauern, und ein anderer einen anderen (Thomas v. Aquin: Quolibetum VII, art. 17).

Die durch die göttliche Vorsehung gelenkte Gesellschaftsordnung kehrt sich den einzelnen als *göttlicher Ruf* und *göttlicher Auftrag* zu. Die in der Gesellschaftsordnung veranlagten verschiedenen Berufe wenden sich den einzelnen als göttlicher Ruf und als Berufen-Werden (evocari) zu, „darein jeder *von Gott gerufen ist"* (Johann Nider). Nicht aus eigenem, sondern aus göttlicher Berufung streben die einzelnen ihren Beruf an, denn „so ungleich die Leute sind, so ungleich sind auch ihre Wege zu Gott". „Nimm vor allen Dingen wahr: welcher dein Ruf ist." „Wozu dich Gott gerufen hat, dem folge!" (Johann Tauler [1300-1361], Schüler Meister Eckeharts: Predigten, Prager Ausgabe Bd. 2, S. 281). „Erige oculos ad Deum faciendo haec omnia principaliter amore sui, ut obedias mandatis eius": „Richte deine Augen auf Gott und verrichte alles in Liebe zu ihm, damit du seinem Auftrag nachkommst" (Cherubinus de Spoleto: Sermones quadrigesimales, Venedig 1502, S. 472). *Beruf ist Berufung und Berufsarbeit ist göttlicher Auftrag.*

Wenn der Beruf aus göttlicher Berufung erfolgt, dann „beleybe yegklicher in der berufung, in der er bey gott beruffet ist" (Paulus: I. Korintherbrief 20 u. 24 in der ersten deutschen Bibelübersetzung von Luther, hrsg. v. W. Kurrelmeyer, Tübingen 1905, Bd. 2, S. 77).

b) Der Beruf als Amt

Der Vollzug der Berufsarbeit ist *Dienst und Amt,* denn „ein jeder soll *sein Amt tun,* das ihm Gott zugefügt" (Johann Tauler, a.a.O., S. 283). Die Arbeit im Beruf ist: „Gott dienen nach seinem Gebot". Die Berufstätigkeit ist als Dienst und Amt eine Leistung für die Gesellschaft. „Darum sollen alle arbeiten, die einen mit der Hand am Felde, im Haus und in der Werkstatt, die anderen in der Gelehrtheit und Kunst, noch andere als Regenten des Volkes und als sonstige Obrigkeiten, andere im Krieg zum Schutz des Volkes und wiederum andere als geistliche Diener Christi" (Christliche Ermahnung 1513).

Diese Arbeit im Dienste für die anderen geschah *in der Gesinnung der Verpflichtung und Treue* und sie brachte als Ergebnis für jeden die auskömmliche Nahrung. Die Arbeit im Beruf geschah nicht allein um des Geldes willen, „denn wenn wir alle nach Gottes Gebot arbeiten, so arbeiten wir nicht allein um des Gewinnes willen, denn das gibt keinen

Segen und bringt der Seele Schaden" (Christliche Ermahnung). *Die Arbeit geschah aus göttlichem Anruf und aus gesellschaftlicher Verpflichtung.*

Die Berufsarbeit war daher nicht mit Gewinnstreben gleichzusetzen. Die Berufsausübung folgt aus ethischer und gesellschaftlicher Verpflichtung, wofür die Gesellschaft wiederum den standesgemäßen Unterhalt garantierte. Die Berufstätigkeit folgte nicht aus dem Motiv des Gelderwerbes und der Reichtumsanhäufung etwa mit der Parole der Gewinnmaximierung. Dieses Motiv war für die Berufstätigen zu dürftig und brächte auch „keinen Segen und der Seele Schaden". Die Ausübung des Berufes geschah wegen der inneren Berufung mit dem Einsatz der ganzen Persönlichkeit, mit der gesamten Erfahrung und dem erworbenen Wissen und aus voller Verantwortung, wie man eben ein Amt ausübt.

Der Erfolg einer solchen Diensterstellung war eine innere Befriedigung aus der Arbeit und eine äußere Anerkennung und Ehrerweisung durch die Gesellschaft.

Diese Auffassung von Beruf und Berufsausübung wirkte während der Jahrhunderte des Mittelalters als *vorwärtstreibende Kraft in der Wirtschaft,* die sich nicht sosehr im quantitativen Mehr des Gewinnes als vielmehr im qualitativ Besseren der Leistung zeigte. Die Dynamik der Wirtschaft richtete sich nicht auf Gewinnvermehrung, sondern als echte Berufsleistung auf innere Befriedigung und gesellschaftliche Anerkennung.

Exkurs. Diese theologische und soziologische Theorie vom Beruf zeigt klar und deutlich, daß es schon vor der Reformation eine vollends ausgebildete Auffassung vom Beruf und seiner sittlichen Wertschätzung gab. Der Effekt des Berufes wurde allerdings nicht im Erfolg des Quantitativ-Materiellen, sondern im Qualitativ-Leistungsmäßigen gesehen. Klar ist daher auch, daß die Auffassung *falsch* ist, daß „der sittliche Wert des Berufes im Mittelalter nicht ins Licht treten konnte", und *unrichtig* ist, daß „die ethische Würdigung des Berufes eine weltgeschichtlich bedeutsame Leistung der Reformation ist" (L. Lemme in: Realenzyklopädie für protestantische Theologie, 1897, Bd. 2, S. 654 u. v. a. wie E. Sachse, Fr. v. Bethold und G. Neumann). Die *katholisch-vorreformatorische* Auffassung stellte die Gedankenlinie dar: *Beruf — Berufung :* Dienst, während die *protestantisch-calvinische* Auffassung die Folge zeigt: *Beruf — Geschäft : Gewinn* als symptomatischen Index für das prädestinierte Berufensein. In dieser Folgerung kann die protestantische Berufsethik zweifellos zum „Geist" des Kapitalismus beigetragen haben (Max Weber: Die protestantische Ethik und der „Geist" des Kapitalismus in: Archiv f. Sozialwissenschaft, Bd. 20, 1905, S. 38).

3. Der standesgemäße Unterhalt

Die Wirtschaftsgesinnung in der ständisch gebundenen Wirtschaftsordnung verdichtete sich im Prinzip der Bedarfsdeckung. Diese Wirtschaftsgesinnung stammte aus zwei Quellen und äußerte sich nach zwei Seiten hin. Von zwei höher gestellten Standesgruppen kam als sinkendes „Kulturgut“ das Prinzip der Bedarfdeckung nach unten, auch in die gewerbliche Wirtschaft der Städte.

Von den *Geistlichen und Mönchen* kam die *Maxime von der „auskömmlichen Nahrung“*. Wie schon oben dargestellt, bemühten sich die Priester der Eigenkirchen um eine so große Hufe als Pfründe, daß sie *„auskömmlich leben“ : „bene vivere“* konnten. Dieses Bemühen wurde im Consilium Juliobonnense vom Jahre 1080 im Kanon XII festgehalten und bestätigt. Von da an hielt diese Maxime durch das gesamte Mittelalter an und wurde auch für andere Kreise normgebend. Es ist verständlich, daß sich die neu entstehende Gesellschaftsgruppe des städtischen Bürgertums, die Handwerker und Kaufleute, an dem die Existenz sichernden Prinzip, das noch dazu allgemein anerkannt war und gerechtfertigt schien, festhielt. So übernahmen die Handwerker zum Schutz gegen eine Minderung ihres Einkommens und Auskommens nach unten hin in ihren Zunftordnungen die Maxime von der auskömmlichen Nahrung.

Die *höfisch-adeligen Kreise* entwickelten in ihrem lebenskundlichen Verhaltenskodex von der Übertragung der Philosophie des Boethius an das Prinzip *„Haltet mit aller Kraft die Mitte fest“* (firmis medium viribus occupate!). Durch die Zeit der höfischen Epoche hielten die adeligen und rittermäßigen Leute die Maxime: *jeder „mag wol sin teil gewinnen, al des er bedarf“* bis zum Lehrgedicht des Thomasin fest und strebten daher einen Wohlstand jenseits der giricheit und jenseits der Not an. *Vom adeligen Menschen wurde ein Freisein von der Gierigkeit und eine Leistungserstellung „nicht um des Gewinnes willen“ verlangt.* Die Zusammenfassung gab die Aussage vom „standesgemäßen Unterhalt“. Durch diese Norm wurde *dem Einkommen und Auskommen eine Grenze nach oben gesetzt.*

Die Durchdringung beider Maximen ergab *für die wirtschaftenden Bürger der Städte* in ihren Selbstschutzorganisationen der Zechen und Gilden als die Leitlinie für ihre Wirtschaftsgewinnung: *den standesgemäßen Unterhalt.*

a) Die „auskömmliche Nahrung“: die Grenze nach unten

Das bedarfsdeckende Prinzip von der auskömmlichen Nahrung richtete sich gegen jede Unsicherheit und gegen alle wirtschaftlichen Ungesichertheit, unabhängig, ob sie aus der Naturausgesetztheit, aus den immer wieder über das Land ziehenden Kriegen oder aus Missernten und Seuchen kamen. Die Natur mit ihren Gefahren für die Menschen verursachte in periodischen Stößen Hungersnöte und Seuchen und brachte die Menschen um ihre ökonomische und nicht selten auch um ihre physische Existenz. Die Kriege brachten die Verheerung der Länder und die Vernichtung der Menschen. Wegen der dürftigen räumlichen Integration konnten die Hungersnöte in einem Gebiet kaum und meist gar nicht durch die Ernteergebnisse in anderen, allerdings abseits gelegenen Bezirken, überwunden werden. Auch die geringe Ausrüstung mit Arbeitsgerät ließ die Arbeitsergebnisse oft so dürftig sein, daß es des öfteren kaum soviel Ertrag erwirtschaftet wurde, daß damit ein ordentliches Auslangen gefunden werden konnte. *All die verschiedenartigen Gefährdungen drängten zur Abschirmung gegen die Not.*

Die Absicherung gegen die Lebensnot ließ die Bauern unter den sichernden Schutz und Schirm des Grundherrn, oft sogar im Wege der Autotradition, flüchten. Sie ließ die Bauern aber auch die Bürger der Stadt die Zuflucht zu den selbstgeschaffenen genossenschaftlichen Selbsthilfeeinrichtungen nehmen. Von allen Seiten strebte man nach Sicherung und Sicherheit für die Lebens-Mittel mit Nahrungsmitteln, Kleidung und Wohnung. *Das gesicherte Auskommen wurde das Ziel des Wirtschaftens.*

Dieses Streben nach „auskömmlicher Nahrung“ war nach Überwindung der ärgsten Notstände und nach Erlangung eines rechtlich gesicherten Ordnungszustandes nicht mehr die Sicherung der bloß physischen Existenz. Es wurde auch ein Wohlstand mit „Zivilisationserrungenschaften“ angestrebt, so daß die „auskömmliche Nahrung“ ein ordentliches und menschenwürdiges Leben, ein „bene vivere“, bedeutete. Mit diesem Inhalt wurde das Prinzip der auskömmlichen Nahrung zur Maxime der Bedarfsdeckung in der damals üblichen, wohlständigen Weise. Die auskömmliche Nahrung bedeutete aber immer noch die Abschirmung gegen die Not und daher die Sicherung des Wohlstandes gegen die Gefährdung nach unten.

Diese Wirtschaftsgesinnung von der „auskömmlichen Nahrung“ war nicht nur ein theoretisches Problem, es wurde in der Kostenrechnung auch ein praktisches. Aus der Erfahrung wußte man, wie viel Arbeit man für die Herstellung dieser oder jener Ware und für die Erstellung dieser oder jener Leistung brauchte. Mit dieser Arbeit mußte man die „auskömmliche Nahrung“ für sich, die Familie und die mitarbeitenden Gesellen und Lehrlinge für eine bestimmte Zeit „verdienen“. Daher waren die Kosten für die Arbeit aus dem Prinzip der auskömmlichen Nahrung auch schon bestimmbar. Der Preis einer Ware ergab sich demgemäß aus diesen den Lebensstandard sichernden „Arbeitskosten“ zuzüglich der Kosten für die Rohstoffe und für die eingesetzten Arbeitsgeräte. Die Wirtschaftsgesinnung mit dem Prinzip der auskömmlichen Nahrung ließ so auch ein *System der Kosten- und Preisgestaltung* entstehen, das man damals das „System des gerechten Preises" nannte.

Das existenzsichernde Prinzip der auskömmlichen Nahrung gab der ständisch gebundenen Wirtschaftsordnung vom Ziel des Wirtschaftens her einen durchgehend einheitlichen Ordnungscharakter.

b) Der „standesgemäße Unterhalt": die Grenze nach oben

Der Mensch im Mittelalter war als einzelner nicht denkbar, er lebte in dichter Gemeinschaft mit seinen *Ebenbürtigen und den grundherrlichen Hofgemeinschaften* des Adels oder mit seinen *Standesgenossen* in den Zünften, Zechen, Gilden und bäuerlichen Genossenschaften. Wenn der Mensch in irgendeiner Lebenssparte in Erscheinung trat, dann geschah dies immer nur als Glied einer Gemeinschaft. So lebte er, so handelte er und nur so als gemeinschaftsgebundenes Wesen war er erkennbar.

Das gesamte Leben in all seinen Sparten und Bereichen war in Gemeinschaften, Gruppen und Ständen eingefaßt. *Der Mensch war ganz und gar in seinen ständischen Gemeinschaften gebunden.*

Im *religiös-kirchlichen Leben* trat der Mensch in seiner ständischen Gruppe zum Vorschein. Die Mitte dieser ständischen Gemeinschaft bildete der Standesheilige, der auch im Kapellenkranz der Kirche seinen bestimmten Standort hatte.

Im *kulturell-geselligen* Leben hatte jede Gruppe ihre eigene Entfaltungsart. Die Adeligen hatten ihre Turniere, die Bürger der Stadt ihre bürgerlichen Festlichkeiten und die Bauern ihre Volksfeste und Volksspiele. Jede organisierte Gemeinschaft lebte mit den Ihrigen ihr eigenes Leben im kleinen Kreis der Gleichen. Die „kulturelle Durchformung" ging bis zu den für die einzelnen Stände formierten Kleiderordnungen. Die Kleider der Adeligen durften aus Samt und Seide mit Spitzen sein, die Kleider der Bürger durften zwar nicht aus Samt und Seide sein, konnten aber mit Spitzen verziert sein. Die Kleider der Bauern waren ganz einfach und beschränkten sich auf selbst gewalkte Loden- und selbst gesponnene Leinenkleider. Der einzelne war äußerlich schon in seiner Zugehörigkeit zu einer ständischen Gemeinschaft erkennbar.

Im *politischen Bereiche* hatten die einzelnen Gruppen ihren eigenen und gelegentlich auch einen von oben übertragenen Wirkungskreis. So leisteten sie ihre Verwaltung und so dienten sie auch der Gemeinschaft, etwa in ihren eigenen militärischen Formationen.

Die verschiedenen Gemeinschaften hatten auch ihr *eigenes Recht,* so die Adeligen in ihren Standesrechten für Fürsten, freie Herren und Ritter.

Die Bürger hatten in ihren Zunftrechten und die Bauern in ihren Höferechten ihr oft selbst geschaffenes, sicher aber selbst weiterentwickeltes Recht. Den eigenen Rechten entsprachen auch die *eigenen Gerichte* der Standesgenossen. Das Recht war ein ständisches und jedermann trug das Recht seines Standes mit sich.

Es ist verständlich, daß *auch das Wirtschaftsleben* dieser ständischen Gemeinschaften und zwar sowohl in den Zielen als auch im Vollzug das ständische Gepräge in sich hatte.

Die *Lebensweisen* der Menschen waren von ihren ständischen Gruppen geordnet und „imprägniert". Die verschiedenen Lebensweisen veursachten aber auch einen nach ständischen Gruppen verschiedenen Bedarf in den unterschiedlichen Bedarfsgemeinschaften. Aus der Gemeinschaft der Ebenbürtigen und der Standesgenossen erwuchs jeweils *ein geltender Status des Aufwandes*. Dieser ständische Status galt für alle Standesgenossen als legitim und wurde daher auch von allen anerkannt. Es durfte nur keiner diese „ständisch bestimmte Aufwandbreite" überschreiten, denn dann lebte er über seine, d. h. über seine ständisch bedingten Verhältnisse und galt daher als nicht mehr ganz einwandfrei und vielleicht sogar als verdächtig. Der standesgemäße Aufwand oder der standesgemäße, gruppenbedingte Bedarf wurde von den Standesgenossen gehalten und gegen alle versuchten Einbrüche von außen verteidigt. So achteten die Adeligen genau darauf, daß ihnen die Bauern, denen es wirtschaftlich nicht selten besser ging als manchem „rittermäßigen Mann", in der Lebensweise nicht allzu nahe kamen (daher das Gespött von Neidhart von Reuental). *Der standesgemäße Aufwand und der ständisch bedingte Bedarf konzentrierten sich im legitimierten Prinzip des „standesgemäßen Unterhaltes"*.

Der *Inhalt des standesgemäßen Unterhaltes* wurde von den Pflichten der Standesgenossen bestimmt und aus den Rechten der Standesgenossen abgeleitet.

Was immer ein Standesgenosse an *Pflichten* als Person, als Familienvorstand, als Standesmitglied im Rahmen der ständischen Gemeinschaft zu leisten hatte, ergab seinen legitimen Aufwand. Dieser Aufwand war natürlich nicht für alle gleich, sondern wieder für die in den Gruppen der Stände stehenden Mitglieder verschieden; verschieden aber nach den Verpflichtungsaufgaben im jeweiligen Stande. *Der Stand und seine Verpflichtungen gaben dem Aufwand das ständische Gepräge und bestimmten so den standesgemäßen Unterhalt.*

Die Stände hatten für ihre Mitglieder auch das *standesgemäße Recht* auf einen bestimmten Aufwand, weil etwa die Repräsentationsrechte verschieden waren. Aus den Rechten der einzelnen Mitglieder entstand wiederum ein Aufwand, der ständisch bedingt war. *Der Stand und seine*

20. Tjost: Tournier Mann gegen Mann

21. Buhurt: Tournier Schar gegen Schar

legitimierten Bedarfsweisen gaben für den Aufwand der Standesgenossen den Inhalt des standesgemäßen Unterhaltes.

Der standesgemäße Unterhalt bestimmte den Inhalt des ständisch legitimen Bedarfes und *begrenzte daher den Bedarf nach oben.* Mehr als den ständisch gerechtfertigten Bedarf durfte gemäß dem Prinzip vom standesgemäßen Unterhalt keiner an den Tag legen.

Das Prinzip des standesgemäßen Unterhaltes bestimmte das Ziel des Wirtschaftens und die Wirtschaftsgesinnung, es bestimmte auch den Ordnungscharakter der ständisch gebundenen Wirtschaft.

B. Die ständische Gesellschaftsordnung

Die Ordnung der Gesellschaft blieb von 1156 bis 1521 in der Grundstruktur gleich: sie war eine herrschaftliche, in Schichten vertikal aufgebaute Ordnung. Ein Wandel vollzog sich nur, indem die Strenge der Herrschaft abnahm und die Differenzierung der Gruppen wie auch die Aufgliederung der Gemeinschaften zunahm, wodurch der genossenschaftliche Einschlag deutlicher hervortrat. Dies läßt sich ja auch in der gleichen Raumordnung der romanischen und gotischen Dome feststellen. Nur die Ausführung ging in den gotischen Domen weit mehr in die Details und Einzelheiten.

Die ständische Gesellschaftsordnung des Mittelalters war durch *drei Merkmale* gekennzeichnet: durch den *vertikal-hierarchischen Aufbau,* durch die *vielfältige Gliederung der kleinen Gemeinschaften* auf jeder Baustufe und durch die rechtliche, weil gesellschaftliche und politische *Selbständigkeit der ständischen Gemeinschaften.* „Alle Teile sind offenbar auf die Vollendung des Ganzen hingeordnet“ (Thomas v. Aquin).

Gleichsam eine *formende Kraft zog die Gesellschaft* in hierarchischer Ordnung *vertikal in die Höhe.* Dies ist in mehreren Gemeinschaftsgruppen zu erkennen. Von der festgefügten Basis der Einschilder wurde nach der Heerschildordnung die Lehensgesellschaft über sieben horizontal übereinander gelagerte Stufen in die Höhe bis zur Spitze des Königs getrieben. Nach dem Landrecht strebte die Gesellschaftsordnung wieder in Stufen von den Bauern über die Bürger der Stadt bis zum Adel der verschiedenen Staffeln nach oben. Selbst die Verwandtschaftsgrade reichten nach dem Schwabenspiegel von den Schultern als dem ersten Glied über den ausgestreckten Arm und die Hand bis zur Nagelspitze der Finger, bis zu den „Nagelmagen“. Wer dächte bei einer solchen vertikalen Gesellschaftsordnung nicht an das Symbol der gotischen Kunst in Österreich: an den Turm der Stephanskirche in Wien.

Auf jeder Stufe der in die Höhe strebenden Ordnung standen *mannigfache Gemeinschaften und Gruppen nebeneinander* und miteinander verbunden, wie am Grunde die Bauern mit den Freistiftern und anderen Grundholden, dann die Bürger mit den Gemeinbürgern und Patriziern und schließlich die rittermäßigen Leute mit den Ministerialen, den Freiherren und Grafen, den Fürsten und Kurfürsten und schließlich mit dem König. Wem käme bei dieser Fülle der verschiedenen Standesgenossen und mannigfachen Ebenbürtigen nicht der Vergleich mit den Wimpergen an den Fronten der gotischen Dome?

Die stufengleichen Gruppen hatten in ihrer Vielfalt jede für sich ihre *gesellschaftliche Eigenheit* und *rechtliche Selbständigkeit.* So hatten die Bauern ihre nach Hunderten zählenden Hofrechte, die sie in den zu Tausenden aufgezeichneten Weistümern auf den Teidingen festhielten. So hatten die Bürger der Stadt in den Gilden, Zünften und Zechen ihre eigenen Rechte, Statuten und ihre eigenständigen Gerichte für den Vollzug und die Garantie ihrer Rechte. So hatten auch die Adeligen sowohl nach ihren „Rangstufen" als auch nach Landschaften ihre eigenen Rechte, Gerechtsame und Privilegien, die sie in langer Zeitenfolge beharrlich an sich brachten und nach altem Herkommen streng bewahrten, aber immer in der Absicht: ihre Eigenständigkeit auszudehnen. Selbst die Kirche kannte trotz ihres streng hierarchischen Schemas die Exemptionen für die Klöster und für die sonstigen religiösen Gemeinschaften. Diese rechtlichen Sonderheiten der Gruppen und die gesellschaftlichen und politischen Eigenheiten der kleinen Gemeinschaften sind doch wieder in den gotischen Domen angedeutet, in denen die Fialen, Laubwerke und Kreuzblumen die Gesamtheit der Gruppen als ein Ganzes andeuten.

Die ständische Gesellschaft des Mittelalters war in einer vertikalhierarchischen Ordnung aufgebaut und auf jeder Stufe in viele kleine Gemeinschaften mit mehr oder minder starker Eigenberechtigung gegliedert.

Diese Gesellschaftsordnung spiegelte sich im Gewölbe der Dome wider: die mannigfach gestalteten Felder mit den drei- und sechsfachen Pässen und den dazwischen liegenden Fischblasen weisen auf die verschiedenen Gemeinschaften, die durch die aus den Pfeilern in Bündeln ausstrahlenden Rippen nach oben zur integrierenden Kreuzblume strebten, die alle Felder wie die Gemeinschaften zu einem Ganzen zusammenhält. Die Rippen deuten auch noch die gemeinschaftsbildende Kraft der Treue für die einzelnen Gemeinschaften an.

Diese Gesellschaftsordnung wurde in der Weltanschauung, in den Ordnungsbildern der Gesellschaft wie auch in den Kanones der gesellschaftlichen Verhaltensweisen festgehalten, so daß die vertikal geordnete Gesellschaft als die der menschlichen Natur entsprechende Ordnung gelten konnte.

Diese Gesellschaftsordnung gab der Wirtschaft die Ziele und den sozialen Rahmen für die Entfaltung.

1. Die Welt: eine Einheit in Vielheit

a) Das Ganze in vielen Teilen

Die Welt ist *keine Summe* individualisierter Elemente, weil so keine Einheit, sondern eben nur eine Summe entstünde. Die Welt ist auch *kein Kollektiv* eingestampfter und entpersönlichter Elemente, weil so die Elemente ihre Eigenheit verlören und die Einheit im Kollektiv gleichgemachter Elemente zugrunde ginge. Die Welt ist vielmehr ein *Gefüge* verschiedenartiger Gruppenteile, die sich ihrerseits wieder in Teile aufgliedern. Alle Teile fügen sich mit ihrer Sonderheit in das Ganze des Weltkosmos ein und bleiben die gesonderten Teile, sie ergeben aber durch ihre Integration ein höheres Ganzes, das sie konstituieren. So sind „alle Teile offenbar auf die Vollendung des Ganzen hingeordnet, denn das Ganze ist nicht um der Teile willen da, sondern die Teile um des Ganzen willen" (Thomas v. Aquin). Die Welt ist ein vielgegliedertes Gebilde, das aus eigenständigen Teilen besteht, das aber die Selbständigkeit der Teile nicht einebnet und auslöscht. Die Welt ist keine Summe ihrer Teile, aber auch kein Kollektiv ihrer eingeschmolzenen Elemente.

b) Das Ganze in stufenmäßig gegliederter Vielheit

Die Welt ist in der Vielfalt der Teile eine Einheit, weil alle Teile „durch die Vorsehung" von der „göttlichen Gutheit" durchdrungen und so einem Ziel zugeordnet sind. Allen Dingen ist demgemäß „eine Ähnlichkeit der göttlichen Gutheit eingeprägt". Dieses Eingefügtsein in das Ganze ist allen Teilen und Teilgruppen gleich.

Nicht alle „Bauelemente" der Welt sind gleich, weil die einzelnen in verschiedener Weise die Güte Gottes in sich haben. Diese Verschiedenheit bringt den Dingen und „Baustoffgruppen" der Welt auch einen seinsmäßig verschiedenen Gehalt, weshalb sie alle von einander unterschieden sind. Ein Ganzes kann nämlich nur aus verschiedenen Teilen eine Einheit bilden, denn das Ganze gliedert sich funktionell in verschiedene Teile — nie aber in gleiche Teile — auf. *Verschiedene Teile bilden das Ganze der Welt.*

„Bei sorgfältiger Betrachtung findet man, daß die Verschiedenheit der Dinge eine Stufenleiter bildet, so findet man:

über den unbeseelten Körpern die Pflanzen,
über diesen die vernunftlosen Tiere,
und über diesen die Menschen."

(Thomas v. Aquin: Summa contra gentiles, lib. III, Cap. 97, 1, 2 u. 6).

Die Welt baut sich demnach in einer Rangstufenfolge auf: die leblose Welt, die Pflanzenwelt, die Tierwelt und die Menschen. Dadurch sind aber die Teile im Ganzen *nicht nur seinsmäßig, sondern auch rangmäßig verschieden*. Die Teile sind in eine hierarchische Ordnung eingefügt und folgen daher einer vertikalen, wertbestimmenden Ordnung. „Deshalb ergibt sich: daß die Verschiedenheit der Dinge *nicht eine Gleichheit aller Dinge, sondern eine Rangordnung der Dinge in sich schließt*" (Thomas v. Aquin).

Die Welt ist ein hierarchisch geordneter Kosmos, der in wertbedingten Rangstufen aufgebaut ist.

c) Die Ordnung: der Garant der Einheit und des Friedens

Die verschiedenen Teile sind im Ganzen eingefügt und streben daher einer Ordnung zu (tendunt ad ordinem), denn nur in der vorgegebenen Ordnung finden die Teile ihren vom Ganzen her bestimmten Standort (sua cuique loca). In diesem von der Ordnung des Ganzen her bestimmten Ort können die Teile ihre Eigenheit und so die funktionelle Aufgabe im Ganzen erfüllen.

Das Ganze hat eine „zuweisende Kraft" (tribuens disposito) und ordnet die einzelnen Teile in das Ganze der Welt ein. Erst durch diese *anweisende Ordnungskraft* werden die Teile aus einer chaotischen Vielheit zu einer geordneten Einheit zusammengehalten. Das Sein der ganzen Welt strebt zu einer Ordnung, weil nur die richtige Ordnung der Welt den Teilen Halt und Bestand gibt. Indem die Ordnung die Teile zur Übereinstimmung im Ganzen (ad convenientiam) bringt, wird dem Ganzen die Einheit und damit der Bestand und den Teilen die sinnvolle, zielbestimmte Sonderfunktion gegeben. Indem die Teile durch die Ordnung zur Übereinstimmung gebracht werden, werden die Teile zur Einheit gedrängt und gezwungen (unitatem unitantur). Diese Ordnung bewirkt auch das Sein (cogit esse) und gibt den Fortbestand. Die Ordnung ist die Kraft für die Einheitsbildung der Teile, *die Ordnung ist die Kraft des Seins* (Augustinus: De moribus Manichäorum, Cap. 6).

Die Ordnung gibt den Teilen den zugeordneten Platz und damit die Entfaltungsmöglichkeit im Ganzen. Die Ordnung gibt demnach den Entfaltungsinhalt oder den Funktionsinhalt, aber auch den Entfaltungsraum und den Funktionsrahmen der Teile. In dieser vom Ganzen vorgegebenen Ordnung haben die Teile ihre Entfaltungsmöglichkeit, aber auch ihren geschützten Bestand. *So ergibt die Ordnung die Eintracht der Teile und daher für die Teile den Frieden* (Augustinus, De civitate Dei, lib. XIX, Cap. 13).

Die Unordnung vernichtet das Sein, weil sie dort und da eine Bruchlage hervorruft und damit das Ganze zerbricht, weil es die Teile auseinanderfallen läßt. Diese Verkehrung nennt man „corruptio". Die korrumpierte Ordnung oder die Unordnung bringt die Auflösung eines Ganzen und nimmt den Teilen den schützenden Bestand und vernichtet mit dem Ganzen auch die Teile.

Dieses Wissen von der schützenden Kraft der Ordnung und die Angst vor dem Verfall der Ordnung stand allen Menschen im Mittelalter immer deutlich vor Augen.

2. Die Menschheit: eine Vielheit in geordneter Einheit

a) Der Mensch: ein gesellschaftliches Wesen

Der Mensch wird als unvollständiges Wesen geboren. Er kann allein nicht bestehen und braucht anfangs für die Lebenserhaltung und dann für die Persönlichkeitsentfaltung die Gesellschaft. *„Der Mensch ist von Natur aus ein gesellschaftliches Wesen"* (ens sociale) (Thomas v. Aquin: Summa contra gentiles, lib. III, Cap. 85, 10).

Der Mensch braucht in den Kindesjahren wegen seiner Unvollkommenheit die Familie, damit er am Leben erhalten werden kann. Er braucht in den übrigen Lebensjahren die Gesellschaft mit den vielen Gemeinschaften, um all das, dessen er für die Vervollkommnung seiner Persönlichkeit bedarf, in sich aufzunehmen und von sich aus abzugeben. Gebend und nehmend steht der Mensch mit den zwei Seiten seiner Persönlichkeit, der Individualität und der Sozialität, in der Gesellschaft. Die Persönlichkeit drängt den Menschen zur Vollendung. Dies kann er aber nur einigermaßen erreichen, indem er, durch die Gesellschaft angeregt, seine Individualität stets vervollständigt. Indem er immer stärker seine Innenseite, die Individualität, prägt, wirkt er mit seiner Außenseite, der Sozialität, umso stärker auf die Gemeinschaften seiner gesellschaftlichen Umgebung ein. *Daher ist der Mensch veranlagt: in der Gesellschaft zu leben* (Thomas v. Aquin).

Daraus ergibt sich aber auch notwendig die *sozialethische Verhaltensweise: „einem jeden das Seine zu wahren und keinem zu schaden"*. Von dieser Verhaltensweise war das gesamte gesellschaftliche, wie auch das politische Leben des Mittelalters durchzogen, denn gerade diese sozialethische Maxime ist in jeder Eidesformel miteingeschlossen: „den Nutzen zu mehren und den Schaden zu wenden".

b) Die Vielfalt der menschlichen Gemeinschaften

Da der Mensch Verstand, Sinne und Körperschaft besitzt, deutet dies schon auf eine Rangordnung in der Gesellschaft hin, „wie wir sie im Universum vorfinden" (Thomas v. Aquin). Die Menschen mit ausgeprägter

Geisteskraft sind zur Leitung der Gesellschaft berufen, während all die mit stärkerer Körperkraft zum Dienen geeignet sind. Im Menschen selbst ist demnach schon die Veranlagung gegeben, einer bestimmten Gemeinschaft im Kreise mehrerer Gemeinschaften anzugehören. Der Mensch unterliegt in der Gesellschaft der durch die göttliche Vorsehung allen Dingen innewohnenden Rangordnung.

Der Mensch lebt in den *„Gesinnungsgemeinschaften"*, zu denen er sich kraft seiner inneren Überzeugung hingezogen fühlt. Da diese Gemeinschaften den ganzen Menschen in sich aufnehmen, sind sie in ihrem Zusammenhalt dichte Gemeinschaften. Sie dauern auch über die Zeit hinweg, weil die Gesinnung in der Regel unveränderlich ist. Der Mensch lebt aber auch in den verschiedenen *„Werkgemeinschaften"*, in denen er sich und den Seinen „das tägliche Brot" vom Lebensunterhalt bis zu den Errungenschaften der Kultur und der Zivilisation schafft. Er lebt aber auch in den verschiedenen *„politischen Gemeinschaften"*, in denen er seine politischen Ziele zu erreichen strebt. All diese Gemeinschaften zielen auf einen Richtpunkt hin und bringen daher in einer Verwirklichungsordnung die in den Gemeinschaften zusammengefaßten Menschen in eine Ordnung, in der jeder wieder seine Aufgabe hat. Der Mensch lebt in manchen Gemeinschaften, die ihrem Gehalt gemäß in einer wertbestimmten Stufenfolge gefaßt sind.

3. Die Ordnungsbilder der ständischen Gesellschaft

a) Verschiedene Bilder der ständischen Gemeinschaft

Die mittelalterliche Literatur sowohl in lateinischer als auch in deutscher Sprache war voll von Bildern, die von der Notwendigkeit der Ordnung für die Gesellschaft und ihre Gruppen und die von der vertikalen Ordnung der Gesellschaft mit den entsprechenden Rangstufen der Stände und Gruppen künden. Die Bilder vermitteln eine Vorstellung, aus der auf die Notwendigkeit der Ordnung mit Über- und Unterordnung geschlossen werden kann und muß. Die vermittelte Vorstellung wirkte aber auch mit Absicht so einprägsam, daß das Verhalten folgerichtig die Darnachhaltung beinahe erzwang. In den Bildern verband sich demgemäß die Vorstellung von der vertikal geordneten Gesellschaft in Gruppen und Ständen mit der Verpflichtung, sich dieser ständischen Ordnung einzufügen.

Walther von der Vogelweide (1170 - 1228) stellt in seinen Sprüchen ein Bild von der *notwendigen Ordnung der Gesellschaft* in Unterordnung unter einen Herrn heraus. Die Fische im Wasser, die Vögel in der Luft, wie alles Getier, was auf der Erde einhergeht, kriecht und fliegt, künden, „keines lebet ân haz", denn jeder ist von Seinesgleichen oder von Größeren bedroht. Wegen dieser allseitigen Bedrohung aus dem ungeordneten

Chaos und der daraus folgenden allgemeinen Angst „sind wir alle eines Sinnes:

si dûhten sich ze nihte	sie geben sich verloren,
si entschuefen starc gerihte	wenn sie keine starke Rechtsordnung schaffen
si kiesent künege unde reht.	sie wählen Könige und ein Recht,
si setzent herren unde kneht“	sie bestimmen: wer Herr ist und wer Knecht.

Die Gesellschaftsordnung, in der der Herr jeweils die Verhältnisse seiner Gesellschaft ordnet, bewahrt die einzelnen vor dem Chaos und gibt ihnen die Gesichertheit in der Ordnung. So befriedet er die Gesellschaft und stellt jeden an seine zugehörige Stelle. *Die Ordnung mit Herren und Untergeordneten sichert in der Gesellschaft den Frieden und damit die Entfaltungsmöglichkeit für alle einzelnen.*

In der Spekulation über das Wesen und die Ordnung der Gesellschaft ging *Hugo von St. Viktor* (1096 - 1141) in seinen Meditationen „De sacramentis“ (Leitsätze 2, c. 1) auf das Grundverhältnis des Lebens zurück. „Zwei Leben gibt es, ein irdisches und ein himmlisches. Das eine ist leiblich und das andere geistig. Das eine lebt aus der Seele und das andere aus Gott. Beide haben ihr Gutes (bonum), aus dem sie erhalten werden, damit sie leben können (quo vegetatur et nutritur, ut possit subsistere).

Jede Stufe lebt aus der Kraft, die ihr die höhere Stufe gibt. Das irdische Leben lebt aus der Seele und das geistige Leben lebt aus Gott. Die höhere Stufe und der obere Rang gibt der niederen Stufe und dem nachfolgenden Rang die Lebenskraft, weshalb das Ordnungsprinzip der Gesellschaft, die vertikale Ordnung, begründet erscheint.

In weiterer Meditation meinte Hugo, daß die christlichen Laien, die für das irdische Leben sorgen (necessaria terrenae vitae tractant), den linken Teil des Körpers Christi darstellen, während die *Kleriker,* welche das geistige und geistliche Leben betreuen (spiritualem vitam pertinent), den rechten Teil des Körpers Christi symbolisieren (Hugo).

Bonaventura (1221 - 1274) setzte in seiner Theorie von der gesellschaftlichen Rangordnung die *Ordnung der Engel* der Ordnung der Menschen beispielgebend voraus. Das göttliche Licht (divinae lucis radium) gibt den Engeln die Lebenskraft, aber nicht allen in gleicher Weise, sondern, der zeitbedingten Vorstellung gemäß, in verschiedener Weise. Das göttliche Licht verteilt sich auf drei Gruppen: auf die ersten, auf die mittleren und auf die letzten Ranges. „So muß es wohl auch bei den Rangstufen der Menschen sein: „sic etiam debet esse in illustrationibus humanis.“ Das Licht der Weisheit wird zunächst auf die oberen (supremos), dann auf die mittleren (medios) und schließlich auf die unteren (postremos) ausgegossen (lumen sapientiae diffundatur). Die Rangstufung in der Gesellschaft folgt daher nicht aus Usurpation, nicht aus dem Vermögen und auch nicht aus der Macht, sondern aus der mehr oder weniger starken Kraft der Weisheit in den Menschen. Durch eine solche supermaterielle „Übermacht" erhält die Ordnung der gesellschaftlichen Rangstufen die Weise des Bestandes.

In konkreter Aufgliederung und gegen jeden Versuch der Stände-Vermengung zu einem „Gesellschaftsbrei" stellte *Heinrich von Meissen* (1275 - 1318) eine *dreigegliederte Gesellschaft* heraus, in der jede Gruppe ihre Aufgabe und Leistung für die gesamte Gesellschaft erstellen soll. Die drei Gruppen sind: die Bauern, die Ritter und die geistlichen Herren.

Die Pfaffen sollen Mut, Weisheit und alle Tugendkraft lehren, damit für alle der Friede gewahrt bleibe. Die Ritter mögen den ritterlichen Tugenden folgen: „dem Ritter lichet ritterschaft". Der *Bauersmann* soll den zwei vorgeordneten Ständen die Nahrung und damit den standesgemäßen Unterhalt sichern.

Da es in der ständischen Gesellschaft auch Verfallserscheinungen gab, mahnte Heinrich und rät jedem Stande, bei seiner von der gesamten Gesellschaft bedingten Verpflichtung zu verbleiben:

„Nu pfaffe, werde pfaffe,
du stolzer ritter schaffe,
daz ritterschaft dir lache,
die buman sollt niht hoher streben!"

Diese und viele andere Bilder zeigten die ständische Gliederung der Gesellschaft, die Weise der *Über- und Unterordnung* in der Gesellschaft und durch beide bedingt den Frieden der Gesellschaft durch die Ordnung und die Gesichertheit der einzelnen. *Ordnung ist Friede und Friede ist Gesichertheit.*

b) Der Dom als Ordnungsbild der Gesellschaft

Der Dom stellte in seiner Vielgliedrigkeit der Teile die gesamte Gesellschaft mit all ihren Gliedern und Gemeinschaften, diese aber auch in ihrer hierarchischen Sonderbedeutung für die Gesellschaft, dar. Dieses Symbol der Gesellschaft wurde von *Honorius von Autun* um 1120 in seiner „Gemmae animae" bis in die Einzelheiten festgehalten.

Der *Boden* (pavimentum), der begangen wird, stellt das *Volk* dar, durch dessen Arbeit die Kirche und die Gesellschaft erhalten wird (ecclesia sustentatur). Auf diesem festen Fundament wird der Dom als kunstvolles Gebäude errichtet. Das Volk erhält durch seine Arbeit auch die Kirche und die anderen Stände, so daß diese ohne Not ihre Leistungen für das Ganze erbringen können. Das *Volk,* das sind zum größten Teil die Bauern, sind der Boden und die erhaltende Kraft der Gesellschaft.

Die *Säulen* (columnae), die das Gewölbe des Domes stützen und tragen, sind die *Bischöfe,* „die das Leben der Kirche aufrecht erhalten“. Die Bischöfe als die Leistungsträger dem Amte und der Weihe nach, tragen das Leben der Kirche, indem sie diese mit immer neuem geistigem Leben durchdringen. Die Bischöfe haben als die Säulen der Kirche die Spannung im ganzen Dom aufrecht zu erhalten.

Mit ihnen teilen sich in der spannungsreichen Aufrecht-Erhaltung des Domes die *weltlichen Fürsten,* die als die *Trambäume* (trabes) die Säulen und die Wände und somit das ganze Gebäude zusammenhalten und die Kirche schützen und beschirmen, in der Aufgabe für die Gesellschaft. Den Schutz nach außen übernehmen wie die *Dachziegel* (tegulae) die *Ritter,* die die Gesellschaft gegen allfällige Feinde bewahren und, wenn es nötig sein sollte, auch verteidigen. Die geistlichen und weltlichen Würdenträger halten die gesamte Gesellschaft aufrecht, indem die Bischöfe die innere Spannung der Gesellschaft bewahren und die weltlichen Fürsten mit den Rittern den Schutz der Gesellschaft nach außen auf sich nehmen. So erhält der Dom oder die Gesellschaft Halt und Dauer.

Die *durchsichtigen Fenster* (perspicuae fenestrae) halten die Stürme ab, lassen aber das Licht in die Kirche. Sie sind die *Kirchenlehrer* (doctores), die die Häresien vom Volk fernhalten, aber das Licht der kirchlichen Lehre über alle strahlen lassen. Das *Glas,* durch das das Licht einfällt, ist der *Geist der Kirchenlehrer* (mens doctorum), der immer wieder das himmlische Geheimnis wie durch einen Spiegel schauen läßt.

Der *Altar* als die Mitte des Raumes faßt alle Teile zusammen. Auf ihm wird Christus geopfert und alle werden durch die Teilnahme am Opfer gerechtfertigt: sie werden aber auch eins in Christus. Der Raum des Domes und die Vielfalt des Volkes wird zur einheitlichen Ganzheit am Altar im Opfer Christi zusammengenommen: *alle werden eins.* Der Dom findet so seine Erfüllung.

Alle Ständegruppen: die geistigen Stände der Kirchenlehrer, die geistlichen und die weltlichen Herren mit Bischöfen, Grafen und Rittern, wie auch die breiten Ständegruppen der Bauern und Bürger bilden in der Ganzheit des Domes den Ausdruck der Einheit in der Vielfalt der Stände.

c) Die zehn Chöre der Engel und die zehn Stufen der Gesellschaft

Die ständische Ordnung der Gesellschaft wurde von *Berthold von Regensburg* (1210 - 1272) in seiner Ständelehre in einer Parallele der himmlischen Engelchöre mit den gesellschaftlichen Ständen dargestellt. Dadurch sollte nicht nur die Aufgliederung hier und dort dargestellt werden, es sollte vielmehr auch die menschliche Ständeordnung durch die gleichlaufende himmlische Ordnung für die Engel legitimiert werden, denn was im Himmel an Ordnung gilt, muß doch wohl auch auf Erden Geltung haben: „also hat der almehtige got es geordnet."

Die Grundlage der himmlischen und der weltlichen Ordnung ist die Teilung in höhere und niedrige Gruppen einerseits und die Verpflichtung der Gruppen zu gegenseitigen Diensten. Die *Gesellschaft* ist demnach eine *vertikale Schichtung Über- und Untergeordneter* und nie ein Gesellschaftsgemenge von Gleichen in einer horizontalen Gesellschaftsordnung. Die Grundkategorie der Gesellschaftsordnung, ob im Himmel oder auf Erden, ist ein *Herrschaftsverhältnis von Über- und Untergeordneten.* Dieses Herrschaftsverhältnis ist nicht ein Ausbeuteverhältnis, in dem die Untergeordneten für die „funktionslosen Oberen" roboten müssen. Dieses Herrschaftsverhältnis ist vielmehr ein *gegenseitiges Dienstverhältnis,* in dem „die oberen den niederen etliche dinge schuldic sind umbe den dienst den sie ihnen dienent" und „die nideren meuzent den oberen undertaenic sin in diensten". Das Herrschaftsverhältnis ist ein gegenseitiges Dienstverhältnis der Oberen zu den Unteren und der Niederen zu den Höheren.

Jede Schichte hat im Ganzen den verpflichtenden Dienst zu leisten. So muß das Herrschaftsverhältnis vom Gesamten der Gesellschaft in einer „Aufgliederung der Stände" und nicht im Stil klassenkämpferischer Gegensätzlichkeit gesehen werden.

In der Aufgliederung der Gesellschaft ergeben sich im Himmel die Chöre der *Engel* und auf Erden die Gruppen der *Menschen in zehn Ständen,* die jeweils wiederum in zwei Hauptgruppen geschichtet sind: den drei „höchsten und hehrsten" Engeln stehen sieben niedere „köre" gegenüber und den drei oberen weltlichen Ständen stehen sieben gegenüber, die „untertaenic sein und dienen suln". Die *drei führenden Gesellschaftsstände* sind: „die ersten daz sind die *pfaffen,* die die Kristenheit leren sullent; daz andere sint die *geistlichen liut* und daz dritte sind *weltliche richter, herren und ritter,* die die witwen und waisen schirmen sullten."

In weiterer Spezialisierung sind die drei führenden Schichten noch in verschiedene Gruppen geteilt. Die geistliche Führungsschichte hat *zu oberst den Papst und die Pfaffen,* die die „Christenheit pflegen" sollen mit „gerechtem gericht" und mit „geistlichen lehren" und danach kommen *die anderen „geistlichen Liut",* sie sollen die Leute unterweisen, wie befohlen ist. Die Führungsfunktion liegt in der geistig-geistlichen Führung der Gesellschaft oder in der Versorgung des Volkes mit den höheren Kulturgütern.

Die *dritte Gruppe* der gesellschaftlichen Führungsschichte sind die weltlichen Herren: der Kaiser und der König, der Herzog, die Grafen und Freiherren und dann die Ritter. Sie haben die Funktion des Schutzes, indem sie die Gesellschaft „vor Dieben, Räubern, Brennern, Juden, Haiden, Ketzern und schließlich vor jeder unrechten Gewalt schirmen". In der Herrschaft dieser drei Schichten kommt der Dienst in der geistigen und kulturellen, rechtlichen und politischen Führung für die Gesellschaft zum Vorschein.

Von den sieben Ständen ist ein Stand „uns kristenliut abtrunnic worden" und daher der Gesellschaft verloren gegangen. Die verbleibenden *sechs funktionierenden Stände* bilden den *Nährstand* und haben die Aufgabe, alle Güter und Leistungen der Gesellschaft zur Verfügung zu stellen, die sie zur Lebensführung und Lebensentfaltung braucht.

Die *eine Standesgruppe* bilden all die, die alles, was zur Gewandung gehört (daz zou dem gewande gehoeret), hervorbringen. Sie erzeugen wollenes, leinenes und seidenes Gewand wie auch das zugehörige Pelzwerk. Zu dieser Gruppe gehören ferner noch die, die Handschuhe, Schuhe, Gürtel, und was noch alles hieher gehört, erzeugen.

Zur *anderen Standesgruppe* gehört eine Vielzahl von Berufen, wie: Waffenschmiede, Goldschmiede, Pfennigschmiede, andere Schmiede, Zimmerleute, Steinmetzen und Drechsler.

Die *dritte Ständegruppe* bilden die Kaufleute, die die Waren in das Land einführen und in andere Länder ausführen und so die Preisdifferenzen der verschiedenen Länder nutzen. Zur *vierten Standesgruppe* gehören alle, „die ezzen und trinken veilhaben". Zu ihnen gehören die Bäcker, Fleischer, Bierbrauer, Metsieder, Fischer und die, die Käse und Eier auf den Markt bringen. In die *fünfte Standesgruppe* werden die Bauern gezählt, die das Erdreich bebauen und Wein, Korn und sonst allerlei ernten. Zur letzten, zur *sechsten Gruppe* gehören alle, „die mit erzenie (Arzneien) umbgehen". „Das sind die neun köre, die der almehtige got der kristenheit geordnet hat." Durch diesen Bezug wird die Gesellschaftsordnung der Stände als eine gottgewollte Ordnung dargestellt und von allen als richtig hingenommen.

„Die Ordnung, welche von der Vorsehung den öffentlichen Dingen gegeben ist, stammt aus jener Ordnung, die der Schöpfer in seiner Güte erstellte. So geht auch die Form eines Kunstwerkes, die im Geiste des Künstlers vorgegeben ist, in die Materie. Wo viele Kräfte abgestuft wirksam sind, muß der Obere den Unteren die gebührende Ordnung geben" (Thomas v. Aquin [1225 - 1274]: Summa contra gentiles, lib. III, Cap. 71, Ed. Leo XIII., Rom 1878, S. 380).

4. Die Grundlagen der ständischen Gesellschaft

a) Das Grundverhältnis der Gesellschaft: die Treue

Im Mittelalter war die gesamte Gesellschaft und alle einzelnen Gemeinschaften vom Verhältnis und von der Verhaltensweise der Treue durchdrungen. Die Treue war zunächst ein Verhältnis und ein Zustand, „der *den ganzen Menschen erfaßte*" (O. Brunner), und zwar ohne irgendeinen Vorbehalt: „an allez wern" (Heinrich der Teichner). Der Mensch ist durch das Treueverhältnis in eine Lebensgemeinschaft gestellt, die *für die ganze Zeit des Lebens* und ohne Vorbehalt *für alle Bereiche des Lebens* gilt. Die Treue ist ein unzerreißbares Band einer Gemeinschaft. Die Treue bildet eine Gemeinschaft und eine Gesellschaft, in der alle einzelnen durch ein unlösbares Band unzerteilbar miteinander verbunden sind. Die in Treue miteinander Verbundenen gehören für immer und für alle Fälle zueinander.

Land und Leut eines Fürsten
können nicht sehr wohl genesen,
wenn der Fürst will
ohne die Hilf der Landschaft genesen.
Also sind wir des Fürsten Glieder
und er unser Leib hinwieder,
was man nicht wohl teilen kann.
Also ist ein jeder Landmann
gebunden an den Herrn
ganz in Treu und ohne „wern",
wie auch der Fürst gebunden ist
an das Recht der Herren.

Heinrich der Teichner (um 1312 - 1370)

Da die Begründung der Treuegemeinschaft durch einen *Eid* erfolgte, wurde unter der Zeugenschaft Gottes die in Treue verbundene Gemeinschaft eine *religiös begründete Gemeinschaft*. Sie wurde so in eine höhere Sphäre gehoben und durch die derart erfolgte Weihe im Bestand und in der Dichte verstärkt, so daß sie unzerlegbar und unzerreißbar war. Und wenn sie schon einmal gebrochen wurde, war der Bruch nicht nur ein Bruch eines obligatorischen Verhältnisses, sondern vielmehr eine Schuld, die wegen des gebrochenen Weiheverhältnisses eine besondere Untat war. *Die Treue verdichtete die Gemeinschaften und machte sie unauflöslich.*

Das durch Eid in der Treue begründete Gemeinschafts- und Gesellschaftsverhältnis war ein *zweiseitiges Verhältnis,* in dem beide Partner als Teile eines geschlossenen Ganzen miteinander in gegenseitiger Verpflichtung verbunden waren. In diesem gegenseitigen Treueverhältnis *schuldete der Herr seinem Mann: Schutz und Schirm und der Mann schuldete seinem Herrn: Hilfe und Rat* (O. Brunner: Land und Herrschaft, München und Wien 1943, S. 302).

Um es zur Verdeutlichung noch einmal zu sagen: die Begründung des Treueverhältnisses war nicht eine Entpersönlichung, wodurch ein Pflichtiger seinen Personencharakter verlor und Sache, also Sklave wurde. Der in Treue verbundene Holde wurde nie Sache, er wurde nie rechtlos, er blieb Person, weil er ja bei Verlust seines Personencharakters nicht mehr Träger der Treuepflicht sein könnte, denn nur Personen könnten in Treue miteinander verbunden sein. Daher war es wohl einsichtig: daß Treuepflichtige nie rechtlos waren und gar nie rechtlos sein konnten.

Dieses zweiseitige Verhältnis wurde in der Aussage Heinrich des Teichners klar festgehalten:

„also ein ieglich landman
ist gebunden dem landhern
also sol sin der fürst hinwider
rechtsgebunden demselben wider".

Dies Gemeinschaftsverhältnis der Treue durchdrang im Mittelalter den „Lehensstaat" und die „Feudalgesellschaft", aber auch das Verhältnis vom Grundherrn zu seinen Grundholden, wie auch alle auf genossenschaftlicher Grundlage geschaffenen Gemeinschaften. Auch in diesen stand der Eintritt unter Eidesleistung und alle Verpflichtungen folgten aus dem Verhältnis der Treue. In all diesen Treueverhältnissen vermengten sich auch personenrechtliche Gemeinschaftsweisen, die über alle nur obligatorischen Verhältnisse weit hinausreichten.

In weiterer Aufgliederung der Treuepflichten stellte *Fulbert von Chartres* (um 960 - 1028) in einem Brief an Herzog Wilhelm V. von Aquitanien im Jahre 1020, aufgefordert, über das Wesen der Treue zu schreiben, kurz zusammengefaßt folgendes fest: „Wer die Treue schwört (fidelitatem iurat), soll beachten: die Unversehrtheit (incolume), die Gesichertheit (tutum), die Ehrenhaftigkeit (honestum), die Nützlichkeit (utile), die leichte Verrichtbarkeit (facile) und die Möglichkeit (possibile). Mit diesen Verhaltensweisen lassen sich die gegenseitigen Treueverpflichtungen deutlich ermitteln: sie gingen darauf aus: *Schaden zu wenden und Nutzen zu mehren!*

Der in Treue einem Herrn Verpflichtete mußte den Herrn vor jedem körperlichen Schaden bewahren (incolume) und vor jedem Vermögensverlust (tutum) sichern. Der Herr mußte vor jeder Ehrenminderung bewahrt und in der Ehrenhaftigkeit geschützt werden (honestum). Dem Herrn sollte ein Vermögenserwerb erleichtert und, was zu erwerben möglich war, nicht unmöglich gemacht werden. Ferner mußte der Dienstpflichtige dem Herrn Rat und Hilfe (consilium et auxilium) leisten, wenn sich der Untertane der Huld würdig (dignus videri) und der geschworenen Treue (salvus esse fidelitate) entsprechend verhalten sollte.

In all diesen Verhaltensweisen kam „es doch wohl nicht nur darauf an, daß ein Unheil hintangehalten (abstinere a malo) wurde, sondern daß das, was zum Guten gereicht, geschehe: *Schaden abwenden und Nutzen fördern!*

Diesen Pflichten der in Treue zu Dienst Verpflichteten standen in gleicher Weise die Pflichten des Herrn gegenüber. „Der Herr mußte sich seinem Getreuen (fideli suo) gegenüber in allen Angelegenheiten gleich verhalten: in his omnibus vitam reddere debet". Der Herr mußte seinen Schutzbefohlenen jeden Schaden abwenden, sei er körperlicher oder vermögensrechtlicher Art oder sei es gar ehrenhafter Weise. Er mußte aber auch für die Seinen in jeder Weise den Nutzen fördern. „Wenn er dies nicht tut, gilt er mit Recht als verabscheuungswürdig: malefidus, als untreu: perfidus und als ungerecht: periuris" und somit als von der Gesellschaft ausgeschlossen.

Mit diesem universellen System der gegenseitigen Treuepflichten zwichen Herrn und Mann war das Grundverhältnis der Gesellschaft im Mittelalter bestimmt. Die Sonderheit dieser Gemeinschaftsverbundenheit gab es später nie mehr, weshalb auch die Deutung dieses Verhältnisses so vielen „Irrungen" unterliegen konnte.

b) Der Treueid

Das Treueverhältnis mit den gegenseitigen Verpflichtungen wurde *durch einen Treueid begründet*. Durch diese eidliche Begründung wurde der „Treuevertrag" aus der Reihe aller anderen Verträge herausgehoben und einer höheren Rechtsordnung als der nur obligatorischen zugeordnet. Da im Eid Gott zum Zeugen gerufen wurde, war die gegenseitige Verpflichtung eine dichtere und eine solche auf Lebensdauer. Für dieses durch Eid begründete Treueverhältnis gibt es *keine Kündigung*.

Nach dem Schwabenspiegel (Lehensrecht 5) sollte der *Lehensmann* „seines herrn huld gewinnen mit seinem ayd: das er im also getreu und hold sey und seinem frumen zu furdern und sein schaden zu wenden, als er vermuge". Mit allen Kräften ohne jeden Vorbehalt sollte der Mann dem Herrn zu Diensten sein.

Die *Zweiseitigkeit des Treueverhältnisses* kam nach dem Schwabenspiegel deutlich zum Vorschein, denn im Landrecht (308) stand: „Wir sullen den herrn darumbe dienen, daz sie uns beschirmen. Beschirmen si uns nit, so sind wir inen nit dienstes schuldig nach rehte." Wenn also ein Partner treulos wurde, dann war die Treue gebrochen und das Treueverhältnis beendet. Nur der Treubruch und der Tod beendet das Treueverhältnis.

Der Treueid wurde auf allen Gesellschaftsstufen in gleicher Weise geleistet. Er wurde von dem Bauern dem Grundherren, vom Bergmann dem Bergherrn, vom Gesellen dem Meister, er wurde aber auch von den politischen Ständen dem Landesherrn geleistet.

Als Beispiel sei der Eid Erzherzog Carls zu Österreich und Herzogs zu Steyr und der Eid der Steirischen Landschaften anläßlich der Erbhuldigung gemäß Landtshand-Feste des Herzogthums Steyr aus dem Jahre 1564 festgehalten. Da die Eidesformeln eine große Beharrlichkeit in der Form hatten, ist die Spätform nicht störend.

Anläßlich der Erbhuldigung im Jahre 1564 waren die Stände des Herzogtums Steiermark versammelt. Der Landeshauptmann, Herr Hansen, Herr zu Schattenberg und Spilberg, las dem Landesherrn folgende „Aytspflicht" vor:

„Durchleuchtigster Fürst und Herr, Herr Carl, Erzherzog zu Österreich und Herzog zu Steyr, werden mit demselben aydt schwören: als künftiger Herr und Landesfürst in Steyr und allen Landestheilen, Herrn, Ritter und Knechten, sie, all ihre Erben und Nachkommen bleiben zu lassen:

bei allen Rechten, Freyheiten und guten gewonheiten, als der vom alten herkommen ist: alle die rechte in allweg stat halten und auch dabey gänzlich beleihen lassen."

Nach solchen ihre Fürstl. Durchlaucht aufgestanden, das Paret ab dem Haupt genommen und Herrn Landeshauptmann mit aufgereckten Fingern nachgesprochen, wie folgt:

„Als Uns jetzt vorgelesen ist, schwören Wir mit Unserm Ayd, allen Landsleuten des Fürstenthums Steyr stets, fest und unzerbrochen zu halten, getreulich ohne alles geferde, als Uns Gott helff und das Heilige Evangelium!"

Nun folgte die Aydpflicht der Landtschaften:

„Wir gemeine Landtschafft von allen Ständten des Herzogtums Steyr geloben und schwören: Euer Fürstlich Durchlaucht frommen zu fördern und Euer Fürstlich Durchlaucht schaden zu wenden, auch getrew und gehorsamb zu syn, als der von alter mit recht herkommen ist, ungefährlich, als uns Gott helff und das Heilige Evangelium!"

Mit dieser eidlichen Bekräftigung war das gegenseitige Treueverhältnis zwischen dem Landesherrn und den Ständen begründet und für alle Zeit geltend.

c) Schutz und Schirm des Herrn

Die Pflicht des Herrn: Schutz und Schirm für die Seinen zu leisten, bedeutete wohl: *jeden Schaden abzuwenden* und *den Nutzen immer und allzeit zu fördern*. Diese Schutz- und Schirmpflicht war eine so allgemeine und umfassende Bewahrungspflicht des Herrn, daß sie für alle Fälle und für alle Zeiten in der natürlichen Grenze nach unten und oben galt. Diese Begrenzung war in der Pflicht des Schutzes und Schirmes gegeben, wenn der Herr den Schutz „nach seinem Vermögen" leistete. Er mußte demnach allen Schutz bieten, der in seiner Macht lag, er hatte aber auch seiner Schirmpflicht Genüge getan, wenn er alles nach seinem Können und Vermögen leistete.

Der Herr mußte jeden Schaden abwenden oder positiv ausgedrückt: die erforderliche Sicherheit geben. Dieser Sicherungsschutz richtet sich gegen Gefährdungen des Lebens und der Habe und hörte erst dort auf, wo das Vermögen der Gefährdungsabwehr seine Grenze hatte. Die Schutzpflicht wehrte jeden Schaden gegen jede Gewalt ab, die das Leben und die Habe der Schutzbefohlenen gefährdeten und bedrohen konnten.

Diese Pflicht konnte sich nach vielen Seiten richten.

Der Herr hatte die Schutzpflicht gegen alle Kriegsgefahren. Er mußte mit seinen „militärischen Kräften" das Land schützen, wenn Feinde von auswärts den Frieden bedrohten und die Menschen gefährdeten. Das Gleiche galt aber auch, wenn einzelne oder Banden die Ruhe und den Frieden im Innern gefährdeten. In diesen Fällen mußte der Herr mit seinen „polizeilichen Kräften" die Ordnung und damit den Frieden und mit diesem Leben und Habe sichern. Der Herr mußte aber auch seine Schutzbefohlenen durch seine „Justiz-Institutionen" im Wege des Strafgerichtsverfahrens gegen Rechtsbrecher und im Wege des Zivilgerichtsverfahrens gegen Rechtsbruch sichern.

Der Schutz des Herrn richtete sich auch gegen alle Fälle der sozialen und wirtschaftlichen Notstände. Er muß die soziale Not und die Familiengefährdung im Falle des Todes des Familienerhalters von den Witwen und den Waisen abwenden. Je großzügiger er sich hiebei verhielt, desto großmütiger und edler erschien er vor sich und den anderen. Die Schutzpflicht kam hier einer frühen sozialen Sicherung gleich. Wirtschaftliche Notstände mußte der Schirmherr von den Seinen abwenden, indem er sie vor Hungersnot schützte oder vor der Hungersgefahr durch Einsatz seiner Vorräte bewahrte. In Erweiterung dieser Verpflichtung mußte der Herr bei Naturgefahren wie Hagelschlag, Überschwemmungen oder auch Dürre, bei Feuer- und Brandgefahren die entsprechende Sicherung vor Not und Verderben gewährleisten. Die Schutzpflicht umfaßte alles. woraus den Schutzbefohlenen eine Not erwachsen kann.

Der Herr hatte auch in seiner Schirmpflicht den Nutzen seiner Schutzbefohlenen zu fördern. Er mußte sich daher um die Ausbildung des Nachwuchses und um die berufliche Fortbildung annehmen, wie er auch aus eben dieser Verbindlichkeit seine Bauern mit den erforderlichen Gerätschaften, dem Saatgut und dem Zuchtvieh ausstatten mußte. Der Schirm-

22. Übergabe einer Stadt an ein Ritterheer

23. Ritterschlacht

herr mußte auch die Landschaft seines Bezirkes aufschließen, indem er durch den Bau von Straßen, Wegen, Brücken und Stegen die Verbindung aller zu allen herstellte und so ein intensiveres Zusammenwirken aller ermöglichte. Er mußte aber auch alle Gefährdungen der Landschaften durch Wildbachverbauungen oder Lawinenschutzbauten hintanhalten. Desgleichen mußte er bei einem sich andeutenden Bevölkerungsüberschuß die entsprechende Hilfe bei Landgewinnung durch Rodungen leisten.

Die Schirmpflicht des Herrn ging aber auch über den Schutz von Habe und Leib hinaus und reichte bis in die Seelsorge hinein, denn er hatte unter dem Titel der Patronatspflicht für das Seelenheil seiner Schirmbefohlenen zu sorgen, indem er die Pfarrkirche und die Versorgung der Geistlichen zu stiften und zu erhalten hatte.

Selbst für die Verschönerung des Lebens der Schirmpflichtigen hatte der Schirmherr zu sorgen, indem er ihnen im Wege der sinkenden Kulturgüter zeigte, wie man schön wohnt, sich ordentlich kleidet und wie man sich in allen sonstigen Lebensverhältnissen benehmen sollte. Die Schirmpflicht des Herrn war ohne Ende, weil die Förderung des Nutzens der Schirmbefohlenen nur dort die Begrenzung fand, wo das Vermögen des Herrn hiefür zu Ende ging.

Der Herr hatte nach seiner Herrenpflicht die Seinen „getreulich nach seinem Vermögen" zu schirmen. Erst diese Pflicht und die Einhaltung dieser Pflicht ließ den Herrn als Herr legitimiert erscheinen: *die Herrenpflicht allein gab das Herrenrecht.*

d) Rat und Hilfe der Untertanen

Wie der Schutz und Schirm des Herrn die Folge der Treuepflicht des Herrn gegen seine Schutzbefohlenen war, so war Rat und Hilfe der unmittelbare Ausdruck der Treuepflicht den Nachgeordneten gegenüber dem Schutzherrn. Es war die andere Seite des verpflichteten Treueverhältnisses. Rat und Hilfe oder „consilium et auxilium" oder „Rat und Tat" waren zwei Erscheinungsformen einer Verpflichtung. Wer zum Rat verpflichtet war, war in gleicher Weise auch zur Hilfe verpflichtet.

Rat und Hilfe forderten wie bei der Schutzpflicht des Herrn den Einsatz der ganzen Person. Rat und Hilfe mußten *für alle Fälle* geleistet werden und erstreckten sich durchgehend auf alle Pflichtstufen ohne irgendeinen Vorbehalt. Rat und Hilfe umfaßt die Unterstützungspflicht für alle Lebensvorgänge, waren sie wirtschaftlicher, sozialer, kultureller oder auch nur geselliger Art. So wie die Treuepflicht umfassend die Verpflichteten einschloß, so war die Hilfepflicht alles erfassend und für jede Lebensäußerung gültig. Die Pflichtigen müssen „mit hab und guet nach ihrem vermögen“ den jeweils erforderlichen Rat und die notwendige Hilfe leisten — ohne irgend einen Vorbehalt.

Erst durch diese Allgemeinheit und Durchgängigkeit von Rat und Hilfe wurde sie eine persönliche Pflicht aus einem personenrechtlichen Verhältnis.

Das Pflichtverhältnis zu Rat und Hilfe galt für alle, die im Treueverhältnis miteinander verbunden waren: für die Landstände dem Landesherrn, für den Lehensmann dem Lehensherrn, für die Bürger dem Stadtherren, für den Genossen dem Genossen, für alle Ebenbürtigen untereinander und für alle Standesgenossen miteinander, weil alle in der Weise der Treue miteinander verbunden waren.

Im Konkreten wurde die Pflicht zu Rat und Hilfe wieder zur Pflicht: Schaden abzuwenden und Nutzen zu fördern. Diese Pflicht verdichtete sich: Dienste und Abgaben jeglicher Art zu leisten.

Die *Dienste* waren im System des Lehens die verschiedenen Lehensdienste, Dienste der Amtsführung und der Gerichte, Kriegsdienste und sonstige Gefolgschaftsverpflichtungen. Die Dienste waren für die Grundholden die verschiedenen Robotverpflichtungen, wie Zugrobot und Handrobot die sich in mannigfache Sonderdienste aufgliederten.

Die *Abgabepflichten* verdichteten die Hilfe zu den erbetenen Beisteuern, wie sie aus der „bede“ und aus der Bittsteuer hervorgingen. Die Abgabepflichten verbreiteten sich bei den Grundholden in eine reiche Zahl von Abgaben.

Dienste und Abgaben fächerten sich in eine Vielzahl von Diensten und Abgaben auf, die alle den Nutzen des Herrn fördern und Schaden vom Herrn abwenden sollten.

5. Die Gesellschaftsgliederung nach geltendem Recht

Obwohl in allen gesellschaftlichen Zuständen und sozialen Prozessen die hierarchisch-vertikale Gesellschaftsordnung deutlich sichtbar wurde, trat die vertikale Ordnung der Heerschilde des Lehenssystems und die vertikale Ordnung in den Verwandtschaftsgraden so klar und deutlich hervor, daß sich die Parallele zum Turm eines gotischen Domes aufdrängt:

Heerschilde und Verwandtschaftsglieder nach dem Schwabenspiegel:

1. König	1. Kinder
2. Bischöfe und Äbte	2. Geschwisterkinder
3. Laienfürsten	3. Geschwisterkind-Kinder
4. Freie Heren	4. Vierte Sippzahl
5. Mittenfreie	5. Fünfte Sippzahl
6. Dienstmann von fünf	6. Sechste Sippzahl
7. Einschilder: jegliche Ritter	7. Nagelmagen

a) Die Gesellschaftsgliederung nach der Heerschildordnung

Die Lehensordnung, wie sie in der Heerschildordnung erschien, war die strengste hierarchische Ordnung der Gesellschaft, weil für jede nachgeordnete Gesellschaftsstufe eine nachfolgende Verpflichtung, nämlich ein Untertänigkeitsverhältnis gegeben war. *Die Lehensgesellschaft stellte so eine gestufte Gesellschaftsordnung mit nachgeordneten Schichten dar.*

Für diese gesellschaftliche Stufenleiter wurden sieben Schichten oder sieben Heerschilde festgehalten. Diese Siebenzahl wurde sowohl im Sachsenspiegel als auch im Schwabenspiegel mit den sieben Zeitaltern der Welt gleichgestellt. Die Folge der Zeitalter begann mit Adam, setzt sich fort mit Noe, Abraham, Moses und David. Mit Christi Geburt setzte das sechste Weltalter ein, das tausend Jahre dauerte. „Nu sind wir in der siebenden welte, die so lange währt, als Gott will." Ein Spiegelbild dieser Zeitenfolge war die gesellschaftliche Ordnung der Heerschilde.

Mit dieser Parallelschaltung von Zeitenfolge und gesellschaftlicher Ordnungsfolge war für diese die Legitimation und Begründung gegeben, weil in der parallelen Folge die eine Reihe und die andere Reihe als „von Gott gewollt" und daher als naturgegeben gerechtfertigt erschien. Die siebenstufige Zeitenfolge gab der siebenstufigen Gesellschaftsfolge die Begründung und Rechtfertigung.

Die Gliederung der Heerschildordnung zeigte den *gesellschaftlichen Rang* für jede Stufe an. Da die Lehensordnung eine Tiefengliederung der Lehensträger mit ihren Schildern war, zeigte eine Aufstellung der Lehensträger auf der jeweils gleichen Höhe der Schildreihe die Lehensstufe oder den *lehensrechtlichen Rang* an.

An der Spitze stand als *oberster Lehensherr der König*. Ihm folgten in sechs weiteren Stufen die Lehensträger ihrem Range gemäß bis in der letzten, in der siebenten Reihe, die „Einschilder" standen, die keine Gefolgsmannen mehr hatten. Zwischen diesen Stufengrenzen standen der Ehre und der Würde nach und der gesellschaftlichen und staatlichen Verpflichtung gemäß die anderen Lehensträger. Nach dem König in der *zweiten Heerschildreihe* standen die *Bischöfe, Äbte und Äbtissinnen,* sofern sie „gefürstet" waren, mit ihren Gefolgsleuten in den nachfolgenden Ordnungsreihen. In der *dritten Heerschildreihe* standen die *Laienfürsten,* die hinter sich wiederum ihre Gefolgschaftsstufen und Lehensmannen hatten. Im *vierten Heerschildglied* standen die *Freien Herren,* die ihrerseits wieder ihr Gefolge mit den Lehensmannen hinter sich haben. Für die fünfte Stufe wurden nach den zwei Spiegeln verschiedene Gruppen aufgezählt. Der Schwabenspiegel nannte sie *„Mittlere Freie"* und der Sachsenspiegel sprach von „schöffenbaren Leuten". Auf der *sechsten Stufe* standen die Dienstmannen der Vorstufe. An der siebenten

Heerschildstelle standen „alle von ritterlicher Art Geborenen", die Einschilder.

Die Heerschildordnung zeigte als lehensrechtliche Stufenfolge die vertikal in die Tiefe gegliederte Feudalgesellschaft (Feudal oder herrenmäßig war im 17. Jh. feudalisch oder „zum Lehenswesen gehörig" und stammte vom mittellat. feudalis und feudum oder feodum = Lehensgut). Diese Ordnung gab auch der Gesellschaft außerhalb der Lehensordnung, wenn schon nicht die gleiche soziale Stufung, so doch den gleichen und zwar vertikalen Ordnungscharakter.

b) Die Gesellschaftsglieder nach Verwandtschaftsgraden

Daß in einer naturnahen Lebensweise die natürlichen Bindungen in der Gesellschaft, wie sie durch Verwandtschaft und Sippschaft gegeben sind, eine wichtige Rolle spielten, war verständlich. Die Familie und die Großfamilie in der Sippe mußten den einzelnen Mitgliedern den ersten Schutz gewähren, ehe noch die anderen gesellschaftlichen Einrichtungen mit ihren schützenden Aufgaben wirksam wurden.

Die Sippe zerteilte sich in die väterlichen Verwandten, die *Schwertmagen,* und in die mütterlichen Verwandten, die *Spindelmagen* (ahd. mag = Verwandter). Innerhalb der Verwandtschaft gab es die Verwandtschaftsgrade, die die Nähe und Ferne von den Stammeltern angaben. Die Verwandten des gleichen Grades „nement das erbe gleich" (Schwabenspiegel), sie waren in gleicher Weise erbberechtigt. Die näheren Verwandtschaftsgrade schlossen die entfernteren vom Erbe aus.

Die Verwandten wurden *in sieben Grade gegliedert* und symbolisch an den „Gliedern" des Armes und der Hand aufgezählt. Das Haupt der Verwandtschaft bildeten „man und weib", die „elich und redlich zusammen chomen sind", sie waren die Stammeltern. Der erste Verwandtschaftsgrad waren die „chint, dy aus zweyung von vater und mueter geporen sind". Sie bildeten die *erste* Sippezahl. Sie waren das nächste Glied: „do die arme an die schultern stossen: die achsel". Die Geschwister-Kinder waren die *zweite* Sippezahl und standen auch schon ein Glied ferner vom Haupt: am „ellpogen". Die *dritte* Sippezahl bildete die nächste Verwandtschaftsstufe, vergleichbar „dem ersten gelid des mittenvingers". So stufen sich die Verwandtschaftsgrade über das *fünfte, sechste* bis zum *siebenten* Glied, dem letzten Fingerglied, mit dem Fingernagel. Deshalb heißen die Verwandten in der letzten Stufe auch die *„Nagelmagen"*.

In dieser vertikalen Gliederung der Verwandten mit den sieben Gliedern mündete die Verwandtschaftsordnung und die siebengliedrige gesellschaftliche Ständeordnung in die Ordnung der Weltzeitalter.

6. Der Adel

a) Die Verschmelzung von Geburts- und Dienstadel: die rittermäßigen Leute

Im frühen Mittelalter hatten die Adeligen (Edlinge) die politische Führung der Gesellschaft neben den Bischöfen, Prälaten und Äbten, die die Führung in geistigen und geistlichen Bereichen innehatten, wenn sie nicht auch Reichsfürsten waren. Die Adeligen beschränkten sich auf eine verhältnismäßig geringe Zahl von Geschlechtern (Otto v. Dungern), die kraft Abstammung zum Adel gehörten und durch strenge Geschlossenheit im engen Kreis des Geburtsadels verblieben. Sie hatten die Pflicht, zu Pferd Kriegsdienste zu leisten, woraus sich allmählich gemäß der Vorzugsleistung auch das Recht zum Kriegsdienst mit dem Pferde ergab. *Durch die ritterliche Lebensweise hoben sie sich von den Bauern am Lande und von den Bürgern in der Stadt als adelige Führungsschichte ab.*

Da durch das Wachstum der Bevölkerung und durch die Verdichtung der Gesellschaft die Führungsaufgaben in Kultur, Politik, Recht und Wirtschaft immer umfangreicher und nachhaltiger wurden, bedurfte es einer *breiteren Führungsgruppe*. Der in der Zahl beschränkte Geburtsadel mußte daher seine Dienstmannen immer mehr mit „Verwaltungsagenden" beauftragen. Durch diese „Dienste höherer Art" (wer dächte hiebei nicht an den späteren Prozeß der Beamtenwerdung und der noch späteren Entstehung der Angestelltenschaft in der Industrie) wurden die *Dienstmannen und Ministerialen in den höheren Stand gesetzt,* zumal sie in steigendem Maße wegen der stagnierenden Zahl des Geburtsadels zum Kriegsdienst zu Pferd zugelassen werden mußten und so in die rittermäßige Lebensweise einbezogen wurden. Die Dienstmannen des Königs, der weltlichen und geistlichen Herren, die Edlen, Ritter, Burggrafen, Verwalter, der Landadel aller Abstufungen wurden ritterdienstpflichtig, so daß sich der Rechtsstatus und die soziale Position aller im Ritterstand lebenden freien Geburtsadeligen und der ehemals unfreien Dienstmannen und Ministerialen ausglich. Die einstigen Schranken zwischen Freien und Unfreien fielen und alle rittermäßig lebenden Personen gehörten zu *einer Standesgruppe, die sich durch eigene Lebensart und eigene Standesehre auszeichnete* (H. Conrad). Zur adeligen Führungsschichte gehörten nun die *„rittermäßigen Leute"*. (Viel später gab es einen noch dürftigeren Adelszuwachs durch Ernennung als Folge einzelner militärischer Dienste oder auch als Folge besonderer Kredithilfen).

Der *Eintritt* in den Ritterstand erfolgte zur Zeit des Geburtsadels durch die *Geburt* und zur Zeit des Dienstadels durch die *„Schwertleite"*. Dem „Edelknaben" oder dem „Edelknecht" wurde in einem feierlichen Akt, der meist auch von kirchlichen Zeremonien begleitet war, das Schwert am Rittergurt angelegt. Durch diese Schwertnahme wurde der neue Ritter in den Stand der rittermäßigen Leute und somit in den Stand des Adels aufgenommen.

Der Adel war die Führungsschichte, die vom König über alle verschiedenen Fürsten, Grafen, Freien Herren hinweg bis zu den Ministerialen reichte. Diese „Ebenbürtigen" waren gesellschaftlich gleich und unterstanden daher auch dem gleichen Gericht, das auch nur von Ebenbürtigen besetzt sein konnte. Im „Kaiserrecht" vom Jahre 1372 (III, Cap. 1) hieß es: „Als der Kaiser sah, wer ihm und dem Reich die Treue gehalten hatte, da machte er sie zu seinen Genossen und adelte sie und ihre Kinder ... und gab ihnen Ritters-Namen, machte sie zu Dienstleuten des Reiches und bestätigte ihnen dies mit dem Schild und Schwert ewiglich."

In dieser Weise erfolgte die Verschmelzung von Freien und einst Unfreien zu der führenden Elite des Reiches. *Mit den Vorzugsleistungen für König und Reich war auch die Vorzugsstellung in der Gesellschaft gegeben.*

b) Die Leitbilder des Adels im „Fürstenspiegel" und im „Ritterspiegel"

Die gesellschaftliche Sonderstellung des Adels verursachte auch eine Reihe besonderer Verhaltensweisen, weil erst diese auf die innere Haltung der Person schließen ließ. Der *Gehalt des adeligen Menschen* äußerte sich gemäß dem scholastischen Satz: agere sequitur esse in der vornehmen Haltung der Welt, dem Leben, der Gesellschaft und sich selbst gegenüber und in den aus der Haltung entsprießenden Verhaltensweisen.

Für die adelige Haltung und die rittermäßigen Verhaltensweisen wurde eine „ars agendi" herausgearbeitet, die zur einen Hälfte eine virtus oder ein Charaktereinsatz und zur anderen Hälfte eine scientia, ein Wissen und eine Kenntnis war. Diese Tugenden wurden in einem Spiegel den Fürsten und den rittermäßigen Leuten zur Danachachtung vorgehalten. Im *„Fürstenspiegel"*, „speculum principum" (libro della noblezza, enscuador de virtudes) wurden die Lebensweisen der Fürsten und des Adels so herausgestellt, daß sie in dieser dargelegten Weise verbindlich waren. Diese *Traktate der Adels-Ethik* waren in der zweiten Hälfte des dreizehnten Jahrhunderts so aussagekräftig und normgebend, daß zwischen *Johann von Salisbury* mit seinen „Policratia sive de nugis curialium et vestigiis philosophorum" (1159) und den „De regimine principum" (1387) von *Michael, Vikar der Karthause bei Prag* 46 Fürstenspiegel in beispielsweiser Aufzählung verzeichnet wurden (siehe W. Berges: Der Fürstenspiegel des hohen und späten Mittelalters, Leipzig 1938, S. 67 ff.). „Der *Ritterspiegel*" von *Johannes Rothe* (1360 - 1434) war eine Spätlese der Ritterethik.

Für Österreich war nach den „epischen Romanen" und den Krönungs-Ordines der liturgischen Weihe, die eine große Bedeutung für die politische Ethik hatten, der Fürstenspiegel „De regimine principum" (1290 bis 1292) und das „Speculum virtutum" (nach 1298) von *Engelbert von Admont* normgebend. Engelbert war Abt des Benediktinerstiftes Admont, verfaßte 33 Werke und starb am 12. Mai 1331. Von ihm sagte *Johann von Viktring:* er sei „ein Mann von scharfem Geist". Beeinflußt war er in der Darstellung seiner Fürstenethik von Aristoteles, Cicero, Seneca, Thomas v. Aquin und im besonderen von Aegydius von Rom. Engelbert wollte in seinem Spiegel „Das Lobenswerte und Gute" die Fürsten und im besonderen Albrecht I. „sehen lassen", wie er im Vorwort des „Spekulums" sagte. In seinem „De regimine principum" legte er in den Traktaten 3 bis 7 die politische Ethik des Fürsten in den Tugenden: Klugheit, Gerechtigkeit, Tapferkeit und Mäßigkeit nieder (A. Posch: Die staats- und kirchenpolitische Stellung Engelberts von Admont, Paderborn 1920).

Die Tugenden des Fürsten hatten zwei Wirkungsbereiche: einen religiösen und einen weltlichen. Im *religiösen* Bereich hat der Fürst folgende Verhaltenspflichten (Cap. 19): Er muß Gott verehren, das Heilige und alles Geweihte ehren und pflegen, und das Zeitliche und Ewige aufeinander abstimmen. Er soll schließlich „Gott und den Menschen die Treue halten". Mit diesen Verpflichtungsweisen Gott gegenüber wird die Haltung des Fürsten so gefestigt, daß seine Verhaltensweisen im *weltlichen* Bereich so sind, daß sie den königlichen Tugenden entsprechen. Im weltlichen Bereich ist die erste Tugend die *Klugheit,* „welche die königliche Weisheit ist" (sapientia regalis) (Cap. 2). Von ihr werden alle Handlungen so „gesteuert", daß sie immer das Richtige treffen, woraus die königliche Autorität ihre Rechtfertigung erhält. Die „vorzüglichste Tugend in der Haltung der Seelengröße ist die *Großmut*" (magnanimitas). Sie ist die wichtigste Tugend, die den Menschen eigen ist, denn „sie macht die Fürsten zu Herren" (Cap. 3). Aus der Großmut erwächst dem Menschen das großzügige Verhalten, das sich nie in Kleinigkeiten oder in Allzu-Menschlichem verlieren läßt. Die Großmut hebt den Fürsten über seine ebenbürtigen Standesgenossen hinaus. Die Tugend der Großmut macht den Fürsten zum fürstlichen Menschen.

Aus diesen Grundtugenden der Klugheit und der Großmut erwachsen alle anderen Verhaltensweisen, die sich ihrerseits nach zwei Richtungen hin ausdehnen: Verlust und Übel abzuwenden (declinare a malo) und Gutes zu tun (facere bonum) (Cap. 5). Dies verpflichtet: niemandem zu schaden, was als Tugend die Unschuld (innocentia) ergibt, und dies verpflichtet: allen zu nützen (omnibus prodesse), was sich als Tugend in der Wohltätigkeit (beneficientia) zeigt (Cap. 5). Aus der Großmut ersprießt auch die Milde (clementia), die zu einem Verhalten drängt, demzufolge den Bedrängten gegen jegliche Unterdrückung Hilfe geleistet wird (Cap. 11). Die verbindende Tugend, die den religiösen und weltlichen Bereich verbindet (fidem deo et hominibus servare) (Cap. 19) und die Menschen untereinander in der Gesellschaft zusammenhält, ist die Treue. Der Tugendspiegel gliedert sich in einen transzendenten und weltlichen Bereich auf:

1. Gott verehren	1. klug handeln
2. das Heilige pflegen	2. großmütig sein
3. das Zeitliche auf das Ewige abstimmen	3. Übel abwenden: Unschuld
4. Gott überlassen, was Gottes ist	4. Gutes tun: Wohltätigkeit
5. Gott und den Menschen die Treue halten	5. Bedrängte schützen: Milde

Am Ausgang der Ordnungsphase der ständischen Gesellschaft stellte *Johannes Rothe* (1360 - 1434) nochmals in seinem *„Ritterspiegel“* ein Verhaltenssystem für alle rittermäßigen Leute dar. Seine Darstellungsweise war eine besondere Synthese, weil er an den Insignien des Rittertums und an den sozialen Statussymbolen der rittermäßigen Leute die adeligen und daher edlen Verhaltensweisen noch einmal zusammenfassend der Welt zeigte. An sieben Rittersymbolen wurden die sieben erforderlichen Eigenschaften und Verhaltensweisen erläutert.

Dem Ritter wurde nach dem Ritterschlag das *Schwert* überreicht. Dadurch wird er Ritter, der ein *guter Christ* (ein gudir cristin man) sein und jederzeit zum Gottesdienst bereit sein mußte: „daz cruze (am Schwert) machit daz bekant.“

Dem Ritter wurde ein *Fingerring mit einem Edelstein* übergeben. Der *Ring*, der kein Ende hat, bedeutet des Ritters *Treue*. Der *Edelstein* deutet den christlichen Glauben an, dem der Ritter die Treue halten muß und den sich der Ritter nicht rauben lassen darf.

Zum dritten wurde dem Ritter ein *„frommer Knecht“* gegeben. In der Behandlungsweise dieses seines Getreuen zeigten sich die tugendhaften Verhaltensweisen gegen die Mitarbeiter und Untertanen. Wenn der Knecht seine Dienste getreulich leistete, mußte ihm der Herr in Liebe zugetan sein. Er sollte ihn „in kiner wise bedrigin“ und wenn der Knecht Abschied nahm, „laz er en nicht arm von sich gehin“. Die Treuedienste des Knechtes mußten mit der versorgenden Treue des Herrn beantwortet werden.

Der Ritter erhielt ein *„gultin kleit“* und eine *goldene Spange,* die das Kleid zusammenhielt. Das goldene Kleid verpflichtete den Ritter jederzeit zum Erbarmen und zwar dann, wenn ihm die Armen klagten und wenn jemand ihn um Vergebung einer Schuld anflehte. Ein solch großmütiges Verhalten schloß die Hoffart aus. Sie machte weder edel noch reich, sie ist „der torheit wedil“. Die goldene Spange zeigt dem Ritter an: er solle from bleiben, so daß er allzeit geliebt werde.

Unter dem goldenen Überkleid trug der Ritter ein *buntes Kleid.* Dies mahnte ihn, die Bosheit zu meiden und die Frömmigkeit zu lieben. Daher meide er die bösen Leute und geselle sich stets zu den Frommen. Das bunte Kleid deutete auf die vielen Tugenden hin und vor allem darauf, daß er „halde das rechte maze und entu sin zu wenig noch zu vel".

Der Ritter wurde *Herr genannt* und sollte sich demgemäß auch als Herr benehmen, so daß „man sine ritterschaft irkennit". Edel nannte man sein Blut, edel sollte daher auch sein Herz sein. Durch die edle Gesinnung überragte der Ritter seine Gefolgschaft und seine Untertanen.

Der Ritter sei gesund und von schöner Gestalt, aber der adlige Leib adelt nicht und bringt auch keine Ehre. Der Adel kommt aus der Seele und „nicht von des libis tradil, wie die ehre von der tugend kommt". Zu den Tugenden des Ritters gehörten: Gottesfurcht, Weisheit, guter Rat, wie auch die Bereitschaft zum Gehorsam und zur Eintracht.

Wer diesem ritterlichen Tugendspiel in seinen Verhaltensweisen folgte, konnte als *ritterlicher Mensch* gelten, der kraft dieses seines tugendhaften Gehaltes und dieser seiner tugendhaften Haltung *zur Führung der Gesellschaft taugte.*

c) Die ritterliche Lebensweise

Die ritterliche Lebensweise füllte den ganzen Menschen aus. Als junger Mensch wurde der *Edelknabe* in die „Lehre" auf einen anderen Ritterhof geschickt und in allen „schönen Lebensformen" und in den „gepflegten Umgangsweisen" ausgebildet, bis er durch die Schwertleite in das Leben eines Ritters eingeführt wurde.

Nach außen erschöpfte sich die ritterliche Lebensweise in der *Jagd,* in den *Turnieren,* den ritterlichen Kampfspielen, und im *Kriegsdienst.* Mit dem Kriegsdienst übernahmen die Ritter den militärischen und politischen Schutz des Volkes. Nach innen vollzog sich die Lebensaufgabe eines Ritters in der *Hofhaltung.* In dieser war der Ritter der *Träger der höfischen Kultur,* die sich in allen gepflegten kulturellen Lebensäußerungen zeigte. Von dieser kultivierten Lebensweise strahlte die höfische Kultur gemäß dem Gesetz vom sinkenden Kulturgut auch auf die „bäuerliche Umgebung" aus. Der Adelige war im feudalen Lehensstaat von seinem Fronhof aus mit den politischen Aufgaben der Verwaltung und des Gerichtes betraut, wodurch er das ihm anvertraute Gemeinwesen auch in den öffentlichen Angelegenheiten führte. Dazu kam noch die Wirtschaftsführung des Fronhofes, wodurch der Grundherr zum Leiter seiner Planwirtschaft wurde. Das gesamte zu einem Fronhof gehörige Land wurde nämlich nach einem Plan einer gemeinsamen Arbeitsteilung zum erfolgreichen Ziel geführt.

Aus dieser Fülle von Aufgaben in der ritterlichen Lebensweise seien zur Illustration die Schwertleite Tristans, ein Turnier und als Höhepunkt des gesamten Rittertums der von Kaiser Friedrich I. im Jahre 1184 nach Mainz einberufene Hoftag geschildert.

Die *Schwertleite Tristans* (nach *Gottfried von Straßburg,* um 1210). Tristan hatte seine Ausbildung als Edelknabe vollendet und sollte mit anderen Ritter-Gesellen durch die Schwertleite in die Ritterschaft aufgenommen werden. Den Gesellen war er an Schmuck und Kleidung gleich, er unterschied sich aber von ihnen durch seine Großmut, seine Ehrlichkeit, durch seine Vertrautheit in allen veredelten und adeligen Lebensformen. Die edle Gesinnung adelte seinen Leib und sein Leben.

Alle Geladenen kamen zum Münster, hörten die Messe und empfingen den Segen. Dann trat Marke an seinen Neffen Tristan heran, gürtete ihn mit dem Schwert, legte ihm die Sporen an und sprach:

„Siehe, Neffe, nun ist das Schwert gesegnet und du bist Ritter geworden. Denke, was du bist: deine Geburt und dein Adel sei dir immer vor Augen. Sei demütig und ohne Falsch, sei wahrhaftig und wohlerzogen, sei gütig gegen die Armen und hochgesinnt gegen die Reichen. Ehre und minne alle Frauen! Sei freigiebig und getreu, denn nicht Gold und Pelz zieren Speer und Schild, sondern Treue und Freigiebigkeit!"
Jetzt bot Marke Tristan den Schild, küßte Tristan und sprach:

„Nun, glückauf, mein Neffe! Möge dir die Kraft Gottes Heil für die Ritterschaft geben! Sei immer höfisch und frohgemut!"

Nun tat Tristan seinen Gesellen die gleichen Dienste, die ihm sein Oheim erwiesen: er gab ihnen Schwert, Sporen und Schild.

Dann wurden der Buhurt (Kampf zweier Scharen gegeneinander) und andere ritterliche Spiele geritten.

Ein *Turnier* nach *Ulrich von Lichtenstein* (1200 - 1275) im „Frauendienst" (1255). Am Morgen wohnten alle Geladenen der Messe bei und zogen dann unter dem Lärm der Posaunen, Flöten, Hörner und Trommeln auf das Turnierfeld. Die Herolde riefen allerorts: „Zieht aus, edle Ritter, zieht mutig aus! Zieht auf das Feld, dort liegt der Preis für die Liebenden!"

Die Anführer der einzelnen Rotten führten die Ihren an: „Haltet heute alle zusammen, so könnt ihr die Ehre gewinnen! Laßt euch nicht unterkriegen!"

Als die Ritter auf dem Felde waren, bot das Bild einen herrlichen Anblick. Man sah die reich gestickten Banner, die Speere, die leuchtenden Helme und die schirmenden Schilde: die leuchtenden Farben der Rüstungen wetteiferten mit der Sonne.

In einzelnen Rotten ritten die Ritter aufeinander zu. Wenn die Gruppen einen „Roßlauf" von einander entfernt waren, bekamen die Rosse die Sporen und die Ritter sprengten aufeinander los. Mann und Roß sah man stürzen. Mächtig krachten die Speere und heftig stießen die Schilde aufeinander. Beulen und Wunden von Speeren gab es genug und manches Glied war verrenkt. Klingend schlugen die Schwerter auf die Helme und viele Schilde zerbrachen von den heftigen Stößen. Man verstach viele Speere. Wer zu Boden fiel, erlitt viele Schmerzen durch Tritte. Des einen Verlust war des anderen Gewinn.

Das Turnier dauerte den ganzen Tag, nun aber senkte sich der Abend nieder. Wir banden die Helme ab und zogen in die Stadt, jeder in seine Herberge. Da waren für die Ritter Bäder gerichtet. Manche wurden von der Müdigkeit ohnmächtig. Hier verband man den einen, dort salbte man einen anderen, dem dort die Arme, dem anderen die Knie.

Der *Hoftag zu Mainz* (1184). Zur Treuepflicht der Lehensmänner gehörte auch die Pflicht, am aufgebotenen Hoftag zu erscheinen. Der Hoftag zu Mainz, den Kaiser Friedrich I. aufbieten ließ, war wohl einer der größten, die es im deutschen Mittelalter gab.

Zur Vorbereitung des Hoftages wurden auf den Wiesen am rechten Rheinufer für die Gäste Zelte und Notbauten errichtet. Zum Hoftag strömten aus dem ganzen Reich nördlich der Alpen eine große Menge von Fürsten, Erzbischöfen, Bischöfen, Äbten, Herzögen, Markgrafen, Pfalzgrafen, Edelleuten und Dienstmannen zusammen. Nach einer glaubwürdigen Schätzung waren wohl 70 000 Ritter zugegen, wozu noch Kleriker und Leute aus allen Ständen kamen.

Am Pfingstsonntag trugen Herr Friedrich, Kaiser der Römer, und seine Gemahlin, die Kaiserin, bei den Feierlichkeiten Kaiserkronen und ihr Sohn, König Heinrich, die Königskrone. Am Pfingstmontag wurden die Söhne des Kaisers, Heinrich und Friedrich, zu Rittern geschlagen. Aus diesem Anlaß wurden alle reichlich beschenkt mit Pferden, kostbaren Kleidern, mit Gold und Silber. Die Fürsten taten dies nicht bloß zur Ehre des Kaisers und seiner Söhne, sondern sie spendeten auch, um ihren eigenen Ruhm weitum bekanntzumachen.

Am Pfingstdienstag begann nach dem Morgenmahl das Turnier, an dem sich 20 000 Ritter und mehr beteiligten. Die Turniere wurden ohne Kampf gehalten. Die Ritter ergötzten sich am Schildschwingen, Lanzenschwingen und Fahnenschwingen. Selbst der Kaiser tat mit. Am Abend des Pfingstdienstag gab es noch einen Gewittersturm, der viele Notbauten vernichtete.

7. Die Bürger

a) Die Stadt und die Bürger

Die Stadt war ein soziales Gebilde, das in vielerei Weisen von der Umgebung ganz und gar herausgehoben war, sie stellte ein arteigenes Gesellschaftswesen dar.

Herausgehoben war die Stadt *aus der Landschaft*. Durch die Ummauerung der Stadt wurde die Herausstellung symbolisch sichtbar. Das Um-Land reichte bis an die Tore der Stadtmauern. An den Toren hörte das freie Land auf. Die Stadt war ein eigenes Gebilde mit einer besonders gearteten Gesellschaft. Während die Adeligen auf ihren Schlössern und Burgen mitten im freien Land, in der Landschaft und in Verbundenheit mit der Natur lebten, konnte es dies in der Stadt nicht geben, schon weil gar kein freies Land vorhanden war. Die Naturverbundenheit gab auch den Bauern und Grundholden das wesentliche Gepräge. Sie lebten mit dem jahreszeitlichem Rhythmus, sie lebten mit den Schwankungen des Tages vom Morgenlicht bis zum Sonnenuntergang. Ihre Arbeit leisteten sie in Bodenverbundenheit, in Ackerbau und Viehzucht. Beim Adel kam die Bodenverbundenheit auch in der Führung der Landwirtschaft und in der Jagd zum Vorscheim. Gerade in diesen natur- und bodenverbundenen Tätigkeiten glichen sich die Lebensweisen des adeligen und des bäuerlichen Landlebens an. Die rittermäßigen Leute und die Bauern lebten in Natur- und Bodenverbundenheit ein ländliches Leben, das sich ganz und gar vom Leben in der Stadt unterschied.

Die Stadtbevölkerung lebte abgeschieden von der Natur. Sie erlebte den Jahresablauf in vermindertem Ausmaß und den Tageslauf ebenso in weniger starken Schwankungen. Sie lebte auch nicht so mit der Natur wie die ländliche Bevölkerung. Diese Naturferne gab ihr eine ganz andere Wirkrichtung: sie war mehr auf eine „künstliche Lebensweise" ausgerichtet. Jedes Hinaustreten aus der Stadt war entweder beruflich für die Frächter und Kaufleute gegeben oder das Hinausgehen in die Natur und in die Landschaft war schon ein Aus-flug. Die von der Natur abseits gelebte Lebensweise war daher ganz anders als die, die mit Natur und Boden verbunden war.

Herausgehoben war die städtische Gesellschaft von der ländlichen Gesellschaft. Äußerlich lebte die ländliche Gesellschaft *in Streulage* über das Land hinweg, so daß jede Familie mit den Verwandten und dem Gesinde über lange Zeitspannen „in der Einschicht" für sich allein lebte. Der Kontakt mit den anderen Menschen war dürftig und auf die kurzen Fristen der kirchlichen Gottesdienste und der weltlichen Festfeiern beschränkt. Im Innern der ländlichen Gesellschaft lebten die zwei Kreise, die Adeligen und die Bauern, auch wieder getrennt voneinander, so daß der *höfische Gesellschaftskreis* und die *bäuerlichen Gemeinschaftsgruppen* gesondert voneinander waren.

Aus dieser Streulage war die Stadt als *geballter Wohnbezirk* herausgenommen. Die städtische Gesellschaft lebte in dichter Konzentration nebeneinander und auch übereinander, so daß eine „Hausgemeinschaft" zahlenmäßig schon die Bewohnerschaft eines Weilers erreichte. Die Städter wohnten in dichter Verbundenheit und in engem Kontakt miteinander. Sie erlebten jeden Tag miteinander. So ergab sich auch eine gegenseitige Aufgeschlossenheit, die die Menschen nicht so zurückhaltend wie am Lande, sondern offen sein ließ. Die Städter lebten dichter zusammen, weshalb sie auch eine stärkere Einheit waren. Dies zeigte sich dann in der gleichartigen Lebensweise. Die städtische Gesellschaft war eine dichte Wohngesellschaft mit stark integrierter Verbundenheit.

Die ländliche Lebensweise wurde von zwei getrennten Gesellschaftskreisen getragen: vom Adel und von den Bauern. Der Adel lebte auf den Burgen und Schlössern die höfische Lebensform für sich. Die höfische Kultur prägte die Menschen auf ihre Weise in allen Lebensvorgängen von der Kindheit bis in das Alter. In einzelnen Erscheinungsformen sank diese höfische Lebensweise auch in die Schichte der Bauern ab, die sie in ihrer Weise aufnahmen und als Volkskultur mit bäuerlichem Gepräge bewahrten.

Die Städter hingegen waren eine Gesellschaft, in der es zwar auch eine Schichtung in Patrizier und Gemeinbürger gab. Die Integration der Städter aber war stärker als die Differenzierung in diesen Gruppen. Daher hatten die Stadtbewohner eine einheitliche Signatur in ihrer Lebensweise, die sie durchdringend formte und so auch wieder vereinheitlichte, ohne daß sie eine vermasste Gesellschaft wurden. Der Beruf ließ die Stadtbewohner die Persönlichkeit stärker formen, weshalb sie im Kollektiv nicht untergingen.

Herausgehoben war die Stadt aus der ländlichen Wirtschaft, die im wesentlichen auf Selbstversorgung eingestellt war. Jeder Fronhof, aber auch jeder Bauernhof war auf die Selbstversorgung aus der eigenen Wirtschaft ausgerichtet. Jede Hofwirtschaft erzeugte durch den Ackerbau und die Viehzucht die erforderlichen Rohstoffe und richtete diese selbst oder durch Handwerker, „die auf der Stör" arbeiteten, zu brauchbaren, genußreifen und werkreifen Gütern zu. So erwirtschaftete der Bauernhof oder der Fronhof den weitaus größten Teil des standesgemäß erforderlichen Aufwandes aus der eigenen wirtschaftlichen Grundlage. Die zusätzliche Wirtschaftshilfe aus der Störarbeit verarbeitete aber auch wieder nur die selbst erstellen Rohstoffe. Nur ein geringer Teil für die Versorgung der „Hofwirtschaften" wurde vom Markt durch Einkauf gewerblich hergestellter Waren oder Dienstleistungen bezogen. Für diesen Einkauf mußte das erforderliche Geld durch Verkauf agrarischer Produkte am Markt der Städte bezogen werden. Dies bedeutete, daß die Adeligen und die Bauern zum überaus größten Teil eine Selbstversorgungswirtschaft betrieben und nur in einer kleinen Ergänzung den Markt mit dem Absatz agrarischer Produkte und mit dem Einkauf handwerklicher Erzeugnisse bezogen. Die am Lande wohnenden rittermäßigen Leute und die Bauern verfolgten eine Selbstversorgung und brauchten nur eine kleine Ergänzung aus der Marktwirtschaft der Städte.

Dem hingegen lebten die Bürger der Städte, die gewerblichen Meister und die Kaufleute wie auch die sonstigen, die Dienstleistungen erstellten, *aus der Marktwirtschaft* der Stadt und ihres Umlandes. Da den Bürgern nämlich, soferne sie nicht im Umland der Stadt eigene Landwirtschaften hatten, die Grundlage für eine Selbstversorgung fehlte, mußten sie alle ihre Lebensmittel, wie auch alle gewerblichen Produkte vom Markt beziehen. Um diesen Warenbezug vom Markt bewerkstelligen zu können, mußten die Bürger auch alle ihre Waren und Dienstleistungen am Markt absetzen, denn nur der Markterlös ermöglichte den erforderlichen Einkauf am Markt. Die Bürger der Stadt waren auf den Markt und die Marktwirtschaft angewiesen. Die Bürger lebten daher in einem ganz anderen Wirtschaftsstil wie die Adeligen und die Bauern, denn sie lebten in der Marktwirtschaft und von der Marktwirtschaft. *Die Bürger lebten als freie Disponenten am Markt und in der Marktwirtschaft* im Gegensatz zu den Adeligen und Bauern, die in der Gesichertheit der Selbstversorgung lebten.

Herausgehoben waren die Bürger der Stadt vom Recht, das für die Bewohner des „flachen Landes“ galt. Für die Bürger galt weder das Recht des Adels noch das Recht der Bauern, wie es in den Hofrechten festgehalten, in den Teidingen judiziert und in den Weistümern überbracht wurde. Für die Bürger der Stadt galt nicht das Recht der rittermäßigen Leute, weil deren Recht, vor allem das Lehensrecht, für sie nicht entsprechend und artgemäß war, denn die Bürger waren nicht lehensfähig. Ebenso unbrauchbar war für die Bürger das Bauernrecht, weil sie sich grundsätzlich im Rechtsstatus von den Bauern unterschieden, denn die Bürger waren frei und freizügig, während die Bauern schollenpflichtig und auch sonst in einer Reihe von Belangen gebunden waren.

Die Bürger der Stadt hatten *ihr artgemäßes Recht im Stadtrecht,* das eigens für sie geschaffen wurde und das ganz und gar ihren freieren Lebensverhältnissen entsprach. Wieder konnte für die zwei verschiedenartigen Gesellschaftsgruppen gelten: *„Den Bürger und den Bauer scheidet nichts als die Mauer.“* Die Bürger hatten ihr eigenes durch Privilegien verliehenes Stadtrecht und waren daher Rechtsgenossen eines eigenen Rechtes.

Herausgehoben waren die Bürger der Stadt auch aus der ländlichen Gesellschaft der Untertanen. Die bäuerlichen Landleute waren an die Scholle gebunden und daher schollenpflichtig, weshalb sie der Freizügigkeit darbten, die Bauern waren außerdem noch abgaben- und dienstpflichtig. Sie mußten von ihren Wirtschaftsergebnissen den Acker- und Viehzins an die Grundherren leisten, sie mußten darüber hinaus auch noch aus ihrer Dienstpflicht dem Herrn die entsprechenden Dienste leisten. Aus diesen und auch noch aus anderen Pflichten ergab sich für die Bauern ein Abhängigkeits- und Untertanenverhältnis, dem allerdings auch die Schutzpflicht des Herrn gegenüberstand. Der Abhängigkeit entsprach die Geborgenheit. Aus all diesen Rechtsverhältnissen ergab sich für die Bauern der Zustand der Gebundenheit.

Die *Bürger hingegen waren frei* und auf sich und ihre genossenschaftliche Hilfe allein gestellt. Sie waren nach der Erringung der Unabhängigkeit vom Stadtherrn frei und allein ihren eigenen Entschlüssen verbunden. Frei waren die Bürger auf Grund der gegebenen Privilegien, die ihnen volle Rechts- und Handelsfreiheit zusicherten.

Die Bürger der Stadt (civis, urbanus, burgensis, burgare, purger) bildeten eine *eigenständige Gemeinschaft,* der wegen der Eigenheit des gesamten Lebens die Sonderheit eines Standes zukam. Die Grundlage dieser ständischen Gemeinschaft war eine *Eidgenossenschaft* (H. Planitz). Durch den Eid wurde eine Friedensgemeinschaft für die Freiheit der Bürger begründet: coniuratio facta est pro libertate. Die Trägerin des Stadtfriedens war die Eidgenossenschaft. Sie verpflichtete alle Bürger, die im Schutze der Burg und der Mauern lebten, zur gegenseitigen Treue. Die *Treue* war demnach auch die *Grundlage der bürgerlichen Stadtgemeinschaft.* Im Eid verpflichtete sich jeder Bürger der Gemeinschaft, das zu geben, was sie für ihren Bestand und die Fortentwicklung forderte. Der Eid verpflichtete die Bürger zum umfassenden Einsatz. Die städtische Bürgergemeinschaft war eine „verschworene Gemeinschaft", die für jeden und für alle die Freiheit und somit die Sicherheit garantierte.

Die Stadt war ein eigenständiges Gebilde, das vom Land und der ländlichen Gesellschaft abgehoben war, und in dem die Bürger in dichter Verbundenheit eine eigene Lebens- und Wirtschaftsweise in voller Freiheit nach eigenem Recht und in genossenschaftlichem Selbstschutz führten (ähnlich, wenn auch nicht gleich, siehe F. Lütge: Deutsche Sozial- und Wirtschaftsgeschichte, 3. Aufl., Berlin 1966, S. 139).

Der *Zugang* in die Bürgergemeinschaft erfolgte *durch Eidesleisung.* Die Bürgerschaft nahm den Neubürger auf: „in consortium et communionem", wodurch ihm das *„ius convivium"* und die *Mitgliedschaft zum Stande der Bürger* zukam. So wurden auch die Jungbürger mit 15 oder 16 Jahren in die Gemeinschaft der Bürger aufgenommen, wodurch ihnen alle Freiheitsrechte zukamen, wodurch ihnen aber auch alle Verpflichtungen der Bürgergemeinschaft auferlegt wurden. In manchen Stadtrechten wurde auch bestimmt, daß alle Bürger nach einer Neuwahl des Bürgermeisters den Treueid leisten mußten. Die Stadt lebte ein Eigenleben und die Bürgergemeinschaft sicherte als Eidgenossenschaft in gegenseitiger Verpflichtung die Freiheit der Stadtgemeinschaft und die Freiheit für jeden einzelnen.

Der Bürgerstand einer Stadt garantierte seinen Eidgenossen und Standesgenossen die Freiheiten und verwaltete sich selbst, indem er selbst für alle Gemeinchaftserfordernisse aufkam. *Die Bürger einer Stadt waren eine Eidgenossenschaft der Freiheit und der Verpflichtungen.*

b) Die Freiheiten der Bürger

Die Städte waren aus verschiedenen Wurzeln herausgewachsen. Daher waren auch die Wege zur Integration der Bürgergemeinschaft und zur Freiheit der städtischen Eidgenossenschaft verschieden. Wenn eine Stadt z. B. von einem Fürsten etwa als Residenzstadt oder als Bischofsstadt gegründet wurde, mußten die Bürger einen mühevollen Weg gehen, bis sie allen die volle Freiheit sichern konnten. Wurde die Stadt hingegen von einer Bürgergemeinschaft selbst gegründet, dann mußte die Gemeinschaft mit dem Integrationsprozeß auch einen Differenzierungsprozeß durchmachen, bis jeder Bürger in der Eidgenossenschaft trotz der verbleibenden Unterschiede zu seinen Freiheitsrechten kam. Natürlich ist wohl, daß dieser Prozeß überall entsprechend vor sich ging, aber nicht mit gleicher Zügigkeit. Trotz dieser Unterschiede in der Entwicklung kam doch wieder dem gesamten Bürgertum ein verhältnismäßig gleicher Stand an Freiheitsrechten zu, die in den verschiedenen Stadtrechten festgehalten wurden. Diese Freiheiten bezogen sich auf: die Freiheit der Person, die Freizügigkeit, die Heiratsfreiheit, die Erb- und Testierfreiheit, die Freiheit des Hauses, die Freiheit von der Heerespflicht, die Freiheit von der Gastung und die Freiheit von der Zollabgabe. Dieser Katalog von Grund- und Freiheitsrechten wurde verschiedentlich noch erweitert.

Die Freiheit der Person. Dieses Recht gab der Person die *Rechts- und Handlungsfähigkeit* und das Recht, von einem willkürlichen Zugriff der Obrigkeit frei zu sein, so lange nicht wegen eines Verbrechens oder Vergehens „ein obrigkeitlicher Befehl“ vorlag. Dieses Grundrecht der Person war allen Stadtbürgern gegeben. Durch den Zustand der persönlichen Freiheit war der Bürgerstand aus den übrigen Gesellschaftsschichten des Adels und der Bauern herausgestellt.

Diese Freiheit der Bürger übte einen politischen und sozialen Sog auf die bäuerlichen Untertanen so aus, daß manche auf den Schutz und Schirm des Grundherrn verzichteten, die Untertänigkeit abstreiften und „in die freie Luft der Stadt“ zogen. Konnten sie dort ohne Beanspruchung von seiten ihres Herrn über „Jahr und Tag“ leben, dann wurde ihre bisherige Untertänigkeit und Unfreiheit „von der freien Luft der Stadt absorbiert“ und sie „ersaßen“ die Freiheit eines Bürgers. *„Stadtluft macht frei.“* Die Quasi-Ersitzungsfrist von Jahr und Tag währte ein Jahr, sechs Monate und drei Tage. Nach Ablauf dieser Frist konnte der „Neubürger“ „on all zuespruch und irrung“ in der Stadt verbleiben. Dort wurde er, wenn es üblich war, durch Eid in die Bürgergemeinschaft aufgenommen. *Der unfreie Untertane wurde zum freien Bürger der Stadt.*

24. Adeliges Familienleben: 1682

25. Adeliges Frauenleben: 1622

Die Freizügigkeit. Aus der Freiheit der Person ergab sich für die Bürger das Recht der Freizügigkeit und der freien Niederlassung. Jeder Bürger konnte nach Artikel 1 des Stadtrechtes von Eger aus dem Jahre 1279 „ohne Behinderung an Leib und Eigen“ sich in einer anderen Stadt oder in einem anderen Land niederlassen. Diese Freizügigkeit gab der freien Person erst die sichernde Grundlage, denn sie gewährte die sichernde Ausweichung dann, wenn dies von einem Bürger für sinn- und zweckvoll gehalten wurde. Die Freizügigkeit vollendete die Freiheit der Person.

Die Heiratsfreiheit. Jeder Bürger konnte nach seiner freien Entscheidung heiraten und jeder war bei der Wahl seiner Gattin frei. Dies war so verständlich, daß es meist nicht eigens betont wurde. Anders war dies bei den Frauen. Diese bedurften ja bei den Bauern der Zustimmung des Grundherrn. Da in der Stadt auch die Frauen frei waren, wurden zur klaren Interpretation dieser Freiheit eigens bestimmt: in arbitrio sit vidue, non nubere vel nubere cuicumque velit, item statuimus de filia vel nepote (§ 14: Ennser Stadtrecht von 1212). Noch deutlicher sagte dies das Münchner Stadtrecht von 1274: „Wir wollen niemend, weder wip noch man zu ehlichen heirat dzwingen, ez si dan, es si beider willen, die wir zesampe geben wollen“ (§ 10). Die Bürger hatten volle Heiratsfreiheit.

Testier- und Erbfreiheit. Jeder Bürger konnte, wenn er ohne Frau und Kinder starb, über seinen Nachlaß (bona sua) frei verfügen (§ 15 Ennser Stadtrecht von 1212). Er hatte für diesen Fall das freie Verfügungsrecht von Todes wegen über sein Hab und sein Gut. Starb ein Bürger und hinterließ er Frau und Kinder, dann sollte sich der Richter nicht um den Nachlaß kümmern: iudex nequaquam intromittet se de bonis vel de domo ipsius (§ 14). Damit war auch die letztwillige Verfügung der Bürger gewahrt.

Die Freiheit des Hauses. Dem Bürger war auch die Freiheit des Hauses garantiert. Niemand konnte ohne Bewilligung des Hauseigentümers ein Haus betreten, denn „jedermann soll friedbar sein in seinem Haus wie der Herzog in seiner Burg“ (Österr. Weistümer, Bd. 9: S. 32). Der Friede des Hauses begann mit der Dachtraufe oder mit der Fallinie des vom Dache rinnenden Regens. Innerhalb dieses Hausbezirkes galt die Freiheit des Hauses.

Die Freiheit von der allgemeien Heerespflicht. Die Bürger der Stadt hatten die Pflicht, die Verteidigung der Stadt selbst zu leisten. Soweit die Stadtverteidigung reichte, soweit ging auch die Heerespflicht der Bürger. An anderen kriegerischen Unternehmungen weit abwärts von der Stadt brauchten die Bürger nicht teilzunehmen. Die Verteidigungspflicht für die eigene Stadt war für den Bürger noch gegeben, wenn er nicht weiter von der Stadt abseits war, als daß er in der Früh zum Dienst auszog und am Abend wieder zurückkehrte. Im Wiener Stadtrecht von

1237 war diesbezüglich bestimmt: „Wir genehmigen, daß kein Bürger zu irgendeinem (Militär-)Dienst weiter abseits verhalten werden kann, als daß er am selben Tag, an dem er bei Tagesanbruch auszog, noch bei Tageslicht heimkehren kann": quam ut eo die quo clara luce de domibus suis exierunt, cum splendore solis regredi permittantur (Art. 3). Der Bürger war zur Selbstverteidigung der Stadt verpflichtet.

Die Freiheit von der Gastung. Eine der schwersten Belastungen für die Bewohner eines Ortes oder eines Bezirkes war die „Gastung" oder die Einquartierung durchziehender Heere oder Heeresverbände. Die Soldaten und die Pferde mit dem gesamten Troß mußten versorgt werden. Praktisch nahmen die durchziehenden Truppen auch noch alles mit, was ihnen brauchbar schien. Zur Gastung gehörte wohl auch die Requirierung von Kriegsgerät aller Art, von Pferden und von direkter oder indirekter Konterbande. Durch Privileg konnte einzelnen Personengruppen wie etwa Bergleuten oder auch einzelnen Gebieten die Freiheit von der Last der Gastung gegeben werden. Die Städte bekamen nicht selten dieses Privileg. So wurde im Ennser Stadtrecht bestimmt: daß jeder Bürger Waffen und Pferde halte, ohne daß sie der Herzog durch Ablieferung anfordern konnte (§ 28). Die Bürger der Städte waren in der Regel von der Gastung frei.

Die Freiheit von der städtischen Zollabgabe. Die Bürger einer Stadt waren wohl steuer- und abgabenpflichtig, weil sie den öffentlichen Aufwand der Stadtverwaltung mittragen mußten. Sie waren aber frei von der Zollabgabe, weil der Zoll bei der „Einfuhr von Waren" in die Stadt von seiten „Fremder" geleistet werden mußte. Diese Zollfreiheit wurde im Stadtrecht von St. Veit durch den Rechtsbrief Herzog Friedrichs vom Jahre 1308 festgehalten: „Kein pürger, der zur stat gehört, soll maut, noch zoll in der stat geben" (§ 1). Die Bürger waren frei von Maut und Zoll.

Diese und andere Freiheitsrechte bildeten die freie Sphäre, in der die Bürgerschaft als Gruppe und Stand lebte. *In dieser „sozialen Qualität" der Freiheit konstituierten sich die Bürger als eigener Stand.*

c) Die Selbstverwaltung der Bürger

Aus der Freiheit der Bürger folgte auch das Recht auf Selbstverwaltung. Die Bürger sollten alle Angelegenheiten ihrer Gemeinschaft: die politischen Vorhaben und die kulturellen Absichten, die wirtschaftlichen Anliegen und schließlich auch die rechtlichen Entscheidungen selbst treffen, denn *erst in der Selbst-Verwaltung vollendete sich die Freiheit der Bürger.* Dies sagen deutlich die Stadtrechte von Klagenfurt und St. Veit. Das Klagenfurter Stadtrecht von 1338 sagte: das wichtigste, was „im statfrid zu geschehen habe" sei, daß man alles vor den Stadtrichter bringen solle, er sollte rechtens entscheiden. Das Sankt-Veiter-Stadtrecht sagte dies noch deutlicher: „Was in dem statfrid liegt, soll man vor den statrichter tun" (§ 55). Daraus ging hervor: die Zuständigkeit für die Ordnung aller Belange lag bei der Selbstverwaltung der Bürger. Ein Recht der Appellation an höhere Instanzen gab es in der Regel nicht, weil es über der Stadt keinen Ordnungsträger gab.

Diese Selbstverwaltung der Stadt und aller ständischen Körperschaften war der stärkste Ausdruck der Freiheit, weil keine außenstehende „Gewalt" in das innerstädtische Geschehen ordnend und korrigierend eingreifen konnte. Die Selbstverwaltung war sowohl der Ausdruck als auch die Wahrung der genossenschaftlichen Grundsätze, daß Gleiche mit Gleichen zusammenarbeiten und Standesgenossen nur von Standesgenossen gerichtet werden können. Die Selbstverwaltung war auch der Ausdruck einer *demokratischen Gesinnung,* weil die Standesgenossen von niemandem außer von den aus ihren Reihen Gewählten regiert und verwaltet werden konnten. Die Selbstverwaltung war das stärkste *Symbol der Freiheit.*

Die Selbstverwaltung mußte auf Grund der genossenschaftlich-demokratischen Statuten so geschehen, daß sich durch Organe „die unsichtbare Verbandsperson als wahrnehmende, urteilende, wollende und handelnde Einheit offenbart" (O. Gierke). Diese Organe konnten in verschiedener Weise und für unterschiedliche Funktionsbereiche bestellt sein. Wie dies jeweils geschah, stand in den Stadtrechten.

Der Wille der Stadt mußte aus dem „Rat der Stadt" ermittelt werden. Zu diesem Behufe wurden von den Bürgern „die ‚witzigsten' und besten Bürger" ausgewählt (Klosterneuburger Stadtrecht von 1228). Diese „Ratsherren" mußten durch Eid bekräftigen, daß „sie nach bestem Wissen über alles zum Besten und Nutzen der Stadt entscheiden" (§ 25: Ennser Stadtrecht). Was die „Standes-Beauftragten mit truwen und weissheit fügen, raten, trachten und setzen, das soll der Stadt erbar, nutz und gut sein" (Klosterneuburger Stadtrecht: § 5).

Zwischen den Ratsherren der Stadt und den Bürgern war auch das Grundverhältnis zwischenmenschlicher Beziehung: die Treue gegeben. Dies zeigte auch schon der Beginn der Organverpflichtung der Ratsherren, der mit einem Eid gesetzt wurde. Dies zeigte aber auch das Verpflichtungsverhältnis der Bürger gegenüber den Ratsherren, das mit der Eidesleistung der Bürger seinen Anfang nahm.

In den durch Eid der Bürgerschaft verpflichteten Organen trat die Freiheit der Stadt und ihrer Bürger deutlich zum Vorschein. *Die Bürger traten als freie Menschen und als eigenständige Gemeinschaft der gesamten Gesellschaft gegenüber.*

8. Die Bauern

Die Bauern (pauren, Grundholden, Holden, Eigenleute, Hintersassen, Untertanen, Urbarmänner, Zinser) bildeten einen *eigenen Stand* mit allen Merkmalen eines solchen. Sie hatten ihre gesellschaftlichen und wirtschaftlichen Eigenfunktionen und daraus abgeleitet auch ihr eigenes Recht und ihr eigenes Gericht. In der ständischen Gesellschaftsordnung drückte sich die Sonderheit der Lebensweise auch in der eigenständigen Kleidung aus. Der bayrische Landfriede vom Jahre 1244 bestätigte dies im Artikel 71: „Von den Bauern." „Die Bauern wie ihre Söhne sollen das Haar bis zu den Ohren abschneiden. Sie sollen keine vornehmere Kleidung als grau und nur runde, lederne Schuhe tragen (nobiliori quam grisco et viliori plabatico veste non utantur et calciis bovinis)." Bis in das Einzelne war auch das Waffentragen der Bauern im Landfrieden geregelt. „Sie dürfen Panzer, Eisenhut, Joppen aus feinem Gewebe und ein lateinisches Messer nur zum Kirchgang tragen. An Werktagen dürfen sie nur ein kurzes Messer haben. Ein Schwert dürfen nur die Hauswirte und keine anderen tragen. Alles aber, was die gemeine Not des Landes erfordert, um die Gerichtsdienste zu leisten oder die Heimat gegen feindlichen Einfall zu verteidigen, können sie, wenn sie wollen, in ihren Häusern aufbewahren"(nach: G. Franz: Deutsches Bauerntum, Weimar 1940, S. 189).

Trotz der regional und zeitlich unterschiedlichen Wirtschaftslage und den ebenso differenzierten sozialen Positionen der Bauern gab es doch eine Reihe wirtschaftlicher und gesellschaftlicher Gleichheiten, wie es vielfach auch ein gleiches Recht gab. Eines der bedeutendsten Merkmale der Gleichstellung war die Schollenpflichtigkeit.

a) Die Schollenpflichtigkeit der Bauern

Die Schollenpflichtigkeit und Bodengebundenheit (glaebae adscripti) wurde zur Zeit des Liberalismus falsch gesehen und ebenso irrig interpretiert, weil man nur den Zwang der Ortsgebundenheit und den Zustand der Nicht-Freizügigkeit sehen konnte und wollte. In Wahrheit war die Bindung an die Scholle für die Bauern eine Garantie der wirtschaftlichen Sicherung, weil der Grundherr einen schollenpflichtigen Grundholden nicht „abstiften" konnte, wenn nicht schwerwiegende Gründe vorlagen. Die Schollenpflichtigkeit gab für die untertänigen Bauern die *Garantie des wirtschaftlichen Bestandes*. In Wahrheit war die Bindung des Bauern an die Scholle auch für die Grundherren eine Garantie gegen eine etwaige Verödung der herrschaftlichen Landstriche, denn die Schollenpflicht ließ in der Regel keine Landflucht und keine Landarbeitsflucht zu, weshalb durch sie die Garantie für die Bearbeitung und Nutzung des Bodens gegeben war. In dieser zeitgerechten Sichtung war die Schollenpflichtigkeit eine wirtschaftliche Sicherung für die Bauern und eine ebenso wohltuende Sicherheit für die Nutzung und Ergiebigkeit des Bodens. In der Spannung von Bindung und Gesichertheit gegen Freizügigkeit und wirtschaftliche und gesellschaftliche Geworfenheit war die Schollenpflichtigkeit die Garantie für die wirtschaftliche Gesichertheit der Grundholden und die Garantie für die Ertragsfähigkeit des Bodens der Grundherrschaft.

Der Inhalt der Schollenpflicht der Bauern umfaßte einerseits das Recht, auf dem zugewiesenen Grundstück mit Wohnhaus und Wirtschaftsgebäuden „stiftlich und baulich" zu sitzen, d. h. alle Bodenstücke entsprechend zu bebauen und zu nutzen (Luschin-Ebengreuth) und daraus den Unterhalt für die Familie zu ziehen. Die Schollenpflicht hatte andererseits den Inhalt, die zugehörigen Abgaben an den Grundherrn zu liefern und ihm auch die entsprechenden Dienste zu leisten. Der Inhalt der Schollenpflicht umfaßte aber auch die Pflicht: vom Hof und der bäuerlichen Hofwirtschaft nicht weggehen zu dürfen, auf keinen Hof der gleichen Grundherrschaft ohne Erlaubnis umzusiedeln und schon gar nicht aus dem Bereich der Grundherrschaft „zu weichen". Dies konnte durch Abwanderung oder auch durch Einheirat in eine andere Grundherrschaft der Fall sein. Verboten war den Bauern und ihren Kindern das eigenwillige Verlassen der Grundherrschaft durch Abzug oder durch Heirat. Die untertänigen Bauern darbten der Freizügigkeit.

Da dies Verbot wegen der sich auswärts in anderen Landstrichen bietenden Lebenschancen mitunter hemmend wirkte, war die Landflucht aus den Grundherrschaften und der Zuzug in die Städte nicht allzu selten. Dagegen wurden hinwiederum Sicherungen gegen die Landflucht der schollenpflichtigen Bauern eingebaut.

Die *Heirat* zweier Untertanen verschiedener Herren setzte das *Einvernehmen beider Herrschaften* voraus, sonst war die Ehe zwar nicht ungültig, sie war aber verboten. Da ein Grundherr durch eine solche Heirat einen Untertanen als Mitarbeiter und in der Folge auch die etwaigen Nachkommen dieses verlor, mußte er die Einwilligung für die Heirat geben. Unter Umständen wurde auch über die Zugehörigkeit der heranwachsenden Nachkommen der Brautleute verhandelt. Auf jeden Fall mußte der durch die Heirat aus einer Grundherrschaft Ausscheidende „dem Amtmann für das Willengeld 32 Pf geben" (Art. 4: Die Abgaben der Untertanen des Klosters St. Peter zu Salzburg). Wenn ein Urbarmann aus einer Herrschaft hinausheiratete, mußte er die Zustimmung des Grundherrn einholen.

Wenn ein Schollenpflichtiger *aus einer Grundherrschaft floh,* so konnte ihn der Herr wieder zurückholen, wenn er hiefür eine Möglichkeit und die Macht hatte. Zur Sicherung dieses Rechtes konnte der Grundherr nach den „Freiheiten der Untertanen der Herrschaft der Burg Wels" (Art. 4) den Vater für seinen Sohn und seine Tochter, aber auch für einen Knecht oder eine Dirne, wenn dieses Gesinde flüchtig wurde, haftbar machen. Der Vater mußte den Flüchtigen zurückbringen, dann wurde dieser bestraft. Gelang dem Hausherrn die Rückstellung nicht, wurde er bestraft. Nach einem böhmischen Landtagsbeschluß war bestimmt, daß jeder, der einen Flüchtigen beherbergte, diesen ohne Widerrede ausliefern mußte; wenn er dies aber nicht tat, wurde er vom Herrn auf 10 bis 20 Mark geklagt, „mag der Geklagte dem Herrn- oder Ritterstande oder den Städten angehören". Der Durchsetzung dieses Rechtssatzes standen vielfach die tatsächlichen Machtverhältnisse entgegen. Als Strafe für die Landflucht konnte vom Grundherrn den Schollenpflichtigen die Erbschaft entzogen werden, so war die Ordnung für die Leute in Donnersbach (Österr. Weistümer Bd. 10, S. 102).

b) Die Rechte der Bauern

Wiederum ist ein Problem offen, das in der Sichtung der Liberalen durch einen grundlegenden Irrtum getrübt war und in der Deutung der Sozialisten aus einer ideologischen Abwegigkeit heraus falsch interpretiert wurde. Daher vernimmt man heute noch und gar nicht selten die Meinung: die Bauern seien im Mittelalter rechtlos gewesen. Diese Meinung ist ganz falsch, denn die Bauern hatten die Rechtsfähigkeit, der zufolge sie Träger von Rechten und Pflichten waren, sie hatten die Geschäftsfähigkeit, der gemäß sie sich selbst durch Handlungen rechtlich verpflichten und ebenso Rechte erwerben konnten. Die Bauern waren an allen Sparten des Rechtsverkehrs beteiligt, sie hatten ihr Personenrecht, ihre dinglichen Rechte und sie waren aus dem Vertragsrecht verpflichtet und berechtigt. Schließlich konnten sie ihre Habe vererben, wie sie auch erben konnten. Noch mehr: die Bauern saßen als Beischöffen in den Bannteidingen (der Familienname „Bischof" kommt davon), wo sie auf Grund des überbrachten Rechtes „Urteilfinder" für anhängige Streitfälle waren. Diese Rechtsfälle der Bauern sollen nun im einzelnen festgehalten werden.

Jeder Hausgenosse sollte jeweils *beim zuständigen Bannteiding anwesend* sein. Die Anwesenheit wurde durch Namensaufruf festgestellt. Fehlte einer ohne Grund, so mußte er 42 Pf Strafe zahlen. Durch diese Anwesenspflicht dokumentierten die Bauern ihre Freiheit: *über ihre Standesgenossen selbst das Urteil zu finden.* Der Vorsitzende, der „Amtmann" oder der „Richter", verkündete das so gefundene Urteil und überwies es der Vollstreckung.

Aus den Anwesenden wurden „vier Geschworene" ausgewählt. Sie hatten jeden anhängigen Fall zu untersuchen. Sie hatten „stein und rain" zu prüfen, sie hatten alle Umstände zu ermitteln „zu veld und dorf" und zwar „mit ganzem trauen" (Vertrauen) und ohne Ansehung von „armen als den reichen". Diese Geschworenen (deren Zahl schwankte) hatten nach bestem Wissen und Gewissen einen anhängigen Fall zu prüfen und wie es nach altem Herkommen rechtens war, zu beurteilen. Durch diese Geschwornenpflicht bestätigten die Bauern ihre rechtliche Qualität als freie Menschen im Kreise ihrer Standesgenossen und als freie Menschen im Rahmen der ständischen Gesellschaft.

Die Bannteidinge waren zuständig: über alle Handlungen zu richten und zu strafen, nur „umb drei Ursachen nicht: mörderei, prant und dieperei" (Bannteiding des Stiftes Heiligenkreuz zu Trumau an der Triesting vom Jahre 1352).

Das Verfahren vor dem Bannteiding begann nach der Feststellung der Anwesenheit der Teidingspflichtigen mit der Besetzung der Sitze durch den Amtmann als Vorsitzenden und durch die „rechtsprecher", „die Amtsleiter und Hausgenossen". Bei einer geistlichen Grundherrschaft übergab der zuständige Abt, „weil ihm selbst das weltlich rechten nicht gepürlich", den Gerichtsstab dem Hofrichter.

„Der angesetzte richter nimmt den gerichtsstab in die hand, setzte sich auf seinen Sitz und begann die Verhandlung mit der Frage an einen „Vorsprecher", ob es Zeit sei: die Klagen und die Antworten anzuhören „nach den freiheiten und altem herkommen". Alsdann fragt der Hofrichter: „Ob jemand hervuerkumb, der mit dem rechten zu klagen hat" und zwar in folgenden Rechtsangelegenheiten:

„Es war umb erb und umb aigen
grund und poden
oder umb anderer sachen."

Dadurch war die Zuständigkeit des Bannteidings für alle Zivilrechtssachen festgehalten.

Aus dieser Zuständigkeitsliste kann auch auf die „Rechtsfülle" der Bauern geschlossen werden. Die Bauern hatten die Freiheit der Geschäftsfähigkeit in allen Zivilrechtsangelegenheiten und konnten demnach testieren und erben, weil sie um das „erb" vor dem Teiding mit Aktivlegitimation als Prozeßpartei erscheinen durften. Sie waren fähig, in allen eigentumsrechtlichen und sachenrechtlichen Angelegenheiten rechtsgültig zu agieren und in allen Verhältnissen über „grund und poden" zu verhandeln, sich zu verpflichten und für sich Rechte zu erwerben. Desgleichen konnten die Bauern in allen „anderen sachen" der Schuldrechte sich Rechte zusichern und Verpflichtungen anderen gegenüber eingehen. *Die Bauern waren nie rechtlos!* Sie hatten alle Rechte der rechtsfähigen Person und waren in allen Rechtsangelegenheiten geschäftsfähig, soweit sie nicht durch die Schollenpflicht und Untertänigkeit, durch Abgaben- und Dienstpflicht im Recht beengt waren.

c) Die Gruppen der Bauern

Der große Kompilator des österreichischen Agrarrechtes und „der Vater der österreichischen Jurisprudenz" (Luschin-Ebengreuth) *Bernhard Walther* faßte in seinem Traktat „Von den dienstbaren und zinsbaren gründten und guetern" vom Jahre 1552 die Gruppen der Bauern, wie sie sich im Mittelalter herausentwickelten, in drei Schichten zusammen. Da der Traktat „weitgehend die Autorität eines Gesetzbuches" hatte (M. Rintelen), war diese Gruppierung Walters auch eine verbindliche Schichtung.

Die Bauern waren Erbholden oder Freistifter. Zwischen beiden standen noch die Bauern, die die zinsbaren Güter „auf eine anzall von jaren" oder „auf etliche leib" aufgegeben erhielten.

Die *Erbholden* hatten das „nutzliche aigenthumb" an allen vom Grundherrn übertragenen Gründen, Häusern und Wirtschaftsgebäuden. Sie konnten diese Güter „vermachen und verkaufen unverhindert des grundherrn". Wenn ein Erbhold ohne Testament starb, „felt solcher Grund auf seinen nechsten erben" (Cap. 1). Der Erbhold war allerdings hiefür verpflichtet: den jährlichen Zins und die zugehörigen Dienste zu leisten (Cap. 1). Gegen die Leistung von Zins und Dienst konnte der Erbhold ungehindert seine belehnten Güter und Gründe nutzen und über sie verfügen. *Der Erbhold war der gesicherte Bauer.*

Am anderen Ende der Bauerngruppen standen die *„Freistifter"*. Sie hatten auch vom Grundherren Grund und Boden mit den zugehörigen Gebäuden zur Nutzung übertragen erhalten, aber ohne die Zusicherung einer Nutzungsdauer für die belehnten Güter. Die Freistifter konnten bei Kündigung durch den Herrn oder bei Kündigung durch sie selbst vom zinsbaren Haus und Hof jederzeit weggehen. Für die Freistifter gab es keine Garantie des Nutzungsrechtes und für die Grundherren gab es keine Garantie der Bodenbearbeitung. In dieser Freiheit gab es für die Freistifter keine soziale Sicherung und keine ökonomische Gesichertheit.

Zwischen diesen Gruppen der Erbholden und der Freistifter gab es *Bauern mit Leibgeding, die „auf eine anzal von jaren" oder auf „etliche leib"*, d. h. auf mehrere Generationen *die Garantie der Nutzung hatten* und demgemäß in ihrer sozialen Position und in ihrer ökonomischen Existenz gesichert waren.

All diese Gruppen der Bauern bildeten sich im Verlauf des Mittelalters heraus mit der Entwicklungstendenz, daß die Erbholden über die anderen Gruppen weitaus das zahlenmäßige Übergewicht hatten.

9. Der Verfall der ständischen Gesellschaftsordnung

Eine Gesellschaftsordnung, die im vertikalen Aufbau so mannigfach und in der Seitengliederung so vielfältig war wie in der ständischen Gesellschaftsordnung, trug eine Reihe von Gefährdungen in sich.

Die Zergliederung der ständischen Gesellschaft kann durch den Aufstieg einer neuen Gesellschaftsgruppe geschehen, weil dadurch ein Verdrängungsprozeß gegen die anderen einsetzt. Eine solche Umschichtung ging gewiß vor sich, als die Ministerialen zum Adel und zu den rittermäßigen Leuten aufstiegen. Eine Dismembration kann aber auch vor sich gehen, wenn eine führende Schichte absinkt, weil sie ihre führenden Leistungen und Aufgaben nicht mehr erfüllen kann oder will.

Da in jeder Gesellschaftsordnung für die führenden Schichten und für die geführten Gruppen je ein eigener Lebensstil entspricht, der der Sonderheit der Schichte und Gruppe entstammt, kann der Verfall der Gesellschaftsordnung auch durch das Zerfließen des Lebensstiles und der ethischen Haltung mit den entsprechenden Verhaltensweisen geschehen. Hiebei kann es wechselnde Beziehungen geben: einmal zerfällt die soziale Funktion einer Gruppe und verursacht einen nachfolgenden Sittenverfall, ein andermal wiederum löst sich die sittliche Haltung einer Schichte auf und dann geht als Folge auch die gesellschaftliche Sonderleistung der Gruppe verloren.

Aus solchen und auch noch aus anderen Gründen kann eine Gesellschaftsordnung bersten, wenn sie nicht gar durch ein anderes Ordnungsprinzip außer Geltung gesetzt wird.

In der ständischen Gesellschaft gab es mehrmals eine Dismembration, die dann doch wieder in die Grundordnung „einschwenkte". Solche Zergliederungen kamen von der Entartung der führenden Schichte rittermäßiger Leute, aber auch vom Verfall der Haltung der Bauern. Die so verursachten sozialen Erschütterungen waren so stark und nachhaltig, daß selbst die Dichtung solche Wahrnehmungen verzeichnete.

a) Der Verfall des Rittertums

Wernher der Gärtner (2. Hälfte des 13. Jh.), gab eine skizzenhafte Darstellung vom Verfall des Rittertums in seiner sozialkritischen Dichtung „Meier Helmbrecht" (um 1250). Der Sohn Meier Helmbrechts erzählt, daß er in seiner Jugend des öfteren zum Hof gesandt wurde, „dort zu verkaufen Käse und Eier, wie das noch heute tun die Meier". Bei diesen Gelegenheiten gab er acht auf die Sitten und Tracht und auf die Gebräuche und das Leben der Ritter. Er konnte beobachten, daß die Ritter ein gepflegtes Leben in höfischer Art lebten und miteinander in Treue verbunden waren. „Von Trug und Arglist frei“ lebten die rittermäßigen Leute.

Seither wurde dies alles anders.

„Für höfisch heute gilt mit Fug,
wer Meister ist in Lug und Trug.
Kränkst du den Nächsten an der Ehre,
So gilt dein Wort für weise Lehre.
Verleumde, schilt nach Schelmenart,
So wird dein Rühmen nicht gespart.“

Die Sitten und mit ihnen die vornehme Haltung und die edlen Verhaltensweisen der Ritter waren vergessen und verloren. Die Entartung machte sich allenthalben Platz, so daß es nur eine Welt von Lug und Trug gab.

„Gott sei's geklagt,
daß sich so breit das Laster macht!
Die alten Sitten sind vergangen
und böse Zeit hat angefangen.“

Mit diesem sittlichen Verfall der führenden Schichte verkümmerte auch die Führungsfunktion der rittermäßigen Leute. Was Vorsorge und Fürsorge für die zugehörigen Schutzbefohlenen war, wurde ins Gegenteil verkehrt und wurde Ausbeutung. Was Großmut und Edelmut war, wurde raffende Gier. Mit dem Verlust der führenden Schichte verlor die ständische Gesellschaft auch ihren inneren Zusammenhalt.

Erst eine innere Regeneration unter stärkerer Mitbeteiligung des städtischen Bürgertums setzte mit einer erneuerten Führungsschichte die ständische Gesellschaft wieder „in Stand“. Dies geschah aber erst nach der bösen, der kaiserlosen Zeit.

b) Die Entartung des Bauerntums

Wernher der Gärtner und *Neidhart von Reuenthal* (um 1210 - 1245) zeigen in ihren Dichtwerken das edle Bauerntum, aber auch die entarteten Bauern, die sich rittermäßig gaben, aber entlarvt und dem Gespött preisgegeben wurden.

Wernher läßt in seinem „Meier Helmbrecht“ einen alten Bauern seinem Sohn das hohe Preislied der Bauernarbeit sagen:

Bleib bei dem Pfluge, rat ich Dir,
dann treib' ich auch mit Dir den Stier.
Mit mir zusammen baue Du
Das Feld, und gehst Du einst zur Ruh,
so segnet jeder Gute Dich
Und Du stirbst ehrlich so wie ich.

Wie ich mit Wahrheit sagen kann
Bin ich ein unbescholtner Mann
Ich bringe treulich alle Jahr,
Wie sich's gebührt, den Zehnten dar.
Und lebe alle meine Zeit
Friedfertig in Zufriedenheit.

Die bäuerliche Arbeit läßt im Jahresrhythmus mit der Natur immer wieder aus den Samen die Ernte sprossen. Wenn diese Arbeit auch mühevoll ist, so gibt sie doch immer am Ergebnis eine äußere Freude und am Beobachten des Wachstums eine innere Genugtuung. Was für den einzelnen die Freude an der Arbeit ist, wird zur Anerkennung in der Gesellschaft. Die Beachtung dieser Arbeitsordnung in Verbindung mit der Anerkennung der vorgegebenen Gesellschaftsordnung läßt jeden in einer inneren Ausgeglichenheit und in äußerer Wertschätzung „friedfertig und zufrieden" leben.

Im letzten erhält die Arbeit der Bauern alle anderen Stände, weil sie für die Handwerker die Rohstoffe und für alle die Lebensmittel bringen. „So nützt Dein treuer Fleiß dem armen wie dem reichen Mann." In dieser Mitarbeit an den Aufgaben des Nährstandes kommt den Bauern auch die gesellschaftliche Achtung zu. „So strahlet manche schöne Frau nur durch der Bauern sauren Fleiß, gekrönt wird durch seinen Schweiß gar manches Königs Majestät."

„Mein lieber Sohn, folge mir
dann bleibt ein solches Los auch Dir."

Bricht man diese Ordnung, dann scheint wohl das Glück zu winken, aber doch nur dem Scheine nach. „Gar selten dem sein Glück gelingt, der wider seine Ordnung ringt" (Neidhard).

In einer solchen Bruchlage der Ordnung sah Neidhart die Bauern seiner Zeit in seiner Heimat.

„Von hier bis an den Rhein,
an Po und Elbe auch zugleich
sind alle Länder mir bekannt.
Keins davon doch hat solche freche Bauernart
wie ein Winkel klein
beherbergt hier in Österreich."

Die Bauern gaben vielfach ihre gemessene Lebensweise auf und kehrten eine derbe Art hervor, die besonders bei geselligen Unterhaltungen zum Vorschein kam. „Lost! ich hör in den Stuben tanzen, hei, da sieht man tüchtig ridewanzen!" Da es den Bauern wirtschaftlich gut ging, konnten sie auch vielfach daran denken, sich so zu kleiden und zu benehmen, wie es ritterlicher Art entsprach. Dies gelang ihnen gewiß äußerlich. Wegen des Mangels an echter Vornehmheit gab es dann oft eine lächerliche

Differenz äußerer Aufmachung und innerer Derbheit. Dies hinwiederum hielt Neidhart in seiner zynischen Kritik gerne fest.

Die Bauern trugen Röcke von höfischem Schnitt mit Gürteln, die „wohl beschlagen waren innen und um und um". Dazu kauften sie in Wien Panzerplatten, die sie als „Busenblech" trugen: „beschlagen ist's mit kleinen Knöpfen; in zwei Reihen um den Kragen funkeln sie den Tröpfen". Sie trugen reich mit Vöglein bestickte Hauben. Die Haare zwangen sie des Nachts in Spangen und ließen sie übertags frei über Hals und Kinn fallen — wie die Ritter. Sie mischten sich „dreist" unter vornehmes Gesinde, damit sie ihren „Aufstieg" gesellschaftlich dokumentieren konnten.

Gelegentlich fiel aber einer aus der vornehmen Gesellschaft als ihr nicht zugehörig auf, dann nahm man ihm den gesamten „ungehörigen Putz" als falsche Statusmerkmale ab und schickte ihn unter Hohn und Gelächter davon.

„Dutzendweise im Marchfeld
kann man solche Tröpfe sehen!"

C. Die ständisch gebundene Wirtschaftsordnung

Das Ziel der ständisch gebundenen Wirtschaftsordnungen war für die zwei großen Bereiche der Wirtschaft, für die gewerbliche und die bäuerliche Wirtschaft, das gleiche: die auskömmliche Nahrung als untere Sicherungsgrenze und der standesgemäße Unterhalt als obere Grenze des gesellschaftlich bestimmten Lebensstandards. Dieses Ziel des gesicherten bene-vivere wurde aus dem im frühen Mittelalter entwickelten Prinzip übernommen und für alle als geltend angenommen. *Das Ziel der ständisch geordneten Wirtschaft war für alle Gruppen und Schichten gleich: der standesgemäße Unterhalt.*

Anders hingegen war die Art der Versorgung, die Weise der Erzeugung und demgemäß der Vorgang der Erzeugnis-Verwertung. Der Grund für diese verschiedene Ordnung in der ländlichen und gewerblichen Wirtschaft lag in der ganz verschiedenartigen Ordnung beider Gesellschaftskreise, des Adels mit den Bauern und des Bürgertums.

Da die Grundlage für jedes menschliche Zusammenwirken die Ordnung der Gesellschaft ist, ist die Gesellschaftsordnung auch die Grundlage für die Zusammenarbeit in der Wirtschaftsgesellschaft. *Die Gesellschaftsordnung ist die Grundlage der Wirtschaftsordnung.*

Die Ordnungen der ländlichen und der städtischen Gesellschaft waren ganz und gar verschieden. Die *„ländliche Gesellschaft"* mit Adel und Bauern hatte eine *vertikal-hierarchische Ordnung,* in der das Prinzip der Über- und Unterordnung bei Gleichheit der Ebenbürtigen und der Standesgenossen auf jeder einzelnen Stufe galt. Die *„städtische Gesellschaft“* der Bürger hingegen hatte im gesamten Rahmen der vertikal geordneten Gesellschaft eine *genossenschaftlich-demokratische Ordnung.* Aus dieser Verschiedenheit in den Gesellschaftsordnungen: dort herrschaftlich, hier genossenschaftlich, mußte auch eine Verschiedenheit in den Wirtschaftsordnungen hervorgehen.

1. Die Ordnung der gewerblichen Wirtschaft

Die gewerbliche Wirtschaft umfaßt zwei große Bereiche: das *Handwerk* und den *Handel* mit dem *Verkehr.*

Das *Handwerk* hat in der sozialen Wirtschaft die *Aufgabe,* aus Rohstoffen, die die Landwirtschaft und der Bergbau liefern, *Fertigerzeugnisse herzustellen.* Alle einzelnen Branchen des Handwerks „werken“ an der Vervollkommnung der Rohprodukte und bringen so *werkreife Güter* hervor. Diese im handwerklichen Erzeugungsverfahren „reif“ gemachten Güter sind für die Bedürfnisbefriedigung als *Konsumgüter* oder für den Einsatz im weiteren Produktionsprozeß als *produzierte Produktionsgüter* brauchbar. Die in der Erzeugung aus den rohen Stoffen zur Vollkommenheit geführten und daher in den Werkstätten werkreif gemachten Güter sind das Ergebnis aller Zweige des Handwerks. Die Herstellung werkreifer Güter ist die Aufgabe des Handwerks in der sozialen Wirtschaft.

Das Handwerk erzeugt die werkreifen Güter nur zum geringsten Teil für sich. Der größte Teil der Produkte wird den anderen, den Käufern und bedürftigen Nachfragern, vorgeführt (producere). Der Handwerker verkauft den größten Teil seiner Erzeugnisse. Dadurch erhalten die werkreifen Güter eine neue sozialwirtschaftliche Eigenschaft, sie werden *Waren am Markte.* Als solche streben sie der Nachfrage zu und erhalten durch die Käufer den Absatz. Die werkreifen Güter werden von der Werkstätte auf den Markt gebracht und dort abgesetzt. Diese Vermittlung von den Erzeugungsstätten an alle möglichen Gebrauchs- und Verbrauchsstellen leistet der *Handel.* Er macht aus den Gütern der Werkstätten die Waren des Marktes, *er macht die Güter markt-reif.* In dieser Vermittlung leistet der Handel die Versorgung aller mit Konsum- und Produktionsgütern.

Soferne die Waren nicht am gleichen Ort erzeugt und abgesetzt werden, müssen sie transportiert und verfrachtet werden, sie müssen für den Absatz *ortsreif* gemacht werden. *Der Verkehr macht die Waren durch seine Transportleistungen ortsreif.*

Die Tätigkeit im Handel und Verkehr ist technisch keine Erzeugung, sozialwirtschaftlich aber eine *Dienstleistung,* die die technische Produktion wirtschaftlich erst vollendet. Daher gehören der Handel und der Verkehr mit den von ihnen erstellten, vermittelnden Dienstleistungen doch wieder in den Bereich der Erzeugung.

Die gewerbliche Wirtschaft und alle in ihrem Rahmen Tätigen machen aus Rohstoffen werkreife Güter, vermitteln diese als Waren am Markt und machen sie marktreif und durch die Ortsvermittlung im Wege des Verkehrs auch ortsreif. Die gewerbliche Wirtschaft stellt durch das Handwerk werkreife Waren her, vermittelt durch den Handel die Waren, bringt sie durch den Verkehr an die Stellen ihres Gebrauches und Verbrauches.

In der Entwicklung der Wirtschaftsgemeinschaften zeigt sich zum Zwecke der Ertragssteigerung eine immer *weiter gehende Spezialisierung* der Arbeit. Je weiter aber durch die Spezialisierung die Differenzierung der Tätigkeiten und der Berufe vor sich geht, umso stärker muß hinwiederum die *vermittelnde Integration* sein. Diesem allgemeinen Gesellschaftsgesetz unterliegt auch die Entwicklung der gewerblichen Wirtschaft.

Eine handwerkliche Tätigkeit im Sinne einer Werkreifung von rohen Stoffen gab es immer. Sie erfolgte seit jeher in jedem *Haushalt* und in jedem Bauernhof und schon recht weit spezialisiert und differenziert auf jedem *Fronhof*. Zu einer völligen Trennung ist es in den bäuerlichen Verhältnissen nie gekommen, denn bis in die Gegenwart ist es üblich, daß der Bauer und die Bäuerin sowie Angehörige des Gesindes immer in gewissem Maße auch *handwerklich tätig* waren (F. Lütge). Diese Situation reichte durch viele Jahrhunderte bis sich das *„Dorf-Gewerbe"* mit den freien Handwerkern für Eisen- und Holzarbeiten, aber auch für Textilien, Loden und Leinen, entwickelte. Das Handwerk umfaßte am Dorf: Schmiede, Zimmerer, Lodenwalker als Ausgangslage und differenzierte sich von da an immer weiter. Mit der Stadtentwicklung entfaltete sich auch das Gewerbe mit den freien Handwerkern, Kaufleuten und Frächtern. Dann verfestigte sich *die* gewerbliche Tätigkeit in den verschiedenen gewerblichen Berufen.

Mit dieser Differenzierung der gewerblichen Berufe war aber auch schon wieder eine zusammenfassende Integration und daher eine Ordnung für die gewerbliche Wirtschaft erforderlich.

Die Stadt *bildet mit ihrem Umland* ein mehr oder minder geschlossenes Wirtschaftsgebiet mit einer *in sich geschlossenen Wirtschaftsgemeinschaft*. In dieser hat die Stadt die Funktion der Mitte (H. Thünen). Sie zieht die Nahrungsmittel und Rohstoffe des landwirtschaftlich genutzten Umlandes an sich und sie vertreibt die gewerblich erzeugten Waren über das Land hinweg. *Diese Wirtschaftsgesellschaft bedarf einer Ordnung*, in der die Aufgaben der Landwirtschaft und der gewerblichen Wirtschaft getrennt und durch die beiden Kreise am Markt wieder zusammengeführt werden. Da die gewerbliche Wirtschaft dem Gesetz der Differenzierung unterliegt, muß diese einer Ordnung unterstellt werden, damit es nicht zu strukturellen Verzerrungen der Wirtschaftsgemeinschaft kommt. Da es im Tauschgeschehen immer wieder zum Wertausgleich zwischen den Waren kommt, muß das Marktgeschehen *einer der Gerechtigkeit entsprechenden Ordnung* eingefügt werden.

Die Prinzipien für die Wirtschaftsordnung entstammen jeweils den Zielen des Wirtschaftens und auch den Prinzipien der geltenden Gesellschaftsordnung. *Die Ziele der Wirtschaft geben den Wertrahmen,* innerhalb dessen die Wirtschafter ihre Entscheidungen treffen. Die Ordnung für die gegenseitigen Beziehungen der Wirtschafter werden aus der jeweils geltenden gesellschaftlichen Ordnung genommen, denn warum sollten gerade für die wirtschaftlichen Beziehungen andere Ordnungsprinzipien gelten als in den anderen Bereichen menschlicher Beziehungen. Diese Ordnungsprinzipien waren die der vertikal-hierarchisch aufgebauten Gesellschaft und die der in Treue begründeten zwischenmenschlichen Beziehungen. Nur wandelten sich die Ordnungsvorgänge, weil die Bürger der Stadt frei und daher nicht unmittelbar einem System der Über- und Unterordnung unterstellt waren. Im Aufbau der gesamten Gesellschaft galt in der Stadt und daher in der gewerblichen Wirtschaft das *genossenschaftliche Ordnungsprinzip der gleichen Standesgenossen,* das aber im Betrieb sogleich wieder einen vertikalen „Einschlag" im Verhältnis zwischen Meister, Gesellen und Lehrlingen erhielt.

a) Die Zunft als Trägerin der Wirtschaftspolitik

Die gewerbliche Wirtschaft der Städte war in Vereinigungen organisiert, die alle Lebensverhältnisse ihrer Mitglieder umfaßten und ordneten. Diese Vereinigungen hatten verschiedene Bezeichnungen: *Zunft* und *Zeche, Innung* und *Einung* und nicht selten, aber meist für den Handel, *Gilden. Zunft,* althochdeutsch „zumpft", bedeutete zusammenfügen, sich einordnen oder es bedeutete auch die Ordnung, nach der eine Gemeinschaft lebte und schließlich auch eine „Gruppe von Handwerkern gleicher Branche". *Zeche* hatte im Mittehochdeutschen die Bedeutung „Anordnung" und Einrichtung und später: Gesellschaft und Genossenschaft. *Einung* und *Innung* kommt vom althochdeutschen Verbum „innon" = „einen" oder Einigung, um einen Verein zu gründen. Wie immer auch die Beziehungen einer Vereinigung von Handwerkern waren, sie zielten alle auf einen vereinsmäßigen Zusammenschluß.

Über die *Entstehung der Zünfte* gab es verschiedene Meinungen, weil es wohl auch verschiedene Anlässe und Ursachen für die Gründungen gab. Nach der *hofrechtlichen Theorie* meinte man, die Zünfte seien als befohlene Zusammenschlüsse gleichartiger Handwerker am Fronhof entstanden. Da manches dafür, aber viel mehr dagegen sprach, wurde in der *stadtrechtlichen Theorie* die Auffassung vertreten: die Zünfte und Zechen seien von der Stadtverwaltung als Quasi-Zwangskartelle geschaffen, um eine einheitliche Ordnung für die Erzeugung und das Marktgeschehen durchzusetzen. Die dritte Meinung über die Zunftentstehung enthält die *Bruderschaftstheorie*, der gemäß sich die Handwerker der gleichen Branchen aus verschiedenen Gründen religiöser, sozialer, fürsorglicher und auch wirtschaftspolitischer Art zusammenschlossen.

Unbestritten kann man wohl annehmen, daß die Zünfte aus vielen Wurzeln entsprossen sind, hiebei kann einmal ein religiöser und ein andermal ein sozialer und wirtschaftlicher Grund den Anlaß gegeben haben. Mit der weiteren Entwicklung fanden sich zu dem jeweils einen, ersten Grund wohl auch noch andere in verschiedener Reihenfolge und zu verschiedenen Zeiten, so daß am Ende ein Bündel von Ursachen die Vereinigung der Handwerker zusammenhielt.

Aus diesem vielwurzeligen Entstehen ist auch der *umfassende Charakter der Zunft* verständlich. Sie war *für „alle" Lebensbereiche „zuständig"*. So wurde im Rahmen der Zunft das gemeinsame religiöse Leben gepflegt. Ebenso wurden alle sonstigen kulturellen Anliegen zur Entfaltung gebracht, womit auch alle geselligen Veranstaltungen verknüpft waren. Dies alles zusammengenommen ließ die Zunft unweigerlich auch als eine politische Institution erscheinen, in der und durch die die Bürger politisch tätig wurden. Wenn sich Wirtschafter des gleichen Zweiges vereinigen, ist es selbstverständlich, daß eine solche Einung auch für die wirtschaftspolitischen Anliegen kompetent ist. Wie immer die Gewichtsverlagerung der verschiedenen Zwecke der Zünfte gewesen sein mag, im Verlauf ihrer Organisationsentfaltung wurden sie zu umfassenden Einrichtungen für alle Lebensbereiche, die ihre bedeutendste Ordnungsaufgabe auf die Wirtschaftspolitik richteten. Alle wirtschaftspolitischen Vorhaben eines Gewerbezweiges wurden von der zuständigen Zunft in die Wege geleitet und durchgeführt. *Die Zunft war die Trägerin der Wirtschaftspolitik für je eine Gruppe der gewerblichen Wirtschaft.*

Daneben blieb die Zunft aber die allseitige Lebensgestalterin für die Meister, Gesellen und Lehrlinge und im weiteren für die Bürger der Stadt. „Sie ist der Kreis, in dem sich das alltägliche Leben der städtischen Bürger abspielt. In ihr lebt der *Bürger als Gleicher unter Gleichen*, in ihr ist er ein handelndes Glied der größeren Gemeinschaft. Als Mitglied der Zunft findet der Bürger Zutritt zum politischen Leben und vielfach auch zu politischen Ämtern" (F. Lütge).

Die Zunft umfaßte jeweils einen *kleinen Gemeinschaftskreis* der Menschen eines Gewerbezweiges. Aus dem Gesetz des kleinen Kreises ergab sich, daß die Zunft all ihre Mitglieder so durchdringend erfaßte, daß alle

26. Grundherren-Gericht: 1682

dicht miteinander verbunden waren. Aus der Durchdringlichkeit der Zunftwirkung und aus der Dichte der Zunftgemeinschaft konnte die Zunft eine nachhaltige Vergemeinschaftungskraft nach innen und eine geballte Durchschlagkraft nach außen entwickeln. Aus der Enge der Verbundenheit in der Zunftwirtschaft ergab sich ferner auch die persönliche Verbundenheit aller. Die kleinen Gemeinschaften garantierten eine persönliche Verbindung der Vereinigten im Gegensatz zu den Großorganisationen, die die persönliche Verbundenheit nicht selten durch Organisationstechnik ersetzten. Gerade diese persönliche Verbundenheit fügte sich systemgerecht in die Grundlagen mittelalterlicher Gemeinschaftsbindung durch die Treue ein. Die kleinen Gemeinschaften der Zunft mit den rein persönlichen Beziehungen der Mitglieder waren echte Treuegemeinschaften. Ihre Aufnahmezeremonien deuten ja auch auf die Aufnahmeart bei den rittermäßigen Leuten hin.

Aus den kleinen Kreisen der Zunft war auch deren *Vielfalt* verständlich. Für alle Handwerksgruppen und für alle Handelszweige und Frächtergemeinschaften ergaben sich die Zechen, Innungen und Gilden in großer Zahl. Diese Vielfalt entsprach auch dem reich aufgegliederten Leben in kulturelle und wirtschaftliche Angelegenheiten, weil für jede Gemeinschaft die entsprechend „zugerichtete Zunft“ gestaltet werden konnte. In der Gesellschaft der mannigfach gegliederten ständischen Gemeinschaften der Zünfte, Zechen, Innungen und Gilden trat wiederum das Bild des in vielen Feldern gegliederten Gewölbes der gotischen Kirchen und Dome hervor. In der Gesellschaft der gewerblichen Wirtschaft gab es die vielen Zunftgemeinschaften, die zusammen erst in *Vielfalt die Einheit* darstellen. Dies war auch ein Beweis für die durchgehend gleiche Zeitsignatur von Raumgestaltung und Gesellschaftsordnung.

Die genossenschaftlich organisierte Zunft bot den Mitgliedern in ihrer Geschlossenheit und Dichte *„Schutz und Rückhalt“* (Zatschek), also genau das, was die Bauern in ihrer herrschaftlichen Grundherrschaft an *„Schutz und Schirm“* hatten. Durch die innere Geschlossenheit erreichten die Zünfte eine Durchschlagskraft und daher auch einen beträchtlichen politischen Einfluß nach außen, den sie ohne ihren organisierten „Schutz und Rückhalt nie hätten gewinnen können. Mit dieser Zunftmacht mußten die Stadtverwaltungen wie auch die Landesfürsten rechnen.

Die Zunft hatte als *Mitglieder* die Meister mit vollem Genossenschaftsrecht, ohne dieses Vollrecht gehörten noch die Gesellen (Knechte), Lehrlinge und meist auch die Meisterfrauen und die Meisterwitwen der Zunft an.

Die Zunft hatte im Laufe der Zeit verschiedene Organisationsformen. Aus allen Varianten läßt sich etwa folgende Grundordnung als durchgehend festhalten. Die Zünfte hatten ihre *Meisterversammlungen* („Morgensprachen"), der alle Meister angehörten und die in der Regel monatlich einmal tagten. Die Leitung der Zunft hatte der *Zunftmeister oder Zechmeister,* dem meist noch ein zweiter Meister beigegeben war, der den zweiten Schlüssel zur Zunfttruhe verwahrte. Die *Zunfttruhe* enthielt die Akten und das Geld und galt als *dinglicher Mittelpunkt der Zunftgemeinschaft.*

Den Zunftmeistern war noch ein *Rat von zwei bis acht Zechgenossen* zugegeben.

Der Zechmeister hatte die Zunft nach außen zu vertreten und stand ihr in den inneren Angelegenheiten vor. Er war der Verwalter des Zunftvermögens und schlichtete Streitigkeiten in der eigenen Gemeinschaft. Er war bei der Aufnahme wie auch bei der Freisprechung von Lehrlingen und auch bei der Installierung eines neuen Meisters als Vorsteher der Zechengemeinschaft mit dabei.

Jede Zunft hatte auch zwei bis vier *Beschaumeister,* die „die Arbeit beschauten" und die Qualität der Arbeit und die Leistungen prüften.

aa) Das Ziel der Zunftwirtschaft: der standesgemäße Unterhalt

Die Zunft verfolgte als *Ziel* für alle Zweige der gewerblichen Wirtschaft: *den standesgemäßen Unterhalt.* Dieses Ziel entstand nicht in der Zunftwirtschaft, sondern wurde von dieser aus den naturalwirtschaftlichen Vorgängen des Eigenkirchenwesens und aus den Pflichten der Grundherrschaften für ihre Bauern übernommen. Dort galt als Norm für den erforderlichen Bedarf des Menschen und für den gerechtfertigten Aufwand des bene-vivere, das naturalwirtschaftlich die *„auskömmliche Nahrung"* und geldwirtschaftlich der *„standesgemäße Unterhalt"* war. Dieses in langer Zeit herausentwickelte Ziel wurde für die Zunftwirtschaft *allgemein anerkannt.* Dieses Ziel des standesgemäßen Unterhaltes galt für die gewerbliche Wirtschaft für so gemäß, daß oft sogar unterlassen wurde. es anzuführen. Dies hinwiederum ließ dann nicht selten Zweifel an der allgemeinen Gültigkeit dieses Zieles aufkommen. Die Begründung hiefür wurde in den verschiedenen möglichen Gesinnungen der wirtschaftenden Menschen gesucht. Es gäbe Menschen mit statischer „Bedarfsdeckungsgesinnung" und solche mit dynamischer „Gewinngesinnung". Dies ist insoferne richtig, als in der gewerblichen Wirtschaft des Mittelalters neben der allgemeinen Gültigkeit des Prinzips vom standesgemäßen Unterhalt auch für einzelne, die ihre gesellschaftliche Schichte durchstießen, das Gewinnstreben geltend war (z. B. Fugger und Welser u. a.). Aber trotz dieser tatsächlichen Abweichung in Einzelfällen *kann heute wieder die Geltung des Zieles vom standesgemäßen Unterhalt in der ständisch gebundenen Gesellschafts- und Wirtschaftsordnung anerkannt werden.*

Vor allem kann dies dann geschehen, wenn man die *damals geltende Ethik* und *formgebende Gesellschaftslehre* zur Grundlage der Erörterung nimmt. Die Kombination beider: Ethik und Gesellschaftsauffassung, drängt sogar: das Wirtschaftsziel vom standesgemäßen Unterhalt anzuerkennen.

Die Ethik in ihrer *Individualethik* stellte die Verhaltensmaxime vom Maß-halten so stark heraus, daß sich dieser Maxime niemand entziehen konnte. Und wenn das Maßhalten in allen Lebensbereichen unwidersprochen Geltung hatte, dann mußte dieses Maßhalten doch wohl auch im Bereich der Wirtschaft und im besonderen für das Ziel des Wirtschaftens Geltung haben, denn in der Wirtschaft mußte jeder die allgemein geltenden Verhaltensnormen zur Anwendung bringen. Das *Maßhalten* in der Wirtschaft war nicht ein einseitiges Entsagen und Beschränken auf ein Minimum. Das Maßhalten war vielmehr ein zweiseitiger Vorgang: das Erkennen des für den einzelnen maßgerechten Aufwandes und die Einhaltung dieses erkannten richtigen Maßes. *Das Maß lag irgendwo in der Mitte zwischen „lützel unde vill“* („Welscher Gast“). Das richtige Maß mußte gegen ein Zuwenig und daher gegen eine träge Bequemlichkeit erarbeitet werden, das richtige Maß mußte aber auch gegen ein Zuviel und daher gegen eine unsinnige Gier nach mehr bewahrt werden. Die Gierheit läßt alle Werte durch das Streben nach wirtschaftlichem Reichtum unsichtbar werden und daher als nicht mehr erstrebenswert erscheinen. Der Mensch verliert sich in der „Gierheit“ selbst:

Kein Mensch soll steckit der gierheid,
si brengit sorge und auch leid,
er gud snellichin zurinnet
Ez machit dicke die girheit,
det man gotis wenig acht
Und lip und sele werdit hen geleid
Und daz die ere dazu swacht.

Eilhart von Oberg: Tristan 1710 ff.

Da das Maßhalten immer die Mitte zwischen zu wenig und zu viel anstrebt, muß die *Mitte als richtiges Maß* erkannt werden. An dieser Stelle kam nun die *Sozialethik* zu Hilfe, denn sie läßt aus der sozialen Position das rechte Maß ermitteln. Da nun in der vertikalen Gesellschaftsordnung jede Gruppe ihre bestimmte Stelle hatte und diese auch kannte, konnte man auch wissen: *was ihr an gesellschaftlicher Geltung und demgemäß auch an standesgemäßem Einkommen zusteht.* Damit war aber immer das richtige Maß gegen ein Zuviel nach oben und gegen ein Zuwenig nach unten zu ermitteln. Die Kenntnis vom Gesellschaftsaufbau gab dem einzelnen aber auch jeder Gruppe die Einsicht von der richtigen, eigenen Sozialposition und die Sozialethik bestimmte demnach das Festhalten am gesellschaftlich bestimmten Einkommen. Ethik und Gesellschaftsauffassung bestimmten, was jeder Gruppe und Schichte an Einkommen zustand: *das dem Stande gemäße Einkommen.*

Dieses läßt sich wiederum aus dem gesellschaftlich gerechtfertigten Aufwand der hierarchisch aufgebauten Gesellschaft für jeden Stand ermitteln. Da jeder Gesellschaftsstufe ein gewisses Gehaben entspricht und daher auch ein bestimmter Aufwand zusteht, hat jede Gesellschaftsschichte ihren Bedarf nach Art und Größe. Diesen Bedarf muß das Einkommen ermöglichen. *Das soziale Quale bestimmt das ökonomische Quantum des Einkommens. Das standesgemäße Einkommen hat das standesgemäße Auskommen zu garantieren.* Dies bedeutet in der Aussage von Eilhart von Oberg (1170):

„Jeder mag wol sin teil
gewinnen, al des er bedarf."

Der standesgemäße Unterhalt sollte soviel Einkommen bringen, daß bei sparsamer Verwendung auch eine langsame Vermögensbildung gewährleistet sein sollte. Da in der mittelalterlichen Stadt in der Regel jedem Bürger und bürgerlichem Handwerksmeister *ein Haus als standesgemäßes Vermögen* zustehen sollte, zeigen alle Bilder von mittelalterlichen Städten, die auf allen Plätzen und in den Gassen viele kleine, aber gleich große Häuser aufweisen. Die „genossenschaftlichen" Häuserzeilen in den Straßen und Gassen deuteten doch klar darauf hin, daß die bürgerlichen Handwerksmeister zur Absicherung ihres standesgemäßen Unterhaltes im Laufe ihrer Wirkungszeit zu einem Haus als Vermögensrückhalt kommen sollten. In der Spätzeit gab es natürlich wieder größere Vermögensdifferenzen, weil ja auch die „Startbedingungen" für die einzelnen Handwerksarten und damit die Erträge und die Vermögensbildungsmöglichkeiten verschieden waren.

bb) Die Planwirtschaft der Zunft

Damit die Zunft für ihre Mitglieder den standesgemäßen Unterhalt sichern konnte, mußte sie eine umfassende und durchgreifende Wirtschaftspolitik machen. Diese war wiederum nur auf Grund eines Planes und mit folgerichtiger Lenkung möglich. *Die Wirtschaftspolitik der Zunft war eine durchorganisierte Planwirtschaft.*

Sie erfaßte den Bedarf und somit den Absatz und stellte daraufhin die Zahl und die Größe der Betriebe und somit den Erzeugungsausstoß fest. Diese Erzeugungsmenge mußte durch die Preisfestsetzung auf Grund der Lebenshaltungskosten und der Arbeitszeit den standesgemäßen Unterhalt garantieren.

Für jede Gewerbesparte wurde durch die Erfahrung der *Bedarf aus der Stadt und dem Umland* ermittelt. *Dieser durch die Nachfrage effek-*

tive Bedarf wurde zum Plandatum für die Erzeugung. Berücksichtigt wurden hiebei verständlicherweise die jahreszeitlich bedingten Schwankungen oder auch sonstwie verursachte Abweichungen der Nachfragegrößen.

Die *Erzeugung nach Menge, Art und Güte* wurde auf den Bedarf des eigenen Wirtschaftsbezirkes *eingestellt.* Da man die *Betriebsgrößen* in jeder Branche durch die Fixierung der Mitarbeiter des Meisters, durch die Zahl der Gesellen und Lehrlinge, und wenn es sein mußte, auch durch die Zahl der Arbeitsgeräte festlegte, war für jeden Betrieb der Erzeugungsumfang und der Produktionsausstoß bekannt. Da man auch die „Konzessionserteilung" der Zunft überließ, ließ die Zunft gerade soviele Betriebe zu, daß *durch den Produktionsausstoß aller Betriebe die zu erwartende Nachfrage gedeckt werden konnte.*

Durch diese zünftige Planwirtschaft wurde nach Ausschaltung eines störenden Wettbewerbs der Bedarf der Bevölkerung einer Stadt mit dem zugehörigen Lande befriedigend gedeckt und den zukünftigen Unternehmern der standesgemäße Unterhalt garantiert.

Für die freie Entscheidung der zünftigen Unternehmer blieb ausschließlich nur die Güte der Erzeugnisse. Für die Qualität der Erzeugung war der Wettbewerb offen.

cc) Die Garantien des standesgemäßen Unterhaltes

Der standesgemäße Unterhalt wurde von verschiedenen Seiten her abgeschirmt und gesichert. Zunächst wurde der Absatz der gewerblich erzeugten Waren regional in der Stadt und in der Bannmeile der Stadt wie auch im ländlichen Umkreis abgesichert, indem nur den Zunfthandwerkern die Erlaubnis zustand, in diesem Gebiet ihre Waren abzusetzen. Dann wurde für die standesgemäße Einkommenssicherung durch die Festlegung der Betriebsgrößen der Marktanteil für jeden Zunftbetrieb garantiert, so daß keiner eine größere Nachfrage an sich ziehen konnte. Die Zahl der Betriebe stand für die einzelnen Branchen fest, wodurch eine übermäßige Konkurrenz ausgeschaltet war und für jeden Betrieb funktionell der Absatz sichergestellt wurde. Des weiteren wurde die standesgemäße Einkommenssicherung schließlich durch die Kalkulation der Kosten und Preise der erzeugten Waren und erstellten Dienstleistungen abgestützt, indem die Lebenshaltungskosten für die Zeit der Herstellung der Waren als Lohnkosten gemeinsam mit den Rohstoffen als Erzeugungskosten den Preis bestimmten. Da alle in gleicher Weise kalkulierten und die so kalkulierten Preise in den Preistaxen der Zunft festgehalten wurden, mußte als Ergebnis der Warenverwertung mit den übrigen Absicherungsgarantien der standesgemäße Unterhalt nach Abzug der Materialkosten als Rest übrig bleiben. Was man der zünftigen Wirtschaftsordnung als *Ziel* setzte, kam auf diese Weise als *Ergebnis* wieder zustande: der standesgemäße Unterhalt.

α) Die Sicherung des Absatzgebietes

Die Handwerker einer Stadt hatten den „sozialwirtschaftlichen Auftrag", den *Bedarf der Bevölkerung der Stadt und des ländlichen „Umlandes"* (R. Kötzschke) zu decken und so die Leute zu versorgen. Zum Versorgungsgebiet gehörten die Bewohner der Stadt, die Einwohner der städtischen Bannmeile und die bäuerlichen Menschen des ländlichen Umlandes. Der sozialwirtschaftliche Auftrag galt auch für jede Handwerkergruppe und die zugehörige Zunft und ihre Mitglieder. Dadurch konnte die „Stadtwirtschaft" mit ihrem Umland wirtschaftlich selbständig und beinahe autark sein, soweit im „heimischen Gebiet" auch die erforderlichen Rohstoffe gegeben waren. Waren solche nicht im erforderlichen Ausmaß vorhanden, mußten sie von „auswärts" zugeführt werden.

Ein solcher eigenständiger Wirtschaftsbezirk war für die Handwerker der Stadt das *Versorgungsgebiet,* das den Handwerkern die Pflicht (officium) auferlegte, die Bedürftigten mit den entsprechenden Waren zu versorgen. Das Versorgungsgebiet gab den Handwerkern aber auch die Möglichkeit, ihre Waren abzusetzen. Die Verbindung von Versorgungspflicht und Absatzmöglichkeit gab den städtischen Handwerkern die *wirtschaftliche Existenzgrundlage.* Diese Lebensgrundlage wurde von jeder Zunft in zweifacher Weise beachtet. Aus dem Versorgungs- und Absatzgebiet wurde die Absatzgröße und dadurch das mögliche Produktionsquantum ermittelt. Unschwer konnte man aus der Erfahrung die Absatzgröße „erheben", wie sie in der Nachfragegröße in Erscheinung trat. Die durchschnittliche Nachfragegröße wurde zur *Grundlage für die Planung der Produktionspolitik.* Wenn man auf diese Art wußte, wieviele Waren abgesetzt werden konnten, wußte man auch, wievieler Betriebe jede Zunft bedurfte, denn der Erzeugungsausstoß war ja durch die Leistung der Betriebe und die für den standesgemäßen Unterhalt erforderliche Einkommensgröße bestimmt. Aus der Absatzgröße des städtischen Wirtschaftskreises ließ sich die Zahl der Betriebe, die die Versorgung leisten sollten, ermitteln.

Wenn die Nachfrage aus dem Versorgungsbezirk die wirtschaftliche Lebensgrundlage für die Betriebe einer zunftmäßig organisierten Branche war, dann war dieser Absatz nach allen Seiten hin zu schützen. Die Bedrohung eines solchen „angestammten" Absatzgebietes konnte von außen durch den Handel und von innen durch „unbefugte Handwerker" kommen. Dagegen ging die Zunft mit einem *detaillierten Abwehrplan* vor.

Die Abwehr gegen die „Einfuhr fremder Waren“ konnte mit einem *Einfuhrverbot* und mit *Zollbelastungen* für die heimischen Kaufleute ansetzen und mit kostenbelastenden langfristigen Stapelpflichten für die fremden Kaufleute enden. Durch ein solches vielfältiges Abwehrsystem war beinahe die „Bannisierung fremder Waren“ möglich. Der heimische Markt blieb daher von Störversuchen von auswärts vielfach frei. *So blieb für die heimischen Handwerker die Nachfrage aus dem eigenen Markt gesichert.*

Zur Sicherung des angestammten Marktes etwa verfügte der Landesfürst auf Bitten der steirischen Städte und Märkte am 12. Juli 1418 ein *allgemeines Verbot* für alle Handwerker am Lande in der Bannmeile der Städte und Märkte: „Fürderhin soll kein Handwerker, weder Lederer, Bäcker, Fleischhacker, Kürschner, Maler und noch andere Handwerker am Lande im Bereich der Bannmeile ihr Handwerk treiben“. Ausgenommen vom Verbot wurden die Schneider und Schuster, wenn sie außerhalb „ainer Meil wegs sizzen und arbeiten“. Solche Verbote wurden reihenweise erlassen, so z. B. in Knittelfeld für die Fleischer und Lederer, in Leoben für die Weinschenken, Fleischer, Bäcker und andere Handwerker, in Voitsberg für Weinschenken und Märkte. Für die Hammerherren in Mürzzuschlag wurde (1360) das Gebiet zwischen Semmering und Leoben als alleiniges Gebiet für die Eisenverarbeitung gewidmet „weil sie sonst keinen Unterhalt hätten“.

Die Gefährdung des heimischen Marktes war im Rahmen des Wirtschaftskreises selbst sowohl durch die unbefugt Gewerbetreibenden in der Stadt als auch durch die *„Störer“* am Lande gegeben.

Manche für die Betriebsführung „behinderten Meister“, die nicht in die Zunftrolle aufgenommen waren und die daher keine Gewerbeberechtigung bekommen hatten, oder auch ausgelernte Gesellen, betätigten sich in abgelegenen Werkstätten als *„Dachhasen“* und *„Bönhasen“* und konnten, weil sie nicht an die Preistaxen der Zunft gebunden waren, ihre Waren und Dienstleistungen billiger absetzen. Was sie aber von der Nachfrage am Markt an sich zogen, ging den anderen, den befugten bürgerlichen Meistern an Nachfrage verloren. Strenge Verbote der Stadtverwaltung, aber auch Untersagungspatente von seiten der Landesherren, gingen gegen die störenden Pfuscher vor und suchten die Marktstörung hintanzuhalten.

Im ländlichen Unkreis versuchten nicht selten unbefugte Meister und Gesellen durch ihre „Störarbeit“ auf den Höfen der Herrschaften und Bauern von der gegebenen Nachfragemöglichkeit einen Teil an sich zu ziehen, wodurch sie die Absatzgröße der privilegierten Zunftmeister verkürzten. In der Stadt arbeiteten die Störer auf Dachböden. Deshalb war es verständlich, daß die Zunft mit allen Mitteln versuchte: *den Stö-*

rern „das Handwerk zu legen“. Ein System von Verfolgungshandlungen und Marktsicherungsmaßnahmen sollte die Nachfrage am „zuständigen Markt“ für die befugten Meister und ihre Betriebe garantieren.

Alle Markt-Schutzmaßnahmen sollten den zünftigen Handwerkern durch die Absatzsicherung für ihre erzeugten Waren das Einkommen in der Höhe des standesgemäßen Unterhaltes gewährleisten.

β) Die Beschränkung der Betriebszahl durch den Zunftzwang

Jede Zunft hatte die Pflicht, für ihre Mitglieder und deren Angehörige den standesgemäßen Unterhalt sicherzustellen. Um dieser Verpflichtung zu entsprechen, mußte die Zunft *für jeden Betrieb den Marktanteil* in einem Ausmaße *garantieren,* daß der gesicherte Absatz zu den gesetzten Preisen den standesgemäßen Unterhalt gewährleistete.

Der Marktanteil mußte deshalb für alle gleich sein, denn nur der gleiche Marktanteil sichert die erforderlichen Einnahmen aus dem Markterlös. Der notwendige Marktanteil durfte daher nicht durch übermäßige Konkurrenz bedroht werden. Ein forcierter Wettbewerb würde den Kampf um den Marktanteil so stark sein lassen, daß einer dem anderen „das Brot vom Mund wegnähme“. Um nun jedem Zunftmeister einen genugsamen Marktanteil zu gewährleisten, mußte die Konkurrenz in dem Maße gezügelt werden, daß nur die für den Markt des Stadt-Landkreises *erforderliche Zahl der Betriebe den Markt beliefern durfte.*

Zum Vollzug dieses planwirtschaftlichen Konzeptes erkämpften sich die Zünfte *das Recht, von sich aus die Gewerbeberechtigung zu vergeben.* Mit dieser rechtlichen Kompetenz und wirtschaftspolitischen Vollmacht ausgerüstet setzten die Zünfte für ihre Branchen die Zahl der Betriebe so fest, daß es keine übermäßige Konkurrenz geben konnte. Auf diese Weise verblieb jedem Meister der Marktanteil, der den standesgemäßen Unterhalt garantierte.

Jeder, der einen gewerblichen Betrieb eröffnen wollte, mußte bei der Zunft um die Genehmigung ansuchen, denn er konnte den Betrieb nicht beginnen, ehe er nicht von den eingesessenen Meistern die Erlaubnis bekam („von denselben daz urloub gewinnet“). Dies galt auch dann, wenigstens nach Judenburger Stadtrecht, wenn ein Sohn das Gewerbe vom Vater übernahm. Selbst für diesen Fall mußte er die Erlaubnis der anderen Meister einholen: „daz urloub von anderen Maystern gewunnen“. Diese unbedingte *Konzessionserteilung von seiten der Zunft* galt sowohl für den Handel als auch für das Handwerk und für jeden Bewerber, „er sey geistlich oder weltlich“. Die Gewerbeberechtigung und die Zunftaufnahme wurden meist in einem Akt gegeben, wie dies in der Handwerksordnung der Schuster (1432) in Graz festgehalten wurde: „Er erhalte dan zu Graz alle Rechte als ein ander gesessener Maister nach gewonhait".

Diese Bestimmungen wurden in den Handwerksordnungen festgehalten, sie wurden aber auch vom Stadtrat bestätigt oder vom Herzog in Privilegien verbrieft. Auf jeden Fall *hatten die Zünfte das Recht: die Gewerbeberechtigung zu erteilen.*

Bei der Erzeugung lebenswichtiger Waren behielt sich allerdings der Stadtrat das Recht vor: die Zahl der Betriebe zu vergrößern: „Wann Not ist, damit die stat nicht versaumpt wirt nach der leut und der stat notdurft" (nach Pettauer Stadtrecht v. 1376).

Die Zünfte verfügten, daß die *Gewerbeberechtigung mit der Aufnahme in die Zunft* gegeben war. Dies bedeutete aber auch: alle die nicht in die Zunft aufgenommen wurden, hatten kein Recht zur Gewerbeausübung.

Dadurch ergab sich eine Gruppe der befugten Gewerbetreibenden, für die der erforderliche Marktanteil durch die Zunft gewährleistet wurde, und es gaben sich aber auch andere Gruppen, die etwa trotz der erbrachten Voraussetzungen durch die Ablegung der Lehr- und Gesellenzeit und die Erbringung der Gesellen- und Meisterprüfung keine Gewerbebewilligung bekamen, weil die erforderliche Zahl der Betriebe schon besetzt war. Für diese abseits stehenden Außenseiter gab es zugunsten der „privilegierten Meister" keinen ordnungsgemäßen Marktanteil.

Bei einer umsichtigen Führung der Gewerbeberechtigungspolitik der Zunft wurde daher auch die Aufnahme der Lehrlinge auf eine „erträgliche" Zahl zugerichtet, damit es nicht eine „Überzahl" von Gesellen und geprüften Meistern geben konnte. Der Zunftzwang mit dem Recht der Zunft, die Gewerbeberechtigungen zu verleihen, ließ jeweils nur soviel Handwerker für die Erzeugung und Marktbelieferung zu, daß jedem Meister ein so großer Marktanteil zustand, daß er für seinen Betrieb „einen goldenen Boden" gesichert hatte, denn der gesicherte Marktanteil gewährte stets die auskömmliche Nahrung und den standesgemäßen Unterhalt. *Der Zunftzwang war der Garant des standesgemäßen Unterhaltes.*

γ) Die Begrenzung der Betriebsgrößen durch die Festlegung der Gesellen- und Lehrlingszahl

Der nach außen abgeschirmte und im Innern gegen Pfuscher und Störer einigermaßen abgesicherte Markt garantierte den durch den Zunftzwang zahlenmäßig beschränkten Meistern einen Marktanteil, der durch den Markterlös nach Abzug der Sachkosten den standesgemäßen Unterhalt sicherte. Diese Unterhaltsgarantie wurde durch die *Limitierung des*

Produktionsausstoßes für die einzelnen Betriebe zur Gewährleistung der auskömmlichen Nahrung und zur Garantie des bene-vivere für die Angehörigen der Betriebsgemeinschaft des Zunftmeisters mit Gesellen, Lehrlingen, Angehörigen und mit dem Gesinde gesichert.

Jede Zunft erließ für ihre zugehörigen Meisterbetriebe Vorschriften, die den Produktionsumfang genau begrenzten, so daß alle Betriebe den gleichen Produktionsausstoß erreichen konnten, ihn aber nicht zu überschreiten vermochten. Die Begrenzung des Produktionsquantums wurde durch die Limitierung der einsatzfähigen und eingesetzten *Werkzeuge* und „Maschinen" wie etwa Webstühlen und der in den Werkstätten tätigen *Gesellen und Lehrlinge* wie auch durch die vorgegebenen *Arbeitszeiten* und die bewilligten Freizeiten zu erreichen versucht.

Da die „Bewaffnung" der Arbeit mit Werkzeugen den Erzeugungsgang ergiebiger macht, ist das Ausmaß der Werkzeugausrüstung eine bedeutende Komponente für den Erfolg des Produktionsprozesses. Wenn die Zunft nun für alle Meisterwerkstätten die gleiche Begrenzung der Produktion anstrebte, mußte sie für alle und jeden die gleichen Werkzeuge einerseits oder mindestens die gleiche Begrenzung der Arbeitsgeräte vorgeben. Für diese Gleichschaltung des Produktionsumfanges bestimmte die Zunft für jeden Betrieb die Zahl der Werkzeuge.

In einer Zeit, in der es keinen Kapitaleinsatz durch technisch-revolutionierende „Maschinen", sondern nur durch langsam aus der Tradition heraus verbesserte Werkzeuge gab, war die Hauptproduktivkraft im Betrieb die Arbeit. Die Zahl der mit dem Meister mitarbeitenden Gesellen und Lehrlinge bestimmte daher neben den eingesetzten Werkzeugen die Größe des Produktionsausstoßes. Wollte die Zunft für jeden zugehörigen Betrieb ein gleiches Produktionsquantum erwirken, dann mußte sie für die Betriebe *die Zahl der Gesellen und Lehrlinge begrenzen.* Dadurch erzwang sie für alle Meisterwerkstätten *den gleich großen Produktionsausstoß.*

Um selbst die Wirkkraft der Arbeit zu begrenzen, erließ die Zunft genaue *Anordnungen über die Arbeitszeit und über die Freizeiten.* Die Zahl der Arbeitsstunden wurde für die Wochentage genau angegeben, so daß die in den Betrieben tätigen Gesellen und Lehrlinge überall den gleichen Produktionsausstoß bewerkstelligen konnten. Wieder kann gelten, daß die Zunft mit den Bestimmungen über die tägliche Arbeitszeit das Produktionsquantum in allen Betrieben gleichschaltete.

Zur Ergänzung dieser Arbeitszeitverfügung durch die jeweilige Zunft wurden auch die Freizeiten durch die Fixierung der Festtage genau festgelegt. Dazu zählten die Sonntage, die Montage zu den Hohen Feiertagen wie Ostern und Pfingsten, der Weihnachtstag und der Neujahrstag, die meisten Marientage und der jährliche Festtag des Zunftheiligen und auch der Festtag des Kirchenpatrons und gelegentlich auch noch andere Feiertage. Dadurch, daß diese Festtage für alle die gleiche Freizeit brachten, wurde die Arbeitszeit und damit der Effekt der Arbeit für alle in gleicher Weise beschränkt, so daß dann doch wieder *für alle und jeden* die gleiche Arbeitszeit und daher *der gleiche Produktionsausstoß zur Geltung kam.*

Die verschiedenartigen Gleichschaltungsmaßnahmen für die Begrenzung und Gleichrichtung des Produktionsausstoßes in allen Meisterwerkstätten sicherte den *gleichen Marktanteil* für alle und jeden. Wenn alle den gleichen Marktanteil hatten, mußten sie bei den von der Zunft fixierten Preisen auch den *gleichen Markterlös* haben. Wenn nun jeder Meister von seinem Markterlös die Aufwände für die Rohstoffe und den Werkzeugeinsatz abzog, mußte für alle hinwiederum das *gleich große Einkommen* zutage kommen. Wenn auch die Einkommenspolitik der Zünfte für alle Werkstätten-Gemeinschaften mit den Angehörigen das gleich große Einkommen durch die Ausgleichung der Produktionsausstöße „erzwang", wurde *für alle und für jeden der standesgemäße Unterhalt garantiert.*

Das Prinzip der gesicherten Nahrung und des standesgemäßen Unterhaltes war allen stark eingeprägt, andererseits die Angst vor der Existenzgefährdung durch eine allzu sehr „zerteilte Nahrung" zufolge einer zu großen Zahl der Betriebe in allen deutlich ausgeprägt, ein Zustand, der so lange Geltung hatte, so lange die Zunftordnung überhaupt bestand. Daher warnte sogar J. J. Becher mitten in der kameralistischen Zeit der absolutistischen Wirtschaftspolitik vor der Gefahr des Polypols der Zünfte, das in der Überbesetztheit der einzelnen Branchen bestand.

Deutlich wurde dies in einer späten, aber von der alten Tradition durchdrungenen Beschwerde der Schuhmacher von Halle im Jahre 1691 an Kurfürst Friedrich Wilhelm von Brandenburg. Da immer mehr neue Meister um die Gewerbeberechtigung einkamen, war die Gefahr der auf allzuviele „zerteilten Nahrung" bedrohlich. Wenn nämlich die Gesamtnachfrage aus der Stadt und aus dem Landkreis und mit ihr auch der Markterlös und die in ihm enthaltene und garantierte Einkommensgröße auf zu viele Meisterbetriebe „zerteilt" wurde, wurde die Quote für den einzelnen Meister und seine Gefolgschaft mit dem Gesinde für die Sicherung des standesgemäßen Unterhaltes zu klein. Dieses „Gedränge" spielte sich vorzüglich zwischen den alten und jungen Meistern ab, weil die alten „über den Haufen geworfen" wurden. Um diese Lage zu beheben, wurde der Kurfürst um Abhilfe durch eine klare Beschränkung der Betriebszahl für die Stadt gebeten. Deutlicher kann die Sicherung des standesgemäßen Unterhaltes durch die Beschränkung und Festsetzung der Zahl der Betriebe nicht mehr ausgedrückt werden.

δ) Die zünftige Preiskalkulation zur Sicherung des standesgemäßen Unterhaltes

Die Menschen müssen Verschiedenes erzeugen, damit jeder mit allem, dessen er bedarf, versorgt werden kann. Die einen erzeugen Güter, andere stellen Leistungen her und wieder andere bringen rein geistige Leistungen hervor, so daß auf diese Weise alle das Nötige und das Angenehme für ihr Auskommen bereitgestellt erhalten.

In diesem Leistungsprozeß der Gesellschaft ergeben sich trotz der breiten Varianz der Leistungen Gruppen und Schichten, die Gleichartiges zu leisten und herzustellen haben. Von denen werden die einen durch ihre Berufung für einen bestimmten Auftrag in der Gesellschaft zu einer Einheit der Standesgenossen und andere werden kraft ihrer Geburt zur Einheit der Ebenbürtigen zusammengehalten. In der in Schichten und Ständen aufgebauten vertikalen Gesellschaft ergeben sich demnach die unterschiedlichen Stände. *Die vertikale Gesellschaft ist eine ständische Gesellschaft.*

In dieser ständischen Gesellschaft hat jede Schichte und Gruppe ihren gesellschaftlichen „Auftrag" und somit ihre soziale Funktion zu vollbringen. *Dieser sozialen Funktion entspringt aber auch die soziale Position.* Zu dieser gehört die wirtschaftliche Grundlage für einen ständisch bestimmten und schichtenmäßig legitimierten Aufwand nach Inhalt und Ausmaß. Der inhaltlich qualifizierte Lebensstandard zeigt sich in einem bestimmten Verbrauch, der in allen Sparten vom Essen über die Kleidung und Wohnung bis zu den rein repräsentativen Aufwandsvorgängen von der jeweiligen Schichte her genau „genormt" ist. Dieser qualitative Aufwand wird in seine Mengen umgewandelt und so quantifiziert. Dadurch ergibt sich in der vertikalen Gesellschaft ein Gefälle von Ständen nach Rang und Würde und diesem gemäß ein Gefälle von Aufwandsgrößen. *So drängt die Gesellschaftsordnung der Wirtschaft die Bedarfsordnung und mit dieser die Ziele auf.* Der standesgemäße Lebensunterhalt entstammt auf diese Weise immer dem status personae.

Die wirtschaftliche Arbeit, die der leitenden Person die soziale Funktion bestätigt, bringt durch ihren Erfolg die ökonomische Basis für die soziale Position.

Die Lohnvergeltung für die Arbeit ist wie die Gerechtigkeit eine zweifache: die *iustitia commutativa,* durch die zwei Gleiche im Rang Gleiches mit Gleichem vergelten, und die *iustitia distributiva,* durch die den Mitgliedern der Gesellschaft nach ihrem Range vergolten wird. Die Arbeit verfolgt damit zwei Ziele:

sie erfüllt den gesellschaftlichen Auftrag und bringt den standesgemäßen Unterhalt.

Diesen Zweck leistete die Arbeit durch die *zünftige Preiskalkulation.* Ausgehend vom standesgemäßen Unterhalt als Ziel der Arbeit wurde der Aufwand für eine Zeiteinheit (etwa eine Woche oder einen Monat) für die Zunftmeisterfamilie mit Gesinde, Lehrlingen und Gesellen, sofern diese im Hause wohnten und lebten, festgestellt. Dieses Aufwandquantum wurde auf die entsprechende Arbeitszeit umgelegt, so daß der notwendige Ertragseffekt für die Arbeitsstunde ermittelt werden konnte. *Die Arbeitsstunde mußte für den Meister-Haushalt so und soviel gemäß dem vorgegebenen Aufwand bringen.*

Dadurch ergibt sich nun aber auch der Lohn-Anteil an den Erzeugungskosten. Werden diese Lohnkosten zu den Materialkosten, Rohstoff- und Abnützungskosten der „Anlagen" gegeben, so erscheinen schließlich die *gesamten Erzeugungskosten. Die so ermittelten Erzeugungskosten wurden von der Zunft für die Preissatzungen anerkannt und als die geltenden Preise festgelegt.*

Über diese zünftige Preiskalkulation „fließt" das soziale Quale der Zugehörigkeit zu einem Stande in das Quantum der ökonomischen Preisfaktoren ein. *Das soziale Quale verwandelt sich durch diese zünftige Preiskalkulation in das ökonomische Quantum der Preise.*

Dieses Preissystem ließ als gesellschaftspolitisches System den Lebensunterhalt der Stände, den victus, durch die Preise hindurchschimmern, wodurch sogar die Preise dem gesellschaftlichen System der vertikalen Gesellschaft unterstellt waren. Das gesellschaftliche und wirtschaftliche System der ständischen Gesellschaft war damit als ganzes Gebilde geschlossen und vollendet.

Für die spätere Untersuchung sei der Hinweis festgehalten: in diesem Preissystem waren die Preise nie den „blinden Gewalten des Marktgesetzes preis-gegeben" (H. Thünen), wenn auch bei Überfluß im Angebot die Preise von den gesetzten Preisen gelegentlich nach unten abglitten oder bei mangelndem Angebot nach oben auswichen. Dies zeigt: daß es in der Geschichte nicht nur „das natürliche Markt-Preis-System" gab, wie die Klassiker und ihre Epigonen so lautstark verkündeten.

dd) Die Garantien der Leistungsqualität

Die Wirtschaftspolitik der Zünfte richtete sich zunächst auf die Sicherung des standesgemäßen Unterhaltes für die in der Zunft zusammengeschlossenen Mitglieder und dann auch auf die Garantie der Leistungsqualität für die Kunden der Handwerker und Kaufleute. Diese Qualitätsgarantie von seiten der Zunft begründete und sicherte den Ruf und die Ehre der Handwerker, wodurch wiederum die gesicherte Nachfrage gewährleistet und der „goldene Boden" des Handwerks für die Gegenwart und die Zukunft gegeben war.

Die Leistungsgarantien wurden auf verschiedenen Wegen zu erreichen versucht: auf dem der Ausbildung, der zünftigen Leistungskontrolle und schließlich auf dem Wege der freien Konkurrenz bei der Erstellung der hochqualifizierten Leistungen.

Die wirtschaftliche Qualitätspolitik der Zünfte zeigte sich einerseits in einem *präventiven System der Mangelverhütung* und andererseits in einem *reparatorischen System der Mangelbehebung.*

Die *Ausbildung* war eine umfassende und schloß alle Zunftmitglieder ein. Ohne eine gründliche Ausbildung war die Mitarbeit in einem Zunftbetrieb nicht möglich und ohne eine gediegene Fortbildung war erst recht die Ausübung der Meisterschaft nicht gestattet.

Die Ausbildung des Lehrlings zum Gesellen erfolgte durch die Lehre im Meisterbetrieb; zwischen der Gesellenprüfung und der Meisterprüfung stand die Wanderpflicht der Gesellen, die keinen anderen Sinn hatte, als durch diese offizielle „Betriebsspionage" das technische Niveau in Wissen und Können für alle Betriebe über das weite Gebiet von Mittel- und Westeuropa auszugleichen. So gab es überall die gleichen technischen Verfahrensweisen und daher auch die gleiche Qualität der Erzeugnisse. Die Meisterprüfung war die letzte Ausbildungsstufe, die die höchstmögliche Qualität der Erzeugnisse und Leistungen gewährleistete.

Die strenge Leistungskontrolle war durch die Zunft selbst und zwar durch die zünftige Betriebs-, Arbeits- und Qualitätskontrolle gegeben. Die von der Zunft *durch Eid bestellten Beschauer* mußten die Herstellungsverfahren in den Betrieben, die Arbeitsweise und schließlich die Qualität der Erzeugnisse in Bezug auf die verwendeten Rohstoffe, die durchgeführte Arbeit und die Güte der Erzeugnisse prüfen. Beanstandete Waren verfielen der Vernichtung.

Die letzte Leistungsgarantie war durch die *freie Konkurrenz in der Leistungserstellung* gegeben. Während in der Erzeugungsquantität eine Beschränkung in Bezug auf die verwendeten Rohstoffmengen, auf den Arbeitseinsatz und daher in Bezug auf den Produktionsausstoß in der zünftigen Planwirtschaft gegeben war, bestand volle Freiheit für die Konkurrenz in der Erstellung der Leistungsqualität. Für die Güte der Erzeugnisse gab es keine Beschränkung. Nach unten war die Güte der Waren durch die Beschaukontrolle abgeschirmt, nach oben hingegen war jede Güteverbesserung der *freien Initiative* der Meister und ihrer Gesellen überlassen. In der Steigerung der Leistungsqualität war die Konkurrenz vollends frei. Es gab keine Konkurrenz in der Produktionsquantität, aber es bestand freie Konkurrenz in der Produktionsqualität. Dadurch war *für die Kunden die bestmögliche Versorgung* gegeben und *für die Handwerker war die Arbeit letzter Persönlichkeiteinsatz,* die Arbeit war Persönlichkeitsentfaltung.

α) Die Ausbildung der Lehrlinge und Gesellen

Der Lehrling. Die Ausbildung im Rahmen der Zunft begann mit der Lehre für die Lehrlinge.

Nach Wissel war die erste Anordnung für die Lehrpflicht in der Kölner Drechslerordnung von 1182 festgehalten, in der verordnet wurde, daß niemand Lehrlinge halten durfte, der nicht selbst zwei Jahre gelernt hatte. In der Ordnung der Barbiere von Lübeck aus dem Jahre 1480 war bestimmt, daß keiner Meister werden konnte, der nicht selbst „drei Jahre langk geleret" hat (R. Wissel, Des alten Handwerks Recht und Gewohnheit, Berlin 1929, Bd. 1, S. 137).

Der *Zweck* der Lehrlingsausbildung war zunächst mit dem *Schutz der Kunden* umschrieben, „damit nid bedroigen werde" (Kölner Fischerordnung v. 1392) und dann mit der *Sicherung des lauteren Wettbewerbes* festgelegt. Es sollte nämlich durch die Lehre verhindert werden, daß den ausgebildeten Meistern „durch ohnerfahrene Stumpler das brodt vor dem mundt abgeschnitten werde" (Wissel, a.a.O., Bd. 1, S. 138).

Der *Inhalt* der Lehre im Meisterbetrieb war ein umfassender und tiefgreifender derart, daß er alle Lebensvorgänge umfaßte und bis in die tieferen Schichten der Menschen reichte. So wurden das *Wissen und Können,* wie auch alle *Fertigkeiten* des Handwerks vom Meister und den Gesellen an den Lehrling vermittelt. Das gesamte Wissens- und Erfahrungsgut von Jahrhunderten wurde auf diese Art von Generation zu Generation weitergegeben und jeweils durch neue Erfahrungen vermehrt. Mit diesem rein fachlichen Unterricht war auch die *Erziehung im Umgang mit den Menschen* verbunden. Jeder Lehrling lernte so die Ordnung der vertikalen Gesellschaft im Meisterbetrieb und in der Zunft kennen und jeder wurde mit den entsprechenden Verhaltensweisen vertraut gemacht. Damit eng verbunden war auch die *stadtbürgerliche Erziehung* zu einem der Stadt und ihrer Gemeinschaft verpflichteten Bürger für alle Verwaltungs- und Militärverpflichtungen. Da alle Lebensvorgänge im Kreise der Zunft gelebt wurden, war die *Erziehung zur Geselligkeit* und zur Anteilnahme an allen kulturellen Gegebenheiten ebenso notwendig wie die *Erziehung zu den Verhaltensweisen des bürgerlichen Ehrenkodex.*

In dieser Umfassung war die Meisterlehre eine *Erziehung des ganzen Menschen.*

Die konkreten Bestimmungen für die Lehre waren sowohl zeitlich wie auch regional verschieden, so daß Angaben in den Zunftordnungen immer nur Grenzwerte darstellten.

Das *Alter für den Lehrbeginn* war mit dem 12. bis 14. Jahr festgelegt; ausnahmsweise war auch das 15. Jahr und ganz selten sogar das 18.

Lebensjahr als Antrittsjahr für die Lehrzeit bestimmt. Durch dieses Anfangsdatum der Lehrzeit sollte eine gewisse körperliche und geistige Reife des Lehrlings gewährleistet sein.

Die *Lehrzeit* dauerte verschieden lang. Sie reichte in den äußersten Grenzen von 1 bis 8 Jahren. Die Regel bildete aber eine Lehrzeit von 3 bis 4 Jahren. Der eigentlichen Lehrzeit war meist eine *Probezeit* vorgelagert, um zu prüfen, ob ein junger Mann „zum Handwerk Lust hatte und dafür als tüchtig erkannt" wird, aber auch um zu ermitteln, ob „beide Seiten miteinander sich auszukommen getrawen". Erst nach Ablauf dieser Probezeit erfolgte die Aufnahme in die Lehre durch die Aufdingung.

Die *Aufdingung* eines Lehrlings erfolgte in feierlicher Form „in gegenwart der alterleute und des Jungen Eltern, freunde oder sonst anderer glaubwürdiger bürger". Mitunter genügte die Anwesenheit eines alten und eines jungen Meisters. Bei *offener Zunftlade* wurde die in Formeln gebundene Feierlichkeit der Aufdingung des Lehrlings vorgenommen. Diese feierliche Aufnahme sollte dem Lehrling zeigen, daß er nun in eine ernste Phase des Lebens tritt und in die Gesellschaft aufgenommen wird. Zum anderen sollte der Beginn der Lehrzeit dadurch allen bekanntgemacht sein, so daß es am Abschluß der Lehre keinen Zweifel über die Lehrzeit geben konnte. Die Aufnahme wurde in der *Lehrlingsliste* der Zunft festgehalten. Die so geformte Aufdingung kam einer Vereidigung gleich, in der sich der Lehrling verpflichtete:

„sich ehrlich und treu zu verhalten und
seine Lehrjahre ehrlich auszuhalten".

Bei der Aufdingung wurde in der Regel auch ein *Bürge* gestellt. Er wurde aus dem Kreise der angesehenen Bürger entnommen und sollte die Garantie bieten, daß der Lehrling aus *ordentlicher Herkunft* stamme und ein *züchtiges Benehmen* an den Tag legen werde. Dem Lehrling gegenüber sollte der Bürge die Gewähr leisten, daß „der Lehrling desto besser zum Gehorsamb zu bringen sei". Ein nicht seltener Grund für die Stellung des Bürgen war die Garantie für den Lehrmeister: der Lehrling werde ihm nicht entlaufen und nichts veruntreuen.

Das *Entlaufen* der Lehrlinge war in Zeiten des Lehrlingsmangels gar nicht so selten, daher gab es auch eine Reihe von Vorschriften, die das Entlaufen verhindern oder ahnden sollten. Der entlaufene Lehrling sollte vom Bürgen, wenn dies möglich war, innerhalb von 14 Tagen zurückgebracht werden. Ein anderer Meister durfte einen Entlaufenen nicht aufnehmen. Zur Buße mußte der entlaufene Lehrling seine Lehrzeit neu beginnen.

Die Eltern eines Lehrlings waren in der Regel verhalten: für die Lehre und die Versorgung des Lehrlings ein *Lehrgeld* zu zahlen.

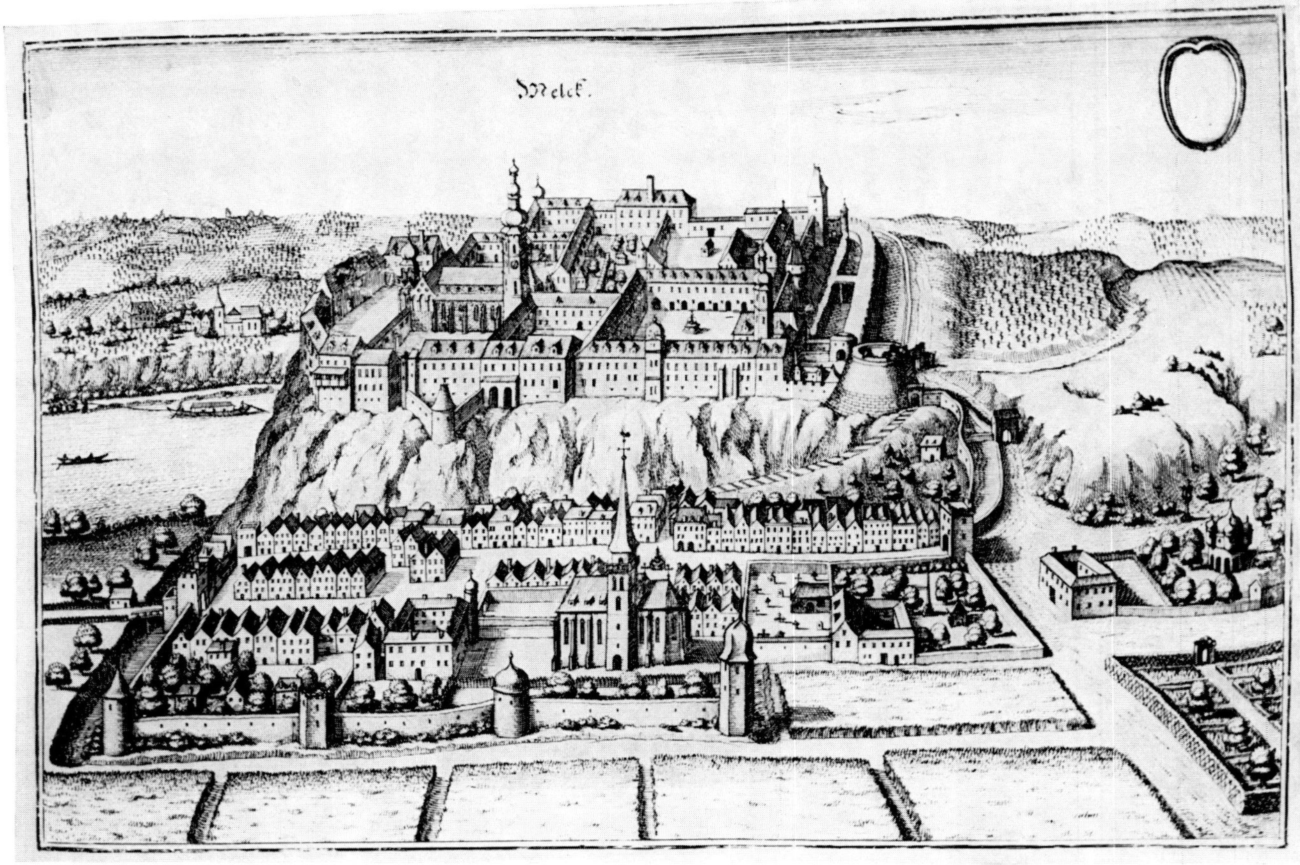

28. Die ummauerte Stadt Melk mit den meist gleich großen Häusern zeigt: die eigenständige Gemeinschaft der genossenschaftlich organisierten freien Bürger

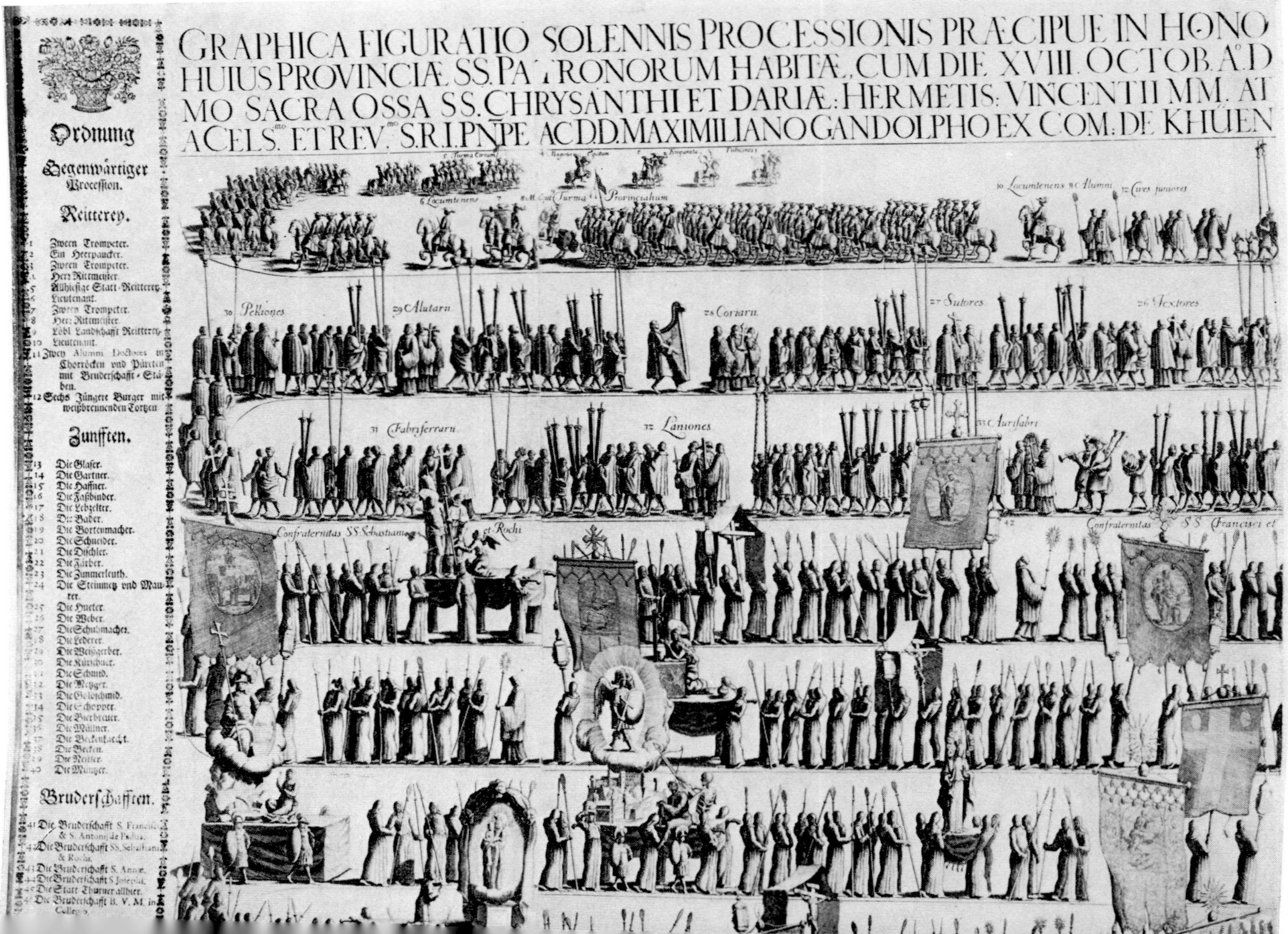
Ordnung
Gegenwärtiger Procession.
Reitterey.
1 Zween Trompeter.
2 Ein Heerpaucker.
3 Zween Trompeter.
4 Herr Rittmeister.
5 Allhiesige Statt-Reitterey.
6 Lieutenant.
7 Zween Trompeter.
8 Herr Rittmeister.
9 Löbl Landschafft Reitterey.
10 Lieutenant.
11 Zwey Alumni Doctores in Chorröcken und Pürten mit Bruderschafft-Stäben.
12 Sechs Jüngere Burger mit weißbreunenden Tortzen
Zunfften.
13 Die Glaser.
14 Die Gartner.
15 Die Haffner.
16 Die Faßbinder.
17 Die Lebzelter.
18 Die Bader.
19 Die Bortenmacher.
20 Die Schneider.
21 Die Dischler.
22 Die Färber.
23 Die Zimmerleuth.
24 Die Steinmetz und Maurer.
25 Die Hueter.
26 Die Weber.
27 Die Schuhmacher.
28 Die Lederer.
29 Die Weißgerber.
30 Die Kürschner.
31 Die Schmid.
32 Die Metzger.
33 Die Goldschmid.
34 Die Schopper.
35 Die Bierbreuer.
36 Die Müllner.
37 Die Beckenknecht.
38 Die Becken.
39 Die Reitler.
40 Die Müntzer.
Bruderschafften.
41 Die Bruderschafft S. Francisci & S. Antonij de Padua.
42 Die Bruderschafft SS. Sebastiani & Rochi.
43 Die Bruderschafft S. Annæ.
44 Die Bruderschafft S. Josephi.
45 Die Statt Thurner allhier.
46 Die Bruderschafft B. V. M. in Collegio.
GRAPHICA FIGURATIO SOLENNIS PROCESSIONIS PRÆCIPUE IN HONO
HUIUS PROVINCIÆ SS. PATRONORUM HABITÆ, CUM DIE XVIII. OCTOB. A°. D
MO SACRA OSSA SS. CHRYSANTHI ET DARIÆ: HERMETIS: VINCENTII MM. AT
A CELS.mo ET REV.mo S.R.I. PNPE AC D.D. MAXIMILIANO GANDOLPHO EX COM: DE KHÜEN
6 Locumtenens
10 Locumtenens
11 Alumni
12 Cives juniores
30 Pelliones
29 Alutarii
28 Coriarii
27 Sutores
26 Textores
31 Fabriferrarii
32 Laniones
33 Aurifabri
Confraternitas SS. Sebastiani et Rochi
Confraternitas SS. Francisci et

Die *Pflichten des Lehrmeisters* bestanden in der Unterrichtung und Erziehung des Lehrlings. Die *Pflichten des Lehrlings* waren: „dem Meister und der Meisterin gehorsam und auch sonst fleißig zu sein, des Sonntags zur Kirche zu gehen und das Wort Gottes anzuhören, ohne Erlaubnis des Meisters nicht auszugehen, viel weniger des Nachts aus dem Hause zu bleiben, auch nicht zu spielen, zu saufen oder sich sonst ungebührlich zu verhalten".

Der Geselle. Den Übergang vom Lehrling zum Gesellen bildete die *Freisprechung.* Durch sie wurde der Geselle von der Meisterlehre freigesprochen, wodurch die Ausbildungszeit für beendet erklärt wurde und der bisherige Lehrling nunmehr der Gruppe der Gesellen angehörte. Jetzt war er *aktives Mitglied der freien Bürgergesellschaft der Stadt.*

Dieser Übergang durch die Freisprechung war der Bedeutung dieses Aktes gemäß entsprechend feierlich. Bei *geöffneter Zunfttruhe* in Gegenwart des Obermeisters, der Beisitzer, der Meister und Gesellen wurde die Zeremonie vorgenommen.

Der Lehrmeister stand auf und sprach: „Es wird einem löblichen Handwerk wohl wissend sein, daß ich vor drei Jahren meinen Lehrling N. N. auf- und angenommen habe. Dieweil seine Lehrzeit vorbei und er sich in solcher treu und fleißig verhalten hat, so habe ich ein löbliches Handwerk bitten wollen: daß sie ihn von der Lehre lossprechen und vor einen Gesellen erkennen wollen."

Dann wurde der Lehrling aufgerufen und gefragt, was sein Begehr? „Es wird einem löblichen Handwerk wohl wissend sein, daß ich bei meinem Lehrmeister N. N. über die Lehrzeit mich aufgehalten habe. Ich will hoffen, daß ich solche treu und ehrlich zugebracht habe und wollte deswegen bitten: mich nach Handwerksbrauch von meiner Lehre loszusprechen."

Nachdem nun Lehrmeister und Lehrling abgetreten waren, fragte der Obermeister seine Beisitzer: „Wie sie gehöret, was Meister N. N. wie auch sein Lehrling N. N. vorgebracht, will ich hiemit gefragt haben, ob einer oder ein anderer etwas dawider zu sagen habe. Wenn etwan einer was ungebührliches weiß, so bringe er es vor."

Ergab die Umfrage nichts gegen den Lehrling, so wurde dieser und sein Meister wieder gerufen. Der Lehrling wurde nun im Namen des ganzen Handwerks von seiner Lehre losgesprochen. Die Meister sagten Glückwünsche und der Geselle seinen Dank (F. Frisius: Die vornehmsten Künstler und Handwerker [Cerremonial-Politica] Leipzig 1705, nach R. Wissel, a.a.O., Bd. 2, S. 175).

In manchen Zünften wurde der Freigesprochene noch durch ein eigenes Rituale *in die Gesellschaft aufgenommen,* wodurch dokumentiert werden sollte, daß diese Standesgruppe ihr Eigenleben im Rahmen der Zunftgemeinschaft hatte.

Der Geselle hatte nun die Aufgabe, das Gelernte in der Arbeit des Meisterbetriebes anzuwenden und immer wieder zu vervollständigen. Für das Verhalten der Gesellen gab es allenthalben einen *„Gesellenspiegel"*, der dem Fürsten- und Ritterspiegel, aber auch einem das allgemeine Verhalten der Menschen bestimmenden „Speculum humanae salvationis" entsprach. Ein solcher lautete nach R. Wissel, a.a.O., Bd. 2, S. 175:

„Erstlich sollst Du Gott fleißig danken, da er Dich durch Deine Eltern zu einem ehrlichen Handwerk gebracht hat (vocatio).

Anders sollst Du Gott danken, daß er Dir die Gnaden verlieh, daß Du solches Handwerk hast können auslernen.

Drittens sollst Du Dich in Deinem Gesellenstand ehrlich und redlich verhalten.

Viertens sollst Du fein fleißig arbeiten, daß es Dir eine Ehre und Deinem Meister Nutzen mache.

Fünftens sollst Du Dich von den Jungen fernhalten und

Sechstens sollst Du zu den ehrbaren Meistern und Gesellen halten.

Siebentens sollst Du nicht ohne Hut und ohne Schuhe aus dem Hause gehen.

Achtens sollst Du bei einem untüchtigen Meister nicht länger als 14 Tage arbeiten,

Neuntens schau, daß Du dasjenige gewinnen oder erlernen möchtest, was Du vor Dich genommen hast."

Mit diesen Verhaltensnormen ausgerüstet sollte der Geselle seine Arbeit in den Meisterbetrieben „zu seiner Ehre" und „zum Nutzen des Meisters" leisten.

Zur Gesellen-Fortbildung gehörte die *Wanderpflicht*. Diese wurde 1375 bei den Hamburger Webern ausgewiesen und war Ende des 14. Jahrhunderts als „längst üblich" allenthalben verzeichnet (R. Wissel, a.a.O., Bd. 1, S. 151). Der *Zweck* des Gesellenwanderns sollte sein: „etwas Fernes zu sehen und zu lernen", oder „bei fremden Meistern etwas zu sehen, zu hören und zu lernen". Dadurch wurde der Zweck des Wanderns deutlich als *Betriebsspionage und Fortbildung* ausgewiesen. Was immer ein Meister hier oder dort aus seiner Erfahrung erfuhr und entdeckte, konnte auf diese Weise an alle anderen Meister weitergegeben oder auseinandergetragen werden. So stellte sich in immerwährendem Wandel doch ein gleichmäßiges Niveau technischen Könnens und organisatorischer Erfahrung ein. Die Konkurrenz im technischen Können und Wissen gab allen Meistern die gleiche Ausgangslage für ihre Marktleistungen.

Eine solche Erläuterung über den Zweck des Wanderns als Fortbildungsprozess der Gesellen war zwar aus späterer Zeit, aber sehr deutlich in der Oetting-Spielbergischen Wanderordnung verzeichnet (nach R. Wissel, a.a.O., Bd. 1, S. 53):

„Die Notwendigkeit des Wanderns wird umso einleuchtender, wenn man bedenkt, wie nicht nur jedes Handwerk an verschiedenen Orten in verschiedener Vollkommenheit getrieben wird, sondern wie man sogar in ein und demselben Handwerk in verschiedenen Städten eigene Vortheile und Kunstgriffe hat, die derjenige alle wissen muß, der sein Handwerk vollkommen verstehen will. ... Gebildeter und fähiger kommt ein Geselle von der Wanderung in sein Vaterland zurück. Sein besserer Anstand, seine milderen Sitten erwerben ihm die Gunst seiner Oberen und die Achtung seiner Mitbürger. Sein Fleiß, seine Geschicklichkeit rechtfertigen bald das günstige Urteil. In Kürze sieht er seine in der Fremde angewandte Mühe mit reichlichem Gewinnst belohnt und sich in Stand gesetzt: durch Ernährung und gute Erziehung einer zahlreichen Familie sich das süßeste Vergnügen und dem Vaterland den angenehmsten Dienst zu erweisen."

Die *Wanderzeit* betrug je nach Zeitabschnitten aber auch je nach Zunft ein halbes Jahr bis zu 3 Jahren. Für die wandernden Gesellen gab es allenthalben Herbergen, die von den Zünften des Ortes erhalten und gepflegt wurden. Durch die Wanderpflicht ergab sich in einzelnen Orten ein „sonderbares Gemisch von Gesellen". So war für das Jahr 1404 in Straßburg ein Gesellenstand der Kürschner aus folgenden Orten und Landschaften ausgewiesen: Straßburg, Oppenheim, Colmar, Frankfurt, Böhmen, Offenburg, Reutlingen, Esslingen, Dinkelsbühl, Speyer, Mainz, von der Etsch u. v. a.

Der Meister. Es versteht sich, daß eine Wirtschaftsordnung, die sosehr auf Qualitätsleistung aus war wie die ständisch gebundene, *nichts höher schätzte als den Titel „Meister"*. Meister war wohl der Inbegriff des höchsten Könnens und der besten Leistungserstellung. Was die Fürsten, Grafen und freien Herren in der Adelsgesellschaft waren, waren wohl die Meister in der Bürgergesellschaft. *Die Meister waren die Elite der Bürger.*

Es war daher ebenso verständlich, daß eine in sich geschlossene, berufsstolze Handwerkergruppe im besonderen darauf bedacht sein mußte, niemanden in ihre Reihe aufzunehmen, der ihrem Beruf und ihrer Sozialposition Unehre hätten machen können. Daher war nach dem an sich schon schwierigen Ausleseprozeß durch die Lehre, die Gesellenprüfung und die Gesellenzeit mit den Wanderverpflichtungen noch eine strenge Prüfung erforderlich, die den Meister als obersten Könner der Zunft zu legitimieren vermochte.

Zumeist war als *erste Voraussetzung* für die Gesellen nach der Wanderzeit eine Reihe *von Gesellenjahren* erforderlich, um die Meisterwürde anstreben zu können. Die Fristen für die Zahl der Jahre waren natürlich wiederum regional und temporär so verschieden, daß kaum Grenzwerte angegeben werden können. Die *zweite Voraussetzung* war die Ablegung der *Muthzeit* als Wartezeit im Ort bis zur Einreichung des „Meisterbewerbungsgesuches" (muthen heißt: von jemandem etwas erbitten). Nach der Krakauer Goldschmiedeordnung vom Jahre 1489 war die Muthzeit mindestens ein Jahr. Es hieß nämlich dort: „Welcher gesell meister werden will, der sol zum mejster ein jor dem handwerk gedinet haben, auff das man seyn gelegenheit erkenne, von wan er sey und wy er sich off dem handtwerk gehalten habe" (B. Bucher: Die alten Zunft- und Verkehrsordnungen der Stadt Krakau, Wien 1889, nach: R. Wissel, a.a.O., Bd. 1, S. 170).

War ein Bewerber für den Meistertitel im Kreise der Zunft eines Ortes bekannt, dann konnte er den weiteren Schritt tun: er konnte bei der Zunft um die Erlaubnis, ein Meisterstück ablegen zu dürfen, einkommen, denn „es soll eyn jeder, der ein meister seyn will, vor er eintritt, ayn *Musterstück* machen und daz für die geschworenen pringen und beschauen lassen, ob er daz handtwerk kün oder nit" (Münchner Handwerksordnung des 15. Jahrhunderts). Der prozeßuale Vorgang hiefür war wiederum genau geregelt. In der Bäckerordnung von Berlin war, allerdings aus späterer Zeit (nach Wissel, a.a.O., Bd. 2, S. 757), ein Modell für ein *Meisterprüfungsrituale* vorgegeben.

„Wenn jemand Meister werden will, dann muß er sich erst beim Altmeister des Gewerks, wo er meister werden will, *melden*. Er muß seinen Bürgerbrieff mit zur Stelle bringen. Hat alles seine Richtigkeit, so wirt ihm der Tag, wann die *Morgensprache* (Meisterversammlung) abgehalten werden soll, angezeigt."

„Bey der Morgensprache wirt die sache vorgetragen, ob einer oder der andere was gegen N. N. einzuwenden hat. Auch der Bürgerbrieff wirt nachgesehen. Hat alles seine Richtigkeit, so wirt der Tag zum Backen angezeigt. Zuvor wird noch einer von den *Mitmeistern zum Vater gewählt*. Zur Unterstützung des Stückmeisters werden noch vier Jungmeister beigegeben."

„Am anderen Tag wirt das Meisterstück in das Mehlhaus gebracht, wo es von dem Gewerksassessor, den Herren Altmeistern und zehn Mitmeistern besehen wirt. Alle müssen ihr gutachten darüber aussprechen."

„Wirt es für gut befunden, so spricht ihn der Altmeister des Gewerks zum Meister."

Das *Meisterstück* sollte den Beweis erbringen: „daß der Geselle auch sein Handwerk betreiben und es dem Lande und der Stadt zu Nutz und

Frommen verwesen kann" (Krakauer Kannengießerordnung v. 1412). Die Art und Weise für die Erstellung des Meisterstückes war mannigfaltig. In den früheren Zeiten war das Meisterstück ein reines *Musterstück von Können,* später wurde es wegen der vielfach geforderten Aufwändigkeit nicht selten zum *Sperrstück* für all die Gesellen, die nicht imstande waren, aus ihren Ersparnissen das Meisterstück neben allen Nebengebühren leisten zu können. In diese Kategorie ist wohl das geforderte Meisterstück der Mainzer Schneider aus dem Jahre 1391 einzuordnen. Dort wurde vom Meister-Kandidaten ein Meisterstück in vier verschiedenen Kleidungsstücken gefordert: „ein mans doggert (langer Prachtrock), ein glogen-mantel, ein frawenmantel und ein frawenrocke."

Nach der feierlichen Übertragung des Meistertitels vor den versammelten Meistern bei offener Zunftlade erfolgte in Bestätigung der abgelaufenen Geschehnisse die *Eintragung des neuen Meisters in die Zunftrolle* und die *Ausstellung des Meisterbriefes.* Damit war die Würde eines Meisters mit allen Rechten eines Zunftmeisters verliehen.

Zum Abschluß erfolgte als zeremonieller Schlußpunkt das *Meisteressen,* bei dem der neue Meister im Kreise der alten feierlich begrüßt und als zugehöriger Zunftgenosse aufgenommen wurde.

Durch diese vielfältige Prozedur versuchten die Zünfte durch viele Jahrhunderte die Leistungsqualitäten für die Kunden zu sichern und den Ruf der Meister gegen „unehrliche Arbeit" abzuschirmen. Das Handwerk steht selbst heute noch unter dieser Maxime.

β) Die Qualitätskontrolle durch die Zunft

Die Qualitätspolitik der Zunft richtete sich auf den Schutz der Kunden und auf die Sicherung des Rufes des Handwerkes und verfolgte neben der Politik der Qualitätssteigerung durch die Mangelverhütung eine *Politik der Mangelbehebung* durch den von der Zunft eingerichteten, *vereidigten Schaumeister.* Er mußte die von den Zunftmeistern erzeugten Waren gegen allerlei Mängel bewahren. Solche Mängel konnten im verarbeiteten Material oder in einer ungenauen Verarbeitungsweise, sie konnten aber auch in einer nicht entsprechenden Preisfestlegung bestehen.

Der beeidete Schaumeister als „zünftiger Wareninspektor" hatte das Recht und die Pflicht, *Nachschau in allen Werkstätten* und Verkaufsläden und zwar in den „verordneten und gesetzten Stunden", also zur Arbeitszeit, zu halten. Er konnte verschiedene Grade von Warenmängeln feststellen. Für *leicht mangelhafte* Waren konnte die Mangelfeststellung mit dem Auftrag zur Ausbesserung genügen. Bei *unbrauchbaren Waren* erfolgte auf Weisung des Beschaumeisters die Beschlagnahme und die Vernichtung. Wenn die Mängel noch schwerer waren, folgte die Anzeige bei der Zunft, die eine solche Klage mit einer entsprechenden Strafe ahndete.

Wie ernst man die Einrichtung des Schaumeisters nahm, ging aus der Tatsache hervor, daß der Schaumeister vereidigt wurde. In der Eidesformel kamen alle Verpflichtungen des zünftigen Schaumeisters deutlich zum Vorschein:

„Ich, N. N., schwere zu Gott, dem allmächtigen, einen leiblichen Eid, daß, nachdem ich bei der Stadt N. zu einem Schaumeister der wollenen Tücher ordentlich bestellt worden, solchem mir anbefohlenen Amt treulich und fleißig vorstehen, der errichteten Tuchmacher-Schauordnung in allen Punkten treulich nachleben, die Tücher in den dazu gesetzten und verordneten Stunden sowohl vom Wirkstuhl als auch aus der Walke und endlich aus der Farbe im Rahmen der Schauordnung ohne Ansehung der Person niemand zulieb oder zu leid schauen, die dabei vorkommenden Mängel wohl beobachten, selbige zur gebührenden Bestrafung gehörigen Ortes anzeigen und nach meinem besten Wissen und Gewissen treulich tun und verrichten will. So wahr mir Gott helfe durch seinen Sohn Jesum Christum in der Kraft des Heiligen Geistes, Amen!" (Nach R. Wissel, a.a.O., Bd. 1, S. 310: Tuchmacher-Schauordnung.)

Durch diese Politik der Mangelbehebung von seiten der Zunft fand die Politik der Qualitätsgarantie beinahe ihre Vollendung.

γ) Die Konkurrenz in der Qualität der Leistungserstellung

In der Zunftwirtschaft waren alle mengenhaften Vorgänge von der Produktion bis zur Preiserstellung gebunden. Es gab daher für all diese Wirtschaftshandlungen keine Erwägungen und auch keine Entscheidungen der Wirtschafter, weil alles von der Zentrale der zünftigen Planwirtschaft schon in Normen festgehalten war. *Die Zunftmeister waren in dieser Ordnung mehr Betriebsleiter als Unternehmer.*

Die Qualität der Erzeugnisse war in der Zunftwirtschaft durch die Einstellung des Beschaubeamten gegen alle möglichen Mängel abgeschirmt. Daher war wohl eine durchschnittliche Qualität für alle Erzeugnisse und Leistungen garantiert. Nach oben hin war die *Qualitätssteigerung offen: besser und schöner konnte jeder Meister erzeugen.* Hier, in der Qualität der Erzeugnisse, entfaltete sich die Initiative des einzelnen Meisters und hier stellte sich die Konkurrenz aller gegen alle ein.

Die *Initiative des Meisters* konnte sich auf die Verbesserung des Materials und auf die schönere Gestaltung der Formen beziehen. Da dies alle konnten, setzte auch die Konkurrenz in der Qualitätsgestaltung der Waren ein. Initiative und Konkurrenz bewirkten, daß viele der gewerblichen Erzeugnisse eine Vollkommenheit erreichten, die sie heute als „museumsreife Güter" legitimieren, weshalb sie auch dort des öfteren ihren Aufstellungsplatz haben.

Durch die Initiative für die bessere Gestaltung und die schönere Formung wurden immer neue Güterarten und Warenformen hervorgebracht. Der Zunftmeister mußte mit dieser Gestaltungsinitiative seinen Betrieb immer neu ordnen und organisieren. *Diese Initiative machte ihn zum Unternehmer der gewerblichen Wirtschaft.*

Da dies jeder versuchte, entstand ein Wettbewerb in der schönen Zurichtung und in einer jeweils neuen Gestaltung der Produkte, die den Kunden immer wieder neu „vor-geführt" (= pro-ducere) wurden. Dadurch wurde der Markt aus seiner Warengleichheit und Preisfixiertheit herausgehoben und in eine Varianz von stets neuartigen, besser und schöner geformten Waren gebracht, so daß für die Zunftmeister die *Marktbeobachtung* in bezug auf die Güte der Produkte zu einer neuen Aufgabe wurde. Mit dieser aber verband sich die Verpflichtung: von sich aus den Markt mit neuartigen Waren zu beeinflussen oder gar die Marktführerschaft an sich zu ziehen.

Mit der Initiative im Betrieb und mit der Konkurrenz am Markt wuchs aus der Zunftwirtschaft der gewerbliche Unternehmer.

Auf diese Weise entstand das *dritte Leitbild des Unternehmers* im Mittelalter neben dem Bild des Klosterwirtschafts-Verwalters nach der Regel des Heiligen Benedikt und neben dem Bild des Verwalters der Grundherrschaft nach den Führungsregeln des Capitulare de villis aus der Zeit Karls des Großen.

Aus diesen drei Arten entwickelte sich der Unternehmer, der dann später im Verläger als eigenständiger Typus hervortrat.

b) Die Zunft als Trägerin der Sozialpolitik

Die Sozialpolitik mußte in der vertikalen Gesellschaft mit hierarchischem Aufbau als Gesellschaftspolitik zuerst eine Sicherung von Rang, Würde und Ehre der Stände sein. Denn der ständische Rang gab den Standesgenossen den status positionis und damit den Inhalt des Lebens. Dieses Streben nach Sicherung der standesgemäßen Würde begann mit der Achtung auf die ehrliche Geburt und setzte sich als Garantie für die ehrenhafte Lebensführung der Standesgenossen fort. Dann erst setzte die Sozialpolitik als Politik der zusätzlichen wirtschaftlichen Existenzpolitik durch das frühe System einer „ständischen Sozialversicherung" ein, wodurch auf der genossenschaftlichen Grundlage der Zunft ein Schutz gegen Krankheit und Alter gestaltet wurde. Im weiteren Verfolg der Sozialpolitik wurde das innerbetriebliche Verhältnis vom Meister und seinen Mitarbeitern als Verhältnis einer familienmäßigen Lebensführung geordnet und geregelt. Gerade in diesen betrieblich-menschlichen Beziehungen von Meister, Gesellen und Lehrlingen kam das zweiseitige Treueverhältnis mit vollem Leistungseinsatz der Mitarbeiter und der vollen Fürsorgepflicht des Meisters zum Vorschein. Als Zusatz wurde in der Sozialpolitik noch das Verhältnis von Arbeitszeit und Freizeit nach den allgemein geltenden Lebensnormen, die sich vielfach eng an die Naturgegebenheiten und an die Lebenspflichten eines Christen hielten, geordnet.

aa) Der Schutz der gesellschaftlichen Würde und Ehre

Die Zunft hatte als ständische Gemeinschaft in der hierarchischen Ordnung einen bestimmten *Rang* und daher auch eine entsprechende *Würde*. Diese galt es zu wahren, sollte nicht die Zunft ihren Standplatz in der Gesellschaftsordnung verlieren. Daher konnte die Zunft nur „ehrliche" Leute in ihrer Gemeinschaft haben. Ehrlich mußten die Zunftmitglieder nach ehelicher Geburt und in ehrenhaftem Verhalten sein. Um diesen „sittlichen Stand" halten zu können, wurden alle vom Zugang und der Aufnahme zur Zunft ausgeschlossen, die nicht „ehrlich geboren" waren und die von Eltern, die einer unehrlichen Beschäftigung nachgingen, stammten.

Um etwaige Schwierigkeiten im nachhinein auszuschließen, wurde schon bei der *Aufnahme eines Lehrlings* gefordert: er müsse „echt und frey" geboren sein (Schuhmacher-Ordnung von Hamburg aus 1375). So war die Gewähr dafür gegeben, daß nur ehrliche Leute Mitglieder der Zunft sein konnten. Bei der *Zulassung zur Meisterprüfung* mußte jeder Geselle „die Kundschaft bringen", daß er „ehrlich geboren" sei (Schneiderordnung von Altenburg aus 1465). Am ausführlichsten hielt mit der zugehörigen Begründung die Goldschmiedeordnung von Klausenburg in Siebenbürgen vom Jahre 1473 die Aufnahmebedingungen in die Zunft fest. Es mußte jeweils ein „pryfliches gezeugnis" (briefliches Zeugnis) vorgelegt werden, aus dem einwandfrei hervorging, daß der Aufnahme-Begehrende „recht und redlich von erlichin frommen eltern geporen" sei, damit „keyn befleckter oder bekryschener oder meyndiger in die Zeche aufgenommen werde". Die Forderung nach ehrlicher Geburt bei der Aufnahme in die Zunft sicherte diese vor dem Zutritt Unehrlicher und damit auch die Würde der Standesgenossen.

Zu den *„unehrlichen Leuten"* wurden auch solche mit einer unehrlichen Beschäftigung gerechnet. Auch all diesen war der Zugang zur Zunftgemeinschaft versperrt, damit die Zunft nicht durch die Ehrlosigkeit mancher Mitglieder geschändet werde. Als solch unehrlich Beschäftigte zählten die Spielleute, weil sie als „leichtfertiges Volk von Landfahrern" für nicht einwandfrei galten. Schäfer und Abdecker gehörten ebenso zu den Unehrlichen, die einen, weil sie „gefallenes Vieh" wegräumten und die anderen, weil sie durch ihre Wasnereiarbeit als „befleckt" galten. Der Büttel der Gemeinde wurde auch in den Kreis der Unehrlichen einbezogen wie die Kesselflicker und Zigeuner und oft auch die Juden. All diese galten als unehrlich, nicht weil sie diese oder jene „unehrliche Tat" begingen, sondern weil ihre Gruppe abseits von der Gesellschaft und ihrer Ordnung stand, sie galten als die „sozial Geworfenen". Ein solcher konnte nicht der ordentlichen Gesellschaft in irgend einem Stande angehören.

Die zünftige Sozialpolitik schützte die Zunft vor dem Zugang unehrlicher Leute und damit die Würde und die Ehre der Zunftgenossen in ihrem gesellschaftlichen Rang.

bb) Die soziale Versicherung in der Zunft

Die Zunft hatte durch die Politik des standesgemäßen Unterhaltes ihre Mitglieder vor einer wirtschaftlichen Ungesichertheit abgeschirmt. Durch die Schließung der Zunft (Verweigerung jeder Neuaufnahme) und durch die „Anweisung", eine Meisterwitwe oder eines Meisters Tochter zu heiraten, wurde diese Sicherungspolitik noch vervollständigt. Offen blieben aber noch die Gefahren aus einzelnen Lebens-Notständen. Diese versuchte die Zunft durch die Einrichtung einer *„sozialen Versicherung"* abzudämmen. Sie bildete einen Sozialfonds, der aus verschiedenen Abgaben an die Zunftbüchse gespeist wurde und aus dem für etwa eingetretene Notfälle die entsprechende Unterstützung erfolgte. Diese Sicherungseinrichtungen der Zünfte sind die echten und *unmittelbaren Vorgänger der Sozialversicherungsinstitutionen der Gegenwart.*

Die *Beiträge und Einzahlungen* in den „Versicherungsfonds" der Zunftbüchse wurden den Zunftmitgliedern, Meistern und Gesellen, unter verschiedenen Titeln abgenommen. Wo immer sich eine Gelegenheit bot, Einnahmen zu erreichen, wurde sie genutzt. Nach der Schneiderordnung von Wien, die Herzog Albrecht im Jahre 1340 gab, wurden *„Aufnahme-Gebühren"* festgelegt und zwar für die Aufnahme in die Zunft 2 Pfund Pfennig; ebenso mußte ein Witwer oder eine Witwe bei einer Wiederverehelichung wohl für die neue Meisterfrau oder den neuen Meister eine „Einstandsgebühr" von 1/2 Pfund Pfennig leisten. „Anläßlich eines Leichenbegräbnisses", das der Zunft Bestattungskosten brachte, „sollen alle einen Leichenpfennig zahlen". Als Dauerzahlungen waren vorgeschrieben: daß „jedes Mitglied sonntags 1/2 Pfennig" zahlen mußte.

Aus der Vielzahl von *Geldbussen* seien folgende auswahlweise festgehalten. Wenn ein Zunftmitglied vor Beendigung der Zunftversammlung wegging, mußte es 72 Pfennig zahlen. „Wenn ein Meister oder Geselle an Feiertagen arbeitet und dessen überwiesen wird, zahlen sie je einen Pfennig." Wenn einer „unzüchtige Reden führt in der Zeche, soll er eine Busse von 72 Pfennig zahlen". Solche und noch weitere Bussen waren festgesetzt, um die Zunftbüchse aufzufüllen, damit die verschiedenen Zahlungen geleistet werden konnten.

Die *Leistungen* der zünftigen „Sozialversicherung" waren wohl durch lange Zeitläufte gleich und wurden „nach altem Herkommen" von Ferdinand I., dem Erneuerer Österreichs, in seine „Erste Gewerbeordnung für Österreich" aus dem Jahre 1527 aufgenommen. Dort wurde verfügt, daß die Gelder in den Zunftbüchsen für Gottesdienst und für Almosen an kranke Gesellen zu widmen seien. Das Almosen sollte als *Krankenunterstützungsgeld* an arme Gesellen gegeben werden. Im Artikel 45 der Gewerbeordnung wurde die Krankenunterstützung an Gesellen in folgender Weise bestimmt. „Wäre es, daß ein kranker Handwerksgesell bei einem Meister seinen Unterhalt hat, er selbst aber so arm sei, daß er sich nicht unterhalten kann, dann sollen die Meister und Gesellen aus dem Geld, so sy in ihrer Büchsen haben, ein ziemlichen Teil darstrecken. Der Geselle soll aber geloben, daß er nicht wegziehe, ehe er nach Wiedergesundung alles bezahlt und alles zufriedengestellt habe." „Wäre der Geselle aber mit Tod abgegangen, dann sollen die Meister und Gesellen das hinterlassene Gut inventieren, über Jahr und Tag sich kein Verwandter des Verstorbenen meldet, dann soll der Nachlaß geschätzt und verkauft werden, damit so das Dargestreckte bezahlt werde" (Art. 45).

Wenn es sich nur um eine vorübergehende Krankheit eines Gesellen handelte, dann sollte der Meister aus seiner Fürsorgepflicht dem Gesellen die entsprechende Pflege zukommen lassen. Die Kosten hiefür sollte der Geselle nach seiner Genesung dem Meister ersetzen (Art. 44).

Wenn auch diese „Sozialversicherung" ein bescheidener Anfang einer sozialen Betreuung aus genossenschaftlichem Geist der Zunft war, so war doch der Ansatz für eine spätere Entwicklung gegeben.

cc) Das Verhältnis: Meister und Mitarbeiter

Im handwerklichen Meisterbetrieb der Zunft war die Arbeit wertbestimmt und die Arbeitsgemeinschaft vom Meister, den Gesellen und Lehrlingen personsbezogen, weil das Verhältnis der Sozialpartner zuerst eine Lebensgemeinschaft und erst dann eine Leistungs- und Erfolgsgemeinschaft war. Die wertbezogene Arbeit und das personelle Betriebsverhältnis entstand im mittelalterlichen Zunftbetrieb und dauerte, abgesehen von einzelnen Zwischenfristen, im wesentlichen bis zur Zeit der Gewerbefreiheit und bis zur Ordnung der freien Gesellschaft.

Die Zunftordnung ließ der *freien Initiative* der Wirtschafter nur eine Richtung offen, die *Richtung in die Qualität* der Erzeugnisse. Dies hatte zur Folge, daß die erzeugten Waren und hervorgebrachten Dienstleistungen hoch qualifiziert sein und die Arbeiten in vorgegebenen Wertnormen vollzogen werden mußten. Dieses allgemein geltende Ziel der Erzeugung forderte von allen im Zunftbetrieb Tätigen den *Einsatz aller persönlichen Leistungskräfte*. Dieser Einsatz zeigte sich in der Hingabe des handwerklichen Könnens und der technischen Kenntnisse an das Werkstück. Er zeigte sich auch in der Hergabe der vollen Verantwortung und damit im Einsatz aller charakterlichen und geistigen Kräfte in der Arbeitsleistung. Die Arbeit war *Persönlichkeitseinsatz und Persönlichkeitsentfaltung*.

Aus diesem vollen Einsatz in der Arbeit strömte den Leistenden eine innere Befriedigung aus dem gefertigten Werkstück entgegen. Dazu kam nicht selten auch die äußere Anerkennung als verlässlicher Mitarbeiter im Betrieb und als qualifizierter Zunftgenosse in der Berufsgemeinschaft.

Die Arbeit erfolgte aus der wertbestimmten Persönlichkeit und gab dem Leistenden seine soziale Anerkennung zurück. Die Arbeit war *individuelle Persönlichkeitsentfaltung und soziale Persönlichkeitsbewährung*.

Im handwerklichen Meisterbetrieb lebten der Meister mit seiner Familie, den Gesellen und Lehrlingen so zusammen, daß sie als dichte Gemeinschaft alle Lebensvorgänge gemeinsam erlebten. Diese *Lebensgemeinschaft* war Wohn- und Tischgemeinschaft, Treue- und Verpflichtungsgemeinschaft in einem. Die Wohngemeinschaft gab den einzelnen das familiäre Daheim. Der Meister, die Gesellen und die Lehrlinge lebten in ihrer *Hausgemeinschaft* aus überbrachter Tradition und wirkten aus dieser geformt in die Zukunft weiter. Keiner war ein Zeitloser und Namenloser. In der häuslichen Lebensgemeinschaft hatte jeder auch seine Schlafstätte und seinen Tischplatz. Jeder hatte in dieser Gemeinschaft seinen sozialen Rang im Hause, als Hausvater, als erster und als zweiter Geselle und die Lehrlinge in ebengleicher Folge. Diese gesellschaftliche Einordnung gab einerseits das Bewußtsein der Geborgenheit und anderseits die Bestimmtheit der Verpflichtung und des gesellschaftlichen Ranges.

Die *Tischgemeinschaft* war auch eine geistige Gemeinschaft, denn am Tisch wurden die allen gemeinsamen Kulturwerte erlebt und weitergebildet. Als Kulturgemeinschaft war die meisterliche Hausgemeinschaft auch *Erziehungsgemeinschaft*. Das zunftmäßig bestimmte Bildungsziel prägte das Haus und in ihm die Lehrlinge. Der wertbezogene Inhalt des Bildungszieles fing bei den allgemein anerkannten Werten der transzendent orientierten Religion an und setzte sich über die gültigen Werte des Schönen und Wahren fort bis zu den für den Lebensvollzug geprägten sittlichen Verhaltensweisen.

Die Hausgemeinschaft des Meisterbetriebes lebte aus persönlicher Verbundenheit. Diese begründete ein gegenseitiges Treueverhältnis. Alle standen ohne Vorbehalt zueinander. Dieses Gemeinschaftsverhältnis war kein nur vertragliches, sondern ein personenrechtliches Verhältnis sui generis. Die Treuegemeinschaft war eine in sittlicher Verpflichtung verbundene Gemeinschaft. In dieser Eigenschaft wurde sie zu einer so dichten Gemeinschaft, daß die in der Sitte gelegene Verpflichtung den ganzen Menschen umfaßte.

Diese Lebensgemeinschaft ermöglichte auch den Einsatz aller Leistungskräfte im Werk und sicherte für alle das standesgemäße Einkommen und Auskommen.

Die Gesellen und die Lehrlinge hatten in ihrer meisterlichen Betriebsgemeinschaft die *Qualität: Mitarbeiter*. Der Mitarbeiter war nicht nur ein lohnbeziehender Arbeiter, er war vielmehr einer, dem eine bestimmte Leistung in eigener Verantwortung zu vollbringen aufgetragen war. Die betriebliche Mitverantwortung gab jedem auf seinem Arbeitsplatz ein Mitgestaltungs- und Mitspracherecht. *Die Mitarbeiter waren verantwortungsvolle Träger der Betriebsgemeinschaft.*

dd) Die Ordnung für Arbeit und Freizeit

Der Rhythmus von Arbeit und Freiheit schmiegte sich eng sowohl an den natürlichen Tagesablauf als auch an den kirchlich-liturgisch bestimmten Jahreslauf.

Die Bindung an den Tagesablauf mußte so eng sein, weil es kaum eine Möglichkeit gab, die Dunkelheit zu überwinden. Bei Kerzenlicht war kaum eine beschränkte Arbeit möglich. Daher scheinen die Arbeitszeiten während des Tages so überlang. Durch die große Arbeitspause zu Mittag war aber die lange Arbeitszeit erträglich. Dazu muß noch beachtet werden, daß die lange Arbeitszeit auch wegen der geringeren Arbeitsintensität, wie sie ohne Maschineneinsatz gegeben war, durchzuhalten möglich war. Die Arbeitszeitregelung erfolgte in folgender Fassung erst spät. Es kann aber mit Recht angenommen werden, daß die gesetzte Regelung nur die Niederschrift geltender alter Normen und des Herkommens war.

Die *Arbeitszeiten* waren:

von Georgi (24. 4.) bis Michaeli (29. 9.):	von 4 Uhr früh bis 7 Uhr abends,
von Michaeli bis Georgi:	von Antritt des Tages bis zum Untergang der Sonne.
Dazu kamen im Sommer:	3 Feyerstunden
im Frühling und Herbst:	2 Feyerstunden
im Winter:	1 Feyerstunde (Leopold I.: Tag- u. Lohnsatzung v. 17. Juni 1661).

Die *Freizeiten waren:* alle Sonntage, die drei hohen Feiertage Weihnachten, Neujahr und Fronleichnam und der Dreikönigstag, 12 Aposteltage, St. Thomastag, die 4 großen Frauentage: Lichtmess, Verkündigung,

Himmelfahrt und Geburt, ferner: Christi Himmelfahrt, Johannes Baptista und der St. Barbaratag (Ferdinand II. in der Innerberger Hauptkapitulation). Die Sonderheiligen, wie hier die heilige Barbara für die Bergleute, wandelten sich je nach dem Heiligen der jeweiligen Zunft. Mit den Sonntagen ergab dies 76 arbeitsfreie Tage. Dies war ein ansehnliches „Urlaubsquantum", wenn es auch über das Jahr hinweg gestreut war. Gewiß gab es um diese Normlinie Abweichungen nach oben und nach unten, weil durch „feierliche Geschehnisse", die sich aus dem Lebensrhythmus ergaben, noch manch freie Tage dazukommen konnten.

Wenn es *arbeitsrechtliche Streitigkeiten* zwischen Meister und Gesellen gab, so mußten diese vor das Zunftgericht oder vor das Stadt- und Marktgericht kommen. „Wer sich von den Gesellen in den *Streik* begibt oder sich gegen den Meister auflehnt, darf nicht gefördert werden und er *darf keine Arbeit erhalten*. Die Namen solcher werden allen Städten und Märkten mitgeteilt und in die Stadtbücher eingetragen" (1440, später: Schwarze Listen) (nach F. Popelka, a.a.O., Bd. 1, S. 93).

c) Die Zunft als Trägerin von Kultur und Politik

Die Zünfte und Zechen umfaßten den ganzen Lebensbereich des Menschen und ordneten daher auch alle einzelnen Lebensvorgänge vom religiös-kirchlichen Leben über alle kulturellen und geselligen Lebensäußerungen bis zu den öffentlichen, allen gemeinsamen Angelegenheiten. Dann erst waren die wirtschaftlichen Belange in die Zechen eingezogen.

Die kulturellen Belange der Zunftgemeinschaft setzten mit den Vorschriften für eine ordentliche und schön geformte Kleidung ein. So durfte etwa keiner „mit bloßem hemmet umb den leib" in der Zunftgemeinschaft erscheinen. Jeder mußte vielmehr vollkommen gekleidet und mit Mantel und Hut in die Zunft kommen. Zum Zeichen der Eröffnung der Zunftversammlung nahmen alle die Kopfbedeckung ab. Mit diesen Kleidervorschriften waren auch solche für ein gutes Benehmen verbunden. Alle mußten sich eines guten Tones befleißigen, keiner durfte in Erregung oder gar mit einem Faustschlag auf den Tisch sein Vorhaben vorbringen. *Der Zunftgemeinschaft anzugehören, bedeutete, eine gesittete Lebensweise an den Tag zu legen.*

So entwickelten sich zuerst im sinkenden Kulturgut des rittermäßigen Lebens die Verhaltensweisen der Bürger in der Stadt. Dann aber wurden die bürgerlich-städtischen Sitten selbständig, so daß neben der höfischen auch die bürgerlich geformte Lebensweise hervortrat. Demgemäß gab es mit den zwei Gesellschaftsgruppen, dem adelig-ländlichen Kreis und dem bürgerlich-städtischen Kreis, auch zwei „Kulturbereiche", den höfischen und den bürgerlichen.

Im besonderen entfalteten die Zünfte ihre religiös-kulturellen „Angelegenheiten“ in ihren religiösen Bruderschaften und ihre politischen und rechtlichen Vorhaben in ihren Zunftversammlungen, wodurch die Zünfte Träger von Kultur und Politik wurden.

aa) Die Zunft und die religiösen Bruderschaften

Im Mittelalter gab es allenthalben religiöse Bruderschaften, die „zuförderst die Beförderung der Ehre Gottes als Hauptsache“ pflegten. Sie entstanden teilweise vor den Zünften und teilweise mit den Zünften, wuchsen meist aber mit diesen zu einer integrierten Einheit zusammen, so daß schließlich Zünfte und Bruderschaften zwei Seiten einer Gemeinschaft waren.

Der *religiöse Zweck* der Bruderschaft war das Feiern der gemeinsamen Gottesdienste, die Teilnahme am Begräbnis und an den Seelenmessen verstorbener Mitglieder. Jede Bruderschaft hatte ihren Zunftheiligen, die Goldschmiede etwa den Heiligen Blasius und den Heiligen Eligius. Den Zunftheiligen wurden eigene Kapellen im Münster mit eigenen Altären errichtet, die bei reichen Bruderschaften selbst von einem eigenen Kaplan betreut wurden. Gemeinsam wurden die vier Quatembertage und im besonderen das Hochamt am jährlichen Hochfest des Zunftheiligen begangen. Das Hochamt wurde mit allem verfügbaren Prunk gefeiert: 12 Kerzen und 4 Wachslichter brannten am Altar, zwei Meister mit Windlichtern begleiteten den Priester zum Altar und leisteten während der Messe die Zureichnungen. Die Meister und Gesellen nahmen in ihren besten Kleidern am Hochamte teil. Der zweimalige Opfergang sollte „dem Herrn den Dank für alle Wohltaten“ abstatten.

Alle Bruderschaften einer Stadt hatten als gemeinsame Aufgabe: die Fronleichnamsprozession feierlich zu gestalten. Für das Jahr 1515 wurde die Fronleichnamsprozession in Wien mit 60 „Handwerken“ (= Zünften) in feierlichem Zuge verzeichnet, voran gingen die Träger mit den Zunftfahnen und dann folgten die Zünfte, an der Spitze die Zimmerleute und abschließend die Goldschmiede. Dies ergab eine Repräsentation der gesamten städtischen Gesellschaft mit all ihren Gliedern, Zünften und Bruderschaften (H. Zatschek, a.a.O., S. 231).

Der *weltliche Zweck* der Bruderschaften kam nach dem Gottesdienst in den Versammlungen der Meister, „im Handwerk“, zur Geltung. Alle Meister mußten pflichtgemäß anwesend sein. Dort gab es dann die entsprechenden Beratungen über interne Zunftfragen, aber auch Beschlüsse über stadtpolitische Probleme. Zum Abschluß gab es jeweils ein feierliches Essen. *Die Bruderschaften gaben so neben ihrem religiösen Hauptzweck auch den Rahmen für die Geselligkeit und die Politik.*

Nach der Verfassung der Bruderschaftsstatuten wie etwa bei den Zimmerleuten in Judenburg aus dem Jahre 1381 war die *Aufnahme eines Mitgliedes* in die Bruderschaft nur durch *„die Zustimmung aller Brüder"* möglich. „Jeder Bruder sollte das *Treuegelöbnis* ablegen, daß er ein getreuer Bruder sein will und alles nach seinem Vermögen vollführen will, was die Bruderschaft vorschreibt." "Jeder Bruder soll für die anderen beten und seine Andacht für die Toten und Lebenden leisten."

Alle vier Wochen sollten die Mitglieder zusammenkommen. In diesen Versammlungen sollten die Angelegenheiten der Bruderschaft beraten werden. Die Versammlung der Meister wurde nach einem genau einzuhaltenden Ritus durchgeführt. Wenn die anberaumte Stunde schlug, setzte der Altgeselle eine Stundenuhr auf und wartete ab, bis sie abgelaufen war. Nun begann das „Handwerk", die Meister nahmen nach ihrem Alter Platz, der Altgeselle forderte ihnen Wehr und Waffen ab und schaffte sie beiseite. Alle Meister mußten nüchtern und ehrbar gekleidet sein, das Haupt entblösst, den Mantel auf beiden Schultern. Dann wurde die Zunftlade geöffnet und die Pflichtgelder wurden eingesammelt. Nach der Auflage folgte die Verlesung der Handwerksordnung. Bei den Jahresversammlungen schloß sich noch die Rechnungslegung und die Neuwahl des Vorstandes an. Dann folgte die Behandlung der einzelnen Tagesordnungspunkte. In den Zunftangelegenheiten war jeder Meister berechtigt: „zu reden und zu raten".

Alle Mitglieder der Bruderschaft und Zeche sollten ferner den Quatember mit den Ehefrauen feiern und am Samstag andächtig bei der Vigilie und am Sonntag bei der Frühmesse anwesend sein.

„Wir haben auch beschlossen und jeder Bruder hat für sich gelobt: wer irgendwie gegen das Vorgeschriebene verstößt, der ist der Busse von einem Pfund Wachs verfallen."

Der Zechmeister, der nach einhelligem Beschluß der Brüder gewählt wurde, durfte nicht vor einem Jahr abdanken. Er sollte alles Eigentum der Bruderschaft innehaben, doch nicht die Schlüssel (für die Zunftlade), die jenen Brüdern anvertraut waren, zu denen sie das meiste Vertrauen hatten (Bruderschaftsstatuten nach dem Stiftungsbrief der Zimmerleute von Judenburg vom 6. Februar 1351 nach: F. Popelka: Schriftdenkmäler des steir. Gewerbes, Graz 1950, Bd. 1, S. 61 ff.).

Mit all diesen Aufgaben betraut wurden die Bruderschaften ein bedeutender Träger des kulturellen und geselligen Lebens der Zunftgemeinschaft.

bb) Die Zunft als politische Gemeinschaft

Die Zünfte haben nach langem Ringen mit den Erbbürgern der Stadt teils mit Unterstützung des weltlichen oder geistlichen Stadtherren, teils auch ohne diese Zugang zu den politischen Entscheidungen der Stadt gefunden. Mit der Übernahme der Mitverpflichtung, etwa der Wehr- und Schutzpflicht, bekamen die Zünfte auch das Mitspracherecht im beschließenden Rat und in der Verwaltung der Stadt.

Die *Schutz- und Wehrpflicht* der Bürger betraf die Abwehr gegen militärische Angriffe von außen und den Schutz gegen Feuergefährdungen im Innern. Die Bürger mußten sich für diesen Wehrdienst selbst ausrüsten und bekamen nur für größere Verteidigungsgeräte Zuschüsse von den Zunftkassen. Bei entsprechendem Glockengeläute mußten die Zunftmitglieder ihre Verteidigungsschanze auf Türmen und Mauern besetzen und gegen jeden Angriff verteidigen. Ebenso hatten sie bei Feuersbrünsten gemeinsam zur Abwehr der Not zu operieren.

Die Zünfte hatten als selbständige Standesgemeinschaft ihr eigenes Gericht, in dem die Standesgenossen „Streitigkeiten unter sich ausmachten". Die Zunftgerichte waren für die Meister und, wenn kein eigenes Gesellengericht gegeben war, auch für die Gesellen zuständig. Sie waren erste und meist auch letzte Instanz. Die eigene Gerichtsbarkeit ließ die Zünfte erst zur vollen politischen Gemeinschaft werden, denn *der Herr des Gerichtes und des Rechtes war auch der Herr der politischen Angelegenheiten*.

2. Die Ordnung der ländlichen Wirtschaft

Die ländliche Wirtschaft war eine Wirtschaftsgemeinschaft von Grundherren und Bauern. Diese Wirtschaftsgemeinschaft hatte ihre Sonderheiten, wie auch die Kultur mit höfischen und bäuerlichen Kreisen eine Besonderung im Gegensatz zur städtisch-gewerblichen Wirtschaft und Kultur darstellte.

Die ländliche Wirtschaftsgemeinschaft war zum größten Teil *auf Selbstversorgung ausgerichtet*. Diese konnten die Grundherren mit ihren Holden in den *Nahrungs- und Lebensmitteln* erreichen. Sie erzeugten am Fronhof und auf den zugehörigen zinspflichtigen Bauernhöfen alle Lebensmittel, deren sie im Herrenhof und in den Bauernhöfen bedurften. Die *Geräte* für ihre Wirtschaftsführung erzeugten die Bauern im Winter meist selbst, wenn sie auch gelegentlich eine Ergänzung von den „Handwerkern" am Fronhof brauchten. Die *Kleider* in Wolle und Leinen erzeugten die Bauern vielfach auch selbst. Die Frauen widmeten sich dieser Aufgabe, indem sie im Winter spannen und nähten. Die Männer bedienten den Webstuhl, wenn nicht gelegentlich ein Weber „auf Stör" kam.

Die *Ergänzung der Selbstversorgung* wurde durch die Abgabe landwirtschaftlich erzeugter Produkte auf den Wochenmärkten der Stadt ermöglicht und durch den Einkauf gewerblich erzeugter Waren durchgeführt.

30. Der Zimmermeister mit Weißkunig

Der Schuhmacher.

Hereyn/wer Stiffl vnd Schuh bedarff/
Die kan ich machen gut vnd ſcharff/
Büchſn / Armbroſthalffter vñ Wahtſeck/
FeuwrEymer vnd Reyßtruhen Deck/
Gewachtelt Reitſtieffl / Kürißſchuch/
Pantoffel / gefütert mit Thuch/
Waſſerſtiffl vnd Schuch außgeſchnittn/
Frauwenſchuch / nach Höflichen ſittn.

31. Der Schuhmacher: 1568

Das Verhältnis von Eigenversorgung und Marktergänzung kann man wohl im höchsten Ausmaß mit 4 : 1 oder 80 : 20 % annehmen. *Zu vier Teilen erfolgte die Versorgung aus der eigenen Wirtschaftsgemeinschaft und nur zu einem Teil bedurfte es der Ergänzung durch die Stadtwirtschaft.*

Für diese Selbstversorgung war die Grundherrschaft mit ihren zins- und dienstpflichtigen Bauern ein *System planwirtschaftlicher Zusammenarbeit.* Da die Grundherrschaftsbezirke oft weit auseinander gestreut waren, war es möglich, an verschiedenen Klima- und Vegetationsregionen teilzunehmen. So konnten durch die gegenseitigen Beziehungen von verschiedenartigen Räumen und verschiedener Vegetationsmöglichkeit die Viehzuchtergebnisse einerseits und die Ackerbau- und Weinbergerträgnisse anderseits ein gegenseitiges Ergänzungssystem bilden, in dem alle mit allem versorgt werden konnten. Hierin lag wohl der Grund: warum die Grundherren in Gebirgslagen Weingartenbesitzungen weitab in klimabegünstigten Bezirken hatten. Dieses räumliche Ergänzungssystem setzte sich natürlich auch betriebswirtschaftlich fort, indem in der Anbauweise ein oft genaues Verteilungssystem für die verschiedenen Produkte auf die einzelnen Höfe zur Geltung kam. *In dieser Arbeitsteilung der ländlichen Planwirtschaft zwischen dem Grundherrn und seinen hörigen Bauern ergab sich die bestmögliche Versorgung mit der größtmöglichen Varianz der Güter.*

Die Eintönigkeit ortsgebundener Erzeugung konnte durch das planmäßige Zusammenwirken verschiedener Vegetationsgebiete überwunden werden. Im Rahmen der weit gestreuten Grundherrschaftsgebiete war die Versorgung für die ländliche Wirtschaftsgemeinschaft am günstigsten gegeben.

Diese planwirtschaftliche Zusammenarbeit machte ein *System von gegenseitigen Verpflichtungen* zwischen dem Grundherrn und den dienstbaren und zinsbaren Bauern notwendig. Dieses System umfaßte alle Lebensverhältnisse, so daß die Verbundenheit nie nur eine sachlich bestimmte war, sondern immer auch eine personsbezogene sein mußte. Erst und nur in dieser gesellschaftlichen Verbundenheit ist das mittelalterliche System der gegenseitigen Abhängigkeit und Verpflichtung verständlich. Alle anderen neuzeitlichen Interpretationen der mittealterlichen Gesellschafts- und Agrarverfassung mit den Kategorien von Freiheit und Unfreiheit, von Untertänigkeit und Ausbeutung führten zu abwegigen Deutungen, die leider bis heute noch andauern.

a) Die räumliche Ordnung der ländlichen Wirtschaft

Die räumliche Ordnung der ländlichen Wirtschaft war nicht, wie man etwa vermuten möchte, in arrondierten Gebietskreisen mit abgegrenzten

Grundherrschaften und den zugehörigen untertänigen Häusern geordnet. Vielmehr gab es beinahe für jede Grundherrschaft ein System der Streulage für die untertänigen Bauernhöfe und daher eine Gemenglage der Grundholden. Die ländliche Wirtschaftsgemeinschaft lebte in einem von mehreren Grundherrschaften gegenseitig durchdrungenen Gebiet mit verschiedenen Enklaven. Die einzelnen Gruppen waren zu Fronhöfen und „Ämtern" zusammengefaßt und von einem „Meieramt" verwaltet.

aa) Die Streulage der zinsbaren Bauernhöfe

Als Modell für eine solche Siedlungsweise kann das *Kloster Kremsmünster* gelten. Das Urbar aus dem Jahre 1299 wies im gesamten *18 Verwaltungsämter* mit 980 „untertänigen Häusern in 17 Ämtern zuzüglich mehrerer Häuser im 18. Amt" aus, so daß in den 18 Ämtern *rund 1 000 untertänige Häuser* dem Gotteshaus Kremsmünster zinspflichtig waren.

Jedes Amt umfaßte wieder mehrere Ortschaften; so gehörten zum Schulzenamt Sipachzell und Weisskirchen, zum Eggenbergeramt Fischlham und Steinerkirchen, zum Burgstallmairamt Pettenbach Viechtwang und Steinbach, zum Stadlmairamt Ried und Kremsmünster, zum Zollmairamt Kremsmünster, Kematen und Rohr, zum Zehentmairhof Kematen, Sipachzell, Eggendorf und Allhaming, zum Fischlmairamt Kematen und Neuhofen, zum Viechtwangeramt Viechtwang, Grünau, Kirchham, St. Konrad und Laakirchen und schließlich zum Buchkircheramt Alkoven, Aschach, Eferding und ein Gebiet jenseits der Donau. In dieser Aufgliederung des gesamten Gebietes in der Umgrenzung der Bäche und Flüsse Alm-, Traun-, Krems-Sulzbach konnten in einer durchdringenden Verwaltung auf planwirtschaftlicher Grundlage die einzelnen Vegetationsbezirke optimal genutzt werden.

Zu den einzelnen Fronhöfen und Ämtern gehörte jeweils eine *verschiedene Anzahl „untertäniger Häuser"*. 84 Höfe gehörten zum Schulzenamt und ebensoviele zum Fronhofamt, 71 Höfe zählten zum Burgstallmairamt, 69, 66, 61 und 60 Höfe gehörten zum Lindenmairamt, zum Viechtenwangeramt und zum Amt Derndorf, wie auch zum Niedermairamt und zum Stadlmairamt. 52 bis 59 Höfe hatten das Ebenstallzelleramt, das Pettenbacheramt und das Zellmairamt, wie auch das Weinbergamt und das Fischlmairamt zu verwalten. Kleinere Ämter mit 27 bis 35 untertänigen Häusern waren: Eggenbergeramt, das Zehentmairamt und das Aumairamt. Für das Buchkirchneramt sind nur „mehrere Häuser" in Alkoven, Aschach, Eferding und jenseits der Donau angegeben. Die rund 1 000 untertänigen Häuser mit den zugehörigen Familien und dem Gesinde bildeten eine für damals (1299) beachtbare Wirtschaftsgemeinschaft.

Die *wirtschaftliche Kraft* dieser Gemeinschaft kann man aus den *Abgabepflichten der zinsbaren Bauern* ermitteln, wie sie im genannten Urbar festgehalten sind. Die 18 Ämter hatten mit ihren Bauern im Jahr 22 076 Pfennig an den Grundherrn, das Stift Kremsmünster, abzugeben. Dies ergibt für ein Amt rund 1 220 Pfennig und für einen dienstbaren Bauernhof rund 22 Pfennig im Jahr. An Naturalabgaben leisteten die 1 000 zinsbaren Bauern 3 008 Eimer Bier, 2 020 Einheiten Käse, 334 Lämmer und 323 Scheffel Hafer. Dies ergab wieder für einen Bauern eine durchschnittliche Abgabepflicht von 3 Eimern Bier, 2 Einheiten Käse und für jeden dritten Bauern je ein Lamm und ein Scheffel Hafer.

Mit der weit verzweigten Streulage der zinsbaren Bauern reichte der wirtschaftliche aber auch kulturelle und politische Einfluß eines Grundherrn weit über das Land hinweg. In der Verflochtenheit mit anderen Grundherrschaften ergab sich eine einheitliche aber gegliederte Wirtschafts- und Kulturgemeinschaft.

bb) Die Gemenglage der zinspflichtigen Bauern

Es gab kaum Landstriche, deren Höfe und Bauern nur einem Grundherrn dienst- und zinspflichtig waren. Vielmehr gab es zumeist eine Gemenglage von Höfen und Bauern, die verschiedenen Herren pflichtig waren. Dies ergab sich oft schon aus der Belehnung, meist aber durch Verkauf und Kauf, durch Schenkung und Vererbung, durch Rodungen, die von einem Grundherrn unterstützt wurden, aber schließlich auch aus der Verpfändung für offen gebliebene Verpflichtungen. *So ergab sich meist eine Gemenglage von Höfen und Bauern, die verschiedenen Herren pflichtig waren.*

Diese Verzahnung bewirkte, daß die Pflichten vielfach ausgeglichen wurden und zwar meist nach dem Pflichtmaß des Geringst-Verpflichteten, denn was für den einen recht war, mußte wohl auch für den anderen billig sein. So kam trotz der verschiedenen Herren zumeist doch eine einheitliche Verpflichtung der Bauern zum Vorschein.

Als *Modell* für eine solche Gemenglage von dienstbaren Höfen und Bauern verschiedener Herren kann die *Katastralgemeinde Mörtelsdorf* im Lungau angeführt werden. In diesem Ort mit 18 Häusern waren 17 zinsbare Höfe. Die Weinhütte gehörte der Marktgemeinde Tamsweg und stand daher außerhalb eines Verpflichtungsverhältnisses. Von diesen dienst- und zinspflichtigen Höfen gehörten im Gemeng der Siedlungslage:

1 Hof an das Stift Friesach
2 Höfe dem Stift Nonnberg in Salzburg
3 Höfe dem Domherrenkapitel in Salzburg
10 Höfe zum Hofurbar des Erzbischofs von Salzburg.

Die Gemenglage wird noch deutlicher, wenn die Häuser und Höfe in der Hauszählung der Reihe nach angeführt erscheinen:

1. Waiger: Stift Friesach	10. Graa: Erzbischof
2. Holzer: Erzbischof	11: Wassertrögl: Erzbischof
3. Weinhütte: Marktgemeinde Tamsweg	12. Steffl: Erzbischof
4. Blasi: Stift Nonnberg	13. Fritzen: Erzbischof
5. Holln: Stift Nonnberg	14. Blabacher: Erzbischof
6. Lindl: Domkapitel	15. Schuster: Erzbischof
7. Winkler: Domkapitel	16. Zehner: Erzbischof
8. Pausch: Domkapitel	17. Schneeweiss: Erzbischof
9. Meiler: Erzbischof	18. Stapser: Erzbischof.

nach: E. Klebel: Der Lungau, Salzburg 1960, S. 197

Erst die Kombination von Streulage und Gemenglage der zinspflichtigen Bauern im engeren und weiteren Umkreis ihrer Grundherrschaften zeigten die räumliche Ordnung der ländlichen Wirtschaft.

b) Die rechtliche Ordnung der ländlichen Wirtschaftsgesellschaft

Die rechtlichen Verhältnisse änderten sich in der ländlichen Wirtschaftsgesellschaft nur sehr langsam, so daß durch Jahrhunderte hindurch die Grundstruktur die gleiche blieb. In diesem Zustand liegt auch der Grund, daß die Rechtsverhältnisse der ländlichen Wirtschaftsgesellschaft im späten Mittelalter aus einem Dokument ermittelt werden können, das 1552 verfaßt wurde. Der Rechtsgelehrte *Bernhard Walther*, in Leipzig 1516 geboren, an den Universitäten Leipzig, Bologna und Pavia inscribiert (Promotion in Pavia am 22. Februar 1541) und dann in österreichischen Diensten, faßte in seinen Traktaten „den Landsbrauch" des Rechts in genialer Kompilation zusammen, so daß die Traktate danach beinahe die Rechtskraft eines Gesetzbuches bekamen. Aus dem Traktat *„Von den dienstbaren und zinsparen Gründten und Güttern"* kann die rechtliche Ordnung der ländlichen Wirtschaftsgesellschaft für die Zeit des späteren Mittelalters herausgelesen werden.

aa) Die dienstbaren und zinsbaren Bauernhöfe

Die rechtliche Ordnung der ländlichen Wirtschaftsgesellschaft beruhte auf der Landleihe des Grundherrn an die Bauern. Vom Herrn (Prälat, Herr oder Landmann) wurde den Bauern ein „Grund oder ein Gut" gegen einen „jährlichen Zins oder Dienst" als „nützliches Aigenthum" überlassen (Cap. 1, 1). Dieses nützliche Eigentum gab dem Belehnten das Recht: den übertragenen Boden zu „nutzen und niessen", es zu „vermachen und zu vergeben" „unverhindert des Grundherrn" (Cap. 1, 2). Der Belehnte hatte daher an den ihm durch Lehen übergebenen Hof und Grund samt allem Zubehör ein weitgehendes Nutzungsrecht. Er konnte den Hof und die Grundstücke sogar vermachen und verkaufen, ohne daß er vom Grundherrn daran hätte behindert werden können, es sei denn, der neue Nutzungsberechtigte war dem Grundherrn nicht genehm. Die Weitergabe des „Lehensgutes“ konnte auch „umb einen Überzins“ erfolgen (Cap. 3, 4). *Das Grundeigentum* war der Ordnung der ländlichen Wirtschaftsgemeinschaft gemäß *ein geteiltes Eigentum: der Herr hatte das Obereigentum und die Grundholden das Nutzungsrecht als Untereigentum.*

Die dienstbaren und zinsbaren Höfe konnten in zwei verschiedenen Arten verliehen werden.

Die *eine* Art konnte *„auf eine Anzahl von Jahren oder auf etliche Leib“* (Generationen) zur Nutzung gegeben werden. Sie waren *nicht erblich* und fielen daher nach Ablauf der Jahre oder nach Auslauf der vereinbarten Leib-Folge wieder an den Herrn zurück. Das Nutzungsrecht war demnach zeitlich begrenzt. Nach Ablauf der Nutzungsberechtigung fielen der Hof und die Grundstücke wieder dem Obereigentümer zur freien Verfügung zurück.

Die *andere* Art der Vergebung war durch die Belehnung für ein *erbliches Nutzungsrecht* gegeben (Cap. 1, 1), „weshalben solche Grundt- und Gütter Erbgrundt und *Erbgütter* genannt wurden“ (Cap. 1, 2), dies ist „zu Österreich mererer thails der Gebrauch“. Das Nutzungsrecht blieb in der Familie, auch wenn kein Testament vorhanden und daher von Berechtigten kein Erbe bestimmt war. Ein solches Erbgut fiel immer „auf sein nechsten Erben“ (Cap. 1, 2).

Diese nutzungsberechtigten dienstbaren und zinsbaren Güter konnten „behaust“ oder „unbehaust“ sein (Cap. 2). Ein *behaustes Gut* lag vor, wenn „der Hold oder Zinssmann“ Haus oder Hof samt dem, was zu einem solchen Hof gehört wie: Äcker, Wiesen, Weiden, Gehölz oder andere Gründe, innehatte (Cap. 2, 1). Ein *unbehaustes Gut* hatte keinen Hof und kein Haus, es bestand in: Äckern, Wiesen, Weingärten, Gehölz, Weiden oder anderen dergleichen Gründen (Cap. 2, 2).

Neben diesen zinsbaren Höfen konnte es auch noch *freie Höfe* der Bauern geben, die keinem Herrn dienst- und zinspflichtig waren. Diese Höfe freier Bauern waren aber nur *als Ausnahmen* gegeben.

In dieser rechtlichen Vielfalt waren die Bauern meist als Grundholden einem Herrn dienst- und zinspflichtig, sie standen aber auch unter dem Schutz und Schirm des Herrn.

bb) Das Recht der Herren und der Grundholden

Die Grundherrschaft war rechtlich ein Komplex ziviler und öffentlicher Rechte. Der Grundherr verlieh „durch Aufgebung“ Häuser und nutzbaren Boden an die Holden, damit diese „gegen Verrichtung des jährlichen Dienstes" „Grundt und Guett nutzen und niessen" (Cap. 1, 2). Aus diesem „zivilen" Rechtsverhältnis entsprangen dann die Zins- und Robotverpflichtungen der Grundholden und die entsprechenden Berechtigungen der Herren. Es verblieb aber ein Konglomerat öffentlicher Rechte, die die Schutzrechte und Schirmpflichten des Herrn ausmachten. Der sichtbare Ausdruck dieser öffentlichen Rechte war wohl die Gerichtshoheit des Herrn, an die sich die anderen Herrschaftsrechte anschlossen. Die Grundherrschaft war demnach eine *Herrschaft über das Land* und eine *Herrschaft über die untertänigen Leute.*

Um alle Rechtsverhältnisse in einer Grundherrschaft für immer geklärt zu haben, wurde die Führung eines Grundbuches vorgesehen. Es war seit jeher schon „gebreuchlich, das ein yeder Grundtherr über seine Gründt ein ordentliches *Grundbuch* halten thuet" (Cap. 4). Ein solches Grundbuch wird wohl meist mit dem vom Grundherrn geführten *Urbar* identisch gewesen sein. Hierin waren alle Gründe mit den Häusern und Bewohnern, aber auch mit allen nutzbaren Bodenflächen: Äckern und Wiesen, Wäldern und Weiden verzeichnet.

Die *Hoheit der Grundherrschaft* kam sichtlich im grundherrschaftlichen Gericht zum Ausdruck. „Ein jeder Grundherr hat alle Speen und Irrungen (Streitigkeiten), so sich zwischen den Partheyen der Gründte haben zutragen, selbst zu richten und darinnen zu erkennen" (Cap. 8, 1). Wenn sich ein Streitfall aus den Verpflichtungen zwischen Grundherrn und Holden selbst ergab, konnte der Grundherr „in sollichen Fall nit Richter sein", denn „niemand soll in seinen eigenen Sachen selbst Richter sein" (Cap. 8, 2).

Das grundherrschaftliche Gericht bestand aus dem Herrn und aus „etlich unverdechtigen Beysitzern", die der Grundherr aus seinen Bauern hiefür bestimmte (Cap. 8, 3). In dieser Zusammensetzung wurde die Gerichtsverhandlung in üblicher Weise mit den Fragen des Rechts und der Zustimmung aller durchgeführt. Im Gericht erschien die öffentlichrechtliche Hoheit des Grundherrn, obwohl sie sich darin nicht erschöpfte, weil sie noch durch den Verwaltungsbann ergänzt wurde, in dem das Recht auf Schutz und Schirm, aber auch die Pflicht von Schutz und Schirm gegeben war.

Für die zivilrechtliche Leihe und den öffentlich rechtlichen Schutz gebührte dem Herrn der „Dienst des Holden", der im Zins und in der Robot in Erscheinung trat.

„Der *Zinssman* ist schuldig, dem Grundtherren *jehrlich den Grundtdienst zu bezahlen"* (Cap. 11, 1). Dieser Grunddienst konnte als Zins in der Weise einer Naturalabgabe oder einer Geldabgabe, wenn dies gebietsmäßig üblich war, geleistet werden. Da der Zins der Grundholden eine *Bringschuld* war, waren die Holden verhalten, die Dienste dem Grundherrn „anheimb zu bringen" (Cap. 10).

Zum Schutz des Grundholden waren zwei bedeutende *Erleichterungen* für die Zinsabgabe zu verzeichnen. Wenn nämlich der Grund und Boden durch die Bewirtschaftung des Grundholden „besser wird", „so mag der Grundtherr deswegen keinen neuen Grundtzins daraufschlagen oder den alten Grundtzins steigern", er muß vielmehr den Dienstmann „bei den alten Dienst beleiben lassen" (Cap. 9, 1). Wenn hingegen ein Grundstück „in Verödung kumbt", „so mag der Herr nicht den alten Grundtzins fordern", er ist vielmehr verpflichtet, „sich an den geringsten Grundzins zu ersettigen" (Cap. 9, 2). Mit diesen Bestimmungen wurde den Grundholden gegenüber den Grundherrn in achtbarer Weise entgegen gekommen. Dies alles geschah immer zugunsten der Grundholden.

Zum Grunddienst der Holden gehörte auch noch die Verpflichtung zur *Robot*. Jeder Hold war, soferne er ein „behaustets Guet" in Nutzung hatte, „seinem Grundherrn zu robaten" schuldig (Cap. 19, 1). Die Robot mußte in der Regel persönlich nach Anweisung des Grundherrn geleistet werden. „Was und wieviel" ein Untertan seinem Herrn von alters her an Robot geleistet hatte, „dabey ist im der Herr beleiben zu lassen schuldig" (Cap. 19, 2). So hatte sich eine Norm für die Robotleistung herausentwickelt, die *zwölf Tage für ein Jahr* betrug. „So ist der Hold dem Landtsbrauch nach dem Herrn yedes Jar zwelf Tag zu robaten schuldig". Der Herr durfte aber diese Robotverpflichtung nicht auf einmal im Jahr von den Untertanen fordern, er mußte vielmehr die gesamte Robotpflicht *„auf die vier Zeiten des Jars aufthailen"*, damit die Untertanen „so viel weniger beschwärdt werden". Hier ist wieder eine bemerkenswerte Schutzbestimmung für die Grundholden festgehalten. Der Herr war außerdem verpflichtet, seinen Untertanen während der Zeit der Robotleistung die „nottdürftige und gebürliche Unterhaltung" zu geben (Cap. 19, 2).

Die Robot mußte entweder mit Ross und Wagen oder mit der Hand verrichtet werden. Dies hing von der Art des überlassenen Nutzungsrechtes ab. „Die Robath soll dermassen auferlegt werden:

> das die, so zu ihrem Heusern gehörige Äcker haben, die Robath *mit Ross und Wagen*, und daß die, so zu ihren Heusern Äcker nit haben, allein *mit der Handt* verrichten sollen" (Cap. 19, 3).

Die *Auflösung der Dienstverhältnisse* konnte von seiten des Grundherrn durch Abstiftung der Holden oder durch Verkauf des Grundes und Bodens erfolgen, sie konnte aber auch von seiten der Grundholden durch Verkauf des nutzbaren Hofes und der Gründe geschehen.

Die *Abstiftung* oder die Einziehung eines verliehenen Nutzungsrechtes von seiten des Grundherren konnte nur unter zwei wichtigen Gründen geschehen. Wenn „der Zinssman den Grundtdienst drei Jar lang unbezahlt anstehen läßt, so mag der Grundherr den Grund einziehen"

(Cap. 11, 1). Dies sollte der Grundherr aber „nit aus eigener Gewalt thun“, sondern nur nach einem „Erkanntnis eines ordentlichen Grundrechtes“ (Grundgerichtes). Durch diese Bestimmung sollte wieder der Hold geschützt werden, weil die Abstiftung der Willkür des Grundherrn entzogen und dem ordentlichen Gerichtsverfahren unterstellt war. Dies kam beinahe einer vorgeschriebenen „gerichtlichen Kündigung“ nahe und begünstigte den Nutzungsberechtigten und beschränkte den Obereigentümer.

Wenn „ein Dienstmann sein Erbguet in *Verödung* oder Abpau kommen lässt, alss dann der Grundherr Fueg hab, sollich Guett zu seiner Handen einzuziehen“ (Cap. 20, 1). Hiebei gab es aber auch wieder eine Interpretation zugunsten des Grundholden. Diese „Verödung“ mußte an Grund und Boden und nicht nur an einer schlecht geratenen Ernte zum Vorschein kommen. Ebenso durfte die Verödung nicht durch ein Ungewitter verursacht sein, sie musste „durch die Lässigkeit des Zinssmanes“ geschehen (Cap. 20).

Das *Veräußerungsrecht der „Grundobrigkeit“* für alle nutzbaren Güter stand „in Fug und Macht“ des Grundherrn (Cap. 21). Der Grundherr konnte sein Obereigentum verkaufen und einem anderen übergeben, „wie im lust“. Er konnte von seinen Zinsleuten hiebei nicht behindert werden (Cap. 21, 1).

Die Grundholden standen hiebei aber wiederum unter einem besonderen rechtlichen Schutz, denn der „Käufer hat nit die Macht, die Zinsleute von ihren Erbguetern abzuschaffen“, er war vielmehr verpflichtet, „sie allermassen, wie sy bey dem vorigen Grundtherrn innegehabt haben, dabey bleiben zu lassen“ (Cap. 21, 2). Diese Anordnung zu Gunsten der Grundholden kam einem Quasi-Mieter- und Pächterschutz gleich. *Bei einer Veränderung des Grundtherrn durch Verkauf der „Grundobrigkeit“ blieb das Recht der Grundholden ungeschmälert.*

Ein *Grundhold konnte seine Erbgründe* oder sonstigen Güter *„verkaufen oder vermachen“*, ohne daß ihm „derein der Grundtherr Eintrag oder Hindernuss thuen mag“ (Cap. 22, 1). Wenn dem Grundherrn aber der Käufer und *neue Grundhold aus „billigen Ursachen“ nicht genehm* war, dann brauchte er den neuen Grundhold nicht anzunehmen und der *„Verkauffung“ nicht zuzustimmen.* Der Grundherr konnte so lange seine Zustimmung verweigern, „biss ime ein ander tauglicher Kauffer oder Stiftmann fürgestellt wird“ (Cap. 22). Hierin äusserte sich noch „die Kraft des Obereigentums“.

c) Die gegenseitigen Pflichten der Herren und Bauern

Um das Pflichtenverhältnis von Herrn und Untertanen aus der Fehlinterpretation der Liberalen und der Sozialisten, nämlich aus der „Unterjochung“ und der „Ausbeutung“ der Bauern durch ihre Herren, herauszuheben und es einer wahrheits- und wirklichkeitsgemässen Darstellung zuzuführen, sollen die gegenseitigen Verpflichtungen in Gruppen gefaßt, aber doch in ihrer Vielzahl erörtert werden. Diese Interpretation kann allerdings nicht vollständig sein, weil die gegenseitigen Verpflichtungen so vielfältig waren wie die verschiedenen Lebensäußerungen, von denen einmal die einen und ein andermal die anderen in den Vordergrund traten. In der konstruierten Aufgliederung der gegenseitigen Verpflichtungen hatten die Herren ihren Grundholden gegenüber in 10 Gruppen 57 Einzelverpflichtungen und die Bauern ihren Herren gegenüber in 5 Gruppen 52 Einzelverpflichtungen.

Die *Schutz- und Schirmpflicht der Herren* begann mit dem militärischen Schutz nach außen und dem rechtlichen Schutz nach innen und setzte sich über die Schirmpflicht gegen gesundheitliche Gefährdungen, gegen wirtschaftliche Not, aber auch über die Schirmpflicht zur Sicherung des wirtschaftlichen Erfolges und des wirtschaftlichen Verkehrs bis schließlich zur Versorgungspflicht für die Seelsorge und bis zur Hilfe für die Verschönerung des Lebens fort.

Die *Robot- und Abgabeverpflichtungen* der Bauern begannen mit der Zug- und Handrobot und reichten über die Abgabepflichten des Getreidezinses, des Kleinzinses bis zu den verschiedenen Kleinabgaben.

All diese Verpflichtungen waren gegenseitig. Beide „Partner“ leisteten sie aus ihrer gegenseitigen Treuepflicht, daher hörte ja auch die Verpflichtung des einen auf, wenn der andere das Seine nicht leistete. *Das gegenseitige Verpflichtungsverhältnis ist nur aus der Verbundenheitsweise der Treue entstanden und auch nur so zu verstehen.* Das Verhältnis war ein persönliches und daher ein personenrechtliches und kann deshalb nie als obligatorisches Verhältnis gedeutet werden.

aa) Die Pflichten der Herren

Zunächst hatten die Herren die Pflicht, das Land gegen kriegerische Anstürme von außen zu schützen; daher mußten sie gegen die Feinde der Christenheit und gegen die Feinde des Reiches aber auch *gegen die unmittelbare Bedrohung des Landes* die entsprechenden Abwehrmaßnahmen und Unterstützungen für diese leisten. So mußte der österreichische Prälatenstand durch die Aufforderung des Papstes Alexander IV. auf der Synode zu Viterbo zur „Abwehr gegen die Einfälle der barbarischen Tataren“ eine Abgabe leisten, die für das Bistum Passau mit den zugehörigen Stiften und Pfarreien 300 Mark Silber betrug (U. *Hartenschneider:* Hist. und topographische Darstellung von dem Stift Kremsmünster, Wien 1830, S. 44, nach: P. P. *Pöttinger:* Die wirtschaftlichen Aufgaben und sozialen Leistungen des Stiftes Kremsmünster, Diss. Graz

1966, S. 194). Am 10. Mai 1490 forderte Friedrich III. in einem Brief an Abt Wolfgang I. von Kremsmünster „für das neu bestellte Kriegsvolk“ vom Gotteshaus Kremsmünster „einen Quatember“, nämlich: „28 Mann zu Ross und 50 Mann zu Fuss“ (Stiftsarchiv Kremsmünster, Kasten Steuern: StaKr, Kasten U, Fasz. I nach: Pöttinger S. 195 und 226).

Dann folgte der Schutz im Innern *gegen Verbrechen* durch das Strafgericht und *gegen Bedrängnisse im zivilen Rechtsstreit* durch das Zivilgericht. Die Untertanen mußten vom Herrn von allen Gefahren freigehalten werden, womit der Herr die Pflicht hatte, die entsprechenden Gerichte und Sicherungsinstitutionen zu errichten und zu erhalten. Dazu gehörten auch die Einrichtungen für die öffentliche Sicherheit durch die „Polizeiorgane“.

Zur Sicherung der Untertanen gehörte auch der *Schutz gegen gesundheitliche Gefährdungen.* So mußte der Grundherr gegen Epidemien und Tierseuchen, aber auch für Heilungen „der an der Lustseuche und an Hundebissen erkrankten Personen aufkommen“ (§ 6, 2 Verordnung des Ministeriums des Inneren v. 12. September 1849; diese Verordnung wurde anläßlich der Grundablöse 1849 erlassen. Sie verzeichnet eine Reihe von Pflichten der Grundherren, die bis zur Auflösung der Grundherrschaften geleistet werden mußten). Der Herr mußte auch für seine Leute etwaige Spitalskosten ganz oder teilweise übernehmen oder auch, wie es bei den Klöstern war, selbst ein Spital errichten oder er mußte das „Bürger- oder Marktspital“ entsprechend unterstützen (P. P. Pöttinger, S. 103). Dazu gehörte auch die Verpflichtung des Herrn, Wundärzte und Hebammen ausbilden zu lassen und zu erhalten (§ 6,1 Verordnung v. 12. September 1849).

Die Herrenpflicht umfaßte auch den *Schutz gegen soziale Not,* so die Fürsorge für Kinder, Witwen und Waisen, für Kranke, Invalide und Alte (§ 6, 4 Verordnung v. 12. September 1849). Die geistlichen Grundherren hatten als Fürsorgeeinrichtung auch die Spendentage anläßlich der Feiern für den Stifter und zu den Quatembertagen.

Zur *Hintanhaltung und Behebung wirtschaftlicher Schäden* mußten die Grundherren den Schutz gegen Feuer- und Wasserschäden, gegen Frost- und Hagelschäden, wie auch gegen Lawinenschäden und im besonderen gegen Schäden anläßlich von Tierseuchen und gegen Hungersnöte organisieren und finanzieren. Als Beispiel hiefür sei der Brief des Abtes Johannes von Lambach vom 12. November 1190 zitiert: „Für meine armen Untertanen und wegen der großen Not habe ich Getreide gekauft. Durch einen Traunfahrer aus Stadl (Stadl-Paura) soll es heraufgeschafft werden“ (StaKr, Kasten O. Fasz. I, Pöttinger S. 143 u. 151). In Vorsorge gegen etwaige Mißernten und Hungersnöte wurden bei den Fronhöfen oder bei den „Ämtern“ große Getreidekasten gebaut und Lebensmittelreserven bereitgehalten. Die Hungersnöte wirkten damals so nachdrücklich, weil die Zufuhr mit Roß und Wagen nur für ein Gebiet mit einem engen Radius geschehen konnte. Eine Zufuhr aus „fernen Ländern" war unmöglich.

Für die *Sicherung des wirtschaftlichen Erfolges* hatten die Grundherren auch zu sorgen, indem sie ihren Bauern ertragreiches Saatgut, bestes Zugvieh und die erforderlichen Gerätschaften zur Verfügung stellten. Dazu gehörte auch die Aushilfe mit Bauholz und das Recht: Stöcke zu roden, Streu und Laub aus dem Herrschaftsgebiet zu holen, das Vieh auf den Almen und nach der Brache auch am Stoppelfeld weiden zu lassen (§ 8 der Verordnung v. 12. September 1849). Die Sicherung des Absatzes und der Preise für die von den Bauern produzierten Waren war vielfach auch der Sorge des Grundherren anvertraut. Gewiß war der Grundherr auch der Kreditgeber für seine Bauern, wenn diese dringend Geld brauchten.

Die *Steigerung des wirtschaftlichen Erfolges* und damit die Vergrößerung des Wohlstandes suchten die Grundherren und vor allem die geistlichen Herren durch die Gründung und Führung von Schulen und sonstigen Bildungsstätten zu leisten. Diese Schulen bezweckten eine allgemeine und eine berufliche Ausbildung mit dem entsprechenden Anschauungsunterricht in der Wirtschaft der Herrenhöfe. Dort war das praktische Wissen für die fortschrittliche Führung der Agrarwirtschaft zu holen. Zu mindestens aber hatten die Grundherren beachtliche Beihilfen für Schulen und Bildungsstätten aller Art zu leisten (§ 11 der Verordnung v. 12. September 1849).

Zur Sorge um die wirtschaftliche Verbesserung gehörte auch der *Ausbau des Verkehrssystems*. Die Grundherren hatten die Pflicht: Straßen, Brücken und Überfuhren zu bauen und die Sicherung der Verkehrswege zu garantieren (§ 6, 2, Verordnung v. 12. September 1849). Die Herren trieben die Straßenwege in die Täler vor, um das dahinterliegende Alm- und Jagdgebiet aufzuschließen. Das gleiche galt auch für die Sicherung der Flußschiffahrt. Nicht selten oblag den Herren auch die Pflicht, für Brunnen- und Wassenleitungsbauten zu sorgen. Manchmal geschah dies auch durch die genossenschaftliche Selbsthilfe der Bauern.

Die Schirmpflicht der Herren reichte bis in die *Seelsorge*, denn nur sie waren auf Grund ihrer Wirtschaftskraft imstande, Pfarreien zu gründen, Kirchen zu bauen und beide zu erhalten. So befahlen es schon die Capitularien Karl des Großen und so waren die Pflichten selbst im erzwungenen Auflösungsverfahren der Grundherrschaften noch verzeichnet (§ 11 der Verordnung v. 12. September 1849). Erhalten mußten die Pfarreien, die Pfarrer und die sonstigen Priester, aber auch alle Kirchen, Kapellen und viele Bildstöcke aus dem Titel des grundherrlichen Patronates werden. Kremsmünster hatte z. B. in 26 Pfarreien rund 50 000 Gläubige durch 40 Mitglieder des Konventes seelsorglich zu betreuen.

Zu guter Letzt hatten die Schutz- und Schirmherren auch *für die Verschönerung des Lebens* ihrer Grundholden zu sorgen. Diese Aufgabe leisteten die Herren mittelbar durch ihre höfische Lebensführung, die auf dem Wege des sinkenden Kulturgutes bis in die Bauernhöfe „absank" und dort in eigener Weise aufgenommen, aber auch entsprechend zugerichtet und weiterentwickelt wurde. So kamen die Leitbilder für die Feiertagskultur in Wohnung, Kleidung und Essen von den Herrenhöfen in die bäuerliche Welt. Unmittelbar ging der kulturelle Einfluß der höfischen Sitten auch über den lebenskundlichen Unterricht, den die Frauen und jungen Männer durch ihre Arbeit am Herrenhof bezogen.

All diese Pflichten der Grundherren gegenüber ihren Grundholden hatten in der schützenden Treuepflicht der Herren ihren Rechtsgrund. Die Pflichten wandelten sich je nach zeitlichen und regionalen Umständen, sie *waren aber immer unter dem Titel der Schirmgewalt gegeben.*

bb) Die Pflichten der Bauern

Aus ebendieser gleichen Treuepflicht entstanden auch die einzelnen Pflichten der Grundholden gegenüber ihren Herren. *Der Schutzpflicht der Herren stand die Unterstützungspflicht der Grundholden gegenüber.*

Diese Pflichten waren in großer Mannigfalt für alle Bereiche des Lebens gegeben. Die Zug- und Handrobot und die verschiedenen Abgabe- und Zinspflichten ließen die Treuepflichten konkret werden.

Die *Zugrobot* als *Dienst mit Roß und Wagen* konnte eine „Sambfahrtrobot" für weite Fahrten und Frachten sein, es konnte aber auch ein Zubringerdienst wie die Einfuhrrobot für Heu und Grünmahd, für Zinsgetreide oder auch für Holzfuhren sein.

Die *Handrobot* als Dienst ohne Roß und Wagen konnte ein Robotdienst für die Bestellung der Äcker und für die Erntearbeit sein, sie konnte ein Dienst für Baurobot und für Forstarbeiten wie auch für Verzäunungen, Deich- und Rodungsarbeiten sein. Für die Robotarbeit der Frauen gab es Wasch- und Reinigungsrobot wie auch Küchendienste. Botengänge für den Herrn gehörten ebenso zum Robotdienst.

Der *Getreidezins* konnte als Weizen- und Kornzins, Gersten- und Haferzins und als Hirse- und Heidenzins und schließlich als Haarendzins zum Vorschein kommen.

Als *Zinsabgaben* gab es Linsen- und Greislachabgabe, Bohnen- und Erbsenabgabe, Wein-, Most- und Bierabgabe und schließlich die Fisch- und Krebsabgabe.

Zahlreich und schier ohne Ende waren die *Kleinabgaben* der Bauern. Sie umfaßten die Abgaben von Hühnern, Gänsen und Eiern, von Frischlingen, Lämmern, Kälbern und Kitzen. Dazu gehörten auch die Abgaben von Käse und Schotten, Brot und Pogatschen, Schmalz und Baumöl, Maurachen und Nüssen, Leinwand, Wolle und Wachs. Vom Garten gab es folgende Abgaben: Kren, Kraut, Fornach. An Holzabgaben werden verzeichnet: Trambäume, Spreizbäume, Viertel- und Spaltholz, Zaunstöcke und Weingartenpfähle, Lichtfackelhölzer und Kohl (Holzkohle). Diese Vielfalt ist natürlich auch nur eine beispielhafte Aufzählung, die zeitlich und regional variiert werden konnte.

cc) *Die Pflichten-Tafel für Grundherren und Bauern*

Pflichten des Grundherrn:

Militärischer Schutz nach außen:

1.1. Schutz für das Reich
2.2. Schutz im Lande
3.3. Schutz im Ort

Schutz im Innern:

4.1. Schutz vor Verbrechern: Strafgericht
5.2. Schutz im Zivilrecht: Zivilgericht
6.3. Vormundschaftsrecht: Mündelgericht
7.4. Gefängniswesen

Schutz gegen gesundheitliche Gefährdung:

8.1. Seuchenverhütung u. Seuchenbekämpfung
9.2. Ausbildung u. Haltung v. Wundärzten
10.3. Ausbildung und Haltung v. Hebammen
11.4. Spitalskosten-Zuschüsse

Schutz gegen soziale Not:

12.1. Kinder- und Waisenfürsorge
13.2. Witwenfürsorge
14.3. Krankenfürsorge
15.4. Unfall- und Invaliditätsfürsorge
16.5. Altersfürsorge

Schutz gegen wirtschaftliche Not:

17.1. Schutz bei Feuer- u. Wasserschäden
18.2. Schutz bei Frost- und Hagelschäden
19.3. Schutz bei Lawinenschäden
20.4. Schutz bei Tierseuchenschäden
21.5. Schutz bei Hungersnöten

Sicherung des wirtschaftlichen Erfolges:

22.1. Sicherung des Saatgutes
23.2. Sicherung der erfolgreichen Zucht
24.3. Gerätehilfe
25.4. Aushilfe bei Bauholz
26.5. Recht auf Holzklauben
27.6. Recht auf Streu- und Laubrechen

Pflichten der Grundholden:

Zugrobot:

1.1. Sambfahrtenrobot (weite Fahrten)
2.2. Düngerfuhrrobot
3.3. Einfuhrrobot f. Heu und Grünmahd
4.4. Holzfuhrrobot
5.5. Einfuhrrobot f. Zinsgetreide

Handrobot:

6.1. Ackerbaurobot
7.2. Schnittrobot
8.3. Deichrobot
9.4. Eishackenrobot
10.5. Holzfällerrobot
11.6. Baurobot
12.7. Forstrobot
13.8. Verzäunungsrobot
14.9. Gespinnstrobot
15.10. Wasch- u. Reinigungsrobot
16.11. Küchenrobot
17.12. Botengangrobot
18.13. Rodungsrobot

Getreidezins:

19.1. Weizen- u. Kornzins
20.2. Gersten- u. Haferzins
21.3. Hirse- und Heidenzins
22.4. Haarendzins

Zinsabgaben:

23.1. Linsen- u. Greislachabgabe
24.2. Wein- u. Mostabgabe
25.3. Kastanienabgabe
26.4. Fisch- u. Krebsabgabe
27.5. Bohnen- u. Erbsenabgabe

28.7. Recht auf Stockroden
29.8. Recht auf Vichweiden
30.9. Recht auf Almweide
31.10. Preissicherung f. Agrarprodukte
32.11. Absatzsicherung d. Agrarprodukte
33.12. Kredithilfe

Steigerung des wirtschaftlichen Erfolges:

34.1. Schulausbildung
35.2. Berufsausbildung
36.3. Ausrüstung mit neuen Geräten
37.4. Versorgung mit neuen Pflanzenarten
38.5. Aushilfe für neue Viehzucht

Hilfe für Verkehrsverbesserung:

39.1. Flußregulierungen
40.2. Wildbachverbauung
41.3. Wegbauten zur Aufschließung der Täler
42.4. Straßenbau und Straßenerhaltung
43.5. Flußschiffahrtssicherung
44.6. Brücken- und Stegebau
45.7. Hilfe bei Rodungen
46.8. Brunnenbau und Wasserleitungen

Hilfe für die Seelsorge:

47.1. Bau und Erhaltung von Kirchen
48.2. Ausbildung und Versorgung der Priester
49.3. Ausstattung der Kirchen und Kapellen
50.4. Aushilfe für religiöse Feiern

Hilfe für die Verschönerung des Lebens:

51.1. Lebenskundlicher Unterricht am Fronhofe
52.2. Verschönerung der Wohnweise
53.3. Veredelung des Essens
54.4. Verbesserung der Kleidung
55.5. Absinken der Hofkultur in die Volkskultur
56.6. Unterstützung von Volksfesten
57.7. Unterstützung für Landes- u. Großfeste

Kleinabgaben:

28.1. Hendel u. Kapaun
29.2. Eier
30.3. Frischling
31.4. Gänse
32.5. Schafe und Lämmer
33.6. Kälber u. Kitze
34.7. Honig und Bienenschwärme
35.8. Edel- u. Steinmarder
36.9. Käse und Schotten
37.10. Brot und Pogatschen
38.11. Schmalz und Baumöl
39.12. Maurachen u. Nüsse
40.13. Salz
41.14. Leinwand
42.15. Wolle und Wachs
43.16. Heu und Stroh
44.17 Kren, Kraut u. Fornach (Farnkraut)
45.18 Trambäume und Spreizbäume
46.19. Viertel- u. Spaltenholz
47.20. Zaunstöcke und Holzdreilinge
48.21. Weingartenphähle
49.22. Bretter und Schwartlinge
50.23. Lichtfackelhölzer
51.24. Kohl (Holzkohle)
52.25. Flohruten

D. Das Recht als Spiegel der Gesellschafts- und Wirtschaftsordnung

Das Gepräge einer Epoche ist ein Ganzes und zeigt sich daher in allen Lebensbereichen. Jeder einzelne von diesen weist die geprägte Struktur des Ganzen aus. Die Gesellschaft des Mittelalters hatte eine ständische Struktur. In dieser Ordnung war die ganze Gesellschaft in viele Gemeinschaften und Stände aufgegliedert. *Die Vielfalt der eigenberechtigten Stände und selbständigen Gruppen war der Charakter der Gesellschaftsordnung.*

Genau dieses Gepräge wies auch das Recht aus. Jede Standesgruppe hatte ihr eigenes Recht. Dadurch ergab sich ein Rechtssystem in großer Mannigfalt einzelner Standesrechte. *Die vielgliedrige Gesellschaft spiegelte sich in der Vielfalt der Standesrechte.*

Bei dieser Vielfalt des Rechtes drängt sich wohl wiederum die Mannigfalt der Zierate an den gotischen Domen auf. Das Rechtssystem mit den vielen Sonderrechten zeigt sich in den vielen Sonderarten der Verzierungen der Türme und der Wimperge

Die ständische Ordnung der Wirtschaft zeigte ein vielfaches Verpflichtungssystem der Stände zueinander. Jede Gruppe war jeder Gruppe verpflichtet und jeder Stand hatte Rechtsansprüche an jeden Stand. So wie die gegenseitige wirtschaftliche Verbundenheit, die eine herrschaftliche oder genossenschaftliche sein konnte, ein System gegenseitiger Berechtigungen und Verpflichtungen festhielt, so zeigt sich im Gepräge der Eigentumsordnung wiederum ein System vielstufiger Grade von Ober- und Untereigentum. *Die gegenseitigen Verpflichtungsstufen der Stände und aller Schichten spiegelten sich im System eines vielfach gebundenen Eigentums.*

a) Die Vielfalt des Rechtes in der ständischen Gesellschaft

Jede Standesgruppe hatte sogar ein eigenes System von Rechten und daher auch jeweils ein eigenes Gericht.

Der Adel hatte sein *Adelsrecht* mit dem Recht der Fürsten und dem Recht der freien Herren, zu dem sich allmählich das *Recht der rittermäßigen Leute* gesellte.

Jede Stadt hatte ihr eigenes *Stadtrecht,* in das wieder die vielen Zunft- und Innungsrechte mit den eigenen Statuten und Ordnungen eingefügt waren. Dazu kamen noch die verschiedenen Rechte für die einzelnen Wirtschaftsbereiche, wie etwa das Marktrecht für die Jahres- und Wochenmärkte.

Das Recht auf dem Lande trat in der *„Vielgestaltigkeit des Hofrechtes"* (G. Seeliger) hervor. Beinahe jeder herrschaftliche Hof hatte für sich und seine Grundholden ein eigenes Recht, das als Hofrecht in den Weistümern von Generation zu Generation weitergegeben wurde.

Für den Bergbau gab es die gesonderten *Bergrechte,* die für einzelne Mineralien und für alle zugehörigen Bereiche in den entsprechenden Ordnungen: Bergordnungen, Waldordnungen und Kohlordnungen in Erscheinung traten.

Über all diese Systeme verschiedener Rechte spannte sich das allgemeine *Kirchenrecht,* das verschiedene Angelegenheiten aller Gläubigen zu ordnen und zu regeln hatte. In diesem Geltungsbereich des allgemein verbindlichen Kirchenrechts waren die vielen Enklaven der Klostergemeinschaften mit ihren eigenen *Ordensrechten* und nicht selten auch mit ihren privilegierten Hausrechten eingestreut.

Das Recht der ständischen Gesellschaftsordnung war so vielfältig wie die Stände und ihre Gruppen. Die vielgestaltig ständische Gesellschaft spiegelte sich in der Mannigfalt der verschiedenen Standes- und Gruppenrechte.

b) Das gebundene Eigentum in der ständischen Wirtschaftsordnung

Das Eigentum (germ.: eigan) ist die unmittelbare *Rechtsmacht an einer Sache* oder das umfassende *Herrschaftsrecht über eine Sache.* Da aber die Herrschaft in der ständischen Gesellschaftsordnung *immer eine verpflichtete Herrschaft* — nie eine absolute Herrschaft — war, war auch das Eigentum *immer ein verpflichtetes und daher gebundenes.* Das Eigentumsrecht gab dem Eigentümer ein verpflichtendes Herrschaftsrecht, weil er immer seiner Gemeinschaft verpflichtet war. Das Eigentum gab den Ebenbürtigen und den Standesgenossen, waren sie solche der Berufsgemeinschaft oder der Nachbarschaft, ein Anspruchsrecht auf die kommende Herrschaft oder schon ein gegenwärtiges Nutzungsrecht auf Sachen. *Aus den Verpflichtungsverhältnissen der Eigentümer ergab sich immer ein verpflichtetes und daher geteiltes Eigentum.*

Die Bindung der Rechts- und Herrschaftsmacht des Eigentums kam in verschiedener Weise zum Vorschein (nach *H. Planitz:* Deutsches Privatrecht, 3. Aufl., Wien 1948, T. 2, Kap. 1 - 3).

Im *Nachbarrecht* gab es als Eigentumsbeschränkung das *Pflugwenderecht* und das *Kehrrecht,* wie auch das wegen des Flurzwanges bei einer Gemenglage von Grundstücken erforderliche *Notwegerecht.* Das *Überhangrecht* beschränkte den „Gewächseigentümer", da der Nachbar das Recht hatte, überhängende Zweige und übergreifende Wurzeln abzuschneiden. Das *Überfallsrecht* beließ dem Nachbar die auf sein Grundstück gefallenen Früchte: „Was in den Nachbars Hof fällt, ist sein". Hingegen war der Nachbar mit dem *Leiterrecht* belastet, weil er die Gerüstaufstellung zwecks Ausbesserung des Hauses dulden mußte. Zur Be-

32. Der Steinmetz mit Weißkunig

Der Kandelgiesser.

Das Zin mach ich im Feuwer fließn/
Thu darnach in die Mödel gießn/
Kandel/Flaschen/groß vnd auch klein/
Darauß zu trincken Bier vnd Wein/
Schüssel/Blatten/Täller/der maß/
Schenck Kandel/Saltzfaß vnd Gießfaß/
Ohlbüchßn/Leuchter vnd Schüsselring/
Vnd sonst ins Hauß fast nütze ding.

33. Der Kannengießer: 1568

schränkung des Eigentums gehörten noch die *Nachbarrechte: Fensterrecht,* über dem Hof des Nachbarn durfte kein Fenster angebracht werden, das *Lichtrecht,* den Fenstern des Nachbarn durfte man nicht das Licht nehmen, und das *Traufrecht:* die Dachtraufe durfte nicht auf des Nachbarn Grund abgeleitet werden.

Das *Beispruchsrecht* gab dem nächsten Erben das Recht („erbenlaub"), eine Grundveräußerung ohne dessen Zustimmung binnen Jahr und Tag unwirksam zu machen. Das *Wartrecht* ließ eine Eigentumsveräußerung soweit unwirksam werden, als sie das Wartrecht des Erben beeinträchtigte.

Das *Näherrecht* gab dem Anrainer das Recht, ein Grundstück vom Nachbarn gegen einen anderen Erwerber durch Zahlung des Kaufpreises zu erwerben, „weil er näher zur Sache ist" (Nachbarlosung). Das Näherrecht äußerte sich auch in der Erblosung, indem der nächste Erbe in einen Grundkauf des jetzigen Eigentümers eintreten konnte.

Die wirksamste Beschränkung der Rechtsmacht aus dem Eigentum war das *Lehensrecht:* Der Herr hatte das Verleihungsrecht und unter Umständen das *Heimfallsrecht* (das *Obereigentum der Herren),* der Lehensmann hatte das Nutzungsrecht (das *Untereigentum des Lehensmannes).*

Die *Grunddienstbarkeiten,* wie etwa Weidegerechtigkeit, Waldgerechtigkeit und Wege- und Wassergerechtigkeit, beschränkten die Verfügungsgewalt des Eigentümers zugunsten des Berechtigten. Diese „Nutzungsrechte" hatten für die Wirtschaft des berechtigten Grundholden oft eine große Bedeutung, die erst nach der Erlöschung als Folge des Grundablösegesetzes klar sichtbar wurde. Nicht selten wurde die Ablöse die Ursache für den wirtschaftlichen Untergang des ehemals berechtigten Bauern.

Die Beschränkung des Eigentums erfolgte auch durch die *„Kartellverpflichtungen" der Zünfte,* so daß auch in der gewerblichen Wirtschaft ein System verschiedener Eigentumsbeschränkungen hervortrat: Übergabe des Betriebsvermögens nur an geprüfte Meister, Nutzungsbeschränkung des Betriebsvermögens durch die Beschränkung der Zahl für Gesellen und Lehrlinge, Warenveräußerung nur gegen gesetzte Preise.

Das System allseitiger Eigentumsbeschränkungen bestätigte die verschiedenen Verpflichtungsstufen der ständisch gebundenen Wirtschaftsordnung. Es gab keine Wirtschaft ohne Gemeinschaftsverpflichtungen und daher auch kein Eigentum ohne Verfügungsbeschränkungen. Das Gepräge der Gesellschafts- und Wirtschaftsordnung widerspiegelte sich im System der Eigentumsbeschränkungen.

IV. Landesfürstlich gebundene Wirtschaft 1521 - 1848

Denn mächtig und reich seyn ist zu einem Relativo worden gegen diejenigen, so schwächer und ärmer seyn.

Ph. Hornigk: Österreich über alles, wann es nur will, Aufl. 1721, S. 20

Der Endzweck des Staates kann kein anderer seyn als das allgemeine Beste, kurz: die gemeinschaftliche Glückseligkeit.

J. H. G. Justi: Die Natur und das Wesen des Staates, 1760, § 30

Soll die Haushaltung des Volkes dauerhaft seyn, müssen die Glieder von einerley Hand entworfen, gebildet und bestimmt seyn.

L. B. M. Schmid: Lehre von der Staatswirtschaft, 1780, Bd. 1, S. 9

Ferdinand I., der Gründer des österreichischen Staates, von 1521 - 1564 Landesfürst und von 1556 - 1564 auch Kaiser, gab den österreichischen Ländern ein geopolitisches, staatspolitisches, verwaltungsorganisatorisches und wirtschaftspolitisches Konzept von solchem Umfang und solchem Gehalt, daß es der gesamten Generationenfolge der Herrscher bis einschließlich Maria Theresias bedurfte, bis dieses Konzept verwirklicht werden konnte.

Ferdinand begann auf Grund des Erbvertrages von 1515 nach der Schlacht bei Mohacs (1526) mit der räumlichen Integration des Donauraumes durch die Zusammenfassung der Länder der böhmischen und der ungarischen Krone mit den österreichischen Erblanden. Während dieses Integrationsprozesses mußte das Haus Österreich beinahe zwei Jahrhunderte gegen den Anstrum der Türken von Osten her, erfolgreich vor allem unter Prinz Eugen von Savoyen (1663 - 1736), sich zur Wehr setzen (1529 erste Belagerung Wiens, 1683 zweite Belagerung Wiens). Dann wurden diese Länder durch das politische Dokument und die verfassungsrechtliche Urkunde der Pragmatischen Sanktion unter Karl VI. im Jahre 1713 „zur Einheit und Unzerteilbarkeit" zusammengefaßt. So blieb es dann mit einigen Ausnahmen von nur kleineren Korrekturen.

Von Ferdinand I. angeregt und durch ihn eingeleitet wurde die vertikal-hierarchische Gesellschaft aus der Weihe und Würde ihrer Träger herausgeführt und der Macht als nunmehr erster Kategorie der Politik unterstellt. Damit wurde der neue Staat oder der eigentliche Staat der

Neuzeit von der Staatsraison geschaffen. Der Staat hat „die oberste Macht über jede andere Macht, über welche oder neben welcher sich keine Macht im Staat befindet, noch befinden kann" (Kaunitz: Von der oberherrlichen Macht, 1768/69). Die Geschichte des absolutistischen und merkantilistischen Österreich war demnach ein Prozeß der Macht-Vervollkommnung des Staates. Dieser Entwicklungsgang in den ersten Jahrhunderten der Neuzeit wurde durch die politischen Prinzipien von Niccolo Machiavelli (Il Principe, 1512) immer wieder mit neuer Kraft erfüllt. Wegen dieses frivol scheinenden neuen Inhaltes der Politik wurde für die Rechtfertigung und Legitimierung aller entsprechenden Folgen dem Staat und seiner Macht die Eigenschaft der Souveränität zugeschrieben (Jean Bodin) und der Einfachheit halber gleich dem Landesfürsten übertragen. „Alle Macht und Gewalt soll einem Mann übertragen werden" (Th. Hobbes: Leviathan, Chap. 17). So bekam der Staat der Neuzeit das gesellschaftliche Gepräge: Ein Gott, ein Fürst, ein Glaube, ein Recht, ein Behördensystem und eine Gesellschaft gleicher Untertanen — und dies alles gestaltet: „ganz allein aus der Uns beiwohnenden Gewalt" (Horten, Entwurf zum Bürgerlichen Gesetzbuch 1786 T. 1, Cap. 1, § 3). „Das ist die Generation des großen Leviathan, des sterblichen Gottes, dem wir unter dem unsterblichen Gott Frieden und Freiheit verdanken" (Hobbes).

Die Vereinheitlichung des Staates und der Untertanen beginnt mit der Ausrichtung dieser auf einen Glauben in einer konfessionellen Kirche. Dies ist eine, wenn nicht gar die erste Aufgabe des Landesfürsten, denn die Wachsamkeit und Sorgfalt des Souveräns für die Religion „ist nicht nur eine christliche, sondern eine politische Beschäftigung, womit die Wohlfahrt des Staates auf das Engste verknüpft ist". „Die Einheit der Religion vereinigt nämlich die Kräfte des Staates" (Kaunitz, 1768). Daher wurde auch „alles, was nicht unmittelbar in das Forum Sacerdotium gehörte, der höchsten gesetzgebenden und ausführenden Gewalt des weltlichen Herrschers" unterworfen (Geheiminstruktion 1768). Demgemäß wurde auch der Klerus ganz in die staatliche Verwaltung einbezogen, er wurde „ein Diener des Staates" (F. J. v. Heinke an Josef II.).

Die gesamte Religion mit dem Glauben und Gewissen der Gläubigen und mit allen Einrichtungen der Kirche, der Klöster, des Klerus und nicht ohne das Eigentum der Kirche, wurde vom Staat „eingezogen": Ein Fürst, ein Glaube, eine Kirche.

Die aus dem Mittelalter überbrachte vertikal-hierarchische Gesellschaft mit den vielen eigenständigen Gemeinschaften und ihren selbständigen Rechten und Gerichten sollte der horizontalen Gesellschaft der gleichen Untertanen weichen. Dem Landesfürsten oblag es daher: „die Rechte der Unterthanen deutlich zu bestimmen und ihre Handlungen zu leiten" und für alle ... „ein allgemeines ganz gleichförmiges Recht einzuführen" (Codex Theresianus, Vorwort).

Dem Prinzip dieser Rechtsgestaltung zufolge mußten alle Sonderrechte und Privilegien aufgehoben werden, weil man hoffte, daß mit den Standesrechten auch die Stände beseitigt werden könnten. Daher begann Ferdinand I. in seiner Gewerbeordnung (1527) mit der Auflösung aller Zechen und Zünfte, indem er in der Präambel verfügte: „So heben Wir auf und thun ab die Zechen und Zünfte aller und jeglicher Handwerck." Mit diesen Sonderrechten wurden auch alle Obrigkeiten der ständischen Gemeinschaft beseitigt, deshalb bestimmte Karl V. in seiner Peinlichen Gerichtsordnung (1532): „Wir wollen eyn jede oberkeyt abschaffen und hiemit aufheben, vernichten und abthun" (§ 218). Wegen der Beharrungskraft der verschiedenen ständischen Gemeinschaften wurde dieser Aufhebungsprozeß und die Vereinheitlichungsprozedur im gegenseitigen Ringen von Landesfürsten und Ständen von Jahrhundert zu Jahrhundert weitergetragen, so daß selbst Maria Theresia noch in ihrem Entwurf zum Bürgerlichen Gesetzbuch (Cap. 1, § 3, 40) strikte feststellen mußte: „Dawider darf kein Gewohnheit und Freiheit stadthaben, sondern alle sind gänzlich abgestellet und aufgehoben." In ihrem Strafgesetzbuch (1769) begründet sie dies: „Nichts ist natürlicher, als daß unter einem Landesfürsten ein gleiches Recht festgestellet werde" (Vorwort zur Constitutio Criminalis Theresiana). Auf diese Weise werden sich „die gesamten Unterthanen zur allgemeinen Wohlfahrt unter einem Gott, einem Landesfürsten und einerlei Gesetz vereint zu sein erfreuen".

Die Vereinheitlichung des Rechtes war wohl bis zum Abschluß der Periode einigermaßen gelungen. Für die Einebnung der Gesellschaft wurden zwar „gute Vorarbeiten geleistet", für das Gelingen bedurfte es aber einer revolutionären Eruption, um aus der vertikal-hierarchischen eine horizontale Gesellschaft werden zu lassen. Dieses tektonische Beben in der Gesellschaft erfolgte erst am Ausgangspunkt der landesfürstlichen Epoche.

Da der Landesfürst alle Lebensbereiche von der Religion über das Recht und die Gesellschaft ganz und gar in den einheitlichen Staat einbezog, war es nur stilgerecht, daß er auch die Sachen der Untertanen seinem „Obereigentum" unterwarf. Dies hält sowohl Horten in seinem Entwurf zum Bürgerlichen Gesetzbuch als auch Justi in seiner Staatslehre fest. Der Staat kann demnach verfügen, daß die Untertanen: den Gebrauch gewisser Sachen beschränken müssen, den Gebrauch nur in bestimmter Art und Weise vornehmen dürfen und gewisse Sachen erhalten müssen, wenn dies befohlen wird. Aus dem Titel des Obereigentums gab der Landesfürst dem Eigentum seiner Untertanen „eine gemeinnützige Richtung" (Martini-Entwurf T. 2, St. 3, § 10). Alles, was im Staat liegt und steht, ist der landesfürstlichen Macht unterworfen und der landesfürstlichen Verfügung unterstellt. Es gibt keine staatsfreie Sphäre.

Dieses Obereigentum des Staates verlieh dem Landesfürsten den Rechtstitel für seine Wohlstandspolizei. Der Zweck des Staates, das allgemeine Beste oder die Glückseligkeit der Untertanen, bestimmte den Inhalt der Wohlstandspolizei (Justi). Dem sozialen Zweck, den Wohlstand aller zu steigern, war auch ein politischer Zweck der Wohlstandspolizei verbunden, nämlich den Staat und den Fürsten reich zu machen, „denn mächtig und reych sein, ist itzo zu einem Relativo geworden gegen diejenigen, so schwächer und ärmer seyn" (Ph. Hornigk: Österreich über alles). Der Reichtum wurde ein Instrument der Macht. Dieser Reichtum mußte aber aus eigener Kraft ohne „Dependenz von anderen" zuwege gebracht werden, denn „wo einem Lande alle oder die meisten zur menschlichen Not und Wohlfahrt gehörigen Dinge in Sattsamkeit und Independenz von anderen bescheret, da muß notwendig Reichtum und Macht seyn" (Hornigk). Mit der Wohlstandspolizei bauten die Fürsten ein umfassendes und alles durchdringendes System der Wirtschaftspolitik auf, das einer staatlichen Planwirtschaft gleichkam.

Ferdinand I. begann seine Wirtschaftspolizei mit dem Erlaß der Ersten Gewerbeordnung Österreichs (1527), in der der Erwerb und der Inhalt der Gewerbebefugnisse wie auch die Regelung der Verhältnisse zwischen Meister, Gesellen und Lehrlingen und die Fürsorgeschutzbestimmungen für die Gewerbetreibenden enthalten waren. Die Zweite Gewerbeordnung folgte unter Karl VI. im Jahre 1732. In beiden Ordnungen wurde dem Staat das Recht der Gewerbeverleihung zugesprochen. Die Zünfte verblieben bei ihrer Ausbildungsverpflichtung. Ein Patent gegen die Störer von 1636 zeigte wieder mehr staatlichen Zunftschutz.

Die Bergordnungen von 1553 und 1629 wie auch die weiteren Novellen hiezu fixierten die Berghoheit des Staates und alle daraus folgenden Bestimmungen über den Erwerb und den Betrieb von Bergwerken mit allen einschlägigen Arbeitsrechtsbestimmungen. Die Berg- und Hüttenordnung von 1567 mit mehreren Novellen zusammen mit der Hammerordnung von 1748 und der Eisensatzordnung von 1623 ließen die gesamte Montanwirtschaft einer planvollen Lenkung des Staates unterstellt sein. Die notwendig Ergänzung zu den Bergwerksordnungen bildeten die Waldordnungen, denn sie mußten die Kohl (Holzkohle) für die Verhüttung der verschiedenen Erze sicherstellen. Die Waldordnungen (1562, 1632, 1665, 1690, 1722 u. 1767) stellten die Wälder unter den besonderen Schutz des Staates und gaben Anweisungen der Waldnutzung gemäß dem Prinzip der Walderhaltung. Die zahlreichen Versuche, aus den Waldordnungen zwecks Gewinnung größerer Holz- und Kohlmengen auszubrechen, machten die vielen Novellen erforderlich.

Da die Erz-, Eisen und Stahlgewinnung wegen der mächtigen Lagerstätte des Steirischen Erzberges für Innerösterreich eine besondere wirtschaftliche Bedeutung hatte, es lebten ja mehrere Bezirke unmittelbar und eine beachtliche Anzahl von Landstrichen mittelbar von der Eisen- und Stahlgewinnung und -verarbeitung, wurde bei der „Unwürde“ am Berg in den Jahren nach 1620 das gesamte Eisenwesen von Innerberg bis zur Verkaufszentrale in Steyr im Jahre 1625 verstaatlicht. Alle drei Glieder der Eisengewinnung, der Bergbau mit den Radwerken, die Hammerwerke mit der Stahlerzeugung und der Stahlwarenproduktion wie auch das Verlagswesen im Niederlagszentrum von Steyr wurden mit rund 60 Unternehmungen und Betrieben mit einem Gesamtwert von 744 781 fl und 45 Kr. zusammengefaßt und einer staatlichen „Generaldirektion“ unterstellt. Damit diese „Haubt-Compagnie in Schwung gebracht und erhalten werde, solle allen Gliedern, Bergleuten, Bürgern, Inwonern, Gewerken und Handelsleuten ein gebührlicher schutz und schirm erteilt werden“ (T. 4 Art. 3: Hauptcapitulation).

Das Bauernrecht wurde von Leopold I. im Jahre 1679 durch die Bestimmungen des „Tractatus de juribus incorporalibus“ verbessert und den neueren Verhältnissen angepaßt. Diese Rechtslage der Bauern dauerte dann bis zum Robotpatent von Maria Theresia (1775) und bis zum Untertanenpatent von Josef II. (1781).

Dem Verkehr wurde in allen Sparten die besondere Aufmerksamkeit der landesfürstlichen Wohlstandspolizei gewidmet, so der Donauregulierung durch das Patent von 1568, dem Straßenbau und der Straßenpolizei durch das Straßen-Mandat von 1559 und 1594 und später wieder durch die Straßenpatente von 1624 und 1692. Das Postwesen wurde neben anderem durch die Patente von 1621 und 1695 verbessert, ausgebaut und geregelt.

Dem Geld als dynamischer Kraft der Wirtschafts- und Wohlstandsentwicklung wurde ein besonderes Augenmerk der Wohlstandspolizei zugewendet: „denn wohin immer das Geld kommt, da kann etwas unternommen werden“ (Sonnenfels). Die Münz-Satzordnung von 1659 regelte das Münzwesen, während die Bank-Erlässe von 1703, 1706 und 1714 die Ausgabe von Banknoten vorbereiteten und in die Wege leiteten, bis im Jahr 1762 das Patent die Banco-Zettel-Ausgabe endgültig ordnete.

Mit der Versorgung der Menschen befaßten sich die Proviant-Generale von 1549 bis 1748, indem sie die Lebensmittel sicherzustellen versuchten. Immer wieder kamen Verbote des Fürkaufs (1583 - 1653), die wegen ihrer Häufigkeit wohl die Unzulänglichkeit der entsprechenden Patente zeigten. Dem Luxus wollte die Wohlstandspolizei durch die Kleiderordnung, wie etwa in der von 1668, begegnen.

Die Dienstbotenordnungen von 1668 und 1756, die Sonn- und Feiertagsordnung von 1559, wie auch die Tag-Lohn-Satzung von 1661 sollten die arbeitsrechtlichen und sozialpolitischen Bestimmungen für die Arbeitsvermittlung und den Arbeiterschutz festhalten. Das Statut der Pensionskasse für Berg- und Hammerarbeiter schloß die sozialpolitische Entwicklung der landesfürstlichen Wohlstandspolizei im Jahre 1802 ab.

In all diesen, aber auch noch in vielen anderen Patenten, Statuten, Erlässen, allerhöchsten Entschließungen, wurde die planwirtschaftliche, landesfürstliche Wohlstandspolizei regelnd, lenkend und ordnend durch das gesamte System der Sozialwirtschaft getrieben und diese durch den Staat zur Einheit integriert, so daß sie als ein eigener Ordnungstypus im Lauf der Wirtschaftsentwicklung angesprochen werden muß.

In der abschließenden Schau steigt das Bild eines barocken Domes auf, ein Bild, das den Dom als großen, einheitlich und gleichförmig gefügten Raum für die gleichgemachten Untertanen darstellt, ein Raum, der aber durch die Kuppel als Symbol des Landesherrn überhöht wird.

1. Zeittafel 1527 - 1848

1513	N. Machiavelli: „Il principe"
1517	M. Luther: Thesen an der Schloßkirche zu Wittenberg
1519	N. Machiavelli: „Discorsi"
1521 - 1564	Ferdinand I. Landesfürst der Erblande
1521	Wormser Edikt: Luther in Acht. Luther: „weil gegen das Gewissen zu handeln gefährlich. Gott helfe mir, Amen!"
1526	Schlacht bei Mohacs König Ludwig von Ungarn fällt in der Schlacht. Ferdinand gemäß Erbvertrag von 1515 Erbe, Gründung der Donau-Monarchie
1527	Neue Polizei- und Handwerksordnung: die Zünfte unter staatliche Kontrolle gestellt. Hofstaats-Ordnung: Begründung des österr. Beamtenstaates
1529	Erste Belagerung Wiens durch die Türken: Sultan Suleiman Verteidiger: Niklas Josef Graf Salm Zweiter Reichstag zu Speyer: evangelische Reichsstände unterzeichnen die „Protestation", daher Protestanten
1532	Peinliche Gerichtsordnung v. Kaiser Karl V.: „Ein Reich, ein Recht"
1540	Mandat über die Regulierung der Donau Verbot des Fürkaufs (= Vorkauf) Ignaz v. Loyola: Jesuiten-Orden gegründet
1541	Ofen von den Türken erobert (145 Jahre besetzt geblieben) J. Calvin: Reformation in Genf
1545	Zehent-Ordnung
1550 - 1590	welsche Renaissance: Schloß Ambras 1567, Schweizerhof der Wiener Hofburg 1570
1551	Th. Hobbes: „Leviathan"
1552	B. Walther: „Von den dienstbaren und zinsbaren Gründten"
1553	Bergwerks-Ordnung: staatliches Regal

1555	Reichstagsabschied in Augsburg: Religionsfrieden Augsburger Konfession neben der katholischen anerkannt Grundsatz: „Cujus regio, eius religio“
1556 - 1564	Ferdinand I. Röm. Kaiser
1558	B. Walther: „Von Zehenden“
1559	Sonn- und Feiertagsordnung General-Straßen-Mandat Proviant-Generale
1559 - 1617	Wolf Dietrich: Erzbischof von Salzburg
1564 - 1576	Maximilian II.
1567	Bergordnung für Hüttenberg Eisensatz-Ordnung für Innerberg und Vordernberg
1568	Generale für die Donauschiffahrt
1572	Erzherzog Karl: Religionspazifikation, Adel: freie Religionsausübung Wald-Ordnung, Grundsatz: Walderhaltung
1576	J. Bodin: „De republica“
1576 - 1612	Rudolf II.
1578	Zehent-Ordnung Aufhebung der Privilegien des hanseatischen Stahlhofes in London
1582	Gregorianische Kalenderreform
1583	Verbot des Fürkaufs
1585	Erzherzog Karl: Universität Graz unter Innenminister Johann Tautscher, Bischof von Laibach, gegründet
1590	Janson: Mikroskop
1594	General-Straßen-Mandat
1595	Leonhard von Taxis: Generalpostmeister
1600	Englische Ostindische Kompagnie
1602	Niederländische Ostindische Kompagnie
1605	Australien entdeckt
1607	Beginn des „Bruderzwistes in Habsburg“
1612 - 1619	Matthias
1618	Prager Fenstersturz: Aufstand in Böhmen wegen Schließung einer protest. Kirche, Kaiserl. Statthalter aus dem Fenster des Schlosses geworfen. Eisensatzordnung für Vordernberg
1618 - 1648	Dreißigjähriger Krieg
1619 - 1637	Ferdinand II.
1620	Schlacht am Weißen Berg: Böhmen wieder bei den Erblanden
1621	Postordnung
1623	General-Eisensatz-Ordnung
1624	Straßen-Patent
1625	Haupt-Capitulation über die Hauptgewerkschaft: Innerberger Eisendistrikt wird in den drei Gliedern: Berg- und Radwerke, Hämmer und Handel zu einer staatlichen Gesellschaft zusammengefaßt

	Bauernaufstand in Oberösterreich Albrecht v. Wallenstein (geb. 1583): „Capo über alles Kaiserl. Volk"
1626	Verbot des Fürkaufs
1628	Zehent-Ordnung
1629	Restitutionsedikt: die von den Protestanten eingezogenen geistlichen Güter werden der kath. Kirche zurückgegeben.
1630 - 1693	Frühbarock: Mausuleum Ferdinand II. in Graz 1638, Stift Schlierbach 1685, Kremsmünster 1690, Stift Garsten 1693
1632	Wald-Ordnung
1636	Patent gegen die Störer
1637 - 1657	Ferdinand III.
1638	Markt-Ordnung
1639	Generalien für die Bergwerksordnung
1648	Westfälischer Friede (Münster und Osnabrück) Österreich verliert linksrheinische Gebiete, Salzburg wird Fürstentum, das Reich löst sich in einen Bund von Ländern auf.
1651	Navigationsakte: Einfuhr nach England nur auf englischen Schiffen (gegen Holland)
1653	Verbot des Fürkaufs
1655	Dienstboten-Ordnung
1658 - 1705	Leopold I.
1659	Münz-Satz-Ordnung
1660	Proviant-Generale
1661	Tag-Lohn-Satzung Getreideausfuhrverbot
1662	Post-Ordnung
1663	Ständiger Reichstag zu Regensburg
1664	Französische Ostindische Kompagnie
1665	Wald-Ordnung
1667	Leopold: Universität in Innsbruck
1668	Marktordnung für Scheibbs und Waydhofen Polizeiordnung: Kleiderordnung J. J. Becher: „Politischer Discurs"
1670	Staatliches Tabakmonopol
1679	Tractatus de juribus incorporalibus
1682	W. H. Hohberg: „Georgica curiosa oder adeliges Landleben"
1683	Zweite Belagerung Wiens durch die Türken unter Großwesir Kara Mustafa, Verteidiger: Fürst Rüdiger v. Starhemberg, Entsatzheer unter Karl v. Lothringen und König Johann Sobiesky v. Polen
1684	Ph. W. Hornigk: „Österreich über alles, wann es nur will"
1686	W. Schröder: „Fürstliche Schatz- und Rentkammer"
1687	Schlacht bei Mohacs: Türken aus Ungarn verstrieben
1688	Prinz Eugen erobert Belgrad Dienstboten-Ordnung Verbot des Fürkaufs

1690	Wald-Ordnung
1690 - 1740	Hochbarock: z. B. Fischer v. Erlach (1636 - 1723): Stadtpalais v. Prinz Eugen 1697, Karls-Kirche in Wien 1722, Kollegien-Kirche und Dreifaltigkeitskirche in Salzburg 1694 - 1703, J. L. Hildebrandt (1668 - 1745): Belvedere 1716, Palais Kinsky 1716, Stift Göttweig; J. Prantauer (1660 - 1726): Kloster Melk 1726, Kremsmünster 1717, St. Florian 1724
1691	Mehl-Satz-Ordnung
1692	Straßenpatent
1694	Bank von England
1695	Post-Ordnung
1697 - 1718	Türkenkrieg: Prinz Eugen Schlacht bei Zenta 1697, Peter Wardein 1716, Belgrad 1717, Friede. v. Karlowitz 1699, Friede. v. Passarowitz 1718
1703	Methuen-Vertrag: England - Portugal: Zollbegünstigung für engl. Tuch und portug. Wein
	Wiener-Zeitung
	Banco del Giro in Wien
1705 - 1711	Josef I.
1706	Wiener Stadt-Bank
1711 - 1740	Karl VI.
1713	Pragmatische Sanktion: Unteilbarkeit der Erbländer, Erbfolge auch in der weiblichen Linie
1714	Universal-Banca in Wien
1716	Proviant-Generale
1717	Wechselordnung
1718	Friede von Passarowitz: Karl VI. und Sultan Achmed Chan, größte Landausdehnung Österreichs
	Privileg der Porzellan-Manufaktur an: Du Paquier
1722	Wald-Ordnung
1723	Erneuerung des Tabakmonopols
1732	Polizeiordnung: Handwerksordnung
1732 - 1809	Franz Josef Haydn
1735	Darby: Koks aus Kohle
1736	Maria Theresia heiratet Herzog Franz Stephan v. Lothringen
1739	Friede von Belgrad mit den Türken
1740 - 1780	Maria Theresia
1742	Friede von Berlin: Österreich soll auf Schlesien verzichten
1744	Staatliche Porzellan-Manufaktur nach Du Paquier
1745	Friede von Dresden: der Berlin-Vertrag wird anerkannt
1745 - 1765	Franz I.: Röm. Kaiser
1747	Kärntner Bergwerks-Ordnung
1748	Steirische Hammer-Ordnung
	Eisenproviant-Generale
1752	Militärakademie in Wiener Neustadt
1756	Dienstboten-Ordnung

1756 - 1763	Siebenjähriger Krieg mit Preußen: Reichskrieg gegen Friedrich II., Österreich und die Verbündeten besetzen dreimal Berlin Friede von Hubertushof: Österreich verliert Schlesien
1756 - 1791	Wolfgang Amadeus Mozart
1757	Maria-Theresia-Orden
1758	F. Quesnay: „Tableau économique“
1759	Hammer-, Nagel- und Drahtordnung Kärntner Hammerordnung
1760	J. H. G. Justi: „Die Grundfeste zur Macht und Glückseligkeit der Staaten“
1762	Patent über die Banco-Zettel-Ausgabe
1765 - 1790	Josef II. Röm. Kaiser
1766	Codex Theresianus: Entwurf eines bürgerlichen Gesetzbuches Erster Hochofen in England
1767	Wald-Ordnung
1768	W. A. D. Kaunitz: „Von der oberherrlichen Gewalt“ J. Watt: Dampfmaschine
1769	Constitutio Criminalis
1770	Erste Normal-Schule
1775	Robot-Patent Zoll-Ordnung: Aufhebung der Zwischenzölle in den Erblanden
1776	Unabhängigkeitserklärung der 13 Vereinigten Staaten A. Smith: „Wealth of Nations“
1779	Österreich erhält das Innviertel
1780	Achard: Zucker aus Rüben
1780 - 1790	Josef II.: Alleinherrscher in Österreich
1781	Toleranz-Patent Aufhebung der Untertänigkeit
1785	Tabak-Patent: Staatsmonopol
1786	Horten: Entwurf zum bürgerlichen Gesetzbuch
1789	Beginn der Französischen Revolution
1790 - 1792	Leopold II.
1791	Friede von Sistowa und Ende des letzten Türkenkrieges Österreich erhält: Orsowa
1791 - 1872	Franz Grillparzer
1792 - 1806	Franz II.: Röm. Kaiser
1793 - 1865	Ferdinand Waldmüller
1796	Martini: Entwurf zum bürgerlichen Gesetzbuch
1797	Friede zu Campo Formio: Österreich tritt Belgien und die Lombardei ab, erhält Venezien
1797 - 1828	Franz Schubert
1798	R. Malthus: „Untersuchungen über die Prinzipien der Bevölkerung“
1799	Napoleon: erster Konsul
1800	Bank von Frankreich
1801 - 1843	Joseph Lanner

1802	Pensionskassen-Statut für Berg u. Hammerarbeiten
1801 - 1862	Johann Nestroy
1803	Trevithic u. Vivian: Lokomotive
1804	Napoleon: Kaiser der Franzosen Kaiser Franz II.: nimmt den Titel: Franz I. Kaiser von Österreich
1804 - 1835	Franz I.
1804 - 1871	Moritz Schwind
1805	Bramah: Hydraulische Presse
1805 - 1868	Adalbert Stifter
1806	Rheinbundakte: 16 deutsche Fürsten unter dem Protektorat Napoleons: „Die Begebenheiten der drei letzten Kriege haben die traurige Wahrheit in das hellste Licht gesetzt, daß der Bund zu seinem Zwecke nicht mehr hinreiche und daß er in der Tat schon aufgelöst sey." Franz II. legt die Krone des Röm. Kaisers ab: „Wir erklären, daß Wir das Band, welches Uns bis jetzt an den Staatskörper des deutschen Reiches gebunden hat, als gelöst ansehen ... und die Kaiserkrone niederlegen."
1809	Clemens Lothar Metternich: Führung der Staatsgeschäfte
1810	König und Bauer: Schnellpresse
1811	Joanneum in Graz durch Erzherzog Johann: Beginn der Technischen Hochschule
1812	Allgemeines bürgerliches Gesetzbuch Ressel: Schiffsschraube Gesellschaft der Musikfreunde in Wien
1813	Völkerschlacht zu Leipzig: Sieg der Verbündeten unter Fürst Schwarzenberg über Napoleon
1814	Einmarsch der Verbündeten in Paris Stephenson: Lokomotive Madersperger: Nähmaschine
1814/15	Wiener Kongreß: Schlußakt: 8. Juni: fünf Großmächte: Österreich, Rußland, Frankreich, England, Preußen.
1815 - 1866	Deutscher Bund: 35 Fürsten und 4 freie Städte: „Der Zweck ist die Erhaltung der äußeren und inneren Sicherheit Deutschlands und der Unabhängigkeit der einzelnen Staaten (§ 2). Bundestag in Frankfurt a. M.: Versammlung von Gesandten unter Vorsitz des österr. Gesandten
1815	Technische Hochschule Wien
1816	Verordnung über den Krankenschutz der Fabriksarbeiter
1817	D. Ricardo: „Principles of political economy and taxation"
1819	Fabrikantenverein in Frankfurt: Forderung eines einheitlichen Zollgebietes
1824 - 1896	Anton Bruckner
1825 - 1899	Johann Strauß d. Jüngere
1829	Donau-Dampfschiffahrtsgesellschaft
1830	Erste Eisenbahn: Liverpool-Manchester
1832	Pferdeeisenbahn: Budweis - Linz Österreichischer Lloyd in Triest

1833	Deutscher Zollverein: von Friedrich List inauguriert Gauß und Weber: erste telegraphische Leitung
1833 - 1906	Ferdinand Saar
1834	Hofdekret: Handwerksordnung
1835	Eisenbahn: Nürnberg - Fürth
1836 - 1848	Ferdinand I.
1835 - 1921	Franz Defregger
1837	Friedrich List: „Das natürliche System der politischen Ökonomie“
1838	Daguerre: Photographie Cobden: Anti-Corn-Law-League
1839 - 1889	Ludwig Anzengruber
1840	Liebig: Agrikulturchemie
1841	Chalmus: Briefmarke
1842	Hofkanzleidekret: Kinderschutzbestimmungen
1843 - 1918	Peter Rosegger
1844	Peel: Bankakte: Freie Goldwährung: freie Einlösbarkeit und freie Prägbarkeit
1846	Österreichische Akademie der Wissenschaften

2. Leitsätze

1. *Die Wirtschaftsgesinnung*

a) Die Hinwendung zur Natur

Lehre uns, was wahre Substanz, Materie und Tat, wer der Schöpfer des Ganzen ist, wie jedes empfindende Wesen aus denselben Elementen und Anfängen zusammengesetzt ist! Überzeuge uns von der Lehre des unendlichen Weltalls! Öffne uns das Tor, durch das wir hinausblicken können in die unermeßliche Sternenwelt!

G. Bruno: Vom Unendlichen, lib. I, Dialog III

Die Entdeckung der Naturgesetze

Mein Ziel (Keplers) ist es zu zeigen, daß die himmlische Maschine nicht eine Art göttlichen Lebewesens ist, sondern gleichsam ein Uhrwerk, insoferne nahezu alle die mannigfaltigen Bewegungen von einer einzigen ganz einfachen magnetischen körperlichen Kraft besorgt werden, wie bei einem Uhrwerk alle Bewegungen von dem einfachen Gewicht. Und zwar zeige ich auch, wie diese physikalische Vorstellung rechnerisch und geometrisch darzustellen ist.

J. Kepler: nach: M. Caspar: Kopernikus und Kepler, München 1943, S. 55

Die Naturgesetze im Dienste der Wirtschaft

Die Wissenschaften haben nämlich ein wichtiges Verhältnis zum Besten des Staates, indem sie sowohl das Volk vernünftig und gesittet als auch dasselbe fähig machen, alle Art von künstlerischen Arbeiten mit desto größerer Vollkommenheit zustande zu bringen. Ja! Viele Wissenschaften hatten selbst die Erkenntnis und Hilfsmittel in sich, wodurch das Beste des Staates und das Aufnehmen des Staates befördert werden kann (Bd. 2, § 57).

Johann Heinrich Gottlob Justi: Die Grundfeste zu der Macht und Glückseligkeit der Staaten, Leipzig 1760

b) *Die Entdeckung des Staates*

Die Staatsraison: die Politik der Machtsteigerung

Wenn es um Sein oder Nichtsein des Staates geht, darf es kein Erwägen geben, ob eine Handlung gerecht oder ungerecht, mild oder grausam, löblich oder schimpflich sei, ohne jede Rücksicht müssen die Maßnahmen getroffen werden, die dem Staat das Leben retten und die Freiheit erhalten (III, Cap. 11).

Niccolò Machiavelli: Discorsi sopra la prima decade di Tito Livio (Dtsch.: Vom Staate), 1519

Wer es darauf anlegt, in allen Situationen sittlich gut zu handeln, muß in einem Haufen, der sich nicht daran hält, zugrundegehen. Daher muß ein Fürst, der sich behaupten will, sich darauf verstehen, je nach Gelegenheit schlecht zu handeln und dieses und jenes zu tun, so wie es eben die Notwendigkeit erfordert (Cap. 15).

Niccolò Machiavelli: Il principe, 1513, gedruckt 1532

Also ist ein rechtmäßiges Verstellen für gar keine Falschheit zu rechnen, sondern vielmehr für eine Tugend, durch welche ein Politikus dasjenige erlangen kann, was er sonst hätte entbehren müssen (Maxime 17).

Baltasar Gracian (1603 - 1658): Oraculo manual y arte de prundencia, 1653, mit 300 Lebensregeln, ins Deutsche übersetzt v. A. Schopenhauer; Gracian war Rektor des Jesuiten-Kollegiums in Tarragona

Ein mächtiger und entschlossener Fürst wird alle Schwierigkeiten stets überwinden, wenn er bei seinen Untertanen einmal Hoffnung erregt und sie dann wieder in Furcht versetzt (Cap. 10).

Niccolò Machiavelli: Il principe

Gott liebt die Mächtigen, denn, wie jedermann sehen kann, züchtigt er immer die Schwächlinge durch die Mächtigen.

Niccolò Machiavelli: Vita di Castruccio Castracani, 1532

Die Souveränität: die Politik der umfassenden Macht

Die landesfürstliche Hoheit (majestas) ist die höchste Gewalt gegen die Bürger und Untertanen, sie ist auch frei von der Bindung an die Gesetze (legibus solutus) (I, Cap. 8).

Der hat die höchste Macht, der neben dem unsterblichen Gott niemand Höheren als sich anerkennt (I, Cap. 8).

J. Bodin: De republica, 1576

Suprema potestas oder die oberherrliche oder die höchste Macht ist die Gewalt ..., über welcher oder neben welcher keine in dem Staat sich befindet, noch befinden kann, als insoweit sie von ihr nach ihrem Wohlgefallen etwa gemacht oder bestellet worden.

Wenzel Anton Graf v. Kaunitz: Von der oberherrlichen Gewalt (1768/69), nach: F. Maaß: Der Josephinismus; Quellen zu seiner Geschichte in Österr. 1760 - 1850. Bd. 1, S. 371

Der Fürst: der Träger der Souveränität

Der einzige Weg, eine gemeinsame Macht (common power) zu errichten, die die Staatsgemeinschaft verteidigen kann, ist, alle Macht und Gewalt (all their power and strength) auf einen Mann zu übertragen (confer) (Chap. 17).

Das ist die Generation des großen Leviathan, des sterblichen Gottes, dem wir *unter* dem unsterblichen Gott Frieden und Freiheit verdanken (Cap. 17).

Wenn einer Person die Macht übertragen ist, können die Untertanen selbst dies nicht mehr ändern (Chap. 18).

Die Macht und die Ehre der Untertanen schwindet (vanisheth) in der Gegenwart der souveränen Macht (sovereign power) (Chap. 18).

Th. Hobbes: Leviathan, 1659

c) Die landesfürstliche Wohlstandspolizei

Die Steigerung des Reichtums und die Zunahme der Bevölkerung

Denn mächtig und reich seyn, ist zu einem Relativo worden gegen diejenigen, so schwächer und ärmer seyn (S. 20).

Ph. W. Hornigk: Österreich über alles, wann es nur will; zitiert nach der Aufl. von 1727

Je volkreicher also ein Staat ist, je mächtiger ist er auch. Derohalben ist leicht zu erachten, daß die vornehmste Staats-Regul oder maxima einer Stadt oder Lands seyn soll: volkreiche Nahrung (Cap. 1).

J. J. Becher: Politischer Discurs von den Ursachen des Auf- und Abnehmens der Städt, Länder und Republiken, 1668

Wenn die Bevölkerung so überaus wichtig vor den Staat ist, so verdinet die Vergrößerung der Bevölkerung ein großes Augenmerk der Regierung (Bd. 1, T. 2, Buch 7, § 243).

J. H. G. Justi: Die Grundfeste der Macht und Glückseligkeit der Staaten, 1760

Der „Endzweck des Staates": Wohlstand und „vergnügtes Leben"

Der Endzweck [des Staates] kann kein anderer seyn als das allgemeine Beste, die Wohlfahrt aller und jeder Familie, kurz: *die gemeinschaftliche Glückseligkeit des gesamten Staates* (S. 45).

J. H. G. Justi: Die Natur und das Wesen der Staaten

Die Glückseligkeit der Unterthanen ist eine solche gute Einrichtung und Beschaffenheit des Staates, daß jeder durch seinen Fleiß vermögend sey, sich diejenigen moralischen und zeitlichen Güter zu erwerben, die er nach seinem Stande zu einem vergnügten Leben nöthig hat.

J. H. G. Justi: Staatswirtschaft, 1755, Bd. 1, § 32

Die landesfürstliche Wohlstandspolizei als staatliche Planwirtschaft

Dieß ist die rechte Gemein, wann die Glieder der Gemein ihre Sachen so anstellen, daß einer vor dem andern leben, einer vor dem andern sein Stüch Brod verdienen kann, ja einer dem andern die Nahrung in die Hand reichet (Cap. 1).
J. J. Becher: Politischer Discurs von den Ursachen des Auf- und Abnehmens der Städt, Länder und Republiken, 1668

Soll nämlich die Haushaltung eines Volkes dauerhaft seyn, so müssen alle im Staat vorhandenen Glieder und Theile festzusammenhalten und sich wohl ineinanderfügen. Sie müssen daher von einerlei Hand entworfen, gebildet und bestimmt sein.

L. B. M. Schmid: Lehre von der Staatswirtschaft, 1780, Bd. 1, S. 9

2. Die landesfürstliche Gesellschaftspolitik

Die staatliche Manipulation der Gesellschaft
Die versuchte Einebnung der ständischen Gesellschaft

Wir wollen eyne jede oberkeyt abschaffen und daran sein, daß sie hinfürther nit geübt, gebraucht oder gehalten werden, als wir dann *auß Keyserlicher macht* die selben hiemit auffheben, vernichtigen unnd abthun (S. 218).

Karl V. (1519 - 1556): Peinliche Gerichtsordnung (1532)

Wir wollen keine wider unsere Gesetze laufende Gewohnheiten statthaben lassen, sondern alle gänzlich abgestellet und aufgehoben wissen (Cap. 1, § 3, 40).

Codex Theresianus: Vorschlag, ein gleiches Landrecht einzuführen, 1766

Die Vereinheitlichung des Rechts: ein Fürst — ein Recht

Alle Gesetze, welche Wir entweder aus eigener Bewegung oder sonst erlassen, *erhalten* ihre Bindungskraft ganz allein von der Uns beiwohnenden höchsten Gewalt (T. 1, Cap. 1, § 3).

Horten: Entwurf zum Allg. bürgerlichen Gesetzbuch, 1786

Nichts ist natürlicher, billiger und ordentlicher, auch die Justiz beförderlicher, als daß zwischen verbrüderten Erblanden unter einem nämlichen Landesfürsten ein gleiches Recht festgestellet werde.

Constitutio Criminalis Theresiana, 1769

Die Gerechtigkeit soll bei allen Gerichten nach Unseren Gesetzen gleichförmig ertheilt werden (T. 1, cap. 1, § 18).

Horten: Entwurf zum allg. bürgerlichen Gesetzbuch

Die Einheit im Glauben: ein Gott — ein Fürst — ein Glaube

Die Wachsamkeit und Sorgfalt des Souverains für die Religion ist nicht nur eine christliche, sondern politische Beschäftigung, womit die Wohlfahrt des Staates aufs engste verknüpft ist. Tugendhafte und christliche Unterthanen erfüllen im vollkommenen Maaß ihre Pflichten gegen ihren Landesfürsten und die Einheit in der Religion vereinigt die Kräfte des Staates.

Kaunitz an Maria Theresia: Vorschläge zur Änderung des kirchenpolitischen Systems v. 25. Jänner 1768,
nach: F. Maaß: Der Josephinismus, Bd. 1, S. 114

... deshalben muß ein jedweder sich innerhalb einer jahresfrist mit eyfrigen hertzen und begierlichkeit des gemüths zu seinem heyl, nutz und frommen mit Uns und der allgemainen christlichen apostolischen römischen kirchen sich vergleichen, auch deretwegen *anmelden und erklären,*

im widrigen sich jemand nit vergleichen würde, seynd Wir gäntzlich entschlossen: dass sodann keinem eintzigen in Unsern Erbfürstenthumben und Landen länger zu wohnen und seine güter persönlich zu besitzen, nit verstattet und zugelassen sei.

Ferdinand II.: Generalmandat und Reformationspatent v. 1. August 1628

... die absolute und konstante Richtschnur: daß alles, was nach göttlicher Einsetzung nicht vor das Forum des Sacerdotiums gehört, der höchsten gesetzgebenden und ausführenden Gewalt der weltlichen Herrscher unterliegt.

Die Geheiminstruktionen für die Giunta Economale in Mailand v. 2. Juni 1768, nach: Maaß: Der Josephinismus, Bd. 1, S. 289 f.

34. Der Hufschmied: 1682

35. Die Zunfttruhe der Tuchscherer: der sachliche Mittelpunkt der Zunft

Die Überschichtung der ständischen Gesellschaft
Die Beamten: die Diener des Fürsten

(Der Beamte soll) ... zuvorderist Uns als dem herrn und oberhaubt getreu, gehorsamb und gewertig sein, Uns vor schaden warnen, fromben füerdern und alles thuen, das einer getreuer diener seinem herrn zu thuen schuldig und verbunden ist.

Ferdinand II.: Instruktion für die österr. Hofkanzlei v. 1. September 1628

3. *Die landesfürstliche Wohlstandspolizei: die staatliche Wirtschaftspolitik*

a) Die staatliche Berg- und Hüttenpolizei

Das Bergregal: die landesfürstliche Berghoheit

Nachdem Uns als regierenden Herrn und Landesfürsten alle Bergwerk, wo sie allenthalben in Unseren Landen seyn oder künfftig gefunden, als Unser Cammergut zustehen, so wollen wir Uns dieselben hiemit gäntzlich vorbehalten (art. 1). Ferdinand I.: Bergordnung v. 1. Jänner 1553

Die staatliche Berg- und Hütteninspektion

Der Berkrichter und andere Ambtsleut sollen fleißig aufsehen haben und alle Quatember einmal an den Berg gehen und was zu schaden und nachthail raicht, abstellen (art. 81). Ferdinand I.: Bergordnung v. 1. Jänner 1553

Wir verordnen, daß der Bergrichter so oft als es möglich in die Plähäuser und Hammer gehen solle und Erkundigungen einziehen: ob das Erzt wohlgeschieden, geröstet, unter den Arbeitern kein Zwiespalt, ob das Eisen wohlgepläet, sauber geschmidet und mit gebührlichen Warenzeichen bewertet sey.

Maria Theresia: Berg- und Radwerksordnung zu Hüttenberg v. 27. April 1759

Die staatliche Marktordnung für das Eisenwesen
Die Sicherung des Kohlholzes

in den Wäld, da die Bergkwerch ligen, soll verbotten seyn, daß jeglicher nach seinem Willen darin schlag. Die Wäld sollen ringsum in einer halben Meil weg oder mehr ohne den Bergrichter willen und Wissen zu schlahen in verbott gelegt werden (art. 105). Ferdinand I.: Bergordnung v. 1. Jänner 1553

Die Sicherung der Qualität

Wir ordnen an, daß die Erzt-Knappen am Berg wohl und sauber scheiden und reines, gutes Scheidwerk zu machen sich befleißen sollen (art. 24).

So statuieren wir, daß jeder Rad- und Hammermeister sein erzeigtes Eisen mit seinem Zeichen vermerken soll (art. 48).

Maria Theresia: Berg- und Radwerksordnung zu Hüttenberg v. 24. April 1759

Das staatliche Verlags-Magazin für den Marktausgleich

Damit die Hammer-Gewercken mit erforderlichen Rauch-Eisen in einem satzmäßigen Preis jederzeit genugsam versehen seynd, haben Wir uns entschlossen, ein Rauch-Eisen-Verlags-Magazin in Unserer Cammer-Stadt St. Veit [wie in Steyr und Leoben] aufzurichten, wohin alles von der Hüttenbergischen Haupt-Eisen-Wurzen erzeigende Eisen ausgeliefert werden muß (art. 2).

Maria Theresia: Hammer-Nagel-Schmid und Draht-Ordnung v. 24. April 1759

Staatliche Eisen-Preis-Satzung

So bevehlen Wir auch, Unsern Amptleuten, ganz ernstlich, daß ihr ewer fleißig achtung geben, damit die Radmeister nit über den gerechten Erzen-Kauff (= Preis) schreiten, und allen Bürgermaistern und Richtern und Obrigkeiten in Stätten und Märkten, daß ihr ewer Aufmerken habet, damit die Eysenhändler den gerechten Kaufpreis gegen Inn- und Ausländer halten und wo darwider gehandelt wurde, unverzüglich gegen den Verbrecher mit Straff verfahren werden möge.

Ferdinand II.: Eisensatzung v. 31. März 1618 [immer wieder neu gefaßt]

b) *Die staatliche Forstpolizei*

Wir Maria Theresia ... geben Euch zu vernehmen, daß Uns an guter Holzung und Erhaltung sämmtlicher Waldungen gelegen. Wir mußten erfahren, welcher Gestalten zuwider deren Gebothen und Verbothen, die Hoch- und Schwarzwälder und Laubwälder ausgehacket und verödet worden, daß durch den ausgebrochenen Kohlmangel das Aufligen der Inner- und Vorderbergische Eigenkammergut schon vor der Türe wäre (Einleitung).

Das Stockrecht besteht in dem, daß jene Orte, welche als Stockrechte ausgemerket, als Holz und Wald verbleiben müssen (art. 3).

Maria Theresia: Waldordnung v. 26. Juni 1767

c) *Die staatliche Bauernpolitik und Landwirtschaftspolizei*

Was massen Wir Zeit unserer landesfürstlichen Regierung wahrgenommen, daß zwischen denen Partheyen in materia jurium incorporalium des öfteren Stritt und Irrungen darumben entstanden, weilen in diesen Land hierinfalls noch kein Lands-Fürstliche Satzungen publicirt worden. Darum haben wir die Verordnung gethan und diejenigen jura incorporalia auff unsere teutsche Sprach in einem Tractatus verfaßt (Einleitung).

Leopold I.: Tractatus de juribus incorporalibus v. 13. März 1679

Die Grundherrn und die Holden

Der Herr hat von seinen Holden den schuldigen Dienst zu nehmen und zu fordern, hingegen ist der Herr seinen Holden jederzeit treulich zu schützen verbunden (art. 2, § 5).

Leopold I.: Tractatus de juribus incorporalibus v. 13. März 1679

Die staatliche Aufsicht über die Dienstpflichten

Wenn ein Unterthan der Meinung ist, daß die Obrigkeit ihm mehr auflege als dieses Patent erlaubet, soll er sich zum Kreisamte begeben, welches ihm entweder sein Recht angedeihen lassen oder aber denselben seines Irrtums überzeugen soll (art. 8, 3).

Maria Theresia: Robotpatent v. 13. August 1775

Die staatliche Agrar-Marktordnung
Die Sicherung der Marktbelieferung durch Ausfuhr-Verbot

Damit das Getraid zu unserer getreuen Unterthanen Nothdurfft im Lande erhalten werde, gebieten wir, daß niemand ohne ordentlichen mit kays. Insigil gefertigten Paß-Brieff Getraid außer Lands verführn möge.

Leopold I.: Getreid-Ausfuhr-Verbot v. 7. Oktober 1661 und öfter

Die Sicherung des regelmäßigen Angebotes durch Verbot des Fürkaufs

Obwohlen in den allgemeinen Rechten *alle* Monopolia und dem gemeinen Wesen höchstschädlicher Fürkauff bei Leib- und Gutstraffen ernstlich verboten, so ist damnach mißfällig vorkommen: den zuzuführenden Leuthen die Victualien abzuhandeln und gleich an der Stelle ohne Scheu umb Zweiy- oder wohl gar umb dreyfaches Geld widrumb zu verkauffen.

Und als Regierenden Herrn und Lands-Fürsten obliegt, alle dawider fürgebende Handlungen sonderlich den verderblichen Fürkauf ernstlich abzustellen und gegen freventliche Übertretter mit unausbleiblicher Straff zu verfahren.

Leopold I.: Verbot des Fürkauffs v. 14. Dezember 1665 und öfter

Die Marktordnung in den Widmungsdistrikten

Es ist schon lang ausgemacht, daß zur Erhaltung über tausend Kammergutarbeiter zu werth- und Unwerthszeiten mit verschiedenen Proviantsorten zu versehen verbunden sind, damit die stäte wohlfeile erhalten und die unnöthige Theuerung abgehindert werden möge.

[So wurden in den Widmungsdistrikten die Einzugs- und Absatzgebiete genau geregelt. Als Beispiel diene die Verfügung über den Scheibbser-Proviantdistrikt].

Im Scheibbser-Proviantdistrikt haben alle zwischen den Flüssen Bielach und Ibbs liegenden Klöster, Schlösser, Städte, Märkte, Dörfer, Frey- und Edelsitze, Mühlen, Brau- und Wirtshäuser schuldig und verbunden zu seyn, das Gekörn und alles andere Proviant der Eisenwurzen zuzuliefern.

Maria Theresia: Eisen- und Proviantgenerale v. 5. Dezember 1748

d) *Die staatliche Gewerbepolizei*

Die Auflösung der Zunftprivilegien

Wiewol vil Zeit her zechen und zunfften der Handwerk gewesen sein, die villerley Gesetz aufgericht und wider gemainen nutz getan, heben Wir auf und thun ab die Zechen und Zunfften aller jeglicher Handtwerck, nit allein mit den namen, sond' auch mit allen iren selbstgemachten Satzungen und Ordnungen (Präambel).

Ferdinand I.: Neue Polizei- und Handwerksordnung v. 1. April 1527

Die staatliche Gewerbeaufsicht

Die geschwornen Maister und Gesellen eines jeden Handwerks sollen mit dem Bürgermaister und Richter auf iren ayd einer jeden Arbeit den ziemlichen Werth setzen, wenn ein Käuffer beschwärung tuth (Preiskontrolle). Wo sich dieselben nicht vergleichen können, da soll durch den Bürgermeister oder Richter entscheid gegeben werden (behördliche Preisfestsetzung) (Cap. 11).

Künftig sollen Handwerker und Zünfte in Sachen ihrer Profession ihre Beschwerden nicht mehr bey der Zunft, sondern bey der Obrigkeit vor- und anbringen (Cap. 2).

Wenn ein Maister in ainem handtwerck zu sein begert, soll er sich dem Bürgermeister ansagen. Der Bürgermeister soll ime fünf bis sieben artikeln des handwercks frey aufgeben, darauf er antworten soll (Cap. 17). Ein Maisterstückh zu machen ist er nicht schuldig (Cap. 18). Der newe Maister soll zu erkenntnis seiner Untertanigkeit Uns als Herren und Landesfürsten den Ayd leisten, danach soll er an jedem Ort für einen Maister gehalten werden (Cap. 18).

Es sollen die handwercker kein Vereinigung oder pact machen, wie man die Waren verkauffen oder arbaiten soll (Cap. 10: Kartellverbot).

Ferdinand I.: Neue Polizei- und Handwerksordnung v. 1. April 1527

e) *Die staatliche Manufakturpolizei*

Es bedarf keines Beweises, daß die Manufakturen für ein Land nothwendig und nützlich sind. Wenn die Waren im Lande gewonnen werden, so wird dadurch nicht allein die Abhengigkeit von anderen Nationen verkleinert, sondern der Reichtum des Staates vermehrt. Überdies finden durch die Manufakturen eine Menge Menschen ihre Nahrung und ihren Unterhalt (§ 497).

J. H. G. Justi: Die Grundfeste zu der Macht und Glückseligkeit der Staaten, 1760, Bd. 1

f) *Die staatliche Verkehrspolizei*

Man kann schwerlich ein Land genugsam cultiviren, wenn sich die Landstraßen in einem schlechten Zustand befinden. Man hat nur geringe Einsicht nöthig, um wahrzunehmen, was vor einen großen Einfluß gute Landesstraßen für die Beförderung der Commercien und Gewerbe haben (§ 427).

J. H. G. Justi: Die Grundfeste zu der Macht und Glückseligkeit der Staaten, 1760, Bd. 1

g) *Die staatliche Handelspolitik*

Die Aufhebung der Binnenzollschranken

Künftig haben zu größerer Erleichterung des Commercial-Zuges in Unsern Ländern alle zwischen den deutschen Erbländern bestehenden *Stückmäute*, Zölle und Aufschläge gänzlich aufzuhören, sie mögen landesfürstliche, ständische, städische oder Privatmäute seyn (§ 8).

Maria Theresia: Zoll-Ordnung und Tarif v. 15. Juni 1775

Die Maximen der Außenhandelspolitik

Bei den ausländischen Commercien kommt es darauf an, daß eine Nation ihren Überfluß andern überläßt, um dafür nothwendige Waaren zu erhalten (§ 585).

Die Rangstufen der Aus- und Einfuhr:

die erste ist, wenn man auswärtige Waaren zum Verbrauch ins Land kommen läßt und davor Geld außer Landes sendet, so treibt dieses Volk einen sehr nachteiligen Handel;

die zweyte Art des Handels ist, daß man Waaren von anderen Völkern abholet, um sie wieder an andere Völker zu verkaufen, dies ist ein vortheilhafter Handel;

die dritte Art des Handels gründet auf die eigenen Landesprodukte, weil man eingesehen gelernt hat, daß die rohen Materialien vielen Menschen Beschäftigung und Nahrung geben können, wenn sie im Lande bearbeitet werden (§ 590).

J. H. G. Justi: Die Grundfeste zu der Macht und Glückseligkeit der Staaten, 1760, Bd. 2

Die staatlichen Marktregelungen
Die Verhinderung des Monopols durch die Öffnung der Zünfte

Das Monopol besteht darin, wenn ein Glied in der Gemeind das allein hat in der Nahrung, wovon sonst viele andere in der Gemein leben können (Cap. 4).

J. J. Becher: Politischer Discurs, 1668

Und sollen sy (die Zunftmeister) hinfüro kainerlay gesellschaft oder versamblung in kainerlay sachen on wissen und willen eines Bürgermeisters halten (Cap. 2).

Wenn ein Maister mer handtwerck treiben will, so soll er für jedes eine besondere Werkstatt halten (Cap. 14).

Es soll ein jeder maister Khnecht halten, sovil er nach gelegenheit zu halten weiß (Cap. 43).

Ferdinand I.: Polizei- und Handwercksordnung v. 1 .April 1527

Die Hintanhaltung des Polypols durch das Verbot der Störer

Das Polypolium gibt vielen, wovon nur etliche leben können, also ist das Polypol ein Verderb der bürgerlichen Nahrung (Cap. 23).

J. J. Becher: Politischer Discurs, 1668

Da die hiesigen Bürgerlichen Goldschmidt mit Beschwär einkommen, daß sich um und vor der Stadt je länger je mehr Störer einschleichen, derweilen sie den Goldschmiden großen abbruch an ihrer Nahrung thun, wird befunden, daß derley Störer keineswegs zu dulden sind.

Ferdinand II.: Patent gegen störerische Goldschmidt v. 2. Mai 1636

Die Einschränkung des Propols durch die Sicherung des Freikaufs

Das Propolium ist auf deutsch der Vorkauf (Cap. 23). Die Käuffer machen unter sich Vertrag, daß sie nichts kauffen noch verkauffen wollen als um diesen oder jenen Preis (Cap. 24).

J. J. Becher: Politischer Discurs, 1668

Es sollen die handtwercker kein Vereinigung oder pact machen, wie man die gattung ires handtwercks geben, kaufen oder arbeiten soll. Wo aber dawider gehandelt, da soll schwärlich gestrafft werden (Cap. 10).

Woferne Gesellen sich gelüsten liessen, einen Aufstand zu machen, keine Arbeit mehr zu thun; dergleichen Frevler sollen nicht allein mit Gefängniß beleget, sondern auch am Leben bestrafet werden (Cap. 5).

Carl VI.: Handtwercks-Ordnung v. 19. April 1732

h) *Die staatliche Geldpolitik*

Der richtige Begriff, den man sich von dem Gelde in Ansehung seines Verhältnisses gegen die Güter machen muß, ist, daß man es als ein allgemeines Vergütungsmittel aller Waaren und Güter betrachtet (§ 691).

Man kann sagen, der Umlauf des Geldes ist ein oft wiederholter Zusammenfluß der Gelder und der Waaren, die sich beständig wieder in alle Theile des Nahrungsstandes zerthailen (§ 697).

Wenn die Summe des im Lande circulirenden Münzgeldes nicht zureichend ist, so ist es ein gar gewöhnliches Mittel, daß man aus den Schulden eines

Staats ein Banko errichtet und deren Papiere als bares Geld circuliren läßt (§ 701).

J. H. G. Justi: Die Grundfeste zu der Macht und Glückseligkeit der Staaten, 1760, Bd. 2

Die Kreditgewährung durch das Leihhaus

Wenn sich jemand um ein Verleihung einer Summe Geldes gegen Versatz meldet, hat der Verwalter den Versatz schätzen zu lassen und

auf Gold und Silber von jedem Gulden des Wertes	45 Kr,
auf Juwelen	30 Kr,
auf alle anderen Versätze	20 Kr

zu geben (§ 14).

Dem Leihaus sollen 4 Prozent bezahlet werden (§ 20).

Jede Partey hat innerhalb 6 Wochen ihren Versatz auszulösen, als sonst dasselbe öffentlich versteigert wird (§ 21).

Stiftungsurkunde des Ley-Hauses zu Salzburg v. Jahre 1747

i) *Die staatliche Sozialpolitik*

Das Dienstbotenrecht

Es ist des öfteren vorgekommen, daß den Kayserl. Generalien keineswegs nachgelebt wurde.

Wir wollen allen auferlegen, keinen mehr ohne ordentlichen Abschied in Dienst zu nehmen (§ 1).

Vor das anderte sollen geschworne Zubringer und Zubringerinnen bestellet werden, bei welchen alle, so einen künftigen Dienst verlangen, sich anmelden (§ 3).

Wir wollen im ordentlichen Dienstboten-Gericht dergestalt aufrichten, daß alle Dienstag nachmittag Gericht gehalten, allhero nicht allein die Dienstboten, sondern auch Herren und Frauen ihre Klag anbürgen sollen (§ 4).

Leopold I.: Dienstboten-Ordnung v. 15. Juli 1668

Es sollen sich alle Dienstboten auf dem Lande wenigstens auf ein Jahr verdingen und vor Ausgang den Dienst nicht verlassen (§ 1).

Maria Theresia: Dienstboten-Ordnung v. 14. Mai 1756

Das allgemeine Dienstrecht

Im Dienst müssen sich Dienstleut ehrlich, fromm und getreu aufführen, ihrem Herrn geziemende Ehrerbietung und Gehorsam bezeugen, desselben Nutzen befördern, Schaden abwenden und den ihnen anvertrauten Dienst mit allem erforderlichen Fleiß verrichten (12).

Dagegen ist auch der Herr verbunden, denen Dienstleuten alles dasjenige zu reichen, was bedinget worden und er kann auch einen Dienstboten vor Ausgang der Zeit ohne erhebliche Ursache wider dessen Willen des Dienstes nicht entlassen (20).

Doch hat der Herr in Krankheitsfällen für die Wiedergenesung des Dieners zu sorgen (28).

Codex Theresianus, Cap. VII, § 2

Anfänge der Sozialversicherung
Hilfe für kranke Handwerksgesellen

Wäre aber, das ain krankher handtwerchsgesell bey seinem Maister nicht unterhaltung hat, so soll ime die geschworenen Meister und Gesellen mit dem verordneten aines Rats aus dem Geld, so sy in irer Büchsen zu dem Gottesdienst oder Almosen haben, ain zimlich darstreckhen thun (Cap. 45).

Ferdinand I.: Neue Polizei- und Handwerksordnung v. 1. April 1527

Pensions-System der Berg- und Hammerleute

Die Hammerknechte erhalten, wenn sie pensionsfähig werden, jährlich 24 Gulden (Altersrente). Einer armen hinterlassenen Witwe werden jährlich 12 Gulden zugetheilet (Witwenrente). Ein in der Ehe erzeugtes armes verwaistes Kind soll jährlich mit 6 Gulden beschenkt werden (Waisenrente).

Pensionssystem von 1801 für das Grazer Viertel
Steir. Landesarchiv: Weiz: Mosdorfer, Schuber 63, Heft 200

A. Die Wirtschaftsgesinnung

Der Fortgang der Wirtschaft wurde aus zwei geistigen Kraftquellen vorangetrieben: aus der *Hinwendung zur Natur* mit der Entdeckung der Naturgesetze und der technisch-ökonomischen Verwertung dieser und aus der *Entdeckung des Staates* mit der Machtsteigerung dieses aus den Grundsätzen der Staatsraison und der Legitimierung aus dem Rechtstitel der Souveränität. In Verknüpfung beider geistigen Strömungen entstand die *landesfürstliche Wohlstandspolizei*, die dem Fürsten für das Machtstreben das Instrument des Reichtums zur Verfügung stellte und den Untertanen durch die landesfürstliche Planwirtschaft einen ständig steigenden Wohlstand und damit die „Glückseligkeit" brachte.

Im Mittelalter nahm der Mensch in seiner Weltanschauung die Natur als Gegebenheit hin. Die Gegen-Stände und ihre Zusammenhänge nahm der Mensch wahr und hielt sie fest, wie sie eben sind. In seinem christlichen Glauben sah er hinter den äußeren Erscheinungen Gott als Schöpfer und Lenker aller Dinge und somit auch der Natur. Was der Mensch der Natur „abrang", nahm er als „Geschenk Gottes" hin. Nur die Verbindung mit Gott im Gebet konnte das Geschenk Gottes aus der Natur sichern und vergrößern.

Nicht selten gab es noch Reste des vorchristlichen „Glaubens", aus dem heraus die Natur als von „Geistern und Dämonen" besetzt betrachtet wurde. Wollte der Mensch diesen Gefahren aus der Natur begegnen, mußte er sich die guten Geister genehm machen und die bösen bannen. Ein selbständiges Eingreifen in die Natur zur Erhöhung etwa des Boden- oder Viehertrages gab es nur auf Grund von angefallenen Erfahrungen, aber nie aus der Erkenntnis naturgegebener Zusammenhänge. Es ist daher verständlich, daß es aus dieser Gesinnung kaum eine Dynamik für die Wirtschaftsentwicklung geben konnte.

Um die Wende zur Neuzeit änderte sich diese Welt-Anschauung. Ein großer Philosoph, der den Übergang brachte, war *Giordano Bruno*. Er wollte in seinem Erkenntniswillen das Tor in das Unendliche des Weltalls, aber auch in die Zusammenhänge der kleinsten Teile aufschließen. So weitete sich der Blickwinkel der Weltanschauung, so verengte sich aber auch die Sehschärfe, um in die Tiefe der Zusammenhänge zu schauen.

Auf diese Weise wurden die Gesetze des Kosmos, aber auch die Gesetze der Natur im Kleinen entdeckt. Von da an drängte der nun wissenssüchtige Geist alsbald zum Einsatz der errungenen Erkenntnisse. Dadurch wurde wieder der Wille angeregt: die entdeckten und im „technischen Einsatz" entwickelten Naturerkenntnisse auch in der Wirtschaft auszuwerten. Die Alchemie und die damals neue Technik brachten in der wirtschaftlichen Auswertung nach manchen Abwegen und vielen Umwegen doch Ergebnisse für neue Erzeugungsverfahren. Diese lösten eine Dynamik dann aus, wenn die Gesinnung der Bedarfsdeckung der Gesinnung des dynamischen Erwerbes wich (W. Sombart). Die Naturgesetze wurden in den Dienst der Wirtschaft gestellt und brachten die wirtschaftliche Entwicklung in Bewegung.

Um die Wende zur Neuzeit entdeckte *Nicolò Machiavelli* den Staat und unterstellte ihn den Prinzipien der Macht außerhalb der Grenzen von Gut und Böse. Legitimiert durch den Titel der Souveränität trieb die Staatsräson den Staat zur unbegrenzten Machtsteigerung an und bediente sich hiefür des wirtschaftlichen Instrumentes des Reichtums. Durch die Staatslehre Hobbes' wurde die Souveränität des Staates beim Landesfürsten konzentriert. Von diesem Streben der Machtsteigerung des Staates und des Fürsten strömte eine dynamische Kraft in die Wirtschaft.

Der Fürst nahm mit dem Titel des „Obereigentums des Staates" über alle Sachen der Untertanen für die staatliche Wohlstandspolizei die umfassende Planung und die durchdringende Lenkungsgewalt an sich. Die landesfürstliche Wohlstandspolizei vindizierte allen bisherigen Ordnungsträgern der kleinen Gemeinschaften das wirtschaftliche Lenkungsrecht und zog es zur Gänze an sich. Die landesfürstliche Wohlstandspolizei suchte den Reichtum des Fürsten so zu steigern, daß kein Nachbarstaat den gleichen Reichtum erreichen konnte, denn *der Reichtum war nunmehr Ausdruck der Macht geworden*.

Da der Fürst für seine Machtpolitik eine stets wachsende Bevölkerungszahl brauchte, mußte er im Rahmen seiner Wohlstandspolizei das Anwachsen der Bevölkerungszahl fördern. Nichts anderes war hiefür dienlicher als das Streben: die Untertanen durch einen stets wachsenden Wohlstand „glücklich" zu machen. So vereinte sich der Zweck der Machtsteigerung des Fürsten mit dem Zweck der Glückseligkeit der Untertanen zu dem einen *„Endzweck" des Staates:* durch die landesfürstliche

Wohlstandspolizei alle potentiellen Produktivkräfte zu aktivieren und die staatlich durch Planung und Lenkung organisierte Volkswirtschaft zum stets wachsenden Reichtum zu führen.

Der Landesfürst war das Ziel aber auch die bewirkende Kraft der wirtschaftlichen Entwicklung.

1. Die Hinwendung zur Natur

Vom Anfang des 16. Jahrhunderts bis in die Mitte des 19. Jahrhunderts wurden auf einem langen und mühevollen Weg die Elemente zusammengetragen, die in der Hinwendung zur Natur die eine Erscheinungsweise der Wirtschaftsgesinnung in der landesfürstlichen Wohlstandspolizei ergaben. Nach der Öffnung des Blickes zur Natur hin bedurfte es noch beachtlich vieler geistiger Mühen, bis die Natur so weit aufgeschlossen war, daß man ihre Gesetze erkannte und sie für die Technik und Wirtschaft verwerten und auswerten konnte. In diesem geistigen Entwicklungsprozeß kamen Technik, Chemie und Alchemie immer stärker zum Vorschein und sie formten von sich aus die wirtschaftlichen Geschehnisse.

a) Die Ausweitung des Gesichtskreises

Den Einblick in die Weltanschauung der beginnenden Neuzeit öffnete der Philosoph *Giordano Bruno* (1548 - 1600) durch seine Lehre vom Unendlichen, angeregt durch das Werk „De revolutionibus orbium coelestium“ (1507) von *Nikolaus Kopernikus* (Koppernigk), in dem entgegen dem bislang geltenden ptolemäisch-geozentrischen System der Bau des Sonnensystems mit der Sonne als Zentrum und mit den sie umkreisenden Planeten mitsamt der Erde dargelegt wurde.

Nicht groß genug kann nach der Meinung Brunos die Leistung Kopernikus' für die Erneuerung des Weltbildes angeschlagen werden. „Wer vermöchte nach Gebühr den Großsinn dieses Deutschen zu preisen, der unbekümmert um das Urteil der törichten Menge zuerst der wahren Ansicht zum Sieg verhalf, jener Ansicht, die unser Wissen aus dem engen Kerker erlöste, in welchem es nur wie durch einzelne Öffnungen die Sterne erblickte“ (Bruno: La cena della ceneri).

Von diesem kopernikanischen System ausgehend entwickelte Bruno sein *Lehre vom Unendlichen der Welt* auf der Grundlage des Gewissens und des Selbstbewußtseins des Menschen aus dem Prinzip der „Sinderesis“, die an die Stelle der unbewußt wirkenden, kosmisch-dämonischen Kraft tritt.

Da es in der Seele des Menschen die Veranlagung zum Unendlichen gibt, kann der Mensch die Welt auch als System des Unendlichen sehen. „Ordnen wir vor allem jenen Himmel, der geistig in uns selbst liegt und dann jenen sichtbaren, der sich körperlich unseren Augen darstellt" (Bruno: Lo spaccio della bestia trionfante, nach E. Cassirer: Individuum u. Kosmos in d. Philosophie d. Renaissance, Leipzig 1927, S. 128). Der Mensch findet nämlich sein wahres Ich erst, indem er das unendliche All in sich hineinzieht und *indem er sich selbst zum Unendlichen erweitert.* „Wir wissen, daß wir die Gottheit nicht ferne von uns suchen sollen, weil wir sie doch in unserer Nähe, ja, in unserem Inneren haben" (Bruno, La cena della ceneri, lib. 1 Dialog I).

Diese Fähigkeit des Menschen ist zugleich ein *Auftrag: alles zu erforschen.* „So sind wir dazu berufen, die unendliche Wirkung der unendlichen Ursache, das wahre und lebendige Bild der unendlichen Kraft zu entdecken". Erforscht soll werden: daß es den unendlichen Raum nicht nur gibt, sondern warum es ihn gibt und wie eine unendliche Ursache eine unendliche Wirkung in ihm hervorbringt. Erforscht soll werden: was in Wahrheit der Himmel, die Planeten und die Sterne sind, und wie jeder von diesen unendlichen Welten sich von den anderen unterscheidet. Erforscht soll ferner werden: was die wahre Substanz und Materie mit all ihren Elementen und Anfängen ist. Schließlich soll erforscht werden: wer der Schöpfer des Ganzen ist!

„Öffne uns das Tor, durch das wir hinausblicken können in die unendliche Sternenwelt."

„Überzeuge uns von der Lehre des unendlichen Weltalls!"

(Bruno, Vom Unendlichen, lib. 1, dialog III)

b) Die Entdeckung der Naturgesetze

Mit einem revolutionären Akt setzte die neue, naturwissenschaftlich begründete Weltanschauung an. *Nikolaus Kopernikus* (1473 - 1543) nahm aus dem bislang geltenden System des Kosmos die Erde aus der Mitte und ließ so das geozentrische System in sich zusammenstürzen. Er setzte durch sein umstürzendes Buch „De revolutionibus orbium coelestium" oder „Von den Kreislaufbewegungen der Himmelskörper" (1507) die Sonne in die Mitte des Kosmos. Die Sonne wird von den Planeten und der Erde umkreist.

Dieser Aufbruch fand viele Gegner. Luther meinte: „Der Narr will die ganze Kunst Astronomiä umkehren." Papst Paul III. nahm die Widmung des Buches an. Er erwartete sogar von Kopernikus die endgültige Regelung der Kalenderwirren. Erst viel später regten sich auch in der katholischen Kirche die Gegner.

Gegen alle diese Anwürfe stellte sich *Johannes Kepler* (1571 - 1630). „Ich erachte es als meine Pflicht und Aufgabe, die Lehre Kopernikus', die ich in meinem Innern als wahr erkannt habe und deren Schönheit mich mit unglaublichem Entzücken erfüllt, auch nach außen mit allen Kräften meines Geistes zu verteidigen" (Einleitung zum Lehrbuch für die Astronomie). Dies tat er, indem er an die Stelle der geometrischen Beschreibung der kosmischen Bewegungen die kausale Erklärung und an die Stelle der mathematischen Regel das Naturgesetz setzte. Dieses besteht darin, daß die Sonne der Sitz einer Kraft ist, die die Bewegung der Planeten bewirkt. So wurde Kepler in seiner „Astronomia nuova" oder in der „Physica coelestis" der *Begründer der Himmelsmechanik.* Physik und Mechanik sind die Grundlagen der kosmischen Natur. *Mit dieser Aussage begründete Kepler die naturwissenschaftliche Weltanschauung der Neuzeit.* Und diese wurde der Nährboden für die Entwicklung aller Wissenschaften in der Neuzeit — so auch der Ökonomik.

Der Vollender in der Beweisführung für den naturgesetzlich bestimmten Ablauf im Kosmos war *Galileo Galilei* (1564 - 1642). In seinem Werk „Dialog über die beiden wichtigsten Weltsysteme" vertrat er die Meinung: die Natur funktioniere aus sich selbst „nach eigenen Prinzipien" (iuxta propria principia). Sie bedürfe keiner Regelung von außen, weil die Bewegungen in ihr für immer vorgegeben seien. *Natur bedeutet: unabänderliche Gesetzlichkeit.*

In diese Natur kann der Mensch durch die Mathematik Einsicht nehmen, denn „das Buch der Natur ist in mathematischer Sprache geschrieben, die Schriftzeichen sind: Dreiecke, Kreise und andere geometrische Figuren".

Das Naturgesetz beruht auf der unabänderlichen und unveränderlichen Folgerichtigkeit von Kräften, die in gegenseitiger Proportion die Bewegungen hervorbringen und aus sich selbst in Bewegung halten. Diese Folgerichtigkeit ist als Gesetz veranlagt, weil es vom Schöpfer so geplant wurde. Dies bekräftigte Kepler in seiner Aussage: „Wie die Sonne inmitten der Wandelsterne steht, selbst ruhend und doch die Quelle der Bewegung, so zeigt sie das Abbild des Vaters, des Schöpfers." Genau so sah Galilei „Gott als Weltbaumeister", der den Plan für die Bewegungsgesetze den Himmelskörpern vorgab.

Die Folgerichtigkeit in der Gesetzmäßigkeit des Naturablaufes geht in ausgeglichener *Harmonie der Kräfte vor sich.* In Proportion halten die Kräfte ihre gegenseitige Entsprechung und ergeben so immer wieder die „harmonicae mundi", die Weltharmonien (Keplers Buch von 1619).

Dies alles geschieht auf Grund der bewundernswerten Proportion aller Himmelskörper, wie dies Kepler in seinem Werk „De admirabili proportione orbium" (Untertitel: „Mysterium cosmographicum", 1596) bewundernd festhielt. Da die Naturgesetze immer einen störungsfreien Ablauf und daher die Harmonie garantieren, sind sie im gesetzlichen

Getriebe schön und im Effekt gut. „Ich fühle mich hingerissen und besessen von einem unsäglichen Entzücken über die göttliche Schau der himmlischen Harmonien“ (Kepler).

Entgegen der bewundernswürdigen Schau der Harmonien im Kosmos kann die naturgesetzlich funktionierende *Welt auch als Maschine betrachtet* werden. So sah *Johannes Hevelius* (1611 - 1687) den Kosmos als Maschine des Himmels („Machina coelestis“, 1647). Die Begeisterung über diese mechanisiert gesehene Welt reichte so weit, daß Julien Lametrie (1709 - 1751) selbst den Menschen als Maschine gebaut und als Maschine funktionierend sah („L'homme machine“, 1748). Dieses Bild der Maschine oder in gefälliger Form das Bild des Uhrwerkes setzte schon Kepler fest. Ja, er wollte dieses Bild sogar verdeutlichen und begründen. „Mein Ziel ist es zu zeigen, daß die himmlische Maschine nicht eine Art göttliches Lebewesen ist, sondern gleichsam ein Uhrwerk, insoferne nahezu alle mannigfachen Bewegungen von einer einzigen, ganz einfachen, magnetischen Kraft besorgt werden, wie bei einem Uhrwerk alle Bewegungen von dem einen Gewicht ausgehen.“

Mit diesem Vergleich des Kosmos mit einem Uhrwerk konnte die neue Welt-Anschauung in die Breite getragen werden, denn so konnten sie viele verstehen, wenn sie auch arg mechanisiert erscheint. Genau über diese Frage ließ Bernard Fontenelle (1657 - 1757) in seinem „Dialogue des morts“ (1683) einen Gelehrten mit einer Dame sprechen. „Auf diese Weise ist die Philosophie ziemlich mechanisch geworden“, sagte die Marquise. „So mechanisch“, antwortete ich, „daß ich glaube, man wird sich dessen bald schämen. Man wünscht: die Welt sei eben das im Großen, was eine Uhr im Kleinen ist und daß in ihr alles auf die ordentlichen Bewegungen ankomme, die von dem Ineinandergreifen ihrer Teile herrühren. Gestehen sie mir die Wahrheit: Haben sie sich nicht eine edlere Vorstellung von der Welt gemacht?“ „Und ich“, erwiderte sie, „schätze sie desto höher, nachdem ich weiß, daß sie einer Uhr ähnlich ist. Es ist merkwürdig, daß die herrliche Ordnung der Natur auf so einfachen Dingen beruht.“

Wenn die Welt aber eine Maschine ist, dann drängt sie: als Maschine gebraucht zu werden. *Die naturgesetzlich bedingte Weltanschauung drängt zur Verwertung der Naturgesetze.*

Diese neue Weltanschauung bildete die „Gelehrten-Ideologie“ der Neuzeit. Sie bildete für alle eine „Mappe des Universums“, wie Daniel Caspar Lohnstein im Nachruf auf Hofmanswaldau sagte. Von dieser Gesamtschau gingen die verschiedenen Disziplinen der Wissenschaft an die Untersuchungsarbeit ihrer verschiedenen Erfahrungsobjekte, aus denen sie mit der neuen Wissenschaftsmethode die neuen Erkenntnisobjekte „produzierten“.

Da man aus der überbrachten und noch wirksamen „Gottgläubigkeit" an einen Schöpfer der Naturgesetze glaubte und im Weltenschöpfer den Garanten der Weltharmonien erkannte, hielt man die Übertragung des naturgesetzlich bestimmten Systems des Kosmos auch auf die Gesellschaft mit den politischen, sozialen und ökonomischen Kräften und deren Bewegungen für möglich.

Im gesellschaftlich-staatlichen Bereich erstellte der Landesfürst den Plan für die Entwicklung und für den Ablauf der politischen, sozialen und ökonomischen Vorgänge. In diesem landesfürstlichen Plan für die Sozialwirtschaft wurden die Gruppen und Stände „in Proportion zu einander gehalten" (J. J. Becher: Politischer Discurs, 1668, S. 10). Die gegenseitige Abhängigkeit der Gruppen und Wirtschaftszweige war die Grundlage für den Bestand der Wirtschaftsgemeinschaft im Staat, aber auch für den harmonischen Ablauf der wirtschaftlichen Vorgänge von der Erzeugung bis zur Verteilung. „Denn das ist die rechte Gemein, wann die Glieder der Gemein ihre Sache so anstellen, daß einer von den anderen leben, einer von dem anderen sein Stück Brot verdienen kann, ja, einer dem anderen die Nahrung in die Hand spielet" (J. J. Becher, ebenda S. 3). Die richtige Proportion der wirtschaftlichen Kräfte ergibt ein funktionssicheres Getriebe der sozialen Wirtschaft, „dieweilen ein eintziger Kaufmann verhandeln kann, was hundert Handwerksleut verarbeiten, und ein Handwerksmann verarbeiten kann, was hundert Bauern ihm an rohem Material zum arbeiten geben können" (Becher, ebenda S. 4). *Die richtige Proportion der wirtschaftlichen Kräfte gewährleistet die stete wirtschaftliche Entwicklung und daher den Wohlstand.*

Das eine gleiche Bild von der Harmonie der proportionierten Kräfte oder das Bild von den Kräften im Gleichgewicht wurde im Kosmos, aber auch im politischen Bereich der Ökonomie gesehen: *ein Weltbild für den Kosmos und das gleiche Weltbild für die politische Ökonomie der landesfürstlichen Wohlstandspolizei.*

c) Die Naturgesetze im Dienste der Wirtschaft

Die neue Weltanschauung mit den neuen naturwissenschaftlichen Disziplinen wirkte über zwei Wege in die landesfürstliche Wohlstandspolizei ein: über die neue Forschungsmethode des Proportionalismus der Kräfte ließ sie die ökonomische Kameralwissenschaft entstehen, während die von den Naturwissenschaften erbrachten neuen Ergebnisse über die Technologien und die „chymischen Laboratorien" (Becher) der Auswertung in der Wirtschaft zugeführt wurden.

Die *Methode des Proportionalismus* gab der kameralistischen Sozialwirtschaftslehre die Sicht auf die natürlichen und gesellschaftlichen

Grundlagen der Wirtschaft frei, so daß das „Land nach Größe, Lage, natürlicher Beschaffenheit und Fruchtbarkeit wie auch die darinnen befindlichen Einwohner nach ihrer Menge, Fähigkeit, Geschicklichkeit, Genie, Sitten und Neigungen vollkommen erkannt werden“ konnten. Ebenso wurden die wirtschaftlichen Kräfte in Hinsicht auf den Reichtum, die Commerzien, die Manufakturen, die Landwirtschaft und die übrigen Gewerbe in zureichende Wissenschaft und Kenntnis „gebracht“ (J. H. G. Justi: Staatswirtschaft 1755, Bd. 2, § 4). Die neue Methode drängte demgemäß auf die Erkenntnis wirtschaftlich erheblicher Daten und Vorgänge und wurde so zur Tatsachenforschung. Durch das Verstehen der ökonomisch relevanten Daten wurde das Feld für die landesfürstliche Wohlstandspolizei freigegeben. Die neue, von den naturwissenschaftlichen Disziplinen „infizierte“ Methode brachte eine Dynamik in die Kameralwissenschaft und in deren praktische Auswertung in der Wohlstandspolizei.

Die *neue Methode des Proportionalismus* ließ die Zusammenhänge der Kräfte des wirtschaftlichen Fortschrittes (damals sagte man: „Aufnahme des Nahrungsstandes“) in verschiedenen Bildern erkennen. Sie ließ die Sozialwirtschaft eines Landes in einem Bild vom menschlichen Körper erscheinen. In ihm ist „der Reichtum das Blut, die Gewerbe die Adern und die Regierung das Herz, in welches der in den Gewerben circulierende Reichtum durch die Abgaben nach und nach einfließt und sich von da wieder in allen Theile ergießet“ (J. H. G. Justi, ebenda Bd. 1, § 243). Mit dieser Analogie wurden neue Erkenntnisse vom Zusammenwirken der wirtschaftlichen Kräfte und Gruppen deutlich, die ihrerseits wieder in der Strukturpolitik der Wohlstandspolizei verwendet wurden. Mit der neuen wissenschaftlichen Verfahrensweise des Proportionalismus wurden Zusammenhänge der Sozialwirtschaft neu entdeckt und für die Wirtschaftspolitik anwendbar gemacht.

Die kameralistische Sozialwirtschaftslehre wollte aber auch die Ergebnisse aller Wissensdisziplinen unmittelbar für das „Aufnahmen des Wohlstandes“ (heute: Wachstum der Wirtschaft) in Anwendung bringen, denn „die Wissenschaften sind selbst unter die Nahrungsarten (Produktivkräfte) zu rechnen“ und „alle Manufakturen, Fabriken, Handwerken und Gewerbe wie die Landwirtschaft und die Bergwerke müssen von den Gelehrten ihre Vollkommenheit erwarten“. „Es ist nämlich unstreitig die Pflicht der Gelehrten, die eine viel größere Erkenntniß und viel höhere Kräfte des menschlichen Verstandes besitzen wollen, als alle anderen Leute, daß sie zum Besten der menschlichen Gesellschaft ungleich mehr beitragen sollen.“ „Ja! viele Wissenschaften haben selbst die Erkenntnis und Hilfsmittel in sich, wodurch das Beste des Staates und das Aufnehmen des Nahrungsstandes befördert werden kann“ (Justi: Staatswirtschaft Bd. 1, § 257 u. Bd. 2, § 57). Von den Wissenschaften wurde demgemäß die Dynamik für die „Aufnahme des Nahrungsstandes" erwartet.

Praktisch geschah dies in den Technologien und chemischen Laboratorien für alle Produktionsmethoden. Daher waren die vielen wissenschaftlichen Werke des Kameralismus mit technischen, chemischen und alchimistischen Erörterungen zu einem großen Teil „belastet". Aber gerade dadurch wollte man die Weiterentwicklung der sozialen Wirtschaft beschleunigen.

So kam eine neue Erkenntnis zum Durchbruch.

Das „Genie" als Kraft des Wissens und Denkens wurde mit der „Arbeitsamkeit des Volkes" zum „ersten Beförderungsmittel" und zur ersten Produktivkraft eines blühenden Nahrungsstandes. *„Wissen ist produktive Kraft"*, die alle sachlichen Kräfte in Bewegung setzt und zwar im technischen Produktionsverfahren wie auch im sozialwirtschaftlichen Zirkulations- und Vertriebsgeschehen. „Man kann sich unmöglich einen blühenden Nahrungsstand vorstellen, wenn man nicht das Genie der Nation zur Arbeitsamkeit und Geschicklichkeit in den Manufakturen und Kommerzien auszubilden weiß. Das Genie der Nation ist das erste und wichtigste Beförderungsmittel" (J. H. G. Justi: Die Grundfeste zur Macht und Glückseligkeit der Staaten, Leipzig 1760, Bd. 1, § 784).

Durch diese Entdeckung der „Produktivkraft des Geistes" war für die landesfürstliche Wohlstandspolizei die dynamische Entwicklungs- und Förderungskraft für immer gegeben, denn *„der produktive Geist" kann immer wieder neue wissenschaftliche Erkenntnisse in den Dienst der Wirtschaft stellen.*

2. Die Entdeckung des Staates

Der Staat als Organisationsform der Gesellschaft war an sich immer da und brauchte daher nicht erst entdeckt zu werden. Der Staat aber, der durch Machiavelli, Bodin und Hobbes entdeckt wurde, war ein *neu gearteter Staat*. Dies zeigte schon das Wort „Staat", das es vorher für die Organisationsform der Gesellschaft nicht gegeben hatte. Mit dem neuen Wort war auch ein neuer Inhalt gegeben. Für den Staat und den Träger des Staates, für den Fürsten, wurde ein neues Ziel: die Macht und ein neues Verhalten: die Staatsraison herausgestellt. Der Staat wurde aus allen Bereichen herausgehoben und kraft seiner Souveränität für ungebunden erklärt. Der Fürst handelte auch demgemäß und zog alles an sich. Der Staat wurde die umfassende und durchdringende Organisation von Gesellschaft und Wirtschaft. Der Staat wurde dynamisch und brauchte daher auch den wirtschaftlichen Reichtum als treibende Kraft für die Machtsteigerung.

a) Die Staatsraison: die Politik der Machtsteigerung

Auch die Entdeckung des modernen Staates wurde wie der Beginn der neuen Weltanschauung durch einen revolutionären Akt gesetzt. *Niccolò Machiavelli* (1469 - 1527), Staatssekretär der Republik Florenz, nahm der Politik Weihe und Würde und gab ihr dafür die neue Kategorie der Politik: die *Staatsraison* (ratione status), der gemäß alles politische Handeln jenseits von Gut und Böse liegt, denn „wenn es um Sein oder Nichtsein des Staates geht, darf es kein Erwägen geben, ob eine Handlung gerecht oder ungerecht, mild oder grausam, löblich oder schimpflich" ist.

Im kleinen, aber bedeutungsvollen Buch „Il Principe" (1513, gedruckt 1532) legte Machiavelli seinen „Katechismus des politischen Machtstrebens" nieder. Diese Schrift war für die Zeitgenossen so aufregend, daß sie vom geschilderten Fürsten als vom Antichrist sprachen. Die anderen Schriften, vor allem die „Discorsi sopra la prima decade di Tito Livio oder vom Staate" (1519), „Vita di Castruccio Castracani" 1532 und „Istorie Fiorentine" (1532) bestätigten die im „Fürsten" vertretenen Maximen. Die revolutionäre Schrift „Il Principe" ging gleich nach der Fertigstellung schon vor der Drucklegung in vielen Abschriften von Hof zu Hof, so daß bis zum Erscheinen im Jahre 1532 alle Interessierten schon Kenntnis vom Inhalt hatten.

Die Hauptmaxime Machiavellis sagt: *das politische Handeln liege außerhalb der Ethik*. Für das politische Handeln dürfe es keine Hemmungen aus ethischen Grundsätzen geben, denn dann gebe es keinen Erfolg. „Wer es nämlich darauf anlegt, in allen Situationen sittlich gut zu handeln, muß in einem Haufen, der sich nicht daran hält, zugrunde gehen" (Il Principe, Cap. 15). Daher müsse das politische Handeln von allen ethischen Bindungen frei gesetzt sein.

Aus der Erfahrung weiß man, aber nicht nur aus der Erfahrung in der Politik, daß die Handlungen des Menschen nicht von den Prinzipien der Tugend, sondern vielmehr von denen des Lasters bestimmt werden. Daher gibt es als Folge für das Handeln „Tugenden, durch die man zugrunde geht, und Laster, auf denen die Sicherheit und die Fortdauer des Wohlstandes beruht" (Cap. 15). „Fast keine Untreue, Schandtat oder Leichtfertigkeit ist zu nennen, die nicht mit dem Staat, ratione status, oder mit Staatssachen entschuldigt wird" (V. L. von Seckendorff: Der teutsche Fürstenstaat, 1656). Aus der Kenntnis dieser Sachlage müßten alle, die sich behaupten wollen, so handeln, wie es eben die „Notwendigkeit" erfordert. „Ein Fürst muß sich daher darauf verstehen, je nach Gelegenheit schlecht zu handeln und dies und jenes zu tun, wie es eben die Notwendigkeit erfordert" (Cap. 15). Nur in dieser ethischen Ungebundenheit und in dieser praktischen Wendigkeit gäbe es den politischen Erfolg. Und bei jedem Erfolg sei nicht die Methode, die zum Ziel führt,

36. Die Zunftversammlung mit Zunfttruhe auf dem Tisch: 1769

37. Zunftzeichen der Kettenschmiede: Ende des 18. Jhdts.

entscheidend, sondern vielmehr nur der positive Effekt: der erfolgreiche Abschluß. „Wer nämlich den Feind durch Betrug überwindet, wird im gleichen Maße geehrt wie der, der ihn durch Gewalt besiegt" (Discorsi III, 40). Als Prinzip der Staatsraison galt: „Ohne jede Rücksicht, ob eine Handlung gerecht oder ungerecht, mild oder grausam, löblich oder schimpflich sei, müßten jeweils die Maßnahmen so getroffen werden, daß sie dem Staat das Leben retten, die Freiheit erhalten und die Macht steigern" (Discorsi III, 41).

Diese politischen Maximen galten zuerst und vorzüglich für den Fürsten. Er mußte die Prinzipien der Staatsraison in allen Bereichen und Belangen verwirklichen.

Der Fürst sollte anmutig und leutselig sein, damit ihm das Volk die Zuneigung schenke. Er müsse aber auch sein Volk *mit Hoffnung und Furcht regieren,* denn ein entschlossener Fürst werde alle Schwierigkeiten stets überwinden, „wenn er bei seinen Untertanen einmal Hoffnung erregt und sie dann wieder in Furcht versetzt" (Il Principe, Cap. 10). „Ich bin der Meinung, daß beides: geliebt und gefürchtet zu werden, vorteilhaft ist. Viel sicherer aber ist es: gefürchtet zu werden." „Der Fürst muß den guten Menschen und das reißende Tier spielen können" (Cap. 18). Sollte es erforderlich sein, daß zur Erlangung oder zur Sicherung der Herrschaft Gewaltakte gesetzt werden müssen, dann soll der Fürst „alle Grausamkeiten mit einem Male vollbringen"; „Wohltaten aber müsse er nach und nach erweisen, damit das Volk ohne Unterbrechung davon spreche" (Il Principe, Cap. 8).

Der Fürst müsse immer und für jeden Fall in seinem Verhalten *wendig sein, „wie es die Winde und wechselnden Glücksfälle notwendig machen".* Dies bedeute: daß er den geraden Weg gehen soll, „sooft die Lage dies ermöglicht", er müsse aber auch „den krummen Weg gehen, wenn dies notwendig" sei (Cap. 18). Er müsse „Mitleid, Treue, Menschlichkeit, Redlichkeit und selbst Frömmigkeit spielen, mindestens müsse er den Schein dieser Tugenden wahren" (Cap. 18), denn „die Masse der Menschen gibt sich ebenso mit dem Schein wie mit der Wirklichkeit zufrieden" (Discorsi I, 25).

Mit diesen neu verkündeten Maximen der Staatsraison kann der Fürst seine Macht gewinnen, sichern und stets steigern, denn die Macht macht den Fürsten.

Nicht sehr lange blieben diese Verhaltensprinzipien ein Monopol der Fürsten. Alsbald aber sanken diese Maximen gemäß dem „Gesetz vom sinkenden Kulturgut" durch alle Schichten der noch bestehenden vertikalen Gesellschaft bis zur Bodenschichte. Nicht wenig trug hiezu der Rektor des Jesuiten-Kollegiums von Tarragona *Baltasar Gracian* (1603 bis 1658) durch sein „Oraculo manual y arte de prudencia" (1653) bei, in dem er in 300 Lebensregeln die Normen für ein erfolgreiches Leben angab. Er meinte nämlich, „ein rechtmäßiges Verstellen könne man nicht als Falschheit anrechnen, sondern vielmehr als eine Tugend". Dies gelte allerdings im besonderen für einen Politiker (Maxime 17). Es gilt: *Der Zweck und der Erfolg heiligt die Mittel.* Nach diesen Lebensnormen stellten sich allenthalben die Verhaltensweisen aller im politischen aber auch im sonstigen Leben ein. *Friedrich Logau* (1604 - 1655) hielt dies in mustergültiger Form in seiner „Heutigen Weltkunst" fest:

Anders sein und anders scheinen,
anders reden, anders meinen,
alles loben, alles tragen,
allen heucheln, stets behagen,
allen Winden Segel geben,
Bös' und Guten dienstbar leben,
alles Thun und alles Tichten
bloß auf eignen Nutzen richten,
Wer sich dessen will befleißen,
kann politisch heute heißen.

Die „Ausgelassenheit" von allen ethischen Bindungen gab dem Landesfürsten die denkbar stärkste Dynamik für Politik und Wirtschaft. Die Untertanen bemühten sich, ihm zu folgen.

b) Die Souveränität: die Politik der umfaßenden Macht

Die Idee der Staatsraison und die daraus folgenden Maximen schienen den meisten Zeitgenossen Machiavellis so frivol und abwegig, daß der neue Staat mit seinem unbegrenzten Machtstreben einer moralischen Rechtfertigung und einer juristischen Legitimation bedurfte. Diese Legitimation gab dem Staat *Jean Bodin* (1530 - 1596) in seiner Staatslehre „De republica" (1586), indem er *der Staatsmacht die Eigenschaft der Souveränität zuschrieb.* In der weiteren Entwicklung ließ *Thomas Hobbes* (1588 - 1679) durch seine Translationstheorie der Macht im Werk „Leviathan" (1651) die souveräne Macht (sovereign power) dem Fürsten übertragen und machte ihn so zum *„Souverän"*. Diese neue Staatslehre übernahm der große österreichische Politiker *Wenzel Anton Graf v. Kaunitz* (1711 - 1794) und machte sie in seiner Abhandlung „Von der oberherrlichen Gewalt" zu einer heimischen Angelegenheit in Theorie und Praxis.

Der Staat wurde als *„höchste und dauernde Macht"* (summa perpetuaque potestas) definiert, der seine Macht und Gewalt in seinem Land gegen alle seine Untertanen ausübt (Bodin I, Cap. 8 u. Hobbes Chap. 17). Diese höchste Macht des Staates ist frei von jeder Bindung und daher auch unbeschränkt und unbeschränkbar und deshalb nicht einmal an die Gesetze gebunden. Der Staat und im besonderen der Fürst ist „legibus solutus", wie dies in den Eingangs- oder Schlußformeln der Gesetze selbst steht. „Alle Gesetze erhalten ihre Bindungskraft ganz allein von der uns beiwohnenden höchsten Gewalt" (Horten-Entwurf zum ABGB 1786, T. 1, Cap. 1, § 20). Manchesmal lautet auch die Ausgangsformel der Gesetze: „quia sic nobis placuit".

Die *souveräne Macht* ist die Gewalt über alle Mächte, „weil sie ja sonst nicht die oberste Macht wäre". „Es kann daher auch keine Macht im Staate geben, ohne von der oberherrlichen Macht aufgenommen und bestellt worden zu seyn." Die souveräne Macht ist allumfassend, sie schließt alles in ihre Macht ein. Eine staatsfreie Sphäre gibt es nicht. Alles, was sich im Staat befindet, ist der souveränen Macht des Staates unterworfen, „über welche oder neben welcher keine Macht sich befindet, noch sich befinden kann" (Wenzel Anton v. Kaunitz). Mit dieser alles einschließenden souveränen Macht durchdringt der Staat alles, was sich im Staatsgebiet aufhält und was sich im Staate befindet. Alle Untertanen unterstehen „ohne Einrede eines anderen" der Majestät des Fürsten. Aber auch alle Sachen unterliegen als „bereites Vermögen" dem Landesherrn (J. H. G. Justi: Natur und Wesen der Staaten, 1760, S. 72).

Der Staat ist in seiner Macht souverän und daher ist die Staatsmacht unbeschränkt, unbeschränkbar, alles umfassend und alles durchdringend.

c) Der Fürst: der Träger der Souveränität

Um dem Staat die Macht und die Steigerung der Macht zu sichern, gibt es nur einen Weg: *„alle Macht und Gewalt einem Mann zu übertragen"* (all their power and strength: Hobbes, Leviathan, Chap. 17). Durch diese Machtkonzentration *wird der souveräne Fürst zum „großen Leviathan und zum sterblichen Gott"*, dem allein Frieden und Freiheit zu verdanken ist (Chap. 17).

Der Fürst hat demnach die höchste und allumfassende Macht. Alles, was räumlich in die Macht des Fürsten gehört, ist seiner Macht und Verfügungsgewalt unterstellt. Nichts im Staat bleibt außerhalb der Macht des Fürsten. *Der souveräne Fürst hat die allumfassende Macht.*

Diese durch die Macht fundierten Rechte der Souveränität sind nicht übertragbar und nicht teilbar (incommunicable and inseparable). Die souveränen Rechte können dem Fürsten nie genommen, sie können aber auch nie durch Teilung verkleinert werden. Was einmal zur Macht des Fürsten gehört, bleibt seine unveräußerliche Macht (Chap. 18). Die Souveränität des Fürsten kann nicht verwirkt werden (Chap. 18, 2).

Aus dieser unübertragbaren, unzerteilbaren Macht des souveränen Fürsten fließen alle Sonderrechte, die die Regierung und Lenkung des Staates und der Wirtschaft fordern. So hat der Fürst die Macht: „die Regeln vorzuschreiben, wodurch jeder wissen kann, welche Güter er genießen darf und welche Handlungen er setzen kann" (Chap. 18, 7). *Die landesfürstliche Verwaltung ist demgemäß eine totale Reglementierung.* Dies zeigt sich sofort wieder in der Macht des Fürsten: „über die Weltanschauung und die Doktrinen (opinions and doctrines) seiner Untertanen zu entscheiden", denn durch diese Herrschaft über den Glauben und das Gewissen „beherrscht der Fürst die Taten der Untertanen" (Chap. 18, 6). Wenn der Fürst auf diese Weise die Macht über den inneren Menschen hat, dann hat er die Gewalt über die äußeren Handlungen seiner Untertanen um so sicherer.

Zur totalen Macht gehört auch „das Recht über die Rechtsprechung" und über „die Strafentscheidungen" (Chap. 18, 8 u. 18, 11), aber auch das Recht, die Untertanen „mit Gaben und Ehre zu belohnen". Es versteht sich, daß zu dieser Verwaltungstotalität auch alle Angelegenheiten der Wirtschaft gehören (Chap. 18, 12). So kann der Fürst in seinem Staate eine *totale Planwirtschaft* aufziehen, wie es eben die Notwendigkeit erfordert. Alle Macht fließt in der Souveränität des Fürsten zusammen, so daß sich „die Macht und Ehre der Untertanen in der Gegenwart der souveränen Macht des Fürsten verflüchtigt" (Chap. 18).

Die *souveräne Macht des Fürsten* ist unbeschränkt und unbeschränkbar, sie ist allumfassend und alles durchdringend, sie *ist total: „ein Gott, ein Fürst, ein Glaube, ein Recht"* (Codex Theresianus).

3. Die landesfürstliche Wohlstandspolizei

Das vom Mittelalter überbrachte Prinzip der Lebensführung: das Glück komme aus dem Inneren des Menschen und aus der seelischen Haltung der Saelde, forderte von der Wirtschaft ein „Genug" im Ausmaße der „auskömmlichen Nahrung" und des „standesgemäßen Unterhaltes". Diese statische Wirtschaftsgesinnung wurde durch die neue Weltanschauung mit der Ausweitung des Gesichtskreises bis in das Unendliche (G. Bruno) überholt. Im Streben, bis in das Unendliche vorzustoßen, wurden die Grenzen des „Genug" überschritten. Allmählich strebte man auch in der Wirtschaft zum Mehr: zum Mehr im Aufwand, zum Mehr im Einkommen und zum Mehr in der Erzeugung. Die Wirtschaftsgesinnung wurde so dynamisch. Aus dem Grundsatz: „Jeder soll gewinnen, wessen er bedarf" (Eilhart v. Oberg) wurde der Leitsatz: *„Jeder soll erwerben, was er für ein vergnügtes Leben nöthig hat"* (J. H. G. Justi).

Nicht nur das Ziel des Wirtschaftens änderte sich auf diese Weise, sondern auch die Garantien für den standesgemäßen Unterhalt. Die ständischen Gemeinschaften in den Zünften und Zechen wurden durch die neue Gesellschaftspolitik des Landesfürsten zu vernichten gesucht. Da der Fürst aus der vertikal-hierarchischen Gesellschaft die horizontale Gesellschaft gleichgemachter Untertanen formen wollte und daher die Zunft-Schutzbeschränkungen zum Teil aufhob, verloren die ständischen Gemeinschaften immer mehr den Charakter der Garantieschutzinstitutionen für ihre Mitglieder. Das Einkommen und das Auskommen der ständischen Gesellschaft gingen ihres Schutzes immer mehr verloren. An die Stelle des geschützten und gesicherten standesgemäßen Einkommens trat die Dynamik mit dem Streben nach mehr. Die ständisch gebundene Wirtschaftsordnung wurde für eine neue Wirtschaftsentwicklung aufgelockert und, soweit es möglich war, auch aufgelöst.

Als Träger der neuen Wirtschaftsentwicklung trat der souveräne Fürst hervor.

Die politische Unabhängigkeit und die rechtliche Souveränität bedurften der wirtschaftlichen Selbständigkeit und der *ökonomischen Independenz,* um dem Staat und dem Fürsten die Freiheit und Macht nach allen Seiten hin zu garantieren. Die landesfürstliche Wirtschaftspolitik mußte daher als erstes Problem das der wirtschaftlichen Unabhängigkeit des Landes lösen. Sie mußte mit allen Mitteln versuchen: „von anderen Nationen zu independieren" (Ph. W. Hornigk), denn nur in der wirtschaftlichen Unabhängigkeit und Autarkie kann ein Staat seine Macht aus Eigenem entfalten und niemand kann sie jemals mit Erfolg streitig machen.

„Wo immer in einem Land alle oder doch die fürnehmsten und mehristen zur menschlichen Noth und Wohlfahrt gehörigen Dinge in Sattsamkeit und Independenz von anderen bescheret seynd, da muß nothwendig Reichtum und Macht seyn" (Hornigk, S. 38). „Besteht die Macht und die Fürtrefflichkeit eines Landes in allen erforderlichen und bequemen Dingen, so viel wie möglich, *auß eigenem Vermögen ohne Dependenz von anderen,* so folget, daß eine Lands-Oekonomie darauf zu sehen habe, wie solcher Überfluß und Genuß aus eigenem Vermögen und ohne Dependenz von anderen zuwege gebracht werde" (Ph. W. Hornigk, Österreich über alles, wann es nur will, das ist ein Fürschlag, wie die kayserlichen Erb-Land über alle anderen Staaten zu heben und von andern independent zu machen, 1684, zitiert nach d. Aufl. v. 1705, S. 48).

Auf dieser Grundlage der wirtschaftlichen Unabhängigkeit konnte die landesfürstliche Wohlstandspolizei den Reichtum des Staates und den Wohlstand des Volkes aufbauen. Dieser Reichtum sollte stets zunehmen und „der Nahrungsstand sollte in flor gebracht werden", weil dies mehr politische Macht bedeutet. Die Zunahme des Wohlstandes bringe auch eine größere Zahl der Bevölkerung, die wiederum eine politische Machtsteigerung verursache, denn *„je volkreicher ein Staat ist, desto mächtiger und reicher ist er"* (Hornigk).

Der größere Reichtum des Staates ist größere politische Macht, weil der Reichtum an sich schon die wirtschaftliche Verfügungsgewalt des Staates nach allen Seiten hin ausweitet und weil größerer Reichtum eine stärkere Heeres- und Verwaltungsmacht bedeutet. Der größere Reichtum im Staat gibt auch den Untertanen einen höheren Wohlstand und ermöglicht daher auch eine steigende Bevölkerungszahl. Die Zunahme der Bevölkerungszahl kommt aus dem höheren Wohlstand, bringt aber auch aus sich wieder einen höheren Reichtum, weil mehr Untertanen mehr Produktivkräfte sind.

Die *Steigerung des Wohlstandes* ist mit der wirtschaftlichen Dynamik zum „Endzweck des Staates" geworden (J. H. G. Justi). Die „Glückseligkeit der Untertanen" gibt jedem die Fähigkeit: „sich die moralischen und zeitlichen Güter zu erwerben, die *jeder nach seinem Stande zu einem vergnügten Leben nötig hat*" (J. H. G. Justi). Ein „vergnügtes Leben" für alle und für jeden ist das dynamische Ziel der sozialen und wirtschaftlichen Wohlstandspolizei.

Verständlich ist, daß sich dieses Ziel des Landesfürsten alsbald mit dem Streben aller Untertanen verband, so daß jeder in „Glückseligkeit und Wohlstand" und daher in einem „vergnügten Leben" in barocker Lebensweise leben wollte. Auf diese Weise wurden alle der Wirtschaft bislang vorgegebenen Grenzen endgültig gesprengt. Die Wirtschaft setzte alsbald an, alle anderen Lebensbereiche zu überwuchern und alle Lebensvorgänge zu „verwirtschaftlichen". Dieser damals gesetzte Ansatz reicht in der Wirkung bis in die Gegenwart.

Daß die Wirtschaft, die vielfach noch in ständischer Gebundenheit zu wirken gewohnt war, einer neuen Ordnung bedurfte, die all diese neuen dynamischen Kräfte formte und in die richtigen Bahnen lenkte, ist verständlich. Nur eine umfassende und durchgreifende Wohlstandspolizei des Landesfürsten konnte die Lockerung alter Bindungen und das „Aufblühen des Nahrungsstandes" in Beachtung der Proportion der Wirtschaftszweige zuwege bringen. Um dieses große Vorhaben verwirklichen zu können, mußte die landesfürstliche Wohlstandspolizei eine *staatlich organisierte Planwirtschaft* sein.

a) Die Steigerung des Reichtums und die Zunahme der Bevölkerung

Im politischen Kraftfeld bilden die einzelnen Staaten mit ihrer politischen und wirtschaftlichen Macht ein proportionales Spannungsverhältnis. In diesem gibt es immer wieder Verschiebungen zufolge der Machtanreicherung hier und der Machtminderung dort. Erst in immer neuem Ringen kann sich jeweils ein Gleichgewicht der politischen Kräfte einstellen. In diesem Geschiebe der proportionalen Machtverteilung strebten die Landesfürsten die Maximierung ihrer Macht auch durch die Steigerung des Reichtums ihres Landes an. Die „Hauptregel" für die Politik war demnach: „daß jeder Staat seine Macht mit den Kräften der Nachbarn in ein Verhältnis zu setzen versuche" (J. H. G. Justi: Natur u. Wesen d. Staaten, 1760, S. 434). Der Harmonie im Kosmos entspricht das Gleichgewicht der Staaten.

Der Reichtum eines Landes ist als Ursache und ebenso als Ausdruck der politischen Macht „zu einem Relativo“ (Hornigk) oder „zu einem relativen Begriff“ (Justi) gegen die Nachbarstaaten geworden. Ist ein Staat von Ländern umgeben, „so schwächer und ärmer seyn“, dann ist er kraft seines größeren Reichtums der mächtigere Staat und seine Freiheit ist politisch gewährleistet. Ist ein Staat hingegen „von größeren Reichen umgeben“, dann hat er „nicht eine genugsame Stärke“ und seine Freiheit ist bedroht (Ph. W. Hornigk, S. 20 u. J. H. G. Justi: Natur, S. 434). Für die Politik ergab sich daher die *Proportion: Reichtum verhält sich zur Macht wie die Macht zur Sicherheit und Freiheit des Staates.*

Die Souveränität des Staates ist kein für immer gegebener Zustand, sondern es ist vielmehr eine Aufgabe, die Unabhängigkeit des Staates immer wieder von neuem zu bewahren; deshalb ist auch die wirtschaftliche Stützung der Souveränität durch die ökonomische Independenz und die Steigerung des Reichtums des Landes eine für immer gegebene Verpflichtung der Wohlstandspolizei.

Diese hat zu trachten: *alle ökonomischen Potenzen des Landes zu aktuieren.* Deshalb forderte Hornigk in seiner ersten Landsökonomischen Haupt-Regul: „Kein Winkel und kein Erdschollen darf unbesprochen bleiben“ (Cap. 1). Und Justi betonte dies noch einmal: „Je besser die Nutzung der Oberfläche der Erden geschieht, desto mehr muß das Vermögen des Staates zunehmen und der Nahrungsstand wachsen“ (J. H. G. Justi: Grundfeste der Macht und Glückseligkeit der Staaten, § 139).

Die *zweite Stützmauer* für die souveräne Macht und politische Gewalt des Staates ist neben der ökonomischen Independenz und dem steigenden Reichtum die *Zunahme der Bevölkerung,* denn: die innere Stärke des Staates beruht auf der Bevölkerung (Justi) und ihrer Zunahme. „Je volkreicher ein Staat ist, desto mächtiger ist er auch“ (J. J. Becher: Politischer Discurs von den Ursachen des Aufnehmens der Städt, Länder und Republiken“, 1668, Cap. 1). In dieser politischen Erkenntnis war die Bevölkerungspolitik der landesfürstlichen Wohlstandspolizei begründet. „Derohalben ist es leicht zu erachten, daß die *vornehmste Staats-Regul* oder maxima seyn soll: *volkreiche Nahrung*“ (J. J. Becher, Cap. 1). Dieses Prinzip von der „volkreichen Nahrung“ enthält die Wechselwirkung: die größere Bevölkerungszahl bringt mehr Nahrung und die reichliche Nahrung verursacht einen höheren Bevölkerungsstand. „Zur Verstärkung und zum Hervorbringen der rohen Güter und zu deren Verarbeitung sollen dannhero so vil Menschen, wie immer im Lande sich ernähren können, herangezogen werden“ (Hornigk, Cap. 19): „Wenn die Bevölkerung so überaus wichtig für den Staat ist, so verdienet die *Vergrößerung der Bevölkerung ein großes Augenmerk der Regierung*“ (Justi: Grundfeste, Bd. 1, T. 2, Buch7, § 243).

Die bevölkerungspolitischen Maßnahmen können mit einem zahlreichen Instrumentarium durchgeführt werden. So sollen den jungen Leuten „die Mittel erleichtert werden, sich zu verheiraten und einen eigenen Haushalt anfangen zu können“ (§ 256). Den Männern soll deshalb „die Errichtung eines Gewerbes aller Art erleichtert werden“ (§ 249). „Große Sorgfalt“ soll der Staat den Kindern widmen (§ 250). Zur Ausstattung armer Mägde soll vom Staat eine „Societäts-Casse“ geschaffen werden, in die vom 3. Lebensjahr an jährlich ein Thaler eingezahlt und aus der bei Erreichung des 18. Lebensjahres 30 Thaler ausbezahlt werden sollen (§ 261). Familien mit sechs und mehr lebenden Kindern, die ohne Vermögen sind, erhalten als Familienunterstützung ein Gnadengehalt (§ 263). Die Bevölkerungspolitik setzt sich in der Einwander- und Auswanderpolitik fort. „Fremde sollen auf alle Art angereizt werden“ (§ 277). Die Auswanderung von Untertanen bedarf der staatlichen Genehmigung, damit sie „nicht nach eigener Willkür“ geschehe (§ 304, J. H. G. Justi, Die Grundfeste der Macht u. Glückseligkeit der Staaten).

b) Der „Endzweck des Staates“: der Wohlstand und das „vergnügte Leben“

Der „Endzweck des Staates“ enthält als essentiellen Teil das Streben des Fürsten, für das allgemeine Beste zu sorgen. Und dieses ist die Wohlfahrt aller und jeder einzelnen Familie oder „kurz: *die gemeinschaftliche Glückseligkeit des gesamten Staates*“ (J. H. G. Justi: Natur, S. 45). Durch die Wohlfahrt jeder Familie und die Glückseligkeit aller ergibt sich eine dichte Verbundenheit der Untertanen mit dem Landesfürsten: „*die Glückseligkeit aller ist das Fundament des Staates*“ (W. Schröder: Fürstliche Schatz- u. Rentkammer, 1686, zit. nach 1713, S. 83).

Der Fürst kann daher gar nichts anderes wollen als „die Glückseligkeit seines Volkes“. Dies ist „die höchste von allen seinen Pflichten“ (Justi, ebenda, S. 254). Alle Einrichtungen des Staates wie auch alle Gesetze sind nur für die „Wohlfahrt der Untertanen“ geschaffen (Codex Theresianus T. 1, Cap. 1, § 2, 12).

Maria Theresia schrieb in ihren „Instructions-Puncta: erste Denkschrift von 1750“, daß sie bei Erwägungen über das Glück ihrer eigenen Familie und das Glück ihrer Untertanen als Hauptmaxime: „immer das allgemeine Beste der Länder allzeit vorangezogen hätte ... weilen Ich der Länder allgemeine und erste Mutter bin“.

„Die Glückseligkeit der Untertanen ist eine solch gute Einrichtung und Beschaffenheit des Staates, daß jedermann durch seinen Fleiß vermögend sey, sich diejenigen moralischen und zeitlichen Güter zu erwerben, die er *nach seinem Stand zu einem vergnügten Leben nöthig hat*“ (J. H. G. Justi: Staatswirtschaft 1755, Bd. 1, § 32). Demgemäß hat die „Glückseligkeit der Untertanen“ mehrere Erscheinungsweisen in sich: zunächst die Ordnung der Wirtschaft, die jedem die Möglichkeit bietet: sein wirtschaftliches Glück zu suchen, und dann das Einkommen, das nach dem zugehörigen Stande ein vergnügtes Leben ermöglicht. Die Wohlfahrt des einzelnen soll daher nicht nur ein auskömmliches, auch kein nur ein standesgemäßes, sondern vielmehr ein *„vergnügtes Leben"* gewährleisten. Die Wohlfahrt des einzelnen und die Glückseligkeit aller hat daher mehrere Stufen nach aufwärts: die Sicherung der Nahrung oder die „Nahrhaftmachung des Volkes", das standesgemäße Auskommen der einzelnen Gruppen und schließlich das vergnügte Leben des Einzelnen.

Die Glückseligkeit beginnt mit der *Sicherung eines „guten Verdienstes und der Nahrung"* (J. J. Becher: Discurs, Cap. 1). Die landesfürstliche Wohlstandspolizei muß daher mit der „Populierung und Volkreichmachung" die entsprechende Nahrung für das Volk sicherstellen, denn nur ein Volk mit genugsamen Arbeitsplätzen und mit der so ermöglichten auskömmlichen Nahrung kann glücklich leben. Die erste Stufe der Glückseligkeit ist demnach dann gegeben, wenn „Nahrung und Gewerbe blühen und die Lebensmittel im Lande allemal zureichend vorhanden sind" (J. H. G. Justi, Grundfeste, § 314).

Die *zweite Stufe der Glückseligkeit* ist die des *standesgemäßen Unterhaltes.* Obwohl die Wirtschaftsgesinnung schon über das zunftmäßige Prinzip des standesgemäßen Auskommens hinausstrebte und die Sicherungsgarantien schon gelockert und gesprengt waren, blieb doch immer noch soviel vom normierenden Grundsatz des standesgemäßen Unterhaltes bestehen, daß er noch immer leitenden Normcharakter in der wirklichen Wirtschaft hatte. Dieser war um so gewisser existent, weil die Gesellschaftsordnung in der Grundstruktur noch eine ständische blieb.

In der *dritten und letzten Stufe der Glückseligkeit* sollte jeder die Möglichkeit haben: „durch eigenen Fleiß" soviel zu erwerben, daß er je nach seinem Stande „ein vergnügtes Leben" führen könne. Durch diese offene Norm für das Einkommen und das Auskommen war die Wirtschaftsgesinnung für die Renaissance, die Barockzeit und auch noch weit danach gegeben. *Die barocke und aufwendige Lebensweise war mit dem Grundsatz des vergnüglichen Lebens nicht nur gerechtfertigt, sondern sogar als neue Leitnorm empfohlen.*

Dieses Prinzip vom vergnügten Leben wurde von den einzelnen Gesellschaftsgruppen, die sich an die ehemaligen Standesgruppen des Adels, der Bürger und der Bauern „anschmiegten", in verschiedenem Aufwandsausmaß, aber auch in besonderer Aufwandsweise geformt. Alle waren bestrebt, dem vergnügten Leben zu entsprechen. Erst aus diesem Grundsatz heraus ist die gesamte barocke Lebensweise mit der überschäumenden Lebensfreude, mit dem rauschenden Putz und mit dem nach allen Seiten hin wuchernden Aufwand zu verstehen.

Die Lebensfreude zeigte sich in den Kirchen mit den barocken Girlanden, Verzierungen, Putten, Engeln und Heiligen. Beinahe ist man versucht anzunehmen: die Menschen des Barock wollten mit ihrer Lebensfreude den Himmel selbst schon in den Kirchen, Kapellen und Bildstöcken festhalten. Das Gleiche gilt natürlich für die Schlösser der Fürsten und des Adels. Alle Künstler, die nur irgendwie verfügbar waren, wurden für den architektonischen Aufbau und die stukkaturelle und malerische Ausgestaltung der Schlösser und all ihrer Räume und Nebengebäude zum Einsatz gebracht. In all diesen Prunkräumen wurden die kirchlichen und weltlichen Feste mit ebensolchem Prunk gefeiert. Diese Lebensfreude mit einer angeblichen Vorwegnahme himmlicher Freuden erfaßte alle Lebensäußerungen und als sinkendes Kulturgut auch alle Gesellschaftsschichten. *Immer Freude, überall Freude bestätigte das Prinzip vom vergnügten Leben.*

Ergebet euch mit freiem Herzen
Der jugendlichen Fröhlichkeit;
Verschiebet nicht das süße Scherzen,
Ihr Freunde, bis ihr älter seid,
Euch lockt die Regung holder Triebe;
Auf! Ladet hier den Gott der Liebe,
Auf! Ladet hier die Freuden ein!
Friedrich v. Hagedorn (1708 - 1754): Tag der Freude, 1740

Die höfische Gesellschaft des Landesfürsten gab auch die Norm für „Mode" in Prunk und Aufwand. Der Fürst mußte „Staat machen", weil die Repräsentation seine Souveränität widerspiegelte. Majestät und Souveränität fanden ihren äußeren sichtbaren Ausdruck „im Staat" des Fürsten.

Die Begründung hiefür gab der Zeremonienmeister v. Besser in seiner Lobschrift auf August den Starken (1694 - 1733), Kurfürst von Sachsen, wenn er die Anweisung gab: „Wie Gott sich mächtig erweist durch das Weltgebäude, durch die Sonne, Blitz und Donner, so muß der Fürst in allen Äußerlichkeiten strahlen und glänzen."

Mit dem Fürsten repräsentierte der ganze Hof und die Hofgesellschaft. Sie verbanden mit der „Repräsentationspflicht" das „vergnügte Leben". Dieses Leben fand nach der „Zeremonial-Wissenschaft", wie sie Bernhard v. Rohr in seinem Buch „Einleitung zur Zeremonial-Wissenschaft der großen Herren" (Berlin 1729) festhielt, in den verschiedenen Divertissements, seinen Niederschlag. Die Vergnügungsvariationen nahmen hiebei schier kein Ende. Rohr empfahl für das vergnügte Leben an den Höfen folgende Festlichkeiten und Unterhaltungen, eben die Divertissements (Bernhard v. Rohr: Einleitung zur Zeremonialwissenschaft der großen Herren, Berlin 1729, Buch 4): Aufzüge, Tourniere und andere Ritterspiele, Karussels, Ringelrennen und Roßballette, Konzerte, Tänze, Bälle, Ballette, Opern, Komödien, Karneval und Maskeraden, ländliche Feste, Bauernhochzeiten, Schäfereien, Schlittenfahrten, Illuminationen, Feuerwerk, Lustschießen, Lustjagden, Tierkämpfe, Fuchspreller, Fischzüge, Schifffahrten, Winzerfeste und andere bäuerliche, zuweilen durch derbe Scherze gewürzte Lustbarkeiten (Nach: C. Gebauer: Geistige Strömungen und Sittlichkeit im 18. Jahrhundert, Berlin 1931, S. 43).

Die *Angehörigen des Adels* wetteiferten, die Feste und Unterhaltungen, wenn auch in kleinerem Umfang und mit bescheidenerem Aufwand, nachzuahmen, denn damit bestätigten sie ihrerseits wieder, daß sie *in der Gesellschaft „Staat machen"*.

Damit war aber der Stil der Zeit bestimmt. Diesem Zeitgepräge konnten und wollten sich auch die Bürger und Bauern nicht entziehen. Sie lebten das „vergnügte Leben" in ihrer Weise und sie erwiesen dem Lebensstil des Barock durch ihren Aufwand und in ihren Festesweisen die Reverenz.

Ein Beispiel für das *Hochfest eines Bürgers,* nämlich die Hochzeit des Andreas Stainhauser, Salzburgischen Bürgers und Handelsmannes, mit Katherina, Tochter des fürsterzbischöflichen Münz- und Pfennigmeisters Geizkofler am 19. September 1581, möge für das *barocke und vergnügte Leben der Bürger* angeführt sein, wie es der Bruder des Brautvaters Raphael Geizkofler „zu ainer Gedechtnus geschrieben" hat.

Den Kreis der „Hochzeiter" bildeten 99 Personen „sambt noch andern khleinen Medlein und Bueblein".

„Um 3 Uhr Nachmittag ist man mit Sayten-Spil als Geigen, Harpfen, Trumel und Pfeiffen in die hiesige Pfarrkirche gangen, allda das Preyt-Volkh (Brautleute) ehelich zusammengeben worden; volgendts ist man aufs Rathhauß zum Tanz und hernach zum Nachtmahl in des Preytigams Hauß gangen. Auf syben Rundtaffl und anderen Neben-Tisch wurden hierunden beschriebene Speißen gesetzt:

„zum ersten Gang:

1 Pumberantschen Sallat
2 Kelsten oder Köpfl-Sallat
3 Pratten Äll (= Aal)
4 Zeller Krebs
5 Gesotenen Kopaun
6 Groß Pratten Vögel
7 Westfalisch Schweinshamen

zum andern Gang:

8 Lung Pratten
9 Zween Koppaunern gebratten
10 Allerley gebratten Feder-Wildbret
11 Allerley gebrattenes Stiebendt Wilbret
12 Hayßgsotten Höchten
13 Barmb (Barben)
14 Rutten
15 Saibling
16 Forchen (Forellen)
17 Kellkraut (Kohl)
18 Mandl Dortten
19 Geselchte Lax-Forchen

zum dritten Gang:

20 Grundl in Butter
21 Ferchen-Sulzen
22 Dattl-Dortten
23 Eingemachte Hiener
24 Wildpret Pasteten
25 Abgesottne Partlßgadner Saibling
26 Gesulzte Milch

zum vierten Gang:

27 Articockhi
28 Himel-Brot
29 Wißkotten oder hörts Zuckerbrot
30 Windtstrickh, so endtliche Kiechl seind
31 Groß und khlaine Hollehipen
32 Feil Valtten, das seind auch zusammengewickhelte Hollehipen."

„Des andern Tags hat sich das Hochzeit-Volkh in des Preitigams-Hauß versamblet und nach dem musicirten Ambt zum Morgenmal wiederumb ins Preitigambs-Hauß gangen, allda man abermals auf syben runde und andere Tisch gegessen." Es folgen nun wieder vier Gänge mit zusammen 25 Speisen.

„Den dritten Tag hernach hat der Preytigam zum Morgenmal noch zu zween Dischen Volcks gehabt. Denselbigen Abendt hat der Praut-Vater noch in der Münz ain Gasterey gehalten. Damit ist also soliche Hochzeit Gottlob wol und in Frelich und auch Ainigkhait verricht worden. — Gott verleihe inen weiter seinen Segen!" Nach: B. Paumgartner, Salzburg, Residenz-Verlag 1960, S. 335 ff.

Solche „Gastereyen" waren zwar nicht täglich üblich, sie waren aber doch nicht so selten, daß sie nicht das Signum der Zeit für das Bürgertum erkennen ließen.

Die „vergnügte" Lebensweise des Barockzeitalters fand auch bei den *Bauern* ihren Eingang. Ihre Feste gaben der langen Reihe der Arbeitstage jeweils einen Haltepunkt, an dem die Lebensfreude nach den Tagen der Mühe voll zur Geltung kam. Solche Festtage waren die hohen Feiertage des Kirchenjahres und die Feste der Familien, wie im besonderen die Hochzeitsfeste. Ein Hochzeitsfest wurde mit aller Pracht, mit Musik, Tanz und Hochzeitsmahl gefeiert. Eine Hochzeitsfeier in Palfau ist in der „Unger-Theiss-Kollektion des Steirischen Volkskundemuseums", zitiert nach C. Zocher: Du schönes grünes Alpenland, Innsbruck 1898, festgehalten und soll hier die Aussage illustrieren.

„Beginnt man das Hochzeitsmahl, so gibts bei einer reichen Hochzeit in der Palfau eine Anzahl von Speisen, denn der Appetit der Landleute ist ein gewaltiger, und man will bei dieser Gelegenheit stets eine grosse Auswahl von Gerichten und eine gediegene Reihe von Leckerbissen. Die Art der Zubereitung der Hochzeitsspeisen und ihre Schmackhaftigkeit würden manchen Verwöhnten befriedigen.

Zunächst kommt Suppe mit Strudl und Bowesen (Pavesen: nach der Stadt Pavia), darauf Würste mit Sauerkraut und auf diese Rindfleisch mit Semmelkrenn.

Nun folgen Lungerlsuppe, Schmierkrapfen, Schweinsbraten mit Salat, kälbernes Eingemachtes und Lämmernes gebacken.

Dann kommt eine neue Abtheilung, durch Suppe eingeleitet, nämlich: Zungsuppe, Wildpret mit Butterkrapfen, Schober (Guglhupf), Kalbsbraten mit Erdäpfel und Zwetschken, Weinkoch, Zwetschkenpfeffer und Glaskrapfen.

Schließlich werden als letzte Speisen: Schmalzkoch, gesulzte Milch, Biskuitentorten aufgetragen.

Dieses Hochzeitsessen, das 10 - 12 Stunden bis in den andern Tag hinein dauert, wird oft unterbrochen und die Zwischenpausen werden mit Tanz, Gesang, Spass und Unterhaltung ausgefüllt, um dann, wenn man bei dem Herumgetummel wieder Hunger bekommen hat, mit einer neuen Speisenabteilung anzufangen."

Maria Theresia wollte einem solchen Aufwand der Bauern durch ein Luxusverbot Einhalt tun (Februar 1772: Steir. Landesarchiv, Spezialarchiv Haus, Schuber 203, Heft 632).

c) Landesfürstliche Wohlstandspolizei als staatliche Planwirtschaft

Die Wirtschaft eines Landes stellt einen Körper dar (Justi), der aus mehreren Gliedern besteht. Diese Glieder sind: die Landwirtschaft, das Handwerk und der Handel. Jeder dieser Wirtschaftszweige hat seine eigene Aufgabe im Ganzen zu leisten. Die Landwirtschaft und der Bergbau bringen die Rohstoffe, das Handwerk verarbeitet diese Rohstoffe und richtet sie zu Fertigwaren zu. Der Handel vermittelt die Waren von den Erzeugungsstellen an alle Stellen des Verbrauches und sichert so den Absatz für die Erzeuger und die Versorgung für die Verbraucher. „Dieß ist die rechte Gemein (Wirtschaftsgemeinschaft), wenn die Glieder der Gemein ihre Sachen so anstellen, daß einer von den anderen leben, einer von den andern sein Stück Brot verdienen kann, ja: einer dem andern die Nahrung in die Hand reichet" (J. J. Becher, Cap. 1). „Der Zusammenhalt des Nahrungsstandes besteht darin, daß die Städte dem Landmann seine Produkte abnehmen, vollkommene Waren daraus machen und den Landmann und das gesamte Land damit versorgen" (Justi, Grundfeste, § 358). Alle Wirtschaftszweige bedingen sich gegenseitig, keiner kann ohne die anderen seine Aufgabe erfüllen.

Diese gegenseitige Abhängigkeit der Wirtschaftszweige findet in der Struktur der Wirtschaftsgemeinschaft ihren Niederschlag. Die Wirtschaftszweige müssen sich im Rahmen ihrer Wirtschaftsgemeinschaft in einem proportionalen Verhältnis zueinander verhalten. Dieses Größenverhältnis ergibt sich aus der Abhängigkeit der gegenseitigen Belieferungen mit Waren. Die Struktur der Wirtschaftsgemeinschaft ist das proportionale Gefüge der Wirtschaftszweige.

Das gleiche Abhängigkeitsverhältnis besteht zwischen den staatlich organisierten Volkswirtschaften untereinander. Was in einem Lande „im Überfluß vorhanden" ist, wird „den Fremden zugeführt und davor Geld und fremde Waren zurückgebracht, die wiederum durch den Canal der Städte in das gesamte Land und den Nahrungsstand verbreitet werden" (Justi, ebenda § 358).

In diesem Gefüge entwickeln sich nicht alle Wirtschaftszweige im gleichen Ausmaß, weil die einen überwuchern und andere zurückbleiben.

Daher müssen die Wirtschaftszweige immer wieder in die richtige Proportion gelenkt werden. Die über- und unterentwickelten Wirtschaftszweige müssen durch die landesfürstliche Wohlstandspolizei stets in die Proportional-Struktur der Wirtschaftsgemeinschaft von neuem eingefügt werden, *„sie müssen daher von einerlei Hand entworfen, gebildet und bestimmt werden“* (L. B. M. Schmid: Lehre von der Staatswirtschaft, 1780, Bd. 1, S. 9).

Die landesfürstliche Wohlstandspolizei muß die Wirtschaftszweige auf Grund eines Entwicklungsplanes so lenken, daß sie dem von einerlei Hand entworfenen Strukturplan entsprechen. Die Wirtschaftszweige bedürfen einer steten Lenkung und staatlichen Ordnung. Die landesfürstliche Wohlstandspolizei muß durch ihre umfassenden Reglementierungen und durch ihre durchgreifenden Direktiven eine *Wirtschaftspolitik der staatlichen Planwirtschaft* sein.

Von der Urproduktion im Bergbau und in der Landwirtschaft über das Gewerbe, den Handel und den Verkehr bis zum Geld und Kredit muß die landesfürstliche Wohlstandspolizei alle Vorgänge und gegenseitigen Verhältnisse planvoll lenken und ordnen. *Die landesfürstliche Wohlstandspolizei ist eine staatliche Planwirtschaft.*

B. Die landesfürstliche Gesellschaftspolitik

Die vom Landesfürsten gewünschte und angestrebte Gesellschaftsstruktur sollte eine zwei-schichtige sein: der *Fürst* und das Beamtenkorps einerseits und die Vielzahl der gleichen und *gleichgemachten Untertanen* andererseits. Dieser Typus der neuen Gesellschaftsstruktur fand seine Widerspiegelung im Raum der Renaissance- und Barockdome und in den Rokokokirchen mit der großen gewölbten Halle und mit der die Halle weit überhöhenden Kuppel.

Diesem geplanten Gesellschaftsgefüge stand die überbrachte vielgegliederte, vertikal in Schichten geteilte und horizontal in Stände und Gruppen gefügte Gesellschaft gegenüber. Diese vielschichtige Gesellschaft sollte in die fürstlich geplante Gesellschaftsordnung „umgeprägt“ werden. Für die Zurichtung der neuen Gesellschaftsordnung setzte der Fürst auf zwei Ebenen an.

Er baute einerseits durch die Heranbildung und Ausbildung des „Beamtenstandes“ eine funktionell neue Elite mit umfassenden Führungsaufgaben auf. Der Fürst versuchte andererseits die vielschichtige und mannigfach gegliederte Gesellschaft auszugleichen und zu einem Massenbrei einzuebnen, so daß als gesellschaftspolitisches Ziel die zweischichtige Gesellschaft mit dem Fürsten und seinen Beamten oben und mit der Masse der Untertanen *unten als Effekt zum Vorschein kommen konnte.*

Trotz der durch mehrere Jahrhunderte hindurch folgerichtig versuchten neuen Gesellschaftspolitik war es dem Fürsten nicht gelungen, seine Absicht zu verwirklichen. Es gelang nur ein teilweiser Erfolg. Die Elite mit Fürsten und Beamten konnte als Führungsgruppe konstituiert und etabliert werden. Sie hat auch ihre Führungsaufgabe vollends und mit großem Erfolg erfüllt. Nicht hingegen gelang dem Fürsten die beabsichtigte Einebnung der Gesellschaft trotz des Einsatzes eines reichhaltigen gesellschaftspolitischen Manipulations-Instrumentariums.

Schon Ferdinand I. wollte mit seiner Gewerbeordnung (1527) die Zünfte und Zechen auflösen und Karl V. versuchte mit seinem neuen Strafgesetzbuch (1532) alle zwischen der Staatszentrale und den Untertanen eigenständigen und eigenberechtigten „Instanzen" aufzuheben und zu vernichten. Diese Aktionen wurden unter Karl VI. und unter Maria Theresia noch immer fortgesetzt. Es gelang wohl, die Stände in ihrer verfassungsrechtlichen Kompetenz und daher in ihrem Mitbestimmungsrecht immer mehr zu schwächen, wie dies beim ständischen Steuerbewilligungsrecht deutlich wurde. Das Bewilligungsrecht wurde jeweils für eine zehn Jahre laufende Frist eingeschränkt, wodurch es seine politische und rechtliche Bedeutung verlor. Durch die Umwandlung des Heeres wurde der Adel seiner Schutzaufgabe entpflichtet, so daß er ohne wesentliche staatliche Funktionen auch die politische Bedeutung verlor. Der Stand des Adels wurde so seiner staatlichen Aufgabe für die Zentralverwaltung beraubt und war deshalb dem politischen Verfall preisgegeben. Der Adel bewahrte aber noch seine Funktionen nach unten gegen seine Untertanen, indem er diesen gegenüber seine Schutz- und Schirmpflicht bewahrte und sicherte. Er blieb auf diese Weise in seiner politischen, gesellschaftlichen und rechtlichen Funktion und Position: aber nur gegen seine Untertanen.

Ähnlich erging es auch den Zünften und Zechen, die ihre genossenschaftliche Schutzpflicht vorzüglich in der Sicherung des Einkommens ihren Mitgliedern gegenüber meist nicht nur bewahrten, sondern gegen den Druck der fürstlichen Wohlstandspolizei sogar noch verstärkten. Die gesteigerten Aufwandsansprüche der Bürger bedurften noch mehr als bisher des Einkommensschutzes durch die Zunft. So hatten die Zünfte ihre Funktion trotz mehrmaliger Auflösungsversuche und Verbote durchhalten können. Die Zünfte blieben bestehen.

Die Stände und Gruppen verblieben in ihrer vertikalen Stufung und ihrer horizontalen Gliederung. Das Beharrungsvermögen der ständischen Gesellschaft war stärker als die vielen Zersetzungsversuche, ja selbst als die entsprechenden Verbote.

Mit der Glaubensspaltung drohte die Gesellschaft in eine weitere Zersplitterung zu zerfallen. Gegen diese weitere Auflösung der Gesellschaft konnte der Landesfürst durch seine religiöse Reformpolitik erfolgreich aufkommen. Es gelang ihm, seine Untertanen in einer Glaubensgemeinschaft zu einen und in einer einheitlich konfessionellen Gesellschaft zu formieren, zumal es dem Fürsten auch gelang, selbst die Kirche voll in den Dienst des Staates zu stellen, so daß die Priester „Diener des Staates“ wurden.

Der Gesellschaftspolitik des Fürsten gelang es, die neue Elite mit dem Beamtenstande aufzubauen, um so ein politisch durchschlagskräftiges Instrument für die neu zu errichtende landesfürstliche Planwirtschaft zur Verfügung zu haben. Ebenso brachte es der Fürst zuwege, seine Untertanen nach dem Prinzip „Cuius regio eius religio“ zu einer einheitlich ausgerichteten Religionsgesellschaft zu formieren. Es war dem Fürsten aber nicht möglich, die ständische Gesellschaft aus ihrem Gefüge herauszuheben. Die ständische Gesellschaft mit dem Adel und den Bauern und mit den in Zünften und Zechen eingefaßten Bürgern bewahrte bis zum Ausgang des landesfürstlich organisierten Staates ihr Gepräge.

1. Die staatliche Manipulation der Gesellschaft

a) Die versuchte Einebnung der ständischen Gesellschaft

Der Landesfürst hatte als Leitbild der neuen Gesellschaftsordnung eine zweischichtige Gesellschaft mit Beamtenschaft und Untertanen vor Augen. Um dieses Leitbild verwirklichen zu können, mußte er die eigenständigen Zwischenschichten in der Vertikalen einebnen und die eigenberechtigten Gruppen in der Horizontalen vernichten.

Die ständischen Gruppen hatten als Rückgrat ihrer Existenz ihr eigenes Recht mit der eigenen Gerichtsbarkeit. Dieses eigene Recht gab ihnen in den Freiheiten die freie Sphäre, ein eigenständiges Leben und eine selbständig geformte Lebensart zu führen. Das eigene Recht mit den gewährten Freiheiten gab den Ständen die Unabhängigkeit von allen anderen Gewalten und die Selbständigkeit der eigenen Macht, um ihre Angelegenheiten nach eigenem Ermessen zu gestalten.

Wenn der Fürst nun seine neue Gesellschaftsordnung etablieren wollte, mußte er die *Eigenrechte und Privilegien der Stände auflösen* und ein allgemeines gleiches Recht für alle in einer eingeebneten Gesellschaft schaffen.

Trotz vieler Versuche gelang dies aber nur teilweise, weshalb den bestehen gebliebenen ständischen Gruppen sogar „die Schuld“ am unzulänglichen Erfolg der landesfürstlichen Politik zugeschrieben wurde. So

38. Zunftfahne der Hufschmiede zu Fürstenfeld: 1845

39. Herbergszeichen der Zimmerleute zu Graz: 1770

geschah es von Maria Theresia in ihrer „Instructions-Puncta: Erste Denkschrift“. Dort heißt es: „Es ist überhaupt anzumerken, daß die ständische, per abusum eingeschlichene allzugroße Freiheit an dem Verfall meiner Erblande hauptsächlich die Schuld trage“.

Die ständischen Herrschaften und eigenberechtigten Gruppen mußten aus der noch bestehenden Gesellschaftsordnung herausgenommen werden. Folgerichtig forderte daher Karl V. wie auch sein Bruder Ferdinand I. die Aufhebung aller ständischen Obrigkeiten, an deren Stelle nunmehr die staatlichen Verwaltungsinstanzen gesetzt werden sollten. In der „Peinlichen Gerichtsordnung“ vom Jahre 1532 betonte Karl V. im § 218: „Wir wollen eyne jede oberkeyt abschaffen, aufheben, vernichten und abthun, daß sie hinfürther nit geübt, gebraucht und gehalten werden.“ Die Gewerbeordnung Ferdinand I. vom Jahre 1527 ging mit beinahe gleichen Worten diesem Postulat voraus. Dort heißt es: „Wir heben auf und thun ab die Zechen und Zünffte aller und jeglicher Handtwerck, nit allein mit dem namen, sond' auch mit allem iren selbstgemachten Satzungen, Ordnungen und darüber erlangten bestätigung.“ Diese beinahe gleichlautenden Postulate an die neue Gesellschaftspolitik des Landesfürsten zeigten die *Unerbittlichheit des Vorhabens: die ständischen Gemeinschaften aufzulösen.*

So mußten also die ständischen Gewohnheiten und Freiheiten fallen. „Keine Gewohnheit noch Freiheit“ sollte weiterhin „stadthaben“, sie seien „durch unsere Vorfahren oder (selbst) von uns gegeben“ (Vorwort zur Constitutio Criminalis Karl V. von 1532).

Mehr als zwei Jahrhunderte hindurch versuchten die Landesfürsten durch ihre Manipulationen die zweischichtige Gesellschaft zu erreichen. Es gelang aber nicht, denn Maria Theresia stellte beinahe mit denselben Worten die gleichen Forderungen wie ihre Vorfahren. Um den Nachdruck für das Verbot der ständischen Gemeinschaften zu verstärken, wurde der Verbleib „als ein strafbares Beginnen“ angesehen. Im Codex Theresianus wird das Verbot, die ständischen Gewohnheiten gegen das gesetzte Recht des Landesfürsten zu belassen, nochmals deutlich statuiert: „Wir wollen kein wider unsere Gesetze laufenden Gewohnheiten statthaben lassen, sondern alle gänzlich abgestellet und aufgehoben und zu allen Zeiten ernst-gemessen verboten und als strafbares Beginnen angesehen haben“ (Cap. 1, § 3, 40). Zur Verstärkung wurde sogar die Begründung hinzugefügt: die in alten Gewohnheiten konservierten „Privilegien müssen der gemeinsamen Nutzbarkeit jederzeit weichen“.

Mit der Aufhebung der Sonderrechte, Freiheiten und Gewohnheiten hoffte der Landesfürst die ständische Gesellschaft aus den Angeln zu heben und die zweischichtige Gesellschaftsordnung mit Beamtenschaft und Untertanen zu etablieren.

Dies gelang aber nicht.

b) Die Vereinheitlichung des Rechtes: ein Fürst — ein Recht

Während bislang die ständischen Gruppen „im Rahmen ihrer Kompetenzen“ ihr Recht durch die Satzungen teilweise selbst gaben und daher von sich aus eine Fülle verschiedenartiger und daher ungleichförmiger Rechte schufen, hat sich nunmehr der Fürst kraft seiner Souveränität selbst zum alleinigen Gesetzgeber deklariert. Im Entwurf zum allgemeinen bürgerlichen Gesetzbuch von Horten wird diese alleinige Gesetzgebungskraft des Fürsten deutlich herausgestellt: *„Alle Gesetze erhalten ihre Bindungskraft ganz allein von der uns beiwohnenden höchsten Gewalt“* (T. 1, Cap. 1 § 20).

Für die durch die Gesellschaftspolitik des Fürsten erwartete einheitliche und gleichförmig gemachte Untertanenschaft sollte ein ebenso „allgemeines“ und „ganz gleichförmiges Recht“ „ohne Unterschied“ der Schichtenangehörigkeit und der Gruppenzugehörigkeit geschaffen werden. In dieser Absicht ging man in allen Ländern daran: ein allgemeines, für alle und überall geltendes Landrecht zu schaffen. Das auf diese Weise vom Fürsten zu schaffende und geschaffene neue Recht sollte für das ganze Land (daher: Landrecht), für alle Untertanen ohne Unterschied der Standeszugehörigkeit gelten: *es sollte ein allgemeines Landrecht sein.*

Als Grund für diese Gleichrichtung des Rechtes wurde die Gleichheit der Verhältnisse in einer gleichförmig zugerichteten Gesellschaft angegeben. Die Vereinheitlichung des Rechtes erwirkte und verursachte auch eine Vereinheitlichung der Verhältnisse, gegen die sich die unterschiedlichen Stände in der Vielfalt des Rechtes als Hindernis sperrten. Nichts war daher „natürlicher, billiger und ordentlicher“, als daß alle „unter einem nämlichen Landesfürsten ein gleiches Recht“ haben (Maria Theresia, Constitutio criminalis 1769). *„Die Gerechtigkeit soll bei allen Gerichten nach unserem Recht gleichförmig ertheilt werden“* (Horten-Entwurf T. 1, Cap. 1 § 18).

c) Die Einheit im Glauben: ein Gott — ein Fürst — ein Glaube

Die Glaubensspaltung durch Martin Luther brachte eine neue Parteiung und Zerteilung des Volkes zu den schon in Überzahl bestehenden vielen eigenständigen Gemeinschaften und selbständigen Gesellschaften. Da der Landesfürst die alten Gliederungen in einer gleichförmigen Untertanenschaft integrieren wollte, kam ihm die neue Aufspaltung ganz und gar ungelegen. Er mußte daher der drohenden Zersplitterung des Volkes Einhalt gebieten. Deshalb war die *religiöse Angelegenheit* der Reformation und Gegenreformation eine höchst *politische Angelegenheit.* Genau das war es, was dann auch Kaunitz festhielt, wenn er meinte:

„Die Wachsamkeit und Sorgfalt der Souverains für die Religion ist nicht nur eine christliche, sondern eine politische Beschäftigung, womit die Wohlfahrt des Staates auf das engste verknüpft ist", denn „die Einheit in der Religion vereinigt die Kräfte des Staates" (Kaunitz an Maria Theresia: Vorschläge zur Änderung des kirchenpolitischen Systems v. 25. Januar 1768).

Für die Religions- und Konfessionspolitik lag der Augsburgische Reichstagsabschied v. 25. September 1555 vor (Augsburger Religionsfriede), der die Religionspolitik in die Kompetenz der Landesherren verwies. Demgemäß sollte man die „Augsburgische Confession, so sie in Fürstenthümern, Landen und Herrschaften aufgerichtet, bei solcher Religion ruhig und friedlich bleiben lassen" (§ 15). „Dagegen sollen die Stände, so sie der alten Religion anhängig, bey ihrer Religion, Glauben und Ceremonien unbeschwert bleiben und dieselbe friedlich und ruhig gebrauchen" (§ 16). *Dieses Prinzip des „Cuius regio eius religio" gab dem Landesfürsten die Religions- und Kirchenhoheit.*

Auf Grund dieser erließ Ferdinand II. (1619 - 1637) das „Generalmandat und Reformationspatent" vom 1. August 1628. In der Absicht, „daß hinfüro gleichmäßige einigkeit der religion erhalten verbleibe, wollen Wir die überhandgenommene schädliche glaubensuneinigkeit und spaltung remediren". Daher wurde weiterhin verfügt, „daß jedweder sich innerhalb einer jahresfrist mit eyfrigen hertzen zu seinem heyl, nutz und frommen mit Uns und der Römischen Kirche vergleichen soll, inwidrigen keiner im Lande länger wohnen darf und seine güter zu besitzen nit verstattet ist". „Sodann wollen Wir verordnet haben, daß alle wegen ihrer unverhofften halsstörrigkeit iren abzug nemen müssen".

Durch diese zwar sehr schmerzlichen und nur aus den damaligen Verhältnissen verständlichen Maßnahmen wurde in gegenreformatorischer Aktion die Glaubenseinheit wiederhergestellt: *ein Gott — ein Fürst — ein Glaube.*

Da die Kirche mit ihren Gläubigen einen Staat im Staate darstellte, die ein eigenes Recht, eine straff organisierte Verwaltung und sogar ein souveränes Oberhaupt, das noch dazu außer Landes war, hatte, war es verständlich, daß der Fürst diese Sonderheit sistieren und die Gläubigen als seine Untertanen formieren mußte. Daher wurden der Kirche alle Angelegenheiten entzogen, die nicht nach der göttlichen Einsetzung vor das Forum des Sacerdotiums gehörten. „Alles andere unterliegt der höchsten gesetzgebenden und ausführenden Gewalt der weltlichen Herrscher". In gerader Fortsetzung hiezu wurde bestimmt, daß *„die kirchlichen Canones ihre verpflichtende Kraft nur aus der Zustimmung des Fürsten haben"*. Diese Anordnungen wurden zur „absoluten und konstanten Richtschnur" für die „Giunta economiale" in Mailand, als Geheiminstruktion am 2. Juni 1768 in Wien erlassen. So wurde die Kirche vom Landesfürsten „absorbiert“: *die Kirche wurde verstaatlicht.*

Der Fürst machte in seiner Kirchenpolitik auch noch den letzten Schritt, indem er den *Clerus zum Diener des Staates* machte, wie dies Franz Josef v. Heinke in seiner Stellungnahme zum kirchlichen Reformprogramm für Josef II. forderte. Als „Staatsbeamte“ haben die Pfarrer neben der „Seel-Sorge“ und dem „Unterricht in der Religion“ eine Reihe staatlicher Unterrichtsverpflichtungen. „Von Seiten des Gouvernements wäre dafür zu sorgen, daß von gelehrten Männern eine christliche Bauern-Moral nach dem Begriff gemeiner Leute verfasset und darinnen die Schuldigkeit gegen Gott, den Landesfürsten, den Nächsten und sich selbst kurz und deutlich angezeiget, die Liebe des Vaterlandes ausgeprägt und die Gelindigkeit der gegenwärtigen Regierung vorstellig gemacht würden. So würde der „Endzweck“ des Clerus erfüllt und das Volk bekäme „die nöthige Känntniß in der Religion, Moral, Landwirtschaft und den landesfürstlichen Verordnungen nach und nach beygebracht“ (Kaunitz: Über die Verbesserung des systematis in internis v. 1. Mai 1773).

Es ist nur allzu leicht verständlich, daß der Fürst die Orden, die diese und ähnliche „Staatsaufgaben“ nicht leisteten, als unnütz aufhob. So kam die Klosteraufhebung am 12. Jänner 1782 als folgerichtiger Akt der landesfürstlichen Kirchenpolitik. „Es werden von nun an die Ordenshäuser, Klöster, Hospizien, so sie keine Jugend erziehen, keine Schulen halten, nicht Kranke warten, für aufgehoben und dissolirt erkläret“ (Josef II.: Patent über die Klosteraufhebung). Damit waren auch die letzten autonomen kirchlichen Gemeinschaften aufgelöst und alle Bewohner des Staates wurden gleiche und gleichförmig zugerichtete Untertanen. Das Prinzip der landesfürstlichen Religions- und Kirchenpolitik war erfüllt: *ein Gott — ein Fürst — ein Glaube.*

2. Die Überschichtung der ständischen Gesellschaft durch die Beamten

a) Die Beamten: die Diener des Fürsten

Der Fürst brauchte für den neuen Staat, den er baute, neue Organe, die den Willen und die Absicht des Fürsten in allen Bereichen durchführen und durchsetzen sollten. Für die Durchführung des fürstlichen Willens bedurfte es der Regierung, die in näherer Anordnung des Fürsten alle Angelegenheiten lenken, und es bedurfte der Verwaltung, die alle fürstlichen Befehle und Anordnungen der Regierung durchführen und zur Verwirklichung bringen sollte. Für die Durchführung der Aufgabe der Regierung und der Verwaltung war eine Gruppe vonnöten, die wohl in eidlicher Verpflichtung stand, aber keine Lehensrechte aus ihrer Stellung ableiten konnte. *Die Beamten waren Diener des Herrn.*

Für dieses neue Verwaltungskorps der Beamten wurden vom Fürsten Verhaltensnormen erlassen. Solche „Hofstaatsordnungen" und „Instruktionen für die Hofkanzlei" erließen Ferdinand I. und Ferdinand II. Durch diese „Dienstpragmatiken" wurden die Beamten durch besondere, nur ihnen eigene Sonderpflichten von der bisher bestehenden Gesellschaft herausgehoben und mit eigenen Aufgaben der Regierung und Verwaltung betraut. Auf diese Weise setzte der Fürst den *neuen Beamtenstand an die Spitze der Gesellschaft.*

Die Dienstpragmatik Ferdinand II. vom 1. September 1628 befahl den Beamten ein besonderes Verhalten. Sie sollten *„getreu, gehorsamb und gewärtig sein"*. Zur alten Weise der Treue kam, nunmehr stärker betont, die Verhaltensweise des Gehorsams. Kraft dieser konnte sich ein Beamter nie, wie etwa früher ein Lehensträger, der Treuepflicht entziehen. Insoferne war der Beamtenstand in viel dichterer Weise dem souveränen Fürsten als ehemals dem Lehensherrn verbunden. Aus der Pflicht der Treue sollten die Beamten *„alles thun, das ein getreuer diener seinem herrn schuldig und verbunden ist"*. Er mußte den Fürsten *„vor Schaden warnen"*, er mußte daher jeden Schaden abwenden. Der Beamte mußte die *Interessen des Fürsten allseits „fürdern"*. Der Beamte hatte überall und in allen Angelegenheiten dem Fürsten förderlich zu dienen. Aus der Verpflichtung des Gehorsams sollte der Beamte: *„kain vleiss sparen"*, er sollte daher immer „zu Diensten sein".

Der Beamte war ein Repräsentant des Fürsten und mußte sich deshalb *allezeit „redlicher und tapferer ehrbarkeit befleißen"*. Nur so konnte „jeder canzleiverwante" (in der Kanzlei Verwendete) den Fürsten ganz und gar vertreten. *Der Beamte war* in seinem Auftragsbereich und in seinem Amt *der andere Fürst.*

Wohl aus den Verhältnissen der Zeit heraus war es dem Beamten verboten: „kainen anderen fürsten oder herrn mit diensten oder veraidet pflichtig zu sein". Keiner durfte einen Sold von anderen als vom eigenen Fürsten nehmen.

Mit dieser neuen Elite, die sich vielfach aus dem bestehenden alten Adel und aus den neu ausgebildeten Juristen rekrutierte, wollte der Fürst die ständische Gesellschaft überschichten und damit sein gesellschaftspolitisches Konzept von der zweischichtigen Gesellschaft verwirklichen.

b) Die Dienstpragmatik und die Kanzleiordnung für die Beamten

Ferdinand I. mußte mit der Absicht, den neuen Staat aufzubauen, eine *Verwaltungszentrale*, nämlich die Hofkanzlei oder den *„hofstat" errichten.* Dies geschah auch mit der Hofstaatsordnung vom 1. Jänner 1527. Der Hofstaat sollte ausschließlich nur „auf Majestäts bevehl" handeln. Der Hofstaat hatte als leitende Beamte: den Hofmeister, den Canzler, den Hofmarschall, den Hofprovos und den Schatzkanzler. Der *Hofmeister* war die „erste Person“ und mußte „rittermessigen stants“ sein. Er mußte den Fürsten „repräsentieren und vertreten“, er war auch der Chef „für das hofgesint“. Der *Canzler* war der Vorsitzer „im gehaimen rate und im hofrat“, in dem die Räte versammelt waren. Er war der Hof-Kanzlei-Chef und mußte „ernstlich darauf sehen, daß die Canzlei geheim und erbar“ gehalten werde. Der *Hofmarschall* war der Personalchef, der „recht und straf ergehen“ lassen sollte. Der *Hofprovos* sollte dem Hofmarschall zur Seite stehen. Der *Schatzmeister* „sollte ein ordentlich raitung halten“ (Haushaltsrechnung führen), und „ausgaben nicht on' bevehl und quittung“ tätigen.

Von den obersten Beamten und Räten sollten „etlich wenig personen von der Majestät fürgenommen werden“, die dann „teglich zusammenkommen“, um alle „schwer und gehaim sachen“ zu beraten, damit sie allen „geverlichkeiten“ zuvorkommen.

Zur Unterstützung all dieser leitenden Beamten gab es dann noch eine Vielzahl ausführender Organe.

Diese Beamtenschaft hatte die gesamte Regierung des Staates zu führen und die Verwaltung zu leisten, wie auch die Anordnungen durchzusetzen. In dieser umfassenden und durchgreifenden Funktion schob sich die Beamtenschaft als Beamtenstand unschwer über die bestehende Gesellschaft. *Der neu gebildete Beamtenstand sollte als alleinige Elite die noch ständisch gegliederte Gesellschaft zu einer gleichförmigen Untertanenschaft formieren.*

3. Der Fortgang der ständischen Gesellschaft

a) Das Beharrungsvermögen der ständischen Gesellschaft

Die Neuerung in der Weltanschauung brachte die Neugestaltung des Staates und der Wirtschaft, sie vermochte aber in der Neuformierung der Gesellschaft nicht vollends durchzudringen, weil die Beharrungskräfte stärker als die Fortschrittsgewalten waren. Die neue Weltanschauung brachte wohl eine ganz neue Staatsidee in der Staatsraison hervor, sie vermochte aber nicht eine neue Gesellschaftsordnung so klar herauszustellen, daß sie als Leitbild zugkräftig genug für eine allgemeine Umwälzung der Gesellschaftsordnung war. Außerdem konnte die überbrachte, ständische Gesellschaft in das Denkmodell von der Proportionalität der Kräfte ohne jede Schwierigkeit eingefügt werden, weshalb man die Parallelen in der *Proportion der Himmelskräfte* und in der *Proportion der ständischen Gesellschaftsgruppen* unschwer sehen konnte. Dadurch aber vermochte selbst die ständische Gesellschaft in der neuen

Weltanschauung „ihre Unterkunft“ zu finden. Sie galt daher als „legitimiert“, zumindest aber als nicht abbruchreif.

Der *Fürst* stieg zwar aus seiner alten Lehensposition heraus und *wurde souverän*. Er verblieb gesellschaftlich aber in der Gesellschaft des Adels. Er war zwar ganz und gar über seine Gruppe hinausgewachsen, ja: er wurde etwas anderes (Souverän: Lehensträger). Aber kraft seiner Herkunft aus dem Adel war diese Verwandlung für viele gar nicht merkbar. Ob der Fürst der Erste oder der alleinige Herr war, war für die meisten nicht sichtbar. Deshalb vermeinten sie: *es habe sich gesellschaftlich eigentlich nichts verändert und sie verharrten daher in der „alten Ordnung“.*

Der *Adel* fand vielfach neben den neu heranwachsenden Juristen Eingang in die oberste Schichte des Beamtentums. Die adeligen Beamten wurden zwar „Diener des Staates“ und waren nicht mehr kraft Belehnung eigenständige Hoheitsträger, sie hatten aber ähnliche und vielfach sogar gleiche Führungsfunktionen in der neuen Elite, so daß nach außen und nach innen „alles beim Alten“ geblieben zu sein schien. Die Gesellschaftsstruktur schien sich nicht verändert zu haben und der Schein wird immer dann für real genommen, wenn man damit die eigenen Wünsche verbindet.

Der Fürst baute den neuen Staat mit seiner Beamtenverwaltung auf. Dabei gelang es in verhältnismäßig kurzer Zeit, die *„Zentralverwaltung des Staates“* zum funktionsfähigen Abschluß zu bringen. Damit war aber die Erneuerungskraft des Fürsten meist auch schon erschöpft und das Beamtenkorps ausgeschöpft. Es gelang dem Fürsten kaum mehr, die Verwaltung in den Mittelinstanzen und schon gar nicht in den unteren Behörden aufzubauen und einzurichten. Zu mehr als einer „Kontrolle durch Staatskommissäre“ kam es meist nicht. Dadurch aber verblieb die Verwaltung bei den alten „ständsichen Instanzen“, bei den Grundherren für die Bauern und beim Stadtrat für die Bürger. So schien auch in der unteren Verwaltung keine wesentliche Veränderung vor sich gegangen zu sein und das Volk meinte, in der alten Gesellschaftsform weiterzuleben.

Da ferner diese alte Verwaltung mit dem Grundherren und den genossenschaftlichen Geschäftsträgern der Zünfte in der Regel so funktionierte, daß die Untertanen und die minder interessierten Mitglieder der Zünfte meist zufrieden waren, wollte auch niemand eine gesellschaftliche Umwälzung.

Die Bauernkriege hatten zumeist ihre Ursache in einer anderen Sphäre als in der Gesellschaft. Die gelegentlichen Gesellenstreiks waren oft im Wirtschaftlichen aber kaum im Gesellschaftlichen begründet.

Im großen und ganzen waren die „verwalteten Untertanen“ mit ihrer „Herrschaft zufrieden, weshalb der neue Staat nicht unbedingt seine Beamtenverwaltung bis zu den unteren Instanzen vorzutreiben brauchte. Die Beamten-Verwaltung beschränkte sich im wesentlichen auf die staatliche Zentralverwaltung, weshalb die übrige Verwaltung bei den alten „Instanzen der ständischen Gesellschaft“ verblieb.

Durch all diese Beharrungskräfte war der Fortgang der ständischen Gesellschaft gewährleistet. Die Gesellschaft, die der landesfürstlich gebundenen Wirtschaftsordnung vorgegeben war, war eine Gesellschaft mit gemischtem Typus: *der Fürst und seine Beamten bildeten die neue Elite, der Adel, die Bürger und die Bauern verharrten in der alten Form der ständischen Gesellschaft.*

b) Die staatliche Kleiderordnung für die Stände

Diese Gegebenheit der ständischen Gesellschaft nahm selbst der Fürst allmählich hin und schützte sie sogar, indem er die Differenzen in der vertikalen Gesellschaft zu bewahren versuchte. Da die Standesunterschiede auch in der Kleidung zum Ausdruck kamen, wurden vom Landesfürsten immer wieder „Patente über die Kleiderordnung“ erlassen. Diese drangen darauf, daß die Unterschiede der Stände in der Bekleidung gewahrt blieben. So stellte das Patent über die Kleiderordnung vom 27. Mai 1686 von Leopold I. fest, daß die „nidren Standspersonen nach und nach die Ordnung in den Kleidungen überschritten“. Sie hatten sich nämlich aus der Prachtsucht der Zeit mit den Kleidern der höheren Stände bekleidet. Dadurch trieben sie einen ihnen nicht zustehenden Luxus, sie zerstörten auch die gesellschaftliche Ordnung der vertikalen Unterschiede. Aber auch, so fährt Leopold in der Präambel seiner Kleiderordnung fort, „die höheren Standespersonen haben mehrere Freyheiten gebraucht und auf diese Weise ist „eine Unordnung“ entstanden. Diese zu beheben, „haben Wir eine hohe Nothdurfft zu seyn erachtet, das Patent zu verfassen“. Solche Kleiderordnungen wurden immer wieder von neuem gegeben. Durch diese Kleiderordnung sieht man, daß sich der *Landesherr verhalten fühlte: die ständische Gesellschaft zu schützen.*

Für die Kleidung wurden drei Stände, die „Classen“ genannt wurden, angeführt:

„In die *erste Classe* gehören Unsere zwei oberen politischen Ständ, der Herren- und Ritterstand wie auch Unsere wirklich dienenden Räthe;

In die *andere Classe* gehören die ordinari novilierten, (seit 1687 auch) die doctores der Rechte und Arzney;

In die *dritte Classe* gehören die Bürger.“

Die Bauern sind in dieser Klasseneinteilung nicht genannt, weil wahrscheinlich bei ihnen die Übertretung der Kleiderordnung weniger in Übung war.

„Also statuieren Wir *zur Haltung der Unterschiede:*

daß in der *ersten Ordnung* allein der Flügel-Ermel, der reiche Zug, der silber und guldene wie auch seidene und weiße Spitzen und Borten im höheren Werth zu gebrauchen befugt sein sollen;
die in der *anderen Classe* sollen nur Zeuge, Spitz und Borten des mindisten Werthes wie auch der schlechteren Tücher gebrauchen;
die in der *dritten Class* aber haben sich der seidenen Zeuge, Spitzen, Borten und anderer Mobilien von Seide zu enthalten."

Wenn auch die Bewahrung der ständisch differenzierten Kleiderordnung nur der Schutz einer Äußerlichkeit war, so waren dadurch doch die *Unterschiede in der vertikalen Gesellschaftsordnung vom Landesfürsten nicht nur erkannt, sondern auch unter Schutz gestellt.*

C. Die landesfürstliche Wohlstandspolizei: die staatliche Wirtschaftspolitik

Die landesfürstliche Wohlstandspolizei strebte als Teil der allgemeinen Politik die *Steigerung der Macht* des Staates und des Fürsten an. Sie war als Wirtschaftspolitik nur die andere Seite der allgemeinen Politik. Aus dem obersten Ziel des souveränen Staates: die Macht zu steigern, ergab sich eine Reihe von wirtschaftspolitischen Zielen, die in folgerichtiger Verbundenheit ein Ganzes ergaben.

Die Steigerung der Macht bedurfte einer materiellen Grundlage durch die *Vermehrung des Volksreichtums,* denn nur über einen erhöhten Reichtum konnten dem Staat die erforderlichen Instrumente für die Machtsteigerung bereitgestellt werden. Ob diese Instrumente dem Ausbau der Verwaltung oder der Ausrüstung des Heeres oder auch der Steigerung der fürstlichen Repräsentationspracht dienten, war ohne Belang. Die Reichtumsvermehrung hatte aber nur dann Dauer und daher eine politische Bedeutung, wenn sie *aus autarker Kraft des Landes* und aus wirtschaftlicher Selbständigkeit der organisierten Volkswirtschaft erfolgte, denn nur diese garantierte die *politische Unabhängigkeit.* „Besteht nämlich die Macht des Landes in allen zu seiner Subsistenz erforderlichen und bequemen Dingen" — „ohne Dependenz von anderen", „dann ist der eigenständige Reichtum die echte Grundlage der politischen Macht" (Ph. W. Hornigk: Österreich über alles, 1684).

Um die ökonomische Autarkie zu erlangen, mußte die landesfürstliche Wohlstandspolizei *alle ökonomischen Potenzen aktuieren.* Demnach mußten alle Landstriche bebaut und alle Mineralschätze dem Boden abgerungen werden. „Es darf kein Erdschollen unbesprochen bleiben" (Hornigk). Es mußten aber auch alle Arbeitskräfte zum Einsatz beordert werden. Damit dies geschehen konnte, mußten für alle Arbeitsfähigen Arbeitsplätze beschafft werden. So wurde das gesamte Volk „nahrhaft gemacht". Die Arbeitsbeschaffung brachte eine größere Leistungsfähigkeit und daher für alle einen höheren Wohlstand. Dieser sicherte allen die „Glückseligkeit" und ein „vergnügtes Leben". Damit waren die Ziele der landesfürstlichen Wohlstandspolizei erreicht und die staatliche Wirtschaftspolitik hatte ihre Aufgabe erfüllt.

Dieses System der Ziele versuchte die landesfürstliche Wohlstandspolizei durch eine umfangreiche und in allen Sparten nachdrücklich wirkende Wirtschaftspolitik zu erreichen.

Die *Berg- und Hüttenpolizei* suchte auf Grund des „landesfürstlichen Bergregals" in den Berg- und Hüttenordnungen (Ferdinand I.: Berg- und Radwerksordnung 1553, Erzherzog Karl: Ordnung über das Eisenbergwerk zu Hüttenberg 1567, Ferdinand II.: Eisensatzordnung 1618 u. ö., Maria Theresia: Berg- und Radwerksordnung 1759) so viel Einfluß auf den Abbau der Erze und auf die Verhüttung dieser mit der Verarbeitung zu „Fertigzeug" zu gewinnen, daß ein Optimum an wirtschaftlichem Ergebnis aus diesem Erzeugungszweig für das gemeinsame Beste zur Verfügung stand. Da die Ergebnisse zufolge der gelegentlichen „Unwürde am Berg" oder zufolge immer noch nachwirkender „zünftlerischer Haltung" der drei Glieder der Eisen- und Stahlerzeugung: der Radmeister, der Hammermeister und der Verleger nicht immer den Erwartungen des Landesfürsten entsprachen, entschloß sich dieser zur *„Verstaatlichung der drei Eisenglieder"* an der Nordflanke des steirischen Erzberges und gründete im Jahre 1625 die staatliche *„Innerberger Hauptgewerkschaft"* durch die „Haupt-Capitulation über das Haubt-Eisen-Gewerkschafft und Compagniewösen" von 1625, die neben den noch privaten Unternehmungen die Eisen- und Stahlwirtschaft führte. Diese Verstaatlichung mußte sich bewährt haben, weil sich dieser staatliche „Konzern" bis zur Gründung der „Österreichischen Alpine-Montangesellschaft" gehalten hatte. Daß sich der Fürst auch die Marktverhältnisse für Erz, Stahl und Kohl durch Erlaß von Marktordnungen und Preissatzungen angelegen sein ließ, versteht sich (Ferdinand II.: Eisensatzordnung 1618 u. ö.).

Sowohl für den Bergbau und die Verhüttung als auch für Bau- und Brennholz war die Sicherung des Holzes durch eine *Forstpolizei* vonnöten, die als oberstes Prinzip: Wald muß Wald bleiben, festhielt. Dem entsprechend mußten die landesfürstlichen Waldordnungen (z. B. Karl VI.. Wald-Patent 1722, Maria Theresia: Waldordnung 1767 u. ö.) erlassen werden, die die Schlägerei und die Wiederaufforstung regelten. Da wegen der gewinnreichen Verwertung der Holzkohle bei den Eisengewerken der „Hang" zur Überschlägerung immer wieder gegeben war, mußten die Waldordnungen meist in dichter Folge erlassen werden.

Die *Agrarpolitik* des Landesfürsten wollte eine Intensivierung der Bodennutzung und der Viehzucht erreichen. Die landesfürstliche *Bauernpolitik* wollte die überbrachten Bindungen zwischen den Grundherren und den Grundholden neu ordnen und soweit lockern, daß die Bauern mehr Interesse an der Bodennutzung an den Tag legen sollten. Die Agrarordnung im „Tractatus de iuribus incorporalibus" von Leopold I. (1679) fing damit an; das Robotpatent von Maria Theresia (1775) mit der gebotenen Möglichkeit der Überprüfung der Robot- und Abgabenpflichten durch staatliche Instanzen setzte diese Intentionen fort und das Untertanenpatent von Josef II. (1782) beendete die persönliche Abhängigkeit der Grundholden durch die Befreiung von der Schollenpflicht und durch die Erlassung der Freizügigkeit für die Bauern und ihre Kinder.

Ein integrierter Teil der Agrarpolitik war die *Politik der Nahrungssicherung* durch die Agrarmarktordnungen (etwa 1748: Eisen- und Proviantgenerale von Maria Theresia). Diese wurden durch die *Festlegung von Widmungsbezirken* vollzogen. Den dicht besiedelten Gebieten wurde ein ringförmiges landwirtschaftliches Gebiet zugeordnet, das die Lebensmittel für die geschützten Orte und Gebiete aufbringen sollte. Die Ausfuhr von Lebensmitteln aus den Widmungsgebieten war verboten. (Eine ähnliche Regelung besteht heute für die Milch-Aufbringungsgebiete und die Milch-Versorgungsgebiete.) Wegen der Unzukömmlichkeiten auf den Agrarmärkten durch den „Fürkauf" (Einkauf bei den anliefernden Bauern und dann monopolistisches Angebot am Wochenmarkt in der Stadt) wurden von 1540 bis 1665 nicht weniger als 34 Verbote des Fürkaufes erlassen. In der Folge folgten ebenso dicht weitere Verbote des Fürkaufes.

Die landesfürstliche *Gewerbepolizei* mußte zunächst, wie es Ferdinand I. in der Ersten österreichischen Gewerbeordnung von 1527 auch machte, den Zünften die Gewerbehoheit vindizieren, dann erst konnte die staatliche Gewerbepolizei die entsprechenden lenkenden und dirigierenden Maßnahmen erlassen. Der Fürst wollte dadurch die Handwerker aus der Gesinnung der Bedarfsdeckung und aus der Ordnung der Beharrung herausholen und einer dynamischen Entwicklung zuführen. Das Recht der Zulassung zu einem Gewerbe wurde nach dem „Handwerks-Generale" von Karl VI. (1732) ausschließlich der staatlichen Behörde vorbehalten. Diese hatte auch durch ihre Kommissäre die Versammlungen der Zünfte einzuberufen, zu beaufsichtigen und zu lenken. Das Hofkammerdekret von Franz I. (1834) stellte diese Rechtslage gegen den inzwischen schon wieder erfolgten gegenläufigen Usus der Zünfte neuerdings her. Das Eigenleben der Zünfte war nämlich noch immer stärker als die staatliche Verwaltung in den unteren Instanzen.

Was dem Landesfürsten im Bereich des Handwerks, wenn man von den Ausnahmen der Freimeister absieht, kaum gelang, brachte er im neuen Bereich der *Manufakturpolizei* zuwege. Er vergab die Manufaktur-Privilegien, damit die „Manufaktur-Fabrikanten“ mit Initiative und Risikoneigung unter staatlichem Schutz mit neuen Erzeugungsverfahren in den neuen konzentrierten Großbetrieben Neues „unternehmen“ konnten. Der Fürst gründete aber auch selbst staatliche Manufakturen, die dem Staat größere Einnahmen ohne die Bewilligung der Stände und dem Volk neue, zusätzliche Arbeitsplätze und daher auch eine neue „Nahrung“ bringen sollten.

Die landesfürstliche *Verkehrspolizei* wollte die „räumlichen Glieder“ der Volkswirtschaft durch eine Verdichtung des Verkehrs näher aneinanderrücken und so ergiebiger machen. Rudolf II. erließ in dieser Arbeit das „General-Mandat der Wege“ (1594) und befahl den Mautberechtigten, den Städten und den Ortsobrigkeiten (den Grundherren), die Landstraßen „brauchsamb und tauchlich“ zu machen. Für die Sicherheit auf den Straßen sorgte schon Ferdinand I. durch sein „General-Straßen-Mandat“ von 1559. Ebenso ließ Ferdinand I. die Donau für die Schiffahrt regulieren (1540). Die Häfen Fiume und Triest baute Karl VI. zu Freihäfen aus (1725). Leopold I. ließ durch seine Postordnung von 1695 das Nachrichtennetz verdichten.

Der Landesfürst regelte durch seine *Handelspolizei* den Binnenhandel und den Außenhandel. Maria Theresia ließ durch ihre Zollordnung für alle Erbländer die „Zölle und Aufschläge gänzlich aufheben“, so daß es nunmehr ein einheitliches Zoll- und Marktgebiet gab.

Die *Außenhandelspolitik* wurde den kameralistischen Maximen entsprechend so gelenkt, daß wegen der vorteilhaften Wirkung für die Beschäftigung des Landes vorzüglich heimische Fertigwaren gegen fremde Rohstoffe geliefert und wegen der nachteiligen Effekte fremde Fertigwaren gegen heimisches Geld oder gegen heimische Rohstoffe kaum getauscht werden sollten. Es wurden hiebei die Fruchtbarkeitsbilanz und nicht nur die Geld-Waren-Transaktionen im Außenhandel, sondern die Beschäftigungswirkungen der Einfuhr und Ausfuhr beachtet. Wenn etwa Österreich mehr Arbeit nach Portugal exportiert, dann ist die Handelsbilanz auch dann noch für Österreich günstiger, wenn Portugal nur „die numerische Bilanz“ des höheren Geldzuganges für sich zu buchen hat.

Die *Binnenhandelspolitik* betätigte sich als *Marktpolizei* und richtete sich zugunsten der Verbraucher gegen die Ausbeutung durch Monopole und zugunsten der Erzeuger gegen den unlauteren Wettbewerb durch

Polypole. Hiezu gab J. J. Becher die theoretischen Grundlagen und die wirtschaftspolitischen Anweisungen.

Die landesfürstliche *Geldpolitik* richtete sich durch die Münz-Satzordnung Leopold I. von 1609 auf eine Kursfestlegung zwischen den heimischen und den fremden Münzen und dann unter Josef I. durch das Patent über die Wiener Stadt-Bank auf die Banknotenausgabe, die Maria Theresia im Jahre 1762 durch das Patent über die Bankozettel-Ausgabe endgültig ordnete. Leider folgten immer wieder inflatorische Zugriffe durch den Staat, weshalb es immer wieder zu neuen Ordnungen durch die Abstempelung der Banknoten kommen mußte. Dadurch wurde der Übergang zur neuen Geld- und Währungsordnung endgültig vollzogen.

Der Landesfürst führte seine Wohlstandspolizei auch als *Sozialpolitik,* wodurch sie ihren letzten Sinn als Wohlstandspolizei erst erfüllte. Auf diese Weise wurde eine Reihe sozialpolitischer Regelungen zugunsten der Sozial-Schwachen erlassen.

Für die *Dienstboten in der Stadt* erließ Leopold I. im Jahre 1688 eine Dienstbotenordnung, in der verfügt wurde, daß sich alle Dienst-Suchenden beim „eingeschworenen Zubringer“ (städtische Arbeitsvermittlung) melden mußten. Der wies sie in die neuen Dienststellen ein. Besonderer Wert wurde hiebei darauf gelegt, daß sich die Dienstboten „nur nach ordentlichem Abschied“ und nach der Eintragung ihrer Dienstzeit in das Dienstbüchel an einem neuen Dienstplatz melden durften. Für arbeitsrechtliche Streitigkeiten wurde ein Dienstboten-Gericht errichtet, vor dem die Dienstboten und die Dienstgeber „ihre Klagen anbringen“ konnten. Die Dienstpflicht sollte jeweils mindestens ein Jahr dauern. Vor Ablauf dieser Frist durfte kein Dienstbote seinen Dienstplatz verlassen. Für die *Dienstboten am Lande* wurde von Maria Theresia im Jahre 1756 eine entsprechende Dienstbotenordnung erlassen.

In beiden Ordnungen wurden Verfügungen über Löhne und Arbeitsverrichtungen wie auch über die Verhaltensweisen der Dienstboten und über die Versorgungspflichten der „Herrenleute“ getroffen.

Die Sozialpolitik richtete sich auch auf die in Entstehung begriffene *Beamtenschaft der Gutsverwalter und Rechnungsführer.* Sie hatten die anvertraute Führungsarbeit „mit erforderlichem Fleiß“ zu leisten und über alle Vorgänge im Betrieb genaue Rechnung zu legen. Die ihnen „Untergebenen“ hatten sie „zu schützen und zu vertreten“ (Codex Theresianus, Cap. VII, § 3).

Für alle in Dienst stehenden Personen galt: daß sie „in Gehorsam, Fleiß, Treue und ehrbarem Wandel“ ihre Verpflichtungen erfüllen müssen. Sie hatten daher den „Nutzen des Herrn zu fördern“ und „jeden Schaden von ihm abzuwenden“ (Cap. VII, § 1, 8 u. 12).

„Dagegen ist aber auch der Herr verbunden, denen Dienstleuten alles zu reichen, was sie denen bedungen haben“. „Er kann einen Dienstbot vor Ausgang der vereinbarten Zeit ohne erhebliche Ursach wider dessen Willen nicht entlassen“ (Cap. VII, § 2, 20). „Der Herr hat in Krankheitsfällen für die Wiedergenesung der Diener zu sorgen“ (Cap. VII, § 2, 28).

Die letzte sozialpolitische Verfügung der landesfürstlichen Wohlstandspolizei war das Hofkanzleidekret vom Jahre 1842 über den Kinderschutz. Allgemein wurde verfügt, daß Kinder erst nach vollendetem 12. Lebensjahr, wenn sie schon 3 Jahre Schulunterricht genossen haben, zu arbeiten verpflichtet werden konnten. Nachtarbeit war für Kinder untersagt. Hier zeigten sich schon deutlich Verfügungen gegen „frühkapitalistische Erscheinungen“.

Von nun an kam keine sozialpolitische und sozialrechtliche Anweisung vom Landesfürsten, weil man nach seinem Abgang in der Ordnung der freien Marktwirtschaft alle sozialen und wirtschaftlichen Regelungen „dem freien Spiel der Kräfte“ überließ und daher solche Anordnungen des Staates für überflüssig hielt. Erst mit beginnendem sozialpolitischen Interventionismus des Staates in den Achtzigerjahren des 19. Jahrhunderts kamen Gesetze und Erlässe sozialpolitischen Inhalts wieder zur Geltung.

1. Die Berg- und Hüttenpolizei

a) Die landesfürstliche Berghoheit

Der geniale Baumeister des neuen Staates Österreich, Ferdinand I., wußte, daß er seine landesfürstliche Berg- und Hüttenpolizei in einem Rechtstitel verankern und so legitimieren mußte. Dieser Titel war das staatliche *Bergregal*. Auf dieser Grundlage war es ihm möglich, eine umfassende *„Pergk-Ordnung“* „zu nutz und fürderung zu verfassen und ausgeben zu lassen“ (Vorwort zur Ersten Österreichischen Bergordnung vom 1. Jänner 1553).

aa) Das Bergregal

Durch das *Bergregal* ergießt sich gleichsam die landesfürstliche Hoheit auf alle Bodenschätze und auf alles für den Abbau und die Verhüttung dieser erforderliche Zubehör. Demgemäß stehen „Uns als regierendem Herrn und Landesfürsten alle Bergwerck und Fünd, wo sie allenthalben seyen oder künftig gefunden, sambt allen anderen Hoheiten“ zu. All diese „wollen wir Uns hiemit gäntzlich vorbehalten“, „niemand unterstehe sich, dieselben Bergwerke aus eigener Gewalt ohne

Unsere Erlaubnus auffzuschlagen, zu bauen und zu arbeiten" (art. 1: Bergordnung 1553).

In der zweiten Bergordnung vom 20. Oktober 1625, erlassen von Ferdinand II., wurde das „Zubehör" zum Bergwerk schon sehr genau detailliert umschrieben. Zum „Pergwerck und Fund" wurden alle anderen Hoheiten gerechnet: wie „Wasser, Flüsse, Hoch- und Schwarzwälder, Wegförten und andere Zubehörungen, ohne welches die Bergwerck nit nützlich gebaut und erhalten werden" können (Teil 1, art. 1: Bergordnung 1625).

Die Folge dieser landesfürstlichen Hoheits-„Aneignung" war die Ausschließung aller anderen von der Bergschatznutzung „ohne Unsere Erlaubnis und Bewilligung" (art. 1, BO 1553). Es war aber auch allen „geistlichen und weltlichen Landtsassen Städte und Unterthanen" geboten: „allen landesfürstlichen Bergordnungen die schuldigkeit zu bezaigen" und dem Bergwerksbetrieb „kainerley verhinderung zu thun" und zwar in den zu den Bergwerken gehörigen „Wäldern, Wasserflüssen, Weg und Stögen" (Teil 4, art. 1, BO 1625).

Das Bergregal gibt dem Landesfürsten das Recht, über alle gegenwärtigen und kommenden Bergwerke mit alle ihren „Zugehörungen" von sich allein aus zu verfügen und daher andere nur mit besonderer Erlaubnis zur Nutzung zuzulassen. Zum Bergrecht gehörte daher auch das Verfügungsrecht für alle Maßnahmen der landesfürstlichen Bergpolizei.

bb) Die vorbehaltenen Mineralien

Der Berghoheit unterstanden insbesondere die *„vorbehaltenen Mineralien"*. Es wurde daher verfügt: „Wir behalten Uns alle Saltz, Eysen, Quecksilber und Alaun-Bergwerk vor" (art. 7, BO 1553). Das Nutzungsrecht dieser Bodenschätze „soll *allein durch uns selbst verlyhen* werden" (art. 7).

cc) Die Bergbehörden und die Berginspektion

Die landesfürstliche Berghoheit bedurfte als einer überall gegenwärtigen Macht eigener Durchführungsorgane: der *landesfürstlichen Bergbehörden*. Sie sollten die Montanwirtschaft „zu ersprießlicher Furderung" führen, die erlassenen Bergordnungen zum wirklichen Vollzug kommen lassen und „allen Gewerkhen gebührlichen schutz, fried und recht" zukommen lassen (art. 7, BO 1553). Die Bergbehörden waren die fördernden und schützenden Organe der Berghoheit, die den Bergbau „in Flor" bringen und die Nutzungen jeweils schützen sollten.

Als Bergbehörden wurden eingerichtet: der „Oberste Bergkmaister“ als Zentralbehörde, die „Bergkrichter“ als Behörden in unterer Instanz mit den zugehörigen Vollzugsbeamten: Berggeschworenen, Frönern, Schirmern und anderen Ambtsleuth“ (art. 7).

Damit die Anordnungen der Bergordnungen wie auch die Anweisungen der Bergbehörden ihre nachdrückliche Wirkung hatten, wurde eine staatliche *Bergwerksinspektion* zur Überwachung und Kontrolle eingesetzt. Diese Inspektion achtete darauf, daß man „guet schaidwerch mach“ (art. 82, BO 1553). Es sollte demgemäß das Erz mit möglichst wenig taubem Material verunreinigt zur Verhüttung kommen. Die Berginspektion sollte bei ihren Kontrollgängen in den Bergwerken feststellen: „was zu schaden und nachtheil“ gereiche, „sie stelle auch gleich all diese Unzukömmlichkeiten“ ab (art. 81, BO 1553). Ferner sollte die Berginspektion darauf achten, daß alle in den Bergordnungen gegebenen Verfügungen und sonst ergangenen Erlässe genau beachtet werden.

Der Bergrichter als zuständige Behörde der Berginspektion sollte mit den „anderen Ambtsleut“ mit Fleiß und genauer Beobachtung die Kontrolle „alle Quatember“ einmal am Berg und in der Hütte durchführen (alle Vierteljahre). Wenn es erforderlich zu sein schien, sollte der Bergrichter so „offt als nöthig einfahren“ und die Inspektion durchführen (art. 42). Der Bergrichter sollte als Berginspektor auch die „macht haben“, alle Irrungen und andere Unzulänglichkeiten „bey Gebäuden und Gruben“ sofort abzustellen (art. 41 BO 1553). Erst die Berginspektion sicherte der landesfürstlichen Bergpolizei die nachdrückliche Durchführung.

b) Die Bergordnung

aa) Das Bergnutzungsrecht und der Bergzehent

Da das Bergregal dem Staat die Berghoheit sicherte, konnte nur mit Bewilligung des Fürsten der Abbau und die Nutzung der Bergschätze und der Betrieb aller „anhangenden stückhen“ wie „Wasserflüsse, Hüttschläge, Kolplätze, Wälder und Rechen“ erfolgen. Im Auftrage des Fürsten verlieh der Bergrichter das *Bergwerkseigentum* (art. 9, BO 1553). Wenn nicht besondere „Freyhaiten“ von ehedem gegeben waren, stand dem Landesfürsten der *„zehendt centis“* oder „wo man das Ärzt nach Kübl abthailt der *zehendt kübl* zu fron zu“ (art. 87). Die Teilung durfte nur an bestimmten Tagen erfolgen, „damit der Bergrichter dabey seyn“ konnte (art. 87, BO 1553). Dem vom Bergrichter im Namen des Landesfürsten verliehenen Bergnutzungsrecht entsprach der hiefür abzugebende „zehendt centis“, also der zehnte Teil des zu verarbeitenden Erzes.

40. Festzug der Bäcker zu Graz mit Umtrunkbecher und mit Zunfttruhe: 1733

41. Alte Lodenwalke in der Ramsau bei Schladming um 1500

bb) Der Erwerb des Bergnutzungsrechtes und das Bergbuch

Das Bergnutzungsrecht konnte in zwei Arten vergeben werden: als *Schurfrecht* oder als *Abbaurecht.* Wenn jemand in einem Gebiet nach Bodenschätzen schürfen wollte, mußte er mit genauen Angaben des Ortes und aller etwaigen „Anrainer" beim Bergrichter um die Erlaubnis einkommen (art. 3). Ein Neuschurf „im hohen Gepyrge" wurde als „vierzehntag freyrecht", ein solcher „in niedern Gebyrgen" nur „auf drey Tag freyrecht" gegeben. Wenn das Recht nicht genutzt wurde, konnte es der Bergrichter wieder frei „verleyhen" (art. 23).

Wurde das Bergnutzungsrecht für Böden mit „eingezeunten Gründten, Äcker und Wiesen" verliehen, dann mußte der Bergrichter von der Verleihung die Abgeltung der Schäden regeln (art. 21).

Alle Rechte, die der Bergrichter verlieh, sollten „von stund an in das *Verfach-Buech"* (Bergbuch) eingetragen werden (art. 13, BO 1553).

c) Die Arbeits- und Feiertagsordnung am Berg

aa) Die Arbeits- und Schichtordnung

α) Der Dienstantritt und der Bergmannseid

Die Knappen und Arbeiter durften nur „mit Willen und Wissen des Bergrichters in Dienst genommen" werden (art. 70). Jeder mußte vor der Aufnahme seinen „Paßport" *(Arbeitspaß)* vorweisen, woraus ersichtlich war, daß er in Ordnung von seinem früheren Posten abgegangen war. Wenn ein neu angekommener Bergmann ein Wohnhaus bauen wollte, sollte ihm vom Bergrichter „ein Ort für die Hofstett auf der Gemain aufgezeigt werden" (art. 4). Zur Hofstett gehörte auch ein nutzbares Grundstück, so daß der Bergmann auch eine bescheidene Selbstversorgungswirtschaft führen konnte. Für das Haus und die Wirtschaft „soll ein zimblicher Zins gegeben werden" (art. 4). Mit dieser Naturalausstattung war die Versorgung eines Bergmannes einigermaßen gesichert.

Wenn der „Berggesell" zur Arbeit zugelassen wurde, dann mußte er vor dem Bergrichter „den Eyd thun" (art. 71). Der Wortlaut des Eides war im Artikel 207 festgehalten:

> „Ihr werdet geloben und schweren: dem durchlauchtigsten Fürsten und eurem fürgesetzten Bergrichter jederzeit getreu gehorsam gegenwärtig seyn, der Gewerkhen nutz im Bergkwerch allenthalben zu beachten, frumen zu fördern und schaden zu wenden; eure Arbeit trewlich zu warten und allweg der Bergordnung gehorsamb gelegen und von diesem Bergkwerch nit ohne den Paßport abzuscheiden".

Bei dem Eintritt in die Arbeit mußte der neue Bergmann „1 fl. 30 Kr. in die *Knappen-Bruder-Laden* erlegen" (art. 31: Berg- und Radwerksordnung von Maria Theresia vom 24. April 1759).

In dieser Ordnung wurde auch dagegen Stellung genommen, daß die Knappen zu Hüttenberg sich soweit „vermessen" haben: den Gewerken vorzuschreiben, „ob dieser oder jener Junge oder Bergarbeiter aufgenommen werden soll". Gegen einen solchen „Betriebsterror" „befehlen wir ernstlich, daß jeder Gewerck so viel fremde oder einheimische Knappen oder Lehrlinge aufnehmen oder ablegen kann, als ihm gelüst" (art 81, BO 1759).

β) Die Schicht- und Lohnordnung

In der Woche wurden *„fünf und eine halbe schicht"* und *„acht gantze stund* für ein schicht gearbeitet, wie es von alter herkommen ist". Die Bergmänner hatten „frue umb siben stund bey der grueben zu seyn" und vier Stunden vormittag und vier Stunden danach zu arbeiten (art. 84, BO 1553).

In der Theresianischen Bergordnung (art. 31, 1759) wurde den Knappen erlaubt, „alltäglich länger in der Bergarbeit zu verbleiben und einen Überlohn zu verdienen". Niemand sollte sich „unterstehen, ein Hindernus zu machen". Für solche Überstunden mußte allerdings der Bergrichter sein Einverständnis geben (art. 35, BO 1759).

Jedem Bergmann sollte der „ziembliche Lohn gerait und gegeben werden" (art 84, BO 1553). Im Jahr sollte siebenmal abgerechnet werden und zwar: „zu Faßnacht, Ostern, Pfingsten, Jacobi, Michaeli, Martini und Weynachten". Die Abrechnung erfolgte durch den Hutmann vor dem Bergrichter im Beisein der Gewerken und des Verwesers. Vierzehn Tage nach der Abrechnung sollte der Lohn „in barem Geldt bezahlet werden" (art. 95, BO 1553). Für jede „nicht getreulich verrichtete Schicht" sollte der Knappe „dem Gewerken dreißig Kreuzer" zu zahlen haben (art. 31, BO 1759).

γ) Der „Betriebsrat"

In der Theresianischen Bergordnung (art. 37, 1759) wurde der Knappschaft gestattet, „bei der Quatember-Raitung" (Vierteljahresabrechnung) *„ihren Fähnrich" als Sprecher zu wählen.* Zwei weitere „bescheidene, ehrbare, friedliche" Belegschaftsmitglieder sollten noch zum Fähnrich dazugewählt werden (art. 37). Dieser *„bevollmächtigte Ausschuß"* hatte das Recht, Beschwerden beim Bergrichter anzubringen, aber auch die Pflicht, „erhaltene Befehle der gesamten Knappschaft bekanntzumachen" (art. 37).

bb) Die Sonn- und Feiertagsordnung

In der Haupt-Capitulation für die verstaatlichte Innerberger Hauptgewerkschaft vom 20. Oktober 1625 wurde folgende Sonn- und Feiertagsordnung statuiert.

Gefeiert sollten *alle Sonntage* und *folgende Feiertage* werden: Weihnachten, Ostern, Pfingsten, Fronleichnam, Neujahr, Dreikönig, die zwölf Aposteltage und der St. Thomastag, die vier Frauentage: Lichtmeß, Himmelfahrt, Verkündigung und Geburtstag, ferner: Christi Himmelfahrt, Johannistag, St. Oswaldstag und St. Barbaratag. Im Gesamten ergab dies 77 Tage. Neben den 52 Sonntagen standen noch 25 Feiertage oder beinahe ein Urlaub von vier Wochen jedem Bergmann zu.

d) Die Hütten- und Hammerwerksordnung

aa) Das Hütten- und Hammerwerks-Regal

In der Hoheit über das Zubehör zum Bergwerksnutzungsrecht waren die weiteren Verarbeitungsstufen schon einbezogen. Damit aber kein Zweifel aufkommen konnte, wurde in der Berg- und Radwerksordnung zu Hüttenberg vom 24. April 1759 durch Maria Theresia verfügt, daß alle „Radwerke, Hammerwerke, Nagel-, Draht- und andere Eisenwerkstatt nur mit Unserer ausdrücklichen Pro-quod-libet-Casu erforderlichen Bewilligung" gegründet und betrieben werden dürfen (art. 2). Sollte sich jemand „unterstehen oder sich gelüsten lassen", eine solche Eisen-, Stahl- oder Eisenwaren-Betriebsstätte ohne Erlaubnis zu gründen, werde er mit „200 Ducaten ipso facto bestrafet" und ein solches „Eisenwerk ohne weiters abgerissen und geschlisset werden" (art. 2). *Zur Führung irgendeines Eisenwerkes bedurfte es der landesfürstlichen Genehmigung.*

bb) Die Hütten- und Hammerwerksbehörden und die staatliche Inspektion

Die staatliche Aufsichtsbehörde über das gesamte Eisenwerkswesen in und um Hüttenberg war der Bergrichter und als seine Beigeordneten zwei Geschworene. Diese Beamten wurden in Eid genommen und sollten „fleißig, getreulich, vorsichtig verwalten" und für die Erledigung ihrer Aufgaben die vollkommene Macht und Gewalt haben (art. 1, BO 1759). Der Bergrichter war die erste Instanz für alle Fragen „der Bergwerke, Eisenverhüttung und des Kohlverschleißes" (art. 44, BO 1759).

Aus dieser Hoheit in Bergsachen leitete sich auch das Recht der „Berg- und Hütteninspektion" ab. Der Bergrichter sollte mindestens „alljährlich einmal „mit den Gewerken“, sonst aber „soofft es die Noth erfordert“, die Werke inspizieren (art. 28). Die Geschworenen sollten „bald da, bald dort ihre „fleißig Obsorge“ tragen. Wenn sie Mängel feststellten, sollten sie diese dem Bergrichter und den Gewerken anzeigen, „damit das Schädliche ohne Verschub“ abgestellt werden könne (art. 28).

Die Hammerwerke waren in gleicher Weise zu inspizieren, es sollte hiebei besonders darauf geachtet werden: „ob das Erz wohl geschiden und geröstet sei, ob unter den Arbeitern kein Zwiespalt sei“ (Arbeitsinspektion) und „ob das Eisen wohl gepläet, sauber geschmiedet und mit gebührlichen Warenzeichen bewertet sey und ob Maß und Gewicht nach landesfürstlichem Ciment gebraucht werde“ (art. 56, BO 1759).

Die Kontrolle bezog sich auch auf das Verlagswesen. Die Rad- und Hammermeister sollten nicht durch „vortheiliges Practiquum“ der Verleger bedrängt werden. Aber auch die Meister durften das „fürgelihen Geld“ nicht „verthun“ und die Verleger mit den Lieferungen nicht „hängen lassen“ (art. 27, BO Erzherzog Karl vom 10. Juni 1567). Über all diese Angelegenheiten sollte der Bergrichter seine Aufsicht ausdehnen; besonders sollte er auf die „Eysen-Kauff-Satzordnung“, d. h. auf die Einhaltung der Preistaxen achten (art. 29, BO 1567). Das gesamte Eisenwesen vom Abbau des Erzes über alle Verarbeitungsstufen bis zum Verlag unterlag der Inspektion des Bergrichters.

e) Die Arbeitsordnung in den Rad- und Hammerwerken

Der Arbeitsvertrag dauerte in der Regel ein Jahr (art. 18: Hammer-Nagel-Schmied-Drahtordnung vom 24. April 1759). Eine Kündigung von seiten der Arbeiter war innerhalb des Jahres nur möglich, wenn ein Arbeiter vier Wochen vor seinem beabsichtigten Abgang dem Gewerken dies anzeigte und einen Vertreter stellte (art. 11, HO 1759).

Jeder Arbeiter sollte „sich getreu, ehrbar, fleißig, nüchtern und gottesförchtig aufführen“ (art. 8) und sich zur rechten Zeit zur Arbeit begeben (art. 25, BO 1567). Die „Plähauß-Leuth“ sollen gute Arbeit verrichten, „damit das Eysen nicht unsauber geplaet werde“ (art. 25, BO 1567).

Während der Arbeitszeit sollten die Hammerschmiede und Blähhausleute den Arbeitsplatz nicht verlassen und etwa „zum Wein oder anderswohin gehen“ (art. 25: BO 1567). Wenn sich ein Arbeiter „liederlich, ungehorsam, dem Sauffen und Spiel zu sehr ergehen läßt“, konnte er nach zweimaliger Mahnung vom Gewerken auch innerhalb des Jahres entlassen werden (art. 10, HO 1759).

Die Gewerken stellten allen Arbeitern das erforderliche Werkzeug zur Verfügung (art. 34, HO 1759). Für etwaige Reparaturen an den Werkzeugen kamen die Arbeiter selbst auf, wofür sie im Jahr eine Abgeltung von 1 fl erhielten (art. 34).

Jeder Arbeiter hatte, „wenn er sein Glück versuchen" wollte, den Aufstieg offen. Demnach konnte ein „Wasser-Geher" ein „Haitzer" und ein Haitzer ein Hammerschmied werden (art. 11, HO 1759). Die Arbeitszeiten für die Arbeiter in der Hütte und in den Verarbeitungsbetrieben waren denen am Berg gleich.

Für die Absicherung gegen Notfälle wie Unfall, Krankheit und Invalidität war die Knappschaftskasse zuständig.

f) Die staatliche Rohstofflenkung

aa) Die Sicherung der Kohlversorgung

Da immer wieder Klemmen in der Kohlversorgung der Rad- und Hammerwerke zutage traten, wurden die entsprechenden Waldordnungen zur Sicherung der Holzkohlerzeugung erlassen.

Für die Bergwerke wurde als *Regionalplan* ein zugehöriges Waldgebiet gewidmet. Die im „Widmungsgebiet" liegenden Wälder wurden dem Bergrichter unterstellt, damit „alle Wälder nur Unserer Bergwerksförderung" dienen (art. 101, BO 1553). In den einbezogenen Wäldern war es verboten, „daß jeder nach seinem Willen darinnen schlag". Die Schlägerungsbewilligung gab nur der Bergrichter (art. 105, BO 1553). Bei den Schlägerungen sollte sparsam vorgegangen werden. Die Stämme sollten „ein däumchen von der Erd abgestöckt werden". Die Stöcke und Wipfel sollten fleißig aufgearbeitet werden (art. 116, BO 1559), damit nicht die Schädlinge eine Brutstätte finden.

Zur weiteren Garantie wurden *Verbote gegen den Fürkauf* und *gegen verkleinertes Kohlmaß* erlassen, denn beide Mißgriffe verteuerten die Eisen- und Stahlgewinnung und verminderten die Erzeugung weiterer Stahlwaren. Der Fürkauf erfolgte, indem die Rad- und Hammermeister den Köhlern ein Aufgeld über den gesetzten Preis zahlten. Auf diese Weise sicherten sich zwar manche Meister den wichtigen Rohstoff, die anderen gingen aber leer aus und alle zahlten die Kohl teurer als vorgesehen. Erzherzog Karl ordnete daher an: „daß hiefür keiner dem anderen die Kohl absticke" (art. 51, BO 1567). Desgleichen wurde auch verboten, daß einer ein kleineres Maß nehme, wodurch wiederum den Köhlern ein Aufgeld zukomme. Übertretungen dieser Verbote hatte der Bergrichter zu bestrafen (art. 51, BO 1567). Durch das Verbot des Fürkaufes und durch das Verbot eines kleineren Kohlmaßes sollte dieser wichtige Rohstoff allen zum gesetzten Preis gesichert bleiben.

bb) Die Sicherung der Erz- und Eisenversorgung

Der Bergrichter sollte genau darauf sehen, daß die Radwerke *immer mit genug Erz versorgt* (art. 92, BO 1553) und die Hammergewerken mit

Rohstoffen genugsam beliefert werden (art. 50, BO 1759). Auf diese Weise sollte der ungestörte Fortgang der Eisen- und Stahlerzeugung wie auch der Stahlwarenproduktion gesichert werden.

g) Die staatliche Marktordnung für Eisen und Stahl

aa) Die Lenkung der Eisen-Erzeugung

Um das *Erzeugungsprogramm* für die verschiedenen Eisen- und Stahlsorten in *„gebührender Proportion und Ordnung"* zu halten, wurden die Hämmer in fünf Classen eingeteilt: Groß- und Welschhämmer, Welschhämmer, Streckhämmer, Stahelhämmer, Blechhämmer (art. 3, HO 1759). Jeder Hammerart wurde eine entsprechende Eisen- und Stahlsorte zur Erzeugung zugeordnet. Dadurch gab es eine genaue Abgrenzung zwischen den Hämmern und jeder Gewerke konnte sich auf seine Sorte spezialisieren. Jede Kunde ihrerseits wußte, an welchen Hammergewerken sie sich mit ihren Wünschen wenden sollte. Die landesfürstliche Planwirtschaft hatte in der Eisen- und Stahlwirtschaft mit dem staatlich gesetzten Eisen- und Stahlplan ihren deutlich sichtbaren Ausdruck gefunden.

bb) Die Garantie der Qualität für Eisen und Stahl

Aus der Erfahrung ergab sich, daß oft schlechte Sorten von Eisen und Stahl geliefert wurden, wodurch die Fertigwaren in einen schlechten Ruf kamen und viel Erz und Kohl ohne Erfolg verbraucht wurde. Oft lag der Fehler schon am Berg, weil dort schlechtes Scheidwerk und daraus wieder schlechtes Rauheisen gefertigt wurde (art. 24, BO 1759). „So ordnen Wir an, daß die Erzknappen am Berg gutes Scheidwerk zu machen sich befleißigen sollen" (art. 24, BO 1759) und „so statuieren Wir, daß jeder Rad- und Hammermeister sein erzeugtes Eisen mit seinem Zeichen vermerken" soll (art. 48). Alle Eisen- und Stahlsorten sollten „sauber ausgearbeitet werden" (art. 17, HO 1759), damit „das inländische Publikum zufrieden" und die ausländischen Käufer eine stets größere Nachfrage nach den heimischen Eisen- und Stahlwaren und den entsprechenden Geräten tätigen. *Nur die Qualität sichert den Absatz.*

cc) Das zentrale Eisen-Verlags-Magazin

Damit am Eisen- und Stahlmarkt sowohl für die binnenländische Versorgung aller Eisenglieder als auch für den Absatz in fremden Ländern eine stete Versorgung zu „satzmäßigen Preisen" gesichert sei, „haben Wir Uns entschlossen: ein Rauch-Eisen-Verlags-Magazin in St. Veit für Kärnten und die anliegenden Länder aufzurichten" (art. 2). Solche Verlagsmagazine waren schon in Leoben für den Vordernberger Eisenkreis und in Steyr für den Innerberger Eisenkreis in Funktion. Das Eisen sollte aus dem zugehörigen „Widmungsgebiet“ an das jeweilige Magazin geliefert werden. Von da erhielten alle Hammergewerken ihr „Eisen-Bedürfnis“ zu den „taxierten Preisen“ gedeckt (art. 2, HO 1759). Mit solchen staatlichen Verlagsmagazinen wurde für jeden Eisenbezirk eine Planwirtschaft mit zentraler Lenkung durchgeführt. Mit einem Verlagsmagazin als Schlüsselstelle war eine landesfürstliche Planwirtschaft für das Eisenwesen auch möglich.

Zur Durchsetzung dieser staatlichen Planung wurde verboten, daß die Radmeister ihr Eisen „anderswo verkaufen“ (art. 98, BO 1759).

dd) Die staatlich gesetzten Preise für Eisen und Stahl

Bei jeder Verknappung zufolge zeitweiser „Unwürde am Berg“ oder auch zufolge organisierter Manipulationen gab es zu den staatlich gesetzten Preisen keine Waren zu kaufen, während mit Aufgeld Eisen und Stahl erreichbar waren. Diese krisenhaften Schwankungen sollten wegen der Gefährdung aller Eisenglieder durch eine nachdrückliche Anweisung an alle Amtsleute behoben werden. Alle sollten ihr „Aufmerken“ haben: „damit die Eysenhändler den gerechten Kaufpreis gegen In- und Ausland halten.“ Wenn dagegen verstoßen werden sollte, müße „unverzöglich“ mit Strafanzeigen vorgegangen werden (Ferdinand II.: Eisensatzordnung vom 31. März 1618: immer wieder neu gefaßt).

ee) Die staatliche Regelung der Absatzgebiete durch Verschleiß-Distrikte

Damit für die einzelnen Eisen- und Stahlerzeugungsregionen der Absatz gesichert werden konnte, wurden *„Verschleiß-Distrikte“* geschaffen, so daß *jede Region ihr sichergestelltes Absatzgebiet* allein verfügbar hatte (art. 43, HO 1759). So wurden für das *„Innerberger Eisen“* die Absatzwege über Böhmen nach Polen und Rußland und über Bayern nach dem Niederlageort Nürnberg und darüber hinaus nach Mitteldeutschland geführt. Für das *„Vordernberger Eisen“* gingen die Wege über Wien nach Mähren und Galizien wie über Ungarn in den Balkan und in die Levante. Für das *„Hüttenberger Eisen“* wurde der Absatz über Krain, in die Windische Mark und nach Italien, vor allem nach Venedig gezogen (art. 43, HO 1759). Durch diese Regelung des Absatzes in Verschleiß-Distrikte war die gegenseitige Konkurrenz der Erzeuger im Inland und im Ausland soweit als möglich unterbunden und der Absatz für jeden gesichert.

h) Die verstaatlichte „Innerberger Hauptgewerkschaft“

aa) Die Gründung der Gesellschaft

Eine „Unwürde am Berg“ und Kriegswirren in den Absatzgebieten haben die Erzgewinnung am Berg und die Eisen- und Stahlerzeugung im gesamten Gebiet bis zum Verlagsort Steyr „in ruin und zum genzlichen erligen" gebracht. Daraus ergab sich eine Teuerung, die wieder den Absatz und alle weiterverarbeitenden Zweige nachteilig traf.

Die *Schlüsselstellung dieser Eisen- Manufaktur* brachte für den gesamten Nahrungsstand bei voller Beschäftigung einen Aufschwung und einen wachsenden Wohlstand, aber bei schlechter Erzeugung und ungünstiger Beschäftigungslage einen Niedergang in allen Sparten und einen Schwund des Wohlergehens für alle. Diese Schlüsselposition mit ihrer Strahlungskraft auf alle technisch vor- und nachgeordneten Wirtschaftszweige ließ im Notstand der Zwanzigerjahre des 17. Jahrhunderts eine grundlegende Überlegung und eine entscheidende Aktion erwarten.

„Auf gründlichen Befund vorhergegangener Information und vernünftiger Guetbedenken wurde kein anderes Mittel befunden, als das gesamte Innerbergische Kammerguetwesen im Land Österreich und Steyr, so wie es in drey glidern besteht: in ain gemain gewerckh- und standesgesellschaft zusammenzuziehen" (Haupt-Capitulation über das Haubt-Eisen-Gewerkschaft-Compagniewösen vom 20. Oktober 1625 T. 1, art. 5).

In diese staatliche Gesellschaft wurden einbezogen:

19 Radwerke zu Innerberg

18 welsche und kleine Hämmer in Großreifling, St. Gallen, Weißenbach, Altenmarkt,

17 welsche und kleine Hämmer in der Lausia, zu Kleinreifling und Reichraming,

2 welsche und kleine Hämmer in Weyer

2 welsche und kleine Hämmer zu Hollenstein mit allen Gebäuden, Grundstücken und Wäldern mitsamt der Eisenhandelsgesellschaft in Steyr mit ihren Verlagsrechten.

Nach „gebührlicher Schätzung" sollte eine „Abraittung" der gegenseitigen Verpflichtungen aller Glieder in die Compagnie zum Capital eingelegt werden (T. 2, art. 5).

Der Gesamtwert der verstaatlichten Unternehmung betrug:

aus den Radmeistern	155.744 fl 35.5 Kr
aus den Hammermeistern	240.275 fl 56.5 Kr
aus der Eisen-Handelscompagnie	348.731 fl 13 Kr
im Gesamten	744.751 fl 5 Kr

Für die verstaatlichten Rad- und Hammerwerke wurden den Meistern anteilsmäßige Schuldverschreibungen zur Tilgung der Einlage ausgehändigt. Für diese Schuld „hypothesieren und versätzen (versetzen) Wir das gesamte Compagnia-Werck in liegend und fahrender Haab als unterpfand". Diese Schuld stand am ersten Satz vor allen andern Gläubigern (T. 2 art. 5). Die Schuldverschreibungen wurden nach Kündigung durch den Gewerken den Erben oder Briefinhabern „in gueter landgängiger Münz“ abgestattet. Die Zahlung erfolgte „in den folgenden drei Jahren zu je drittel vom Hauptgut samt dem drittel auf gewinn oder verlust“. Bis zur Einlösung wurden „jedes Jahr 5 Gulden von 100 auf Raitung der gesellschaft ertragnus“ bezahlt (T. 2, art. 5).

bb) Die Leitung und Geschäftsführung der Gesellschaft

Als *Vorstand* wurden aus den drei Gliedern je vier Vorgeher der Gesellschaft „vorgesäzt“. Es sollten „wohlerfahrene Subjecta“ aus dem Kreis der Gewerkensöhne sein. Sie sollten die Wohlfahrt und das Bergwerkswesen fördern, „ein jeder an seiner Stöll“. Die Vorsteher sollten zwei Jahre dienen. Nach Ablauf dieser Frist „soll jeder selbst sein offizium regieren“. Der „Obriste Vorgeher“ sollte bei den Zusammenkünften des Vorstandes „presentieren und die umbfrage halten“.

Dem Vorstand waren die *erforderlichen Beamten* zugeordnet, wie: Cassierer, Buchhalter, Kamerer, Zeugenbefaher, Kastner und Pfandauswöger.

Am End eines jeden Quartals sollten die Kassiere die *„ordentliche Bilanz“* über Eingänge und Ausgaben dem Oberkassierer nach Steyr zur Revision senden. Desgleichen mußten alle Werke die Ergebnisse über Erzeugung und Verschleiß wie auch die Geldeingänge und die Geldausgänge melden.

Die Jahresschlußabrechnung mußte längstens zwei Monate nach Neujahr für jedes Glied erfolgen.

Zur Schaffung eines *Reservefonds* sollten für jeden Centner Eisen und Stahl, „der außer Land geht, 6 Kreuzer und für jeden Centner, der im Lande abgesetzt wird, 3 Kreuzer zur Kassa gelegt werden“ (T. 3, art. 1).

cc) Die Privilegien der Gesellschaft

Zur Förderung der Gesellschaft sollte allen Beteiligten „gebührlicher schutz und schirmb“ zukommen. Die Hauptgewerkschaft sollte von Steuern und Kriegsunkosten wie auch von Garnisonierungen befreit sein. Die Waren der Gewerkschaft genossen auf Flüssen und Straßen Mautfreiheit. Lebensmittel, Vieh und Pferde konnten ohne Behinderung zugeführt werden (T. 4, art. 2).

2. Die Waldpolizei

Der Wald stellt der Volkswirtschaft die Grundlage für eine Reihe segensreicher Leistungen zur Verfügung. Er liefert das Holz für die Kohlerzeugung und damit neben dem Erz den wichtigsten Grundstoff für die Verhüttung und für die Stahl- und Stahlwarenerzeugung. Der Wald liefert auch das Brenn- und Bauholz sowie das Säge- und Grubenholz. Außerdem bringt der Wald durch seine Regulierung des Wasserhaushaltes des Landes eine bedeutsame Wirkung für das Klima. All diese Gründe ließen *den Wald unter besonderen Schutz des Staates stellen.*

Da vielfach durch verwüstende Schlägereien oder in mißbräuchlicher Nutzung der Wälder nicht selten ihr Bestand bedroht wurde, gab es Verknappungen im Holzangebot, wodurch wiederum Preissteigerungen zur Wirkung kamen.

Diese und andere Gründe drängten den Staat zum Erlaß entsprechender Gebote und Verbote in den *Waldordnungen.* Da sich die Fehlentwicklungen immer wieder einstellten, mußten die Waldordnungen in dichter Folge wiederholt werden.

Maria Theresia ließ in ihrer Waldordnung vom 26. Juni 1767 Motiv und Absicht der Waldordnung deutlich erkennen, wenn sie sagte: „Wir geben Euch zu vernehmen, daß Uns an guter Holzung und an der Erhaltung sämtlicher Wälder gelegen ist"; insbesondere sollte der Bedarf an Brenn-, Bau-, Saag- und Weingartenholz zu erschwinglichen Preisen gedeckt werden können. „Wir mußten erfahren, wie zuwider den Gebothen und Verbothen die Hoch- und Schwarzwälder und die Laubwälder ausgehackt, verwüstet, geschwendet und durch häufiges Sengen und Brennen und durch das Halten und Weyden von Vieh verödet wurden; wie durch den eingebrochenen Kohlmangel das Aufliegen der Innerberger- und der Vordernberger Eisenerzeugung schon vor der Tür stehe." „In Abwehr dieses Unwesens haben Wir die Waldordnung anzuordnen geruht" (Präambel zur Waldordnung).

a) Das Waldregal und die Waldbehörden

Mit dem Titel des landesfürstlichen Waldregals wurden drei Gruppen von Wäldern statuiert, die in verschiedenen Verpflichtungsstufen zum Staat stehen:

1. „die *landesfürstlich-eigenthümlichen Wälder* sind die, die Uns vollkommen zu eigen gehören,
2. die *landesfürstlich-reservierten Wälder* sind die, die, wem immer sie eigentümlich sein mögen, das gesamte Holz den Berg- und Hammerwerken wie Fabriquen zuführen müssen mit Ausnahme des Holzes für die „eigene Holznothdurft",
3. die *privat-eigenthümlichen Wälder* können in üblicher Weise genutzt werden, „unterstehen aber den Waldämtern, die jede Verwüstung hintanhalten und für gutes Wachstum zu sorgen haben" (art. 2).

Als *Waldbehörden* werden die Oberkammergrafen in Eisenerz und Vordernberg berufen, die „beschuldigte Waldbeschädiger und Übertreter zu den verdienten Straffen verurteilen sollen" (art. 2). Die Hilfsorgane, die staatlichen Waldförster, sind verhalten, „soofft wie möglich, die Waldungen zu visitieren, damit die Übertretungen in ihrem Gebiet ersticket werden" (art. 4).

b) Die Walderhaltung und der Schutz des Waldes

Als oberste Maxime der Waldpolitik galt: Wald muß Wald bleiben. Was als Wald „ausgemercket ist, muß als Holz und Wald verbleiben" (art. 3). Daher müssen die Waldflächen, wenn sie abgestockt werden, „wiederum zum Holzanflug und Nachwuchs ruhig belassen werden" (art. 3).

Zum Schutz des Waldes verfügte schon Karl VI. in seinem Wald-Patent vom 13. April 1722, daß alle Schlägerungen und erst recht alle Rodungen zuvor schriftlich „Unsern Wald-Amtsleuten" zu vermelden seien. Die Behörde gab die Erlaubnis mit den entsprechenden Auflagen der Wiederaufforstung bei Schlägerungen.

Des weiteren wurde verfügt, daß zur Verhütung eines Brandes mit dem Feuer und dem Tabakrauchen behutsam umgegangen werde (art. 17, WO 1767). Ebenso wurde das Setzen von „Maybäumen" (art. 35) wie auch das Aushacken von Stangen für Verzäunung und Einfriedung verboten (art. 15). Dem Schutz des Waldes diente auch das Verbot der Viehweide in Jungwäldern und in besamten Flächen „zur Vermeidung des Viehfrasses und der Vertrottung" (art. 6). „Geißvieh" darf in den Hoch- und Schwarzwäldern überhaupt nicht zur Weide zugelassen werden (art. 7). All diese und noch andere Schutzbestimmungen sollten den Wäldern ein ungestörtes Wachstum sichern.

3. Die Bauerpolitik und die Agrarpolizei

a) Die Stellungnahme zum Bauernproblem

Das Bauernproblem war ein Problem der Grundherrschaft. Dieses brachte als personenrechtliches Verhältnis der Treue immer wieder Fragen, die dem personsbedingten Zustand der „Partner": Grundherr und Grundhold, entstammten. Solche stets offenen Fragen drängten von Zeit zu Zeit zur Reform. Dazu kam in der Zeit der landesfürstlichen Wohlstandspolizei für manche Gebiete der *Übergang von der Grundherrschaft zur Gutsherrschaft,* die sich besonders in Böhmen, aus Ostdeutschland kommend, entwickelte. Die Gutsherrschaft drängte das personenrechtliche Verhältnis der Grundherrschaft immer mehr in ein obligatorisch-arbeitsrechtliches Verhältnis, wodurch aus dem Treueverhältnis ein „Arbeits-Vertragsverhältnis" wurde, in dem der Gutsherr kraft seiner Position das Übergewicht hatte. Er wollte für sein Leben in der Stadt einen größeren Geldfonds aus seinen Ländereien „erwirtschaften". Deshalb wurde der Druck auf die Grundholden stärker. Dieser verursachte natürlich den Drang zur Reformierung des Verhältnisses vom „Gutsherrn" zu seinen „Landarbeitern mit Deputaten". Zu diesem Problem gab es von verschiedenen „Instanzen" Stellungnahmen, so vom Grundherrn, von den Untertanen und vom Landesfürsten.

aa) Die Stellungnahme des Grundherrn

Wolf Helmhard v. Hohberg (1612 - 1688), ein niederösterreichischer Grundherr, hielt seine Auffassung in seiner „Georgica curiosa oder adeliges Landleben" (Nürnberg 1682) fest. Die Untertanen seien für die Landgüter „der vornehmste Teil", weil von ihrer Zahl und Güte der Wert der Landgüter bestimmt werde. Da die Grundholden die eigentlich schaffende Kraft in der Grundherrschaft seien, dürften „die armen, bedrängten Unterthanen nicht überladen werden", sie seien vielmehr „zu schützen und zu fördern". Keinesfalls dürften ihnen „ihre Freyheiten und alt-hergebrachten löblichen Bräuche weggerissen und vergewaltigt" werden. Die Grundherren möchten doch „allzeit gedenken, daß, wie sie gegen ihre Unterthanen, also auch Gott gegen sie verfahren werde" (T. 1, Bd. 1, Cap. 72).

Hohberg leitete aus diesen Maximen vier Verhaltensregeln der Grundherren gegen die Grundholden ab:

1. der Grundherr solle alle Klagen der Grundholden selbst anhören, alle ungerechten Zumutungen abstellen und sich in allen Not-Fällen ihrer annehmen;
2. der Grundherr solle die Bösen strafen und die Unschuldigen und Frommen beschirmen;
3. in Kriegsläuften solle er nach Möglichkeit die Untertanen vom Zudrang bewahren;
4. wenn die Pfleger und Verwalter den Untertanen Unrecht zufügten, solle er diese „mit allen Ernst abstraffen".

Diese Maximen und Verhaltensregeln ließen den *Grundherrn als vornehmen Herrn* erscheinen, dessen *Größe und Herrentum in der Gerechtigkeit und Güte* bestand. Nur so konnte der Grundherr „mit sorgfältiger Liebe und Ehrerbietung von allen angesehen" werden. Ohne Zweifel gab es solche Grundherrn in gar nicht geringer Zahl, weshalb die Grundherrschaft ja auch von so langer Dauer sein konnte.

bb) Die Stellungnahme des Untertanen

Die klagende Stellungnahme des Untertanen bezog *Abraham a Santa Clara: Hans Ulrich Megerle* (1644 - 1709), ein Mönch und Sohn eines

Untertanen aus Schwaben, in seiner Schrift „Judas, der Ertz-Schelm" und in der Predigt „Laubhütte". Er verwies die Grundherren und Edelleute „in des Judas Ischarioths saubere Bruderschaft", weil sie „wie Egel das Blut ihrer Unterthanen saugen". Sie „zwiffeln" ihre Untertanen und beuten sie aus, indem sie ihre Bauern allezeit „schinden". Während die „Fälberbäume einmal im Jahr gestutzt werden, werden die armen Unterthanen von ihren allzu harten Herrschaften fast alle Tage gestutzt" (Judas: T. 1, Cap. 11). Zusammenfassend klagte Abraham a Santa Clara über die ausbeuterischen Grundherren und wies darauf hin, daß durch diese Verhaltensweise am Ende alle Wirtschafter zugrundegehen:

„Man frist und sauft sich voll und toll,
Den Bauern scheert man ab die Woll,
Durch Anlag und durch Gaben,
bis zuletzt der arme Unterthan,
sambt Bauern und dem Edelmann
kein Kreutzer Geld mehr habn" (Laubhütte).

Es steht gewiß nicht außer Zweifel, daß Abraham a Santa Clara mit seinen Klagen und Vorwürfen für manche Zeiten und manche Landstriche Recht hatte. Gerade solche Zustände drängten aber zur Reformierung der grundherrschaftlichen Verhältnisse.

cc) *Die Stellungnahme des Landesfürsten*

Leopold I. (1658 - 1705) stellte seine Wahrnehmungen im *„Tractatus de juribus incorporalibus"* vom 13. März 1679 fest: „Daß zwischen denen Partheyen in materia iurium incorporalium des öffteren Stritt und Irrungen entstanden." Den Grund hiefür sah er in der Vielfalt des Höferechtes, weshalb bislang kein einheitliches Recht für die Grundherrschaft bestehen konnte. Um diesem Mangel abzuhelfen, haben „Wir eine Verordnung gethan" und die iura incorporalia „auff Unsere teutsche Sprache in einem Tractat verfaßt".

Durch diese Schaffung eines einheitlichen Grundherrschaftsrechtes wurde zwar dem Prinzip der Rechtseinheit Folge geleistet, aber viel von der Mannigfalt, die auch ihre Berechtigung hatte, wurde zerstört. Im Wesentlichen aber wurden im Tractat die alten Rechte meist nur neu formuliert. Auf diese Weise wurde wohl auch den Bauern eine Erleichterung gebracht.

Josef II. meinte in seinem „Patent in Steuersachen" vom 12. Februar 1789, „daß es dem Endzweck des Staates dient, wenn die Ämsigkeit der Unterthanen nicht nur fortgesetzt, sondern vermehrt werde". Dies könnte aber nur erreicht werden, wenn den Untertanen, die die Last ihrer

Grund-, Hof- und Zehentherren oft zu schwer drückt, Erleichterung verschafft würde (§ 9). Die Minderung der Lasten war besonders dort notwendig, wo der Übergang zur Gutsherrschaft neue Belastungen für die Bauern brachte.

b) Die Rechte und Pflichten der Grundherrschaften

Das gegenseitige Verpflichtungsverhältnis zwischen Herrn und Holden wurde auch im Leopoldinischen Traktat festgehalten: „Der Herr hat von seinen Holden den schuldigen Dienst einzunehmen und zu fordern, hingegen ist der Herr, seine Holden jederzeit treulich zu schützen, verbunden“ (art. 2 § 5).

aa) Die Rechte und Pflichten des Grundherrn

Der Grundherr hatte die Pflicht, das ordentliche *Gericht „erster Instanz“* — nunmehr im Auftrag des Landesfürsten — zu führen (Traktat, art. 4, 1). Das grundherrschaftliche Gericht war zuständig für alle „Civil-Klagen“ und für „alle Straffen und Fälligkeiten von Schmach, Schelten, Rauff, Rumor und andere dergleichen Händel, die unter den Dachtropfen fürgehen und nicht landesgerichtsmäßig seyn“. Gegen die Urteile dieses Gerichtes war „die Appelation an Unsere Regierung vorbehalten“ (art. 4, 2). Durch diese Berufungsmöglichkeit an den Landesfürsten trat der nunmehr staatliche Charakter des gesamten Gerichtswesens deutlich zum Vorschein.

Der Grundherr hatte auch im Auftrage des Landesfürsten *„Steuern und andere Lands-Anlagen“* von Untertanen „einzunehmen“ (art. 4, 4).

Für diese Pflichten hatte der Grundherr das Recht, „die gewöhnliche *Robot von den Unterthanen zu begehren“* (art. 4, 4). Aus dem Kreis der Abgaben an den Grundherren wurde nunmehr „das Sterbhaubt“ als eine „unzulässige Bedrängnis völlig aufgehebet“, so daß „selbiges ferners weder begehrt noch genommen werden“ darf (art. 4, 5). Als Sterbhaubt wurde im Todesfall eines Grundholden „das beste Stück Vieh oder andere Fahrnuß“ genommen.

Der Grundherr durfte jederzeit seine „obrigkeitlichen Gerechtigkeiten“ einem anderen verkaufen und übergeben. Dem Käufer und Übernehmer war es aber nicht gestattet, die Grundholden „von ihren Erbgütern abzuschaffen“ (art. 4, 6). Diese Schutzbestimmung bestätigte abermals die Institution der Erbholden.

bb) *Die Rechte und Pflichten der Untertanen*

α) Die Gruppen der Untertanen

Seit der Darstellung der Untertanengruppen durch Walter (1552) hatte sich in der Grundstruktur der Untertanen kaum etwas verändert. Leopolds Traktat (1679) milderte die Schollenpflichtigkeit der Grundholden etwas, ließ sie aber bestehen. Im Entwurf der „Compilations-Commission zum Codex Theresianus" (1755) wurde bei Beibehaltung der Untertanenschaft die Lockerung der Schollenpflichtigkeit fortgesetzt. Nach diesem Commissionsentwurf gab es folgende Untertanengruppen:

1. Untertanen, die dem grundherrschaftlichen Gericht unterstanden, aber keine Robot- und Abgabepflichten hatten;
2. Untertanen, die der grundobrigkeitlichen Gerichtsbarkeit unterstanden, abgabepflichtig, persönlich aber frei waren (keine Schollenpflichtigkeit);
3. Die Grunduntertanen, die schollengebunden, robot- und zinspflichtig waren.

Diese konnten sein: *Erbholden,* die ihre Nutzungsrechte vererben konnten. Die Erbholden konnten *kaufrechtliche Erbholden* sein, wenn sie ihre Bodennutzung durch Kauf vom Grundherrn erworben hatten, sie konnten *mietweise Erbholden* sein, wenn sie die Bodennutzung durch Mietrecht erwarben, sie konnten aber auch *Freistifter* sein, wenn sie nur einen Teil des Kaufschillings, „die Ehrung", leisteten.

Diese Erbholden unterschieden sich im Grad der Schollengebundenheit und im Ausmaß der Freizügigkeit. Die kaufrechtlichen Erbholden konnten ihr Recht an solche verkaufen, die „dem Herrn genehm" waren; die mietweisen Erbholden konnten nur mit Bewilligung des Herrn weggehen und die Freistifter durften nach Kündigung durch den Herrn bei Rückgabe der Ehrung oder bei Kündigung durch den Freistifter bei Zurücklassung der Ehrung vom Hof abgehen.

β) Die Robot

Der Agrarrechts-Traktat stellte die Robotpflicht für „behaußte Güter" und „Inleute" fest, beließ aber die alten Normen der „Resolution von 1563". An alle Grundherrn wurde aber wegen des bisher fast durchgehend eingeschlichenen Mißbrauchs die strenge Mahnung erlassen: *die Robotpflicht der Grundholden nicht zu erweitern,* „widrigenfalls Wir auff Klagen der Unterthanen die Bedrängnusse nicht allein einstellen, sondern gegen Übertreter mit Straff verfahren lassen" (§ 4).

Die endgültige Regelung der Robotpflichten erließ Maria Theresia durch das *„Robotpatent"* vom 13. August 1775. Es wurden hiebei nach altem Herkommen zwei Arten der Robot festgehalten: die *Handrobot* und die *Zugrobot.*

Als *Handrobot* wurden folgende Leistungen festgelegt:

ein Inmann hat jährlich mit einer Person 13 Tage zu roboten,
ein behauster Untertan hat nach seiner Steuerpflicht folgende Robot:
bis zu 57 Kr Steuer jährlich mit einer Person 26 Tage
bis zu 2 fl 51 Kr Steuer wöchentlich mit einer Person 1 Tag
bis zu 4 fl 45 Kr Steuer wöchentlich mit einer Person 1 1/2 Tage
bis zu 7 fl 7 1/2 Kr Steuer wöchentlich mit einer Person 2 Tage
bis zu 9 fl 30 Kr Steuer wöchentlich mit einer Person 2 Tage.

Als *Zugrobot* wurden folgende Leistungen statuiert:

bis zu 14 fl 15 Kr Steuer mit 2 Zugvieh wöchentlich 3 Tage
bis zu 28 fl 30 Kr Steuer mit 2 Zugvieh wöchentlich 3 Tage
bis zu 42 fl 45 Kr Steuer mit 3 Zugvieh wöchentlich 3 Tage
über 42 fl 45 Kr Steuer mit 4 Zugvieh wöchentlich 3 Tage (art. 2, 2).

An *Sonn- und Feiertagen* sollte *keine Robot* geleistet werden. Wenn in die Woche ein Feiertag fiel, gab es bei drei Robottagen keinen Nachlaß, wenn zwei Feiertage einfielen, gab es in der Woche den Nachlaß von einem Robottag (art. 3. 1 u. 3, 2). Die *Arbeitszeit* für einen Robottag dauerte vom 1. Oktober bis zum letzten März 8 Stunden mit einer Rast- und Futterstunde, vom 1. April bis zum letzten September 12 Stunden bei zwei Rast- und Futterstunden. In die Robotzeit wurde auch die Zeit eingerechnet, die der Roboter von seinem Haus zum Robotplatz und zurück brauchte (art. 3, 3). Versäumte Robotstunden wurden jeweils am nächsten Robottag nachgetragen (art. 3, 7). Die Robot einer Woche sollte spätestens am Sonntag vorher angesagt werden (art. 3, 9). Die Robot mußte von arbeitsfähigen und tauglichen Personen mit ordentlichen Geräten geleistet werden (art. 3, 10).

Alte über 60 Jahre und Bresthafte wie auch Söhne und Töchter und alle Invaliden und verabschiedete Soldaten waren von der Robot freigesetzt, wenn sie nur unbehauste Inleute waren (art. 4, 9).

Die *Kreisämter* und die *Landesgubernien* mußten „von Amts wegen" auf die Einhaltung der Robotbestimmungen dieses Patentes achten, damit weder „Bevorteilung" noch „Unterdrückung" statthaben konnte. Wenn sich ein Untertan durch eine Robotanordnung bedrängt fühlte, „sollte er sich zum Kreisamt begeben, welches ihm sein Recht angedeihen lassen oder aber denselben von seinem Irrtum überzeugen sollte" (art. 8, 3). *Mit dieser staatlichen Kontrolle über die Robotpflichten der Untertanen war wohl die Garantie gegen etwaige Überlastungsversuche gegeben.*

γ) Der Zehent

Von Alters her waren „weltliche und geistliche Personen der Zehent fähig" (Traktat § 1). Da des öfteren keine genauen Zehentpflichten gegeben waren, gab es immer wieder „Irrungen". Um diese abzustellen,

42. Ferdinand I. 1521 - 1564: Schöpfer des österreichischen Staates

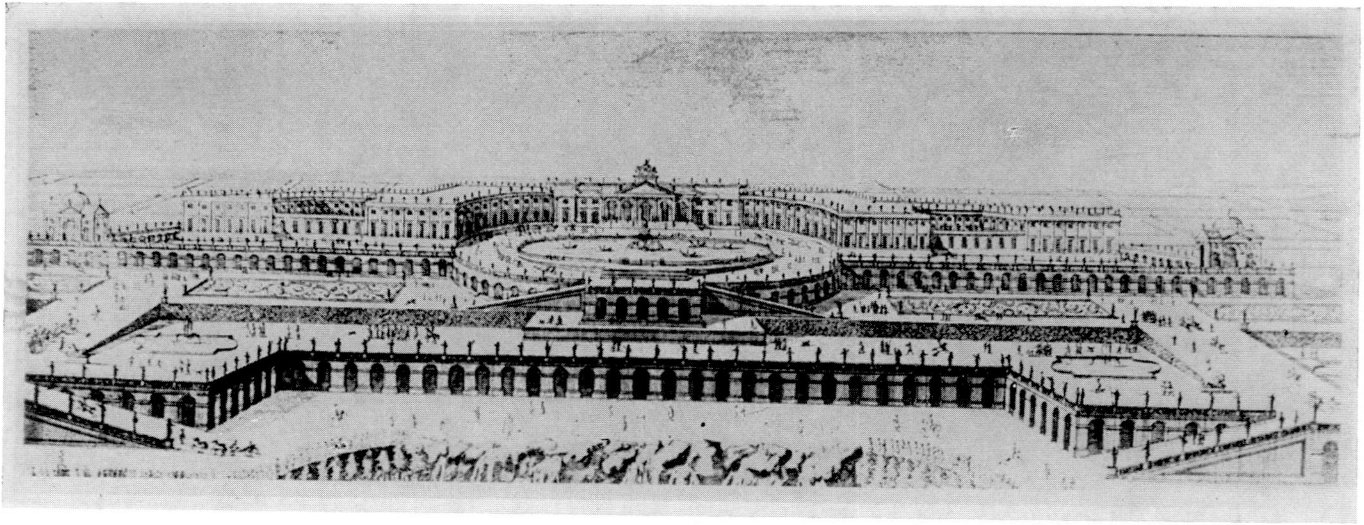

43. Fischer v. Erlach plante 1690 diese Residenz Schönbrunn
„Wäre dieser Entwurf ausgeführt worden, so hätte der deutsche König eine architektonische Verkörperung seiner Macht erhalten, der sich in Europa kaum etwas anderes an die Seite hätte stellen können“ (H. Sedlmayr)

erließ schon Ferdinand II. am 14. August 1628 eine *Zehent-Ordnung*, die Leopold teilweise in seinem Traktat übernahm. Von Ferdinand II. wurde die Zehentpflicht allgemein so bestimmt, „daß von all dem, was mit dem Pflug, der Haue oder sonst mit der Hand auf Zehendgründen erbaut wird, der Zehent gereicht oder bezahlt werden soll".

Im Traktat Leopolds wurden in genauerer Bestimmung als *Zehentabgaben* festgehalten: der *große Feldzehent* war der „Traid- und Weinzehent". Er wurde gegeben von Weizen, Gerste, Korn, Hafer, Erbsen, Linsen, Bohnen, Heiden und Brein und Wein. Der *kleine Feldzehent* bestand in Saffran, Kraut, Rüben, Haar und dgl., der *Dorfzehent* bestand aus den Abgaben vom großen und kleinen Vieh, Eiern, Käse und anderlei Sorten (§ 2).

Der Zehent von Getreide wurde „in Mändeln zu Felde gereicht". Der Zehentherr sollte die Mändel am Feld abzählen und „die Zehent ausstecken", d. h. die ihm zu liefernden Mändel durch Aufstecken eines sichtbaren Zweiges anzeigen. Kein Zehentpflichtiger durfte sich durch „Unfleiß" seiner Pflicht entziehen. Wenn solches festgestellt werden sollte, erfolgte die Bebauung durch die Obrigkeit.

c) Die Agrar-Markt-Ordnung

Der Landesfürst wollte durch seine Agrar-Marktordnung die Ernährung der Untertanen sicherstellen. Durch sie wurde versucht, die Mißverhältnisse in der Marktbelieferung bei schwachen Ernten oder bei „Fürkauf" hintanzuhalten. Bei „mißratenen Ernten" wurde die Ausfuhr von Getreide verboten. Gegen den Fürkauf wurde mit strengem Verbot vorgegangen.

Um die Ernährung der Städte und der dicht besiedelten Landstriche wie solcher der Eisengewinnung und Stahlverarbeitung sicherzustellen, wurden *„Widmungsdistrikte"* eingerichtet. Genau umgrenzte Regionen, die Widmungsbezirke, sollten als Einzugs- und Aufbringungsbezirke den zugeordneten Orten als Versorgungsgebiet die Ernährung garantieren. Die Ausfuhr von Victualien aus den Widmungsbezirken in andere Orte wurde verboten.

aa) Die Sicherung der Marktbelieferung durch das Verbot der Ausfuhr und des Fürkaufes

Immer wieder gab es Mißernten, weshalb das Getreide übermaßen knapp wurde. Dadurch wurde die Versorgung oft in Frage gestellt. Der Getreidepreis stieg „von Tag zu Tag in höhere Werte". Da es auswärts oft noch höhere Preise gab, versuchten die Händler oder selbst die Grundherren das Getreide außer Land zu führen. Damit „das Getraid zu Unserer getreuen Unterthanen Nothdurft im Lande erhalten werde, gebieten Wir, daß niemand Getreide ohne kayserlichen Paß-Brieff außer Lands verführe" (Leopold I.: Getreide-Ausfuhr-Verbot vom 7. Oktober 1661).

Alle Zuwiderhandelnden wurden bestraft und das Getreide verfiel der „Einziehung". Zur Vervollständigung der staatlichen Kontrolle gegen die „Verschwärzung"des heimischen Getreides auf „schwarzen" fremden Märkten bekamen alle Obrigkeiten wie auch alle Mautherren und Aufschläger den Auftrag: kein Getreide in das Ausland passieren zu lassen. Solche Ausfuhrverbote wurden von Fall zu Fall immer wieder erlassen.

Im Inland zeigte sich als marktstörender Vorgang der *Fürkauf*. Er bestand darin, daß den zuführenden Landleuten die Victualien „auf dem Weg zum Markt abgekauft wurden und diese dann „ohne Scheu umb zwey oder wohl gar um dreyfaches Geld wiederumb" *verkauft* wurden (Leopold I.: Verbot des Fürkaufs vom 14. Dezember 1765). An diesem „Zwischenhandel" beteiligten sich, obwohl er „bei Leib- und Gutstraffen" ernstlich verboten war, sogar „Hoff-Bediente, Haus-Meister, vornehmlich Guardi-Soldaten und deren Weiber und Juden". Als „regierender Herr" wollte der Landesfürst „den verderblichen Fürkauf ernstlich abstellen" und gegen alle Übertreter des Verbotes mit „unausbleiblicher Strafe" vorgehen. Solcher Verbote des Fürkaufes wurden von 1540 bis 1665 schon 34 erlassen und in der Folge wurde die Verbotsserie in gleicher Dichte fortgesetzt, was wohl ohne Zweifel darauf schließen läßt, wie sehr dieses Übel immer wieder zutage trat. Johann Joachim Becher nahm mit echtem theoretischen Rüstzeug gegen solche jeweils ad hoc geschaffenen „Monopolia" Stellung. Trotz der vielen Verbote gab es aber immer wieder den Fürkauf.

bb) Die räumliche Marktordnung: die Widmungsdistrikte

Obwohl viele Proviant-Generalien versuchten, die Ernährung der Städte und der dicht besiedelten Hammergebiete sicherzustellen, gab es fortlaufend Versuche, „des eigenen Nutzens willen" die Gebote und Verbote zu übertreten. Die Grundherren und ihre Pfleger, Verwalter und Hofrichter belieferten die Märkte „ohne Scheu" in monopolistischer Weise. Ja, sie hielten ihre Untertanen ausdrücklich an, die „ausgezeichneten Wochenmärkte" nicht zu beliefern, damit sie die Belieferung selbst vornehmen konnten. Die Grundherren verlangten sogar, „die Steuern, Dienstcontributionen und andere Herrenforderungen nicht in barem Geld, sondern statt dessen in Getreid und Schmalz" abzugeben. Die Herren gaben dann diese Victualien als Oligopolisten nur zu Überpreisen an die Wochenmärkte ab.

„Wir als Frau und Landesfürstin" sind keineswegs gesonnen, diese „eingeschlichenen Mißbräuche" zu dulden und ordnen deshalb die *Einrichtung von Widmungsdistricten* für die Nahrungsversorgung der Untertanen an (Maria Theresia: Eisen- und Proviantgenerale vom 5. Dezember 1748).

Für die Versorgung der „Eisengebiete“ wurden drei genau umgrenzte Widmungs- oder Proviant-Distrikte eingerichtet: der *Scheibbser Distrikt*, der *Waydhofner Distrikt* und der *Steirische Disrikt*. Die Grundherren und Bauern dieser Distrikte „sind schuldig, das Getreide und den anderen Proviant den zugehörigen Märkten in Steyr, Waydhofen, Scheibbs und Weyer zuzuführen“. Zu den gewidmeten Waren wurden gezählt: Schweres und geringes Getreide, Schmalz, Käse, Butter, Eier, Mehl, Grieß, Kraut, Rüben, rohes und gedörrtes Obst, Pferde-, Schlacht- und Jungvieh, Most, Essig, Branntwein, Bier und alle „zu des gemeinen Manns Speise und Trank nötigen Victualien und Getränke“.

Diese Agrar-Marktordnung sollte die „Erhaltung beständiger Wohlfeile“ sichern und die „Abhinderung höchst schädlicher Theuerung“ leisten. Es war daher allen Marktlieferanten verboten, die genannten Victualien anderswohin zu liefern, auch nicht an „Unsere Hofstatt“ und auch nicht an „das Kriegsvolk“. So sollten die in den Widmungsbezirken erzeugten Lebensmittel der Versorgung der zugehörigen Bevölkerung „nach den errichteten Ordnungen“ (Preis-Satzungen) vorbehalten bleiben. Das war die landesfürstliche Planwirtschaft durch die staatliche Agrar-Markt-Ordnung.

4. Die Gewerbepolizei

Die landesfürstliche Wohlstandspolizei brachte für die Gewerbepolitik eine totale Wandlung. Aus der zünftigen Handwerkspolitik wurde die staatliche Gewerbepolizei. Daneben entwickelte sich aus dem Handel und dem Handwerk eine neuartige Form des Gewerbebetriebes: der Verlag. Durch diese Wandlungen veränderten sich die Ziele und die Träger der Gewerbepolitik. Die neue „Entwicklung“ drängte die Handwerker und Gewerbetreibenden allmählich aus der statischen Gesinnung des gesicherten Einkommens und Auskommens zu einer dynamischen Gesinnung des höheren Ertrages und des grösseren Gewinnes, um stärker als bisher am „vergnügten Leben“ teilnehmen zu können. Träger dieser veränderten Wirtschaftsgesinnung waren der Landesfürst und dann auch die Verleger.

Die alte Ordnung des Handwerks schien wegen „villerley unordnungen, mengl und beschwerden“ sosehr überständig, dass sich der Landesfürst, Ferdinand I., in der *„Ersten österreichischen Gewerbeordnung“* vom 1. April 1527 veranlasst fühlte: *eine „gute Ordnung und polizey aufzurichten“ und das gesamte Gewerbewesen neu zu ordnen.*

Dieser Versuch der Neuordnung musste wegen der angestammten Ordnungskraft der Zünfte des öfteren wiederholt werden. Solange nämlich den Zünften die Ausbildung des Nachwuchses, alle Angelegenheiten der sozialen Für- und Vorsorge, aber auch die politische und kulturelle Vertretung belassen blieb, „arrondierten" sie immer wieder ihren Kompetenzbereich und stellten den Zustand des „Hergebrachten" wieder her. Daher mussten die Neuerungen im Gewerberecht, die samt und sonders eine „Liberalisierung" bringen sollten und auch brachten, immer wieder neu statuiert werden. So leitete Karl VI. die *„Zweite österreichische Gewerbeordnung"* vom 19. April 1732 ein, indem er vermerkte: „Nachdem Wir zur Abstellung eingerissener Missbräuche bereits vor geraumer Zeit und zu verschiedenen Malen ergangene Verordnungen zu erneuern und zu verbessern für nötig erachteten, haben Wir in Anschauung des gemeinen Wesens aus Landts-Fürstlicher Macht-Vollkommenheit folgende Satzung in Handwerkssachen öffentlich kundmachen lassen."

Aus den veränderten Verhältnissen im Verkehr durch Vergrösserung der Marktbereiche und durch stärkere Durchdringung des Marktes von seiten des Handels entstand eine neue Form der „Marktbetreuung" durch den Verlag. Über grössere Marktgebiete hinweg versorgten die Verleger die grössere Nachfrage durch ein grösseres Angebot, das sie durch eine organisierte Verknüpfung mehrerer Handwerksstätten in ihren Unternehmungen zuwege brachten.

All diese Neuerungen wurden durch die Auflösung der Zunftprivilegien von seiten des Landesfürsten eingeleitet, durch die Etablierung der staatlichen Gewerbehoheit mit einer Reihe von Liberalisierungsmaßnahmen fortgesetzt und durch eine neue Festlegung der Rechte für die Meister, Gesellen und Lehrlinge zum Abschluß gebracht.

a) Die Auflösung der Zunftprivilegien

Die Zünfte und Zechen der Handwerker hatten im Verlauf einer langen Zeit „villerley Gesetz und Ordnung zur Regelung der arbeit und belönung" „wider des gemeinen nutz" geschaffen und „hinderrükkhs und on wissen ihrer oberkait" Privilegien aufgerichtet. Gegen all diese die Entwicklung hemmenden Einrichtungen sollte nunmehr eine freie Ordnung für alle Handwerker errichtet werden. Damit diese *„Neue Polizei- und Handwerksordnung"* mit ihrer Freisetzung der Handwerker wirksam werden konnte:„Heben Wir auf und thun ab die Zechen und Zünffte aller und jeglicher Handwerk, nit allein mit dem Namen, sondern auch mit allen iren selbstgemachten Satzungen, Ordnungen und darüber erlangten bestätigungen" (Präambel). Durch diese Aufhebung der Zünfte durften die Meister „hinfüro kainerlay gesellschaft und versamblung" aus eigener Initiative und aus eigener Verantwortung bilden. Wenn die Meister aus den restlich verbliebenen Aufgaben, wie Ausbildung des Nachwuchses und der Wahrnehmung gesellschaftlicher, politischer und kultureller Verpflichtungen, gemeinsamer Beratungen bedurfen, dann durften sie nie „on wissen und willen des Bürgermeisters oder Richters Rats halten“, noch eine Verfügung oder gar eine eigenständige Ordnung treffen (Cap. 2, HO 1527).

Dadurch wurden den Zünften und Zechen alle gewerberechtlichen Ordnungsbefugnisse entzogen und sie bloss zu gesellschaftlichen, politischen und kulturellen Institutionen herabgesetzt. Die erste landesfürstliche Gewerbeordnung brachte die weitestgehende Liberalisierung aller Gewerbe- und Handwerksarten.

b) Die staatliche Gewerbehoheit

Die Zünfte durften ihre Zusammenkünfte „nicht anders als mit Vorwissen der Obrigkeit“ und nur „in Gegenwart eines verordneten commissarii“ bei sonst „empfindlicher straff“ halten (Cap. 3, HO 1527, HO 1732). Irgendwelche geheimen Beschlüsse der Zunftmitglieder *(Zunft-Heimlichkeiten),* die zu halten durch Eid bekräftigt wurden, wurden nunmehr „von solchem Eyd völlig losgesprochen“ (Cap. 10, HO 1732) und so ihrer Wirksamkeit entbunden.

Der Geschäftsverkehr zwischen den Zünften durfte nur über die zuständige Ortsobrigkeit durchgeführt werden (Cap. 6, HO 1732). Zu diesem Behufe durfte das Handwerks- und Bruderschafts-Sigil nur in obrigkeitlicher Verwahrung verbleiben (Cap. 6).

Beschwerden gegen Verstöße gewerberechtlicher Bestimmungen waren „nicht mehr bey der Zunft, sondern bey der Obrigkeit vor- und anzubringen“ (Cap. 2, HO 1732).

Die staatliche Gewerbebehörde setzte sich aus dem Bürgermeister oder einem Richter und aus zwei Meistern und zwei Gesellen, die aus dem jeweiligen Handwerk „erkhiert“ und vom Bürgermeister in Eid genommen wurden, zusammen (Cap. 3, HO 1527). Die staatliche Gewerbebehörde trat an die Stelle der „Zunft-Behörde“ und übte aus staatlichem Recht die Gewerbehoheit aus. Durch all diese Anordnungen wurden die Zünfte all ihrer hoheitsrechtlichen und eigenständigen Befugnisse vollends entkleidet. *Die Gewerbehoheit hatte allein die staatliche Behörde.*

Bei dieser Rechtslage sollte es auch gemäß der wahrscheinlich dringend zu erlassenden „Wiederverlautbarung“ der staatlichen Gewerbeordnung durch Franz I. im Hofkammer Dekret vom 13. Juni 1834 verbleiben.

c) Die Freisetzung des Gewerbes

Ferdinand I. unternahm ein großes Experiment und befreite alle Handwerker und Gewerbetreibenden von allen bisherigen Bindungen der Zünfte und setzte sie samt und sonders frei. Für die gewerbliche Wirtschaft wurde dadurch die freie Marktwirtschaft etabliert (1527).

Gegen die *Geschlossenheit der Zünfte* setzte der Landesfürst die *Offenheit der Gewerbe*. Jeder Geselle konnte nämlich, wenn er vermeinte, durch die Lehre und die Gesellenerfahrung genugsam ausgebildet zu sein, sich beim Bürgermeister zur Meisterprüfung „ansagen“ (Cap. 17, HO 1727). „Ein Meisterstück zu machen, war er nicht schuldig“ (Cap. 18). Dadurch fielen die hohen Kosten des Meisterstückes und die entsprechenden Hemmungen für die Erlangung des Meistertitels weg. Der Bürgermeister rief zur Meisterprüfung „zween aus dem Rat“ und „zween geschworene Meister und Gesellen des Handwerks“. Diese Kommission prüfte den Meister-Anwärter über „fünf bis sieben artikel des handwercks“. Darauf gab der Kandidat die Antworten.

Er erklärte auch: „wie er das handtwerck als Maister zu verrichten wisse“ (Cap. 17, HO 1527). Hiebei wurden sowohl die technischen Qualitäten als auch die wirtschaftlichen Eignungen geprüft.

Wenn die Meisterprüfung bestanden war, mußte der neue Meister in die Hand des Bürgermeisters „einen Eyd schweren“. Durch diesen übernahm der neue Meister die Verpflichtung: „in seinem handwerck nymand überzimliche Belohnung“ abzufordern, seine Waren mit erforderlicher Güte zu veräussern und „yede ainung treulich zu halten“ (Cap. 18, HO 1527). Dieser Eid wurde in „erkenntnis der untertänigkeit Uns als Herrn und Landesfürsten geleistet“. *Die Eides- und Treueverpflichtung galt nunmehr dem Landesfürsten als Repräsentanten des Gemeinwohles* (Cap. 18, HO 1527).

Gegen die frühere Ortsgebundenheit der Gewerbetreibenden verfügte der Landesfürst die *Freizügigkeit*. Hatte nämlich einer das staatliche „Meister-Patent“ ausgehändigt erhalten, dann „sollte er an jedem Ort für einen Meister seines Handwerks gehalten werden“ (Cap. 18, HO 1527). Jeder konnte sich daher überall ohne wirkungsvollen Einspruch der Ortsansässigen als Meister freizügig niederlassen.

Gegen die Gewerbe-Einzigkeit erlaubte der Landesfürst die Gewerbevielheit (Cap. 14). Wenn nämlich ein Meister mehrere Handwerksarten ausführen wollte, so „soll er sie treiben“, wenn er sie gelernt hat, nur mußte er für jedes Handwerk eine eigene Werkstätte haben. Jeder Meister durfte unter den gegebenen Umständen mehrere Gewerbe ausüben.

Gegen die Betriebsgrößenbeschränkung überließ der Landesfürst den Meistern die *Entscheidung über die Betriebsgröße*. Jeder Meister durfte, „wes handwercks er sey“, „Khnechte halten, soviel er nach gelegenheit seynes handtwerks zu halten weiß“ (Cap. 43, HO 1527). Jeder Meister konnte demnach seinen Betrieb und seinen Erzeugungsausstoß durch die Beschäftigung von Gesellen und Lehrlingen so groß halten, wie er wollte. Über die Betriebsgröße entschied nunmehr jeder Meister allein.

Gegen die zünftigen Kartellpreise verfügte der Landesherr ein strenges *Kartellverbot* mit der *Zusicherung der freien Preisbildung.* Die ferdinandeische Gewerbeordnung verfügte im Capitel 10 ein strenges Kartellverbot, wodurch den Handwerkern geboten wurde: „kain pact zu machen", in dem sie vereinbarten, wie sie zu kaufen und zu verkaufen und wie sie zu arbeiten hätten. Jeder sollte frei von jeder Zunftbindung „nach zimlichkeit seine arbeit verkaufen (Cap. 10, HO 1527). Sollte dagegen verstoßen werden, folgten „darumben schwärliche straffen" (Cap. 10).

Für die Garantie der freien Preiserstellung wurde eine staatliche Preisbehörde aus dem jeweiligen Bürgermeister und aus zwei in Eid genomenen Meistern erstellt (Cap. 11, HO 1527). Diese Behörde war zuständig für alle Beschwerden der Käufer gegen etwaige Preisverstöße. Sie sollte auch, wenn eine Preisbeschwerde von Kunden einlangte, für jede Arbeit *„den zimlichen Werdt (Preis) setzen"* (Cap. 11, HO 1527). Die Preisbildung wurde von allen zünftigen Kartellbeschlüssen freigesetzt und bei Überschreitung des „ziemlichen Wertes" der staatlichen Preiskontrolle und Preisverfügung unterstellt. Diese gewerberechtliche Neuerung brachte eine gänzlich neue Maxime für die gewerbliche Wirtschaft. *Die Maxime der einkommensichernden Kostendeckung für die Preiserstellung wurde ersetzt durch die Maxime der in der Konkurrenz erwirkten preisdeckenden Kosten.*

Witwen durften den Betrieb ihres verstorbenen Mannes als *Witwenbetrieb,* auch wenn sie weiter unverheiratet blieben, fortsetzen und Gesellen und Lehrlinge anstellen (Cap. 26, HO 1527).

Durch die Freisetzung des Gewerbes vom Zunftzwang, durch die Proklamierung der Freizügigkeit für Gewerbeniederlassungen, durch die Zulassung mehrerer Gewerbe für einen Meister, durch die Freigabe der Betriebsgrößen und schließlich auch durch die Sicherung der freien Preisbildung wurde die neue Gewerbeordnung (1527) vollends liberalisiert und von allen früheren Zunftbindungen freigesetzt. *Der gewerblichen Wirtschaft wurde für eine freie Wirtschaftsordnung das Tor weit geöffnet.*

Die Zünfte konnten allenthalben aus den ihnen verbliebenen „Restkompetenzen" alte Rechte und Gewohnheiten immer wieder an sich ziehen und so die alte ständisch gebundene Gewerbeordnung teilweise immer wieder instand setzen. Auf diese Weise gab es in der tatsächlichen Gewerbeordnung durch Jahrhunderte hindurch ein gemischtes *System von alter Zunftgebundenheit und neuer liberalisierter Gewerbeordnung.*

Daher mußten die landesfürstlichen Patente immer wieder den neuen Anordnungen zum Durchbruch verhelfen.

d) Die staatliche Aufsicht über Gesellen und Lehrlinge

Gesellen konnten von einem Meister nur mit Zustimmung der staatlichen Gewerbebehörde, des Bürgermeisters, in Dienst genommen werden (Cap. 20, HO 1527). Vor dem Bürgermeister hatten sie durch Eid „bei trewen und eeren" zu geloben, daß sie in der Stadt und im Markt arbeiten und wohnen und „uns" — der Behörde — „treu und gehorsam sein werden" (Cap. 28, HO 1527). Der Eid schloß auch die Verpflichtung ein, „on widerredt bei zimlichen Sold" wider „den veindt oder gegen andere Nöten der Stadt Kriegs- oder Verteidigungsdienste" zu leisten (Cap. 28). Der Eid vor der staatlichen Behörde hatte neben den bürgerlichen Pflichten auch die staatsbürgerliche Pflicht des Kriegsdienstes zum Inhalt.

Die Gesellen hatten die Pflicht, sich in „gebührenden Dingen" dem Meister und der Hausfrau gegenüber „gehorsam" zu verhalten, keine „unzimlichen Worte zu setzen", untereinander nicht zu streiten und „keine unerbaren Frauen in das Meisterhaus zu bringen" (Cap. 31, HO 1527).

Die eingegangenen Dienst- und Schutzverpflichtungen zwischen den Meistern und ihren Gesellen waren für die „verdingte Zeit" genau zu halten. Daher konnte der Meister keinen Gesellen vor Ablauf der verdingten Zeit ohne wesentlichen Grund entlassen, ebenso aber durfte auch kein Geselle „aufstehen" und ohne Kündigung den Dienstplatz verlassen (Cap. 36). Sie durften auch nicht streiken und die Arbeit verweigern (Cap. 34).

Die Meister hatten den Gesellen *„nach Kunst und geschikhligkeit"*, eben nach Leistung, *„den lon zu geben* und zu bezahlen" (Cap. 22). Dadurch war die frühere Maxime vom auskömmlichen Lohn durch das Prinzip des Leistungslohnes verdrängt. Nichts weist deutlicher auf die neuen Verhältnisse hin als dieses neue Lohnprinzip.

Für beide Vertragspartner, Meister und Gesellen, galt eine *Kündigungsfrist von zwei Monaten* vor Ablauf der vereinbarten Dienstzeit (Cap. 53). Diese Frist war gesetzt, „damit sich jeder weiters zu versehen wisse" (Cap. 50). Wenn der Abschied ehrbar und ohne Mißverhältnis erfolgte, dann „soll der Herr dem Gesellen den Passport oder den Abschiedszettel ausfolgen" (Cap. 52, HO 1527).

Gab es Beschwerden zwischen Meister und Gesellen, dann sollten diese „nicht mehr vor die Zunft", sondern „vor die Meister- und Gesellen-Obrigkeit" gebracht werden (Cap. 2, HO 1732). *Die staatliche Gewerbebehörde allein entschied als „Arbeitsgericht" über alle Streitigkeiten arbeitsrechtlicher Natur.*

Die Behörde hatte „beede parteyen zu vernehmen" und dann das Urteil zu sprechen. Gegen ein solches Urteil hatten beide Parteien den Rekurs zur höheren Instanz (Cap. 2, HO 1732).

Dieses staatliche Gewerbe- und Arbeitsgericht hatte auch über Verbrechen und Vergehen der Gesellen zu befinden (Cap. 5, HO 1732). Wenn nämlich „die gesellen sich gelüsten ließen: einen Aufstand zu machen, sich zusammenzurotten und keine Arbeit zu thun (streiken), so sollten sie mit Gefängnis, Zuchthaus, Festungsbau oder Galeerenstrafe belegt werden" (Cap. 5, HO 1732). Dienst- und arbeitsrechtliche Vergehen wurden nunmehr vom Staat und seinen Behörden und in der strengen Weise des staatlichen Strafrechtes geahndet. *Das Gewerberecht war auch im Arbeitsrecht ein staatliches Recht.*

Lehrlinge durften nur mit Wissen des Bürgermeisters von einem Meister aufgenommen werden (Cap. 47, HO 1527). Sie hatten die Pflicht, sich gegen den „Meister und die Meisterin" „gehorsam und treu" zu verhalten und in der Lehre all die Kenntnisse und Erfahrungen aufzunehmen, die für den weiteren Lebensgang als Gesellen und Meister erforderlich waren. Kein Lehrling durfte ohne die Zustimmung seines Meisters den Arbeitsplatz verlassen. Geschah dies, dann mußte der Lehrling an seinen alten Lehrplatz zurück (Cap. 47, HO 1527). Durch diese Bestimmung sollte der immer wieder versuchten Fluktuation der Lehrlinge Einhalt geboten werden.

In näherer Ausführung wurde in der Gewerbeordnung von 1732 bestimmt, daß bei der Aufnahme eines Lehrlings der Geburtsbrief und andere Urkunden über das Herkommen geprüft und beide Dokumente dem Lehrmeister übergeben werden. Bei Abgang von der Lehre nach Ablegung der Gesellenprüfung sollte ein *Lehrbrief* ausgestellt werden, den der Bürgermeister mit dem Zunftsiegel siegelte. Der Lehrbrief hatte folgenden Inhalt:

„Wir, Zechmeister des Handwerks N. in der Stadt N., bescheinigen, daß der gegenwärtige Geselle, namens N. aus N. gebürtig, soviele Jahre alt, x Jahre und Wochen in Arbeit gestanden und sich in dieser Zeit treu, fleißig, still, friedsam und ehrlich verhalten hat; welches Wir also attestieren und deshalb unsere Mitmeister, diesen Gesellen nach Handwerksbrauch überall zu fördern, geziemend ersuchen wollen. Der Zechmeister" (HO vom 19. April 1732).

Die allseitige Aufsicht der staatlichen Gewerbepolitik brachte zwar das Übergewicht des Staates in Gewerbe- und Handwerksangelegenheiten, aber keineswegs den totalen Ausstieg der Zünfte. Diese wurden auf die Ausbildung, auf die gesellschaftlichen und sozialpolitischen, auf die politischen und kulturellen Aufgaben zurückgedrängt. Dadurch ergab sich gegen den vom Landesfürsten beabsichtigten Monismus des nur staatlichen Gewerberechtes doch noch ein Dualismus in einem *Mischsystem von staatlicher Gewerbepolitik mit ständischen Zunfteinflüssen. Je nach dem komplementären Verhältnis von Staat und Zünften hatten einmal der Staat und ein andermal die Zünfte das Übergewicht.*

e) Der Verlag: die neue Unternehmungsform in der gewerblichen Wirtschaft

Den angestammten Kräften der zünftigen, einkommensgesicherten Unternehmen erwuchs aus der Entwicklung der gewerblichen Wirtschaft eine Gegenkraft: *der Verlag.* Der Entstehungsgrund für den Verlag entstammte aus den Markterfahrungen der Marktfahrer. Diese belieferten die Wochen- und Jahresmärkte und gewannen hiebei die Kenntnis, daß es auf den Märkten immer wieder eine freie Nachfrage nach bestimmten Waren und Warengattungen gab. Dieser freien Nachfrage stellten die Marktfahrer aus ihren Lagerbeständen ein entsprechendes Angebot entgegen.

Die Marktfahrer ergänzten ihre Lagerbestände durch größere Lieferaufträge an die Handwerker oder an Heimarbeiter. Dadurch bildete sich eine *geteilte Nachfrage* heraus: zur alten *„Kundenproduktion"*, die aus einem persönlichen Verhältnis von Kunden und Handwerker entstammte, trat die *„Marktproduktion"*, für die von den Marktfahrern die entsprechend größeren Aufträge gegeben wurden. Dieser neuen Nachfrage stellte sich ein *geteiltes Angebot* gegenüber: die *Kundenproduktion* für die individuell gefertigten Aufträge und die *Marktproduktion* mit „Serienerzeugnissen" für die Marktfahrer und Verleger. Daraus ergab sich ein *neuer Unternehmertypus, der Verleger,* der einen anonymen Markt auf den verschiedenen Wochen- und Jahrmärkten „versorgte". Die Markterkundung und die Marktaufschließung bildete sich so als eine neue Unternehmeraufgabe heraus. Diese Neuerung wies den Weg in die fernere Zukunft.

Die Intensivierung von Nachfrage und Angebot erfolgte am Markt durch den meist kombinierten Markt der Jahrmärkte. Die Kombination bestand in der *Koppelung von Agrarmarkt* mit Getreide- und Viehabsatz und *dem Gewerbemarkt* mit dem Absatz von Gerätschaften und sonst üblichen Hausratsgegenständen und Kleidern. Der Agrarmarkt brachte den Bauern das Geld, das sie für den Erwerb gewerblicher Güter an die Verleger und Marktfahrer wieder ausgaben. Dieser Zusammenstoß von Agrar- und Gewerbemarkt gab den Verlegern ihre Entwicklungschance. Die gewerblich erzeugten Waren auf den Märkten waren *einmal* Eisen- und Stahlwaren, wie Messer, Klingen, Sicheln, Sensen, Nägel, Drähte und andere Gerätschaften für den Betrieb bäuerlicher Hofwirtschaften. Wie umfangreich das Lager eines solchen Verlegers sein konnte, zeigte das Verlassenschaftsinventar des verstorbenen Verlegers Heinrich Lugstein in Wels aus dem Jahre 1602. Dort wurde ein Lagerbestand von 118 000 Messern aller Art und Größe und 29 Pfriemen ausgewiesen (F. Tremel: Wirtschafts- und Sozialgeschichte Österreichs, 1968, S. 189). Zum *anderen* wurden Waren der Leinenweber, der Tuchmacher, der Barchentweber, der Baumwollstrumpfweber und selbst die der Seidenwarenerzeuger und der Buchdrucker im Wege des Verlages auf den Märkten vertrieben.

Die *Organisation des Verlages* war sehr einfach. Die Verleger *„legten"* den Handwerkern und Heimarbeitern das Geld für die Roh- und Hilfsstoffe, wie auch für die Entlohnung der Arbeit *„vor"*. Die Handwerker und Heimarbeiter lieferten die Fertigwaren gegen die endgültige Abrechnung. Dadurch hatten die „verlegten Handwerker" in der Zeit der zunftfreien Bedrängnisse ein einigermaßen gesichertes, wenn auch immer wieder gedrücktes Einkommen, und die marktfahrenden Verleger eine gesicherte Warenbelieferung. Die Verlagsorganisation stellte sich im größeren Betrieb mit einer *Funktionsteilung* dar: der *Marktbelieferung* und der *Warenerzeugung*. Dadurch wurde in zweifacher Weise in die Zukunft gewiesen: *die Versorgung eines größeren, aber anonymen Marktes* und die *Bedrohung der Selbständigkeit der bisher freien Meister*. Eine neue Zeit schien für die gewerbliche Wirtschaft im Kommen zu sein.

5. Die Manufakturpolizei

Die staatliche Manufakturpolitik ergänzte die Gewerbepolitik, indem sie die Erzeugung mit großem Ausstoß für weite Märkte förderte. *Die Manufakturen waren Unternehmungen mit größeren Betriebsstätten, die arbeitsintensiv mit arbeitszerlegtem Verfahren erzeugten.* So versorgten sie durch ihre größere Produktion die angestrebten größeren Märkte.

Die *Zwecke* der Manufakturen waren mannigfach. Durch den größeren Erzeugungsausstoß versorgten sie die Bevölkerung mit mehr Waren, die meist noch mit günstigen Kosten erzeugt werden konnten. Diese bessere Versorgung *steigerte in gewünschter Weise den Wohlstand des Volkes.*

Da in den Manufakturen arbeitsintensiv mit einer jeweils großen Belegschaft gearbeitet wurde, zogen die Manufakturen die Arbeitskräfte wie mit einem Sog an sich. Auf diese Art wurden immer mehr Arbeitsplätze geschaffen, wodurch das Volk „nahrhaft" gemacht wurde. *Die Manufakturen dienten der Arbeitsbeschaffung.*

Durch die bessere Versorgung und die „Nahrhaftmachtung des Volkes" nahm auch die Abhängigkeit vom Ausland ab und die *wirtschaftliche Unabhängigkeit zu.* Und gerade dies war es, was von der landesfürstlichen Wohlstandspolizei mit allen Mitteln angestrebt wurde, weil sich auch die politische Unabhängigkeit verstärkte.

Der höhere Ertrag der Manufakturen und die höheren Einkommen der Unternehmer brachten auch dem Staat ein *höheres Steueraufkommen*, wodurch dieser eine stärkere wirtschaftliche Verfügungsmacht hatte.

Wenn das Echo auf die staatliche Manufakturpolitik von seiten der privaten Unternehmer mangels Gründungskapital oder wegen der Sorge vor zu großem Risiko zu dürftig war, wurde der Staat durch seine Manufakturgründungen selbst *„zum Schrittmacher des Fortschrittes“* (J. H. G. Justi: Die Grundfeste zur Macht der Staaten, 1760, Bd. 1, § 497). Durch die Manufakturpolizei gab der Landesfürst der gewerblichen Wirtschaft seines Landes eine neuartige Struktur und eine neue Wirtschaftsordnung: die Ordnung der landesfürstlich gelenkten Gewerbewirtschaft.

a) Die landesfürstlichen Manufakturprivilegien

Der Landesfürst verlieh als Repräsentant des wirtschaftlichen Fortschrittes von sich aus die Privilegien für die Manufakturen. Diese gaben den Begünstigten das Recht, außerhalb der doch eng begrenzten Bestimmungen der geltenden Gewerbeordnung zu erzeugen und den Markt zu beliefern. Die Erzeugung konnte im Großen ohne Begrenzung für die Belegschaft und im jeweils neuen Verfahren erfolgen. Diese durch die Privilegien *bevorzugte Stellung* der Manufakturen sollte durch eine *Vorzugsleistung* von seiten der Manufakturunternehmer quittiert werden. Diese erwartete Vorzugsleistung konnte im großen Erzeugungsausstoß und im neuen technischen Verfahren liegen. Die Großerzeugung brachte eine bessere und das jeweils neuere Produktionsverfahren eine billigere Versorgung. Die privilegierten Manufaktur-Unternehmer sollten auf diese Weise eine volkswirtschaftliche Schlüsselstellung einnehmen, die durch kostengünstigere Erzeugung die Versorgung des Volkes verbessern sollte. Der sozialwirtschaftliche Schlüsselcharakter der privilegierten Manufakturen bestand außerdem noch in der zusätzlichen Arbeitsbeschaffung für das Volk. Die Privilegien des Landesfürsten sollten für all diese Schlüsselaufgaben die Unternehmer von allen sonstigen Bindungen freistellen. *Die landesfürstliche Privilegienpolitik wollte eine Unternehmerpolitik sein, wodurch sie der Wegweiser für eine neue Wirtschaftsordnung wurde.*

Diese Manufakturprivilegien wurden für verschiedene Wirtschaftssparten gegeben, so wie es eben der Entwicklung oder der Bewerbung von seiten der Unternehmer entsprach.

aa) Das Porzellan-Manufaktur-Privileg für Du Paquier

Der Franzose *Claudius Innozenz Du Paquier* und drei „Mitconsorten“ Peter Heinrich Zender, Christoph Conrad Hunger und Martin Becker wollten auf Grund einer „letzthin ergangenen öffentlichen Ausschreibung um ein Privileg für ein „Neues Manufaktur-Kunstwerk“ zwecks Erzeugung von „allerley feinstem Porcellan-Mayolica-Indianischem Geschirr, Gefäß und Gezeug“ einkommen. Sie wollten eine solche Manufaktur „in Unseren Erblanden“ mit den erforderlichen „Künstlern und Arbeitern“ aufrichten. „Sie haben Uns allunterthänigst gebeten, daß Wir, Landesfürst in Österreich, das new aufzurichtende Kunstwerkh und Manufakturey in Unseren besonders höchsten Schutz und protection nehmen.“

In Erwägung solcher Gründe und vor allem, daß die Etablierung einer solchen Porzellan-Manufactur, die in den Erblanden noch nicht besteht, „die Commerzien vermehrt“, und „den gemeinen Nutzen fördert“, „haben Wir allgnädigst die Manufactur-Fabric in Unseren besonders allerhöchsten Schutz und Schirm und protection aufgenommen und dem geschlossenen Sozietäts-Contract das gegenwärtige Special-Privilegium auf 25 Jahre lang bewilligt und ertheilt“.

Das Privileg umfaßte folgende Begünstigungen:

1. Die Gesellschafter durften „in Wien und in anderen Orthen, wo es ihnen beliebt, Porcellan- und Mayolica-Geschirr verfertigen, nachmachen und damit in grosso als auch in minuto handeln; zudem ist die Gesellschaft „von Einquartierungen, Exactionen, Contributionen und derley beschwörlichkeiten exempt“; niemand darf die Fabrik samt Zubehör beschwären und überlästigen“.

2. Den Gesellschaftern steht es frei: „alle dienlichen Arbeiter, Hafner und andere Leuth umb bezahlung aufzunehmen, nach ihrem Willen abzurichten und zu gebrauchen, ohne daß von der Hafnerzunft im geringsten ein Nachteil werde“;

3. Alle „dienstsamen metale, ärze und Erden müssen gegen ordentliche bezahlung ohne weigerung oder Hindernis ausgefolgt werden“;

4. „Kein anderer Hafner oder andere Leuth sollen solcherley Porcellan-Geschirr in Österreich durch 25 Jahre nachzumachen verstattet werden“;

5. „Weil diese neue Kunstfabric viel Leuth im Land ernährt“, dürfen „die Hafner nicht den geringsten Nachteil tun und die Handelsleute nicht geringstes in den Weg legen.“

Gegeben auf Schloß zu Laxenburg, den 27. Mai 1718: Care

Die „Fa. Du Paquier & Co“ hatte durch dieses Manufakturprivileg eine Monopolposition am österreichischen Markt mit einer Reihe bedeutender Begünstigungen. Kraft dieser Vorzugsstellung sollte sie die erwarteten Vorzugsleistungen mit einem Multiplikatoreffekt für die Beschäftigung und die genugsame Versorgung des heimischen Marktes vollbringen. Die Firma kam aber nicht weit über die Gründungsschwierigkeiten hinweg und mußte über sich ein Konkursverfahren ergehen lassen, das die Unternehmung in die Hand des Staates brachte und ein Staatsmonopol daraus werden ließ.

bb) Das Sichel-Manufaktur-Privileg für Anton Mosdorfer

Für das Ansuchen Anton Mosdorfers aus Weiz um ein Privileg für eine Sichel-Manufaktur liegt ein geschlossenes Verfahren vor, so daß der Vorgang zur Erlangung eines staatlichen Privilegs deutlich gemacht werden kann.

Dem ursprünglichen Ansuchen um die Erteilung des Manufakturprivilegs für die Sichelerzeugung wurde von der Hofkammer für Münz- und Bergwesen ein abweisender Bescheid gegeben und zwar mit dem Hinweis: Anton Mosdorfer in Weiz möge sich mit der Klingen- und Rohrschmiedarbeit begnügen.

Dagegen erhob Mosdorfer Recurs und begründete diesen ausführlich:

1. Die Klingenarbeit habe mit Bescheid der „Militär-oekonomie-Commission mit einmal ihr Ende genommen";

2. Gemäß allerhöchsten Befehls soll ich meine so geschickt als kunstreichen Gesellen dermalen „vacirend mit Kost und Lohn versorgen";

3. Auch soll ich mich „für die Unterhaltung meiner zahlreichen Hausgenossenschaft mit der unzulänglichen Waffenschmiedarbeit begnügen". Aus diesen Gründen muß ich meine Klingenfabrik nebst allen Realitäten verkaufen und mich um einen anderen Nahrungszweig besorgen.

Diese Notwendigkeit will es erheischen, daß eine gnädigste Remedur getroffen werde, denn neben den nur vier Sensenschmieden in Steiermark werden hunderte Sichel aus Kärnten „hereingeschwärzt".

Anton Mosdorfer, Klingenschmied zu Weiz in Steyer.

Dieser Eingabe folgte eine zustimmende Änderung des Kammergrafenamtes als oberster Gewerbebehörde für die Eisen- und Stahlerzeugung vom 29. Juli 1780. Auf diese hin erfolgte auch der zustimmende Bescheid der Hofkammer: „An das kk. Oberkammergrafenamt in Steiermark: Auf dessen Bericht vom 29. Juli wird Anton Mosdorfer die Fertigung der Sichel gegen vorgeschlagene Bedingnisse ad dies vitae gestattet. Wien, den 4. August 1780."

cc) Die Streuung der Manufakturen (Auszug)

Um die Bedeutung der Manufakturen für Österreich im Gesamten zu zeigen und um die Struktur der Regionen mit den Manufakturzentren als Schlüsselpunkte für multiplikative Beschäftigungseffekte erkennen zu können, sei eine Übersicht über die einzelnen Manufaktursparten in Auswahl gegeben. Es wird hiebei der Darstellung von F. Tremel gefolgt.

Die *Eisen- und Stahlerzeugung* wie auch die Verarbeitung zu Fertigprodukten konzentrierte sich auf Innerösterreich. Um die Verlagsorte: Steyr, Waidhofen, Vordernberg, Leoben, St. Veit in Kärnten gruppierten sich die Hammerwerke in Ober- und Niederösterreich: wie in Mattighofen, Wels, Mondsee, Gmunden, Kirchdorf, Steyr, Losenstein, Weyer, Gresten, Scheibbs, Gamming, Reichraming; in Steiermark: im Mur- und Mürztal von Murau über Judenburg und Knittelfeld nach Vordernberg, Trofaiach, Leoben, Bruck, Kapfenberg, Kindberg bis Mürzzuschlag und in alle Seitenthäler dieser Furche, so im Kammertal mit Rottenmann und Kammern und auch in Obdach, für Kärnten: Hermagor, Ferlach, Gmünd, Himmelberg, Waldstein; in Tirol: Fulpmes, Sterzing und Brunneck.

Die *Textilmanufakturen* erzeugten auf der Grundlage des heimischen Flachsbaues Leinen und auf der Basis der Schafzucht Schafwollstoffe und mit der importierten Seide Seidenstoffe, wie auch mit der eingeführten Baumwolle Baumwollstoffe. Die Zentren der Textilmanufaktur waren in Niederösterreich: Horn, Walpersdorf, Schwechat, Groß Sieghardt, Hainfeld, Friedau, Krems, Döbling, Mödling; in der „feuchten Ebene" des Wiener Beckens: Baumwollerzeugung und im Steinfeld: Schafwollerzeugung. In Graz gab es eine Barchent- und eine Seidenfabrik, in Hallein und in Schwaz je eine Baumwoll-Strumpfmanufaktur. In Kärnten gab es in Paternion, Klagenfurt und Viktring eine Wollmanufaktur, in Tirol in Reutte, Imst, Telfs und Rattenberg wie auch in Vorarlberg von Bregenz durch das Rheintal aufwärts und selbst im Bregenzer Wald Textilmanufakturen.

Papiermanufakturen waren in Braunau, Wels, Weitra, Rosenburg, Krems, Loosdorf, St. Pölten, Schottwien, Ebergassing und Rammersdorf etabliert. Eine *Spiegelmanufaktur* gab es in Neuhaus, *Zuckermanufakturen* wurden in Klosterneuburg und in Wiener Neustadt und *Tabakmanufakturen* in Fürstenfeld und in Hainburg gegründet.

Dieser Überblick vermittelt die Kenntnis einer reich gegliederten Manufaktur-Struktur, die der landesfürstlichen Manufakturpolitik das beste Zeugnis ausstellt.

Wenn auch manche Gründungen keinen Dauererfolg hatten, so blieben gar nicht wenige Manufakturfabriken bis in die Zeit der Industrialisierung bestehen und vermochten selbst da noch den Eingang in die neueste Zeit zu finden.

Mit den Manufakturen und den Verlagen entstand der *Unternehmer*, der in der folgenden Zeit die Führung der wirtschaftlichen Entwicklung übernehmen sollte. So gesehen *war mit der Manufaktur nicht nur eine neue Produktionsart, sondern auch eine neue Führungsschichte für die Wirtschaftsentwicklung im Kommen.*

b) Die staatlichen Manufakturen

Soferne sich nicht genügend Bewerber um Manufakturprivilegien wegen Mangels an Kapital oder wegen des zu großen Unternehmerrisikos einfanden, *wurde der Landesherr selbst Unternehmer*. So nahm der Landesherr in diesem oder in jenem Zweig, der besonders entwicklungsfähig und für den Fortgang im Wachstum der sozialen Wirtschaft antriebskräftig zu sein schien, die *Gründung von Staatsmanufakturen* vor. Für solche „Entwicklungs-Manufakturen" lag dem Landesherrn der wirtschaftspolitische Zweck näher als der auch als Nebenzweck nicht unerwünschte Erfolg der höheren Staatseinnahmen. So wurden vom Landesfürsten im Laufe der Zeit Manufakturen in verschiedenen Zweigen gegründet, die vielfach von den „Wirtschaftsberatern", den Kameralisten, vorgeschlagen wurden. *Der Landesfürst schritt den neuen Manufakturunternehmern voraus.*

Für Österreich seien von den vielen Staatsunternehmungen zwei herausgehoben: die staatliche Porzellan-Manufaktur und das Tabakmonopol.

aa) Die staatliche Porzellan-Manufaktur

Die von Du Paquier gegründete Porzellan-Manufaktur hatte so viele Anfangsschwierigkeiten, daß sie zu keinem Erfolg kommen konnte. Die Manufaktur schien aber für die wirtschaftliche Entwicklung von solcher Bedeutung zu sein, daß sich der Landesherr, Kaiser und Erzherzog Karl VI., veranlaßt fühlte, zu intervenieren und die gegründete Fabrik in die öffentliche Hand des Staates zu übernehmen. Der entsprechende Vertrag wurde am 10. März 1744 zu Wien abgeschlossen.

Der „Kauff- und Verkauff-Contract" wurde zwischen der „hochlöblichen kgl. Ministerial-Banco Deputation" und Claudius Innozenz Du Paquier abgeschlossen. Dazu kam es aus folgenden Gründen.

Du Paquier wurde bei der Kaiserlichen Majestät vorstellig und berichtete von seiner Schuldenlast, die es ihm unmöglich mache, „die mit besonderer müh und willen errichtete Fabrique" weiterzuführen. Du Paquier erbat für die Überlassung der Porzellan-Manufaktur an den Staat: für „sich und seines Weibs nöthige Unterhaltung den nöthigen gehalt oder pension lebenslang".

Die beauftragte Deputation entschloß sich, die Porzellanfabrik käuflich zu erwerben. Der Kaufvertrag hatte folgenden Inhalt.

„Du Paquier übergibt die errichtete Porcellan-Fabrique nebst allem Vorhandenen vor 70 000 Gulden und vor 40 000 Gulden Porcellangeschirr und allen vorhandenen Materialvorrat; der Verkäufer übergibt die ganze Fabrique nebst allen gemalten Originaldokumenten, wie auch alle Ar-

44. Erbhuldigung für Röm. Kayser Karl VI. als Herzog zu Steyr am 6. Juli 1728 zu Graz

45. Kaiserliches Bankett Rudolf II.: Repräsentationsfest des Ordens vom Goldenen Vlies in Prag

beiter und Künstler; Du Paquier soll mit seinem Wissen und Gewissen, so lange er lebt, der Fabrik mit der nöthigen Direktion vorstehen; Du Paquier erhält nebst einer ziemlichen Wohnung jährlich einen unterhalt von 1 500 Gulden und nach seinem Tod bekommt die hinterlassene Wittib alle Jahre 600 Gulden."

Durch diesen Vertrag wurde die *staatliche Manufaktur gegründet,* die sich einen dauernden Bestand sicherte und einen ehrenwerten Namen und Ruf bis in die Gegenwart zu halten vermochte.

bb) Das staatliche Tabakmonopol

Nach einigen Versuchen: die Erzeugung und den Verschleiß von Tabak und Tabakwaren zu einem staatlichen Monopol zu machen, gelang es durch das Dekret vom 3. Jänner 1785 unter Josef II., *die gesamte Tabakwirtschaft einem Staatsmonopol zu unterstellen.* Der Zweck dieses Vorhabens wurde mit „einem größeren Nutzen zum Besten der Staatsbedürfnisse" angegeben.

Das Monopol vergab die staatliche Anbauerlaubnis für Tabak. „Niemand soll ohne erhaltene Erlaubnis Tabak anbauen und an jemanden anderen als allein an die Direktion der Tabakverwaltung verkaufen" (§ 5). Desgleichen durfte niemand rohen und fabrizierten Tabak aus fremden Landen einführen (§ 1). Den in den staatlichen Tabakmanufakturen erzeugten Tabak mit all seinen verschiedenen Fertigprodukten durften nur die zum Verschleiß bringen, die darum ansuchten und „dazu anständig befunden" wurden (§ 7). Diese vom Staat beauftragten Verschleißer waren verpflichtet: „die festgesetzten Preise, Maße und Gewichte auf das genaueste zu beobachten", widrigenfalls sie nicht nur ihre Erlaubnis verloren, sondern auch wegen Betruges bestraft wurden (§ 7).

cc) Das staatliche Manufakturhaus: die Gewerbe-Akademie

Wohl das interessanteste Projekt der Manufakturpolizei war das *staatliche Manufakturhaus am Tabor in Wien,* das als *Gewerbe-Akademie* geschaffen wurde. Den Plan hiefür erstellte der bedeutendste Vertreter des österreichischen Kameralismus, *Johann Joachim Becher.* Das Manufakturhaus sollte die staatliche Ausbildungsstelle, aber auch die staatliche Erfindungs- und Entwicklungsstelle für die gesamte Manufaktur Österreichs werden. Es wurde mit kaiserlicher Zustimmung im Jahre 1675 gegründet und Becher wurde zum Direktor bestellt.

Das Manufakturhaus umfaßte Lehrwerkstätten für alle Gewerbearten, ein chemisches Laboratorium, eine Lehrwerkstätte für Majolikageschirr, eine Apotheke, Werkstätten für Haushaltsgeräte, eine Seiden- und eine Wollmanufaktur, eine Schmelzhütte für Eisen und eine für Glas. Andere

Lehrwerkstätten sollten nach dem Verlangen aus der gewerblichen Wirtschaft entwickelt werden. Die Ausbildung für den Nachwuchs der gewerblichen Wirtschaft sollte eine theoretische und praktische sein.

Nach dem Abgang Bechers übernahm *Wilhelm Schröder*, auch ein bedeutender österreichischer Kameralist, die Leitung des Manufakturhauses.

Wegen zu geringer Unterstützung von seiten des Staates konnte das Manufakturhaus nicht die beabsichtigten Pläne verwirklichen. Da sich auch dauernd Widerstände von seiten der Zünfte einstellten, die ihr Ausbildungsmonopol für die gewerbliche Wirtschaft und damit ihre Existenzberechtigung bedroht sahen, war das Manufakturhaus als Gewerbeakademie eine Gründung, für die die Zeit noch nicht reif war. Als zur Zeit der Türkenbelagerung Wiens im Jahre 1683 das Manufakturhaus am Tabor in Flammen aufging, war das Ende für dieses Großprojekt der österreichischen Manufakturpolizei gegeben.

6. Die Verkehrspolizei

Die staatliche Verkehrspolizei fügte sich folgerichtig in die landesfürstliche Wohlstandspolizei ein. Wollte diese eine Steigerung des Wohlstandes für das Volk durch die Aktivierung bislang noch lagernder Produktivkräfte, so sollte die Nutzung dieser durch den Ausbau aller Verkehrseinrichtungen ergiebiger gestaltet werden. Für die ergiebigere Nutzung war in den Betrieben eine weitere Differenzierung der Arbeitsvorgänge und für das ganze Land eine weitere Spezialisierung der Auswertung regionaler Vorteile erforderlich. Sollten aber die absoluten und komparativen Kostenvorteile der Bezirke, Kreise und Regionen zur Wirkung kommen können, dann mußte der Differenzierung eine entsprechend gegenläufige Integrierung parallel laufen. Die regionale Zerteilung bedurfte einer wirksamen Zusammenfassung der einzelnen Bezirke zum Ganzen der staatlich organisierten Volkswirtschaft. Diese *räumliche Integration leistet der Verkehr*, indem er durch die Straßen und die Wasserwege *die Teile zum Ganzen verbindet.*

Aus dieser Erkenntnis erfolgte vom Landesfürsten die erforderliche räumliche Integration seines Wirtschaftsgebietes durch den Ausbau der verschiedenen Verkehrswege und durch die Sicherung des Verkehrs auf diesen. *Der Verkehr „befördert die Commercien und das Gewerbe"* (J. H. G. Justi).

a) Die Straßenpolizei

aa) Bau und Erhaltung der Straßen

Rudolf II. stellte fest, daß der „Zustand der Straßen und Brücken an vielen Orten schlecht" sei. Dies sei wiederum „für den Verkehr gefährlich, übel und schädlich". Deshalb wurde in seinem *General-Straßen-Mandat* vom 12. März 1594 verfügt, daß alle zuständigen Stellen dem Ausbau und der Ausbesserung der Straßen und Brücken die größte Aufmerksamkeit zuwenden müßten.

Im besonderen wurde angeordnet, daß die drei zuständigen Instanzen die Straßen und Brücken in einen Zustand zu bringen haben, der der Entwicklung des Verkehrs entspräche.

Die *Inhaber der Maut- und Zollstellen* wurden verpflichtet, die Straßen und Wege in brauchbaren Zustand zu bringen. Die *Städte und Märkte* hatten ihrerseits im Bereich ihres Burgfriedens die Straßen und Brücken in Ordnung zu bringen und in nutzbarem Zustand zu erhalten. Schließlich waren die *Ortsobrigkeiten* schuldig, mit ihren Untertanen im Rahmen der Robotverpflichtungen mit Hand- und Spanndiensten „die Wege und Straßen brauchsamb und tauglich zu machen, damit die Wege und Straßen jederzeit erhalten werden mögen". Mit diesen wiederholt erlassenen Verfügungen wollte der Landesfürst die Verkehrswege als Integrationsstränge für seine Bezirke und Regionen in einen nutzbaren Zustand bringen lassen und so erhalten.

bb) Die Straßen-Verkehrspolizei

Gegen die Unsicherheit auf den Straßen ordnete schon Ferdinand I. durch sein *Straßen-Mandat* vom 18. Mai 1559 zum zweitenmal an, daß an beiden Seiten der Straßen ein *baum- und strauchfreier Kordon* gezogen werden müsse. „Straßenräuber und Mörder" brachen nämlich immer wieder aus den Wäldern aus und überfielen die eigenen Untertanen wie auch die Fremden. Dadurch wurde der Verkehr vielfach unterbrochen und von vielen sogar gemieden. Deshalb wurde verfügt, daß zu *beiden Seiten der Straßen „das Gehölz und Staudach" acht Klafter tief ausgeschlagen* werden müsse. Später wurde diese Anordnung erweitert und es wurde befohlen, den freien Streifen auf zwölf Klafter zu erweitern. Diese „Säuberung mußte innerhalb dreyer Monathe" durchgeführt sein. „Wer solches zu tun unterläßt, soll nicht allein das Holtz, sondern auch den Grund, auf dem das Holtz steht, verlieren." *Mit der Sicherung des Verkehrs auf den Straßen sollte dieser seine räumlich verbindende Funktion wirksam leisten können.*

b) Schiffahrts- und Hafenpolizei

aa) Die Sicherung der Wasserstraßen

Durch Unwetter und Hochwasserstöße wurden immer wieder Bäume samt ihren Wurzelstöcken von den Ufern gerissen. Sie verlegten dann die Schiffahrtsrinne. Dadurch entstanden „Schäden und Gefährlichkeiten an Leib und Gut". So wurde der Schiffverkehr auf der Donau abwärts und aufwärts gehemmt. Deshalb befahl Ferdinand I. in seinem *„Mandat über die Regulierung der Donau"* vom 15. Februar 1540 (in der Folge wurde dieses Gebot noch öfter wiederholt), daß „das Holtz in den Auen zwischen Crembs und Wien sechs Klafter weit von der Donau" entfernt werden müsse. Dieser Befehl mußte zwischen dem Tag des Mandats-Erlasses, dem 15. Februar, und dem St. Georgstag am 24. April, vollzogen sein. „Welche hier ungehorsam erscheinen, haben mit gebührlicher Straff zu tun." Diese Verfügung sollte die Schiffahrtsrinne von allen Hindernissen frei halten und den Schiffsverkehr dadurch sichern.

bb) Die Sicherung des Schiffsverkehrs

Dem Schiffsverkehr auf der Donau erwuchs eine Gefahr durch den üblichen Unfug, daß an das Hauptschiff zwei bis vier und sogar mehr Schleppschiffe angehängt wurden. Dadurch wurde das Manövrieren beim Ausweichen im Gegenverkehr gefährlich. Daher befahl Maximilian II. in seinem *„Generale für die Donauschiffahrt"* vom 10. Juni 1568 (und dann noch öfter), „daß ihr euch der großen Anheng neben dem Hauptschiff außer der Fudterzille gänzlich enthaltet". Wurde aber jemand von den Mautnern bei einem solchen Vergehen betreten, dann „sollen in Unsere Cammer 100 fl ungarisch in Geld verfallen sein und er dazu noch am Leib gestraft werden".

cc) Die Freihafenpolitik für Triest und Fiume

In beiden Städten wurde zur Belebung des Außenhandels durch Karl VI. in der Instruktion vom 19. Dezember 1725 *je ein Freihafen geschaffen.* „Allen und jedem, was Nation, Stands oder Religion sie seyn mögen, ist es erlaubt, in beeden privilegierten Meer-Porten, Triest und Fiume, einzulaufen, um hier frey und ungehindert handeln zu können" (art. 2). Alle zur See aus fremden Ländern eingeführten Waren haben keine Gebühren zu zahlen, wenn die Waren wieder zur See exportiert werden (art. 3).

Wurden aber die zur See eingeführten Waren landeinwärts in die innerösterreichischen Länder verfrachtet, dann waren die entsprechenden „Mauth-Gebürnisse" zu leisten (art. 2). Durch diese Freihafenpolitik wollte der Landesfürst eine entsprechende Belebung des Außenhandels erreichen.

c) Die Post

Das Postprivileg der *Familie Baar* wurde durch die *Verstaatlichung der Post* beendet. Dadurch wurde der Nachrichtenverkehr ganz und gar der staatlichen Ordnung unterstellt. Um die bisher oft gegebenen „Unordnungen, Mißbräuche und Verzögerungen“ abzustellen, erließ Leopold I. am 16. April 1695 die *„Post-Ordnung“*. In dieser wurde verfügt: daß „keine Truhen und schwere Sachen“ der Post zur Beförderung übergeben werden, daß die Post durch keine „Einquartierung von Kriegsvolk“ eine Behinderung erfahre, und daß die Grundherren den Postverkehr nicht nur nicht hemmen, sondern jeweils die entsprechende Hilfe leisten sollten. Durch diese Anordnung, die später des öfteren wiederholt wurde, konnte der Nachrichten- und Paketverkehr wie auch der Personenverkehr eine beachtliche Verbesserung erfahren. Der verbesserte Nachrichten- und Personenverkehr zog durch seine stärkere Integration einen vergrößerten Warenverkehr und vor allem einen dichteren Handelsverkehr nach sich.

7. Die Handelspolizei

Die Wirtschaftsgesellschaft hatte die Aufgabe, das gesamte Volk mit den notwendigen Gütern für die Lebenshaltung und mit den Gütern des gehobenen Bedarfes für eine kultivierte und gepflegte Lebensführung und ein „vergnügtes Leben“ zu versorgen. Die Versorgung tätigt die Wirtschaftsgesellschaft durch die Erzeugung und die Vermittlung der Güter. Der Zweck der Wirtschaft ist demnach die Versorgung des Volkes. Die sozialwirtschaftliche Seite der Versorgung tritt im Absatz der Waren am Markt in Erscheinung. Durch den Absatz erhalten die Waren ihren letzten, sozialwirtschaftlichen Sinn: sie werden dort eingefügt, wo sie gebraucht werden. Der Absatz ist aber auch die Voraussetzung für die Erzeugung der Waren. „Die Consumption ist die Seele der Gemeind, die consumptio ist der Bundschlüssel, welcher die Stände aneinanderbindet und von einander leben läßt“ (J. J. Becher: Politischer Diskurs, 1668, Cap. 3).

In der Epoche der landesfürstlichen Wohlstandspolizei trat die Versorgung durch die fortschreitende Arbeitsteilung immer mehr aus der Selbstversorgung der Hauswirtschaft heraus, wodurch mit der Differenzierung der Arbeit eine entsprechende Integrierung notwendig wurde. Dadurch wurde der Handel zeitmäßig und entwicklungsbedingt in seiner Bedeutung größer. „Der Kauffmann-Stand ist in der Gemeind so nöthig, wie der Bauern-Stand, denn dieser vermehrt zwar die popularität, jener aber ernährt sie, denn alle erhalten ihre Nahrung vom Kauffmann, von diesem lebt der Handwerksmann und von demselben der Bauer“ (Becher). Es ist leicht zu erachten, daß beide Stände, der Handwerks- und Bauernstand, vom Verleger „dependieren“, denn von ihm lebt der Handwerksmann und von diesem der Bauer, von diesem der Edelmann und von diesem der Landesfürst: das sind die Stänð, welche einander vereinigen müssen (Becher, Cap. 3).

In dieser vermittelnden und verbindenden Funktion wurde der Handel gesehen. *Der Handel verbindet* die Wirtschaftszweige und die Bezirke des Staatsgebietes miteinander und schließlich verbindet er sogar die verschiedenen Länder zur gegenseitigen Ergänzung. „Der Handel ist die Seele der Wirtschaftsgemeind" (Becher).

a) Die Binnenhandelspolitik

aa) Ein einheitliches Wirtschaftsgebiet durch Aufhebung der Binnenzölle

Dem allgemeinen Streben nach Vereinheitlichung und Unifizierung folgte folgerichtig auch das Streben zur *Herstellung eines ungeteilten und vereinheitlichten Wirtschaftsgebietes.* Wie die Untertanen zu einem Glauben „vereint", wie sie einem einzigen, vom Landesfürsten aus eigener Machtvollkommenheit erlassenen Landrecht unterstellt waren, so wurden sie nun auch zu einem, nicht durch eigenständige Zölle und Abgaben der Provinzen von einander getrennten, sondern zu einem ungeteilten Wirtschaftsgebiet zusammengefaßt. In Fortsetzung der früheren Formel könnte es heißen: *ein Glaube, ein Landesfürst, ein Recht und ein einheitliches Wirtschaftsgebiet.*

Maria Theresia verfügte daher in ihrer *Zoll-Ordnung* vom 15. Juli 1775, daß „zur größeren Erleichterung der Commerzien in Unseren Ländern alle zwischen den deutschen Erbländern bestehenden Zölle und Aufschläge gänzlich aufzuhören" hätten (§ 8). Diese Zwischenzölle und Mauten mögen landesfürstlicher, ständischer oder städtischer Herkunft gewesen sein. Desgleichen sollten auch alle „Aufschläge und Importen", die „bishero für Unser Aerarium bei der Durchfuhr fremder Waren oder bei der Ausfuhr heimischer Waren eingehoben wurden, *„gänzlich aufhören"* (§ 7).

Durch diese Auflösung der Zwischen- und aller Durchgangszölle wurde ein *einheitliches Wirtschaftsgebiet für alle Erblande* geschaffen.

bb) Die Markt-Ordnung der gewerblichen Wirtschaft

In der ständisch gebundenen Wirtschaft war die Marktordnung für die gewerbliche Wirtschaft durch die Regulierung des Angebotes so manipuliert, daß die Preise das auskömmliche und standesgemäße Einkommen garantieren sollten. Das Angebot stand unter den Absprachen der Zünfte, woraus sich kartellartige *Monopole* ergaben.

Diesen gebundenen Markt wollte der Landesfürst durch die Zerreißung der Zünfte freisetzen. Daraus ergab sich aber wieder eine Überzahl der Gewerbetreibenden für jede Branche und diese Übersetzung in allen Sparten brachte allenthalben ein *Polypol,* das die Preise durch die Konkurrenz so drückte, daß für die Handwerker ein Einkommen zustande kam, das ein standesgemäßes Auskommen kaum mehr möglich sein ließ. Dazu schlug sich auf den Märkten noch das vielfach getätigte *Propol* oder der Vorkauf hinzu. Es wurden die Waren von manchen Marktfahrern dem Bauern vor der Marktzeit gegen Auszahlung der gesamten Kaufsumme abgenommen, wodurch die Marktfahrer eine Vorzugsstellung am Markt hatten. Diese Vorzugsstellung nutzten sie durch Preisüberhöhung.

All diese abwegigen *Marktverzerrungen* deckte Johann Joachim Becher in seinem Lehrbuch „Politischer Diskurs" (1668) auf und veranlaßte dadurch den Landesfürsten zur Abstellung dieser Unzukömmlichkeiten und daher zu einer *aktiven Marktpolitik*. Becher stellte in der Einleitung zu seiner *„Marktformenlehre"* fest: „Alle drey Stände haben drey gefährliche, höchst schädliche, verderbliche Feinde gemein, deren erster die popularität hindert und das ist das *Monopolium*, der andere verhindert die Nahrung und das ist das *Polypolium*, der dritte zerstreut die Gemeinschaft und das ist das *Propolium*" (Cap. 3).

α) Die Verhinderung der Monopole durch die Öffnung der Zünfte

„Das *Monopol* besteht darinnen, wann ein Glied in der Gemeind das allein in der Nahrung hat, wovon sonst in der Gemeind viel andere leben können." „Da das Monopolium nur einen oder wenigen dasjenige gibt, wovon viele ehrlich leben könnten, so folgt, daß die, welchen dadurch die Nahrung entzogen wird, verderben und außer Land gehen müssen. Der Monopolist wird umb soviel reicher, als er die Nahrung anderer an sich zog. Für die Gemeind und ein Land ist es besser, wenn sie viel mittelmäßig reiche Leut hat, als wenn sie arm von Menschen nur etliche wenige hauptreiche Leut unter sich hat" (Cap. 4). Ein Monopol schwächt die Volkszahl, weil es nur wenigen die Nahrung beläßt und bringt außerdem eine ungesunde Spannung zwischen reich und arm. *Das Monopol muß daher abgestellt werden.*

Zur Bekämpfung der Zunftmonopole erließ der Landesfürst, Ferdinand I., seine Gewerbeordnung (1527) mit den freiheitlichen Maximen. Er *verbot alle Kartellabsprachen* der Zunfthandwerker und setzte alle „Zunftheimlichkeiten" außer Kraft (Cap. 10). Er *öffnete die Zünfte*, indem er verfügte, daß alle Gesellen ohne hinderndes Meisterstück durch eine Meisterprüfung vor dem Bürgermeister und einer öffentlichen Kommission Meister werden können (Cap. 18). Eine solche Meisterprüfung gab für die neuen Meister das *freie Niederlassungsrecht* (Cap. 18). Außerdem hatte jeder Meister das Recht, die *Größe seines Betriebes* durch die Anstellung sovieler Gesellen und Lehrlinge, wie er wollte, *selbst zu bestimmen*. Der verhältnismäßig freie Zutritt zum Gewerbe, die Niederlassungsfreiheit und die Betriebsgrößen-Freiheit zerbrachen die Monopole der Zünfte.

β) Die Hintanhaltung der Polypole durch das Verbot der Störgewerbe

„Das *Polypolium* gibt vielen, wovon nur etliche leben können. Ließe man in Wien die gewerbe frey, so daß noch 150 Schuster zu den bestehenden 50 dazukämen, so wäre kein Zweiffel: das Handwerk wäre überhäuft und es würden nicht allein die vorigen 50, sondern auch die dazugekommenen 150 miteinander verderben, dann würde es wenig Arbeit und schmale Bissen geben" (Cap. 25). Das Polypolium bringt wegen der „Überhäufung" der Gewerbetreibenden in einer Branche für alle ein kümmerliches Einkommen und daher für die Wirtschaftsgesellschaft eine Gefahr. *Das Polypolium muß daher behoben werden.*

Die Landesfürsten waren daher schon des öfteren, und zwar in den Jahren 1598, 1611, 1619 und schließlich wieder von Ferdinand II. durch das *„Patent gegen die störrischen Goldschmiede"* vom 2. Mai 1636, gegen die Störer und Winkelarbeiter in dieser oder in anderen Branchen vorgegangen. Im Patent wurde angeführt, daß „die hiesigen bürgerlichen Goldschmidt mit Beschwär" eingekommen sind, daß „sich um und vor der Stadt Wien je länger je mehr Störer, Juden, Tändler hauffenweiss einschleichen, derweilen sie den Goldschmieden großen Abbruch an ihrer Nahrung zur Verderbung ihrer armen Weib und Kindern thun". Es wurde daher im Patent „befunden, daß derley Störer, Winkelarbeiter als ein herrenloses, nirgends angesessenes, unverpflichtetes und auch schädliches Gesindel keineswegs zu dulden" und daher „von der Stadt wie auch von den Vorstädten zu vertreiben sind".

Durch die Abtreibung der Störer und durch das Verbot der Stör- und Winkelarbeit sollte die Zahl der jeweiligen Handwerker so gehalten werden, daß alle ordentlichen Handwerker leben können. Die Marktordnung beschränkte für den Fall der übersetzten Gewerbe das Angebot am Markt.

γ) Die Einschränkung der Propole durch die Sicherung des Freikaufes

Ein *Propol* liegt vor, wenn einer oder mehrere *durch Vorkauf* die jeweilige Marktlieferung zur Gänze aufkaufen, so „daß niemand anders zu freyem Einkauf gelangen kann" (Cap. 23). Wenn mehrere ein Propol tätigen, machen sie ein *Übereinkommen, „daß sie nicht verkauffen wollen als um diesen oder um jenen Preis"* (Cap. 24).

In gleicher Weise wie die Unternehmer könnten *auch die Gesellen ein Propol machen.* Sie nutzen jeweils die gegebene Arbeitsmarktsituation. „Bald kann man die Gesellen haben, wenn wenig zu arbeiten ist, bald kann man sie nicht haben, wenn viel zu arbeiten ist" (Cap. 25). *Gegen solche Unzukömmlichkeiten* wie Ausstand, Streik und „rebellischen Unfug" erließ die Handwerksordnung von 1732 *strenge Strafen,* wie Gefängnis, Zuchthaus, Festungsbau oder „Galeerenstraf" (Cap. 5).

δ) Die Lenkung der Nachfrage durch Eindämmung des Luxus

Da die Marktpolitik im Dienste der gesamten Wohlstandspolizei des Landesfürsten stand, mußte sie auch den gesetzten Zielen dienen. Von den Zielen her erstrebte der Landesfürst die Zunahme der Bevölkerungszahl und daher mußte er auch die Versorgung des Volkes mit den Nahrungsmitteln verstärken. Da der Landesfürst ferner einen für alle steigenden Wohlstand anstrebte, mußte er auch die Erzeugungskraft der Wirtschaft zu vergrößern und die „Investitionsgüter" zu vermehren suchen. Wenn die Lebenshaltung über das Notwendige hinausreicht, setzt auch schon der Luxus ein. Da schließlich alle drei Nachfragerichtungen: nach Nahrungsmitteln, nach Investitionsgütern und nach Luxuswaren aus der einen Quelle, aus dem Einkommen stammen, muß eine *Lenkung der Einkommensverwendung* durch den Landesfürsten erfolgen. Der Landesfürst setzte deshalb die Lenkung der Marktgeschehnisse auch auf der Nachfrageseite in der Weise fort, daß er *die Nachfrage nach Luxuswaren zu behindern* versuchte. So erließ er ein *allgemeines Verbot für Luxuswaren*. „Durchgehend und universaliter" wurde verboten:

1. der Kauf von „guldenen und silbernen Stück" und Stoffen, die mit Gold und Silber durchwirkt waren, wenn die Elle über 6 Gulden kostet;
2. der Kauf von „guldenen und silbernen Borten, Spitzen, Fransen und Gestickwerk", wenn die Elle über 3 Gulden kostet;
3. der Kauf von seidenen Spitzen, wenn die Elle über einen Gulden kostet;
4. der Kauf von „Sammet, seidenem Zeug und Procat für Kleider, wenn die Elle 4 Gulden übersteigt.

Neben diesem allgemeinen Verbot gab es aber Ausnahmen für einzelne Stände. Durch all diese Luxusbeschränkungen versuchte der Landesfürst die Nachfrage am Markt in seiner Absicht zu lenken.

ε) Die landesfürstliche Marktpolizei

Die Marktpolitik des Landesfürsten umfaßte ein System von Maßnahmen, das einmal auf der Angebotseite die *Freiheit garantierte* und ein andermal eine entsprechende *Beschränkung verfügte*, so wie es eben der Zustand der Wirtschaft und die Lenkung der Wirtschaftspolitik erforderte. Das System der Marktpolitik erstreckte sich auch auf die Nachfrageseite und gebot einmal die Nachfrage nach Waren zu fördern und verbot dann wiederum die Nachfrage für diese oder jene Waren. Die landesfürstliche Marktpolitik fügte sich als Teilsystem folgerichtig in die landesfürstliche Wirtschaftspolizei der staatlichen Wirtschaftslenkung ein.

b) Die Außenhandelspolitik

In der Darstellung der landesfürstlichen Außenhandelspolitik stößt man unabwendbar auf die falsche und abwegige Unterstellung von seiten Adam Smith', die kurz lautet: der Landesfürst strebt eine aktive Handelsbilanz an, diese bringt Geld in das Land und Geld ist Reichtum. So etwas Einfältiges sagte kein einziger deutscher Wirtschaftspolitiker der „Merkantilzeit" und schon gar kein Kameralist, ebenso aber auch kein österreichischer Landesfürst. Diese Unterstellung wird aber bis heute noch von den Lehrbuchautoren abgeschrieben. Dies ist wirklich bedauerlich!

In Wahrheit ist genau das Gegenteil richtig, was die Außenhandelsmaximen und die Handelsbilanztheorie anlangt.

aa) Die Maximen der Außenhandelspolitik

Der Außenhandel hat den Zweck, den eigenen Überfluß anderen Nationen abzugeben und notwendige Waren von den anderen hereinzunehmen (J. H. G. Justi: Grundfeste, Bd. 2, § 585).

Um diesen Tausch mit anderen Völkern vorzunehmen, gibt es folgende Maximen:

1. Am *günstigsten* ist es: *Rohstoffe* aus dem Ausland hereinzunehmen und dafür *Fertigwaren* abzugeben. Dadurch werden Rohstoffe für die weitere Verarbeitung ins Land gebracht und mit den Fertigwaren wird auch heimische Arbeit ausgeführt. Der Beschäftigungspolitik und der Nahrhaftmachung des Volkes ist damit am besten gedient.
2. *Nicht ungünstig* ist es: *Rohstoffe* zu importieren und gleichzeitig *Rohstoffe* zu exportieren. Dadurch wird nämlich der heimischen Wirtschaft eine Kraftquelle in Form der Rohstoffe zugeführt, es geht aber auch eine solche gegen das Ausland verloren.
3. Ebenso ist es *nicht ungünstig:* wenn *Fertigwaren* gegen *Fertigwaren* getauscht werden, weil hier der heimischen Wirtschaft die Beschäftigung zur Herstellung der exportierten Waren verbleibt.
4. *Ungünstig* ist der Tausch: wenn heimische *Rohstoffe* gegen fremde *Fertigwaren* getauscht werden, weil dadurch dem Handelspartner die Beschäftigungsmöglichkeit geboten wird, während durch die Einfuhr von Fertigwaren der eigenen Wirtschaft die Beschäftigungsmöglichkeit entzogen wird.

Diese Außenhandelsmaximen kommen noch deutlicher bei der Erörterung der *Handelsbilanztheorie* zum Vorschein. *Sonnenfels* unterschied zwei Arten der Handelsbilanzen: die *numerische Bilanz* und die *Bilanz des Vorteils*. Zur Klarlegung wurde folgendes Beispiel gewählt.

Österreich liefert an Portugal um 2 Millionen Leinen und Portugal exportiert nach Österreich um 2½ Millionen Juwelen. *Die numerische Bilanz spricht für Portugal,* da es ja doch 2½ Millionen gegen 2 Millionen Waren tauschte. *Portugal* weist demnach eine *aktive Handelsbilanz* von einer halben Million gegen Österreich aus.

Durch die Gegenlieferung von 2 Mililonen Leinen von Österreich an Portugal ist aber die *Bilanz des Vorteiles zu gunsten Österreichs.* In Österreich waren nämlich für diesen Export viele Bauern mit dem Flachsbau für die Leinenerzeugung tätig, dann waren noch viele Arbeiter in den Spinnereien und in den Webereien für diesen Export beschäftigt, so daß die Beschäftigung in der ganzen Volkswirtschaft durch den Auftrag für die Herstellung von 2 Millionen Leinen angeregt, verstärkt und vergrößert wurde. Dementgegen haben für die Lieferung von 2½ Millionen Juwelen bloß einige Juwelenhändler und einige Juweliere Arbeit. Die Bilanz des Vorteiles lag demgemäß bei Österreich, obwohl die österreichische Handelsbilanz passiv war.

Damit ist wohl die Smithsche Aussage nicht nur widerlegt, sondern ganz und gar aus jeder weiteren Debatte entfernt. So ist zu hoffen!

bb) Die orientalischen Handels-Compagnien

Um den Außenhandel erweitert und verstärkt in andere Länder vorzutreiben, gründete der Staat, meist unter Anteilnahme Privater, *Handels-Compagnien.* Sie wurden mit allen Privilegien ausgerüstet und sollten billige Rohstoffe in das Land und Fertigwaren in die fremden Länder bringen. Österreich versuchte es mit drei Handelscompagnien.

Die erste, die *„Orientalische Compagnie"*, wurde 1667 mit dem Ziel gegründet, den Handel in die Balkanländer und in die Länder unter türkischer Hoheit zu bringen. Der Türkenkrieg 1683 brachte der Compagnie das Ende. Die zweite Compagnie wurde 1719 als *„KK. Privilegierte orientalische Compagnie"* mit den Ausgangshäfen in Fiume und Triest gegründet und sollte österreichische Fertigwaren in die Länder des östlichen Mittelmeeres bringen. Nach anfänglichen Erfolgen erlag die Compagnie der Venezianischen Konkurrenz und geriet 1734 in Konkurs. Die dritte Compagnie, die *„Ostindische Handelscompagnie"* wurde von Österreich 1722 in Ostende gegründet. Sie sollte den Handel mit Ost- und Westindien und mit China aufnehmen. Diese Gesellschaft wurde aber schon 1731 nach Vereinbarungen mit England im Zusammenhang um die Anerkennung der Pragmatischen Sanktion aufgelöst.

Die Motive dieser Compagnien und die Organisationen sind deutlich aus dem Patent für die Gründung der *„Orientalischen Compagnie"*, das Karl VI. am 27. Mai 1719 zu Laxenburg gab, ersichtlich.

Um „die Commerzien zu heben“, „haben Wir Uns entschieden, eine Compagnie oder Sozietät als „Kayserlich-privilegierte orientalische Compagnia“ mit folgenden Privilegien zu gründen“.

Die Gesellschaft wurde als *Aktiengesellschaft* gegründet (art. 1). Die „Einlage-Quoten“ lauteten auf 1 000 fl Rheinisch und konnten von „Inländern und Ausländern“ in beliebigen Anteilen eingelegt werden (art. 1). Die Gesellschaft sollte „mit allen Kaufmannsgütern und Waren in den türkischen Ländern Handel treiben“ (art. 2). „Wenn über kurz oder lang mit der ottomanischen Horde ein Krieg entstünde und die Compagnie ins Stocken gerathe, dann kann sie ihr Trassito im Königreich Hungarn und in den angrenzenden Erblanden treiben“ (art. 9).

Für diesen Zweck sollte die Gesellschaft in Wien und Belgrad Niederlagen haben (art. 3). Die Handelsgesellschaft sollte auch das Privileg zur Gründung neuer Manufakturen bekommen (art. 5). Die Compagnie durfte in keiner Weise den Zünften „unterworfen sein“ (art. 5). Das Einlagekapital der Societät wird von den Steuern freigestellt (art. 7). Der Compagnie steht es frei, „ihre Vorsteher und Directores und die übrigen Offizianten selbst zu wählen“ und, „soviel das Capo betrifft, zu Unserer Genehmigung vorzuschlagen“ (art. 8). „Schließlich wollen Wir, als Supremus Protector, dieser Unserer Compagnie nicht nur diese Privilegien kräftig schützen, sondern auch solche mit mehrerern begaben und begnaden.“

8. Die Geld- und Kreditpolitik

Die arbeitsteilige Wirtschaft braucht den Tausch, denn jeder erzeugt nur eine Ware oder bringt nur eine Leistung hervor, die er gegen die anderen Waren und Leistungen, deren er bedarf, tauschen muß. Für diesen Tausch aller gegen alle ist ein *Tauschmittel,* nämlich das *Geld,* vonnöten. Gegen Geld kann jeder alles tauschen und jeder kann mit Geld alles kaufen.

Mit dieser Grundeigenschaft, Tauschmittel zu sein, übernimmt das Geld gleich weitere Funktionen. Das Geld wird *Preisausdrucksmittel.* Wenn aber alle Preise in Geld ausgedrückt werden, dann werden sie auch in Geld kalkuliert und so wird das Geld allgemeine *Recheneinheit.* In dieser Eigenschaft ist es „ein die Waren vorstellendes Zeichen“ (Justi). Das Geld enthält die Anspruchskraft auf Waren, *das Geld ist Kaufkraft.* Als Kaufkraft ist das Geld ein die Wirtschafter zusammenführendes, d. h. *ein integrierendes Mittel,* denn „wohin immer das Geld kommt, dort kann etwas unternommen werden“ (J. Sonnenfels). Demgemäß ist das Geld das Organisationsmittel in der Wirtschaftsgesellschaft.

In der Epoche der landesfürstlichen Wohlstandspolizei trat die Wirtschaft immer mehr aus der selbstversorgenden Naturalwirtschaft heraus und entwickelte sich als tauschwirtschaftliche Geldwirtschaft. An dieser Entwicklungsstelle wurde das Geld als integrierendes Organisationsmittel besonders bedeutungsvoll und deshalb auch in der landesfürstlichen Wohlstandspolitik besonders gepflegt, aber nicht weil Geld volkswirtschaftlich Reichtum ist (Smith), sondern, *weil Geld „Reichtum schaffende Kraft“* ist.

Daher wurde das Münzgeld in eine einheitliche Ordnung gebracht. Daher wurde die Ausgabe von Banknoten getätigt, um die wachsende Wirtschaft von der automatischen Deflation zu befreien, die in einer konstanten Münzgeldmenge ihre Ursache hat. Desgleichen wurde auch der Kredit, der das abwesende Geld ersetzt (Pinto), in all seinen Formen gefördert.

a) Die Regelung des Münzgeldes

Da im Lande verschiedene Münzen im Tauschverkehr standen, war nicht immer ein klares Wertverhältnis der Münzen zueinander gegeben. Dadurch entstanden Wertaufschläge und Wertabschläge, wodurch „der gemeine Mann nicht selten zu Schaden kommt“. Daher gab Leopold I. in seiner *„Münz-Satzordnung“* vom 31. Mai 1659 eine Kurstabelle heraus, in der für die verschiedenen Münzeinheiten die entsprechenden Beträge in der heimischen Währung angegeben waren. Dadurch sollten die Tauschverhältnisse festgehalten und jede Schädigung vermieden werden. Verständlich ist, daß solche „Kurstafeln“ von Zeit zu Zeit wiederholt werden mußten, weil sich die Tauschverhältnisse änderten. Dies wurde besonders wegen der Kipper und Wipper, die die Münzen vielfach unterwertig ausprägten oder mit abgeschrägten Rändern weitergaben, verursacht. Auf alle Fälle wollte der Landesfürst eine feste *Ordnung für die Münz-Vielheit* zwecks Erleichterung der Tauschbeziehungen geben.

b) Die Ausgabe von Banknoten

Da der Landesfürst eine „wachsende Wirtschaft“ mit zunehmender Bevölkerungszahl und steigendem Wohlstand anstrebte, mußte er auch für eine „wachsende“ Geldmenge sorgen, sonst wäre die Wirtschaft in die Klemme einer Deflation gekommen, bei der eine zu geringe Geldmenge „die Geschäftigkeit“ hemmt und die Entwicklung drosselt. Wenn es nur Münzgeld gibt, muß entweder aus dem heimischen Boden oder aus Importen das Münzmetall vermehrt werden. Ist dies aber im erforderlichen Maße nicht möglich, dann ist eine Deflationsklemme gegeben. Einen Ausweg aus dieser immer wieder eingetretenen Verengung gab es durch die *Ausgabe von Banknoten*. Diese wurde in zwei Stufen erreicht.

Leopold I. gründete durch seine *„Ordnung des Banco del Giro“* vom 15. Juni 1703 eine Bank, die vorzüglich als Verrechnungsstelle wirken sollte. Auf Grund von Geldeinlagen konnten die Konteninhaber durch Anweisung Beträge auf andere Konten überweisen. Dadurch konnten Zahlungen „bargeldlos", also ohne Münzgeldbewegung, durchgeführt werden. Für diese „Anweisung" war folgende Formel für den „Giro-Zettel" vorgesehen:

„Anweisung, kraft welcher bei der Kayserlichen Banco del Giro von einem daselbst habenden Avanzo dem N. N. eine Summe von x Gulden gutgeschrieben werden soll. Wien, den x.y., Unterschrift."

Dadurch war zur Zahlungserleichterung die *Anweisung* geschaffen; aus ihr entwickelte sich weiterhin die *Banknote*.

Unter Josef I. wurde durch das *„Patent über die Wiener Stadt-Bank"* vom 24. Dezember 1715 die Giro-Bank der Haupt- und Residenz-Stadt Wien übergeben und dadurch die *„Wiener Stadt-Banco"* gegründet. Die Bank wurde verhalten, nicht mehr als 5 % Zinsen zu fordern, aber auch nicht mehr als 5 % Zinsen zu geben.

Dieser Bank wurde von Maria Theresia durch das *„Patent über die Bancozettel-Ausgabe"* vom 15. Juni 1762 das *Privileg* erteilt: *Banknoten auszugeben* und zwar in folgenden Mengen zu folgenden Beträgen (§ 1):

900 000	Zettel von	5 fl,	welche betragen	4½ Millionen
350 000	Zettel von	10 fl,	welche betragen	3½ Millionen
100 000	Zettel von	25 fl,	welche betragen	2½ Millionen
20 000	Zettel von	50 fl,	welche betragen	1 Million
5 000	Zettel von	100 fl,	welche betragen	½ Million
1 375 000				12 Millionen

Die „Bancozettel" waren mit dem Datum 1. Juli 1762 auszufertigen (§ 2). „Die Bancozettel werden bey allen Kayserlich-Königlichen Contributional- und Cameral-Kassen in ihrem vollen Werth als baares Geld angenommen" (§ 3). Die Privatpersonen wurden aber keineswegs „gezwungen", diese Banknoten „für bares Geld oder an Zahlungsstatt anzunehmen" (§ 6).

Durch die Ausgabe der Banknoten wurde eine *neue Geldpolitik* eingeleitet, die längere Zeit hindurch den „Geldmangel" beseitigte und so anregend auf die Wirtschaftsentwicklung wirkte. Erst unter Josef II. gab es wiederum eine notwendige „Remedur".

Zusätzlich wurde noch das Münzwesen neu geordnet. Mit Bayern wurde eine *Münzkonvention* geschlossen, derzufolge das Verhältnis von Gulden zu Taler mit 2 : 1 festgehalten wurde. Diese neue Münze nannte man daher auch *„Conventionsmünze"* (CM). Die Ausprägung erfolgte mit dem Bild der Kaiserin. Das Volk nannte die Münze „Maria-Theresien-Taler". Diese Münze „eroberte" als neues Währungsgebiet den vorderen Orient mit den angrenzenden Ländern. Durch all diese geld- und währungspolitischen Maßnahmen wurde das Geld wieder in seine integrative und organisatorische Funktion gebracht, so daß es seine Aufgaben im Rahmen der landesfürstlichen Wohlstandspolizei erfolgreich verrichten konnte.

c) Die Kreditorganisation

„Der Kredit ersetzt das abwesende Geld“ (Watteroth), indem Geld von der Stelle des Geldüberhanges an die Stelle des Geldmangels beordert wird. Durch diesen über den Kredit ermöglichten Geldzustrom wird den Kreditnehmern die Fähigkeit gegeben: etwas zu unternehmen. So wurden in nicht geringem Ausmaß Kredite gegeben. Die größeren Kreditbeträge bekamen die Manufaktur-Unternehmer.

Das Volk blieb von solchen Kreditaktionen ausgeschlossen und war daher den Wucherern preisgegeben. Zur Abhilfe dieses Übels wurden vom Landesfürsten Leihhäuser etabliert. Die Vorbilder hiefür waren schon im Mittelalter in Italien gegeben. Die Kreditinstitution „Mons Pietatis“ war eine Fürsorge- und Krediteinrichtung in einem. Als Beispiel für die neue Zeit sei das Leihhaus des Erzbischofs Jakob Ernst Graf von Lichtensein, Landesfürst des Erzbistums Salzburg, angeführt, das durch die Stiftungsurkunde des *Leyh-Hauses zu Salzburg* im Jahre 1747 gegründet wurde. Diese Stiftungsurkunde findet sich beinahe gleichlautend in den Erblanden wieder.

Der Vorgang der Kreditgewährung war in folgender Weise vorgesehen. Wenn jemand „um eine Verleihung einer Summe Geldes gegen Versatz“ (Verpfändung einer Sache) einkam, hatte der Verwalter des Leihhauses „den Versatz schätzen zu lassen und für den geschätzten Wert folgende Leihquote zu geben“:

auf Gold und Silber von jedem Gulden	45 Kr
von Juwelen	30 Kr
auf alle anderen Versätze	20 Kr (§ 14).

Dem Leihhaus verblieben 4 %. „Wenn aber das Darlehen unter einem Gulden ist, wird davon kein Interesse gegeben und genommen“ (§ 20). „Jede Partey hat innerhalb von sechs Wochen, vom Tage des gemachten Versatzes an gerechnet, ihren Versatz gegen Rückzahlung des empfangenen Kapitals und der Interessen auszulösen, als sonst dasselbe öffentlich versteigert und dem Meistbietenden ausgehändigt wird“ (§ 21).

In weiterer Folge kam es aus dem Gedanken der Koppelung von Fürsorge- und Kreditinstitut, meist vom Landesherrn privilegiert, zur *Gründung von Sparkassen.* Als erste wurde 1819 in Wien die *„Erste österreichische Sparkasse“* gegründet, ihr folgten die Sparkassen in Innsbruck 1822, in Hollabrunn 1824 und in Graz die „Steiermärkische Sparkasse“ im Jahre 1825. Dann folgten weitere Gründungen, bis sich ein über das gesamte Land gestreutes System ergab. Die vom Landesfürsten geschaffenen, verschiedenartigen Kreditinstitute ließen die ersparten Geldsummen zusammenfließen, wodurch Kredite für die weitere Entwicklung der Wirtschaft gegeben werden konnten.

D. Die landesfürstliche Fürsorgepolitik: die staatliche Sozialpolitik

Die einen sind der Meinung, die Sozialpolitik sei erst eine „Errungenschaft" der neuesten Zeit und sei in Deutschland im Zusammenhang mit der Sozialversicherung entstanden. Die anderen, die Sozialisten, sind der Meinung, die Sozialpolitik habe in England mit der Gewerkschaftsbewegung begonnen und habe von den Sechziger Jahren an in Deutschland und Österreich ihre Fortsetzung gefunden. Beide Auffassungen über den Beginn der Sozialpolitik sind vollends falsch. Die konservativen Vertreter wissen aus ihrer Geschichtskenntnis, daß es seit jeher eine Sozialpolitik im Sinne von Fürsorgemaßnahmen für gesellschaftlich und wirtschaftlich geschwächte Gruppen gegeben hat. Historisch gebildete Vertreter der Gesellschafts- und Rechtswissenschaft wie auch der Wirtschaftswissenschaft wissen, daß *der absolute Landesfürst mit seiner Wohlstandspolizei immer auch eine Sozialpolitik verband*, die in den erlassenen Gewerbe- und Bergordnungen und später auch in den Dienstbotenordnungen und selbst im allgemeinen Landrecht (in Österreich: im Codex Theresianus) festgehalten war. All diese landesfürstliche Sozialpolitik war ihrerseits wiederum nur die Fortsetzung der ständischen Sozialpolitik des Mittelalters. Die landesfürstliche Sozialpolitik reichte vom Arbeitsrecht bis zu den Fürsorge- und Vorsorgemaßnahmen für Kinder und Jugendliche, den Maßnahmen gegen Krankheit und Unfall und schließlich bis zur Einrichtung der Alters-Pensionen.

1. Das allgemeine Arbeitsrecht

Das allgemeine Arbeitsrecht, das sich gegen die vielen Sonderrechte der Stände richtete, ließ Maria Theresia im Codex Theresianus (Capitel VII, § 1 ff.) durch die berufene Kommission zusammenfassen. Wenn auch der Codex keine Gesetzeskraft erlangte, so sind doch aus den eingebauten Bestimmungen die sozialpolitischen Absichten der „Landtsmutter" deutlich erkennbar.

a) Die Pflichten der Dienstnehmer

Den Dienstleuten wurde zunächst ein anständiges Verhalten im allgemeinen und ihrem Herren gegenüber im besonderen und dann ein richtiger Arbeitseinsatz im Dienst vorgeschrieben (Cap. VII, § 1, 8 und 12). Die

46. Der steirische Erzberg. Der Abbau ist „unter Tag“, wie die Eingänge am Berg zeigen, in den Radwerkshäusern (mit Rauch) wird das Erz gebläht

47. Bergmann und Hüttenmann: 1811

Dienstleute hatten „in Gehorsam, Fleiß, Treue und in ehrbarem Wandel" zu leben. Dies konnte der „Herr von seinen Dienstleuten fordern" und sogar „mit mäßigem Zwang" zu erreichen versuchen (8). Im Dienst mußten die Dienstnehmer „ihrem Herrn geziemende Ehrerbietung und Gehorsam bezeugen", sich „ehrlich, fromm und getreu aufführen" und des Herrn „Nutzen fördern und Schaden abwenden". Sie waren verpflichtet, den anvertrauten Dienst mit dem erforderlichen Fleiß zu verrichten (12). Dieses Dienstrecht verlangte ein gesellschaftlich und ethisch einwandfreies Verhalten der Dienstnehmer, so daß auch in diesen Kreisen eine gepflegte, d. h. kulturelle Lebensweise gelebt werden sollte. Im Dienst kam die schon tausend Jahre alte Maxime: „den Nutzen zu fördern und den Schaden abzuwenden", zur Geltung. Der Dienst sollte ehrlich, fromm, getreu und mit Fleiß verrichtet werden. Dadurch wurde die Arbeit zum Persönlichkeitseinsatz und zur wertgebundenen Berufsausübung. In der Arbeit trat die gesellschaftliche Verbundenheit und soziale Verpflichtung, aber auch der Persönlichkeitseinsatz hervor.

„Unehrerbietigkeit, Ungehorsam und Widersetzlichkeit und dergleichen Unfug" solle der Herr „scharf verweisen" und „mit mäßiger Züchtigung ahnden". Wenn dies alles nicht „verfinge", konnte ein Dienstbote „vor Ausgang der bedungenen Dienstzeit entlassen und allenfalls auch bei Gericht zur Bestrafung angezeigt werden" (16).

Der Dienstnehmer durfte sich während der bedungenen Dienstzeit nicht ohne Zustimmung des Herrn vom Dienstplatz entfernen (9). Wenn er in einem solchen Fall aufgegriffen wurde, mußte er an den Dienstplatz zurückgebracht werden (9).

Der Dienst war nach dem allgemeinen Herkommen noch eine persönlichkeitsverpflichtete Berufsausübung, weshalb die Beziehung zwischen Herrn und seinen Dienstnehmern ein „Band war, welches die Dienstnehmer an die häusliche Gemeinschaft knüpfte" (2).

b) Die Pflichten der Dienstherren

Den Pflichten der Dienstnehmer standen die der Dienstgeber gegenüber. Der Herr war verbunden, alles zu tun, was „bedungen" wurde (Codex Theresianus VII, 2, 20). So war der Lohn im vereinbarten Maße zu leisten (21). Wenn aus verschiedenen Gründen die Leistung dürftiger war, als sie vereinbart wurde, konnte eine Lohnminderung vorgenommen werden (26). Im Krankheitsfall hatte der Herr „für die Wiedergenesung des Dieners zu sorgen" (28). Wenn für die Pflege Unkosten erwuchsen, konnte sich der Herr diese „abdienen" lassen (28). Hier war noch immer die Fürsorgepflicht, wie sie in der ersten Gewerbeordnung von 1527 festgehalten war, im gleichen Umfang gegeben. Der Herr mußte seinen Diener in jeder Weise „schützen" (30). Wenn dem Dienstnehmer „etwa in einer befohlenen, gefährlichen Verrichtung" eine „Beschädigung an Leib und Gliedern" zustieß, dann mußte ihm der Herr „Genugthuung" leisten (30). Das arbeitsrechtliche Dienstverhältnis war ein persönliches Bezugs- und Verpflichtungsverhältnis, aus dem die gegenseitigen Verpflichtungen erwuchsen.

c) Der Kinder- und Jugendschutz

Gegen das Ende der Epoche waren durch das aufkommende „Fabriksystem" neue sozialpolitische Probleme gegeben, die der Landesfürst zu bewältigen versuchte, so etwa das Problem des Kinder- und Jugend-Schutzes. Kinder wurden nämlich zu Fabrikarbeiten herangezogen und waren in „Fabriksinternaten" untergebracht. Gegen etwaige Unzukömmlichkeiten erließ das *„Cabinettschreiben über Kinderschutz"* vom 20. November 1786 folgende Anordnungen. Mädchen und Knaben mußten in getrennten Schlafräumen untergebracht werden. Jedes Kind mußte sein eigenes Bett haben. Einmal in der Woche mußten die Kinder „durch Waschen und Kämmen gereinigt und gesäubert werden"; bei dieser Gelegenheit erhielten sie auch jeweils neue Wäsche. Allmonatlich wurden die Betten neu überzogen. Im Frühjahr und im Herbst wurden die Kinder vom „Kreisphysicus visitiert". Alle Vierteljahre mußte die Ortsobrigkeit und der zuständige Seelsorger alle Einrichtungen und Vorgänge inspizieren und darüber Bericht erstatten *(Gewerbe-Inspektorat)*. Durch all diese Maßnahmen sollten die Kinder fürsorglich geschützt werden.

Für den Jugendschutz wurde das *„Hofcanzlei-Dekret über den Kinderschutz"* vom 11. Juni 1842 erlassen. Die Jugendlichen konnten nach dem 12. Lebensjahr „zur regelmäßigen Arbeit aufgenommen" werden. Ausnahmen waren mit Zustimmung der Ortsobrigkeit möglich, wenn bei schulpflichtigen Kindern für „eine angemessene Fortsetzung des Unterrichtes" gesorgt war.

Zur Hintanhaltung übermäßiger, gesundheitsschädigender Anstrengungen war „ein Maximum der Arbeitszeit" festgesetzt, das vom 9. bis 12. Jahr täglich zehn Stunden, vom 12. bis 16. Jahr täglich zwölf Stunden währte. Diese Arbeitszeit mußte durch wenigstens eine Stunde unterbrochen werden. Vor dem 16. Lebensjahr war „die Beschäftigung zur Nachtzeit" (9 Uhr abends bis 5 Uhr morgens) untersagt.

Die „Fabriksinhaber" hatten „für die Bewahrung guter Sitten" in ihren Werkstätten zu sorgen. Die Obrigkeiten, Schuldistrikts-Aufseher und Seelsorger hatten die Pflicht: „für die Aufrechterhaltung dieser Vorschriften zu sorgen".

d) Die Vorsorge für Krankheitsfälle

Die Krankenfürsorge wurde für den handwerklichen Bereich durch die Gewerbeordnung geordnet. Der Meister war verpflichtet, einem erkrankten Gesellen oder Lehrling „in seiner Krankheit" auszuhelfen. Er sollte ihm „guetwillig" alle Hilfe zuteil werden, „bis er wieder gesundt wirdt". Der genesene Geselle sollte dem Meister alle Aufwände ersetzen, indem „er ihm solche abdiente oder mit paarem geld bezahlte" (Cap. 44, GO 1527).

Wenn aber ein kranker Geselle in ein Spital mußte und „selbst so arm wäre, daß er sich nicht unterhalten kann", so sollte die „Krankenversicherung der Zunft" aushelfend einspringen. Die geschworenen Meister und Gesellen sollten das erforderliche Geld, „so sy in irer Büchsen haben, darstreckhen". Nach der Gesundung sollte der Geselle das vorgeschossene Geld der Krankenversicherungs-Büchse wieder rückerstatten. Wenn aber ein Geselle gestorben war, dann konnten die geschworenen Meister und Gesellen den Nachlaß des Verstorbenen nach einer Inventaraufnahme über Jahr und Tag als Pfand festhalten. „Khäme aber innert dieser Frist niemand, so sollen sy das schätzen lassen und verkauffen" und so die Büchse schadlos halten (Cap. 45, GO 1527).

Die Krankenversorgung der Fabriksarbeiter wurde in einer Regierungsverordnung vom 16. Dezember 1816 angeordnet. Den Inhabern der Fabriken wurde die Verpflichtung zur vollen Krankenhilfe zugeordnet. „Damit die Inhaber von Fabriken im eigenen Interesse angehalten werden, alle Krankheit erzeugenden Schädlichkeiten von den Fabriksarbeitern hintanzuhalten, sind die Fabriksinhaber verpflichtet: alle Cur- und Verpflegungskosten für die erkrankten Fabriksarbeiter zu bestreiten, so wie alle Fürsorge zu treffen, damit allen Erkrankten die erforderliche, unentgeltliche ärztliche Behandlung, Wartung und Pflege entweder in den Krankenzimmern der Fabrik (Werksspital) oder in anderen öffentlichen Spitälern zuteil werde." *Die Fabriksunternehmer hatten die gesamte Krankenfürsorge für ihre Arbeiter zu übernehmen* (1816). Das war landesfürstliche Wohlstandspolizei.

e) Die Vorsorge für das Alter

Die allgemeine Vorsorge für das Alter war teilweise in Fortführung des Herkommens und teilweise in erneuerter Form von Karl VI. durch die Polizei-Ordnung vom 16. Oktober 1732 festgehalten worden. Die armen, alten Leute, die über kein Einkommen verfügten, „sollen im ganzen Land Österreich von den Grundobrigkeiten und Gemeinden, all wo sie gebohren oder erarmet seynd, mittelst Reichung der Haus-Manns-Kost oder der patentmäßigen Verpflegung versorgt werden". Dienstboten, verwaiste Kinder und durch „Unglücks-Fälle kraftlos, alt und mühselig gewordene Leute“ sollen „fernerhin aus der *Armen-Leut-Cassa* nach der Proportion der Bedürftigkeit, so wie es die Mittel der Cassa zulassen, erhalten werden. Zur alten, grundherrschaftlichen Versorgung der alten Leute kam nunmehr auch die Versorgung aus der Sozialkassa, der „Armen-Leut-Cassa“. Diese Versorgung sollte hinlänglich und „nach der Proportion der Bedürftigkeit“ sein.

Für die Hammerarbeiter wurde am 3. April 1800 ein *„Pensions-Sistem der Bruderlade“* zur Versorgung der durch Alter oder Unglücksfälle dienstuntauglichen Hammerarbeiter errichtet und für das „Grazer Viertel“ vom KK. Oberbergamt in Vordernberg am 26. März 1801 bestätigt. Jeder Hammerarbeiter über 50 Jahre, der während der Arbeit verunglückte oder aus sonstigen Gründen nicht mehr arbeitsfähig war, konnte die „Wohltat einer Pension“ *(Invalidenrente)* in Anspruch nehmen. Alle pensionsfähigen Hammerschmiede bekamen eine jährliche Pension von 36 fl *(Altersrente)*. Die Hammerknechte erhielten 24 fl. Eine Witwe erhielt eine Jahresrente von 12 fl *(Witwenrente)* und verwaiste Kinder bekamen eine Rente von 6 fl *(Waisenrente)*. Jede Untreue im Dienst schloß einen Pensionsanspruch aus.

Die Zuteilung der Rente erfolgte durch den jährlichen Viertel-Congreß der Hammergewerken auf Grund einer Bittschrift, die den Nachweis der Dienstverrichtungen des Bittstellers für seine gesamte Dienstzeit erbrachte. Die Gewerken hatten bei dieser Gelegenheit die Liste ihrer Mitarbeiter und die der Pensionisten abzugeben. Über die ausbezahlten Pensionen wurde eine Rechnung geführt. Jeder Gewerke hatte die Pflicht, dieses Pensionsstatut alljährlich den Hammerarbeitern in Gegenwart ihrer Frauen vorzulesen.

In dieser Institution waren schon die Ansatzpunkte für die spätere Sozialversicherung deutlich erkennbar.

2. Die Dienstboten-Ordnungen

a) Die Dienstbotenordnung für die Stadt

Wegen verschiedener Unzukömmlichkeiten, etwa wegen der immerwährenden Klage, daß Dienstboten „ohne Abschied“ ihren Dienstposten verlassen, oder neuerdings auch wegen willkürlicher „Überhöhung der Löhne“, sah sich Leopold I. veranlaßt, eine Dienstboten-Ordnung am 15. Juli 1688 zu erlassen.

Für Wien wurde eine *staatliche Arbeitsvermittlung* mit geschworenen „Zubringern und Zubringerinnen“ eingerichtet. Bei diesen hatten sich die Dienstsuchenden mit Taufschein und Arbeitsbuch mit dem „Abschied“ (Vermerk des Arbeitnehmers) zu melden. Ein *Dienstboten-Gericht* sollte alle Streitigkeiten aus dem Dienstverhältnis schlichten und Vergehen bestrafen. Dieses Gericht sollte „jeden Dienstag um zwei Uhr" tagen. Nicht allein die Dienstboten, sondern auch die Herren und Frauen sollten ihre Klagen anbringen, die möglichst gleich erörtert, besprochen und abgestraft werden sollen (§ 4).

Die überhöhten Löhne sollten „wiederum in Proportion der Zeiten und Verrichtungen gebracht werden" (§ 4).

b) Die Dienstbotenordnung für das Land

Die gleichen Schwierigkeiten mit dem Dienstpersonal wie in den Städten gab es auch auf dem Lande, weshalb Maria Theresia in der *Dienstboten-Ordnung* vom 14. Mai 1756 eingangs vermerkte: „Wir beobachten nicht ohne Missfallen, was große Plagen, Unlust und Schaden der Bauersmann von seinem Gesinde zu ertragen hat und wie der Muthwille dieser Leute so hoch steigt, daß sie dem Hauswirth gleichsam Gesetze vorschreiben."

Die Dienstbotenordnung schrieb nun vor, daß die Dienstverträge für ein Jahr geschlossen werden (§ 1). Der Abgangs- und Zugangstermin sollte der letzte Dezember oder der 1. Mai sein (§ 2). Die „Dingung der Dienstleute" sollte nicht „ehender als zu Josephi und Martini statthaben" (§ 3). Die „Darangabe" als Zeichen des erfolgten Vertragsabschlusses, sollte „in nicht mehr als dem 20ten Theil des Lohnes bestehen" (§ 4). War die Darangabe genommen, dann mußte der Dienstbote den Dienst zur rechten Zeit antreten.

Die Dienstleute hatten sich geziemend zu verhalten (§ 22). „Die Dienstboten haben sich mit der landesüblichen Kost und Lohn zu begnügen" (§ 23). „Um zu verhüten, daß die Dienstboten ihren sauer gewonnenen Lohn nicht leichtsinnig verschwenden, soll kein Hauswirth einen Vorschuß geben" (§ 25). Das vorzeitige Verlassen des Dienstplatzes war nicht gestattet (§ 11), es sei denn ein richtiger Grund gegeben wie eine langwierige Krankheit, eine „anständige Heirath" oder die Übernahme des elterlichen Hofes (§ 11). Bei Verlassen des Dienstplatzes ohne Wissen des Herrn konnte dieser von der Obrigkeit eine „gefängliche Haft" für den entwichenen Dienstboten fordern (§ 16). Diese Dienstboten-Ordnung war mit wenigen Zusätzen beinahe durch 150 Jahre in Geltung.

3. Das Dienstrecht der Verwalter und Rechnungsführer

Im Codex Theresianus (Cap. VII, § 3) wurde ein eigenes *Angestelltenrecht für die Verwalter und Rechnungsführer* wegen deren besonderer Vertrauensstellung festgehalten. Durch dieses Recht wurde eine neue

Gruppe unter ein eigenes Recht gestellt, das vielfach bis zur Schaffung des Angestelltenrechtes durchgehalten hatte, wenn auch der Codex in der damals gesetzten Form nicht in Rechtskraft erwuchs.

Jeder Verwalter „muß das ihm anvertraute Gut mit erforderlichem Fleiß und, wie es dem Herrn nützlich ist, verwalten" (§ 34). Er mußte sich von allem zuwiderlaufenden Unfug „enthalten", er mußte „Empfang und Ausgaben, Zuwachs und Abnahme seinem Herrn ordentlich verrechnen und bei Legung der Raitung den Bestand ausweisen" (§ 34).

Die Verrechnung sollte „längstens von Jahr zu Jahr erfolgen". Eine Rechnungslegung konnte aber auch zu jeder Zeit erfolgen, wenn es der Herr forderte (§ 68). Etwaige Abgänge mußten ersetzt werden. Wenn „begründeter Verdacht" für eine „üble Gebarung" gegeben war, konnte sich der Herr mit gerichtlicher Hilfe der „Habseligkeiten des Dieners versichern" (§ 68).

Die Verbuchungen der Ausgaben und Einnahmen mußten genau mit Jahr, Monat und Tag angeführt und durch Quittungen und Scheine belegt sein (§ 44).

Die Verwalter hatten „die Unterthanen und andere Untergebene zu schützen" und wenn nötig, zu vertreten, „dieselben in keinerlei Weise zu kränken" und sich „unmäßiger Härte zu enthalten" (§ 54). Hier ist noch deutlich ein Nachklang aus dem Capitulare de villis vernehmbar.

Mit dem Sonderrecht für die Verwalter und Rechnungsführer hatte das landesfürstliche Arbeits- und Dienstrecht den Abschluß gefunden, der aber auch schon in die Zukunft wies.

E. Das Recht als Spiegel der landesfürstlichen Politik

Die jeweilige Rechtsordnung spiegelt die geltende Gesellschaftsordnung und die Gesellschaftsordnung prägt die Rechtsordnung. Dies muß so sein, weil die eine Ordnung die andere in gegenseitiger Beeinflussung hervorbringt. Da im Zeitabschnitt der landesfürstlichen Wohlstandspolizei der Souverän allein über die Gesellschaft der gleichen Untertanen hinausragt, konnte es keine „eigenständigen Rechte der verschiedenen Gemeinschaften" geben, es konnte vielmehr nur ein vom souveränen Landesherrn" aus eigener Machtvollkommenheit" (Maria Theresia) für alle Untertanen gleiches Recht geben. Dieses gleiche Recht für alle wurde im „Allgemeinen Landrecht" oder im „Allgemeinen bürgerlichen Recht" festgehalten.

Während in der ständisch gebundenen Gesellschaftsordnung der Ursprung des Rechtes auf verschiedene Rechtsquellen zurückgeführt wurde, wie etwa Teile des Kirchenrechtes auf göttliches Recht und die Rechte der ständischen Gemeinschaft auf die Natur dieser Gemeinschaften, so gibt es nunmehr *nur eine Rechtsquelle für das gesamte Recht: die Souveränität und die Machtvollkommenheit des Fürsten.* Aus dieser Quelle allein entstammt das allgemeine Landrecht und das Obereigentum des Staates.

1. Das gleiche Recht für alle Untertanen

Nach der Gesellschaftstheorie des souveränen Landesfürsten gibt es den *einen Fürsten,* der in seiner Machtvollkommenheit alle Untertanen überragt. In seiner Gegenwart schmilzt das Recht der Untertanen zum Nichts (Hobbes). Die vielen Untertanen sind „ohne Unterschied" Untertanen unter der einen „höchsten Gewalt".

Wem drängt sich bei dieser Gesellschaftstheorie nicht das Bild der Dome der Renaissance und des Barock auf. Wie es eben den Einzig-Überragenden über die Masse der Untertanen gibt, genau so überragt die eine Kuppel den gesamten Kirchenraum. Die Kuppel als „souveräne Überhöhung und Zusammenfassung" des Raumes deutet unzweifelhaft auf die einzige „höchste Gewalt und Macht" des Landesfürsten hin. Die Untertanen sind „ohne Unterscheidung" für unsere Untertanen zu halten und bilden die Masse, die „vom Regenten Schutz und Sicherheit erwartet" (Codex Theresianus, Entwurf Horten: T. 1, Cap. 1, § 1; Teil 1, Cap. 2, § 3).

Für diese gleichen Untertanen gilt „ohne Unterschied" das allgemeine, für alle gleiche Recht. Dies richtete sich anfänglich gegen die „zersplitterten Rechte der ständischen Gemeinschaften" und sollte dann aber in Verfolg der beabsichtigten Gesellschaftspolitik die eine Masse der gleichen Untertanen hervorbringen: *ein Fürst und ein Recht für die vielen gleichen Untertanen.*

2. Das Obereigentum des Landesherrn

Das Eigentum ist das Recht und die Befugnis: „mit einer Sache frei und vollkommen zu schalten und zu walten", es sei denn, jemand wird durch Gesetz oder Verträge hieran gehindert (Codex Theresianus T. II, Cap. 3, § 1, 2). „Mit den eigenen Sachen kann jederman nach Gefallen schalten und walten, sie beschweren, veräußern, anderen übertragen, auch zu seinem und eines anderen Gebrauch verwenden" (§ 6, 157). Diese individuelle Seite des Eigentums entspringt der Individualität des Eigentümers.

Da aber der Mensch mit seiner Sozialität der Gesellschaft verbunden ist, sind auch seine Sachen „der gemeinen Wohlfahrt verbunden", weshalb „auch das Recht der einzelnen Personen über ihre Sachen der Befugnis der höchsten Gewalt zu weichen" hat (T. 2, Cap. 1, § 6, 159 u. 160). Von der Souveränität des Landesfürsten senkt sich gleichsam im Interesse des Gemeinwohles das landesfürstliche Obereigentum auf das Eigentumsrecht der Untertanen nieder.

„Es beruht bei Uns, alle Sachen und Recht einzelner Personen so zu ordnen, wie es die Notdurft oder der Nutzen des gemeinsamen Wesens erfordert. Wenn Wir dahero wegen des gemeinsamen Wohlstandes:

Unsere Untertanen im Gebrauch gewisser Sachen beschränken, ihnen einen bestimmten Gebrauch vorschreiben oder wenn Wir die Erhaltung gewisser Sachen besonders anbefehlen, so darf niemand dem entgegenhandeln."

„Selbst wenn Sachen zum Dienst des gemeinsamen Wesens gebraucht werden, so mag niemand über einen zugegangenen Schaden oder entzogenen Nutzen klagen" (Horten-Entwurf T. 2, Cap. 2, § 2). Diese Sozialverpflichtung des Privateigentums entsprang der Souveränität des Landesfürsten.

Über diese Verpflichtung kam keine Entwurf-Auflage hinweg. Martini hielt sie in seinem Entwurf abermals fest. „Wenn ausdrücklich politische Verordnungen der Ausübung des Eigentumsrechtes in Rücksicht auf das allgemeine Beste Ziel und Maß geben, so wird dadurch das Eigentum der Staatsmitglieder keineswegs geschmälert, sondern: demselben wird vielmehr eine neue, gemeinnützige Richtung gegeben" (Martini-Entwurf 1796: T. 2, St. 3, § 10).

Mit dem Titel des Obereigentums wurde die gesamte landesfürstliche Wohlstandspolizei begründet.

Die Ausführung für diese Begründung gab Justi in seiner theoretischen Grundlegung der landesfürstlichen Wohlstandspolizei.

„Die Beschaffenheit der *unbeweglichen Güter* des Landes muß mit dem gemeinschaftlichen Besten beständig in genauester Verbindung und Übereinstimmung stehen. Es folgt daraus die Regel von der bestmöglichen Cultur des Landes und der Aufsicht der Landespolizei."

„Da die Wohlfahrt des Staates auf den *beweglichen Gütern* beruhet, folget: die beweglichen Güter müssen sowohl mit der Wohlfahrt der einzelnen Familien als auch mit dem gemeinsamen Besten übereinstimmen. Diese Hauptregel ist eine glückliche Quelle, woraus viele Regeln und Gesetze der Polizei fließen" (Justi: Die Natur und das Wesen der Staaten, S. 477 f.).

Das Obereigentum des Landesfürsten über alles Eigentum seiner Untertanen begründete und rechtfertigte das gesamte System der landesfürstlichen Wohlstandspolizei und spiegelte seinerseits das Verhältnis des souveränen Landesherrn zu seinen Untertanen wider.

V. Die ungebundene Wirtschaft 1848 - 1883

Das persönliche Interesse ist jene unbezwingbare Gewalt des Individuums, welche uns von einem Fortschritt zum andern führt.

F. Bastiat: Volkswirtschaftliche Harmonien, 1850, Cap. 10

Den Gang der wirtschaftlichen Entwicklung, welche sich nach den Gesetzen einer höheren Ordnung vollzieht, bemeistern zu wollen, ist außerhalb der menschlichen Macht gelegen.

v. Plenner in der Generaldebatte d. Herrenhauses über die Gewerbeordnungsnovelle am 14. Februar 1883, Sten.Prot. IX. Sess. 71. Sitzung, S. 1094

Jedermann ist berechtigt, die Märkte mit allen im Verkehr gestatteten Waren zu beziehen.

Gewerbeordnung v. 20. Dezember 1859, § 62

Die Epoche der ungebundenen Wirtschaft von 1848 bis 1883 wurde vom Liberalismus geprägt. Der *politische Liberalismus* brachte die Freisetzung von allen politischen Bindungen und für die Staatsbürger die Garantie der Grund- und Freiheitsrechte. Der *wirtschaftliche Liberalismus* etablierte die freie Marktwirtschaft mit der unbehinderten Initiative der Unternehmer und der ungestörten Marktgesetzlichkeit der sozialen Wirtschaft. *Die Signatur der Epoche war durch die Auflösung der überbrachten Gemeinschaften wie der Grundherrschaften und Zünfte und durch die Ablöse des Polizeistaates durch den Rechtsstaat gegeben.*

Die Revolution des Jahres 1848 verursachte einen Bruch in der Entwicklung und die Heraus-Lösung der einzelnen aus der Geborgenheit der Gemeinschaft und die volle Selbstverantwortung des einzelnen für die „Förderung des eigenen geistigen und materiellen Wohles“ (Kremsierer Entwurf der Grundrechte).

Der Auflösungsprozeß zeigte sich politisch auch im Streben der *Nationalisierung*. Die verschiedenen Nationen und Völker wollten aus dem übernationalen österreichischen „Reich“ ausbrechen und ihre eigenen Staaten gründen. So taten es die Italiener; im Frieden von Wien (1866) wurde Venetien von Österreich abgetrennt und mit dem nationalen Italien vereint. Die Ungarn erreichten im Prozeß der Nationalisierung ihre Eigenstaatlichkeit durch den Ausgleich mit Österreich (1867). Die Tschechen wollten durch die mit Minister Schäffle vereinbarten „Fundamentalartikel“ (1871) auch ihre eigene Staatlichkeit erlangen; der Erfolg blieb ihnen jedoch vorenthalten. Das nationale Deutschland wollte den belastenden Anhang des völkerreichen Österreich nicht mittragen und deshalb mußte Österreich nach der Schlacht bei Königsgrätz im Frieden von Prag (1866) die „Entlassung“ aus dem Deutschen Bund entgegennehmen. So konnte sich Deutschland zum Nationalstaat entwickeln. Manche Nationale in Österreich wollten selbst nach Auflösung des österreichischen Reiches mit einem Torso-Österreich in den deutschen Nationalverband einziehen.

Noch aber stand das vielgliedrige Österreich, nunmehr Österreich-Ungarn, mit vielen Völkern als Seitengliedern und mehreren Schichten in der Tiefengliederung. Als Reich war Österreich das Symbol einer tausendjährigen Geschichte. Es bildete die Mitte Europas von Aussig bis Cattaro und Pola, von Czernowitz bis Bregenz und Riva. In der nationalistischen und rationalistischen Weltanschauung der Zeit konnte sein Wesen selbst von den eigenen Völkern nicht mehr verstanden werden. Und so ging Österreich seiner endgültigen Auflösung entgegen. Von heute aus, hundert Jahre danach, könnte Österreich wohl als Symbol einer Völkerintegration Europas gesehen werden. Aber für diese Erkenntnis bedurfte es eines Zeitraums von hundert Jahren.

Den Übergang von einem Ordnungssystem zum anderen deuteten die zwei Bündnisse an: der Drei-Kaiserbund mit Österreich-Ungarn, Rußland und dem Deutschen Reich (1872) und der Zweibund (1879) und Dreibund (1882) mit Deutschem Reich, Österreich-Ungarn und Italien.

Mit der Auflösung der alten politischen Autoritäten setzte der *Demokratisierungsprozeß* ein. In mehreren Versuchen vom Jahre 1848 mit der Pillersdorfer Verfassung und dem Kremsierer Verfassungs-Entwurf über das Oktober-Diplom (1860) und das Februar-Patent (1861) kam es zum Abschluß durch die Verfassungsgesetze des Jahres 1867. Sie brachten den Staatsbürgern die Grund- und Freiheitsrechte und den Ansatz für den Parlamentarismus in der Volkskammer und im Herrenhaus. In diesem konstitutionellen System bildete sich die Ausgangslage für die Zukunft in der Gründung der Christlich-Sozialen Partei (1880) und in der Sozialdemokratischen Partei (1888) heraus.

In Zusammenhang damit muß noch auf die Bedeutung des Gesetzes über die Koalitionsfreiheit von 1870 hingewiesen werden. Während es auf Grund des Vereinsgesetzes von 1852 und der Verfassung von 1867 wohl eine freie Vereinsbildung für die Staatsbürger gab, konnten aber auf Grund der Bestimmungen des Strafgesetzbuches von 1852 in den Paragraphen 479 bis 481 keine Vereinbarungen von „Gewerbsleuten“ und „Dienstnehmern“ zur Regelung wirtschaftlicher Angelegenheiten statthaben. So wollte man nämlich die Freiheit der Marktwirtschaft vor etwaigen neuen Bindungen dieser Gruppen gesichert wissen. Durch die gewährte Koalitionsfreiheit war es nunmehr möglich, daß sich die wirtschaftlich Schwachen und die gesellschaftlich Gefährdeten wieder zu neuen „Einungen“, Vereinigungen und Verbänden, verbinden konnten. Auf dieser Grundlage entwickelten sich die Gewerkschaften, die Genossenschaften und sonstige Vereinigungen, die in ihren Tendenzen schon den Weg für eine neue Entwicklungsphase wiesen.

Nach einer kurzen Zeit von drei Jahrzehnten führte die freie Marktwirtschaft in eine neue, veredelte Ordnungform: in die sozial gebundene Marktwirtschaft.

1. Zeittafel

1848 Revolutionäre Aktionen getragen vom Bürgertum, Bauerntum und von verproletarisierten Handwerksgesellen, nicht aber von Industriearbeitern

13. - 15. 3.: Erster Aufstand in Wien, Fürst Clemens v. Metternich (1773 - 1859) demissioniert, Bürgerwehr und Studenten beherrschen die Stadt

26. 4.: Innenminister Pillersdorf erläßt eine Verfassung (Pillersdorf'sche Verfassung), Widerstand dagegen wegen des Ausschlusses der Arbeiter vom Wahlrecht

15. 5.: Zweiter Aufstand in Wien erzwingt die Einberufung eines Reichstages, Kaiser Ferdinand I. flieht nach Innsbruck

16. 5.: Der zu wählende Reichstag wird als konstituierender Reichstag erklärt

18. 5.: Deutsche Nationalversammlung tritt in der Paulskirche zu Frankfurt a. M. zusammen, Präsident: Heinrich Frhr. von Gagern; Erzherzog Johann v. Österreich wird zum Reichsverweser gewählt

24. 6.: Erster Allgemeiner Arbeiterverein in Wien

22. 7.: Der gewählte österreichische Reichstag tritt in Wien zusammen; Gründung der Österreichischen-Triester-Schiffahrtsgesellschaft

7. 9.: Gesetz über die Grundablöse auf Antrag des Abg. Hans Kudlich, schlesischer Bauernsohn, Medizinstudent in Wien: „Alle aus dem Untertänigkeitsverhältnis entspringenden Lasten sind von nun an aufgelöst“ (§ 3).

6. 10.: Dritter Aufstand in Wien mit Barrikadenkämpfen; der Kaiser flieht nach Olmütz

22. 10.: Der Reichstag wird nach Kremsier verlegt. Der Verfassungsausschuß erstellt einen Verfassungsentwurf (Kremsierer Entwurf): erster österreichischer Grundrechtskatalog: Freiheit der Person, des Eigentums und des Erwerbes

31. 10.: Einnahme Wiens durch die kaiserlichen Truppen (Windischgrätz)

2. 12.: Kaiser Ferdinand I. dankt ab, der Neffe Franz Josef I. (1848 bis 1916) folgt auf den Thron

Einkommenssteuergesetz als Klassensteuer ohne Progression

Kommunistisches Manifest von Karl Marx und Friedrich Engels: Die bisherige Gesellschaft beruht auf dem Gegensatz der Proletarier und der Kapitalisten. Die moderne Staatsgewalt ist nur ein Ausschuß, der die gemeinschaftlichen Geschäfte der Bourgeoisie-Klasse verwaltet. Die wesentliche Bedingung für die Herrschaft der Bourgeoisie ist die Anhäufung des Reichtums in den Händen von Privaten und die Bildung von Kapital.

Die Arbeiter, die sich stückweise verkaufen müssen, sind eine Ware wie jeder Handelsartikel und daher gleichmäßig allen Schwankungen des Marktes ausgesetzt. Die Arbeit hat allen selbständigen Charakter und damit den Reiz für die Arbeiter verloren. Die Proletarier können sich die gesellschaftlichen Produktivkräfte nur erobern, indem sie die ganze bisherige Aneignungsweise abschaffen. Das Proletariat wird seine politische Herrschaft dazu benützen, der Bourgeoisie nach und nach alles Kapital zu entreissen und alle Produktionsinstrumente in den Händen der Arbeiterschaft zu zentralisieren.

Anstelle der alten bürgerlichen Gesellschaft mit den Klassengegensätzen tritt die Assoziation, wodurch die freie Entwicklung für jeden gegeben sein wird.

Karl Marx' Vortrag in Wien ohne Resonanz

1848 - 1854 Bau der Semmeringbahn (Ing. Karl Ritter v. Ghega)

Frhr. v. Egerth baut die erste Gebirgsbahn-Lokomotive

1849 4. 3.: Der Reichstag zu Kremsier wird aufgelöst. Vom Kaiser wird „aus freier Bewegung und eigener Macht" eine Verfassung oktroyiert (Oktroyierte Verfassung).

17. 3.: Gemeindegesetz: Gemeinden der Dorfobrigkeit entzogen und als Selbstverwaltungskörper organisiert

28. 3.: Die Nationalversammlung in Frankfurt beschließt nach großen Parteikämpfen zwischen den „Großdeutschen", die Österreich an der Spitze des kommenden Reiches haben wollen, und den „Kleindeutschen", die Österreich ausschließen wollen, eine Verfassung: erster deutscher Grundrechtskatalog.

Im Dezember legt Erzherzog Johann die Würde des Reichsverwesers zurück

Friedrich Wilhelm Raiffeisen (1818 - 1888) gründet in Flammersfeld, wo er Bürgermeister war, den Hilfsverein zur Unterstützung unbemittelter Landwirte als Ausgang der bäuerlichen Kreditgenossenschaften.

Bayer: künstliches Indigo — Ausgang der Farbenchemie

Ostbahnstrecke Wien—Budapest

1850 Errichtung der Handelskammern in Österreich

Allgemeine Wechselordnung

Franz Hermann Schulze-Delitzsch (1808 - 1883) gründet in Delitzsch/Sachsen den „Gewerblichen Aushilfekassenverein" als Ausgang der gewerblichen Kreditgenossenschaften

Erste Gewerbliche Kreditgenossenschaft in Klagenfurt

1851 Aufhebung der Oktroyierten Verfassung, „weil sie weder in ihren Grundsätzen angemessen noch in ihren Bestimmungen durchführbar" (Silvesterpatent)

1852	Gesetz über das Strafrecht: Koalitionsverbot (§ 479 - 481) Forstgesetz Abkehr vom Prohibitivsystem, aber noch mäßige Schutzzölle Dampfmaschinen in Österreich: 903 mit 12 114 PS
1853	Gründung der Niederösterreichischen Escompte-Gesellschaft
1854	Allgemeines Berggesetz: Regelung des Schurf- und Bergrechtes, Unternehmer werden zur Errichtung von Knappschaftskassen verpflichtet Bunsen: Aluminium auf galvanischem Weg erzeugt Reis: Fernsprecher Eisenbahn-Konzessionsgesetz: Konzessionsdauer 90 Jahre, aber Zinsengarantie
1855	Österreichische Creditanstalt Bessemer-Stahl
1856	Erste Konsumgenossenschaft der Arbeiter in Teesdorf: „Wechselseitiger Unterstützungsverein der Fabriksarbeiter zu Teesdorf"
1857	Credit-Anstalt für Handel und Gewerbe (Anselm Rothschild) Südbahn Wien—Triest
1858	Der Anker, Allgemeine Versicherungs-AG Westbahn Wien—Linz
1859	Kaiserliches Patent über die Gewerbeordnung: Prinzip der Gewerbefreiheit, Gewerbegenossenschaften für die einzelnen Branchen, Pflicht der Unternehmer zur Errichtung von Sozialversicherungskassen
1860	Oktoberdiplom: föderalistischer Staatsaufbau, Gesetzgebung durch die Länder, gemeinsame Angelegenheiten unter Mitwirkung des Reichsrates
1861	Februarpatent: zentralistisches System: Herrenhaus und Abgeordnetenhaus, dieses von den Landtagen beschickt
1862	Handelsgesetzbuch Gesetz zum Schutz der persönlichen Freiheit Gesetz zum Schutz des Hausrechtes
1863	Gremium der Wiener Kaufmannschaft Boden-Credit-Anstalt Fürstentag zu Frankfurt: letzter Versuch Österreichs, den Deutschen Bund unter seiner Führung zu reformieren; Preußen lehnt ab
1864	Mitterhofer erfindet die Schreibmaschine Siemens-Martin-Stahl
1866	Krieg mit Preußen: Überzahl der dt. Fürsten für Österreich, Schlacht bei Königsgrätz: Österreich verliert, Friede zu Prag: Auflösung des Deutschen Bundes, Österreich wird aus der dt. Politik verdrängt Krieg mit Italien: Österreich siegt unter Erzherzog Albrecht bei Custozza und unter Tegetthoff bei Lissa, Friede zu Wien: Österreich tritt Venetien ab

	Siemens: Dynamo-Maschine
	Verkauf der „Innerberger Hauptgewerkschaft" an die Österreichische Credit-Anstalt um 12 Millionen Gulden; kleine Betriebe werden stillgelegt
1867	Gesetz über das Vereinsrecht
	Handelsverträge mit Frankreich und Großbritannien
	23. 11.: Gründung des Arbeiterbildungsvereines verbunden mit einer allgemeinen Kranken- und Invaliden-Cassa
	21. 12.: Ausgleich mit Ungarn: Ungarn als Staat anerkannt, mit Österreich in Personal- und Real-Union: Östereich-Ungarn; pragmatische, gemeinsame Angelegenheiten: Auswärtiges, Kriegswesen und Finanzen
	Verfassung der „im Reichsrat vertretenen Königreiche und Länder" (5 Verfassungsgesetze), Österreich: Konstitutionelle Monarchie, Staatsgrundgesetz über die allgemeinen Rechte der Staatsbürger: Freiheit der Person, des Eigentums und des Erwerbes
	Handelsvertrag mit Ungarn: echte Wirtschaftsintegration — volle Wirtschaftsunion
	Monier: Eisenbeton
1868	Entwurf eines Parteiprogrammes der Sozialdemokraten, Wien, 22. 8.: „Die sozialdemokratische Partei bezweckt auf friedlichem und gesetzlichem Weg die vollständige Gleichberechtigung der Staatsbürger und in sozialer Beziehung den Selbstgenuß des Ertrages der Arbeit des einzelnen vermittels Produktiv-Assoziationen, gefördert durch den Staat."
	Verein für kaufmännische Interessen in Wien für ganz Österreich
	Kunstgewerbeschule in Wien: „In allen Branchen geht die Kunstgewerbeschule in Wien bahnbrechend voraus" (Bericht eines Schweizers)
	Salzkammergutbahn Stainach - Irdning—Attnang - Puchheim
	Eisenbahn: Kärnten—Wien; Villach—Bruck a. d. Mur
1869	Reichsvolksschulgesetz mit der Aufgabe: „die Kinder sittlich-religiös zu erziehen, ihre Geistestätigkeit zu entwickeln, sie mit den erforderlichen Erkenntnissen auszustatten und die Grundlagen für die Heranbildung tüchtiger Menschen zu schaffen".
	Zollvertrag mit England: Höhepunkt der Freihandelspolitik Österreichs
	Ungerer: Holzstoffpapier
	Hüttenberger Eisenwerksgesellschaft: Zusammenschluß der Kärntner Eisenwerke
1870	Strafrechtsnovelle: Koalitionsfreiheit für Arbeiter und Unternehmer
	Böhler OHG
1870 - 1871	Deutsch-französischer Krieg, Österreich bleibt neutral; Gründung des Deutschen Reiches: 15. Jänner 1871, Wilhelm I. wird im Spiegelsaal zu Versailles zum deutschen Kaiser ausgerufen
1871	Metrische Maß- und Gewichtsordnung

1872 Erster Genossenschaftsverband: „Allgemeiner Verband der Erwerbs- und Wirtschaftsgenossenschaften": „Die auf dem Prinzip der Selbsthilfe beruhenden österreichischen Genossenschaften treten zu einem Verband zu dem Zwecke zusammen: Ausbildung und Förderung des Genossenschaftswesens, Wahrung gemeinsamer Interessen mit vereinten Mitteln, Anknüpfung gegenseitiger Geschäftsbeziehungen" (§ 1)

Verein für Socialpolitik in Berlin von G. Schmoller und A. Wagner gegründet: großer Einfluß auf die Sozialpolitik in Deutschland und Österreich

Eisenbahnen: St. Michael—Amstetten—Budweis; Leoben—Vordernberg

1873 Gesetz über die Erwerbs- und Wirtschaftsgenossenschaften
Weltausstellung in Wien: 39 500 Aussteller

Freitag, 8. Mai: „Schwarzer Freitag": Ausbruch der Krise

1874 Erster Vorschußkassenverein der Bauern nach Raiffeisen in Übelbach (Steiermark)

1875 Gründung des Industriellen-Klubs
Eisenbahnen: Selzthal—Bischofshofen; Arlbergbahn Wien—Vorarlberg; Tauernbahn, Pyhrnbahn

1876 Otto: Viertaktmotor

1877 Sequestrationsgesetz für die Eisenbahnen: Wiederverstaatlichung der Eisenbahnen

1877 - 1878 Russisch-Türkischer Krieg; Berliner Kongreß: Österreich-Ungarn erhält das Recht, Bosnien und die Herzegowina zu besetzen (Okkupationsfeldzug)

1878 K. u. K. Österreichisch-Ungarische Bank als Notenbank

1879 Zweibund: Österreich und Deutsches Reich

Autonomer Zolltarif mit Schutzzollpolitik

Plan einer Zollunion zwischen Frankreich, Belgien, Holland, Dänemark, Deutschland, Östereich-Ungarn, Schweiz, angeregt vom französischen Nationalökonomen Molinari

Edison: elektrische Glühbirne

Carl Frhr. v. Vogelsang: Die ethischen Sozialprinzipien des Offenbarungsglaubens und die Sozialprinzipien des Naturalismus: „Der absurden Soziallehre des Naturalismus muß die des Christentums entgegengestellt werden. Das Verdienen eines Lohnes soll nicht der einzige Zweck der Arbeit sein. Die Arbeit erhält ihren sittlichen Inhalt erst durch den Nutzen, den sie freiwillig der Gesamtheit leistet. Diese Auffassung bringt die Forderung mit sich, daß der Arbeiterschaft der Aufstieg in ihrem Stande gesichert werde."

1880 Gründung der Christlich-Sozialen Partei
Auer von Welsbach: Gasglühlicht

1881 Veitscher Magnesitwerke AG (Carl Später aus Koblenz)
K.K. priv. Österreichisch-Alpine Montangesellschaft unter dem Exponenten des franz. Kapitals, Eugène Bontoux, mit der Österreichischen Länderbank gegründet, Aktienkapital 73 Millionen

Gulden; Zusammenschluß von: Innerberger Hauptgewerkschaft, Vordernberg-Köflacher-Montan-Industrie-Gesellschaft, Hüttenberger Eisenwerksgesellschaft, Steirische Industriegesellschaft, K.K. priv. Neuberg-Mariazeller Gewerkschaft, St. Ägydi-Kindberger Eisen- und Stahlindustriegesellschaft, Eibiswalder Gewerkschaft, Grazer Draht- und Eisenwaren-Fabrik

1882 Dreibund: Italien tritt dem Zweibund bei
K.K. Postsparkassenamt

2. Leitsätze

Alle Menschen haben gleiche, angeborene und unveräußerliche Rechte, deren wichtigste sind: das Recht auf Selbsterhaltung, auf persönliche Freiheit, auf Unbescholtenheit und auf Förderung des eigenen geistigen und materiellen Wohles.

Die Ausübung dieser Rechte findet nur in den gleichen Rechten jedes anderen ihre natürlichen und notwendigen Beschränkungen.

Die einzelnen Staatsbürger übertragen von der Gesamtheit ihrer Rechte nur so viel an den Staat, als zu dessen Zwecken notwendig ist.

Entwurf der Grundrechte nach der ersten Lesung im Konstitutionsausschuß des Österr. Reichstages vom Jahre 1848

1. Die Wirtschaftsgesinnung

a) Der Glaube an die Dynamik des Eigennutzes

Nicht vom Wohlwollen des Fleischers, Brauers oder Bäckers erwarten wir unsere Mahlzeit, sondern von ihrer Bedachtnahme auf ihr eigenes Interesse. Wir wenden uns nicht an ihre Humanität, sondern an ihre Eigenliebe. Wir sprechen mit ihnen nie von unseren Bedürfnissen, sondern von ihren Vorteilen.

A. Smith: Untersuchungen über das Wesen und die Ursachen des Volkswohlstandes, 1776, Bd. 1, Chap. 2

Das persönliche Interesse ist jene unbezwingbare Gewalt des Individuums, welche uns von einem Fortschritt zum andern treibt.

F. Bastiat: Volkswirtschaftliche Harmonien, 1850, Cap. 10

b) Die Hoffnung auf die prästabilierte Harmonie

Jeder einzelne ist stets darauf bedacht, die vorteilhafteste Anlage des Kapitals, über das er verfügt, ausfindig zu machen. Die Bedachtnahme auf seinen eigenen Vorteil führt ganz von selbst dazu, daß er diejenige Anlage bevorzugt, welche zugleich für die Gesellschaft die vorteilhafteste ist. Er beabsichtigt in der Regel, weder das allgemeine Wohl zu fördern, noch weiß er, in welchem Maß er es fördert. In diesem wie in vielen anderen Fällen wird er von einer unsichtbaren Hand geleitet, einen Zweck zu fördern, der ihm keineswegs vorschwebte.

A. Smith: Untersuchungen über das Wesen und die Ursachen des Volkswohlstandes, 1776, Bd. 4, Chap. 2

Die Concurrenz bringt eine beständige Annäherung aller Menschen an ein immerfort sich erhöhendes Niveau, mit anderen Worten: Vervollkommnung und Ausgleich: die Harmonie. Das ist schließlich das Resultat der großen

48. Bergleute bei der Arbeit: 1556

49. Knappen-Wohnhaus für zwei Familien in Turrach, dazu gehörten noch Äcker und Wiesen für die Naturalversorgung

Naturgesetze, wenn sie ungehindert walten. Beim Anblick dieser Harmonien können wir wohl ausrufen: Hier ist der Finger Gottes!

F. Bastiat: Volkswirtschaftliche Harmonien, 1850, Cap. 10

c) Die Freiheit: der Garant der Sicherheit

Die Freiheit ist schließlich das Prinzip der Harmonie, die Bindung das Prinzip der Dissonanz! Der Kampf dieser beiden Mächte erfüllt die ganze Geschichte des menschlichen Geschlechts.

F. Bastiat: Volkswirtschaftliche Harmonien, 1850, Cap. 10

„Laissez faire" sollte die allgemeine Übung sein, jede Abweichung hievon ist ein sicheres Übel.

J. St. Mill: Grundsätze der politischen Ökonomie, 1848, T. 10, Chap. 11, 7

Man stellt nicht in Abrede, daß sich auf dem Wege der freien Concurrenz der Gewerbsleute in Bedienung des Publikums der angemessene, dem Wohl des letzteren zusagende Preis der Feilschaften einfacher und zuverlässiger einfinden wird, als deren obrigkeitliche Taxierung.

J. Kudler: Grundlehren der Volkswirtschaft, 1846, T. 2, § 109, S. 116

Die Gesetzgebung muß sich auf den nie erschütterten Grundsatz stellen: dem Talent und der Strebsamkeit offene Bahn zu schaffen.

v. Toggenburg in der Gerneraldebatte des Herrenhauses über die Gewerbeordnungsnovelle am 14. Februar 1883, Sten. Prot., IX. Sess., 71. Sitzung, S. 1108

d) Der Unternehmer: der Träger des Fortschrittes

Derjenige, der das Zusammenwirken der Produktionsmittel besorgt, ist der Unternehmer. Er befriedigt jeden Teilnehmer an der Produktion mit dem ihm zukommenden Anteil, auf seine Rechnung wird die Unternehmung betrieben, er hat die dabei unterlaufenden Gefahren zu tragen. Seine Wirksamkeit bei der Gütererzeugung besteht im wesentlichen darin, daß er:

für die Zusammenbringung der mitwirkenden Produktivkräfte sorgt und solche verfügbar macht,
die Art ihrer Wirksamkeit bestimmt und ordnet,
ihre wirkliche Anwendung leitet und überwacht,
für den Absatz der erzeugten Güter Sorge trägt.

J. Kudler: Grundlehren der Volkswirtschaft, 1846, T. 1, § 99, S. 143

2. Die freie Gesellschaft und Wirtschaft

a) Die Freisetzung von Gesellschaftund Wirtschaft

Freiheit der Person

Jeder Mensch hat angeborene, schon durch die Vernunft einleuchtende Rechte und ist daher als eine Person zu betrachten (§ 16).

Jedermann ist unter den von den Gesetzen vorgeschriebenen Bedingungen fähig, Recht zu erwerben (§ 18).

Allg. bürgerl. Gesetzbuch v. 1. Juli 1811, JGS Nr. 946

Die Freiheit der Person ist gewährleistet (art. 8).

Staatsgrundgesetz v. 21. Dezember 1867, RGBl. 142/1867

Freiheit des Eigentums

Grund und Boden ist zu entlasten (2 §).

Alle aus dem Untertänigkeitsverhältnis entspringenden Lasten sind von nun an aufgehoben (§ 3).

Gesetz über die Grundablöse v. 7. September 1848, Wr. Zeitung 1848, 246

Als ein Recht betrachtet, ist Eigentum das Befugnis, mit der Substanz und den Nutzungen einer Sache nach Willkür zu schalten, und jeden anderen davon auszuschließen (§ 354).

Kraft des Rechtes, frei über sein Eigentum zu verfügen, kann der vollständige Eigentümer in der Regel seine Sache nach Willkür benützen oder unbenützt lassen; er kann sie vertilgen, ganz oder zum Teil auf andere übertragen, oder unbedingt derselben begeben, das ist, sie verlassen (§ 362).

Allg. bürgerl. Gesetzbuch v. 1. Juli 1811

Das Eigentum ist unverletzlich. Eine Enteignung gegen den Willen des Eigentümers kann nur in den Fällen und in der Art eintreten, welche das Gesetz bestimmt (art. 5).

Staatsgrundgesetz v. 21. Dezember 1867, RGBl. 142/1867

Freiheit der Berufswahl und des Erwerbes

Es ist jederman frei, seinen Beruf zu wählen und sich für denselben auszubilden, wie und wo er will (art. 18).

Jeder Staatsbürger kann unter gesetzlichen Bedingungen jeden Erwerbszweig ausüben (art. 6).

Staatsgrundgesetz v. 21. Dezember 1867, RGBl. 142/1867

Freiheit des Marktes

Jedermann ist berechtigt, die Märkte mit allen im Verkehr gestatteten Waren zu beziehen (§ 62).

Gewerbeordnung v. 20. Dezember 1867, RGBl. 227/1859

Freiheit der Vertragsschließung

Über alles, was im Verkehr steht, können Verträge geschlossen werden (§ 878, alte Fassung).

Allg. bürgerl. Gesetzbuch v. 1. Juli 1811

Freiheit des Arbeitsvertrages

Die Arbeit ist eine Ware, die ihren Wert und Preis hat; der Preis regelt sich nach dem Gesetz von Angebot und Nachfrage. Über den jeweiligen Preis dieser Ware hat ihr Eigentümer — der Arbeiter — unstreitbar ein freies Verfügungsrecht.

Bericht des Ausschusses zur Regelung der Arbeitsverhältnisse, Sten. Prot. des Abgeordnetenhauses, V. Sess., Beilagen, Nr. 46

Die Festsetzung der Verhältnisse zwischen selbständigen Gewerbetreibenden und ihren Hilfsarbeitern ist innerhalb der durch Gesetze gezogenen Grenzen Gegenstand freier Übereinkunft (§ 72).

Novelle zur Gewerbeordnung v. 8. März 1885, RGBl. 22/1885

A. Die Wirtschaftsgesinnung

Die Weltanschauung der Neuzeit ist von Giordano Bruno, Kepler und Galilei bis heute eine Einheit. Sie wandte sich seit der Aufklärungsphilosophie mit ihren abhängigen Wissenschaften immer wieder anderen Arbeitsfeldern zu. Eines dieser Felder war auch die Wirtschaft.

Im weiten Blickwinkel *Giordano Brunos* mit der Richtung auf das Unendliche entdeckte *Johannes Kepler* in seiner „Physica coelestis" den in Harmonie geordneten Kosmos. In den „Harmoniae mundi" von 1610 fand er die geregelte Proportion und geordnete Gegenseitigkeit der Kräfte aller Himmelskörper. *Galileo Galilei* erkannte, daß diese Welt des Kosmos aus sich selbst: „juxta propria principia" in Ordnung und in Ausgeglichenheit funktioniere. Da die Welt ihre natürliche Ordnung in sich selbst hat, braucht sie keine ergänzenden Eingriffe: „le monde va de lui même!"

In dieser physikalischen Weltanschauung und mit diesem mechanistischen Weltbild wandten sich die Wissenschaften dem Menschen als Objekt zu. So ist es verständlich, daß die Erkenntnis den Weg von der „Mechanica coelestis" (1647: *Johannes Hevelius*) bis zum „L'homme machine" (1748: *Julien de Lamettrie*) gehen mußte. Aus dieser Weltanschauung und mit diesem Weltbild wurde das Menschenbild des Wirtschafters: der „homo oeconomicus" geprägt.

Der Mensch ist ein „Werk der Natur" und daher der Ordnung und den Gesetzen der Natur ganz und gar unterstellt. Der Mensch ist Natur und bleibt Natur. Jeder Versuch, den Menschen anders sehen zu wollen, ist vergeblich. Immer bleibt der Mensch ein Wesen der Natur und immer untersteht er daher dem „ordre naturel". Der Mensch ist „ein bloß physikalisches Wesen". „Er hört nie auf, etwas anderes zu sein, als die Folge dessen, wozu ihn die Natur gemacht hat. Der Mensch ist ein Werk der Natur, lebt in der Natur, ist den Gesetzen der Natur unterworfen und kann sich nicht von ihnen trennen. Alles, was wir tun und denken, alles, was wir sind und sein werden, hört nie auf, etwas anderes zu sein als eine Folge dessen, wozu uns die Natur gemacht hat."

Dieses Menschenbild ist im *„System de la nature"* von 1770 festgehalten (Chap. 1), das von *Dietrich von Holbach* unter Mitwirkung von Diderot, Lagrange und anderen Aufklärungsphilosophen herausgegeben wurde. Es galt lange Zeit als *„Bibel des Materialismus"*.

Die Natur gibt dem Menschen die Kraft des Verstandes, damit er seine Natur erkenne. Aus dieser Erkenntnis entstammte das „Glaubensbekenntnis" von der Natur des Menschen, das im letzten Kapitel des „Systems der Natur" unter dem Titel „Inbegriff des Gesetzbuches der Natur", das wahrscheinlich von Diderot stammt (K. Muhs), enthalten ist:

„Nur im Reich der Natur herrscht wahre Freiheit: Die Freiheit wacht über die Sicherheit ihrer Unterlagen und erhält sie bei ihren Rechten. Die Wahrheit erleuchtet sie und kein Betrug verblendet sie mit seinem finsteren Gewölk."

„Kehre denn zurück, entwichenes Kind, kehre zurück in den Schoß der Natur, die dich trösten und dein Herz von der quälenden Furcht befreien wird!"

„Genieße mit anderen die Güter, die ich dir und allen Menschen gemeinsam anbiete!"

„O Natur, Beherrscherin aller Wesen und derselben angebeteter Töchter: Tugend, Vernunft und Wahrheit, ihr seid allezeit unsere einzigen Gottheiten!"

„Zeige uns, Natur, was der Mensch tun muß, um des Glückes teilhaftig zu werden!"

Leibniz (1646 - 1716) sieht hinter den Naturgesetzen eine „verborgene metaphysische Quelle, in der der Ursprung der mechanischen Welt ruht (Gottfried Wilhelm Leibniz: Bemerkungen zu den cartesianischen Prinzipien, art. 64).

Die Natur gibt dem Menschen die Kraft der Sittlichkeit, damit der Mensch sich den Naturgesetzen entsprechend verhalte.

Christian Wolff (1679 - 1754) wies dem Menschen in seinen „Vernünftigen Gedanken von der Menschen Tun und Lassen" (1720, Kap. 1, S. 24) die *Maximen des natürlichen Verhaltens.* Das sittliche Handeln braucht als Voraussetzung „die Erkenntnis des Guten, denn nur eine klare Erkenntnis vermag den Willen richtig zu lenken". „Wer daher sein Tun und Lassen nach der Vernunft einrichtet, das ist: wer vernünftig handelt, der lebt nach den Gesetzen der Natur. Weil wir durch die Vernunft erkennen, was das Gesetz der Natur haben will, so braucht ein vernünftiger Mensch kein weiteres Gesetz: *das Naturgesetz ist dem Vernunftgesetz identisch und beide sind das Sittengesetz."*

Dieses naturbedingte Sittengesetz drängt den Menschen „zu einem glückseligen, galanten und vernünftigen Leben", denn „der letzte Zweck der Vernunft ist nicht die Gewinnung der Wahrheit, sondern die Vermittlung von Kenntnissen zur besseren Wohlfahrt des Menschen" (*Christian Thomasius,* 1655 - 1728: Von der Kunst: vernünftig, tugendhaft zu leben als dem einzigen Mittel: zu einem glückseligen, galanten und vergnügten Leben zu gelangen oder: Einleitung in die Sittenlehre [1692]). *Die natürliche Sittenlehre drängt den Menschen zu seiner letzten Erfüllung: zum glückseligen und vergnügten Leben.*

Aus dieser Sittenlehre schrieb *Christoph Martin Wieland* für das Verhalten der Menschen im Alltag das Werk „Der goldene Spiegel" (1772).

Dies war wohl der letzte „Fürstenspiegel", der seine Danachachtung bis zum kleinen Manne fand. In diesem Spiegel wurde als „letzter Wunsch aller Wesen, auch des Menschen, die Freude" erkannt. (Wegen dieses Spiegels wurde Wieland zur Erziehung des Prinzen nach Weimar berufen.)

Diese Philosophie von der Glückseligkeit und der Lebensfreude und die daraus folgende Sittenlehre begründeten die Philosophen *Johann Georg Sulzer* (1720 - 1779) im „Versuch einiger moralischer Betrachtungen über die Werke der Natur" (1745), der als natürlicher Zweck des Lebens die Glückseligkeit des Menschen herausstellte, und *Ernst Platner* (1744 bis 1818), der in seinen „Philosophischen Aphorismen" (1776 - 1782) als Bestimmung des Menschen die „maximale Glückseligkeit" deklarierte. In praktischer Auswertung dieser Lebensphilosophie schrieb *Johann Georg Heinrich Feder* (1740 - 1821) in seinen „Untersuchungen über den menschlichen Willen" (1779 - 1793) eine „Kunstlehre des Genusses". *Die Natur gibt dem Menschen die Chance der Selbsterlösung.* Wenn das Naturwesen Mensch dem ordre naturel gemäß lebt, lebt es nach dem Sittengesetz und der Eigennutz treibt den Menschen zum glückseligen Leben an. Dort findet er seine Erfüllung. Indem er sich selbst erlöst, erlöst er aber auch alle anderen!

Diese in das Diesseits gekehrte Weltanschauung und Lebensphilosophie will den Menschen sich selbst erlösen lassen. Diese Grundtendenz ist in allen Varianten neuzeitlicher und erst recht „moderner Philosophie" und in allen auf den Menschen bezogenen Wissenschaften gegeben.

Wenn das Naturwesen Mensch dem ordre naturel als dem „loi fondamentale" (F. Quesnay) gemäß lebt, lebt er auch zugleich dem Sittengesetz entsprechend. Der Eigennutz mit dem Ziel der höchsten Lebensfreude des Genusses oder des Erfolges treibt den Menschen zur Erfüllung seines Lebens an. Mit dieser „Natur-Philosophie" vom Menschen waren die Grundlagen für die Sozialwirtschaftslehre der Klassiker und die Fundamentalgesetze des wirtschaftlichen Liberalismus und somit die für die ungebundene und freie Wirtschaft gegeben.

Das *eine* Fundamentalgesetz bringt den „Glauben an den Eigennutz als dynamische Kraft". Der Eigennutz als Triebkraft der Freude und des Erfolges läßt von jedem Wirtschafter die vorwärtsdrängende Kraft in die Wirtschaftsgesellschaft einströmen. Diese Kraft läßt alle am Fortschritt teilnehmen, weil jeder die jeweils besseren Gewinnchancen für sich suchen muß. *Der Eigennutz verursacht den Fortschritt.*

Das *andere* Fundamentalgesetz erzeugt die „Hoffnung auf die prästabilierte Harmonie", weil in der Naturordnung die immerwährende und ausgeglichene Harmonie der Kräfte gegeben ist. Dies ist ja das Bewundernswerte an den Naturgesetzen, daß alle, oft sogar gegeneinander zu wirken scheinenden Kräfte, dem vorgegebenen Plan der Natur gemäß zu ausgeglichenen Proportionen drängen. Diese Ordnung der freien wirtschaftlichen Kräfte gibt *die Hoffnung: alle Kräfte der einzelnen führen zur sozialen Harmonie für alle.*

Das *dritte* Fundamentalgesetz schenkt dem Menschen die Überzeugung, daß „die Freiheit die Garantie für die Sicherheit" der Menschen gibt. Die Natur führt nämlich die einzelnen Kräfte gemäß der in ihr wirksamen prästabilierten Harmonie von selbst — ohne „ordnende Eingriffe" — zur Harmonie und zum gegenseitigen Ausgleich der Interessen. Ja, es ist der Inhalt des Fundamentalgesetzes: *nur die ungestörte Freiheit garantiert die prästabilierte Harmonie.*

Die Träger dieser freien Ordnung der Wirtschaftsgesellschaft sind alle Wirtschafter, im besonderen aber die Unternehmer, weil sie den Einsatz der stärksten Kraft für den Fortschritt leisten.

Die Wirtschaftsordnung ist eine naturgegebene Ordnung: unabänderlich und unveränderlich: *die Wirtschaft funktioniert aus sich selbst.*

1. Der Glaube an die Dynamik des Eigennutzes

Die Wirtschaftsgesellschaft ist eine arbeitsteilige Gemeinschaft, in der die einen in ihren Unternehmungen diese Waren erzeugen und jene Leistungen erstellen und die anderen als Mitarbeiter in den Betrieben an verschiedenen Verrichtungsstellen mitwirken. Alle aber müssen an irgendeiner Stelle der sozialen Wirtschaft mitarbeiten, damit sie alle das erhalten, was sie zur Befriedigung ihrer Bedürfnisse und zur Deckung ihres Bedarfes brauchen: so verlangt es die Natur der Gesellschaft und die Natur des Menschen. Die natürliche Ordnung fordert von allen das Zusammenwirken in der Wirtschaftsgesellschaft.

Der einzelne „arbeitet" auf Grund seines natürlichen Eigennutzes in der Wirtschaftsgesellschaft mit. Aus diesem Eigennutz zu handeln ist auch das „natürliche Recht" des Menschen, denn „alle Menschen haben gleiche, angeborene und unveräußerliche Rechte, deren wichtigstes ist: *das Recht auf die Selbsterhaltung und auf Förderung des eigenen geistigen und materiellen Wohles"* (Präambel zum Entwurf der Grundrechte im Konstitutionsausschuß des Österreichischen Reichstages vom Jahre 1848). Die Naturanlage und das Naturrecht des Menschen sind eins. Der Mensch soll nicht nur seinem Eigennutz folgen, er darf es auch!

Jeder Wirtschafter weiß, allein kann er sich kaum erhalten und „weiterbringen", daher entspricht es der Vernunft, mit anderen zusammenzuarbeiten. Vom Eigen-Nutz angefacht wirkt jeder in der Wirtschaftsgesellschaft mit, damit er das Seine für den eigenen Nutzen erhält. Dieses Seine ist meist mehr, als man allein erarbeiten könnte, und dies ist auch besser und schöner als das, was man selbst gerade noch mühsam erwirtschaften könnte. Der Eigennutz treibt die Wirtschafter zur Wirtschaftsgesellschaft. Jeder bietet jedem an:

„Gibt mir dies, was ich brauche, und Du sollst haben, was Du brauchst; auf diese Weise erhalten wir voneinander den größten Teil der guten Dienste, deren wir benötigen" (*A. Smith:* Untersuchungen, Bd. 1, Chap. 2).

Der Eigennutz aus der Natur der Lebenserhaltung und der Lebenserfüllung drängt jeden zur Zusammenarbeit mit den anderen in der Wirtschaftsgesellschaft.

Diese Zusammenarbeit entspringt nicht aus einem humanitären Mitempfinden, sondern allein aus der „Eigenliebe" und aus der Erwägung des „eigenen Vorteils". „Nicht vom Wohlwollen des Fleischers, Brauers und Bäckers erwarten wir unsere Mahlzeiten, sondern nur von deren Bedachtnahme auf ihr eigenes Interesse. Wir wenden uns nicht an die Humanität, sondern an die Eigenliebe. Wir sprechen nie von unseren Bedürfnissen, sondern nur immer von ihren Vorteilen" (A. Smith: Untersuchungen, B 1, Chap. 2; R. Zeyß: Adam Smith und sein Eigennutz, 1889, S. 38 u. 69). *Die arbeitsteilige Wirtschaftsgesellschaft ist eine Gesellschaft eigennütziger Wirtschafter.*

Der Eigennutz entsteht aus der Lebensnot der Menschen. Er begnügt sich aber nicht, diese abzuwenden und zu überwinden, er steigert sich vielmehr weiter zur persönlichen und gesellschaftlichen Lebenserfüllung. „Das Verlangen zu genießen, ist der Garant, daß jeder immer seinen größtmöglichen Nutzen verfolgt und dadurch zum größtmöglichen Nutzen aller einzelnen beiträgt" *(Mercier de la Rivière).* „Jouissons du present" (*J. de Lamettrie:* Système d'Épicure, 1749, S. 359). Durch dieses Drängen nach mehr wird der Eigennutz zur dynamischen Kraft. Ist nämlich eine Stufe der Bedürfnisse befriedigt, springt auch schon wieder der Wunsch für die nächsthöhere Stufe an. Der Eigennutz und das „persönliche Interesse" ist „jene unbezwingbare Gewalt des Individuums, welche uns von einem Fortschritt zum anderen antreibt" (*F. Bastiat:* Volkswirtschaftliche Harmonien, 1850, Cap. 10). *Der Eigennutz ist die dynamische Kraft des Fortschrittes.*

Wenn der Eigennutz auf der Ebene der Gesellschaft zur Wirkung kommt, gesellt sich ihm der *Ehrgeiz* zu. Der Ehrgeiz befähigt den Menschen stets: über den gegebenen Sozial-Status hinauszustreben. Der Ehrgeiz fordert vom Menschen nicht nur mehr zu haben, sondern in der Gesellschaft auch mehr zu sein. Auf diese Weise kommt zur Dynamik im persönlichen Leben die Dynamik in der Gesellschaft, denn „mehr haben", bedeutet „mehr sein." Der mit dem Eigennutz verbundene Ehrgeiz gibt der Gesellschaft die Entwicklungsdynamik.

Durch diese fortschreitende Kraft wird der Gesellschaft das Gepräge der Wirtschaft aufgedrückt. Die Fortschrittsdynamik drückt der Gesellschaft wie mit einer Petschaft die Struktur der Wirtschaftsgesellschaft auf. *Der wirtschaftliche Fortschritt verwirtschaftet die Gesellschaft.*

Eigennutz und Ehrgeiz als naturgegebene Kräfte werden im kommerziellen Leben zum „*Erwerbstrieb*". Jeder Wirtschafter will mehr erwerben, um einen höheren Wohlstand zu erreichen und um einen höheren Rang in der Wirtschaftsgesellschaft zu erlangen. Der Erwerbstrieb treibt die Wirtschafter zur wirtschaftlichen Unabhängigkeit und Selbständigkeit an (G. Schmoller: Grundriß der allgemeinen Volkswirtschaftslehre, 1900, Bd. 1, S. 33 f.). *Die Erwerbskraft verleiht dem Wirtschafter: Freiheit, Sicherheit und Würde.*

Dieser Erwerbstrieb wird zum „Geschäftsinteresse" der Wirtschafter. Dieses läßt das ganze Denken und die gesamte Willenskraft dem wirtschaftlichen Erfolg zuwenden. Alles wird vom Geschäftsinteresse überdeckt und durchdrungen, wodurch dann andere Werte zurücktreten und allmählich verblassen. J. G. Halske sagte aus diesem Erwerbsgeist: „Existenz und Fortentwicklung oder Rückgang und Untergang des Geschäftes beschäftigt mich Tag und Nacht und dieser Gesichtspunkt ist der vorherrschende für mich bei der Beurteilung aller Fragen" (R. Ehrenberg: „Selbstinteresse" und Geschäftsinteresse, in: Thünen-Archiv, Bd. 1, 1906, S. 292). *Der Mensch geht in seinem Geschäftsinteresse unter.*

Dieses *erwerbswirtschaftliche Prinzip* zwingt zur Durchrechnung aller wirtschaftlichen Vorgänge, weil nur diese die Erfolge in Quanten genauestens registrieren lassen. Durch die Buchführung werden alle Vorgänge im Betrieb und alle Daten der Unternehmung sichtlich erkennbar, weil sie von allen Qualitäten befreit und so vereinfacht als ökonomische Quanten in Erscheinung treten. Und diese Quanten verstehen die meisten. Das quantitativ ermittelte Erfolgsergebnis tritt für eine Zeiteinheit als *Gewinn* hervor. Die stete Steigerung dieses ergibt für das Erwerbsstreben das *Prinzip der Gewinn-Maximierung.*

Das Gewinnmaximum ist die Quittung für die persönliche Erwerbsleistung und das Attest für den Sozialstatus des Wirtschafters in der Wirtschaftsgesellschaft.

Auf Grund der Erfahrungen in der Betriebsführung und in der sie begleitenden Buchhaltung gab früher die Handelskunde und gibt heute die Betriebswirtschaftskunde Anweisungen: wie das erstrebte Gewinnmaximum zu erreichen ist, indem man etwa rät, „mehr kurzfristig" oder „mehr langfristig" das erwerbswirtschaftliche Prinzip der Gewinnmaximierung zu realisieren.

Bei kurzfristiger Gewinnmaximierung „ist der Unternehmer bestrebt, aus jedem Geschäft das Maximum an Gewinn herauszuholen oder für kurze Zeitabschnitte den Gewinn zu maximieren". Hiebei kann es allerdings geschehen, daß Folgen eintreten, die, auf die Dauer gesehen, schädlich sind. Um solchen Gefahren vorzubeugen, werden die Unternehmer bestrebt sein, unter Verzicht auf kurzfristig realisierbare Gewinnchancen langfristig zu einem möglichst günstigen Geschäftsergebnis zu kommen. „Im allgemeinen wird man damit rechnen, daß sich bei langfristiger Gewinnmaximierung ein günstigeres Geschäftsergebnis erzielen läßt" (E. Gutenberg: Grundlagen der Betriebswirtschaftslehre, 1955, Bd. 2, S. 7 ff.).

Dieses „aus der Natur des Menschen" sprossende Streben nach Gewinnmaximierung bekam für die Fortschrittswirkung eine Rasanz der Dynamik durch die religiöse Legitimation von Seiten des Reformators *Johannes Calvin* (1509 - 1544). Calvin sprach in seiner Prädestinationslehre die jeweils erreichten Gewinnmaxima als Bestätigung für die Berufung des Menschen zur Glückseligkeit im Jenseits an. Gemäß der Prädestinationslehre ist das Schicksal des Menschen in seiner Bestimmtheit für das ewige Leben oder den ewigen Tod schon mit der Geburt gegeben. Daran kann der Mensch im Laufe seines Lebens nichts mehr ändern. Der Mensch möchte aber seine Schicksalsbestimmtheit wenigstens erkennen. Als Signum der Prädestination für den Himmel kann der Mensch seine Erfolge verbuchen. Je mehr Erfolge der Mensch hat, desto gewisser ist es, daß er zur ewigen Glückseligkeit berufen ist. Dies spornt nun die Wirtschafter aus ihrer Naturanlage und nunmehr auch aus der religiösen Rechtfertigung dieser an: in ihren Geschäften durch Gewinnmaximierung zum größten Erfolg zu kommen. (Max Weber las aus der Lehre Calvins eine protestantische Begründung der „Berufsethik" ab. Dies ist gewiß unrichtig, weil die Berufsethik im Mittelalter durch die Lehre von der evocatio vollends entwickelt war und nicht erst der Lehre der Reformatoren bedurfte. Aus der Calvin'schen Prädestinationslehre wurde vielmehr die Ethik der Gewinnmaximierung und damit der *„Geist des Kapitalismus"* geschaffen).

Der Eigennutz in Verbindung mit dem Ehrgeiz treibt den Menschen aus *natürlichem Selbstinteresse* und *religiöser Rechtfertigung* an: *immer und überall das Gewinnmaximum anzustreben.* Da dies alle tun, ergibt sich ein Wettlauf im Streben nach den Gewinnmaximis. Daraus entsteht die Dynamik für die Wohlstandssteigerung für alle in der Wirtschaftsgesellschaft. *Am Eingang in die Ordnung der freien Wirtschaft stand: der Glaube.* Dieser Glaube an die Dynamik des Eigennutzes läßt alle Wirtschafter auf den stets wachsenden Wohlstand hoffen.

2. Die Hoffnung auf die prästabilierte Harmonie

Der Glaube an die Fortschrittskraft des Eigennutzes mit dem Streben nach Gewinnmaximierung wurde von der Hoffnung begleitet: „daß jedes

Glied der Gesellschaft durch Verfolg seines Eigennutzes das Gemeinwohl fördert" (*Mirabeau d. Ä.:* Philosophie rurale, 1763, Bd. 1, S. 133). Wie hätte diese „Religion" der Aufklärungsphilosophie auch anders handeln können, als daß zu ihrem Glauben sich die Hoffnung dazugesellte (religionspsychologisch war dies richtig, philosophiegeschichtlich aber abwegig).

„Wenn der einzelne seinen Vorteil sucht, etwa in der günstigsten Kapitalanlage, dann denkt er nie an die anderen, er denkt nur an sich, seinen Vorteil und sein Gewinnmaximum. Und doch kommt er *„ganz von selbst"* zu der Anlage, die zugleich für die Gesellschaft die vorteilhafteste ist" (A. Smith, Untersuchungen, Bd. 4, Chap. 2).

Das „persönliche Interesse" ist die „unbezwingbare Gewalt" für den Fortschritt. Hat der Wirtschafter das Gewinnmaximum erreicht, dann hat er durch ein neues technisches Verfahren oder durch eine neue Organisation im Betrieb oder am Markt für die Volkswirtschaft einen Vorteil und für das Gemeinwohl einen Zuschuß geleistet. Der Natur entspricht es aber, daß nur die anderen, wenn sie diese Leistung und den daraus sich ergebenden höheren Gewinn sehen, das gleiche tun. Alle treten miteinander in *Wettbewerb*. Indem alle im Wettbewerb zu einander stehen, *wird die Konkurrenz zur „unaustilgbaren Kraft", den Fortschritt* aus dem Besitz des einzelnen zu vindizieren und *„zum Gut der ganzen Menschheit" zu machen*. Beide Kräfte: der Eigennutz und die Konkurrenz bringen in ihrem Zusammenwirken: *die Harmonie der Gesellschaft* (F. Bastiat: Volkswirtschaftliche Harmonien, 1850, Cap. 10). „Es gibt ein wundervolles Schauspiel: wie „das Privatinteresse unaufhörlich das schafft, was es immer meidet". „Der Mensch gehorcht seinem Interesse und er schafft, ohne es zu wissen und zu wollen, das Allgemeinwohl" (Bastiat).

Die Konkurrenz verursacht eine Annäherung aller Menschen im steigenden Niveau des Wohlstandes. In dieser Vervollkommnung erfolgt zugleich der *Ausgleich der Interessen:* die *soziale Harmonie*. „Das ist schließlich das Resultat der großen Naturgesetze, wenn sie ungehindert walten" (Bastiat). Durch den in der Natur veranlagten prästabilierten Plan führt die Konkurrenz aller gegen alle die Sonderinteressen aller einzelnen zur wirtschaftlichen und sozialen Harmonie. Die „unbezwingbare Gewalt" der Interessen der einzelnen bringt den Fortschritt und die „unvertilgbare Kraft" der Konkurrenz läßt alle daran teilnehmen und führt zur prästabilierten Harmonie. Glaube und Hoffnung wurden eins!

Die „noch-nicht ganz-Freien" der Aufklärung sahen in der prästabilierten Harmonie das Wirken Gottes. „Die Harmonie der Einzelinteressen wird durch das Walten Gottes" erwirkt. Die Harmonie des Gemeinwohles wird „von einer unsichtbaren Hand" geleitet (Smith), ihr Ergebnis zeigt: „hier ist der Finger Gottes" (Bastiat).

Die einzelnen Unternehmer erzeugen mit ihren Mitarbeitern Produkte und erstellen Leistungen. Sie nehmen hiefür die Produktionsfaktoren Arbeit, Kapital und Boden in Anspruch. In der Erzeugung erwachsen den Unternehmern für die Inanspruchnahme der Produktionsfaktoren *Kosten*. Diese müssen durch den Verkauf ersetzt werden, wenn die Erzeugung weitergehen soll. Die Erzeuger, die mit ihren Gütern als Waren auf den Markt kommen, wollen aus ihrem persönlichen Interesse und aus ihrem Geschäftsinteresse *neben dem Kostenersatz ein Mehr*, nämlich den Gewinn. Dieses Mehr wollen sie bis zum Gewinnmaximum ausdehnen.

Da die Erzeuger in der arbeitsteiligen Wirtschaftsgesellschaft nur sehr wenig und oft gar nichts für ihre eigene Versorgung erzeugen, müssen sie alle am Markt erscheinen, damit sie um Waren für die Deckung ihres Bedarfes und für die Ausrüstung ihrer Betriebe nachfragen.

Am Markt trifft das Angebot auf die Nachfrage. Alle kommen mit ihrem „Geschäftsinteresse" auf den Markt. Die *Verkäufer* wollen ihre Waren teuer: *zu hohen Preisen verkaufen*. Die *Käufer* wollen ihre Waren hingegen billig: *zu niederen Preisen kaufen*. Die Konkurrenz bringt die Interessen beider Parteien des Marktes *durch den Preis zum Ausgleich. Die „unsichtbare Hand" und der „Finger Gottes" stellen durch den Preis die Harmonie zwischen Verkäufer und Käufer her.*

Die, die zu Überpreisen, also zu teuer anbieten, finden keine Käufer und müssen mit ihren unverkauften Waren den Markt verlassen. Die, die zu Unterpreisen nachfragen, finden keine Verkäufer und müssen ohne Waren vom Markt gehen. Von den Verkäufern kommen nur die zum Zuge, die bereit sind, den „natürlichen Preis", der mit den angelaufenen Kosten der Erzeugung gleich ist, zu verlangen. Von den Käufern kommen nur die zum Zuge, die bereit sind, den Preis, der die Kosten abdeckt, zu leisten. Es ergibt sich demnach am Markt ein Preis, der das Angebot und die Nachfrage zum Ausgleich bringt: *der natürliche Preis oder der Kostenpreis.*

Erzeuger, die teurer erzeugen, hat die Konkurrenz vom Markt gewiesen. Nachfragende, die billiger kaufen wollen, hat ebenso der Preis vom Markt abgedrängt. Die schlechten, weil teureren Erzeuger, und die schlechten, weil schwächeren Käufer, werden durch den Preis vom Markt ausgeschlossen.

Durch den Wettbewerb suchen die Erzeuger immer wieder neue Verfahren, die mit weniger Kosten den geplanten Produktionsausstoß zustandebringen. Dadurch kommen immer wieder neue Grenzschichten von schwächeren Käufern zu den gewünschten Waren. Die Konkurrenz erzwingt die Versorgung von immer mehr Käufern zu den jeweils billigsten Preisen. *In diesem Ausgleich von Angebot und Nachfrage* zu den jeweils technisch und organisatorisch am günstigsten erzeugten Waren und erstellten Leistungen *ist die wirtschaftliche und soziale Harmonie gegeben*.

Der Interpret Smithens, *Christian J. Kraus*, Professor in Königsberg, stellte dies zu seiner Zeit so dar. „Der Naturpreis ist gleichsam der Centralpreis, nach welchem die Preise aller Waren unablässig hinstreben. Zwar können sie durch Umstände verschiedener Art manchmal ziemlich hoch über ihn gehalten werden und manchmal sogar etwas unter ihn herabgedrückt werden; aber sobald das Hindernis aufhört, gehen sie nach ihm als ihrem eigentlichen Ruhestand zurück" (Chr. J. Kraus: Staatswirtschaft, 1808, T. 1, S. 171 f.). Dadurch wurde die neue Ökonomik nach Deutschland übertragen.

Das Marktgesetz verhindert auch eine Überproduktion, „denn jedes Angebot einer Gütermenge schließe die gleiche Nachfrage in sich ... Die Furcht von einem Übergewicht der Produktion sey somit eitel". Diese Theorie von Smith und Say wurde durch *J. Kudler*, Professor in Wien, nach Österreich importiert (J. Kudler: Die Grundlehren der Volkswirtschaft, 1846, T. 1, S. 278).

Als Ergebnis läßt sich mit Bastiat festhalten: „Die Konkurrenz stellt durch ihre unmeßbare aber unaufhörliche Wirkung ein gerechtes und genaueres Gleichgewicht her, als es die fehlbare Weisheit irgendeiner Regierungsbehörde imstande wäre."

Diese Harmonie-Automatik kann in der Wirtschaftsgesellschaft nur dann funktionieren, wenn man den Kräften „freies Spiel" läßt. An dieses freie Spiel der Kräfte glaubten alle und auf die automatische, durch den Marktmechanismus erwirkte Harmonie hofften alle, weshalb sie die Freisetzung der Wirtschafter von allen Selbstbindungen und vor allem die Befreiung der Wirtschafter vom staatlichen Dirigismus forderten. Davon überzeugt, erklärte *v. Plenner* in der Generaldebatte des Herrenhauses am 14. Februar 1883 (Sten.Prot. IX. Sess., 71. Sitzung S. 1094):

„Am allerwenigsten können politische Parteien und von diesen ausgehende Akte den Prozeß des natürlichen Ablaufes der Wirtschaft, der sich unwiderstehlich vollzieht, hervorrufen oder aufhalten."

Der Glaube an die dynamische Fortschrittskraft des Eigennutzes und die Hoffnung auf die prästabilierte Harmonie gab den Wirtschaftern die Überzeugung von der diesseitigen Erlösung durch das Naturgesetz der Wirtschaftsgesellschaft in der ungebundenen und daher freien Wirtschaft.

Der Aufklärungs-Rationalismus endete bei einem mystischen Erlösungsglauben:

„Ich glaube, daß Er, der die Weltordnung schuf, auch der sozialen Ordnung seine Aufmerksamkeit nicht vorenthalten hat. Ich glaube, daß Er diese freien Kräfte ebenso kombiniert und in harmonische Bewegung setzt wie die leblosen Moleküle. Ich glaube, daß die unbezwingbare soziale Tendenz an die ständige Annäherung an ein geistiges und körperliches Niveau geht, das sich unbegrenzt erhöht und steigert“ (Bastiat).

3. Die Freiheit: der Garant der Sicherheit

Das eigennützige Geschäftsinteresse mit dem Streben nach Gewinnmaximierung ist eine im Menschen gegebene Naturkraft und braucht von außen weder eine Förderung noch eine Hemmung. Das Zusammenwirken der Wirtschafter in der arbeitsteiligen Wirtschaftsgesellschaft erfolgt auf Grund eines Naturgesetzes, das unveränderlich und unabänderlich ist. Dieser Ordre naturel bedarf keiner Ergänzung durch einen ordre positif. Das Naturgesetz führt aus sich selber zur Harmonie der wirtschaftlichen und sozialen Interessen und damit zum Glück aller.

Die Voraussetzung für dieses natürliche Funktionieren im Interessenausgleich ist: die *Freiheit für alle*. „Laissez faire“ „sollte daher die allgemeine Übung sein, jede Abweichung hievon ist ein sicheres Übel“ (*J. St. Mill:* Grundsätze der politischen Ökonomie, 1848, T. 10, 7). Das Grundgesetz der politischen Ökonomie ist deshalb: *Laßt sie alle wirtschaften! Gebt allen Freiheit, nach eigenen Erwägungen zu handeln! „Die Freiheit ist das Prinzip der Harmonie“* (Bastiat).

Dem entgegen ist die Bindung „das Prinzip der Dissonanz“. Der Kampf dieser beiden Prinzipien erfüllt die ganze Geschichte des Menschengeschlechtes (Bastiat, Cap. 10). In der Gesellschafts- und Wirtschaftsentwicklung ließ die eben ausgelaufene Epoche der landesfürstlichen Wohlstandspolizei die nachteiligen Folgen dieser Bindung der Wirtschafter deutlich erkennen.

Die in der Naturordnung vorgegebene prästabilierte Harmonie *könnte* eine politische Regelung der Wirtschaft nie zustandebringen. Ein Staatsmann würde sich bei dieser Absicht eine unnötige Fürsorge aufladen, die er doch nicht erfüllen könnte, er würde sich eine „Autorität anmaßen“, die er nicht auszuüben vermag. Es wäre „töricht und dünkelhaft“, aber noch mehr, es wäre „gefährlich“, wenn sich ein Staatsmann die Autorität anmaßte: die Wirtschaft zu lenken (A. Smith, B. 4, Chap. 2). Es gilt daher für alle: *Laßt die Wirtschafter frei!*

Die Regierung *braucht* die wirtschaftlichen Kräfte auch *nicht zu ordnen,* da „der eigene Vorteil der einzelnen zugleich den Wohlstand des Volkes fördert“. Die Regierung wird der lästigen Zumutung enthoben, die Wirtschaft zu lenken. „Man stellt daher nicht in Abrede, daß sich auf dem Wege der freien Concurrenz der Gewerbeleute in Bedienung des Publikums der angemessene, dem Wohl des letzteren zusagende Preis einfacher und zuversichtlicher einfinden wird, als durch deren obrigkeitliche Taxierung" (J. Kudler: Grundlehren der Volkswirtschaft, 1848, T. 2, § 109, S. 116). Diese Überzeugung der führenden liberalen Schichten gabe der Abgeordnete im Herrenhaus *v. Toggenburg* in der Generaldebatte über die Gewerbeordnungsnovelle am 14. Februar 1883 wieder, wenn er sagte: „Die Gesetzgebung muß sich auf den nie erschütterten Grundsatz stellen: *dem Talent und der Strebsamkeit offene Bahn zu schaffen!*" (Sten.Prot. IX. Sess., 71. Sitzung, S. 1108).

Eine „mißbräuchliche Einmischung der Staatsmacht" stört die Handels- und Gewerbegesetze, weil diese ihrem natürlichen Ablauf folgen, sie „mißleitet die Kapitalien und die Arbeitskräfte", weil diese allein und am besten selbst ihren Einsatz mit dem Gewinnmaximum finden, sie „erregt ein Gaukelspiel verführerischer Hoffnungen", weil jeder Gruppe ihren Wünschen gemäß etwas zugesagt wird, sie „bewirkt eine Verschleuderung menschlicher Kräfte", weil die Arbeitskräfte an unrichtigen Stellen eingesetzt werden; kurz: „Man gibt allen Interessen künstliche Unterlagen und macht sie untereinander handgemein" (Bastiat, Cap. 1). Die wirtschaftlichen Interessen der Menschen bedürfen keiner politischen Lenkung, weil sie sich nach dem Naturgesetz von selbst ausgleichen. Die Marktgesetze bringen die ergiebigsten Produktionsergebnisse und die gerechteste Distribution der Einkommen. Sie bringen dadurch den größtmöglichen Wohlstand für das ganze Volk und die größte Wohlfahrt für den einzelnen. *So kann jeder ein Vermögen bilden und das Vermögen bietet Sicherheit.*

Das Postulat der Freiheit löst zuerst von allen bisherigen Bindungen, damit die bisherigen wirtschaftlichen und sozialen Disharmonien behoben werden, und gibt dann den Schutz vor neuen Bindungen, damit nicht abermals wirtschaftliche und soziale Dissonanzen zum Vorschein kommen können.

Die Forderung nach Freisetzung galt für die *Bauern*. Sie sollten aus der Grundherrschaft entlassen und der freien Marktwirtschaft ohne Fürsorge und Vorsorge des Grundherren überantwortet werden, damit sie aus eigenen Entscheidungen und mit eigenem Risiko ihrem Gewinnstreben nachgehen können. Die Freisetzung der Bauern von der Schollenpflichtigkeit und von den Bindungen an die Grundherrschaft gehörte zu den dringendsten Forderungen der liberalen Politik.

Die Forderung nach Freisetzung galt ebenso für die *Gewerbetreibenden*. Sie sollten aus den Fesseln ihrer Zünfte, Gilden und Innungen befreit werden, damit sie unbehindert von den Hemmungen durch ihre Zunftgenossen nunmehr in freier Initiative ihre Gewinne maximieren konnten.

Freigesetzt sollten alle von der Reglementierung des Landesfürsten werden, damit sie nicht immer und überall von den Hemmungen des Staates gebunden und in ihrer Entwicklung behindert würden. Frei vom Staat sollten alle in Erwerbs- und Gewerbefreiheit ihrer natürlichen Anlage entsprechend vom Eigennutz angetrieben zum Gewinnmaximum und dadurch zum höchsten Wohlstand kommen können. *Alle sollten durch ihre Freiheit selbst zur wirtschaftlichen und sozialen Sicherheit kommen.*

Um nicht abermals in die Unfreiheit durch Selbsthilfeorganisation zu geraten, müssen alle etwaigen „Koalitionen" für die Zukunft verboten werden. Die Wirtschafter müssen die Freiheit garantiert erhalten — auch die Freiheit vor eigenen Zusammenschlüssen. Dann erst ist die Wirtschaft frei und die Wirtschafter können ihrer naturgemäßen Anlage entsprechend im Rahmen der freien Ordnung freie Entfaltung finden. Nur dann können alle Wirtschafter dem Talent und der Strebsamkeit freie Bahn geben. Und gemäß der prästabilierten Harmonie werden alle in Freiheit, ungebunden und ungehemmt, ihren Wohlstand und damit auch ihre Sicherheit erhalten.

Von dieser Idee der Freiheit waren alle entflammt. Alle waren bereit, für die Freiheit eine revolutionäre Umwälzung in die Wege zu leiten. Die Bauern wollten diese Freiheit und strebten daher nach Entlassung aus dem Schutz und Schirm der Grundherrschaft. Die Gewerbetreibenden wollten aus der Zunftenge heraus und das freie Feld der persönlichen Entwicklung und Initiative erlangen. Ja, selbst die Beamten des Staates waren von der Freiheitsidee so begeistert, daß sie bereit waren, ihr wirtschafts- und sozialpolitisches Regiment der Wohlstandspolizei aus der Hand zu legen. Schließlich waren auch die Regenten und Fürsten von der naturgegebenen Ordnung der Freiheit und der freien Betätigung aller überzeugt. Einen von diesen Forderungen nach Freiheit überzeugten Staatsmann läßt Bastiat sprechen:

> „Ihr habt mich mit der Staatsmacht bekleidet, ich werde sie nur gebrauchen, wo die Einmischung der Gewalt erlaubt ist: nur da, wo die Gerechtigkeit verletzt ist. Ich garantiere die Sicherheit der Person und des Eigentums. Dies ist mein Beruf, den ich erfüllen werde. Aber ich übernehme nichts weiter."

> „Vereinigt Eure Anstrengungen zum persönlichen wie zum gemeinen Wohl. Gehorcht Euren Neigungen, bringt Eurer Leben zu nach Euren Fähigkeiten, Euren Zwecken und Eurer Vorsicht. Von mir aber erwartet nur zweierlei: Freiheit und Sicherheit!"

> „Wer die Freiheit zu handeln vernichtet, der vernichtet die Möglichkeit und Freiheit: zu wählen, zu urteilen, zu vergleichen, er tötet die Intelligenz und das Denken, mit einem Wort: den Menschen!"

4. Der Unternehmer: der Träger des Fortschrittes

Der Unternehmer ist einer, der wirtschaftlich etwas unternimmt („unternehmen": ahd. und mhd.: „an die Ausführung einer Sache gehen, die Kraft, Anstrengung und Mut erfordert"). Die richtige Funktion des Unternehmers sah man in der Sozialwirtschaftslehre erst sehr spät, weil man den Unternehmer mit dem Kapitalisten gleichsetzte (Smith u. Ricardo). In dieser Kombination wurde der Unternehmer zum Ausbeuter deklariert (Marx). Erst Mangold stellte den Unternehmer in seiner Funktion richtig heraus. Schließlich leistete Schumpeter durch seine Theorie vom Unternehmer *den Durchbruch zur richtigen Sicht.* Der Unternehmer muß wie der römische Gott Janus mit zwei Gesichtern gezeichnet werden. Dort sah der Gott mit einem Gesicht in die Vergangenheit und mit dem anderen in die Zukunft, weil er der Gott des Anfanges war. Der Unternehmer muß den einen Blick in die Volkswirtschaft richten, weil er von dort seine Gewinnchancen empfängt, und den anderen Blick muß er in seinen Betrieb richten, um den aus der Volkswirtschaft „empfangenen Auftrag" durch den Produktionsausstoß und das Angebot seiner Waren am Markt erfüllen zu können. Den sozialwirtschaftlichen Auftrag nimmt der Unternehmer aus der Volkswirtschaft, indem er die Lücken in der Nachfrage, sie können im Fehl des Angebots oder in nicht angemessenen Preisen zu sehen sein, sucht, findet und schließt. Er erfüllt den Auftrag, indem er der Nachfrage ein Angebot aus seinem Betrieb zur Verfügung stellt, das genau die offenen Stellen der Nachfrage ausfüllt. Wenn der Unternehmer neue Waren auf den Markt bringt und für diese eine neue zusätzliche Nachfrage durch die Werbung „produziert", gestaltet er ebenso die Volkswirtschaft, wie wenn er durch neue Erzeugungsverfahren die Preise am Markt durch sein Angebot verändert. Wie dies alles der Unternehmer „unternimmt", kann nur seinen Erwägungen überlassen sein, denn er kann dies in seiner spekulativen Sicht auf den Gewinn hin „weit besser, als ein Staatsmann oder Gesetzgeber es für ihn tun könnte" (Adam Smith, B. 4, Chap. 2).

Indem der Unternehmer in seiner Unternehmung und in seinen Betrieben mit seinen Mitarbeitern etwas „unternimmt": werden *Arbeiter „in den Dienst genommen"*, werden „Erfindungen *nutzbar" gemacht* und werden *„die Kapitalien der Kapitalisten zur Anlage"* gebracht und „zum Erfolg geführt" (J. Wolf: Die Stellung des Unternehmers in der Volkswirtschaft, in: Zeitschrift für Sozialwissenschaften, Jg. 2, 1889, S. 411 f.).

Der Unternehmer erfüllt so einen ganzen Komplex von Aufgaben. Welcher Art diese sind, hat J. Kudler am Eingang in die freie Wirtschaft, die eine unternehmerische Wirtschaftsordnung war, in seinem Unternehmer-Bild der kommenden Unternehmerschaft vorgestellt.

Der Unternehmer muß für seine Unternehmung die *erforderlichen Produktivkräfte* „verfügbar machen". Er muß die *persönlichen Produk-*

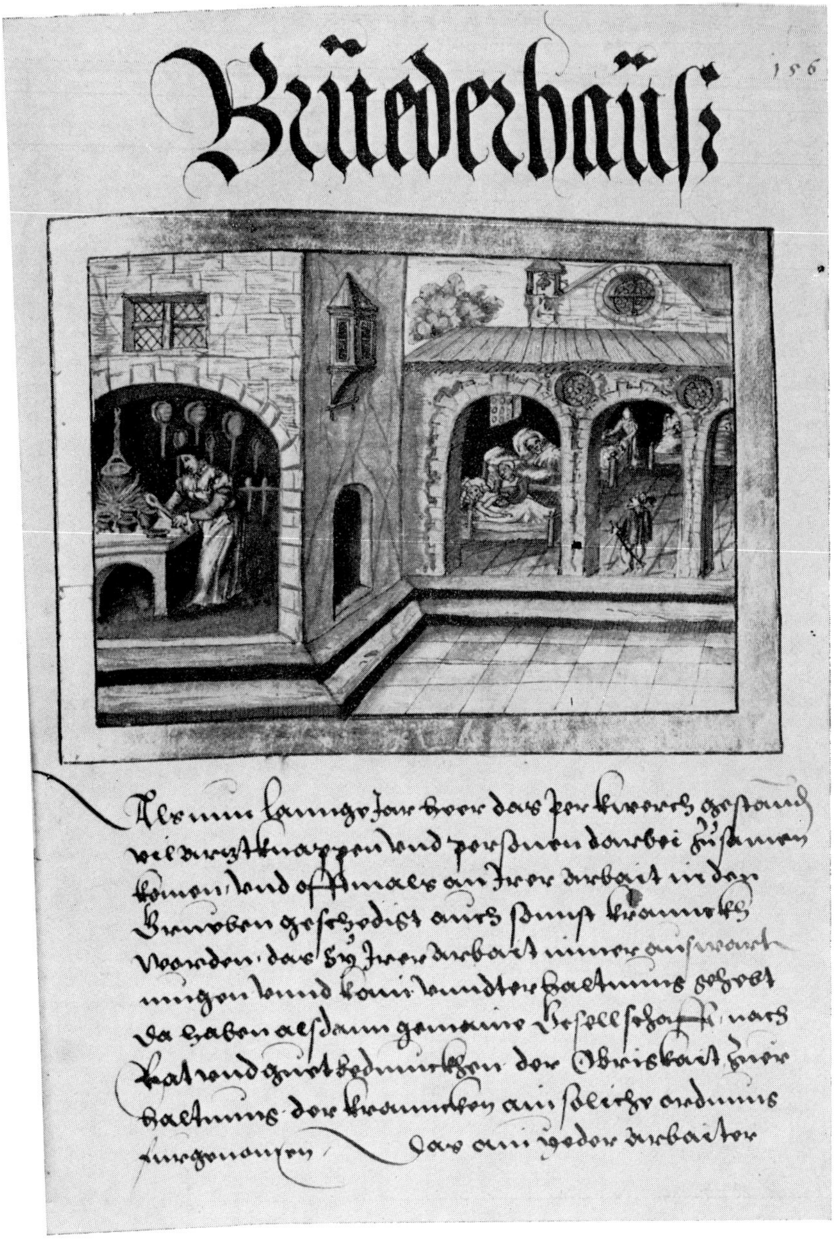

50. Bruderhaus Werksspital der Bruderladen-Gemeinschaft: 1556

51. Radwerks-Landschaft: Anfang des 17. Jhdts.

tivkräfte, die Mitarbeiter für den Betrieb, „anwerben". Hiebei kommt es auf die Zahl der Arbeiter, aber in noch bedeutsamerer Weise auf die Güte der Mitarbeiter in technischer, organisatorischer und ethischer Hinsicht an. Der Unternehmer muß den Betrieb mit Arbeitern und Angestellten, aber auch mit dem entsprechenden Nachwuchs „versorgen", wobei er auf die entsprechende Ausbildung und das Erfahrungsniveau seiner Mitarbeiter achten muß. Der Unternehmer muß die *sachlichen Produktivkräfte* seiner Unternehmung sicherstellen und daher die entsprechenden Erzeugungsanlagen, Gebäude und Maschinen und die erforderlichen Rohstoffe beschaffen. Zu den sachlichen Produktivkräften gehört auch die notwendige Menge liquiden Geldes und, wenn es daran mangelt, des Kredites. All diese sachlichen Produktivkräfte müssen vom Unternehmer in der dem Betrieb entsprechenden Menge und in der dem technischen Stand entsprechenden Qualität eingesetzt werden.

Der Unternehmer muß weiterhin die von ihm für den Betrieb bereitgestellten produktiven Kräfte *gemäß dem von ihm erstellten Produktionsplan* an der richtigen Stelle und zur richtigen Zeit wirksam werden lassen. Der Unternehmer muß den Fortgang mit allen Ergänzungshandlungen leiten und im Ergebnis überwachen und kontrollieren. Als Wichtigstes muß der Unternehmer die Erzeugnisse seines Betriebes am Markt absetzen, erst dadurch erfüllt er seinen volkswirtschaftlichen Auftrag. Da dies aber nicht nur eine Verkaufshandlung ist, weil die Nachfrage für die Erzeugnisse vielfach angeworben werden muß, ist die *„Marktbehandlung"* durch den Unternehmer vor besonderer Bedeutung.

Die Tätigkeit des Unternehmers besteht demnach darin, die Kräfte im Betrieb zur Einheit zu integrieren und als Resultante in der Richtung auf den Fortschritt und die Steigerung des Wohlstandes aller wirksam werden zu lassen.

Diesem Unternehmerbild von Kudler am Eingang in die freie Wirtschaft stellte *Joseph Schumpeter* am Höhepunkt der freien Marktwirtschaft ein *neues Unternehmerbild* gegenüber. Es ist in den Konturen schärfer geprägt und zeigt daher markante Züge.

Der Unternehmer ist in seinem Wesen *„Führer"* in seiner Unternehmung und für die Volkswirtschaft. Als Interpret könnte man sagen: *Anführer*. Er ist nicht nur Betriebsleiter in irgendeiner „übergeordneten Organstellung" der Unternehmung (J. Schumpeter: Theorie der wirtschaftlichen Entwicklung, 1911, 5. Aufl. 1952, S. 24 ff.).

Der Unternehmer muß außerhalb der gewohnten Bahnen und Daten Außergewöhnliches leisten, weil er aus diesen Gegebenheiten der Gegenwart in die Zukunft wirkt und diese dadurch hervorbringt. Hiefür stehen ihm keine Daten, höchstens aus dem Trend ermittelte Orientierungspunkte für seine Entscheidung zur Verfügung. Der Unternehmer muß sich die Daten der kommenden Entwicklung der Volkswirtschaft und der Technik selbst ermitteln. Auf Grund dieser muß er für seinen Betrieb einen „Entwicklungs-Plan" erstellen und ihn verwirklichen. Für das, was er in seiner Unternehmertätigkeit tut, hat er kein Vorbild und kann kein ausgeliehenes Modell benutzen, er muß sich sein Modell selbst und allein erstellen. Die eine Aufgabe des Unternehmers ist es: *mehr und Andersartiges leisten.*

Gegen solche Neuerungen, mögen sie technischer, betriebswirtschaftlicher, kommerzieller oder ebenso marktorganisatorischer Art sein, stemmen sich die Kräfte der Beharrung, die sogar aus dem Eigenen des Unternehmers selbst kommen. Immer wird ein solcher Unternehmer aus Eigenem heraus „angehalten", doch alles beim Alten zu belassen; es geht ja auch so, wie es der bisherige Unternehmungserfolg beweist. Der Erfolg der „gewohnten Bahnen" „legt immer wieder Zeugenschaft gegen einen werdenden Plan ab". Gegen diese Kräfte des Alten und der Beharrung bedarf es „eines größeren Überschusses an Kraft, um über den gewohnten Alltag der üblichen „Leitungsgeschäfte hinauszukommen". *Diese Unternehmerkraft* „ist *etwas Eigenartiges und ihrer Natur nach Seltenes*".

Gegen die „Neuerungssucht" des Unternehmers gibt es aus der Umgebung und vor allem aus dem Kreis der eigenen Branche einen stets starken „Gegendruck". Die „Gleichartigen" wollen nicht durch den Tatendrang eines einzelnen zur stärkeren Konkurrenz im Wettbewerb gezwungen und verhalten werden. Gegen einen solchen Gegendruck von allen Seiten muß sich der Unternehmer durchsetzen. Diese Aufgabe fordert vom Unternehmer schließlich ein besonderes Verhalten (J. Schumpeter S. 124 ff.).

Die Verhaltensweisen des Unternehmers sind gar keine anderen „Tugenden" als die bei Aristoteles schon festgehaltenen Grundverhaltensweisen: der Klugheit, der Tapferkeit und des Maßhaltens. Die *Klugheit* ist die Pflicht zum planvollen Disponieren, um auf Grund der kommenden Daten planmäßig in die Zukunft zu führen. Die *Tapferkeit* ist die Pflicht zum initiativen Wagen und zum kräftigen Durchhalten. Wagen ist das eigentliche Element des Unternehmers, weil er mit jedem neuen Produktionsansatz wagen muß. Dies erfordert Risikofreudigkeit und Mut. Sind aber einmal die Entscheidungen für die Zukunft gefaßt, dann gilt es, gegen alle Versuchungen durchzuhalten und die erstellten Pläne Schritt für Schritt durchzuführen. Das *Maßhalten* gebietet die Pflicht zum maßgerechten Einsatz der Erzeugungs- und Erwerbskräfte, damit die Unternehmung nicht zu klein sei und eine Reihe von Gewinnchancen nicht verloren geht und damit die Unternehmung aber auch nicht zu groß sei und so untätige Kapazitäten wirkungslos verpuffen. Maßhalten heißt es auch in der Gewinnverwendung: wieviel muß den Investitionen zugewendet und wieviel kann dem Verbrauch und Aufwand zugeteilt

Der Unternehmer in der Volkswirtschaft und im Betrieb

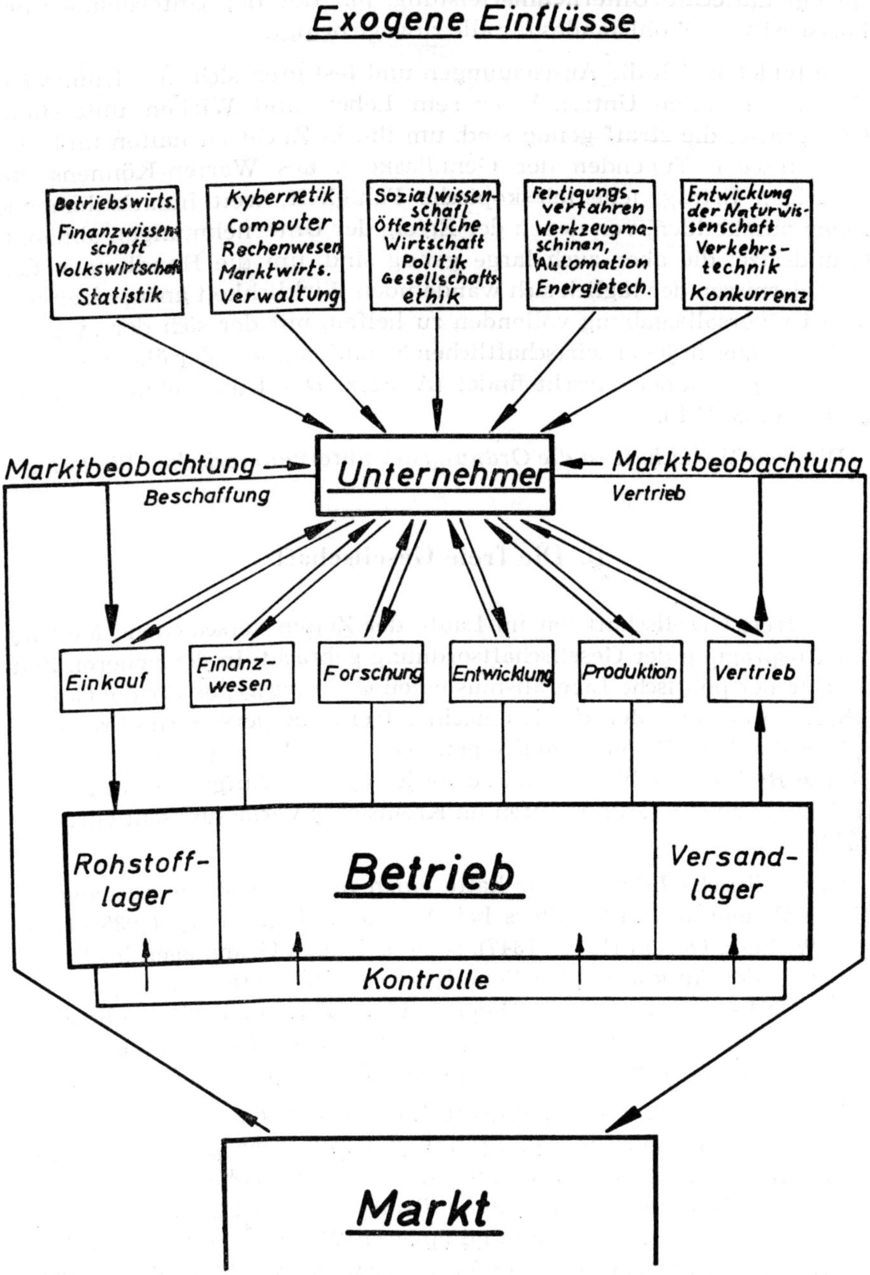

Nach: Dipl.-Ing. Dr. rer. pol. Wilhelm Binder. Inhaber der Firma Binder-Magnete in Villingen

werden. Aus diesen Verhaltensweisen, aber auch nur aus diesen, entspringt die echte Unternehmerleistung, mit der der Unternehmer den Fortschritt des Wohlstandes für alle zuwege bringt.

So bildeten sich die Anschauungen und festigten sich die Grundsätze, denen der tätige Unternehmer sein Leben und Wirken unterstellt; Grundsätze, die straff genug sind, um ihn in Zucht zu halten und jene puritanischen Tugenden der Genußaskese, des Warten-Könnens auf künftigen Ertrag, jene teleskopische Fähigkeit, weit hinausschauende Pläne auszubilden, von denen der Erfolg der Unternehmungen abhängt; Grundsätze, die aber auch large genug sind, um die Handlungen den Erfordernissen der täglich sich wandelnden Wirklichkeit anzupassen und jene Universalbegabung vollenden zu helfen, mit der sich der „wahre" Unternehmer in jeder wirtschaftlichen Situation und jeder ökonomischen Aufgabe gegenüber zurecht findet (A. Salz: Der Unternehmer unserer Zeit, 1912, S. 24 f.).

Die freie Wirtschaft ist die Ordnung der unternehmerischen Wirtschaft.

B. Die freie Gesellschaft

Die freie Gesellschaft hat im Laufe der Zeiten verschiedene Modelle zur Ausprägung der Gesellschaftsordnung gebracht. In der neueren Zeit brachte der politische Liberalismus einen Ordnungstypus für die Gesellschaft: in der der Mensch als einzelner frei seine persönliche Freiheitssphäre durch die Grund- und Freiheitsrechte vom Staat garantiert bekam. „Diese Rechte zu schützen und zu fördern ist die Aufgabe des Staates" (Präambel zu den Grundrechten im Kremsierer Verfassungsentwurf von 1848).

Der *politische Liberalismus* hatte einen philosophischen Ausgang im Nominalismus des Mittelalters bei Anselm v. Canterbury (1033 - 1109) und Wilhelm Occam (1270 - 1347), seine geistigen Grundlagen im Rationalismus der Aufklärung bei René Descartes (1596 - 1650), François Voltaire (1694 - 1778) und Denis Diderot (1713 - 1784) und seine vollendete Ausformung in der Lehre vom aufklärerischen Naturrecht bei John Locke (1632 - 1704) und Charles Baron de Montesquieu (1689 - 1755).

In Deutschland war der politische Liberalismus die stärkste Kraft in der Nationalversammlung zu Frankfurt (1848). Eine politisch liberale Partei trat erst mit der Gründung der „Volkswirtschaftlichen Gesellschaft" (1858) unter Führung *John Prince-Smith* (1809 - 1874) hervor, die mit verschiedenen inneren und äußeren Wandlungen bis in die Zeit der Republik währte. Ihre letzten Vertreter waren wohl Max Weber (1864 bis 1920) und Gustav Stresemann (1878 - 1929).

Der Ansatz des politischen Liberalismus in Österreich wird im Josephinismus gegeben. Wenn auch das Staatsideal noch immer der durchorganisierte Zentralstaat war, so war doch schon die aufklärerische Denkart in allen weltanschaulichen Bereichen gegeben. In diesem Zusammenhang muß *Anton Wenzel v. Kaunitz* als führender Geist genannt werden. Dann gab es den einflußreichen Kreis von Gerard van Swieten († 1772), Ignaz Müller († 1782), Weihbischof Ambros Simon v. Stock († 1773) und Karl Anton Martini († 1800). Sie stellten sich in der Manier der Aufklärung gegen die barocke Frömmigkeit und Lebensweise. Dazu kamen als neue Kraft aus der Aufklärung die Freimaurer, die lange unter dem Schutz des Gemahls von Maria Theresia, Franz Stephan v. Lothringen, standen. Mit Elan wurde der Liberalismus durch die Freimaurer etwa in der „Großen Landes-Loge" unter Landesgroßmeister Oberkämmerer *Graf Dietrichstein* vorangetragen. Als Brückenpfeiler bis zur Revolution des Jahres 1848 kann noch *Bernhard Bolzano* (1781 - 1848), Professor für Religionsphilosophie an der Universität in Prag, gelten. Im „System Metternich" war aber sonst kein Platz für den politischen Liberalismus.

In den Wirren der Revolutionsgeschehnisse gab es viele Träger des politischen Liberalismus, wie etwa *Hans Kudlich*. Mit dem Ende der Revolution versiegte auch schon die dynamische Kraft des Liberalismus. Er konnte in der Folge „nicht als allgemeine Lebensform" angesprochen werden, weil er zumeist nur innerhalb der Bürger- und Intelligenzkreise der Mittel- und Kleinstädte und der Märkte „die Lebensform einer Minderheit darstellte (K. Eder: Der Liberalismus in Altösterreich, 1955, S. 142). Der politische Liberalismus brachte als dauernde Großtat die Kodifikation der Freiheitsrechte der Bürger im *„Staatsgrundgesetz über die Rechte der Staatsbürger"* vom 21. Dezember 1867 (RGB 142/1867).

Nach einer kurzen Zeit der Hochform, in der vor allem religionspolitische Probleme (Ehe, Konkordat, Schulgesetze) im Kulturkampfstil behandelt wurden, wurde der Liberalismus von anderen Gruppen mit neuen sozialpolitischen Problemen verdrängt.

Als sich der politische Liberalismus mit dem Nationalismus verband, mußte er sein Programm verändern, weil er über den Einzelnen die Nation als Ganzes anerkennen mußte. Dadurch geriet er in eine Zwickmühle: war er mehr liberal, konnte er nur weniger national sein — war er mehr national, blieb für den Liberalismus weniger. Aus diesem Zwiespalt fand er nur heraus, indem schließlich auf das Freiheitsstreben verzichtet wurde.

Die freie Gesellschaft des politischen Liberalismus war eine Gesellschaft der einzelnen. Die Autonomie der Person war das zentrale Problem. Die eigenständige Person mit all ihren Kräften gab die Ausgangslage für das natürliche Zusammenleben in der Gesellschaft.

Gesellschaft und Staat gibt es für sich selbst gar nicht. Die Gesellschaft ist bloß die *Summe der einzelnen*. Der Staat ist eine *Schutzanstalt* für die einzelnen und besteht soweit, wie ihn die einzelnen brauchen und für zweckmäßig erachten. Gesellschaft und Staat werden von den einzelnen abgeleitet und erreichen daher nie ein für sich selbst bestehendes Wesen. *Die Gesellschaft ist „ein Verein von Ichen" und der Staat ist eine „Versicherungsgesellschaft auf Gegenseitigkeit"*.

Mit der garantierten Freiheit und im Rahmen dieser kann jeder „anfangen", was er will. Daß sich hiebei die einzelnen verschieden entwickeln und entfalten, ist geradezu der Sinn und der Zweck der garantierten Freiheit: „Jeder ist seines Glückes Schmied!" „Freie Bahn dem Tüchtigen!" Wie jeder in Freiheit seinen Glückszustand zurichtet, ist seine Angelegenheit. Eben darin liegt die anfangs geforderte und dann vom Staat garantierte Freiheit.

In dieser freien Gesellschaft der einzelnen und der Persönlichkeiten sollten alle und jeder für sich durch die Verfassung des Staates die gleichen rechtlichen Startbedingungen für das Leben haben. Die Ausgangspositionen in der rechtlich garantierten Freiheitssphäre sollten für alle im gleichen Maße und auf die gleiche Weise gegeben werden. Die Möglichkeit für die volle Entfaltung der Persönlichkeit sollte allen offen sein. Daß in dieser „zergliederten Gesellschaft" und in diesem „Verein von Ichen" die einzelnen verschiedene Wege gehen und daher zu verschiedenen Erfolgen kommen, war ja natürlich. Die einzelnen sind verschieden und daher sind auch ihre Leistungen und Erfolge verschieden. Gerade darin sah der politische Liberalismus die Natur der Gesellschaft der freien Menschen. *In den Ausgangspositionen* und in den Startbedingungen sind *alle gleich — am Endpunkt* aber sind alle kraft ihrer erbrachten Leistungen *verschieden. Die individualistische Gesellschaft der Gleichen wurde zur pluralistischen Gesellschaft der Verschiedenen.*

Im Freiheitsprogramm des politischen Liberalismus wurde ein Komplex „gleicher angeborener und unveräußerlicher Rechte der Menschen" festgestellt und deren Schutz vom Staat gefordert: *die Freiheit der Person* mit allen begleitenden Rechten, *die Freiheit des Gewissens und der Meinungsäußerung* in allen Erscheinungsweisen und *die Freiheit des Eigentums* mit allen wirtschaftlichen Folgerechten. Diese Freiheiten mußten durch die *Freisetzung* aller: so durch die Befreiung der Bauern von der Grundherrschaft, durch die Befreiung der Gewerbsleute von den Zünften und durch die Befreiung aller von den Reglementierungen der landesfürstlichen Wohlstandspolizei erreicht werden, sollte die freie Gesellschaft tatsächlich etabliert werden. Nach der gelungenen Freisetzung mußte die *Freihaltung* der Freiheitssphäre für jeden durch die Grundrechte des Staates garantiert werden.

Diese freie Gesellschaft fand auch ihren *architektonischen Niederschlag*, der diesmal nicht in einem Kirchenraum ausgeprägt wurde, sondern im *„Villenviertel der Erfolgreichen"* einerseits und in den *„Personalhäusern der Erfolglosen"*.

Ein Gemeinschaftsraum wie früher die Kirchen war nunmehr gar nicht nötig, denn zu welchem Zweck sollten die einzelnen auch zusammenkommen? Ein Gottesdienst war wegen der Aufgeklärtheit und wegen des „abgetanen Aberglaubens" nicht erforderlich. Zudem hatte man ja gar keinen neuen Stil für neue Gesellschaftsgebäude. Wenn man sich schon etwas baute, lieh man sich die Modelle aus der Romanik, der Gotik und Klassik aus und stellte „neue Altformen" hin.

In den Villen konnten sich die gesellschaftlich Großen „individuell ausleben", wie es eben der gegebenen Freiheit entsprach. Daher glich auch keine Villa der anderen, alle dokumentierten den „Stil der Stillosigkeit". Ein Blick auf ein solches Villenviertel spiegelt die Gesellschaft der Iche.

In den Personalhäusern mußten die Unten-Gebliebenen, die mit der ihnen gebotenen Freiheit „nicht viel anzufangen wußten", „hausen". Obwohl hier viele in einem Gebäudekomplex zusammengehalten waren, gab es doch nur eine architektonische und organisatorische Vielheit. In den langen Gängen zur ebenen Erde und im ersten Stock waren die Türen für die „Wohnungen" der einzelnen Familien mit Küche und Zimmer für vier bis zwölf Personen. Ein Gemeinsames im Haus gab es nicht. Der „Gang" war nur „Gehweg". Der Platz für eine Begegnung war etwa der „Brunnen im Hof", wenn einzelne eine Begegnung wünschten. Zur Einheit wurde der Hof höchstens für die vielen Kinder der Personalhäuser. Der Anblick eines Personalhauskomplexes zeigt deutlich wieder die pluralistische Gesellschaft der vielen, die meist unverbunden nebeneinander standen.

1. Die Freisetzung der Gesellschaft

Die Freisetzung der Gesellschaft war ein vielschichtiges Problem mit vielen Einzelaktionen, weil sie ja alle Lebensbereiche des Menschen einschloß. Deshalb wurde der Problemkreis der Freisetzung auf drei Schichten verengt: auf die Freisetzung der Person, auf die Freisetzung des Gewissens und der Meinungsäußerung und schließlich auf die Freisetzung des Eigentums.

Die Freisetzung der Person

Der erste und bedeutendste Akt für die Freisetzung der Person wurde von Josef II. durch sein *Untertanenpatent* vom 1. November 1781 gesetzt. Er verfügte: „Die Leibeigenschaft wird von nun an gänzlich aufgehoben."

Dies bedeutete im Zeitpunkt des Erlasses die Aufhebung der Schollenpflichtigkeit der Bauern und ihres Gesindes. Im übrigen waren die Bauern ja personenrechtlich frei: sie waren als Person rechtsfähig und geschäftsfähig, sie waren sogar als Gerichtsbeisitzer (Beischöffen) die „Finder des Rechts". Die Erläuterung zur Aufhebung der Untertanenschaft besagte:

1. „Jeder Untertane ist bloß gegen vorherige Anzeige sich zu verehelichen berechtigt."

2. „Jedem Untertanen steht es frei, von der Herrschaft wegzuziehen und sich innerhalb des Landes niederzulassen."

3. „Die Untertanen können nach Willkür Handwerke und Künste erlernen und ihrem Nahrungsverdienst da, wo sie ihn finden, nachgehen."

Im Gesetz über die Grundablöse vom 7. September 1848 wurde dies noch einmal bestätigt: „Die Untertänigkeit und das obrigkeitliche Schutzverhältnis ist aufgehoben" (§ 1). Seither gibt es rechtlich die freie Gesellschaft in Österreich, weil alle Personen frei sind.

Die Freisetzung von Personen wirkte sogar für alle, die als Sklaven österreichisches Gebiet oder österreichische Schiffe betraten: „Jeder Sklave wird in dem Augenblick frei, da er das k.k.Gebiet betritt" (Circular des Hofrates vom 13. Juni 1833).

Frei sein heißt: Träger von Rechten und Pflichten sein (Rechtsfähigkeit) und aus eigenem Recht zu erwerben und sich selbst zu verpflichten (Geschäftsfähigkeit). So verfügte das Allgemeine bürgerliche Gesetzbuch vom 1. Juli 1811: „Jeder Mensch hat angeborene Rechte und ist daher als eine Person zu betrachten" (§ 16). „Jeder ist unter den von den Gesetzen vorgeschriebenen Bedingungen fähig: Rechte zu erwerben" (§ 18).

Zu den Freiheiten der Person gehört wesentlich die persönliche Freiheit, wie sie im Gesetz zum Schutz der persönlichen Freiheit vom 27. Oktober 1862 und im Staatsgrundgesetz vom 21. Dezember 1867 festgehalten ist: freier Aufenthalt, keine Ausweisung aus einem Gebiet, Freizügigkeit, Niederlassungsfreiheit, Freiheit der Auswanderung und die Freiheit, nur auf richterlichen Befehl verhaftet werden zu können. Zu diesen Freiheiten kam *noch das Recht auf Selbsterhaltung* und auch das *Recht auf Förderung der eigenen geistigen und materiellen Interessen* und somit das Recht auf eigene Initiative (Kremsierer Grundrechtsentwurf: Präambel). Damit wurde dem Eigennutz der einzelnen rechtlich die freie Entwicklung gegeben. So konnte die freie Gesellschaft in prästabilierter Harmonie tätig werden.

Freiheit des Gewissens und der Meinung

Der innerste Kern der Persönlichkeit ist das Gewissen und die weltanschauliche Überzeugung. Ist diese Mitte zerstört, dann ist die Person in Auflösung. Ist diese Mitte der Persönlichkeit bewahrt, dann kann sich die Persönlichkeit aus der Freiheitssphäre heraus entfalten. Und dies soll durch die vom Staat gewährleisteten Menschenrechte der Gewissensfreiheit und der Meinungsfreiheit garantiert werden.

Die Gewissensfreiheit und damit auch die Religionsfreiheit wurde von Josef II. im *Toleranzpatent* vom 13. Oktober 1781 allen Bürgern gegeben. In der Präambel wurde die nunmehr gegebene Freiheit der religiösen Überzeugung vom Kaiser selbst begründet: „Seine römische Kayserliche Majestät, überzeugt einerseits von der Schädlichkeit allen Gewissenszwanges und anderseits von dem großen Nutzen, der für die Religion und den Staat aus der Freiheit entspringt, haben allergnädigst folgende Maßnahmen festgelegt. Allen nicht katholischen Konfessionen, wie der augsburgischen und helvetischen und der griechisch-unierten Konfession ist das exercitium religionis privatum gestattet. Desgleichen ist niemand zu einer Eidesformel verhalten, die nicht seiner konfessionellen Überzeugung entspricht.“ Schließlich darf „bey Wahlen und Dienstvergebungen keineswegs auf den Unterschied der Religion Bedacht genommen werden“ (1781). *Diese Freiheitsgewährung durch Josef II. war eine frühzeitige Einleitung in die freie Gesellschaft.*

Der umfassende Ring dieser Überzeugungsfreiheit war das Recht der freien Meinungsäußerung. Durch die Freiheit der Meinungsäußerung konnte alle miteinander in eine freie Verbindung kommen. Sie konnten ihre Überzeugung und ihre Meinung in freier Gesellschaft offen äußern. Dies garantierte der Artikel 13 des Staatsgrundgesetzes vom 21. Dezember 1867.

Eine Folge war die Freiheit der Wissenschaft. Jeder Wissenschafter konnte forschen, was und mit welchen Methoden er es für richtig hielt. Er brauchte keiner vom Staat oder einer Gruppe erzwungenen Forschungsrichtung Folge zu leisten. Er konnte aber auch alle seine wissenschaftlichen Erkenntnisse in Freiheit ohne staatliche Bedrohung lehren. Der Staat mußte vielmehr jede Behinderung, komme sie von woher immer, hintanhalten (Art. 17 des Staatsgrundgesetzes).

Erst eine solche Gesellschaft, in der jeder seine Überzeugung ungestört, und vom Staat sogar hierin geschützt, haben und diese seine Überzeugung in freier Meinungsäußerung kundtun kann, ist *die Gesellschaft der freien Menschen.*

Freiheit des Eigentums

Die freie und freigesetzte Person mußte auch über das Ihre frei entscheiden und verfügen können. Der freie Mensch mußte, wenn er wirklich frei sein sollte, über seine Sachen seine freien Erwägungen machen und seine Entscheidungen treffen können. Er mußte auch alle Handlungen mit seinen Sachen frei vornehmen können, soferne er nicht einen anderen in der Ausübung seines freien Eigentumsrechtes störte. Die im Eigentum stehenden Sachen waren die äußere Sphäre der Person, weshalb die einschlägigen Rechte auch zu den „persönlichen Sachenrechten" zu zählen waren. *Zur Freiheit der Person gehörte die Freiheit des Eigentums.*

Diese Freiheit des Eigentums wurde in Österreich im „Allgemeinen bürgerlichen Gesetzbuch" des Jahres 1811 mit der Wirksamkeit vom 1. Jänner 1812 proklamiert. „Als Recht betrachtet ist Eigentum: das Befugnis, mit der Substanz und den Nutzungen einer Sache *nach Willkür zu schalten* und jeden anderen davon auszuschließen" (§ 354). In weiterer Ausführung wurde die freie Verfügung der Willkür noch genauer erläutert: „Kraft des Rechtes, über sein Eigentum zu verfügen, kann der Eigentümer in der Regel seine Sachen nach Willkür benützen oder unbenutzt lassen, er kann sie vertilgen, ganz oder teilweise auf andere übertragen oder sie verlassen" (§ 362). *Das war das freie Eigentum für die freie Eigennutzentfaltung der Personen in der freien Gesellschaft.*

Dies freie Eigentum bestand aber selbst zur Zeit der Erlassung des Bürgerlichen Gesetzbuches noch nicht, da das Bodeneigentum der Bauern noch vielfach „belastet" war. Die Freisetzung des bäuerlichen Bodeneigentums erfolgte durch das Gesetz über die Grundablöse vom 7. September 1849 als Folge der Revolution. Durch dieses Gesetz wurde *das Bodeneigentum von allen „anklebenden Lasten"*, „Dienstleistungen und Giebigkeiten jeder Art" sowie von „allen aus dem grundherrlichen Obereigentum herrührenden Pflichten wie Zehent-, Schutz-, Vogt- und Berg-Natural, Arbeits- und Geldleistungen" *freigesetzt*. Etwa noch weiter bestehende „Schuldigkeiten" aus dem Titel des geteilten Eigentums auf Liegenschaften sind ablösbar" (Art. 7: Staatsgrundgesetz). Dieser Freisetzung entsprach folgerichtig die Freihaltung des Bodeneigentums für die Zukunft. „Es darf in Zukunft keine Liegenschaft mit einer derartigen unlösbaren Leistung belastet werden".

Nunmehr konnte jeder „alle Sachen„, bewegliche und unbewegliche, erwerben (§ 355 ABGB). Dies galt auch für die „Liegenschaften jeder Art" (Art. 6: Staatsgrundgesetz). Diesem freien Eigentum wurde in der freien Gesellschaft die Garantie der Unverletzlichkeit vom Staat aus gegeben (Art. 4: Staatsgrundgesetz).

In der freien Gesellschaft waren durch diese Freisetzungsakte alle freie Menschen, die ihre freie Überzeugung haben und äußern, wie sie auch über ihre Sachen im freien Eigentum verfügen durften. All diese Freiheiten ermöglichten die freie Entfaltung des Eigennutzes aller. Aus der Fortschrittskraft des Eigennutzes der freien Menschen konnten alle auf das Glück aus der prästabilierten Harmonie der freien Wirtschaft hoffen.

2. Die Verwirtschaftlichung der Gesellschaft

Jede gebundene Gesellschaft hat eine feste und meist sogar eine starre Struktur. In dieser haben die einzelnen Gruppen ihren klar umrissenen Standplatz in der Höhenschichtung und in der Breitengliederung der Gesellschaft. Die gebundene Gesellschaft läßt in der Regel die Gruppen in ihrer Entsprechungsordnung beharren und bestehen. Ein Aufstieg in eine höhere Schichte ist nur einzelnen unter bestimmten Ausnahmebedingungen möglich, wie es auch nur unter bestimmten Voraussetzungen einen Abfall in eine tiefere Schichte gibt.

In einer solch statischen Gesellschaftsordnung ist nur eine Dynamik nach innen möglich, daher verlangte man in der herrschaftlichen Gesellschaftsordnung des frühen Mittelalters: das Glück im eigenen Innern zu suchen, und daher forderte man in der ständischen Gesellschaft des späten Mittelalters die Qualitätssteigerung in der Gütererzeugung und verbot jede Quantenvermehrung der Produktion. Die Spiegel mit den Katalogen der Verhaltensweisen wiesen daher auch auf die Entfaltung des Innenlebens und auf die Bereicherung der Persönlichkeit hin. *In einer gebundenen Gesellschaftsordnung bestätigt die innere Qualität das gesellschaftliche Quale und die soziale Position der einzelnen.*

Das Gegenteil gilt in der freien Gesellschaft. In dieser hat jeder einzelne die Freiheit, sich nach seinem fachlichen Können und nach seiner persönlichen Willenskraft zu entfalten. Da aber alle Menschen zufolge ihrer mannigfachen Anlagen verschieden sind, haben sie unterschiedliche Leistungsfähigkeiten und differente Willenskräfte. Demgemäß ist bei gleichen Startbedingungen und gleichen Ausgangspositionen nach kurzer Zeit ein Leistungsgefälle mit Erfolgsstufen in der Gesellschaft festzustellen. Einige sind weit voraus, wenige bilden das Mittelfeld und die vielen anderen machen die „Nachhut" aus. Diese Höhenschichtung in der Gesellschaft ist die Folge der Leistungsdifferenzen. Aber gerade dies ist der Sinn der freien Gesellschaft, in der jeder den Platz in der Gesellschaftsschichtung und in der Breitengliederung einnimmt, den er sich durch seine Leistung erringt. *In der freien Gesellschaft bestimmt der nach außen wirkende Leistungserfolg den sozialen Standort der einzelnen.*

Diese in den Leistungen differenzierte Gesellschaft drängt zu deutlich sichtbaren und klar erkennbaren Unterschieden. Diese Differenzen sind oft nicht leicht, wenn überhaupt, faßbar. Die Leistungen auf wissenschaftlicher Ebene sind kaum für mehrere vernehmbar, geschweige denn in den Differenzen unterscheidbar. Die Leistungen auf künstlerischer Bahn sind nur für wenige sichtbar und daher für die vielen in den Leistungsdifferenzen überhaupt nicht zu erahnen.

Es ist deshalb verständlich, daß man zu einem quantifizierten Merkmal für die Erkennung der Leistungsunterschiede drängt. Sind nämlich die

Leistungen in Quanten erkennbar, dann sind die Unterschiede in den Leistungen sogar in Zahlen ausdrückbar. Die höhere Leistung sieht man in der Erfolgsgröße. Die Leistungsdifferenzen sind Quantendifferenzen. *Diese Quantendifferenzen bestimmen die gesellschaftlichen Qualitätsunterschiede.*

Der Drang zu den Quanten setzt sich in die Wirtschaft hinein fort, denn dort erhalten alle Leistungen ihren Erfolg in Quanten „verbucht". Daher wird versucht, die Differenzen der Leistungen in den verschiedensten Gebieten in ökonomische Quanten zu verwandeln. Wenn dies nicht möglich ist, verbleiben die Leistungen in einem gesellschaftlich toten Winkel unbeachtet.

Die Wirtschaft hingegen trachtet: die Hierarchie ihrer Erfolgsquanten der Gesellschaft aufzudrängen. Ja, die Wirtschaftsgesellschaft legt sich mit ihren Quantendifferenzen der Erfolge auf die Gesellschaft und zwingt auf diese Weise der Gesellschaft ihr Gepräge auf, so daß *die gesamte Gesellschaft Wirtschaftsgesellschaft wird.* Alle nicht wirtschaftlichen Bereiche mit ihren Leistungen „im Stillen" werden verdrängt — und meist vergessen. Nunmehr aber ist es möglich: die wirtschaftlichen Leistungen in ihren Erfolgsquanten durch gesellschaftliche Qualitäten zu „honorieren". *Die ökonomischen Quanten bestimmen die sozialen Qualitäten. Die Wirtschaftshierarchie wird Gesellschaftshierarchie.*

Diese Verwirtschaftlichung kann in verschiedener Weise in ökonomischer Quantenstruktur zum Vorschein kommen.

Es kann die *Gesellschaft der Grundbesitz-Hierarchie* geben, in der nur die teilnehmen können, die einen Grundbesitz-Ausweis haben. Am besten eignet sich hiefür der „Einheitswertbescheid" der Steuerbehörde, weil er nicht nur den Grundbesitz-Stand, sondern zugleich auch die Größe des Besitzes bestätigt. In dieser Gesellschaft der „Besitzer" kommen die „Großgrundbesitzer", die „Mittelbetriebs-Besitzer", die „Keuschler" oder auch nur die „Baugrund-Besitzer" mit einigen Quadratmetern zum Zuge, „die immer wieder auf ihren Grund gehen". Wie sehr ein solcher Grundbesitz als gesellschaftliches Legitimationsattest gelten kann, zeigen heute noch die Todesanzeigen in den Zeitungen. Als Verstorbene werden die „Besitzer" gemeldet: Maria Eichinger „Bürgerliche Hausbesitzerin", Matthias Iskra, Schmiedmeister in Ruhe und „Hausbesitzer", Valentin Nagele, Selchermeister i. P. „Realitätenbesitzer und Zugsführer im ehem. k.u.k. Infanterieregiment Nr. 7" (Südost-Tagespost, Graz, am 6. August, am 7. u. 8. September 1971). *Alle, die keinen Grund haben, sind besitzlos und gehören nicht zur eigentlichen Gesellschaft.*

Es kann die *Gesellschaft der Geldbesitz-Hierarchie* geben. Ihre Teilnehmer müssen ein Bankkonto haben. Durch den Konto-Auszug wird bestätigt: Der Inhaber hat ein Geldvermögen auf einer Bank deponiert und die Größe dieses Geldkontos beträgt so und soviel. Dadurch können die „vermögenden Leute“ deutlich zum Vorschein kommen: Die Millionäre, die, die ein sechsstelliges Bankkonto haben, und die, die nur ein Bankkonto haben, im Gegensatz zu denen, die nur in einer Sparkasse oder in einer genossenschaftlichen Raiffeisenkasse ein Zweck-Sparkonto kurzfristiger Art besitzen. Da die Lohnauszahlungen zum größten Teil in Geld und noch nicht im Wege der Überweisungen erfolgen, ist ein Bankkonto noch immer ein besonderes gesellschaftliches Qualitätsattest. *Alle, die über kein Bankkonto verfügen, sind gesellschaftlich ganz kleine Leute, die zum „gemeinen Volk“ gehören.*

Zu diesen Ausweisen der Vermögens- und Geldhierarchie gehört es auch, wenn in Ankündigungen und Werbeschriften eine Firma ihre Zahlungspflicht aus dem Steuerbescheid bekannt gibt. Dadurch vermittelt sie die Kenntnis, wieviel der Firmeninhaber an die Steuerbehörde zu zahlen hat, wodurch wiederum seine Wirtschaftsmacht ausgewiesen erscheint. Als noch das Zensus-Wahlrecht bestand, waren nur die Steuerpflichtigen wahlberechtigt. Wer keine Steuer zu zahlen hatte, weil er kein entsprechendes Einkommen bezog, war in der politischen Gesellschaft gar nicht existent und durfte daher auch nicht seine Stimme bei einer Wahl abgeben. *Der Steuerbescheid war die Legitimation für die politische Gesellschaft.*

Es kann auch die *Gesellschaft der Aufwand-Hierarchie* geben, in der der demonstrative Aufwand die Zugehörigkeit zu dieser oder jener Wirtschaftsgesellschafts-Schichte deutlich anzeigt. Dieses Verbrauchsquantum war zur Zeit der freien Wirtschaft das Oberflächenmerkmal für die Gesellschaftsqualität. Heute hat in der Konsumgesellschaft das Aufwandsquantum eine viel stärkere Legitimationskraft als die gesellschaftliche Qualität.

Die Wirtschaftsgesellschaft setzte sich in der Gesellschaft so durch, daß im allgemeinen eine Identität beider Gesellschaften festzustellen war. *Die Wirtschaftsgesellschaft mit ihren quantitativ bedingten Qualitätsdifferenzen setzte sich als die Gesellschaft durch.*

3. Die Tendenz zur Klassenbildung

In der freien Wirtschaftsgesellschaft werden die Wirtschafter vom Eigennutz und dem Gewinnstreben zur Leistungssteigerung angetrieben, weil ein größeres Einkommen und Vermögen eine höhere Gesellschaftsposition bedeutet. In dieser geschichteten Wirtschaftsgesellschaft bilden sich notwendigerweise alsbald Gegensätze der Träger der zwei Produktionsfaktoren: Arbeit und Kapital. „Der Gesamtwert der Güter zerfällt in zwei Teile: der eine besteht aus Kapitalprofit, der andere aus Arbeitslohn" (D. Ricardo: Grundsätze der Volkswirtschaft und Besteuerung, 1817, Chap. 6). „Es löst sich nämlich der Wert, welchen die Arbeiter dem Material zusetzen, in zwei Teile auf: von denen der eine ihren Lohn, der andere den Profit des Beschäftigers bezahlt (Ch. J. Kraus: Staatswirtschaft 1808, T. 1, S. 151). Nach erfolgter Erzeugung erwarten aus dem durch den Absatz der Waren erwirtschafteten Markterlös die Arbeiter den Lohn und die Unternehmer den Profit. Daß es bei dieser Verteilung in der freien Wirtschaft zum Gegensatz von Arbeitern und kapitalistischen Unternehmern kommen muß, ist natürlich, weil nur der Eigennutz die steuernde Kraft der Wirtschaftsgesellschaft ist. Der Eigennutz und das Selbstinteresse treibt die Gegensätze in der Verteilung der Volkswirtschaft an.

Dabei zeigt sich bei den Verträgen, die zwischen den Arbeitern und den Unternehmern über Arbeitsleistung und Lohn geschlossen werden: „beide Partheien haben ein entgegengesetztes Interesse" (Ch. J. Kraus: ebenda T. 1, S. 204). „Es gibt diesen Widerstreit zwischen den Interessen der Arbeiter und der Unternehmer: die Arbeiter begehren einen hohen Lohn und die Unternehmer suchen einen niederen Lohn zu zahlen" (J. Kudler: Die Grundlehren der Volkswirtschaft, 1846, T. 1, § 67, S. 104 f.). Und dies ist verständlich. Die Arbeiter müssen von ihrem Lohn die Lebenshaltung bestreiten und wollen daher einen hohen Lohn. Die Unternehmer hingegen müssen den Lohn als Produktionskosten verrechnen und werden durch die Konkurrenz zur Kostenverminderung verhalten. *So stehen sich die Parteien der Wirtschaftsgesellschaft mit entgegengesetzten Interessen einander gegenüber.*

Dies fand Ricardo, der zweite Hauptvertreter der Theorie der freien Wirtschaftsordnung als „naturgegeben", denn Lohn und Profit bewegen sich in entgegengesetzter Richtung: „Die Profite gestalten sich hoch oder niedrig, je nachdem die Löhne niedrig oder hoch sind" (Ricardo, Chap. 6). Der Grund hiefür liegt in der Entwicklung der Wirtschaft. Wenn zufolge eines höheren Lebensstandards die Bevölkerung zunimmt, steigt die Nachfrage nach Lebensmitteln, die aus dem Boden gewonnen werden. Wenn aber die Nachfrage über das Angebot steigt, müssen die Preise steigen. Sollen aber die Arbeiter den gleichen Reallohn wie früher bekommen, dann müssen die Löhne steigen. Da ferner die Summe der Löhne und Profite konstant ist, müssen bei steigenden Löhnen die Profite sinken. Lohn und Profit: Arbeiter und Unternehmer stehen im Gegensatz. Das System der ungebundenen Wirtschaftsordnung bringt *zwei Marktparteien mit entgegengesetzten Interessen* hervor: *die Arbeiter und die kapitalistischen Unternehmer*. Beide sind gezwungen, einen fortdauernden Klassenkampf zu führen.

Diese Tatsache des immerwährenden Klassenkampfes überschattete die Hoffnung auf die sozialen und ökonomischen Harmonien in der freien Wirtschaft.

a) Vom Bürger zum Bourgeois

aa) Vom ständischen zum freisinnigen Bürger

Die Freisetzung der Gesellschaft und der Wirtschaft brachte für das Bürgertum eine grundlegende Wandlung: aus dem *Stande des Bürgertums* wurde die *Klasse der Bourgeoisie*. Das Bürgertum hatte in der Stadt seinen eigenständigen Lebensraum und seine eigene Gesellschaftsfunktion neben dem Adel und den Bauern am Lande. Die gesellschaftliche Geschlossenheit der freien Bürger zog das eigene Recht und das eigene Gericht, wie auch die Selbstverwaltung nach sich. In der Wirtschaft galt das Prinzip des standesgemäßen Unterhaltes, von dem her die gesamte Wirtschaftsordnung geprägt war. Der Stand des Bürgertums war eine geschlossene Gruppe mit eigenem Lebensinhalt und eigenem Lebensstil.

Mit der Freisetzung von Gesellschaft und Wirtschaft wurde dem Bürgertum die eigenständige Gesellschaftsfunktion vindiziert und in der Folge wurde die Eigenheit im Recht und die Sonderheit in der Wirtschaftsordnung aufgelöst. Das Bürgertum zerfiel. In der Folge fanden sich die ehemaligen Bürger in der Klasse der Bourgeoisie wieder, in der sie vordergründig durch das gleiche Interesse Sicherung der Freiheit für die Gewinnmaximierung und durch gleichartige wirtschaftliche Zustände konstituiert wurden.

Dieses neue Bürgertum bezog seine „Geistigkeit" und Weltanschauung aus der vulgarisierten Aufklärungsphilosophie. Das rationale Denken verdrängte den Glauben an die Mysterien des Christentums, die als „Aberglaube" abgetan wurden. Dadurch trat eine einseitige Orientierung zum Diesseits hinzu. Die Bourgeoisie war in ihrem „rationalisierten Glauben" überzeugt: sie könne sich durch ihre wirtschaftlichen Erfolge selbst erlösen. „Das Geld und die Banknoten wurden zum Gott." Daher war die Bourgeoisie antireligiös, aber auf jeden Fall kirchenfeindlich und sie bildete oft den Kader für die Freimaurer. Diese Geistigkeit war in allen Städten und Märkten und selbst in den letzten Dörfern zu finden. *Diese Geistigkeit wurde als „freisinniger Liberalismus" so verkündet, als ob sie eine Quasi-Religion sei.*

bb) Das Vermögensquantum und das soziale Quale

In die Lücke der „Glaubenslosigkeit" rückte durch die allgemeine Verwirtschaftlichung die „Gesinnung des Erwerbsstrebens" mit dem Ziel der Gewinnmaximierung nach. Alles Denken wurde in den Kategorien des Wirtschaftens vollzogen. Die aus dem Eigennutz und dem Selbstinteresse angetriebene Lust trieb zur steten Gewinnsteigerung und über die Einkommensvermehrung zur unbegrenzten Vermögensvergrößerung an. Für diese wurde die ganze Leistungskraft, gepaart mit strengem Sparwillen, eingesetzt.

Durch die Verwirtschaftlichung der Gesellschaft führten die Vermögensdifferenzen zu sozialen Klassendifferenzen. Von der Gültigkeit dieses Systems überzeugt, wollten nun die Bürger auf der „Gesellschaftsleiter der Vermögenssprossen“ emporsteigen, um einen möglichst hohen „Gesellschaftsrang“ zu erlangen, denn *das ökonomische Vermögensquantum bestimmte das soziale Quale.*

Das erwirtschaftete Vermögen bildete die Grundlage für den Wohlstand der Neubürger. Dieser Wohlstand wurde *in kleinbürgerlichen Kreisen* in den Wohnungen durch Überladung mit romantischem Kitsch (Gipsbüsten am Kachelofen und Kunstblumen in Vasen), in der Kleidung durch den schwarzen Bürgerrock beim Mann und durch die Modestücke aus Paris bei den Damen, im gesellschaftlichen Leben durch die Zusammenkünfte der Männer im Bürgerstüberl am Vormittag und am Abend und durch die Zusamenkünfte der Damen in den gepflegten Heimen beim „Jour“ demonstriert. Die *Großbürger* zeigten ihren Wohlstand bei den Aufenthalten an der Riviera, bei den Vergnügungen anläßlich von „Wohltätigkeitsbasaren“ und „Wohltätigkeitsveranstaltungen“ (man trank Champagner zur Unterstützung der Armen) und anläßlich von Großbällen („Ball bei Hof“ und „Hofball“), auf denen die jungen Damen in die Gesellschaft eingeführt und am Heiratsmarkt aufgeführt wurden, damit sie eine „gute Partie“ machen könnten. *Diese Wohlstandsdemonstration vermittelte ein Bild gesellschaftlicher Zufriedenheit und persönlichen Wohlbefindens.*

cc) *Die geteilte Moral und die Leistung für die Zivilisation*

„Was diese Bourgeoisie so unerträglich, zu einem Herd kultureller und politischer Fäulnis machte, war ihre Lebenslüge. Nicht, daß diese herrschende Schichte in ihrer Breite zutiefst kulturlos war, ließ sie ein Ärgernis werden. Sie wurde zum Verhängnis für die ganze bürgerliche Gesellschaft, indem sie Kultur (und Moral) heuchelten, um ihren Reichtum zu legitimieren. *Die Bourgeoisie schuf einen Lebensstil voller Unaufrichtigkeit*“ (R. Nitsche: Der häßliche Bürger, 1969, S. 201 f.).

Die Lüge der Lebensführung kam vor allem in der *Moral* zum Vorschein und zur Verwirklichung. Es gab nämlich eine zerteilte Moral: eine Scheinmoral für das korrekte Leben in der Gesellschaft und eine Moral der Hemmungslosigkeit im Erwerbsleben und vielfach auch im persönlichen Bereiche.

In der Gesellschaft mußten die Verhaltensweisen einem Katalog vornehmen Benehmens (Knigge) folgen, so daß jeder Herr als „Ehrenmann“ und jede Frau als „Dame“ jederzeit angesprochen und behandelt werden konnte. So sah man dieses Gehaben der „gut bürgerlichen Gesellschaft“.

52. Rad-Gewerken Rueprecht Reinperger
gestorben 16. Juni 1569 zu Mauterndorf im Lungau

53. Gewerkenhäuser in Mauterndorf

54. Mosdorfer-Sensenhammer in Weiz

So konnte man glauben: es habe eine Wieder-in-Stand-Setzung der höfischen Kultur (belle epoque) eingesetzt.

Anders waren die Verhaltensweisen *im Wirtschaftsleben*. Da es hier auf das Fortkommen und daher auf das Verdienen und auf das „Hochkommen“ ankam, wurden alle sittlichen Hemmungen „beiseite gelassen“. Man konnte ungehemmt das Gewinnmaximum anstreben, denn der Erfolg sanierte und rechtfertigte jede Verhaltensweise. Die sittlich abwegigen, aber wirtschaftlich zielführenden Benehmensweisen konnten im Verhalten der Gesellschaftspartner oder im Verhalten gegenüber den Mitarbeitern getätigt werden. In rustikaler Abgesunkenheit konnte dies im Sprichwort zusammengehalten werden: „Reich werden ist nicht schwer, aber erbarmen darf einem niemand!“

Im persönlichen Leben war „alles erlaubt“, nur durfte nichts davon in die Öffentlichkeit kommen. Man konnte sich frei von Hemmungen „ausleben“, weil dies ja die Natur fordert, aber man mußte dafür sorgen, daß man nicht in die Schleuse der „Chronique scandaleuse“ kam. In der Abgeschiedenheit von vier Wänden konnte viel geschehen und dies alles gab für den einzelnen keine „seelische Belastung“; es konnte aber eine beachtliche finanzielle Belastung werden, wenn „etwas in die Öffentlichkeit“ zu geraten drohte. *Diese geteilte Moral führte zur steten Lebenslüge der Bourgeoisie.*

Die *Zusammensetzung der Bourgeoisie* war vielfältig. Zu ihr gehörten *zufolge der Tradition* die Handwerker und Kaufleute, *zufolge der Bildung* die Intellektuellen und die arrivierten Künstler, die Beamten, Rechnungsführer und höheren Angestellten und *zufolge ihres Vermögens* die Industriellen und Bankiers und alle, die imstande waren, von ihren Wertpapier-Coupons zu leben. Diese bunte Gesellschaftsklasse wurde durch den geschilderten Lebensinhalt und die entsprechende Lebensweise und vorzüglich durch ihr Vermögen zur Einheit der Bourgeoisie zusammengeführt und zusammengehalten.

Diese Klasse hatte kraft ihrer ökonomischen Macht auch größten Einfluß auf die Politik. Viele wurden daher in die herrschende Gruppe durch Heirat aufgenommen und manche durch Verleihung eines Prädikates von „allerhöchster Stelle“ „geadelt“.

Diese Klasse des Neubürgertums gliederte sich in zwei Hauptgruppen: in die *Großbürger* und in die *Kleinbürger*. Aus den Kleinbürgern entwickelten sich nicht selten die Spießbürger. Beide Gruppen unterschieden sich im Quantum des Vermögens und in der Radiuslänge des Gesichtskreises.

Die *Vermögensquanten* konnten in Grundbesitzflächen bestehen, wobei die damit verbundene Eigenjagdberechtigung einen deutlichen Limes zog, oder in den Kontengrößen oder in Effektenvermögen, wobei die

Fähigkeit, von den Effekten-Zinsen leben zu können, nicht ohne Einfluß war. Die Kleinbürger wiesen auch alle solche Vermögenschaften in kleineren Quanten, aber meist in einem Hausbesitz konzentriert, aus. Der Herr „Hausherr“ war eine typische Erscheinung des Kleinbürgertums.

Der Umfang des Gesichtskreises konnte bei den Großbürgern sehr weit gezogen sein. Viele kannten „die Welt“ aus ihren weiten und vielfältigen Geschäftsbeziehungen, manche auch von ihren Weltreisen her. Außerdem zwang den Großbürger die wirtschaftliche Spekulationsnotwendigkeit, alle Vorgänge in der Welt zu beobachten und so zu kennen. Bei den Kleinbürgern beschränkte sich der Gesichtskreis sachlich meist nur auf den eigenen Bezirk und persönlich auf den Kreis der eigenen Leute, die man dafür aber in allen Einzelheiten kannte.

Der Spießbürger war die „Fortentwicklung“ des Kleinbürgers. „Der Spießer ist wie kein anderer Menschentyp durch Sitte und Brauchtum, Vorbild und Gesetz außengelenkt, aber zugleich ist er sich selbst so sehr Daseinsform, daß er im Glauben an seine Innenlenkung mit bestem Wissen der Außenlenkung hörig wurde. So hat der Spießer immer recht, weiß stets das Wahre und kennt das Schöne. Nur eines kennt er nicht: die Plage des Zweifels. Für ihn gibt es keinen Zweifel an der Vorzüglichkeit der staatlich geordneten Welt und der immer aufgeräumten Stube, keinen Zweifel an der Autorität und den von ihr approbierten Institutionen, keine Zweifel an der teuflischen Boshaftigkeit jeder gesellschaftlichen Veränderung.“ „Es kann nicht sein, was nicht sein darf!“ (Ch. Morgenstern). „So ruht der Spießer von außen gehalten, fest in sich selbst und jeder Zweifler, er sei Sozialist, Pazifist, Impressionist, Naturalist ist ihm von vornherein als unruhiger Geist, gemeingefährlicher Narr und Sittenverderber zutiefst verdächtig. Was der Spießer als Lebensluft braucht, ist Ruhe. Er sucht sie im Beruf, in der Ehe, im Denken und im Gemüt“ (R. Nitsche, ebenda, S. 204).

Die gesamte bürgerliche Klasse der Groß- und Kleinbürger in ihren einzelnen Vertretern hat in der Wirtschaft den Fortschritt und den Wohlstand gebracht, wie er bis dahin gar nicht geahnt werden konnte. Die Bourgeoisie hat die Welt der Zivilisation im Sinne der äußeren Lebenserleichterung und Lebensverbesserung begründet. Dies war die große *Leistung des neuen Bürgertums, die Leistung der Bourgeoisie*.

„Und der Bürger? Er darf sich nur des einen trösten, daß er es war, der alle Werte unserer Zeit geschaffen hat: alles, was bis heute Kultur gewesen ist. So wird, was von dieser Kultur in die Zukunft gerettet werden mag, noch immer bürgerlicher Herkunft bleiben“ (R. Nitsche, ebenda, S. 289).

b) Vom Arbeiter zum Proletarier

Die Unterstellung aller wirtschaftlichen Erwägungen und Vorgänge unter das Prinzip der Gewinnmaximierung zwang zur strengen Versachlichung, die nur dann folgerichtig durchgehalten werden konnte, wenn alle Vorgänge rechenhaft verfolgt wurden. Die Versachlichung und Rechenhaftigkeit verursachten eine folgenschwere und verheerende Feststellung: *die Arbeit ist ein Produktionsfaktor und daher eine Ware.*

Dadurch wurde die Arbeit nicht mehr als persönliche Leistung erfaßt und der Arbeit wurde so der Bezug zur Persönlichkeit des Leistenden entzogen. In weiterer Folge wurde die Arbeit nur im Ausmaß des quantitativen Einganges in das Produkt wirtschaftlich beachtet, wodurch der wirtschaftliche Wert einer Ware bloß nach dem Gehalt von Arbeitsmengen bemessen wurde (Arbeitswert-Theorie). *Die Arbeit wurde im Betrieb zum bloßen Kostenfaktor.*

Der Produktionsfaktor Arbeit war der persönlichen Qualitätsmerkmale vollends entkleidet und nur als sachlicher Faktor in der Kosten- und Erfolgsrechnung einsetzbar. Der Arbeiter ging als Mensch und Persönlichkeit in der Wirtschaftsrechnung des Betriebes unter. Die Arbeit entfernte sich aber auch von der persönlichen Hingabe des Leistenden an das Werk und an das Werkstück. *Die Arbeit wurde zur Last und zum Arbeitsleid* (Arbeitsleid-Theorie).

Da die Arbeit zur Ware und der Lohn zum Preis degradiert wurde, mußte das Verhältnis vom Unternehmer zu seinen Mitarbeitern ein Verhältnis von Marktparteien werden. Da für den Unternehmer der Preis für die Arbeit zu den Kosten der Erzeugung gehörte, mußte er bestrebt sein, die Arbeit zu niedrigen Preisen (Löhnen) zu kaufen. Da die Arbeiter vom Markterlös ihrer Arbeit, vom Lohn, leben mußten, waren sie notwendig bestrebt, ihre Arbeit zu hohen Preisen zu verkaufen. *Unternehmer und Arbeiter standen sich als Marktparteien mit klassenbedingten Gegensätzen einander im Betrieb gegenüber.*

Die Betriebsordnung wurde im Verlauf der Versachlichung einer mechanisch-rhythmischen Taktgesetzlichkeit, die die Transmissionswelle der Werkshalle bestimmte, unterstellt. Die Betriebs- und Arbeitsordnung wurde dem Reglement der Handgriff-Folgen im Dienste der maschinellen Erzeugungsweise untergeordnet. Die Betriebsordnung wurde unpersönlich, seelenlos und daher unmenschlich. *Die persönliche Betriebsgemeinschaft von einst wurde zur Stätte des Klassenkampfes.*

Aus diesen wirtschaftlichen und sozialen Veränderungen ging die *Verproletarisierung der Arbeiterschaft* hervor. Diese wurde seit Marx rein äußerlich — ganz dem bürgerlichen Gesetz der Versachlichung gemäß als Besitzverhältnis gesehen: hier Unternehmer und Besitzer — dort Arbeiter und Nichtbesitzer. Viele Sozialreformer folgten ihm blindlings bis heute. Nur der Besitz und Nichtbesitz an Produktionsmitteln wurde konstituierendes Merkmal für die Kapitalisten und die Proletarier. Als Proletarier galten die, die keine Produktionsmittel besaßen. Dies aber war doch zu dürftig für die Charakterisierung dieser neu entstandenen Gruppe. Der Verproletarisierungsprozeß muß vielmehr auf der wirtschaftlichen, gesellschaftlichen und selbst auf der persönlichen Stufe als gesamter Komplex erkannt werden, soll das Wesen der Verproletarisierung richtig verstanden werden.

aa) Die wirtschaftliche Verproletarisierung: die Ungesichertheit des Arbeitseinkommens

Die Freisetzung der Wirtschaft brachte eine „Abtreibung" der Bauern von ihren Höfen und eine „Austreibung" der Handwerker von ihren Werkstätten. Der Zustrom aus den abgestifteten Bauern und die Zuwanderung von den in Konkurs geratenen Handwerkern zur Industrie ergab ein stetes Überangebot an Arbeit und eine zu geringe Nachfrage nach Arbeit. Dieser *Überhang im Arbeitsangebot* bewirkte gemäß „dem natürlichen Gesetz des Arbeitsmarktes" stets sinkende Löhne. Dieses Mißverhältnis verstärkte sich regional noch dadurch, daß wegen der allenthalben gegebenen Unbeweglichkeit der Arbeiter in einem Industriegebiet etwa nur ein Unternehmer nach Arbeit nachfragte. Diese Unterlegenheit der Arbeiter und die entsprechende Überlegenheit der Unternehmer (Oligopol bis Monopol) ließ den Lohn weiter absinken.

Eine weitere Verschärfung dieses Zustandes kam ferner noch aus dem Nicht-Vorhandensein qualifizierter Sonderleistungen im mechanisierten Erzeugungsprozeß. Daher gab es kaum die Möglichkeit des innerbetrieblichen Aufstieges zu höherer Leistung und zu besserer Entlohnung. All diese Komponenten drückten den Lohn durch „das Gesetz von Angebot und Nachfrage" (Mill und Cassel) bis zum Existenzminimum herab. *Der Lohn war nur als Minimum des physischen Existenzelendes gegeben.*

Zu all dem kam noch, daß wegen des Überangebotes nicht alle Arbeiter ihre Ware Arbeit verkaufen konnten, weshalb stets ein Teil außerhalb der Arbeitsverhältnisse in arbeitslosem Zustand zu stehen kam. Diese „industrielle Reservearmee" hatte nicht einmal das Existenzminimum. Für sie war der Lohn nicht nur in seiner Größe, sondern, was noch ärger wirkte, *sogar in seinem Bestande ungesichert.*

All diese Gefährdungen, für die Größe und selbst für den Bestand des Lohnes brachten für die Arbeiter in der Industrie ein stets ungesichertes

Einkommen. Dieses unsichere und vollends ungesicherte Einkommen verursachte ein ebenso ungesichertes Auskommen für die Arbeiter und ihre Familien. Dies brachte die ausweglose Lage der dauernden Existenzgefährdung. *Die Ungesichertheit im Einkommen und Auskommen war das eigentliche Merkmal der wirtschaftlichen Verproletarisierung der Industriearbeiterschaft.*

bb) Die gesellschaftliche Verproletarisierung: die soziale Geworfenheit

Die aus dem Bauern- und Bürgerstand Abgetriebenen verloren ihre gesellschaftliche Standfläche und damit ihre soziale Geltung. Bislang waren sie sozial und kulturell gebunden und in ihrem Stande geborgen. Der soziale Gruppenwert gab ihnen die Legitimation für die soziale Position und ihre persönliche Existenz. Jeder hatte durch die Standeszugehörigkeit die Legitimation für seinen gesellschaftlichen Wert und den sozialen Rang.

Durch die Abwanderung verloren die Abgetriebenen ihre soziale Standeslegitimation. *Sie wurden gesellschaftlich „Geworfene“, sozial „Ausgestoßene“ und rechtlich „Enterbte“.*

Die gesellschaftliche Verproletarisierung zeigte sich in der sozialen Geworfenheit und in der Vermassung der einzelnen in amorphen Klumpen der Verproletarisierten. Die gesellschaftlich Verproletarisierten verloren ihre soziale Position und ihre gesellschaftliche Geltung. Die Verproletarisierung trieb die Arbeiter in den Zustand des sozialen Nichts und der gesellschaftlichen Geworfenheit. Die verproletarisierten Arbeiter hatten keine Funktion in der Gesellschaft und waren daher ohne gesellschaftlichen Wert. Diese neuen Industriearbeiter blieben als „Sozial-Wertlose“ außerhalb der geltenden Gesellschaftsordnung.

Es ist verständlich, daß sich diese Gruppe im „Gesellschaftsraum des Nichts“ zur Aktion der Negation gegen die bestehende Gesellschaftsordnung stellte. Sie konstituierte sich als *Klasse des Proletariates.* Dadurch wurde der ökonomische Klassenkampf am Markt und im Betrieb auch zum sozialen Klassenkampf in der Gesellschaft. *Klasse stand gegen Klasse: Proletariat gegen Bourgeoisie.*

Nichts zeigt die gesellschaftliche Verlassenheit des Proletariates aber auch die rationale und emotionale Gegnerschaft des Proletariates gegen die Bourgeoisie deutlicher als das Kampflied die „Internationale“ von E. Pottier (1871) (deutsch von E. Luckhardt) mit der Melodie von P. Ch. Degeyter:

Wacht auf, Verdammte dieser Erde,
die stets man noch zum Hunger zwingt!
Das Recht wie Glut im Kraterherde
nun mit Macht zum Durchbruch dringt.
Reinen Tisch macht mit dem Bedränger!
Heer der Sklaven, wache auf!
Ein Nichts zu sein, tragt es nicht länger,
Alles zu werden, strömt zuhauf!

Völker, hört die Signale!
Auf zum letzten Gefecht!
Die Internationale
Erkämpft das Menschenrecht!

Es rettet uns kein höh'res Wesen,
kein Gott, kein Kaiser, noch Tribun.
Uns aus dem Elend zu erlösen,
Können wir nur selber tun!
Leeres Wort: des Armen Rechte!
Leeres Wort: des Reichen Pflicht!
Unmündig nennt man uns und Knechte,
duldet die Schmach nun länger nicht!

Völker, hört die Signale!
Auf zum letzten Gefecht!
Die Internationale
Erkämpft das Menschenrecht!

In Stadt und Land, ihr Arbeitsleute,
Wir sind die stärkste der Partei'n.
Die Müßiggänger schiebt beiseite!
Diese Welt muß unser sein;
unser Blut sei nicht mehr der Raben
und der mächt'gen Geier Fraß!
Erst wenn wir sie vertrieben haben,
dann scheint die Sonn' ohn' Unterlaß!

Völker, hört die Signale!
Auf zum letzten Gefecht!
Die Internationale
Erkämpft das Menschenrecht!

cc) Die seelische Verproletarisierung: die Gefährdung der Persönlichkeit

Die wirtschaftliche Bedrängnis und die gesellschaftliche Geworfenheit konnten auf die Seele des Einzelnen eine solche Wirkung haben, daß aus der äußeren Ungesichertheit auch eine innere Unsicherheit und Haltlosigkeit folgte. Verstärkt wurde diese Bruchsituation noch durch den Verlust der standesgemäßen Lebensordnung. Die Nicht-Zugehörigkeit zu einer gesellschaftlich legitimierten Gruppe konnte im einzelnen auch die Überzeugung der sozialen Ausgestoßenheit fühlbar werden lassen. Dies alles vermochte das Empfinden zu wecken, der Mensch lebe ohne äußeren und inneren Auftrag. Diese soziale Funktionslosigkeit ließ das Gefühl der persönlichen Wertleere entstehen. Wenn diese Überzegung vom eigenen Nicht-Wert entstand, konnte auch die Überzeugung vom eigenen Sinn und vom eigenen Ich verloren gehen. Dann war der seelische Zustand des persönlichen Nichts gegeben. War so die Mitte der Persönlichkeit zerstört, dann verflüchtigte sich auch der innere Halt und der Mensch stand in Gefahr: innerlich und äußerlich haltlos zu werden. Die letzte Chance für die in sich ruhende Persönlichkeit schwand dahin. Der so Getroffene war in Gefahr, in der anonymen Masse unterzugehen. In dieser wurde der einzelne zum Flugsand der Sozialpropagandisten und zum Organisationsmaterial der politischen Manager.

Der wirtschaftlich Ungesicherte und gesellschaftlich Geworfene erzeugte in sich selbst die eigene Hinfälligkeit. Das Losgelöstsein von allem brachte den Zustand des persönlichen Verloren-Seins. *Der wirtschaftlich und gesellschaftlich Verproletarisierte wurde auch der seelisch Verproletarisierte.*

c) Die Grundablöse und die Abtreibung der Bauern vom Lande

Die Bauernbefreiung erfolgte in Österreich in zwei Phasen: die eine brachte die persönliche Freiheit und die andere die Befreiung von den Grundlasten. Die Befreiung von der Schollenpflichtigkeit der Bauern setzte Josef II. in der *ersten Phase durch die Gewährung der Freizügigkeit* durch. Im Untertanenpatent vom 1. November 1781 wurde verfügt: „Die Leibeigenschaft wird von nun an gänzlich aufgehoben." Zur Bekräftigung dieser Freisetzung und zur Erläuterung wurde im Gesetz über die Grundablöse vom 7. September 1848 (Wiener Zeitung 1848, Nr. 246) bestimmt: „Das Untertänigkeits- und schutzobrigkeitliche Verhältnis ist samt all diese Verhältnisse normierenden Gesetzen aufgehoben" (§ 1). Durch diese „Freilassung" wurden die Bauern von der Bodengebundenheit gelöst und hatten nun die Freiheit der Freizügigkeit. Sie konnten daher ohne die Erlaubnis des Grundherrn heiraten, auch dann, wenn sie dadurch aus dem Bereich der bisherigen Grundherrschaft wegzogen. Die Bauern konnten jeden Beruf ergreifen und brauchten nicht mehr der Landwirtschaft verhaftet zu bleiben. Sie konnten aber auch aus sonstigen Gründen vom Hof wegziehen und sich anderswo niederlassen. All diese Möglichkeiten aus der neu gewonnenen Freiheit der Freizügigkeit wurden im besonderen von den Söhnen und Töchtern in Anspruch genommen.

Die Freisetzung der Bauern von den verschiedenen Grundlasten erfolgte in der zweiten Phase im Jahre 1848 auf Drängen des aus bäuerlichen Kreisen stammenden Studenten *Hans Kudlich* (geboren zu Lobenstein in

Österreich-Schlesien am 23. 10. 1823 und gestorben in Hoboken bei New York am 11. 11. 1917). Er brachte als Mitglied des Österreichischen Reichstages den Entwurf zum Gesetz über die Grundablöse im Reichstag ein.

aa) Die Grundablöse

Der Reichstagsbeschluß vom 7. September 1848 hob die Grundlasten gegen Entschädigung der Grundherren auf. Das Gesetz wurde am 4. März 1849 erlassen. „Es war eines der klügsten Gesetze, die je in Österreich beschlossen wurden und ging von dem Grundsatz aus, daß alle auf den bäuerlichen Besitzungen ruhenden Grundherrschaftslasten aufgehoben und die Grundherren aber in angemessener Weise entschädigt werden sollten" (F. Tremel). Bei der Ablöse der Giebigkeiten und Fronden (Robot, Naturalabgaben und Geldleistungen) wurde darauf geachtet, daß den Bauern keine Lasten aufgebürdet wurden, die sie nicht tragen konnten.

Zur Durchführung wurden Landes- und Bezirkskommissionen gebildet, denen in oberster Instanz Karl Bayer vorstand. Die Entlastung wurde bis zum Jahre 1854 vollends durchgeführt. Abgelöst wurden die Robot in Tagen, die Naturalabgaben in Gulden CM und die Geldleistungen in Gulden CM:

Robot:	Tage	Naturalabgaben:	fl. CM	Geldleistungen fl. CM
Handrobot	7 447 786	Zehent im Jahreswert	2 767 919	3 195 782
Zugrobot	2 545 886	Zehent in niederösterr. Metzen	796 058	
	9 993 672		3 563 977	
		Berechtigt aus der Ablöse waren	23 743	
		verpflichtet aus der Ablöse waren	1 152 042	

Die Durchführung der Grundablöse wurde so vorgenommen, daß der Wert der Naturalabgaben nach dem an sich sehr nieder bemessenen Katastralwert festgehalten wurde. Diese so ermittelte gesamte Entschädigungssumme wurde in drei Teile zerlegt: das eine Drittel mußten die Grundherren tragen (d. h. sie bekamen hiefür keine Zahlung), weil mit der Grundablöse auch die Pflichten und Lasten der Grundherrschaften wegfielen; das zweite Drittel zahlte das entsprechende Kronland für die Bauern, weil die Grundablöse als eine öffentliche Angelegenheit galt; das dritte Drittel hatten die Bauern für ihre Freisetzung von den bisherigen Lasten zu zahlen.

Die Grundherren erhielten ihre Entschädigung in der Form von „Grundentlastungs-Obligationen", die verzinst wurden und eine Laufzeit von 40 Jahren hatten. Innerhalb dieser 40 Jahre hatten die Bauern ihren Entschädigungsbetrag in Jahresraten zu leisten, die ihnen als Zuschlag zur Grundsteuer vorgeschrieben wurden. Die Kronländer zahlten in ähnlicher Weise. Die Grundentlastungs-Obligationen waren belehnbar und konnten wie die anderen Staatspapiere auf der Börse gehandelt werden. Dadurch hatten die ehemaligen Grundherren ihr Kapital aus der Ablöse jederzeit verfügbar und verwertbar.

bb) Die „Preisgabe" der Bauern an den freien Markt

Die Bauern waren nun frei, brauchten keine Lasten zu tragen, sie hatten aber auch nicht mehr den Schutz des Grundherrn. Wirtschaftlich waren sie *den freien Marktgeschehnissen „preisgegeben"*.

Die ehemals vom Staat statuierten Widmungsgebiete sicherten die Nahrung der Bevölkerung und den Absatz für die Agrarprodukte. Die staatlichen Preisfestsetzungen für die landwirtschaftlichen Produkte garantierten feststehende Preise für das Volk und kostendeckende Preise für die Bauern. Diese Sicherungsmaßnahmen fielen nun weg und die Bauern standen ohne Schutz am freien Markt. Auf diesem heimischen Markt bedrängten drei Gefahren die Bauern: der *Einstrom von Agrarprodukten* aus der integrierten Großraumwirtschaft Österreich-Ungarn, die *kostengünstige Zubringung großer Mengen* durch die neu erbaute Eisenbahn und schließlich der *Import aus überseeischen Ländern* über Triest und Fiume.

Durch die handelspolitische Öffnung der Gebiete der ungarischen Krone konnten aus diesen vorzüglich landwirtschaftlich genutzten Gebieten Agrarprodukte in die Alpenländer einströmen. Die Erzeugung war dort wegen der besseren Böden und des günstigeren Klimas kostengünstiger. Dadurch kam das Gesetz der absoluten und komparativen Kostendifferenzen im Handel mit den Alpenländern zur Wirkung. Die Kostenbegünstigung ließ die Preise fallen. *Die heimischen Bauern fanden daher für viele ihrer Erzeugnisse keinen Absatz und für andere einen Absatz, der die Erzeugungskosten nicht deckte.*

Die zweite Bedrohung ergab sich für die österreichischen Bauern aus dem um die Mitte des Jahrhunderts einsetzenden Eisenbahnbau. Die Eisenbahnen schlossen die einzelnen Gebiete auf und zerstörten die Versorgungsgebiete der heimischen Erzeugung. Nun konnten Agrarprodukte von großen Mengen bis in die bislang abgelegenen Bezirke gebracht werden, so daß auch dort die fremden Produkte die Existenz der heimischen Bauern bedrohen und vernichten konnten.

Zu all dem kam noch der Import von Agrarprodukten aus überseeischen Ländern über die Einfallstore Triest und Fiume. Noch billiger und in noch größeren Massen kamen die Waren auf den heimischen Markt und verdrängten die Bauern vom angestammten Absatz und von den kostendeckenden Preisen. Die Abdrängung vom Markt und die Unterbietung der Preise unter die Erzeugungskosten brachten den Bauern nicht mehr den Markterlös, mit dem sie die Erzeugungskosten decken konnten. Die Bauern waren ohne jeden Schutz dem freien Markt preisgegeben.

cc) Die Abtreibung der Bauern vom Lande

Die Lücken zwischen den Erzeugungskosten und den Markterlösen zwangen die Bauern zur Kreditnahme. Diese war noch riskanter als die freien Marktverhältnisse.

Die Bauern konnten keinen Bankkredit ansprechen, weil die Banken an diesen Kleinkrediten kein Interesse hatten, aber auch weil die Bauern nie die erforderlichen Unterlagen für eine Kreditbewilligung vorlegen konnten, sie hatten ja keine Buchführung, geschweige denn entsprechende Bilanzunterlagen. Daher waren die Bauern auf die Kreditsuche bei Privaten angewiesen. Da es noch kein Wuchergesetz gab, waren die Zinsvereinbarungen vollends frei. Die Stärke des Kreditgebers und die absolute Schwäche des Kreditsuchers ließen die Zinssätze bis über 20 % für das Jahr ansteigen.

Aus diesen Kredit- und Schuldverhältnissen ergab sich die Vernichtung vieler Wirtschaftsexistenzen der Bauern. Die Bauern, die einen zinsüberlasteten Kredit bekamen — einen anderen gab es nicht — gingen an der Schuldenlast zugrunde; die, die keinen Kredit erhielten, gingen an der Geldlücke zugrunde, weil sie nicht mehr zahlungsfähig waren. Die Schuldlasten drängten zur Begleichung. Da es keine Zahlungsmöglichkeit gab, folgte die gerichtliche Exekution: *die Bauernhöfe wurden versteigert.* Nach dem Zuschlag des Hofes an den Meistbietenden mußten die Bauern mit ihren Angehörigen und mit ihrem Gesinde den Hof und das Land verlassen. *Die Bauern wurden vom Lande abgetrieben.*

In manchen Bezirken verlor der Bauernstand ein Viertel und in manchen Regionen ein Drittel der bisher selbständigen Bauern. Die Höfe wurden in den entlegenen Gebirgstälern meist von den Forst- und Jagdherren, die sich zum Teil aus den alten Grundherren, aber in steigendem Maße aus den neuen Großbürgern rekrutierten, in der angegebenen Weise erworben. In den Tälern und Gebirgsbecken waren die „Erwerber" der abgehausten Bauernhöfe vielfach die „Dorfpotentaten", die als Kaufleute, Frächter, Fleischhauer und Gastwirte tätig waren. Sie gaben die Kredite an die Bauern und zogen dafür über die Versteigerung die Bauerngüter ein. „Jakob, der Letzte“ von Peter Rosegger schilderte die Vorgänge in voller Offenheit.

„Man sollte glauben, daß durch die Aufhebung der Robot und des Zehent die Wirtschaften sich bedeutend heben und die Besitzer wohlhabender werden würden. Allein die bis jetzt gemachte Erfahrung zeigt, daß in zehn Jahren mehr Häuser im Exekutionswege verkauft wurden als früher in fünfzig Jahren“ (Wochenblatt der KK. Steiermärk. Landwirtschaftsgesellschaft, Jg. 15, Nr. 20 v. 2. August 1866, S. 157).

„Die Sturmglocke am Schloßberg im denkwürdigen Herbst 1848 war gleichsam die Zügenklocke, weil man mit der Aufhebung der Unterthanenverhältnisse den bäuerlichen Wohlstand zu Grabe brachte“ (Wochenblatt der KK. Steiermärk. Landwirtschaftsgesellschaft, Jg. 16, Nr. 21 v. 10. Oktober 1867, S. 164 f.).

Die Landabtreibung der Bauern gehört demnach zur Bauerngeschichte, aber auch zur Geschichte der Bourgeoisie.

C. Die Freisetzung der Wirtschaft

Die bisher dargelegte Theorie des politischen und wirtschaftlichen Liberalismus war in Österreich bei den entscheidenden Kräften und Instanzen die allgemein geltende Überzeugung. Dadurch fügte sich Österreich in die europäische Entwicklung ein. Aus dieser Überzeugung folgten auch die Freisetzungsakte für die Wirtschaft und ihre Kräfte.

Für die soziale Wirtschaft kam nun das Prinzip der Freiheit zur Geltung. Die Wirtschaft kann nur durch Freiheit gewinnen. „Die Freiheit ist das unfehlbare, notwendige und unausweichliche Mittel, um zum Gedeihen derjenigen Klassen, die sie betreiben, zu gelangen.“ — „Die Freiheit ist der Schild!“ (v. Scrini in der Generaldebatte des Herrenhauses über die Gewerbeordnungsnovelle am 14. Februar 1883, Sten. Prot., IX. Session, 71. Sitzung, S. 1332). *Mit der gewährten Freiheit kann jeder die Sicherheit erwirtschaften, die er wünscht.*

Die Freiheit beläßt jedem die volle, ungehemmte Entwicklungsmöglichkeit und damit die steigende Wohlfahrt für den einzelnen und den wachsenden Wohlstand für alle. Die Freiheit läßt „dem Talent und der Strebsamkeit offene Bahn, damit sich die industrielle Macht des Staates hebe“ (v. Toggenburg in der Generaldebatte des Herrenhauses über die Gewerbeordnungsnovelle am 14. Februar 1883, Sten. Prot., IX. Session, 71. Sitzung, S. 1103).

Diese Freiheit mußte der Wirtschaft gegeben werden, weil, „den Gang der wirtschaftlichen Entwicklung, *welche sich nach den Gesetzen einer höheren Ordnung vollzieht,* meistern zu wollen, außerhalb der menschlichen Macht liegt" (v. Plenner in der Generaldebatte des Herrenhauses über die Gewerbeordnungsnovelle am 14. Februar 1883, Sten. Prot., IX. Session, 71. Sitzung, S. 1094).

Der Glaube an die prästabilierte Harmonie der wirtschaftlichen Entwicklung drängte mit aller Vehemenz dazu: der Wirtschaft durch die Freisetzung von allen bisherigen Bindungen die volle Freiheit zu geben.

1. Die Freiheit des Erwerbes und des Marktes

Jedermann hat die Freiheit: „seinen Beruf zu wählen und sich für denselben auszubilden, wie und wo er will" (Staatsgrundgesetz: art. 18). Dadurch wird jedem Talent die Freiheit gesichert, sich auszubilden und voll zu entfalten. Kein Hindernis gesellschaftlicher Art aus dem Herkommen oder aus anderen Daten darf es geben, die die freie Entscheidung für einen Beruf oder einen Berufswechsel beeinflussen oder gar beengen. Aus eigener Überlegung kann jeder seinen Beruf wählen.

Wahrscheinlich wird jeder den Beruf wählen, der ihm zufolge seiner Anlage und seiner Strebsamkeit entspricht und von dem er sich daher den größten Erfolg erwartet. Dies ergibt aber, weil wohl die meisten so handeln werden, den größten Leistungseffekt für den Wohlstand aller.

„Jeder Staatsbürger kann unter den gesetzlichen Bedingungen *jeden Erwerbszweig ausüben"* (Staatsgrundgesetz: art. 6). Jeder kann sich demnach aus freien Stücken dem Erwerbszweig zuwenden, der ihm entspricht und von dem er für sich den größten Erfolg erwarten kann. Die gesetzlichen Bedingungen waren in der Gewerbeordnung vom 20. Dezember 1859 (RGB 227/1859) festgehalten. Diese „war von der Absicht geleitet, die gewerbliche Betriebsamkeit gleichmäßig zu regeln und möglichst zu erleichtern" (Präambel). Die Gewerbe konnten als *freie Gewerbe* nur „gegen bloße Anmeldung" betrieben werden (§ 1), wenn sie nicht auf der Ausnahmeliste der *konzessionierten Gewerbe* verzeichnet waren — und dies waren nur wenige. Als freie Gewerbe wurden auch noch nach der Einführung der handwerksmäßigen Gewerbe die *„fabriksmäßigen Unternehmungen"* geführt (§ 1, c). Dadurch war die Freiheit für die industriellen Unternehmungen in vollem Umfang gegeben. Mit Ausnahme der notwendigen Vorkehrungen für die Gesundheit der Staatsbürger bestand in Österreich die *volle Freiheit für den Erwerb in allen Gewerbesparten.*

Alle Hindernisse wurden aus dem Weg geräumt, so daß von den zünftigen Sicherungsmaßnahmen nichts mehr bestehen blieb.

Die *Geschäfts- und Konsumfreiheit* wurde durch die *Vertragsfreiheit* und *Eigentumserwerbs-Freiheit* im Allgemeinen bürgerlichen Gesetzbuch garantiert. Da alle wirtschaftlichen Geschäftshandlungen im Kleide der schuldrechtlichen Verträge erschienen, wurde die Geschäftsfreiheit durch die Vertragsfreiheit garantiert. „Im Recht der Schuldverhältnisse herrscht Vertragsfreiheit“ (R. Mayr: Lehrbuch d. bürgerl. Rechtes, 1923, Buch 3, S. 172). Im Gesetzbuch war die Vertragsfreiheit im § 878 der alten Fassung festgehalten: „Über alles, was im Verkehr steht, können Verträge geschlossen werden.“ *Die Vertragsfreiheit gewährleistete die Geschäftsfreiheit.*

Die *Konsumfreiheit* oder die Freiheit aller Konsumenten, nach Waren nachzufragen, war durch die Eigentumserwerbs-Freiheit gegeben, denn „alle Sachen sind Gegenstände des Eigentumrechtes und jedermann ist berechtigt, dasselbe zu erwerben“ (§ 355). Daher galten weder Aufwandsbeschränkungen noch Kaufverbote für die einzelnen Gruppen der Gesellschaft. *Alle hatten die Eigentumserwerbsfreiheit und die Konsumfreiheit.*

Mit der Vertragsfreiheit und der Eigentum-Erwerbsfreiheit war auch schon die *Marktfreiheit* für die Wirtschaft gegeben. Jedermann konnte Waren anbieten und jeder konnte um Waren nachfragen, d. h. sie erwerben. Das freie Zusammentreffen von Angebot und Nachfrage war dadurch schon gegeben. Die Gewerbeordnung statuierte darüber hinausgehend im § 62 ausdrücklich die Freiheit des Marktes, denn *„jedermann ist berechtigt, die Märkte mit allen im Verkehr gestatteten Waren zu beziehen“*.

Durch all diese Freisetzungsakte wurde der Wirtschaft die freie Entwicklung ermöglicht.

2. Das Koalitionsverbot

Nach durchgeführter Freisetzung der Bauern aus der Grundherrschaft und der Handwerker aus der Zunft mußte der Bestand der Freiheit gesichert werden. Aus den Erfahrungen, daß trotz mehrerer Zunftauflösungen und Zunftbeschränkungen (1527, 1734, 1832) die Zünfte als kartellähnliche Organisationen immer wieder wirksam wurden, entschloß man sich: ein strenges und gegen alle Seiten wirkendes Koalitionsverbot zu erlassen.

Das absolute Koalitionsverbot wurde durch die Erlassung des Strafgesetzbuches vom 27. Mai 1852 in den §§ 479 - 481 gesetzt. Den Gewerbsleuten, Fabriks- und Arbeitsunternehmern wurde verboten: „Verabredungen, um den Preis einer Ware oder einer Arbeit zum Nachteil des Publikums zu erhöhen, zu treffen.“ Diese Bestimmung wurde selbst nach Aufhebung des absoluten Koalitionsverbotes in der Wirkung belassen (§ 2, 3: Gesetz v. 7. April 1870, RGB 14/1870).

Desgleichen war durch das absolute Koalitionsverbot den „Berg- und Hüttenarbeitern, Handwerksgesellen, Hilfsleuten, Lehrjungen, Dienstboten oder überhaupt Arbeitern“ verboten, Verabredungen zu treffen, „um sich durch gemeinschaftliche Weigerung zu arbeiten (Streik) oder durch andere Mittel (passives Verhalten) einen höheren Tag- oder Wochenlohn oder andere Bedingungen von Arbeitgebern zu erzwingen“ (§ 481: Strafgesetzbuch). Die Minderung dieses Verbotes brachte das Gesetz über die Aufhebung des Koalitionsverbotes, insoferne den „Abmachungen von Arbeitnehmern“ die rechtliche Wirkung entzogen wurde (§ 2, 2). *Dadurch hoffte man, der Wirtschaft die absolute Freiheit für die Zukunft gesichert zu haben.*

Da die Arbeiter wegen des Marktsgewichtes der Unternehmer zu kollektiven Arbeitsverträgen zu kommen drängten, wurde in langen Auseinandersetzungen: die Freiheit des Arbeitsvertragsabschlusses festgehalten. Die Begründung hiefür wurde im Bericht des Ausschusses zur Regelung der Arbeitsverhältnisse (Sten. Prot. des Abgeordnetenhauses V. Session, Beilagen Nr. 46) angeführt: „Die Arbeit ist eine Ware, die ihren Wert durch den Preis hat; der Preis regelt sich nach dem Gesetz der Nachfrage und des Angebotes. Über den jeweiligen Preis dieser Waren hat ihr Eigentümer — der Arbeiter — unstreitbar ein freies Verfügungsrecht.“ Aus diesem Grunde wurde durch die Novelle vom 8. März 1885 (RGB 22/1885) die Bestimmung in die Gewerbeordnung aufgenommen: „Die Festsetzung der Verhältnisse zwischen selbständigen Gewerbetreibenden und ihren Hilfsarbeitern ist innerhalb der durch Gesetze gezogenen Grenzen Gegenstand freier Übereinkunft“ (§ 72).

Mit dem Verbot jedweder Vereinigungen zum Zwecke der Steuerung sozialwirtschaftlicher Vorgänge durch organisierte Gruppen wollte man die Freiheit der Marktwirtschaft garantieren.

3. Das einheitliche Wirtschaftsgebiet

Durch den „Ausgleich“ mit Ungarn wurde auch ein Zoll- und Handelsbündnis am 28. Dezember 1867 (RGB 4/1868) abgeschlossen. Dieses Übereinkommen brachte die Integration der zwei Wirtschaftsgebiete Österreich und Ungarn. Das neu integrierte Gebiet bildete *„ein Zoll- und Handelsgebiet,* das nach außen von einer gemeinsamen Zollgrenze umgeben wird“ (art. I). In diesem integrierten Wirtschaftsgebiet sollen „die Angehörigen des einen Staatsgebietes (Österreich), welche mit den anderen (Ungarn) Handel und Gewerbe treiben wollen oder Arbeit suchen, bezüglich des Gewerbeantrittes, der Gewerbeausübung und der geltenden Abgaben mit den Einheimischen gleich behandelt werden (art. XIV). Dieses Übereinkommen begründete das einheitliche Wirtschaftsgebiet der Doppelmonarchie mit rund 26 Millionen Menschen.

Dieses Wirtschaftsgebiet wurde auch ein *einheitliches Währungsgebiet,* für das „die österreichische Währung bis zu ihrer gesetzlichen Änderung die gemeinsame Währung" blieb (art. XII). Mit dem Währungsgesetz vom 2. August 1892 (RGB 226/1892) wurde die gemeinsame Goldwährung, deren Recheneinheit die Krone war (art. I), eingeführt. Auf ein Kilogramm Münzgold gingen 2 952 Kronen, demnach auf ein Kilogramm Feingold 3 280 Kronen bei einem Mischverhältnis von 900 : 1000 Gold und 100 : 1000 Kupfer (art. III). Mit dieser einheitlichen Währung und der Notenbankzentrale der „Österreichisch-Ungarischen Bank" war die wirtschaftliche Integration vollends durchgeführt.

Die Wirtschaft hatte nun rechtlich die freie Entwicklung im räumlich freien Feld des österreichisch-ungarischen Großraumes.

D. Das Recht als Spiegel der freien Gesellschaft und der freien Wirtschaft

Die freie Gesellschaft und die freie Wirtschaft standen rechtlich in einem Kraftfeld, das von zwei Polen gestaltet wurde: vom freien, unbeschränkten und unbeschränkbaren Eigentum und von der Vertragsfreiheit.

1. Das Eigentum: die willkürliche Macht über Sachen

Das freie und unbeschränkte Eigentumsrecht entspricht der freien und ungebundenen Person. Wie der Mensch im persönlichen Bereich seine freie Aktionssphäre hat, so muß er in Fortsetzung seiner Wirkenskraft auch ein freies und ungebundenes Eigentumsrecht haben. Nur ein voll freies und unbeschränktes Eigentumsrecht gibt dem Menschen die Fähigkeit, frei nach seinen Erwägungen zu handeln.

Daher wurde das Eigentumsrecht von allen persönlichen und gesellschaftlichen Bindungen, durch die es im Mittelalter von den ständischen Gemeinschaften und in der Zeit der landesfürstlichen Wohlstandspolizei vom Staat beschränkt war, befreit. Nunmehr konnte das Eigentumsrecht dem Wirtschafter die Befugnis geben, *„nach Willkür zu schalten"* (§ 354) und seine Sachen *„nach Willkür zu benutzen oder unbenutzt zu lassen"* (§ 362: ABGB). Das war die Freiheit, die der Eigennutz zu seiner Entfaltung brauchte. „Als Recht betrachtet ist Eigentum das Befugnis, mit der Substanz und den Nutzungen einer Sache nach Willkür zu schalten und jeden anderen davon auszuschließen" (§ 354). „Kraft des Rechtes, über sein Eigentum zu verfügen, kann der vollständige Eigentümer in der Regel seine Sache nach Willkür benutzen oder unbenutzt lassen, er kann sie vertilgen, ganz oder zum Teil auf andere übertragen oder unbedingt sich derselben begeben, das ist, sie verlassen" (§ 362). *Das freie Eigentumsrecht gibt die willkürliche Macht über Sachen.*

Dies war die rechtliche Grundlage für die Entstehung der kapitalistischen Großvermögen und die Ausbildung des Kapitals. Das Kapital wurde zum „wuchernden Talent“ und zum „Mehrwert heckenden Wert“. *Das Kapital wurde Wirtschaftsmacht und gesellschaftliches Rangabzeichen.* Das dem Eigennutz vollends freigegebene Eigentum drängte jeweils zur ökonomischen Übermacht, der keine Gegenmacht entsprach. Daher war der willkürlichen Nutzung freie Bahn gegeben.

„Man hat im Interesse des Kapitals den Grundbesitz zum Kapital und die Arbeit zur Ware gemacht und so beide zu Dienern des Kapitals“ (Baumgartner in der Vollversammlung der Steirischen Landwirtschaftsgesellschaft am 11. Jänner 1871: Sten. Prot. 47. Versammlung, 2. Sitzung, S. 12).

Das von allen persönlichen und sozialen Hemmungen befreite Eigentumsrecht führte in der freien und ungebundenen Wirtschaft zur wirtschaftlichen Übermacht der einen und zur Ohnmacht der anderen.

2. Die Vertragsfreiheit: das Spiegebild der freien Gesellschaft

Wenn jeder Wirtschafter sich frei entwickeln kann, muß er die Möglichkeit haben, sich mit allen anderen in freien Vereinbarungen zu verbinden. Jeder muß mit jedem ohne gesellschaftliche oder sachliche Sperren in Geschäftsverkehr treten können, denn nur dann ist rechtlich die freie Marktwirtschaft möglich. Dies bedeutet juristisch: Vertragsfreiheit. Diese ist im § 878 alter Fassung des ABGB normiert: „Über alles, was im Verkehr steht, können Verträge geschlossen werden.“

Die freie Wirtschaftsgesellschaft sieht sich im Spiegel der Vertragsfreiheit wieder.

55. Sensenschmied: 1463

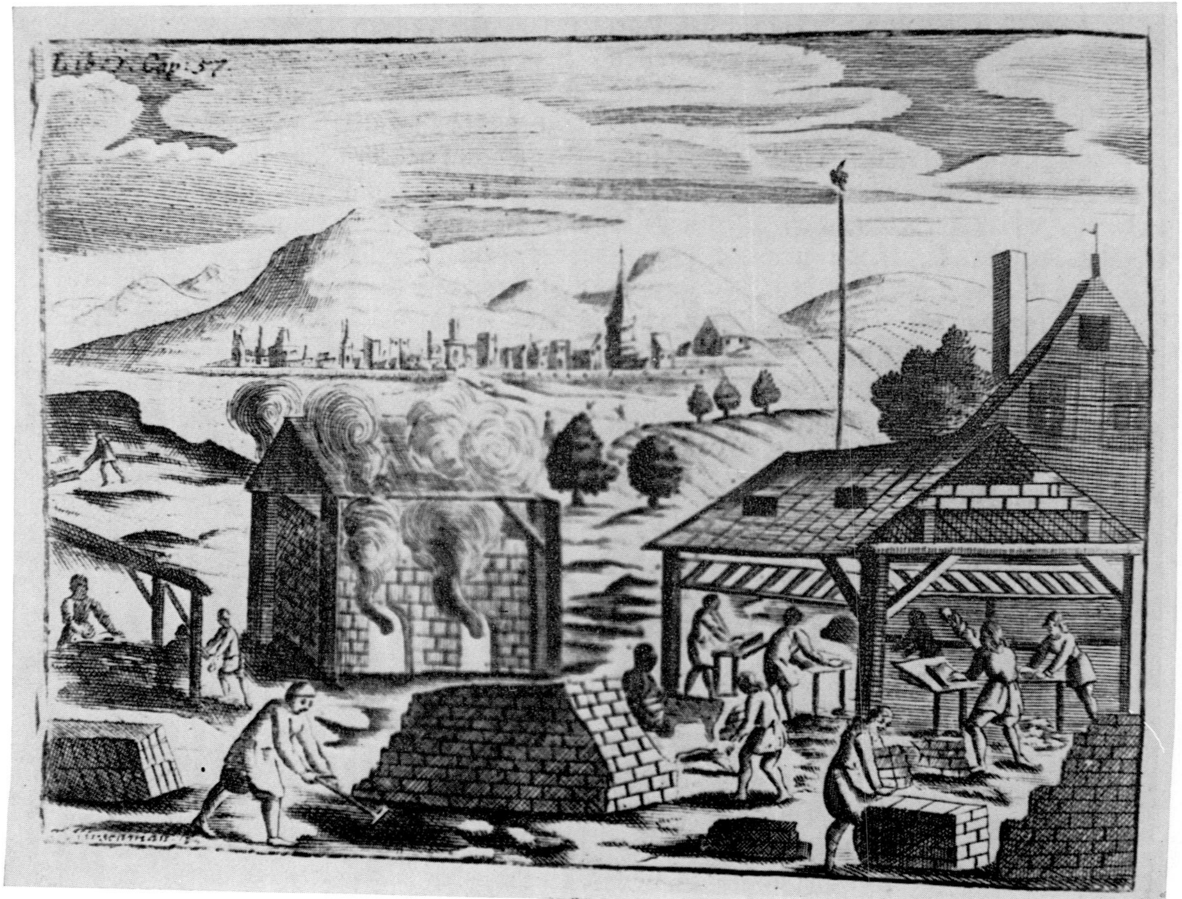

56. Ziegelei: 1682

VI. Die sozial gebundene Wirtschaft 1883 - ...

Erst das Freisein von Existenzsorgen gewährleistet die Würde und freie Entfaltung der Persönlichkeit.

Abgeordneter Dr. Schwer am 18. Dezember 1957 im Nationalrat, Sten. Prot. VIII. Ges. Per. 50. Sitzung, S. 2303

Der Lebensstandard wird zum Gott des Zeitalters und die Reklame ist sein Prophet.

H. Freyer: Theorie des gegenwärtigen Zeitalters, 1956, S. 391

Wenn die Lebensnot einer Gesellschaft gedeckt ist, dann entscheidet nicht der Lebensunterhalt, sondern der Lebensinhalt. Grundsätzlich hat das Persönliche gegenüber dem Ökonomischen den Vorrang.

Bundesminister für Landwirtschaft Dipl.-Ing. Hartmann vor dem Rheinischen Landwirtschaftsverband in der Beethovenhalle zu Bonn am 8. März 1963

In den Achtziger Jahren begann Österreich durch eine vorbildliche Sozialpolitik und durch eine schützende Wirtschaftspolitik ein staatliches Interventionssystem aufzubauen. Viktor Adler stellte am Internationalen Sozialistenkongreß fest: „Österreich hat neben England und der Schweiz die besten Arbeitsgesetze der Welt." Von damals an wurde bis in die Gegenwart aus verschiedenen Prinzipien an der Erstellung einer sozial gerechten und wirtschaftlich richtigen Ordnung gearbeitet. In der Geschichte der Wirtschaftsordnung ging die „Ent-Wicklung" wohl einige Male in Extremen, aber nie in Bruchstellen weiter, obwohl es politisch die ärgsten Zusammenbrüche und gesellschaftlich bedeutungsvolle Umwälzungen gab.

Vor dem Ersten Weltkrieg war die *Innenpolitik* von den Nationalitätenkämpfen der im übernationalen „Reich" lebenden Völker ausgefüllt (Sprachenordnung von Badeni: 1895). Die Kämpfe steigerten sich bis zur Forderung nach Selbstauflösung des „Völkerstaates". Dies bewiesen deutlich zwei Reden im österreichischen Parlament: die eine vom Abgeordneten Karl Türk, einem Vertreter der radikalen Deutschnationalen, im Jahre 1889 und die andere vom tschechischen Abgeordneten Stranský.

Türk gab seine Meinung in folgender Weise kund: „Wir wohnen gleichsam in dem großen Hotel „Austria" nur so zur Miete. Das Hotel „Austria" ist eine große Herberge für unterstandslose mitteleuropäische Nationalitäten und unter diesen in dem Hotel „Austria“ einlogierten Nationalitäten müssen wir Deutsche die teuerste Miete zahlen und bekommen die schlechtesten, ungesündesten, feuchten und zugigen Zimmer und eine schlechte Verpflegung. Nimmt man uns Deutschen das Recht der Selbstbestimmung, gefährdet man unsere nationale Sicherheit, dann hat man kein Recht über die Irredenta Germanica sich zu beklagen und wir haben tatsächlich die Pflicht, eine solche Irredenta Germanica zu bilden.“

Stranský vertrat die Meinung: „Die Tschechen erklären, Österreich ewig hassen und bekämpfen zu wollen. Sie werden es schließlich vollständig zertrümmern, denn Österreich ist ein hundertjähriges Verbrechen gegen die Freiheit des Menschengeschlechtes. Es ist die größte nationale Pflicht der Tschechen, Österreich zu schädigen. Das fordert die Treue gegen das tschechische Volk und die Treue zur böhmischen Krone. Und diese Treue kann nur im Verrat gegen Österreich bestehen.“

Das Ergebnis dieser Nationalitäten-Spannungen war die Auflösung des Reiches Österreich-Ungarn.

Vor der Auflösung gelang durch den Erlaß des allgemeinen, gleichen, direkten Wahlrechtes für die Männer (1907) ein beachtlicher Erfolg der Demokratisierung. Das Wahlrecht der Frauen folgte im Jahre 1919.

Außenpolitisch wurden verschiedene Bündnisse in der Absicht geschlossen, einen Krieg hintanzuhalten. Sie führten aber dann in gerader Linie zum Ausbruch des Ersten Weltkrieges (1914). Übrig blieb nach dem Ende des Krieges (1918) und durch den Friedensvertrag von St. Germain (1919) legitimiert ein Rumpfösterreich der Deutschen. Die anderen Völker bildeten ihre Staaten, die aber alle wieder Nationalitätenstaaten waren und die bis heute noch keine volle Ausgeglichenheit für ihre Völkerschaften fanden.

Aus dem Großstaat Österreich-Ungarn mit einem Staatsgebiet von 300 005 qkm und 26 150 708 Einwohnern wurde ein Kleinstaat: die Republik Österreich mit 83 904 qkm und 6 530 001 Einwohnern. Die Österreicher fanden sich in diesem „Torso“ nicht zurecht und beinahe alle Parteien und Gruppen bewiesen sich gegenseitig in ihrem Kummer und in ihrer Verlassenheit: „Dieses Land ist nicht lebensfähig.“ Daraus ergaben sich wirtschaftliche, gesellschaftliche und politische Krisen, die alle die Existenz des Staates erschütterten und schließlich den Staat zerstörten.

Die *wirtschaftlichen Schwierigkeiten* ergaben sich zunächst aus der Zerreißung eines integrierten Großraumes. Österreich blieb ohne wesentliche Rohstoffe (vor allem ohne Kohle) und ohne ausreichende Nahrungsgrundlage zurück. Die Strukturkrise bedurfte einer langen Zeit für die Umgliederung. Diese wurde zu Beginn noch durch die Inflation gestört und dann durch die Weltwirtschaftskrise gedrosselt. Die Inflation wurde durch das Sanierungswerk des Bundeskanzlers Dr. Ignaz Seipel auf der Grundlage der „Völkerbundanleihe“ behoben. Die folgende Währungspolitik war so erfolgreich, daß der österreichische Schilling als „Alpen-Dollar“ in der ganzen Welt seine Geltung und Zahlkraft hatte. Mit dieser Währungspolitik stand man allerdings der Weltwirtschaftskrise hilflos gegenüber. Die Krise brachte die österreichische Volkswirtschaft an den Rand der Vernichtung. Der Stand der Beschäftigten fiel vom Jahre 1929 mit 1 158 654 auf 880 183 im Jahre 1932 zurück, die Arbeitslosenzahl hingegen stieg vom Jahre 1929 mit 164 011 auf 308 803 im Jahre 1932, wobei die „Ausgesteuerten“, die jenseits der Arbeitslosen- und der Notstandsunterstützung standen, nicht gezählt waren. In dieser Krisenlage gab es noch den Zusammenbruch der größten Bank Österreichs, der „Creditanstalt“, der zur ersten Schuldensozialisierung zwang, indem die Schuldentilgung der Bank durch Steuererhöhung und Lohnkürzung durchgeführt wurde.

Von der Mitte der Dreißiger Jahre deutete sich eine wirtschaftliche Erholung an.

Durch die Okkupation Österreichs von seiten des Deutschen Reiches wurden die österreichischen Länder — ein Österreich gab es ja nicht mehr — abermals einer „Strukturveränderung ausgesetzt“. Ehe diese richtig ansetzte, führten die Kriegswirtschaft zu einer Ausbeutung des Landes und der Leute und die Folgen des Zweiten Weltkrieges (1939 - 1945) zur fast vollständigen Zerstörung.

In diesem Zustand der Wirtschaft unter dem Nullpunkt, weil nicht nur nichts da war, sondern sogar die Trümmer und Ruinen weggeschafft werden mußten, hat das neue Österreich im Jahre 1945 wieder als Staat und eigenständige Gemeinschaft begonnen. Der nunmehr entfachte Glaube an die Lebensfähigkeit Österreichs — er konnte während der Besatzungszeit nicht vollends ausgerottet werden — und die Zusammenarbeit der Großparteien und der Sozialpartner in der Regierung bauten Österreich wieder auf und schufen einen breit gestreuten Wohlstand, wie es ihn in Österreich noch nie gegeben hatte. Dieser Erfolg wurde aber auch nur durch den Aufbau einer neuen Wirtschaftsordnung möglich: *durch die Ordnung der sozial gebundenen Wirtschaft.*

Die *Strukturveränderung in der Gesellschaft* war zum Teil seit langem im Gange und zum Teil bekam sie durch den Zusammenbruch des Großstaates eine zusätzliche Rasanz.

Die *Bauernlegung* verwandelte sich im Laufe der Zeit in eine *Landflucht.* Die Landarbeit ist mühevoll und kann nicht wie in der gewerblichen Wirtschaft zeitlich genau begrenzt werden. Zudem boten die neuen arbeitsrechtlichen Errungenschaften der Industriearbeiter, wie

Achtstundentag, 45-Stundenwoche, Urlaub, Mutterschutz- und Jugendschutzbestimmungen, viele Vorzüge, die es in der Landwirtschaft kaum gab. Außerdem verlor das „Landleben" gegenüber dem Leben in der Stadt die Anziehungskraft. Die Ergebnisse der Volkszählung von 1869 und 1931 zeigen diese Wandlung: von 80 % der in der Landwirtschaft Tätigen blieben bloß 20 % zurück.

Der zweite Grund für die Strukturveränderung der Gesellschaft zeigte sich in der *Verminderung des Gewerbestandes*. Viele verloren in der Konkurrenz gegen die Industrie ihre wirtschaftliche Grundlage und mußten als Arbeiter industriewärts wandern.

Aus beiden Zuströmen vermehrte sich die Zahl der Industriearbeiter und mit dieser der politische Druck von links.

Das Kriegsende brachte für viele Beamte in den „fremdsprachigen Provinzen" das Ende ihrer Funktion. Sie kamen zurück nach Österreich und fanden hier nur selten die entsprechende „Verwendung". Sie mußten mit unbedeutenden Posten ihr Auslangen finden. Sie bildeten in dieser Geworfenheit eine „gesellschaftspolitische Reservearmee".

Das Kriegsende versetzte beinahe das gesamte Offizierskorps auf bescheidene, zivile Posten, so daß es gesellschaftlich eine Deklassierung erlitt. Deshalb stießen auch die ehemaligen Offiziere zur „gesellschaftspolitischen Reservearmee". So wurde der politische Druck von rechts verstärkt.

Während sich in der industriellen Arbeiterschaft, in der Bauernschaft und bei den Handwerkern langsam und in aller Stille ein grundlegender Gesellschaftswandel vollzog, der aber noch nicht vollends zum Abschluß kam, schoben sich die gesellschaftlichen Reservearmeen von links und rechts in den quasimilitärischen Formationen des „Republikanischen Schutzbundes" und der „Heimwehr" in den Vordergrund des politischen Geschehens und deckten die evolutionäre „Entwicklung" durch revolutionäre Aktionen zu. Der Gesellschaft wurde eine politische Spannung aufgedrängt, die den Zustand eines latenten und dreimal sogar offenen Bürgerkrieges verursachte.

Diese die Grundlagen der Gesellschaft erschütternden Vorgänge ließen es verständlich erscheinen, daß dem reaktionären Prinzip des Klassenkampfes der damals fortschrittliche Grundsatz der Zusammenarbeit im Ständestaat gegenübergestellt wurde. In dialektischer Weiterentwicklung scheint das System der Sozialpartnerschaft im österreichischen „Kammerstaat" entstanden zu sein.

Das *politische Desaster* der Ersten Republik Österreich rollte in drei turbulenten Phasen ab: In der ersten wurde die Volksvertretung aufgelöst, in der zweiten wurde Österreich als Staat vernichtet und in der dritten wurde das Land und das Volk weitgehend zerstört.

Die Erste Republik wurde gemäß der Bundesverfassung von 1920 als parlamentarische Demokratie organisiert. Der Nationalrat als Volkskammer war gleichsam der Träger der Volkssouveränität. Die großen ideologischen Spannungen zwischen den Sozialdemokraten (Otto Bauer) und den Bürgerlichen: den Christlichsozialen, Großdeutschen und den Landbündlern (Ignaz Seipel) ließen vielfach die gesetzgebende Körperschaft zur Schaubühne der Obstruktion werden, wodurch der Nationalrat die Würde und dann auch das Vertrauen des Volkes verlor („Quatschbude"). So schien mit der Selbstausschaltung des Nationalrates durch den Rücktritt der drei Präsidenten wegen einer nichtigen Angelegenheit gar nicht viel verloren zu sein (1933). Die Demokratie ging aber dadurch zugrunde.

Die Begleitumstände führten zu immer mehr Zusammenstößen der „Partei-Armeen". Höhepunkte waren wohl die In-Brand-Setzung des Justizpalastes in Wien im Jahre 1927 anläßlich eines Gerichtsurteiles und der Heimwehrputsch im Jahre 1931. Die Tendenz führte daher zu einer Verstärkung der Staatsautorität. Dies führte wiederum zur Verfassungsreform des Jahres 1929, die eine Präsidentschafts-Republik brachte und nach der Selbstauflösung des Nationalrates zum autoritären Regime unter Bundeskanzler Dr. Engelbert Dollfuß führte.

Dagegen richtete sich der Aufstand der Sozialisten im Feber 1934 und der Putsch der Nationalsozialisten im Juli 1934, bei dem Dollfuß im Kanzleramt ermordet wurde.

Die Gegensätze zwischen dem nationalsozialistischen Deutschland und dem ständestaatlichen Österreich wurden immer stärker, bis sie nach einer „Vorladung" des österreichischen Bundeskanzlers Dr. Kurt Schuschnig bei Hitler am Obersalzberg in Berchtesgaden schließlich mit einem Ultimatum und dem Einmarsch deutscher Truppen in Österreich endeten. Nach der Okkupation am 13. März 1938 erfolgte die „Eingliederung der Ostmark" in das Deutsche Reich, wobei Österreich in die Bestandteile seiner Länder zerlegt wurde, die zu Reichsgauen degradiert wurden. Der Name Österreich wurde verboten, daher mußten von nun an auch Ober- und Niederösterreich: Ober- und Niederdonau genannt werden. Österreich war als eigener Staat untergegangen.

Der Zweite Weltkrieg (1939 - 1945) fegte als Vernichtungssturm über das ehemalige Österreich hinweg. Das Ergebnis waren: 280 000 Tote und 100 000 Vermißte, zerstörte Städte, vernichtete Industrien, eine gänzlich verarmte Landwirtschaft und ein Riesenstau von deutschen Flüchtlingen aus ehemaligen deutschen Siedlungen in anderen Staaten.

Am 28. März 1945 rückten die Russen bei Güns und am 5. April 1945 die Amerikaner über Salzburg in Österreich ein.

In diesem Notzustand erstand Österreich wieder am 27. April 1945 durch die Bildung einer neuen Regierung (Dr. Karl Renner) gemäß dem Übereinkommen der Alliierten in Moskau (1943) und Jalta (1945).

In einem langen mühevollen Weg führte nach der Wiederherstellung der Demokratie gemäß der Bundesverfassung 1929 die Koalitionsregierung der beiden Großparteien, der Österreichischen Volkspartei und der Sozialistischen Partei Österreichs, und der nunmehr einheitliche Wille aller Österreicher aus dem Elend heraus (im September 1945 wurde der Kaloriensatz für die zugeteilten Nahrungsmittel von 800 auf 1500 gehoben). Nach dem Abschluß des Staatsvertrages im Schloß Belvedere zu Wien am 15. Mai 1955 erlangte der Österreichische Staat wieder die volle Souveränität. Österreich gelangte allmählich wieder zu Wohlstand, Ansehen und zur Geltung in der Welt.

All diese Ereignisse ließen eine Ordnung der Gesellschaft und Wirtschaft reifen, die: allen die erforderliche Sicherheit,

jedem einen steigenden Wohlstand und
die Entfaltung der Persönlichkeit,
im Einvernehmen der Sozialpartner
unter dem Schutz des Staates bringen sollte.

Diese Ordnung der sozialgebundenen Wirtschaft hat keine gesetzliche „Fassung“ und ist daher immer in Bewegung. Sie ist deshalb für alle und für jeden eine Aufgabe. In dieser Ordnung treten wieder die Gemeinschaften und Organisationen mit ihren Bindungen in den Vordergrund, der Staat zeigt sogar universelle Vorsorgezüge, weshalb die Ordnung der Wirtschaft als sozial gebundene Ordnung bezeichnet werden kann.

1. Zeittafel

1883	Gesetz über die Ergänzung zur Gewerbeordnung: Einschränkung der Gewerbefreiheit durch Einführung der handwerksmäßigen Gewerbe (§ 1). Gesetz über die Bestellung von Gewerbeinspektoren zur Überwachung der Vorschriften zum Schutz des Lebens und der Gesundheit der Arbeiter (§ 5). Daimler: Verbrennungsmotor
1884	erste elektrische Eisenbahn in Österreich: Mödling - Hinterbrühl Parsons: Dampfturbine
1885	Novelle zur Gewerbeordnung mit sozial-rechtlichen Bestimmungen: Technischer Arbeitsschutz (§ 74), Arbeitspausen und Sonn- und Feiertagsruhe (§ 74 a, 75), Verbot der Kinderarbeit (§ 96 b), Verbot der Nachtarbeit für Jugendliche (§ 96), Arbeitszeit: 11 Stunden (§ 96 a), allgemeine Krankenversicherungspflicht (§ 89) Benz: Benzinmotor Brentanos Plan einer Zollunion: Deutsches Reich, Österreich - Ungarn, Balkanländer

1887 Karl Frhr. v. Vogelsang nimmt Einfluß auf die sozialpolitische Gesetzgebung
Gesetz über die Unfallversicherung der Arbeiter: alle Arbeiter kraft Gesetzes versichert (§ 1), Krankenhilfe, Unfallrente, Hinterbliebenenrente

1888 Gesetz über die Krankenversicherung: Zwangsversicherung (§ 1), Krankenunterstützung, ärztliche Hilfe, notwendige Heilmittel
Parteitag der Sozialdemokraten in Hainfeld (Vorsitz: Viktor Adler): die Besitzer der Arbeitskraft, die Arbeiterklasse, werden zu Sklaven der Besitzer der Arbeitsmittel, deren politische und ökonomische Herrschaft im heutigen Staat Ausdruck findet. Der Einzelbesitz an Produktionsmitteln bedeutet steigende Massenarmut und wachsende Verelendung breiter Volksschichten.
Ablehnende Stellungnahme der Sozialdemokraten gegen die Sozialversicherungsgesetze
Reichsorganisation der Kaufleute (ORGA)

1889 Selbstmord des Thronfolgers Rudolf; Franz Ferdinand, der Neffe des Kaisers, wird Thronfolger.
Gesetz über die Bruderladen: Krankenunterstützung, Invaliditätsrente, Hinterbliebenenrente für Bergleute
Landeshypothekenanstalt für Niederösterreich, erste in Österreich

1891 Viktor Adler auf dem Internationalen Sozialisten-Kongreß: „Österreich hat neben England und der Schweiz die besten Arbeitergesetze der Welt."
Papst Leo XIII.: Enzyklika „Rerum novarum" über die Arbeiterfrage: Das gegenseitige Verhältnis der besitzenden Klasse und der Arbeiter hat sich wesentlich umgestaltet. Das Kapital ist in den Händen einer geringen Zahl angehäuft, während die große Masse verarmt. Dies hat den sozialen Konflikt wachgerufen. Die Natur hat es aber gewollt, daß im Körper der Gesellschaft beide Klassen in einträchtigen Beziehungen zu einander standen: die eine hat die andere durchaus notwendig; Neuordnung durch Selbsthilfe und Staat

1892 Leopold Kunschak gründet den Christlichen Arbeiterverein.
Gründung des Reichsverbandes der freien Gewerkschaften
Einführung der Goldwährung

1893 erste Kartelle in Österreich für: Baumwollgarne, Kaffeesurrogate, Kerzen, Seifen, Papier
Diesel: Dieselmotor

1895 Badenis Sprachenverordnung
Regelung der Sonn- und Feiertagsruhe im Gewerbebetrieb: an Sonntagen hat alle gewerbliche Arbeit zu ruhen (§ 1).
Hertz: drahtlose Telegraphie, weiterentwickelt durch Marconi

1896 Gewerbegerichte zur Lösung sozialrechtlicher Streitigkeiten
Steuerreform: Personalsteuergesetz — Progression bis zu 5 %!

1897 erster Kartellgesetzentwurf
Bund österreichischer Industrieller

1898 Kaiserin Elisabeth in Genf ermordet

1900 Bevölkerungsgliederung: Landwirtschaft 58 %, Industrie 22 %

1901 Zentralverband österreichischer Konsumvereine

1902	Geheimer Neutralitätspakt: Italien - Frankreich
1903	Novelle zum Genossenschaftsgesetz: Revisionspflicht der Genossenschaften durch ihre Verbände
1905	Programm der christlich-sozialen Partei vom Eggenburger Parteitag: Die christlich-soziale Partei verwirft den vergifteten Kampf der Klassen. Sie fordert den Schutz des ehrlichen Erwerbes, weiters den Schutz für den Landwirt ebenso wie für den Gewerbetreibenden, für die Beamtenschaft, für die geistigen und manuellen Arbeiter
	Großeinkaufsgenossenschaft österr. Consumvereine (GÖC)
1906	Pensionsversicherungsgesetz für die Angestellten
	Scheckordnung
	Wiener Industriellen-Verband
	Schutzzollpolitik
1907	Allgemeines, gleiches, direktes Wahlrecht für Männer
	Triple-Entente: England, Frankreich, Rußland
1908	Zentralverband der Österr. Kaufmannschaft
	Annexion Bosniens und der Herzegowina durch Österreich - Ungarn
1909	Hofmann: synthetischer Kautschuk
1914	28. 6.: Ermordung des Thronfolgers Franz Ferdinand in Sarajewo
	23. 7.: Ultimatum Österreichs an Serbien
	28. 7.: Österreich - Ungarn erklärt Serbien den Krieg
	1. 8.: Kriegserklärung des Dt. Reiches an Rußland
	3. 8.: Kriegserklärung des Dt. Reiches an Frankreich
	4. 8.: Neutralitätserklärung Italiens
	6. 8.: Kriegserklärung Österreich - Ungarns an Rußland
	11. 8.: Kriegserklärung Frankreichs an Österreich - Ungarn
	12. 8.: Kriegserklärung Englands an Österreich - Ungarn
	27. 8.: Kriegserklärung Japans an das Dt. Reich und Österreich - Ungarn
	2. 12.: Eroberung Belgrads
	10. 12.: Sieg der Österreicher bei Limanowa - Lapanow über die Russen
1914 - 1918	Kriegswirtschaft: Erfassung der Vorräte wegen der Verknappung der Rohstoffe und Lebensmittel durch die Blockade, zentrale Planung und Lenkung für die Versorgung von Heer und Zivilbevölkerung, totale Lenkung der Produktion und Warenvermittlung (Friedrich Gärtner: Erfinder der Brotkarte), Lohn- und Preisstopp, zentrale Planwirtschaft (= Kriegssozialismus) als Vorbild der Planwirtschaft
1915	23. 5.: Kriegserklärung Italiens an Österreich - Ungarn
	24. 11.: Serbienfeldzug abgeschlossen
1916	27. 8.: Kriegserklärung Rumäniens an Österreich - Ungarn
	21. 11.: Tod Kaiser Franz Josef I., Großneffe Karl I. wird Nachfolger
	7. 12.: Kriegserklärung der USA an Österreich - Ungarn
1917	Errichtung eines Ministeriums für soziale Fürsorge
	Kriegswirtschaftliches Ermächtigungsgesetz: staatliche Lenkung der Volkswirtschaft

1918 3. 1.: US-Präsident Wilson proklamiert 14 Punkte als Grundlage für Friedensverhandlungen
3. 3.: Friedensschluß in Brest-Litowsk zwischen den Mittelmächten und Rußland
18. 7.: Angriff der Alliierten gegen Deutschland
18. 10.: Manifest Kaiser Karl I.: Staatliche Selbständigkeit der Völker im Rahmen der Monarchie
21. 10.: Konstituierung der Provisorischen Nationalversammlung durch die deutschen Abgeordneten der österr. Reichshälfte
24. 10.: Zusammenbruch der Front gegen Italien (Vittorio-Veneto)
3. 11.: Waffenstillstand zu Padua zwischen der Entente und Österreich - Ungarn
Kriegsverluste:
10 000 000 Menschen: Gesamtverluste aller kriegführenden Staaten
1 200 000 Gefallene, 3 620 000 Verwundete: Österreich - Ungarn
280 000 Tote: Österreich
11 11.: Verzicht Kaiser Karl I. auf die Regierungsgewalt: Auflösung Österreich - Ungarns
12. 11.: Ausrufung der Republik Österreich in Wien
Gesetz über die Kinderarbeit
Gesetz über die Heimarbeit
Vollzugsanweisung über die Arbeitslosenversicherung

1919 10. 9.: Friedensvertrag von St. Germain zwischen der Entente und Österreich: Österreich auf die deutschen Erbländer beschränkt; Abtretung von Südtirol, Untersteiermark, eines Teiles von Kärnten; Österreich erhält das Burgenland zugesprochen
Gesetz über den Achtstundentag (Arbeitszeitgesetz)
Gesetz über die Betriebsräte
Gesetz für den Urlaub
Gesetz über die Einigungsämter und das Kollektivvertragsrecht
Gesetz über die Vorbereitung der Sozialisierung

1920 Österreich als parlamentarische Republik und Bundesstaat konstituiert: Bundesverfassung 1920 (Verfassungsentwurf von Univ.-Prof. Hans Kelsen)
10. 10.: Volksabstimmung in Kärnten: Kärnten bleibt ungeteilt
15. 11.: Zusammentritt der Völkerbundversammlung in Genf
16. 12.: Aufnahme Österreichs in den Völkerbund
Gesetz über die Arbeitslosenversicherung
Gesetz über die Kammer für Arbeiter und Angestellte
Gesetz über die Handelskammern
Österreichs Beitritt zum Internationalen Arbeitsamt

1921 Gesetz über die Gewerbeinspektion

1922 Gesetz über die Gewerbegerichte
Gesetz über den Mieterschutz (Vorläufer: Verordnung von 1917): Mietpreisstopp auf der Basis von 1914, beinahe totale Kündigungsbeschränkung
Sanierung der Währung unter Bundeskanzler Dr. Ignaz Seipel: Inflation wird beendet, Schilling anstelle der Krone, Finanzplan für den Wiederaufbau der Währung: Verminderung der Ausgaben und Erhöhung der Einnahmen (Warenumsatzsteuer), Völkerbundanleihe für die Errichtung der neuen Währung (Genfer Protokolle)

1923 Gesetz über den unlauteren Wettbewerb

Erste Präsidentenkonferenz der landwirtschaftlichen Körperschaften

1924 20. 12.: Schilling-Rechnungsgesetz: Schilling : Krone = 1 : 10 000

1925 Inländerarbeiterschutzgesetz

1926 Linzer Programm der Sozialdemokratischen Partei: Die Sozialdemokratische Arbeiterpartei Deutschösterreichs führt den Befreiungskampf der Arbeiterklasse und setzt sich das Ziel: Überwindung der kapitalistischen und Aufbau der sozialistischen Gesellschaftsordnung.

Die Geschichte der demokratischen Republik ist die Geschichte der Klassenkämpfe zwischen der Bourgeoisie und der Arbeiterklasse um die Herrschaft in der Republik. Die ganze Bourgeoisie, d. h. die großen Kapitalisten und die bürgerliche Mittelklasse in den Städten, die Großgrundbesitzer und Großbauern auf dem Lande, schließt sich gegen die Arbeiterklasse zusammen.

Die gesamte Arbeiterschaft zu vereinigen, sie physisch und geistig kampffähig zu machen und auf diese Weise die Kampffähigkeit der Arbeiterklasse auf das höchste zu steigern, ist Aufgabe der Sozialdemokratischen Partei, um dadurch die Klassenherrschaft der Bourgeoisie zu stürzen und der Arbeiterschaft die Herrschaft zu erobern.

Wenn es trotz aller Anstrengungen der Sozialistischen Arbeiterpartei einer Gegenrevolution der Bourgeoisie gelänge, die Demokratie zu sprengen,

dann könnte die Arbeiterklasse die Staatsmacht nur noch im Bürgerkrieg erobern, dann wäre die Arbeiterklasse gezwungen, den Widerstand der Bourgeoisie mit den Mitteln der Diktatur zu brechen.

Beschlossen am Parteitag zu Linz am 3. November 1926

1927 Die Sozialisten demonstrieren am 15. Juni gegen den Freispruch im Schrattendorf-Prozeß, der Justizpalast wird in Brand gesteckt

1929 Novelle der Bundesverfassung: Der österr. Bundesstaat wird Präsidentschaftsrepublik auf parlamentarischer Grundlage.

Beginn der Weltwirtschaftskrise:

Rückgang der Beschäftigten von 1 158 054 (im Jahre 1929) auf 880 083 (im Jahre 1932)

Zahl der Arbeitslosen im Jahresdurchschnitt: 1929: 164 011; 1932: 308 803

1930 Antiterrorgesetz: Verbot des Beitrittszwanges und Sicherung der Beitrittsfreiheit zu einer Gewerkschaft

Gesetz über die außerordentlichen Hilfsmaßnahmen zur Linderung des landwirtschaftlichen Notstandes: Anbauprämien für Getreide und Hilfe an die Bergbauern

1931 Creditanstalts-Krise: Die Bank wurde wegen falscher Wertpapierspekulationen illiquid, der Bund übernimmt die Haftung und Zahlung (Schuldensozialisierung: Erhöhung der Steuern und Senkung der Beamtengehälter)

Papst Pius XI.: Enzyklika „Quadragesimo anno" über die berufsständische Ordnung der Gesellschaft: So wenig die Einheit der menschlichen Gesellschaft auf der Gegensätzlichkeit der Klassen

gründen kann, ebenso wenig kann die rechte Ordnung der Wirtschaft dem freien Wettbewerb anheimgegeben werden. Es muß eine Rechts- und Gesellschaftsordnung geschaffen werden, die die Wirtschaft ganz und gar prägt. Die Erneuerung einer berufsständischen Ordnung ist das gesellschaftspolitische Ziel.
Putsch der Heimwehr mit dem Ziel, die Macht im Staat zu ergreifen. Die Heimwehr wurde als militante Organisation unter Führung E. R. Starhembergs gegen den militanten Schutzbund der Sozialisten gegründet. Beide Gruppen bringen für Österreich die ständige Gefahr des Bürgerkrieges.

1932 Engelbert Dollfuß wird Bundeskanzler

1933 30. 1.: Adolf Hitler erlangt die Macht in Deutschland für die Nationalsozialisten und wird Reichskanzler
Selbstausschaltung des österr. Nationalrates. Wegen der Meinungsverschiedenheit über die Gültigkeit einer Abstimmung treten die drei Präsidenten zurück. Ein neuer Präsident wird nicht gewählt. Beginn des autoritären Regimes in Österreich.

1934 Erhebung der Sozialdemokraten gegen das Regime (12. Februar); nach einigen Tagen des Bürgerkrieges in Wien, Graz, Linz erfolgt das Verbot der Sozialdemokratischen Partei.
Verfassung 1934 kundgemacht (1. Mai): von Bundesminister Otto Ender ausgearbeitet und von Bundeskanzler Dollfuß erlassen: „Im Namen Gottes, von dem alles Recht ausgeht, erhält das österreichische Volk für seinen christlichen deutschen Bundesstaat auf ständischer Grundlage diese Verfassung.“ Anstelle des parlamentarischen Systems tritt die Präsidentschaftsrepublik mit autoritärer Staatsführung auf der Grundlage berufständischer Ordnung (Adamovich).
Putsch der Nationalsozialisten in Österreich
Bundeskanzler Dollfuß wird im Kanzleramt ermordet
Nachfolger: Kurt Schuschnig
Novelle zur Gewerbeordnung: Weitere Einschränkung der Gewerbefreiheit durch Schaffung der „gebundenen“ Gewerbe mit großem und kleinem Befähigungsnachweis.

1938 11. März: Bundeskanzler Schuschnig demissioniert auf Grund des deutschen Ultimatums
13. März: Österreich wird von deutschen Truppen besetzt und als Staat aufgelöst. Der Name „Österreich“ wird verboten, daher „Oberdonau“ für Oberösterreich und „Niederdonau“ für Niederösterreich

1939 - 1945 Zweiter Weltkrieg:
Beginn: 1. September, 4.45 Uhr: Angriff auf Polen auf Grund eines bestellten Angriffs auf den Sender Gleiwitz
30. April 1945: Hitler endet mit Selbstmord
Ende des Krieges durch totale Kapitulation: 9. Mai 1945, 0.01 Uhr
Kriegsverluste:
55 000 000 Menschen: Gesamtverluste aller kriegführenden Staaten
4 000 000 Wehrmachtsangehörige und 500 000 Zivilisten in Deutschland; 280 000 Tote und 100 000 Vermißte in Österreich

1941 Papst Pius XII.: Radiobotschaft über die soziale Frage: Das naturgegebene Recht an den Erdengütern steht in engster Beziehung zur Persönlichkeitswürde des Menschen. Es gibt dem Menschen die sichere materielle Grundlage und die Fähigkeit, in rechtmäßiger Freiheit den Bereich seiner Verpflichtungen und Entscheidungen auszufüllen.

Der naturgegebenen persönlichen Arbeitspflicht entspricht folgerichtig das Recht, durch Arbeit für das eigene Leben und das Leben der Seinen Vorsorge zu treffen.

1943 30. 10.: Konferenz der Alliierten in Moskau: Sie verpflichten sich, Österreich als selbständigen und souveränen Staat wiederherzustellen.

1945 12. 2.: Konferenz der Alliierten in Jalta: Plan für die Besetzung und Wiedererrichtung Österreichs

Erste Atombombe in Japan abgeworfen

28. 3.: Russische Truppen überschreiten die österr. Grenze bei Güns

5. 4.: Amerikanische Truppen ziehen in Salzburg ein

27. 4.: Wiederherstellung der Republik Österreich: Provisorische Staatsregierung unter Karl Renner,
Festkonzert der Wiener Philharmoniker unter Clemens Kraus

1. 5.: Inkraftsetzung der Österr. Bundesverfassung von 1920 in der Fassung von 1929,
Eröffnung der Wiener Staatsoper im Haus der Volksoper mit Mozarts „Figaro" unter Josef Krips

26. 6.: Gründung der Vereinten Nationen in San Franzisko

1. 7.: Kontroll-Abkommen über Österreich: Österreich in vier Besatzungszonen geteilt, die alliierte Kommission mit „Alliiertem Rat" und „Exekutivkomitee" übt die Kontrolle über die Staatstätigkeit aus.

12. 8.: Eröffnung der Salzburger Festspiele

23. 9.: Tages-Kaloriensatz von 800 auf 1500 erhöht

25. 11.: Wahl zum Nationalrat: 85 ÖVP, 76 SPÖ, 4 KPÖ

20. 12.: Nationalversammlung wählt Karl Renner zum Bundespräsidenten

21. 12.: Bundeskanzler Leopold Figl vom Nationalrat das Vertrauen ausgesprochen

Koalitionsregierung aller Parteien bis 19. November 1947, dann Zwei-Parteien-Koalition

Rechts-Überleitungsgesetz: Die österr. Gesetze erhalten wieder ihre Rechtskraft, die Gesetze der Annexionszeit werden übernommen, soweit sie dem österr. Rechtssystem entsprechen und von nationalsozialistischen Grundsätzen frei sind.

Gründung des Österreichischen Gewerkschaftsbundes (15. April)

Währungsreformgesetz: Schilling wird wieder gesetzliches Zahlungsmittel

1946 Abkommen über Südtirol zwischen Österreich und Italien in Paris

Feierlicher Staatsakt in der Wiener Hofburg anläßlich „950 Jahre Österreich"

I. Verstaatlichungsgesetz: 38 Unternehmungen mit 17 Milliarden S Grundkapital

Gesetz über die Errichtung von Werksgenossenschaften

Elektronische Rechenmaschine

1947 II. Verstaatlichungsgesetz für Elektrizitätsunterehmungen
Währungsschutzgesetz
Arbeitsinspektionsgesetz

1949 4. 6.: Österreich tritt der Weltbank und dem Internationalen Währungsfonds bei

1950 Lebensmittelbewirtschaftungsgesetz tritt außer Kraft
Milch-, Getreidewirtschafts- und Viehverkehrsgesetz
26. 9.: Kommunistischer Putschversuch wegen Lohn- und Preisfragen in Wien

1951 Kartellgesetz: Kartell-Registrierung (Mißbrauchverhinderung)
10. 9.: Österreichs Beitritt zum Allg. Zoll- und Handelsabkommen (GATT)
18. 4.: Vertrag über die Gründung der Europäischen Gemeinschaft für Kohle und Stahl (EGKS = Montanunion) in Paris

1952 Stabilisierung der Währung durch Minister Reinhard Kamitz

1953 Sauerstoffverfahren bei der Stahlerzeugung in der VÖEST entwickelt (LD-Verfahren)

1954 Familienlastenausgleichsgesetz

1955 Nationalbankgesetz
Allgemeines Sozialversicherungsgesetz (ASVG)
15. 4.: Verhandlungsabschluß der österr. Delegation unter Bundeskanzler Raab in Moskau über den Staatsvertrag
15. 5.: Staatsvertrag im Marmorsaal des Schlosses Belvedere von den vier Außenministern Dulles, Macmillan, Molotow, Pinay und dem österr. Außenminister Figl unterzeichnet: Österreich als souveräner Staat anerkannt.
7. 6.: Nationalrat genehmigt Staatsvertrag
27. 7.: Der Staatsvertrag tritt in Kraft. Die alliierte Kontroll-Kommission beendet ihre Tätigkeit
26. 10.: Abzug der fremden Truppen beendet
Beschluß des Nationalrates über die Neutralität Österreichs
14. 12.: Aufnahme Österreichs in die UNO

1956 Calder-Hall: Kernkraftwerk
21. 2.: Beitritt Österreichs zum Europarat
Wien wird Sitz der Internationalen Behörde für friedliche Verwendung der Atomenergie (IAEA)

1957 12. 3.: Bildung der Paritätischen Kommission für Lohn- und Preisfragen
Gewerbliches Selbständigen-Pensionsversicherungsgesetz (GSPVG)
25. 3.: Gründung der Europäischen Wirtschaftsgemeinschaft (EWG) durch den Vertrag von Rom

1958 14. 5.: Wiener Programm der Sozialistischen Partei Österreichs:
Im gegenwärtigen Klassenkampf geht es um die Gewinnung der Macht im Kampf um die Staatsmacht (Entwurf).
Die Sozialisten wollen eine Gesellschaftsordnung, deren Ziel die freie Entfaltung der menschlichen Persönlichkeit ist. Sie wollen die Klassen beseitigen und den Ertrag der gesellschaftlichen Arbeit gerecht verteilen. Die Sozialisten wollen dieses Ziel durch Wirtschaftsplanung und durch demokratische Kontrolle der Verfü-

gungsmacht über die Produktionsmittel sowie durch die Verteilung des volkswirtschaftlichen Ertrages erreichen.
Die SPÖ erstrebt dabei eine gerechtere Eigentumsordnung und ein besser funktionierendes Wirtschaftssystem, in dem der Gemeinschaft die volle Verfügungsgewalt über die entscheidenden Produktionsfaktoren zukommt. Eine Vergesellschaftung wird für jene Unternehmungen in Frage kommen, deren Machtstellung das wirtschaftliche und politische Gesamtinteresse gefährdet.
Die sozialistische Wirtschaft setzt eine langfristige Planung voraus. Eine Planungskommission wird die Wirtschaftspläne ausarbeiten. Instrumente der Lenkung werden vor allem die öffentlichen und privaten Investitionen, die Kredit-, Zoll- und Steuerpolitik und die Beeinflussung des Kapitalmarktes sein.

Beschlossen am Parteitag zu Wien am 14. Mai 1958

Ratifizierung der Europäischen Konvention der Menschenrechte
3. 9.: Beschäftigungsstand in Österreich: 2 271 781
20. 9.: Wiener Manifest 1958 als Magna Charta der europäischen Landwirtschaft
30. 11.: Innsbrucker Grundsatzprogramm der Österreichischen Volkspartei: Wir erneuern unser Bekenntnis zur persönlichen Freiheit, zur sittlichen Verantwortung des Menschen und zur Gemeinschaft des ganzen Volkes, in der jeder Arbeit und Brot, Sicherheit durch Eigentum und Raum zur Entfaltung seiner Persönlichkeit findet. Der Mensch unserer Zeit fühlt sich durch die wachsende Macht des Staates bedroht. Gleichzeitig wird er jedoch zu der Ansicht verführt, daß er in dem Maße an Sicherheit gewinnen könne, in dem er Verantwortung nach oben abgibt. Die Versuche, die totale Macht im Staate zu ergreifen, werden heute nicht mehr von der Straße her unternommen, sondern beginnen mit der Besetzung volkswirtschaftlicher Schlüsselstellungen. Demokratie und zentrale Besetzung der wirtschaftlichen Macht in der Hand des Staates schließen einander aus .
Aufgabe der Sozialpolitik ist es, allen Staatsbürgern menschenwürdige Arbeits- und Lebensbedingungen zu sichern.
Der Betrieb ist für Millionen von Menschen Erwerbsstätte, Bildungs- und Lebensraum. Die Mitarbeit im Betrieb soll die Möglichkeit geben, nicht nur seinen Lebensunterhalt zu verdienen, sondern auch seine persönlichen Anlagen voll zu entfalten. Dies ist nur bei einer vertrauensvollen, partnerschaftlichen Zusammenarbeit möglich.
Die Wirtschaft ist kein selbständiger Bereich, sondern ein Teil der gesamten Lebensordnung und daher den Grundsätzen der Menschlichkeit unterworfen. Die Wirtschaftsordnung soll jedermann Freiheit, Wohlstand und Sicherheit verbürgen. Der Wohlstand ist nur dann ein erreichbares Ziel, wenn persönliche Verantwortung die Hebung des Lebensstandards erwirken kann.
Die Kulturpolitik will über die äußeren Lebensumstände hinaus den Menschen die Möglichkeit zur inneren Bereicherung und Vervollkommnung geben.

Beschlossen am Parteitag zu Innsbruck am 30. November 1958

1960 4. 1.: Gründung der Europäischen Freihandels-Assoziation (EFTA) durch den Vertrag zu Stockholm

Landwirtschaftsgesetz: Sicherung des bäuerlichen Einkommens: „Grüner Bericht" und „Grüner Plan"
Marktordnungsgesetz für Agrarprodukte: Milch, Getreide und Vieh

1961 Volkszählung (21. März): Gesamtbevölkerung: 7 073 807
Gesamtbeschäftigtenziffer (Stand: 1. August 1960): 2 325 172
davon Arbeiter: 1 517 919; Angestellte: 807 253
In der Land- und Forstwirtschaft Beschäftigte: 142 900 (= 6,43 % der Gesamtbeschäftigten)

2. Leitsätze

1. *Die Wirtschaftsgesinnung*

a) Die Sicherheit: der Garant der Freiheit

Jeder Mensch hat als Mitglied der Gesellschaft das Recht auf soziale Sicherheit. Er hat das Recht, in den Genuß der für seine Würde und die freie Entwicklung seiner Persönlichkeit unentbehrlichen wirtschaftlichen, sozialen und kulturellen Rechte zu gelangen (art. 22).

Allgemeine Erklärung der Menschenrechte vom 10. Dezember 1948

Das Recht des einzelnen auf soziale Sicherheit wird damit begründet, daß erst das Freisein von Existenzsorgen die Würde und die freie Entfaltung der Persönlichkeit gewährleistet.

Abgeordneter Dr. Schwer in der Debatte über das Gewerbliche Selbständigen-Pensionsversicherungsgesetz vom 18. Dez. 1957, in: Sten. Prot. des Nationalrates, VIII. Ges. Per. 50. Sitzung, S. 2303

Die soziale Sicherheit ist in Österreich wahrlich zu einer Einrichtung geworden, die umfassenden Charakter hat.

Abgeordneter Uhlir in derselben Debatte, S. 2263

Jeder Mensch hat das Recht auf angemessene und befriedigende Entlohnung, die ihm und seiner Familie eine der menschlichen Würde entsprechende Existenz sichert (art. 23, 3).

Konvention zum Schutze der Menschenrechte und Grundfreiheiten vom 4. November 1950 (BGBl. 210/1958)

Es soll der Zweck des Landwirtschaftsgesetzes sein, die Disparität auf verschiedenen Gebieten, nicht zuletzt auf dem des Einkommens, zu lindern und zu beseitigen.

Bundesminister Dipl.-Ing. Hartmann im Nationalrat am 13. Juli 1960, in: Sten. Prot. des Nationalrates, IX. Ges. Per. 38. Sitzung, S. 1570

Alle Arbeiter haben das Recht auf ein gerechtes Arbeitsentgelt, das ihnen und ihren Familien einen angemessenen Lebensstandard sichert (Teil I, 4).
Um die wirksame Ausübung des Rechtes auf Kollektivverträge zu gewährleisten, verpflichten sich die Vertragsparteien, gemeinsame Beratungen zwischen Arbeitnehmern und Arbeitgebern mit dem Ziel zu fördern, die Beschäftigung durch Kollektivverträge zu regeln (art. 6).

Europäische Sozialcharta vom 18. Oktober 1961

Die immer stärkere Technisierung und Kapitalintensivierung änderte die Kostenstruktur der Industrieunternehmungen derart, daß die fixen Kosten rascher wuchsen als die variablen. Dadurch wurden die Unternehmungen weniger elastisch und brauchten einen verhältnismäßig konstanten Absatz zu kostendeckenden Preisen für ihre Waren. Dies war aber nur durch eine Organisierung der Marktlenkung erreichbar. Das Ziel dieser war und ist die Sicherung des Markterlöses zur Abdeckung der Kosten, die Sicherung des optimalen betrieblichen Beschäftigtenstandes und im letzten die Sicherung des Unternehmereinkommens.

Handbuch der Österreichischen Wirtschaftspolitik, Wien 1961, S. 55

b) Die Steigerung des Lebensstandards

Der Lebensstandard wurde zum allgemeinen Leitbild der modernen Gesellschaft.

Ernest Zahn: Soziologie der Prosperität, Köln 1960, S. 36

Das Quantum des Verbrauchs bestimmt heute das soziale Quale des Menschen.

Anton Tautscher: Lebensstandard und Lebensglück, Berlin 1963, S. 67

Das Ziel ist, jedem einzelnen Staatsbürger vermehrte Aufstiegschancen zu bringen und die Möglichkeit zu bieten, am Zuwachs des Sozialproduktes durch eine seiner Leistung entsprechende Erhöhung des Lebensstandards teilzunehmen.

Regierungserklärung von Bundeskanzler Dr. Gorbach am 16. April 1961, in: Sten. Prot. des Nationalrates IX.Ges. Per. 64. Sitzung, S. 2683

c) Die Entfaltung der Persönlichkeit in der Wirtschaft

Wenn die Lebensnot einer Gemeinschaft gedeckt ist, dann entscheidet nicht mehr der Lebensunterhalt, sondern der Lebensinhalt. Grundsätzlich hat das Persönliche und das Gesellschaftliche gegenüber dem Ökonomischen den Vorrang.

Bundesminister Dipl.-Ing. Hartmann in der Rede vor dem Rheinländischen Landwirtschaftsverband in der Beethovenhalle am 8. März 1963 in Bonn

Jeder Selbständige hängt mit seinem ganzen Herzen am Betrieb, selbst wenn es nur eine kleine, dunkle Werkstätte oder ein altes Geschäftslokal ist. Sein Betrieb ist eben seine Welt, sein Lebensinhalt.

Abgeordneter Dwořak in der Debatte über die Gewerbliche Selbständigen-Pensionsversicherung am 18. Dezember 1957, Sten. Prot. des Nationalrates VIII. Ges. Per. 50. Sitzung, S. 2276

Der Unternehmer trägt eine Verantwortung, die ihm niemand abnehmen kann. Das ist zunächst die Verantwortung für den Betrieb. Unlösbar ist damit die Verantwortung für die Mitarbeiter verbunden, die den Betrieb zu einer Leistungsgemeinschaft machen, in deren Mittelpunkt die Sorge für den Menschen stehen muß.

Der Unternehmer trägt auch die Verantwortung für den Verbraucher und damit die Verantwortung für das Gedeihen der Gesamtwirtschaft.

Daraus ergibt sich auch die Verantwortung für Politik und Kultur; Verantwortungsbereiche, die schließlich zu der umfassenden sittlichen Verantwortung des Unternehmers vor der Gesellschaft führen.

Selbstbesinnung der Unternehmer, in: Der moderne Unternehmer, Jg. 3, 1962, H. 1, S. 4

Der Bauer wird in Zukunft zur Sicherung seiner Existenz neben dem Ausbau seiner Selbsthilfeorganisationen mehr unternehmerische Qualitäten ent-

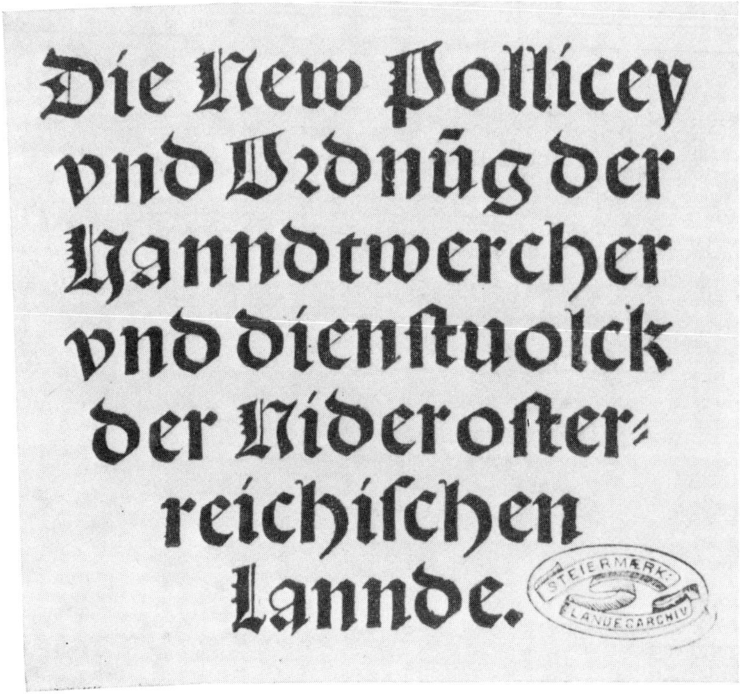
Die New Pollicey
vnd Ordnūg der
Hanndtwercher
vnd dienſtuolck
der Niderοſter=
reichiſchen
Lannde.

57. Erste staatliche Handwerksordnung Österreichs von 1527

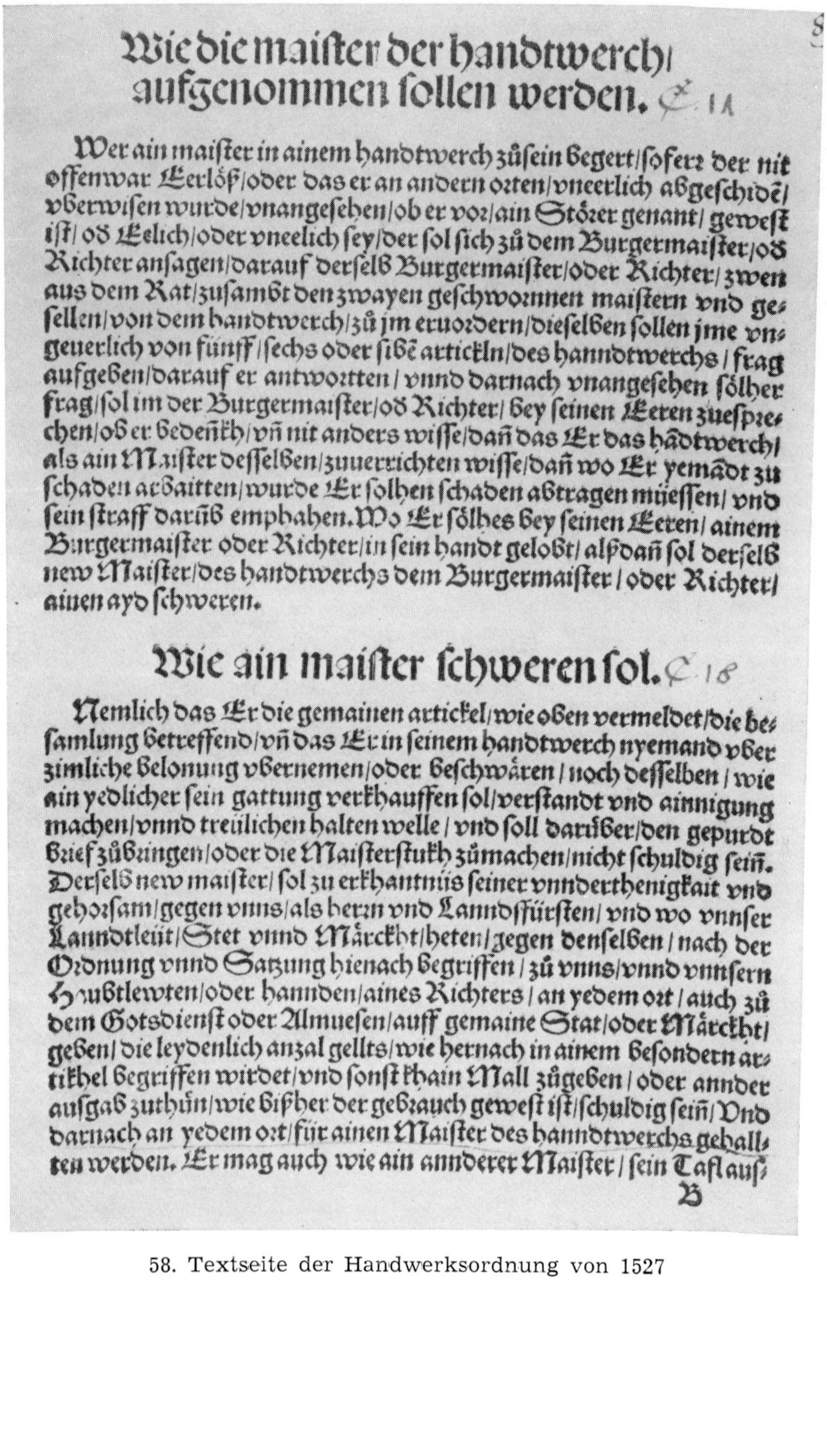

Wie die maister der handtwerch/ aufgenommen sollen werden.

Wer ain maister in ainem handtwerch zůsein begert/sofer der nit
offenwar Eerlöß/oder das er an andern orten/vneerlich abgeschidē/
vberwisen wurde/vnangesehen/ob er vor/ain Störer genant/ gewest
ist/ od Elich/oder vneelich sey/der sol sich zů dem Burgermaister/od
Richter ansagen/darauf derselb Burgermaister/oder Richter/ zwen
aus dem Rat/zusambt den zwayen geschwornnen maistern vnd ge-
sellen/von dem handtwerch/zů jm eruordern/dieselben sollen jme vn-
geuerlich von fünff/sechs oder sibē artickln/des hanndtwerchs/ frag
aufgeben/darauf er antwortten/ vnnd darnach vnangesehen sölher
frag/sol im der Burgermaister/od Richter/ bey seinen Eeren zuesprε-
chen/ob er bedenkh/vn̄ nit anders wisse/dan̄ das Er das hādtwerch/
als ain Maister desselben/zuuerrichten wisse/dan̄ wo Er yemādt zu
schaden arbaitten/wurde Er solhen schaden abtragen müessen/ vnd
sein straff darūb emphahen. Wo Er sölhes bey seinen Eeren/ ainem
Burgermaister oder Richter/in sein handt gelobt/ alßdan̄ sol derselb
new Maister/des handtwerchs dem Burgermaister/oder Richter/
ainen ayd schweren.

Wie ain maister schweren sol.

Nemlich das Er die gemainen artickel/wie oben vermeldet/die be-
samlung betreffend/vn̄ das Er in seinem handtwerch nyemand vber
zimliche belonung vbernemen/oder beschwären/ noch desselben/ wie
ain yedlicher sein gattung verkhauffen sol/verstandt vnd ainnigung
machen/vnnd treülichen halten welle/ vnd soll darüber/den gepurdt
brief zůbringen/oder die Maisterstukh zůmachen/nicht schuldig seiñ.
Derselb new maister/ sol zu erkhantnüs seiner vnnderthenigkait vnd
gehorsam/gegen vnns/als herrn vnd Lanndsfürsten/ vnd wo vnnser
Lanndtleüt/Stet vnnd Märckht/heten/gegen denselben/ nach der
Ordnung vnnd Satzung hienach begriffen/ zů vnns/vnnd vnnsern
Haubtlewten/oder hannden/aines Richters/ an yedem ort/ auch zů
dem Gotsdienst oder Almuesen/auff gemaine Stat/oder Märckht/
geben/ die leydenlich anzal gellts/wie hernach in ainem besondern ar-
tikhel begriffen wirdet/vnd sonst khain Mall zůgeben/ oder annder
ausgab zuthůn/wie bißher der gebrauch gewest ist/schuldig seiñ/ Vnd
darnach an yedem ort/für ainen Maister des hanndtwerchs gehall-
ten werden. Er mag auch wie ain annderer Maister/ sein Tafl auf-
B

58. Textseite der Handwerksordnung von 1527

falten und sich neuen Produktions- und Verwertungsverfahren zuwenden müssen.

Präsident Stürgkh in der Sitzung der Landwirtschaftskommission des Europarates am 12. März 1963 in Paris

Unsere Bauernschaft hat nicht nur die Aufgabe, das tägliche Brot zu erzeugen, sie hat auch die Aufgabe, eine jahrhundertealte kulturelle Mission zu erfüllen.

Abgeordneter Dipl.-Ing. Hartmann in der Sitzung des Nationalrates am 12. Juli 1950, Sten. Prot. des Nationalrates VI. Ges. Per. 21. Sitzung, S. 1003

Ich glaube, daß sie (die Arbeiter) die Möglichkeit haben, mitzureden und mitzuwirken, daß sie nicht nur Objekt der Wirtschaftsführung sind, sondern daß sie ein mitwirkender Faktor in der Gestaltung der Wirtschaft sind.

Abgeordneter Hillegeist in der Debatte über das Betriebsrätegesetz am 28. März 1947, Sten. Prot. des Nationalrates V. Ges. Per. 50. Sitzung, S. 1394

Jeder Arbeitsplatz und jede Arbeitsaufgabe braucht einen bestimmten körperlich, geistig und charakterlich strukturierten Menschen. Die geforderte Arbeitsleistung bringt aber auch für den schaffenden Arbeiter die volle Persönlichkeitsentfaltung. Die Arbeit ist wieder der Niederschlag der Persönlichkeit.

Anton Tautscher: Vom Arbeiter zum Mitarbeiter, Berlin 1961, S. 120

2. Die Gesellschaft in der sozial gebundenen Wirtschaft

a) Die Tendenz zur horizontalen Gesellschaft der Gleichen

Die Sozialisten wollen eine Gesellschaftsordnung, deren Ziel die freie Entfaltung der menschlichen Persönlichkeit ist (1). Freiheit ohne Gleichheit ist ebenso undenkbar wie Gleichheit ohne Freiheit. Wer die ganze Freiheit will, muß die Gleichheit wollen. Gleichheit heißt: politische, juristische Gleichberechtigung und wirtschaftliche Gleichheit (3).

Wiener Programm der Sozialistischen Partei Österreichs vom Mai 1958

Gleichheit und Freiheit sind keine Gegensätze, sondern bilden eine Einheit: auch die Freiheit muß gleich verteilt werden, sowohl politisch, ökonomisch und kulturell. Klassenunterschiede arbeiten dem wirtschaftlichen Fortschritt entgegen, sowohl durch die ungleichmäßige Nutzung der menschlichen Reserven wie auch durch die von ihnen verursachten Spannungen und Konflikte. Gleiche Rechte und Möglichkeiten bedeuten größere Vielfalt und persönliche Entwicklung des Menschen. Die Gleichheit ist eine grundlegende Voraussetzung für eine gut funktionierende Gesellschaft (T. III).

Bericht der Studiengruppe für Gleichheitsfragen des Sozialistischen Parteitages Schwedens vom Juni 1968 (Alva-Myrdal-Report); deutsch: Ungleichheit im Wohlfahrtsstaat, Hamburg 1971

Zunächst beschränkten sich die Gleichheitsbestrebungen unter dem Einfluß des Liberalismus darauf, politische und rechtliche Standesprivilegien zu beseitigen. Die liberale Gesellschaft führte in der Praxis zu neuen Klassenunterschieden und Privilegien. Die Sozialdemokratie gab der Idee von der Gleichheit den Inhalt: alle Menschen seien gleichermaßen dazu berechtigt, ein befriedigendes und entwicklungsfähiges Leben zu führen. Dieses Recht muß in allen realen Chancen zum Ausdruck kommen. Die rein formalen Rechte auf Bildung, Gleichheit vor dem Gesetz, auf politischen und wirtschaftlichen Einfluß genügen nicht.

Das von den Sozialdemokraten erstrebte gesellschaftliche Zusammenleben soll unter gleichen Bedingungen zwischen Gleichen erfolgen. Das Ziel der Gleichheit wird zur gesellschaftspolitischen Richtlinie. Die Gleichheit kann nicht zu einem gegebenen Zeitpunkt „erreicht" werden. Statt dessen muß sie zu einer ständigen, alle politische Tätigkeit durchdringenden Bestrebung werden. Die Gleichheitsforderung verlangt deshalb, neu entstehende Unterschiede zu mildern und vor allem ihnen vorzubeugen.

Schließlich muß es Ziel werden, für den Abbau der hierarchischen Organisation in Unternehmungen und Verwaltungen in der autoritären Beziehung zwischen Vorgesetzten und Unterstellten zu arbeiten.

Der Gleichheitsgedanke soll zu einer Volksbewegung werden, die einen harten Kampf gegen die Interessen starker Machtgruppen und gegen elitäre Vorstellungen führen muß.

Alva-Myrdal-Report: T. I

b) Der Trend zur vertikalen Gesellschaft der Eliten

Die utopische Sucht nach egalitärer Gesellschaft kann kaum anderen Motiven entsprungen sein als dem Unvermögen, mit dem eigenen Neid der noch weniger günstig situierten Mitmenschen fertig zu werden.

H. Schoeck: Der Neid, eine Theorie der Gesellschaft, 1966, S. 122

Wir stehen vor der welthistorischen Entscheidung, ob unsere weitere Zukunft uniform oder individualistisch sein soll. Die uniformierte Gesellschaft ist der sicherste Weg in die Knechtschaft.

G. Weisser: Vortrag in der Wiener Arbeitskammer am 24. November 1971

Die vollständige Nivellierung und die Auflösung aller Bindungen hat zur Masse geführt. Diese Masse erweist sich in ihrer Vollendung als ein Gebilde, das jede Entfaltungsmöglichkeit des einzelnen verhindert und alle persönliche Freiheit verschlingt. Der einzelne wird zu einem schematisch abgestempelten und numerierten Bestandteil. In der vollendeten Masse besteht die Gleichheit nicht nur in einer rechtlichen und materiellen Gleichheit, sondern auch in einer geistigen. Wer geistig über den Durchschnitt hinausragt, ist ebenso unerwünscht und als „Schädling" zu beurteilen, wie einst bei Beginn der Massenbildung der rechtlich oder materiell Ungleiche, wobei die Tendenz in der geistigen Höhenlage des Durchschnittes notwendigerweise nach unten weist. In der Masse bedeutet der einzelne nichts, er ist nicht mehr in der Lage, seine in ihm liegende Fähigkeit zu entwickeln, und er verkümmert endlich.

E. Guilleaume: Überwindung der Masse, vom Prinzip der Gleichheit zur Lebensgemeinschaft, 1954, S. 75

Ich bin nicht gemacht, wie irgendeiner von den Menschen, die ich je gesehen habe, auch nicht wie irgendeiner von allen Sterblichen. Bin ich nicht besser, so bin ich wenigstens anders.

J. J. Rosseau: Confessions, 1781

Jede Ordnung innerhalb einer Societät besitzt einen mehr oder weniger deutlich hervortretenden hierarchischen Aufbau. Sie hat ihre natürliche Grundlage in dem Drang der Mehrheit, einer autoritären Leitung die Führung der Gemeinschaft anzuvertrauen. Eine Minderheit regiert, die weitaus größte Mehrheit wird regiert.

G. Mosca: Die herrschende Klasse, 4. Aufl., 1947, S. 45

Die Massendemokratie braucht eine feste Führung und ein gut funktionierendes Elitesystem.

O. Stammer: Das Elitenproblem in der Demokratie, in: Schmollers Jahrbuch, Jg. 71, 1951, S .15

Das Führertum ist eine notwendige Erscheinung jeder Form gesellschaftlichen Lebens.

R. Michels: Zur Soziologie des Parteiwesens in der modernen Demokratie, 1911, S. 383

Je mehr Eliten in einer Gesellschaft vorhanden sind, desto mehr verliert jede einzelne Elite ihre Funktion und ihren führenden Einfluß, da sich die einzelnen Gruppen gegenseitig neutralisieren. In der demokratischen Massengesellschaft kann sich keine Gruppe soweit durchsetzen, daß sie die gesamte Gesellschaft zu prägen vermöchte.

K. Mannheim: Mensch und Gesellschaft im Zeitalter des Umbaues, 2. Aufl., 1967, S. 101

3. Die Wirtschaftsordnung

Die sozial gebundene Wirtschaftsordnung ist noch so sehr im Fluß, daß außer den Leitsätzen für die Wirtschaftsgesinnung und für die dialektische Entwicklung der Gesellschaft wohl eine Reihe ordnender Maximen und Postulate, aber kaum schon Leitsätze für die Ordnung der Wirtschaft hervortreten.

Für die Bearbeitung sind in den Quellen die wichtigsten Bestrebungen und Daten festgehalten. Aus diesen lassen sich aber wegen der Fülle noch keine Leitsätze herausstellen.

A. Die Wirtschaftsgesinnung

Die Wirtschaftsgesinnung ist ein Bündel von persönlichen Wunschvorstellungen und ideologisch bedingten Forderungen. Die Verschiedenheit in den Zielen und die Vielheit in den Bestrebungen lassen sich für die gegenwärtige Wirtschaftsordnung in ein Kraftfeld von drei Polen einfügen: das allgemeine Streben nach Sicherheit, den Willen aller nach höherem Lebensstandard und den Willen vieler nach Leistung und persönlicher Entfaltung im wirtschaftlichen und gesellschaftlichen Leben.

Diese drei ordnenden Kraftpunkte sind in verschiedenem Ausmaß der Dynamik und der Statik zuzurechnen. Das Sicherungsstreben tendiert ohne Zweifel zur beruhigenden Statik, wenn nicht gar zum lähmenden Stillstand. Der Wille zur Steigerung des Lebensstandards und des Prestige-Konsums wirkt als dynamisch treibende Kraft zum Mehr im Aufwand und daher zum Mehr im Einkommen, was notwendig ein Mehr in der Leistungserstellung bedingt. Der dritte Gestaltungsschwerpunkt steht in der Mitte von Statik und Dynamik, weil die Persönlichkeitsentfaltung in einer stillen Verinnerlichung oder in einer dynamischen Aktivität liegen kann, die stets zu neuen Aktionen drängt.

Im Entwicklungsgang der sozial gebundenen Wirtschaftsordnung tätigten die wirkungsvollen Pole eine unterschiedliche Strahlungskraft, so daß trotz der stets tätigen Dreiheit der Kraftfeldpunkte einmal dieser und ein andermal ein anderer Brennpunkt stärker das Kraftfeld prägte.

Verständlich ist noch, daß zu Beginn der Ordnungsphase in Nachwirkung des Vergangenen der Wille zur dynamischen Leistung stärker war als später, während im letzten Teil der Phase der Wille zur Sicherung und Gesichertheit die anderen Ordnungspole zu überlagern droht. Und doch waren und sind alle drei die Wirtschaftsordnung prägenden Prinzipien im Spannungsfeld tätig. Nur in dieser Allgegenwart der drei Ordnungsbrennpunkte kann die Wirtschaftsgesinnung der Gegenwart richtig verstanden werden. Es müssen daher bei der Erörterung jedes einzelnen Ordnungsprinzipes immer auch die zwei anderen mitgedacht werden. So kann das Bündel im Gesinnungskomplex richtig verstanden werden.

Da außerdem die „soziale Welt" mit ihren Problemen nicht in der Gegenwart entstand, wie leider viele unkundige Interpreten oder solche, die die Geschichte wegen ihrer Ideologien nicht gelten lassen dürfen und wollen, glauben, muß die neue Wirtschaftsgesinnung immer auch mit dem geschichtlich Gewordenen und der früheren Ordnung in Zusammenhang gebracht werden. Daraus ergibt sich ein dialektischer Gegensatz zur unmittelbar vorangegangenen Ordnungsphase. Dieser dialektische Gegensatz der Ordnungsprinzipien kann in folgender Gegenüberstellung festgehalten werden:

Freiheit: Garant der Sicherheit ..	Sicherheit: Garant der Freiheit
Gewinnmaximum	Risikominimum
Preisgedeckte Kosten	Kostendeckende Preise
Wille zum vollen Risiko	Wille zum Gewinnoptimum.

In der *unbeschränkten Freiheit* wollte gestern jeder selbst seine Sicherheit suchen und finden. Heute hat man die Überzeugung, daß erst das Freisein von Existenzsorgen, nämlich die *wirtschaftliche Sicherheit*, die Würde und freie Entfaltung der Persönlichkeit gewährleistet.

Dem *Willen zum Gewinn-Maximum* von gestern steht heute diametral der *Wille zum Risiko-Minimum* gegenüber, denn die Unternehmer und ihre Mitarbeiter haben lieber einen kleinen, aber einen nicht vom Risiko allzu bedrohten Gewinn. *Das Risiko-Minimum gibt mehr Sicherheit als das Gewinn-Maximum.*

Diese Gesinnung im betriebswirtschaftlichen Bereiche überträgt sich auch auf die Volkswirtschaft und kommt dort im Gegensatz: *preisgedeckte Kosten und kostendeckende Preise* zur Geltung. In der freien Marktwirtschaft werden nur die Kosten aus den Betrieben „volkswirtschaftlich genehmigt", die in den frei am Markt gebildeten Preisen ihre Abdeckung und Vergeltung finden. Kosten der Erzeugung, die über den Marktpreisen stehen, werden von der Volkswirtschaft „nicht genehmigt". Die zugehörigen Erzeuger wissen, daß sie, wenn sie ihre Erzeugungskosten nicht „marktgerecht" zurichten können, abzutreten haben. Nur die durch die Preise legitimierten Kosten werden von der Volkswirtschaft hingenommen, andere, über den Preisen stehende Kosten werden abgelehnt und die zugehörigen Erzeuger aus dem Produktionskreis ausgewiesen, was ja meist auch tatsächlich durch gerichtliche Exekution wegen Überschuldung geschieht. Das aber bedeutet: unbeschränktes Risiko.

In der Phase der kostendeckenden Preise will man dem Prinzip des Risiko-Minimums folgend die in der Erzeugung angelaufenen Kosten durch Preisfestlegung „gesichert unterbringen". Die Kosten mit den entsprechenden Anteilen der Produktionsfaktoren und mit dem Anteil des Unternehmerlohnes sollen im zugerichteten Preis am Markt legitimiert werden. Der Wille zur Sicherung und die Absicht, das Risiko auf ein Minimum zu beschränken, drängt zur Geltung des Grundsatzes von den kostendeckenden Preisen. Hier sind zwar die Gewinne wegen der erfolgreichen Absprachen oder der sonstwie gesetzten Regelungen nicht mehr in den Differenzen mit dem Gewinnmaximum für diese und dem Gewinnminimum für jene gegeben, es gilt vielmehr ein *Gewinn-Optimum mit einem Risiko-Minimum* für viele.

Das Prinzip der preisgedeckten Kosten ließ die freien Marktgesetze voll in Geltung, das *Prinzip von den kostendeckenden Preisen läßt die Preise vielfach und weitgehend binden*. So stehen die Wirtschaftsordnungen von gestern und heute einander gegenüber.

1. Die Sicherheit: der Garant der Freiheit

Der heute allseits gewünschte Zustand der ökonomischen und sozialen Gesichertheit war früher im Zustand des Schutzes und Schirmes von seiten des Grundherren für seine bäuerlichen Hintersassen und im Zustand des genossenschaftlichen Schutzes von seiten der Zünfte für die Bürger der Stadt gegeben. Lediglich die kurze Unterbrechung durch den Liberalismus in der Ordnung der ungebundenen Wirtschaft brachte den Zustand der vollen Ungesichertheit und Geworfenheit. Und selbst dies wäre nicht gegeben gewesen, wenn die Bergordnung von 1854 und die Gewerbeordnung von 1859, die eine Sozialversicherung für die Mitarbeiter vorschrieben, ihre Durchführung erhalten hätten. So mußte man nach einer Unterbrechung *mit einem System der Sicherungen wieder neu anfangen.*

Für die Unkundigen ist dieser Anfang ein absoluter. Daher wird unter dem Schlagwort „Social Security" die Urheberschaft des neu entstehenden Sicherungssystems Franklin D. Roosevelt wegen seiner Botschaft an den Kongreß vom 8. Juni 1934 zugeschrieben. In dieser empfahl er Schutzmaßnahmen (measures of protection) gegen die wichtigsten Wechselfälle des Lebens, die zur Not und Abhängigkeit der Individuen (destitution and dependency) führen (F. X. Kaufmann: Sicherheit 1970, S. 8).

Für die Vereinigten Staaten war dies wirklich „der erste Anfang". Für Österreich haben wir diesen ersten Anfang schon in der Thronrede des Kaisers Franz Josef I. im Reichsrat am 26. September 1885. In dieser Rede stellte der Kaiser fest: „Durch die notwendig gewordene Besserung der Lage der arbeitenden Classen sind erste Schritte zur Verwirklichung wichtiger wirtschaftlicher und sozialer Aufgaben erfolgt. Ich hoffe, daß zunächst die Vorlagen meiner Regierung betreffend die Versicherung zahlreicher arbeitender Classen gegen Unfälle und Krankheiten Ihre Zustimmung finden wird." Mit dieser Sozialversicherung setzte wieder ein umfassendes System der Sicherung ein, das über die Sozialversicherung weit hinaus geht. Damit schließt die „Politik der Sicherung" in erneuerter Form wieder dort an, wo der Liberalismus die Bruchstelle hinterließ.

Im Menschen ist nach der vollen Gesichertheit im Mutterschoß im gegensätzlichen Streben nach Geborgenheit und im Drang eigenständiger Selbstentfaltung in Freiheit eine integrale Einheit gegeben. Beide Bestrebungen können sich in der Regel nicht voneinander trennen, immer sind sie aufeinander bezogen. Verbliebe der Mensch in der totalen Geborgenheit etwa der Familie, dann könnte er nie seinen eigenen Lebensweg gehen und er könnte nie zur Entfaltung seiner Persönlichkeit kommen. Strebte der Mensch ohne Rücksicht auf die Gemeinschaft, in der er steht, und ohne Geborgenheit in einem sichernden Schutzsystem nur seiner Entfaltung zu, dann ginge er früher oder später an einem Selbst-Zerschellen zugrunde. Diese äußere Einheit von Geborgenheit und Freiheit ist letztlich entscheidend, viel bedeutender aber ist die innere Einheit von Sicherheit und Freiheit für die Persönlichkeit, denn diese Spannung entspricht dem zweiseitigen Wesen des Menschen: der Personalität und der Sozialität. *Mit der Individualität drängt die Persönlichkeit zur Freiheit und mit der Sozialität zur Geborgenheit in der Gesellschaft.*

Wie immer die Auffassung einer Zeit zu diesem integralen Komplex Stellung nimmt, ob vom liberal-individualistischen oder vom sozialistisch-kollektivistischen Standpunkt, ist wohl für das Maßverhältnis von Sicherheit und Freiheit, nie aber für die existenzielle Zusammengehörigkeit bestimmend.

Nach einer Überbetonung der Freiheit ergibt sich jetzt allgemein wieder die Erkenntnis: „daß erst das Freisein von Existenzsorgen die Würde und die freie Entfaltung der Persönlichkeit gewährleistet" (Abgeordneter Dr. Schwer in der Debatte über das „Gewerbliche Selbständigen-Pensions-Versicherungsgesetz am 18. Dezember 1957, Sten.Prot. d. Nationalrates, VIII. Ges. Per., 50. Sitzung, S. 2303). Die Grundlage und die Voraussetzung für die Entfaltung der Persönlichkeit ist demnach die soziale und ökonomische Gesichertheit des Menschen. *Die Sicherheit ist der Garant der Freiheit.*

Deshalb hat „jeder Mensch als Mitglied der Gesellschaft das Recht auf soziale Sicherheit, denn um seine Würde und freie Entwicklung der Persönlichkeit“ zu erlangen, bedarf jedermann „unentbehrlich der wirtschaftlichen, sozialen und kulturellen Sicherung“ (art. 22: Allgemeine Erklärung der Menschenrechte vom 10. Dezember 1948). Erst auf der Grundlage einer Lebenshaltung, „die des Menschen und seiner Familie Gesundheit und Wohlbefinden und die notwendigen Leistungen der sozialen Fürsorge gewährleistet“ (art. 25), kann sich der Mensch aus seinem Inneren, gemäß seiner Anlage als Persönlichkeit entfalten. Wieder gilt, selbst in der allgemeinen Erklärung der Menschenrechte der Vereinten Nationen: *die Sicherheit ist die Grundlage für die freie Entfaltung des Menschen.*

Auf Österreich bezogen kommt diese Überzeugung in den Debatten über das Allgemeine Sozialversicherungs-Gesetz vom 9. September 1955 und über das Gewerbliche Selbständigen-Pensions-Versicherungsgesetz vom 15. Dezember 1957 deutlich zum Ausdruck. Abgeordneter Böhm, Präsident des Österreichischen Gewerkschaftsbundes, konnte in der Debatte am 9. September 1955 über das allgemeine Sozialversicherungsgesetz sagen: „Das ASVG bringt so viele Verbesserungen, daß man mit Fug und Recht sagen darf, *daß der Arbeiter und Angestellte in Österreich um seine Existenz nicht mehr besorgt zu sein braucht*“ (Sten.Prot. d. Nationalrates, VII. Ges. Per. 79. Sitzung, S. 3611). Ihm pflichtete in der Debatte über das Selbständigen-Pensionsversicherungs-Gesetz der Abgeordnete Gruber vom Wirtschaftsbund der Österreichischen Volkspartei bei, indem er feierlich erklärte: „Lassen Sie mich noch sagen, daß dieser Tag, der Zehntausenden selbständig Gewerbetreibenden die Sicherheit ihres Lebensabends bringt, für uns Wirtschaftstreibende für alle Zeiten ein bedeutendes Datum bleiben wird“ (Sten. Prot. d. Nationalrates, VIII. Ges. Per. 50. Sitzung, S. 2303).

In Ergänzung hiezu meldete der Abgeordnete Dr. Schwer vom Bauernbund der Österreichischen Volkspartei für die Bauern das Recht an, daß *„auch der bäuerliche Mensch ein Recht auf soziale Sicherheit hat“* (Sten. Prot. S. 2302). Inzwischen ist auch das Pensionsversicherungsgesetz für die Bauern erlassen worden.

Durch das in der sozial gebundenen Wirtschaftsordnung geschaffene und immer wieder vervollständigte System der wirtschaftlichen und gesellschaftlichen Sicherung ist in Österreich über jedermann ein schützender Schirm gespannt, so daß er kaum von einem vernichtenden Ereignis getroffen werden kann. Er kann auch nie mehr in die Leere der Geworfenheit fallen, weil ihn ein Sicherungsnetz auf dem Lebensweg begleitet, das zuerst im System der Versicherung und nunmehr im System der Versorgung geschaffen wurde. *Die Sicherheit ist der Garant der Freiheit und der freien Entfaltung der Persönlichkeit.*

Mit dem Gesinnungswandel vom Streben nach voller Freiheit zum Streben nach totaler Sicherung veränderte sich der Sinn des Wirtschaftens und damit auch die Struktur der Wirtschaftsordnung.

Die allgemein geforderte Sicherung tritt nach zwei Richtungen hervor: in der Sicherung des Einkommens und in der Sicherung des Auskommens.

a) Die Sicherung des Einkommens

Das Sicherungsstreben aller Gruppen richtet sich zunächst und unmittelbar auf die Sicherung des Einkommens, denn ist dies gesichert, dann sind auch das Auskommen und der Wohlstand in ihren Grundlagen garantiert. Dieses Streben nach Sicherung des Einkommens: zunächst nach Sicherung des Nominaleinkommens, geht durch alle Wirtschaftsschichten und Gruppen und zielt auf die Ausschaltung der Risken, die das Einkommen gefährden können, und auf eine institutionelle Zurichtung des Verteilungsmechanismus. Dadurch wird die Marktwirtschaft manipuliert und zugerichtet und, so veredelt, wird die Einkommenszuteilung für alle und für jeden sichergestellt. Diese Gesinnung der allgemeinen Einkommenssicherung ist so stark, daß daraus schon ein in vielen Verfassungen neu formuliertes Menschenrecht wurde. So ist dieses Recht auf gesichertes Einkommen auch in der „Allgemeinen Erklärung der Menschenrechte" vom 4. November 1950 (BGB 210/1958) als Recht (art. 23, 3) und in Österreich als geltender Rechtssatz festgehalten: *„Jeder Mensch hat das Recht auf angemessene und befriedigende Entlohnung, die ihm und seiner Familie eine der menschlichen Würde entsprechende Existenz sichert."*

Dieses Recht auf gesichertes Einkommen wird für die einzelnen Gruppen der Wirtschafter den verschiedenen Umständen der Wirtschaftszweige entsprechend unterschiedlich verwirklicht.

Die *Bauern* sind in ihrer Hofwirtschaft vielen Sonderrisken aus der Natur und auf dem Markt ausgesetzt. Die *von der Natur* verursachten Risken, wie Hitze und Kälte, Nässe und Dürre bedrohen immer wieder den Erzeugungsgang, so daß diese den Ertrag und durch ihn auch das Einkommen eines Jahres und nicht selten sogar mehrerer Jahre gefährden. Diese Risken können die Bauern zwar von der Art des überfallsartigen Anfalles im Wege der Versicherung auf mehrere Jahre verteilen. Dies bedeutet aber zusätzliche Kosten.

Die *Marktrisken im Einkauf* ergeben sich aus dem stoßweise bedingten Einkauf von Saatgut, Düngemitteln und Schädlingsbekämpfungsmitteln, der noch dazu keine zeitliche Verschiebung zuläßt und wegen der Isoliertheit der Ortsmärkte kein Ausweichen möglich sein läßt. Der Nachfragestoß verursacht ein Steigen der Preise, wodurch eine Verteuerung der Produktionsmittel einsetzt. So wird im Erzeugungsansatz schon eine

Kostenhäufung für die Landwirtschaft verursacht und diese mindert den Ertrag und das Einkommen der Bauern.

Die *Marktrisken im Verkauf* der erzeugten Agrarprodukte ergeben sich auf den isolierten Märkten aus dem zeitbedingten Überangebot zur Erntezeit und zur Viehabgabezeit. Dieses Überangebot verursacht eine Preisminderung, die die Bauern wegen der so verursachten Markterlösminderung zu einem noch größeren Nachtrags-Angebot veranlaßt. So erzeugen sie selbst einen Preissturz, der den Markterlös oft unter die aufgewendeten Kosten senkt.

In dieser Notlage ist der Aufschrei des Bauern-Abgeordneten Sebinger in der Sitzung des Nationalrates am 1. Juli 1950 verständlich, wenn er erklärte: „Hat denn die Landwirtschaft nicht ebenso das Recht, den gerechten Lohn für ihre Arbeit zu verlangen wie jeder andere arbeitende Mensch in diesem Lande? Vorenthaltung des gerechten Lohnes ist eine himmelschreiende Sünde" (Sten.Prot. d. Nationalrates VI. Ges. Per. 29. Sitzung, S. 990).

„Da die Landwirtschaft nur in sehr beschränktem Umfang die Fähigkeit besitzt, die Vorteile der freien Marktwirtschaft zu nutzen, sie aber von all ihren Nachteilen mit voller Wucht getroffen wird, haben sich die Agrarmarkt-Regelungen vor allem zum Ziel gesetzt: *der Landwirtschaft den Absatz der Hauptprodukte zu stabilen und kostendeckenden Preisen zu sichern*" (Motivenbericht zum Landwirtschaftsgesetz, Sten.Prot. d. Nationalrates IX. Ges. Per. Beilage 233). Durch diese Politik der kostendeckenden Preise gegen das früher geltende Prinzip der preisgedeckten Kosten soll das Landwirtschaftsgesetz „die Disparität im Einkommen hindern oder beseitigen" (Bundesminister für Landwirtschaft Dipl.-Ing. Hartmann im Nationalrat am 13. Juli 1960 Sten.-Prot. IX. Ges. Per. 38. Sitzung, S. 1570). Verminderung und Aufteilung der Risken soll den Bauern den Ertrag und den Markterlös für das Einkommen garantieren. Alles wird daran gesetzt: *das Einkommen für die Bauern zu sichern.*

Die *Unternehmer der gewerblichen Wirtschaft* werden in der Entwicklung des laufenden Jahrhunderts in einen Zangengriff genommen, der sie in ihrem Einkommen immer wieder gefährdet. Der *eine* Hebelarm der Zange ist die *konjunkturelle Entwicklung* mit den Wechsellagen der Konjunktur und Krise. Er läßt den Absatz schwanken und in der Krise ganz und gar gefährden. Der *andere* Hebelarm ist der *technische Fortschritt,* der die Erzeugungsweisen kurzfristig verändert und daher eine große und rasche Investitionstätigkeit erzwingt. Die Investitionskosten mit der allgemeinen Kapitalintensivierung verändern die Kostenstruktur, weshalb die fixen Kosten absolut und relativ rascher wachsen als die variablen Kosten (Schmalenbach). Die stets wachsenden fixen Kosten drängen die Unternehmer zu einer Verstetigung der Absatzgrößen, denn nur über einen gesicherten Absatz ist die Abwälzung der fixen Kosten möglich. Dies bedeutet aber für die Unternehmer der gewerblichen Wirtschaft, daß sie zu Marktvereinbarungen und Unternehmungszusammenschlüssen kommen müssen.

„Für die Stabilisierung dieser Sicherheit (des Absatzes, des Markterlöses und des Gewinnoptimums) gab das Industriesystem eine ganze Skala von Techniken, die von der Kartellierung bis zur Fusionierung, von der Protegierung bis zur Subventionierung und von der Werbung bis zur Planung reichen." „Man würde eine wesentliche Erscheinung unserer Zeit übersehen, wollte man nicht registrieren, daß die für den früheren Unternehmer so wesentliche Bereitschaft, seinen wirtschaftlichen Freiheitsraum mit allen Mitteln zu verteidigen, heute längst nicht mehr selbstverständlich ist. Eine deutlich wachsende Risikoscheu bürgerlicher Wirtschaftstreibender, scheinbar legitimiert durch das betriebswirtschaftlichen Prinzip der Risikominimierung, Preisgabe unternehmerischer Freiheiten zugunsten von Absprachen, Unternehmungskonzentrationen, überbetriebliche Organisationen, Staatshilfen, das alles sind Erscheinungen, die dem alten bürgerlichen Idealmodell des wagemutigen Unternehmers schroff widersprechen" (R. Nitsche: Der häßliche Bürger, 1969, S. 271).

Die Folge dieser Notwendigkeiten und Bestrebungen ist wieder die Absicht, den Preisen durch Manipulationen am Markt die erforderliche Größe für die Kostendeckung zu sichern. Hiebei drängt natürlich der Unternehmerlohn, unter das schützende Dach der Kosten zu fliehen. *Schutz für das Unternehmereinkommen bieten die kostendeckenden Preise.*

Dies ist nicht selten dann der Fall, wenn durch entsprechende Wandlungen in der Unternehmungsform der bisher freie Unternehmer Direktor seiner Unternehmung wird. Der Unternehmer hat sich zur Sicherung seines „Unternehmereinkommens" zum angestellten Betriebsleiter gemacht. Wenn solche Vorgänge auch noch Ausnahmen sind, so deuten sie doch die Wandlung in der Wirtschaftsgesinnung an. Diese und ähnliche Vorgänge und Maßnahmen folgen der allgemeinen Absicht: *Sicherung des Einkommens für die gewerblichen Unternehmer.*

Die *Dienstnehmer,* Arbeiter und Angestellte, waren die Schwächsten im Einkommen und, was noch viel bedeutungsvoller war, sie waren am meisten gefährdet. Dies hatte wohl in der schwachen Position der Dienstnehmer seinen Grund. Die Arbeiter standen mit ihrem Überangebot der Ware „Arbeit" (so hieß es damals) einer oligopolen oder gar monopoloiden Nachfrage der Arbeitgeber gegenüber. Dies ließ die Löhne auf das Existenzminimum oder gar darunter fallen, wobei es noch zusätzlich die vollends „einkommensfreie", arbeitslose Reservearmee gab. Daß es bei diesen Zuständen das Streben nach Sicherung des Lohneinkommens gab, ist verständlich. Die Sicherung des Lohneinkommens wurde daher zu einem allgemeinen Postulat, das in der „Europäischen Sozial-Charta" vom 8. Oktober 1961 seinen späten, aber nunmehr allgemein gültigen Niederschlag fand. Dort heißt es im Artikel 4: „Alle Arbeitnehmer haben das Recht auf ein gerechtes Arbeitsentgelt, das ihnen und ihrer Familie einen angemessenen Lebensstandard sichert" (I, 4).

Diese Sicherung des Arbeitseinkommens konnte nur durch eine Änderung der Arbeitsmarkt-Situation erfolgen. Die Arbeitnehmer mußten sich geschlossen den Arbeitgebern gegenüber zu gemeinsamen Arbeitsvertragsverhandlungen stellen. Die Arbeitgeber hingegen mußten bereit sein oder bereit gemacht werden, in Gemeinsamkeit zu verhandeln.

Die in den Gewerkschaften organisierten Arbeiter „streben danach (1919): für ihre Mitglieder kollektive Tarifverträge abzuschließen" (Antrag der Abgeordneten Dr. Resch, Spalowski und Kuntschak in der Nationalversammlung, Sten.Prot. Beilage 154). Der Grund hiefür wurde in der konstituierenden Nationalversammlung am 18. Dezember 1919 vom Berichterstatter Spalowski verdeutlicht: „Der individuelle Arbeitsvertrag, bei dem das Übergewicht des Arbeitgebers zum Ausdruck kam, ist längst schon auf weiten Gebieten durch den kollektiven Arbeitsvertrag ersetzt worden, der die Schwäche, die der einzelne beim Vertragsabschluß hat, durch die Stärke der zusammengeschlossenen Masse auszugleichen versucht" (Sten.Prot. d. Konstituierenden Nationalversammlung 49. Sitzung, S. 1398). Dies kommt in der Europäischen Sozial-Charta nach mehr als vierzig Jahren noch einmal zur Geltung (T. I, art. 4). Die kollektiven Arbeitsverträge verfolgen die allgemeine Absicht: *Sicherung des Einkommens für alle Dienstnehmer: für Arbeiter und Angestellte.*

Zu all dem ergab sich im Laufe der Entwicklung ein weiteres und bis in das einzelne *ausgearbeitetes System der Einkommenssicherung.* Seit der Geltung der Sozialversicherungsgesetze gab es für den Fall der Krankheit das *einkommenersetzende Krankengeld,* im Falle eines Unfalles die *Unfallrente* und im Fall des Alters die *Pension.* Dazu kamen aber noch manche *„Einkommens-Ergänzungen"* wie die *Arbeitslosenunterstützung* (Gesetz über die Arbeitlosenversicherung v. 24. März 1920, StGB 53/1920), die *Kurzarbeiterunterstützungen* und die *Schlechtwetterentschädigung* (Bauarbeiter-Schlechtwetterentschädigungsgesetz vom 7. Juli 1954, BGB 174/1954). Sie kosteten den Versorgungsstaat im Jahre 1965: 1 219 Millionen S. Das ist moderne Einkommenssicherungspolitik.

Daß es daneben noch für andere gefährdete Gruppen *Einkommenshilfen* gibt, sei wegen der allgemeinen Einkommenssicherungstendenz nur noch erwähnt: so für die *Kriegsopfer* (Kriegsopferversorgungsgesetz v. 2. September 1949, BGB 197/1949: Vorläufer: Invalidenentschädigungsgesetz 1919), für *fürsorgebedürftige Heeresangehörige* (Heeresversorgungsgesetz v. 5. Februar 1964, BGB 27/1964), für *Kleinrentner*, die ihr Kapital dem Staat als Kriegsanleihe gegeben hatten und nach dem Krieg ohne jedes Einkommen zurückblieben: Einkommenssicherung „verarmter Kapitalisten" (Kleinrentnergesetz v. 18. Juli 1929, BGB 251/1929 u. viele Novellen), für die Opfer aus dem nationalsozialistischen System (Opferfürsorgegesetz v. 4. Juli 1947, BGB 183/1947) und für *Umsiedler, Vertriebene* und *Flüchtlinge* (Umsiedler- und Vertriebenen-Entschädigungsgesetz v. 13. Juni 1962, BGB 177/1962). Dies ist wohl ein umfassendes Sicherungssystem für das Einkommen aller.

b) Die Sicherung des Auskommens

Ebenso wie das System der Einkommenssicherung reichhaltig ist, ist auch das System der Auskommenssicherung mannigfaltig. Beide hängen insoferne zusammen, als die Auskommenssicherung die Sicherung des Realeinkommens zur Voraussetzung hat. Die Auskommenssicherung zielt unmittelbar auf die Sicherung der Lebenshaltung. Für diese ist in Österreich gemäß dem allgemeinen Trend zur Sicherung ein engmaschiges System von Institutionen geschaffen, die so „gewöhnlich" und für alle gültig, d. h. allgemein wurden, daß man die sichernde Absicht dahinter gar nicht mehr merkt und oft auch gar nicht mehr weiß.

Ganz unabhängig von jeder wirtschaftlich bedingten Einkommenszuteilung aus einer Leistungserstellung ist die Auskommenssicherung der Familie durch die *Familien- und Kinderbeihilfen* (Familienlastenausgleichsgesetz vom 15. Dezember 1954, BGB 18/1955 u. Kinderbeihilfengesetz v. 16. Dezember 1949 BGB 31/1950). Natürlich bedarf der Familienvorstand oder Haushaltsvorstand für die Erhaltung der Familie und der Kinder eines höheren Einkommens, wenn er sich und den Seinen ein ähnliches Auskommen leisten will wie der kinderlose Haushaltsvorstand oder gar der Unverheiratete. Um hier eine „Andeutung" für die Auskommenssicherung der Familie und erst recht für die Familie mit Kindern zu gewährleisten, wurden die Auskommensergänzungen geschaffen. Wenn sie auch für die einzelnen Familien nicht sehr auskommenskräftig sind, so machten sie im Budget für das Jahr 1965 doch 4 778 Millionen Schilling aus.

Diese Auskommenssicherung setzt sich durch die *Verbilligung von Lebensmitteln* im Wege entsprechender Subventionen fort. Wenn die wichtigsten Grundnahrungsmittel durch staatliche Zuschüsse subventioniert werden, um die Preise gegen etwaige Erhöhungen festzuhalten, so wirkt sich dies wieder als Auskommenssicherung aus.

Wenn Ausgleichszahlungen für das *Brotgetreide* (Brotgetreide-Preisausgleich: § 20 ff. des Marktordnungsgesetzes v. 16. Dezember 1958,

BGB 276/1958), die *Milch* (Milchpreis-Ausgleichsbeitrag § 5 ff.: Marktordnungsgesetz) und *sonstige Lebensmittel* vom Staat gezahlt werden (1965: 2 445 Millionen S), so ist dies wieder eine Auskommenssicherung der Verbraucher. Alle Verbraucher genießen in dieser Form eine Konsumentenrente. So allgemein ist das Sicherungssystem für das Auskommen aller Österreicher.

2. Die Steigerung des Lebensstandards

Der Mensch von heute hat die ordnende Norm für sein Leben und damit auch für seine Lebensordnung verloren, wodurch er nicht mehr von innen, sondern von außen gesteuert wird. Ebenso hat auch die Gesellschaft ihr Strukturgefüge verloren, weshalb nicht gesellschaftliche Schichtenwerte und Verhaltensweisen, sondern äußere und quantitative Merkmale, wie etwa Vermögens- und Einkommensgrößen oder aber auch Verbrauchs- und Aufwandquanten zu konstituierenden Faktoren für die Gesellschaftsgruppen wurden. Zu diesem Zustand von heute führte eine lange Entwicklungslinie.

Die ständische Gesellschaftsordnung war bis in die Mitte des vorigen Jahrhunderts so stark, daß die Wirtschaft die ständisch geordnete Bedarfsordnung nicht aus sich heraus sprengen konnte. Die einzelnen Ständegruppen konnten wegen der geltenden gesellschaftlichen Bedarfsordnung untereinander nicht in Konkurrenz mit dem Aufwand treten. Die einzelnen Standesgenossen vermochten schon gar nicht im Wettbewerb der Verbrauchssteigerung die Ordnung zu sprengen, denn das Prinzip der standesmäßigen Gleichheit besagte: *Gleichheit gibt es nur unter Gleichen* und die sind: *Ebenbürtige und Standesgenossen.*

Die Wirtschaft blieb dadurch so sehr in den Bindungen der Standesordnung gefesselt, daß sie den vorgegebenen Bedarfsrahmen der einzelnen Gruppen nicht durchbrechen konnte. *Der soziale Status und das gesellschaftliche Quale in der Zugehörigkeit zu einem Stande bestimmte das Aufwandsquantum und den wirtschaftlichen Lebensstandard.*

Die Standarte als ausrichtendes Normzeichen war in jeder Standesebene für die Standesgenossen gesteckt. Dieses ausrichtende Zeichen wirkte im Umkreis der Standesebene. Keiner konnte unter das Bedarfsniveau sinken und keiner durfte über die gesetzte Aufwandsebene hinaussteigen. Der normgebende Richtpunkt für den standesgemäßen Unterhalt lag in der Horizontalen der Standesgemeinschaft. Soferne die ständischen Verbrauchsnormen nicht eingehalten wurden, wurden sie sogar durch Polizeiordnungen des absolutistischen Fürsten zur Einhaltung befohlen.

Mit der Auflösung der ständischen Gesellschaft und mit der Entstehung der Wirtschaftsgesellschaft verflüchtigten sich auch die Verbrauchsnormen der einzelnen Gruppen. Durch die Freisetzung der Wirtschaft von der Gesellschaft und ihrer Ordnung ging auch das Wissen von der sozialen Qualität und den qualitativen Differenzen in der Gesellschaft verloren. Die Gesellschaft wurde als Wirtschaftsgesellschaft eine ungebundene und freie Gesellschaft, in der alle rechtlich gleichgestellt und daher auch gesellschaftlich eingeebnet wurden. Das Ausgleichsbedürfnis mit dem Streben, daß keiner unter dem allgemeinen Verbrauchsniveau stehen solle, wurde aber zugleich wieder vom Abhebungsbedürfnis einzelner begleitet, wodurch der Wunsch nach sozialer Unterscheidung wieder neu hervortrat. Die Unterscheidungen in der Wirtschaftsgesellschaft wurden alsbald in den Vermögens- und Auskommensdifferenzen gefunden. In der wirtschaftlichen Klassengesellschaft wurden der Vermögensbesitz und die Einkommensgröße zum Merkmal der sozialen Qualität. An die Stelle des sozialen Quale von einst trat in der Produktionsgesellschaft das *ökonomische Quantum von Besitz und Einkommen*.

Nun begann das Ausgleichsstreben von neuem, das vom Sozialismus durch Klassenhaß und Klassenneid und von der Sozialpolitik durch die progressive Besteuerung vorgetrieben wurde. Da aber die Einebnung in den Vermögens- und Einkommensgrößen bisher noch nie erreicht werden konnte, wendete sich das Ausgleichsstreben von den Vermögens- und Einkommensdifferenzen ab und einer leichter erreichbaren Ausgleichung in der demokratischen Verbrauchergesellschaft zu. *An die Stelle des sozialen Quale trat das ökonomische Quantum des Verbrauches.* „Der Lebensstandard wurde zum allgemeinen Leitbild der modernen Gesellschaft“ (E. Zahn: Soziologie der Prosperität, 1960, S. 36).

Die Ausgleichstendenzen aber auch die Überholungsbestrebungen wirken sich nun auf der Basis des Verbrauches und des Aufwandes aus. Im Konsum geschieht das Streben nach Verbrauchseinebnung, aber auch das Streben nach Differenzierung und der besonderen Hervorhebung in Verbrauchsquanten und Aufwandsqualitäten.

Beide Verhaltensweisen im Aufwand der Konsumgesellschaft geben der Wirtschaft eine Dynamik. Verbrauch und Erzeugung stellen sich in Wechselwirkung zueinander. Das allgemeine Streben nach größerem Aufwand und nach mehr Konsum ergibt in der Volkswirtschaft eine größere Nachfrage und diese verursacht eine größere Erzeugung. So geht vom Mehrverbrauch eine dynamische Kraft in die Volkswirtschaft aus.

Da die Erzeuger diese „Aufwandlust“ der Konsumenten kennen, können sie selbst über die zu erwartende größere Nachfrage hinaus mehr erzeugen, denn durch Werbung und Reklame können sie immer noch weiter entfaltbare und potentielle Aufwandgrößen und Verbrauchswünsche aktivieren. So wirkt die Erzeugung in Hinsicht auf eine stets weckbare Nachfrage.

In der Verbrauchsgesellschaft stellt sich der statischen Tendenz der allgemeinen und totalen Sicherung die dynamische Kraft des Strebens aller nach Mehrverbrauch und der Wille zu größerem Aufwand entgegen. Dadurch erhält die Volkswirtschaft gegen die erstarrende Lähmung der Sicherungstendenz *die dynamische Entwicklungskraft des Mehrverbrauches.*

a) Die allgemeine Nachziehung des Konsums

Die Konsumgesellschaft will nicht mehr die üblichen Bedürfnisse befriedigen und den gewöhnlichen Bedarf decken, sie will vielmehr „Wünsche, Sehnsüchte und Träume verwirklichen". Die „Produkte der Phantasie" können zugleich mit den Produkten „produziert" werden. In dieser „Traumfabrik" der Konsumgesellschaft treffen sich die Partner der Wirtschaftsgesellschaft: die Produzenten und Kaufleute, die die Phantasieprodukte erzeugen und zur Schau stellen, und die, die die geweckten Wünsche, Sehnsüchte und Träume aktuieren wollen, Käufer und Konsumenten: Beide Gruppen wollen das gleiche: das Konsumniveau heben — die einen, um ihr Geschäft zu machen, und die anderen, um zur „Konsum-Avantgarde" gezählt zu werden. Zwei Faktoren treiben das Konsumniveau nach oben: der Wille zum Gewinn von seiten der Unternehmer und der Wille, am Gipfel der Konsumgesellschaft stehen zu können.

Dadurch führt das Wirtschaften der Konsumenten vielfach aus der Sphäre des Rationalen heraus und versinkt in den tiefen Schichten des Emotionalen. Dies ergibt eine eigenartige Antinomie. Man zog aus, die Vernunft zu finden und in der Wirtschaft zu etablieren und geht nun im Unterbewußtsein unter.

Weil die Verbraucher in allen Einkäufen mehr und mehr durch das Gefühl geleitet werden als durch den Intellekt, besteht die Kunst des Gestaltens darin, jeder Ware über ihre Zweckmäßigkeit hinaus noch eine mystische Poesie zu verleihen. Und weil in allen Verkäufen das Emotionale eine Bewegungskraft ist, erwähnt der Kaufmann nicht nur die Zweckdienlichkeit, sondern auch die „Poesie des Wesens" (Peter Kaufmann, Generaldirektor des Schweizer Kaufhauskonzernes Globus).

Um das Konsumniveau für den Absatz zu steigern, wird die Konsumgesellschaft zugerichtet und von allen Seiten manipuliert, so daß als Ergebnis „der verkaufte Käufer" zum Vorschein kommt (W. Menge: Der verkaufte Käufer, die Manipulation der Konsumgesellschaft, 1971). Zu diesem Zweck werden alle *„aggressiven Verkaufsmethoden"* von der Zurichtung der Läden bis zum seelischen Zwang in den Schichten des Unterbewußtseins getätigt. Dies alles erhält dann die Marke „Marketing", denn „Marketing macht Märkte" (R. Bossle, 1968). Hier wird „eine Kunde von den Marktgegebenheiten und dem Marktverhalten groß gemacht, die sich sogar als Disziplin der Wirtschaftswissenschaften" ausgibt.

Der erste Angriff auf den Konsumenten erfolgt aus der *„verkaufsaktiven Ladengestaltung“* (Meninger). Der Verkaufsladen muß so adaptiert sein, daß er immer wieder „weitere Kunden anzieht“. Die Kunden werden in den Läden so durch die „Verkaufsstraße“ geleitet, daß sie an vielen Waren vorbeikommen müssen und an manchen, besonders attraktiv mit teuren Waren „für den gehobenen Bedarf“ ausgestalteten Stellen verweilen müssen, damit sie doch, ehe sie endlich zur Kasse kommen, die gesamte „Sortiment-Explosion“ sehen und erleben können. Die Waren, die unbedingt verkauft werden „müssen“, weil sie die besten Gewinnchancen bieten, oder weil sie im „Auslaufen“ sind, müssen in der „richtigen Blickhöhe“ und in entsprechender Grifflage geschichtet sein. So dringt die Warenfülle unauffällig, aber nachhaltig in alle Ritzen der Traumschichten der Käufer ein. Vieles, woran der Käufer noch nie dachte, hier wird es Ereignis.

Zu dieser Augenweide im Waren-Wunschland kommt noch die *Seelenmassage der Kunden* von seiten der psychologisch geschulten Verkäufer, denn „der Verkauf beginnt, wenn der Kunde ‚nein‘ sagt“ (Elmer Letermann). Mit dem Nein ist ein Gespräch angeknüpft und diese Verknüpfung darf nicht mehr abreißen. Damit kommt das Gespräch auf die „näheren Umstände des Kunden“. Wenn Verkäufer und Käufer nun schon so intim verbunden sind, kommt dann abermals, diesmal aber schon aus den dem Käufer bekannten tiefen Wunschschichten der erträumte Wunsch zum Vorschein und schon ist das Kontaktgespräch erfolgreich.

Frei von diesen und ähnlichen Kontaktanweisungen zeigt die Zeit des Ladenaufenthaltes und der Verkaufserfolg folgende Zusammenstellungen an: 5 Minuten: 0,40 - 18,55 DM, 10 Minuten: 1,76 - 37,70 DM und 15 Minuten: 11,80 - 52,47 DM. *Die Werbekraft der Erzeuger und ihrer Warenvermittler steigert immerfort das Konsumniveau.*

Die andere Komponente für das Ansteigen des Aufwandes geht von den Konsumenten selbst aus. In der Konsumgesellschaft leben die Konsumenten mit verschiedenen Aufwandgrößen, weshalb auch die Konsumgesellschaft eine differenzierte Gesellschaft ist. Da die Differenzen nach außen hin nur in den Konsumquanten bestehen, können sie durch Mehrkonsum der jeweils Zurückgebliebenen ausgeglichen werden. Es liegt im Wesen der Konsumgesellschaft, daß sie der Tendenz des Ausgleiches und der Nivellierung des Aufwandes folgt.

Diese immer wirkende Entwicklungstendenz ist auch in der Anlage des Menschen gegeben. Während in der Leistungsgesellschaft der Ausgleich wegen der verschiedenen Leistungsfähigkeit nicht gelingen kann, ist dies in der Konsumgesellschaft wohl weitgehend möglich. Der große Soziologe und Kenner der Gesellschaftsverhältnisse und der sozialen Verhaltensweisen der Menschen, Johann Nestroy, meinte in diesem Zusammen-

59. Rechnungsführer Matthäus Lang im Comptoir Jacob Fuggers mit Hauptbuch und Ladenordner für die Korrespondenz: 1516

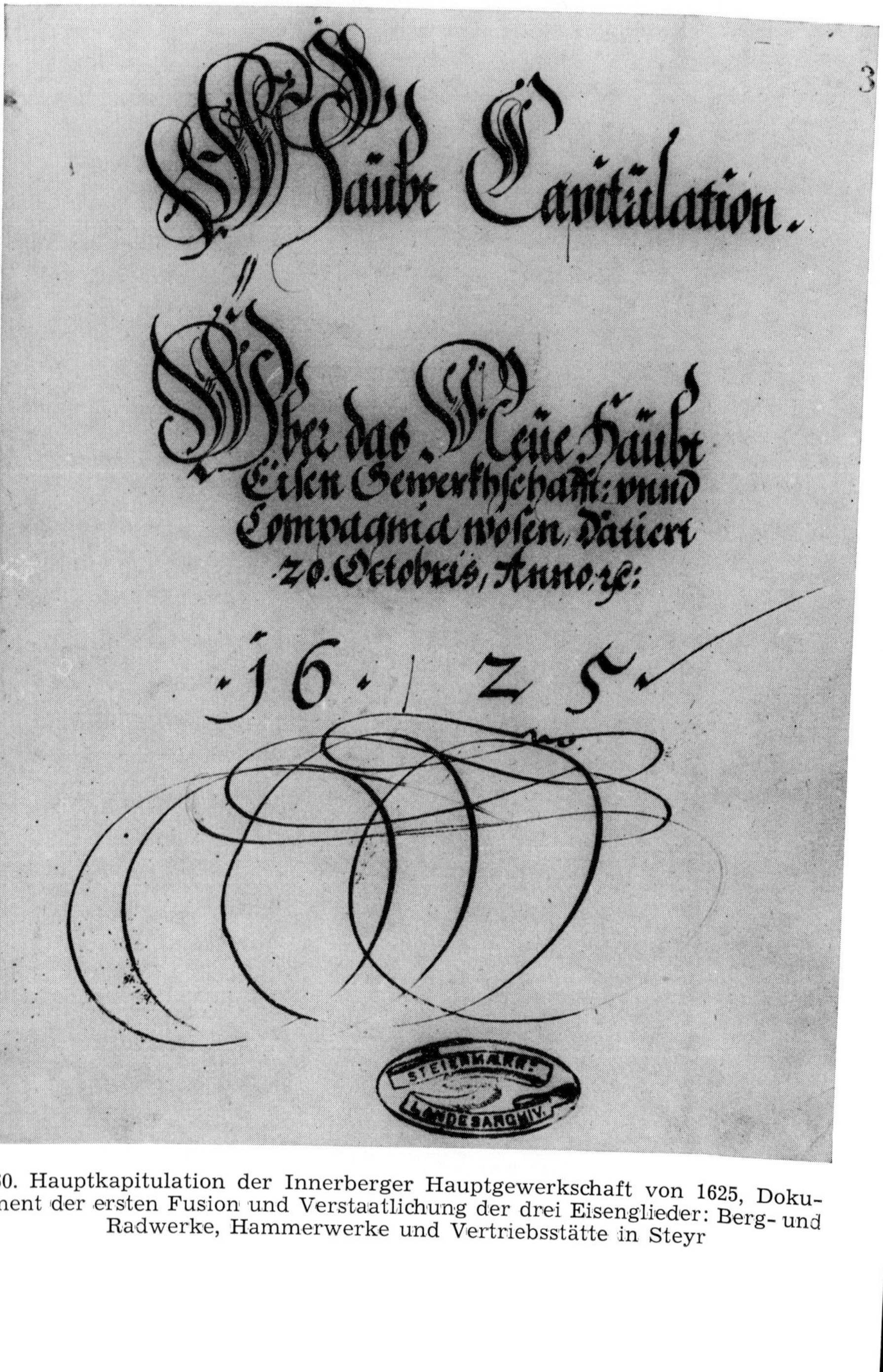

60. Hauptkapitulation der Innerberger Hauptgewerkschaft von 1625, Dokument der ersten Fusion und Verstaatlichung der drei Eisenglieder: Berg- und Radwerke, Hammerwerke und Vertriebsstätte in Steyr

hang: „Jedermann hat das Streben in sich, bei der ihm vorgeordneten Gesellschaftssprosse in Aftermiete wohnen zu wollen." Dadurch ergibt sich ein dauerndes „Geschiebe" in der Konsumgesellschaft. Von „unten" schieben sich die Menschen von einer Sprosse zur nächsten bis sie schließlich alle „oben" ankommen und *eine Gesellschaft der Gleichen im Aufwand* bilden.

Die Konsumgesellschaft ist zudem noch eine Gesellschaft des *demonstrativen Verbrauches*. Die Stufen in den Verbrauchsgrößen müssen gar nicht in dem Sinne echt sein, daß der gezeigte Aufwand auch schon bezahlt ist. Die Verbrauchsgrößen können insoferne unecht sein, indem hinter ihnen Kredite und Schuldenkonten stehen. Aber, ob echt oder unecht, für die Demonstration des Aufwandes ist dies gleichgültig. *Die demonstrierten Konsumquanten bestimmen das soziale Quale in der Gesellschaft.*

Nun gilt es: die bislang versäumten Verbrauchsgrößen „einzuholen". Was die Konsumenten an Mehrverbrauch jetzt schon zeigen wollen, „das muß man eben haben". Dieses jeweils neue Verbrauchsniveau schiebt sich über die ganze Gesellschaft, bis in kurzer Zeit das gleiche Konsumniveau allgemein gegeben ist. In diesem Moment beginnt schon der nächste Aufguß mit einem neuen, erhöhten Konsumniveau.

Diese neue Waren-Auflage in den erhöhten Konsumquanten kündigt sich als *„Einholpflicht"* an: „Der größere Kühlschrank ist da, die Nachbarin hat ihn schon!" So etwas löst sofort die Einholdynamik von neuem aus: „Wir müssen auch den größeren Kühlschrank haben, denn wir dürfen doch nicht hinter dem Niveau der Nachbarin zurückbleiben." Wir kaufen, um in der gleichen Sozialposition wie die Nachbarin verbleiben zu können.

Das gleiche gilt auch für den Aufwand der Geschäftsleute. Da die größere Zahl von ihnen bei den mittleren und kleinen Unternehmern zu registrieren ist, müssen auch diese in besonderer Weise für größere Demonstrationskäufe angereizt werden: „Auch für den mittleren Betrieb ist der größere Wagen brauchbar." Dadurch werden zunächst alle schon in der Kategorie des „mittleren Betriebes" angesprochen, was in denen, die darunter liegen, schon ein „Wohlgefallen" durch den Prestigevorschuß erzeugt. Dann leuchtet ihnen ein, daß sie mit einem „größeren Wagen" so scheinen, als ob auch sie zu den „Größeren" gehörten. In dieser Vorstellung liegt die „Aftermiete" bei der vorgeordneten Gesellschaftsschichte der Konsumgesellschaft deutlich vor.

Da selbst in der Kreditvergabe nicht nur nach rationalen Erwägungen, sondern auch nach „visuellen Demonstrationen" Gelder vergeben werden, kann ein Geschäftsmann doch nicht mit einem „Volkswagen" vor der Bank vorfahren, er muß vielmehr hiefür wohl einen „Mercedes" benutzen, auch wenn dieser nicht ihm gehört. Das Auto ist in der Konsumgesellschaft nun schon einmal ein soziales Statussymbol. Alle, die nicht einmal ein Auto haben, gehören zu den „vollends Unterentwickelten", die „ferner liefen".

Da man zur „Konsum-Avantgarde" gehören will und muß, müssen auch alle „die Waren des gehobenen Bedarfes" zu teuereren Preisen kaufen. Ein solcher Kauf legitimiert den Käufer „als zur höheren Gesellschaftsschichte gehörig". Die Waren des gehobenen Bedarfes demonstrieren „die höheren Ansprüche" und diese den „höheren Stand" in der Konsumgesellschaft. Aber dieser jeweils höhere Stand muß wieder von den anderen eingeholt werden. So gibt die Konsumdifferenz die Ursache für die Nivellierung in der Konsumgesellschaft. „Gleich sind, die gleich viel und Gleiches konsumieren" (Egalitätsklausel). (Jean Jaques Chevalier: „Arsenal des neuen Leviathan" nach P. Brückner: Freiheit, Gleichheit, Sicherheit, Frankfurt 1966). In dieser Konsum-Gesetzlichkeit werden alle Konsumenten allmählich zur Gesellschaft der Gleichen im Konsumquantum.

Die Wirtschaft hat durch diese Gesinnung eine neue Aufgabe. „Das Ziel ist, jedem einzelnen Staatsbürger vermehrte Aufstiegsmöglichkeiten zu bringen und die Möglichkeit zu bieten, am wachsenden Sozialprodukt durch seine Leistung mit einer entsprechenden Erhöhung des Lebensstandards teilzunehmen" (Bundeskanzler Dr. Gorbach in der Regierungserklärung im Nationalrat am 16. April 1961, Sten.Prot. IX. Ges. Per. 64. Sitzung, S. 2683).

b) Das Sozialprestige durch das Konsumquantum

Der Mensch ist als Person ein Wesen mit zwei Erscheinungsweisen: der Individualität und der Sozialität. Aus der Individualität entspringen die Bedürfnisse für die Lebenshaltung und die individuelle Lebensentfaltung. Aus der Sozialität stammen die Bedürfnisse für die gesellschaftliche Geltung und für das Sozialprestige. Der Mensch will kraft seiner Persönlichkeit auch in der Gesellschaft etwas gelten und ein entsprechendes Ansehen haben, denn erst ein solches vollendet die Persönlichkeit. Auf ein solches gesellschaftliches Bedürfnis des Menschen hat die Volkswirtschaftslehre von Gossen bis zur Grenznutzenschule vergessen, weshalb die Prestigebedürfnisse erst im Zusammenhang mit den Problemen der Konsumgesellschaft zum Vorschein und zur Erörterung kamen.

Der Mensch will in der Gesellschaft eine bestimmte Geltung haben und daher einen entsprechenden Sozialstatus entfalten. Das Erreichen dieser Geltung und das zugehörige Sozialprestige gibt dem Menschen für kurze Zeit eine „Bedürfnis-Sättigung", bis die nächste Stufe in der Gesellschaftshierarchie angestrebt wird. *Die soziale Geltung gibt dem Menschen einen Prestigenutzen und eine Geltungsrente.* Diese ist eine Differentialrente des eingeholten oder des überholten sozialen Abstandes zu den anderen.

Voraussetzung für die Wirksamkeit der Geltungsrente ist allerdings ein *Wirtschaftszustand,* bei dem die lebensnotwendigen Bedürfnisse ohne Sorge befriedigt werden können. Erst dann, wenn die Käufer aus sich selbst nicht mehr genau wissen, was sie noch zu kaufen wünschen (Galbraith), setzt der Aufwand für den demonstrativen Verbrauch mit dem Streben nach Sozialprestige und nach der Geltungsrente ein.

Voraussetzung für die Wirksamkeit der Geltungsrente ist allerdings auch ein *Gesellschaftszustand,* in dem es möglich ist, eine soziale Geltung und damit ein Sozialprestige „aufzubauen". In der ständisch gebundenen Gesellschaft war dies in der Regel nicht möglich, weil man durch Geburt zu den Ebenbürtigen oder durch die Standeszugehörigkeit zu den Standesgenossen gehörte. In der freien Gesellschaft hingegen war der Aufbau des Sozialprestiges durch die Erstellung einer entsprechenden Leistung möglich. In der Konsumgesellschaft von heute kann das Sozialprestige durch die Demonstration eines Konsumquantums möglich sein, weil dieses die soziale Qualität der Konsumenten bestimmt. *Wer mehr verbraucht,* gilt auch in der Gesellschaft mehr und genießt daher ein *höheres Sozialprestige.*

Dieser Geltungsnutzen kommt in der Konsumgesellschaft durch die *Überholung im Aufwand* gegenüber der Verbraucherschichte, der der Prestigesüchtige an sich angehört, zustande.

Die *Überholung kann im Quantum des Konsums* erfolgen, wenn der Prestigewerber mehr aufwendet und für den Verbrauch sichtbar und demonstrativ mehr ausgibt. Dieser höhere Aufwand kann durch längere Zeit eine Geltungsrente garantieren. Diese ist aber doch immer in Gefahr: eingeholt zu werden. Ist die Geltungsrente durch einen gleich großen Aufwand anderer eingeholt, dann geht sie als Differentialrente verloren.

Wirksamer ist die *Überholung in der Aufwandsqualität,* denn die Sonderheit der Aufwandgüte muß von der Umgebung erst erkannt werden. Sie kann aber oft trotz des Erkennens nicht eingeholt werden, weil die Konsumqualität individueller Art und persönlicher Natur ist. Zu dieser persönlich-individuellen Qualität gehört neben der schöpferischen Leistung auch der Mut zum Einzelgänger. Aber gerade dieser sichert dem Prestigesüchtigen für längere Zeit eine Sonderstellung in der Konsumgesellschaft. Diese löst sich aber vielmehr von selbst auf, weil bei langer Dauer der Geltungsrente die Sonderheit des Aufwandes nicht mehr „auffällt".

Die Überholung einer Konsumentenschichte kann durch eine Geltungsrente im Wege des größeren Konsumquantums oder im Wege der Qualität eines individualisierten Aufwandes erreicht werden.

Die Konsumgesellschaft legitimiert all diese Vorgänge und läßt deshalb die Gesellschaftsschichtung nach Verbrauchsgrößen oder Aufwandssonderheiten gelten.

Für die einzelnen ergibt sich daraus eine *Prestige-Politik,* die folgende Maxime erzwingt:

Man kauft, was man nicht braucht,
mit dem Geld, das man nicht hat,
um dem zu imponieren,
den man nicht mag.

(A. Tautscher: Lebensstandard und Lebensglück, 1963, S. 67)

3. Der Leistungswille: die Entfaltung der Persönlichkeit in der Wirtschaft

Die soziale Sicherheit und die ökonomische Gesichertheit sind für die Lebensführung des Menschen wichtig, weil sie durch die Garantie des Lebensunterhaltes die Voraussetzung für die Lebenserfüllung geben. Ein hoher Lebensstandard und ein stets steigender und qualifizierter Aufwand sind die Grundlage für die Lebensentfaltung des Menschen. Über beide hinweg liegt in der Wertreihe die Lebenserfüllung der Persönlichkeit und die Persönlichkeitsentfaltung. *Der eigentliche Sinn des Lebens liegt jenseits der Wirtschaft.*

Diese Kenntnis ist nicht nur eine theoretische für die Disziplin der Lebensphilosophie, sondern eine entscheidende Erkenntnis für die Gestaltung der Wirtschaftsordnung. Diese muß nämlich so sein, wenn dem Menschen gerecht getan und die Ordnung daher human sein soll, daß sie die Voraussetzung und die Grundlage für die Entfaltung der menschlichen Persönlichkeit gibt. Dies erkannte man selbst an den Stellen, an denen in oberster Instanz die wirtschaftspolitischen Entscheidungen getroffen wurden. Von diesem richtigen Ordinatensystem sprach der ehemalige Bundesminister für Landwirtschaft, Dipl.-Ing. Hartmann: *„Wenn die Lebensnot einer Gesellschaft gedeckt ist, dann entscheidet nicht der Lebensunterhalt, sondern der Lebensinhalt. Grundsätzlich hat das Persönliche und das Gesellschaftliche gegenüber dem Ökonomischen den Vorrang"* (Rede vor dem Rheinischen Landwirtschaftsverband am 8. März 1963 in Bonn).

Wenn auch der Beruf in der Gegenwart die alleinige Gestaltungskraft für die Gesellschaftsordnung verlor, dann ist er aber doch für den Menschen noch immer von lebensgestaltender Wirkung. Heute ist zwar nicht jede Arbeit als berufliche Leistung anzusprechen, aber durch die Durchdringung der meisten Verrichtungen in der Wirtschaft von seiten der Technik kommt die lebenserfüllende Kraft der Arbeit als Lebens- und Berufsaufgabe wieder stärker zum Vorschein. Die Arbeit in den verschiedensten Sparten fordert vom Menschen immer mehr Geist und Wissen und dazu auch noch immer mehr Verantwortung. Die Anforderung an mehr Wissen und Können wendet sich an die geistigen Anlagen des Menschen und dringt so in den inneren Kern der Persönlichkeit vor. Die Anforderung an mehr Verantwortung richtet sich an den Charakter des Menschen und damit an das innerste Wesen der Persönlichkeit. Auf diese Weise wird die Leistungserstellung in der Wirtschaft von heute vielfach wieder echte Berufsleistung, die nicht selten der Berufung bedarf. *So wird die Tätigkeit in der Wirtschaft wieder Lebenserfüllung und Persönlichkeitsentfaltung.* Dies gilt für alle Kreise der Wirtschafter: für Unternehmer der gewerblichen Wirtschaft, für bäuerliche Unternehmer und für viele Mitarbeiter in den Betrieben.

a) Der persönliche Einsatz des Unternehmers und des Bauern

Der *Unternehmer der gewerblichen Wirtschaft* muß die Methoden seiner Erzeugung und die Erstellung seiner Leistungen auf das Genaueste kennen und durch das jeweils neue Wissen und die neuesten Errungenschaften ergänzen. Er muß die Absatz- und Beschaffungsmärkte seines Betriebes überblicken und mit den Methoden der Marktforschung und Reklame zu gestalten vermögen. Er muß das Rechnungswesen und vor allem die Kalkulation beherrschen und das geltende Wirtschafts- und Steuerrecht kennen, damit er mit beiden operieren kann. Der Unternehmer muß als die Mitte seiner Werks- und Betriebsgemeinschaft seine Mitarbeiter zu führen wissen und die Betriebsorganisation stets verbessern. Er muß in den Verbänden und Kammern tätig sein, wie er auch die Beziehungen mit der Öffentlichkeit pflegen muß, um zur gesellschaftlichen Anerkennung seiner Persönlichkeit und zu Achtung und Ansehen seines Betriebes zu kommen. Der Unternehmer muß immer wieder schöpferische Ideen hervorbringen, denn nur so ist er imstande, für seine Unternehmung durch Vorzugsleistung eine Vorzugsrente zu sichern (Der moderne Unternehmer, Jg. 4, 1963, S. 33).

Mit all diesen Aufgaben übernimmt der Unternehmer „eine Verantwortung, die ihm niemand abnehmen kann". „Er trägt die Verantwortung für den Betrieb und damit auch für seine Mitarbeiter. Er trägt aber auch die Verantwortung für die Verbraucher und damit für das Gedeihen der Volkswirtschaft. Daraus ergibt sich auch die Verantwortung für die Politik und die Kultur, Verantwortungsbereiche, die schließlich zu der umfassenden sittlichen Verantwortung des Unternehmers vor der Gesellschaft führen" (Selbstbesinnung der Unternehmer, in: Der moderne Unternehmer, Jg. 3, 1962, S. 4). All diese Aufgaben und Verpflichtungen qualifizieren viele Unternehmer von heute als *Gruppe der Elite*.

Jeder Unternehmer „hängt mit seinem ganzen Herzen an seinem Betrieb, selbst wenn er nur eine kleine dunkle Werkstätte oder ein altes Geschäftslokal ist. Sein Betrieb, auch wenn er einen noch so kleinen Gewinn abwirft, ist eben seine Welt: *sein Lebensinhalt*" (Abgeordneter Dwořak in der Debatte über die Gewerbliche Selbständigen-Pensionsversicherung am 18. Dezember 1957 im Nationalrat, Sten.Prot. VIII. Ges. Per. 50. Sitzung, S. 2276).

Der Unternehmer leistet eine führende Aufgabe mit der Verpflichtung für sich und andere als Lebensinhalt. In diesem seinem Lebensinhalt entfaltet er auch seine Persönlichkeit.

Der *Bauer* führt seine Hofwirtschaft meist in der Einschicht und ist deshalb gewohnt, allein und selbständig zu sein. Er ist deshalb auch ein Hort der Selbständigkeit und der Freiheit in den natürlichen Bindungen mit seiner Gemeinschaft und seinen Organisationen. In dieser Freiheitsbewahrung ist der Bauer ein „Bollwerk für die staatliche Ordnung" (Abgeordneter Strommer in der Debatte über das Landwirtschaftsgesetz im Nationalrat am 13. Juli 1960, Sten.-Prot. IX. Ges. Per. 38. Sitzung, S. 1527).

Die Entwicklung zog auch die Landwirtschaft und die Bauern in den Sog der modernen Welt, so daß die Bauern auch mehr unternehmerische Qualitäten entfalten müssen. Die Bauern werden durch die neuen Gegebenheiten *bäuerliche Unternehmer* (Präsident Stürgkh in der Sitzung der Landwirtschaftskommission des Europarates am 12. März 1963 in Paris).

In dieser Funktion verbindet sich das Neue und das Alte. Wenn der Bauer Unternehmer ist, muß er die Agrartechnik und die Agrarchemie ebenso beherrschen wie die Marktbeobachtung und diese noch dazu in mehr spekulativer Weise als der gewerbliche Unternehmer, weil der Bauer kraft der Naturgebundenheit seiner Erzeugung in Ackerbau und Viehwirtschaft mit längeren Produktionsperioden rechnen und kalkulieren muß. All diese hofwirtschaftlichen Vorgänge zwingen dem Bauern die Kenntnis der Betriebswirtschaft mit den zugehörigen Rechnungsarten auf. Der Bauer muß wegen seiner Organisationsverbundenheit mit den Genossenschaften und den Landwirtschaftskammern organisatorische Fähigkeiten entfalten und die entsprechende Öffentlichkeitsarbeit leisten. All diese und noch viel mehr neue Aufgaben bilden den unternehmerischen Bauern von heute.

Zum alten Verpflichtungsstand des Bauern gehört es, daß er das Brauchtum und das Herkommen, soweit es sich nicht als Hemmung gegen die notwendigen Neuerungen stellt, bewahrt und weiterentwickelt. Zu diesen Bewahrungspflichten gehört die Rückverbundenheit in der Religion und die Verbundenheit mit der Heimat, die die Bauern durch ihre Arbeit in Jahrhunderten geschaffen haben. Diese jahrhundertealte, kulturelle Mission müssen die Bauern auch weiterhin erfüllen (Abgeordneter Dipl.-Ing. Hartmann in der Debatte des Nationalrates am 12. Juli 1960, Sten.Prot. IX. Ges. Per. 21. Sitzung, S. 1003).

Der unternehmerische Bauer muß seine gesamte Persönlichkeit einsetzen, um den ökonomischen, politischen und kulturellen Verpflichtungen als bäuerlicher Unternehmer entsprechen zu können. Leistet er diese Aufgaben, dann gehört er auch zur stillen Elite des Landes.

b) Der persönliche Einsatz der Mitarbeiter

Die Mitarbeiter haben als Angestellte und Arbeiter mit ihren verschiedenen Schichten „das Ihre zu unternehmen". Die Angestellten reichen in ihrer führenden Schichte bis an die Aufgaben der Chefs heran und vollbringen in den ausführenden Gruppen anweisende und ordnende Arbeiten. Für all diese Verpflichtungen ist ein vielfältiges Wissen technischer und organisatorischer, wie auch kaufmännischer und rechtlicher Art vonnöten. All die übertragenen Aufgaben erfordern große Aufmerksamkeit und Verantwortung, die von jedem den Einsatz des Charakters fordern. Dies bedeutet aber auch: *viele der Mitarbeiter müssen ihre Persönlichkeit in ihrer Arbeitsverrichtung einsetzen.*

Diese Mitverpflichtung der Mitarbeiter läßt diese auch im Betrieb „mitreden". Sie haben von ihrem Arbeitsplatz her für ihren überschaubaren Umkreis ein Mitspracherecht: *„sie sind ein mitwirkender Faktor in der Gestaltung der Wirtschaft"* (Abgeordneter Hillegeist in der Debatte über das Betriebsrätegesetz am 28. März 1947, Sten.Prot. d. Nationalrates, V. Ges. Per. 50. Sitzung, S. 1394).

„Jeder Arbeitsplatz und jede Arbeitsaufgabe braucht einen bestimmten körperlich, geistig und charakterlich strukturierten Menschen. Die geforderte Arbeitsleistung im Betrieb verlangt den *vollen Einsatz der Persönlichkeit.* Die Arbeitsleistung bringt aber auch für den schaffenden Arbeiter die volle Persönlichkeitsentfaltung. *Die Arbeit ist wieder der Niederschlag der Persönlichkeit"* (A. Tautscher: Vom Arbeiter zum Mitarbeiter, 1961, S. 120).

Die Arbeit der Mitarbeiter wird von vielen als echte Berufstätigkeit mit innerer Anteilnahme und äußerem Einsatz geleistet. Eine so geleistete Arbeit in der Wirtschaft gibt innere Befriedigung und oft auch äußeres Ansehen.

B. Die Gesellschaft in der sozial gebundenen Wirtschaft

Die Gesellschaftsordnung in der sozial gebundenen Wirtschaft der Gegenwart entspricht ganz und gar der Wirtschaftsgesinnung und ihren gegensätzlichen Zielen.

Das *Ziel der sozialen und ökonomischen Gesichertheit* ist nur durch ein Zusammenstehen zur gegenseitigen Hilfe und Unterstützung in der gruppen-organisierten Wirtschaft möglich. Dies geschieht in Wechselwirkung von Gesellschaft und Wirtschaft. Die gesellschaftlich gefährdeten Gruppen mußten zu ihrer sozialen Bestandssicherung einerseits in der Wirtschaft das Ziel der Sicherheit anstreben, sie mußten sich daher noch enger als bisher verbinden. Die wirtschaftliche Not erzwang anderseits eine stärkere, auch gesellschaftlich organisatorische Durchdringung der Bedrohten. Für die notwendig zu erstrebende Sicherheit mußte sich die Gesellschaft stärker in ihren Gruppen integrieren und organisieren. Diese Entwicklung förderte unzweifelhaft die Tendenz zur Kollektivisierung. Die Organisierten werden in den Kollektivorganisationen zusammengefaßt und von den Organisationsdirektionen zu gleichen Untertanen degradiert. Die Organisationstendenz läßt allenthalben ein Kollektiv der Gleichen entstehen.

Das *Ziel der Steigerung des Lebensstandards* kommt zum Teil aus der Gesellschaft, weil jeder in der Sozialhierarchie aufsteigen möchte: diesmal durch Konsum-Maximierung. Daher wird von den Zurückgebliebenen mit allen Kräften die Einholung bis zur Ebene der Gleichheit im Konsumkollektiv angestrebt. Dann aber wird sofort wieder die Überholung der Masse durch die Individualisierung in der Verbrauchsmenge und Aufwandgüte angestrebt. *Dieses Ziel der gegenwärtigen Wirtschaftsgesinnung stellt eine Kombination kollektivistischer und individualistischer Ordnungsprinzipien dar.*

Das *Ziel der Persönlichkeitsentfaltung,* das sowohl aus der Gesellschaft als auch aus der fortschreitenden Wirtschaft stammt, bringt deutlich die Tendenz zur gesellschaftlichen Elite-Bildung. Ohne Zweifel bringt die alte, oft noch liberale Bürgergesellschaft da und dort den Entwicklungsdrang zur Elite, aber auch totalitäre Systeme des Faschismus und des Kommunismus zeigen neben der Nivellierung der Massen elitäre Erscheinungen für die jeweils führende Schichte.

Die Leistungsanforderungen der Gesellschaft und Wirtschaft von heute sind so, daß sie nie von allen, sondern nur in Stufen und Gruppen von Eliten erfüllt werden können. Deshalb bedürfen alle Gesellschaftssysteme schon um ihres Bestandes willen einer Oberschichte von „Technokraten". Aber all diese „neuen Gesellschaften" — und selbst die, die dem Prinzip der Gleichheit verschworen sind — bedürfen der Intelligenz nicht nur in den technischen und organisatorischen Bereichen, sondern auch für die notwendigen schöpferischen Aufgaben in Kultur und Wirtschaft. Die Gesellschaftsordnung von heute hat die *Tendenz zur Elitebildung*.

Die Gesellschaft steht demnach in einem Gegensatz horizontaler und vertikaler Entwicklungstendenzen — wie die Wirtschaftsziele: Sicherheit einerseits und Aufwandindividualisierung und Persönlichkeitsentfaltung andererseits. Diese Tendenzen laufen gegeneinander und können als politische Gegensätze kraß zum Vorschein kommen, sie laufen aber auch durcheinander bis zur gegenseitigen Durchdringung, so daß es Demokratien mit echten Eliten und elitäre Gesellschaften mit „demokratischen Neigungen" gibt, die wenigstens die Beachtung der Grund- und Menschenrechte respektieren.

Dieses vielfältige Gegeneinander der in Gruppen organisierten Gesellschaft, die ihrerseits wieder „die ohnmächtig Organisierten" und „die allmächtigen Organisationsmanager" in sich faßt, weist eine *pluralistische Gesellschaft im Werden* auf. *Es gibt deutlich markierte Tendenzen, aber noch keine allgemeine abgeschlossene und anerkannte Gesellschaftsordnung.*

Wenn man die oberflächlichen Erscheinungsweisen der heutigen Gesellschaft durchschaut und wenn die soziologische Forschung mehr als eine „dürftige Fragebogenkunde" ist, dann sieht man deutlich die tatsächlichen Wandlungen in der Gesellschaft mit der *allgemeinen Tendenz zur Qualifizierung und daher zur Elitebildung*.

Die gestaltenden Kräfte, die die Wirtschaft immer wieder erneuern und das Bewährte weitergeben, sind in der *gegenwärtigen Gesellschaft, die Bildungsgesellschaft sein muß:* die Professoren der Universitäten und Hochschulen, soferne und soweit sie forschend tätig sind, mit den Lehrern aller Schularten und Schultypen, soferne sie das Erkenntnis- und Wissensgut weitergeben, die Industriellen und Gewerbetreibenden, soferne sie etwas unternehmen, die Bauern, soferne sie auf Grund der Tradition im Verein mit den neuen Errungenschaften auch das Ihre unternehmen und die Mitarbeiter in allen Betrieben und Unternehmungen, soweit sie mitdenken, mitverantworten und in ihrem Wirkungskreis das Ihre unternehmen.

Diese Gesellschaft in ihren Gegensätzen von horizontal geschichteten Gleichen und vertikal gestuften Eliten hat ein deutlich erkennbares *Spiegelbild in der modernen Bauweise*.

Die *Massengesellschaft der Gleichen* spiegelt sich in den *„Siedlungen* mit gleichen Häuserln", woraus man die Ein-Mengung der einzelnen ins Kollektiv deutlich wahrnehmen kann. Ebendieselbe Massengesellschaft sieht man in den ungegliederten Wänden der *Hochhäuser*, in denen die Fenster nur Ausblicklöcher sind und für alle das gleiche Blickfeld bieten.

Genau die gleiche Ordnungsstruktur zeigen die modernen *Kirchen*, die in der Mitte den Altar haben und ringsherum in gleichen Sektoren auf der gleichen Ebene die in Gruppen organisierten Massen anordnen: einem kirchlichen Selbstbedienungsladen nicht unähnlich. Hier gibt es nur eine Liturgie der Gleichen in einem strengen Kollektiv-Reglement ohne betrachtende Vertiefungsmöglichkeit für die einzelnen. Die einzelnen Beter gehen in dem Kirchenkollektiv unter. Wegen der Demokratie von Laien und priesterlichen Amtsträgern hat man bei manchen neuen Kirchenbauten auf den Platz für den „Herrn" vergessen. Man mußte dann das Tabernakel in irgendeiner Verlegenheitsecke unterbringen.

All diese Bauweisen entsprechen der horizontalen Gesellschaft der Gleichen.

Der Trend zur elitären Gesellschaftsordnung wird in den neuen Bauweisen insoferne angedeutet, daß die Gesellschaft als pluralistische in das Spiegelbild tritt.

In den *Hochhäusern* mit bienenwabenartiger Aufgliederung der Hausfronten wird die Gesellschaft mit ihrer pluralistischen Ordnung als Verein von Ichen gezeigt. Man kann aus den zerfurchten und zerteilten Wänden mit vor- und eingerückten, aber auch im Stockwerk versetzten Loggien die pluralistische Gesellschaft der absoluten Individuen deutlich ausnehmen. Mehr als diese Zerteilung vermögen die Architekten noch nicht zu zeigen.

Die neue Elite kommt höchstens in den *abgesonderten Villenvierteln*, die es für die neuen Schichten gibt, zum Vorschein.

Im *Sakralbau* gibt es diese neue Tendenz der Gesellschaftsentwicklung noch nicht, weil die Kirche eben erst die Phase der Vermassung durchmacht und daher gegen jede Elitebildung Stellung bezieht. Deshalb hat sie ja auch „die Heiligen abgesetzt" und in die horizontalen Reihen der Gläubigen zurückbeordert.

Die neue Bauweise deutet in der Darstellung der pluralistischen Gesellschaft die Möglichkeit einer Elitebildung an.

1. Die Tendenz zur horizontalen Gesellschaft der Gleichen

Die Postulate Freiheit und Gleichheit stehen in enger Beziehung zueinander. Diese Beziehung wurde von den Liberalen und den Sozialisten verschieden, ja im Gegensatz zueinander gesehen.

Die *Liberalen* forderten die Gleichheit der Chancen und die Gleichheit der Ausgangspositionen, damit jeder einzelne die Freiheit gemäß seines Talentes und seines Fleißes nutzen kann. Auf Grund der gleichen Chancen ergeben sich aber alsbald nach dem Start unterschiedliche Erfolge, indem die einen zu größerem Erfolg und zu größerem Vermögen und daher zu höherem Rang in der Gesellschaft kommen, während die anderen in der ökonomischen und sozialen Entwicklung zurückbleiben. Diese Differenzierung wird der Freiheit gemäß und der Natur der freien Gesellschaft entsprechend anerkannt.

Die *Sozialisten* hingegen sind der Auffassung, daß die Gleichheit der Startbedingungen nicht genüge, um die Freiheit für alle und jeden zu garantieren. Die Nutzung der gleichen Ausgangspositionen bringt differente wirtschaftliche Erfolge und diese verursachen immer wieder eine neue Klassenbildung. Durch eine solche ist aber schon wieder die Freiheit der „Zurückgebliebenen" gefährdet. Soll aber die Freiheit für alle in gleichem Maß gewährleistet bleiben, muß die Gleichheit immer wieder von neuem hergestellt werden.

Das Wiener Parteiprogramm der Sozialistischen Partei Österreichs vom Mai 1958 forderte daher folgerichtig: *die Gleichschaltung von Freiheit und Gleichheit.* „Freiheit ohne Gleichheit ist ebenso undenkbar wie die Gleichheit ohne Freiheit. Wer die ganze Freiheit will, muß die Gleichheit wollen. Gleichheit heißt: politische und juristische Gleichberechtigung und wirtschaftliche Gleichheit." Nur die politische und juristische Gleichberechtigung gibt die Voraussetzung für die Freiheit. Diese bedarf aber für ihren Bestand und für ihre Wirksamkeit „der wirtschaftlichen Gleichheit". Ist diese nämlich nicht gegeben, dann wird die Freiheit durch die sich bildenden, ökonomischen Klassendifferenzen immer wieder vernichtet. Die „ungleichmäßige Nutzung der menschlichen Reserven" und die dadurch verursachten Spannungen beeinträchtigen die Freiheit, wenn sie nicht gar die Freiheit vernichten. „Die Gleichheit ist eine grundlegende Voraussetzung für die gut funktionierende Gesellschaft" (Alva Myrdal-Report, T. III). *Freiheit kann es nur unter Gleichen geben.*

Diese Argumentation macht es verständlich, daß die Forderung des Liberalismus nach Gleichheit der Chancen unzulänglich ist, „denn die liberale Gesellschaft führt in der Praxis zu neuen Klassenunterschieden und zu neuen Privilegien" (Myrdal-Report, T. I). „Die formalen Rechte auf Gleichheit vor dem Gesetz, auf politischen und wirtschaftlichen Einfluß, genügen nicht, die Gleichheit kann daher nicht zu einem gegebenen Zeitpunkt erreicht sein, sie muß zu einem ständigen Bestreben werden: die Gleichheit muß immer wieder hergestellt werden. *Die Politik der Gleichheit hat immer wieder alle gleichzurichten.*

Daher richtet sich das politische und *gesellschaftspolitische Ziel* auf den *Abbau der hierarchischen Organisation* in den Unternehmungen und in der Verwaltung und auf den Abbau der autoritären Beziehungen zwischen Vorgesetzten und Unterstellten (Myrdal-Report, T. I). *Alles Streben muß sich „gegen elitäre Vorstellungen richten“* (Myrdal-Report, T. I). Das Streben nach Gleichheit richtet sich auf Gleichheit in der Familie, auf Gleichheit im Betrieb, auf Gleichheit in der Entlohnung, auf Gleichheit in der Bildung und auf Gleichheit durch die Besteuerung.

Die Gleichheit in der Familie

Bisher waren in der Familie die Funktionen geteilt: der Mann hatte seine Berufstätigkeit außerhalb der Familie in irgendeinem Betrieb, er hatte auch allein die Versorgungspflicht für die Familie, die Frau besorgte den Haushalt und versorgte die Kinder. Diese Arbeitsteilung benachteiligte die Frau und ließ sie in wirtschaftliche Abhängigkeit vom Mann kommen. Diese Ungleichheit muß nunmehr in der Gesellschaft der Gleichen behoben werden, indem die Frau auch berufstätig wird und so die wirtschaftliche Unabhängigkeit und damit „mehr Freiheit in der größeren Gleichheit“ erlangen kann. Der Mann kann bei dieser größeren Gleichheit „mehr am Familienleben teilnehmen und mehr Kontakte zu den Kindern bekommen“. „Da es immer gebräuchlicher wird, daß sich die Eltern in der Aufsicht und Erziehung der Kinder ablösen, erscheint es nach und nach verständlich, daß das Recht auf Befreiung von der Arbeit im Zusammenhang mit der Geburt eines Kindes zwischen den Eltern geteilt wird“ (Myrdal-Report, T. II, 6). Während bisher nur die Frau anläßlich der Geburt eines Kindes sechs Monate Arbeitsurlaub hatte, ist es nunmehr wohl richtig, daß „der Arbeitsurlaub zwischen Mann und Frau geteilt wird“ (Myrdal-Report, T. II, 6). In der Familie muß die Gleichheit zwischen Mann und Frau dadurch hergestellt werden, *daß die Frau durch eine Berufsarbeit ihr Einkommen selbst bezieht und daher wirtschaftlich unabhängig wird und daß der Mann mehr in der Hauswirtschaft und in der Kindererziehung engagiert wird.*

Die Gleichheit im Betrieb

Wenn in der Gesellschaft schon allenthalben eine Demokratie der Gleichen erreicht wurde, so wird diese Gleichrichtung „durch die Ungleichheit im Arbeitsleben der Betriebe verdorben“ (Myrdal-Report, T. II, 9). In den Betrieben treten die Ungleichheiten noch am stärksten hervor. Dort gibt es „Unterschiede in Macht und Einfluß“. Die Hierarchie im Betrieb zwingt die Arbeitnehmer in ein Gehorsamsverhältnis untereinander. Wenn aber ein Gehorsamsverhältnis besteht, gibt es keine Freiheit für die Untergebenen. Die Ungleichheit in einem Gehorsamsverhältnis vernichtet die Freiheit.

Daher ist es „außerordentlich dringlich, daß in allen Unternehmungen das hierarchische System durch ein demokratisches ersetzt wird“ (Myrdal-Report, T. II, 9). Dies bedeutet, „daß die Beschäftigten weitergehend als jetzt ihre eigene Arbeit bestimmen dürfen". Die Beschäftigten müssen „auf allen Ebenen der Unternehmungen Einfluß auf die Entscheidungen erhalten: auf die Wahl der Arbeitsleiter und der Chefs" (II, 9). Die Ungleichheit von Chef und Mitarbeitern mit der Befehlsgewalt des einen und der Gehorsamspflicht der anderen muß der Gleichheit mit der gleichen Entscheidungsbefugnis von Chef und Mitarbeitern weichen, denn nur so kann die Gesellschaft der Gleichen in den Betrieben etabliert werden. *„Die Demokratie ist im Fabrikssaal wie im Direktionszimmer gleichermaßen wichtig"* (Myrdal-Report, T. II, 9).

Die Gleichheit in der Bildung

Der breite Weg der Bildung und Ausbildung führt in die horizontale Gesellschaft der Gleichen, wenn die Bildung die Kenntnis von der demokratischen Gesellschaft der Gleichen und die Ausbildung für das Berufsleben die Einsicht für die Notwendigkeit der gleichen Freiheit aller vermittelt. „Eine bessere Bildung kann die Voraussetzung für mehr Gleichheit schaffen" (Myrdal-Report, T. II, 4).

„Der gleiche Start für die Bildung und Ausbildung aller ist nicht genug." Das Streben nach mehr Gleichheit muß sich während der ganzen Schulzeit geltend machen. Wenn nämlich nur die Startbedingungen für alle gleichgesetzt werden, ergeben sich durch die „Konkurrenz in der inhumanen Leistungsgemeinschaft Differenzen für die durch die Notengebung differenzierten Gruppen in den Schulklassen und Ausbildungsjahrgängen" und die „Homogenität der Schulklassen" wird so zerrissen. Die durch Leistungen differenzierte Klassenbildung in den Schulklassen vernichtet schon in der Kindheit das Bild von der „klassenlosen Gesellschaft der Gleichen". Die Erziehung in Leistungsgemeinschaften muß weg!

Mehr als jetzt muß die Schule sinnvoll für alle Schüler werden. Neue Arbeitsformen müssen auch den schwächeren Schülern die Möglichkeit geben, sich den Lernstoff anzueignen. „Die individuelle Leistung muß weniger bewertet werden, während größeres Gewicht darauf zu legen ist, die Fähigkeit des Kindes zur Zusammenarbeit mit anderen zu entwickeln. Die Ausbildung zur Teamarbeit ist eine Grundlage für die Entwicklung zur Gleichheit in der Gesellschaft" (Myrdal-Report, II, 4).

Das *Ziel* der Schulerziehung ist die *„Homogenität der jeweiligen Klasse"*: keiner darf über das Niveau hinausragen — und der *„entwickelte Wille zur Teamarbeit"*, die die Gleichmäßigkeit der Leistungen gewährleistet. So wird für die Gesellschaft der Gleichen die Zukunft garantiert. *Aus dieser Zielsetzung ergeben sich alle Programmpunkte der sozialistischen Schulpolitik für die kommende Gesellschaft der Gleichen.*

Wenn es keine Leistungsdifferenzen durch Prüfungsergebnisse in den Schulen geben wird, wird die Schule der direkte Weg zur Gesellschaft der Gleichen sein. Klassen und Jahrgänge bleiben homogene Gesellschaften ohne Leistungsdifferenzen. Alle sollen dann ohne dekretierte Leistungsdifferenzen die gleichen Chancen für ihre Berufstätigkeit haben. (Daß es in dieser undifferenzierten Gesellschaft noch Leistungen gibt, die ein anderes Niveau als das des Mindestbegabten haben werden, ist die Hoffnung all derer, die an die Gesellschaft der Gleichen „glauben".)

Gleiche Löhne für alle

Das Lohnsystem von heute weist ein breites System von Ungleichheiten auf. Dies ist aber für die Erreichung der Gesellschaft der Gleichen schädlich, weil die auf Leistungsunterschieden aufgebauten Löhne dem kapitalistischen System der Leistungserfolge entstammen. Daher hat die Lohnpolitik eine zentrale Bedeutung für die Verwirklichung sozialistischer Gleichheitsziele. Die Lohndifferenzen müssen für die Gesellschaft der Gleichen abgebaut werden. Daher müssen die Lohndifferenzen „zwischen Arbeitern und Angestellten" und „zwischen Arbeitnehmern mit und ohne akademische Bildung aufgelöst" werden (Myrdal-Report, T. II, 1). *In der Gesellschaft der Gleichen darf es keine Unterschiede in den Löhnen geben.*

Die Steuer: ein Instrument zur Gleichschaltung der Gesellschaft

Die Steuer wird als ein „Hauptmittel zur Verwirklichung von mehr Gleichheit" angesehen und als solches verwendet. Sie vermag diese Aufgabe in zweifacher Weise zu leisten: „Einmal führt sie zur Umverteilung von Einkommen und Wohlstand zwischen Gruppen und Individuen" (mit dem Streben: für alle das gleiche Einkommen), „zum anderen gibt sie dem Staat die finanziellen Mittel für seine Wohlstandspolitik" (II, 2, S. 60). In dieser Zweiseitigkeit kann die Steuer als wirksames Mittel der Gesellschaftspolitik mehr Gleichheit in der Wirtschaftsgesellschaft herstellen (Vorschläge der Steuerkommission beim Parteivorstand der SPD, Frankfurt 1971, Einleitung).

Die *Einkommensteuer* soll die bestehenden großen Einkommen auflösen und die Bildung von Vermögen auf lange Sicht unmöglich machen (I, 1,2 u. 3). Die Einkommensteuer wird bis zum Satz von 56 % vorgetrieben und kommt so wie jede über die Hälfte des steuerpflichtigen Einkommens hinausgehende Besteuerung einer *Konfiskation* gleich.

Die Vermögensbildung wird durch die Einkommensteuer im Wege der neugestalteten „Sonderausgaben" gänzlich unterbunden, da nur „Aufwendungen für Lebens- und Altersversorgung" als abzugsfähige Sonderausgaben anerkannt werden, „wenn sie nicht Kapitalansammlungscharakter haben" (I, 3, 1). Vermögensbildung entzweit die Gesellschaft in Vermögende und Nicht-Vermögende und muß deshalb durch die ausgleichende Einkommensteuer verhindert werden.

Eben dies gilt auch für die *Erbschaftssteuer*. Da das Erbrecht als Instrument zur wirtschaftlichen Sicherung der Kinder in der Gegenwart seine Bedeutung verlor (Myrdal-Report, II, 6, S. 99), muß die Erbschaftssteuer die Ungleichheit der Vermögen ausgleichen. *„Die Erhöhung der Erbschafts- und Vermögensteuer ist deshalb eine Forderung der Gleichheit"* (II, 2, S. 62).

Die Erbschaftssteuer steigt von 3 - 40 % in der ersten Klasse und bis 75 % in der dritten Klasse (Deutscher Reformvorschlag). *Gleich werden alle, wenn sie mit nichts ihren Lebensweg beginnen, und gleich bleiben sie, wenn sie zu nichts kommen.*

Diese und andere Programme „für mehr Gleichheit der Menschen" folgen einem falschen Menschenbild und einer irrig angenommenen ethischen Fähigkeit der Menschen, ohne differenzierte Honorierung Unterschiedliches zu leisten. Sie vermögen aber doch, eine Tendenz zur horizontalen Gesellschaft zu bewirken. Mehr als diese Tendenz zur Gesellschaft der Gleichen kommt in der Gegenwart noch nicht zum Vorschein. Deshalb kann auch gleichzeitig noch der Trend zur vertikalen Gesellschaft der Eliten wirksam sein.

2. Der Trend zur vertikalen Gesellschaft der Eliten

Der Übergang von der Darstellung der horizontalen Gesellschaft der Gleichen zur vertikalen Gesellschaft der auserlesenen Eliten kann nur über eine Kritik der Gesellschaft der Gleichen führen. Dann muß aus der eigentlichen Natur des Menschen die Ungleichheit der Menschen bewiesen und der Bestand von Eliten als naturgegebene Tatsache der Menschen und der Gesellschaft erläutert werden. Diese Natur-Gegebenheit der vertikalen Gesellschaft bricht immer, so auch heute, im Gesellschaftsaufbau durch. Ja, man muß feststellen, daß mit der Technisierung der Welt und der Durchorganisierung der Gesellschaft von heute der Bestand von Eliten immer mehr notwendig wird. Solange in der gegenwärtigen Gesellschaft noch immer Eliten aus diesem oder jenem Selektionsprozeß hervorgehen, ist der Bestand der Gesellschaft gewährleistet. Gäbe es einmal keine Eliten mehr, würde sich die gesamte Gesellschaft in ein Chaos auflösen und wieder in den Zustand der vollen Un-Entwickeltheit zurückfallen.

Die Kritik an der Gesellschaft der Gleichen

Die Kritik an der horizontalen Gesellschaft steht einem Komplex von Motiven, Gründen und abwegigen Folgerungen gegenüber. Aus den vielen Motiven sei bloß das eine abwegige des Neides der Zurückgebliebenen, aus den zahlreichen Gründen sei nur der vom falschen Ausgang im falschen Menschenbild und aus der Legion der gefährlichen Konsequenzen sei lediglich die Leistungsvernichtung und mit dieser der sicherste Weg in die Knechtschaft erläutert.

Als ein treibendes Motiv: die egalitäre Sozietät zu fordern, tritt deutlich und vehement *die emotionale Kraft des Neides* hervor. Den Neid entfalten die aus schwacher Veranlagung oder auch aus dürftiger Willenskraft Zurückgebliebenen gegen die ihnen Vorausgeeilten und daher gegen die „Oberen". Mit der eigenen Unzulänglichkeit werden viele der „Untengebliebenen" nur in der Reaktion des Neides fertig und fordern daher die horizontale Straffung der Gesellschaft: die Gesellschaft der Gleichen. „Die utopische Sucht nach egalitärer Gesellschaft kann kaum anderen Motiven entspringen als dem Unvermögen, mit dem eigenen Neid der noch weniger günstig situierten Menschen fertig zu werden" (H. Schoeck: Der Neid, eine Theorie der Gesellschaft, 1966, S. 122).

Im Postulat von der egalisierten Sozietät geht man von einem falschen Menschenbild und von einer irrig angenommenen ethischen Fähigkeit der Menschen aus.

Das Vorhaben ist die Herstellung der Gleichheit aller, weil sie ohnehin — von Natur aus — gleich sind, so wird angenommen. Man braucht nur die usurpierten Privilegien wegzunehmen und der Naturzustand: die Gesellschaft der Ganz-Gleichen ist wieder da. Dieses Menschenbild der alten und heute schon abgedroschenen, weil selbst von den modernen Naturwissenschaften gänzlich überholten Aufklärungsphilosophie ist unrichtig. Dies beweisen die Biologie, die Psychologie, die nicht abwegige Soziologie und erst recht die Theologie, soferne sie nicht durch die Eigenkritik und Entmythologisierung aufgelöst wurde.

Gleich waren die Menschen nie, weil sie immer schon *in ihren Anlagen verschieden* waren. Dies sagt kein anderer als Rousseau in seinen „Confessions" von 1781. „Ich bin nicht gemacht wie irgend einer von den Menschen, die ich je gesehen habe, wie ich glaube, auch nicht irgendeiner von allen Sterblichen. Bin ich nicht besser, so bin ich wenigstens anders." Dieser Aufklärer kann demnach nicht für die Prophetie der Gesellschaft der Gleichen in Anspruch genommen werden.

Da die Menschen von Natur aus ungleich sind, haben sie auch die Fähigkeit, Persönlichkeiten zu werden. In diesem Bezug „stehen wir heute vor einer welthistorischen Entscheidung: ob unsere weitere Zukunft uniform oder individualistisch sein soll. *Die uniformierte Gesellschaft ist*

61. Bäcker-Laden in Salzburg: 1429

Der Krämer.

Ich bin ein Krämer lange jar/
Kompt/vnd kaufft hie mancherley Wahr/
Als Brůch/Pfeiffen/vnd Schlötterlein/
Item/Würtz/Zucker vnd Brentn Wein/
Spiegel/Schelln/Käm/nadl vñ Harbät/
Leckkuchn/Nestel vnd Brillen gnannt/
Die Krämerey mancherley Wahrn/
Erfand lieber Pater vor jarn.

62. Wander-Krämer mit „Bauchladen“: 1568

der sicherste Weg in die Knechtschaft" (Prof. G. Weisser in einem Vortrag in der Wiener Arbeiterkammer am 24. November 1971; Weisser war Mitredakteur des Godesburger Programmes der SPD).

Gleich können die Menschen auch nicht gemacht werden, weil sie *wegen ihrer ethischen Unzulänglichkeit* nie ohne unterschiedliche Honorierung im Lohn oder in der sozialen Position das leisten, was die Gesellschaft von ihnen an unterschiedlichen Leistungen fordern muß. Diese äußere Gleichstellung ist nur dann möglich, wenn die in einer Gemeinschaft zusammenlebenden Menschen die Fähigkeit und die Möglichkeit zur individuellen und inneren Bereicherung haben — wie etwa in einer Klostergemeinschaft. Die Gleichheit in der Gesellschaft wird auch die Gleichheit in den Leistungen bringen. Diese Gleichheit wird sich allerdings auf der Ebene der Mindestleistung einstellen.

Die Folgen der horizontalen Gesellschaft sind die *Leistungsvernichtung* und die *Persönlichkeitsauflösung*.

Die Auflösung der gesellschaftlichen Bindungen und die vollständige Nivellierung der Menschen führt zur *Masse*. Eine solche Masse gibt eine Zwangsgesellschaft, in der auch keiner aus dem Organisationskreis heraustreten oder über das allgemeine Niveau aufsteigen darf. Jede Entfaltungsmöglichkeit des einzelnen wird verhindert und die Freiheit jedes einzelnen geht verloren. *Die Gleichheit vernichtet die Freiheit.* In der gleich gemachten Masse besteht die Gleichheit nämlich nicht nur in einer rechtlichen und materiellen Gleichheit, sondern auch in einer geistigen. „Wer geistig über den Durchschnitt hinausragt, ist ebenso unerwünscht und als „Schädling" beurteilt, wie einst bei Beginn der Massenbildung der rechtlich oder materiell „Ungleiche". *„In der Masse bedeutet der einzelne nichts, er ist nicht mehr in der Lage, seine in ihm liegenden Fähigkeiten zu entwickeln — er verkümmert"* (E. Guilleaume: Überwindung der Masse, 1954, S. 75).

Die Ungleichheit der Menschen

Die Welt ist auf hierarchische Ordnung und auf vertikale Schichtung der Seinsbereiche veranlagt. Dieses Baugrundgesetz gilt in der Welt der Natur und in der Welt der Menschen, in der Gesellschaft. Die jeweils höhere Schichte fügt die jeweils untere ihrer Zwecksetzung ein. „Jede höhere Organisation ergreift ihrer Natur nach die ihr untergeordnete und trägt sie in ihr Wesen über: die *Pflanze* den unorganisierten Stoff durch bloßes Werden und Wachsen, das *Tier* die Pflanzen durch Werden, Wachsen und Genuß, der *Mensch* verwandelt nicht nur Tier und Pflanze durch Werden, Wachsen und Genuß in sein inneres Wesen, sondern faßt zugleich alles, was einer Organisation sich unterordnet, in den Umfang seines Daseins und stellt es in sich selbst vollendet, verschönert außer sich wieder dar" (Goethe: Italienische Reise, in: Gesamtausgabe 1873, Bd. 16, S. 222).

Für die Menschen gilt dieses Naturgesetz der Ungleichheit erst recht, denn „bei jeder sich geschlechtlich fortpflanzenden Species ist *die Gleichheit der Individuen von Natur aus unmöglich*" (R. Ardey: Der Gesellschaftsvertrag, das Gesetz von der Ungleichheit der Menschen, 1971).

Die menschliche Gesellschaft ist in ihrer Natur, weil sie unterschiedliche Elemente in ihrer Ordnungsstruktur aufnimmt, „mehr oder weniger deutlich hierarchisch" (Mosca). Jede Ordnung der Gesellschaft hat ihre „natürliche Grundlage in dem Drang der Mehrheit, sich einer autoritären Leitung anzuvertrauen". „Eine Minderheit regiert, die weitaus große Mehrheit wird regiert" (G. Mosca: Die herrschende Klasse, 4. Aufl., 1947, S. 45). Die Gesellschaft hat eben „die Form eines Kegels", dessen oberste Spitzenschichte die Elite ist (L. v. Wiese).

Die gegenwärtige Gesellschaft mit der technisierten Wirtschaft und den organisierten Großgruppen braucht als „Massendemokratie eine feste Führung und ein gut funktionierendes Elitesystem". Denn die technisierte Wirtschaft bedarf der hochgebildeten und verantwortungsbewußten Führungsschichte, damit sie überhaupt bestehen kann, sie braucht ferner eine intelligente und erfahrene Direktorenschichte der verschiedenen Großorganisationen, damit sie sich weiterentwickeln kann. Diese Führungsaufgabe können nie alle leisten. Diese Leistungspflichten können kraft der Intelligenzanlage und des Pflichtbewußtseins nur wenige leisten: eben nur eine Elite. Die Gesellschaft der Massen kann nur kraft der Direktion durch eine Elite bestehen und sich entfalten (O. Stammer: Das Eliteproblem in der Demokratie, in: Schmollers Jahrbuch, Jg. 71, 1951, S. 15).

Diese Führungsgruppe kommt in allen gegenwärtigen Demokratien, selbst in jeder „Volksdemokratie" zum Vorschein, so daß sich in der angeblich „kommunistischen Gesellschaft der Gleichen" eine neue bürokratische Schichte als „neue Klasse" etabliert. „Wenn man nämlich die kommunistischen Systeme kritisch analysiert, kommt man zu dem Schluß, daß *eine Bürokratie das Volk beherrscht*. Den Kern der herrschenden Bürokratie bildet die *neue Klasse*" (M. Djilas: Die neue Klasse, 1963, S. 55). „Sie bezieht ihre Macht, ihre Vorrechte, ihre Ideologie aus der Form des Kollektiveigentums, das die Klasse „im Namen" des Volkes und der Gesellschaft verwaltet und verteilt" (ebenda, S. 57).

Die Eliten

Jede Gesellschaft hat ihre Elite und jede Zeit hat ihre Elite. Jedes Zeit- und Gesellschaftsgepräge fordert seine Elite, aber auch jede Elite prägt ihre Zeit und ihre Gesellschaft. Demgemäß gab es in der herrschaftlichen

Ordnung die Elite des Blutes im Blutadel, in der ständischen Ordnung die Elite des ritterlichen Schwertadels, in der landesfürstlich gebundenen Ordnung die Elite des Fürsten mit seiner Beamtensuite, in der freien Wirtschaftsordnung die Elite des Geldadels oder der Plutokratie, heute gibt es die Elite der Leistungsintelligenz. Diese Eliten wurden als Symbole der gesamten Gesellschaft geformt: als Held, als Sonnenkönig, als Industriekapitäne und heute etwa als Forscher neben anderen Eliten.

Obwohl die horizontale Gesellschaft von heute eine demokratische Gesellschaft der Gleichen sein will, hat sie den *unausweichlichen Trend zur vertikalen Schichtung* und damit zur Elitenbildung. Die kleinen Gemeinschaften organisieren sich als demokratische Gesellschaften. In ihnen bleiben alle rechtlich gleich, obwohl die von Natur aus führenden Kräfte von den „Genossen" zur Leitung gewählt werden. „Die Mehrzahl ist froh, wenn sich Männer finden, welche bereit sind, die Geschäfte für sie zu führen", sie können echte „Führernaturen", aber auch „betuliche Geschäftemacher" sein (R. Michels: Zur Soziologie des Parteiwesens in der modernen Demokratie, 1911, S. 53). Da aber die vielen Kleingesellschaften im allgemeinen bedeutungslos und wenig durchschlagskräftig sind, setzt alsbald ein Konzentrationsprozeß durch die Verbandsbildung ein. Die kleinen Gemeinschaften bilden in verschiedenen Stufen Dachorganisationen und geben so Ordnungskompetenzen nach oben ab. Im obersten Stockwerk der Verbände, in den Bundesverbänden aller Art, konzentriert sich dann die Ordnungs-Kompetenz, die die „Verbandsmacht" bildet.

Jetzt vollzieht sich ein Wandel in der Verbandsorganisation: die Ordnungskompetenz, die in den kleinen, noch echt demokratischen Gemeinschaften lag, steigt in das oberste Verbandsstockwerk, in die „Dachkammer" auf und konzentriert sich dort in der über alles ausstrahlenden Zentrale. Nunmehr können die Probleme nicht mehr in persönlichem Einvernehmen der Genossen, wie in den „Ortsgruppen", gelöst werden, sie müssen vielmehr nach der „Sachgesetzlichkeit" oder „aus der Natur der Sache" von den Zentralorganen, die meist um den Generalsekretär geschart sind, in der Lösung „vorbereitet" und dadurch meist auch „entschieden", aber vom zugehörigen gewählten Präsidenten „unterfertigt" werden. An der Ausfertigungsklausel erkennt man zumeist den Autor der Entscheidung. Diese Umkehr der Machtbefugnisse dringt mit dem Ansteigen der Macht nach oben: hier *die Macht der Organisationen und die Ohnmacht der Organisierten*, dort *die Macht der Managerelite und die Ohnmacht der in Massen organisierten Neu-Untertanen.*

Die „altverdienten Führer" werden stets von neuem wieder in ihrer Funktion, aber auch in Amt und Würden bestätigt, denn „die Massen besitzen einen tiefen Drang zur persönlichen Verehrung" (R. Michels, S. 67). Die in der Demokratie organisierten Massen pflegen in ihrer „Führersüchtigkeit" (Mannheim) die „politische Heiligenverehrung" und die Führer in der Elite sind dem „Personenkult" meist nicht abhold. Aus der Demokratie der Gleichen wird eine hierarchische Gesellschaft mit elitären Oligarchen an der Spitze.

Die Eigenschaften und Fähigkeiten der Elite können verschieden und oft auch gegenläufig sein, immer aber geben sie Grund, daß sich die Eliten als „Vorhut der Menschheit" von den vielen der Geführten abheben (Pareto, Mannheim, E. J. Jung).

Die Angehörigen der Elite können still und bescheiden sein, wenn sie in den Forschungsstätten und Laboratorien in jahrelanger Arbeit neue Erkenntnisse oder neue Verfahren suchen. Sie können auch sehr laut und auf Grund ihrer „dicalen Fähigkeit" (Unger-Sternberg) Massen überreden, überzeugen, eben führen. Die Eliten der reinen Politik können von einem inneren Sendungsbewußtsein aus als politische Propheten wirken, sie können aber auch als idealistische Utopisten auf Grund von massenpsychologischen Praktiken die Massen in verführerischer Weise dahin lenken, wohin sie ihre utopische Vorstellung treibt.

Die Elite kann in edler Haltung unter Verzicht auf persönlichen Genuß immer mehr Verantwortung tragen und so die organisierte Gesellschaft und die technisierte Wirtschaft im Bestand sichern und den Fortschritt garantieren. Dem entgegen können gewalthaberische Massenbändiger und Organisationsmanager als Bosse und aufgespielte Volkstribunen die Massen in skrupelloser Schlauheit „zum Aufstand" führen, ohne zu wissen, was sie nach „dem Umbruch" tun wollen und sollen. Immer stehen all diese verschiedenen Eliten „im Gegensatz zur Masse" und gestalten diese durch Führung und Verführung (E. Nikisch: Europäische Bilanz, 1951). Im Verhalten zeigen sie trotz ihrer Verschiedenheiten vielfach doch ein Gehaben und in den Manieren ein einheitliches Gepräge, *das sie als „Oberschichte" und Elite deutlich hervortreten läßt* (L. v. Wiese: Die leitenden Eliten, in: „Università, Jg. 10, 1955, S. 270). Sicher neigen die Eliten immer „zur Ausnützung ihrer Macht" und geben ihren Mitarbeitern „Nutzungsrechte" weiter (Wiese, ebenda, S. 262).

Wie immer die Gehabens-Varianten der Eliten sein mögen, sie wirken auf alle Fälle so anregend, manchmal auch so aufregend, daß sie als normierende Kraft das Gehaben vieler nach sich ziehen. Gerade durch diese anziehende Kraft und die als Sog wirkende Macht folgen die Geführten ihrer führenden Elite.

In der modernen Gesellschaft, die keine einheitlich formende Entelechie hat, gibt es jeweils mehrere Elitegruppen, jeweils eine oder gar mehrere für diesen oder jenen Lebensbereich. „Je mehr Eliten in einer Gesellschaft vorhanden sind, desto mehr verliert jede einzelne Elite aber ihre Funktion und ihren führenden Einfluß, da sich die einzelnen Gruppen gegenseitig neutralisieren. In der demokratischen Massengesellschaft kann sich kaum eine Elitegruppe so weit durchsetzen, daß sie die gesamte Gesellschaft zu prägen vermöchte" (K. Mannheim: Mensch und Gesellschaft im Zeitalter des Umbaues, 2. Aufl. 1967, S. 101).

Da viele Eliten heute die Führung für die verschiedenen Lebensbereiche innehaben, muß man von pluralen Eliten sprechen, die naturgemäß die „Plural Society" nach sich ziehen. *Die pluralen Eliten bringen die plurale Gesellschaft hervor.*

Obwohl die plurale Elite ein Widerspruch in sich ist, weil keine die Kegelspitze der vertikal geschichteten Gesellschaft erreicht, sind die verschiedenen Eliten in ihrem Wesen führende Obergruppen und leitende Schichten, wenn auch nicht jede für die gesamte Gesellschaft. Wegen dieser Vielheit der Eliten kann die Gesellschaft von heute kein einheitliches Gepräge haben, sie zeigt daher Kollektivgesellschaften mit diktatorischen Oligarchen, sie zeigt aber auch Kollektivgesellschaften mit individualisierenden Zügen. *Die pluralistische Gesellschaft von heute kann totalitäre Diktatur oder demokratisch zugerichtete elitäre Oligarchie sein.*

Daher zeigt sich in allen Gesellschaftsgruppen eine Elitebildung: im allgemeinen bei den geistig führenden Schichten und in weiterer Entwicklung bei den Bauern — vom Untertanen zum unternehmerischen Bauern —, bei den Gewerbetreibenden — vom Zunftmeister zum gewerblichen Unternehmer — und bei den Arbeitern — vom Proletarier zum Mitarbeiter. In der pluralistischen Gesellschaft von heute ist der Prozeß der Elitenbildung, soferne die Gesellschaft frei ist, offen für alle Befähigten.

Dies bedeutet natürlich ein anderes Erziehungssystem als in der Gesellschaft der Gleichen — nun sollen Eliten gebildet und erzogen werden!

3. Die Wandlungen in der Gesellschaft

a) Die Gelehrten und Lehrer: die Kräfte des Fortschrittes und des Bewahrens

Die soziale Geltung des Gelehrten im Wandel der Geschichte

Der Gelehrte steht mit dem jeweiligen Zeitgeist in Wechselwirkung. Er formt durch seine Denkmethode und durch die ent-deckte, also aufgedeckte Wahrheit den Zeitgeist, er wird aber auch in seiner Forschung und Lehre jeweils vom Zeitgeist und dessen Anliegen geprägt. Diese Wechselwirkung besteht, weil jede Zeit ihre Kultur und daher ihre lebendige Wertvorstellung hat, aus der sie lebt. Die Wissenschaft kann aber im letzten nur „im Ganzen der Kultur" begriffen werden. (Allgemeines Hochschulstudiengesetz vom 15. Juli 1966, BGB Nr. 177/1966, § 1,

Abs. 2, lit. c). Diese Kultur formt auch der Professor, indem er die Wertvorstellung seiner Zeit durch sein Denken mitgestaltet.

In der Wechselwirkung von Professoren und Gesellschaft wurden jene in der nunmehr geltenden Wirtschaftsgesellschaft für leicht befunden. Obwohl die einzelnen Professoren vielfach staunenswerte Arbeitsprogramme und bis dahin unvorstellbare Wissenschaftsergebnisse zeitigten und den Wissenschaften stets eine neue Ausweitung in immer mehr Sonderdisziplinen und in jeder dieser eine immer wirksamere Erkenntnistiefe gaben, blieben sie doch am Rande der Gesellschaft. Da die Professoren ein anderes als das dem Zeitgeist entsprechende Wertsystem vertraten, wurden sie nicht ganz ernst genommen. Man nahm einige wirtsaftlich verwertbare Forschungsergebnisse als technische Errungenschaften in die Wirtschaft auf, aber alle anderen Ergebnisse der vielen Wissenschaftsdisziplinen gingen in der Publizitätswirkung verloren.

Die Gesellschaft entwickelte sich als „Industriegesellschaft" oder als „Kaufmannsgesellschaft", in der nur die wirtschaftlichen Merkmale der Vermögens- und Einkommensquanten für das soziale Quale einer Gruppe, aber auch eines einzelnen galten. In dieser Gesellschaft mit ihrem verwirtschaftlichten Wertsystem fanden die geistigen Werte, die noch dazu vielfach in der Wirtschaft unverwertbar sind, kaum einen Widerhall. Auf diese Weise aber wurden die Gelehrten und Hochschulprofessoren de-positiert und von ihrer eigentlichen gesellschaftlichen Position abgedrängt, bis sie mit dem Merkmal der Unzeitgemäßheit und mit der mit Erbarmen zur Kenntnis genommenen Zurückgelassenheit, um nicht Zurückgebliebenheit zu sagen, *am Rande der Gesellschaftsordnung ihren sozialen Standort hatten.*

Diese *geistige Elite wurde von der Prominenz* der Unternehmer in Industrie und Handel, den Organisationsmanagern und den politischen Verbandsdirigenten *verdrängt*. Die, die einst durch Auslese zur Elite gekommen waren, wurden durch die, die durch Vermögen und Beifall zum Erfolg kamen, von der Gesellschaftsspitze verdrängt. (F. Sieburg, Lauter letzte Tage, Stuttgart 1963, S. 351: Haben wir einen gesellschaftlichen Stil?). Die Professoren hatten in der Wechselwirkung von Geist und Gesellschaft ihre soziale Position verloren und mußten in einer ihrem Wesen ungeeigneten Organisationsform der Massen ihre Zuflucht suchen, um für ihren Status von Einkommen und Auskommen den Stand staatlicher Beamter zu halten. Diese sozial schwache Position brachte den Professoren weder die wirtschaftlich notwendige Unabhängigkeit noch die erforderliche Freiheit für ihre Forschung und Lehre. Sie brachte für die Hochschulen den inneren und äußeren Notstand (A. Tautscher: Der innere und äußere Notstand der Hochschulen, in: Wissenschaft und Weltbild, Wien 1961).

Die soziale Funktion des Professors

Das Wesen und die Bestimmung des Gelehrten oder soziologisch ausgedrückt: die soziale Funktion des Professors ist mit der Bestimmung des Menschen gegeben. Sie richtet sich auf das Wahre, Gute und Schöne. Diese wichtigsten Lebenswerte kommen dreifach im Menschen zum Vorschein. Der Mensch tritt als homo cogitans, als homo faber und als homo ludens hervor und braucht in jeder dieser seiner Erscheinungsweisen jeweils neue Kenntnisse und dazu immer wieder die Kraft: selbständig zu denken und eigenständig zu urteilen. Für all diese Lebensäußerungen und die hiefür erforderliche geistige Bewältigungskraft bedarf der Mensch der Wahrheit, die es ihm ermöglicht, seiner Bestimmung gemäß zu leben. Die Wahrheit immer wieder von neuem zu suchen und sie immer wieder neu zu finden, ist die Aufgabe des Gelehrten. Er hat daher den Beruf: „Die Erkenntnisse der Wahrheit unter den Menschen zu erhalten", „er ist der *Vermittler zwischen der reinen Geistigkeit der Gedanken und der materiellen Kraft und Wirklichkeit.*" Der Gelehrte hat aber auch die Aufgabe: dem Menschen und der Gesellschaft *Leitbild des Guten* zu sein (Fichte).

Der Gelehrte hat demgemäß die Aufgabe: durch sein Denkverfahren und durch seine Wissenschaftsmethode immer mehr Kenntnisse zutage zu fördern, so daß den Menschen auf ihre immerwährenden Fragen nach dem Wie und Was stets Neues vermittelt werden kann. Mit der Zunahme der Antworten und daher mit der Vergrößerung des Wissens wird der Mensch innerlich immer reicher und vollkommener. Indem der Gelehrte dem Kenntnis suchenden Menschen stets mehr Wissen und Kenntnisse freigibt, bereichert er ihn und erfüllt hiedurch eine seiner gesellschaftlichen Funktionen.

Indem der Gelehrte als Forscher sich immer wieder um neue Kenntnisse bemüht, erarbeitet er auch Neues. Er strebt von einer Errungenschaft zur nächsten. Er bringt immer wieder neues Wissen hervor und vermittelt neue Erkenntnisse. Der Gelehrte leitet im dialektischen Geschehen der Geschichte jeweils eine neue Phase ein, indem er die notwendige Neuerung und die erneuernde Notwendigkeit erkennt. Wenn eine neue Entwicklungsphase anhebt, sind es die Gelehrten, die kraft ihres fortschreitenden und fortschrittlichen Denkens die *Akteure des Neuen* und die *Kräfte des Fortschrittes* sind. Der Professor ist immer fortschrittlich, denn sein Forschen bringt jeweils das Neue.

Alles, was uns heute als Wirtschaft und Technik umgibt, entsprang der geistigen Einbildungs-Denkkraft der Forscher. *Die Gelehrten und Professoren sind mit ihrer Entdeckerkraft die Kräfte des Fortschrittes in Wirtschaft und Technik* (A. Tautscher: Die Produktivkraft des Geistes und die Investitionen höherer Ordnung, in: Festschrift für Walter Heinrich, 1963, S. 213).

Eine Zeitsignatur des gegenwärtigen Kulturgepräges ist die *„Verwissenschaftlichung des Lebens"*. Alle Lebensbereiche werden wissenschaftlich erschlossen und aufgeschlossen. Die Ergebnisse dieser nun immer mehr spezialisierten Untersuchungen werden jeweils sofort praktisch ausgewertet und genutzt. Vom Ganzen spalten sich die einzelnen Disziplinen über alle Teile und Organe bis zu den jeweiligen „Atomen" und „Zellen", eben bis zu den letzten Splittern, auf. Von diesen letzten Spaltresten weiß man allerdings immer mehr, weshalb in der Fülle dieses Wissens kaum jemand über die vielen Disziplinen hinweg noch ein Ganzes sehen kann.

Dieser Entwicklungsgang der Wissenschaften bringt zwar eine *Intensivierung* der methodischen Wissenschaftsarbeit, aber auch eine *Verengung des Blickes* auf das jeweils Begrenzte. Die Spezialisierung bringt mit der Herausnahme der detaillierten Untersuchungsobjekte eine Herauslösung der Wissensdisziplinen aus dem bisherigen Integrum der „Mutterwissenschaften". Die Ergebnisse dieser wissenchaftlichen Arbeiten werden auf diese Weise konkreter, genauer und dichter, sie werden aber auch ärmer, weil ihnen der Zusammenhang, aus dem sie genommen sind, unter Umständen verloren geht.

Da dieser Prozeß der Spezialisierung alle Wissenschaften ergreift, ist die *universitas litterarum* in Gefahr, ein Konglomerat zersplitterter Disziplinen zu werden. Mit dieser Detaillierung geht auch eine „Versachlichung" der Art einher, daß an Stelle der spekulativen Gesamtschau der reine und platte Positivismus die Forschung beherrscht. Die Universitäten und Hochschulen sind in eine Fülle von Einzelwissenschaften zersplittert (E. Spranger: Wandlungen im Wesen der Universität, 1913, S. 24), sie sind eine *diversitas scientiarum.*

Diese geschilderte Entwicklung ist zwar noch voll im Gange, aber es machen sich gegen die Zentrifugalität der Wissenschaften schon wieder Tendenzen einer integrativen Zentripetalität geltend. Dadurch kündigt sich auch schon wieder eine *universitas litterarum* über alle Hochschulen hinweg an.

Beinahe von allen Wissenschaftsdisziplinen wurde mit neuen Verfahrensweisen versucht, die „Gestalt" oder das geformte Ganze zu suchen wie etwa in der Psychologie von Ehrenfels und Weinhandl, in der Biologie als Systemtheorie des Lebens von Bertalanffy und allgemein in den Naturwissenschaften von Neegaard und Bavink. Diese *Gestalttheorie* wird bei anderen mit gleicher Methode zur *„Gebilde"-Theorie* und zur *„Gefüge"-Theorie,* wobei es immer um eine *Strukturtheorie* von Schichten, Stufen, Höhen- und Tiefenlagen geht. In all diesen Forschungsmethoden schlägt ein ganzheitliches und integrales Anliegen durch, so daß man mit Bavink von der *„pyramidalen Struktur alles Seienden"* sprechen kann.

In dieser allgemeinen Erneuerung der Wissenschaftsverfahren ergänzen sich die Spezialdisziplinen konvergent zu einem neuen Kosmos der Wissenschaften, *zu einer neuen universitas litterarum.*

Wie es der vollkommenen Bildung entspricht, daß *Wahres und Gutes, Wissen und Verantwortung* oder sittlich richtiges Verhalten *eins ist,* so entspricht es der Bestimmung des Gelehrten, daß er nicht nur ein Wissen von unverbindlichen Kenntnissen und wertfreien Erkenntnissen vorlegt, sondern es liegt auch in der Bestimmung des Gelehrten, der seine Kenntnisse öffentlich bekennt, daß er mit den Kenntnissen auch die sittlich verpflichtenden Aussagen in Bekenntnissen kundgibt. Erst in der Verbindung von Wissen und Verantwortung vermittelt der Gelehrte die eigentliche Bildung. Der Professor kann sich demnach nie seiner sittlichen Aufgabe entziehen, er muß vielmehr in seiner Aussage und in seinem Verhalten *„der Lehrer des Menschengeschlechtes"* und *„der Erzieher der Menschheit"* sein (Fichte). „Der Gelehrte soll der sittlich beste Mensch seines Zeitalters sein, er soll die höchste Stufe der bis auf ihn möglichen sittlichen Ausbildung in sich darstellen" (Fichte).

Damit ist aber die *soziale Funktion des Professors* als Forscher und Lehrer klar gelegt: er ist der Forscher und Entdecker der Wahrheit, er ist der Lehrmeister für den stets fragenden Menschen und er ist der Erzieher für den handelnden und sittlich gut und richtig sich verhaltenden Menschen.

Diese soziale Funktion und gesellschaftliche Bestimmung des Gelehrten legt auch *die soziale Position des Professors* fest. Da er die „oberste Aufsicht über den wirklichen Fortgang des Menschengeschlechtes" hat (Fichte), da er der Erzieher der Menschheit ist, indem er die ewigen Erkenntnisse als Weisheit konservativ bewahrt und die Neuerungen in den Kenntnissen fortschreitend weitertreibt und indem er der Künder der sittlichen Normen und Verhaltensweisen ist, *hat er die leitende und führende Stellung in der Gesellschaft.* Die Gelehrten und Professoren sind die eigentlichen Lenker und Leiter der Gesellschaft auf dem Weg in die Zukunft. Die Professoren sind die Elite aus Geist und Verantwortung (A. Tautscher: Inaugurationsrede 1965).

Aus dem Festvortrag mit dem Titel: *„Die Stellung des Hochschulprofessors in der Gesellschaft von heute"*, anläßlich des Ersten Österreichischen Professorentages am 4. November 1966 im Auditorium maximum der Universität Wien, Wien: Sonderdruck der Österr. Hochschulzeitung 1966, Schriftenreihe d. Verbandes der Professoren der Österreichischen Hochschulen, H. 1.

b) Vom Grundholden zum unternehmerischen Bauern

Die Gesellschaft und mit ihr machte auch das Bauerntum seit der Freisetzung aus dem absolutistischen Staat und seit der Befreiung von den überbrachten mittelalterlichen Bindungen der Grundherrschaft in der Mitte des vorigen Jahrhunderts eine grundlegende Wandlung durch. Aus der feudalen Gesellschaft mit einem Anteil der ländlichen Bevölkerung von 80 Prozent entwickelte sich die industrielle Gesellschaft von heute mit einem Anteil der in der Landwirtschaft Tätigen von nur 15 und noch weniger Prozenten.

Die Bauern wurden durch das Grundablösegesetz des Jahres 1848 endgültig aus der Grundherrschaft entlassen, soweit sie bis dahin in dieser noch zusammengefaßt waren. Durch diese Umstellung aus der schützenden Gebundenheit in die risikoreiche Freiheit wandelte sich der Wesensgehalt des Bauerntums und die Haltung der Bauern. Der Einbruch der freien Marktwirtschaft in die Landwirtschaft vernichtete in der kurzen Zeit von vierzig Jahren (1850 - 1890) ein Viertel und in manchen Bezirken sogar ein Drittel der selbständigen Bauernwirtschaften. Durch die Selbsthilfeorganisationen konnten die noch verbliebenen Bauern ihre wirtschaftliche Existenz zwar einigermaßen sichern, ihre gesellschaftliche Gruppeneigenart verflüchtigte sich aber immer mehr. Heute hört man von Jungbauern nicht selten den totalen Zweifel an der bäuerlichen Existenz für die Zukunft. Diese Wandlung des Bauerntums muß im Wesensgehalt und in den äußeren Formen einmal erkannt werden, um ein *lebenskräftiges Leitbild für das Bauerntum der Zukunft* zu finden.

Der Bauer unter Schirm und Schutz des Grundherrn

Die Grundherrschaft nahm die Bauern unter *„Schutz und Schirm"*. Der Bauer wurde nach außen gegen feindliche Angriffe durch die Aufnahme in die schützende Burg und nach innen durch den sozialen und wirtschaftlichen Schirm des Grundherrn beschützt. Der grundherrliche Schutz reichte von den kulturellen Angelegenheiten bis in die sozialen und wirtschaftlichen Bereiche. Der Grundherr hatte auch bei allen Existenzgefährdungen die entsprechenden Hilfeleistungen zu setzen. Er mußte bei allgemeiner Not von Mensch und Gesellschaft, wie bei Seuchen und Kriegswirrnissen die erforderliche Hilfe leisten. Der Bauer war durch die Grundherrschaft in seiner wirtschaftlichen Existenz gesichert.

Da der Adel als führende Gesellschaftsgruppe von damals die Ausrichtung und Norm für die übrige Gesellschaft gab, er aber zum größten Teil rustikal und daher in ländlicher Art lebte, wurde die bäuerliche Lebensweise dadurch auch nach außen hin legitimiert. Der ländlich-bäuerliche Lebensstil wurde durch den Adel nach außen repräsentiert und bekam daher nach innen echte Geltung und allgemeine Rechtfertigung. In diesem adeligen Leitbild vom Landleben konnten auch die Bauern die Rechtfertigung für ihre Lebensweise und daher auch für ihre gesellschaftliche Position erhalten. Zufolge der normgebenden Kraft des Adels für die Gesellschaft wurde auch die soziale Position des Bauern nach außen legitimiert und nach innen gerechtfertigt. *Die Bauern hatten ein allgemein anerkanntes Leitbild für sich und eine Standeslegitimation als Gruppe in der Gesellschaft.*

Dieses Leitbild formte auch das Bauerntum in seiner ganzen Lebensführung und Lebensweise. Dieses Leitbild ließ den Bauern religiös und traditionell gebunden sein. Dies gab ihm die innere Gesichertheit und Geborgenheit. Für die Gesellschaft war der Bauer der in der Tradition gesicherte Kern der Ruhe gegen die fortschrittlichen Gruppen der Städter. Das gesellschaftliche Spannungsverhältnis spielte sich in der Polarität der bäuerlichen Gebundenheit und des städtischen Fortschrittswillens ab. *Die erhaltenden Kräfte der Bauern standen mit den fortschrittlich dynamischen des Bürgertums in Spannung.*

Das Bauerntum bekam aus dieser seiner gesellschaftlichen Funktion auch seine Gruppenanerkennung. Der Bauer war in der Gruppenfunktion als einzelner geborgen und vor sich selbst gerechtfertigt. Dies gab ihm die äußere soziale und die innere persönliche Gesichertheit. Er konnte von seiner gesellschaftlichen Aufgabe und seiner sozialen Position überzeugt sein. Er war auch in seiner wirtschaftlichen Existenz gesichert, und zwar mehr gesichert, als er es heute durch seine Selbsthilfeorganisationen und durch die staatliche Sozial- und Wirtschaftspolitik ist.

Für das Nutzungsrecht am Boden mußten die Bauern dem Grundherrn *persönliche Dienste als Robot* tun und außerdem *noch den Zins leisten.*

Diese persönliche und wirtschaftliche Abhängigkeit zeigte sich wohl auch in der grundherrlichen Planwirtschaft, die eine Arbeitsteilung für alle Bauern mit sich brachte und vielfach die wirtschaftliche Disposition über die Nutzungsarten des Hofes den Bauern entzog. Dafür hatten diese wiederum den Sicherungsausgleich von seiten des Fronhofes, indem ihnen die Güter und Waren zugeteilt wurden, die sie selbst nicht erzeugten. In diesem naturalwirtschaftlichen Sicherungssystem war trotz der persönlichen und sachlichen Abhängigkeit die wirtschaftliche Existenz der Bauern und ihrer Familien gesichert.

Von der Aufklärungsphilosophie angeregt und vom physiokratischen Gedankengut veranlaßt, setzte Josef II. die Bauern durch sein Untertanenpatent vom 1. November 1771 aus dem Zustand der persönlichen Untertänigkeit und Bodengebundenheit frei. Nunmehr konnten die Bauern ihren Beruf und ihren Wohnsitz frei wählen.

Die Revolution des Jahres 1848 brachte mit dem Gesetz über die Grundablöse vom 7. September 1848 die Freisetzung von den Robot- und Zinspflichten. In Ergänzung hiezu wurde im Grundrechtskatalog des Staatsgrundgesetzes vom 21. Dezember 1867 nochmals darauf Bezug genommen und jede etwaige Bodenbelastung auch für die Zukunft verboten (art. 7).

Die gesellschaftliche Deklassierung der Bauern in der Industriegesellschaft

Die Revolution des Liberalismus sprengte alle überbrachten Bindungen und löste daher auch die Grundherrschaften auf. Die gesellschaftliche Gruppe des Bauerntums verlor dadurch ihren bisherigen wirtschaftlichen Schutz und, was noch bedeutungsvoller war, ihr bislang unangefochten geltendes gesellschaftliches und persönliches Leitbild. Das adelig-bäuerliche Leitbild wurde durch das städtisch-industrielle verdrängt. Die freie Gesellschaft und die freie Marktwirtschaft gingen über die „alten" Gesellschaftsgliederungen und Sozialformen, in denen die Bauern ihren sozial legitimierten Status hatten, hinweg.

Die wirtschaftliche Bedrohung durch die entsprechende Verschuldung einerseits und den wirtschaftlichen Fortschritt der gewerblichen Wirtschaft anderseits brachten den Bauern in der freien Marktwirtschaft die *wirtschaftliche Ungesichertheit und Vorwurf der Zurückgebliebenheit.* Die in der früheren Wirtschaftsordnung gegebene Gesichertheit wurde durch eine totale Unsicherheit abgelöst.

Mit dieser wirtschaftlichen Gefährdung ging auch eine soziale *Deklassierung des Bauerntums* einher. Die ehemals allgemein anerkannte Position des Bauerntums verlor ihre Geltung, weil die Industriegesellschaft mit ihren wirtschaftlichen Erfolgen und ihrem fortschreitenden Lebensstandard mit stets steigendem Aufwand zum normenden Leitbild der Wirtschaftsgesellschaft geworden war.

In der Industriegesellschaft bestimmte das Einkommensquantum und die Vermögensgröße die soziale Qualität. Aus dem erhöhten Lebensstandard ging ein stets steigender Aufwand hervor. Dieser ermöglichte die Teilnahme an einem immer größeren Verbrauch, der durch die massenhafte Produktionsausschüttung der Konsumgüterindustrie ständig angetrieben wurde. Der soziale Fortschritt zeigte sich in der größeren Inanspruchnahme von Kultur- und Zivilisationsgütern. Dadurch wurde eine allgemeine Ökonomisierung mit dem Leitbild des homo oeconomicus eingeleitet und eine traditionsfeindliche Wertfreiheit und Wertungebundenheit zur gesellschaftlichen Norm. Die Werte der Tradition wurden von den Leuchtkugeln des Fortschritts überstrahlt. Die Gebundenheit in Tradition und Religion galt als Zurückgebliebenheit. Die Neuerungssucht ließ die Werte der Vergangenheit zunächst vergessen und dann versinken.

Dieser gesellschaftlichen Entwicklung standen die Bauern hilflos gegenüber. Sie ließ in ihnen die Überzeugung klar werden: sie paßten nicht mehr in die Welt der Industriegesellschaft und *sie hatten in der industriellen Gesellschaft von heute keinen sozialen Standplatz* und gesellschaftlichen „Parkplatz".

Im persönlichen Selbstschutzverfahren wollten sich die Bauern dem Prozeß der Ökonomisierung und Kommerzialisierung anschließen, indem sie den Status des Bauern mit dem des „Landwirtes" vertauschten. *Aus Bauern werden Landwirte.* Die Bauern glauben, mit dem ökonomischen Titel „Landwirt" den Anschluß an die ökonomisierte Gesellschaft gefunden und den Zustand des zurückgebliebenen Bauern überwunden zu haben.

In dieser sozial abgeglittenen Position kamen die Bauern allerdings *am Rand der Gesellschaft* zu stehen. Sie wurden zwar nicht vollends von der Gesellschaft „abgeladen", für sie verblieb neben den Industriellen, den gewerbetreibenden Handwerkern und den fortschrittlichen Kaufleuten nur noch die *Grenzschichte.* Diese Randstellung nahmen sie ein, weil sie gemäß ihren Erzeugungs- und Marktschwächen nie zu einem steigenden Einkommen und daher fortschreitenden Aufwand kommen konnten. In der Wirtschaftsgesellschaft blieben sie durch ihr schwaches Einkommen die letzten und daher am unteren Rande der Gesellschaft. In der Verbrauchergesellschaft waren sie kraft ihres geringen Einkommens die Schwächsten und verblieben immer die, die die Modeableger der dynamischen Verbraucher gerade noch nach der Modesaison erwerben konnten. Diese dürftigen Verbraucher konnten natürlich nur am Ende der Konsumgesellschaft ihren Platz finden.

Die wirtschaftliche Existenzbedrohung und die gesellschaftliche Deklassierung konnte bei manchen Bauern — in Wahrheit waren es viele — den *Zustand der Entwurzelung* verursachen. Das alte Leitbild galt für das Leben des Bauern nicht mehr, weil es von freiheitlichem Fortschritt „überwunden" wurde. Ein neues, eigenständiges Leitbild gab es für die Bauern aber noch nicht. Die Bauern nahmen daher das Leitbild der städtischen und industriellen Gesellschaft zu Leihe und ahmten in einer Quasiform die neue Lebensweise nach. Die städtischen Lebensformen wurden samt und sonders zunächst einmal übernommen. Diese hatten auch für das Bauernhaus brauchbare und lebensgültige Verhaltensweisen in sich. Da manch übernommene Formen aber auf eine unbrauchbare, weil bäuerliche Lebensweise aufgepfropft wurden, kamen *„Wassertriebe einer Quasikultur"* hervor. In der Spannung dieser Unechtheit entstand der Zustand der Entwurzelung. Der Bauer war nicht mehr Bauer. Städter oder Träger des Leitbildes der Industriegesellschaft war er auch nicht, das eine war er nicht, das andere wurde er nicht. *Der Bauer wurde ein sozial, kulturell und seelisch Geworfener.*

Die wirtschaftliche Not, die gesellschaftliche Randstellung und die seelische Unsicherheit im Zustand der Geworfenheit kennzeichnen die Fremdheit des Bauern in der industriellen Gesellschaft. Dies alles, in einem Komplex vereinigt, bringt gerade bei den Jungbauern die Überzeugung: der Bauer habe weder wirtschaftlich noch gesellschaftlich und schon gar nicht als besonders geformte Persönlichkeit eine Zukunft.

Furchtbar wäre diese Situation, wäre nicht schon seit längerem eine neue Phase im Wandlungsprozeß des Bauerntums im Gange.

Der unternehmerische Bauer

In der Landwirtschaft hat sich im letzten Jahrhundert viel in jeder Erzeugungs- und Verwertungsweise verändert.

Das Wissen von der *Bodenzusammensetzung* brachte durch die Chemie den Kunstdünger, so daß all das, was dem Boden durch die Ernten entnommen wird, wieder zugesetzt werden kann. Die Vererbungslehre der Biologie gab mit den neuen Erkenntnissen von den *Vererbungsvorgängen* die Grundlage für die neue Tierzuchtlehre, so daß die Rassen herausgezüchtet werden können, die die gewünschten Ergebnisse für die Verwertung zeitigen. In der Ergänzung hiezu erkannte man die Abwehrmaßnahmen gegen Schädlinge im Acker-, Wein- und Obstbau und gegen die Seuchen in der Tierzucht. Dies alles veränderte von Grund auf den Pflanzenbau und die Tierzucht.

Hiezu kam die gesamte Entwicklung der *Landmaschinen-Technik,* die die entsprechenden Kraftmaschinen mit den Motoren und Traktoren und die hiefür erforderlichen Arbeitsmaschinen hervorbrachte. Diese Technisierung läßt die Landwirtschaft von der arbeitsintensiven in die technischintensive Arbeitsweise überwechseln.

All diese Neuerungen in der Agri-Kultur und in der Landwirtschafts-Technik machen einen genauen, *rechenhaften Verfolg aller einzelnen Betriebszweige* der bäuerlichen Hofwirtschaft möglich und notwendig. Damit ist für die Landwirtschaft die *Buchführung* ebenso erforderlich wie der *Bilanzabschluß,* weil auf Grund der volkswirtschaftlichen Gegebenheiten die Erzeugungs- und Absatzchancen durch die Spekulation ermittelt und auf Grund der betriebswirtschaftlichen Daten die Kosten in richtiger Größe und Zusammensetzung durch Kalkulation errechnet werden müssen. Die Kalkulation und die Spekulation muß, in richtiger Weise getätigt, den höchsten Grad der Ergiebigkeit des einzelnen Betriebszweiges und den höchsten Grad der Rentabilität der gesamten Hofwirtschaft ermitteln lassen. Der bäuerliche Hof muß seine Buchführung und Bilanz haben.

Da jeder bäuerliche Hof von den Vorgängen auf den Agrarmärkten in seiner Existenz abhängig ist, weil er nicht mehr wie früher zu zwei

Dritteln eine Selbstversorgung betreibt, sondern heute im gleichen und höheren Ausmaß für den Markt erzeugt, muß jeder Bauer und Landwirt mit aller möglichen Aufmerksamkeit und mit den hiefür nötigen Kenntnissen *den Markt* mit dem Angebot und der Nachfrage, aber auch die Entwicklung der Preise und die daraus folgenden betriebswirtschaftlichen und volkswirtschaftlichen Konsequenzen *beobachten*. Jede falsche Marktbeobachtung oder irrige Auswertung gefährdet oder vernichtet den betriebswirtschaftlichen Ertrag. Jede richtige Marktspekulation hebt den Betriebserfolg und die Rentabilität. *Die Marktkenntnisse und Marktbeobachtungen sind das Umundauf der landwirtschaftlichen Erfolge.*

In gleicher Weise muß jeder Bauer die Wirtschaftspolitik des Staates und seiner Standesvertretung kennen, und zwar so genau, daß er jederzeit auf sie Einfluß nehmen kann. Das gesamte Instrumentarium der Agrarpolitik muß jedem Bauern verständlich sein, sonst kann er weder seine Abgeordneten noch seine Verbandsmanager richtig für sich zum Einsatz beordern. Dazu gehört ferner noch, daß der Bauer seine *Kammerorganisation,* seine *Genossenschaften* und deren Verbände im Aufbau und in der Tätigkeit kennen muß, um sie jederzeit für sich richtig tätig werden zu lassen.

Nicht unerwähnt darf bleiben, daß die *Sozialpolitik* und selbst die *Steuerpolitik* solche Veränderungen durchmachte, daß jeder Bauer seine Pflichten dem Gesinde und seinen Familienangehörigen, aber auch den Steuerbehörden gegenüber kennen muß, um nicht im Gestrüpp möglicher Verfehlungen den hiefür bestimmten Strafsätzen zu verfallen.

Wohin der Blick geht: überall ist alles in der Landwirtschaft und für die Bauern anders geworden. Dieser Umstellung muß der Bauer zunächst durch seine Bildung und dann durch eine gänzlich erneuerte Betriebsführung entsprechen.

Das gesamte Bildungs- und Schulsystem für die Land- und Forstwirtschaft weist den Bildungswillen der bäuerlichen Menschen aus.

Die Bildung hebt den Bauern aus der allzustarken Gebundenheit an die Tradition und damit vom Vorwurf der ständigen Zurückgebliebenheit heraus. Die Bildung und stete Ausbildung läßt den bäuerlichen Menschen an den allgemeinen Kulturgütern des eigenen Volkes und anderer Völker teilnehmen. Je nach der Veranlagung und der geistigen Potenz können die Bauern bis in die Elite der gegenwärtigen Gesellschaft „aufsteigen" — und dabei noch immer Bauern bleiben.

Durch die höhere Bildung können die sozialen Minderwertigkeitskomplexe überwunden werden. *Die Bauern sind heute Unternehmer geworden.* Durch eine solche Entwicklung werden die Bauern *zu einer erneuerten Elite der Gesellschaft.*

c) Vom zünftlerischen Handwerker zum gewerblichen Unternehmer

Von der Zunft zur Gewerbefreiheit

Als Grundlage des inneren Glückes bedurfte es einer äußeren Sicherung, die die adeligen und geistlichen Grundherren den Grundholden und Bauern gaben, und die, die sich die Bürger in ihren städtischen Organisationen, den Zünften und Zechen, selbst gaben. Die Zünfte hatten religiöse, kulturelle, politische und gesellige Zwecke und hatten im wirtschaftlichen Bereich die äußere wirtschaftliche Sicherung ihrer Mitglieder zu garantieren, indem sie jeden meisterlichen Haushalt und Betrieb mit der Meisterfamilie, den Gesellen und den Lehrlingen, von der wirtschaftlichen Not durch die Garantie der „auskömmlichen Nahrung" freisetzten und den Anteil am „Schönen des Lebens" durch den „standesgemäßen Unterhalt" garantierten.

Der Landesfürst war in seiner „landesfürstlichen Wohlstandspolizei" bestrebt, die Wirtschaft seines Landes aus der Starre des Hergebrachten herauszuheben und einer dynamischen Wachstumsentwicklung zuzuführen. Auf diesem Wege standen ihm die Zünfte und Zechen als Hindernisse entgegen. Daher hob Ferdinand I. durch die *erste* österreichische Gewerbeordnung vom 1. April 1527 die Zünfte als autonome Körperschaften auf und beließ sie nur noch als Anstalten der Ausbildung und der sozialen Fürsorge.

Im Verlauf vieler Jahrzehnte versuchten die Zünfte ihre Autonomie durch Ausweitung ihres Ordnungsbereiches und durch Intensivierung ihrer Ordnungsbefugnisse wieder zu erlangen. Diesem Zustand setzte Karl VI. durch die General-Zunftordnung als *zweite* Gewerbeordnung am 19. April 1732 ein Ende, indem er anordnete, daß „die Bruderschaften und Handwerks-Zünfte anderst nicht als mit Vorwissen ihrer vorgesetzten Obrigkeit und in jedesmaliger Gegenwart wie eines von denselben verordneten Commissarii zusammenkünfte halten dürfen, bey sonst wohl empfindlicher Straf". Dadurch wurde die staatliche Gewerbehoheit für die landesfürstliche Wohlstandspolizei wieder in Stand gesetzt.

Auf der Grundlage der durch die Revolution des Jahres 1848 freigesetzten politischen Kräfte des Liberalismus erfolgte durch die *dritte* Gewerbeordnung vom 20. Dezember 1859 (RGB 227/1859) die *endgültige Freisetzung der gewerblichen Wirtschaft* für Österreich. Im Kundmachungspatent stellte dies Kaiser Franz Josef I. fest: „Von der Absicht geleitet, die Betriebsamkeit in unserem Reiche gleichmäßig zu regeln und möglichst zu erleichtern", wurde diese Gewerbeordnung erlassen. Sie kannte eigentlich nur freie Gewerbe, die bloß einer Anmeldung, aber keiner Genehmigung bedurften. Einige taxativ aufgezählte Gewerbe wurden wegen polizeilicher und sanitärer Sicher-

63. Barocke Hofapotheke zu Salzburg

64. Wochenmarkt in der Stadt: 1682

heiten der staatlichen Konzession unterstellt. Jedermann war berechtigt, „die Märkte mit allen im Verkehr gestatteten Waren zu beziehen" (§ 62 GO). *Für Österreich galt demnach das Prinzip der Gewerbefreiheit.*

Der gewerbliche Unternehmer

Die Volkswirtschaft ist ein Organismus aus verschiedenen Wirtschaftszweigen, von denen jeder eine besondere Leistung und eine arteigene Funktion im Ganzen zu vollbringen hat. Wegen der Vorleistungen, die jeder von den anderen beziehen muß, und wegen der Nachfrage von seiten aller gegen alle hängen alle Wirtschafter voneinander ab und bilden das interdependente Gefüge der Wirtschaftsgesellschaft. In diesem vielgestaltigen Gebilde hat das *Gewerbe mit der Industrie* die Aufgabe, aus Rohstoffen *werkreife Waren zu fertigen.* Dem *Gewerbe* fällt hiebei die *Sonderverpflichtung* zu: *die Fertigung Stück für Stück und in individuellem Verfahren vorzunehmen.* Hiebei kommt es einmal mehr auf die individuelle Art der gefertigten Waren und ein andermal auf die besonders geformte Darreichung der Waren oder Leistungen an.

Die Sonderheit beginnt mit der *persönlichen Beziehung zwischen dem Meister und seinen Kunden.* Diese persönlichen Beziehungen kommen in der vereinbarten Formung des Auftrages zum Vorschein. Wenn ein Kunde dies oder jenes „bestellt", können zunächst zwei Vorstellungen über ein Werkstück einander begegnen. Der Kunde bringt seine Vorstellung für den individuell zu fertigenden Auftrag deutlich oder auch ganz und gar unklar vor. Der Meister sucht diese Vorstellung mit der seinen zu konfrontieren, wobei sich unter Umständen sofort eine Übereinstimmung in den Vorstellungen beider ergeben kann. Zum anderen werden sich zumeist große Differenzen in der Werkvorstellung des Auftrages ergeben. Nun setzt die stille, unaufdringliche, aber nachhaltig wirksame Überzeugungskraft des Meisters ein. Die Werkvorstellung des Meisters kommt hiebei oft als die „eigentliche Vorstellung" des Kunden zum Durchbruch. „Ja, so war es gedacht!" Der auf diese Weise präzis geformte Auftrag läßt unweigerlich den Geschmack des Meisters als „Modellbauer" durchschimmern, läßt aber auch noch „die Zustimmung des Kunden" erkennen. Der Meister ist der Träger des Geschmackes und der kunstgewerbliche Former des Werkstückes.

Auf dieser gegenseitigen, persönlich verbundenen Vertrauensgrundlage zwischen dem Meister und dem Kunden beginnt auch die Fertigungsarbeit. In jedem Werkstück sind diese Beziehungen für einen Kenner auch ablesbar.

Die persönliche Gestaltungskraft des Meisters setzt sich im Werk fort. Der Plan oder der Zuschnitt wird vom Meister ganz individuell nach den gesonderten Daten der Maße aus der Bestellung angelegt. Die Planausführung folgt wieder nach der alleinigen Methode der Meisterwerkstätte. Es gibt nämlich in einer Branche gewiß nicht zwei Werkstätten, die die gleichen Fertigungsmethoden haben. Nun kommen das Wissen und handwerkliche Können, aber auch die Erfahrung und selbst die Verantwortung für dieses eine Werkstück und dessen Auftraggeber von seiten des Meisters, der Gesellen und selbst der Lehrlinge hinzu. In jedem einzelnen Handgriff und in jedem Fertigungsakt schimmert die Persönlichkeit des Werktätigen, ja selbst bis zur zurückgelassenen Stecknadel durch. In vielen Korrekturen und Neuformungen kommt allmählich die Ver-Wirklichung und die Ins-Werk-Setzung des Planmodelles und damit der gefertigte Auftrag zum Vorschein. Das Werkstück ist von der Mühe, aber auch von der Freude, und daher von der echten Anteilnahme aller Werkenden in der Werkstatt durchzogen und bestätigt den jeweiligen Ruf des Hauses.

In dieser kleinen Werks- und Arbeitsgemeinschaft besteht ein echtes Beziehungssystem der dort tätigen Personen, natürlich mit vielen positiven, aber auch mit manch negativ geladenen Vorfällen. Eines aber gibt es in dieser handwerklichen und meisterlichen Werkstatt nie: ein klassenkämpferisches Spannungsverhältnis zwischen dem „kapitalistischen Meister“ und dem „arbeitenden Volk“. Daher gab es für den Meister keinen Aufstieg in die kapitalistische Klasse mit Ausbeutung und Profiten und für die Gesellen und Lehrlinge keinen Abfall in das Proletariat. Immer war bis heute die gewerbliche Werkstätte eine durch Treue verbundene persönliche Gemeinschaft. Die Leistungsgemeinschaft war eine persönliche, menschliche Gemeinschaft.

Die gewerbliche Unternehmung hatte auch eine *Sonderstellung am Markt*. Da alle Aufträge der „Kundennähe“ entspringen, versorgt der gewerbliche Unternehmer einen kleinen und meist eng begrenzten Markt. Der kleine Radius des Marktes kann sich auf den schmalen Umkreis des Ortes, oder er kann sich aber auch auf einen eng begrenzten Personen- und Freundeskreis des Hauses beziehen. *Dem kleinen Markt entspricht auch die kleine und mittlere Betriebsgröße.*

In dieser Marktgröße liegt sowohl die Gesichertheit als auch die Gefährdung des gewerblichen Betriebes. Der kleine Markt weist in der Regel eine konstante Nachfragegröße aus, weil wegen „der örtlichen Gleichförmigkeit der wirtschaftlichen Entwicklung“ weniger Schwankungen und wegen „der wirtschaftlichen und gesellschaftlichen Gleichartigkeit des Kundenkreises“ nur geringe Fluktuationen gegeben sind. Der kleine Markt mit dem entsprechenden festen Kundenkreis gibt den gewerblichen Unternehmungen die konstante Nachfrage und damit die existenzielle Gesichertheit.

Der kleine Markt kann aber auch die *Ursache einer Gefährdung* sein, wenn etwa Großunternehmungen mit standardisierten und daher verbilligten Waren auf dem Ortsmarkt einbrechen und den kleinen Markt aufreissen. Unter solchen Umständen gibt es nicht viele Ausweichmöglichkeiten für den gewerblichen Unternehmer.

Die *erste wirksame Abwehr* organisierten die Gewerbetreibenden wie auch die anderen bedrängten Wirtschaftergruppen (Bauern und vorproletarisierte Arbeiter) selbst in den *Genossenschaften*. Da die Gewerbetreibenden stets in Liquiditätsklemmen waren, gründeten sie die *gewerblichen Kreditkassen, die Volksbanken*. Im gegenseitigen Aushilfeverfahren halfen die, die über einen zeitlichen Überhang an Geld verfügten, denen, die an einer Liquiditätslücke litten. Die Vermittlung stellte die gewerbliche Genossenschaftskasse her. Zur Verringerung der Lagerkosten von Rohstoffen, aber auch von Fertigwaren wurden die *Lagergenossenschaften* geschaffen. Dadurch wurden die Lasten der übergroßen Lager von den einzelnen genommen und durch die Verteilung auf viele für die einzelnen verringert. Für manche Branchen war es wieder günstig, *Einkaufsgenossenschaften* und für andere *Verwertungsgenossenschaften* zu etablieren. Diese Selbsthilfe nach dem Solidaritätsprinzip „Einer für alle und alle für einen“ wurde von Schulze-Delitzsch im Jahre 1849 erstmals angeregt. Die erste Gründung erfolgte in Österreich durch die Kreditgenossenschaft in Klagenfurt im Jahre 1850. Dann folgten der Reihe nach die Gründungen weiterer Genossenschaften, so daß es notwendig schien, das Genossenschaftswesen gesetzlich zu regeln. Dies geschah durch das *„Gesetz über die Erwerbs- und Wirtschaftsgenossenschaften“* vom 9. April 1873 (RGBl 70/1873), in dem die Genossenschaften ihren Zweck zugewiesen erhielten: „Förderung des Erwerbes oder der Wirtschaft ihrer Mitglieder mittels gemeinschaftlichen Geschäftsbetriebes“ (§ 1).

Die Genossenschaften haben sich seither zu einem vielgliedrigen System von Ortsgenossenschaften, Landesgenossenschaften als Verbände der Ortsgenossenschaften und zu Bundesgenossenschaften mit den Landesgenossenschaften als Mitgliedern entwickelt und leisten den Gewerbetreibenden eine nachhaltige Hilfe. Manche Branchen könnten ohne ihre Selbsthilfegenossenschaften nicht ihr Fortkommen finden.

Die *zweite Abwehr* gegen die bedrängten Notstände wurde in den zwei Novellen zur Gewerbeordnung gegeben, indem durch die Novelle vom Jahr 1883 die *handwerksmäßigen Gewerbe* mit Lehrzeit, Gesellenprüfung, Gesellenzeit mit der Meisterprüfung bei den zuständigen Innungen geschaffen wurden. Der Gewerbeantritt wurde durch diese gesetzlichen Voraussetzungen so erschwert, daß nur mehr eine beschränkte Konkurrenz bestehen blieb, wodurch den Handwerksbetrieben wieder eine gefestigte Existenzgrundlage zukam. Die Novelle vom Jahre 1934 brachte die *gebundenen Gewerbe*, die die Gewerbeberechtigung an die Erlangung des kleinen oder des großen Befähigungsnachweises banden. Diese Antrittserschwerung wurde volkswirtschaftlich wegen des Konkurrenzüberdruckes für „empfehlenswert" erachtet (erläuternde Bemerkungen zum Entwurf einer Gewerbeordnungsnovelle 1934, im: Archiv für Handel und Gewerbe, Jg. 1934 u. 1935).

Diese Gruppen bekamen in Form der *Innungen* auch wieder ein *beschränktes Selbstverwaltungsrecht,* das sie zu ihrem Schutz nutzen sollten und dementsprechend für die Ausbildung ihres Nachwuchses gebrauchen mußten.

Die Kammer der gewerblichen Wirtschaft, mit den Vorgängern der Handelskammer vom 26. März 1850 und vom Jahre 1920 durch Gesetz vom 24. Juli 1946 (BGBl 162/1946) geschaffen, verminderte zunächst im gegenseitigen Interessenausgleich etwaige Gegensätze der verschiedenen Gruppen und stellte diese unter den wirtschaftlichen, sozialen und rechtlichen Schutz der Kammer und ihrer Sektionen. Den Inhalt und die Stärke konnten sie im Rahmen des Gesetzes durch ihre initiative Mitarbeit weitgehend selbst bestimmen.

Im Rahmen der Kammer wurde durch das *Gewerbeförderungsinstitut* allen Unternehmern eine weitreichende und intensive Schulung für den Nachwuchs und eine ständige Nachschulung für die Mitarbeiter und Unternehmer zur Verfügung gestellt.

Für manche Gewerbezweige wurden noch aus eigener Initiative der Unternehmer *Erzeuger-Ringe* durch Kooperation verschiedener Erzeugungsstufen und für andere *Absatz-Ringe* durch Interessengemeinschaften geschaffen.

Für die *soziale Sicherheit* wurden die Gewerbetreibenden *in der dritten Abwehr* dem Schutz der Sozialversicherung unterstellt, so daß sie auch gegen Krankheit, Unfall, Invalidität und Alter abgeschirmt waren, wie dies schon für ihre Mitarbeiter als soziales Sicherungsbenefiz gegeben war.

Durch all diese Selbsthilfeorganisationen und gesetzlich geschaffenen Zwangsgemeinschaften wurde den Gewerbetreibenden soviel wirtschaftlicher und sozialer Schutz gegeben, daß sie auf Grund ihrer initiativen Leistung den an sie ergangenen volkswirtschaftlichen Grundauftrag erfüllen und hiebei auch ihr Fortkommen finden konnten.

Diese geltende Wirtschaftsordnung kann mit Recht als *unternehmerische Ordnung* angesprochen werden, weil die Dynamik der Volkswirtschaft von den Unternehmern ausgeht. Die Aufgabe des Unternehmers ist es nämlich, die jeweils *potentiellen Kräfte der Volkswirtschaft zu aktivieren,* um so die arbeitsteilige Wirtschaft in der Gliederung ihrer Erzeugungszweige zu verlebendigen. Da jede Wirtschaftshandlung in der Produktion und in der Zirkulation die Notwendigkeit weiterer Handlungen nach sich zieht, da ferner jeder Erzeugungsakt weitere Rohstoffe und Arbeitsleistungen „zum Einsatz beordert“, kommt es für den Unternehmer der gewerblichen Wirtschaft darauf an, die in der Volkswirtschaft vorgegebenen Potenzen und Gewinnchancen zu nutzen. Indem er seine aus den Daten der Volkswirtschaft abgeleiteten Pläne erstellt, gibt er anderen Unternehmern die Voraussetzung für ihr Planen und Handeln. Indem er seine unternehmerische Leistung vollbringt, zwingt er auch die Erzeuger seiner Stufe zum *Wettbewerb*. Durch diesen wird der *ergiebigste Produktionsausstoß* und die *kostengünstigste Erzeugung* erwirkt.

Der Unternehmer muß die Gegebenheiten des Marktes in der Gegenwart und für die kommende Entwicklung auf seine Weise erfassen, damit er die volkswirtschaftlich gestellte Aufgabe für seinen Betrieb erkennen kann. Die *bestehende* und für die in der Zukunft zu *erwartende Nachfrage* muß er als Gegebenheit *zur Grundlage seines Produktionsprogrammes machen*. Weiß er, was und wieviel er erzeugen soll, dann muß er die Produktionskräfte für seinen Betrieb, sowohl die geistigen Kräfte seiner Mitarbeiter wie auch die materiellen Kräfte der Erzeugungsanlagen und Rohstoffe aus der Volkswirtschaft an sich ziehen und für sich bereitstellen.

Hat er das Produktionsprogramm mit Erfolg abgewickelt, muß er seine Waren und Leistungen am Markt „an den Mann“ bringen und damit die Konsumenten versorgen. Der Unternehmer nimmt vom Markt die erforderlichen Produktivkräfte und gibt an den Markt seine Erzeugnisse ab, er wird so zum Vollzugsorgan der Volkswirtschaft.

Wenn der gewerbliche Unternehmer Waren erzeugt, die noch nie am Markt waren, muß er gleichzeitig mit der Erzeugung der Waren die entsprechende *Nachfrage* durch werbekräftige *Methoden am Markt „produzieren“*. Der gewerbliche Unternehmer erfüllt die Erfordernisse des Marktes durch seine Marktbelieferung, er gestaltet aber auch die Marktgegebenheiten, indem er mit neuen Waren die Vielfalt des Marktes vermehrt. Die Mannigfalt der Waren am Markt zeigt, daß es noch eine unternehmerische Wirtschaftsordnung gibt, in der die Dynamik von den Unternehmern kommt.

Der Unternehmer hat auf der Ebene der Sozialpolitik neuerdings die *Aufgabe der qualitativen Sozialpolitik,* indem er seine Dienstnehmer durch die *soziale Betriebspolitik* und die *betriebliche Sozialpolitik* zu Mitarbeitern werden läßt. Er muß die Seinen zu immer mehr Verantwortung und dadurch zu stärkerer Mitarbeit verhalten. Der gewerbliche Unternehmer hat mit dieser sozialpolitischen Aufgabe die Chance, selbst Akteur der qualitativen Sozialpolitik zu werden. Wenn er diese Chance in seinem Betrieb wahrnimmt, gestaltet er eine *neue Be-*

triebsgemeinschaft und mit ihr auch eine *neue Wirtschaftsgesellschaft*, die nicht mehr in zwei Klassenkampfparteien besteht, sondern eine *Gemeinschaft der Zusammenarbeit von zwei Partnern* bildet. Der Unternehmer der gewerblichen Wirtschaft führt auf diese Weise die Wirtschaftsgesellschaft zu einer neuen Gestalt der menschlichen Zusammenarbeit.

Dem gewerblichen Unternehmer von heute stehen auch eine Reihe kultureller Verpflichtungen und politischer Aufgaben zu.

Die *kulturelle Verpflichtung* hat er schon in seiner Auftragsentgegennahme. Er muß sie aber auch durch die Weitergabe an seine Mitarbeiter verwirklichen. So wird er die kulturelle Mitte seiner Werksgemeinschaft.

Wegen der engen Verbundenheit der unternehmerischen Leistungen mit der Wirtschaftspolitik und der Sozialpolitik des Staates, kann sich der Unternehmer der gewerblichen Wirtschaft nie aus dem politischen Geschehen vollends zurückziehen. Indem er nämlich die Volkswirtschaft durch seine Leistungen aktuiert, leistet er auch eine beachtliche Aufgabe für die Politik. Dies zeigt sich dann in der vielfältigen Mitgliedschaft zu den wirtschaftspolitischen Organisationen, die ja auch Träger der allgemeinen Politik sind. Daher kann kein Unternehmer politisch neutral bleiben, er muß kraft seiner volkswirtschaftlichen Aufgabe auch die politischen Vorgänge im Staat mitgestalten. Der Unternehmer hat neben der Gesellschafts- und Wirtschaftsführung auch eine kulturell und politisch führende Verpflichtung. Dadurch gestaltet er nicht nur die Gesellschaft von heute, sondern auch die kuturellen und politischen Belange von morgen. Viele Unternehmer sind zur Elite der Gegenwart zu rechnen.

d) Vom Proletarier zum Mitarbeiter

Die Dismembration der Gesellschaft durch die Verproletarisierung der industriellen Arbeiterschaft konnte zu zwei Folgen führen: zum Fortgang des Klassenkampfes bis zum Zerfall der bestehenden Sozial- und Wirtschaftsordnung oder zum Einsatz der Sozialpolitik, die die Arbeiterschaft aus der Lage der Proletarität herausführt. In den meisten Ländern wurde nach einigen Versuchen, den Klassenkampf zu forcieren, die Sozialpolitik zur Entproletarisierung der Arbeiterschaft eingesetzt.

Die Sozialpolitik hat demgemäß das Ziel: die Arbeiterschaft vom dreischichtigen Proletaritätszustand zu lösen. Sie muß das Einkommen der Arbeiterschaft so sichern, daß das Auskommen wieder in einem sozial gerechtfertigten und wirtschaftlich richtigen Ausmaß gesichert werde. In dieser Wirkrichtung ist die Sozialpolitik soziale Einkommenspolitik. Die Sozialpolitik muß durch ihre Maßnahmen die gesellschaftliche Schichte der neu entstandenen Klasse wieder zu einem sozial anerkannten Stande führen, damit diese Gruppe wieder ein soziales Wertbewußtsein und eine gesellschaftliche Geltung erhalte. In dieser Wirkrichtung wird die Sozialpolitik Gesellschaftspolitik. Die Sozialpolitik muß ferner den einzelnen aus dem persönlichen Proletaritätszustand herausführen, damit er als Persönlichkeit in der Gesellschaft und als Leistungsträger in der Wirtschaft zur Wirkung und voll zur Geltung kommen kann. *Die Sozialpolitik ist „Persönlichkeitspolitik"*.

In Verfolg dieser Aufgaben lassen sich deutlich zwei Arten der Sozialpolitik unterscheiden: die qualitative und die quantitative Sozialpolitik.

Die *quantitative Sozialpolitik* verfolgt als mengenhaft bestimmte Ziele die Vergrößerung und Sicherung des Lohneinkommens und eine Verkürzung der Arbeitszeit.

Die *qualitative Sozialpolitik* verfolgt als qualitätsbestimmtes Ziel die volle Wiederanerkennung der leistenden Persönlichkeit in der Gesellschaft und in der Wirtschaft durch die Requalifizierung der Arbeit und die Verpersönlichung der Beziehungen in den Betrieben. (Dieser Begriff der qualitativen Sozialpolitik wurde von mir zum erstenmal geprägt im Aufsatz „Von der quantitativen zur qualitativen Sozialpolitik" in: Die Industrie, Jg. 1955, Nr. 16, Wien 1955.)

Diese Arten der Sozialpolitik schließen einander nicht aus, sondern ergänzen und durchdringen sich notwendigerweise, wenn sie auch nicht zeitlich mit einem Male zum Vorschein kommen. Beide Arten der Sozialpolitik haben in ergänzender Weise die Arbeiterschaft in den Zustand der Entproletarisierung zu führen.

Die wirtschaftliche Sicherung und die gesellschaftliche Wieder-in-Stand-Setzung der Arbeiter

Als Zustand der ökonomischen Proletarität wurde die *volle Ungesichertheit des Lohneinkommens* festgehalten. Ungesichertheit war das Einkommen und damit auch das Auskommen in seiner Größe und sogar in seinem Bestande.

Um den Marktschwächezuständen des großen und undifferenzierten Angebotes an Arbeit und der oligopolen oder gar monopoloiden Nachfrage nach Arbeit zu entkommen, organisierten sich die Arbeiter in den *Gewerkschaften*. Diese verfolgten das Ziel: *Sicherung des nominellen Arbeitseinkommens* durch kartellistische Organisierung des Arbeitsangebotes. Die zunächst erstrebte Lohngröße sollte ein sozial notwendiges und wirtschaftlich gesichertes Auskommen ermöglichen. Mit dem Fortschreiten der Produktivität in der Industrie einerseits und der organisatorischen Schließung der Arbeiterschaft in den Gewerkschaften andererseits wurde der Lohn von Stufe zu Stufe gehoben. Durch die Anerkennung der Gewerkschaften als Partner des Kollektivvertrages wurde der Nominallohn nach unten so abgesichert, daß ein Unterschreiten des Tariflohnes nicht mehr möglich war. Die gewerkschaftliche Lohnpolitik erwirkte durch den tariflichen Kollektivvertrag die Sicherung eines sozial anerkannten Lebensstandard-Lohnes, der mit dem Wachsen des Sozialproduktes und der Arbeitsproduktivität durch die investierte Kapitalausrüstung im Steigen begriffen war.

Die Sicherung des Reallohnes suchten die *Konsumgenossenschaften* zu erreichen. Sie strebten durch die Umgehung der Zwischenhandelsspannen die Sicherung der Kaufkraft des Lohngeldes und durch diese *die Sicherung des Reallohnes* an. Dies gelang dort, wo die Konsumgenossenschaften die Preise zu senken bestrebt waren. Dadurch schien der Reallohn so weit gesichert zu sein, wie dies die Konsumgenossenschaften zu erreichen vermochten.

Die Sicherung des Lohnbestandes und die des wirtschaftlichen Auskommens für den Arbeiter und seine Familie wurde durch die vom Staat organisierten Einrichtungen der Sozialversicherung, des Familienausgleichslohnes und durch die Vollbeschäftigungspolitik angestrebt.

Die *Sozialversicherung* wurde in all ihren Zweigen als Zwangsversicherung mit Selbstverwaltung geschaffen. Im Prinzip der Selbstverwaltung und Versicherung kam eine genossenschaftsähnliche Maxime zur Wirkung, weil sich alle Versicherten durch ihre Beiträge gegen Krankheit, Unfall, Invalidität und Alter gegenseitig sicherten. Soweit dies durch dieses organisierte Sicherungssystem gelang und ein Lohnergänzungseinkommen für die genannten Fälle gesichert war, war ein Einkommen auch dann gegeben, wenn durch die Mißfälle des Lebens die Arbeiter keinen Lohn erlangen konnten. Die Sozialversicherung sichert für die genannten Notfälle ein Lohnergänzungs- oder Sozialrenteneinkommen.

Eine wichtige Ergänzung für diese Bestandssicherung des Lohnes war die *Arbeitslosenversicherung*. Durch sie wurde eine Lohnergänzung für den Fall gewährt, daß wegen Überlastung des Arbeitsangebotes nicht alle Arbeiter einen Arbeitsplatz und damit ein Lohneinkommen erreichen konnten.

Da in den Fällen allgemeiner Wirtschaftskrisen diese vielfältige Sozialpolitik für die Lohnsicherung nicht hinreichte, übernahm es der Staat, für die Arbeitnehmer die Arbeitsplätze durch seine die Konjunkturwellen verstetigende *Politik der Vollbeschäftigung* zu sichern. Diese Sicherung der Vollbeschäftigung tätigte der Staat mittels der antizyklischen Budgetpolitik, indem er den Konjunkturauftrieb in der Hochkonjunktur drosselte und bei einer sich anmeldenden Rezession durch Mehrausgaben für öffentliche Investitionen den Effekt des Beschäftigungsmultiplikators zur Neuanfachung des Konjunkturanstieges wirken ließ. Dadurch blieb die konjunkturelle Arbeitslosigkeit soweit wie möglich gebannt und mit der Sicherung der Arbeitsplätze wurde auch der Bestand des Lohneinkommens gesichert. Die antizyklische Budgetpolitik war als lohnsichern-des Instrument zugleich auch ein Werkzeug der Sozialpolitik.

Diese allgemeinen Sicherungstendenzen beziehen sich gegenwärtig nicht nur auf das Arbeitseinkommen, sondern auch auf das Auskommen des Arbeiters und seiner Familie, wie die sozialpolitischen Maßnahmen zur Sicherung des familiengerechten Einkommens und Auskommens zeigen. Dadurch erhält der Lohn seine volle Funktion als Grundlage der Lebenshaltung wieder zurück. Die familienpolitische Lohnsicherung wird zur Sicherung der Lebenshaltung der Familien.

Soweit all diese den Lohn und die Lebenshaltung sichernden Einrichtungen und Maßnahmen wirtschaftlich richtig organisiert waren, war das Lohneinkommen und das Auskommen der Arbeitnehmer gesichert. Durch die den Lohn in seiner Größe und in seinem Bestand sichernde Sozialpolitik wurde ein Zustand der wirtschaftlichen Gesichertheit erreicht, der das ökonomische Merkmal der Proletarität, die volle Ungesichertheit des Arbeitseinkommens, überwand und die Arbeiterschaft im Bereich der Wirtschaft entproletarisierte.

Die einst vollends Ungesicherten sind heute die voll Gesicherten

Die gesellschaftliche Proletarität der Arbeiterschaft bestand im Zustand der *sozialen Geworfenheit* dieser Gruppe, die diese zu einer Klasse mit sozial negativen Merkmalen herabsetzte und sie außerhalb der geltenden und anerkannten Gesellschaftssicherung stehen ließ. Es fehlte der Arbeiterschaft die Anerkennung als soziale Funktionsgruppe und daher auch die Legitimation für die Gruppen-Eigenständigkeit.

Die Sozialpolitik hatte nun die Aufgabe, die Arbeiterschaft als ganze Gruppe zu einer inneren Wertanreicherung und zur äußeren Anerkennung als eigenständige Schichte und schließlich *als Stand neuer Prägung* zu führen. Die eigene Wertanreicherung mußte der Gruppe der bislang sozial Geworfenen das Empfinden der Minderwertigkeit nehmen und die Überzeugung des eigenen werthaften Funktionsgehaltes geben, denn nur die Selbstachtung führt zu einer homogenen Geschlossenheit und nur diese schafft die Voraussetzung für die Anerkennung durch die anderen Schichten und Stände. Die Wege zu diesem Ziele führten über die Selbsthilfeorganisationen der Bildungsvereine und über die politische Gruppenbildung.

Die *Bildungsvereine* wurden in mühevoller Kleinarbeit geschaffen und reichten in ihrem Wirkungsfeld von der Bildungsveranstaltung allgemeiner und fachlicher Art bis zu den Geselligkeitsvereinen für Unterhaltung und Sport. Durch diese Bildungsarbeit ergab sich eine innere und gesellschaftliche Selbstsicherheit der Arbeiterschaft. Die Bildungsvereine schufen die *Voraussetzung für die soziale Legitimierung* der

Arbeiterschaft als Gruppe und die Grundlage für die Wieder-in-Stand-Setzung der Arbeiterschaft.

Die Arbeiter organisierten sich zur Durchsetzung ihrer sozialpolitischen Forderungen in politischen Parteien oder in eigenständigen Sektionen bestehender Parteien. In diesen politischen Organisationen nahmen sie zunächst Stellung gegen den Staat, weil ihnen der Staat in ihrer wirtschaftlichen und sozialen Notlage nicht half. Als die Arbeiterparteien zahlenmäßig aber immer stärker wurden, mußten ihre Organe auch politische Verantwortung in den verschiedenen Körperschaften übernehmen. Durch dieses Eindringen in die staatliche Organisation entdeckten die Arbeiter die organisierende Ordnungskraft des Staates. Die Arbeiter wurden nun „staatsgläubig" und staatstragende Gruppe. Staatsgläubig wurden sie, weil sie von der ordnenden Veranstaltungsgewalt des Staates die Besserung ihrer sozialen und wirtschaftlichen Lage erwarteten. In dieser gläubigen Hoffnung standen sie nunmehr zum demokratisch organisierten Staat, weil sie durch ihn und durch ihren Einfluß auf ihn die Durchsetzung ihrer sozialpolitischen Ziele erwarten konnten. Über das Eindringen in den Staat, in die Gesetzgebung und Vollziehung, und durch die Übernahme der politischen Verantwortung im Staat und in den übrigen Gebietskörperschaften kam der Arbeiterschaft zunächst die *politische Anerkennung als Gruppe* zu. Dieser folgte schrittweise auch die *gesellschaftliche Anerkennung.* Mit dieser steht die Arbeiterschaft nun nicht mehr außerhalb der geltenden Gesellschaftsordnung in der Position des Abseits, sie ist vielmehr als eigenständige Gruppe legitimiert und von den anderen anerkannt.

Der gesellschaftliche Prozeß der Wieder-in-Stand-Setzung der Arbeiterschaft setzte sich durch die *Entwicklung des Arbeitsrechtes fort.* Dieses erscheint als materielles Recht im Arbeitsrecht und als formelles Recht im eigenständigen Rechtsgang der Arbeitsgerichte. Das Arbeitsrecht enthält als Arbeiterschutzrecht, als Arbeitsvertragsrecht und als Sozialversicherungsrecht eine Fülle von Normen, von denen nicht wenige echte *Standesprivilegien* sind.

Die rechtlich privilegierte Gruppe der Arbeitnehmer ist so zu einem Stand mit allen sozialen und rechtlichen Merkmalen eines solchen geworden.

Damit ist aber auch der soziale Entproletarisierungsprozeß abgeschlossen. *Die Arbeiterschaft ist ein gesellschaftlicher und rechtlicher Stand und daher entproletarisiert.*

Die Requalifikation der Arbeit und der Mitarbeiter im Betrieb

Mit der ständig wachsenden Technisierung des Arbeitsprozesses verwandelte sich auch der Inhalt der Arbeit. Die Arbeit forderte im technisierten Industriebetrieb von allen Leistungsträgern immer mehr technische Kenntnisse und daher auch *mehr technisches Wissen*. Technisches Wissen bedarf aber als Grundlage eines allgemeinen Wissens und allgemeiner Bildung. Indem der Arbeiter seine Arbeitsleistung vollbringt, muß er nunmehr alle seine geistigen Kräfte des Wissens einsetzen.

Die Arbeit fordert auch immer *mehr Verantwortung* vom Arbeiter. Diese Verantwortung bezieht sich sowohl auf das Arbeitgerät und die Maschinenanlagen als auch auf das Werkstück und die Mitarbeiter an der Arbeitsstätte. Da die Geräte und Werkzeuge immer wertvoller werden, wird auch die Verantwortung diesen gegenüber immer größer. Da ferner der Erzeugungsausstoß in der Zeiteinheit größer wird, steigt im gleichen Ausmaß die Verantwortung gegenüber den Werkstücken. Schließlich wird durch die Technisierung des Produktionsganges die Verantwortung auch gegenüber den Mitarbeitern am Arbeitsplatz größer.

Der moderne Industriebetrieb ist so weit differenziert, daß jeder Arbeitsplatz einen leiblich, geistig und seelisch genau spezialisierten und strukturierten Arbeiter erfordert. Das heißt, *der Arbeitsplatz fordert eine bestimmte Persönlichkeit*.

Der verstärkte Einsatz der geistigen Kräfte des Wissens, der vergrößerte Einsatz der charakterlichen Eigenschaften und der verstärkten Verantwortung läßt *die Arbeit wieder zum Einsatz der ganzen Persönlichkeit und daher zur Persönlichkeitsentfaltung werden*.

Hier ist nun der Punkt, an dem sich die Belegschaften zu differenzieren beginnen. Die für die Arbeitsleistung erforderliche Bildung und Charaktereigenschaft hat zwei Wirkungen: eine individuell-persönliche und eine strukturell-gesellschaftliche.

Die individuell-persönliche Wirkung richtet sich als Forderung an den einzelnen, sich in technischem und organisatorischem Wissen und in charakterlichem Bildungsgut fortzubilden. Jeder muß sich auf seine Weise weiterbilden. Die Folgeleistung der Angerufenen kann auf Grund der Sondereignungen der einzelnen nur verschieden erfolgen.

Die einen steigen durch ihre Wissens- und Charakterleistung höher und werden daher auch in der Betriebsleistung höher verwendbar. Sie können in der Leistungsgemeinschaft der Betriebe aus dem allgemeinen Gemeinschaftsstand heraustreten und *in der Leistungshierarchie der Betriebe als Eliten aufsteigen*. Sie differenzieren sich von den vielen und überhöhen diese, indem sie ihnen als Vorgestellte und Vorgesetzte gegenübertreten. Die anderen folgen den Fortschreitenden in dem Abstand, der durch ihr Können und ihre Charakterleistungen bestimmt wird.

Diese auf Grund der persönlichen Leistungsfähigkeit erwirkte Differenzierung brachte eine neue strukturell-gesellschaftliche Schichtung in die Leistungsgemeinschaft der Belegschaften, wodurch die Betriebsgemeinschaft selbst eine neue strukturelle Aufgliederung erhielt. Die Belegschaften waren nicht mehr eine gleichartige und gestraffte Masse von Gleichen, sie wurden vielmehr eine vielfältig geschichtete Gemeinschaft mit Eliten.

Dieser Entwicklungsgang, der sich in steigendem Maße fortsetzt, nimmt der Arbeit das inhaltsleere Wesen der marktgängigen Ware und gab ihr wieder den menschlichen Inhalt des Persönlichkeitseinsatzes. Diese Wandlung im Arbeitsinhalt veränderte folgerichtig auch die Position des Arbeiters in der Leistungsgemeinschaft des Betriebes. Die Requalifizierung der Arbeit brachte durch den erforderlichen Persönlichkeitseinsatz des Arbeiters die Humanisierung der Arbeit, die Verpersönlichung der Betriebsgemeinschaft und die Differenzierung des neuen Arbeiterstandes mit neuen Eliten.

Aus dem Inhaltswandel der Arbeit und der erfolgten Entproletarisierung der Arbeiter hat sich auch die Position des Arbeiters im Betrieb grundlegend verändert. Der Arbeiter ist nicht mehr nur Arbeiter, der seine Arbeit als Ware verkauft, er ist „Mitarbeiter" geworden. Der Mitarbeiter erbringt seine Leistungen in bewußter Zweckeinordnung in das jeweilige Betriebsziel und in das Betriebsgeschehen. Daher hat der Mitarbeiter ein Interesse am Bestand und am Fortschritt seines Betriebes. Als Mitarbeiter hat er eine *verpflichtende Mitverantwortung*. Diese läßt sein Interesse am Betrieb und sein Mitspracherecht entwickeln. Das Mitspracherecht zieht einen Kreis um den Arbeitsplatz. Alle Angelegenheiten, die sich aus der Arbeit an einer bestimmten Betriebsstelle ergeben, liegen im Mitsprachebereich. Diese Zuständigkeit erweitert sich mit dem Höhersteigen in der Betriebshierarchie, weil dadurch der Kreis der Kompetenz weiter wird.

So gesehen, ist der Mitarbeiter, auf welcher Stufe des Betriebes er immer stehen mag, auch „Mitunternehmer" im Betrieb. Er unternimmt es ja auch, den ihm vorgegebenen Auftrag zu vollziehen und zu vollbringen. Für sein Unternehmen im Rahmen des Betriebes und der Unternehmung verwendet er auch die bereitgestellten persönlichen Leistungskräfte und die sachlichen Leistungsmittel. *Der Arbeiter ist Mitarbeiter geworden.*

C. Die sozial gebundene Wirtschaftsordnung

Die Wirtschaft steht im Dienste des Menschen. Sie hat Güter zu erzeugen und Dienstleistungen zu erstellen, damit der Mensch über einen Güterreichtum als Wohlstand verfügen kann, der ihm die Freiheit von der Lebensnot sichert und die Möglichkeit für die Lebenserhaltung bietet.

Im erstellten Wohlstand findet der Mensch seine Wohlfahrt, die ihm als Grundlage für das Lebensglück dienen kann. Wohlfahrt und Lebensglück erhalten ihre normierende Ausrichtung aus der Wirtschaftsgesinnung. Sie setzt der Wirtschaft die Ziele. Von den gesetzten Zielen erhält die Wirtschaft ihren Sinn und mit diesem ihre Würde und ihren Wert. Aus der Wirtschaftsgesinnung erwächst der Wirtschaft die Zweckordnung, aus der wiederum die gestaltenden Kräfte der Wirtschaft ihre Leitlinien erhalten, um ihren Auftrag für den Menschen zu erfüllen. *Aus der Wirtschaftsgesinnung wird der Wirtschaft eine Sinn- und Zweckordnung vorgegeben.*

Diese Zweckordnung trägt jeweils das Zeitkolorit und das Kulturgepräge einer Epoche in sich. Die Zweckordnung der Wirtschaft spiegelt demgemäß die Kultur einer Zeit wider.

Die Gesellschaft ist immer auch eine Wirtschaftsgesellschaft, weil sie sich für ihren Bestand und ihre Fortentwicklung den Wohstand selbst erstellen muß. Die Wirtschaft ist aber auch aus sich selbst eine soziale Erscheinung, weil sie nur in „Arbeitsteilung", d. h. in Zusammenarbeit aller das bewerkstelligen kann, was sie leisten muß. Aus dem Gesellschaftsaufbau ergeben sich die tragenden Kräfte der Wirtschaftsordnung. *Die Gesellschaftsordnung ist daher die Grundlage der Wirtschaftsordnung.*

Die Wirtschaftsgesinnung prägt durch ihre Ziele die Zweckordnung der Wirtschaft und die Gesellschaftsordnung stellt aus sich heraus die tragenden Kräfte der Wirtschaftsordnung.

In dieser so geformten Ordnung der Wirtschaft werden die Vorgänge für die Erzeugung des Volkswohlstandes und die Verteilung dieses für die Bereitstellung der Wohlfahrt für alle und für jeden geregelt, gelenkt und zugerichtet.

Zwei entgegengesetzte Maximen der Wirtschaftsgesinnung prägen die Zweckordnung der gegenwärtigen Wirtschaft: der Wille zum steigenden Konsum und zum Mehr des Aufwandes und der Wille zur sozialen und wirtschaftlichen Gesichertheit. Der eine Pol wirkt als treibende Kraft und fördert den *Fortschritt*, der andere Pol wirkt als beharrende Kraft und verursacht ein *Beharren*.

Diesem Paar der Zielsetzung entsprechen die Träger in der gegenwärtigen Wirtschaftsordnung: die Unternehmer, die Verbände und der Staat mit seiner öffentlichen Wirtschaft. Die Unternehmer stellen die Dynamik, indem sie die Wirtschaft immer wieder zu Neuerungen treiben und so ergiebiger machen, damit der Wohlstand gesteigert werden kann. Die Verbände versuchen die Interessen auszugleichen und tendieren zu einem Zustand des Beharrens in Sicherung und Sicherheit. Der Staat wirkt mit seiner Wirtschaft vielfach als nivellierende Kraft und verursacht so einen beharrenden Zustand der Statik.

1. Die Träger der Wirtschaftsordnung

a) Die Unternehmer: die dynamische Kraft

Die geltende Wirtschaftsordnung kann mit Recht als *unternehmerische Wirtschaftsordnung* angesprochen werden, weil die Dynamik in der Volkswirtschaft von den Unternehmern ausgeht. Hierbei ist es, äußerlich gesehen, ohne praktischen Unterschied, ob der Unternehmer ein selbständiger Wirtschafter mit eigenem Kapitaleinsatz und eigener Risikobelastung oder ob er „Angestellter und verbeamteter Leiter" einer Unternehmung ohne Einsatz des eigenen Kapitals und ohne Risikobelastung ist. Dem Wesen nach entspricht aber nur der selbständige Unternehmer der unternehmerischen Wirtschaftsordnung.

Die Aufgabe des Unternehmers in der sozialen Wirtschaft ist es, die jeweils potentiellen Kräfte der Wirtschaft zu aktuieren, um so die arbeitsteilige Wirtschaft in der Gliederung ihrer Erzeugungszweige zu verlebendigen. Da jede Wirtschaftshandlung in der Produktion und in der Zirkulation die Möglichkeiten und Notwendigkeiten weiterer Handlungen nach sich zieht und jeder Erzeugungsakt weitere Rohstoffe und Arbeitsleistungen zum „Einsatz beordert", kommt es für den Unternehmer darauf an, die in der sozialen Wirtschaft jeweils vorgegebenen Potenzen und Gewinnchancen zu nutzen. Indem der Unternehmer dies tut, setzt und hält er die Volkswirtschaft in Gang. Indem der Unternehmer seine aus den Daten der Volkswirtschaft abgeleiteten Pläne erstellt, gibt er für die nachfolgenden Wirtschaftshandlungen die Voraussetzung. Indem er so seine unternehmerische Leistung vollbringt, zwingt er die Erzeuger seiner Stufe zum Wettbewerb. Durch diesen wird der ergiebigste Produktionsausstoß und die kostengünstigste Warenerzeugung und Warenvermittlung erwirkt. So werden die Unternehmer die dynamische Kraft der wirtschaftlichen Entwicklung.

Auf Grund der erzeugten Waren und der erstellten Leistungen steht dem Unternehmer als Entgelt für den Beitrag am Sozialprodukt der entsprechende Anteil am Nationaleinkommen zu. Der vom Unternehmer in der sozialen Wirtschaft geleistete Einsatz muß nach dem allgemeinen Rationalprinzip so geleistet werden, daß mit den jeweils gegebenen Mitteln der optimale Erfolg erreicht wird. *Der Unternehmer* ist im Vollzug seiner sozial-wirtschaftlichen Aufgabe Träger der Volkswirtschaft und daher der eine Ordnungspol der gegenwärtigen Wirtschaftsordnung.

aa) Die marktwirtschaftlichen und betrieblichen Aufgaben des Unternehmers

Der Unternehmer muß auf seine Weise die Gegebenheiten des Marktes in der Gegenwart und für die kommende Entwicklung erfassen, damit er die volkswirtschaftlich bedingte Aufgabe für seinen Betrieb erkennen kann. Die bestehende und die zu erwartende Nachfrage muß er spekulativ als ermittelte Vorfrage zur Grundlage für die Erstellung seines Produktionsprogrammes machen. Weiß er so, was und wieviel er erzeugen soll, dann muß er für seinen Betrieb sowohl die geistigen Kräfte in der Weise des Führungspersonals wie auch die materiellen Kräfte in der Form der Erzeugungsanlagen und der Rohstoffe, aber auch in der Weise der erforderlichen Geldmittel und schließlich die notwendigen Arbeitskräfte aus der Volkswirtschaft heraus bereitstellen.

Hat er mit Erfolg das Produktionsprogramm abgewickelt, muß er seine Waren und Leistungen am Markt „an den Mann“ bringen und damit die Konsumenten versorgen. Steht der Betrieb mitten in einer Produktionskette, dann muß der Unternehmer von den Vorstufen das Seine an sich ziehen und seine Erzeugnisse der nachfolgenden Stufe zur Verfügung stellen. Der Unternehmer nimmt vom Markt die Produktivkräfte und gibt an den Markt seine Erzeugnisse ab. Er wird durch diese Tätigkeit zum *Vollzugsorgan der Volkswirtschaft.*

Wenn der Unternehmer Waren erzeugt, die noch nie am Markt waren, dann muß er gleichzeitig mit der Erzeugung der Waren auch die entsprechende Nachfrage am Markt durch werbekräftige Methoden „produzieren“. Er erfüllt die Erfordernisse des Marktes durch seine Marktbelieferung, er organisiert aber auch die Marktgegebenheiten, indem er mit neuen Waren und neuen Warenarten die Vielfalt des Marktes vermehrt.

In immer neuer *Marktbelieferung* und *Marktbehandlung* gestaltet der Unternehmer die Volkswirtschaft auf der Ebene des Marktes. Soweit der Unternehmer den Markt immer wieder neu gestaltet, indem er die Anregungen des Marktes für seinen Betrieb aufnimmt und indem er den Markt mit neuen Waren „infiziert“, *wird er zur dynamisch fördernden Kraft der Volkswirtschaft.*

Die Mannigfalt der Waren am Markt zeigt, daß in Österreich eine unternehmerische Wirtschaftsordnung besteht. Die Unternehmer werden durch ihre den Markt organisierende Aufgabe und Verpflichtung zum *einen Pol* in der Wirtschaftsordnung und noch dazu zum *dynamischen,* weil viele Neuerungen in der Marktgestaltung vom Angebot des Unternehmers und viele Neuerungen in der Nachfrage vom Unternehmer ausgehen. Indem der Unternehmer die volkswirtschaftlichen Daten am Markt immer wieder neu gestaltet, wird er zur *dynamischen Kraft in der gegenwärtigen Wirtschaftsordnung Österreichs.*

Die Eigenschaften des Unternehmers für die Erstellung der sozialwirtschaftlich geforderten Leistungen sind die *Klugheit* als Pflicht zum planvollen Disponieren, der *Mut* als Pflicht zum initiativen Wagen und mutigen Durchhalten gefaßter Dispositionspläne und schließlich das *Maßhalten* als Pflicht zum maßgerechten Einsatz der Erzeugungs- und Erwerbskräfte und das Maßhalten im Gewinnstreben wie auch in der zweckrichtigen Einkommensverwendung für Aufwand und Investitionen. Mit diesen Verhaltensweisen, die der echten Unternehmerhaltung entspringen, kann der Unternehmer seine sozialwirtschaftliche Aufgabe vollbringen. Soweit er sie so erbringt, rechtfertigt er auch die geltende Wirtschaftsordnung als unternehmerische Wirtschaftsordnung.

Die sozial-gebundene Wirtschaftsordnung kann nur als unternehmerische verwirklicht werden, weil nur sie dem freien Menschen und seiner freien Dispositionskraft entspricht und weil der Unternehmer der Garant des Fortschrittes ist.

bb) Die sozialen Aufgaben des Unternehmers

Seitdem sich die Arbeiterschaft der Industrie durch die quantitative Sozialpolitik, die mit organisierten Massen die mengenhaften Ziele einer geringeren Arbeitszeit und höherer Löhne erfolgreich anstrebte, aus dem Zustand der Proletarität herausentwickelte und die Arbeit aus der Eigenschaft einer bloßen Ware zum echten Persönlichkeiteinsatz mit immer mehr geistigen und charakterlichen Fähigkeiten wurde, ist der Unternehmer nicht mehr der im Klassenkampf immer angegriffene Gegner. Er hat vielmehr die neue Aufgabe der qualitativen Sozialpolitik, indem er seine Dienstnehmer durch die soziale Betriebspolitik und die betriebliche Sozialpolitik zu Mitarbeitern werden läßt. Er muß die Seinen zu immer mehr Verantwortung und dadurch zur stärkeren Mitarbeit verhalten. Auf diese Weise liquidiert der Unternehmer die letzte Phase des Klassenkampfes.

Der Unternehmer hat mit dieser sozialpolitischen Aufgabe die Chance, selbst Akteur der qualitativen Sozialpolitik zu werden. Wenn er diese Chance in seinem Betrieb wahrnimmt, gestaltet er eine neue Betriebsgemeinschaft und mit ihr auch eine neue Wirtschaftsgesellschaft, die nicht mehr aus zwei Klassenkampfparteien besteht, sondern im Gegenteil *eine Gemeinschaft der Zusammenarbeit mit zwei Partnern* bildet.

Mit dieser sozialpolitischen Aufgabe hat der Unternehmer als Träger der qualitativen Sozialpolitik eine über den Betrieb hinausgehende Verpflichtung der Gesellschaftspolitik. Der Unternehmer führt die Wirtschaftsgesellschaft durch seine betriebliche Sozialpolitik und seine soziale Betriebspolitik in eine neue Gestalt der menschlichen Zusammenarbeit. Soferne er heute diese gesellschaftspolitische Aufgabe erfüllt, *führt er die Gesellschaft in die neue Welt der Sozialpartnerschaft.*

65. Münz-Werkstätte

66. Österreichische Münzen: unter Ferdinand I., Maria Theresia, Franz Josef I., Republik

cc) *Die kulturellen und politischen Aufgaben des Unternehmers*

Wird der Unternehmer durch seine Dynamik zum Faktor des wirtschaftlichen Fortschrittes und durch seine gesellschaftspolitische Gestaltungskraft zum Liquidator des Klassenkampfes von gestern und zum Wegweiser in die Gesellschaft der sozialen Partnerschaft von morgen, dann kommt ihm auch eine kulturelle Verpflichtung und politische Aufgabe zu.

Die kulturelle Verpflichtung hat er als Maecenas einmal gegenüber seiner Betriebs- und Werksgemeinschaft, die als *umfassende Lebensgemeinschaft* auch kulturelle Belange in einer *gepflegten Lebensweise* zu erfüllen hat. Für die wachsende Freizeit müssen aus der Werksgemeinschaft immer wieder neue Impulse kommen, die der Unternehmer aufzugreifen und zu fördern hat. Auf diese Weise wird er auch die kulturelle Mitte seiner Werksgemeinschaft.

Darüber hinaus wird der Unternehmer von heute kraft seiner finanziellen Stärke mitunter auch ein *Förderer von Kunst und Wissenschaft* und damit die anregende Kraft der Kulturentwicklung Deshalb ist es nur folgerichtig, daß nicht wenig Unternehmer das Patronat für diese Veranstaltung oder jene Einrichtung kultureller Art übernehmen. Erst durch diese Kulturverpflichtung vervollständigt der Unternehmer seinen gesellschaftlichen Auftrag.

Daß mit all diesen betrieblichen, volkswirtschaftlichen und kulturellen Aufgaben des Unternehmers immer auch eine *politische Verpflichtung* mitverbunden ist, ist verständlich, weil erst die Politik die letzte Gestaltformung der Gesellschaft vornimmt. Daher kann kein Unternehmer politisch neutral bleiben, er muß kraft seiner gesellschaftlichen Position zu den jeweiligen Geschehnissen der Politik Stellung nehmen und die politischen Vorgänge mitgestalten. Erst dadurch erfüllt er letztlich seine gesellschaftliche Aufgabe.

Der Unternehmer hat neben der Gesellschafts- und Wirtschaftsführung auch eine kulturell und politisch führende Verpflichtung. Dadurch gestaltet er nicht nur die Gesellschaft und Wirtschaft von heute, sondern auch die kulturellen und politischen Belange von morgen.

b) Die Wirtschaftsverbände: die ausgleichenden Kräfte

Der zweite gestaltende Pol der gegenwärtigen Wirtschaftsordnung sind die verschiedenen Verbände und Kammern. Sie leisten ihren Mitgliedern die gewünschte Sicherheit.

Zunächst treten überall die auf Grund der Gesetze geschaffenen Kammern mit der von den Kammergesetzen statuierten Zwangsmitgliedschaft hervor.

Die wichtigsten drei Kammern (Kammer der gewerblichen Wirtschaft, Kammer für Land- und Forstwirtschaft, Kammer für Arbeiter und Angestellte) haben ihren Unterbau in den Bezirksstellen, ihre Organisationszentralen in den Landeskammern und ihren Überbau in den verschiedenen Bundes-„Dachkammern".

Dann kommen die verschiedenartigen, freiwillig gebildeten Selbsthilfeorganisationen wie Genossenschaften und Gewerkschaften, die den Organisierten im Dienste konkret organisierter Hilfe weitere Sicherheiten bringen. Diese Organisationen beginnen mit den Ortsgruppen, den eigentlichen Genossenschaften und den Ortsgruppen der Gewerkschaften, setzen sich über die „Landesverbände" der Genossenschaften und die Landesexekutiven des Gewerkschaftsbundes fort und enden bei den Dachorganisationen der Genossenschaftsverbände und beim Österreichischen Gewerkschaftsbund.

Als politische Parallelanstalten haben diese Verbände und Kammern noch ihre Dependancen in den verschiedenen Bünden der Parteien, die ihrerseits wieder über Ortsgruppen, Landesverbände und Bundesverbände verfügen.

Durch diese verschiedenen Organisationen der einzelnen Gruppen und „Stände" werden die Mitglieder von verschiedenen Seiten her organisatorisch und richtungsmäßig erfaßt, so daß sich kaum irgend einer der zweckhaften Ausrichtung entziehen kann und daher alle in ausgerichteter „Gestrafftheit" mittun können oder sogar auch mittun müssen. Dafür erhalten sie im wachsenden Maße eine Sicherungsrente.

aa) Die Gleichen und die Eliten in den Verbandsgesellschaften

Am Beginn jeder Selbsthilfeorganisation steht die Gesellschaft der Gleichen. Gleiche sind von derselben wirtschaftlichen Not bedroht und durch dieselbe soziale Bedrängnis gefährdet. In der Not und Bedrängnis sind jeweils die Gründer einer „Ortsgruppe" der Selbsthilfeorganisationen gleich. Gleich ist bei diesen wirtschaftlich Bedrängten und sozial Gefährdeten auch der Wille: durch gemeinsame Hilfe aus der Not und Bedrängnis herauszukommen. Gleich ist auch die Absicht der Gründer: die Verantwortung für die neu zu gründende Organisation zu gleichen Teilen zu tragen.

Im Präponentenkomitee gibt es nur Gleiche. Der Obmann ist lediglich der primus inter pares: der Erste unter Gleichen. Dieses *Prinzip der Gleichheit* wird auch als konstitutives Prinzip in die Vereinsstatuten aufgenommen, wodurch es für immer und für alle Fälle Geltung haben soll.

Dies bleibt, solange die Ortsgruppe klein und unabhängig ist. Wenn aber zur Durchsetzung der Selbsthilfe-Anliegen viele Mitglieder angeworben werden müsssen und wenn das Gegenüber der Selbsthilfeinteressenten eine tüchtige und rasante Vertretung erforderlich macht, ergeben sich in der Verbandsgesellschaft Parteiungen und Gruppen und aus der Gesellschaft der Gleichen treten nun die Durchschlagskräftigen, Verhandlungstüchtigen und die Fachleute, aber auch die Rücksichtslosen, die Raffinierten, eben die Organisationsmanager, hervor. Diese bilden allmählich die Spitze im Vorstand und Aufsichtsrat des Vereines. Dadurch kommt eine Neuerung in die Organisation der Selbsthilfegesellschaft: *das Prinzip der Elite.*

Wenn zur Durchsetzung der Selbsthilfe-Aufgaben eine „Konzentration der Kräfte" erforderlich wird, schließen sich die Ortsgruppen zu Landesverbänden und diese zu Bundesverbänden zusammen. Hierbei werden die Ortsgruppen als Mitglieder durch Delegierte vertreten. Dadurch ergibt sich eine Zweiteilung der Mitglieder: die Gleichen in der Ortsgruppe und die nach oben für die Verbände Delegierten. *Aus der Vielheit der Gleichen entwickelt sich eine Elite.*

Die Gleichen haben ihre Mitgliedsbeiträge als ihre Hauptpflicht zu leisten, sie können auch die Hauptversammlungen besuchen, um dort die „Jahres-Arbeits-Parolen" entgegenzunehmen. Sie können auch die Mitglieder der neuen Elite in den Vorstand, in den Aufsichtsrat und in die Delegation wählen. Hiebei werden sie von den Organisationtechnokraten, den Vorstandsmitgliedern und den Sekretären, in vielfach manipulierten Wahlen geführt. Die Gleichen dürfen die Elite wählen.

Die Elite, durch diese Auslese aus den Gleichen „herausgenommen" und durch die Wahl zur Führungsfunktion berufen, sind die wenigen, denen die Führung im Innern und die Vertretung nach außen und nach oben zu den Verbänden hin anvertraut ist. *Die Elite ist die Oligarchie der Verbandsgesellschaft.*

In den Verbänden überkreuzen sich die Gesellschaft der Gleichen und die Gesellschaft der Eliten. So spiegeln sich die gleichen Vorgänge mit den Entwicklungstendenzen wie in der allgemeinen Gesellschaft auch in den Verbandsgesellschaften wider. Die gleichartigen Tendenzen zeigen sich bei den Genossenschaften, den Gewerkschaften, den Kammern und bei den politischen Verbandsorganisationen.

bb) Die Macht der Organisationen und die Ohnmacht der Organisierten

Die Organisationen sind nicht nur Ordnungen für die Organisierten, sondern auch Macht-Aufträge für die Organisationsleiter. Hat aber einmal die Leitung einer Organisation eine solche Machtfülle, daß die Gegenmacht der Organisierten nicht mehr im Gleichgewicht, sondern im Untergewicht steht, dann entwickelt die Organisationsmacht selbst ihre eigene Gesetzmäßigkeit, die zwar nicht den „Naturgesetzen" in Unabänderlichkeit und Unveränderlichkeit gleichkommt, aber doch Tendenzen aufweist, die keineswegs leicht „außer Kraft“ gesetzt werden können. Diese Machttendenzen richten sich in der Durchschlagskraft nach außen auf das „Gegenüber der Gegenorganisation“ und in der Organisationsverdichtung nach innen auf die *„Machtanreicherung der Organisationsleitung“* und auf die *„Mitspracheverkümmerung der Mitglieder“*.

Die Durchschlagskraft nach außen zeigt sich darin, daß auf der höchsten Verteilungsebene nur noch wenige, die Eliten und Oligarchen der Großorganisationen, die letzten Entscheidungen treffen, wobei jeder jederzeit auf seine organisierte Kadermacht hinweist. Diese Macht wird noch stärker, wenn die Organisierten dichter miteinander verbunden sind und wenn sie von den verschiedenen Interessenseiten immer wieder neu organisiert werden, so daß die oftmalige Erfassung durch gesonderte aber in der Zielrichtung auf das Gleiche ausgerichtete Organisationen den Betroffenen kaum eine Organisationsfreiheit mehr läßt. Die oftmalige Erfaßtheit durch gleichgerichtete Organisationen ergibt die Organisationsdichte und diese läßt den Druck nach außen gegen andere Organisationen verstärken. *Masse und Organisationsdichte multiplizieren die Durchschlagskraft der Organisation.*

Die Organisationsdichte zeitigt aber auch eine Entwicklung nach innen gegenüber den Organisierten. Je dichter nämlich die Organisierten miteinander verbunden werden, desto stärker wird die Leitungsmacht und desto dürftiger die Restfreiheit der Organisierten.

Mit der durchschlagenden Stoßkraft nach außen verändert sich der Aufbau und die Kompetenzstruktur der Verbände und Großorganisationen. Mit der Vergrößerung und mit dem Machtzuwachs treten neue Organisationsgesetze als soziologisch erkennbare soziale Entwicklungstendenzen in den einzelnen Organisationen hervor.

Zum ersten haben die „freien“ Organisationen die Tendenz: alle ihre Organisationsquellen zu „geschlossenen Betrieben“ zu machen, indem sie zuerst eine persönliche Werbung von Mann zu Mann entwickeln, damit alle möglichen Mitglieder tatsächlich „in den Verein“ einbezogen werden. Hat eine Organisation aber schon etwa zwei Drittel der organisatorisch Zugehörigen an sich genommen, dann wirkt diese Masse allein schon „so anziehend“, daß die noch Außenstehenden nunmehr „mittun müssen“. Die Aufnahme vollzieht sich dann zwischen „freiwilligem Zwang“ und „erzwungener Freiwilligkeit“. Wer dann aber noch nicht mittut, gilt als „Intrigant“ und „Querulant“ und als einer, der eigensinnig die Gemeinschaft (das heißt hier: die Organisation) nicht will und der daher als „a-sozial“ deklariert wird. Wer nicht dabei ist, wird von der Organisations-Acht getroffen.

Zum anderen verfolgt die Organisationstendenz die Gleichschaltung. Es werden alle Sonderinteressen etwaiger einzelner oder kleiner Gruppen ausgeschaltet und auf diese Weise alle Interessen gleichgerichtet und auf eine Linie gebracht. In dieser Ausrichtung wird die Gesinnung, die Absicht und das Wollen aller einzelnen gestrafft, wie die Statistik ihr Massenmaterial entpersönlicht und daher vereinheitlicht. Wenn alle Organisierten durch die nachhaltige Organisationstätigkeit der Manager, Direktoren und Sekretäre „eines Willens sind", ist die erforderliche Durchschlagskraft nach außen gegeben. Teils durch den „Verzicht" und teils durch die „Aberkennung" einer eigenen Meinung und eigener Bestrebungen werden alle auf ein eigens zugerichtetes Forderungsprogramm zusammengefaßt. *Diese Gleichschaltung aller verstärkt die Durchschlagskraft der Organisierten und der gleichgerichteten Einheit.*

Das Ergebnis dieser Organisationsentwicklung zeigt aber einen *Funktionswandel der Mitglieder.*

Wenn zur Gründerzeit der Selbsthilfevereinigungen jedes Mitglied ein eigenwilliges und selbständiges Organ mit eigener Initiative, mit entsprechendem Risiko und zugehörigerVerantwortung war, so wurde daraus allmählich ein Bestandteil eines durchorganisierten Apparates, der nur mehr Vollzugsfunktionen zu leisten hat, indem er das Massengewicht durch seinen Teilbetrag verstärkt. Aus Organen der Gemeinschaften werden Teile der zugerichteten organisierten und manipulierten Organisationen.

Durch diesen Funktionswandel der Mitglieder bekommen alle Organisationen unweigerlich einen *Totalitätscharakter,* der sich „im organisationstechnischen Stimmentzug" der Delegierten und Mitglieder und in der „vindicatio rei" der Ortsgruppenkompetenzen durch die Verbandsleitung zeigt. So konzentriert sich *die gesamte Ordnungs- und Machtkompetenz* der Organisationen und Verbände *an der Spitze der Dachorganisationen.* Dort wird sie entsprechend „der Natur der Sache" nach einem organisationstechnischen Plan auf Fachreferenten, die bloß Angestellte der Verbände, aber Sachverständige in den einschlägigen Fächern und daher Technokraten sind, aufgeteilt.

Vom Willen der einzelnen Mitglieder bleibt nichts mehr als höchstens der Wille: die Jahresbeiträge zu bezahlen, an den Veranstaltungen „des Vereins" teizunehmen, um jeweils die letzten Absichten der Organisationspostulate zu vernehmen, damit man weiß: was die Organisation will und was das einzelne Mitglied dafür an Betreuungshilfe bekommt. So zum *Organisationsmaterial* geworden, erkennen die meisten ihre *Ohnmacht als Organisierte* nicht.

Für alle Rechts- und Persönlichkeitsverzichte erhalten aber die ohnmächtig Organisierten eine Reihe von Wohltaten, die die Organisationen teils selbst leisten und teils im gegenseitigen Lizitationsprozeß dem Staat abringen.

Während die Selbsthilfeorganisationen und die Selbstschutzverbände ursprünglich die erforderliche Ergänzungshilfe ihren Mitgliedern selbst leisten, haben sie nunmehr erkannt, daß es für sie leichter ist, die allseits geforderten Sicherungen in progressiver Dynamik vom Staat zu fordern, ohne die erforderlichen Finanzmittel hiefür selbst aufbringen zu müssen.

Der Staat muß in stets zunehmendem Maße die Postulate der Großorganisationen erfüllen und den in den Organisationen Verbundenen mit stets größerer Fürsorge und Vorsorge begegnen.

Die zum Organisationsmaterial gewordenen Mitglieder der Verbände erhalten *für ihre „Verbandstreue“* zu den Organisationen vom Staat eine immer *größere Betreuungsquote* in allen Bereichen der staatlichen Verwaltung. Die Zugehörigkeit zu den Organisationsgewalten wird den Organisierten vom Staat durch die *Organisationsrente* vergolten.

cc) Die Genossenschaften

α) Die Ziele und Ansätze der Genossenschaften

Die *Ziele* der Genossenschaften ergeben sich aus der notwendigen Abwehr gegen die wirtschaftlichen und sozialen Schwächezustände in organisierter Selbsthilfe aller in der freien Marktwirtschaft dauernd Geschwächten (A. Tautscher, Aufgaben und Grenzen der Genossenschaften, Paderborn 1955, S. 8). Das *letzte Ziel* aller verschiedenen Genossenschaften ist die *Sicherung des Einkommens* der Mitglieder, das das Auskommen der in der Erzeugung, im Absatz oder in der Versorgung der in der freien Marktwirtschaft konstitutiv Benachteiligten garantiert. In diesem Ziel einen sich die von *Schulze-Delitzsch* und von *Raiffeisen,* aber auch die von den Anregern der Konsumgenossenschaften gegründeten Genossenschaften.

Den Genossenschaftern soll *„durch die Association* die Gelegenheit geboten werden“, „eine wirtschaftliche und unabhängige Stellung zu erlangen“ (Motivenbericht zum Gesetz über die Erwerbs- u. Wirtschaftsgenossenschaften. Sten. Prot. des Abgeordnetenhauses VII. Sess. Beilagen Nr. 96). Diese unabhängige Stellung in der Wirtschaftsgemeinschaft muß den Genossenschaftsmitgliedern *durch Selbsthilfe* gewährt werden. Die Selbsthilfe richtet sich daher auf die Abwehr von Not und Gefahren in der *Schutzfunktion* und sie richtet sich auch auf die Sicherung der Selbständigkeit in der *Förderungsfunktion der Genossenschaft.* Die genossenschaftliche Selbsthilfe muß daher ein ausreichendes Einkommen für ein wirtschaftlich erforderliches und gesellschaftlich gerechtes Auskommen garantieren. Dieses unmittelbare und oberste Ziel streben allen Genossenschaften an, die Genossenschaften der gewerblichen Wirtschaft, die Genossenschaften der bäuerlichen Wirtschaft und selbst die Verbrauchergenossenschaften. Die Selbsthilfe der Genossenschaften bezieht sich je nach Lage und Umständen auf eine ausreichende *Kredithilfe,* auf eine entsprechende *Erzeugungshilfe* und *Verwertungshilfe* und auf eine genügende *Verbraucherhilfe.* Die Genossenschaften zielen auf eine Einkommenssicherung ab und bezwecken „eine wirtschaftliche Sicherung" ihrer Mitglieder.

Die Förderung des Erwerbes oder der Wirtschaft der Mitglieder soll *„mittels gemeinsamen Geschäftsbetriebes"* erfolgen (§ 1 des Gesetzes über die Erwerbs- und Wirtschaftsgenossenschaften v. 9. April 1873, RGB 70/1873). Die Genossenschaftsmitglieder gründen durch die Hingabe ihrer „Einlagen" eine *Genossenschafts-Unternehmung,* die den einzigen Zweck hat: für die Mitglieder die entsprechende Hilfe zu gewähren. Die Genossenschaftsunternehmung braucht daher *keinen Gewinn* für sich zu erwirtschaften, ja, sie darf sogar keinen „Gewinn" erarbeiten. Sie muß daher etwaige „Betriebs-Überschüsse" *für weitere Investitionen* in den genossenschaftlichen Betrieben verwenden, um durch diese die Hilfe an die Mitglieder für die Zukunft noch weiterhin zu verstärken, oder sie muß die „Betriebsüberschüsse" *an die Mitglieder als „Rückvergütung"* zurückgeben. Durch diese Betriebspolitik der Gewinnfreiheit kommt der genossenschaftliche Charakter der Genossenschaftsunternehmung deutlich zum Vorschein. Dies wird aber oft von all denen nicht verstanden, die sich Unternehmungen nur als gewinnbringende Einrichtungen gemäß der kapitalistischen Erwerbsart vorstellen können. Der gemeinsame Geschäftsbetrieb sichert die wirtschaftliche Stellung der Genossenschaftsmitglieder unter Verzicht auf einen eigenen Geschäftsgewinn.

Da die Genossenschaften in ihrer „kapitalistischen Umgebung" einen schweren Stand hatten, mußte ihre Geschäftsführung mit *besonderer Risikoabsicherung* geführt werden. Zu dem kam noch, daß die Einlagen der Mitglieder nicht gefährdet werden durften, weil sie ja von schwachen Wirtschaftern stammten. Aus diesen Gründen wurden die Genossenschaften alsbald durch das Gesetz über die Revision der Erwerbs- u. Wirtschaftsgenossenschaften vom 10. Juni 1903 (RGB 33/1903) einer obligaten Kontrolle unterstellt. Die Genossenschaften wurden nämlich verpflichtet: „ihre Einrichtungen und ihre Geschäftsführung in allen Zweigen der Verwaltung mindestens *in jedem zweiten Jahr einer Prüfung zu unterwerfen"* (§ 1). Als Prüfungsinstanz wurden die inzwischen schon vielfach gebildeten Verbände der Genossenschaften anerkannt (§ 3). Mit den Genossenschaften der einzelnen Selbsthilfeorganisationen entstanden auch ihre Verbände.

Die *Ansätze* zur Gründung der verschiedenen Genossenschaften fielen in einen eng begrenzten Zeitrahmen. Die erste gewerbliche Kreditgenossenschaft wurde in Klagenfurt im Jahre 1850, die erste Konsumgenossenschaft in Teesdorf in Niederösterreich im Jahre 1856 und die erste bäuerliche Kreditgenossenschaft in Übelbach in der Steiermark im Jahre 1874 gegründet.

Die Entartungen der freien Marktwirtschaft müssen für die verschiedenen Wirtschaftergruppen wie Handwerker, Bauern und Konsumenten, bald nach der Etablierung dieser von so verheerender Wirkung gewesen sein, daß innerhalb von rund nur zwanzig Jahren die entsprechenden Abwehrmaßnahmen und noch dazu von gar nicht so sehr organisationsfreudigen Kreisen getroffen werden mußten.

In *Klagenfurt* wurde im Jahre 1850 unter Anleitung des Gründungsmitgliedes und Zimmermeisters *Karl Staudinger* der *„Gewerbliche Aushilfekassenverein"* zur „Hebung und Förderung des Wohlstandes der Vereinsmitglieder" gegründet. In der Gründungsurkunde wurde noch festgehalten: „Da eine Kenntnis der Organisation eines ähnlichen Vereines uns nicht zugute kam, war die Konstituierung eine mühevolle Arbeit." Die Gründung des Gewerblichen Aushilfekassenvereines war demnach ein origineller Akt.

Jedes Mitglied war verpflichtet, beim Eintritt 1 fl CM und fortan monatlich mindestens 10 kr in die Vereinskasse zu legen. Diese Einlagen sollten mit 5 pCt verzinst werden. Die Zinsen sollten aber erst nach 3 Jahren zum Kapital geschlagen werden.

Mit diesem Ansatz wurde eine Entwicklung der Selbsthilfeorganisationen ausgelöst, die zur Zeit der Gründung niemand ahnen, geschweige denn erwarten konnte.

Obwohl die Unternehmer der gewerblichen Wirtschaft seit jeher die besondere Neigung zur Selbständigkeit und Unabhängigkeit hatten und daher bislang weniger organisationsanfällig waren als andere Gruppen, haben sie doch in den 115 Jahren (1850 - 1965) seit der ersten Genossenschaft für ihre Angelegenheiten ein weit reichendes System von verschiedenen Genossenschaftsarten in 336 Genossenschaften mit 296 224 Mitgliedern geschaffen und einen Umsatz im Jahre 1965 von 12 242 Millionen Schilling getätigt. Die Auffächerung der Genossenschaften der gewerblichen Wirtschaft mit den zugehörigen Mitgliederzahlen und den entsprechenden Umsätzen zeigt die nachfolgende Tabelle für das Jahr 1965 an.

In *Teesdorf* wurde im Jahre 1856 der *„Wechselseitige Unterstützungsverein der Fabriksarbeiter"* zur „Beschaffung der für die Vereinsmitglieder erforderlichen Nahrungsmittel im Großen zur Erzielung möglichst billiger Anschaffungspreise nach Maßgabe des jeweils vorhandenen Barfonds" gegründet. Als Vorbild konnten wohl die Konsumgenossenschaften der „redlichen Pioniere von Rochdale" aus dem Jahre 1844

Genossenschaften	Zahl	Mitglieder	Umsatz in Millionen S
Kreditgenossenschaften			
Volksbanken	164	255 211	7 440
Einkaufsgenossenschaften	101	27 342	3 685
Verkaufsgenossenschaften	5	211	31
Verwertungsgenossenschaften	4	2 770	60
Produktionsgenossenschaften	22	3 250	141
Elektrizitätsgenossenschaften	3	573	3
Verkehrsgenossenschaften	8	2 290	15
Dienstleistungsgenossenschaften	16	2 207	871
Sonstige Genossenschaften	13	2 370	40
Zusammen	336	296 224	12 286

dienen. Wie weit etwa Beziehungen zu den englischen Konsumgenossenschaften bestanden, braucht hier nicht genauer festgehalten zu werden.

Die Mittel zur Erreichung des gesetzten Zweckes wurden durch die von den Mitgliedern zu leistenden Beiträge beigeschafft. Um als Mitglied in den Konsumverein aufgenommen zu werden, mußte sich der Bewerber über seinen ehelichen Stand ausweisen und „auf Aufforderung" eine Bestätigung über seine ordentliche, in sittlicher Beziehung tadellose Lebensweise beibringen (Statuten des ersten Konsumvereins von Teesdorf).

Die Konsumgenossenschaften entfalteten eine regional weit gestreute Entwicklung und für die Entproletarisierung der Industriearbeiter eine nachhaltige Leistung. Die Entwicklung der Konsumgenossenschaften zeigt in ihrer Sortimententfaltung den Weg der Arbeiter aus der Tiefe der Proletarität bis zum Mitarbeiter und gesicherten Sozialbürger von heute. Die ersten Läden umfaßten das Sortiment: Zucker, Schmalz, Mehl und Schnaps. Heute führen die Konsumvereine Selbstbedienungsläden mit allen Waren, die ein Mensch zum täglichen Leben begehrt. Die Konsumgesellschaften stellen heute ein reich gegliedertes Versorgungssystem zur Sicherung des Realeinkommens der Mitglieder dar. Im Jahre 1965 gab es 1586 Läden mit 456 334 Mitgliedern und einem Umsatz von 3643 Millionen Schilling. Der Stand wird in obiger Tabelle ausgewiesen.

Die *landwirtschaftlichen Genossenschaften* der verschiedenen Arten sind notwendigerweise nach der Grundablöse entstanden. Als Vorbilder dienten die Raiffeisen-Darlehenskassen in Deutschland. Vor der Grundablöse hatten die Bauern als ihre entsprechenden „Darlehenskassen" die Grundherrschaften. „Die Herrschaftsverwaltungen, welche in ihren kleinen Verwaltungsbezirken die Verhältnisse jedes Untertanen genau kannten, konnten dem Landmann bei einer Geldverlegenheit sehr leicht ein Darlehen als einfachsten Personalkredit gewähren" (Dr. Leyer in der

Länder	Mitglieder	Umsatz	Läden
Wien	139 538	940 434 021	314
Steiermark	98 605	780 985 334	317
Niederösterreich	62 255	444 536 380	300
Oberösterreich	49 148	413 072 491	212
Kärnten	37 898	307 437 432	151
Salzburg	24 126	213 899 759	79
Vorarlberg	23 434	244 681 448	106
Tirol	12 528	115 270 733	62
Burgenland	8 802	52 312 690	45
Zusammen	456 334	3 512 630 288	1 586

Verbandsstatistik des Konsumverbandes 1965. Wien 1967, Tabellen-Anhang.

Versammlung der Steiermärkischen Landwirtschaftsgesellschaft am 10. März 1874). „Nun aber gibt es nur die eine Möglichkeit für die Bauern, die erforderlichen Kredite zu erreichen: der Bauer soll mit seinen Genossen, die um ihn wohnen, zusammentreten und, auf gegenseitiges Vertrauen gestützt, Vorschußkassen nach dem System Raiffeisen gründen (Edgar Baron Ecker in der Versammlung d. Steir. Landwirtschaftsgesellschaft am 20. Jänner 1882). Im Steirischen Landtag wurde diese Debatte wieder aufgenommen und am 23. April 1893 kam es im zuständigen Ausschuß zu dem bedeutenden Beschluß: „Der Hohe Landtag wolle beschließen: der Landesausschuß wird beauftragt, das allgemeine Verständnis über Zweck und Organisation der Darlehenskassenvereine nach dem System Raiffeisen in der Bevölkerung möglichst zu verbreiten" (Sten. Prot. d. Steir. Landtages VII. Per. 19. Sitzung, S. 163). Solche und ähnliche Erörterungen und Beschlüsse gab es in allen österreichischen Landtagen.

Während dieser Debatten setzten die Gründungen der Vorschußkassen für die Bauern ein. Der erste Vorschußkassenverein mit der Firma *„Vorschuß-Cassen-Verein"* wurde in *Übelbach* in der Steiermark am 14. März 1874 gegründet (Genossenschaftsregister des Handelsgerichtes in Graz). Der Verein setzte sich den Zweck: seinen Mitgliedern Geldvorschüsse gegen Zinsen zu gewähren (§ 3). Die Vorschüsse wurden nur auf ein bis drei Monate gegeben; die Rückzahlungsfrist konnte nur einmal auf höchstens drei Monate verlängert werden (§ 30). Mitglieder der Vorschußkasse konnten nur Personen sein, die in der Gemeinde den ordentlichen Wohnsitz oder einen Grundbesitz hatten (§ 5).

Von dieser Gründung der ersten „Raiffeisenkasse" an entwickelte sich ein System der Darlehenskassen über das ganze Staatsgebiet hinweg mit Ortsgenossenschaften in den meisten Gemeinden. Das Wirken dieser Kassen ermöglichte über die Kreditgewährung die Technisierung der österreichischen Landwirtschaft, es verhinderte die weitere Ausbeutung der Bauern durch Wucherzinsen, wie sie anfänglich nach der Grundablöse üblich war und zur Landabtreibung der Bauern und ihres Gesindes führte.

Neben und aus den Kreditgenossenschaften entwickelten sich die *Produktionsgenossenschaften* und die *Verwertungsgenossenschaften*, so daß die Bauern heute in vielen Genossenschaften als Mitglieder tätig sind. Das österreichische Genossenschaftssystem wurde zum *Schutz- und Förderungssytem für alle Bauern*. Es war das *Rückgrat der österreichischen Agrarpolitik* lange vor der staatlichen Agrarpolitik.

Die große Bedeutung der landwirtschaftlichen Genossenschaften kann aus dem Stand vom 1. Jänner 1966 abgelesen werden:

	Genossenschaften	Zweigstellen	Mitglieder
Kreditgenossenschaften	1 732	133	655 970
Warengenossenschaften	200	1 498	236 928
Molkereigenossenschaften	1 276	902	237 346
Weinverwertungsgenossenschaften	52	229	15 912
Viehzucht- und Verwertungsgenossenschaften	248	8	106 661
Sonstige Verwertungsgenossenschaften	116	47	47 433
Elektrizitätsgenossenschaften	102	19	19 443
Maschine-, Weide- und Mühlengenossenschaften	131	—	6 873
Pacht- und Förderungsgenossenschaften	75	—	98 143
Insgesamt	3 932	2 836	1 424 709

Jahresbericht 1965: Österr. Raiffeisenverband, Wien 1966.

β) Der Aufbau der Genossenschaften

Die Genossenschaften der einzelnen Sparten haben in der Regel einen *dreistufigen Aufbau:* Ortsgenossenschaften, Landesgenossenschaften und Bundeszentralgenossenschaften.

Die Grundlage dieses Systems bilden die *Ortsgenossenschaften* als *Genossenschaften erster Ordnung*. Sie leisten unmittelbar die Selbsthilfe an ihre Mitglieder. Ursprünglich allein für sich verantwortlich, wirken diese Ortsgenossenschaften heute oft schon als Vollzugsorgane des gesamten Genossenschaftssystems.

Die *Landesverbände* werden als *Genossenschaften zweiter Ordnung* von den Ortsgenossenschaften als ihren Mitgliedern gebildet. Sie haben die Aufgabe, das Wirken der Ortsgenossenschaften zu koordinieren und von oben her in ein Kommunikationssystem einzuordnen. In der Zusammenfassung aller Kräfte der Ortsgenossenschaften *bilden die Landesverbände eine summierte Kraft der organisierten Selbsthilfe.*

Die *Kreditgenossenschaften* erhalten durch ihre Landesverbände ein Ausgleichssystem zwischen den Ortsgenossenschaften mit starken Spareinlagen und den Ortsgenossenschaften mit schwachen Einlagen, aber dafür einer umso stärkeren Kredit-Inanspruchnahme. Der Landesverband kann als Übergenossenschaft die Gelder wie in einem kommunizierenden Gefäß so verlagern, daß auch die zu Krediten kommen, die aus eigener Kraft hiefür nie die Möglichkeit hätten.

Die *Produktionsgenossenschaften,* wie etwa Düngemittel- oder Saatgutgenossenschaften, haben durch ihre summierte Kraft die Fähigkeit, eigene Erzeugungsanlagen zu schaffen und so den Ortsgenossenschaften als „Verteiler" für ihre Mitglieder kostengünstige Produktionsmittel zur Verfügung zu stellen.

Die *Verwertungsgenossenschaften* aller Art haben durch ihre Verbandsgenossenschaften die erforderliche Marktpolitik für die Ortsgenossenschaften zu leisten. Durch die *Lagerhäuser* der Landesverbände können die Waren zur Erntezeit zunächst aufgenommen und vom Markt ferngehalten werden, um dann bei günstigen Marktsituationen abgesetzt zu werden. Dadurch wird ein Preissturz zur Erntezeit vermieden und die Versorgung der Konsumenten in der späteren Zeit sichergestellt.

Die *Konsumgenossenschaften* können durch ihre Landesverbände im Großen und mit entsprechenden Rabatten einkaufen oder sie können viele Waren selbst in eigenen Fabriken erzeugen und sie so in Übergehung des Zwischenhandels billiger an die Mitglieder der Ortsgenossenschaften abgeben.

Die oberste Stufe im Genossenschaftssystem bilden die *Zentralverbände* als *Genossenschaften dritter Ordnung.* Ihre Mitglieder sind die Landesverbände. Sie stellen durch die Zusammenfassung aller Kräfte der Landesgenossenschaften eine multiplizierte Wirtschaftskraft für das gesamte Genossenschaftssystem und schließlich für alle Mitglieder dar. Gerade die geballte Organisationsmacht vermag dem Genossenschaftssystem in der Volkswirtschaft und in der Wirtschaftspolitik des Staates den erforderlichen „Einfluß" zu sichern. Die Spitzenverbände sind zunächst wieder *Ausgleichsorgane* und dann zufolge ihrer Kapitalkraft und ihres Wirkungsraumes über das ganze Staatsgebiet echte *Direktionsstellen für die Marktpolitik.* Sie können auch durch Import und Export dem Ausland gegenüber einheitlich auftreten. Sie können etwa als Spitzenbank über das Diskontgeschäft einen direkten Zugang zur originären Geldquelle der Notenbank finden. Sie vermögen über die einzelnen

Verbände Ausgleichshandlungen zu setzen, wodurch dem gesamten Genossenschaftssystem einer Sparte die Einheit gesichert wird.

Diese Verbandsbildung bringt neben der summierten und multiplizierten Selbsthilfekraft auch eine stärkere Bindung für die Mitglieder. Für die stärkere Hilfe haben diese auch intensivere Dienste zu leisten (A. Tautscher: Einkommenspolitik und Genossenschaften, Göttingen 1955, S. 69 f.).

Dies möge am Beispiel der Molkereigenossenschaften deutlich gemacht werden.

Die *unterste* Stufe, die *Bezirksgenossenschaft* „Obersteirischer Molkereiring Murboden" in Knittelfeld, hat als Aufgabe: „die Förderung der Wirtschaft ihrer Mitglieder durch die gemeinsame Verarbeitung und Verwertung der in den Wirtschaften der Mitglieder erzeugten Milch" (§ 2). *Jedes Mitglied* ist verpflichtet: *die gesamte in seinem Betrieb erzeugte Milch zu liefern* (§ 10). Dann finden sich noch die üblichen Bestimmungen über die „Beitragsgebühr" beim Eintritt in die Genossenschaft und über die Zeichnung der Geschäftsanteile (§ 10), wie auch noch die Sonderbestimmung, „daß für je volle 500 kg Jahreslieferungsmengen an Milch ein Geschäftsanteil zu erwerben ist" (§ 30). Diese Statuten wurden am 3. Dezember 1930 beschlossen und liegen nun in der Fassung vom 28. Mai 1949 vor.

Gerade in diesem Regelfall ist die *Zweiseitigkeit der Mitgliedschaft* deutlich sichtbar. Die Genossenschaft *garantiert* den Mitgliedern die *Abnahme* der gesamten erzeugten und angelieferten Milch und damit den aus der Milchlieferung bedingten *Erlös*. Dies bedeutet: *Sicherung des Betriebsertrages*. Die Mitglieder hingegen sind verpflichtet, die gesamte im Betrieb erzeugte Milch zu liefern (§ 10): *abzuliefern*. Ein Eigenverkauf der Milch ab Hof ist damit beinahe ausgeschlossen. Die Verfügungsberechtigung über die erzeugte Milch ist nur in der statutenbedingten Weise möglich. Dies bedeutet aber: *weitgehende Gebundenheit*.

Die zuständige Genossenschaft *zweiten* Grades ist der „Verband der Molkereigenossenschaften in Steiermark und Kärnten" in Graz. Sie hat den Zweck, „den Erwerb und die Wirtschaft der ihr angeschlossenen Mitglieder zu fördern" und zwar durch „gemeinsame Verwertung landwirtschaftlicher Produkte (Milch und Milchprodukte), wobei die Verwertung mit und ohne vorherige Bearbeitung erfolgen kann", und durch „Durchführung von Maßnahmen, die zur Sicherung eines gerechten Erzeugerpreises, zur Erzielung der besten Qualität und der geordneten Verteilung der Erzeugnisse dienen" (§ 2).

Die Mitglieder, die beigetretenen Molkereigenossenschaften, sind verpflichtet, „das Verfügungsrecht über Milch und Milcherzeugnisse an den

Verband zu übertragen und sich damit der Geschäfts- und Betriebskontrolle sowie der Betriebsberatung zu unterziehen, sich weder mittelbar noch unmittelbar an einem gleichen oder ähnlichen Unternehmen zu beteiligen" (§ 8). Diese Statuten wurden am 27. Juni 1957 in Graz von den Delegierten der Molkereigenossenschaften beschlossen.

Der Verband garantiert die Abnahme der von den Molkereien gelieferten Milch und die Sicherung eines gerechten Erzeugerpreises für die Bauern. In dieser Weise wirkt der Genossenschaftsverband als *echter wirtschaftspolitischer Schutzverband.* Dieser Verpflichtung des Verbandes steht eine *weitreichende Berechtigung* gegenüber. Der Verband hat „das Verfügungsrecht über Milch und Milcherzeugnisse der Molkereigenossenschaften und damit die Geschäfts- und Betriebskontrolle" (§ 8). Dadurch ist jede in den Verband „eingeordnete Molkereigenossenschaft" ihres eigentlichen Unternehmercharakters „entkleidet" und nur mehr ein Betrieb der Verbandsunternehmung. Der Sicherung steht eine weitgehende Bindung bis knapp an die Selbstaufgabe der Eigenständigkeit gegenüber. Die Marktwirtschaft wurde zur Sicherung des Einkommens der Wirtschafter durch das bestehende Genossenschaftssystem weitgehend gebunden und — veredelt.

Auf der *obersten* Ebene wirkt die Genossenschaft dritter Ordnung: der „Österreichische Molkereiverband" in Wien. Sein Zweck ist wieder die Förderung der Mitglieder (§ 2) durch Sicherung des gerechten Erzeuger-Preises im Wege des Ein- und Verkaufes von Erzeugnissen und Betriebserfordernissen wie auch der Ein- und Ausfuhr. Die Mitglieder, die Landesverbände, haben „über ihre *Geschäfte Monatsberichte einzusenden* und *Bedarfserhebungen durchzuführen* und an die Zentralgenossenschaft weiterzugeben" (§ 7) (laut Registerbescheid über die Eintragung beim Handelsgericht in Wien vom 6. Juni 1948).

Der Zentralverband für das gesamte Bundesgebiet hat demgemäß die Aufgabe der Koordination zuzüglich der Sonderverpflichtung des entsprechenden Exportes und Importes zur Pflege des heimischen Marktes für Milch und Milchprodukte.

So und so ähnlich sind alle Sparten der landwirtschaftlichen, aber auch der gewerblichen Genossenschaften und der Konsumgenossenschaften in je einem umfassenden System organisiert. Die Genossenschaften verwandelten für ihren Bereich die freie Marktwirtschaft von einst zu einer sozial gebundenen Marktwirtschaft von heute mit dem Zweck, allen angeschlossenen Wirtschaftern einen „gerechten Erzeugerpreis" und damit ein wirtschaftlich auskömmliches und gesellschaftlich gerechtfertigtes Einkommen zu sichern.

dd) Die Gewerkschaften

α) Die Ansätze und Zwecke der Gewerkschaften

Die gesellschaftliche, wirtschaftliche und seelische Notlage der Industriearbeiter zog die Arbeiterbewegung und mit ihr auch die Gewerkschaftsentwicklung wie mit einem Sog aus einem Vakuum hervor. Die Situation der Arbeiter ergab sich aus der Proletarität, in die sie durch die Industrieentwicklung geraten war. *Gesellschaftlich* waren die Arbeiter aus der bäuerlichen und bürgerlichen Welt abgetrieben, weil sie den Sozialstatus dieser Gruppen durch wirtschaftliche Mißerfolge verloren hatten. Sie fühlten sich als sozial Geworfene und als De-Klassierte. Die Arbeiter der neuen Fabriken hatten daher keine Standfläche in der Ordnung der Gesellschaft. Im *Wirtschaftlichen* wurde die Arbeit der Industriearbeiter als Ware deklariert und wegen des steten Überangebotes mit dem Minimum der Lebenshaltungskosten bezahlt (Ehernes Lohngesetz). *Seelisch* mußten diese gesellschaftlichen und wirtschaftlichen Notstände bei vielen eine Bruchsituation verursachen, in der sie wegen ihrer Minderwertigkeitskomplexe ihr persönliches Selbst verloren. Diese Masse der Geworfenen, Enterbten und Ausgebeuteten war anfänglich nur die Summe vieler einzelner und so als Masse nicht einmal organisierbar, weil sie gar nicht als Gleiche angesprochen werden konnten.

In diesem Zustand des gesellschaftlichen, wirtschaftlichen und seelischen Desasters setzte die Arbeiterbewegung ein, die mit politischen Vereinen und Bildungsvereinen begann und die in Konsumvereinen und nach der Aufhebung des Koalitionsverbotes auch in Gewerkschaftsvereinen fortgesetzt wurde: mit der für alle durchgehenden gleichen *Absicht, die Arbeiterschaft aus dem Zustand der Proletarität herauszuführen und ihr einen ihrer Leistung entsprechenden Sozialstatus wiederzugeben.*

In dieser Situation entstand am 24. Juni 1848 der *„Erste Allgemeine Arbeiterverein“*. Als Vereinszweck wurde statuiert: „das Interesse an höheren und geistigen Dingen in unserem Stande anzuregen und zu fördern, den Gemeingeist zu beleben und die Vorurteile gegen uns zu vernichten“. Für diesen Zweck wurden die Arbeiter aufgerufen: „Wir laden Euch ein, die Ihr es wünscht, daß sich ein engeres Leben unter uns entwickle, die Ihr das Bedürfnis fühlt, mitzubauen an der herrlichen Idee der Freiheit, die Ihr einsam und verlassen steht. Euch alle laden wir ein: teil an diesem Verein zu nehmen!“ Gezeichnet war der Aufruf vom Vorstand, diesem gehörten an: Sander, Gennert, Hillisch, Brandstätter, Hafner, Gerschmann und Fischer.

Die „Einsamen und Verlassenen“ wurden gerufen, um das Interesse an höheren und geistigen Dingen zu wecken. Der Gemeingeist sollte gepflegt werden, damit aus den Vereinzelten eine organisierte Einheit entstehen könne. Dieser Aufruf zur Gründung des „Ersten Allgemeinen Arbeitervereins“ richtete sich demnach *an die seelisch bedrängten Einsamen und an die gesellschaftlich geworfenen Verlassenen*. Hier wird der Notruf der Seele laut. Gar nichts vernimmt man noch von der wirtschaftlichen Not. Deutlich sind hier die geistigen Einflüsse von Schulze-Delitzsch erkennbar. Von den Klassenkampfparolen Karl Marxens war hier noch keine Spur, obwohl Einflüsse hätten möglich sein können, war doch Marx im Jahre 1848 in Wien. Er verließ aber die Reichshauptstadt, ohne einen wirksamen Eindruck hinterlassen zu haben. Der Ansatz für die Arbeiterbewegung war getan.

Die Fortsetzung im Wirken des Arbeitervereines war im Aufruf vom 4. September 1848 mit konkreten sozialpolitischen Postulaten gegeben. Der Arbeiterverein wollte alle „Arbeiter aller Gewerbe“ zusammenführen, um hauptsächlich Gegenstände gewerblicher und staatsbürgerlicher Beziehung zu beraten, wie etwa:

> „Gleichstellung der politischen Rechte der Arbeiter mit denen anderer Stände, Einsetzung von Arbeitsministerien, wozu Unternehmer und Arbeitnehmer gehören, freies Niederlassungsrecht, freie Gewerbeordnung, Feststellung der Arbeitszeit, Errichtung von Krankenkassen und Invalidenkassen“ (nach J. Deutsch: Geschichte der österreichischen Gewerkschaftsbewegung, Wien 1929, Bd. 1, S. 44).

Dazu muß noch bemerkt werden, daß in diesem Aufruf von der „Gleichstellung der Arbeiter mit den anderen Ständen und von der Einrichtung von Arbeitsministerien, denen „Unternehmer und Arbeitnehmer gemeinsam angehören“, also nur von der *Zusammenarbeit mit den anderen Gruppen* die Rede war. Hier wird deutlich, daß die Arbeiterbewegung in ihren Einsätzen in Österreich mit dem geltenden Gesellschaftsbild von damals und keineswegs mit dem sozialrevolutionären Postulat des Klassenkampfes operierte.

Dem kulturellen Zeitgepräge entsprach auch die Bildungspolitik der frühen Arbeiterbewegung. Sie folgte dem Schlagwort: Wissen ist Macht. Die Arbeiter begründeten ihre Abseit-Lage sogar mit dem Zustand ihrer dürftigen Bildung. Aus diesem Bestreben heraus gründeten sie *„Arbeiter-Bildungsvereine“*. Diese sollten „die geistige Ausbildung der Mitglieder fördern“ und zwar „durch Unterricht in den Realfächern und Sprachen“, „durch wissenschaftliche Vorträge, in leicht faßlicher Weise von kompetenten Männern gehalten“ und durch „freie Besprechung von Tagesfragen, welche in Beziehung zur Arbeiterschaft stünden und eine soziale Tragweite hätten“ (Gründung des Vereines am 5. Dezember 1867). Nicht verschwiegen darf werden, daß manche Bildungsvereine zur Tarnung für politische Vereine und für Gewerkschaftsvereine dienten, weil diese noch bis zur Aufhebung des Koalitionsverbotes (März 1870) verboten

67. Erste österreichische Banknote: „Wiener-Stadt-Banco-Zettel“: Ausgabe: 1762

68. Wegemaut: 1682

waren. Die vielen aus eigener Kraft getragenen Arbeiter-Bildungsvereine setzten die Voraussetzung für die Organisierung der Arbeiterschaft und für die geistige und gesellschaftliche Entproletarisierung.

Heute leisten diese Bildungsaufgaben die von den Kammern für Arbeiter und Angestellte gestalteten und finanzierten *„Volkshochschulen"*.

Nach Aufhebung des Koalitionsverbotes bildeten sich die *Gewerkschaften* der verschiedenen Weltanschauungen *(Richtungsgewerkschaften)* für die verschiedenen Sektionen der Wirtschaft.

Die sozialistischen Gewerkschaften kamen nach dem Eindringen der Klassenkampftheorie von Karl Marx in eine schwere ideologische Kampflage. Die Gewerkschaften suchten durch die Organisierung des Arbeitsangebotes den Unternehmern höhere Löhne abzutrotzen, wozu sie ihr gesamtes gewerkschaftliches Kampfinstrumentarium: passiven Widerstand, Teilstreik und Generalstreik einsetzten. Nach langen Kämpfen blieb der Erfolg nicht aus: die Löhne setzten sich vielfach vom Existenzminimum ab und folgten auch schon teilweise der steigenden Produktivität in den Fabriken. Die marxistisch-klassenkämpferische Sozialdemokratische Partei sah ihre Prophetie vom geschichtsgesetzlichen Zusammenbruch des kapitalistischen Systems durch die Tätigkeit der Gewerkschaften gestört. Daher gab es lange Zeit hindurch Streit zwischen beiden Organisationen, bis am 2. Parteitag der Österreichischen Sozialdemokraten zu Wien im Jahre 1891 auf Antrag Högners der Beschluß gefaßt wurde: „daß die Gewerkschaftsorganisation in Rücksicht auf die gegenwärtigen Produktionsverhältnisse und in Hinsicht auf die politischen Verhältnisse den Arbeitern zu empfehlen ist". Den Gewerkschaften wurde im gleichen Beschluß noch die Warnung auferlegt, „daß sie die sozialdemokratische Bewegung in keiner Weise hintanhalten dürfen". Die Gewerkschaft wurde als Vorfeldorganisation der Partei anerkannt. Damit hatten die „Freien, sozialistischen Gewerkschaften" unbehinderte Entwicklungsmöglichkeit.

In dieser Entwicklungsphase stellten sich auch die *Christlichen Gewerkschaften* ein. Sie wollten die Arbeiterschaft „in ihren geistigen und materiellen Interessen" heben und eine „gebührende Einflußnahme auf die Gestaltung der Lohn- und Arbeitsverhältnisse sichern". Die Christlichen Gewerkschaften lehnten den Klassenkampf ab. „Unternehmer und Arbeiter erscheinen heute als notwendige Faktoren des Produktionsprozesses, zwischen denen in vielen Punkten Interessengemeinschaft besteht" (Spalowsky: Über die Grundlagen der christlichen Gewerkschaften auf der Konferenz am 17. November 1907 in Wien. — Diese Formulierung findet sich in vielen Abwandlungen in allen Programmen der Christlich-sozialen Partei und später auch in der Österreichischen Volkspartei).

Die Gewerkschaften liefen in ihren Richtungen nebeneinander und gelegentlich auch gegeneinander. Die Entwicklung in der autoritären Regierungszeit und in der nationalsozialistischen Phase führte zu einem engen Zusammenstehen aller demokratischen Kräfte, aller Richtungen und Gruppen. Dies ergab nach dem Ende des Zweiten Weltkrieges die Gründung des einheitlichen *„Österreichischen Gewerkschaftsbundes"*, der zwei Richtungen, die sozialistische und die christliche Fraktion, in sich aufnahm.

Der *Zweck* des Österreichischen Gewerkschaftsbundes ist die Zusammenfassung „aller unselbständigen Erwerbstätigen zur Vertretung ihrer sozialen und wirtschaftlichen Interessen" (§ 1, 1: Statuten des ÖGB vom 2. Mai 1948). „Der Gewerkschaftsbund strebt die Hebung des Lebensstandards (§ 3, 1), die Herbeiführung günstiger Arbeitsverhältnisse, die Vereinbarung von Kollektivverträgen und die Schaffung einer wahren wirtschaftlichen Betriebsdemokratie durch gesetzlich geregelten Einfluß der Gewerkschaften und der Betriebsräte auf die Führung der Betriebe und wirtschaftlichen Institutionen" an (§ 3, 2).

Der ÖGB ist in 16 Sektionen aufgebaut (§ 4, 1), die für sich kollektivvertragsfähig sind. Der Beitritt zur Gewerkschaft ist freiwillig (§ 1, 2).

Durch diese Gewerkschaftsorganisation ist die gesamte Dienstnehmerschaft Österreichs, die Arbeiter, Angestellten und Beamten, in einem Verband zusammengefaßt, wodurch den Dienstnehmern die Einheit garantiert ist und der Unternehmerschaft ein einheitlich organisierter Sozialpartner gegenübersteht.

β) Die Freiheit und die Gewerkschaften

Die Gewerkschaften mußten lange *um ihre Freiheit ringen. Zuerst* kämpften sie gegen das im Strafgesetzbuch von 1852 (§ 479 ff.) verankerte *Koalitionsverbot,* nach dem es den Dienstnehmern untersagt war, sich zusammenzuschließen, um höhere Löhne zu erwirken. *Dann* mußten sich die Arbeiter in der Bildung ihrer Gewerkschaften *gegen den Druck der Unternehmer wehren.* Diese merkten nämlich alsbald, daß die entstehenden Gewerkschaften ein organisiertes Angebot der Arbeit anstrebten und dadurch die Löhne nicht mehr dem Druck des freien Spieles der Kräfte ausgesetzt sein ließen. Die Unternehmer verzeichneten „die organisierten Arbeiter" auf „schwarzen Listen", „von deren Aufnahme in die Arbeit abgeraten" wurde; weil jemand in der Gewerkschaft organisiert war, bekam er keinen Arbeitsplatz. Von den so Getroffenen, die keine Arbeit bekamen, klagten manche auf Schadenersatz. Nicht wenige dieser Fälle nahmen den Weg zum obersten Gerichtshof.

Die Klage wurde in den zwei unteren Instanzen, Bezirksgericht und Landesgericht, abgewiesen, „indem sie die Frage, ob der Verfasser oder

Verbreiter der sogenannten „schwarzen Listen" für den entstandenen Schaden ersatzpflichtig sei oder nicht, nach dem gegenwärtigen Stand der Gesetzgebung verneinen zu müssen glaubten".

„Mit Recht", so sagte der Oberste Gerichtshof, „machen die Kläger den Revisionsgrund des § 503 Z.4 ZPO geltend und verlangen Schadenersatz, weil sie durch die Eintragung in das Verzeichnis der *schwarzen Listen* eine längere Zeit hindurch keine Arbeit finden konnten". Als Begründung wird der das Gewerberecht beherrschende Grundsatz angeführt, „daß der gewerbliche Hilfsarbeiter beim Aufsuchen von Arbeitsgelegenheiten durch ein allfälliges ungünstiges Urteil, welches sich ein früherer Arbeitgeber über ihn gebildet hat, nicht behindert werden darf". „Als eine Verletzung dieses Grundsatzes stellt sich die Verfassung und Vorbereitung von Verzeichnissen von Arbeitnehmern dar, welche den Zweck verfolgen, die Unternehmer von der Aufnahme der Dienstnehmer in die Arbeit abzuhalten" (Entscheidung des OGH v. 20. Juni 1905, Nr. 8369).

Mit dem Organisationserfolg, aber auch mit der Machtkonzentration der Gewerkschaften in all ihren Sektionen wuchs der Wille „zur geschlossenen Organisation". Das heißt: alle, die die Vorteile der gewerkschaftlichen Lohn- und Arbeitsbedingungspolitik genießen, sollten doch auch „geschlossen" in den Gewerkschaftsbund eintreten. Abseitsstehende „schwächen die Solidarität" und „treiben sogar zu Sabotage am gemeinsamen Streben", sie müssen daher unter Umständen mit Nachdruck veranlaßt werden: der gemeinsamen Schutzorganisation der Gewerkschaft beizutreten. Solche Fälle des Beitrittszwanges gab es, indem die Nicht-Organisierten auf *„Roten Listen"* geführt wurden und durch den Druck der Gewerkschaft nicht in eine Belegschaft aufgenommen oder aus einer Belegschaft abgetrieben wurden. Auch in solchen Fällen durchliefen Prozeßfälle den Rechtsweg bis zum Obersten Gerichtshof, der in seiner Entscheidung vom 4. April 1929 (206.259/29, SZ XI/79) erklärte: daß „das im vorliegenden Fall angewendete Mittel, nämlich die Erzwingung der Entlassung des Klägers durch Drohung mit Streik, weil der Kläger nicht der zugehörigen Gewerkschaft beitrat, gegen die guten Sitten verstößt". Weil jemand nicht der Gewerkschaft beitreten wollte, sollte der Unternehmer durch den Streik der Belegschaft veranlaßt werden, den Betreffenden zu kündigen. Die Begründung sagte, im vorliegenden Fall und zur Zeit der großen Arbeitslosigkeit (1929) müsse die Existenz-Unterbindung als unsittlich bezeichnet werden.

Solche Terrorfälle mußten sich gehäuft haben, weil schon am 5. April 1930 ein Gesetz zum Schutz der Arbeitsfreiheit erlassen wurde (BGB 113/1930: *Antiterrorgesetz*). Im Gesetz wurden „Kollektivverträge und andere Gesamtvereinbarungen zwischen Arbeitgebern und Arbeitnehmern für nichtig erklärt, wenn sie unmittelbar oder mittelbar bewirken sollen, daß in einem Betrieb nur Angehörige einer bestimmten Berufsvereinigung (Gewerkschaft) beschäftigt werden (geschlossener Betrieb), oder daß verhindert werden soll, daß in einem Betrieb Personen beschäftigt werden, die keiner Berufsvereinigung angehören" (§ 1, 1).

Bei einer späteren Debatte über ähnliche Vorkommnisse vertrat der Abgeordnete Prinke im Nationalrat die Auffassung: „Der Austritt aus dem Gewerkschaftsbund darf nicht den politischen und wirtschaftlichen Tod eines Menschen bedeuten" (Sitzung des Nationalrates v. 28. Oktober 1955, Sten. Prot. VII. Ges., Per. S. 3760). Durch all diese Urteile, Auffassungen und gesetzlichen Regelungen wurde nun das Recht des freien Beitrittes zur Gewerkschaft und das Recht des Fernbleibens von der Gewerkschaft festgehalten. Die Freiheit für den Zutritt zur Gewerkschaft und die Freiheit für das Fernbleiben von der Gewerkschaft ist jedermann gewährleistet.

γ) Der Kollektivvertrag

Auf dem atomistischen Arbeitsmarkt, auf dem die Arbeiter als Einzelne den wenigen oder, regional bedingt, sogar nur einzelnen Unternehmern gegenüberstanden, hatten sie so große „Marktschwächen", daß sie ungehindert dem Druck des Überangebotes von Arbeit ausgesetzt waren. Dagegen gab es nur eine Abwehrmöglichkeit: die Arbeiter mußten ein über ihre Gewerkschaft organisiertes Angebot den Unternehmern gegenüberstellen. In dieser organisierten Gegenüberstellung konnten die Lohn- und Arbeitsbedingungen für die Arbeitnehmer verbessert werden. Deshalb mußten die Arbeitnehmer auf kollektive Arbeits- und Lohnvereinbarungen drängen.

Die zwischen den organisierten Unternehmern und den in den Gewerkschaften organisierten Arbeitnehmern geschlossenen *Kollektiv-Verträge* regeln für je eine Sektion die Arbeits- und Lohnverhältnisse. Dadurch wurde das Lohnniveau für eine ganze Gruppe je nach der Qualität der Arbeit in Tarifstufen *(Tarifverträge)* gesichert. Diese Kollektivverträge stehen unter dem Schutz der Arbeitsgerichte. Durch diese umfassende Sicherung der Löhne wurde die Arbeiterschaft aus dem Zustand der wirtschaftlichen Proletarität herausgehoben (A. Tautscher: Vom Arbeiter zum Mitarbeiter, Berlin 1961, S. 92).

„Kollektivverträge sind Vereinbarungen zwischen kollektivvertragsfähigen Körperschaften der Dienstgeber und Dienstnehmer, die die gegenwärtigen aus dem Dienstverhältnis entspringenden Rechte und Pflichten oder Rechtsbeziehungen zwischen den Kollektivvertragsparteien regeln" (§ 2, 1: Gesetz über die Regelung von Arbeits- und Lohnbedingungen durch Kollektivverträge v. 26. Februar 1947, 1. Fassung 1919). Kollektivverträge, die eine überwiegende Bedeutung erlangt haben, können als „Satzungen“ Geltung erlangen und ordnen dann einen größeren Geltungsbereich (§ 14).

Eine Besserstellung individueller Art für einzelne oder für Belegschaften über die in den Kollektivverträgen gesetzten Rechte ist möglich. Die Kollektivverträge sichern den Dienstnehmern ein Lohnniveau, das jeweils dem Produktivitätsstand der Branche, aber auch der durch die schleichende Inflation verloren gegangenen Kaufkraft des Nominallohnes entspricht. Durch die Kollektivverträge wurde der Lohn wie durch eine Betondecke gegen jeden Verfall abgestützt, so daß das Lohnniveau gesichert bleibt. Mit dieser Sicherung des Lohneinkommens wurde auch die wirtschaftliche Proletarität überwunden.

Die Gewerkschaften haben durch ihre Politik der *quantitativen Sozialpolitik*, die ihre mengenhaften Ziele, wie mehr Lohn und weniger Arbeitszeit, durch organisierte Massen anstrebte, *die Arbeiterschaft* aus der wirtschaftlichen Verproletarisierung herausgeführt und daher *entproletarisiert*. Dies ist die große Leistung und das große Verdienst der Gewerkschaften und der Kollektivverträge.

δ) Der Streik

Die Gewerkschaften haben zur Durchsetzung ihrer Forderungen neben dem passiven Widerstand, Arbeiten in genauester Einhaltung aller Vorschriften, als Hauptinstrument: den Streik. „Der Streik ist die planmäßige Arbeitseinstellung einer größeren Zahl von Arbeitnehmern innerhalb eines Berufes oder Betriebes zu einem Kampfzweck mit dem Willen, die Arbeit nach Erreichung des Zieles oder nach Beendigung des Arbeitskampfes fortzusetzen“ (H. C. Nipperdey).

Da der Streik eine tiefgreifende Aktion in der Gesellschaft und im wirtschaftlichen Leben ist, die den sozialen Frieden und den wirtschaftlichen Wohlstand empfindlich stören kann, weil unter Umständen die gesellschaftlichen Verbindungen zwischen den Menschen und den Gesellschaftsgruppen abgerissen werden oder Stillegungen von Betrieben und Wirtschaftszweigen erzwungen werden können, muß zwischen den angestrebten Forderungen, den eingesetzten Mitteln und dem zu erreichenden Erfolg des Streiks ein entsprechendes Verhältnis sein, damit „ein Streik nicht rechtswidrig sei“ (R. Seiler).

Dieses Verhältnis setzt auch die *Grenzen des Streiks*. „Damit überschreitet nicht nur der sogenannte „Sympathiestreik“, der sich nicht gegen den eigenen Arbeitgeber wendet, sondern lediglich eine Demonstration der Solidarität mit anderen Arbeitergruppen darstellt, den Rahmen der Streikfreiheit, sondern auch jeder politische Streik, der sich z. B. gegen den Staat richtet" (Urteil des OLG Wien v. 19. Dezember 1962, Zl. 5 R 213/62). Aus all diesen Erwägungen *kann der Streik „nur ein letztes Mittel und kein Akt des Mutwillens sein"*, wie dies dem österreichischen System der Sozialpartnerschaft entsprechend der ehemalige Präsident des Österreichischen Gewerkschaftsbundes Olah in der Sitzung des Nationalrates am 30. Oktober 1956 ausdrückte (Sten. Prot.).

In Österreich ist „der Streik weder anerkannt noch verboten". *„Es gibt nur die Freiheit und nicht das Recht zum Streik"* (K. Kummer). Mit diesem Rechtscharakter des Streiks hat die Dienstnehmerschaft bisher das Auslangen gefunden. Dadurch haben sich die arbeitsrechtlichen und lohnpolitischen Auseinandersetzungen in der Zweiten Republik — im Gegensatz zur Zeit der Ersten Republik — folgerichtig in das System der Sozialpartnerschaft eingefügt und nicht mehr den Charakter klassenkämpferischer Aktionen erhalten.

Ein Streik kann unter Umständen nur dann zum Erfolg führen, wenn er geplant und folgerichtig über eine gewisse Zeit durchgeführt wird. Die Gewerkschaftszentrale muß daher einen Streik bis in die letzten Konsequenzen planen und durchführen. Die Gewerkschaft muß auch die Streikenden unterstützen, weil sie ja für die Zeit des Streiks keinen Lohn beziehen.

Deshalb ist in den Statuten des Österreichischen Gewerkschaftsbundes festgehalten: „Auf jeden Fall sind alle beabsichtigten Streiks dem Präsidium des ÖGB zur Kenntnis zu bringen" (§ 12, 3 d). Der Bundesvorstand faßt über beantragte Angriffs- und Abwehrstreiks Beschluß. Ohne Zustimmung gilt ein Streik als nicht von der Gewerkschaft genehmigt.

Die Mitglieder des ÖGB erhalten, wenn sie an einem von der zuständigen Gewerkschaftsinstanz anerkannten Streik beteiligt sind, eine *Streikunterstützung* (III, 1: Unterstützungsordnung des ÖGB v. 1. Juli 1960). Das Gleiche gilt für den Fall einer Aussperrung (III, 9). Voraussetzung für eine Streikunterstützung von seiten der Gewerkschaft ist die Leistung der vollen Mitgliedsbeiträge durch 26 Wochen oder durch 6 Monate vor dem Eintritt des Streikfalles (III, 2). Die Höhe des Unterstützungsbetrages wird in der Regel für die Woche mit dem 35-fachen des durchschnittlichen Wochenbeitrages bemessen (III, 6).

ee) Die Kammern

α) Die Ansätze der Kammern

Verschieden weit liegen die zeitlichen Ansatzpunkte für die Kammern zurück, ebenso unterschiedlich sind die Motive und die Ausgangspositionen. Am weitesten liegt der Ansatzpunkt für die *Landwirtschaftskam-*

Mitgliederstand des ÖGB am 31. Dezember 1965

Männer	1 108 714	71,9 %
Frauen	434 099	28,1 %
Gesamt	1 542 813	100 %;

Gewerkschaftsbewegung in den Bundesländern

Bundesland	Mitglieder am 31. Dez. 1965
Wien	555 310
Burgenland	35 428
Niederösterreich	257 430
Oberösterreich	230 387
Salzburg	63 501
Steiermark	227 882
Kärnten	81 484
Tirol	63 682
Vorarlberg	27 709
Zusammen	1 542 813

Quelle: Tätigkeitsbericht 1965 des ÖGB, S. 1/94.

mern zurück. Der Ansatz wurde durch Maria Theresia im Jahre 1764 gesetzt, indem auf die anregende Denkschrift des Hofkommerzialrates von Fremaut vom 21. Jänner 1764 eine Untersuchung zur Gründung von „Agrikultur-Societäten“ in Tirol, Kärnten, Krain und Steiermark angeordnet wurde. Für Kärnten wurde am 8. April 1765 von Maria Theresia das Reglement für die *„Kärntner Ackerbaugesellschaft“* erlassen. Für Steiermark wurde nach einem Bericht von Graf Purgstall vom 20. März 1765 durch Hofdekret vom 12. Oktober 1765 die *„Agrikulturgesellschaft“* gegründet. Der staatlichen Initiative und der landesfürstlichen Förderungspolitik verdanken die Landwirtschaftskammern ihren Ansatz.

Die *Handelskammern* als Vorläufer der Kammern für die gewerbliche Wirtschaft nahmen ihre Initiative von den ausgehenden Innungen und Zünften, die ein neues Zusammenwirken in der freigesetzten Marktwirtschaft zu etablieren versuchten. Ihre Bestrebungen fanden in der Verordnung des Handelsministeriums über die Errichtung von Handels- und Gewerbekammern am 26. März 1850 den endgültigen Erfolg. Hier kam die Initiative aus der gewerblichen Wirtschaft und aus den Organisationsresten der ständischen Gemeinschaften.

Die *Kammer für Arbeiter und Angestellte* entsprang den Forderungen der organisierten Arbeiterschaft. Diese wollte eine Kammer für die Dienstnehmer, so daß „ein Zusammenwirken der Körperschaften bei der Lösung von wichtigen Aufgaben möglich ist“. Ihr Ansatz wurde im Jahr

1919 gesetzt. Sie ging aus dem Willen zur Partnerschaft von seiten der Arbeiterschaft hervor.

Die Landwirtschaftskammern

Von den unter Maria Theresia gegründeten Agrar-Societäten mit ähnlichen Kompetenzen wie die heutigen Landwirtschaftskammern hat nur die Kammer in Kärnten bis zur Neugründung der Kammer in den Zwanziger Jahren dieses Jahrhunderts durchgehalten. In Steiermark griff Erzherzog Johann den Gedanken der Landwirtschaftsgesellschaft wieder auf. Auf sein Anregung genehmigte Kaiser Franz I. die Errichtung einer *Landwirtschaftsgesellschaft* für die Steiermark mit folgender Überlegung: „Überzeugt von dem Einfluß wahrer Geselligkeit auf die Fortschritte der Geisteskultur und besonders auf die Verbesserung der Landwirtschaft, haben Wir über einen Uns nach den allgemeinen Wünschen des Landes von Unserm Bruder, dem Erzherzog Johann, gemachten Vorschlag schon unter 16. November 1817 zur Errichtung einer Landwirtschaftsgesellschaft in der Steiermark Unsere Bewilligung erteilt."

Als Aufgaben der Kammer wurden festgehalten: Förderung aller Zweige der Landwirtschaft, Kenntnisnahme von der jeweils gegenwärtigen Wirtschaftslage, Förderung der Wissenschaften, „ohne welche die Landwirtschaft nicht zweckmäßig gehoben werden kann".

Die Landwirtschaftsgesellschaft hatte das Selbstverwaltungsrecht und konnte wirkliche und korrespondierende Mitglieder ernennen und ihren Praeses wählen, dessen Wahl „Uns zur Bestätigung vorgelegt werden muß". Der Hauptsitz der Gesellschaft war in Graz, Unterabteilungen gab es in den Kreisstädten. Der Landwirtschaftsgesellschaft wurde auch ein Begutachtungsrecht für das Steiermärkische Gubernium gegeben, wodurch der Vorläufercharakter zu den gegenwärtigen Kammern deutlich in Erscheinung tritt. Diese Statuten wurden am 4. Jänner 1819 vom Kaiser genehmigt.

Die Kammer der gewerblichen Wirtschaft

Die Kaufmannschaft und die Handwerker versuchten am Ende der Rechtsgrundlagen ihrer Zunftorganisationen einen Übergang zu neuen Vertretungskörpern, die der neuen Wirtschaftsordnung entsprachen, zu finden, wenn sie auch nicht ganz der Struktur der neuen Wirtschaftsordnung kongruent waren. Auf diese Weise wurden aus dem Kreis der Gewerbetreibenden in Fortsetzung früherer Organisationen die Handels- und Gewerbekammern durch Verordnung vom 26. März 1850 geschaffen (RG u. Regbl. 122/1850). „Sie sind das Organ, durch welches der Handels- und Gewerbestand seine Anliegen dem Handelsministerium eröffnet und die Bemühungen des letzteren zur Förderung des Verkehrs unterstützt" (§ 3). Neben den Handelskammern wurden für gleiche und verwandte

Gewerbe in einer oder in nachbarlichen Gemeinden nach der Gewerbeordnung vom 20. Dezember 1859 (RGB 227/1859) gewerbliche *Zwangs-Genossenschaften* errichtet (§ 106). Durch Antritt eines Gewerbes wurde kraft dieses Gesetzes die Mitgliedschaft zur Genossenschaft erworben (§ 107: *Zwangsmitgliedschaft*). Aus der weiteren Kompetenzaufzählung der Genossenschaft war die Parallele zu den früheren Zünften und den heutigen Innungen deutlich sichtbar. Die gewerbliche Wirtschaft hatte in den Handels- und Gewerbekammern und in den Genossenschaften wieder ihre Vertretung nach außen und ihre Verbandsorganisationen in Selbstverwaltung nach innen. Durch das Wirken dieser Genossenschaften gab es in Österreich eigentlich nie eine ganz freie Marktwirtschaft, wenn auch die Gewerbeordnung in ihren Hauptteilen die freie Marktwirtschaft verkündete. Im Verlauf des Gesetzestextes wurde die angekündigte Freiheit wieder teilweise zum Schrumpfen gebracht.

Die Arbeiterkammern

Die Arbeiterschaft strebte verständlicherweise danach: Kammern zu schaffen, die den entsprechenden Kammern der gewerblichen Unternehmer nicht nur völlig gleichwertig, sondern auch in ihrem Wirkungskreis und in ihrer Organisation derart ähnlich gestaltet waren, daß „ein Zusammenwirken der beiden Körperschaften bei der Lösung von wichtigen Aufgaben der volkswirtschaftlichen Verwaltung ohne Schwierigkeiten möglich ist (Erläuternde Bemerkungen der Staatsregierung über das Gesetz zur Errichtung von Arbeiterkammern, Sten. Prot. d. Konstituierenden Nationalversammlung, Beil. 596).

β) Der Zweck und Aufbau der Kammern

Der Zweck der Kammern ist in den jetzt geltenden Kammergesetzen jeweils im § 1 festgehalten: „Die Kammer der gewerblichen Wirtschaft ist berufen, die gemeinsamen Interessen (der Unternehmer) zu vertreten" (Handelskammergesetz v. 24. Juli 1946, BGB 182/1946); „Zur Vertretung der Interessen der Land- und Forstwirtschaft wird die Landeskammer für Land- und Forstwirtschaft errichtet" (Gesetz über die Errichtung von land- und forstwirtschaftlichen Berufsvertretungen in Steiermark, LGB 57/1929; so ist es auch in allen anderen Bundesländern geschehen); „Zur Vertretung der wirtschaftlichen Interessen der Arbeiter und Angestellten werden Kammern für Arbeiter und Angestellte errichtet" (Arbeiterkammergesetz v. 20. Juli 1945, StGB 95/1945).

Im Verfolg dieser Zwecksetzung haben die Kammern gleichartige Aufgaben, wie: Gutachten für gesetzgebende Körperschaften und Vorschläge an Behörden zu erstatten, an der Festsetzung von Preisen jeder Art durch Erstattung von Gutachten und Vorschlägen mitzuwirken (Handelskammergesetz § 4, Arbeiterkammergesetz § 2, Satzungen der Präsidentenkonferenz der Landwirtschaft § 2, 1, a), Einrichtungen und Anstalten zur Förderung der Wirtschaft und des Bildungswesens ins Leben zu rufen, wie auch Vertreter in andere Körperschaften zu entsenden, soferne Gesetze und Verordnungen dies vorsehen (*Sozialpartnersystem:* Handelskammergesetz § 5, Arbeiterkammergesetz § 2, Satzungen der Präsidentenkonferenz § 2, 1, b).

Die *Genossenschaften* hatten „für die Erhaltung geregelter Zustände zwischen den Mitgliedern und ihren Angehörigen zu sorgen, Fachschulen zu gründen, Anstalten zur Unterstützung der Mitglieder und ihrer Angehörigen in Fällen der Erkrankung oder sonstiger Notlagen zu schaffen" (§ 114: Gewerbeordnung v. 1859). Dadurch hatte in Fortsetzung der Zunftfürsorge und in Weiterbildung der Vorschriften des Berggesetzes von 1854 die *Sozialversicherung in Österreich eine neue Grundlage* bekommen — lange vor der deutschen Regelung der Achtzigerjahre. Die Sozialversicherung in ihrer modernen Art ist demgemäß eine ureigene österreichische Einrichtung.

Der *Aufbau der Kammern* folgt dem Organisationssystem der allgemeinen Staatsverwaltung. In jedem politischen Bezirk gibt es die *Bezirksstellen,* die jeweils in den *Landeskammern* als eigentliche Träger der Kammerorganisation ihren Rückhalt haben. Auf der Bundesebene haben die Arbeiterkammer den *„Österreichischen Arbeiterkammertag"*, die Kammer der gewerblichen Wirtschaft die *„Bundeskammer"* und die Landwirtschaftskammern die *„Präsidentenkonferenz der Landwirtschaftskammern"*, die als Verein aus den Präsidenten der Landeskammern gebildet wurden, weil der Bund keine Gesetzgebungsbefugnis in landwirtschaftlichen Angelegenheiten hatte.

Alle Kammern haben in ihren gesetzlichen Statuten die Möglichkeit vorgesehen: *Paritätische Ausschüsse* zu schaffen; in ihnen sollen etwaige Interessengegensätze zwischen den Kammern und ihren Mitgliedergruppen ausgeglichen und gemeinsame Angelegenheiten beraten werden (Handelskammergesetz § 64, Arbeiterkammergesetz § 26, Satzung der Präsidentenkonferenz § 25).

α) Der „Kammerstaat"

Der Mitgliederzwang und die umfassende, aber auch durchdringende Ordnungskompetenz geben in Verbindung mit der Unabhängigkeit in der Selbstverwaltung den Kammern eine so starke Organisationskraft, daß man nicht selten vom österreichischen *„Kammerstaat"* spricht. Man meint damit einen Staat, der weitgehend von den Interessenschichten geformt und von den Berufsgruppen, wie sie in den Kammern organisiert sind, gestaltet wird. Nicht selten findet sich auch die Meinung, daß der Kammerstaat die demokratisierte Fortsetzung des ehemaligen Ständestaates sei. Ohne Zweifel gibt es zwischen beiden Systemen eine innnere Verwandschaft, weil beide die lebensgestaltende Tatsache des Berufes für die Gesellschaftsgestaltung zur Grundlage machen.

Die Kammern stellen als Interessenvertretungen ihrer Mitglieder immer wieder Forderungen an den Staat und die Regierung und richten so an die Politik und die Politiker ihre Postulate. *Die Kammern drängen deshalb zur Politik.* Da die Kammern mit ihrer kraft Gesetzes zwangsweisen großen Zahl der Mitglieder ein politisches Wähler-Reservoir darstellen, *versuchen die Parteien in die Kammern einzudringen* und diese zu ihren Vorfeldorganisationen zu machen. Diese gegenseitige Durchdringung von Kammern und Politik machen die *Kammern zu staatstragenden Organisationen.*

Da die Kammern als Interessenvertretungen mit ihren Partnern, den anderen Kammern, verhandeln müssen und jeweils zu einem Übereinkommen kommen wollen, bilden die Kammern Teil eines Ganzen: sie sind *Partner im Partnerschaftssystem.* Diese in den Kammergesetzen veranlagten Partnerschaftsgespräche führen direkt zu einem Partnerschaftssystem der freien Vereinbarungen der Gesellschafts- und Wirtschaftsgruppen — ohne staatlichen Zwang und ohne behördlichen Charakter. Dieses System der Partnerschaft berechtigt, die gegenwärtige Wirtschaftsordnung als: *sozial gebundene Ordnung* anzusprechen.

In diesem System der Partnerschaft gibt es für die einzelnen Wirtschafter freie Initiativmöglichkeit und jeweils frei vereinbarte Bindungen für die gesellschaftlichen Großgruppen.

Die Bedeutung der Kammern läßt sich in folgenden Tabellen ablesen.

ff) Die Paritätische Kommission für Lohn- und Preisfragen

Die Interessen-Gruppen erstreben für ihre Mitglieder und Anhänger die Sicherung der wirtschaftlichen Erfolgschancen oder mindestens die Sicherung ihrer wirtschaftlichen Existenz. Jede Gruppe sucht für sich eine organisierte Einkommenssicherung mit einer Sonderrente zu gewinnen.

In diesem Wettlauf gibt es nicht Sieger und Besiegte, sondern solche, die da und dort etwas gewinnen, weil sie hier und da etwas abgeben. Die sozial- und wirtschaftspolitischen Verbände müssen in der Demokratie den Weg des Kompromisses gehen.

α) Der Einsatz und Zweck der Paritätischen Kommission

Ein solcher Modus des Kompromisses war die Gründung der *Paritätischen Kommission für Preis- und Lohnfragen.* Diese Kommission wurde

Mitglieder der Landes-Landwirtschaftskammern

Bundesland	Datum	Wahlberechtigte
Burgenland	31. 3. 1963	79 816
Kärnten	18. 11. 1966	38 362
Niederösterreich	11. 4. 1965	230 298
Oberösterreich	29. 10. 1967	154 430
Salzburg	11. 4. 1965	35 766
Steiermark	10. 7. 1966	167 990
Tirol	23. 4. 1967	28 989
Vorarlberg	15. 5. 1966	21 082
Wien	17. 3. 1963	2 275
Insgesamt		759 008

Mitglieder der Kammer der gewerblichen Wirtschaft
nach Bundesländern (1965)

Wien	111 563
Niederösterreich	90 367
Oberösterreich	64 420
Steiermark	56 535
Tirol	34 470
Kärnten	29 445
Salzburg	25 663
Vorarlberg	16 306
Burgenland	13 276
Zusammen	442 045

Jahresbericht der Bundeskammer der gewerblichen Wirtschaft 1965, Wien 1966, Tabelle: Anhang.

Mitglieder der Arbeitskammern nach Bundesländern
(nach den Zahlen der Arbeitskammerwahl (1964)

Wien	567 371
Oberösterreich	253 898
Niederösterreich	247 512
Steiermark	233 894
Kärnten	93 382
Tirol	104 076
Salzburg	87 020
Vorarlberg	56 625
Burgenland	29 257
Im Arbeiterkammertag vertreten	1 673 035

Jahrbücher und Tätigkeitsberichte der Kammern in den Bundesländern.

am 12. März 1957 durch ein Übereinkommen zwischen der Bundesregierung einerseits und den Kammern für die gewerbliche Wirtschaft, für die Landwirtschaft und für die Arbeiter und Angestellten und den Österreichischen Gewerkschaftsbund andererseits geschaffen. Ihre Aufgaben sind: im gegenseitigen Prüfungsverfahren Preise und Löhne auf Ansuchen von Interessentengruppen zu prüfen. Die vertragschließenden Teile verpflichteten sich, die jeweils geschlossenen Vereinbarungen zu halten.

Der *Ausgangspunkt* für die Paritätische Kommission bildete der Wunsch der Bundesregierung, der im *Ministerrat vom 12. März 1957* gefaßt wurde. Die entsprechende Verlautbarung wurde in der „Wiener Zeitung" vom 13. März 1957 festgehalten. „Wie amtlich bekannt gegeben wird, berichtete Bundeskanzler Raab über das Ergebnis des in der Vorwoche von der Wirtschaftskommission eingesetzten Unterkomitees. Auf Grund dieses Berichtes beschloß der Ministerrat, an die Bundeskammer der gewerblichen Wirtschaft, den Österreichischen Arbeiterkammertag, den Österreichischen Gewerkschaftsbund und an die Präsidentenkonferenz der Landwirtschaftskammern das dringende Ersuchen zu richten, in ihrem Bereich alle Vorkehrungen zu treffen, um im laufenden Jahr die Aufrechterhaltung des bestehenden Preisgefüges zu gewährleisten".

„Der Ministerrat würde es begrüßen, wenn der bereits konstituierte Unterausschuß der Wirtschaftskommission dazu übergeht, die Notwendigkeit von Preiserhöhungen vor ihrem allfälligen Wirksamwerden unter gesamtwirtschaftlichen Gesichtspunkten zu prüfen." „Der Unterausschuß wird bei seiner Tätigkeit zu beachten haben, daß Preiserhöhungen nur dann gerechtfertigt erscheinen, wenn wesentliche Kostenveränderungen eingetreten sind, die durch den Effekt von Rationalisierungsmaßnahmen und Produktionssteigerungen nicht ausgeglichen werden können."

„Die Bundesregierung erwartet dagegen vom Gewerkschaftsbund, daß neue Anträge auf Lohn- und Gehaltsregelungen an die Arbeitgeberorganisation erst gestellt werden, sobald im Rahmen der Paritätischen Kommission sowohl die Höhe der Forderungen als auch ihre Dringlichkeit überprüft wurde. Die Kommission wird festlegen, ob die Kollektivvertragspartner in Verhandlungen einzutreten haben."

Die verdienstvollen Hauptakteure für die Bildung der Paritätischen Kommission waren: Bundeskanzler *Julius Raab* als oberster Leiter der Wirtschaftspolitik des Staates und als Vertreter der gewerblichen Wirtschaft, Finanzminister *Reinhard Kamitz* als oberster Wächter der Währung und der stabilen Kaufkraft und der Präsident des Österreichischen Gewerkschaftsbundes *Anton Böhm* als Vertreter der Lohnbezieher und Konsumenten. Diese drei wiesen der österreichischen Wirtschaftspolitik die Wege in die Zukunft in der Richtung auf das vielfach schon angebahnte System der Sozialpartnerschaft.

β) Die Ausgleichs- und Friedensfunktion der Paritätischen Kommission

Durch die Paritätische Kommission ist ein Ausgleichsorgan geschaffen, das ohne Hoheit und Befehlsgewalt, weil ohne gesetzliche und selbst ohne vereinsrechtliche Grundlage, in paritätischer Übereinkunft frei geschaffene und freiwillig übernommene Übereinkommen für die Sozialpartner verbindlich sein läßt. Im letzten wird von den Hauptorganen der Sozialpartner unter dem Vorsitz eines Staatsorganes die Parität in der Einkommensverteilung nach dem Prinzip der wirtschaftlichen Richtigkeit und sozialen Gerechtigkeit zu erreichen gesucht.

Als Ergebnis gilt: Der *automatische Preismechanismus* der freien Marktwirtschaft wurde teilweise durch ein System gruppenpaktierter Preise und Löhne mit dem Ziel, eine wirtschaftlich richtige und sozial gerechte Einkommensverteilung zu erreichen, *ersetzt*.

Solange dieses Organ keinen befehlenden Behördencharakter mit Weisungsbefugnissen erhält, ist es ein *Organ des Interessenausgleiches* und daher ein systemgerechtes Organ der sozial gebundenen Wirtschaftsordnung. *Die Paritätische Kommission wirkt als Organ einer sozialen Friedensordnung* (A. Tautscher: Wirtschaftsordnung und Wirtschaftspolitik, in: Handbuch der österreichischen Wirtschaftspolitik, Wien 1962, S. 57).

gg) Die politischen Verbandsorganisationen

Neben der Paritätischen Kommission für Lohn- und Preisfragen gibt es viele ähnliche „paritätische Kommissionen" bei verschiedenen Behörden und Ämtern, die teils ein Begutachtungsrecht und teils ein Zustimmungsrecht haben. Diese Kommissionen müssen von den Interessentengruppen beschickt werden, damit durch die Ausgewogenheit der Interessen eine den politischen Parteien, die hinter den Interessentengruppen stehen, aber auch eine den „Prozeßparteien" genehme Entscheidung zustande kommt. Es ist daher verständlich, daß sich das Organisationsprinzip des Kammer- und Bündestaates auf den Ausbau der politischen Parteien auswirken mußte.

Die *Österreichische Volkspartei* folgt in ihrem Aufbau ganz und gar dem Bündesystem, ihre „Bauelemente" sind die Bünde: der „Österreichische Wirtschaftsbund" als Vereinigung der selbständigen und leitenden Wirtschaftstreibenden, der „Österreichische Bauernbund" als Verband der Bauern und der „Österreichische Arbeiter- und Angestelltenbund" als Bund aller Dienstnehmer.

Die *Sozialistische Partei Österreichs* steht als zentralistisch organisierte Massenpartei eigentlich einem Bündesystem entgegen, sie mußte sich aber trotzdem für die Vertretung ihrer Interessentengruppen der Bünde bedienen. Sie organisierte im „Freien Wirtschaftsverband Österreichs" die sozialistischen Unternehmer und im „Österreichischen Arbeitsbauernbund" die sozialistisch gesinnten Bauern und Kleinbauern.

So stehen sich im Staat und in den Parteien Bündesysteme zur gegenseitigen Durchdringung gegenüber, die die Interessen der Gruppen an den Staat für die Gesetzgebung und für die Verwaltung an all ihre Stellen herantragen, die aber auch die Parteiinteressen in die Kammern und Verbände bringen. In Wechselwirkung sind einmal die Bünde das Vorfeld der Parteien und ein andermal die Parteien das Vorfeld für die Kammern und Verbände.

In dieser Verflechtung lassen die politischen Bünde ihre programmierten Ideologien in den entsprechenden gesetzgebenden Körperschaften, aber auch in den Behörden und Ämtern ebenso wie in den Kammern zur Geltung kommen. Dadurch wird die Wirtschaftsgesinnung mit den Hauptzielen der sozialen Gesichertheit und der Steigerung des wirtschaftlichen Lebensstandards in den Schlagworten „Fortschritt und Sicherheit" und „Sicherheit und Fortschritt" immer wieder von neuem angefacht.

Die Bünde geben sowohl den Interessentengruppen als auch den einzelnen Mitgliedern den notwendigen „Schutz" und durch die politische Interventionsmöglichkeit auch den erforderlichen politischen „Schirm". Was einst der Grundherr an gesellschaftlichem, wirtschaftlichem und politischem Schutz und Schirm für seine Schutzbefohlenen leisten mußte, müssen heute die verschiedenen Kammern, Verbände und Bünde tun, denn neben der eigenständigen Initiative gibt es immer ein echtes Bedürfnis nach ergänzender Geborgenheit. Was ehedem hoheitlich gestalteter Schutz und Schirm war, ist heute genossenschaftlich-demokratisch organisierte Betreuung.

α) Die Unternehmerverbände

Die Unternehmer der gewerblichen Wirtschaft, unabhängig ob sie echte Unternehmer, die ihre Unternehmungen mit eigenem Risiko führen, oder ob sie „beamtete" Unternehmungsleiter sind, die mit der Leitung beauftragt sind, bleiben in der Klassendemokratie von heute immer in der Minderzahl und werden durch die Konzentrationsprozesse in der Wirtschaft jeweils in noch kleinere Minderheiten abgedrängt. In diesem Entwicklungstrend bilden die Unternehmer in ihrer stets schwindenden Zahl oft nicht einmal eine politische „Sperr-Minderheit". Mit der Zahl allein können die Unternehmer ihre Interessen nicht durchsetzen. Sie müssen sich deshalb eigenständige Organisationen schaffen: die Unternehmerverbände.

Da auch die anderen Gruppen wie die Bauern, die einem noch vehementeren Schwund ausgesetzt sind, zur erfolgreichen Vertretung ihrer Interessen eigenständiger Organisationen bedürfen, bestätigt sich die Organisationsgesetzmäßigkeit, daß es für die Durchsetzung von gleichartigen Interessen eigens geschaffener Organisationen bedarf. Dies gilt selbst für die Arbeiter und Angestellten, die auch nur im Wege ihrer eigenen Organisation ihre Interessen durchsetzen können.

Die Unternehmer der gewerblichen Wirtschaft haben sich in ihren eigenständigen Bünden organisiert und stehen daher den anderen Partnern gegenüber — nicht: entgegen. So können sie ihre Ansprüche und Forderungen den anderen Gruppen gegenüber zur Geltung bringen, was sie auf Grund ihrer geringen Zahl in den allgemeinen Vertretungskörpern nicht erreichen könnten. Mit den eigenständigen Organisationen und selbständigen Bünden können sich die Unternehmer der gewerblichen Wirtschaft in das Partnerschaftssystem der Gefälligkeitsdemokratie erfolgreich einfügen.

Die drei Bünde der Unternehmer der gewerblichen Wirtschaft sind: der Österreichische Wirtschaftsbund der Österreichischen Volkspartei, der Freie Wirtschaftsverband der Sozialistischen Partei Österreichs und die parteipolitisch neutrale, aber der Österreichischen Volkspartei nahestehende Vereinigung österreichischer Industrieller.

αα) Der Österreichische Wirtschaftsbund

faßt nach seinen Statuten vom 15. Juli 1946 in der Fassung vom 27. Juni 1961 als *Mitglieder* die in der gewerblichen Wirtschaft selbständig oder in leitender Stellung Tätigen zusammen (§ 1, 1).

Der *Zweck* des Österreichischen Wirtschaftsbundes ist zunächst die Durchsetzung der politischen und wirtschaftlichen Grundsätze der Österreichischen Volkspartei in der Wirtschaft und in all ihren Organisationen (§ 2). Dann will der Wirtschaftsbund alle Berufsgruppen wirtschaftlich, sozial und kulturell fördern und deren Interessen bei allen staatlichen und öffentlich-rechtlichen Stellen zur Geltung bringen (§ 2). In diesem Rahmen werden auch die Interessen der Einzelmitglieder in jeder geeigneten Weise vertreten. Diese statuarische Zwecksetzung umfaßt eine allgemeine, unbeschränkte Förderungs- und Vertretungsbefugnis des Wirtschaftsbundes für alle Unternehmer der gewerblichen Wirtschaft ohne jede Einschränkung auf Wirtschaftszweig und Betriebsgröße.

Die *Mittel* zur Erreichung dieser gesteckten Ziele sind vielfältig. Im Interesse der Unternehmerschaft der gewerblichen Wirtschaft wird auf den Inhalt der Gesetze und Verordnungen Einfluß genommen. Ebenso wird das Interesse einzelner Unternehmer bei Behörden und Ämtern durch Interventionen vertreten (§ 3). Um den Grundsätzen des Wirtschaftsbundes die Durchschlagskraft zu sichern, wird auf die Wahlen in die Vertretungskörper wie in die Kammern Einfluß genommen. Die Einflußnahme kann aber auch an die allgemeine Politik gerichtet sein, zu welchem Zwecke auch die Kammerorganisationen über den Wirtschaftsbund auf die Kandidatenliste der Österreichischen Volkspartei Einfluß nehmen. Andere Mittel für die Durchsetzung der Unternehmerinteressen

69. Landschenke: 1682

70. Kutsche auf einem Lebzeltmodel: Wachsabguß

sind Werbeaktionen durch Vorträge und Versammlungen, aber auch durch Beratungsstellen für die Mitglieder in allen Rechts- und Steuerangelegenheiten (§ 3). Dieser Katalog der Mittel ist so umfassend, daß jede Hilfe vom Wirtschaftsbund allen Mitgliedern geleistet werden kann. Die Betreuung der Unternehmer durch den Wirtschaftsbund ist umfassend.

ββ) Der Freie Wirtschaftsverband Österreichs

Gemäß den Statuten vom 8. November 1959 in der Fassung vom 30. September 1963 können selbständige und leitende Unternehmer wie auch Selbständige der freien Berufe *Mitglieder* des Verbandes sein (§ 3, 3). Da aber in der *Zweckbestimmung* des Wirtschaftsverbandes unter anderem die „Durchsetzung berechtigter Interessen der gewerblichen Klein- und Mittelbetriebe" (§ 2) festgehalten ist, ist es wohl selbstverständlich, daß als Mitglieder nur Unternehmer von Klein- und Mittelbetrieben vorgesehen sind: insoferne ist der Freie Wirtschaftsverband doch eine vom Klassenkampf nicht ganz unfreie und daher beschränkte Unternehmerorganisation.

Im Zweckparagraph (§ 2) wird „die Förderung der wirtschaftlichen, sozialen und geistigen Interessen der Mitglieder" „im Rahmen des Programmes der Sozialistischen Partei und ihrer Wirtschaftspolitik" vorgesehen. Wenn als erstrebenswertes Ziel die umfassende Förderung der Mittel- und Kleinbetriebe im Rahmen der sozialistischen Wirtschaftspolitik im gesamten festgelegt ist, so werden doch auch alle einzelnen Mitglieder „durch Rat und Hilfe in Steuer- und Buchhaltungsfragen" durch besondere Rechtsberatungsstellen betreut (§ 2). Im übrigen wird der Wirtschaftsverband auch bei der Beratung von Gesetzesentwürfen mit den entsprechenden Entschlüssen und bei den Wahlen in die Kammer der gewerblichen Wirtschaft tätig (§ 2).

Die *Mittel* zur Durchsetzung dieser Ziele und Zwecke umfassen das übliche Repertoire wie Vorträge, Versammlungen, Informationen und ähnliche Kommunikationsinstrumente.

γγ) Die Vereinigung Österreichischer Industrieller

Die Statuten der Vereinigung vom 29. Mai 1946 in der Fassung vom 31. Mai 1960 lassen als ordentliche *Mitglieder* „österreichische Industrielle oder Angestellte in leitender Stellung" zu.

Der *Zweck* der Vereinigung ist es, als „Ergänzung der gesetzlichen Berufsorganisation zu wirken" (§ 2). Dies soll geschehen, indem das Verständnis für industrielle Fragen gepflegt und gefördert wird. Aus „der möglichst innigen Vereinigung aller Mitglieder untereinander" sollen Anregungen für Maßnahmen in der Gesetzgebung und in der Verwaltung gegeben werden. Auch „im übertragenen Wirkungsbereich sollen gestellte Aufgaben erledigt" werden (§ 2). Die Vereinigung Österreichischer Industrieller ist eine enge Verbindung zur kleinen Gemeinschaft der Industriellen, sie ist deshalb auch entsprechend wendig und schlagkräftig.

β) Die Bauernbünde

Die Bauern mußten auch wegen der stets schwindenden Zahl zu einer eigenständigen Organisation kommen, aber auch noch aus einer Reihe anderer, nämlich wirtschaftlicher und gesellschaftlicher Gründe mußten sie Sonderorganisationen bilden. Die besonderen Umstände ihrer Produktionsgegebenheiten, aber auch die Sonderheiten ihrer Marktverhältnisse mit den besonders gravierenden Risken drängten sie zu Sonderinstitutionen und Sonderorganisationen, denn nur diese können die eigenartigen Hilfen und Ausbildungen zur Verfügung stellen und die entsprechenden politischen Postulate durchsetzen. Die Bauern mußten wegen ihrer Eigenheiten in der Erzeugung und in der Verwertung besondere Organisationen schaffen, die auch gesonderte politische Organisationen forderten.

αα) Der Österreichische Bauernbund

Die Statuten des Österreichischen Bauernbundes enthalten ein umfassendes Programm. Der Österreichische Bauernbund ist eine föderative Organisation, die sich als Dachorganisation aus den Landes-Bauernbünden zusammensetzt, die ihrerseits vereins- und vermögensrechtlich selbständig sind (§ 1). Die *Mitglieder* der Landesbauernbünde sind gleichzeitig Mitglieder des österreichischen Bauernbundes (§ 5). Der Bauernbund umfaßt auch als Mitglieder „die Hilfskräfte und Familien der Bauern" (§ 1, a).

Der *Zweck* ist ebenso umfassend wie die Mitgliedschaft. Der Bauernbund will „den gesamten österreichischen Bauernstand mit allen Angehörigen einigen und zur Arbeits- und Kraftentfaltung vereinen". Für diese Vereinigung aller bäuerlichen Menschen will der Bund „das Gefühl der Zusammengehörigkeit prägen und das Standesbewußtsein stärken", „die Bodenständigkeit und Unabhängigkeit des Bauernstandes verteidigen, das Eigentum schützen und schädliche Formen der Agrarpolitik verhindern" (§ 1, b u. c). Mit dieser politischen und gesellschaftspolitischen Zweckbestimmung greift der Bauernbund weit über die übliche Wirtschaftspolitik hinaus und macht auch die Gesellschafts- und Kulturpolitik zu seinem Wirkungsbereich.

In der Wirtschaftspolitik will der Bauernbund eine wirtschaftlich und sozial gesicherte Lebensführung für alle Bauern und ihre Mitarbeiter garantieren (§ 2, d). Ebenso sollen durch die Agrarpolitik die Bauernhöfe von jeder bedrohlichen Verschuldung wie auch vor jeder Verschleuderung des Bodens freigehalten werden (§ 2, d). Diese Zwecksetzung schließt eine umfassende Agrarpolitik ein.

Die *Mittel* für die Verwirklichung der gesetzten Zwecke sind reichhaltig, sie reichen von Zusammenkünften und gemeinsamen Beratungen, von Einreichungen von Eingaben und Denkschriften wie auch von Gesetzesentwürfen über die Einflußnahme auf die Entsendung von Vertretern in die gesetzgebenden Körperschaften und Berufsorganisationen bis zu den Maßnahmen zur Regelung gesellschaftlicher und wirtschaftlicher Verhältnisse und schließlich bis zu „allen Maßnahmen und Einrichtungen, die die Landwirtschaft und die Forstwirtschaft betreffen" (§ 3).

ββ) Der Österreichische Arbeitsbauernbund

als politische Bauernorganisation der Sozialistischen Partei umfaßt nach seinen Statuten vom 4. März 1946 als Mitglieder „alle Eigentümer und Pächter von Grundstücken, welche Landwirtschaft oder Viehzucht betreiben" (§ 4). Er will in seiner Zweckverfolgung die wirtschaftliche Besserstellung seiner Mitglieder durch „Pflege und Förderung der geistigen und materiellen Interessen" bewirken (§ 2). Er nimmt auch Einfluß auf die Gesetzgebung und Verwaltung des Staates wie auch auf die Zusammensetzung und die Tätigkeit der Landeskammern für Land- und Forstwirtschaft.

γ) Die politischen Organisationen der Arbeiter und Angestellten

Die *Sozialistische Partei* ist ursprünglich als Arbeiterpartei entstanden. Dies verblieb sie bis in die Gegenwart. Durch die Wandlungen in der Wirtschaft und Gesellschaft versuchte sich die sozialistische Partei gelegentlich auch als „Volkspartei" mit den Gruppen von Unternehmern und Bauern neu zu etablieren. Trotz dieser Neuerungen und der politischen Erweiterungsversuche verblieb sie im wesentlichen doch eine Arbeiterpartei. Als solche schloß sie sich auf internationaler Ebene mit anderen sozialistischen Arbeiterparteien zum Zweck der Durchschlagssteigerung gemeinsamer Anliegen zusammen.

Anders war dies in der *Volkspartei*. Sie ging aus der „Christlichsozialen Partei" hervor, die ursprünglich eine Bauern- und Kleinunternehmerpartei war. Im Verlauf der Entwicklung erweiterte sie sich nach rechts und links, indem sie alle Unternehmer der gewerblichen Wirtschaft in sich aufnahm und ebenso die Arbeiter und Angestellten an sich zog, wodurch sie „Volkspartei" wurde. In diesem Konglomerat von Interessen mußten die einzelnen Gruppen ihre Interessen gesondert zur Geltung bringen, wodurch die Volkspartei eine Partei von Bünden wurde. Neben dem Bauernbund und dem Wirtschaftsbund wurde der *„Österreichische Arbeiter- und Angestelltenbund“* geschaffen. Dieser versucht je nach der politischen Situation einmal die sozialistisch organisierte Arbeiterschaft durch massenbedingte Sozialpolitik „links zu überholen“ und ein andermal rechts durch die Betonung elitärer Bestrebungen vorzugehen. Gerade für diese Sonderfunktionen wurde das Programm des Österreichischen Arbeiter- und Angestelltenbundes geschaffen.

αα) Der Österreichische Arbeiter- und Angestelltenbund

Nach dem Bundesorganisationsstatut in der Fassung vom 3. Jänner 1960 will der Österreichische Arbeiter- und Angestelltenbund alle Dienstnehmer umfassen, seien sie rechtlich im Status der Arbeiter oder in dem der Angestellten.

Als *Zweck* wird die Mitarbeit und Mitbestimmung in allen Vertretungen der politischen, sozialen, wirtschaftlichen und kulturellen Interessen der Bevölkerung wie auch die Förderung der Interessen einzelner Mitgliedergruppen aber auch einzelner Mitglieder angegeben (§ 5). Diese Zwecke sollen durch Zusammenarbeit mit anderen Vereinigungen und über vielerlei Interventionen erreicht werden.

Als *gesellschaftliche Reformbewegung* hat sich der Österreichische Arbeiter- und Angestelltenbund ein eigenständiges Programm, das *Wiener Programm* vom 9. Februar 1946, erstellt. Dieses richtet sich gegen den Individualismus und gegen den Kollektivismus. *Gegen den individualistischen Glauben* von der automatischen Marktmechanik wird die Auffassung gestellt, „daß die wirtschaftlichen Rechte der Menschen nicht dem unverantwortlichen Spiel der wirtschaftlichen Kräfte überlassen werden können, weil die Wirtschaft kein Spiel ist, sondern die Grundlage der Lebensgestaltung für den Menschen“ (Kap. 4). *Gegen den kollektivistischen Glauben* an eine zentrale Planwirtschaft mit totaler Versorgungstendenz wird die Ansicht vom „solidarischen Zusammenstehen der verschiedenen Gruppen aber auch von der wagenden Initiative der Unternehmer vertreten“ (Kap. 4). Das eigenständige Programm, das als *gesellschaftlicher Personalismus* dekretiert wurde, vertritt folgende Maximen:

Das Recht auf Leben und die Pflicht zur Erhaltung des Lebens,
das Recht auf Arbeit und die Pflicht zur Arbeit,
das Recht auf den Ertrag der Arbeit und die Pflicht zur Leistung,
das Recht auf Eigentum und die Pflicht aus dem Eigentum,
das Recht auf gesellschaftlichen Zusammenschluß und die Pflicht in der Gemeinschaft (Kap. 1).

In diesem Maximenkatalog kann die Gesellschafts- und Wirtschaftsordnung der Zukunft geschaffen werden.

ββ) Die Sozialistische Internationale

Nach einer langen Tradition faßte die Sozialistische Internationale als internationale Dachorganisation aller sozialdemokratischen Parteien ihr neues Programm in der *Grundsatzerklärung* zu Frankfurt a. M. am 3. Juli 1952 zusammen.

In anhänglicher Verbundenheit zu den überbrachten Thesen des Klassenkampfes wird festgehalten: „Der Sozialismus erstrebt die Befreiung der Völker aus ihrer Abhängigkeit von einer Minderheit, die die Produktionsmittel besitzt und beherrscht." „Es ist ein Ziel, dem ganzen Volk das Bestimmungsrecht über die Wirtschaft zu sichern" (Präambel).

Da sich die Ordnung der Wirtschaft in vielen Ländern verwandelte, indem aus dem privaten Monopolkapitalismus oft ein staatlicher wurde, mußte für die praktische Auswertung ein wirtschafts- und sozialpolitisches *Aktionsprogramm* beschlossen werden. Die Hauptpostulate dieses sind: Vollbeschäftigung und soziale Sicherheit, Produktionssteigerung und stetige Vergrößerung des Wohlstandes und schließlich gerechte Verteilung der Einkommen und Vermögen (II, 1). Mit diesem elastischen Programm kann sowohl der totale Versorgungsstaat als auch eine wirtschaftliche Leistungsgesellschaft mit sozialer Sicherung für alle geschaffen werden.

δ) Die politische Macht der Verbände

Die Einflußkraft der Verbände auf die Politik des Staates zeigt sich deutlich in der Zahl der Abgeordneten, die die Verbände in die gesetzgebenden Körperschaften entsenden. Die Verbände entsenden in den *Nationalrat* (nach dem Stande vom 1. Jänner 1965) mit der Gesamtzahl von 165 Abgeordneten:

Wirtschaftsbund	21
Bauernbund	33
Österreichischer Gewerkschaftsbund	106
davon: 74 SPÖ	
32 ÖAAB,	

fünf Abgeordnete waren nicht bündegebunden.

Die Verbände entsenden in den Bundesrat:

Wirtschaftsbund	8
Bauernbund	12
Österreichischer Gewerkschaftsbund	36
davon: 27 SPÖ	
9 ÖAAB.	

In die Landtage entsenden (nach dem Stande vom 1. Januar 1960):

der Österreichische Wirtschaftsbund	59
der Österreichische Bauernbund	79
der Österreichische Gewerkschaftsbund	276
davon: 197 SPÖ	
79 ÖAAB.	

c) Der Staat: der nivellierende Faktor

Bis es zum gegenwärtigen, beinahe totalen Verwaltungsstaat und zum umfassenden Versorgungsstaat kam, bedurfte es seit der Gründung des Rechtsstaates durch den Liberalismus eines langen Weges.

Die Revolution des Jahres 1848 brachte für Österreich durch den Abgang Metternichs das Ende des Polizei-Verwaltungsstaates, die Freisetzung von den vom Mittelalter überbrachten Bindungen für die Bauern und die Gewerbetreibenden und die Freistellung von der staatlich-konzessionierten Privilegierung für die Industrie. Diese Freisetzung der Wirtschafter von den verschieden organisierten Hemmungen brachte aber keineswegs die „Preisgabe" der Wirtschafter an die freie Marktwirtschaft. Die Wirtschafter blieben — aus den Erfahrungen in den anderen Ländern belehrt — noch weiterhin unter einem, wenn auch im Verhältnis zur landesfürstlichen Wohlstandspolizei weit verminderten Schutz des Staates.

Die in der kameralistischen Lehre erzogenen Staatsbeamten entließen den Staat nie in die Sphäre der wirtschaftspolitischen und sozialpolitischen Abstinenz und Neutralität, weil sie nie an die von einer „unsichtbaren Hand" (Smith) gelenkte automatische Harmonie der Sozialwirtschaft glaubten. Wie sehr auch die liberalen Politiker die Postulate des Liberalismus verkündeten, der Staat und seine Verwaltung versäumten nie die notwendige Betreuung seiner Bürger. Die freiheitlichen Professoren der Sozial- und Staatswissenschaften neigten zwar der Marktwirtschaftslehre zu, wußten aber, daß „die Regierung die ökonomische Tätigkeit des Volkes unterstützen soll" (J. Kudler, Die Grundlehren der Volkswirtschaft, Wien 1846, T. 1, S. 5). So betrachtet gab es in Österreich keinen absoluten wirtschaftspolitischen Liberalismus und ebenso auch keine liberale Finanzwirtschaft, sondern bloß eine liberalisierte Wirtschaftspolitik und eine liberalisierte Finanzwirtschaft des Staates.

Dieser nie gänzlich neutralisierte und wirtschaftspolitisch abstinente Staat ging unschwer in den interventionierenden, sozial und wirtschaftspolitisch aktiven Staat über.

Die Epoche des interventionistischen Staates wurde in Österreich von den Ideen dreier bedeutender Sozialwissenschafter und von Problemen der „Sozialen Frage" als Arbeiterfrage bestimmt.

Von den drei Männern stellte *Adolph Wagner* für die Entwicklung der Staatswirtschaft das Gesetz von der Zunahme der Staatsaufgaben und Staatsausgaben fest, begründete es und leitete damit ein neues System der Staatswirtschaft ein. Wagner war von 1858 bis 1863 Professor an der Wiener Handelsakademie. Der zweiter Gestalter der Sozialwirtschaftslehre, *Albert Schäffle*, begründete die Intervention des Staates aus dessen sozialpolitischen Verpflichtungen. Schäffle war von 1868 bis 1871 Professor an der Universität in Wien und im Jahre 1871 Handelsminister und vorübergehend zugleich auch Ackerbauminister. Der dritte bestimmende Faktor war *Lorenz v. Stein*, der dem Staat die umfassende Aufgabe für das gesamte Leben der Gesellschaft und des einzelnen zuordnete und so das Gedankengut der liberalen, klassischen Theorie liquidierte. Er war von 1855 bis 1885 Professor an der Universität in Wien.

Das Bestehen der Sozialen Frage war von beinahe allen Kreisen anerkannt und alle versuchten, die offene Frage zu lösen. Die Lösungsversuche zogen sich vom Jahre 1870 bis zum Ende der Ersten Republik im Jahre 1938 hin. Als Bestätigung der allgemeinen Überzeugung von der Lösungsnotwendigkeit der Sozialen Frage kann die Aussage des Abgeordneten Picker am 15. Juni 1871 im Abgeordnetenhaus gelten: „Das Faktum der Sozialen Frage ist nun einmal da und die Lösung dieser Frage wird auf verschiedenen Wegen angestrebt.“ (In der 53. Sitzung der VI. Session = Budgetverhandlungen, S. 1067).

Die zwei Kriegswirtschaften haben erwiesen, daß der Staat, mindestens im Falle der Not, die Volkswirtschaft von der Produktion bis zur Verteilung führen kann. Die Depressionszustände der Wirtschaftskrise machten es notwendig, daß der Staat die Volkswirtschaft lenken mußte, um Konjunkturhypertrophien zu vermeiden und krisenhafte Depressionen hintanzuhalten. Die Sozialisten gaben teilweise ihre Klassenkampftheorie auf und verschworen sich der staatlichen Planwirtschaft. Die Finanzwissenschaft erkannte die Wandlung in der Staatswirtschaft und wußte, daß mit der Umfangerweiterung auch eine Wesensänderung der Staatswirtschaft einherging. Dieses neue Wesen der Staatswirtschaft wurde als „Ordnungswirtschaft“ (Gerloff) oder als „Organisationswirtschaft“ der Volkswirtschaft (Tautscher) angesprochen. Dadurch erhielten aber alle Institutionen der Staatswirtschaft eine Ordnungsaufgabe für die Volkswirtschaft und eine Organisationskraft für die Sozial- und Wirtschaftspolitik.

Neben diesen Idealfaktoren drängte auch eine Reihe von Realfaktoren nach dem Zweiten Weltkrieg zu einer vom Staat planmäßig gelenkten Volkswirtschaft.

Die österreichische Volkswirtschaft war durch den Krieg vollends der Vernichtung preisgegeben. Die Produktion der gewerblichen Wirtschaft sank durch die Bombenangriffe und durch die nach dem Krieg erfolgten Demontagen der Besatzungsmächte unter die Hälfte des an sich schon krisenbedingten Niveaus vor dem Krieg. Die landwirtschaftliche Produktion sank noch weiter ab, weshalb die Ernährung der Bevölkerung in eine erbarmungswürdige Lage geriet. Zu all dem war auch noch ein Großteil des Wohnungsbestandes zerstört. Das Bundesgebiet war in vier Besatzungszonen geteilt, wodurch die österreichische Volkswirtschaft, ehe sie wieder eine solche wurde, in ebenso viele Regionalwirtschaften zerteilt war. Trotz dieses vorher und nachher unvorstellbaren Notstandes gingen alle Österreicher nunmehr in dem Glauben an die Lebensfähigkeit Österreichs an die Arbeit (A. Tautscher: Die Lebensfähigkeit Österreichs, Graz 1946). Der Wiederaufbau wurde ohne konkrete Aussicht auf das Gelingen mit Elan begonnen. Und er gelang. In zweieinhalb Jahrzehnten wurde ein Wohlstand erwirtschaftet, wie er in Österreich noch nie bestand.

Die ideologisch bedingten Forderungen und die realen Gegebenheiten ließen einen neuen, vollends gewandelten Staat mit umfassender Sozial- und Wirtschaftspolitik erstehen.

aa) Der Staat unter dem Gesetz der Zunahme seiner Aufgaben

Knapp nach der Freisetzung der Bauern aus dem Schutz und Schirm der Grundherrschaften und der Preisgabe der Landwirtschaft an die freien Marktvorgänge (durch das Gesetz über die Grundablöse vom 7. September 1848. Wiener Zeitung 1848. Nr. 246), alsbald nach der Zunftauflösung durch das Gesetz über die Gewerbeordnung vom 20. Dezember 1859. RGB. 227/1859 (mit dem Prinzip der Gewerbefreiheit) und durch die strafrechtlichen Bestimmungen über das Koalitionsverbot im Strafgesetz vom 27. Mai 1852, RGB. 117/1853, § 479 - 481 und unmittelbar im Anschlusse an die Proklamation der verfassungsrechtlich erlassenen Grund- und Freiheitsrechte vom 21. Dezember 1867 zeigten sich gesellschaftliche Dismembrationen und sozialwirtschaftliche Strukturverzerrungen, die eindeutig bewiesen, daß die vom politischen und wirtschaftlichen Liberalismus etablierte Ordnung der beinahe freien Marktwirtschaft den menschlichen und gesellschaftlichen Anforderungen nicht entsprechen konnte.

Aus diesen abwegigen Entwicklungen entstanden zunächst zwischen dem Recht der freien Vereinsbildung und dem Koalitionsverbot die notwendigerweise als „Bildungsvereine“ kaschierten Gewerkschaften der Arbeiter, die nach Aufhebung des Koalitionsverbotes im Jahre 1870 ohne Hindernisse den Arbeitern die erforderliche subsidiäre Hilfeleistung bringen konnten. In zeitlich unmittelbarer Nähe entstanden nach einigen Vorspielen auf Grund des Vereinsrechtes die Genossenschaften für die

Handwerker und Bauern auf der Grundlage des Gesetzes über die Erwerbs- und Wirtschaftsgenossenschaften vom 9. April 1873, RGB. 70/1873.

Die liberalen Vertreter der nationalen Ökonomik konnten die schreienden gesellschaftlichen Ungerechtigkeiten und wirtschaftlichen Abwegigkeiten nicht erkennen, weil sie die Fehlentwicklungen auf das Konto der bisher „noch nicht freien Wirtschaftsordnung" buchten.

Der in historischer Dialektik zum Liberalismus entstandene marxistische Sozialismus sah zwar viele der Entwicklungsfehler, verbaute sich aber selbst die Sicht für den Ausweg, weil er den Staat als Klassenkampfinstrument mit dem Rezept des Selbst-Sterbens im Gefolge der Expropriation der Expropriateure deklarierte.

Um so bedeutungsvoller war der durchdringende Blick auf den „Staat in nationalökonomischer Hinsicht" durch den Konservativen *Adolph Wagner*, der die gegenwärtige Entwicklung in Staat und Wirtschaft vorwegnehmend als „eine eindeutige Tendenz zur Ausdehnung der Staatstätigkeiten mit dem Fortschritt der Volkswirtschaft und der Kultur" feststellte.

Dieser „Tendenz" oder es schien Wagner sogar „statthaft", von einem „Gesetz" zu sprechen, nachzugehen, war für die gegenwärtige Wirtschaftsordnung im allgemeinen und für das Verhältnis von Staat und Volkswirtschaft im besonderen erforderlich, weil diese Entwicklung direkt zum totalen Verwaltungsstaat zu führen drohte.

„Niemand hat sich der Bedeutung des ‚Gesetzes' des wachsenden Finanzbedarfes verschließen können und die neueste Geschichte der modernen Staaten ist ja ein lehrreiches Beispiel für die Richtigkeit dieses Gesetzes. Das genannte Gesetz ist deshalb nicht nur von Wagner, sondern allgemein, gewissermaßen als eine Selbstverständlichkeit hingenommen worden. An einer genauer begründeten Formulierung fehlte es aber durchaus. Die Erklärung hiefür ist offenbar einmal in der Tatsache zu erblicken, daß es sich um einen Satz handelt, dessen Richtigkeit mindestens den denkenden Angehörigen des modernen Staates evident sein mußte, zum anderen muß jede Untersuchung, die sich mit dem Grad der Richtigkeit des genannten Gesetzes beschäftigen wollte, auf erhebliche Schwierigkeiten stoßen, obwohl Wagner sich gerade auf die empirische Beobachtung berief" (J. Jessen: Das Gesetz der wachsenden Ausdehnung des Finanzbedarfs, in: Schmollers Jahrbuch f. Gesetzgebung, Verwaltung und Volkswirtschaft im Deutschen Reiche, Jg. 67, 1943, S. 540).

Wagner formulierte sein Gesetz von der Zunahme der Staatsaufgaben in folgender Weise:

„Beobachtungsmäßig, historisch und statistisch nachweisbar, zeigt sich im Staate eine deutliche Tendenz zur Ausdehnung der öffentlichen bzw.

Staatstätigkeiten mit dem Fortschritt der Volkswirtschaft und Kultur auf den Gebieten der beiden organischen Staatszwecke (Rechts- und Machtzweck und Kultur- und Wohlfahrtszweck). Diese Ausdehnung erscheint als etwas so Regelmäßiges und läßt sich so deutlich auf ihre inneren Ursachen und Bedingungen zurückführen, daß es statthaft erscheint, von einem ‚Gesetz' der wachsenden Ausdehnung der öffentlichen (einschließlich kommunalen usw.), besonders der Staatstätigkeiten zu sprechen, in dem Sinne, in welchem dieser Ausdruck auf dem Gebiete der sozialen und wirtschaftlichen Erscheinungen gebraucht wird und wohl auch gebraucht werden darf. Nationalökonomisch aufgefaßt bedeutet dieses Gesetz absolut und selbst relativ wachsende Ausdehnung der öffentlichen, besonders der staatlichen gemeinwirtschaftlichen Organisationsform neben und statt der privatwirtschaftlichen innerhalb der Volkswirtschaft."

„Die öffentlichen, besonders die Staatsfinanzen dehnen sich in Einnahmen und Ausgaben immer mehr aus und nehmen neue Formen an": „die Steuern wachsen ohne fest bestimmbare Grenzen."

„In der Entwicklung, Ausdehnung, Vergrößerung der öffentlichen, besonders der Staatsfinanzen, reflektiert sich daher die Ausdehnung der öffentlichen Tätigkeiten."

Wagner hielt in seiner Formulierung mit unerbittlicher Wirkung die Stufenfolgen fest: Die Zunahme der Staatsaufgaben bringt die Zunahme der Staatstätigkeit, diese dehnt die Staatsfinanzen in Ausgaben und Einnahmen aus und läßt „die Steuern wachsen".

In gleich klarer Weise erkannte Wagner auch die Ursachen für das von ihm festgehaltene Gesetz in den zwei „eigentlichen Staatszwecken" neben dem Rechts- und Machtzweck im Kultur- und Wohlfahrtszweck.

α) Die Zunahme der Staatsaufgaben

Die neuen Zwecke ließen den Staat immer neue Tätigkeitsfelder in seine Aufgaben einfügen und daher immer mehr kulturelle, gesellschaftliche und wirtschaftliche, ja selbst urpersönliche Angelegenheiten, Zustände und Verhältnisse in seine Ordnungsmacht einbeziehen. Der moderne Staat ordnete immer mehr und regelte jeden Lebensbereich immer intensiver.

In den letzten dreißig Jahren hat sich etwa im Personenstandswesen vieles grundlegend geändert. Die Matrikenführung war ehedem beinahe zur Gänze eine Angelegenheit der Kirche. Die Geburtsmatriken wurden als Taufregister geführt und keine staatliche Stelle nahm Kenntnis von einem Geburtsfall, wenn dieser normal verursacht wurde und ebenso verlief. Viele brauchten erst das Geburtsdokument, wenn sie anläßlich ihrer Verehelichung wieder das „Pfarramt“ für einen neuen Matrikenfall in Anspruch nehmen mußten. Zum dritten Mal wurde das Matrikenamt „belästigt“, wenn der Gläubige aus dem Leben schied und seine Erben etwa für einen Nachlaßfall noch einen Totenschein des Verstorbenen brauchten. All diese Fälle blieben Kirchenangelegenheiten, wenn nicht wegen eines Straf- oder Zivilrechtsfalles der Staat mit seinen Behörden und Gerichten befaßt werden mußte.

Heute sind die Matrikenangelegenheiten der Kompetenz des Staates und die Standesführung den Gemeinden überantwortet. Jetzt ist jeder Geburtsfall, Trauungsfall und Todesfall eine „Staatsangelegenheit“, weil sich die staatlichen Stellen auf dieser oder jener Stufe damit „beschäftigen“ müssen, indem sie das Geschehen registrieren und bescheinigen, wenn sie es nicht gar vorbereiten oder für den Vollzug „zurichten“ müssen, wie dies bei den Trauungsfällen zu geschehen hat. Die Geburt eines Kindes muß bei sechs öffentlichen Stellen gemeldet werden: Standesamt, Besoldungsstelle, Steueramt, Kinderbeihilfenstelle, Fürsorgestelle und Gesundheitsamt.

So wie in diesen „urpersönlichen“ Angelegenheiten der Staat „interveniert“ und „dazwischenkommt“, ist es in vielen anderen Angelegenheiten der Kultur, der Gesellschaft und der Wirtschaft, denn in all diese Bereiche drang der Staat ein und unter dem Titel der Förderung plant er, regelt er, ordnet und lenkt er. Dies kann er nur, wenn alle genannten Lebensbereiche und Lebensverhältnisse „seiner Gesetzgebung unterworfen“ und wenn in Vollziehung der Gesetze diese Bereiche und Verhältnisse mit all ihren Vorgängen der staatlichen Verwaltung „unterstellt“ sind.

Wie sehr dies geschieht, kann inhaltlich nicht festgestellt werden, weil dies schon in der Aufzählung Bücher füllen würde, wie dies die Lehrbücher des materiellen Verwaltungsrechtes schon ausfüllt und die Gesetzblätter mit oft mehreren Bänden im Jahr anfüllt. Wie die „Umklammerung des Lebens“ in die Ordnungskompetenz des Staates und in die Lenkungszuständigkeit der Verwaltung eingefügt wird, kann die Tabelle über die Stück- und Nummernzahl mit den Paragraphen und Artikeln im „Bundesgesetzblatt für die Republik Österreich“ für die zwanzig Jahre von 1946 bis 1965 angeben. Von 41 bis 97 Stück reichen die ausgegebenen Gesetzblätter im Jahr (1953 und 1965). Sie enthalten die Mindestziffer mit 186 Nummern im Jahre 1953 und die Höchstzahl mit 373 Nummern im Jahre 1965. Die Nummern zeigen in etwa die Zahl der beschlossenen Gesetze und der erlassenen Verordnungen an, diese allerdings nicht in voller Zahl, weil jedes Ministerium noch ein eigenes Verordnungsblatt hat. Noch deutlicher wird die Ausdehnung der Staatsaufgaben, wenn die in den Gesetzen und Verordnungen des Bundesgesetzblattes festgehaltenen Paragraphen und Artikel für jedes Jahr gezählt werden. Die unterste Grenze war mit 1 340 Paragraphen im Jahre 1946 und die oberste Grenze mit 3 661 Paragraphen im Jahre 1955 ausgewiesen. Wenn diese Paragraphen nicht Abänderungen bestehender Bestimmungen enthielten, was wegen der „lockeren Verfahrensweise in der Gesetzgebung“ in den zahlreichen Novellen geschah, brachten sie immer „etwas Neues“ für die Verwaltungsorgane und das Amtspersonal.

Zu den Tausenden von Gesetzen und Verordnungen mit den vielen zehntausenden Einzelbestimmungen in den Paragraphen von früher kamen in den letzten zwanzig Jahren in den 5 713 Nummern der Bundesgesetze und Verordnungen 46 984 Paragraphen und Artikel neu zur „Verkündigung“.

Die Ausbreitung der Staatsaufgaben über alle menschlichen Bereiche hinweg ist gleichzeitig mit einer Vertiefung und Intensivierung der Staatstätigkeit verbunden. Diese dringt in alle Ritzen des gesellschaftlichen, wirtschaftlichen und selbst in das persönliche Leben ein und wird so in allen Angelegenheiten zudringlich und eindringlich für alle der totalen und allumfassenden Verwaltung Unterworfenen.

Der Vorgang der Ein- und Zudringlichkeit der Verwaltung läßt sich äußerlich in der Vergrößerung der Paragraphenzahl für die Regelung gleichartiger Materien von früher und heute erkennen. Die Straßenpolizeiordnung im Steirischen Landesgesetz vom September 1870 (LGBl. Nr. 52 ex 1870) hatte 24 Paragraphen. Diese genügten für die polizeiliche Lenkung und Regelung des Verkehrs auf den Straßen im ehemaligen Herzogtum Steiermark. Der Verkehr wurde damals in der Regel mit Pferden durchgeführt. Heute ist der Straßenverkehr wegen der allgemeinen Wichtigkeit nicht mehr Landessache, sondern Bundesangelegenheit und wird durch die Straßenverkehrsordnung im Gesetz vom 6. Juli 1960 (BGBl. Nr. 159 ex 1960) allerdings nunmehr mit 105 Paragraphen geregelt, wenn auch noch nicht immer für alle Fälle geordnet. An die Stelle der Pferde traten allerdings die mechanisch wirkenden Pferdekräfte in der Größenordnung von etwa 30 bis 150 PS.

Noch deutlicher wird die umfassende und alles durchdringende Verwaltung erkennbar, wenn man an einigen Beispielen das gegenwärtig geltende Wirtschafts-Verwaltungsrecht, das ein intensives Planungs- und Lenkungsrecht für die Volkswirtschaft und alle privaten und öffentlichen Unternehmungen enthält, kurz registriert. Erst durch eine solche Durchsicht ist die Einsicht in die beinahe totale staatliche Wirtschaftslenkung möglich.

Die Durchdringung wirtschaftlicher Vorgänge von der Produktion über die Zirkulation bis zur Distribution wird vom Staat soweit vorgenommen, daß für die Wirtschafter als Freiheit beinahe nur noch das

Recht übrig bleibt, das Risiko zu tragen. In die staatliche Verwaltung werden immer mehr Ordnungsagenda der Wirtschaftslenkung aufgenommen.

Durch all diese nur angedeuteten Angelegenheiten wächst der Umfang der Staatstätigkeit ständig an. Mit der *Umfangserweiterung* geht aber auch eine *Intensivierung* der Staatsintervention vor sich, so daß die staatliche Lenkung das gesamte Leben und in diesem vor allem die Wirtschaft immer stärker umfaßt. Mit der allseits wirkenden Umfassung wird die staatliche Betreuung der Wirtschafter immer zudringlicher und eindringlicher, bis sie alles mit ihren Verwaltungsanweisungen durchdrungen hat. Die staatliche Zudringlichkeit wird zur staatlichen Durchdringung des gesamten Lebens. Die Staatsbürger werden durch dieses Recht Unterworfene des modernen Staates — „Rechtsunterworfene" sagen die Juristen.

Diese Tendenz zur Ausdehnung der Staatsaufgaben und der Staatstätigkeit zeigt sich unweigerlich und deutlich auch in der Zunahme der Zahl der Beamten. Diese nimmt in Österreich einen beinahe regelmäßigen Trend an, wenn von den Staatsumbrüchen mit den entsprechenden Folgen in der Verwaltung abgesehen wird.

Vom Jahre 1913 nahm die *Zahl der Beamten* der Zentralverwaltung ohne die der autonomen Landesverwaltungen, und zwar auf den heutigen Umfang des Bundesstaates bezogen, von 32 200 in rund fünfzig Jahren bis zum Jahre 1965 auf 125 486 zu.

In der Ersten Republik nahm die Zahl wohl aus den Gründen der Zurücknahme der Beamten aus den verschiedenen Teilen der Donaumonarchie nach dem Zerfall dieser im Jahre 1918 und gewiß auch aus der Veränderung im Verwaltungssystem des neu geschaffenen sozialen Fürsorgestaates bis zum Jahre 1928 um 38 % auf 44 300 und bis zum Jahre 1937 wieder um 8 % auf 48 000 zu. Dies gibt eine Zunahme auf das Eineinhalbfache.

In der Zweiten Republik veränderte sich das Wachstum der Beamtenzahl nach der neuen Konstituierung des Staates nunmehr als sozialen Versorgungsstaates um zusätzlich 41 %, gemessen am Stand des letzten Jahres der Ersten Republik. Nach Ausbau des fürsorgenden und vorsorgenden Sozialstaates im Jahre 1960 war noch einmal eine Steigerung gegen den Stand des Jahres 1950 im Ausmaß von 16 % festzustellen. Von da an schreitet die Zunahme der Beamtenzahl beinahe regelmäßig zwischen 2 % und 3 % im Jahre fort. Im gesamten Entwicklungsgeschehen ergab sich in der Zweiten Republik eine Zunahme der Beamtenzahl auf das Vierfache zum Stand von 1913.

Die Verstärkung der staatlichen Einflußnahme ist noch klarer erkennbar, wenn man die einem Beamten der Hoheitsverwaltung „zugeordnete

Bevölkerungszahl" in Rechnung setzt. Im Jahre 1913 betreute ein Beamter 205, im Jahre 1950 nur 94 und im Jahre 1965 nur mehr 56 „Rechts-Unterworfene". Aus dieser Entwicklung ist wohl die Intensivierung der Verwaltungstätigkeit deutlicher erkennbar als aus irgend einer anderen Tatsache. Der Vervierfachung der Beamtenzahl entspricht die Verkleinerung der Betreutenzahl auf ein Viertel.

Diese Zunahme veranlaßte den Chef des Beamtenapparates im österreichischen Bundeskanzleramt, Sektionschef Hackl, zu einer Feststellung, die sonst nur Nationalökonomen und Finanzwissenschafter treffen. Als Chef des Beamtencorps kennt er die Entwicklung aus seiner Erfahrung. „Dieser verhältnismäßig hohe Prozentsatz an öffentlich Bediensteten hat nicht nur deshalb Beachtung gefunden, weil er eine große Belastung des Staatshaushaltes bedeutet, sondern auch deshalb, weil durch ihn eine weitgehende Einflußnahme der staatlichen Verwaltung auf das gesamte wirtschaftliche, soziale, kulturelle und persönliche Leben im Staate zum Ausdruck kommt" (v. Hackl: Die Ausbreitung des öffentlichen Dienstes in Österreich, in: Die Entwicklung des öffentlichen Dienstes, Köln 1961, S. 358 ff.).

In dieser Entwicklung steht Österreich keineswegs allein. Das Wagnersche „Gesetz" ist ein allgemeiner Trend, der über alle Staaten mit gleicher kultureller, wirtschaftlicher, sozialer und organisatorischer Entwicklungsstufe hinweggeht. Dies kann für die ein Trost sein, die sich mit dieser Entwicklung nicht abfinden wollen und können, dies ist aber für die anderen eine Bestätigung für den allgemeinen Durchdringungswillen der staatlichen Verwaltung. Das Gesetz der wachsenden Staatsausgaben läßt den Staat den Weg zum sozialen Versorgungsstaat gehen.

β) Die Ursachen für die Zunahme der Staatsinterventionen

Der Ursachen für die Zunahme der Staatstätigkeit gibt es mehrere. Ohne den Ursachenkomplex vollständig in seine Teile zu zerlegen, seien folgende Ursachen festgehalten. Die Zunahme der Bevölkerungszahl geht zwar langsam, aber doch stetig vor sich, so daß eine konstante Betreuung der Staatsbürger eine additive Zunahme der Staatstätigkeit verursachen muß. Die Industrialisierung der Wirtschaft brachte und bringt auch weiter noch eine Verdichtung der Wohnweise und die Verstädterung der Gesellschaft in einer Massierung der Bevölkerung auf immer engeren Wohnflächen, was unweigerlich zunehmend Reibungserscheinungen erzeugt. Diese verursachen aber schon eine multiplikative Zunahme der Staatstätigkeit. Der allgemeine Trend zur Sicherung für alle Fälle des Lebens bringt der Verwaltung des Staates stets so viele neue Aufgaben für die Sozial-und Wirtschaftspolitik in Hinsicht auf die Sicherung des Einkommens und Auskommens, daß mit Fug und Recht festgestellt werden kann: die Staatstätigkeit nimmt dadurch beinahe „potenziert“ zu. Diese Tendenz wird neuerdings noch durch die dem Staat zugeordneten Aufgaben verstärkt, für die Bildung im allgemeinen, für die Wissenschaft in Forschung und Lehre und für den Unterricht in allen Schularten und auf allen Schulstufen zu sorgen. Diese neuen Bildungsaufgaben des Staates bestätigen und bekräftigen die „potenzierte“ Zunahme der Staatstätigkeit. Wenn aber ein Verwaltungsapparat eine gewisse Größe erreicht hat, beginnen die Organisationsgesetze und besonders die Parkinsonsche Gesetz wirksam zu werden, demgemäß es nur eine weitere Ausweitung, nie aber eine Verkleinerung des Apparates der Verwaltung geben kann.

All diese Ursachen für die Zunahme der Staatstätigkeit machten den Kompetenzbereich der staatlichen Verwaltung so umfangreich und die Ordnungsbefugnis des Staates so zudringlich und eindringlich, daß man beinahe versucht ist, vom Verwaltungsungeheuer oder vom totalen „Verwaltungs-Leviathan“ zu sprechen, der nur noch zu ertragen ist, weil er durch das in der Verfassung festgelegte Prinzip der Rechtsstaatlichkeit „domestiziert“ ist.

Die Zunahme der Bevölkerung

Die Bevölkerung Österreichs weist seit der Volkszählung vom Jahre 1869 bis zu der im Jahre 1961 eine Veränderung im Stande von 4 498 674 auf 7 073 807 aus. Dies ergibt eine absolute Vermehrung um 2 575 133 Einwohner oder einen Zuwachs um 57 %. Die Bevölkerungszahl ist daher um mehr als die Hälfte des ursprünglichen Standes angewachsen.

Diese Zunahme ging naturgemäß in Stufen vor sich, bei denen sich die Stufenhöhen stets verkleinerten. Obwohl also die Zunahme eine stetige ist, nimmt sie doch an Beschleunigung ab, so daß der Zunahme von 20,4 % oder von 917 603 Menschen in den Jahren zwischen 1869 und 1890 im letzten Jahrzehnt von 1951 auf 1961 nur mehr eine Zunahme von 2 % gegenübersteht. Fest steht demnach: *die Bevölkerung nimmt stets zu, der Zuwachsgrad wird aber kleiner.*

Diese Zunahme verursacht auch dann eine Ausdehnung der Staatstätigkeit, wenn die „Betreuungsquote“ für den einzelnen gleichbleibt. Selbst im liberalen Staat wurde trotz der Prinzipien der Betreuungsabstinenz und Verwaltungsneutralität des Staates gegenüber den kulturellen, sozialen und wirtschaftlichen Belangen der Bürger der Verwaltungsumfang absolut größer, weil die größere Zahl der Staatsbürger bei gleicher „Betreuungsdichte“ für den einzelnen einen größeren Anfall von Verwaltungsfällen und eine höhere Zahl von „Ordnungsfällen“ für den Staat brachte.

Dies ist natürlich erst recht dann gegeben, wenn die Bürger dem Staat nicht mehr mißtrauisch, sondern interventionsbegehrend, wie etwa heute, gegenüberstehen.

Die Zunahme der Bevölkerungszahl bringt eine additive Vermehrung der Staatstätigkeit.

Volkszählung im Jahre	Bevölkerungs-zahl	Zuwachs seit 1869		Zunahme zur vorherigen Zählung	
		absolut	in %	absolut	in %
1869	4 498 674	—	—	—	—
1890	5 416 277	917 603	20	917 603	20,4
1900	6 002 705	1 504 031	33	586 428	10,8
1923	6 535 759	2 037 085	44	533 054	8,8
1934	6 760 233	2 261 559	50	224 474	3,4
1951	6 933 905	2 435 231	54	173 672	2,5
1961	7 073 807	2 575 133	57	139 902	2,0

Quelle: Statistisches Handbuch für die Republik Österreich, Wien: Staatsdruckerei Jg. 1935, 1952, 1964.

Die Wohn- und Gesellschaftsverdichtung

Die Wirtschafts- und Gesellschaftsentwicklung bringt in der Industriegesellschaft eine Wohnverdichtung, weil die vielen in den Fabriken, Verwaltungszentren und Handelsknotenpunkten beschäftigten Menschen in der Regel in der Nähe ihrer Arbeitsstätten, wenn schon nicht in den Großstädten, so doch in den Industrieorten „am Lande" wohnen wollen und müssen. Diese Tendenz lockt die Bevölkerung immer mehr vom Lande und von den kleineren Gemeinden weg und läßt sie in den größeren Gemeinden und Städten zusammengedrängt wohnen.

Volks-zählung im Jahr	Bevölke-rungsstand	Ortsgemeinden unter 2 000			Ortsgemeinden über 2 000		
		An-zahl	Einwohner	vom Ganzen %	An-zahl	Einwohner	vom Ganzen %
1900	6 002 705	3 915	2 737 700	45,6	350	3 256 000	54,4
1934	6 760 233	3 940	2 662 329	39,3	457	4 107 904	60,7
1951	6 933 905	3 539	2 382 744	34,0	500	4 551 161	66,0
1961	7 073 807	3 401	2 267 159	32,1	557	4 551 648	67,9

Quelle: Statistisches Handbuch für die Republik Österreich, Wien: Staatsdruckerei Jg. 1935, 1952, 1964.

71. Brückenbau: 1682

72. Semmeringbahn: erste Gebirgsbahn von Ghega 1848-54 erbaut: Modell für die anderen Gebirgsbahnen

Es zeigt sich ein Zustrom zu größeren Orten, meist Städten oder Industrieorten, sowohl im Anwachsen der Zahl der Gemeinden über 2000, und zwar von 350 auf 557 als auch im Zuwachs der Bevölkerung in den größeren Gemeinden mit einer Zahl von 1 155 648, so daß der Stand im Jahr 1900 noch 3 256 000 und im Jahr 1961 schon 4 551 648 war. Von der gesamten Bevölkerung lebten im Jahre 1900 noch 54 % und im Jahre 1961 schon 67,9 % in Orten über 2 000 Einwohner.

Die Verstädterung wird noch deutlicher, wenn die Bevölkerungszunahme in den größeren Gemeinden von über 5 000 Einwohnern für die gleiche Zeit von 1900 bis 1961 festgehalten wird. Hiebei ergibt sich, daß die Zahl von 2 426 200 auf 3 547 144 anstieg und der „Verstädterung" 1 120 944 Einwohner verfielen.

Volkszählung im Jahre	Ortsgemeinden über 5 000		
	Anzahl	Einwohner	von der Bevölkerung %
1900	56	2 426 200	40,4
1934	86	3 045 440	45,1
1951	100	3 410 842	50,0
1961	120	3 547 144	50,2

Quelle: Statistisches Handbuch für die Republik Österreich, Jg. 1935, 1952, 1964.

Eine Parallelerscheinung hiezu ist auch in der Verteilung der Beschäftigten auf die Agrarquote und den Verstädterungsgrad im Verhältnis 16 : 57 gegeben, wenn die Agrarquote als Prozentanteil der zur Land- und Forstwirtschaft zählenden Bevölkerung an der Wohnbevölkerung und der Verstädterungsgrad als Prozentanteil der in Gemeinden mit einer Agrarquote von weniger als zehn gegeben ist (nach: Raumordnung in Österreich, hrsg. vom Österr. Institut für Raumplanung, Wien 1966, S. 17).

Der Zuzug in die größeren Industriegemeinden und in die Städte ist ohne Zweifel gegeben. Dadurch aber zeigt sich in der Wohnweise eine Verdichtung, derzufolge immer mehr Menschen enger zusammen wohnen müssen. Durch diese Wohnverdichtung müssen die Menschen auch in ihren Gemeinschaften und in der gesamten Gesellschaft dichter nebeneinander leben, wodurch sich für die Gemeinden und den Staat zusätzliche Aufgaben ergeben, um die aus der Wohn- und Gesellschaftsverdichtung entstehenden Reibungen im technischen, organisatorischen, wirtschaftlichen, sozialen und selbst im kulturellen und persönlichen Bereiche zu beheben. Diese zusätzliche Aufgabe wird so vielfältig, daß sich zwischen den Aufgaben der kleinen und großen Gemeinden nicht mehr eine additive, sondern eine multiplikative Steigerung ergibt. Da diese Aufgabenfülle nur indirekt, etwa durch die Geldausgaben der Gemeinden ermittelt werden kann, läßt sich aus einer Statistik der Geldausgaben für kleine, mittlere und größere Gemeinden eine multiplikative Zunahme deutlich erkennen.

Die kleinste Gemeinde mit 87 Einwohnern gab im Jahre 1965 pro Kopf 678 S aus. Die nächst größere Gemeinde mit 106 Einwohnern gab schon das Doppelte aus, nämlich 1 318 S. Für mittlere Gemeinden erschienen die Ausgaben der kleinsten schon als ein Vielfaches, nämlich als das Vierfache 678 : 2 415. Die Ausgaben steigen mit der Vergrößerung der Gemeinden um ein Vielfaches und nehmen daher multiplikativ zu.

Gemeinde	Flächenausmaß qkm	Einwohner 1961	Bevölkerungsdichte pro qkm	ordentliche Ausgaben 1965	
				gesamt	pro Kopf
Kohlgraben Bez. Fürstenfeld	2 135,504	87	40,74	59 052	678
Decknitz Bez. Radkersburg	2 244,870	106	47,22	139 784	1 318
Maria-Zell	6 437,826	2 191	340,36	5 809 151	2 651
Kapfenberg	61 226,909	23 890	390,19	45 383 566	1 899
Leoben	107 052,800	36 257	338,68	86 414 935	2 383
Graz	127 313,458	237 080	1 862,18	572 647 026	2 415

Statistik der steirischen Landesregierung für das Jahr 1965. Abteilung: Gemeinden, von Hofrat Dr. Stecher.

Da die Ausgaben der Gemeinden mit Fug und Recht auf die Größe des Apparates der Gemeindeverwaltung und diese wieder auf den Umfang der Verwaltungsaufgaben schließen lassen, kann wohl festgehalten werden: *mit der Verdichtung der Bevölkerung wächst die ordnende Verpflichtung von Gemeinde und Staat multiplikativ um ein Vielfaches.*

Das umfassende Sicherungssystem

Im System der ungebundenen und freien Wirtschaftsordnung galt allgemein das dynamische Prinzip des Erwerbsstrebens aller Wirtschafter mit der untergründigen Überzeugung: die Freiheit der Wirtschaft ist der

Garant der sozialen Sicherheit. In der freien Verkehrswirtschaft kann jeder so viel an Einkommen und Vermögen erwerben, daß er eine Reserve hat, die ihn gegen alle Unfälle im Leben gesichert sein läßt. Die Freiheit gibt die Garantie der Sicherheit.

Da aber nicht alle imstande waren, durch die vom Recht garantierte Wirtschaftsfreiheit aus dem Mangel wirtschaftlich gleicher Startmöglichkeiten für sich die erforderliche Sicherheit im Einkommen und Auskommen sicherzustellen, mußte vom Staat ein System der Sicherheit für alle wirtschaftlich Schwachen und sozial Geschwächten in Ergänzung zu den bis dahin schon gebildeten Selbsthilfe- und Sicherungseinrichtungen geschaffen werden.

Den Ansatz für dieses Sicherungssystem zu setzen, war gar nicht leicht, weil die damals gesicherten Unternehmer wenig Verständnis und die ungesicherten Arbeitnehmer oft nicht den Willen hatten, daß ein System der Sicherung im Wege der gesetzlich zu schaffenden Sozial-Versicherung errichtet werde. Diese Gegensätze in der Einstellung gegenüber der sozialen Sicherung von seiten des Staates kamen in der Thronrede Kaiser Franz Josef I. zur Eröffnung des Reichsrates am 26. September 1885 und in der Resolution über die Arbeiterschutzgesetzgebung des Parteitages der Österreichischen Sozialdemokratie zu Hainfeld am 30. Dezember 1889 deutlich zum Vorschein.

In der Thronrede sagte der Kaiser: „Durch die notwendig gewordene Besserung der Lage der arbeitenden Klassen sind ernste Schritte zur Verwirklichung wichtiger wirtschaftlicher und sozialer Aufgaben erfolgt. Ich hoffe, daß zunächst die Vorlagen Meiner Regierung, betreffend die Versicherung der arbeitenden Klassen gegen Unfälle und Krankheit, ihre Zustimmung finden (Stenogr. Prot. d .Herrenhauses X. Sess. Beilage 1).

Die Resolution der Sozialdemokratie sagte dazu allerdings: „Was heute vorzugsweise Sozialreform genannt wird, die Einführung der vom Staat organisierten Arbeiterversicherung gegen Krankheit und Unfall, entspringt vor allem der Furcht vor dem Anwachsen der proletarischen Bewegung. Angesichts dieser Sachlage erklärt der Parteitag: Die Arbeiterversicherung berührt den Kern des sozialen Problems überhaupt nicht ... Die soziale Reform kann niemals von den Ausbeutern, sondern nur von den Ausgebeuteten durchgeführt werden“ (nach F. Klenner: Die österreichischen Gewerkschaften, Wien 1953, Bd. 1, S. 99).

Von den ersten Sozialversicherungsgesetzen an verstärkte sich im stets zunehmenden Ausmaß der Wille zu einer immer stärker organisierten sozialen und wirtschaftlichen Sicherung aller. Heute ist das Sicherungsstreben so allgemein, daß es die Arbeitnehmer und die Unternehmer, die Gewerbetreibenden und die Bauern in gleicher Weise erfaßt. Alle wollen: gegen alle Unfälle des Lebens gesichert und für alle Fälle versichert sein.

Die Sicherheit erscheint bereits als Recht in den Katalogen der Menschen- und Freiheitsrechte, so etwa in der „Allgemeinen Erklärung der Menschenrechte“ vom 10. Dezember 1948: „Jeder Mensch hat als Mitglied der Gesellschaft das Recht auf soziale Sicherheit. Er hat das Recht, in die für die freie Entfaltung seiner Persönlichkeit unentbehrlichen wirtschaftlichen, sozialen und kulturellen Rechte zu gelangen“ (Artikel 22).

Nun haben alle und hat jeder die Überzeugung, die wirtschaftliche und soziale Sicherheit gewährleiste jedem erst die persönliche Freiheit. „Das Freisein von Existenzsorgen gewährleistet erst die Würde und die freie Entfaltung der Persönlichkeit (Abgeordneter Dr. Schwer in der Debatte über die gewerbliche Selbständigen-Pensions-Versicherung am 18. Dezember 1957 im Österr. Nationalrat, Stenogr. Prot. VIII. Ges.-Per. 50. Sitzung, S. 2303).

Die Sicherheit ist der Garant der Freiheit geworden

Dieses Sicherungsstreben ließ ein umfassendes, für alle und jeden geltendes und für alle Fälle wirksames Sicherungssystem entstehen. Es beginnt bei den Sicherungsmaßnahmen für das unmittelbare Leben im staatlichen Gesundheitswesen, setzt sich über die vom Staat, den Ländern und Gemeinden übernommene Fürsorge für die körperlich Behinderten und die persönlich und sozial Verwahrlosten fort und mündet in die Wirtschaftspolitik mit den Maßnahmen für die Vollbeschäftigung und die Sicherung der Arbeitsplätze und endet schließlich in der Sozialpolitik mit der allseitigen Sicherungs- und Sozialversicherungspolitik. Dies bestätigend, sagte der Abgeordnete zum Nationalrat Uhlier: „Die soziale Sicherheit ist in Österreich wahrlich zu einer Einrichtung mit umfassendem Charakter geworden (Stenogr. Protokolle des Nationalrates VIII. Ges.-Per. 50. Sitzung, S. 2263).

Die sozialen Sicherungskosten betragen ohne die Ausgaben für die Fürsorgeverwaltung:

1 280	Mill. S	für die Arbeitsplatzsicherung
8 263	Mill. S	für Subventionen der Auskommenssicherung
5 155	Mill. S	für Zuschüsse an die Sozialversicherungsträger
14 698	Mill. S	Ausgaben des Staates für die Sicherung seiner Bürger
21 042	Mill. S	für Zuschüsse der Sozialversicherungsträger im Jahre 1965
35 740	Mill. S	Gesamtausgaben für die soziale Sicherung in Österreich im Jahre 1965

Schon dieser Sicherungsbetrag allein, der der Größe nach mehr als die Hälfte des Bundesbudgets ausmacht, läßt mit Berechtigung die Aussage zu: die soziale Sicherung und das allgemeine Sicherungsstreben läßt die Staatsausgaben potenziert steigen.

Dies läßt auch ein internationaler Vergleich zu, der zeigt, daß in Österreich 16 % des Bruttonationalproduktes für soziale Sicherungen ausgegeben werden, während in der Deutschen Bundesrepublik 14 %, in Belgien, Frankreich, den Niederlanden und Luxemburg bis 13 % und in Italien bis 12,7 % ausgegeben werden.

Die Verwissenschaftlichung des Lebens

Das Gepräge der Kultur und darüber hinaus das des gesamten Lebens zeigt heute die eindeutige Signatur der Verwissenschaftlichung. Immer mehr Bereiche der Natur, des gesellschaftlichen und menschlichen Lebens werden zu Objekten wissenschaftlicher Forschung. Alles, was es an technischen Verfahren und organisatorischer Gestaltung gibt und noch geben kann, wird zum Untersuchungsobjekt der Wissenschaft und nach errungenen Erkenntnissen auch zum Gegenstand der Lehre von den Hohen Schulen bis herunter zu den Fach- und Berufsschulen. Die Verwissenschaftlichung brachte beinahe schon die vielfach gewollte Manipulation der körperlichen Struktur und des seelischen Innenlebens des Menschen. So bemächtigt sich die Wissenschaft aller Vorgänge, um sie rechenhaft bis in das letzte zu erfassen. Dieser Trend der Verwissenschaftlichung geht immer noch weiter und wird demgemäß auch weitere Bereiche des Lebens in sich einbeziehen. Unweigerlich gilt heute: *Das Leben geht einer totalen Verwissenschaftlichung entgegen und diese bringt die umfassende Manipulation des Menschen.*

Diese Tendenz setzt sich im Unterrichtssystem immer wieder durch die Entstehung von neuen Sonderfachschulen fort. Zu den alten Unterrichts- und Bildungsstätten der Volks- und Hauptschulen und der Gymnasien wie auch der Realschulen kommen immer mehr Sonderschulen für die speziellere Ausbildung der Schüler hinzu. Deshalb ergibt sich gegenwärtig eine beinahe kaum übersehbare Zahl von Sonderfachschulen. Jede größere Berufsgruppe, die sich das Recht nimmt, ihre Schüler und Lehrlinge für den Beruf reif zu erklären, hat eine eigene Schule. Was einst im engen menschlichen Beziehungsfeld von Meister und Lehrling meist mit gutem Erfolg geschah, das wird heute in schematisierte Systeme der Fachschulen gepreßt. Im Unterricht treten auf diese Weise an die Stelle der persönlichen Beziehungen die rein sachlichen Gegebenheiten. *Die Verwissenschaftlichung des Lebens setzt sich in einer „Verschulung“ der Menschen fort.*

Diese Verwissenschaftlichung und Verschulung treibt die Staatsaufgaben in der Unterrichtsverwaltung mit zunehmender „Geschwindigkeit“ einer Erweiterung zu. Dies zeigt sich für Österreich in einer Vergleichstabelle der Ausgaben für Kultur im Rahmen des staatlichen Gesamtbudgets und im Vergleich zum Brutto-Nationalprodukt. In den letzten zehn Jahren (1955 - 1964) stiegen die Ausgaben für Kultur von 2 auf beinahe 6 Milliarden Schilling und damit auf das Dreifache. Wird dieser Ausgabenposten auf die Einwohner umgerechnet, dann stieg die Quote pro Kopf vom Jahre 1955 mit 303 bis zum Jahre 1964 auf 807 Schilling für das einzelne Verwaltungsjahr.

Jahr	Brutto-National-produkt zu Markt-preisen in Md.-S	Gesamt-budget Md.-S	Ausgaben für Kultur		Ausgaben pro Einwohner in S-Beträgen
			in Md.-S	in % des Gesamt-budgets	
1955	107 617	24 774	2 116	8,41	303
1956	118 013	28 208	2 460	9,21	352
1957	130 823	32 524	2 739	9,17	392
1958	136 673	38 927	3 199	8,74	456
1959	143 321	40 427	3 466	8,56	492
1960	161 289	42 273	3 929	8,90	557
1961	177 473	47 378	3 991	8,90	564
1962	188 274	53 896	4 736	8,80	664
1963	201 863	59 073	5 206	8,90	726
1964	221 367	60 113	5 821	9,87	807

Österreichs Volkseinkommen im Jahre 1964, hrsg. vom Stat. Zentralamt, Wien 1966, Beilage zum Februarheft, NF, Jg. XXI, Nr. 2.

Die Verwissenschaftlichung des Lebens und die Verschulung des Menschen bringt eine multiplikative Vermehrung der Verwaltungstätigkeit.

γ) Die umfassende Wirtschaftspolitik durch die Lenkungsgesetze

Die beinahe totale Verwaltungstätigkeit des Staates setzt sich in seiner Wirtschaftspolitik fort. Diese Wirtschaftspolitik umfaßt den gesamten Waren- und Geldkreislauf der Volkswirtschaft von der Lenkung der Rohstoffe über die Verteilung der elektrischen Energie und die Sicherstellung der Versorgung mit Nahrungsmitteln für die Menschen und mit Futtermitteln für das Vieh. In folgerichtiger Ergänzung wird auch die gesamte Warenzufuhr und -einfuhr der staatlichen Lenkung unterstellt. Mit den entsprechenden Preisgesetzen dringt die wirtschaftspolitische Intervention bis zur Gestaltung einzelner Preise vor. Dadurch hat sich der umfassende Verwaltungsstaat mit seinen zudringlichen Direktionen im beinahe totalen Planungsstaat fortgesetzt, wenn die Umstände dies erfordern. Diese Lenkungs- und Planungsgesetze sind vorläufig beschlossen und haben daher verbindliche Rechtswirksamkeit, harren aber der Durchführung.

Die Lenkung der Rohstoffe

wird auf Grund des Rohstofflenkungsgesetzes vom 4. April 1951 (BGB 106/1951 in der Novelle 1952, 1955, mit terminisierter Wirkungsdauer und immer wieder verlängerter Geltungsdauer) für die wichtigsten Rohstoffe vorgenommen. Als lenkungspflichtige Rohstoffe gelten — soweit dies durch Anordnung bestimmt wird — nach § 1, 1: Eisen- und Stahlmaterial, Nicht-Eisenmetalle, Erdöl und seine Derivate, feste mineralische Rohstoffe, Häute und Felle von Rind, Roß und Kalb, textile Rohstoffe, Halbfabrikate und Garne, Papierzeug, Altpapier, Papierpappe, Alt- und Abfallstoffe, Rundholz und Schnittholz. Die Lenkungszentrale ist das Bundesministerium für Handel, Gewerbe und Industrie.

Zur Sicherstellung „der ungestörten Fortführung der Produktion" kann verfügt werden:

1. „die Ermittlung des Bedarfes und die Feststellung von Vorräten",
2. „die Erfassung der Vorräte durch Erteilung von Anweisungen und Auflagen für die Aufbringung, für die Erzeugung und die Lieferung sowie für den Umfang der Lagerhaltung" (§ 2, 2).

Dadurch verfällt im gegebenen Fall die Rohstofferzeugung, -vermittlung und -lagerhaltung und damit der größte Teil der Industrie der staatlichen Planung.

Der Planung folgt die ausführende Lenkung durch „Anweisungen für die Aufbringung, Erzeugung und Lieferung wie auch für die Lagerhaltung". Um dieser staatlichen Lenkung die erforderliche Durchschlagskraft zu garantieren, kann das Ministerium die entsprechenden „Waren beschlagnahmen und den Eigentümer, Besitzer und Inhaber (Verwahrer) verpflichten, die Waren gegen Entgelt abzuliefern" (§ 3, 1). Über die Höhe des Entgeltes entscheidet „unter Ausschluß des Rechtsweges" das Ministerium (§ 3, 3). Alle einschlägigen Rechtsgeschäfte sind nur in Rücksicht auf die Bestimmungen dieses Gesetzes wirksam. Die staatliche Lenkung kann bis zur Enteignung und zur vorgeschriebenen Ablieferung reichen.

Zur Beratung und Begutachtung der Fragen der in diesem Gesetz vorgesehenen Regelungen wird vom Ministerium ein Rohstofflenkungsausschuß in der üblichen partnerschaftlichen Zusammensetzung errichtet (§ 6, 1).

In ähnlicher Weise ist die staatliche Lenkung des Verkehrs mit Heilmitteln auf Grund des Chemikalienbewirtschaftungsgesetzes vom 20. Juli 1945 (STGB 96/1946) vorgesehen.

Wie ernst diese dirigistischen Maßnahmen genommen werden, zeigen die Strafbestimmungen. „Zuwiderhandlungen werden von der zuständigen Bezirksbehörde als Verwaltungsübertretungen mit Geld bis zu 500 000 S oder mit Arrest bis zu 5 Monaten bestraft (§ 8, 1).

Die Bewirtschaftung von elektrischer Energie

wird durch das Lastverteilergesetz vom 29. Oktober 1952 (BGB 207/1952 mit fortlaufender Geltungserweiterung) der staatlichen Lenkungszentrale, dem Bundeslastverteiler, unterstellt (§ 2, 1). In den Ländern führt der Landeslastverteiler die Direktiven der Zentrale durch. Der Bewirtschaftung obliegt es, auf Grund eines Energiewirtschaftsplanes den Bundesländern die Verbrauchskontingente nach dem Grade der volkswirtschaftlich bedingten Dringlichkeit zuzuweisen“ (§ 3, 1). Dadurch wird die Energieabgabe an die verschiedenen Verbrauchsstellen nach volkswirtschaftlichen Gesichtspunkten zugeteilt (§ 3, 1). Den Energie erzeugenden Unternehmungen werden „Anweisungen gegeben, welche sich zur Sicherstellung der Versorgung mit elektrischer Energie für notwendig erweisen“ (§ 3, 1).

Für mehr verbrauchte Energie sind als Vertragsstrafen Mehrgebühren einzuführen (§ 3, 1). Zuwiderhandlungen gegen die auf Grund dieses Gesetzes erlassenen Anordnungen werden von den Verwaltungsbehörden mit Geldstrafen bis zu 30 000 S oder mit Arrest bis zu drei Monaten bestraft (§ 12). Ein partnerschaftlicher Beirat gestattet die Mitwirkung der Interessenvertretungen. Das Lastverteilergesetz läßt nötigenfalls eine totale Direktion der Erzeugung und Verteilung der elektrischen Energie zu.

Die Sicherstellung von Lebensmitteln

wird auf Grund des Lebensmittelbewirtschaftungsgesetzes vom 4. April 1951 (wieder in Kraft gesetzt durch BGB 183/1952) durchgeführt, wenn „die Versorgung bestimmter Gebiete mit Brot und Mehl gefährdet“ ist. „Zur Beseitigung der Gefährdung“ wird der Verkehr mit Brotgetreide, wie auch mit dem daraus erzeugten Mehl bis zu den Verarbeitungsbetrieben gelenkt (§ 3, 1). Die zuständige Lenkungszentrale ist das Bundesministerium für Land- und Forstwirtschaft.

Um die Versorgung der Bevölkerung sicherzustellen, sind die Unternehmer der Mühlen, des Getreide- und Mehlhandels verpflichtet: „Nachweise über Lagerbestände, über Zu- und Abgänge von Brotgetreide und Mehl zu führen, und darüber den Behörden Auskünfte zu erteilen“ (§ 4, 1) und „die Abgabe von Mehl und Brot in vorgeschriebenen Rationen vornehmen zu lassen“ (§ 4, 2). Die Mühlen dürfen Brotmehl nur an die mit Brotmehl handelnden und an die Mehl verarbeitenden Betriebe liefern (§ 2, 2). Verfüttert darf kein Brotmehl werden (§ 2, 1). Dadurch wird der gesamte Getreide- und Mehlkreis für die Versorgung, wenn erforderlich, geschlossen und der staatlichen Planung und Lenkung unterstellt.

Durch die Novelle zum Lebensmittelbewirtschaftungsgesetz vom Jahre 1952 wurde die Lebensmittelbewirtschaftung *auf alle möglichen Lebensmittel erweitert,* „wenn und inwieweit Bewirtschaftungsmaßnahmen nach Anordnung getroffen werden" (§ 1, 1). In die Bewirtschaftung können demnach einbezogen werden (§ 1, 1): Roggen, Weizen, Gerste, Hafer und deren Gemenge, Mais, Kartoffeln, Zuckerrüben, Hülsenfrüchte, Ölsaaten, Obst und sonstige für die menschliche Ernährung bestimmte Produkte aus diesen, Tiere und Schlachterzeugnisse, sowie Milch, Eier, Saat- und Pflanzengut.

Die staatliche Bewirtschaftung erfolgt durch Anweisungen, die den Erzeugern vorschreiben, daß sie ihre Erzeugnisse gegen Vergütung an befugte Ankäufer zur Gänze oder in bestimmten Kontingenten abzuliefern haben, die den Händlern vorschreiben, daß sie Nachweise über Lager- und Vorratshaltungen führen müssen (§ 2), und den Verarbeitern vorschreiben, daß sie die Waren derart zu bearbeiten haben, daß der größtmögliche ernährungswirtschaftliche Erfolg eintritt und daß die Abgabe und der Bezug von Waren an eine Bezugsscheinpflicht gebunden ist (§ 2).

Übertretungen werden von der Bezirksverwaltungsbehörde mit Arrest bis zu 3 Monaten oder mit Geldstrafen bis zu 30 000 S bestraft (§ 15). Durch diese Erweiterung wird die gesamte Ernährungswirtschaft zur Sicherstellung der Ernährung des Volkes der Planung und Lenkung unterstellt, wenn die entsprechenden Anordnungen hiezu erlassen werden.

Die Lenkung der Einfuhr und Ausfuhr

muß die staatliche Planwirtschaft ergänzen, soll diese als Ganzes zweckvoll wirksam werden können. Hiefür wurde das Außenhandelsgesetz vom 3. Dezember 1956 (BGB 226/1956) geschaffen. Die Einfuhr und die Ausfuhr der in den Anlagelisten geführten Waren bedarf einer Bewilligung (§ 2, 1), die Einfuhr und die Ausfuhr von Waren ohne besondere Bewilligung ist verboten (§ 2, 6). In den Anlagelisten sind im wesentlichen die Waren angeführt, die in den anderen Lenkungsgesetzen als „bewirtschaftete Waren" gelten. Nach Art der Waren teilen sich die Ministerien für Land- und Forstwirtschaft und das für Handel, Gewerbe und Industrie in der Befugnis, die entsprechenden Anordnungen zu treffen.

Für Übertretungen sind Arreststrafen bis zu 8 Wochen und Geldstrafen bis zu 150 000 S vorgesehen (§ 8, 3). Wenn der Wert der ein- und ausgeführten Waren 60 000 S übersteigt, werden die Gerichte zuständig und die Strafen von 3 Monaten bis zu 2 Jahren Arrest und bis zu 500 000 S erweitert (§ 8, 2).

Die umfassende Wirtschaftslenkung im Innern wurde durch die entsprechende Lenkung der Außenwirtschaft zu einer Einheit verbunden.

bb) Die Staatswirtschaft als Organisationswirtschaft der Volkswirtschaft

Die wachsenden Staatsaufgaben bringen einen höheren Staatsbedarf und verursachen daher stets wachsende Staatsausgaben. Die Zunahme der Staatsausgaben bringt aber wiederum eine Wesensveränderung dieser. Diese Veränderung verursacht eine quantitative Wandlung. Die Ausgaben stiegen in einem solchen Ausmaße, daß im Verlauf des kurzen Zeitabschnittes von 15 Jahren (1950 - 1965) eine quantitativ andere Staatswirtschaft gegeben war. *Die Vervielfachung der Staatsausgaben veränderte die Struktur der Staatswirtschaft.*

Sie wächst nunmehr als ein wucherndes Gebilde in der Volkswirtschaft und zieht von sich aus von der Volkswirtschaft immer mehr Geld, Güter und Dienstleistungen an sich und verändert auf diese Weise die Volkswirtschaft selbst, indem sie diese radial immer stärker in den staatlichen Organisationsbereich, das ist aber auch: in den staatlichen Machtbereich einbezieht.

Die zunehmenden Ausgaben des Staates brachten eine innerbetriebliche Veränderung der Staatswirtschaft, weil mit der Mengenverschiebung der Ausgaben um ein beträchtlich Vielfaches (1951: 12,9 — 1965: 66,8 Mrd.) wie durch ein tektonisches Geschiebe die Charakterstruktur der Staatswirtschaft verändert und verwandelt wurde. Aus einer bescheidenen „Buchhaltungswirtschaft" unter dem Fetisch des jährlich ausgeglichenen Budgets des Nachtwächterstaates, der sich jeder Sozial- und Wirtschaftspolitik enthielt, wurde die *Organisations- oder Ordnungswirtschaft der Volkswirtschaft,* die viele Gesellschaftsveränderungen in nivellierender Weise verursacht und in alle Produktions-, Zirkulations- und Distributionsprozesse ordnend eingreift.

α) Die wachsenden Staatsausgaben: der allgewaltige Budgetstaat

Die von allen Seiten mit Nachdruck geforderte und daher auch verstärkte und stets wachsende Staatsintervention bringt dem Staat und seiner Verwaltung immer mehr Aufgaben. Diese machen immer mehr Beamte und immer mehr Sachaufwände erforderlich. Der Staat braucht demgemäß stets mehr Dienstleistungen seiner Beamten und mehr Ausrüstungsgegenstände für die Bewältigung seiner Tätigkeit. Da in der Geldwirtschaft auch der Staat Dienstleistungen und Waren nur durch Geldausgaben „anfordern" kann, wenn von einzelnen Ehrendiensten und Naturalleistungen abgesehen wird, erscheint der Primärbedarf des Staates nach Dienstleistungen und Waren sekundär als Geldbedarf. *Das Gesetz der wachsenden Staatsaufgaben wandelt sich in das Gesetz der wachsenden Staatsausgaben.*

Über die wachsenden Staatsausgaben, die als Nachfrage nach den im Sozialprodukt der Volkswirtschaft erzeugten Waren und erstellten Dienstleistungen zur Wirkung kommen, zieht der Staat einen stets größeren Anteil des Sozialproduktes an sich. Er wird durch die Finanzgewalt und durch die Kaufkraft seiner Ausgaben zur überstarken Marktmacht. In dieser Marktposition wird der geldausgebende und nachfragende Staat zu einem beinahe konkurrenzlosen *Gewalthaber der volkswirtschaftlichen Nachfrage.*

Die Wucht des Nachfragequantums wird noch durch die verschiedenen Ausströmungswege der Ausgaben qualitativ verstärkt, weil die Staatsausgaben nicht gleichwertig und gleichmäßig gestreut, sondern an verschiedenen Punkten konzentriert als Nachfrage zum Vorschein kommen. Dadurch wird die volkswirtschaftliche Lenkungskraft der durch die Staatsausgaben verursachten einzelnen Nachfrageströme so verstärkt, daß bei einem Ausgabenvolumen, das bis zu einem Drittel, oft sogar bis zur Hälfte des Sozialproduktes reicht, die gesamte Volkswirtschaft vom staatlichen Nachfragesystem durchzogen wird und gerade an den empfindlichen Stellen, von denen die Konjunkturwellen und die Strukturwandlungen ihren Ausgang nehmen, gestaltend wirksam wird. So umgreift der Staat durch seine Ausgabenmacht die Volkswirtschaft und durchdringt diese in allen integrierenden Gestaltungsströmen, denn über die Investitionsausgaben erfolgt die Konjunkturpolitik und über die Subventionsausgaben die Strukturpolitik.

Die Zunahme der Staatsausgaben

Die Zunahme der Staatsausgaben ist für die 16 Jahre von 1950 bis 1965 deutlich sichtbar, denn sie stiegen von 9 Milliarden im Jahre 1950 auf 63 Milliarden Schilling im Jahre 1965. Der Stand der Ausgaben erhöhte sich in der genannten Zeitspanne auf das Siebenfache (9 : 63).

Diese nominelle Zahlenreihe muß noch durch die Berücksichtigung der Kaufkraftentwicklung des Schillings auf die reale Tatsächlichkeit hin revidiert werden. Da die Lebenshaltungskosten vom Basisjahr 1950 mit 100 bis zum Jahre 1965 auf 194,7 anstiegen, kann man mit Recht von einer Halbierung der Kaufkraft des Schillings für diese Zeit sprechen. Daher bedeuten die für das Jahr 1965 im Budget ausgewiesenen Ausgaben von 63 Milliarden auch nur die Hälfte, daher rund 32 Milliarden in der gleichen Kaufkraft wie die Ausgaben des Jahres 1950. Somit steht eine reale, in gleicher Kaufkraft gerechnete Zunahme der Staatsausgaben von 9 auf 32 Milliarden Schilling fest. Dies ist eine reale und echte Vermehrung der Staatsausgaben um das Dreieinhalbfache.

Jahr	Ausgaben des Bundes	Mehrausgaben zum Vorjahr	Mehrausgaben zum Basisjahr		Lebenshaltungs-kostenindex
			absolut	in %	
1950	9 617 125 700	—	—		100,0
1951	11 868 610 700	2 251 485 000	2 251 485 700	23,4	122,6
1952	18 786 400 000	6 917 789 300	9 169 274 300	95,1	145,1
1953	Provisorium	—	—	—	137,3
1954	21 351 008 000	—	11 733 882 300	122,0	142,3
1955	23 053 180 000	1 702 172 000	13 436 054 300	139,8	143,4
1956	27 244 335 000	4 191 155 000	17 627 209 300	183,5	148,5
1957	31 811 896 000	4 567 561 000	22 194 770 300	230,2	151,7
1958	37 264 568 000	5 452 672 000	27 647 442 300	287,8	155,2
1959	37 458 104 000	193 536 000	27 840 978 300	290,0	157,7
1960	41 067 870 000	3 609 766 000	31 450 744 300	323,8	160,0
1961	45 098 126 000	4 030 256 000	35 481 000 300	369,5	165,1
1962	52 536 321 000	7 438 195 000	42 919 195 300	446,2	173,1
1963	56 291 935 000	3 755 614 010	46 674 809 300	485,3	178,1
1964	56 765 879 000	473 944 000	47 148 735 300	491,6	184,1
1965	63 806 517 000	7 040 638 000	54 189 391 300	563,4	194,7

In den 16 Jahren des beobachteten Zeitraumes nahmen die Ausgaben des österreichischen Bundesstaates nominell um das Sechsfache und real um das Dreieinhalbfache zu (siehe Tabelle).

Die Investitionsausgaben als Antriebsmotoren der Vollbeschäftigung und der schleichenden Inflation

Die öffentlichen Investitionen haben neben ihrer innerstaatswirtschaftlichen Aufgabe der Erhaltung der öffentlichen Anlagen, Anstalten und Vermögen als Erhaltungsinvestitionen die wirtschaftspolitisch wichtigen Verpflichtungen: die volkswirtschaftliche Struktur für die Zukunft zu verbessern und den Zustand der Vollbeschäftigung jeweils zu erwirken und zu erhalten.

Die Erhaltungsinvestitionen für die öffentlichen Anlagen haben naturgemäß auch eine Wachstumsquote in sich, weil mit der Bevölkerungszunahme die Verwaltungsgebäude und die Schulen aller Art von Zeit zu Zeit einer Erweiterung bedürfen und weil die Gesellschaftsverdichtung und Zivilisationsverstärkung eine Erweiterung verschiedener Staatsanlagen immer wieder erfordert. Ohne den rein staatlichen Effekt dieser Investitionen zu prüfen, mündet die volkswirtschaftliche Wirkung dieser Investitionen doch in den beschäftigungspolitischen und antizyklischen Verfestigungseffekt ein. Damit zeigen sich die Schwerpunkte der gesamten öffentlichen Investitionen in der *Strukturverbesserung* der Volkswirtschaft und in der *Beschäftigungsverstetigung* gegen Konjunkturschwankungen.

Die öffentlichen Investitionen sind wegen ihres multiplikativen Beschäftigungseffektes vorzüglich als wirtschaftspolitisches Werkzeug für die Erlangung und Sicherung eines erwünschten Beschäftigungsvolumens geeignet.

Mündet nämlich die Konjunkturentwicklung in einen Rezessionszustand ein, dann sinkt der Beschäftigungsstand, weshalb die volkswirtschaftlich ausgezahlte Lohnsumme, aber auch die Gewinne der Unternehmer geringer werden, wodurch wiederum die volkswirtschaftlich effektive Nachfrage kleiner wird. Diese bringt dann nochmals einen schwächeren Erzeugungsstand und die Kreislaufdrehung geht abermals in beschäftigungsverminderter Weise vor sich. Die Rezession verstärkt auf diese Weise auch den Beschäftigungsdivisor.

In dieser Konjunkturphase muß nun der Staat seine öffentlichen Investitionen für die Wiedererringung und die Sicherung der Vollbeschäftigung einsetzen. Werden durch staatliche Investitionen, welchen Zweck immer sie auch verfolgen, ist gleichgültig, zusätzlich Arbeiter beschäftigt, dann erhalten diese mehr Arbeitseinkommen und die Unternehmer

„der Investitionsgüterbetriebe“ mehr Einnahmen. Die einen wie die anderen geben die Mehreinnahmen wieder nachfragend nach Waren aus und verstärken dadurch die Nachfrage nach Konsumgütern und die Nachfrage nach weiteren Investitionsgütern. Jetzt setzt auch dort eine verstärkte Beschäftigung ein und der multiplikative Effekt zeigt sich in einer weiteren Nachfrageverstärkung, die ihrerseits wieder mehr Beschäftigung nach sich zieht. Nach den Ermittlungen des Internationalen Arbeitsamtes ist der *Multiplikatoreffekt* je nach der Lage der Volkswirtschaft zwei bis vier. *Die öffentlichen Investitionen vermögen durch ihren multiplikativen Effekt die Vollbeschäftigung jeweils zu erreichen und zu sichern.*

Dieser sozialwirtschaftlichen „Wohltats-Wirkung“ steht aber auch eine durch die öffentlichen Investitionsausgaben verursachte Schadenswirkung in der allgemeinen Preissteigerung gegenüber.

Die Ausgaben für öffentliche Investitionen vermögen mit anderen Faktoren zusammen den erwünschten Grad der Vollbeschäftigung zu erlangen und gegen manche Einflüsse auch zu halten. Die öffentlichen Ausgaben werden zu *Antriebsmotoren der Vollbeschäftigung.*

Die öffentlichen Investitionsausgaben bewirken durch ihre verstärkte Nachfrage auf dem Bausektor das Ansteigen der Baukosten und lösen daher dort eine Teilinflation aus, die sich kraft der Interdependenz der Preise auf alle anderen Märkte verbreitet und daher mit anderen Faktoren eine allgemein *schleichende Inflation* hervorbringt. Die öffentlichen Investitionsausgaben werden zu *Antriebsmotoren der schleichenden Inflation.*

Neben dem Wohltaten spendenden Effekt der Beschäftigungs- und Einkommenssicherung verursachen die öffentlichen Investitionsausgaben, mit anderen Faktoren verbunden, die schleichende Inflation in der Volkswirtschaft.

Die Subventionsausgaben des Staates

In der Demokratie gehen das Recht, die Maximen des Regierens und vor allem die Postulate für die Wirtschafts- und Sozialpolitik vom Volke aus. Die Forderungen des Volkes werden in seinen Gruppen nach oben getragen und müssen von der Regierung als die ihren aufgenommen werden. Eine in Verbänden und Kammern organisierte Demokratie bringt die wirtschafts- und sozialpolitischen Anliegen der Gruppen und Parteien im Lizitationsverfahren zur Durchsetzung. Wenn ein Großverband einen berechtigten „Wunsch“ vorbringt, bekommt er ihn dann genehmigt, wenn gleichzeitig auch für den Wunsch einer anderen Gruppe eine gleich große Summe „bewilligt“ wird. Im Fordern und im Bewilligen ergibt sich so ein Verfahren, das die Ausgaben des Staates progressiv ansteigen läßt, weil jeweils mindestens die Verdoppelung einer ursprünglich akuten Ausgabeforderung als Ergebnis von Ausgabeversprechungen der Hauptdirektoren der Großgruppen im Budget zum Vorschein kommt.

Der Staat wird zur Geld verteilenden Macht

Ist ein solches Verfahren durch stete Übung zur Norm und Gewohnheit geworden, dann wird die einst für einzelne Fälle geübte Geldverteilung zum System der Subventionen. Diese definiert man als Geldzuteilung von seiten des Staates ohne Gegenleistung der Empfänger. Dies kann den juristischen Formulierungen des zweiseitigen Vertrages der Schenkung entsprechen. Im wirtschaftlichen Bereiche müßte man die Subventionen als „leistungs-freie Geldzuströme" von seiten des Staates festhalten. Nominelle oder auch reale Einkommens-Eingänge ohne eine Leistung, oft sogar wegen keiner erbrachten Leistung, sind in der Häufung von heute neuartige Entwicklungen einer leistungsfreien *„caritativen Wirtschaft"*.

Sobald sich die Großorganisationen dieser leistungsfreien Subventionsverteilung „annehmen", machen sie den Staat zur geldverteilenden Subventionsmacht für ihre Mitglieder, weil ja diese es sind, die die Ausgaben und vornehmlich die Subventionsausgaben in den Abstimmungen über die Ausgaben des jeweiligen Finanzgesetzes „bewilligen".

Seit längerer Zeit schon verband sich das allgemeine Sicherungsstreben mit den Forderungen nach Subventionen. Wo und wann immer Sicherungswünsche für eine nominelle Einkommensverstärkung durch Zuschüsse oder für eine reale Einkommensstützung im Wege von Preisbegünstigungen aufspringen, werden sie als Subventionspostulate weitergetragen, bis sie als Subventionsausgaben in den Finanzgesetzen festgehalten sind. Wo und wann immer Strukturschwächen in einzelnen Wirtschaftszweigen und privaten Unternehmungsgruppen in den Vordergrund treten, werden sie als Subventionswünsche aufgefangen und als Subventionsausgaben in den jährlichen Haushaltsplänen des Staates „etabliert". Dazu kommt nun auch der Staat „mit Subventionswünschen" für seine Unternehmungen, von denen die einen ihr Defizit gegen eine Subvention und die anderen ihre Investitionsausgaben gegen eine Subvention des Staates „eintauschen".

Auf diese Weise der konzentrierten Subventionsangriffe gegen den Staat ergab sich im Bundesvoranschlag für das Jahr 1965 (Stenographische Protokolle des Nationalrates, X. Ges. Per. Beilage 520) eine Größe der Subventionsausgaben des Bundes von 31 Milliarden bei einem Gesamtausgabenstand von 66 Milliarden Schilling oder ein Anteil von 46,4 %. Beinahe die Hälfte (46,4 %) der Staatsausgaben sind Subventionsausgaben (31 : 66 Milliarden Schilling). *Dies ist die geldverteilende Subventionsmacht des Staates in der Gefälligkeitsdemokratie von heute.*

Die Aufgliederung der 31 Milliarden Schilling Subventionsausgaben stellt ein Stromgebiet von weitem Umfang mit Ausflußströmen für alle Staatsbürger und für die drei Hauptgruppen der Volkswirtschaft, die gewerbliche Wirtschaft, die Landwirtschaft und die öffentlichen Unternehmungen, dar.

Die Subventionen *zur Stützung des Einkommens* und des Auskommens betragen 19,708.552 Millionen Schilling im gesamten und verteilen sich auf die Stützung und Sicherung des Einkommens in den verschiedensten Arten mit 12,304.984 Millionen und auf die Sicherung und Stützung des Lebenshaltungsniveaus durch verschiedenartige Preisstützungen und Beihilfen mit 7,403.568 Millionen Schilling.

Die Übersicht der staatlichen Subventionen gibt ein klares Spiegelbild der geldverteilenden Subventionsmacht des Staates.

Die geldverteilende Subventionsmacht des Staates

nach dem Bundesvoranschlag für das Jahr 1965, Wien 1965 (Stenogr. Protokolle des Nationalrates, X. Ges. Per., Beilage 520) in 1000 Schilling:

1. Subventionen zur Stützung des Einkommens und Auskommens	
a) Stützung und Sicherung des Einkommens	12,304.984
b) Sicherung und Stützung des Lebenshaltungsniveaus	7,403.568
	19,708.552
2. Subventionen für die gewerbliche Wirtschaft	
a) Förderung des Gewerbes	262.823
b) Förderung des Verkehrs	3,292.815
	3,555.638
3. Subventionen für die Landwirtschaft	
a) Förderung der Produktion und Produktivität	1,154.586
b) Förderung der landwirtschaftlichen Anlagen	891.255
	2,045.841
4. Subventionen für die öffentlichen Unternehmungen	
a) Förderungszuwendungen an verstaatlichte Unternehmungen	2,250.075
b) Defizitabdeckung staatlicher Unternehmungen	3,449.118
	5,699.193
Summe aller Subventionen (1965)	31,009.224
Summe der o. und ao. Ausgaben (1965)	66,794.532
Anteil der Subventionen an den Gesamtausgaben	46,4 %

Die staatlichen Subventionen bilden heute ein breit veranlagtes und tiefwirkendes System der Wirtschafts- und Sozialpolitik, für das oft schon mehr außerwirtschaftliche Kräfte einwirken, als sie von wirtschaftlichen Notwendigkeiten verursacht werden. Der Staat, von den Großorganisationen angetrieben, wird zur geldverteilenden Subventionsmacht, die die Volkswirtschaft aus der Marktwirtschaft in ein neuartiges wirtschafts- und sozialpolitisches oder auch rein politisches Verteilungssystem führt, in dem die Maxime der Wirtschaftlichkeit immer weniger und die Postulate der Politik immer mehr gelten.

73. Der steirische Erzberg: Etagen-Abbau, vergleiche frühere Abbauweise auf Bild 46

74. Hochofen in Donawitz

Anders ausgedrückt heißt dies: alle Österreicher leben zu mehr als der Hälfte (56,4 %) von der Nachfrage der öffentlichen Wirtschaft, sie arbeiten aber auch mehr als zur Hälfte (56,4 %) für die öffentliche Wirtschaft. Sie stehen nach einem Gesellschaftsbild von früher „unter dem Schutz und Schirm" des Staates und seiner Körperschaften oder sie stehen in der „Mund des Staates". Die Bürger sind zu „Holden" des Staates geworden, denen allerdings das Rechtsschutzsystem der Grundrechte gegenüber ihrer beinahe omnipotenten Schutzmacht zur Seite steht.

Ob ein solches, beinahe totales System der Sicherung und Sicherheit nicht doch die Gefahr der *Erschlaffung der Initiative* bringt? Dies ist wohl eine entscheidende Frage im Zusammenhang mit dem 56,4 prozentigen Anteil der öffentlichen Ausgaben am österreichischen Bruttonationalprodukt.

Die Staatsausgaben für die öffentlichen Investitionen vermögen zwar in der Größe der Hälfte aller volkswirtschaftlichen Investitionen den gewünschten Stand der Vollbeschäftigung jeweils zustande zu bringen und damit die Sicherung der Arbeitsplätze wie auch des Einkommens und des Auskommens für alle Wirtschafter zu garantieren. Die Staatsausgaben für Subventionen können zwar viele Strukturschwierigkeiten und nicht wenig Versorgungsnöte beheben, in der Summenkraft aller Ausgaben aber mit den jeweils multiplikativen Effekten auf Beschäftigung und schleichende Inflation bestätigen sie dem Staat von heute die allumfassende, alles durchdringende, kurz: *die allgewaltige und die allgegenwärtige Budgetmacht.*

β) Der wachsende Steuerdruck: die redistributive Nivellierung

Das Gesetz der wachsenden Staatsaufgaben verursacht zwei parallellaufende Gesetze: das Gesetz der wachsenden Staatsausgaben einerseits und das Gesetz der zunehmenden Staatseinnahmen andererseits, weil nur vergrößerte Einnahmenzugänge die vermehrten Ausgaben ermöglichen. Die wachsenden Staatsausgaben erzwingen vergrößerte Staatseinnahmen.

Die Staatsbürger und alle wirtschaftlich dem Staate Unterworfenen empfinden ohne jeden Zweifel das Gesetz der wachsenden Staatseinnahmen als *wachsenden Steuerdruck.*

Die ordentlichen Einnahmen des Bundes nahmen vom Jahre 1946 mit 2.679 Millionen bis zum Jahre 1965 auf 62.709 Millionen oder um 60.000 Millionen oder nominell um das Dreiundzwanzigfache zu.

Dieses Vielfache zeigt einerseits die Wachstumszunahme der österreichischen Volkswirtschaft und die verstärkte Anteilnahme des Staates, sie zeigt aber auch anderseits den Inflationsgewinn des Finanzministers.

Diese Bewegung ist unschwer aus der Kopfquote der Staatseinnahmen in der Gegenüberstellung des Jahres 1946 mit 382 S und mit 8.958 S Kopfquote im Jahre 1965.

Die ordentlichen Einnahmen des Bundes von 1946 bis 1965

Jahr	Ordentl. Einnahmen absolut in Mio S	Mehr-einnahmen zum Vorjahr abs.	Mehr-einnahmen zum Basisjahr in %	Vielfaches zum Basisjahr
1946	2 679	—	—	—
1947	5 411	2 732	103	2,0
1948	5 725	0 314	114	2,1
1949	8 214	2 489	235	3,4
1950	12 233	4 119	357	4,6
1951	15 348	3 115	474	5,7
1952	18 656	3 308	597	7,0
1953	22 731	4 075	750	8,5
1954	24 528	1 797	815	9,2
1955	27 592	3 064	930	10,3
1956	30 315	2 723	1 031	11,3
1957	34 754	4 439	1 195	13,0
1958	36 278	1 524	1 255	13,6
1959	37 861	1 583	1 320	14,2
1960	42 156	4 295	1 475	15,8
1961	48 884	6 728	1 730	18,3
1962	52 020	3 146	1 850	19,5
1963	54 948	2 928	1 950	20,5
1964	57 865	2 917	2 060	21,6
1965	62 709	4 844	2 240	23,4

Aus: Statistisches Handbuch für die Republik Österreich, Jg. 1947 bis 1967.

Stellt man die Einnahmen aller öffentlichen Körperschaften mit 136,1 Milliarden Schilling dem Volkseinkommen des gleichen Jahres (1965) mit 180,9 Milliarden gegenüber, dann erkennt man als Anteil der Einnahmen öffentlicher Körperschaften am Volkseinkommen den Prozentsatz von 75,3. Dreiviertel des gesamten Volkseinkommens, das ist die Summe aller Löhne und Gewinne aller Österreicher für das ganze Jahr 1965, nahmen die öffentlichen Körperschaften von allen Einkommensbeziehern an sich. Dieser 3/4-Anteil der öffentlichen Einnahmen an allen Einkommen ist immerhin eine Beteiligung, die kaum jemand erwartet. In Beachtung der Tatsache, daß die Einnahmen der öffentlichen Körperschaften Entnahmen aus dem Einkommen der Abgabepflichtigen sind, ist der Anteil von 3/4 ein *Symbol des schon bestehenden allgemeinen Verstaatlichungszustandes von heute.*

Die Zunahme der öffentlichen Abgaben

Die eben geschilderte Zunahme der Staatseinnahmen setzt sich folgerichtig in der Zunahme der öffentlichen Abgaben fort. Die Abgaben betrugen im Jahre 1946 die Summe von 1.651 Millionen und im Jahre 1965 schon 56.700 Millionen Schilling. Dies ist eine Zunahme der Abgaben auf das Vierunddreißigfache.

Die öffentlichen Abgaben (Bund) von 1946 bis 1965

Jahr	Ertrag der öffentl. Abgaben in Mio S	Mehr zum Vorjahr in Mio S	Mehr zum Basisjahr in %	Vielfaches zum Basisjahr
1946	1 651	—	—	—
1947	3 452	1 891	114	2,1
1948	4 111	0 569	149	2,5
1949	6 520	2 569	294	3,9
1950	8 662	2 142	424	5,2
1951	12 305	3 643	645	7,5
1952	14 583	2 278	784	8,8
1953	16 337	1 754	880	9,8
1954	17 498	1 161	960	10,6
1955	18 863	1 365	1 040	11,4
1956	21 281	2 418	1 150	12,5
1957	24 989	3 708	1 415	15,2
1958	26 269	1 280	1 495	15,9
1959	27 912	1 643	1 590	16,9
1960	30 783	2 871	1 760	18,6
1961	36 275	5 492	2 100	22,0
1962	40 078	3 803	2 365	24,6
1963	43 177	3 099	2 520	26,2
1964	46 780	3 603	2 730	28,3
1965	56 700	9 920	3 325	34,3

Aus Statistisches Handbuch für die Republik Österreich, Jg. 1947 bis 1967

Die Ursachen für diese überaus beachtliche Zunahme der Abgaben sind verschieden. Ohne Zweifel brachte die stetige Weiterentwicklung der Volkswirtschaft in allen ihren Gliedern eine Vermehrung des Abgabeneffektes. Selbst die einige Male unternommene Steuerminderung unter Finanzminister Dr. Kamitz brachte im gesamten zufolge des Gesetzes der Interdependenz der Steuererträge eine Zunahme des Abgabenaufkommens. Wenn nämlich etwa die Einkommensteuer gesenkt wird, werden weitere Beträge des Einkommens bei den Steuerpflichtigen für eine volkswirtschaftliche Nachfrage frei, diese geraten aber dadurch wieder in einem verstärkten Ausmaß in die Belastung der überwälzten indirekten Steuern aller Art. Der Verzicht des Finanzministers auf Aufkommensteile der Einkommensteuer kann sich so als Zunahme des Aufkommens aus anderen Steuern „einstellen". Auf Grund dieses Gesetzes wachsen die Eingänge aller Steuern selbst bei einer Senkung einer Steuer.

Ein anderer Grund für das erhöhte Aufkommen aus den Abgaben sind die auch immer wieder gestarteten Steuererhöhungen. Ohne solche kommt die Finanzverwaltung der Gegenwart bei der so kräftigen Zunahme der Staatsausgaben nicht aus.

Der steigende Steuerdruck

Die Allgegenwart der steuerlichen Geldentnahme, die allseitige Zudringlichkeit gegen die Steuerpflichtigen und die unabwendbare Eindringlichkeit in die Steuerquellen läßt die Steuer wohl als „notwendiges Übel" empfinden (Ricardo). Aber all diese Bedrängnisse durch die Steuer werden noch verstärkt, wenn eine schleichende Inflation den Geldwert mindert.

Bei sinkendem Geldwert wird bei gleichbleibendem Einkommen das Realeinkommen stets kleiner, wodurch die Einkommensbezieher wirtschaftlich schwächer werden. Bei einem gleichverbleibenden Bruttoeinkommen schwindet wegen der Minderung des Geldwertes das Realeinkommen.

Wird nun von den Einkommensbeziehern verständlicherweise versucht, ihre Einkommen gemäß dem geschwundenen Geldwert nachzuziehen, wozu sich die Gewerkschaften des gestiegenen Lebenshaltungskostenindex als Argument bedienen, dann steigt das nominelle Bruttoeinkommen. Dadurch geraten aber die Einkommensbezieher in höhere Progressionsstufen der Lohnsteuer. Diese nimmt ihnen nunmehr mehr als zuvor weg, wodurch sie im Effekt ein noch kleineres Realeinkommen beziehen.

Bei den Unternehmern zeigen sich die „nachgezogenen Einkommensgrößen" als bloße Scheingewinne. Diese bilden aber die Bemessungsgrundlage für die Einkommensteuer, wodurch auch diese Steuerpflichtigen in die höheren Progressionsstufen geraten. Was übrigbleibt, ist ein vermindertes Realeinkommen. Mit diesem kann nunmehr weniger investiert werden, weshalb die Erzeugungsanlagen allmählich in den Zustand minderer Entwicklungsstufen zurückfallen.

Dies alles geschieht, obwohl der Staat wegen seiner zuwachsenden Staatsaufgaben und daher auch wegen der zunehmenden Geldausgaben auf höhere Steuerbeträge dringend wartet. In dieser Klemme deutet sich auch die gegenwärtige Krise des Steuerstaates an.

Der Effekt der Wegnahme von drei Vierteln des Volkseinkommens ist ein ständiger Ausgleich von Einkommen und Vermögen, wodurch der Weg zur *Nivellierung der Einkommen* und durch diese Umverteilung zur *nivellierten Gesellschaft* geöffnet wird.

γ) Der Staat als Unternehmer: der ökonomische Leviathan

Zu den wirtschaftlichen Gewalten, über die der Staat schon bisher verfügte, kam neuerlich noch eine Gewalt hinzu: die Macht über die verstaatlichten Unternehmungen. In der Summe ergeben diese Gewalten die ökonomische Übermacht des Staates von heute: den ökonomischen Leviathan.

Zu den alten Unternehmungen, die als Finanzmonopol-Unternehmungen geführt werden wie für: Tabak (1784), Salz (neugeordnet 1835), Lotterie (1740), Branntwein (1939), oder die als Bundesbetriebe gelten wie Post- und Telegraphenverwaltung (1862), Bundesforste (1925), Staatsdruckerei (1804), Münzamt (1204), Bundestheater (1756) und die Bundesapotheken (1744), zählen noch die Bundesbahnen (1841) und die Postsparkasse (1882). Mit diesen „Unternehmungen", die aus ganz verschiedenen Zeiten stammen und aus mannigfachen Gründen vom Staat „übernommen" wurden, kam die österreichische Staatswirtschaft aus dem Merkantilismus, überdauerte den Liberalismus und durchschritt den staatlichen Interventionismus mit einer unangefochtenen Stellung, so daß mit nur einer Ausnahme (Branntwein) diese Staatsunternehmungen als alter österreichischer staatswirtschaftlicher Bestand gelten können.

Dieses System wurde nach dem zweiten Weltkrieg durch die zwei Verstaatlichungsgesetze ergänzt.

Das *Erste Verstaatlichungsgesetz* vom 26. Juli 1946 (BGBl. 1968 ex 1946) brachte nach der dem Gesetz beigegebenen Liste der verstaatlichten Unternehmungen 71 Unternehmungen und Betriebe in die Hand des Staates.

Das *Zweite Verstaatlichungsgesetz* vom 26. März 1947 (BGBl. 81 ex 1947) zog beinahe die ganze Elektrizitätswirtschaft in den Bereich der öffentlichen Wirtschaft ein; so wurden dem Bund die Verbundgesellschaft als übergeordnete Ausgleichsstelle und die 10 Sondergesellschaften zugeordnet, die 9 Landesgesellschaften verblieben den Bundesländern und die 5 städtischen Unternehmungen der Landeshauptstädte Graz, Innsbruck, Klagenfurt, Linz und Salzburg blieben den zugehörigen Gemeinden „zugewiesen".

Als Hauptgründe für die Verstaatlichung erschienen die Überwindung der bisherigen Krisenempfindlichkeit und die Sicherung der Vollbeschäftigung in den nunmehr verstaatlichten Unternehmungen und in weiterer Folge davon auch die Vollbeschäftigung in der übrigen Volkswirtschaft. Diesen Gründen sieht man das Kompromiß-Kombinat der beiden Großparteien an.

Die *Sozialistische Partei* forderte in Überwechslung von ihrem alten Prinzip der Sozialisierung nach dem Ersten Weltkrieg die *Verstaatlichung der Schlüsselunternehmungen* in der Volkswirtschaft, wie dies im Programm vom 17. Mai 1946 in Punkt 4 deutlich sichtbar ist: „Planung und Demokratisierung der Volkswirtschaft, Verstaatlichung bzw. Kommunalisierung oder Vergenossenschaftung von Banken und Versicherungsanstalten, Bergwerken, Ölgruben, Kraftwerken und Großunternehmungen der Eisen-, Stahl-, Metall-, Baustoff- und chemischen Industrie sowie von Großunternehmungen der Lebensmittelproduktion."

In gleicher Weise forderte auch das fortgeschrittene Programm der Sozialisten vom Jahre 1958 wieder die Verstaatlichung von Unternehmungen, um „die wirtschaftliche Abhängigkeit der Arbeitenden von der kapitalistischen Herrschaft über die Produktionsmittel zu beenden und den Weg zur klassenlosen Gesellschaft zu öffnen". „Die Sozialisten wollen dieses Ziel durch Wirtschaftsplanung und durch demokratische Kontrolle der Verfügungsgewalt über die Produktionsmittel sowie durch die Verteilung des volkswirtschaftlichen Ertrages erreichen. Sie wollen die wirtschaftlichen Schlüsselunternehmungen in eine Gemeinwirtschaft einordnen und die Macht der Manager in Wirtschaft und Verwaltung der Demokratie unterordnen".

Daß die Sozialisten die Verstaatlichung als Durchgangsstadium für eine spätere echte Sozialisierung der Unternehmungen anstrebten, wird immer angedeutet.

Die *Österreichische Volkspartei* stimmte den zwei Verstaatlichungsgesetzen zu, um als weiteren Schritt das zugleich mit dem ersten Verstaatlichungsgesetz verabschiedete Gesetz über die Errichtung von Werksgenossenschaften in Kraft zu setzen und für manche der verstaatlichten Unternehmungen die neue Form der Werksgenossenschaften zu schaffen, an denen die Mitarbeiter auch Genossenschaftsrechte und dadurch sogar Unternehmerqualität erhalten.

Das beiden Parteien gemeinsame Motiv war die erhoffte Übergabe der von der russischen Besatzungsmacht verwalteten Unternehmungen ehemals deutschen Eigentums an den österreichischen Staat.

Als unabänderliches Ergebnis kann durch die zwei Verstaatlichungsgesetze die *Entmachtung der privaten Wirtschaft* und die *wirtschaftliche Machtanreicherung des Staates* festgehalten werden.

Gerade die integrativen Wirtschaftszweige haben den größten Staatsanteil und geben daher dem Staat den übermächtigen Einfluß auf das gesamte volkswirtschaftliche Geschehen.

Der Entwicklungsgang der Wirtschaftsordnung ließ den Staat durch seine Unternehmungen zum *kräftigsten Machthaber der Volkswirtschaft* werden.

Der staatliche Anteil an den österreichischen Aktiengesellschaften kann an der Zahl der Aktiengesellschaften und am Grundkapital dieser gemessen werden.

Von allen österreichischen Aktiengesellschaften hat der Staat 76,9 %: das ist die *wirtschaftliche Übermacht des Staates auf der Ebene der Aktiengesellschaften.*

Ein weiteres Symptom der wirtschaftlichen Macht der staatlichen und verstaatlichten Unternehmungen ist in der beinahe totalen Herrschaft über die Grundstofferzeugung der österreichischen Volkswirtschaft gegeben.

Verstaatlichte Grundstoffindustrie (1959)

Förderung und Erzeugung in % der österreichischen Erzeugung

100 Kupfer- und Bleizinkerz	95,6 Rohstahl
99,6 Eisenerz	93,0 Erdöl
99,4 Roheisen	85,5 Stein/Kohle
99,0 Erdgas	85,0 Elektrizität
95,6 Braunkohle	69,3 Aluminium

nach: Mensch und Staat, Handbuch der österreichischen Politik, hrsg. v. B. Pittermann, Wien 1962, Bd. 2, S. 143.

Da die *Grundstoffindustrie durch* die Preise der Rohstoffe und noch stärker durch die sonstigen Lieferbedingungen wie Lieferfristen und Qualitätsbestände die weitere Erzeugung in der Produktionsqualität und bei langen Lieferfristen auch in den Erzeugungskosten beeinflußt, betätigt sie eine unausweichliche Einflußnahme, die des öfteren bis zu einem neuen Hörigkeitszustand führt und gar nicht selten eine „neuzeitliche Autotradition“ verursacht.

Wie die staatliche Verfügung über die Grundstofferzeugung vom Erzeugungsgang her das gesamte Industriegeschehen mitgestaltet und beherrscht, so geht von den *verstaatlichten Großbanken* der Einfluß von oben her, vom Kredit auf noch breiterer Ebene und in noch eindringlicherer Nachhaltigkeit auf das gesamtvolkswirtschaftliche Geschehen ein.

Das Erste Verstaatlichungsgesetz übereignete die Bank Creditanstalt-Bankverein (gegründet 1855), die Österreichische Länderbank A. G. (gegründet 1880) und das Österreichische Creditinstitut (gegründet 1869) in die staatliche Wirtschaftsmacht, nachdem schon die Creditanstalt zufolge ihres Zusammenbruches am Beginn der dreißiger Jahre durch die Sozialisierung ihrer Schulden dem Staat zufiel, ein Zustand, der in der deutschen Besetzungszeit wieder in eine Reprivatisierung verändert wurde.

Die drei verstaatlichten österreichischen Großbanken haben im österreichischen Bankensektor weitaus das Übergewicht.

In der Zahl der Bankunternehmungen haben die verstaatlichten Banken den minimalen Prozentanteil von 6,5. Im Gegengleich haben die verstaatlichten Banken einen Filialbetriebsanteil von 77,2 %. Dieses Zahlenpaar allein weist eindeutig auf die monopoloide Machtstellung der verstaatlichten Banken hin, denn nur 6,5 % der Bankunternehmungen führen 77,2 % aller Zweigstellen. Dies ist die beinahe totale Durchdringung der österreichischen Volkswirtschaft durch die verstaatlichten Banken.

All diese Machtsphären des Unternehmerstaates zeigen sich in der volkswirtschaftlichen Kapitalfülle des staatlichen Anteiles am gesamten österreichischen Aktienkapital (76,9 %). Eine solche Kapitalfülle und wirtschaftliche Machtkonzentration gab es bisher in keiner Phase des privaten Kapitalismus in Österreich. *Diese Finanzgewalt brachte nur der Kapitalist Staat zuwege.*

(O. Grünwald: Die Beteiligungsgesellschaften der verstaatlichten Großbanken, in: Die Verstaatlichung in Österreich, Berlin 1964, S. 477 ff.)

Wenn der Unternehmerstaat Österreich einen Anteil am Sozialprodukt von 30 % leistet, so wird dieser Anteil durch seine Wirkung überhöht. Die staatlichen Unternehmungen setzen den Staat in die organisatorische Mitte der österreichischen Volkswirtschaft, von der alle dirigierenden Einflußströme radial in die gesamte Volkswirtschaft ausströmen. *Der Staat ist der machtvolle Gewalthaber der österreichischen Volkswirtschaft.*

Vor diesem Gewalthaber warnte in der Ersten Republik kein geringerer als Otto Bauer, der Führer der österreichischen Sozialdemokraten. Er führte hiezu folgendes aus:

Öffentliche Unternehmungen und Betriebe:
Bund, Länder, Gemeinden

	Bund:	
10	Monopol-Unternehmungen mit Grundkapital	10,6 Milliarden
257	Kapitalbeteiligungen mit Grundkapital	7,3 Milliarden
256	Betriebe	nicht ausgewiesen
38	Verstaatlichte Unternehmungen	16,7 Milliarden
561	Staatliche Unternehmungen und Betriebe	34,6 Milliarden
108	Konzern-Unternehmungen verstaatl. Banken	3,2 Milliarden
669	Unternehmungen im Einflußbereich des Bundes	37,8 Milliarden
45	Beteiligungsunternehmungen staatl. Konzern-U.	
714	Unternehmungen und Betriebe/Bund	37,8 Milliarden
	Länder:	
200	Unternehmung und Betriebe/Gemeinden	5,0 Milliarden
871	Unternehmungen und Betriebe	10,0 Milliarden
1785	Unternehmungen und Betriebe in öffentl. Hand	52,8 Milliarden S
	Effektkapital: 2fach bis 3fach	150,0 Milliarden S

„Wer soll die verstaatlichte Industrie verwalten? Die Regierung? Durchaus nicht!

Wenn die Regierung alle möglichen Betriebe beherrscht, dann wird sie dem Volk und der Volksvertretung gegenüber allzu mächtig. Zugleich würde die Regierung die vergesellschaftete Industrie schlecht verwalten, denn niemand verwaltet Industriebetriebe schlechter als der Staat" (Otto Bauer: Der Weg zum Sozialismus, Wien 1919, S. 57).

Diese wirtschaftliche Übermacht läßt den Staat mit Recht als den *wirtschaftlichen Leviathan* ansprechen:

„Keine Macht gibt es, die ihm vergleichbar wäre."
Job 41, 24: Motto für Hobbes' „Leviathan".

cc) Freie und gebundene Marktordnung

Wegen des allgemeinen Sicherungsstrebens bildeten sich die in Verbänden organisierten Großgruppen. Die Arbeitnehmer wollen durch ihre Organisationen die Löhne genau so gesichert wissen, wie die Unternehmer der bäuerlichen und gewerblichen Wirtschaft durch ihre Verbände die Preise ihrer Waren und über die Preise ihre Gewinne und ihren Unternehmerlohn gegen allfällige Gefährdungen geschont wissen wollen. Daher ist es verständlich, daß alle Großorganisationen trotz des Prinzips der freien Marktordnung in verschiedener Weise über ein zugerichtetes Angebot oder eine manipulierte Nachfrage oder auch direkt durch Preisgestaltung auf den Markt einwirken. Dadurch binden sie die Marktvorgänge und die Marktordnung wird eine teilweise gebundene. Die Bindung und Zurichtung der Marktprozesse bezweckt die Ausschaltung von Marktrisken mit dem Ziel: Sicherung des Einkommens; aus diesem Streben wurde *die bisher freie Marktordnung zu einer sozial gebundenen Marktordnung veredelt.*

Für die Marktordnung gelten demnach zwei gegensätzliche Formprinzipien: das *Prinzip des freien Marktes* und das *Prinzip des sozial gebundenen Marktes.* Diese in sich widerspruchsvolle Marktordnung ist für manche Waren und Dienstleistungen eine freie Marktordnung mit freier Konkurrenz und für andere Waren und Dienstleistungen eine im Angebot, in der Nachfrage oder unmittelbar in den gesetzten Preisen gebundene Marktordnung. Diese veredelte Marktordnung fügt sich folgerichtig in die sozial gebundene Wirtschaftsordnung ein.

α) Die Freiheit am Markt

αα) Die Maxime des freien Marktes

Der freie Markt gibt „jedermann" die Berechtigung: „die Märkte mit allen im Verkehr gestatteten Waren zu beziehen" (§ 62: Gewerbeordnung vom 20. Dezember 1859). Die Märkte können „nach der Gattung" der Waren verschieden sein, es können allgemeine Märkte oder Sondermärkte für bestimmte Warengattungen sein. Immer aber gilt, die Märkte können von allen Interessenten als Anbietenden oder Nachfragenden frei „bezogen" werden.

Wenn aus isolierten Ortsmärkten zu wenig Anbietende „dem Konsumbedarf nicht entsprechen" können, kann die politische Landesstelle (Landesregierung) anordnen, „daß für die bezüglichen Artikel auswärtige Gewerbetreibende auf den Wochenmärkten zugelassen werden" (§ 67, 2 : GO).

Diese Freiheit der Marktbelieferung gilt auch für Ausländer, denn sie werden „rücksichtlich des Rechtes zum Marktbesuch wie Inländer behandelt" (§ 64), soweit nicht aus Gründen der Reziprozität Abweichungen verfügt werden.

Wie die Freiheit des Marktes für alle Personen, Inländer und Ausländer, gilt, so besteht auch die Freiheit des Marktes über die Grenzen des Staates hinweg. „Die Ausfuhr und die Einfuhr in die Grenzen des österreichischen Zollgebietes unterliegen keiner Beschränkung" — soweit nicht durch das Außenhandelsgesetz oder sonstige Vorschriften anderes festgesetzt ist (§ 1: Außenhandelsgesetz vom 3. Dezember 1956). Da alle Interessenten, Anbietende und Nachfragende aus dem Inland und aus dem Ausland, ohne Behinderung die Märkte beziehen können, gilt die Maxime des freien Marktes.

ββ) Die Maxime der freien Konkurrenz

Die freie Marktbelieferung durch jedermann bringt für die Marktteilnehmer die freie Konkurrenz oder den Wettbewerb in der Preisgestaltung und in der Leistungserstellung. Dieser Wettbewerb wird „grundsätzlich" für die österreichische Volkswirtschaft bejaht (Abg. *Kostron* in der Sitzung des Nationalrates am 11. Dezember 1956). Durch den freien Wettbewerb werden die Preise aus dem Verhältnis von Angebot und Nachfrage frei gebildet. Die Anbieter versuchen in der Konkurrenz mit den eingesetzten Mitteln die bestmögliche Leistung zu erstellen oder eine Leistung mit dem Einsatz der geringstmöglichen Mittel zu erbringen. „Der Wettbewerb ist sicherlich der wichtigste Garant einer Preisgerechtigkeit" oder der Gleichheit von Preis und Leistung (Abg. *Hofeneder* über die Kartellgesetz-Novelle am 26. Juni 1958). Der Wettbewerb läßt die Produktion der Nachfrage entsprechend nach den Bedürfnissen der Käufer orientieren und damit die vorhandenen Kräfte und Güter bestmöglich nutzen *(Hofeneder)*. Der Wettbewerb ist das *Recht:* die erstellten Leistungen mit den „Marktgenossen" frei zu messen. Jeder kann Besseres und Billigeres dem Angebot des Konkurrenten gegenüberstellen. Der Wettbewerb ist aber auch die *Pflicht:* die eigene Leistung mit den Leistungen der anderen zu messen, um so die Gesellschaft am besten und zu den günstigsten Preisen zu versorgen. Die Konkurrenz ist der Garant dafür, daß jede Leistung richtig „honoriert" wird (Abg. *Hofeneder*), und die Garantie dafür, daß die Konsumenten am günstigsten versorgt werden. „Wir wollen, daß der Konsument wählen kann, welche Ware seinen Ansprüchen am ehesten gerecht wird" (Abg. *Dworak* in der Sitzung des Nationalrates am 28. Oktober 1955).

Allerdings wurden auch schon deutlich Bedenken gegen eine freie, unbegrenzte und unbehinderte Konkurrenz angemeldet. Die Konkurrenz kann nämlich einzelne Gruppen gefährden, weshalb sie für solche beschränkt und manipuliert werden muß. Als Leitsatz wird daher herausgestellt: „Die freie Konkurrenz kann gelten, wo sie möglich und im Interesse unseres Gesamtvolkes ist" (Abg. *Kostron* in der Sitzung des Nationalrates am 11. Dezember 1956). Die freie Konkurrenz soll gelten, aber sie soll dort beschränkt werden, wo sie wirtschaftliche Gefährdungen einzelner Wirtschaftsgruppen verursachen könnte.

β) Die Bindung des Marktes

Trotz des Prinzipes vom freien Marktzugang auf der Angebotseite und auf der Nachfrageseite und gegen die Maxime des freien Wettbewerbes am Markt entstand und besteht nunmehr ein vielschichtiges System des gebundenen Marktes. Aus dem allgemeinen Streben nach Gesichertheit mußten viele Prozesse am Markt dem Wettbewerb entzogen und durch entsprechende Manipulationen für die Lohnsicherung und für die Preissicherung zugerichtet werden. Da die verschiedenen Wirtschaftsorganisationen die Sicherung des Einkommens ihrer Mitglieder zum Zweck haben, müssen sie ihren Aktionsbereich auch am Markt durch die Gestaltung des Angebotes oder durch die Prägung der Nachfrage und selbst auch durch die Festlegung der Preise betätigen. Durch das Sicherungsstreben und die Organisationstätigkeit der Verbände aller Art wurde ein *System des sozial gebundenen Marktes* errichtet. Dieses System von Bindungen reicht von der totalen Zurichtung des Marktes im Falle der Not durch die verschiedenen Lenkungsgesetze über mancherlei Behinderungen des Wettbewerbes auf der Angebot- und auf der Nachfrageseite bis zu den Bindungen der Preise und schließlich von der Zurichtung des Agrarmarktes bis zur Regelung der Preise für Agrarprodukte. *Im geltenden System des sozial gebundenen Marktes spiegelt sich die Wirtschaftsgesinnung des allgemeinen Sicherungswillens und die in Verbänden organisierte Trägerschaft der Wirtschaftsordnung.* Die bestehende Wirtschaftsordnung weist sich eben durchgehend als sozial gebundene Wirtschaftsordnung aus.

αα) Die totale Bindung des Marktes im Falle der Not

Im Falle der Not können die beschlossenen Lenkungsgesetze zur Durchführung gebracht werden, wodurch die Rohstoffe nach dem Rohstofflenkungsgesetz vom 4. April 1951 (BGBl 106/1951), die Elektrizität durch das Lastverteilergesetz vom 29. Oktober 1952 (BGBl 207/1952), die Lebensmittel durch das Lebensmittelbewirtschaftungsgesetz vom 18. Dezember 1947 (BGBl 28/1948) vom Staat und den von ihm bestellten Organen in der Erzeugung, in der Verteilung und im Verbrauch gelenkt werden. Zur Ergänzung kann auch die Einfuhr und Ausfuhr von Waren gemäß dem Außenhandelsgesetz vom 3. Dezember 1956 (BGBl 226/1956) der totalen staatlichen Lenkung unterstellt werden. *Der Markt kann der totalen Zurichtung durch den Staat unterstellt werden.*

Für die Sicherstellung der Versorgung wird jeweils der *Bedarf* an Rohstoffen, an Energie und an Lebensmitteln ermittelt. Die entsprechenden Waren und Dienstleistungen entfallen insoferne der *„Beschlagnahme"*, als die Erzeugung nach den Bedarfssicherungsplänen gesteuert, die Lagerhaltung durch Zu- und Abgangsverzeichnisse kontrolliert und die Verteilung nach Zuteilungsschlüsseln vorgenommen wird. Die Preise unterliegen der behördlichen Festlegung und Überwachung.

Diese totale Bindung des Marktes gilt nur dann, wenn die entsprechenden Anordnungen zufolge von Notfällen erlassen werden. *Auf diese Weise ist eine totale Außerkraftsetzung der freien Marktwirtschaft in Österreich möglich.*

ββ) Die beschränkte Bindung des Marktes

(1) Die Regelung von Angebot und Nachfrage

Die Regelung von Angebot und Nachfrage erfolgt von so vielen Seiten, daß eine Registrierung hier unmöglich ist. Es seien daher nur drei Typenbeispiele zu Erläuterung herangezogen: Die Berücksichtigung des Lokalbedarfes zwecks Regulierung des Angebotes, die Sicherung der Nachfrage durch den Kundschafts-Versicherungsvertrag österreichischer Brauereien und die Regelung des Milchmarktes über die Festlegung der Einzugsgebiete und Versorgungsgebiete.

Der übermäßige Wettbewerb kann zur ruinösen Konkurrenz führen, weshalb schon *J. J. Becher* gegen das Polypol Stellung nahm, weil, wie er sagte, die Überzahl der Anbietenden jedem „das Brot wegnimmt". Genau aus solchen Erwägungen stellte sich auch die Gewerbeordnung des Jahres 1859 bei den konzessionierten Gewerben gegen eine etwaige ruinöse Konkurrenz (§ 15 Z. 1 - 4, wie auch § 21 und 21 a), indem bestimmt wurde, daß: die Konzession nur erteilt werden darf, wenn die Lokalverhältnisse die Erteilung einer Konzession zulassen, insbesondere wenn ein Bedarf der Bevölkerung nach Gewerbeausübung vorliegt (§ 21 b). Die Gewerbebehörde muß daher vor der Konzessionserteilung zwecks *Erhebung des Lokalbedarfes* „die zuständige Fachgruppe hören". In gleicher Weise ist auch die Gemeinde des Standortes des Gewerbes zu hören (§ 23 a, 5). Für die Zulassung eines neuen konzessionierten Gewerbebetriebes muß die zuständige Innung über den Lokalbedarf befragt werden. Dies entspricht der Sicherungspolitik der Gewerbetreibenden konzessionierter Betriebe gegen einen ihnen übermäßig erscheinenden Wettbewerb.

Da die entscheidenden Faktoren bei den Meisterprüfungen *handwerksmäßiger Gewerbe* Innungsmeister sind, bestimmen letzten Endes diese, ob sie einen neuen Meister als Konkurrenten zulassen oder nicht.

Das Gewerberecht läßt für manche Gewerbearten eine Regulierung des Angebotes durch die Manipulation der Zahl neuer Gewerbetreibender zu. Das ist Zurichtung des Angebotes am Markt.

Als Beispiel aus der Vielzahl privater Vereinbarungen zur Regelung der Nachfrage, wie sie bei Kartellen und kartellähnlichen Verträgen in dieser oder ähnlicher Form üblich sind, kann der *Kundschafts-Versicherungsvertrag österreichischer Brauereien* nach dem Standc vom Juli 1957 gelten. Die Brauereien wollen ihren bestehenden Kundenstock gegen etwaige Kundenverluste durch verstärkten Wettbewerb gegenseitig schützen, so daß jeder Brauerei der Kundenstock erhalten bleibe. „Die unterzeichneten Brauereien versichern sich gegenseitig wider etwaige Kundenverluste, die sie in ihren österreichischen Absatzgebieten infolge direkter oder indirekter Belieferung durch eine andere Brauerei erleiden sollten. *Für diese Absatzsicherung wird der Wettbewerb ausgeschlossen.*

Wenn eine Brauerei eine „einlageberechtigte Brauerei" abdrängt, entsteht ein Entschädigungsanspruch (§ 1). Um diese Entschädigungsberechtigung erwerben zu können, müssen alle „Bierbezugsverträge" dem Brauereiverband im Original innerhalb von zehn Tagen nach Abschluß bei sonstiger Unwirksamkeit für den Erwerb eines Einlagerechtes eingesandt werden (§ 26). „Verliert eine Verbandsbrauerei eine geschützte Absatzstätte durch Biereinlagern einer anderen Verbandsbrauerei, so hat sie Anspruch auf *Entschädigungsleistung* (§ 32). Die Normalentschädigung beträgt je Hektoliter 58 Schilling (§ 49). Dazu hat der Verband „für jeden einzelnen Fall" eine *Ordnungsstrafe* in der Höhe bis zu 7.500 Schilling aufzuerlegen (§ 73). Die Brauereien sichern sich in zünftlerischer Weise den Kundenstock und jede Veränderung dieses wird durch „Ordnungsstrafe" geahndet. *Der Markt für Bier ist ein gebundener Markt.*

Durch das *Marktordnungsgesetz für die Landwirtschaft* vom 16. Dezember 1958 (BGB 276/1958) wurde der Markt für Milch für die Erzeugungsstätten und Lieferungbetriebe in genau abgegrenzte „Einzugsgebiete" eingeteilt und ebenso für die Versorgung der Konsumenten in „Versorgungsgebiete" zerlegt (§ 9, 2 und 9, 3).

Die Molkereien als Bearbeitungs- und Verarbeitungsbetriebe sind „berechtigt und verpflichtet", von den Erzeugern Milch und Milchprodukte abzunehmen. Die Erzeuger von Milch, die Bauern, sind verpflichtet: „Milch oder Milcherzeugnisse an die Bearbeitungsbetriebe abzuliefern" (§ 9, 2). Einen anderweitigen Verkauf, etwa ab Hof, gibt es eigentlich nicht. *Das gesamte Angebot an Milch wird über die Molkereien geleitet und ist daher gebunden.*

Die Molkereien haben für die Versorgung der Konsumenten ihres Gebietes zu sorgen. Sie allein sind berechtigt und verpflichtet, die ordnungsmäßige Versorgung zu tätigen (§ 9, 3). Sie können von anderen Molkereien Milch oder Milcherzeugnisse erwerben, sie dürfen aber auch einen bei ihnen anfallenden Überschuß an andere Molkereien abgeben. *Das gesamte Absatzgeschehen am Markt für Milch- und Milcherzeugnisse ist von den hiefür bestimmten Molkereien gelenkt und auf diese Weise gebunden.*

Für die Abgrenzung der Einzugs- und Versorgungsgebiete sind die Milchergiebigkeit des Gebietes, die Bevölkerungsdichte und die Leistungsfähigkeit der Molkerei maßgebend (§ 10).

Die gesamte Milchwirtschaft wird über einen vollends gebundenen Markt geleitet.

Im gesamten kann festgehalten werden: die verschiedenartigen und unterschiedlich dichten Bindungen am Markt der österreichischen Volkswirtschaft lassen nur mehr teilweise einen freien Markt mit freiem Wettbewerb bestehen.

(2) Die Regelung der Preise

Die Regelung von Preisen kann durch Kartelle, ähnliche Organisationen oder vom Staat durch das Preisregelungsgesetz vom 5. September 1950 (BGBl 194/1950) vorgenommen werden. Im folgenden sei nur die sehr breit wirkende staatliche Preisregelung in bezug auf die Arten von Waren und Dienstleistungen, auf den Vorgang der Preisregelung und auf die Preisregelung importierter Waren erörtert.

Der staatlichen Preisregelung unterliegen mit verschiedener Wirkung *drei Kategorien* von Waren und Leistungen.

Unbedingt der Regelung der Preise und Entgelte unterliegen Sachgüter und Leistungen, die in der Anlage A des Gesetzes angeführt sind (§ 1, 1) wie beispielsweise: Eisen, Schrott, Stein- und Braunkohle, Koks, Erdöl und seine Derivate, Rohstoffe und Halbfabrikate für pharmazeutische Produkte, Weizen, Roggen, Mahlprodukte, Speiseöle, Schlachtschweine, Rinder und Kälber, Kuhmilch und deren Erzeugnisse, Zucker, Eier und Energielieferungen, wie auch Leistungen von Bäckern, Fleischhauern, Molkereien und Mühlen. *Für all diese „Waren" gilt die staatliche Preisregelung.*

Bedingt unterliegen der Preisregelung die Waren der Anlage B, wenn das Bundesministerium für Inneres im Einvernehmen mit den zuständigen Ministerien nach Anregung durch die Bundeskammer der gewerblichen Wirtschaft, den Österreichischen Arbeiterkammertag oder die Präsidentenkonferenz der Landwirtschaftskammern dies verfügt (§ 1, 2). In der Anlage B werden beispielsweise geführt: Eisenwalzwaren, Mauerziegel, Zement, Oberkleider, Bettwäsche, Gebrauchsgeschirr, Steingut und Zündhölzer. *Diese Waren können der staatlichen Preisregelung unterstellt werden.*

In der *dritten Kategorie* können Waren der staatlichen Preisregelung unterworfen werden, „wenn es die *wirtschaftlichen Verhältnisse erfordern* oder wenn durch künstliche Ausschaltung des Wettbewerbes die Preise hochgehalten werden" (§ 1, 3). Hiefür ist allerdings die Zustimmung des Hauptausschusses des Nationalrates auf Antrag des Innenministers erforderlich. *Dieser Regelung können Waren* unterstellt werden, *die außerhalb der Anlage A und B stehen.*

Im *letzten* können sogar für Waren *„ganzer Berufsgruppen“* Höchstgrenzen des zu fordernden Entgeltes durch Verordnung festgelegt werden, „wenn die Entgelte in einer nicht zu rechtfertigenden Weise hochgehalten werden (§ 1, 4). *Auf diese Weise droht der freien Marktwirtschaft in Österreich unter Umständen eine totale staatliche Bindung.*

Der *Vorgang der Preisregelung* ist im § 2 des Preisregelungsgesetzes vom 5. September 1950 vorgeschrieben. Das Bundesministerium für Inneres kann aus sich oder auf Antrag die Preisprüfung für Waren und Dienstleistungen einleiten. Antragsberechtigt sind die zuständigen Ministerien nach Vorprüfung durch ein Vertretungskollegium der Kammern. Die Prüfung der Preise selbst nimmt die Preisprüfungskommission „auf Grund von Betriebsprüfungen“ vor. Der Preisprüfungskommission gehören unter dem Vorsitz des Bundesministers für Inneres an: die Minister für Handel, Gewerbe und Industrie, für Landwirtschaft, für soziale Verwaltung, für Finanzen und Verkehr wie auch je ein Vertreter der Kammer der gewerblichen Wirtschaft, des Arbeiterkammertages und der Präsidentenkonferenz der Landwirtschaftskammern. Nach der Prüfung durch diese Kommission und nach Ermittlung des zu setzenden Preises erläßt das Bundesministerium für Inneres durch Bescheid oder Verordnung den neuen Preis oder die Preistarife. Zuwiderhandlungen werden mit Geldstrafen bis zu 50.000 S oder mit Arrest bis zu drei Monaten bestraft (§ 5). Dieses Verfahren gilt für alle vier Möglichkeiten der staatlichen Preisverfügungen.

Wenn auch durch diese staatliche Preisprüfung und Preisfestlegung die freie Marktwirtschaft weitgehend beschränkt werden kann, so ist durch die umständliche Prozedur doch eine leichtfertige Anwendung der staatlichen Preisregelung im wesentlichen hintangehalten.

Für *importierte Waren* gelten zusätzliche Preisregelungen, die für Waren, soferne sie im Inland nicht bearbeitet und verarbeitet werden, den „Einkaufspreis zuzüglich der volkswirtschaftlich gerechtfertigten Kosten und Gewinnaufschläge als Kaufpreis festlegen“ (§ 1: Verordnung über Preisbildung für ausländische Waren v. 15 Juni 1935; DRGBl I 881) und die für importierte Lebensmittel den Preis nach einer umständlichen Preisermittlung aus dem Einkaufspreis, der Importspanne und der Schwundvergütung eruieren (Importpreisordnung v. 15. November 1951).

Da das staatliche Preisregelungssystem nicht vollständig zu sein schien, wurde am 28. Februar 1959 (BGBl 49/1959) das *Preistreibereigesetz* erlassen, das die Preistreiberei unter Strafe stellt. Als Preistreiberei gilt, wenn ein Wirtschafter für Waren und Leistungen, die der Befriedigung

75. Aktie der Österreichisch-Alpine-Montangesellschaft: Ausgabe 1926 verbrieft: Anteilsrecht und Recht auf Dividende

Dividenden-coupon Nr. 6 — Zur Aktie Nr. 013,391 — **1931** — 1

Die **Oesterreichisch-Alpine Montangesellschaft** zahlt dem Überbringer dieses Dividendencoupons die durch die Generalversammlung für das Geschäftsjahr **1931** festgesetzte Dividende für die obenbezeichnete Aktie.

Jeder Gewinnanteil, welcher nicht binnen fünf Jahren nach dem Tage, an welchem er zahlbar wird, erhoben wurde, ist zugunsten des Reservefonds verfallen. (§ 46 der Gesellschaftsstatuten.)

Oesterreichisch-Alpine Montangesellschaft.

Dividenden-coupon Nr. 5 — Zur Aktie Nr. 013,391 — **1930** — 1

Die **Oesterreichisch-Alpine Montangesellschaft** zahlt dem Überbringer dieses Dividendencoupons die durch die Generalversammlung für das Geschäftsjahr **1930** festgesetzte Dividende für die obenbezeichnete Aktie.

Jeder Gewinnanteil, welcher nicht binnen fünf Jahren nach dem Tage, an welchem er zahlbar wird, erhoben wurde, ist zugunsten des Reservefonds verfallen. (§ 46 der Gesellschaftsstatuten.)

Oesterreichisch-Alpine Montangesellschaft.

Dividenden-coupon Nr. 8 — Zur Aktie Nr. 013,391 — **1933** — 1

Die **Oesterreichisch-Alpine Montangesellschaft** zahlt dem Überbringer dieses Dividendencoupons die durch die Generalversammlung für das Geschäftsjahr **1933** festgesetzte Dividende für die obenbezeichnete Aktie.

Jeder Gewinnanteil, welcher nicht binnen fünf Jahren nach dem Tage, an welchem er zahlbar wird, erhoben wurde, ist zugunsten des Reservefonds verfallen. (§ 46 der Gesellschaftsstatuten.)

Oesterreichisch-Alpine Montangesellschaft.

Dividenden-coupon Nr. 7 — Zur Aktie Nr. 013,391 — **1932** — 1

Die **Oesterreichisch-Alpine Montangesellschaft** zahlt dem Überbringer dieses Dividendencoupons die durch die Generalversammlung für das Geschäftsjahr **1932** festgesetzte Dividende für die obenbezeichnete Aktie.

Jeder Gewinnanteil, welcher nicht b[illegible]en fünf Jahren nach dem Tage, an welchem er zahlbar wird, [illegible]ben wurde, ist zugunsten des Reservefonds verfallen. (§ [illegible] Gesellschaftsstatuten.)

Oesterreichisch-Alpine Montangesellschaft.

Dividenden-coupon Nr. 10 — Zur Aktie Nr. 013,391 — **1935** — 1

Die **Oesterreichisch-Alpine Montangesellschaft** zahlt dem Überbringer dieses Dividendencoupons die durch die Generalversammlung für das Geschäftsjahr **1935** festgesetzte Dividende für die obenbezeichnete Aktie.

Jeder Gewinnanteil, welcher nicht binnen fünf Jahren nach dem Tage, an welchem er zahlbar wird, erhoben wurde, ist zugunsten des Reservefonds verfallen. (§ 46 der Gesellschaftsstatuten.)

Oesterreichisch-Alpine Montangesellschaft.

Dividenden-coupon Nr. 9 — Zur Aktie Nr. 013,391 — **1934** — 1

Die **Oesterreichisch-Alpine Montangesellschaft** zahlt dem Überbringer dieses Dividendencoupons die durch die Generalversammlung für das Geschäftsjahr **1934** festgesetzte Dividende für die obenbezeichnete Aktie.

Jeder Gewinnanteil, welcher nicht binnen fünf Jahren nach dem Tage, an welchem er zahlbar wird, erhoben wurde, ist zugunsten des Reservefonds verfallen. (§ 46 der Gesellschaftsstatuten.)

Oesterreichisch-Alpine Montangesellschaft.

Dividenden-coupon Nr. 11 — Zur Aktie Nr. 013,391 — **1936** — 1

Die **Oesterreichisch-Alpine Montangesellschaft** zahlt dem Überbringer dieses Dividendencoupons die durch die Generalversammlung für das Geschäftsjahr **1936** festgesetzte Dividende für die obenbezeichnete Aktie.

Jeder Gewinnanteil, welcher nicht binnen fünf Jahren nach dem Tage, an welchem er zahlbar wird, erhoben wurde, ist zugunsten des Reservefonds verfallen. (§ 46 der Gesellschaftsstatuten.)

Oesterreichisch-Alpine Montangesellschaft.

Dividenden-coupon Nr. 14 — Zur Aktie Nr. 013,391 — **1939** — 1

Die **Oesterreichisch-Alpine Montangesellschaft** zahlt dem Überbringer dieses Dividendencoupons die durch die Generalversammlung für das Geschäftsjahr **1939** festgesetzte Dividende für die obenbezeichnete Aktie.

Jeder Gewinnanteil, welcher nicht binnen fünf Jahren nach dem Tage, an welchem er zahlbar wird, erhoben wurde, ist zugunsten des Reservefonds verfallen. (§ 46 der Gesellschaftsstatuten.)

Oesterreichisch-Alpine Montangesellschaft.

Dividenden-coupon Nr. 16 — Zur Aktie Nr. 013,391 — **1941** — 1

Die **Oesterreichisch-Alpine Montangesellschaft** zahlt dem Überbringer dieses Dividendencoupons die durch die Generalversammlung für das Geschäftsjahr **1941** festgesetzte Dividende für die obenbezeichnete Aktie.

Jeder Gewinnanteil, welcher nicht binnen fünf Jahren nach dem Tage, an welchem er zahlbar wird, erhoben wurde, ist zugunsten des Reservefonds verfallen. (§ 46 der Gesellschaftsstatuten.)

Oesterreichisch-Alpine Montangesellschaft.

Dividenden-coupon Nr. 15 — Zur Aktie Nr. 013,391 — **1940** — 1

Die **Oesterreichisch-Alpine Montangesellschaft** zahlt dem Überbringer dieses Dividendencoupons die durch die Generalversammlung für das Geschäftsjahr **1940** festgesetzte Dividende für die obenbezeichnete Aktie.

Jeder Gewinnanteil, welcher nicht binnen fünf Jahren nach dem Tage, an welchem er zahlbar wird, erhoben wurde, ist zugunsten des Reservefonds verfallen. (§ 46 der Gesellschaftsstatuten.)

Oesterreichisch-Alpine Montangesellschaft.

76. Alpine-Aktie: Beiblatt mit Dividenden-Coupons

lebenswichtiger Bedürfnisse dienen, „offenbar übermäßiges Entgelt fordert, annimt oder verspricht" (§ 1, 1). Als „übermäßig" gilt ein Entgelt, wenn es „einen amtlich geregelten Preis übersteigt" oder „den jeweils üblichen Preis erheblich überschreitet" (§ 1, 3).

Die Bestrafung der Preistreiberei kann je nach Ausmaß durch die Behörde oder die Gerichte erfolgen. Wenn die Preistreiberei „öffentliches Ärgernis zu erregen vermag", kann der Betrieb gesperrt (§ 9 a) oder im Wiederholungsfall sogar auf Verlust der Gewerbeberechtigung erkannt werden (§ 10). Diese Strafbestimmungen bedrohen die Wirtschafter schon in einem erheblichen Maße, zumal es überaus leicht geschehen kann, daß ein „jeweils üblicher Preis" überschritten und deshalb ein öffentliches Ärgernis „organisiert" wird.

Das gesamte staatliche Preisregelungssystem läßt immer noch freie Marktsektoren bestehen, so daß die geltende Marktordnung als Mischsystem von Freiheit und Bindung der sozial gebundenen Wirtschaftsordnung ganz und gar entspricht.

$\gamma\gamma$) Der gebundene Agrarmarkt und die geregelten Agrarpreise

Da die Landwirtschaft durch die Naturabhängigkeit der Erzeugung und durch den jahreszeitlich bedingten Erzeugungsrhythmus zur Anbauzeit eine Marktschwäche auf der Nachfrageseite und zur Erntezeit eine solche auf der Angebotseite hat, kann sie ohne Marktzurichtung und Preisregulierung keinen gesicherten Bestand und keinen geordneten Fortgang finden. Die Landwirtschaft hatte daher frühzeitig die Selbsthilfe in ihrem Genossenschaftssystem aufbauen müssen. Da auch dieses nicht ausreichte, mußte der Staat mit seiner Agrarpolitik eingreifen. Nach langen Versuchen kam es zu einem agrarpolitischen Konzept, das im Landwirtschaftsgesetz vom 13. Juli 1960 (BGBl 155/1960) festgehalten ist.

Der *Zweck* der Marktbindung und der Preisregelung wird im Gesetz ausführlich nach zwei Richtungen hin festgehalten: für die *Versorgung der Bevölkerung* und die *Sicherung des Bauernstandes*. Das System der Agrarmarktregelung hat den *einen* Zweck, „der Bevölkerung die bestmögliche Versorgung mit Lebensmitteln zu sichern" (§ 2, 1). Der *andere* Zweck wird ausführlich umschrieben: Es sollen die „naturbedingten Nachteile gegenüber anderen Wirtschaftszweigen ausgeglichen werden" und des weiteren soll „die Produktivität und die Wettbewerbsfähigkeit der Landwirtschaft erhöht" werden. Auf diese Weise soll „ein wirtschaftlich gesunder Bauernstand erhalten" und „der Landwirtschaft die Teilnahme an der fortschreitenden Entwicklung der österreichischen Volkswirtschaft gesichert" werden (§ 2, 1).

Die Maßnahmen der Agrarmarktpolitik richten sich auf die fallweise Korrektur des Angebotes von Agrarprodukten durch Interventionskäufe und auf die Festlegung von Preisen für Agrarprodukte. Zu diesem Behufe kann das Bundesministerium für Inneres im Einvernehmen mit dem Bundesministerium für Land- und Forstwirtschaft *Richtpreise* für Agrarprodukte setzen (§ 4, 1). Die Richtpreise „können in der Form von *Preisbändern*" (Festsetzung einer Ober- und einer Untergrenze) festgehalten sein.

Um solche Richtpreise halten zu können, ist eine staatliche *Manipulation des Angebotes* durch Erhöhung oder Verminderung der Einfuhr, durch Vermarktung eingelagerter Waren oder durch Interventionskäufe zwecks Verminderung des Angebots vonnöten. Diese verstärkte oder verminderte Marktbeschickung kann immer nur „nach Maßgabe der jeweiligen finanziellen Möglichkeiten" erfolgen (§ 4, 2), wodurch die Marktmanipulation wieder eng begrenzt wird.

Zur Durchführung der Manipulationen von Angebot und Nachfrage wurden im *Marktordnungsgesetz* vom 16. Dezember 1958 (BGBl 276/1958) *Ausgleichsfonds* geschaffen, die die entsprechenden Maßnahmen zu finanzieren haben. So wurde im Marktordnungsgesetz der *Milchwirtschaftsfonds* (§ 3, 19), der *Getreideausgleichsfonds* (§§ 20 - 32) und der *Viehverkehrsfonds* (§§ 33 - 39) geschaffen, die alle in ihren Sparten die staatlichen Marktzurichtungen ermöglichen und unterstützen sollen.

Für die *Festlegung der Richtpreise* wurde im Motivenbericht zum Landwirtschaftsgesetz (Sten. Prot. d. Nationalrates, IX. Ges. Per. Beil. 233) eine *Kalkulationsgrundlage mit einem Kostenrahmen* vorgelegt. Dieser umfaßt folgende Posten: den *Personalaufwand,* in dem auch die Lohnanteile des Betriebsleiters (des Bauern) und der mitarbeitenden Familienmitglieder einbezogen sind, und den *Sachaufwand,* dem die Amortisation der Betriebsanlagen zugerechnet wird.

Für die Lohnermittlung des Bauern und seiner Familien-Mitarbeiter werden den sozialen Gegebenheiten von heute entsprechend, der Lohn eines „Wirtschafters" (Landwirtschaftsmeisters) „zuzüglich eines entsprechenden Zuschlages für die selbständige Führung des Betriebes" für den Bauern und der Lohn eines landwirtschaftlichen Facharbeiters für die mitarbeitenden Familienmitglieder zur lohnbestimmenden Norm genommen. *Die Löhne der Angestellten und Arbeiter bestimmen normgebend das Einkommen des bäuerlichen Unternehmers und seiner mitarbeitenden Familienangehörigen.*

Die staatliche Agrarmarktordnung beschränkt den freien Markt für Agrarprodukte auf ein Minimum und bindet das Angebot und die Preise für Agrarerzeugnisse so, wie es eben der sozialgebundenen Wirtschaftsordnung entspricht.

Das gesamte System der sozial gebundenen Marktordnung spiegelt in formgerechter Weise die sozial gebundene Wirtschaftsordnung, wodurch Marktordnung und Wirtschaftsordnung eine durchgehende Einheit sind.

d) Das Recht als Spiegel der sozial gebundenen Wirtschaft

Bis weit in die Gegenwart herein galt das Prinzip vom gleichen Recht für alle und die Maxime vom einheitlichen Recht, dem alle „Untertanen" als „Rechtsunterworfene" unterstellt sind. Diese Maxime besteht zwar noch, jedoch mit Einschränkung, daß jeder „seinem Gruppenrecht" unterstellt ist. Vollständig verändert hat sich aber das System des „allgemeinen", für jeden in gleicher Weise wirksamen Rechtes. Die Rechtseinheit ging mit der Entwicklung zur pluralistischen Gruppengesellschaft vielfach wieder verloren, weil die organisierten Großgruppen Sonderrechte mit beachtlichen Privilegien für ihre Mitglieder zu erreichen verstanden. *Die pluralistische Gruppengesellschaft brachte die Zergliederung des allgemeinen, für alle gleichen Rechtes und die Entwicklung eines pluralistischen Gruppenrechtes.*

Das Eigentumsrecht machte die Gesellschaftsentwicklung von der Gesellschaft der Iche zur Gesellschaft in gebundenen Gruppen durch. Vom absoluten Eigentumsrecht mit der Befugnis, über die im Eigen stehenden Sachen „nach Willkür" zu verfügen, blieb durch die verschiedenen Bindungen mit „sozialen Hypotheken" und „gemeinschaftlich bedingten Auflagen" vielfach nur ein mehr oder minder engeres oder breiteres Nutzungsrecht über. Aus der Geschichte der Rechtsentwicklung drängen sich Bilder wie das vom Obereigentum und Untereigentum wieder auf. Die Eigentumsrechtsbeschränkungen in der Gegenwart gehen gar nicht selten so weit, daß man von einer nuda proprietas zu sprechen versucht wird. Ja, es gibt gar nicht wenige, die von der Bedrohung des Eigentumsrechtes reden. *Die Gesellschaftsentwicklung mit dem vielfältigen Verbändesystem brachte ein gebundenes und beschränktes Eigentum.*

aa) Die Vielfalt der Gruppenrechte

Als die Gesellschaftsentwicklung die vielen einzelnen zu deren Schutz wieder zusammenführte, entwickelte sich für die so entstandenen Gruppen aus ihrem gemeinsamen Interesse jeweils ein eigenes Schirmrecht. Aus dieser Gruppenintegration entstanden wieder „Ständerechte" als Gruppen- und Verbandsrechte, so daß sich die vom Landesfürsten mühevoll geschaffene Rechtseinheit für alle Untertanen und die vom Liberalismus auf Grund des individualistischen Naturrechtes vertretene Auffassung vom gleichen Recht für alle wieder aufzulösen begann. *Aus und neben dem allgemeinen Recht entwickelten sich viele Gruppenrechte mit gar nicht wenigen Privilegien für die Verbandsmitglieder der jeweiligen Gruppen.*

Das *neue Bauernrecht* bildete sich direkt aus dem notwendigen Bestreben, die gesellschaftliche Abseitsstellung des Bauerntums und die wirtschaftliche Bedrängnis der Landwirtschaft zu beheben. Von neuem entstand wieder ein, wenn auch anders geformtes Schutz- und Schirmrecht der Bauern.

Das Landwirtschaftsgesetz mit dem „Grünen Plan" und das Marktordnungsgesetz brachte in Verbindung mit dem Genossenschaftsrecht den Bauern und der Landwirtschaft eine eigene, nur für sie geltende Marktordnung und daher ein eigenständiges Schutzrecht für das bäuerliche Einkommen, für das sogar eine Preiskalkulation mit eigenartigem Kostenrahmen vorgesehen wurde. *Durch dieses Bauernrecht wurde die Landwirtschaft wieder aus dem allgemeinen Wirtschaftsverkehrsrecht herausgenommen.* Die Bauern haben das Privileg des eigenständigen Einkommensschutzes.

Diesem Sonderrecht stehen beachtlich viele Sonderverpflichtungen der Bauern und ihrer Höfe und des landwirtschaftlich genutzten Bodens gegenüber. Die landwirtschaftlich genutzten Böden unterliegen im Verkehr dem eigens für die Bauern zum Schutz gegen Bodenspekulationen geschaffenen Grundverkehrsrecht. Für den landwirtschaftlich genutzten Boden werden Sonderbeschränkungen wie Anbauflächenbegrenzungen und Anbauwidmungsbeschränkungen zur Steuerung der mit der Ernte anfallenden Produktionsmenge angeordnet. Dem freien Verkaufsrecht wird nicht selten ein eigener Vermarktungsmodus durch Gesetz (Ab-Hof-Verkauf der Milch) oder durch Genossenschaftsstatut mit Ablieferungszwang und Anlieferungsverpflichtung vorgeschrieben. Die Waldnutzung unterliegt den Sondernutzungsrechten des Forstrechtes mit allen etwaigen Verpflichtungen der Bann- und Schutzwälder, der Schlägerungsrechte und der Aufforstungspflichten. *Aus dieser dargelegten Skizze geht schon deutlich das neue, gesonderte Bauernrecht und Landwirtschaftsrecht hervor.*

Das *Gewerbe-*, *Industrie-* und *Kaufmannsrecht* führte die gewerblichen Unternehmer zunächst in die Vereinsamung des freien Gewerberechtes, in der jeder neben jedem, aber auch gegen jeden stand und die des öfteren durch unlauteren Wettbewerb zur ruinösen Konkurrenz für viele führte. Aus dieser Abtreibung aus der Gesellschaft und aus der steten Bedrohung der wirtschaftlichen Existenz suchten viele wieder einen gesellschaftlichen und wirtschaftlichen Zustand mit neuen Bindungen. Mit diesen Bindungen allerdings entstanden wieder neue „Standesrechte". Die Gewerbeordnung schränkte durch ihre den konzessionierten Gewerbearten zugewachsenen neuen Typen des handwerksmäßigen und des gebundenen Gewerbes die Befugnis der Gewerbeausführung für einen enger begrenzten und so aber privilegierten Personenkreis ein. Dem besonderen staatlichen Schutz wurden auch die geistig schöpferischen Kräfte im Urheberrecht, im Patentrecht und im Musterschutzrecht unterstellt. Aus all diesen Schutzrechten ergaben sich Vorrechte und berechtigte Begünstigungen.

Daneben wurden die Unternehmer der gewerblichen Wirtschaft mit einer erklecklichen Zahl von Sonderverpflichtungen belastet, wie etwa durch die Betriebspflicht, die Kontraktpflicht und insbesondere durch das Arbeiterschutzrecht, das der ständigen Kontrolle des Arbeitsinspektors unterstellt ist und durch das Baurecht mit seinen vielen sozialbedingten Auflagen, die in Zukunft durch die Abwehr gegen die Umweltverschmutzung noch beachtlich vermehrt werden dürften. *Daraus ist schon die Entwicklung des gesonderten Unternehmerrechtes der gewerblichen Wirtschaft mit den Sonderverpflichtungen deutlich sichtbar.*

Das *Recht der Arbeitnehmer* zeigt eine vielfältige Zerteilung in der Horizontalen und eine mannigfache Vielfalt in der vertikalen Tiefengliederung.

Das allgemeine Arbeitsrecht und das allgemeine Sozialversicherungsrecht hob die Arbeiter aller Kategorien aus der gesellschaftlichen Geworfenheit und der wirtschaftlich steten Bedrohtheit heraus und verlieh ihnen in vielen Belangen einen sozial privilegierten Status mit eigenem Recht und eigenem Gericht. Dieses allgemeine Arbeitsrecht barg im Kollektivvertragsrecht den Spaltpilz der Zerteilung für die einzelnen Gruppen, denen eine weitgehend rechtliche Sonderentwicklung ermöglicht wurde.

In der Horizontalen entstehen so für die einzelnen Gruppen Sondervorteile, die in verschiedenen sozialen, wirtschaftlichen und technischen Gegebenheiten begründet sind. In die Zergliederung auf horizontaler Ebene können auch die Sonderheiten für Männer, Frauen, Jugendliche, Kinder und Familien neben der Zerteilung in die verschiedenen Arbeitszweige gezählt werden. Die vertikale Tiefenschichtung mit Beamten, Angestellten, Arbeitern und Lehrlingen vervollständigt das vielgliedrige System mit den entsprechenden Privilegien für die so entmasste und zergliederte Dienstnehmerschaft. Dies zeigt deutlich die Aufgliederung der *Arbeitersonderrechte*, wie beispielsweise:

Dienstpragmatik für die Beamten vom 25. Jänner 1914 (BGBl. 15/1914)
Angestelltengesetz vom 11. Mai 1921 (BGBl. 272/1921)
Schauspielergesetz vom 13. Juli 1922 (BGBl. 441/1922)
Journalistengesetz vom 11. Februar 1920 (BGBl. 88/1920)
Gutsangestelltengesetz vom 26. September 1923 (BGBl. 538/1923)
Hausgehilfengesetz vom 26. Februar 1920 (BGBl. 111/1920)
Hausbesorgergesetz vom 13. Dezember 1922 (BGBl. 876/1922).

Dieser Spezialisierungstrend setzt sich weiterhin fort, weil nur so den gesonderten Eigenheiten der Arbeits- und Leistungsverhältnisse entsprochen werden kann. *Das geltende Arbeits- und Dienstrecht ist neben dem allgemeinen Arbeits- und Sozialversicherungsrecht ein System vieler Sonderrechte geworden.*

Zu all diesen Sonderrechten der „Neu-Stände" kommen noch die *gesonderten Vertretungsrechte in den Kammern und Verbänden,* die die Eigenheiten und die Sonderheiten der Wirtschaftergruppen noch deutlicher zeigen.

Die schematisierte Einheit des allgemeinen Arbeitsrechtes wurde ergänzt durch die Mannigfalt vieler Sonderrechte. In diesem Spiegel ist aber die in Gruppen organisierte Wirtschaftsordnung wieder zu erkennen.

bb) Die mannigfachen Bindungen des Eigentums

Das Eigentumsrecht machte in der Zeit der sozial gebundenen Wirtschaft mehrere grundlegende Wandlungen durch. Von dem einen Extrem des übermachteten Eigentumsrechtes mit willkürlicher Verfügungsbefugnis über Sachen pendelte die Entwicklung zum anderen Extrem, zur Leugnung des privaten Eigentumsrechtes an Produktionsmitteln durch Enteignung im Wege der Sozialisierung und Verstaatlichung. Im Rückschwung stellte sich inmitten dieser Extreme ein Eigentumsrecht mit neuen Bindungen ein, so daß es heute ein *Eigentumsrecht mit mannigfachen Bindungen* gibt, die den vielen Gruppenbindungen der gegenwärtigen Wirtschaftsordnung entsprechen.

Im Übergang von der freien zur sozial gebundenen Wirtschaftsordnung galt für das Eigentumsrecht noch das Prinzip der ungebundenen Freiheit, dem zufolge mit dem Eigentum als Recht „das Befugnis, mit der Substanz und den Nutzungen einer Sache nach Willkür" verfahren und schalten zu können (§ 354: ABGB vom 1. Juli 1811), gegeben war. *Diese ungebundene Willkür entsprach ganz und gar der freien und ungebundenen Wirtschaftsordnung der freien Marktwirtschaft.*

Diese Willkür in der Verfügung brachte besonders im Eigentum über kapitalintensive Produktionsstätten eine *Übermachtung,* die sich vielfach in Ausbeutungsvorgängen äußerte. Dadurch wurde aber die Reaktion des Sozialismus hervorgerufen, der *das Eigentumsrecht an Produktionsmitteln als Institution leugnete* und zuerst die Sozialisierung und in späterer Entwicklung die Verstaatlichung der kapitalistischen Produktionsanlagen forderte.

Der Austromarxismus unter der Führung von Otto Bauer forderte die Enteignung der Schwerindustrie und die *Sozialisierung* dieser durch

Übereignung an die Gesellschaft, d. h. an die Belegschaften. „Die Sozialisierung der Volkswirtschaft muß mit der Schwerindustrie beginnen. Der Kohlen- und Erzbergbau, die Eisen- und Stahlindustrie werden zuerst vergesellschaftet werden müssen, denn wer über Kohlen und Eisen verfügt, beherrscht die Industrie. *Die Sozialisierung beginnt mit der Enteignung*" (Otto Bauer: Der Weg zum Sozialismus, Wien 1919, S. 5).

Der Enteignung folgte die Übereignung der Produktionsanlagen an die Belegschaften der Werke. Dadurch, so argumentierte der Sozialismus, wird das bisher durch Ausbeutung akkumulierte Kapital durch Expropriation der bisherigen Expropriateure wieder an die „eigentlichen Eigentümer" zurückgegeben. Die Belegschaften allein sind imstande, die Unternehmungen ohne Ausbeutung zu führen. Um einen etwaigen Betriebsegoismus hintanzuhalten, müssen zur Wahrung des Gesamtwohles die Betriebe unter staatliche Kontrolle gestellt, aber nicht verstaatlicht werden, denn wenn die Regierung alle möglichen Betriebe beherrscht, dann würde sie dem Volk und der Volksvertretung gegenüber zu mächtig und zugleich würde die Regierung die vergesellschaftete Industrie schlecht verwalten; „niemand verwaltet nämlich Industriebetriebe schlechter als der Staat" (O. Bauer, ebenda).

Auf Grund dieses Programmes wurde am 14. März 1919 das Gesetz über die Vorbereitung zur Sozialisierung (StGBl. 181/1919) erlassen, in dem verfügt wurde: „Auf Grund des öffentlichen Wohles können geeignete Wirtschaftsbetriebe enteignet werden" (§ 1, 1). Die zur Sozialisierung „reifen Betriebe" sollten durch die Sozialisierungskommission festgestellt werden. Über den Anfang kam diese Kommission im Sozialisierungsversuch nicht hinaus.

Nach dem Zweiten Weltkrieg forderten die Sozialisten die *Verstaatlichung*, um die Schlüsselpositionen der Grundstoffindustrie und der Banken der privaten Verfügungsmacht zu entziehen und sie so zu führen, daß sie dem Gemeinwohl dienen. Dieses Vorhaben wurde im Motivenbericht (Sten.Prot. d. Nationalrates, V. Ges.Per. Beilage 198) wie folgt begründet: „In demokratischer Zusammenarbeit soll der Versuch unternommen werden: Produktionsmittel und arbeitende Menschen zu verbinden, um zu einer gerechten Eigentumsverteilung zu kommen." Auf das hin wurde im Bundesgesetz über die Verstaatlichung von Unternehmungen vom 26. Juli 1946 (BGBl. 168/1946) beschlossen: „Mit dem Inkrafttreten dieses Bundesgesetzes gehen die Anteilsrechte an den in der Anlage genannten Gesellschaften in das Eigentum der Republik Österreich über" (§ 1). Dadurch erlangte der Staat eine einzigartige Unternehmermacht, die über die drei Großbanken und die gesamte Grundstoffindustrie verfügte. *Diese Wirtschaftsmacht des Staates drängte die privaten Eigentums-Unternehmer in den Hintergrund.*

Aus den dialektisch breiten Ausschwüngen in die Prinzipien von willkürlich nutzbarem Eigentum bis zur Aufhebung des Eigentums durch die Enteignung ergab sich eine Synthese mit einem Eigentumsrecht mannigfacher Bindungen. So kamen neue Maximen für das Eigentumsrecht zum Vorschein, die den vielen Gruppenbindungen der Wirtschaftsgesellschaft von heute entsprechen. „Es gibt kein unbeschränktes Eigentum. Eigentum berechtigt, verpflichtet aber auch. Das Recht des Eigentums und der staatliche Schutz, den das Recht genießt, haben dort aufzuhören, wo es beginnt, durch mißbräuchliche Anwendung für die Allgemeinheit schädlich zu werden" (Die Grundsätze und Ziele der Österreichischen Volkspartei, Wien 1919, S. 65 u. 139). Dies stimmt auch noch mit dem Allgemeinen bürgerlichen Gesetzbuch überein, in dem der Paragraph 365 sagt: „Wenn es das allgemeine Beste erheischt, muß ein Mitglied des Staates gegen eine angemessene Schadloshaltung selbst das vollständige Eigentum einer Sache abtreten." *Das Eigentum berechtigt und verpflichtet.*

Die Verpflichtung des Eigentums ist aber nicht für alle Fälle gleich, im Gegenteil, die Verpflichtungsgrade richten sich einerseits nach dem Dichtegrad der Gesellschaft und anderseits nach der Art der Vermögenschaften. Da nämlich auch in der sozialen Wirtschaft das Prinzip der Solidarität gilt, haben die kleinen und dichten Wirtschaftsgemeinschaften für das Eigentum ihrer Mitglieder einen höheren Verpflichtungsgrad als solche mit geringerer Dichte. Daraus ergeben sich die *verschiedenen Verpflichtungsstufen des Eigentums für die einzelnen Wirtschaftsgemeinschaften gemäß ihres Dichtegrades:* Familie, Werksgemeinschaft, Berufsgemeinschaft und Staatsgemeinschaft.

Der volkswirtschaftlichen Bedeutung und *Funktion der verschiedenen Wirtschaftsgüter zufolge ergibt sich eine Stufenreihe der Verpflichtungen* für die wirtschaftlich nutzbaren und verwertbaren Güter, wie Grund und Boden, Roh- und Hilfsstoffe, Wohnhäuser, Betriebsanlagen und Geld (A .Tautscher: Die sozialwirtschaftlichen Verpflichtungsstufen des Eigentums, in: Eigentum und Gesellschaft, Graz 1956, S. 40).

Einer *besonderen Bindung* wurde der *land- und forstwirtschaftliche Boden* nach dem Gesetz über die Veräußerung land- und forstwirtschaftlicher Grundstücke vom 13. Dezember 1919 unterstellt (StGBl. 583/1919). Da durch die wirtschaftlich schlechte Lage der Bauernwirtschaften nach der Auflösung der Grundherrschaften viele Höfe im Wege der Versteigerung „aufgekauft" und ihrer bisherigen Betriebsart entzogen wurden („mit einzelnen Höfen fing es an, bald folgten andere"), lagen schließlich ganze Hochtäler still und verödet (Bericht des Ausschusses für Land- und Forstwirtschaft über Antrag der Abgeordneten *Fink*, *Schoiswohl* u. a., Sten.Prot. d. Konstituierenden Nationalversammlung Beilage 473). „Die Übertragung des Eigentums an einen ganz oder teilweise dem land-

und forstwirtschaftlichen Betrieb gewidmeten Grundstück durch Rechtsgeschäfte unter Lebenden ist nur mit Zustimmung der Grundverkehrskommission zulässig" (§ 1, 1). Diese darf die Zustimmung zur Übertragung von Grundstücken nur geben, „wenn sie dem allgemeinen Interesse an der Erhaltung eines leistungsfähigen Bauernstandes nicht widerspricht" (§ 4). *Der Verkehr mit land- und forstwirtschaftlichen Grundstücken ist nicht mehr frei, sondern gebunden.*

Ähnlich ist die Bindung des Eigentums bei *Erbhöfen*. Einen solchen „kann nur einer, der ‚Anerbe', erben" (§ 3: Gesetz über die besonderen Vorschriften der bäuerlichen Erbteilung vom 21. Mai 1968, BGBl. 106/1958).

Das Eigentum an Grund und Boden ist im Verkehr nicht mehr frei, sondern gebunden.

Die *Bauordnungen* geben dem Eigentum an Baugrund vielerlei Auflagen. „Von der Sorgfalt für das öffentliche und private Wohl geleitet, findet es die Statthalterei für gut, bei dem großen Einfluß des Baustandes auf die Gesundheit, die Gesittung, das Eigentum und die Sicherheit der Staatsbürger darüber fürsorgliche Bestimmungen zur allgemeinen Richtschnur vorzuschreiben" (§ 1: Kundmachung der Statthalterei vom 9. Februar 1857, LGBl. d. Steiermark 5, 1857). Für Neu- und Umbauten muß demgemäß beachtet werden, daß „alle Bauherstellungen: dem Gesundheitswohl der Eigentümer, dem öffentlichen Anstand, der Bequemlichkeit, dem guten Geschmack und dem Recht der Anrainer entsprechen" (§ 3). *Die Bauordnungen brachten mancherlei Beschränkungen für den Eigentümer der Baugründe und Häuser,* so daß kaum noch etwas von der freien Befugnis, nach Willkür zu verfügen, übrig blieb.

Für *Roh- und Hilfsstoffe,* wie sie in der Anlage zum Bundesgesetz über die Lenkung des Verkehrs mit industriellen Rohstoffen vom 4. April 1951 angeführt sind, kann vom zuständigen Ministerium verfügt werden, daß die Erzeugung, Lagerhaltung, Aufbringung und Verteilung der staatlichen Regelung unterstellt werde (§ 2, 1 und § 3, 1). Rechtsgeschäfte, die diesen Bestimmungen entgegen sind, sind nichtig (§ 5). *Die wichtigsten Rohstoffe der industriellen Erzeugung wie auch die Lebensmittel und die Verteilung des elektrischen Stromes unterstehen bei entsprechender Anordnung der staatlichen Lenkung.*

Bedeutungsvolle Auflagen und Eigentumsbeschränkungen verfügte das Gesetz über die Gewerbeordnungsnovelle vom 15. März 1883 (RGBl. 139/1883), dem zufolge alle *Betriebsanlagen* der behördlichen Genehmigung unterstellt und der ständigen Kontrolle des Gewerbeinspektors untergeordnet wurden (Gesetz über die Gewerbeinspektoren vom 17. Juni 1883, RGBl. 117/1883). Daraus ergeben sich Eigentums-Verfügungsbeschränkungen sonder Zahl.

Eine ständige *„Eigentums-Verschmutzung“* ergibt sich gegenwärtig durch die Kaufkraftverdünnung im Wege der schleichenden Inflation, die den Sparern die Realwerte des ersparten Vermögens ständig vermindert. „Aus der Diskrepanz von Gütervolumen und Geldvolumen ergibt sich die Geldentwertung, der mit allen Mitteln entgegengetreten werden muß, sonst verändert sich die gegenwärtige Gesellschaftsordnung“ (Finanzminister Dr. Kamitz in den Erläuterungen zum Bundesvoranschlag 1954, Sten.Prot. d. Nationalrates, VII. Ges. Periode 17. Sitzung, S. 544). *Die schleichende Inflation verdünnt die Kaufkraft des Geldes und vernichtet so das Geldvermögen.*

Diese und viele andere Eigentumsbeschränkungen verengen das Eigentumsrecht und die rund 30 Titel der Enteignung vernichten die Verfügungsbefugnis aus dem Eigentumsrecht. Diese Entwicklung entspricht ganz und gar den vielfältigen Bindungen der sozial gebundenen Wirtschaftsordnung.

Ein Blick in die Zukunft

In der gegenwärtigen Wirtschaftsordnung deuten zwei Ansätze die kommende Entwicklung an: der *überwundene Klassenkampf* und die *Sozialpartnerschaft.* Diese Ansätze sind noch umbrandet von alten Maximen und neu scheinenden Postulaten.

Die alten Maximen stammen noch aus der Mottenkiste des Liberalismus des Jahres 1848. Sie verlangen heute noch eine freie Marktwirtschaft oder lassen die „soziale“ Marktwirtschaft nur als politisches Beruhigungsmittel mit der Begründung gelten: die freie Marktwirtschaft bringe das maximale Sozialprodukt und sei deshalb sozial. Diese Maxime des Liberalismus ist durch die Geschehnisse von mehr als hundert Jahren so weit dem Verschleiß verfallen, daß sie kaum noch Gehör finden kann.

Die neuen Postulate der Links-Extremen scheinen nur neu zu sein, sind in Wahrheit aber ebenso alt wie die Parolen des Liberalismus. Sie stammen aus dem Frühsozialismus vermengt mit marxistischen Elementen und der Machttheorie *Sorels,* von der der Bolschewismus und der Faschismus den Ausgang nahmen. Sie finden nur in einer gesellschaftlich funktionslosen Minderheit ihren Anhang.

In Wahrheit sind beide Gruppen reaktionär. Sie reagieren aber auf Verhältnisse, die schon lange überwunden sind und daher nicht mehr bestehen. Die Liberalen streben noch ein Eigentum mit willkürlicher Verfügungsbefugnis an, obwohl dieses alte Eigentumsrecht schon mit einem System von gesellschaftlichen Bindungen überzogen ist. Die neue Linke will den Klassenkampf wieder anfachen und findet, weil die sozialen Spannungen durch die Bindungen des Eigentums und vor allem das

Eigentum an den Produktionsmitteln überwunden sind, keine Gefolgschaft.

Die Wirtschaftsordnung geht einer neuen Gestaltung entgegen.

1. Der überwundene Klassenkampf

Der Klassenkampf nahm vom Gegensatz der kapitalistischen Unternehmer und der verproletarisierten Arbeiterschaft seinen Ausgang. Die Unternehmer wollten wegen des Strebens nach Gewinnmaximierung minimale Löhne zahlen, die Arbeiter wollten höhere Löhne als das Existenz-Minimum.

Dieser Gegensatz wurde durch die Sozialpolitik und durch das von ihr geschaffene Arbeitsrecht soweit behoben, soweit dies die rechtliche Institution des Kollektivvertrages und des Betriebsrates wie auch die anderen „sozialen Errungenschaften" im Arbeitsrecht zu leisten vermochten.

Die Arbeiter machten mit der Veränderung des Arbeitsinhaltes eine Wandlung in der gesellschaftlichen Funktion durch. Waren sie einst Handlanger für die Maschinenbedienung, so sind sie heute durch den notwendigen Einsatz ihrer ganzen Persönlichkeit mit Wissen, Erfahrung und Verläßlichkeit verantwortungsvolle Mitarbeiter in den hoch technisierten und durchorganisierten Betrieben.

Die Unternehmer wandelten sich von den Angegriffenen zu den Akteuren der Sozialpolitik durch ihre betriebliche Sozialpolitik und soziale Betriebspolitik.

Die Unternehmer und die Arbeiter wissen, daß nur auf der *Grundlage der Arbeitsvereinigung* und nicht aus der Arbeitszerteilung ein verantwortungsbewußtes Zusammenwirken für die Unternehmungen den höchsten Erfolg und daher für die Unternehmer den optimalen Gewinn und für die Mitarbeiter die optimale Entlohnung und die besten Arbeitsverhältnisse garantieren. Das Endstadium dieser Gesellschafts- und Wirtschaftsentwicklung hielt der sozialistische Bürgermeister von Linz, Ernst Koref, in einem Vortrag vor der Gesellschaft für politische Studien am 21. September 1966 im Palais Palffy fest, indem er sagte: „Das Proletariat gehört als politisches Schlagwort endgültig der Vergangenheit an. Der orthodoxe Marxismus mit der Lehre vom Klassenkampf ist von der Entwicklung überholt." *Der Klassenkampf gilt als überwunden.*

2. Der Weg zur Sozialpartnerschaft

Als die klassische Sozialökonomik als Physik des Marktmechanismus die Wirtschaft von allen ethischen und gesellschaftlichen Werten freisetzte, entfesselte sie die Kräfte des Eigennutzes aller in der Hoffnung, dadurch die dauernde Wohlstandssteigerung für alle zu erwirken. Daraus entwickelte sich die wirtschaftliche Leistungsgesellschaft, die anfangs die Ausbeutung der Arbeiter brachte und nun die physische und psychische Erschöpfung der Unternehmer verursacht. Daraus entwickelte sich die Konsumgesellschaft, die alle Menschen durch den „geheimen Verführer" lediglich „zu bedürfnisheischenden Wesen" (Hirsch) werden ließ. Die gegenwärtige Wirtschaft mit dem Leistungsdruck und der Konsumforcierung hat das Koordinatensystem von Mensch und Gesellschaft verlassen und die Wirtschaft vielfach der Dämonie ausgesetzt.

In Erkenntnis dieser abwegigen Entwicklung stellte der Landeshauptmann von Steiermark Friedrich Niederl am Landesparteitag der Österreichischen Volkspartei in Graz am 18. März 1972 fest: „Wir lehnen die hemmungslose Leistungsgesellschaft und die maßlose Konsumgesellschaft ab. Es kommt nämlich hiebei immer auf dasselbe hinaus, ob wir einander den Erfolg des Tages durch Ausschöpfung der physischen und psychischen Reserven abzujagen versuchen und dabei zugrundegehen oder ob möglichst vielen alles genommen wird, damit einige wenige verteilen und dabei selbst gut leben können." „Wenn wir das ausgewogene Verhältnis zwischen Leistungswillen und Lebensfreude nicht finden, sinken wir zu einer Konsumgesellschaft herab, in der wohl viele gute Dinge produziert werden, das Freizeitvergnügen aber bei Drogen und Beruhigungsmitteln endet. Deshalb gibt es nur dann eine Zukunft: Wenn wieder das gesamte Leben des Menschen zur Geltung kommt." *Die Wirtschaft muß wieder an die ethischen, menschlichen und gesellschaftlichen Werte gebunden werden,* soll sie ihren Charakter als Mittelbereitung für den Menschen und die Gesellschaft richtig erfüllen können.

Die mannigfachen Bindungen in der gegenwärtigen Wirtschaftsordnung wirken darauf hin, daß den Menschen die Persönlichkeitswerte erhalten werden, daß die Menschen in den Gemeinschaften, in den Organisationen und Verbänden trotz ihrer Interessengegensätze wieder geeint werden. In den Gemeinschaften erleben sie wieder ihren Partnerschaftscharakter, sie werden Partner. „Partner kommt vom lateinischen ‚pars' — der Teil — und impliziert daher das ‚Ganze' und weist demnach auf die umfassende Gesellschaft hin, der der Partner als Glied angehört. In dieser Gesellschaft der Partner gibt es keinen ‚Herrn' und keinen ‚Knecht', sondern nur Mitarbeiter. *Die Zukunft gehört dieser Gesellschaft der Partner"* (H. Christof Günzel: Gesellschaft der Gleichen oder die Gesellschaft der Partner, in: Österreichische Monatshefte, Blätter für Politik, Kultur und Wirtschaft, Jg. 28, 172, H. 3, S. 12 u. 19).

Diese Erkenntnis wurde als ethische Maxime und als politisches Postulat zum *gesellschaftspolitischen Imperativ.* Dies bestätigte der ehemalige Chef der Sozialistischen Partei Österreichs und Präsident der Sozialistischen Internationale Bruno Pittermann, wenn er sagt: „Der Austro-

Sozialismus hat eine neue Form für die Austragung von Wirtschaftskonflikten gefunden, und zwar die auf freiwilligen Abmachungen beruhende Paritätische Kommission" (in: Zukunft, Sozialistische Zeitschrift für Politik, Wirtschaft und Kultur, Jg. 1972, H. 5, S. 2).

Die Paritätische Kommission ist die oberste Spitze vieler paritätischer Kommissionen in der österreichischen Wirtschaft und in der österreichischen Staatsverwaltung. All diese Kommissionen sind der Ausdruck des schon gewachsenen Systems der Sozialpartner. Durch die Geltung des gesellschaftspolitischen Imperativs der Sozialpartner ist der Weg für eine neue Wirtschaftsordnung freigegeben. Diese neue Phase der Wirtschaftsordnung kündigt sich deutlich an: *dem überwundenen Klassenkampf folgt die Ordnung der Sozial-Partnerschaft.*

Quellen

I. Die herrschaftlich gebundene Wirtschaft

A. Die Wirtschaftsgesinnung

1. Die Arbeit als gottgefällige Persönlichkeitsentfaltung

a) Der Unwert der Arbeit in der antiken Welt

Würdest du auch ein Phidias oder ein Polyklet sein und hättest du eine Menge bewundernswerter Werke geschaffen, so wird zwar jeder, der sie sieht, deine Kunst rühmen, aber keiner von allen wird deinesgleichen zu sein wünschen, solange er bei Sinnen ist; denn so groß du auch in deinem Fache wärst, immer würdest du doch als ein armseliger Handwerker (βάναυσος καὶ χειρῶναξ) gelten, der sein Brot mit seiner Hände Arbeit verdienen muß.

Lucian (geb. um 125 n. Chr.): Der Traum oder Lucians Lebens, 9

Die Weisheit wohnt an einem höheren Ort, sie lehrt nicht die Hände, sondern den Geist.

L. A. Seneca (3 v. - 65 n. Chr.): De providentia, 2

b) Der Weg zur Aufwertung der Arbeit

Setzet eure Ehre darein, ein friedliches Leben zu führen, eure Angelegenheiten zu besorgen und eurer Hände Arbeit zu verrichten, wie wir euch aufgetragen haben. So wandelt ihr in Ehren vor den Außenstehenden und braucht niemanden in Anspruch zu nehmen.

Paulus: 2. Brief an die Thessalonicher, 4, 11 f.

Nicht genug ist der Erweis der Tugend: sich von rechtschaffener Arbeit zu nähren.

Johannes Chrysostomus (354 - 407): Homilien zu Matthäus 14, 2; nach: Patrologia Gr. Bd. 57, Sp. 219 f.

Wie notwendig jedem das tägliche Brot ist, so notwendig ist ihm auch nach Kräften zu arbeiten.

Basilius (um 330 - 379): Regulae fusius tractatae, 37, 2; nach: Patrologia Gr. Bd. 31, Sp. 1012

Was die Arbeit betrifft, so sind sie (in den ägyptischen Mönchsgemeinschaften) auf verschiedene Weise beschäftigt: in Feld und Garten, in Schmiede und Bäckerei, auf Baustellen und in der Walkerei, in der Gerberei und in der Schusterwerkstätte, andere flechten Körbe und wieder andere sind Schönschreiber.

Palladius (gest. vor 431): Historia Lausiaca, 32, 94

Müßiggang ist ein Feind der Seele. Deshalb müssen sich die Brüder zu bestimmten Zeiten mit Handarbeit und wieder zu bestimmten Stunden mit heiliger Lesung beschäftigen (Cap. 48). Wenn es die örtliche Lage (necessitas loci) oder die Armut verlangen, daß die Brüder selbst die Feldfrüchte ernten, so sollen sie darüber nicht ungehalten sein (non tristuntur). Dann sind sie ja in Wahrheit Mönche, wenn sie gleich unseren Vätern und Aposteln von der Arbeit ihrer Hände leben (labore manum vivunt). Doch soll der Schwachen wegen alles mit Maß (mensurate) geschehen (Cap. 48).

Benedikt (480 - 543): Regula monachorum

c) Die Arbeit als gottgefällige Persönlichkeitsentfaltung

Macht euch die Erde untertan!

Genesis, 1, 28

Was wir können, vermögen wir nur durch sein Geschenk (eius munere). Wenn wir davon leben, so leben wir von der Freigiebigkeit dessen, der das Können gab.

Augustinus, Aurelius (384 - 430): De opere monachorum, 27, 35

Die Jünger der Kirche sollen in allen beruflichen Verrichtungen (negotiis necessariis; ἐν πάδαις τῶς χρείαις) fleißig und ohne Nachläßigkeit sein (diligenter sine socordia: ἀόκνως βειτουργεῖν δπουδάξετε). Ihr Gläubigen, seid, wenn ihr nicht in der Kirche seid, täglich und zu aller Zeit (in omni tempore; ἐν παντὶ χρόνῳ) bei euren Arbeiten fleißig (operibus vestris studete), damit ihr Zeit eures Lebens entweder in dem verharret, was Gottes ist, oder bei eurer Arbeit eifrig und nicht müßig seid (non odiosi sitis).

Arbeitet also zu jeder Zeit! Die Faulheit ist nämlich ein unheilbarer Aussatz (irreparabilis labes). Wenn einer von euch nicht arbeitet, so soll er auch nicht essen (si quis autem apud vos non operatur, hic nec manducet)!

Der Herr haßt die Faulen (odit pigros), denn ein Fauler kann nicht ein richtiger Gläubiger sein (non potest esse fidelis).

Didascalia et constitutiones apostolorum, I, 1 u. 5; im 3. Jhdt. abgefaßte Ordnung für die syrische Kirche, hrsg. v. F. X. Funk, Paderborn 1905

Lasset eure Kinder ein für die Frömmigkeit geeignetes Handwerk lernen! Docete filios vestros artifica apta ac salubria ad pietatem!

Didascalia et constitutiones apostolorum, IV, 11, 1

Der Mensch ist eine lebendige Werkstatt, in dauernder und ununterbrochener Tätigkeit. Er ist durch alle und die verschiedenen Wirklichkeiten hin und je nach ihrer gesamten Vielfalt durch sich selbst und kraft seiner Natur im Guten und im Schönen gemäß der Genese eines jeden Seins der Werkmeister, der ihre Prägung zur Einheit führt. Wohl ist er in Mann und Frau geteilt, aber durch seine Natur besitzt er die Kraft: alles als Ganzes zu gestalten.

Die zur Einheit formende Kraft bestätigt sich im Werden der verschiedenen Werke. Sie bringt das Werden zur Vollendung und dadurch offenbart sich das Geheimnis des göttlichen Planes. Sie führt sie schließlich zur Einheit in Gott.

Zu diesem Zweck kommt der Mensch als letztes Wesen, denn er ist das Wesen der physischen Verbindung aller. Er führt alle Elemente zu Gott als ihrer Ursache zurück. Wohl beginnt er mit ihrer Zerteilung, aber er vereinigt sie wieder und führt sie zur letzten Höhe, wo keine Teilung mehr ist. (Dies alles vermag die Arbeit des Menschen.)

Maximus Confessor (gest. 662): Ambigua, 3, 37

nach: Patrologia Gr. Bd. 91, Sp. 1305, bei M. D. Chenu: Die Arbeit und der göttliche Kosmos, aus dem Franz., Mainz 1956, S. 180 ff.

Wir lesen zu Beginn der Welterschaffung, daß der Mensch zum Ebenbild und zur Ähnlichkeit Gottes erschaffen, durch des göttlichen Odems Einhauchung belebt und vermöge des Vorzuges eines solchen Wertes dem übrigen Lebendigen so vorangestellt worden sei, daß er des Verstandes fähig, der Teilnahme an der göttlichen Weisheit, ihrem Rat und Geist würdig befunden, mit freiem Willen begabt, nur seines Urhebers alleinigen Willen achten und sein Gebot verehren soll (S. 4).

Durch den Geist der *Weisheit* erkennst du, daß alles Geschaffene aus Gott hervorgehe und ohne ihn nicht sei,

durch den Geist des *Verstandes* erlangst du die Fähigkeit des Geistes: nach welcher Regel, in welcher Mannigfalt, in welchem Maße du den verschiedenen Werken vorstehen mußt,

durch den Geist der *Überlegung* versteckest du das dir von Gott verliehene Pfund nicht, sondern zeigst es in Bescheidenheit denen, die es lernen wollen,

durch den Geist der *Stärke* beseitigst du alle Erstarrungen der Trägheit und führst alles der Vollendung zu,

durch den Geist des *Wissens* wirst du aus reichem Herzen durch deine Begabung herrschen,

durch den Geist der *Frömmigkeit* wirst du Maß halten, was, für wen, wieviel und auf welche Weise du auch immer schaffst,

durch den Geist der *Gottesfurcht* betrachtest du, wie du nichts aus dir selbst vermagst (S. 149 f.).

Theophilus Presbyter (wahrscheinlich Roger v. Helmarshausen um 1100, Mönch im Benediktinerstift Helmarshausen bei Paderborn): Schedula divisarum artium, übers. v. A. Ilg, Wien 1874, in: Quellenschriften zur Kunstgeschichte, Bd. 7

2. Die auskömmliche Nahrung

a) Die Eigenkirchen der Grundherren

Die Eigenkirche ist ein sachenrechtliches Gebilde und wird vom germanischen Gewere-Gedanken beherrscht. Mittelpunkt ist der mit dem Boden fest verbundene Steinaltar, in dem Reliquien, „der Heilige", geborgen sind. Darüber erhob sich ein Holz- und Fachwerkbau. Alles, was zum Altar-Grundstück gehörte, stand dazu in einem Zubehör-Verhältnis und teilte im Zweifel seine rechtlichen Schicksale: Kirchengebäude und Ausstattung, Kirchhof mit Grabstätten, Pfarrhof mit Garten, Land und Hintersassen, Almenden-Anteil, Zehnten, Stollgebühren und Oblationen. Die Kirche bedurfte natürlich der Weihe, die nur durch den Bischof erfolgen konnte. Der Heilige gab gewissermaßen die Firma für das Ganze.

Das Kirchenvermögen wurde damit zu einem dauernden, zweckgebundenen Sondervermögen, dem Kirchenvermögen des Herrn (res ecclesiasticale). Der Nutzen und Ertrag diente zunächst dem Unterhalt und Betrieb der Kirche, dem Unterhalt des Geistlichen, dem Kirchenbau und den Lichtern. Den Überschuß konnte der Herr behalten. Die geistliche Leitung war Sache des Herrn, der sie selbst oder auch durch einen bestellten Priester ausüben konnte, der häufig ein Knecht, aber seit 819 ein Freier, oft ein zu diesem Zweck Freigelassener war.

77. Werk Zeltweg: Frühform der Fabrik: 1860

Man beachte den gleichen Stil der Rauchfänge wie in der Sensenschmiede Bild 54

78. Steyr-Daimler-Puch AG: Werk Thondorf bei Graz: 1960. In den Werkshallen arbeiten die vielen Gleichen. Der Baustil hat sich ganz und gar verändert

H. E. Feine: Kirchliche Rechtsgeschichte, Weimar 1950, Bd. 1: Die katholische Kirche, S. 134 u. 139

Die Wurzeln des Eigenkirchenwesens sind gemeingermanische und liegen vermutlich im altgermanischen Hauspriestertum des Hausvaters, im Hauskult des Hofherren, der Familien- u. Hofangehörige in der Halle zu gemeinsamem Gottesdienst, Opfer und Mahl, versammelte. Sein letztes christliches Nachleben ist wohl der Herrgottswinkel der Bauernstuben.

H. E. Feine: ebenda, S. 132

b) *Die auskömmliche Nahrung: bene vivere*

Sanccitum est, ut unicuique ecclesiae unus mansus integer absque alio servitio attribuatur, et presbyteri in ei constituti non de decimis neque de oblationibus fidelium, non de domibus neque de atriis vel hortis iuxta ecclesiam positis neque de praescriptio manso aliquod servitium faciant praeter ecclesiasticum. Et si aliquid amplius habuerint, inde senioribus suis debitum servitium impendant.

Es ist festgesetzt:

daß jeder Kirche eine Hufe, ungeteilt und frei von jeder Verpflichtung, zugeteilt werde, daß die Eigenkirchenpriester nicht verpflichtet sein sollen: für den Zehent, für die Gaben der Gläubigen, für die Gebäude, für die Höfe und Gärten, die neben der Kirche gelegen sind, noch für die vorgeschriebene Hufe einen anderen als den kirchlichen Dienst zu leisten, wenn sie aber mehr haben, sollen sie ihren Herren den schuldigen Dienst leisten.

Ludwig d. Fromme: Capitulare ecclesiasticum v. 818/819, Cap. 10, nach: U. Strutz: Geschichte des Benefizialwesens, Berlin 1895, Bd. 1, H. 1, S. 254

Quod si presbyter cum monachis vivere noluerit, tantum ei det abbas de bonis ecclesiae, unde et *bene vivere*, et ecclesiae servitium convenienter valeat ad implere. Quod si abbas facere noluerit, ab episcopo convenienter cogatur, ut faciat. Presbyter vero episcopo suo juste sit subditus, et episcopales redditus persolvat. Quae vero superabundabunt, in usus monasterii sui abbas habeat. Hoc idem in ecclesiis canonicorum observetur.

Wenn ein Priester (einer Eigenkirche) nicht mit den Mönchen (im Kloster) leben will, soll ihm der Abt so viel von den Kirchengütern geben, daß er gut leben und den Kirchendienst entsprechend leisten kann.

Wenn aber ein Abt dies nicht tun will, soll er vom Bischof verhalten werden, dies zu tun. Der Priester sei dem Bischof rechtmäßig untertan und soll die bischöflichen Abgaben erfüllen. Wenn etwas übrig bleibt, soll es der Abt zum Gebrauch des Klosters haben.

Das Gleiche soll auch bei den Kirchen der Kanoniker Geltung haben.

Consilium Juliobonense von 1080, can. 12
in: J .D. Mansi: Sacrorum conciliorum nova et amplissima collectio, Venedig und Florenz 1759, XX, 557;
nach: J. Bombiero-Kremenac: Geschichte und Recht der „Portio congrua"; in: Zeitschrift der Savigny-Stiftung für Rechtsgeschichte, Kan. Abt., Bd. 11, 1921, S. 36

Die „portio congrua" ist jenes Einkommen, welches in bestimmter Höhe zum standesgemäßen Unterhalt der Geistlichen notwendig ist.

nach: U. Strutz: Geschichte des Benefizialwesens, Berlin 1895, Bd. 1, H. 1, S. 254

B. *Die herrschaftliche Gesellschaftsordnung*

1. *Ordnung und Gliederung der Gesellschaft*

a) *Die Ordnung: die Grundlage der Gesellschaft*

Was zusammengesetzt ist, für das ist es notwendig, daß es von einem anderen zusammengesetzt wurde. Denn wie etwas sich nicht selbst erzeugt, so setzt es sich auch nicht selbst zusammen. Was aber von einem anderen zusammengesetzt wird, muß notwendig von einem anderen sein Sein haben (quidquid enim compositur, ab alio componi necessarium est). Alles, was entstanden ist, nimmt ohne Zweifel von einem anderen seinen Ursprung. Unter allem Entstandenen findet sich nichts mehr Zusammengesetztes als der Mensch, der nicht nur ein aus Sein zusammengesetztes Sein hat (qui non solum ex esse compositum habet esse), sondern auch aus Entgegengesetztem zusammengefügt ist. Daher ist es nicht verwunderlich, daß er auch leicht der Auflösung unterliegt.

Otto von Freising (um 1111 - 1158): Gesta Friderici: Chronica sive historia de duabus civitatibus, lib. I, Cap. 5

Was zum Sein strebt, strebt zur Ordnung (haec vero quae tendunt esse, ad ordinem tendunt). Wenn es diese erlangt, erreicht es das Sein, soweit eine Kreatur dies erreichen kann. Die Ordnung ist nämlich die Einheit dessen, was geordnet ist (ordo enim ad convenientiam quandam, quod ordinat). Es gibt kein Sein, wenn es nicht eine Einheit ist. Soweit die Einheit angestrebt wird, soweit besteht die Einheit. Das Einfache ist aus sich selbst, weil es schon eins ist. Was aber nicht einfach ist, wird durch die Übereinstimmung der Teile zur Einheit gebracht. *Die Ordnung gibt das Sein, die Unordnung das Nichtsein* (quare ordinatio esse cogit, inordinatio vere non esse). Diese Verkehrung wird auch corruptio genannt. Wo also etwas korrumpiert wird, da gibt es kein Sein (quidquid igitur corrumpitur, eo tendit ut non sit).

Aurelius Augustinus (384 - 430): De moribus ecclesiae catholicae, lib. II: De moribus Manichaeorum, Cap. 6, in: Patrologia Lat. Bd. 32, Sp. 1348

Der Friede im Bereich des Körperlichen besteht in der geordneten Zusammenstimmung der Teile, der Friede der vernunftlosen Seele in der geordneten Ruhe der Triebe, der Friede der vernünftigen Seele in der geordneten Übereinstimmung zwischen Erkenntnis und Betätigung, der Friede zwischen Leib und Seele im wohlgeordneten Leben, der Friede zwischen dem sterblichen Menschen und Gott in dem geordneten im Glauben bestätigten Gehorsam gegen das ewige Gesetz, der Friede unter den Menschen in der geordneten Eintracht, ... der Friede endlich für alle Dinge in der Ruhe und Ordnung. *Unter Ordnung aber versteht man die Verteilung von gleichen und ungleichen Dingen, die jedem seinen Platz anweist.*

Aurelius Augustinus: De civitate Dei, lib. XIX, Cap. 13,
in: Bibliothek der Kirchenväter, R. I, Bd. 28, S. 228 f.

b) *Die Gliederung der Gesellschaft: geistliche und weltliche Würdenträger*

Am Schluß dieser Erörterungen ist es wohl angebracht, einen Vergleich der weltlichen und geistlichen Würden anzustellen (saecularium adque ecclesticarum comparationem dignitatum), obwohl ich sehr wohl weiß, wie die Ordnungsstufen der Ämter und Mächte bei den Völkern in einzelnen Ländern und auch Zeiten verschieden sind.

Wie das Volk der Römer die Herrschaft über den gesamten Erdkreis innehatte, so hat der Papst die Macht mit dem römischen Sitz des Heiligen Petrus über die ganze Kirche. Mit dem Papst in Rom sind die Kaiser zu vergleichen (comparetur papa Romanus Augustis et Caesaribus), dann kann man mit den Erzbischöfen die Könige vergleichen (deinde archiepiscopos regibus conferamus). Was die Grafen und Präfekten im weltlichen, sind die Bischöfe im kirchlichen Bereich.

So wird aus der Verbundenheit und Zusammengehörigkeit beider Ordnungen das eine Haus Gottes gefügt (una domus Dei construitur) und alle Glieder tragen zum gemeinsamen Erfolg und Nutzen bei (cunctis membris officiorum suorum fructus mutuae utilitati conferentibus).

Walafrid Strabo (um 808 - 849): De ecclesiasticarum rerum ex ordinis et incrementis, Cap. 31: Comparatio ecclesiasticorum ordinum et saecularium, in: Patrologia Lat. Bd. 114, Sp. 983 ff. (Auszug)

c) *Die Gliederung der Gesellschaft im Spiegel der Lex Baiuvariorum*

Der *Herzog,* der dem Volk vorsteht, war immer aus dem Geschlecht der Agilolfinger und sollte es auch sein. Da er Herzog ist, soll ihm auch eine größere Ehre zuteil werden (addatur ei maior honor) als seinen übrigen Verwandten. So werde ein Drittel (III. pars addatur) zu dem dazugeschlagen, womit seine Verwandten gebüßt werden (die bis zum Vierfachen gebüßt werden).

Die *Agilolfinger* aber sollen bis zum Herzog hin *vierfach* gebüßt werden (in quadruplum), weil sie die höchsten Fürsten unter euch sind (quia summi principes sunt inter vos).

Diese Geschlechter (Huosi, Frozza, Fegana, Hahiligga, Amiona) sind sozusagen die vornehmsten nach den Agilolfingern (quasi primi). Ihnen gewähren wir die doppelte Ehre (duplum honorem concedamus) und so sollen sie auch die doppelte Buße haben (tit. III, c. 1).

Die *Freien* haben die einfache Bußgebühr. (Diese werden im tit. IV, c. 1 - 31 aufgezählt.)

Die *Freigelassenen* (quod Frilaz vocant) werden in der Regel mit der halben Buße der Freien gebüßt (tit. V, c. 1 - 9).

Die *Knechte* (Unfreie) werden jeweils schwerer bestraft; z. B.: Niemand soll ein neues Grenzzeichen ohne Zustimmung des anderen oder ohne Aufseher setzen. Wenn dies ein Freier getan hat, der nehme die Strafe der Grenzübertretung auf sich, wie sie im Recht enthalten ist: nämlich 6 Schilling; wenn aber ein Knecht ohne Kenntnis seines Herrn die Tat begangen hat, der empfange 200 Streiche (tit. XII, c. 5 - 7).

Lex Baiuvariorum (744 - 748), lateinisch und deutsch, Faksimile-Ausgabe nach der Ingolstädter Handschrift, hrsg. v. K. Beyerle, München 1926

d) *Die Ethik für die Gruppen der Gesellschaft*

De dominis: Bist du ein *vorgesetzter Herr,* überhebe dich nicht! Gedenke, daß du und dein Untertan einen Herren hast und du gleichsam Mit-Untertan bist (ideo te esse conservum). Achte, daß du deinem Untertanen nicht auflastest, was er nicht tragen kann (quod ferre non possit).

De servis: Bist du ein *Untertan,* sei nicht traurig (noli tristari). Wenn du deinem Herrn treu dienst, wirst du unter allen ein Freigelassener des Herrn, denn wir alle sind Brüder in Christus.

De artificibus: Bist du ein *Handwerker*, dann höre: erkenne, daß du durch die Arbeit Gott ein wohlgefälliges Lob darbringen kannst, wenn du dich bemühst, deine Seele Gott zu widmen und das Gesetz zu erfüllen; das heißt, daß du das Handwerk, wenn es dir zum Lebensunterhalt dient, so ausübst, daß es dir auch für die Seele nützlich ist.

De negotiatoribus: Bist du ein *Kaufmann*, so höre! Wenn es schon so ist, so überlege, ich bitte dich, ein wie gefährliches Amt du für deine Seele gewählt hast und wisse, daß du mit den Betrügern in einem Atem genannt wirst (et scito, te cum praedonibus appelari publicaris). Du fröhnst nämlich keinem geringen Laster, dies bedeutet das Wort, weshalb du von vielen habgierig genannt wirst (quo te a multis vocari audis cupidenarium).

Rather v. Verona (um 800): Praeloquiorum libri sex., lib. I, tit. 3, 5, 12 u. 14; aus: Opera omnia, pars I;
in: Patrologia Lat. Bd. 136, S. 147 ff.

2. Das gesellschaftliche Grundverhältnis: die Treue

a) Das Leben aus Vasallität und Benefizium

Die Elemente, aus denen sich das Lehenswesen in der Karolingerzeit entwikkeln konnte, waren die Vasallität und das Benefizium. Die *Vasallität* war ein personenrechtliches Verhältnis. Sie begründete eine persönliche Beziehung zwischen Herrn und Vasallen. Das *Benefizium* (später feudum, Lehen) stellte ein sachenrechtliches Verhältnis dar. Es war die dingliche Seite des Lehensbandes.

Das persönliche Verhältnis, die Vasallität, entstammte dem gallo-römischen Rechtskreis. Der Vasall (vassus, vasallus, keltisch gwas = Knecht) stand auf Grund eines Ergebungsaktes (commendation) in der Gewalt eines Herrn. Er schuldete diesem Gehorsam. Der Herr übernahm den Schutz und den Unterhalt des Vasallen. Begründet wurde die Vasallität durch die Ergebung.

Als die Franken die Vasallität übernahmen, erfuhr diese verschiedene Umwandlungen und Fortbildungen. Die Vasallität nahm Züge des germanischen Gefolgschaftswesens, insbesondere den Treueid und die Treuepflicht des Mannes gegenüber dem Herrn an.

Der Vasallitätsvertrag verpflichtete den Vasallen zu Diensten gegenüber seinem Herrn. Ursprünglich wurden niedere Dienste (auch bäuerliche Dienste) vom Vasallen gefordert. Später stand der Militärdienst im Vordergrund.

Die Treueverpflichtung war gegenseitig. Auch der Herr, der den Eid empfing, schuldete Treue, so daß der Grundsatz galt: Treue um Treue.

Der Abschluß des Vasallitätsvertrages erfolgte in der Form der Handreichung (Commendation: se commendar = sich ergeben). Der Vasall legte seine gefalteten Hände in die Hände des Herrn und schwur Treue. Der Herr reichte dem Vasallen eine Gabe, mit der er seine Verpflichtung zum Unterhalt und zur Ausrüstung des Vasallen versinnbildete.

Die Vasallität begründete eine höchstpersönliche Beziehung zwischen Herrn und Mann, die mit dem Tod des Herrn (Herrnfall) und mit dem Tod des Mannes (Mannfall) ihr Ende fand.

Schon die Merowinger haben aus dem reichen, ihnen anheimgefallenen Landbesitz Schenkungen an Große zum Lohn für Verdienste und zur Stärkung ihrer politischen Anhängerschaft gemacht. In diesen Landschenkungen liegen schon die Ansätze des Benefiziums. Das germanische Schenkungsrecht begründete eine Bindung des Beschenkten gegenüber dem Schenker. Der Empfänger durfte mit dem geschenkten Gut nur in der Weise verfahren, wie es der Schenker wollte und wie es dem Interesse des Schenkers entsprach. Die Karolinger haben diese Landschenkungen fortgesetzt. Sie bevorzugten hiebei ihre Vasallen.

Schließlich haben sich Vasallität und Benefizium zu einer Einheit verbunden. Aus dieser Verbindung entstand das *Lehenswesen*.

Die ursprünglich nicht staatliche Einrichtung der Vasallität haben die Karolinger in die Reichsverfassung eingebaut. Mit dem Eindringen des Lehenswesens in das öffentliche Ämterwesen im Verlauf des 9. Jahhunderts wurde der Weg des *Lehensstaates* beschritten.

H. Conrad: Deutsche Rechtsgeschichte, Karlsruhe 1954, Bd. 1, S. 148 ff.

b) Der Treueid

Das Volk kommt vor dem Herrn. Die gemeinen Leute sind zahlreicher als die übrigen. Weil sie im Frieden leben möchten, haben sie die Herren geschaffen, um die Starken zu bändigen und zu besiegen und jedem Menschen sein Recht zu geben, so daß ein jeder seinen Verhältnissen entsprechend leben kann, der Arme in seiner Armut und der Reiche in seinem Reichtum.

Um dies in alle Ewigkeit zu sichern, hat sich das Volk einem Herren unterworfen, hat ihm das gegeben, was er besitzt, und hat das behalten, was dem Volk gehört.

Angesichts dessen sollte der Herr seinen Eid dem Volk gegenüber zuerst ablegen, bevor das Volk dies seinem Herrn gegenüber tut. Der Eid des Volkes dem Herrn gegenüber gilt solange, wie der Herr seinen Eid hält.

Coutume de Bayonne (1270);

nach: J. Evans: Das Leben im mittelalterlichen Frankreich, Köln 1960, S. 20

Si senior vasalli sui defensionem facere potest, postquam ei ipse manus suas commendaverit et non fecerit, liceat vasallum eum dimittere.

Wenn der Herr den Schutz eines Vasallen leisten kann, nachdem sich dieser in seine Hand begeben hat, der Herr es aber nicht tut, ist es dem Vasallen erlaubt, ihn zu verlassen.

Capitulare aus dem Jahre 816, Cap. 2;

nach: J. Becker-Dillingen: Quellen und Urkunden zur Geschichte des deutschen Bauern, Berlin 1935, S. 384

Der Treueid des Herzogs

Wenn das Land infolge des Todes seines Erbherren und Fürsten wieder dem Reich ledig wird, dann soll derjenige, dem das Land vom Reich als Lehen gegeben wird („wem es das Reich leicht“), auf das Zollfeld kommen. Dort befindet sich ein Stein, in dem ein Sitz eingehauen ist. In der Nähe wohnt ein Bauerngeschlecht (gepewrisches geslecht), dessen männliche Mitglieder vom alten Recht dazu belehnt sind, daß der Älteste (Eldist) bei der Einsetzung des Herzogs auf dem Stein sitze. Dieses Recht haben sie vom Reiche. Alle „Herren“ im Lande sollen zur selben Zeit um den Fürsten dort versammelt sein.

Nach dem Amt in der Kirche soll man den Fürsten an der Stätte in folgender Weise kleiden: Er soll Hosen von grauem Tuch, rote Bundschuhe und einen grauen, vorn und hinten offenen Rock anziehen, der keinen Kragen hat und ein wenig über die Knie reicht, darüber soll er einen grauen Mantel ohne Fransen haben. Auf dem Haupt soll er einen kegelförmigen (gupphaten) Hut von grauer Farbe tragen.

Mit der einen Hand soll er einen scheckigen Stier und mit der anderen ein weiß und schwarz geflecktes Pferd führen.

Den so ausgestatteten Fürsten sollen zwei Herren von freier Art auf jeder der beiden Seiten zu dem auf dem Stein sitzenden Bauern geleiten. Dieser soll ein Bein auf das andere legen und sich der windischen Sprache (windischer Red) bedienen.

Den Fürsten und seine Begleiter soll der Bauer mit den Worten anrufen:

„Wer ist der,
Den ir mit euch furt her?"

Darauf antworten sie sogleich:

„In hat der Herr gesannt,
Der dez Reichs Vogt ist.
Du solt nu an diser frist
An underlaz und an sawmen
Diesen stul rawmen
Und laz im siczen da!"

Dann spricht der Bauer:

„Dez tu Ich nicht.
Ich werd dann e bericht,
Ob er sein wert sey?"

Dann sprechen die drei:

„Daz gehaizzn wir dir."

Der Bauer spricht weiter:

„Nu sag Mir,
Ob ez umb in also ste:
Daz er Christenleicher Ee
Sey gelaubig und gancz,
Daz chain Verlazer schranez
Seinen Herczen won pey?"

„Ja, dez ist er frey!" sprechen die drei.

Der Bauer fragt weiter:

„So tut Mir mer bechant,
Von im solher Mer:
Ist er ein guter Richter,
Daz er durch lieb, noch durch Haz
An dem gericht sey gehaz?"

Die Drei:

„Ja, daz gehaiz wir dir wol."

Der Bauer:

„Noch mer Ich von im wissen sol
Mag er dicz Lannt
Beschirm vor fraisen,
So daz er witiben und Waisen
Geistlichen lewten und Pfaffen
Guten Frid mag schaffen?"

Sobald sie dies bejahten, muß jeder von ihnen dem Bauern einen Eid schwören, daß sie die Wahrheit sagten .

Jetzt räumt der Bauer den Platz und nimmt das Pferd und den Stier in Besitz. Hierauf muß der Herzog, sobald er den Sitz eingenommen, unverzüglich den Eid schwören:

„Daz er schaff Frid und Suen
Und rechts Gerichts phleg,
Und ab dez Gelauben Weg
Weder strauch noch Vall.“

Nun kommen mit großem Lärm die Herren und beeilen sich, ihr Lehen zu empfangen. Ist dies geschehen:

„So swernt sy ym all zehant.“

Einsetzung des Herzogs in Kärnten am Zollfeld;
nach: P. Puntschart, Herzogseinsetzung und Huldigung in Kärnten, Leipzig 1899, S. 31 f. u. Ottokar Hornick: Chronik (nach der Vorauer Handschrift v. Vers 19.904 - 19.930) hrsg. v. H. Pez, Regensburg 1745, S. 183 f. (Die Darstellung geht auf Zeremonien zurück, die bis in das 9. Jahrhundert reichen).

Der Treueid des Untertanen

Selbstübergabe von Freien an das Bistum Freising: Die Namen der Zinspflichtigen Männer und Frauen sind: Hilta mit ihren zwei Söhnen Ruprecht und Erchenbrecht und ihren Töchtern Regenlint und Erchenfrit, ferner Hiltas Schwester Salowa mit den zwei Brüdern Ogo und Markuin und den zwei Söhnen Adelmar und Aschuin. Die genannten Männer und Frauen waren ehemals frei und stellten sich aus eigenem Antrieb in die Untertänigkeit unter Abraham, den Bischof der Freisinger Kirche, und zwar deshalb, weil die Grundstücke, die sie besaßen, nicht hinreichen. Die Übergabe erfolgt unter der Bedingung, daß die Männer aus diesem Geschlecht Dienst tun sollen, wenn ihnen vom Frongut etwas zu Lehen überlassen wird. Wenn nicht, so sollen sie jedes Jahr einen Denar am Altar der Heiligen Maria und des Heiligen Korbinian geben und sonst Freiheit genießen; dasselbe gilt auch für die Frauen des Geschlechtes.

(Alle erwarten den gesicherten Lebensunterhalt vom Bischof der Freisinger Kirche). H. Wopfner: Urkunden zur deutschen Agrargeschichte, Stuttgart 1925, S. 102, Nr. 62

... Ich übergab meinen erworbenen Besitz ... das ist das Grundstück ... Ich habe diese Übergabe in der Absicht gemacht, daß es mir verstattet sei, die Nutznießung von allem zu haben (ut mihi de his omnibus uti liceat ad meliorandum), und zwar so, daß der Besitz an Wert wachse, nicht in fremde Hände übergehe, sondern nur meiner Nutznießung diene, im übrigen aber vermehrt werde, wie es recht und billig ist, und das Gut gewissenhaft behütet und in allem treu bewahrt werde (caude custodire atque in omnibus fideliter conservare).

nach: J. Becker-Dillingen: Quellen und Urkunden zur Geschichte des deutschen Bauern, Berlin 1935, S. 617

Da allen bekannt ist, daß ich fast nichts besitze, womit ich mich nähren oder kleiden soll, so habe ich in meinem Willen beschlossen, mich in eure Gewalt zu begeben (me in vestrum mundoburdum tradere vel commendare). Was ich auch getan habe, und zwar auf diese Weise, daß du schuldig bist, mir zu helfen und zu raten (adiuvare vel consulare debeas), und ich für die Nahrung und Kleidung verbunden bin, euch zu dienen und mich euch zu unterwerfen (tibi servicium vel obsequium inpendere debeam). Indem ich mich in eure Gewalt begeben, soll ich von dir in Dienst und Gefolgschaft nach Art der Freien abhängen und nicht die Macht haben, mich eurer Gewalt und Herrschaft zeit meines Lebens zu entziehen, soferne ich unter eurer Gewalt und unter eurem Schutz verbleiben soll.

Commendationsformular aus der Mitte des 8. Jahrhunderts;

nach: R. Schröder u. E. v. Künßberg: Lehrbuch der deutschen Rechtsgeschichte, 7. Aufl. Berlin u. Leipzig 1932, S. 169 f.

3. Die Führungsgruppe der Gesellschaft

a) König, Herzog und Markgraf

Der König

Einer ist es, der da thront in der Halle des Äthers, der Donnerer. Es ziemt sich, daß unter ihm auf Erden nur einer herrsche, mit Recht allen Menschen ein Vorbild.

Monumenta Germaniae historica: Poetae Latini, T. I., S. 395, V. 10 f.

Der König trat durch Erbgang oder Wahl sein Amt an. Er wurde auf einen Schild gehoben und damit er von jedermann gesehen werden konnte, dreimal im Kreise des versammelten Volkes herumgetragen, das durch Handschlagen seinen Beifall zu erkennen gab.

Er trug langes, gepflegtes Haar und hatte im Altertum auch oberpriesterliches Gewand. Bei Zusammenkünften war es Sitte, dem König freiwillig Geschenke zu bringen. Der König hielt zu seiner Bedienung eine Anzahl von Beamten.

Grimm, Jacob: Deutsche Rechtsaltertümer, Leipzig 1899, Bd. 1, S. 323 - 343

Dum dignitas imperialis a Deo ordinata, ad nil aliud exaltata esse videtur, nisi populo praeesse et prodesse: proinde datur a Deo electis potestas et sapientia: potestas, ut superbos opprimat et defendat ab improbis humiles; sapientia, ut regat et doceat pia sollicitudine subjectos.

Die von Gott eingesetzte kaiserliche Majestät scheint deshalb erhöht zu sein, um dem Volk vorzustehen und zu nützen. So wird von Gott dem Auserwählten Macht und Weisheit verliehen: die Macht, damit er die Hochmütigen unterdrücke und die Schwachen vor den Unredlichen schützen; die Weisheit, damit er die in Ergebenheit Untergeordneten lenke und lehre.

Alkuin (730 - 804): schreibt um 802 über den Kaiser,

in: Monumenta Germaniae historica, Epistulae T. IV, Nr. 257

Hier ist die Schrift, die das Andenken des vornehmsten und größten Mannes bewahren soll (librum praeclarissimi et maximi viri memoriam continentem): Der König, der alle Fürsten seiner Zeit an Klugheit und Seelengröße überragt (prudentia maximus et animi magnitudine praestantissimus), ließ sich von nichts, was er zu unternehmen sich vornahm, abschrecken, sondern er hatte sich gewöhnt: alles zu bestehen und zu ertragen, weder im Unglück nachzugeben, noch falschen Lockungen des Glücks zu folgen (Cap. 8).

Er erhöhte den Ruhm seiner Herrschaft auch noch durch die freundschaftlichen Verbindungen mit mehreren Königen und Völkerschaften (Cap. 16).

Er hatte ein für Freundschaft äußerst empfängliches Gemüt, leicht war er ihr zugänglich, unverbrüchlich hielt er sie fest und bewies gegen alle heilige Treue (Cap. 19).

Im übrigen genoß er während seines ganzen Lebens im Inland und im Ausland die höchste und allgemeinste Liebe und Zuneigung (Cap. 20).

Der christlichen Religion, zu der er von Jugend auf angeleitet wurde, war er mit Ehrfurcht und frommer Liebe zugetan (Cap. 26).

In der Pflege der Armen und ihrer Unterstützung durch Almosen bewies er viel Eifer (Cap. 27).

Einhard (770 - 840): Vita Caroli Magni, hrsg. v. A. Holder, übersetzt v. A. Abel, Leipzig 1880 (Geschichtsschreiber der dt. Vorzeit: 9. Jhdt., Bd. 1)

Er war also König und Kaiser über ganz Deutschland, Rhätien und das alte Frankenland, . . . von stattlichem Wuchs und schöner Gestalt, mit Augen wie strahlende Sterne, von klarer männlicher Stimme und seltener Weisheit voll, die er im Vertrauen auf seine gute Begabung, durch beharrliches Forschen in den Schriften zu mehren nicht abließ.

So bewies er eine unvergleichliche Fähigkeit, allen Listen seiner Feinde zuvorzukommen oder sie zuschanden zu machen, Streitigkeiten seiner Untertanen zu schlichten und auf alle Weisen für das Wohl seiner Getreuen zu sorgen.

Notker, der Stammler, v. St. Gallen (840 - 912): Gesta Carolí;

in: Monumenta Germaniae historica: Scriptores, T. II, Buch 2, Cap. 11

(Aus Anlaß des Besuches Karl III. in St. Gallen im Dezember 883 geschrieben)

Der Herzog

Der Herzog (dux) aber, der dem Volk vorsteht, er war immer aus dem Geschlecht der Agilolfinger und soll es sein. Denn so haben es die Könige und unsere Vorfahren jenen zugestanden, als sie denjenigen aus ihrem Geschlecht, der dem König treu und der klug war (fidelis regi erat et prudens), zum Herzog einsetzten, um jenes Volk zu regieren (ducem ad regendum populum illum).

Und weil er Herzog ist, soll ihm auch eine größere Ehre zuteil werden (addatur maior honor) als den übrigen Verwandten.

So werde ein Drittel zu dem dazugeschlagen, womit seine Verwandten gebüßt werden. So die Buße der Verwandten des Herzogs in 4 Schilling besteht, soll der Herzog 6 Schilling; im Falle, daß die Buße jener 6 beträgt, soll der Herzog 9, wo aber jenen 12 Schilling zukommen, soll der Herzog 18 Schilling empfangen. So wird im Falle des Herzogs immer ein Drittel dazugeschlagen.

Lex Baiuvariorum, hrsg. u. übers. v. K. Beyerle, München 1926, Tit. 13, Cap. 1 u. 2

Der Markgraf

An den Grenzen des Reiches bestanden in karolingischer Zeit Markgrafschaften, die den Grenzschutz gegen feindliche Nachbarn übernahmen und zugleich als Aufmarschräume dienten. Sie erfaßten meist erobertes Gebiet, in dem der fränkische Staat kolonisierte und fränkische Bewohner ansiedelte und außerdem die christliche Mission betrieb.

An der Spitze der Verwaltung der Mark stand regelmäßig der Markgraf (comes Marcae, Marchio), dem vor allem militärische Aufgaben zufielen. Die Mark war militärischer Bezirk. Sie wurde durch Kastelle und Befestigungen gegen feindliche Einfälle gesichert. Die eingesessenen Wehrpflichtigen mußten Wach- und Kundschafterdienst leisten.

H. Conrad: Deutsche Rechtsgeschichte, Karlsruhe 1954, Bd. 1, S. 147

b) *Adel und Äbte*

Adel

Der Adel (adal oder nobilitas) stammte aus edlen Geschlechtern, aus denen auch der König gewählt wurde. Der Adel war dem König daher ebenbürtig. Diese Verwandtschaft gab gegenüber den Freien Gewicht und Ansehen. Der

Adelige hatte ein höheres Wergeld als der Freie. Der Adel war im Gefolge des Königs und diente ihm zu Feld und Hof. Der Adel befand sich in der Regel im Besitz eines ansehnlicheren Grundeigentums als die Freien, er hatte mehr Hörige, die ihm ein eigenes Gefolge bildeten. Fast alle Adeligen standen im Lehensdienst anderer Fürsten oder des Kaisers selbst.

Jacob Grimm: Deutsche Rechtsaltertümer, Leipzig 1899, Bd. 1, S. 376 - 387

Gott hat dich durch Verleihung von Würden geadelt, darum sollst du auch adelig in deinen Sitten sein.

Alkuin: Epistolae, 83, Nr. 40

Standesideal des Adels in der Totenklage um den Markgraf Erich von Friaul: Freigiebigkeit, Schutz der nicht waffenfähigen Untertanen (Schutzbefohlenen), Milde und Freundschaft für die Gleichgeordneten, kriegerische Tüchtigkeit und listenreiche Schlauheit.

nach: Fichtenau, H.: Das karolingische Imperium, Zürich 1949, S. 128

Äbte

Bei der Einsetzung des Abtes gelte immer die Regel: es werde der bestellt, den die ganze Gemeinschaft in der Furcht Gottes einmütig (omnis consors) wählt. Das Verdienst des Lebens und die Weisheit in der Lehrtätigkeit sei für die Wahl entscheidend.

Der Abt sei nicht ungestüm und nicht ängstlich (non sit turbulentus et anxius), nicht übertrieben und nicht eigensinnig (non zeliotipus et nimis subiciosus). Er sei keusch, nüchtern, mild und stets lenke er mit Barmherzigkeit (semper super exaldet misericordiam iudicio) (Cap. 64).

Wer also die Würde des Abtes übernahm, muß seinen Anvertrauten mit zweifacher Belehrung vorangehen: er muß sie nämlich mehr durch das Beispiel als durch Worte über alles Gute und Heilige belehren. Er muß je nach Zeit und Umständen bald strenge, bald milde, einmal den Ernst eines Meisters und dann wieder die Liebe eines Vaters walten lassen (miscens temporibus tempora terroribus blandimenta, dirum magistri pium patris ostendat) (Cap. 2).

Benedikt: Regula Monachorum

4. *Die Freien und Unfreien*

a) *Die Freien und die Autotradition*

Frei war jeder vom freien Vater und einer freien Mutter Geborene. Äußeres Kennzeichen der Freien ist das lange, lockichte Haar. Jeder Freie hat das Recht, unbehindert zu gehen, wohin er will, das heißt, es folgt ihm kein Herr nach, der ihn zurückverlangen kann.

Jeder freie Mann trägt Waffen; sie heißen Folkvapn.

Auf das Leben jedes Freien war ein Wergeld als Komposition gesetzt, das die Verwandten des Getöteten von dem Täter forderten, wenn sie nicht vorzogen, gegen ihn Fehde zu erheben.

Der Freie ist des echten Eigentums fähig. Von diesem Eigentum hängt dann weiter die Teilnahme am Gericht und an der Volksversammlung ab.

Unter sich standen die Freien außer im Familienband in einer festen Gemeindeverbindung, in Gesamtbürgschaft und Rechtsgenossenschaft.

Alle Freien wurden zur Teilnahme an öffentlichen Angelegenheiten aufgeboten: Volksversammlung, Gericht, Verfolgung von Missetätern und Kriegszug.

Der Freie ist ursprünglich vieler Lasten, Fronen und Dienste, die den hörigen Mann drücken, ledig.

J. Grimm: Deutsche Rechtsaltertümer, Leipzig 1899, Bd. 1, S. 392 - 409

Freilassung: frilaz

Im Namen Jesu Christi, unseres Erlösers, Herren und Gottes! Ich, Jakob, habe den Leibeigenen Herimotar mit Erlaubnis des Magisters Richolf und König Karls freigelassen (dimisi liberum) und zwar in Gegenwart des Grafen Ortleip in Hesilinlih am 28. Oktober (792).

Demgemäß ist er frei unter Freien (liber inter liberos), hat das Recht zu gehen und zurückzukehren, zu verkaufen und Geschäfte zu machen, wie es den übrigen Freien zusteht, so wie wenn er von freien Eltern abstammte.

Zeugen sind: Hiltiprecht, Tasso, Hato, Heriprant; geschrieben habe ich: Bonifaz.

nach: Monumenta Boica, Bd. 7, S. 373

b) *Die Unfreien und die Freilassung*

Die Unfreien

Die unfreien Knechte trugen geschorenes Haar und ein kurzes enges Gewand. Der Knecht ist nicht waffenfähig, nicht schildwürdig, Schwert und Lanze sind ihm nicht erlaubt, er darf aber Waffenträger (armiger) seines Herren sein.

Der Freie hat ein Geschlecht, der Unfreie keines und in der Regel auch kein Wergeld. Den Knecht kann der Herr verkaufen. Der Knecht darf sich nicht vom Grund und Boden entfernen, den ihm der Herr angewiesen hat. Der Knecht muß den Willen seines Herrn sogleich erfüllen.

Der Knecht ist keines echten Eigentums fähig und wird auf eine andere Weise bestraft. In der Hörigkeit liegt aber ein Band wie in der Vatergewalt und in der Ehe.

J. Grimm: Deutsche Rechtsaltertümer, Leipzig 1899, Bd. 1, S. 468 - 484

Autotradition: Selbstverknechtung

Mit der Gnade des allmächtigen Gottes habe ich, Tota, aus Liebe zu Gott meinen Besitz dem Bischof Hitto übergeben (tradidi colonam in manus venerabilis Hittoni), und zwar mit den Hofleuten und den Gebäuden, auf daß sie immer der Marienkirche gehören. In dieser Weise habe ich mich mit dem ehrwürdigen Bischof über die Angelegenheit geeinigt, daß er die Besitzung bis zum Lebensende behalte, ebenso nach meinem Tode meinen Sohn Truunheri, aber mit der Verpflichtung:

daß er jährlich an drei Tagen pflügt, erntet und die Ernte einbringt, einen Tag Gras mäht und dieses einführt und sich ein Pferd für Dienste bei St. Marien hält, daß er mit Hingabe den Weisungen gehorcht und treu den ihm aufgetragenen Dienst ausführt (devote obediat et fideliter impleat servitium sibi in iunctum), auch daß meine Tochter Luiphilt jährlich eine Kopfsteuer von vier Denaren entrichte, daß endlich die Nachkommen meiner Söhne zum besagten Frondienst und zur Steuer verpflichtet bleiben (et sic posteritas filiorum meorum in ipso servitio vel censo in avum permaneant).

Autotradition vom Jahre 835;

nach: J. Becker-Dillingen: Quellen und Urkunden zur Geschichte des deutschen Bauern, Berlin 1935, S. 369

C. Die herrschaftliche Wirtschaftsordnung

2. Die Entstehung der Grundherrschaft

a) Die Königsgüter

Herrenloses Land gehört dem König

Allen Gegenwärtigen und Künftigen sei bekannt, daß zur Beseitigung langwieriger Streitigkeiten (diurnissimas lites reprimendas) und zur Erhaltung eines dauernden Friedens eine Versammlung der Fürsten und Volksvertreter (conventus principum et vulgarium) an diesem und an jenem Ort stattfand. Ihr Zweck war die Teilung der Mark zwischen dem königlichen Fiskus und den Besitzungen der Volksangehörigen (ac dividendam marchiam inter fiscum regis et populares possessiones). Teilnehmer waren die vornehmsten Vertreter beider Parteien, nämlich die Abgesandten des Königs und seine Gefolgsleute (missi regis et seniores eius servi) und die Vornehmen und ältesten Vertreter des Volkes (nobiles popularium et natu provectiores).

Beide Parteien legten an der Stätte der Heiligenreliquien einen Eid ab. So wurde die Angelegenheit wiederholt erörtert und besprochen. Darnach kamen die Parteien gemäß der Überlieferung (iuxta memoriam) und der väterlichen Ordnung (paternam relationem) unter Wahrung der Gerechtigkeit überein, daß der Freibesitz des Königs von Landgut zu Landgut, von Dorf zu Dorf, von Berg zu Berg und von Hügel zu Hügel jeder für sich ohne jede Beteiligung eines Dritten bleiben soll. Eine Ausnahme bildet nur die Überlassung des Lebensunterhaltes im Wege eines Prekariums oder einer Servitut.

Formel einer Mark-Abgrenzung zwischen Fiskus und Markgenossen;

nach: J. Becker-Dillingen: Quellen und Urkunden zur Geschichte des deutschen Bauern, Berlin 1935, S. 482 f.

Schenkungen und letztwillige Verfügungen

Euch allen zur Kenntnis, daß ein Mann namens Fulquinius aus dem Engrisgau Uns eröffnete, daß er seine Habe (res suas proprias) Unserem Archivar übergab, als er im Dienste Gottes und in Unserem Dienst gegen die Slawen habe ziehen müssen. Dies geschah unter der Bedingung, daß dieser ihm sein Eigen zurückgebe, falls er mit des Herren Hilfe von jenem Heereszug zurückkehre. Sollte er aber sein Leben einbüßen, dann sollte jener die besagte Habe für seine Seelenruhe opfern (pro eius anima daret).

nach: J. Becker-Dillingen: ebenda, S. 573

Einziehung von Kirchengut

Wir (Karlmann) verfügen nach dem Rat der Diener Gottes (der Bischöfe) und des christlichen Volkes, daß wegen der bevorstehenden Kriege und der Angriffe Unserer Nachbarvölker ein Teil des eingezogenen Kirchengutes noch auf einige Zeit zum Unterhalt des Heeres als Prekarie und gegen Zins (sub precario et censu) verbleibe; doch soll alljährlich von jedem Hof (casata) ein Schilling an die Kirche oder das Kloster entrichtet werden.

Synode von Liftinae v. 843;
nach: K. J. Hefele: Konzilsgeschichte, nach den Akten bearbeitet, Freiburg 1855 - 1890, Bd. 3, S. 467

Einziehung der Benefizien bei Treulosigkeit

Wenn ein Mann dem König treulos wird (regi infidelis exsteterit), büße er mit dem Leben, und all sein Vermögen soll dem Fiskus zugesprochen werden (omnes res suas fisco censeantur).

Lex Ripuaria v. 741/47, Cap. 69

b) *Die Herzogsgüter*

Belehnung des Herzogs

Wenn das Land infolge des Todes seines Erblassers wieder dem Reich ledig wird, dann soll derjenige, dem das Land vom Reich als Lehen gegeben wird (wem es das Reich leicht), auf das Zollfeld kommen.

Wenn der Herzog den Sitz zum Zeichen der Lehensübernahme eingenommen hat, muß er unverzüglich den Eid schwören:

„Daz er schaff Frid und Suen und rechts Gerichts pfleg
und ab dez Glaubens Weg weder strauch noch vall."

Nun kommen mit großem Lärm die Herren und beeilen sich, ihr Lehen zu empfangen. Ist dies geschehen, „so szwernt sy ym all zehant".

Herzogseinsetzung in Kärnten am Zollfeld;

nach: P. Puntschart: Herzogseinsetzung und Huldigung in Kärnten, Leipzig 1899, S. 31

Einziehung des Nachlasses ohne Erben

Wird bis zum siebenten Grad kein Verwandter oder kein Vorfahre gefunden, dann erwerbe der Fiskus das Vermögen (tunc illas res fiscus adquirat).

Lex Baiuvariorum, T. 15, 10

Einziehung von Gütern wegen Verbrechens gegen den Herzog

Wenn einer auf das Leben seines Herzogs einen Anschlag macht (de morte consiliatus fuerit) und dessen so überführt wird, daß er es nicht leugnen kann, so soll jener Mann und sein Leben in der Gewalt des Herzogs stehen und seine Güter sollen vom Fiskus eingezogen werden (res eius infiscentus in publico).

Lex Baiuvariorum, T. 1, 1

c) *Die Adelsgüter*

Eindringen in das Markgebiet

Auch dies ist uns durch vieler Leute Klagen zu Ohren gekommen, daß mächtige und angesehene Männer (potentes ac honorati viri) an ihren Wohnorten das niedrige Volk ausplündern und unterdrücken (minorem populum depopulentur et opprimant), indem sie deren Weiden abweiden lassen. Auch die Mansionen verteilen sie gegen den Willen der beraubten und armen Leute. Überhaupt nehmen sie durch Gewalt, was ihnen beliebt (per vim quaelibet tollant).

Daher untersagen wir dies, sodaß solches in Zukunft nicht mehr geschehe! Ein jeder ehrenwerte Mann ernähre sich und die Seinen aus seiner Habe! (Unusquisque honoratus se suosque ex suo pascat).

Capitulare aus dem Jahre 850, Cap. 5;
nach: J. Becker-Dillingen: a.a.O., S. 489

Belehnung mit einem Benefizium

Was die Voreltern der Fürsten an Adelige innerhalb Bayerns verschenkt haben, muß bleiben und darf den Nachkommen vererbt werden, solange sie im Dienste der Fürsten verharren und Treue bewahren (Cap. 8).

Synode zu Dingolfingen 769 – 71;

nach: K. J. Hefele: Konzilsgeschichte, nach den Quellen bearbeitet, Freiburg 1890, Bd. 3, S. 570

Im Namen Gottes und Unseres Erlösers Jesus Christus, Ludwig, nach göttlicher Anordnung und Vorsehung Kaiser:

Wenn Wir den Bitten Unserer Untertanen gern unser Ohr leihen, dann handeln Wir wahrhaft königlich (regium morem exercemus) und verpflichten Uns, Unsere Untertanen noch mehr in Unserem Dienste. Daher wollen alle Unsere Getreuen zur Kenntnis nehmen, daß Wir auf Bitte Unseres getreuen und befreundeten Gefolgsmannen Patagero ein Landgut am Ennsfluß in der Grafschaft Ketoldt, Genesdorf im Gebiet der Slawen mit allem Zubehör (cum omnibus appendiciis suis) in sein Eigen übertragen (in ius et dominationem contulimus). Dieses Gehöft mit allen Gebäuden, Häusern, Manzipien, Wegen, beweglichen und unbeweglichen Sachen, alles und jedes (totum et integrum quandumque) überlassen wir ungeschmälert besagtem Mann vom heutigen Tage an.

Damit Unsere Schenkungsurkunde im Laufe der Jahre unverbrüchliche Geltung unter Gottes Schutz bewahre, haben Wir sie eigenhändig unterschrieben und außerdem noch Unser Siegel anbringen lassen.

Gegeben zu Aachen am 21. Dezember im 21. Jahr der Regierung des gnädigen erlauchten Herrn Ludwig (i. J. 834);

nach: J. Becker-Dillingen: a.a.O., S. 579

d) Die Kirchen- und Klostergüter

Landgewinnung durch Rodung

Wo ein Ort gerodet werden kann, soll gerodet werden (stirpare faciant).

Capitulare de villis v. 800, Cap. 36

Schenkungen an die Kirche

Was einer zum Heil seiner Seele an Höfen, an Grund und Boden, an Knechten oder an Geld der Kirche schenkt, das soll er durch eine Urkunde mit eigener Hand bestätigen und überdies sechs Zeugen oder mehr zuziehen. Diese sollen ihre Hände auf die Urkunde legen. Alsdann soll er die Schrift auf den Altar legen und auf solche Weise das Gut selbst in Gegenwart des Priesters übergeben.

Wenn ein Freier ein Vermögen zum Heile seiner Seele (pro redemptione animae suae) an die Kirche geben will, so hat er hiefür das Recht, nachdem er mit seinen Söhnen geteilt hat.

Lex Baiuvariorum, T. 1, 1

Im Namen Gottes des Vaters, des Sohnes und des Heiligen Geistes:

Ist auch klein und gering, was ich für die Sünden und Untaten darbringe, so weiß ich gleichwohl, daß der gerechte Richter mehr auf die Gesinnung des Geistes als auf den Umfang der Gabe achtet. Ich schenke einen Weinberg im Wormser Gau, ich schenke ihn ganz und ungeteilt vom heutigen Tage ab dem Kloster Unseres Erlösers und des heiligen Petrus.

Am 17. Juni 753

nach: J. Becker-Dillingen: a.a.O., S. 609

Schenkung an das Kloster Kremsmünster vom Bayernherzog Tassilo: 777

Nach der Schenkungsurkunde gab Tassilo folgendes an das Kloster Kremsmünster:

Vor allem die Leute, die am selben Ort wohnen, sowie alles Land; das Ödland aber können sie von allen Seiten urbar machen (cultum faciant);

das Salzwerk bei Sulzibach mit den drei Leuten, die dort wohnen und Salz gewinnen (salem coquentes); desgleichen können sie auch dort ringsherum, soviel sie wollen, ohne jede Behinderung urbar machen.

Für den dritten Ort mit Namen Sihpach geben wir die Erlaubnis, soviel Äcker und Wiesen zu gewinnen, wie es für den Ort ausreichend ist.

Am vierten Ort Livpilinsbach, möge es ähnlich gehalten werden.

In Ipfa übergeben wir Nutzland und Ödland. An diesem Ort übergeben wir 40 eingezogene Höfe (casata).

Wir treten auch das Dekanat der Slawen (deccaniam Slaworum) samt dem fiskalischen Werk und den gesetzmäßigen Abgaben ab, die sie bisher entrichteten. Den ganzen Ort übergeben wir in vollem Umfang (totum et integrum), sowie die 30 Slawen in Todicha. Ebenso geben wir ab das Land, das die Slawen ohne unsere Einwilligung bebaut haben. Wir treten auch das Gut Allinchofa von dem Tage an ab, an dem wir mit Zustimmung des Abtes einen anderen Hof bekommen. Die zinspflichtigen Leute (homines tributarii) sollen wie bisher dort arbeiten.

Ebenso übergeben wir einen Flecken in Eparestal. Auch dort dürfen sie ohne Beschränkung nach Belieben Nutzland machen.

Bei Ascha treten wir zwei Weinberge, bei Racotula drei Weinberge und ebensoviele Winzer, zwei Imker, sechs Schmiede und bei der Gemarkung zwei Fischer ab.

In Alpurc gebe ich die dortigen Kircheneinkünfte an das Kloster ab. Ebenso überlassen wir die Kircheneinkünfte in Sulzipach und Nordfilusa.

Von den Weiden, die sie allgemein Forst nennen, geben wir den gleichen Anteil wie den unsrigen.

in: Codex traditionum Ecclesiae Pataviensis;
nach: J. Becker-Dillingen: a.a.O., S. 295

Gutserwerb durch Kauf und Tausch

Im Namen Gottes: Bericht über das Geschäft zwischen dem Priester Ascrih und seinem Bruder Engelhart mit den Männern Scrot und Chadol.

Der Priester Ascrih hat für das gekaufte Gelände und den Wald in Suindaha zwei der besten Pferde und eine Frau namens Suester gegeben. Für den genannten Preis haben die genannten Männer das erwähnte Grundstück und den Wald abgetreten.

Getätigt am 8. April 813

nach: J. Becker-Dillingen: a.a.O., S. 636

Wir kamen überein, einige entsprechende Grundstücke auszutauschen, was wir auch ausgeführt haben. Herwig überließ dem Abt Helmerich zugunsten des Klosters von Hlg. Nazarius Weinberge an sieben Orten, wie es sein Vertreter bezeichnete. Auf der anderen Seite gab Abt Helmerich Weinberge des

Klosters vom Hlg. Nazarius ab. Das Übereinkommen beider soll unverbrüchliche Geltung haben (inconvulsa et inviolata permaneat) (782).

nach: J. Becker-Dillingen: a.a.O., S. 641

3. Die Ordnung der klösterlichen Grundherrschaft

a) Die wirtschaftliche Eigenständigkeit für die Bedarfsdeckung

Man lege das Kloster wenn möglich so an, daß alles, was man braucht: Wasser, Mühle, Garten und auch verschiedene Werkstätten (artes diversae), sich innerhalb der Klostermauern befinde (Cap. 66). Sind Brüder im Kloster, die ein Handwerk verstehen, so sollen sie es in aller Demut betreiben, wenn es der Abt erlaubt (Cap. 57).

Man halte es so, wie geschrieben steht: einem jeden werde nach Bedarf zugeteilt. Damit wollen wir aber nicht sagen, es dürfe kein Ansehen der Person gelten, vielmehr achte man auf die schwachen Kräfte der einzelnen. Wer weniger braucht, danke Gott und betrübe sich nicht, wenn ein anderer mehr braucht; der verdemütige sich wegen seiner Schwäche. So bleiben alle Glieder in Frieden (ita omnia membra erunt in pace) (Cap. 34).

Um das Laster des Privateigentums mit der Wurzel auszurotten, gebe der Abt alles, was man braucht: Kukulle, Tunika, Strümpfe, Schuhe, Gürtel, Messer, Griffel, Nadel, Taschentuch und Schreibtafel, sodaß jeder Erörterung über die Erfordernisse der Boden entzogen ist. Immer beachte der Abt: es werde jedem gegeben, wie er es nötig habe (Cap. 55).

b) Die Ordnung für Nahrung und Kleidung

Wir glauben, daß zur täglichen Hauptmahlzeit, sei sie zur sechsten oder zur neunten Stunde, für jeden Tisch zwei gekochte Speisen ausreichen und so die schwächliche Gesundheit mancher berücksichtigt sei (Cap. 39).

Wenn die Arbeit anstrengend war, dann entscheide der Abt aus freiem Ermessen, ob mehr zu geben sei, wenn dies zuträglich ist. Vor allem vermeide man die Unmäßigkeit, denn nie darf sich ein Mönch übersättigen. Überall sehe man auf Sparsamkeit (in omnis servata parcitatio) (Cap. 39).

Die Kleider, die den Brüdern gegeben werden, seien der Lage und dem Klima des Ortes angepaßt. In kalten Gegenden braucht man mehr, in wärmeren weniger. Die Kleider seien so, wie man sie im Lande vorfindet und wohlfeil beschaffen kann.

Der Abt sorge für das richtige Maß, damit die Kleider nicht zu kurz seien, sondern gut passen. Wer neue Kleider erhält, soll die alten stets sogleich zurückgeben, damit sie in der Kleiderkammer aufbewahrt werden (Cap. 55).

c) Der Küchen- und Krankendienst

Die Brüder sollen sich gegenseitig bedienen, sodaß keiner vom Küchendienst entschuldigt sei, außer er wäre krank oder durch ein wichtiges Geschäft in Anspruch genommen. Ist die Gemeinde zahlreich, dann bleibe der Cellerar vom Küchendienst ausgenommen. Alle übrigen sollen einander in Liebe dienen!

Die den Wochendienst versehenden Brüder (septimanarii) erhalten eine Stunde vor dem Essen über das festgesetzte Maß hinaus zu essen und zu trinken, damit sie zur Stunde der Mahlzeit ohne Murren (sine murmuratione) und ohne Anstrengung ihre Brüder bedienen können (Cap. 35).

79. Zuckerfabrik. Von der Transmissionswelle werden die Maschinen und die Arbeiterinnen im gleichen Takt zur Arbeit angehalten

80. Hier arbeiten die vielen gleichen Arbeiter im Gleichtakt mit der Maschine

Die Sorge für die Kranken gehe vor allem und über alles. Man soll ihnen demnach so dienen wie Christus, dem man ja wirklich in ihnen dient. Doch mögen auch die Kranken bedenken, daß man ihnen Gott zuliebe dient und sie deshalb die pflegenden Brüder nicht durch übergroße Ansprüche belasten (Cap. 36).

d) Der wirtschaftliche Verkehr mit der Außenwelt

Wenn etwas von den Arbeiten der Handwerker zu verkaufen ist, dann sollen jene, die den Verkauf vermitteln, sich davon in acht nehmen, irgendeine betrügerische Handlung zu begehen. Bei der Festsetzung der Preise darf sich kein schmutziger Geist einschleichen (non subripiat avaritiae malum). Vielmehr soll man die Waren immer ein wenig billiger geben (vilius detur), als es die Weltleute tun (Cap. 57).

e) Das Kloster-Inventar

Der Abt führe über alles: Gerätschaften, Kleidungsstücke und alle sonstigen Dinge ein Verzeichnis (brevem teneat), damit er jederzeit wisse, was er ausgibt und was er zurückbekommt, wenn die Brüder einer nach dem anderen ihre Gebrauchsgegenstände übertragen erhalten (Cap. 32).

f) Der Verwalter des Klosters: der Cellerar

Er trage für alles Sorge und tue nichts ohne Weisung des Abtes. Er halte sich genau an das, was ihm aufgetragen ist. Er mische sich aber nicht in die Dinge, die ihm der Abt nicht unterstellte.

Der Kranken, Kinder, Gäste und Armen nehme er sich mit Sorgfalt an, fest überzeugt, daß er wegen all dieser am Tage des Gerichts wird Rechenschaft ablegen müssen. Er gewähre den Brüdern das festgesetzte Maß an Nahrung ohne hochfahrendes Wesen und ohne Zögern.

Stellt ein Bruder an ihn eine unvernünftige Forderung, so kränke er ihn nicht durch Geringschätzung, sondern weise die unpassende Bitte mit Gründen zurück (Cap. 31). Alle Gerätschaften und der ganze Besitz des Klosters seien ihm heilig wie die Gefäße des Altars.

Zum Cellerar des Klosters soll einer aus der Gemeinde bestellt werden, der weise, reif an Charakter, nüchtern, mäßig im Essen, nicht stolz und nicht ungestüm, nicht verletzend, nicht saumselig und nicht verschwenderisch, vielmehr gottesfürchtig sei und für die ganze Gemeinschaft wie ein Vater sorge (omni congregationi sit sicut pater). Er hüte sich vor Geiz, sei aber auch kein Verschwender und kein Vergeuder des Klostergutes, sondern habe in allem das rechte Maß und handle so, wie ihm der Abt befiehlt.

Vor allem soll er Demut besitzen und kann er einem nichts anderes geben, so schenke er doch ein freundliches Wort. Es steht ja geschrieben: „Ein gutes Wort ist besser als die beste Gabe."

Ist die Klostergemeinschaft zahlreich, so sollen dem Cellerar Gehilfen gegeben werden, die ihn unterstützen, damit er das übertragene Amt mit Gleichmut verwalten kann (Cap. 31).

Regula Sancti Benedicti: Die Regel des hlg. Benedikt, übers. v. P. Pius Bichlmayer,

in: Bibliothek der Kirchenväter, Reihe 1, Bd. 20, Kempten 1914

4. *Die Ordnung in der weltlichen Grundherrschaft*

a) *Zweck und Umfang der königlichen Güter*

Wir wollen, daß unsere Landgüter (villae nostrae), die wir zu unserer Versorgung eingerichtet haben, nur uns dienen und nicht irgendwelchen anderen Personen (Cap. 1). Die Maier (maiores) sollen keinen größeren Dienstbereich haben, als sie an einem Tage umgehen und besichtigen können (Cap. 26).

b) *Die Bewirtschaftung des Fronhofes*

Forstwirtschaft: Unsere Wälder und Forste (silvae vel forestes) sollen unter gute Aufsicht genommen werden (Cap. 36). Wo gerodet werden kann, soll gerodet werden (stirpare faciant). Wo aber Wald sein muß, sollen die Verwalter verhindern, daß der Wald zu stark abgeholzt und beschädigt wird (Cap. 36).

Ackerbau: Wir wollen, daß die Verwalter unsere Felder (campos) und Neuanlagen (cultura) gut bestellen und unsere Wiesen rechtzeitig bewachen (Cap. 37), und daß die Felder nicht mit Gestrüpp überzogen werden.

Jeder Verwalter sorge dafür, daß er stets gutes und bestes Saatgut halte (sementem bonum et optimum), sei es ein selbstbereitetes oder auch ein solches, das anderswoher bezogen wird (Cap. 32).

Wir wollen, daß sich im Garten all diese Kräuter finden: Gartenlilie, Rose, Bockshornklee, Frauenminze, Salbei, Gartenraute, Eberraute, Gurke, Melone, Flaschenkürbis, Erbsen, Römischer Kümmel, Rosmarin, Meerzwiebel, Schwertlilie, Estragon, Anis, Koloquinte, Zichorie, Laserkraut, Gartensalat, Schwarzkümmel, Rauke, Gartenkresse, Klette, Polei, Schwarzer Kohl, Petersilie, Sellerie, Liebstöckl, Sadebaum, Dill, Fenchel, Endivie, Senf, Bohnenkraut, Wasser- u. Krausminze, Kamille, Mohn, Eibisch, Käsepappel, Gartenmöhre, Pastinak, Strunkkohl, Küchenzwiebel, Schnittlauch, Porree, Rettich, Schalotte, Knoblauch, Ackerbohne, Koriander, Hauswurz, Apfelbäume, Pflaumenbäume, Mispel, Edelkastanie, Pfirsiche, Marillen, Quitten, Mandelbaum, Maulbeerbaum, Lorbeer, Zirbelkiefer, Feigenbaum, Wallnußbaum, Kirschen, Hanf (Cap. 70).

Weinbau: Wir wollen, daß unsere Verwalter die Weintrauben in ihrem Amtsbereich gut verarbeiten und den Wein in gute Fäser füllen und gewissenhaft Vorsorge treffen, daß der Wein keinen Schaden leide (Cap. 8).

Wir wollen, daß die Keltereien (torcularia) auf unseren Landgütern gut eingerichtet sind (bene praeparata). Die Verwalter sollen darauf achten, daß sich niemand unterstehe: die Trauben mit Füßen zu treten (pedibus praemere). Alles geschehe reinlich und anständig (nitida et honesta) (Cap. 48).

Viehwirtschaft:

Pferde: Wir wollen, daß die Verwalter für unsere Hengste gut sorgen und keinen lang stehen lassen. Wenn ein Hengst nichts taugt, gealtert oder eingegangen ist, soll uns dies zur gehörigen Zeit gemeldet werden (Cap. 13).

Wir wollen, daß auf unsere Stuten gut geachtet werde und die Fohlen rechtzeitig weggenommen werden (Cap. 14),

daß jeder Verwalter berechne, wieviele Hengstfohlen in seinem Stall stehen sollen (Cap. 15),

daß die Hengstfohlen am St. Martinstag (11. November) an unsere Pfalz abzuführen sind (Cap. 15).

Rinder und anderes Vieh: Auf jedem unserer Landgüter sollen die Verwalter haben: Kühe, Schweine, Schafe, Ziegen und Böcke, wieviele sie immer halten können (quantum plus poterint) (Cap. 23).

Darüber hinaus müssen sie noch Kühe zur Arbeitsleistung von den Hufenbesitzern als Fron gestellt bekommen (pro servitio ad dominicum opus) (Cap. 23).

Wir wollen, daß von fetten Schafen ebenso wie von Schweinen Fett gewonnen werde, und daß noch zwei Mastochsen gehalten werden, um Fett für die Abgabe an die Hofhaltung zu gewinnen (Cap. 37).

Wir wollen, daß bei unseren Mahlmühlen Gänse und Hühner gehalten werden, je mehr desto besser (quantum melius poterint) (Cap. 18),

daß auf unseren Salgütern nicht weniger als 100 Hühner und 30 Gänse, auf den Hufengütern (mansioniles) nicht weniger als 50 Hühner und 12 Gänse gehalten werden (Cap. 19). Jeder Verwalter soll auf unseren Höfen Fischteiche halten (vivarios) (Cap. 21). Soviele Landgüter ein Verwalter in seinem Dienstbereich hat, soviele Leute soll er für die Bienenpflege halten (Cap. 17).

Um der Zierde willen soll jeder Verwalter auf unseren Landgütern halten: edle Hühner, Pfauen, Fasanen, Enten, Tauben, Rebhühner und Turteltauben (Cap. 70).

c) Die Handwerker am Fronhof

Wir wollen, daß jeder Verwalter in seinem Bereich (in suo ministerio) gute Handwerksleute (artifices) habe, und zwar folgende: Eisenschmiede, Goldschmiede, Silberschmiede, Schuhmacher, Drechsler, Stellmacher, Schildmacher, Fischer, Vogelfänger, Seifensieder, Brauer, Bäcker (die Semmeln [similas] zu unserem Gebrauch herstellen), Netzstricker und andere Handwerker, die hier aufzuzählen zu weitläufig ist (Cap. 45).

Dazu kommen noch Tuchmacher und Müllner (Cap. 18, 31, 43).

d) Die Gebäude- und Hausverwaltung

Unsere Wohnhäuser sollen eine ständig unterhaltene Herdglut (intensinenter foca) und eine ständige Wache haben, sodaß sie wohl bewahrt sind (Cap. 27).

Auf jedem Landgut sei in der Kammer (camera): Bettstellen, Matratzen, Federbetten, Bettücher, Tischtücher, Bankkissen, eherne, bleierne, eiserne, hölzerne Gefäße, Feuerböcke, Ketten, Kesselhaken, Breithacken, Äxte, Bohrer, Hobel und alles Handwerkzeug, damit es nicht notwendig ist, dies da und dort zu suchen oder machen zu lassen (Cap. 42).

Das eiserne Kriegsgerät soll in Verwahrung bleiben, damit es jederzeit brauchbar sei (Cap. 42).

Wir wollen, daß die Verwalter die Gebäude auf unseren Hofgütern und die Umzäunungen in gutem Zustand erhalten, die Ställe, Küchen, Backhäuser, Kelterhäuser sachgemäß ausgestattet seien, damit unsere Bediensteten ihre Verrichtungen gut und sauber ausführen können (Cap. 41).

Es ist mit aller Sorgfalt darauf zu achten, daß alles, was immer mit den Händen verarbeitet und verfertigt wird, wie Speck, Rauchfleisch, Würste, Pöckelfleisch, Wein, Essig, Beerenwein, gekochter Wein, Senf, Käse, Butter, Malz, Bier, Met, Honig, Wachs, Mehl, mit höchster Sauberkeit gefertigt und zubereitet wird (cum summo nitore facta) (Cap. 34).

Für unsere Tuchmachereien (genicia) sollen zur rechten Zeit das Arbeitsgerät und die Rohstoffe zugerichtet werden, wie Flachs, Wolle, Waid, Krapp, Wollkämme, Seife, Fett, Weberschiffchen und andere Geräte (Cap. 43).

Die Häuser, Arbeitsräume, Schupfen und Kästen sollen in guter Ordnung gehalten werden, damit unser Betrieb gut fortschreite (opera nostra bene peragere) (Cap. 49).

Wir wollen, daß unsere Verwalter stets gute, mit Eisen gebundene Fässer, die sich zur Verwendung für Sendungen ins Feld (in hostem) oder an die Pfalz (ad palatium) eignen, in Bereitschaft haben (Cap. 68).

Sie sollen unsere Wildgatter gut beaufsichtigen und zur rechten Zeit ausbessern, genauso wie jegliches Bauwerk (Cap. 46).

Was jeder Verwalter für unsere Tafel zu liefern verpflichtet ist, soll er in seiner Verwahrung haben; was abgegeben wird, sei gut und vorzüglich, sorgfältig und zierlich zugerichtet (Cap. 24).

e) Die Ablieferung an die königliche Pfalz

Wir wollen, daß das, was wir für unsere Hofhaltung brauchen, und das, was für den Dienst der Verwalter erforderlich ist, aus dem ganzen Gutsertrag ausgeschieden werde (Cap. 30). Jeder Verwalter habe für jeden Tag, an dem er unsern Tisch versorgen muß, die Getreidespeisen in doppelter Menge und den übrigen Aufwand an Mehl und Vieh in gleicher Weise zu liefern (Cap. 24).

Jeder Verwalter hat für die Dauer seiner Lieferungen an die Hofhaltung für jeden einzelnen Tag 3 Pfund Wachs und 8 Sextarien Seife abzugeben. Überdies muß er noch am Andreastag (30. November) und wenn möglich noch zu Mittfasten 6 Pfund Wachs abliefern, wo immer sich das Hoflager auch befinde (Cap. 49).

Jeder Verwalter hat während seiner Hoflieferung Malz zur Pfalz führen zu lassen und die Braumeister mitzugeben, damit sie dort gutes Bier brauen (Cap. 61).

Das fette Pöckelfleisch ist alljährlich an uns abzuführen (Cap. 66).

Was abzugeben ist, sei gut und vorzüglich, sorgfältig und gefällig zugerichtet (qualiter bona et optima atque bene studiose et nitide composita) (Cap. 24).

f) Die Betriebsabrechnung

Jeder Verwalter hat Jahr für Jahr (per singulos annos) Rechnung zu legen:
über den Ochsenspanndienst, die Pflugleistung unserer Hufenbauern, den Ackerzins (de sogalibus) und die anderen Abgaben (censis),
über Wergeld und Bußen und verschiedene Strafgelder,
über Einnahmen aus Mühlen, Forsten, Feldern, Brücken und Schiffszoll,
über Einnahmen von freien und zinsbaren Leuten (de liberis hominibus et centenis) und von Marktgebühren,
über Einnahmen aus Weingütern, Weinabgaben, über Heu, über Werk- und Fackelholz, über Schindel und anderes Holz,
über Einnahmen aus Ödland (Schottergruben und Steinbrüche),
über Hülsenfrüchte, Rips, Wolle, Lein, Hanf, Baumfrüchte, Edelobst,
über Erträgnisse aus Gersten- und Rübenfeldern und Fischwasser,
über Einkünfte aus Häuten, Fellen, Hörnern, aus Honig und Wachs, aus Fett und Seife, aus rotem Beerenwein und aus gekochtem Wein, aus Met, Essig und Bier, aus neuem und altem Getreide,

über die Einnahmen aus Hühnern und Eiern, aus Gänsen,
über das, was von Fischern, Schmieden, Schildmachern, Schustern, Korbmachern, Schreinern, Böttchern und Sattlern geliefert wurde,
über Eingänge aus Eisen- und Bleigruben.

Dies alles ist, jeder Gegenstand für sich, in Gruppen zusammengestellt und übersichtlich geordnet zu verzeichnen, und das Verzeichnis bis Weihnachten bei uns einzureichen, damit wir imstande sind zu vernehmen, wieviel Gesamtertrag und wieviel wir an Erträgen im einzelnen haben (Cap. 62).

Wir wollen, daß der Verwalter alles, was er an unsere Hofhaltung abgibt, auf einen Merkzettel schreibe (in uno breve); über den verbleibenden Rest soll uns ein schriftlicher Bericht zukommen (Cap. 55).

Wenn alles abgeschlossen, gezählt und in Teilen abgesondert ist, dann wird das vom ganzen Ertrag Erübrigte bis zu unserer Verfügung aufbewahrt, damit es nach unserer verfügten Entscheidung (secundum iussionem nostram) verkauft und gespeichert werde (Cap. 33). Wir wollen, daß die Verwalter sich alljährlich in der Fastenzeit am Palmsonntag befleißigen, unseren Anordnungen gemäß das aus unserem Wirtschaftsertrag erlöste Geld, nachdem wir für das laufende Jahr die Höhe des Betrages festgelegt haben, an uns abzuführen (deferre studeant) (Cap. 28).

g) Das Gesinde am Fronhof

Wir wollen, daß unsere Arbeitsleute gut versorgt (familia nostra bene conservata) und von niemandem ins Elend gebracht werden (Cap. 2),
daß unsere Verwalter den Mitarbeitern, den Fiskalen (fiscales), den Knechten (servi) und den Freigeborenen (ingenui), welche sich auf unseren Landgütern dauernd aufhalten, ihr volles und uneingeschränktes Recht (plenam et integram iustitiam) zuteil werden lassen (Cap. 52).

Jeder Amtmann soll in seinem Bezirk darauf sehen, daß unter unseren Leuten keine Lumpen (latrones) und keine Zauberer (maleficii) aufkommen können (Cap. 53),
und daß unser Gesinde seine Tätigkeit gut vollführe (bene laboret) und nicht auf Jahrmärkten herumlaufe (Cap. 54) (per mercata vacando non eat),
und daß unser Gesinde ordentlich lebe (qualiter recte familiae nostrae vivant) (Cap. 56).

Wir wollen, daß unsere Verwalter (maiores), Förster (forestarii), Pferdehüter (poletrarii), Kellermeister (cellerarii), Vögte (decani), Zöllner (telonarii) und die übrigen Bediensteten (ministeriales) ihr Amt ordentlich verwalten und für ihre Hufen (mansi) fronen und zinsen (sogales donent). Anstelle der Handdienste mögen sie ihre Ämter gut verrichten. Angestellte mit einem Dienstlehen (beneficium) mögen einen Stellvertreter schicken, der die Handleistungen und die übrigen Dienste verrichtet (Cap. 10).

Wenn einer unserer Knechte über seinen Meister in unseren Angelegenheiten etwas sagen will, so soll man ihm den Weg, zu uns zu kommen, nicht verbieten. Wenn ein Verwalter erfährt, daß seine Untergebenen mit einer Klage zur Pfalz gehen wollen, dann soll er selbst eine Darlegung der Vorfälle an die Pfalz gelangen lassen, damit die Klagen jener in unseren Ohren keinen Verdruß erzeugen (fastidium non generet). Auf diese Weise wollen wir erfahren, ob jene aus Notwendigkeit oder nur aus eigenem Vorhaben kommen (Cap. 57).

Wenn unsere Arbeitsleute unser Eigentum durch Dieberei oder Nachlässigkeit irgendwie geschädigt haben, so sollen sie dem Wert entsprechend Schadenersatz leisten und nach dem Gesetz gezüchtigt werden, es sei denn, es läge Mord oder Brandlegung vor (Cap. 4).

h) Die Verwalter

Die Beamten (maiores) der Gutsverwaltung sollen keineswegs Personen gehobenen Standes, sondern redliche Männer des Mittelstandes sein (de mediocribus qui fideles) (Cap. 60).

Wenn unsere Verwalter die Arbeiten durchzuführen haben, säen oder ackern, ernten und Heu machen oder Wein lesen, so soll jeder von ihnen an jedem Ort nachsehen, damit alles was getan wird, gut und untadelig sei (ut bene salva) (Cap. 5).

Jeder Verwalter soll seine Leistungen für unsere Hofhaltungen so vollbringen, wie sie ihm aufgetragen wurden. Ist es aber nötig, mehr zu arbeiten (plus servire debeat), und reichen die Dienste bis in die Nacht nicht aus, so soll er (für die Überstunden) Rechnung stellen (computare faciat) (Cap. 7).

Jeder Verwalter halte drei- oder viermal oder öfter Nachschau (nach den Erträgnissen (Cap. 20).

Jeder Amtmann sehe zu, daß nicht Bösewichte unsere Saat unter die Erde oder sonstwohin verstecken und deshalb die Ernte verkürzen (Cap. 51).

Wir wollen, daß sich die Verwalter ja nicht unterstehen, unsere Dienstleute für ihre eigenen Arbeiten zu gebrauchen, wie zum Holzfällen (materiam caedere), und nicht zu irgendeiner anderen Arbeit zwingen und schon gar nicht irgendwelche Geschenke von ihnen annehmen (neque ulla dona ab ipsis accipiant), kein Pferd, keinen Zugochsen, keine Kuh, kein Schwein, kein Schaf, noch irgendeine andere Sache, außer etwas Getränke und Gemüse, Obst, Hühner und Eier (Cap. 3).

Wir wollen, daß kein Verwalter die Hufenbesitzer zu seinen Geschäften gebrauche, wir wollen auch, daß kein Verwalter irgendeinen uns Fremden auf dem Landgut unterhalte (Cap. 12).

Wenn wir das im Vorstehenden Angeführte von unseren Verwaltern verlangen, so darf man uns nicht für streng halten (asperum videatur), denn wir wollen, daß sie selbst auch von ihren Untergebenen dies alles ohne jede Absicht, diese zu ärgern, zu fordern sich bemühen (Cap. 63).

Alles das aber, was ein Mann in seinem Hause oder in seinem Wirtschaftsbetrieb tun muß, sollen unsere Verwalter bei der Bewirtschaftung unserer Landgüter eben auch tun (Cap. 63).

Capitulare de villis et curtis imperialibus (um 800)
nach der Übersetzung: J. Becker-Dillingen: a.a.O., S. 542 - 556

i) Inventar eines königlichen Fronhofes

Wir fanden dort einen Maierhof, ein herrschaftliches Haus und andere Gebäude. Zu diesem Hof gehören 750 Tagwerk Ackerland und Wiesen mit einer Ertragsfähigkeit von 610 Fuhren Heu.

Getreide trafen wir keines, außer die 30 Fuhren, die wir den 72 Pfründnern bis zum Johannisfest geben. An Malz fanden wir 12 Mut.

Wir fanden noch: 1 Pferd, 26 Zugochsen, 20 Kühe, 1 Stier, 61 Kalbinen, 5 Kälber, 87 Schafe, 14 Lämmer, 17 Böcke, 58 Ziegen, 12 Zickel, 40 Schweine, 50 Jungschweine, 63 Gänse, 50 Hühner, 7 Bienenstöcke;

20 Speckseiten (de lardo baccones), ebensoviele frische Speckseiten, 17 Pfund Schmer, 1 geschlachteten und aufgehangenen Eber.
40 Käse, 1/2 Sikel Honig, 2 Sikeln Butter, 5 Mut Salz, 3 Sikeln Seife, 5 Federpfühle, 3 eherne und 6 eiserne Kessel, 5 Kesselhaken, 1 eisernen Leuchter, 17 mit Eisen gebundene Zuber, 10 große und 17 kleine Sikeln, 7 Breithacken und 7 Äxte, 10 Bockhäute, 26 Schaffelle und 1 Fischnetz.
Es ist dasselbst eine Tuchmacherei (genitium), worin sich 24 Frauen aufhalten. Wir fanden darin 4 wollene Kleider mit 4 Gürteln und 5 Kamisole.
Es ist daselbst auch eine Mühle, die jährlich 12 Mut abgibt.
Zu diesem Hof gehören 23 freie Mansi (mansi ingenuiles):
Unter diesen sind 6, von denen jeder jährlich zinst: 14 Mut Getreide, 4 Ferkel, Flachs im Werte einer Seige an die Arbeitsstube, 2 Hühner, 10 Eier, 1 Sextar Leinsamen, 1 Sextar Linsen,
Frondienst jährlich 5 Wochen, Pflugarbeit von 3 Tagewerken, Abmähen und Ernten eines Karren Heu auf der Herrschaftswiese und Botenreisen;
von den übrigen sind 6, deren jeder jährlich 2 Tagewerk Acker säet und erntet, auf der herrschaftlichen Wiese 5 Fuhren Heu gewinnt und einbringt, sowie 2 Wochen front,
ihrer 2 stellen für den Kriegsdienst je 1 Ochsen; ziehen sie nicht selbst gegen den Feind, so reiten sie, wohin sie befohlen.
5 Mansi finden sich, die jährlich 2 Ochsen geben,
4 Mansi sind, von denen jeder jährlich 9 Tagewerk Acker sät und einführt und auf der Herrschaftswies 9 Fuhren Heu gewinnt und einbringt.
Jährlich front jeder 3 Wochen, geht zur Weinfuhre, düngt 1 Tagewerk Herrschaftsland und gibt 10 Fuhren Brennholz.
Zu dem Hof gehören noch 19 dienstbare Mansi (serviles mansi),
von diesen gibt jeder jährlich 1 Ferkel, 5 Hühner, 10 Eier, füttert 4 herrschaftliche Jungschweine, pflügt ein halbes Ackerwerk, front wöchentlich 3 Tage, macht Botendienst und stellt 1 Vorspannpferd; seine Frau fertigt 1 Kamisol, fertigt Malz und bäckt Brot.

Breviarum Caroli Magni um 811, Königshof in Stephanswerth bei Augsburg; nach: J. Becker-Dillingen: a.a.O., S. 559 ff.

II. Die ständisch gebundene Wirtschaft

A. Die Wirtschaftsgesinnung

1. Saelde und gelücke: der Weg zum inneren Glück

a) Der Ansatz bei Boethius in „Trost der Philosophie"

Ad rem me, inquit, omnium quaesitu maximam vocas, cui vix exhausti quicquam satis sit. Talis namque materia est, ut una dubitatione succisa innumerabiles aliae velut hydrae capita succrescant; nec ullus fuerit modus, nisi quis eas vivacissimo mentis igne coerceat. In hac enim de providentiae simplicitate, de fati serie, de repentinis casibus, de cognitione ac praedestinatione divina, de arbitrii libertate quaeri solet, quae quanti oneris sint ipse perpendis. Sed quoniam haec quoque te nosse quaedam medicinae tuae portio est, quamquam angusto limite temporis saepti tamen aliquid deliberare conabimur.

Anicius Manlius Severinus Boethius (480 - 525), „der letzte Römer und der erste Scholastiker": De consolatione philosophiae, lib. IV, Cap. 6

Du rufst mich zur Aufgabe, deren Lösung unter allen die größte ist, die kaum je sich genügend erschöpfen läßt. Denn der Gegenstand ist derart, daß nach Beseitigung eines Zweifels unzählige andere wie die Häupter der Hydra nachwachsen, wofür es kein anderes Mittel gibt, als daß man es mit dem lebendigsten Feuer des Geistes bezwingt; denn hiebei pflegt man über die Einfachheit der Vorsehung, über die Reihenfolge des Schicksals, über den plötzlichen Zufall, über die göttliche Erkenntnis und Vorbestimmung, über die Willensfreiheit Fragen aufzuwerfen. Von welchem Gewicht diese sind, kannst du selbst erwägen. Da aber dies zu erkennen auch schon ein Teil deiner Heilung ist, so wollen wir doch, wenn auch auf eine enge Zeitgrenze beschränkt, etwas davon ausschöpfen.

A. M. S. Boethius: Trost der Philosophie; übers. v. Eberhard Gothein, Berlin 1932, S. 141

Sî dô éin lúzzel mír zûoláchende. nû châd si. uuîsest tu míh ze állero frâgôn méistûn. téro nîomêr ántuuúrtes negnûoget. Tro íst sólih zeántuuvrtenne. únde sô getân díng íst sî. dáz eínemo zuîuele benómenemo. mánige dárafúre chóment. álso herculi geskáh. tô ér den vuúrm sláhen sólta. dér grece héizet ydra. latine excedra. Sô er ímo éin hóubet ábaerslûog. sô ervuûchsen dárafúre dríu. únde dîen ábaerslágenên. mánigíu. Nóh íro nehéin méz neuuírt. sîe neuuérdên beduúngen mít chécchemo fíure des sínnes. Álso hercules téta lernam paludem. dánnân dísíu fabula errúnnen íst. Uuánda ér iz peuuérfen únde bestôzen nemáhta. íz nebrâche îo ûz. pe díu gîeng er iz ána mít temo fíure. mít témo irbár ér iz. Dâr íst ána zefrâgênne. dero gótes sléhtûn prouidentię. Sî íst sléht. únde éinfalte. únde úngelîh mánnes prouidentie. uuánda sî sáment. únde éines scúzes ánasíhet. Táz ménnisko échert súmez ánasíhet. únde dáz sélba ánasíhet éinzên mâlen. álso sî háranâh in quinto libro lêret. Fóne díu íst ménniskôn prouidentia. dáz uuír héizen fúredâhte. únde beuuárunga. Áber gótes prouidenta. dáz íst tíu sámentháftîga óbesíht. tíu úngetéilet íst. per tempora. et loca. mít téro sáment pegríffen sínt. presentia. preterita. et futura. svperioria. et inferioria. Uuánda áber sîn prouidentia uuîlôn genémmet stât fúre prescientiam. bedíu uuírt si oúh kedíutet fóregeuuízeda. álda fóresíht. náls nîeht proprie. núbe nâh tero ménniskôn fóresíhte. únde fóreuuízenne. Sáment kóte íst iz állez ánasíht. únde óbesíht.

Notker Labeo Teutonicus v. St. Gallen (950 - 1022) übers. u. interpretiert Boethius: Trost der Philosophie, lib. IV, Cap. 39

in: Die Schriften Notkers; hrsg. v. Paul Pieper, Freiburg und Tübingen 1882, Bd. 1, S. 272 ff. (Germanistischer Bücherschatz, Bd. 8)

Der Wandel im Glück

Cum te matris utero natura produxit, nudum rebus omnibus inopemque suscepi, meis opibus fovi et quod te nunc impatientem nostri facit, favore prona indulgentius educavi, omnium quae mei iuris sunt affluentia et splendore circumdedi. Nunc mihi retrahere manum libet; habes gratiam velut usus alienis, non habes ius querelae tamquam prorsus tua perdideris. Quid igitur ingemescis? Nulla tibi a nobis est allata violentia. Opes, honores ceteraque talium mei sunt iuris. Dominam famulae cognoscunt, mecum veniunt, me abeunte discedunt.

A. M. S. Boethius: De consolatione philosophiae, lib. II, Cap. 2

Als dich die Natur aus dem Leib der Mutter zog, habe ich dich nackt und von allem entblößt aufgenommen. Ich habe dich mit meinen Schätzen genährt und habe dich, was dich jetzt ungeduldig gegen mich macht, mit geneigter Gunst allzu nachsichtig erzogen. Ich habe dich mit Überfluß und Glanz und all dem, was nach Recht mir gehört, umgeben. Jetzt beliebt es mir, die Hand zurückzuziehen. Du schuldest Dank gleichsam für den Gebrauch fremden Gutes. Du hast kein Recht zur Klage, als ob du just das Deinige verloren hättest. Was also stöhnst du? Es ist dir von uns keine Gewalt widerfahren. Reichtum, Ehren und dergleichen stehen unter meiner Botmäßigkeit. Die Dienerinnen kennen die Herrin, sie kommen mit mir, und wenn ich gehe, entfernen sie sich.

A. M. S. Boethius: Trost der Philosophie, übers. v. E. Gothein, S. 37 ff.

Tô dú náchet kebóren uuúrte. dô nám íh tíh nácheten. únde álles tínges únêhtîgen. únde fûorota díh mít mînemo gûote. Álles tés míh háftêt. in gnúhte. ióh in scôni. dés kenîetota íh tíh. Nû lústet míh mîna hánt zu mír zezíhenne. Nû hábest tu mír is zedánchônne. álso dér frémide gûot níuzet. Tû nehábest nehéina réhta chlága. sámoso dû daz tîn ferlóren éigîst. Íh nehábo dír mít nôte nîeht kenómen. Ôtuuála. únde êra. únde dáz sô getâna. táz háftêt ál míh. Mîne díuuâ sínt sie. míh pechénnent sie. sáment mír chóment sie. sáment mír rûoment sie.

Notker v. St. Gallen: Boethius: Trost der Philosophie, lib. II, Cap. 7

Ius est mari nunc strato aequore blandiri, nunc procellis ac fluctibus inhorrescere. Nos ad constantiam nostris moribus alienam inexpleta hominum cupiditas alligabit? Haec nostra vis est, hunc continuum ludum ludimus, rotam volubili orbe versamus, infima summis summa infimis mutare gaudemus. Ascende si placet, sed ea lege, ne uti cum ludicri mei ratio poscet, descendere iniuriam putes. An tu mores ignorabas meos?

A. M. S. Boethius: De consolatione philosophiae, lib. II, Cap. 2

Des Meeres Recht ist es, bald mit glattem Spiegel zu schmeicheln, bald von Stürmen und Fluten zu erschaudern. Und uns soll zu seiner Beständigkeit, die unserem Wesen fremd ist, die unersättliche Begier der Menschen binden? Dies ist unsere Macht, dies ununterbrochene Spiel spielen wir, wir drehen das Rad in kreisendem Schwunge, wir freuen uns, das Tiefste mit dem Höchsten, das Höchste mit dem Tiefsten zu tauschen. Steige aufwärts, wenn es dir gefällt, aber unter der Bedingung, daß du nicht für ein Unrecht hältst herabzusteigen, wenn es die Regel meines Spieles erfordert. Oder kennst du meine Sitte nicht?

A. M. S. Boethius: Trost der Philosophie, übers. v. E. Gothein, S. 39

Ter mére mûoz óuh stílle sîn. mít sléhtero ébeni. uuîlon óuh strûben síh fóne uuínde. únde fóne uuéllôn. Sól míh uuíder mînemo síte stâta getûon. tero ménniskôn úneruúlta gîrheít? Táz íst mîn chráft. tisses spíles spílon íh. Mít sínuuélbemo ráde spílon ih. táz trîbo íh. Míh lústet táz nídera ûf. únde daz óbera níder zegechêrenne. Sízze darûf úbe díh is lúste. Áber in dîen uuórten. Táz tír nîeht neuuége zeirbéizenne. sô síh mîn spíl sô gezíhe. Neuuás tír mînes sítes nîeht chúnt na?

Notker v. St. Gallen: Boethius: Trost der Philosophie, lib. II, Cap. 7

Die Vorsehung ist die Herrin der Ordnung und des Schicksals

Nam providentia est ipsa illa divina ratio in summo omnium principe constituta, quae cuncta disponit; fatum vero inhaerens rebus mobilibus dispositio, per quam providentia suis quaeque nectit ordinibus. Providentia namque cuncta pariter, quamvis diversa quamvis infinita complectitur, fatum vero singula digerit in motum, locis, formis ac temporibus distributa, ut haec temporalis ordinis explicatio in divinae mentis adunata prospectum providentia sit, eadem vero adunatio digesta atque explicata temporibus fatum vocetur. Quae licet diversa sint, alterum tamen pendet ex altero. Ordo namque fatalis ex providentiae simplicitate procedit. Quo fit, ut omnia, quae fato subsunt, providentiae quoque subiecta sint, cui ipsum etiam subiacet fatum.

A. M. S. Boethius: De consolatione philosophiae, lib. IV, Cap. 6

Die Vorsehung ist jene im höchsten Herrscher aller Dinge selbst begründete göttliche Vernunft, die alles ordnet. Das Schicksal aber ist die den beweglichen Dingen anhaftende planmäßige Anlage, durch welche die Vorsehung mit ihren Ordnungen alles verknüpft. Die Vorsehung umfaßt nämlich alles gleichmäßig, wie verschieden und unbegrenzt es sei, das Schicksal aber treibt das Einzelne zur Bewegung, das nach Ort, Form, Zeit verteilt ist, so daß diese Entwicklung der zeitlichen Ordnung, im Überblick des göttlichen Geistes vereint, Vorsehung ist, eben diese Vereinigung aber in der Zeit verteilt und entwickelt, Schicksal genannt wird. Wenn die beiden also auch verschieden sind, hängt doch das eine vom anderen ab. Denn die Schicksalsordnung geht aus der Einfachheit der Vorsehung hervor. So kommt es, daß alles, was dem Schicksal untersteht, auch der Vorsehung unterworfen ist, wie auch das Schicksal selbst.

A. M. S. Boethius: Trost der Philosophie, übers. v. E. Gothein, S. 143

Uuánda prouidentia íst sélbíu díu in góte stânda rédehàfti. díu díngolih keséstot. Sô íst áber fatum sélbíu diu séstunga. ánaháftentíu allên uuéhsellichên díngen. mít déro prouidentia díngolih tuínget ze sînero órdeno. Prouidentia begrîfet tiu díng sáment. síu nesínt nîo sô misselîh. nóh íro neíst nîo sólih únénde. Fatum gerihtet siu éinzên ín íro fárt. zetéiltíu dára únde dára. ze sólên únde sólên getâten. ze diên zîten. únde ze dîen. Ze déro uuîs. táz tíu geréccheda. díu déro órdeno dés zîtes fólgêt. ín dero gótes mûotes fôresíhte síh keéinlúzlichôntíu. prouidentia héize. únde si áber éinzên mâlen geráhtív. fatum héize. Tóh tíu zuéi éin nesîn. dóh háftêt taz éin án demo ándermo uuánda fatum chúmet fóne prouidentia. Fóne díu íst sô gelégen. daz úndertaníu fato. úndertân sîn prouidentie. déro ióh fatum úndertân íst.

Notker v. St. Gallen: Boethius: Trost der Philosophie, lib. IV, Cap. 40 u. 41

Das Glück ist in euch

Quid igitur, o mortales, extra petitis intra vos positam felicitatem? Ostendam breviter tibi summae cardinem felicitatis. Estne aliquid tibi te ipso pretiosus? Nihil, inquies. Igitur si tui compos fueris, possidebis quod nec tu amittere umquam velis nec fortuna possit auferre. Si beatitudo est summum naturae bonum ratione degentis nec est summum bonum, quod eripi ullo modo potest, quoniam praecellit id quod nequeat auferri, manifestum est, quin ad beatitudinem percipiendam fortunae instabilitas adspirare non possit.

A. M. S. Boethius: De consolatione philosophiae, lib. II, Cap. 4

Was also, ihr Sterblichen, sucht ihr draußen das Glück, das in euch liegt? ... Ich will dir kurz den Angelpunkt der höchsten Glückseligkeit zeigen. Ist dir irgend etwas kostbarer als du selbst? Nichts, wirst du sagen. Wenn du also deiner selbst mächtig wärest, würdest du auch besitzen, was du weder verlieren, noch was dir das Glück rauben kann. Wenn diese Seligkeit das höchste Gut einer vernünftigen Natur ist, und nichts ein höchstes Gut ist, das dir irgendwie entrissen werden kann, da ja das, was nie geraubt werden kann, alles übertrifft, so ist es klar, daß die Unbeständigkeit des Glückes nicht Anspruch erheben kann: die Seligkeit zu geben.

A. M. S. Boethius: Trost der Philosophie, übers. v. E. Gothein, S. 47

Uuáz kânt ír líute ánderesuuâr sûochendo. dîa sâldâ. dîe ír hábent in íu sélbên? ... Îh oúgo dir. an uuíu die méistûn sâldâ sínt. uuâr sie ána uuérbent.

Îst tir îeht lîebera. dánne dû sélbo? Néin chîst tu. Uuíle dû uuálten dîn sélbes. sô dáz tu fortunam in uersíhte eígîst. sô guúnnest tû. dáz tu nîomêr gérno neuerlíusist. nóh tír óuh tiu fortuna genémen nemág.

Notker v. St. Gallen: Boethius: Trost der Philosophie, lib. II, Cap. 25

Gestaltet euer Glück selbst!

Firmis medium viribus occupate!

Quidquid aut infra subsistit aut ultra progreditur, habet contemptum felicitatis. In vestra enim situm manu, qualem vobis fortunam formare malitis.

A. M. S. Boethius: De consolatione philosophiae, lib. IV, Cap. 7

Nehmet mit starker Kraft die Mitte ein!

Alles, was darunter bleibt oder darüber hinausgeht, enthält die Verachtung der Glückseligkeit. In eure Hand ist es gelegt, wie ihr euch das Glück gestalten wollt.

A. M. S. Boethius: Trost der Philosophie, übers. v. E. Gothein, S. 155

Hábent íuuih fásto ze dero ébenmúoti!

dáz íuuih tiu léidega nesuâre. únde uberuuínde nóh tiu lústsamo neuerchuste iuueres mûotes. sô dáz ír neuuízînt uuér ír sînt. Souuáz síh níderôr gelâzet. tánne ze ébenmûoti. álde hóhor gestîget. táz ferlíuset tia sâlighéit. únde dárbêt des lônes.

Îz stât an díu. uuîolicha sâldâ ír íu sképfen uuéllênt. uuîo ébeno ír íuuih íro gehában uuéllênt.

Notker v. St. Gallen: Boethius: Trost der Philosophie, lib. IV, Cap. 54

b) *Saelde: der Leitstern für das Leben*

Der Wandel im Glück

saelde diu ist sinewel
und walzet umbe *als ein rat.*

Von dem üblen wîbe, 240 f.

gelücke daz ist sinewel
dicke *alsam ein bal.*

Kudrun (um 1230), 649, 2

das gelucke rade gelichet sich dem gelase:
so du sunne aller luerlichest derdur schinet,
so cerspringet es aller schierest.

Basler Handschrift: nach K. Wackernagel: Glücksrad und Glückskugel, in: Zeitschrift für deutsches Altertum, Bd. 6, 1848, S. 134 ff.

unser aller saelekeit
diu was ein lützel uf gestigen
und ist nu wider nider gesigen.

Gottfried v. Straßburg (um 1210): Tristan, 5830 ff.

hie an so nim ein bild:
wer sich ze hoch wil heben,
dem wird genidret sin leben;
wen im die seld ist wider
si wirfet in da nider.

Pfaffe Lamprecht (1120 - 1180): Alexander, 3857 ff.

Gott: der Herr des Glücks

daz bewaeret uns gelückes rat.
daz laet vil mangen oben ûf hin stîgen:
als er kumt ûf die hôhsten stat,
ez laet in anderthalben von im sigen.
alrêrst sô wirt er innen daz er meister obe im hat.
swer grozes übermuotes und gewaltes pfligt,
den selben *got vil gerne vallen lât.*

Dietmar der Setzer

in: Deutsche Liederdichter des 13. Jahrhunderts, hrsg. von C. von Kraus, Tübingen 1952 - 1958; 7, 3, 7 ff.

Dô sprach der starke Sîfrit: mîn vater Sigemunt,
ir sult hie belîben. wir komen in kurzer stunt,
gît uns got gelücke, her wider an den Rîn.

Nibelungenlied (um 1210), 889, 1 ff.

Hilde diu schoene / wünschen dô began
gelückes Herwîge / und allen sînen man,
daz in nâch ir êre / müese wol gelingen.
‚daz gebe got‘ sprach Kûdrûn, / *‚daz si unser
vriunt gesunde wider bringen.‘*

Kudrun, 727, 1 ff.

In gotes und der werlde hulde leben,
got unde der werlde gevallen

Wolfram v. Eschenbach (etwa: 1197 - 1210): Parzival, 827, 19 ff.

daz si in ir gemüete / sîns gelückes waeren vrô,
von schulden muosen si dô / von den gnaden vreud e hân /
die got hete an im getân.

Hartmann von Aue (um 1210): Armer Heinrich, 1382 ff.

ich muoz ze disen ziten
der *gotes genaden biten.*

Gottfried v. Straßburg: Tristan, 7485 f.

solt unser saelde han geruocht,
so vil so wir sin haben versuoht,
wils danne got geruohen,
so wil ich versuochen.

Gottfried v. Straßburg: Tristan, 6201 f. u. 6237 f.

got wîse mich der saelden wege!
gelücke vor der hoechsten hant

Wolfram v. Eschenbach: Parzival 8, 10; 269, 16

frum unde gotes hulde und weltlich êre.

Walther v. d. Vogelweide: 61, 24; hrsg. v. C. von Kraus, Berlin 1962

unser rihtaere ist sô guot,
swes er verhenget ode tuot,
daz ez muoz nâch reht geschehen.

Thomasin v. Zirclaria (1186 - 1235): Der Wälsche Gast, 4661 ff.

Dar umbe sol ein ieglîch man
der sich ze guot verstên kan
haben allez daz vür guot
daz uns herre hin zim tuot.

Thomasin v. Zirclaria: Der Wälsche Gast, 5107 ff.

vater, got lâze ûh sîn gesunt,
allis gûtes ih û wol getrûwen.
got lâz ûh lange bûwen
mit froweden ûwer rîche
und ouh sêlicliche.

Pfaffe Lamprecht: Alexander, 403 ff.

ih wil ime hûte sînen lib
gesunt al hie behalden
sol is gelucke walden.

Pfaffe Lamprecht: Alexander, 6290 ff.

Nu walde es got, ob ich gesige
oder tot hie belige.
got wolle, daz es wol erge!

Herbort v. Fritzlar (um 1210): Liet von Troye, 11680 ff.

Schaffe dein Glück selbst: durch Maß-halten

daz er allez wider got strebet,
swer ane got lebet.

Pfaffe Konrad (Mitte des 12. Jhdts.): Roland, 3481 f.

lâzet alle giricheit.

Pfaffe Lamprecht: Alexander, 7285

wollent irz rehte verstan,
so hîz got machen
sus wunderlîche sachen
dem kuninge ze lêren:
er irhûb sih grôzer êren.
ouh sît ir algemeine
gemanet mit dem steine
daz ir ûh nihtis ne verhebet
al di wîle di ir lebet.
bewaret ûh von der giricheit . . .

Pfaffe Lamprecht: Alexander, 7154 ff.

swer got von herzin minnet
und nach den erin ringet,
dem volgit selden unheil.
ouch mag her wol sin teil
gewinnen, *al des er bedarf.*

Eilhart v. Oberg (um 1170): Graf Rudolf, 3113 ff.

jâ wil ich halt sprechen mêre
man möhte mit der mâze lêre
die untugent ze tugent bringen. 9985 - 88
diu mâze sol sîn in allen dingen. 9931

Wizzet daz diu mâze ist
des sinnes wâge zaller vrist.
diu rehte mâz diu hât ir zil
enzwischen lützel unde vil.
swer mit der mâz kan mezzen wol,
der tuot ez allez als er sol.
man sol mezzen nâch sîner kraft
unmâze ist an übermaht. 9935 - 42
diu mâze gît uns êre und guot,
unmâze ist an übermuot.
diu mâze behalt und gît nâch reht,
den herren macht unmâze kneht.
diu mâze riht bürge unde lant
unmâze bringt schaden unde schant. 9947 - 52
man sol sich doch behüeten wol
daz man niht verwerf sîn guot:
der ist ein tôre der daz tuot
diu milte gêt die mittern strâze
si behaltet unde gît nâch mâze. 10027 - 32
daz hât diu rehte mâze getân
als ich ê gesaget hân,
wan diu kürzet si mit meisterschaft
under unsers herren kraft.
diu übermuot wil hin ze got
stîgen, sô ist sîn gebot
daz man si mit des sinnes mâze
niht sô hôhe stîgen lâze. 10145 - 52
man sols mezzen under sîne vorht:
swerz niht entuot, der hât verworht
gotes hulde und sîn saelekeit. 10153 - 55
daz ist der unmâze maht
daz si tuot über ir kraft.
daz ist der unmâze site,
si volget der untugende mite.
sô ist ir gewerve daz
unsaelikeit und gotes haz.
unmâze diu ist âne zil,
si heizet ze lützel und ze vil. 9921 - 28
Ir habt nu vernomen wol
wie diu mâze machen sol
die untugende zaller vrist
ze tugenden, swerz wol mezzend ist
ich hân iû gefeit dar zuo
wie euch diu unmâze tuo
und wie niht mac wesen guot
daz man mit unmâze tuot. 10175 - 82

Thomasin v. Zirclaria: Der Wälsche Gast

2. *Der Beruf als Erfüllung des Lebens*

a) *Der Beruf als Berufung*

Haec autem diversificatio hominum in diversis officiis contingit: primum *ex divina providentia*, quae ita hominum status distribuit, ut nihil umquam deesse inveniatur de necessariis ad vitam, secundum etiam ex causis naturalibus, ex quibus contingit, quod in diversis hominibus sunt diversae inclinationes ad diversa officia vel ad diversos modos vivendi.

Thomas v. Aquin (1225 - 1274): Quodlibetum VII, art. 17

Et ex hac diversatione divisorum individuorum simul *cum divina providentia*, quae omnia moderatur, contingit, quod unus eligit unum officium ut culturam, alius aliud.

Thomas v. Aquin: Sententiae, lib. IV, d 26, q 1

So ungleich die Leute sind, so ungleich sind auch die Wege zu Gott. Nimm von allen Dingen wahr, was dein *Ruf* sei: in dem, wozu dich Gott gerufen hat, in dem folge!

Johann Tauler: Predigten, Prager Ausgabe, Bd. 2, S. 281

Erige oculos ad Deum faciendo haec omnia principaliter amore sui, ut obedias mandatis eius.

Cherubinus de Spoleto: Sermones quadragesimales, Venedig 1502, S. 472

b) Der Beruf als Amt

Kinder, ihr seht, daß ein Leib ist, der hat aber viele Glieder und Sinne und ein jeglicher Teil der Glieder hat ein besonderes Amt und Werk. Keines von ihnen nimmt sich an, das andere zu sein, denn Gott hat ihm das Seine zugeordnet ... Aber wir Christen sollen wahrnehmen, was unser *Amt* sein soll, wozu uns der Herr berufen hat. Denn jegliche Kunst oder Werk, wie klein sie seien, das sind allesamt Gnaden und sie wirket der Heilige Geist zu Nutz und Frucht des Menschen.

Johann Tauler: Predigten, Prager Ausgabe, Bd. 2, S. 283

Denn wenn wir alle nach Gottes Gebot arbeiten, so arbeiten wir nicht allein um des Gewinnes willen, denn das gibt keinen Segen und bringt der Seele Schaden.

Arbeiten heißt: Gott dienen nach seinem Gebot. Darum sollen alle arbeiten: die einen mit der Hand am Felde, im Hause und in der Werkstatt, die anderen in Gelehrtheit und Kunst, noch andere als Regenten des Volkes und als sonstige Oberkeiten, andere im Krieg zum Schutz des Volkes, wiederum andere als geistliche Diener Christi.

Christliche Ermahnung, Mainz 1513

B. Die ständische Gesellschaftsordnung

1. Die Welt: eine Einheit in Vielheit

a) Das Ganze in vielen Teilen

In jedem Ganzen sind die Hauptteile ihretwillen für das Ganze erforderlich, während alle anderen Teile dazu da sind, um jene Hauptteile zu konstituieren und irgendwie zu vervollkommnen. Unter allen Teilen des Universums sind aber die intellektuellen Kreaturen die wertvollsten, da sie eine größere Ähnlichkeit mit Gott erlangen. Also sorgt die göttliche Vorsehung für die intellektuellen Naturen um derentwillen, dagegen für alle anderen um jener willen.

Alle Teile sind offenbar auf die Vollendung des Ganzen hingeordnet, denn das Ganze ist nicht um der Teile willen da, sondern die Teile um des Ganzen willen.

Thomas v. Aquin: Summa contra gentiles, lib. III, Cap. 112, 4 u. 5

b) Das Ganze in stufenmäßig gegliederter Vielheit

Gott hat durch seine Vorsehung alles Geschaffene zur göttlichen Gutheit wie zum letzten Ziel hin geordnet, jedoch nicht in der Weise, als ob die göttliche Gutheit durch dasjenige, was in der Welt geschieht, einen Zuwachs erhalte, sondern in der Weise, daß den Dingen, soweit es möglich ist, eine Ähnlichkeit der göttlichen Gutheit eingeprägt wird.

Da nun aber alle geschaffene Substanz notwendig der ganzen Vollkommenheit der göttlichen Gutheit ermangelt, so muß es, damit um so vollkommener die Ähnlichkeit der göttlichen Gutheit den Dingen mitgeteilt werde, eine Verschiedenheit in den Dingen geben, damit, was von einem einzigen Ding nicht dargestellt werden kann, wenigstens durch verschiedene Dinge auf verschiedene Weise vollkommener zur Darstellung gelange.

Bei sorgfältiger Betrachtung wird man finden, daß die *Verschiedenheit der Dinge* eine *Stufenleiter* bildet:

so findet man über den unbeseelten Körpern die Pflanzen,
über diesen die vernunftlosen Tiere
und über diesen die Menschen.

Unter den einzelnen Kreaturen findet man auf jeder der drei Stufen wieder weitere Verschiedenheiten, insoferne die einen Kreaturen vollkommener sind als die anderen, so daß dasjenige, was das Höchste der niederen Gattung ist, der nächst höheren Gattung am nächsten zu sein scheint.

Daher ergibt es sich, daß die Verschiedenheit der Dinge *nicht eine Gleichheit aller Dinge,* sondern *eine Rangordnung in den Dingen* in sich schließt.

Thomas v. Aquin: Summa contra gentiles, lib. III, Cap. 97, 1, 2 u. 6

c) Die Ordnung: der Garant der Einheit und des Friedens

Was zum Sein strebt, strebt zur Ordnung (ad ordinem tendunt). Wenn etwas der Ordnung folgt, dann hat es im Sein Bestand, soweit eben die Kreatur der Ordnung folgen kann. Die Ordnung bringt nämlich zur Übereinstimmung (ad convenientiam), was sie ordnet. Es gibt kein Sein, ohne daß das Sein eine Einheit ist (unum esse). *Soweit etwas zur Einheit strebt, soweit hat es Bestand.* Das Einfache ist aus sich selbst (per se), weil es in sich eine Einheit ist. Was aber nicht einfach ist, strebt durch die Übereinstimmung der Teile zur Einheit (unitantur unitatem) und erreicht sie auch, soweit es die Einheit in Übereinstimmung der Teile anstrebt.

Die Ordnung bewirkt das Sein (esse cogit), die Unordnung das Nichtsein. Diese Verkehrung nennt man corruptio (Bruchsituation).

Augustinus (354 - 430): De moribus Manichaeorum, Cap. 6

Die Ordnung ist die allen Dingen, den gleichen und den ungleichen, den gebührenden Standort (sua cuique loca) zuweisende Kraft (tribuens dispositio).

Der Friede des Leibes besteht im geordneten Verhältnis der Teile, der Friede der ungeordneten Seele in der Ordnung der Triebe, der Friede der geordneten Seele in der geordneten Übereinstimmung von Erkenntnis und Tun, der Friede des Leibes und der Seele im geordneten Leben und in der Wohlfahrt des beseelten Wesens. Der Friede zwischen den Menschen besteht in dem im Glauben geordneten Gehorsam unter dem Gesetz.

Der Friede unter den Menschen besteht in der geordneten Eintracht: der Friede des Hauses in der geordneten Eintracht des Anordnens und Befolgens der Be-

81. Personalhaus in „Beilerhof" der Veitscher Magnesitwerke in Groß-Veitsch; jede Tür ist der Zugang in eine Wohnung mit Küche und Zimmer

82. Silo für 99 Wohnungen der vielen Gleichen

wohner, der Friede des Gemeinwesens in der geordneten Eintracht des Befehlens und Gehorchens der Bürger, der Friede des himmlischen Staates in der wundervoll geordneten Eintracht der Gemeinschaft in der Anschauung Gottes (fruitio Dei).

Der Friede aller Dinge aber ist in der Ruhe der Ordnung gegeben.

Augustinus: De civitate Dei, lib. 19, Cap. 13

2. *Die Menschheit: eine Vielheit in geordneter Einheit*

a) *Der Mensch: ein gesellschaftliches Wesen*

Der Mensch ist von Natur aus ein gesellschaftliches Wesen, was man schon daran erkennt, daß ein einziger Mensch sich nicht genügt, wenn er allein lebt, und zwar deshalb nicht, weil die Natur für den Menschen nur in wenigen Dingen genügend vorgesorgt hat, ihm aber dafür die Vernunft verlieh, durch die er sich das Notwendige zum Leben selbst verschaffen und zubereiten kann, wie die Nahrung, die Kleidung und anderes dergleichen. *Daher ist der Mensch von Natur veranlagt: in Gesellschaft zu leben* (lib. III, Cap. 85, 10).

Nun ist dem Menschen natürlich, ein gesellschaftliches Wesen zu sein, was dadurch bewiesen wird, daß ein Mensch allein nicht all das herstellen kann, was zum menschlichen Leben notwendig ist. Folglich entspricht es auch: *einem jeden das Seine zu wahren und keinem zu schaden* (lib. III, Cap. 129, 5).

Thomas v. Aquin: Summa contra gentiles

b) *Die Vielfalt der menschlichen Gemeinschaften*

Da der Mensch Verstand, Sinne und Körperkraft besitzt, so sind auch wiederum diese Vermögen in ihm selbst gemäß der Anordnung der göttlichen Vorsehung in einer ähnlichen Rangordnung aufeinander eingestellt, wie sie sich im Universum vorfinden.

Aus gleichem Grunde gibt es auch unter den Menschen eine *Rangordnung;* denn jene, die durch ihren Verstand hervorragen, herrschen von Natur aus, während jene, die weniger Verstand besitzen, dagegen körperlich stärker sind, von Natur aus zum Dienen geeignet erscheinen. Also sieht man: daß die göttliche Vorsehung allen Dingen eine Rangordnung auferlegt (lib. III, Cap. 81, 6 u. 10).

Thomas v. Aquin: Summa contra gentiles

Die Gemeinschaft erscheint als eine Gesinnungs-, Liebes- und Tätigkeitsordnung, „als geordnete Ganzheit menschlicher Tätigkeiten (adunatio hominum ad unum aliquid communiter agendum)", als eine Verbindung von Menschen, die durch einen einheitlichen Richt- und Zielpunkt geleitet, ein Gemeinsames anstreben und ausführen. Aus einer Vielheit von Einzelkräften bildet sich eine virtus omnium, die eine einheitliche Wirkung hervorbringt.

Hans Meyer: Thomas v. Aquin, Bonn 1938, S. 491

3. *Die Ordnungsbilder der ständischen Gesellschaft*

a) *Verschiedene Bilder der ständischen Gesellschaft*

Duae quippe vitae sunt: una *terrena,* altera *coelestis;* altera corporea, altera spiritualis. Una qua corpus vivit *ex anima,* altera qua anima vivit *ex Deo.* Utraque bonum habet, quo vegetatur et nutritur ut possit subsistere.

Laici ergo Christiani, qui terrena et terrenae vitae neccessoria tractant, pars corporis Christi sinistra sunt. *Clerici* vero, quoniam ea que spiritualem vitam pertinent, dispensant, quasi dextera pars sunt corporis Christi.

Zwei Leben gibt es: ein *irdisches* und ein *himmlisches*, das eine ist leiblich und das andere geistig. Das eine lebt aus der Seele, das andere aus Gott. Beide haben ihr Gutes, aus dem sie erhalten werden, damit sie leben können. Wir *christlichen Laien*, die für das irdische Leben sorgen, sind der linke Teil des Körpers Christi. Die *Kleriker* aber, die das geistliche Leben betreuen, bilden gleichsam den rechten Teil des Körpers Christi.

Hugo v. St. Victor (1096 - 1141): De sacramentis, Liber II: De unitate ecclesiae, Cap. III; in: Patrologia Lat. Bd. 176, Sp. 417 f.

Ich hôrte ein wazzer diezen	Ich hörte ein Wasser rauschen
und sach die vische fliezen,	und sah die Fische schwimmen,
ich sach swaz in der werlte was,	sah alles, was es auf Erden gab,
velt walt loup rôr unde gras.	sah Feld, Wald, Laub, Schilfrohr und Gras.
swaz kriuchet unde fliuget	Alles, was kriecht und fliegt
und bein zur erde biuget,	und auf Füßen einhergeht,
daz sach ich, unde sage iu daz:	das sah ich, und soviel künde ich euch:
der keinez lebet âne haz.	Unangefeindet lebt keines von ihnen.
daz wilt und daz gewürme	Schwer haben die wilden Tiere
die strîtent starke stürme,	und das Gewürm zu kämpfen,
sam tuont die vogel under in;	ebenso auch die Vögel untereinander.
wan daz si habent einen sin:	Nur darin sind sie alle eines Sinnes:
si diûhten sich ze nihte,	sie gäben sich verloren,
si enschüefen starc gerihte.	wenn sie keine starke Rechtsordnung schafften.
si kiesent künege unde reht,	Sie erwählen sich Könige und eine Standesordnung,
si setzent hêrren unde kneht.	sie bestimmen, wer Herr ist und wer Knecht.
Walther v. d. Vogelweide (1160[1170] - 1228): Sprüche	Walther v. d. Vogelweide, übers. von Paul Stapf, Berlin 1963

Sicut enim est in illiminationibus angelis, quod divinae lucis radium primo recipiunt Angeli de prima hierarchia, secundo illi de media, ultimo illi de postrema ... Sic etiam debet esse in illuminationibus humanis, ut primo in supremos, deinde in medios, tertio in postremos lumen sapientiae diffundatur. In der Hierarchie der Engel empfangen einen Strahl des göttlichen Lichtes die des ersten Ranges, dann die des mittleren und schließlich jene des letzten Ranges ... So ist es wohl auch bei den menschlichen Rangstufen, daß das Licht der Weisheit zuerst auf die Obersten, dann auf die Mittleren und schließlich auf die Unteren ausgegossen wird.

Bonaventura (1221 - 1274): Commentarius in librum sapientiae, proemium 9, opera omnia, tom. 6, p. 109

In driu geteilet wâren
von êrst die liute, als ich las:
bûman, rittaer unt pfaffen,
ieslich nâch sîner mâze was
gelîch an adel und an art
dem ritter lichet ritterschaft.
der bûman het sich des bewart,
daz er den zweien nar schüef mit gewin.
Nu pfaffe, werde pfaffe,
lâz ander orden under wegen;

dem anderen ie.
wie stêt der pfaffen sin?
Sie lêrent wol gebâren,
kunst, wîsheit, aller tugende kraft,
vride, scham unt dar zuo vorhte.

du stolzer ritter schaffe,
daz ritterschaft dir lache,
niht nim an dich ein ander leben,
du bûman solt niht hôher streben,
daz lêre ich dich durch werndes prises sache.

Heinrich v. Meißen (1275 - 1318): Sprüche, Nr. 244: Priester, Ritter, Bauer; in: Bibliothek der ges. dt. National-Literatur, Bd. 16, S. 141

b) Der Dom als Ordnungsbild der Gesellschaft

De fenestris ecclesiae (Cap. CXXX): Perspicuae fenestrae, quae tempestatem excludunt et lumen introducunt, sunt doctores, qui turbini haeresum obsistunt, et lumen doctrinae Ecclesiae infundunt. Vitrum in fenestris, per quod radius lucis iaculatur, est mens doctorum, quae coelestia quasi per speculum in aenigmate contempletur.

Die Fenster der Kirche: Die durchsichtigen *Fenster,* die die Stürme abhalten und das Licht einlassen, sind die *Geistlichen,* die die Haeresien fernhalten und das Licht der kirchlichen Lehre einströmen lassen. Das *Glas* in den Fenstern, durch das das Licht einstrahlt, ist der *Geist der kirchlichen Lehrer,* der das himmlische Geheimnis wie durch einen Spiegel zeigt.

De columnis ecclesiae (Cap. CXXXI): Columnae, quae domum fulciunt, sunt episcopi, qui machinam Ecclesiae vitae rectitudine in alta suspendunt. Trabes, quae domum coniungunt, sunt saeculi principes, qui Ecclesiam continento muniunt. Tegulae tecti, quae umbrem a domo repellunt, sunt milites, qui Ecclesiam a paganis et hostibus protegunt.

Die *Säulen,* die das Haus stützen, sind die *Bischöfe,* die das Leben der Kirche aufrecht erhalten. Die *Trambäume,* die das Haus zusammenhalten, sind die *weltlichen Fürsten,* die die Kirche schützen und beschirmen. Die *Dachziegel,* die den Regen vom Hause fernhalten, sind die *Ritter,* die die Kirche vor Heiden und Feinden bewahren.

De pavimento (Cap. CXXXIV): Pavimentum, quod pedibus calcatur, est vulgus cuius labore Ecclesia sustentatur. Altare, super quod sacrificatur, est Christus super quem sacrificium Ecclesiae acceptatur. Ideo corpus Christi super altare conficitur, quia populus in eo credens ex eo reficitur: unum eum Christo, quasi multi lapides unum altare, efficitur.

Der *Boden,* der begangen wird, ist das *Volk,* von dessen Arbeit die Kirche erhalten wird. Der *Altar,* auf dem geopfert wird, ist *Christus,* durch den das Opfer der Kirche dargebracht wird. Wie der Leib Christi auf dem Altar dargebracht wird, wird das Volk, das an ihn glaubt, auch durch ihn gerechtfertigt: eins in Christus wie der Altar aus den vielen Steinen zur Einheit gefügt ist.

Honorius Augustodunensis (H. aus Autun: um 1120): Gemmae animae, lib. I, opera omnia, pars III;
in: Patrologia Lat. Bd. 172, Sp. 586

c) Die zehn Chöre der Engel und die zehn Stufen der Gesellschaft

Daz himelriche ist gezieret unde geeret mit zehen koeren der heiligen engel. Der ist einer schoener unde hoeher danne der ander. Unde die nideren koere, die hat unser herre also geordet, daz sie den obern eteliche dinge undertaenic sint. So sind danne die obern koere, daz sie den andern etelicher dinge her wider schuldic sint umbe den dienest, den sie in dienent.

Und also hat der almehtige got die heilige kristenheit geliehet dem himelriche unde hat zehen liute uf ertriche geordnet in der heiligen kristenheit. Der sint ein ouch ie hoeher danne die anderen, unde die nidern muezent den obern undertaenic sin in diensten. So sind die obern den nidern wider umbe etewas schuldic, als die hohen engele den nidern etelicher dinge schuldic sint.
Der obersten koere der heiligen engele sint drie. Unde den selben drie koeren sint die andern siben ir ieglicher ieme etelicher dienste undertaenic. So sint ouch die hohesten drie koere den siben koeren ieglichem etelicher her wider schuldic umb ir dienst.

Unde da von wil ich iu kristenliuten sagen, wie der almehtige got die heilige kristenheit geordnet hat mit zehenhie liuten unde welcher hie dienste die nidern den oberen schuldic und undertaenic sind.

Die ersten drierhie liute daz sint die *hoehsten unde die hersten,* die der almehtige got selbe *dar zuo erwelte* unde geordnet hat, daz in die andern siben alle undertaenic wesen suln und in dienen suln.

Die ersten daz sint die pfaffen, die die kristenheit leren sullent; daz ander sint eht geistliche liut; daz dritte sind weltliche rihter, herren unde ritter, die da witwen unde weisen schirmen sullent.

Die ersten, daz ist der *babest* und alle *pfaffen.* Die sulnt der kristenheite pflegen mit geistlichen rehte unde gerihte unde mit geistlicher lere.

Die andern liute sint die *geistlichen liut.* Die sulnt ouch die liute wisen unde leren als in bevolhen ist.

Die dritten liute, die ouch der hohesten sint: die *kaiser* unde die *künige* unde die *herzogen* unde die *frien* unde die *graven* unde alle weltlichen herren, die *ritter* unde *herren* ... daz sie die andern schirmen sulnt vor dieben unde vor roubern unde brennern, vor jüden, vor heiden unde vor ketzern unde vor unrehtem gewalte.

Nu wil ich iu sagen von den andern koeren der heiligen kristenheit. Der solten noch sibene ze rehte sin. Nu ist ir niwam sehse: die ersten drie unde sehse, daz sind niune. Der zehende ist uns kristenliuten aptrünnic worden.

Die ersten sint alle, die gewant wirkent, swelher hie gewandes die liute bedürfen. Die hoerent alle samt zuo einander zuo einem amte: sie wirken sidin gewant oder wullinz oder lininz oder belzin gewant oder schuohe oder hantschuohe oder gürtel oder sweher hie es ist, daz zou dem gewande gehoeret.

Die andern liut siunt alle, die mit iseninen wafen arbeitent unde wirkent. Daz sint goltsmide, pfenningsmide und ander smide unde zimberliut unde steinmetzen und drehsler, die hoerent alle samt zuo einem kore.

Die dritten sind alle, die mit kouf umbe gent. Sie füerent uz einem andern künicrihe in diz daz dort wolveil ist unde daz hie wolveil ist, daz füerent sie hin wider.

Der vierte kor sind alle, die da ezzen unde trinken veil habent. Die müezent uns eht das brot backen, fleisch veil han, bier briuwen, met sieden, vische vahen, kaese und eiger (Eier) hertragen.

Die fünften liute sint alle die daz ertriche buwent, sie buwen win oder korn. Daz sint die gebure (Bauern), die da buwent olei.

Die sehsten liute sint alle, die mit erzenie (Arzneien) umbegent ... Do erbarmte sich got über uns (nach dem Sündenfall) unde gab uns für ieglichen siechtuome eine erzenie, die uns des libes siechtum ze gesuntheite brachte.

Das sint die uiun koere, da der almehtige got die kristenheit geordnet hat.

Berthold v. Regensburg (1210 - 1272): Von zehen koeren der engele unde der kristenheit;

in: Ausgabe der Predigten von F. Pfeiffer, Wien 1862, Bd. 1, S. 140 ff. (in Auszügen)

4. *Die Grundlagen der ständischen Gesellschaft*

a) *Das Grundverhältnis der Gesellschaft: die Treue*

Aufgefordert, über das Wesen der Treue zu schreiben, habe ich folgendes kurz zusammengefaßt.

Wer seinem Herrn die Treue schwört (fidelitatem iurat), soll immer folgende Punkte beachten: incolume (Unversehrtheit), tutum (Gesichertheit), honestum (Ehrenhaftigkeit), utile (Nützlichkeit), facile (leichte Verrichtbarkeit), possibile (Möglichkeit).

Unversehrtheit bedeutet, dem Herrn soll jeder körperliche Schaden abgewendet werden.

Sicherheit bedeutet, dem Herrn soll weder in seinem Innern noch in seinem Schutzbereich eine Schädigung zukommen.

Ehrenhaftigkeit bedeutet, dem Herrn soll weder eine Einbuße seiner Gerechtsame noch in einer Angelegenheit, die sich auf seine Ehrenhaftigkeit bezieht, zukommen.

Nützlichkeit bedeutet, es soll dem Herrn kein Schaden an seinem Vermögen erwachsen.

Leichte Verrichtbarkeit und *Möglichkeit* bedeutet, dem Herrn soll das, was er leicht erwerben kann, nicht erschwert, noch das, was zu erwerben leicht möglich ist, nicht unmöglich gemacht werden.

Wenn auch all diese Verhaltensweisen beachtet werden, so kommt es doch immer darauf an, daß nicht nur ein Unheil hintangehalten (abstinere a malo) wird, sondern daß das, was zum Guten gereicht (quod bonum est), geschehe.

Ferner gehört noch zu den sechs Verhaltensweisen dazu, daß dem Herrn *Rat* und *Hilfe* (consilium et auxilium) geleistet werde, wenn sich der Untertane der Huld würdig (dignus videri) und der geschworenen Treue (salvus esse fidelitate) entsprechend verhalten soll.

Auch der Herr muß sich seinem Getreuen (fideli suo) gegenüber in allen Angelegenheiten gleich verhalten (in his omnibus vicem reddere debet). Wenn er dies nicht tut, gilt er mit Recht als verabscheuenswürdig (malefidus), untreu (perfidus) und ungerecht (periurus).

Fulbert von Chartres (um 960 - 1028) im Brief an Herzog Wilhelm V. v. Aquitanien vom Jahre 1020;

in: Patrologia Lat. Bd. 141, Sp. 229, Nr. 58

Lant und liute eins vürsten hol	Land und Leut eines Fürsten
Mae die leng niht wol genesen,	können nicht sehr wohl genesen,
So mac ouch der fürst niht wesen	wenn der Fürst will
An die hilf der lantschaft . . .	ohn die Hilf der Landschaft genesen.
Also sin wir des fürsten glider	Also sind wir des Fürsten Glieder
Und er unser buch herwider,	und er unser Leib hinwider,
Daz mans niht wol geiteilen kann.	was man nicht wohl teilen kann.
Also ein ieglich lantman	Also ist ein jeder Landmann
Ist gebunden dem landeshern	gebunden an den Herrn

Ganzer triu an allez wern,	ganz in Treu und ohne „wern“ (Vorbehalt),
Also sol sin der fürst hinwider	wie auch der Fürst gebunden ist
Recht gebunden denselben wider.	an das Recht der Herrn.

Heinrich der Teichner (um 1312 - 1370);
nach: O. Brunner: Land und Herrschaft, Brünn, München, Wien 1943

Treue ist ein zweiseitiges Verhältnis; sie hat etwas von Vertrag an sich. Hat doch das germanische triuva die Bedeutung „Vertrag“, so wie heute noch im Französischen „la trève“. Aber es ist ein Vertrag besonderer Art. Denn es wird durch einen Eid, einen Treueeid, die Huldigung begründet. Im Falle der Begründung eines Holdenverhältnisses entsteht eine durch Treueid bekräftigte Bindung des Holden an den Herrn, ein Zustand, ein „Status“, der den ganzen Menschen letztlich in einer durch den Eid religiös fundierten Bindung (und Gemeinschaft) erfaßt.
Der Herr schuldet Schutz und Schirm, der Holde Hilfe und Rat.

O. Brunner: ebenda, S. 301 f.

b) *Der Treueid*

Nachvolgende Aydspflicht ist der Fürstl. Durchlaucht Erzherzog Carln zu Österreich bey der beschehenen Erbhuldigung des 1564. Jahres durch den Landtshauptman in Steyr, Herrn Hansen, Herrn zu Scharffenberg auff Spilberg, fürgelesen worden.

„Durchleuchtigster Fürst und Herr, Herr Carl, Erzherzog zu Österreich und Hertzog zu Steyr, Gnädigster Herr, Ever Fürstl. Durchl. werden schwören, mit derselben Aydt, als künftiger Herr und Landtsfürst in Steyr allen Landtheithen, Herrn Ritter und Knechten, des bestimpten Fürstenthumbs Steyr, sie all ihr Erben und Nachkommen bleiben zu lassen, bey allen den Rechten, Freyheiten und guten gewohnheiten, als das von alter herkommen ist und das ever Fürstl. Durchl.: alle die Rechten, wie die ever Fürstl. Durchl. vorfordern Brieff bewiesen, in allweg stät halten, auch dabey gäntzlich beleihen lassen, darzu dieselben Brieff mit ever Fürstl. Durchl. Brieffen bestätten und verneven wöllen ungefehrlich.“
Nach solchem jhr Fürstl. Durchl. aufgestanden, das Paret ab dem Haupt genommen, und jene Herrn Landtshauptman mit aufgereckten Fingern nachgesprochen, wie volgt. „Als Uns jetzt vorgelesen ist, Schwören Wir mit Unserm Ayd, allen Landleuthen des Fürstenthums Steyr, stät fest und unzerbrochen zu halten, trewlich ohne alles geferde, als uns Gott helff und das heilig Evangelium.“
Volgt gemainer Landtschafften in Steyr Aydtspflicht.
„Wir gemaine Landschafft von allen Ständten des Herzogthumbs Steyr geloben und schwören, Euch dem Durchl. Fürsten und Herrn, Herrn Carln Ertzherzog zu Österreich, Hertzog zu Steyr, als unserm gnädigsten rechten natürlichen Erblandtsfürsten und künfftigen Regierenden Herrn zu Steyr, ewr Fürst. Durchl. frommen zu fördern und ewr Fürstl. Durchl. schaden zu wenden, auch getrew und gehorsamb zu seyn, als der von alter mit recht herkommen ist, ungefehrlich als uns Gott helff und das heilig Evangelium.“

Landtsstand Fest des Herzogthumbs Steyer

Der man sol seinen herrn huld gewinnen oder tun mit seinem ayd, das er im also getreu und also holt sey als von recht ein man seinem herrn sein soll recht zu seyen, wo er des gefragt wirt seinem *frumen zu fudern (fördern) und sein schaden zu wenden als er veer er muge.*

Schwabenspiegel (v. 1275), Lehnrecht 5, Laßberg

Wir sullen den herrn darumbe dienen, das sy uns schirmen. Beschirmen si uns nit, so sind wir jnen nit dienstes schuldig nach rechte.

Schwabenspiegel, Landrecht 308, Laßberg

Swer triwelos oder flüchtig uz des riches dienest wirt, dem verteilet man sin erb unde sin lehenrecht.

Schwabenspiegel, Lehnrecht 43, Laßberg

c) Schutz und Schirm des Herrn

Der Adel soll darumb nit zoll gehen, dass sie das Recht beschirmen und verhüten, ihr Leib und ihr Leben darstrecken.

Kaiser Sigismund: Weltliche Reform, 94, von 1435

König Ladislaus verpfändet Oswald von Eitzung die Herrschaft Drosendorf und bestimmt (1452):

Er soll auch die leut, die zu derselben herrschaft gehören, getreulich beschirmen nach seinem vermugen ungeverlich und sy uher ir gewonlich zins, robot und alts herkomen nit hoher dingen noch besweren in dhain (kein) weis.

Wulfing von Bamberg überläßt Herzog Heinrich von Kärnten bestimmte Besitzungen auf 16 Jahre und bestimmt:

Der Herzog soll die Leute: „schirmen getreulichen vor aller unzeitlichen gewalt."

Georg Stürgkh zu Plankenwarth im Testament vom Jahre 1541:

Also will ich euch, ir liebe meine sönne, umb Gottes willen gepeten haben: ir wollet euch der armen eur paurn und undertanen lassen bevohlen sein und sy wider die pillicheit nit beschwärn.

nach: O. Brunner: a.a.O., S. 303.

Lieber herr richter, bei der offnung pitten wir, das ir uns schirmet (Gugging 1489).

Österreichische Weistümer: Bd. 2, 1, S. 26

Und soll uns auch unser genadige herrschaft dabei halten und vor gewalt und unrecht schirmen (Wolfpassing).

Österreichische Weistümer: Bd. 9, S. 42 u. 32

Die armen Leut fordern vom Landesherrn und den Ständen Schutz und Schirm wider die Türken, widrigenfalls sie sich selbst widersetzen würden.

Bauernversammlung zu Knittelfeld im Jahre 1469;
nach: K. Köchl: Bauern-Aufstände und Unruhen in Steiermark;
in: 75. Jahresbericht der steir. Landesoberrealschule in Graz, 1908, S. 6

Swer eigen liute hat, unde kumet der einez in seinem dienest in siechtum, unde will in der herre in seiner notdurfte niht zu staten sten unde verdirbet inne von sinem huse und von siner helfe und helf im niht, do er im wol geholfen mohte: der mensch ist iesa vei, als er gesund wirt.

Schwabenspiegel, Landrecht 58, Wackernagel

d) Rat und Hilfe der Untertanen

Dem Schutz, den der Herr den Holden gewährt, stellt sich „Rat und Hilfe" gegenüber, die diese ihrem Herrn schulden. Rat und Hilfe sind der unmittelbare Ausdruck der Treuepflicht.

Der entscheidende Begriff ist der des Rates, da er in seiner ursprünglichen Bedeutung die Hilfe miteinschließt. Ist Treue ein Schuldverhältnis, in dem die ganze Person zu Pfande gesetzt wird, so ist Rat nichts anderes als der Einsatz der ganzen Person, durch den die Treuepflicht des Nutzentrachtens und Schadenwendens erfüllt werden muß. Ist ursprünglich im Begriff des Rates auch die Hilfe, das Handeln mitinbegriffen, so scheiden sich dann in den Formeln „consilium et auxilium", Rat und Hilfe, Rat und Tat, geistige und physische Beihilfe. Doch ist Rat stets mehr als unverbindlicher Ratschlag, wer „ratet", verpflichtet sich damit auch zur Hilfe. So nimmt es nicht wunder, daß in allen Treueverhältnissen uns Rat und Hilfe begegnen.

Rat und Hilfe schuldet nicht nur der Grundholde seinem Grundherrn, der Vogtholde seinem Vogtherrn, sondern sie entspringen jedem Schutz- und Treueverhältnis. Sie bestimmen das Verhältnis von Lehensmann und Lehensherrn, Stadt und Stadtherrn, Landleuten und Landesherrn, aber auch des Genossen zum Genossen.

O. Brunner: a.a.O., S. 309 f.

Item, es seint auch die holden der Kürchen der st. Lorentzen (schuldig), einen ieden fürsten von Österreich, der da ihr rechter erbvogt ist, daß sie ihm zu hilf kommen mit ihren haab und guet nach ihrem vermögen (Obritzberg 1578).

Österreichische Weistümer: Bd. 9, S. 417

Die Stadt Wien an Kaiser Friedrich III (1457):

unser genadigsten herrschaft diener, raten und helfen sullen zu aller aynigkeit, ziel und gemach landen und leutten.

Fontes rerum Austriacarum, Bd. 2, 7, S. 61

Also pitt ich ew lieber Vetter darumb, das ir mitsambt der landschafft wellet helfen und raten, damit mein Sun und ich von unsern rechten vetterlichen reichen, herrschafften und gütern nicht vertrieben werden.

Bittschreiben der Königin Elisabeth von Ungarn an Friedrich III, 1440 - 1493

Allergnedigster Herr, als wir vernomen haben, wie ewe küneglich Gnad durch die Anwelt des Lands Österreich aller prechen und notdurft underweist seid worden, darauf wiligen sich die Herren all, was des jetz hie sind, alles das helfen und fürdern sullen und mugen mitsambt ewen Gnaden hilff und Rat ze tun, das wellen sy williglich nach allen vermügen gern tun.

Botschaft der Landstände an Friedrich III

Darzu wellen sy die landt in einigung bringen, und haben sich veraint umb ain mann, der das landt soll regirn und verbesen mit hilff und rat des Römischen Kunigs.

Huldigung an König Ladislaus in Prag v. Jahre 1452

5. *Die Gesellschaftsgliederung nach geltendem Recht*

a) *Die Gesellschaftsgliederung nach der Heerschildordnung*

Nu ist uns gekündet von der heiligen Schrift, daz an Adam diu erste werlt begann, an Noe diu ander, an Abraham diu dritte, an Moses diu vierde, an David diu fünfte, an Kristes geburt diu sechste; unde daz ie der werlde zal bi tusent jaren zeugie. Nu sin wir in der sibenden werlte an gewisse zal. Wan diu tusent jar diu sint gar uz, unde diu sibende werlt diu stet als lange als got will. In der selben wise sint auch die *siben herschilde* ufgeleit.

Der künig hefet am ersten herschild;
die bischöve unde die apte unde abbtissinne, die da gefürstet sind, die hebent den andern herschild —
die leigen fürsten (Laienfürsten) den dritten,
die vrien herren (freien Herrn) den vierten,
die mittern vrien den fünften,
die dienstman den sechsten.
Den sibende herschilt, den hefet ein ieglich man der von ritterlicher art geboren ist unde ein christ ist.

Schwabenspiegel (1275), Landrecht 5 u. Lehnrecht 1

Origines weissagte vor zeiten, daß sechs welten sein sollten, die welt zu tausend jahren angenommen, und in der siebenten sollte die welt untergehen. Nun ist uns kund aus der heiligen schrift, daß mit Adam die erste welt begann, mit Noah die zweite, mit Abraham die dritte, mit Moses die vierte, mit David die fünfte, mit Gottes geburt die sechste. In der siebenten sind wir nun ohne gewisse Zahl (§ 1).

In dieser selben weise sind die heerschilde angeordnet:

von denen der könig den ersten hat;
die bischöfe, äbte und abtissinen den zweiten;
die laienfürsten den dritten;
die freien herren den vierten;
die schöffenbaren leute und der freien herren mannen den fünften;
deren mannen sodann den sechsten.

Wie die christenheit in der siebenten welt nicht mit sicherheit weiß, wie lange sie bestehen wird, so weiß man auch von dem siebenten schilde nicht, ob er lehnrecht und heerschild hat (§ 2).

Sachsenspiegel v. Eike v. Repgow (um 1225): Landrecht

b) *Die Gesellschafts-Glieder nach Verwandtschaftsgraden*

Nu merkchet auch, wo sich die sippe zale anhebt und wo sy end nympt.
In dem haupt ist man und weib, die eleichen, recht und redlich zesamen chomen sint. Also ist der *vater* und die *mueter* das *haubt*.

1. Die *chint*, dy aus zwayung von vater und von mueter geporn sint, das sint rechte geswistride. An den hebet die *erste sippe* an. Die stend auch von recht an dem nachsten gelid, do die arme an die schultern stossent. Das gelid haisset die *achsel*.
2. *Geswister chint*, das ist der ander *sippezal*, die man ze magen rechent, die stet auch ein gelids verrer (ferner) von dem haubt; das ist der *ellpogen*.
3. *Geswister kinde kint*, das ist der *dritte sippezal;* dy dritte sippe stet an dem dritten gelid, do die *hant an den arm stost*.
4. So stet die *vierde sippezal* an dem *ersten gelid des* mittern vingers.
5. Daran stet die *fünfte sippezal*, an dem *dritten gelid* des mittern vingers.
6. Daran stet die *sechste sippezal*.
7. Die *sibent* vom *andern nagel* des mittern vingers und die haissent *nagelmagen*.

Welich sipp sich zwischen dem haubt und dem nagel genossen mag an geleicher sipp zal, die nement auch das erib geleich.

Schwabenspiegel (Kurzform): Landrecht 2, 5: Von der sippe zal

6. Der Adel

a) *Die Verschmelzung von Geburts- und Dienstadel: die rittermäßigen Leute*

Die eigentliche ständebildende Kraft kam dem Adel zu. In ihm verkörperte sich die Auslese des Volkes. Die mittelalterliche Adelsschichte wurde vom Rittertum bestimmt. Adel und Ritter sind allmählich in eins verschmolzen. Die Zugehörigkeit zum Ritterstande verlieh den Adel.

Auch im Mittelalter (wie früher) galt es als Vorrecht der führenden Schichten des Volkes, Kriegsdienst zu Pferd zu leisten. Daher war vor allem der alte Adel, Fürsten und freie Herren, bei der Ausbildung des Ritterstandes bestimmend. Zum Ritterstand gehörten jedoch auch freie Leute, die mit ausreichendem eigenen Boden ausgestattet waren, um Reiterdienste leisten zu können. Sie hoben sich durch die ritterliche Lebensweise von der Masse der Bauern auf dem Lande und der Bürger in der Stadt ab.

Schließlich umfaßte der Ritterstand auch unfreie Leute, die *Ministerialen* oder die *Dienstmannen* ... Der König sowie die weltlichen und geistlichen Großen des Reiches betrauten Unfreie mit höheren Diensten. Mithin gab es Dienstmannen (Ministerialen) des Königs und der weltlichen und geistlichen Großen und Herren.

Die unfreien Dienstmannen (die Edlen, Ritter, Burggrafen, Verwalter: Landadel in verschiedenen Abstufungen) schlossen sich seit dem 11. Jahrhundert genossenschaftlich zusammen und vermochten dadurch eine Verbesserung ihrer Rechtslage von ihren Herren zu erreichen. Zudem wurde die Rechtslage der Dienstmannen und Ministerialen in Dienstrechten verankert.

Da die Dienstmannen in steigendem Maße zum Reiterdienst herangezogen wurden, so näherte sich ihre soziale Lage den übrigen nach Rittersart lebenden Adeligen und Freien. Die Schranken wurden niedergelegt, verband doch ein gleicher Geist alle diese rittermäßig lebenden Personen zu einer Standesgruppe, die sich durch eigene Lebensart und eigene Standesehre auszeichnete.

Es war ein Stand, in dem der Kaiser und König dem geringsten Ritter gleichstanden (Kaiserrecht v. 1372, III. c. 1: „Und als der Kaiser sah, wer ihm und dem Reiche die Treue gehalten hatte, da machte er sie zu seinen Genossen und adelte sie und ihre Kinder ... und gab ihnen Ritters Namen und machte sie zu Dienstleuten des Reiches und bestätigte ihnen dies mit dem Schilde und Schwerte ewiglich").

H. Conrad: Deutsche Rechtsgeschichte, 2. Aufl. Karlsruhe 1962, Bd. 1, S. 296 ff.

Um zu den Rittern gezählt zu werden, genügte es nicht, daß man einem ritterlichen Geschlecht angehörte und dem ritterlichen Berufe nachging, es bedurfte vielmehr eines besonderen Aktes: der *Ritterweihe* oder *Schwertleite*, um den „Edelknecht" oder „Edelknaben" zum Ritter zu machen. Das Wesentliche dieses Aktes bestand im „Schwertnehmen", d. h. der feierlichen Anlegung des Schwertes am Rittergurt, womit meistens ein kirchlicher Weiheakt verbunden war.

Die Ritterschaft beruhte auf einem Gemisch von Geburts- und Berufsstand. Nur wer die Ritterweihe empfangen und damit die ritterliche Lebensweise zu seinem Beruf erkoren hatte, galt als ein Ritter.

R. Schröder u. E. v. Künßberg: Lehrbuch der dt. Rechtsgeschichte, 7. Aufl. Berlin u. Leipzig 1932, S. 481 f.

b) *Leitbilder des Adels im „Fürstenspiegel“ und im „Ritterspiegel“*

De caetero specialiter est dicendum, quae et qualia ad informationem principalis et regalis regiminis et ipsorum principum et regum specialiter sint trahenda. Et propter hoc specialiter de virtutibus regalibus est dicendum (Cap. 1).

Prudentia prima virtus regalis, quae est sapientia regalis (Cap. 2).

Ideo talis habitus excessive virtutis in summo a magnitudine anime vocatur: magnanimitas. Et haec est principalis et praecipua virtus regalis, quae solis regibus est propria tanquam sola faciens esse regem (Cap. 3).

Primum est: declinare a malo, hoc est: nulli nocere, quae est innocentia. Secundum est: facere bonum, hoc est: omnibus prodesse, quae est beneficientia (Cap. 5).

Exigitur in rege mansuetudo clementiae, per quem subvenitur miseris contra triculentiam (Cap. 11).

De sex officiis religionibus: primum officium: Deum colere, secundum: sacra et Deo sacrata excolere et honorare, tertium: temporalia et aeterna tanquam ad finem dispensare et referre, quartum: quae in potestate solius Dei sunt, Deo in totum committere, quintum: digna a Deo petere, sextum: fidem Deo et hominibus servare (Cap. 19).

Im besonderen ist zu sagen: wie und auf welche Weise die Tugenden derer, die die Fürsten und Könige belehren, wie auch die der Fürsten und Könige selbst zu erläutern sind. Deshalb ist besonders über die Tugenden der Fürsten zu sprechen (Cap. 1). Die erste Tugend ist die *Klugheit,* welche die königliche Weisheit ist (Cap. 2). Die vorzüglichste Tugend in der Haltung der Seelengröße ist *Großmut* genannt. Sie ist die wichtigste Tugend des Herrschers, sie ist nur den Herrschern eigen und sie allein macht sie zu Herrschern (Cap. 3).

Das erste ist: Verlust und Übel abzuwenden, d. h. niemandem zu schaden, das ist die Tugend der *Unschuld;* das zweite ist: Gutes zu tun, d. h. allen zu nützen, das ist die Tugend der *Wohltätigkeit* (Cap. 5).

Der König übt die *Milde* aus, indem er den Bedrängten gegen die Unterdrückung zu Hilfe kommt (Cap. 11).

Gegenüber der Religion gibt es sechs Pflichten: erstens: Gott verehren; zweitens: das Heilige und Gottgeweihte pflegen und ehren; drittens: das Zeitliche auf das Ewige abstimmen; viertens: was allein in Gottes Macht steht, Gott überlassen; fünftens: nur das Entsprechende von Gott erbitten; sechstens: Gott und den Menschen die *Treue* halten (Cap. 19).

Engelbert v. Admont: De regimine principum (um 1290); übers. v. J. G. Th. Hufnagl, Regensburg 1725, Tractatus VII, S. 190 - 220

Zu der ritterschaft gehorin
Sibin erliche besundirn vorteil,
Di den rittern von rechte geborin.
Daz erste ist daz man en daz *swert*
Zuteilit mit eime slage,
Daz tud ein ritter der des ist wert
Und heizit en nicht vorzage.
So seinit man ez eme darnach,
Ist her *ein gudir cristin man*
Und ist eme zu gotis dinste gach
1065 - 1075

Daz cruze (am Schwert) machit dir daz bekant. 1240

Man gebit eime ritter daz *fingirlin*
Von golde und *edilme gesteine.*
1249 - 1250

Sin ring der had kein ende,
Des *ritters truwe bedutit ez nu.*
1254 - 1255

Daruffe stet ein edelir stein,
Daz ist der *cristin gloube,*
Kegin gote si di truwe rein
Und laze sich der nicht beroube.
1257 - 1260

Einen *fromen knecht* der ritter habe,
Dit stucke ist nu daz derte (dritte).
1401 - 1402

Also ir vor wol had gehort
Von des schonen adils heile,
Daz von tögindin ist komen zu,
Von freidikeid und von sterke.

1407 - 1410

Nicht verletze dinen knecht
Der vernuftig ist und getruwe dar bi,
Dinet her dir wole und tud recht,
Der sal dir also *din sele lieb si.*
Du salt en in keiner wise betrigin,
Hastu dinen nutz an eme gesehin,
Und eme sinen dinst abeligin
Und laz en nicht arm vor dir gehin.

1573 - 1580

Bilche tregit der ritter an eme golt
Und *spangin* an sime gewande,

1583 - 1584

Ein ritter sol also frome blibin
Daz man en lieb gewinnet.
Gedult und schone wisheit
Wo di zusamen werdin gewerkit,
Daz bedutit ein guldin kleit.

1605 - 1609

Dit ist nu daz guldin gewant
Daz ein ritter sal antragin
Also daz her sich *irbarme* zuhant
Wan eme di armen clagin
Und den vorgebe ere schult
Di eme gutlichin flehin.

1631 - 1636

Mit hochfart werdit man nicht edil,
Mit hochfart ouch nicht riche,
Di hochfart ist der torheid wedil.

1731 - 1733

Obir eines ritters licham
Gebörit sich wol ein *buntis kleid:*
Ez bedutit daz her si bosheit gram
Und habe *lieb di fromikeid.*

1765 - 1768

So laz boese lute boese sin
Und gehald dich zu den fromen.

1777 - 1778

Und halde des rechte maze
Und entu sin zu wenig noch zu vel,
Kan her ez andirs gelaze.

1822 - 1824

An wen vele täginde sind geleid,
Der tregit bilche bunte cleidir an.
Des sal ein ritter vel töginde haben,
Wel her togintsam si genant.

1807 - 1810

Recht ist ez und gar bilch darzu
Daz man en *here nennit,*
Her sal ouch also *herlichin* tu
Daz man sine ritterschaft irkennit.
Here ist ein Name gud,
Wan ouch gut ist sin lebin,
Edil nennit man sin blud,
Und sin herze, merkit dit ebin.

1913 - 1920

Daz adil daz der licham tregit
Daz ist gesuntheit und schone gestalt
Und daz er stark ist unde balt.
Des libis adil adilt also nicht
Und had des ouch keine ere.

1929 - 1934

Dit ist ein zeichin wi daz adil
Komit von der sele dar
Und nicht von des libis dradil.

1953 - 1955

Man irbutit eme solche ere
Umme sine töginde, daz ist war.

1963 - 1964

Daz du wol sibinerlei must han:
Gotis forchte, rechte sache,
Gudin rat und di wisheid,
Bereitschaft und ubunge kuhnen ez gemache
Daz sibinde gehorsam und eintrechtikeid.

2403 - 08

Johannes Rothe (1360 - 1434): Der Ritterspiegel;
in: Mitteldeutsche Gedichte, hrsg. v. K. Bartsch, Stuttgart 1860;
in: Bibliothek d. lit. Vereins in Stuttgart, Bd. 53, S. 98 - 211

c) *Die ritterliche Lebensweise*

Seinen Gesellen gleich an Reichtum und Schmuck der Kleidung ging Tristan mit ihnen zum Hof und zum Kampfplatz. Aber nur in den von Menschenhänden genähten Kleidern glich er ihnen. Jenes angeborene Kleid, das von der Herzenskammer ausgeht, das man edle Gesinnung nennt und was des Mannes Leib und Leben adelt, war bei den Herren und Gesellen gar ungleich! In diesem Sinne trug der hochgemute und ehrliebende Tristan ein ganz besonderes Gewand. An schönen Bewegungen, zierlichem Benehmen, an guten Sitten und Tugenden überragte er alle weit.

So kamen sie zum Münster, hörten die Messe und empfingen den Segen! Marke trat dann zu seinem Neffen Tristan, gürtete ihn mit dem Schwert, legte ihm die Sporen an und sprach: „Sieh, Neffe, nun ist dein Schwert gesegnet, und du bist Ritter geworden, nun denke an ritterliche Ehre und an das, was du bist: Deine Geburt und dein Adel seien dir vor Augen, sei demütig und ohne Falsch, wahrhaft und wohlerzogen, sei gütig gegen die Armen und hochgesinnt gegen die Reichen. Halte dich schmuck und würdig. Ehre und minne alle Frauen. Sei freigiebig und getreu, denn nicht Gold und Zobelpelz zieren Speer und Schild so wie Treue und Freigebigkeit.“ Hiermit bot er ihm den Schild dar, küßte Tristan und sprach: „Nun Glück auf, Neffe! Möge dir die Kraft Gottes Heil zu Deiner Ritterschaft geben! Sei immer höfisch und fröhlich!“ Nun tat Tristan seinen Gesellen die gleichen Dienste, die ihm sein Oheim erwiesen; er gab ihnen Schwert, Sporen und Schild und legte ihnen mit verständigen Worten Demut, Treue und Freigebigkeit ans Herz! Dann wurden der Buhurt und andere Spiele geritten.

Gottfried von Straßburg: Tristan (um 1210): Die Schwertleite

Am Montag bei Tagesanbruch diente man Gott und hörte die Messe. Dann entstand in den Gassen überall ein großes Gedränge von Knechten! Der Lärm der Posaunen, Flöten, Hörner und Trommeln war groß. Die Herolde freuten sich und riefen überall aus: „Zieht aus, edle Ritter, zieht mutig aus, die Boten der Frauen sehen es, zieht freudig auf das Feld, dort liegt der Preis für die Liebenden.“ Mit Schall zogen wir aus der Stadt! Jeder Anführer der Rotten bat die Seinen, eifrig acht zu geben; er sprach: „Wenn wir heute zueinander halten, können wir wahrlich Ehre erringen, laßt euch nicht unterkriegen.“

Als die Ritter auf dem Felde waren, bot das einen herrlichen Anblick, man sah die reichen lichten Banner, die Speere nach dem Wunsch der Ritter verschieden bemalt, die Helme prächtig geschmückt. Die blitzenden Helme, die schimmernden Schilde blendeten manchen so, daß er kaum etwas sehen konnte, die leuchtenden Farben der Rüstungen wetteiferten mit der Sonne.

Da ritten die Rotten aufeinander zu, und als sie kaum Rosselaufes weit auseinander waren, kam die Zeit für den Kampf. Man gab den Rossen die Sporen, zu kräftigem Stoß sprengten die Ritter aufeinander los, Mann und Roß sah man stürzen. Mächtig krachten die Speere, heftig stießen die Schilder aufeinander, davon schwollen die Knie! Beulen und Wunden von Speeren gab es genug, die Panzerringe bereiteten Schmerzen, und manches Glied war verrenkt. Die Ritter drängten hin und her und versuchten den Gegner zu Fall zu bringen. Mancher Helm brach ab, dort drängten sich die Ritter um einen, der gefangen werden sollte. Klingend schlugen die Schwerter auf die Helme! Viele Schilde zerbrachen von den heftigen Stößen.

Das Turnier war wirklich gut. Manch hochgemuter Ritter durchbrach mit einem Stoß den Haufen. Man verstach viele große Speere. Und wer zu Boden gefällt wurde, der litt viele Schmerzen durch Tritte. Man verstach wohl tausend Speere, so mancher Ritter wurde Gefangener, an hundertfünfzig gute Ritter verloren ihre Pferde. Des einen Verlust war des andern Gewinn; so ging der Tag mit Kämpfen hin. Mancher nahm müde den Helm ab, andere turnierten noch so, als ob sie gerade begonnen hätten, ihnen dünkten der Tag und das Turnier zu kurz. So gingen die Meinungen auseinander, die einen wollten weiterkämpfen, die anderen waren ganz erschöpft.

Das Turnier dauerte den ganzen Tag, niemand tat etwas anderes, wie früh man auch begonnen hatte; nun senkte sich der Abend nieder. Wir banden die Helme ab und zogen alle in die Stadt, jeder in seine Herberge. Da waren für die Ritter Bäder gerüstet, mancher wurde vor Müdigkeit ohnmächtig, hier verband man den einen, dort salbte man den anderen, dem dort die Arme, dem hier die Knie. Mancher fiel um vor Schlaf, den andern quälten die Gedanken: Wie habe ich heut abgeschnitten?

Dann kam der nächste Tag. Wer aber etwas gewonnen hatte, der war froh und hochgemut.

Ulrich von Lichtenstein (um 1200 - 1275): Frauendienst (1255): Bericht über ein Turnier

Wegen der großen Menschenmenge, die zu diesem Fest herbeiströmte, hatte der Kaiser auf den Wiesen von Mainz auf dem rechten Rheinufer seine und aller Fremden Zelte aufschlagen und große Notbauten errichten lassen. Aus dem ganzen Reiche nördlich der Alpen war zu diesem Hoftag eine solche Menge von Fürsten, Erzbischöfen, Bischöfen, Äbten, Herzögen, Markgrafen, Pfalzgrafen, Edelleuten und Dienstmannen erschienen, daß nach einer glaubwürdigen Schätzung siebzigtausend Ritter zugegen waren, wozu dann noch die Kleriker und Leute von den verschiedensten Ständen kamen.

Am heiligen Pfingsttage trugen der Herr Friedrich, Kaiser der Römer, und seine Gemahlin, die Kaiserin, mit großer Feierlichkeit Kaiserkronen und ihr Sohn, König Heinrich, die Königskrone.

Am Pfingstmontag wurden Heinrich, König der Römer, und der Schwabenherzog Friedrich, beides Söhne des Kaisers Friedrich, zu Rittern geschlagen. Diese Ehrung veranlaßte diese sowie alle Fürsten und viele Edelleute, den Rittern, Gefangenen, solchen, die das Kreuz genommen hatten, Spielleuten, Gauklern und Gauklerinnen reiche Geschenke zu übergeben: Pferde, kostbare Kleider, Gold und Silber. Die Fürsten taten dies nicht bloß zur Ehre des Kaisers und seiner Söhne, sondern sie spendeten auch, um ihren eigenen Ruhm weithin bekanntzumachen.

Am Pfingstmontag und Pfingstdienstag begannen die Söhne des Kaisers nach dem Morgenmahl das Turnier, an dem sich schätzungsweise zwanzigtausend oder mehr Ritter beteiligten. Die Turniere wurden ohne eigentlichen Kampf abgehalten, die Ritter ergötzten sich bloß am Schild-, Lanzen- und Fahnenschwingen sowie an ihrer Reitkunst. Auch der Herr Kaiser tat mit, und wenn er auch in Größe und Schönheit nicht alle übertraf, so führte er doch seinen Schild am besten.

Am Dienstag erhob sich gegen Abend ein Sturm und warf die Kapelle des Kaisers sowie einige Häuser, die man wegen der Menge des Volkes am Rheinufer erbaut hatte, um. Die Trümmer erschlugen einige Leute, viele Zelte wurden zerrissen, und alle Menschen befiel Furcht.

Zu diesem Hoftag waren, wie schon erwähnt, siebzigtausend Ritter erschienen, zumal schon die bedeutendsten Fürsten eine ansehnliche Zahl herbeigeführt hatten: der Herzog von Böhmen zweitausend, der Herzog von Österreich fünfhundert, der Herzog von Sachsen siebenhundert, der Pfalzgraf bei Rhein tausend oder mehr, der Erzbischof Konrad von Mainz, ein Vetter des Kaisers, tausend, der Erzbischof Philipp von Köln eintausendsiebenhundert, der Erzbischof von Magdeburg sechshundert, der Abt von Fulda fünfhundert, dazu kamen dann noch die übrigen Fürsten.

Was soll ich von der Fülle, ja dem Überfluß der Lebensmittel sagen, die hier aus aller Herren Länder zusammengetragen waren: Die Menge ist kaum zu beschreiben. Da war ein Vorrat an Wein wie beim Gastmahl des Ahasverus, ohne Maß nach jedermanns Bedürfnis und Belieben wurde daraus geschöpft. Damit man sich aber von diesen Vorkehrungen eine Vorstellung machen kann, will ich von einer, der geringsten, erzählen. Es waren da zwei große, innen geräumige Häuser errichtet, überall mit Sitzstangen ausgerüstet, die vom Gipfel bis zum Fußboden so mit Hähnen und Hühnern angefüllt waren, daß niemand in sie einzudringen vermochte; das erregte allgemeine Verwunderung, denn man glaubte, daß es kaum auf der ganzen Welt so viele Hühner gäbe.

Gislebert von Mons: Chronik des Hennegaus
Arnold von Lübeck: Slawenchronik: Der Hoftag zu Mainz 1184
alle Texte in Neuhochdeutsch nach: H. Pleticha: Ritter, Burgen und Turniere, Würzburg 1961, S. 15, 89 u. 81

7. *Die Bürger*

a) *Die Stadt und die Bürger*

Was als Stadt zu verstehen ist, ist immer wieder neu erörtert worden. Man wird bei einer Beantwortung dieser Frage wohl vier Fakten in den Vordergrund zu stellen haben. Das sind: eine gewisse Größe der Siedlung verbunden mit einer Geschlossenheit (Ballung) sowie die Ständigkeit der Siedlung und schließlich die Wahrnehmung bestimmter wirtschaftlicher Funktionen sowie die Ausbildung eines eigenen Rechtes.

1. Das erste Merkmal „*groß*“ ist schwer bestimmbar. Gegenüber dem Einzelhof, dem Weiler und dem Herrensitz ist die Abgrenzung leicht, während sie gegenüber einer großen nichtstädtischen Siedlung schwieriger ist. Es ist auf einen speziellen Siedlungstypus als Träger besonderer Funktionen — die sich von denen des „flachen Landes“ unterscheiden — abzustellen. Die damit verbundene Geschlossenheit (Ballung) zeigt sich in der enggeschlossenen Gruppierung der Gebäude, im Gegensatz zu einer aufgelockerten Siedlungsweise der Dörfer.

2. Dazu kommt die *Ständigkeit* dieser Siedlung.

3. Im Kern kommt es auf die Funktion dieses Siedlungstypus an, die ihre Bedeutung für das Wirtschaftsleben hatten und im besonderen *städtische Wirtschaftsformen* auslösen.

4. In *rechtlicher Hinsicht* ist die Gewährung eines besonderen Rechtes, das den Städten eine rechtlich-verwaltungsmäßige Sonderstellung gibt, abweichend von den Formen, in denen die Grundherrschaft und Bauern leben, entscheidend. Dieses Sich-Abheben gegenüber dem die Stadt umgebenden ländlich-bäuerlich-feudalen Rechtskreis ist besonders deutlich.

Eine Stadt im vollen Sinne des Wortes ist dort gegeben, wo diese vier Merkmale zusammenfallen: Größe und Geschlossenheit, Ständigkeit der Siedlung, die Wahrnehmung besonderer wirtschaftlicher Funktionen wie die Zuerkennung eines besonderen Rechtes.

Das *Ummauerungsrecht* tritt in der Regel hinzu.

Für das gesellschaftliche Gefüge ist von besonderer Bedeutung geworden, daß neben die bisherigen Stände: den Adel, den Klerus und das Bauerntum als eine neue Gruppe: das *Bürgertum* tritt, geformt durch eigene Aufgaben, eigene Rechtsordnung und eine spezifische (rationalere) Haltung in Dingen der Wirtschaft und eine eigene Ehre und Ehrauffassung.

F. Lütge: Deutsche Sozial-und Wirtschaftsgeschichte, 3. Aufl. Berlin 1966, S. 139 ff.

Die Stadt baute sich auf der Stadtgemeinde auf, die durch den freien Zusammenschluß der Bürger entstand. Diese freie Einung entstand in Form der Eidgenossenschaft. Durch diese wurde zwischen den Bürgern der Zustand des Bürgers begründet. Sie stellte also selbst einen Friedensverband dar, der von allen Bürgern beschworen wurde (z. B. coniuratio facta est pro libertate). Die Bürgergemeinde war eine pax. In der Bürgerschaft erscheint die pax als Friedenssatzung. Die Trägerin des Stadtfriedens soll die Eidgenossenschaft selbst sein. Die Eidgenossenschaft war eine Schwurbrüderschaft nach germanischem Recht. Sie verpflichtete alle Genossen zu gegenseitiger brüderlicher Treue.

Jeder Bürger schuldete dem Schwurverband Treue. Er hatte daher seine ganze Person für ihn einzusetzen. Alle Bürger waren verbunden, die Stadt zu verteidigen und weiter: alle Lasten (Steuern) auf sich zu nehmen, die diese Politik erforderte.

H. Planitz: Die deutsche Stadt im Mittelalter, Graz 1954, S. 111 f.

b) *Die Freiheiten der Bürger*

Stadtluft macht frei: Auch tun wir in die gnad, wer in derselben unserer Stat und in Irem Purckhfridt Jar und Tag (= ein Jahr, sechs Monate und drei Tage) unversprochen an Nutz und fever sitzet, daß der auch on all Zuespruch und Irrung dabey beleiben soll, als das von Alter ist heerkhumben (§ 2).

Brucker Stadtrecht: Privileg Rudolfs I. von 1277;
nach: H. G. Ph. Gengler: Deutsche Stadtrechte des Mittelalters, Neue Ausgabe, Nürnberg 1866, S. 58

Freizügigkeit: Primum statuimus: ut quicumque se ad alias terras transferre voluit, abque Coaccione et impedimento rerum et corporis libere transeat. Bona sua in civitate et in partibus Egrensibus habita ipsi liberaliter servienda (art. 1).

Als erstes statuieren wir: daß jedermann, wenn er sich in einem anderen Land niederlassen will, ohne Behinderung an Leib und Eigen weggehen kann.

Privileg Rudolfs v. Habsburg v. 1279: Stadtrecht von Eger;
nach: E. Th. Gaupp: Deutsche Stadtrechte des Mittelalters, Breslau 1852, Bd. 1, S. 190

Freiheit des Hauses: Volumus quoque, ut unicuique domus sua munitione (§ 19).
Wir wollen, daß jedem Bürger das Haus eine Freistätte (Freiung) sei.

Ennser Stadtrecht von Herzog Leopold VI. v. 1212;
nach: E. Th. Gaupp: Deutsche Stadtrechte des Mittelalters, Breslau 1852, Bd. 2, S. 221

Dass jedermann soll fridbar sein in seinem haus als der herzog in seiner burg.
Österreichische Weistümer, Bd. 9, S. 32

Allen Häusern ist gemein, daß mit dem „Dachtrauf", mit der Fallinie des vom Dach rinnenden Regens, ihr Friede beginnt.

O. Brunner: Land und Herrschaft, Wien 1943, S. 294

Heirats-Freiheit: In arbitrio quoque sit vidue, non nubere vel nubere cuicumque velit, quod domus terre de hoc nihil facere habet. Idem statuimus de filia vel nepto cuiuslibet civium, quod de vidua (§ 14).

Der Herzog kümmert sich nicht darum, ob eine Witwe nicht heiraten oder heiraten will. Das gleiche gilt für eine Tochter oder Enkelin eines Bürgers.

Ennser Stadtrecht, a.a.O., Bd. 2, S. 220

83. Siedlungshäuser in die Landschaft gestreut zeigen den Verein der „Iche“

84. Konglomerat von Siedlungshäusern: die Häufung vieler Gleicher ohne gemeinsames Haus

85. Die Gleichen unterwegs

Wir solen och niemen, weder wip noch man, ze elichen Hyrat dzwingen, ez si dann vi beiden wille, die wir zesampe geben wollen (§ 10).

Stadtrecht von München: Rechtsbrief von Herzog Rudolf I. v. 1294;
nach: H. G. Th. Gengler: Deutsche Stadtrechte d. Mittelalters, Neue Ausgabe, Nürnberg 1866, S. 295

Testier- und Erbfreiheit: Statuimus etiam quod, quicumque civium moriatur, sic uxorem habet vel libros, iudex nequaquam intromittat se de bonis vel de domo ipsis (§ 14).

Wenn ein Bürger stirbt, der eine Gattin und Kinder hat, dann soll sich der Richter nicht um die nachgelassen Güter und um ein nachgelassenes Haus kümmern.

Si vero is qui moritur non habet uxorem vel liberos, in ordinatione ipsius consistant bona sua (§ 15).

Wenn er ohne Frau und Kinder stirbt, dann kann er über seinen Nachlaß (bona sua) frei verfügen.

Ennser Stadtrecht, a.a.O., Bd. 2, S. 220

Zoll-Freiheit: Kein pürger, der zu der stat gehört, soll maut, noch zol in der stat geben (§ 1).

Stadtrecht v. St. Veit: Rechtsbrief Herzog Friedrichs von 1308;
nach: H. G. Ph. Gengler: Deutsche Stadtrechte des Mittelalters, Neue Ausgabe, Nürnberg 1866, S. 411

Freiheit von der allgemeinen Heerespflicht: Preterea ex habundante gratia indulgemus, ut nemini liceat prenotatos cives ad aliquod servitium ultra progredi cogere, quam ut eo die, quo clara luce de domibus suis exierunt, cum splendore solis regredi permittantur (art. 3).

Wir genehmigen, daß kein Bürger zu irgendeinem Dienst (Militär) weiter abseits verhalten werden kann, als daß er am selben Tag, an dem er bei Tagesausbruch auszog, noch bei Tageslicht heimkommen kann.

Stadtrecht von Wien von Kaiser Friedrich II v. 1237;
nach: E. Schwind u. A. Dopsch: Ausgewählte Urkunden zur Verfassungsgeschichte der deutsch-österreichischen Erblande im Mittelalter, Innsbruck 1895, S. 75

Freiheit von der Gastung (Beherbergung von Truppen): Preterea statuimus ipsis pro iure, ut quicumque ipsorum possit habere arma vel equum, habeat ita, quod domisterrae hoc ab ipsius non possit nec debeat petere (§ 28).

Wir geben ihnen das Recht, daß, wenn einer von ihnen Waffen oder ein Pferd hat, er es so besitzen kann, daß es der Herzog nicht von ihnen zur Ablieferung fordern kann.

Ennser Stadtrecht, a.a.O., Bd. 2, S. 222

c) Die Selbstverwaltung der Bürger

Zum ersten meinen und wellen wir hintz in hab zersprechen, die in irem Purckfridt ligent oder bestehend, das darum hintz in niemand zurichten, noch von in das Recht zu thuen hab, denn Ir Statrichter (non appellando et non evocando) (art. 1).

Brucker Stadtrecht von Rudolf I. v. 1277;
nach: H. G. Ph. Gengler: Deutsche Stadtrechte des Mittelalters, Neue Ausgabe, Nürnberg 1866, S. 58

Waz in dem Statfrid ligt, sol man vor dem statrichter reht tun (§ 55).

Stadtrecht von St. Veit: Rechtsbrief Herzog Friedrichs von 1308, a.a.O.

Daz ersten swaz in dem statfrid aygens leit, da sol man vor dem Stattrichter umb taydingen und rechten und minderst anderswo (§ 1).

Stadtrecht von Klagenfurt: Rechtsbrief von Herzog Albrecht v. 1338; nach: H. G .Ph. Gengler: Deutsche Stadtrechte des Mittelalters, Neue Ausgabe, Nürnberg 1866, S. 221

Si sullen auch einen Rat setzen und haben under in, dez sullen zwelif purger sein auz die witzigsten und die besten, di mit truven und mit weissheit dazu fugen, und swaz di raten, trachten oder setzen, daz der Stat erbar, nutz und gut ist, daz soll sein (§ 5).

Klosterneuburger Stadtrecht: Handfeste Albrecht I. v. 1298; nach: H. G. Ph. Gengler: Deutsche Stadtrechte des Mittelalters, Neue Ausgabe, Nürnberg 1866, S. 223

Statuimus, ut sex ydonei cives iuramento confirment, quod disponent de mercatu et de universis que ad honorem et utilitatem civitatis pertinent, sicut melius sciverint et quicquid idem in hoc agant et disponant, iudex non contradicatur (§ 25).

Wir gestatten, daß sechs Bürger mit einem Eid bekräftigen sollen, daß sie nach besten Wissen über die Marktverhältnisse und über alles andere zum Besten und Nutzen der Stadt entscheiden und daß der Richter nicht widerspreche, was immer sie tun und verfügen (§ 25).

Ennser Stadtrecht, a.a.O., Bd. 2, S. 222

8. Die Bauern

a) Die Schollenpflichtigkeit der Bauern

Mangel an Freizügigkeit

Wer kein veräußerliches Recht an Grund und Boden besaß, der hatte keine freie Ortswahl und darbte der Freizügigkeit, daher war es ihm nicht bloß verwehrt: aus dem grundherrlichen Gebiet auszuwandern, er mußte auch innerhalb derselben auf dem angewiesenen Grund „stiftlich und baulich" sitzen, damit keine Verödung eintrete.

A. Luschin v. Ebengreuth: Grundriß der österreichischen Reichsgeschichte, Bamberg 1899, S. 157

Die Herren des vollen Landrechtes haben mit Bestimmung und Erlaubnis aller Herren, Ritter und übrigen Mitglieder des Landtages diesen Artikel in die Landtafel einzutragen befohlen: In betreff des flüchtig gewordenen Gesindes oder des Landvolkes, das seine Gründe verlassen hat, wird bestimmt: wer einen solchen beherbergt und mit Gewalt bei sich halten würde, derselbe soll ohne Widerrede den Flüchtigen ausliefern; wenn er ihn aber nicht ausliefert, so soll ihn der Kläger um 10 - 20 Mark Silber klagen können, mag der Geklagte dem Herren- oder Ritterstande oder den Städten angehören.

Beschluß des böhmischen Landtages über die Schollenpflichtigkeit der Bauern von 1487;

nach: G. Franz: Deutsches Bauerntum, Weimar 1940, S. 318 f.

Ob ainer son oder tochter, knecht oder dirn hat, die sich ferrer anvogt hetten ausser wissen der herrschaft, soll man den vater dazue halten, das er den oder dieselbe wieder zu der herrschaft stell, allsdann soll die person gestrafft werden, oder der hausherr, ob ers nicht stellen mecht (art. 4).

Freiheiten der Untertanen der Herrschaft der Burg Wels;
nach: Österreichische Weistümer, Bd. 4: Oberösterreichische Weistümer, T. 3, S. 182

Wer dem gotshaus flüchtig an will und an recht schied und erfuer under andere herrschaft, wie man darnach greifen scholl, damit das gotshaus bei seinem rechtn beleibe?

Urtail: Under welichen heren solh fliehen, denselben heren schullen darumb ze redt gesetzet werden! Wolten dan dieselbigen heren solich flüchtig leut nicht widerumb antwurten, so sol man nach denselben leuten greifen zwischen den kirichen und der haustuer und sie bringen in des gotshaus pesserung, damit dem gotshaus genueg beschech (art. 9).

Vogttaiding des Stiftes Kremsmünster v. 1467;
nach: Österreichische Weistümer, Bd. 13: Oberösterreichische Weistümer, T. 2, S. 102

Heiratsbewilligung des Herrn

Heirat zwischen Leibeigenen verschiedener Herren: Eine solche Verbindung setzt das Einvernehmen beider beteiligter Herrschaften voraus. Dabei werden von Anfang an Abmachungen über die Teilung der Nachkommenschaft getroffen.

J. Becker-Dillingen: Quellen und Urkunden zur Geschichte des deutschen Bauern, Berlin 1935, S. 402

Darnach fragt man, ob ein Urbarman mit seinen Kindern aus der gewalt in eines anderen Herrn Lande on Erlaubnus der Herrschaft heiratet.

Darauf spricht man, daz derselben meinem gnedigsten Herrn sei gefallen mit swerer Straff (art. 6).

Stiftrecht der erzbischöflichen Urbarämter von Salzburg um 1450;
nach: G .Franz: Deutsches Bauerntum, Weimar 1940, S. 318 f.

Mer ist ze merken, das ein ieder, welcher aus der herrschaft heiratet, dem ambtmann *für willengelt* geben soll 32 Pf. (art. 4).

Abgaben der Untertanen des Klosters St. Peter zu Salzburg von 1509;
nach: Österreichische Weistümer, Bd. 14: Oberösterreichische Weistümer, T. 3, S. 4

Heinrich, durch Gottes Fügung Abt, und der ganze Konvent von St. Blasien gibt Kenntnis: ... daß die Kinder, die Ulrich und seine Frau Adelheid in ihrer Ehe gezeugt haben oder zeugen werden, zwischen uns und dem Kloster St. Georgen vollkommen gleich geteilt werden (ex equali dividantur). Uns soll die eine Hälfte der Kinder zufallen und dem Kloster St. Georgen die andere Hälfte (media pars liberorum predictorum nobis cedat, residua vero monasterio St. Georgii sepescripto).

Verfügung des Abtes von St. Blasien über die Teilung der Kinder aus Ungenossamen-Ehe (Ehe von Eheleuten verschiedener Grundherrschaften) aus dem Jahre 1311;
nach: G. Franz: Deutsches Bauerntum, Weimar 1940, S. 235

Wir Rudolf, von Gottes Gnaden römischer König, Mehrer des Reiches, bestätigen dies Urteil: Unter der Zustimmung aller Anwesenden ist festgesetzt worden, daß ein Kind immer dem schlechten Stande folgen soll. Gegeben am 13. Februar 1282.

nach: G. Franz: Deutsches Bauerntum, Weimar 1940, S. 213

b) *Das Recht der Bauern*

Teilnahme und Mitwirkung am Banntaiding

Daß erste recht: daß ain ieder haußgenoß soll sein bei der panthaidung, und wer darbei nicht wehr, da man das panthaidung gerueft hat, der ist zu wandl 72 Pf.

Daß ander recht: auch ist von alters herkommen das sie vier geschworne sollen haben, die da haben zu stain und zu rain und zu beschauen waß nottürftig ist zu velt und zu dorf mit ganzen trauen, ân gefähr, den armen alß den reichen.

Daß erste so bei einer panthäitung zu geschehen pfleget, ist, daß man die nahmen einer ganzen nachbarschaft ablese ob alle gegenwertig, weilen unter straff vorgesehen daß alle anwesent sein sollen.

Die herrn zum Heiligen krewtz haben auf allen grunten und gutern umb all handlung ze richten und straffen, alain umb drei ursach nicht: mörderei, prant und dieperei.

Banntaiding des Stiftes Heiligenkreuz zu Trumau an der Tristing, hergeleitet von 1352;

nach: Österreichische Weistümer, Bd. 7: Niederösterreichische Weistümer, T. 1, S. 409, 458 u. 460

Verfahren beim Taiding: Klagelegitimation des Bauern:

Pantädingbuech: Vermerkt die ordnung unserer stift- und pantädings, wie solches nach altem loblichen herkommen bei dem gotshaus Wilhering jarlich gehalten wirdt.

Erstlich sull der ambtmann die schrann besetzen mit rechtsprechern, ambtleiten und hausgenossen.

Darnach mag der abt zu seinem ambtmann sprechen:

„Ambtmann,nachdem wir aine geistliche person sein und uns selbs das weltlich rechten nicht gepurlich wär, so fragen wir dich, ob wir das gericht ainem andern zu besitzen mügen, der stat unsern klagern und antbortern zu richten hat, als ob wir selbs den gerichtsstab in unserr hand heten; des frag ich dich zum rechten."

Wann es dann mit dem rechten erkannt wirtt, so soll ain hofrichter gesetzt und im der stab in die hand geben und das stiftpuch füergelegt werden. Wann der angesetzt richter nun gesessen ist und den gerichtsstab in der hand hat, sull er erstlich fragen ainen vorsprecher oder ambtmann, so inner oder ausser der schrann dapei sind, ob es an weil und zeit sei: klagern und anbortern zu richten nach des gotshaus fraiheiten und altem herkommen.

Zum andern sull der hofrichter fragen: ob iemand herfuerkamb, der mit dem rechten zu klagen het:

es war umb erb und umb aigen,
grund und poden
oder umb ander sachen.

(Nach Abschluß der Verhandlung) mag ain idlicher wol haim zu seinem haus oder ain weil in unser tafern zum wein gen.

Stifts- und Banntaiding des Stiftes Wilhering von 1493,

nach: Österreichische Weistümer, Bd. 14: Oberösterreichische Weistümer, T. 3, S. 209 ff.

9. *Der Verfall der ständischen Gesellschaftsordnung*

a) *Der Verfall des Rittertums*

Vor Zeiten, da ich noch als Knecht
Bei meinem Vater Helmbrecht
Gar manches Jahr im Dienste stand,
Da ward ich oft zu Hof gesandt,
Dort zu verkaufen Käs' und Eier,
Wie das noch heute tun die Meier.
Da gab ich auf der Ritter Tracht
und ihre Sitten weislich acht.
Die waren stolz und fein und treu
Von Trug und aller Arglist frei.
Die heute, wie wir leider sehen,
Bei Mann und Weib im Schwange gehen.
Für höfisch heute gilt mit Fug,
Wer Meister ist in Lug und Trug.
Kränkst den Nächsten an der Ehre,
So gilt dein Wort für weise Lehre.
Verleumde, schilt nach Schelmenart,
So wird dein Rühmen nicht gespart.
Ein jeder Mensch, das glaube mir,
Der so altmodisch lebt wie ihr,
Der ist in Acht und Bann
Von jedem Mann und Weib getan:
Gott sei's geklagt,
Daß sich so breit das Laster macht.
Die alten Sitten sind vergangen,
Und böse Zeit hat angefangen.

Wernher der Gärtner (2. Hälfte d. 13. Jhdts.):
Meier Helmbrecht (um 1250),
übertragen von Karl Schröder, 1883

b) *Die Entartung des Bauerntums*

Zu seinem Sohn der Alte sprach:
Bleib' bei Deinem Pfluge, rat ich Dir,
Dann treib ich auch mit Dir den Stier.
Mit mir zusammen baue Du
Das Feld, und gehst Du einst zur Ruh,
So segnet jeder Gute Dich,
Und Du stirbst ehrlich, so wie ich.
Wie ich mit Wahrheit sagen kann,
Bin ich ein unbescholtner Mann.
Ich bringe treulich alle Jahr',
Wie sich's gebührt, den Zehnten dar.
Und lebe alle meine Zeit
Friedfertig in Zufriedenheit.
Gar selten dem ein Glück gelingt,
Der wider seine Ordnung ringt,
Und Deine Ordnung ist der Pflug!
Mein lieber Sohn, so folge mir,
Dann blüht ein solches Los auch Dir!

Bleib bei der Egg' und bei dem Pflug,
So nützest Du der Welt genug.
Es nützt Dein treuer Fleiß sodann
Dem armen wie dem reichen Mann,
Dem Wolfe nützst Du und dem Ar
Und aller Kreatur fürwahr,
Soviel auf dieser Erden
Gott ließ lebendig werden.
Drum achte nur den Ackerbau:
Es strahlet manche schöne Frau
Nur durch des Bauern saurem Fleiß,
Gekrönt wird durch seinen Schweiß
Gar manches Königs Majestät,
Und mancher, der voll Stolz sich bläht,
Der müßt gar zuschanden werden,
Gäbs keinen Bauern mehr auf Erden.

Wernher der Gärtner: Meier Helmbrecht

Von hier bis an den Rhein
an Po und Elbe auch zugleich
sind alle Länder mir bekannt.
Keins davon doch hat solch freche Bauernart
wie ein Winkel klein
beherbergt hier in Österreich!
Lost! Ich höre in den Stuben tanzen.
Junger Mann, stellt euch an!
Dörf'scher Weiber ist da ein Getümmel.
Hei, da sieht man tüchtig ride wanzen.
Zwei Geigen.
Wenn sie schweigen,
hoch erfreut's die stolzen Bauernlümmel.
Seht, da wird der Reih nach vorgesungen!
Durch die Fenster hört man's hallen.
Hat man Bauern je so stolz gesehen?

Neidhart von Reuenthal (um 1210 – 1245): Höfische Dorfpoesie

Zwei der Dörfler, hol der Teufel jeden,
die trugen beide Röcke, höfisch zugeschnitten,
wohlbeschlagen
war der Gürtel um und um.
Keck wahrlich drehten sie den Kragen
bei dem Tanz, daß ich mich schämte drum.
Jene, die zu Wien sich kauften Panzerplatten.
Seht ihr Busenblech! Beschlagen
ist's mit kleinen Knöpfen;
in zwei Reihen um den Kragen
funkeln sie den Tröpfen.
Der trägt eine Haube, innen ausstaffiert mit Schnüren,
außen rings mit Vöglein aus seidenem Garn bestickt.
Manches Händchen mußte fleißig da die Finger rühren,
s'ist fürwahr die reine Wahrheit, eh die Zier geglückt.

Saht ihr niemals seine Locken, die gewundnen, langen,
die da hangen tief um Hals und Kinn zutal?
In der Haube liegen sie des Nachts, gezwängt in Spangen
und sind wie der ungebleichte Zwirn so rauh und fahl.
Wellig durch die Schnüre schafft
innen sie die Hülle,
borstig doch, entflohen der Haft,
sträubt sich ihre Fülle.
Er will dreist sich mischen unter vornehmes Gesinde,
das bei höfischen Leuten aufwuchs und dort ward erzogen.
Erwischt man ihn, sie ziehen ihm seine Haube ab geschwinde.
Eh er's denkt, sind seine Vöglein ihm davongeflogen.
Wahrlich, wert ist er sein Geld!
Wollt ihn nicht schmähen.
Dutzendweise im Marchfeld
kann man solche Tröpfe sehen.

Neidhart von Reuenthal: Gedichte, übertragen v. Wilhelm Szabo, Wien 1960

C. *Die ständisch gebundene Wirtschaftsordnung*

1. *Die Ordnung der gewerblichen Wirtschaft*

a) *Die Zunft als Trägerin der Wirtschaftspolitik*

Die Zunft ist im ganzen gesehen eine der wichtigsten Lebenserscheinungen dieser Jahrhunderte. Ihre Bedeutung geht weit über das Wirtschaftliche hinaus, ja ist eigentlich von vornherein mehr auf dem Gebiete des sozialen Bereiches im weiteren Umfang des Wortes gelegen. Sie ist — wenn wir das Idealbild vor Augen haben — der Kreis, in dem sich das alltägliche Leben des städtischen Bürgers abspielt. In ihr lebt er als Gleicher unter Gleichen, in ihr ist er handelndes Glied der größeren Gemeinschaft, und als Mitglied der Zunft findet er überhaupt Zutritt zum politischen Leben, vielfach auch nur durch sie Zugang zu politischen Ämtern.

F. Lütge: Deutsche Sozial- und Wirtschaftsgeschichte, 3. Aufl. Berlin 1966, S. 178

Die Zunft war eine Gemeinschaft von „ganzen Häusern", in denen Haushalt und Betrieb nicht getrennt waren und der Meister patriarchalisch herrschte. In der handwerklichen Zunftgenossenschaft besaß der nach strenger Regel ausgebildete, verheiratete Meister, jedoch nicht der Geselle (Knecht) und Lehrling, volles Genossenrecht. Auch diese gehörten jedoch dem Zunftverband ebenso als Mitglieder an wie Meisterfrauen und Meisterwitwen. An der Spitze der Zunft stand der obrigkeitlich ernannte, später gewählte Zunftmeister. Die wichtigsten Entscheidungen treffen die Meisterversammlungen (Morgensprachen) nach formell gleichem Stimmrecht.

W. Zorn: Zünfte;
in: Handwörterbuch der Sozialwissenschaften, Stuttgart 1965, Bd. 12, S. 485

Die Zechen boten dem einzelnen Schutz und Rückhalt, schlossen die Mitglieder auf das engste aneinander, weil sie nicht nur im Beruf, sondern auch im kirchlichen Leben als Einheit auftraten, und gaben dem Handwerk ein Gewicht, das ihm ohne die genossenschaftliche Vereinigung niemals zugekommen wäre.

In ihrer Gesamtheit bildeten die Handwerkerzechen eine Macht, mit der die Stadtverwaltung rechnen mußte und der sie ohne Hilfe der Landesfürsten schwerlich gewachsen gewesen wäre.

H. Zatschek: Handwerk und Gewerbe in Wien, Wien 1949, S. 21

aa) Das Ziel der Zunftwirtschaft: der standesgemäße Unterhalt

Kein mensch soll steckit der girheid,
Si brengit sorge und auch leid,
Ez machit dicke die girheid,
Daz man gotis wenig acht
Und lip und sele werdit hengeleid
Und daz die ere da zu swacht.
Jeder mag wol sin teil
Gewinnen, al des er bedarf.

Eilhart von Oberg: Tristan, 1710 – 11, 1720 – 25

Dadurch, daß die größere Gewinnmöglichkeit bei freiem Wettbewerb, aber auch das Versinken in Armut und Erwerbslosigkeit hintangehalten wurde, erreichte man, wenigstens annähernd, das Ziel des Zünftlertums, die Gewähr auskömmlicher Nahrung für alle.

R. Kötzschke: Allg. Wirtschaftsgeschichte des Mittelalters, Jena 1924, S. 587 f.

bb) Die Planwirtschaft der Zunft

Die Sicherung des standesgemäßen Unterhaltes sollte nach W. Sombart erreicht werden durch:

1. Vorschriften, die die Bedingungen des Rohstoffbezuges für alle Handwerker gleichstellen sollten.
2. Bestimmungen, in denen die Ausdehnung des Betriebes oder die Menge der Produktion Beschränkungen unterworfen wird.
3. Bestimmungen, die ein möglichst gleichzeitiges wie gleichartiges Angebot herbeizuführen bezwecken.

W. Sombart: Der moderne Kapitalismus, München u. Leipzig 1928

cc) Die Garantie des standesgemäßen Unterhaltes

α) Die Sicherung des Absatzgebietes

... Sunderlich verpieten wir, daz ynner ainer Meil Wegs bey unsern Stetten und Merkchten daselbs nyemand mer dhain Gasthaws, Lewtthaws noch Tafern nicht haben sol in dhain Weis ... Wir seczen und schaffen auch, daz fürbazzer dhain Hantwercher, weder Ledrer, Pekchen, Fleisschhacker, Kursner, Maler noch ander Hantwercher, die auf dem Land siczen, sölh ir Hantwerch nicht treyben noch arbayten sullen, awsgenomen Sneyder und Schuster, die mugen ir Hantwerch wol arbaiten, doch daz sy ynner ainer Meil Wegs bey den benanten unsern Stetten und Merkchten nicht siczen noch arbaitten.

Erzherzog Ernst erließ auf Bitten der steir. Städte und Märkte am 12. Juli 1418 ein allgemeines Arbeitsverbot für Handwerker innerhalb der Bannmeile; nach: F. Popelka: Schriftdenkmäler des steirischen Gewerbes, Graz 1950, Bd. 1, S. 81

Dazu bestimmen wir aus besonderer Gnade, daß im Umkreis einer Meile um die Stadt Knittelfeld niemand feilhaben dürfe, noch sich ein Fleischer oder Lederer ansässig machen dürfe.

Herzog Rudolf: Dekret vom 12. September 1302 in Bruck a. d. Mur;
nach: F. Popelka: ebenda, S. 33

... denselben Bürgern gewähren wir hiemit aus besonderer Gnade, daß sie innerhalb einer Meile um die Stadt Leoben weder Weinschenken, Fleischer, Bäcker noch Handwerker irgendwelcher Art niederlassen dürfen, mit Ausnahme von Göß, wo wir nur einen Weinschenken, einen Fleischer und einen Bäcker zubilligen.

Herzog Rudolf: Verfügung über die Bannmeile von Leoben vom 5. Mai 1305,
nach: F. Popelka: ebenda, S. 34

... daz von Voytsperch alumbe in einer Meile weder Marcht noch Leytgeben (Weinschenken) schullen sein.

Herzog Friedrich: Verleihung des Stadtrechtes an Voitsberg vom 15. März 1307;
nach: F. Popelka: ebenda, S. 34

Wir Rudolff von Gots Gnaden Hertzog ze Osterreich tun chund, daz unser getrewn die Purger von Muertzueslag fur uns komen ... Das haben wir getan, also daz fürbaz nymant zwischen Leuben und dem Semernikch chain Eysen sol machen, denn alaynn ze Muertzueslag in dem Markt. alz das von alter Gewonhait herkomen ist ... ob die Purger ichts Gepresten daran gewunnen (keinen anderen Unterhalt haben) ...
Mit Urkund dicz Brifs ... vom 8. Februar 1360 zu Graz.

Herzog Rudolf verbrieft den Bürgern von Mürzzuschlag das Recht, allein zwischen Leoben und Semmering Eisen zu schlagen;
nach: F. Popelka: ebenda, S. 49 f.

Der Störer war Lohnhandwerker, d. h., er begab sich in die Behausung der Kunden, bekam Verpflegung und Nachtlager, wenn er nicht am gleichen Ort wohnte und zog nach Vollendung der Arbeit weiter. Als Entgelt bekam er einen Tag- oder Stücklohn. Diese Wanderhandwerker „gingen in die Stör". Die Stör war die einzige Möglichkeit, die Bedürfnisse der Landbevölkerung an gewerblichen Erzeugnissen zu befriedigen, wenn sie die Rohstoffe (Loden, Leinen) selbst beisteuerten.

In der Stadt hatten die Störer einen festen Wohnsitz, und die Kunden brachten ihnen die Arbeit in die Kammer oder Dachstube (Dachhasen, Bönhasen), in der sie heimlich werkten (Bön = Boden, Dachboden).

H. Zatschek: Handwerk und Gewerbe in Wien, Wien 1949, S. 248

β) *Beschränkung der Betriebszahl durch Zunftzwang*

Zieht ein Mann in den Markt, von wo immer er stammt, und erhält das Bürgerrecht, so darf er weder innerhalb noch außerhalb des Handwerksbereiches arbeiten, bevor er nicht von den Meistern die Erlaubnis erhält (von den selben daz Urloub gewinnet).

Erhält der Sohn eines Lederers die Meisterwürde (zu rehter Maisterschafft), so darf er nicht auf Grund des Rechtes seines Vaters arbeiten, bevor er nicht die Erlaubnis der anderen Meister erhalten hat (daz urloub ê von andern Maisteren gewunnen).

Aus dem Judenburger Stadtrecht (Ursprung 1270);
nach: F. Popelka: Schriftdenkmäler des steirischen Gewerbes, Graz, 1950, Bd. 1, S. 32 f.

Wir Albrecht von Gots Genaden Herczog ze Österreich, cze Steyr .. tuon wissentlich mit disem Brief, ... daz daselbs ze Knitelueld nyemand, er sey geistlich oder weltlich, mit in kainerlay Kaufmanschaft noch Gewerb treyben noch arbaitten sol in dhain Weg an irn Gunst und Willen an Gevaerde.

Herzog Albrecht III., gegeben zu Wien am 23. Oktober 1393;
nach: F. Popelka: ebenda, S. 66

Wir Wilhalm von Gotes Gnaden Herczog ze Österreich, ze Steyr ... tun wissentlich mit dem Brief, ... daz daselbs ze Chinberg nyemand, er sey geistlich oder weltlich mit in kainerley Kauffmanschafft noch Gewerb treyben noch arbaiten sol in dhainem Weg an iren Gunst und Willen.

Herzog Wilhelm, gegeben zu Mürzzuschlag am 22. Jänner 1398;
nach: F. Popelka: ebenda, S. 70

Handwerksordnung der Schustermeister zu Graz:

Von erst, das khain Knecht(Geselle) oder ander ausser Maister ihres Handtwerchs sich zu Gräz sezen oder niderlassen soll, er pewär den vorhin vor den Maistern das Handtwerch ordentlich mit dem Schnidt auf allein Schuech zu machen. Darzue soll er brieflich beweisen, ob er redtlich geborn sey und wo oder wie er sich auf dem Handtwerch endthalten. So er das alles erbarlich beweist, so thue er dann den Meister nach des Handtwerch Gewonhait und halte dann mit in hie zu Graz alle Rechten als ein ander gesessner Maister nach Gewonhait.

Handwerksordnung, vom Stadtrichter und dem Rat zu Graz am 6. Februar 1432 bestätigt;
nach: F. Popelka: ebenda, S. 90

Also mag auch der Rat under den Semelpechen der Maister mer gemachen, wann des Not ist, damit die Stat nicht versaumpt wirt, nach der Leut und Stat Notdurft (art. 88).

Stadtrecht von Pettau von 1376;
nach: F. Popelka: ebenda, S. 55

In einer viel späteren, aber der jahrhundertealten Tradition entsprechenden Beschwerde der Schuhmacher in Halle von 1691 an den Kurfürsten Friedrich Wilhelm von Brandenburg wurde die Beschränkung der Betriebszahl mit dem Hinweis auf die Gefahr der allzu sehr „zerteilten Nahrung" gefordert.

„Die Mutjahre (Wartezeit bis zur Verleihung der Betriebserlaubnis) sind nicht nur im Herzogthume Magdeburg, sondern im ganzen römischen Reiche in usu und observantia, welches darum geschieht, daß nicht ein jeder lüderliche Bursche sofort einläuft, von dem man hernach Schimpf und Schande hat, sondern man sich während der Muthzeit seines Verhaltens und Qualitäten halber desto besser erkundigen könne;

es ist auch vornehmlich zur Conservation der Zünfte angesehen, damit dieselben nicht übermannet und durch die so sehr zerteilte Nahrung die alten Meister mit den neuen ruiniert werden, welches wir zu Halle am meisten befürchten müssen; denn seit Mannesgedanken nicht erhört sein wird, daß hier unser Handwerk so sehr mit Meistern überfüllt gewesen als jetzt, da in der Stadt Halle über 60 Meister sein, wodurch denn verursacht wird, daß einer mit dem anderen, sonderlich aber die alten und ehrlichen Meister ... jetzt übern Haufen geworfen werden.

nach: R. Wissell: Des alten Handwerks Recht und Gewohnheit, Berlin 1929, Bd. 1, S. 170

γ) Die Begrenzung der Betriebsgrößen

Die Zunft suchte die Gleichheit aller Genossen, der Zunftmeister, nicht bloß rechtlich, sondern auch faktisch herzustellen. Fast überall war die Zahl der Gesellen und Lehrlinge, die ein Meister haben durfte, fixiert. Meistens erachtete man nicht mehr als zwei Gesellen und einen Lehrling als zulässig. Häufig war festgesetzt, daß jeder Meister nur in einer Werkstätte arbeiten durfte. Der Rohstoff wurde öfters gemeinsam eingekauft. Bisweilen wurde gerade das Quantum bestimmt, welches der einzelne in einer bestimmten Zeit produzieren durfte.

G. Below u. E. Baasch: Zünfte;
in: Wörterbuch der Volkswirtschaft, 4. Aufl. Jena 1933, Bd. 3, S. 1176 f.

Innerhalb desselben Handwerks sollte das Einkommen der Meister durch zwangsweise Angleichung der Arbeitsbedingungen möglichst nivelliert werden. Seit dem 13. Jhdt. nahmen die Zunftkontrollen über Preise, Gesellen- und Lehrlingszahl, Löhne, Arbeitsstunden, Werkzeuge immer mehr zu.

W. Zorn: Zünfte,
in: Handwörterbuch der Sozialwissenschaften, Stuttgart 1965, Bd. 12, S. 486

δ) Die zünftige Preiskalkulation zur Sicherung des standesgemäßen Unterhaltes

Weil nämlich vieles dem menschlichen Leben nötig ist, wofür ein Mensch für sich nicht genügen könnte, ist es nötig, daß von Verschiedenen Verschiedenes geschieht; z. B. daß einige die Äcker bebauen, einige Tiere hüten, einige Baumeister sind, und so fort. Weil aber das menschliche Leben nicht nur das Körperliche braucht, sondern mehr das Geistige, ist es auch nötig, daß sich die Leute mit den geistigen Dingen zur Besserung der anderen beschäftigen, die von der Sorge um das Zeitliche frei sein müssen. Diese Verteilung verschiedener Berufe auf verschiedene Personen geschieht nach der göttlichen Vorsehung, demnach neigt der eine mehr dem einen und der andere dem anderen Beruf zu.

Thomas v. Aquin: Summa contra gentiles, lib. III, Cap. 134

Dieser auf dem Gedanken der vocatio gestützte Berufsbegriff bedeutet eine innige Durchdringung von Religion und Wirtschaft ... Durch diese Verknüpfung hatte jede Arbeit, unabhängig vom Maße ihres objektiven Erfolges, wenn sie nur einer vocatio entsprach, eine zweifache Bedeutung:

sie erfüllte eine gesellschaftliche Funktion und sie diente dem eigenen Unterhalt.

Wenn die Gerechtigkeit die Norm der gesellschaftlichen Funktion ist, muß ihr leitender Grundsatz bereits jedem einzelnen das Wesen seiner *Beziehung zum Ganzen* und zu jeder gesellschaftlichen Tätigkeit geben: *Suum cuique!*

Nun kann aber zu einem Teil eine *zweifache Beziehung* hergestellt werden. Die *eine des Teiles zum Teil,* der den Beziehungen einer Person zur anderen entspricht (die Tauschgerechtigkeit: justitia commutativa); die andere Beziehung: *die des Ganzen zu den Teilen,* der die Beziehung des allen Gemeinsamen zu den Einzelpersonen (justitia distributiva) entspricht.

„Bei der verteilenden Gerechtigkeit wird einer Person, soweit das Eigentum des Ganzen einem Teil gebührt, zugeteilt. Dieses Maß ist um so größer, eine je größere Bedeutung der Teil für das Ganze hat. So wird durch die verteilende Gerechtigkeit einem um so mehr von dem gemeinschaftlichen Gut aller zugewiesen, je mehr es für das gemeinschaftliche Leben aller bedeutet."

(Thomas: L. c. questio 61, art. II)

Der Lebensunterhalt (victus) entstammt immer auch dem status personalis.

F. Schreyvogel: Ausgewählte Schriften zur Staats- und Wirtschaftslehre, Jena 1923, S. 338, 356, 357 u. 403;
in: Die Herdflamme, Bd. 3

dd) Die Garantien der Leistungsqualität

α) Die Ausbildung der Lehrlinge und Gesellen

Der Lehrling:

Wenn ein meister einen jungen in die lehr auf und annahmen will, soll er das thun mit wissen und in gegenwart der alterleute und des jungen eltern, freunde oder sonst anderer glaubwürdiger bürger.

Lüneburger Glaserordnung v. 1596;
nach: R. Wissell: a.a.O., Bd. 1, S. 139

Jedesmal, wenn ein meister einen lehrjungen annimmt, sollen noch zween andere meister, nämlich ein alter und ein junger darpey sein, damit man, wann die lehrjahr vorüber, allzeit alle alles wissen mögen.

Frankfurter Buchbinderordnung;
nach: R. Wissell: a.a.O., Bd. 1, S. 139

Ein Lehrling soll in seinen Lehrjahren seinem Meister und seiner Meisterin gehorsam und auch sonst fleyßig sein, des Sonntags zur Kirchen gehen und Gottes Wort anhören, ohne Erlaubnis seines Meisters oder Meisterin nicht ausgehen, viel weniger des Nachts aus dem Hause bleiben, auch nicht spielen, sauffen oder sonst ungebührlich sich verhalten.

F. Hähnsen: Geschichte der Kieler Handwerksämter, Kiel 1920,
nach: R. Wissell: a.a.O., Bd. 1, S. 145

Der Geselle

Freisprechung: Die Lehrmeister: „Es wird dem löblichen Handwerk wohlwissend sein, daß ich vor drei Jahren meinen Lehrjungen N. N. auf- und angenommen habe. Dieweil seine Lehrzeit nun vorbei und er sich in solcher treu und fleißig verhalten hat, so habe ich ein löblich Handwerk bitten wollen, daß sie ihn der Lehre lossprechen und vor einen Gesellen erkennen wollen."
Dann wurde der Lehrling gerufen und gefragt: was sein Begehr?

„Es wird einem löblichen Handwerk wohlwissend sein, daß ich seither bei meinem Lehrmeister N. N. meine Lehrzeit über mich aufgehalten; ich will hoffen, daß ich solche treu und ehrlich zugebracht habe und wollte deswegen bitten: mich nach Handwerksbrauch von meiner Lehre loszusprechen."

Nachdem nun Lehrmeister und Lehrling abgetreten waren, fragte der Obermeister seine Beisitzer:

„Wie sie gehöret, was Meister N. N. wie auch sein Lehrling N. N. vorgebracht, will ich hiermit gefragt haben, ob einer oder ein anderer etwas dawider zu sagen habe. Wenn etwar einer was Ungebührliches weiß, der bringe es vor."

Ergab die Umfrage nichts gegen den Lehrling, wurden er und sein Meister wieder gerufen. Der Lehrling wurde nun im Namen des ganzen Handwerks von seiner Lehre losgesprochen. Die Meister sagten Glückwünsche, und der Lehrling sagte seinen Dank.

F. Fusius: Der vornehmsten Künstler und Handwerker Ceremonial-Politica, Leipzig 1705;
nach: R. Wissell: a.a.O., Bd. 2, S. 175

„Wie man einen Jungen-Gesellen unterrichten soll": Erstlich sollst Du Gott fleißig danken, daß er Dich durch Deine Eltern zu einem ehrlichen Handwerk gebracht hat.

Zum Anderen sollst Du Gott danken, daß er Dir die Gnaden verliehen, daß Du solches Handwerk hast können auslernen,

Zum Dritten sollst Du Dich in Deinem Gesellenstande ehrlich und redlich verhalten.

Zum Vierten sollst Du fein fleißig arbeiten, daß es Dir eine Ehre und Deinem Meister Nutzen mach .

Zum Fünften sollst Du Dich von den Jungen fernhalten und

zum Sechsten zu den ehrbaren Meistern und Gesellen halten.

Zum Siebenten sollst Du nicht ohne Hut und nicht ohne Schuhe aus dem Haus kommen.

Zum Achten sollst Du bei keinem untüchtigen Meister nicht länger als vierzehn Tage arbeiten.

Zum Neunten schaun, daß Du dasjenige gewinnen oder erlernen möchtest, was Du vor Dich genommen hast.

nach: R. Wissell: a.a.O., Bd. 2, S. 248 f.

Und so ein Junger auslernet, so sol er wandern 2 yor yn ander lant, das er fertig wirt yn seinem Hantwergk vor wann er Meister wirt oder ein weip nymt."

B. Bucher: Die alten Zunft- und Verkehrsordnungen der Stadt Krakau, Wien 1889,
nach: R. Wissell: a.a.O., Bd. 2, S. 151 f.

Die Nothwendigkeit desselben (des Wanderns) wird umso einleuchtender, wenn man bedenkt, wie nicht nur jedes Handwerk an verschiedenen Orten in verschiedener Vollkommenheit getrieben wird, sondern wie man sogar in ein und demselben Handwerk in verschiedenen Städten eigene Vortheile und Kunstgriffe hat, die derjenige, der sein Handwerk vollkommen verstehen will, wissen muß ... Gebildeter und fähiger kommt er nach dem Wandern in sein Vaterland zurück. Sein besserer Anstand, seine milderen Sitten erwerben ihm die Gunst seiner Oberen und die Achtung seiner Mitbürger. Sein Fleiß, seine Geschicklichkeit rechtfertigen bald das günstige Urtheil. In kurzem sieht er seine in der Fremde angewandte Mühe mit reichlichem Gewinst belohnt und sich in Stand gesetzt, durch Ernährung und gute Erziehung einer zahlreichen Familie sich das süßeste Vergnügen und dem Vaterland angenehmsten Dienst zu erweisen.

Aus der Fürstlich Oetting-Spielbergischen Wanderordnung,
nach: R. Wissell: a.a.O., Bd. 1, S. 170

Meister

(Muthzeit) „Welcher gesell unter yn meister werden will, der sol zum mynsten ein jor under yn off dem hantwerk gedinet haben, auff der man seyne gelegenheit erkenne, von wann er sey und wy er sich off dem handtwergk gehalten habe."

B. Bucher: Die alten Zunft- und Verkehrsordnungen der Stadt Krakau, Wien 1889;
nach: R. Wissell: a.a.O., Bd. 1, S. 170

„Wer im Handwerk der Schneider Meister werden will, soll vor dem Meister zuvor vier Stücke Werks schneidern. Fehlt er an einem Stück, so soll er weiter lernen."

G. Blecher: Das Zunftwesen in Bingen 1911;
nach: R. Wissell: a.a.O., Bd. 1, S. 176

„Es soll auch eyn jeder, der ein meister seyn wil, vor er eintritt ayn musterstück machen und daz für die gesworen pringen und beschauen lassen, ob er daz hantwerk kün oder nit."

Münchner Handwerksordnung des 15. Jahrhunderts;
nach: R. Wissell: a.a.O., Bd. 1, S. 176

Wann jemand Meister werden will, dann muß er sich erst beim Altmeister des gewerks, wo er Meister werden will, melden. Er muß seinen Bürgerbrieff mit zur stelle bringen. Hat alles seine Richtigkeit, so wird ihn der Tag, wan die Morgensprache (Meisterversammlung) abgehalten werden soll, angezeigt. Bey der Morgensprache wirt die sache vorgetragen, ob einer oder der andere was gegen den N. N. einzuwenden hat. Auch der Bürgerbrieff wirt nachgesehen. Hat alles seine Richtigkeit, so wirt ihn der Tag zum Backen angezeigt.

Zuvor wirt noch einer von den Mitmeistern zum Vater gewählt. Zur Unterstützung des Stückmeisters werden noch vier Jungmeister beigegeben. Dafür muß der Stückmeister alle, die dazu gehören, bewürten lassen.

Am anderen Tag wirt das Meisterstück in das Mehlhaus gebracht, wo es von dem Gewerksassessor, dem Herrn Altmeister und zehn Mitmeistern besehen wirt. Alle müssen ihr gutachten darüber aussprechen.

Wirt es für gut befunden, so spricht ihn der Altmeister des Gewerks zum Meister.

Bäckerordnung von Berlin;
nach: R. Wissell: a.a.O., Bd. 2, S. 757

β) *Die Qualitätskontrolle durch die Zunft*

Der Auffassung des Handwerks als Amt entsprach auch die Verpflichtung, für die Güte und Tadellosigkeit des Arbeitsproduktes zu sorgen. Wandelbare Arbeit durfte nicht verkauft werden. Für wandelbar, d. h. fehlerhaft, galt eine Arbeit, die nach Handwerksbrauch und den Vorschriften der Zünfte und später der Obrigkeit nicht einwandfrei oder nicht probemäßig war. Die Wandelbarkeit konnte auf Mängeln der verarbeiteten Rohstoffe beruhen oder auch in leichtfertiger und schlechter Arbeit selbst bestehen.

Um solche fehlerhafte Handwerkserzeugnisse aufzufinden, prüften die Schaumeister in Werkstätten, Läden oder auf dem Markt die Arbeit auf ihre Güte. Niemand durfte sich bei schwerer Strafe ihrem Nachsehen widersetzen.

Fanden sie ein Stück Arbeit, das nach ihrem sachverständigen Dafürhalten unbrauchbar war, so nahmen die Schaumeister es sofort dem Verfertiger ab oder ließen es ihm durch den sie oft begleitenden Stadtbüttel abnehmen. Entweder wurde dann der Betreffende bei dem Rate oder der zuständigen behördlichen Stelle oder bei der Zunft selbst verklagt, oder die Schaumeister übten gleich selbst Justiz und vernichteten die fehlerhafte Ware.

Diese Überwachung der Handwerksarbeit diente zunächst wohl nur dem Schutze des Publikums, in späterer Zeit jedoch auch dem Handwerker selbst, da sie die Gewähr vor Klagen bot und dadurch des Handwerkers Ruf nicht leicht angetastet werden konnte.

nach: R. Wissell, a.a.O., Bd. 1, S. 302

Ich N. N. schwere zu Gott, dem Allmächtigen, einen leiblichen Eid, daß, nachdem ich bei der Stadt N. zu einem Schaumeister der wollenen Tücher ordentlich bestellt worden, solchem mir anbefohlenen Amte treulich und fleißig vorstehen, der errichteten Tuchmacher-Schauordnung in allen Punkten treulich nachleben, die Tücher in den dazu gesetzten und verordneten Stunden sowohl vom Wirkstuhl als auch aus der Walke und endlich aus der Farbe im Rahmen der Schauordnung ohne Ansehung der Person niemand zulieb oder zuleid schauen, die dabei vorkommenden Mängel wohl beobachten, selbige zu gebührender Bestrafung gehöriger Orten anzeigen, nach meinem besten Wissen und Gewissen treulich tun und verrichten will. So wahr mir Gott helfe durch seinen Sohn Jesum Christum in Kraft des heiligen Geistes, Amen!

Tuchmacher-Schauordnung;
nach: R. Wissell: a.a.O., Bd. 1, S. 310

b) Die Zunft als Trägerin der Sozialpolitik

aa) Der Schutz der gesellschaftlichen Würde und Ehre

Sobald das Handwerk frei geworden war, hat es streng darauf gehalten, daß kein Unehrlicher in die Zunft kam. Entweder wurde bei der Aufnahme als Meister oder zur Vermeidung jeder späteren Schwierigkeit schon bei der Aufnahme des Lehrlings der Nachweis der „ehrlichen“ Geburt verlangt.

R. Wissell: a.a.O., Bd. 1, S. 71

Wer Meister werden will, sal uns Kuntschaft bringen syner gebort das er ehrlich geboren und von lüten sey zu tzumpfte gehörende.

Schneider-Ordnung Altenburgs von 1465;
nach: R. Wissell: a.a.O., Bd. 1, S. 72

Der Lehrling mußte bei den Schuhmachern Hamburgs im Jahre 1375 „echt und frye gebahrn syn“.

O. Rüdiger: Älteste Hamburgische Zunftrollen, Hamburg 1874, S. 275

Gefordert wird ein „gepryflich gezeugnis“, daß, der das Amt gewinnen will, „sey geporn recht und redlich, von erlichin fromen aldern“, damit „keyn befleckter adir bekryschener adir meyneidiger“ in die Zeche aufgenommen werde.

Klausenburger Goldschmiedeordnung von 1473;
nach: R. Wissell: a.a.O., Bd. 1, S. 72

bb) Die soziale „Versicherung“ der Zunft

Die Beiträge zum Versicherungsfonds der Zunftbüchse wurden von den Zunftmitgliedern unter den verschiedensten Titeln genommen; so nach der Zechenordnung der Schneider von Wien im Jahre 1340 von Herzog Albrecht:

1. Wer Zeche und Recht der Schneider gewinnen will, zahlt 2 Pfund Pfenning.
2. Witwer und Witwe müssen bei Wiederverehelichung 1/2 Pfund Pfenning bezahlen.

3. Jedes Mitglied muß sonntags ½ Pfenning zahlen.
4. Anläßlich eines Leichenbegängnisses sollen alle den Leichenpfenning zahlen.
5. Wenn ein Meister oder Geselle an Feiertagen arbeitet und dessen überführt wird, zahlt er 1 Pfund Pfenning.
6. Kein Zechenmitglied darf vor dem Ende der Meisterversammlung weggehen, sonst zahlt er 72 Pfenning.
7. Unzüchtige Reden und Handlungen in der Zeche bringen eine Buße von 72 Pfenning.

nach: H. Zatschek: Handwerk und Gewerbe in Wien, Wien 1949, S. 19 f.

Die *Leistungen* der zünftigen „Sozialversicherungskasse" wurden nach altem Herkommen von Ferdinand I. in der ersten österreichischen Gewerbeordnung in folgender Weise zusammengefaßt:

Ob sich begäb, das ain handtwercksgesell bey aynem Maister krankh wurde und der Maister ime so guetwillig ist und er in seiner krankheit aufhelft, bis er wieder gesundt würd, so soll derselb handwerkgesell von dem Maister wider seinen Willen nit abschaiden, biß er im solchs abdienet, mit paaren gelt bezahlt oder sunst daran der Maister zufrieden ist (Cap. 44).

Wäre aber sach, das ein kranker handtwerksgesell bey seinem Maister underhaltung hat und selbs so arm wäre, das er sich nicht unterhalten kann, so soll ime die geschworenen Maister und Gesellen aus dem gelt, so sie in ihrer Büchsen zu dem Gottesdienst oder Almosen haben, ain zimlich darstreckhen thun. Doch soll er angeloben, daß er on ihr erlaubniß von dannen nit ziehen well. Er hab dann solichs ehe bezahlt oder zufriden gestellt, und das soll er also, soferne er in leben bleibt, thun.

War er sach (siech), das er mit todt verging, so sollen die geschworenen Maister und Gesellen sein gelassen gut inventieren, das jar und tag behalten, ob des abgestorbnen gesellen freund bezalle. Khäme aber innert jahrfrist niemand, so sollen sy das schätzen lassen und verkaufen und sich des so dem gestorbenen dargestreckt bezahlen (Cap. 45).

Ferdinand I.: Neue Polizei- und Handwerksordnung vom 1. April 1527

cc) Die Ordnung für Arbeit und Freizeit

Die Arbeitszeit betrug: von Georgi bis Michaeli: von 4 Uhr früh bis abends um 7 Uhr, von Michaeli bis Georgi: von Antritt des Tages bis zu Untergang der Sonnen.

Zu Mittag waren im Sommer 3 Feyerstunden, im Frühling und Herbst 2 Feyerstunden und im Winter 1 Feyerstunde.

Leopold I.: Tag- und Lohn-Satzung vom 17. Juni 1661

Arbeitsfreie Tage waren: alle Sonntage, Weihnachten, Neujahr, Dreikönig und Fronleichnam, 12 Aposteltage, St. Thomastag, 4 große Frauentage: Lichtmeß, Himmelfahrt, Verkündigung, Geburtstag; Christi Himmelfahrt, Johannes Batista-Tag, St. Oswaldtag und St. Barbara-Tag.

Ferdinand II.: Innerberger Haupt-Capitulation vom 20. Oktober 1625

c) Die Zunft als Trägerin von Kultur und Politik

aa) Die Zunft und die religiösen Bruderschaften

Ich Perenhart der Ramung, Chaplan und ich Wulfing Pöchel von Swannberch, dizeit Gesell daz Judenburch ... di in der Cymmerlecwtprwdershaft sint, yczu

86. Einer von der Elite: Professor der Technischen Hochschule in Graz Peter Klaudy, in der Anstalt für Tieftemperaturforschung

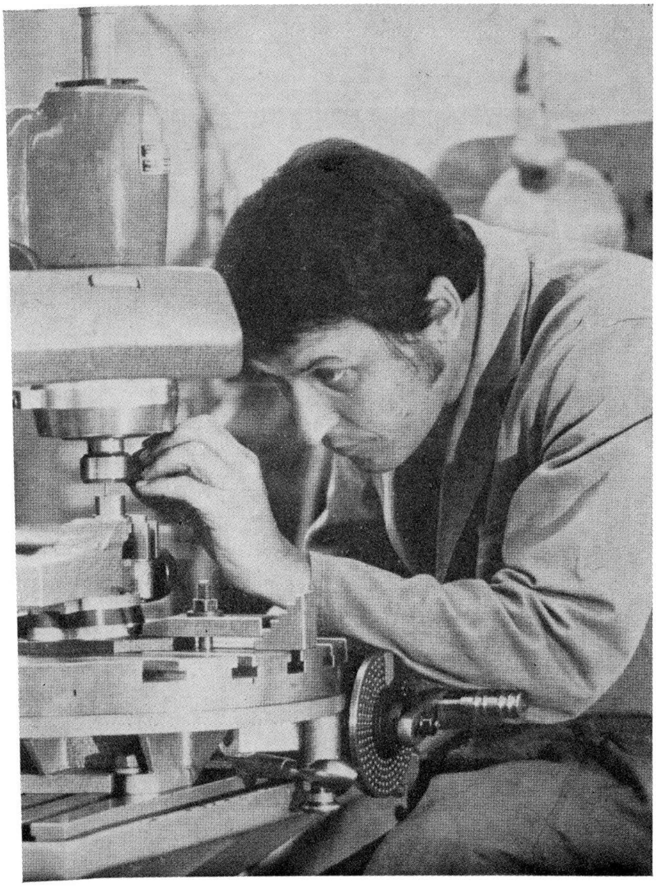

87. Ein anderer von der Elite: ein Werkzeugmacher in einer Autofabrik

Einzelpreis: S 1'10

Erfolgreiche Arbeit in der Gesetzgebung (Seite 2)

Wiener Zeitung

Gegründet 1703 / Nr. 61

Redaktion: III., Rennweg 16; Druck: Österreichische Staatsdruckerei, III., Rennweg 16; Tel. M 15 0 40; Nachtschaltung ab 22 Uhr: Tel. M 15 0 41 u. M 15 0 43; Nachtexpedit: Tel. M 15 0 42; Fernschreiber TW 18 05

Mittwoch, 13. März 1957

Einzelpreis S 1'10, an Sonn- u. Feiertagen S 1'30, Monatsabonnement S 26 —, mit B. G. Bl. S 34'35, für das Ausland ohne Bundesgesetzblatt S 37 —, mit S 49'50; Postsparkassenkonto Wien Nr. 178

Aufrechterhaltung eines stabilen Preisgefüges

Wichtige Beschlüsse des Ministerrates auf Grund eines Berichtes des von der Wirtschaftskommission in der Vorwoche eingesetzten Unterkomitees

Der Ministerrat trat gestern zu seiner dieswöchigen Sitzung zusammen. Wie darüber amtlich bekanntgegeben wird, berichtete Bundeskanzler Ing. Raab über das Ergebnis des in der Vorwoche von der Wirtschaftskommission eingesetzten Unterkomitees. Auf Grund dieses Berichtes beschloß der Ministerrat, an die Bundeskammer der gewerblichen Wirtschaft, den Österreichischen Arbeiterkammertag, den Österreichischen Gewerkschaftsbund und die Präsidentenkonferenz der Landwirtschaftskammern Österreichs das dringende Ersuchen zu richten in ihrem Bereich alle Vorkehrungen zu treffen, um im laufenden Jahr die Aufrechterhaltung eines stabilen Preisgefüges zu gewährleisten.

Insbesondere sollen die Letztverbraucherpreise für Mehl und Mehlprodukte (Brot, Kleingebäck, Grieß), für Zucker, für Milch und Milchprodukte unverändert bleiben, die Detailabgabepreise für Speisefette und für Fleisch und Fleischwaren stabilisiert und die Obst- und Gemüsepreise, die im Jahre 1956 durch ungünstige Witterungsverhältnisse eine starke Erhöhung erfuhren, im laufenden Jahr auf die Durchschnittspreise des Jahres 1955 zurückgeführt werden.

Sollten allenfalls Tariferhöhungen notwendig werden, so wird bei ihrer Neuregelung auf die Leistungsfähigkeit der durch sie betroffenen Wirtschaftszweige und Bevölkerungskreise Bedacht zu nehmen sein; die derzeit in Anwendung stehenden Tarifsysteme geben ausreichende Möglichkeiten, die Belastungen zu differenzieren. Mit besonderer Aufmerksamkeit soll die Preisgestaltung bei Haushaltswaren verfolgt werden.

Der Ministerrat würde es begrüßen, wenn der bereits konstituierte Unterausschuß der Wirtschaftskommission dazu übergeht, die Notwendigkeit von Preiserhöhungen vor ihrem allfälligen Wirksamwerden unter gesamtwirtschaftlichen Gesichtspunkten zu prüfen. Die hiefür in Betracht kommenden Erzeugnisse sollen in einer einvernehmlich aufzustellenden Liste erfaßt werden. Darüber hinaus ist auf Antrag einer der drei Kammern oder des Gewerkschaftsbundes die Preisentwicklung der übrigen industriellen oder gewerblichen Erzeugnisse zu untersuchen.

Der Unterausschuß wird bei seiner Tätigkeit zu beachten haben, daß Preiserhöhungen nur dann gerechtfertigt erscheinen, wenn wesentliche Kostenveränderungen eingetreten sind, die durch den Effekt von Rationalisierungsmaßnahmen, Produktivitätssteigerungen usw. nicht ausgeglichen werden können. Über die Ergebnisse solcher Beratungen ist die Öffentlichkeit in geeigneter Form zu unterrichten.

Der Ministerrat hat ferner beschlossen, die drei Kammern und den Gewerkschaftsbund darüber in Kenntnis zu setzen, daß die Bundesregierung entschlossen ist, bei Gruppen, die sich in Wahrnehmung von Sonderinteressen dem von ihr vorgeschlagenen Verfahren entziehen, keine Rücksichtnahme zu üben; dort wo die Verletzung der geforderten freiwilligen Disziplin festzustellen ist, wird die Bundesregierung zollhandels- und sonstige wirtschaftspolitische Maßnahmen zur Anwendung bringen, um die Aufrechterhaltung des Preisgefüges zu sichern.

Die Bundesregierung erwartet dagegen vom Österreichischen Gewerkschaftsbund, daß neue Anträge auf Lohn- und Gehaltsregelungen an die Arbeitgeberorganisationen erst gestellt werden, sobald im Rahmen einer paritätischen Kommission sowohl die Höhe der Forderung als auch ihre Dringlichkeit überprüft wurden. Die Kommission wird festlegen, ob die Kollektivvertragspartner in Verhandlungen einzutreten haben. Die gleiche Kommission ist berufen, auch bereits anhängige Lohn- und Gehaltsforderungen zu prüfen und die Frage zu beurteilen, ob über diese weiterzuverhandeln ist.

(Fortsetzung Seite 2.)

88. Bericht über den Ministerrat vom 12. März 1957: Gründungsdokument für die Paritätische Kommission: das Organ des sozialen Friedens in Österreich

gegenwurtyg oder dy noch chunftig werdent, wir veriehen all mit dem offen Pryff unverschaiden leihen allen den, den er furchumt, dy in sehent, hörent oder lesent, daz wir mit der Hilf und Gnad des heiligen Geist haben pedacht daz unstät, churcz und czergänchleich Leben hy in diser Welt und darumb hab wir mit veraynten willigen Mut verhayzen ain Prudershaft in den Eren Gotes und seiner Muter unser Vrawen der rainen Magt und darczue aller Gotes Hailigen czu ainer Merung christenleihes Hail der Lebentigen und der Toten czu Losung und czu Trost unser aller unser Vordern Sel haben wir pedacht, erfunden und aufgesaczt. (Es folgen dann die Bruderschaftsstatuten.)

nach: F. Popelka: Schriftdenkmäler des steirischen Gewerbes, Graz 1950, Bd. 1, S. 61 f.

Die Kramer aus unsern Steten und Merckten unsers Fürstentumbs Steir habent uns zu erkennen geben, wie sy in Got zu Lob der ... Junckfrawen Marie ... und Bruderschafft und Zeche miteinander ze halten und baten, idaz kain Hantwercher Kramerey übe und daz ain yeder Kramer, der in den steirischen Städten und Märkten gesessen, auch in irer Zech sein solt. Widersetzliche kommen vor das landesfürstliche Gericht.

Friedrich IV. bestätigt den Krämern in Steiermark die Errichtung einer Bruderschaft und Zeche am 1. November 1441;
nach: F. Popelka, ebenda, Bd. 1, S. 95

bb) Die Zunft als politische Gemeinschaft

Über die militärischen Pflichten der Handwerker in Straßburg berichtete G. Schmoller: „Sie rückten in das Feld, besetzten die Tore, sie versammelten sich bei Feuergefahr und anderem Geschelle. Von ihrer militärischen Haltung, von ihrer Geneigtheit, sich rasch und geordnet im Falle der Not zur Verfügung zu stellen, hing der Frieden und die Ordnung in der Stadt und zuletzt Sicherheit, Leben und Eigentum aller ab.“

G. Schmoller: Die Straßburger Tucher- und Weberzunft, Straßburg 1879, S. 485

Entschied das Handwerk erst einmal seine Streitigkeiten, hielt es dieses Recht auch fest. Wir müssen annehmen, daß es der Obrigkeit vielfach lieb war, von den Entscheidungen interner Streitigkeiten befreit zu sein, die eine ihr fehlende Kenntnis von Handwerkseigentümlichkeiten voraussetzte. So mag für die Entstehung und Entwicklung des Rechtes der eigenen Gerichtsbarkeit diese Erkenntnis eine wesentliche Rolle gespielt haben: Schon recht früh findet sich also bei den Zünften das Recht der eigenen Gerichtsbarkeit.

R. Wissell: a.a.O., Bd. 1, S. 263

2. Die Ordnung der ländlichen Wirtschaft

a) Die räumliche Ordnung der ländlichen Wirtschaft

aa) Die Streulage der zinsbaren Bauernhöfe

Kremsmünster: Fronhöfe, untertänige Häuser und Abgaben

Untertänige Häuser	Abgabepflichten	Fronhöfe
1 Schulzenamt: Sipbachzell und Weißkirchen	84	1270 Pf., 25 E Bier, 275 Scheffel Hafer, 738 Käse, 6 Lämmer

	Fronhöfe	Untertänige Häuser	Abgabepflichten
2	Amt zu Derndorf: Weißkirchen	66	542 Pf., 259 E Bier, 37 Lämmer
3	Niedermairamt:	61	632 Pf., 243 E Bier, 40 Lämmer
4	Obermairamt:	51	1162 Pf., 238 E Bier, 52 Käse, 41 Lämmer
5	Eggenbergeramt: Fischlham und Steinerkirchen	28	605 Pf., 200 E Bier, 240 Käse, 6 Lämmer
6	Fronhofenamt: Steinerkirchen	84	1046 Pf., 405 E Bier, 240 Käse, 30 Lämmer
7	Eberstallzelleramt: Eberstallzell	59	2136 Pf., 207 E Bier, 22 Lämmer
8	Pettenbacheramt: Pettenbach	57	1322 Pf., 187 E Bier, 36 Scheffel Hafer, 30 Lämmer
9	Burgstallmairamt: Pettenbach, Viechtwang, Steurbach	71	327 Pf., 86 E Bier, 750 Käse, 5 Lämmer
10	Stadelmairamt: Ried und Kremsmünster	60	1750 Pf., 195 E Bier, 14 Lämmer
11	Lindenmairamt: Ried und Kremsmünster	69	3489 Pf., 110 E Bier, 1 Lamm
12	Weinbergamt: Kremsmünster	53	942 Pf., 144½ E Bier, 8 Lämmer
13	Aumairamt: Kremsmünster	35	1090 Pf., 118 E Bier, 10 Lämmer
14	Zellmairamt: Kremsmünster, Kematen, Rohr	57	1273 Pf., 256½ E Bier, 12 Scheffel Hafer, 47 Lämmer
15	Zehentmairhof: Kematen, Sipbachzell, Eggendorf, Allhaming	27	259 Pf., 121 E Bier, 13 Lämmer
16	Fischlmairamt: Kematen und Neuhofen	52	876 Pf., 213 ½ E Bier, 18 Lämmer
17	Viechtwangeramt: Viechtwang, Grünau, Kirchham, St. Konrad, Laakirchen	66	Bescheidener Naturaldienst und bestimmter Gelddienst
18	Buchkirchneramt: Alkoven, Aschach, Eferding und jenseits der Donau	mehrere	3355 Pf.
18	Fronhöfe	980 + mehrere untertänige Häuser	22 076 Pf., 3 008½ E Bier, 322 Scheffel Hafer, 2 020 Käse, 334 Lämmer

Pf. = Pfennige — E = Eimer

Aus dem Urbar des Stiftes Kremsmünster von 1299,

nach: P. Pöttinger: Die wirtschaftlichen Aufgaben und sozialen Leistungen des Stiftes Kremsmünster, ein Beitrag zur Wirtschafts- und Sozialgeschichte unserer Heimat, Diss. Graz 1966, S. 19 f. u. 33 ff.

bb) Die Gemengelage der zinspflichtigen Bauern

In Mörtelsdorf im Lungau waren: zinspflichtige Höfe durcheinander gelagert:

einer: Stift Friesach
zwei: Stift Nonnberg in Salzburg
drei: Domkapitel in Salzburg
elf: Erzbischof in Salzburg (Hofurbar)

nach: E. Klebel: Der Lungau, Salzburg 1960, S. 197

b) Die rechtliche Ordnung der ländlichen Wirtschaftsgemeinschaft

aa) Die dienstbaren und zinsbaren Bauernhöfe

Wenn ein Herr einen Grundt oder ein Gueth einem andern umb ein jarlichen Zinß oder Dienst aufgibt, so hat der Zinßmann an dem Grundt oder Guet das nützliche Aigenthume (Cap. 1, 1).

Der Zinßmann mag den Grundt innehaben, nutzen und niessen, vermachen, verkaufen und vergeben (Cap. 1, 2).

Die Aufgebung (Verleihung) der Gründt und Gütter kann nicht allein *erblich*, sondern auch auf eine *Anzall Jar* oder auf *etliche Leib* geschehen (Cap. 1, 2).

B. Walther: Von den dienstbaren und zinsbaren Gründten, Traktat: 1552, hrsg. von M. Rintelen: Privatrechtliche Traktate, Leipzig 1937, S. 1 - 29

bb) Das Recht der Grundherren und der Grundholden

Ein yeder Grundtherr hat alle Speen und Irungen, so sich zwischen den Partheyen der Gründt halben zuetragen, selbst zu richten und darinnen zu erkennen (Cap. 8, 1).

Wenn ein Grundtherr vermeint, das ime ein Grundt von wegen der unbezahlten Dienst oder ander Ursach halben verfallen sein soll, mag er in sollichen Fall nit Richter sein, niemand soll in seinen eigenen Sachen selbs Richter sein (Cap. 8, 2).

Der Zinßman ist schuldig, dem Grundtherren jerlich den Grunddienst zu bezallen (Cap. 11, 1).

Der Hold ist schuldig, die Dienst dem Grundtherrn selbst anhaim zu bringen (Cap. 10).

Wenn der Grundt bei seiner Innhabung besser wird, so mag der Grundtherr derwegen keinen neuen Grundtdienst darauf schlagen oder den alten Grundtdienst nit ersteigern (Cap. 9, 1).

Wenn ein Grundt in Verödung kumbt, . . . so mag doch der Grundtherr den alten Grundtdienst nicht fordern, sondern er ist schuldig, sich an dem geringerten Grundtdienst ersettigen zu lassen (Cap. 9, 2).

Ein yeder Hold ist von seinem Guett, sovern dasselb ein behausst Gutt ist, seinem Grundtherrn zu robathen schuldig (Cap. 19, 1).

Was und wievill ein Unterthan seinem Herrn von alters gerobath, dabey ist in der Herr beleiben zu lassen schuldig (Cap. 19, 2).

So ist es dem Landtsbrauch nach, dem Herren auf sein Ersuchen yedes Jar *zwelf Tag* zu robathen schuldig, doch das der Herr solliche Robath nit auf ein einzig Zeit im Jahr von den Underthannen ervordert, sonder dieselben in die vier Zeiten des Jars außtailte, damit die Untderthannen soviel weniger beschwärdt werden (Cap. 19, 2).

Es ist auch der Herr den Underthanen zu der Robath ier nottürfftige und gebürliche Underhaltung zu geben schuldig (Cap. 19, 2).

Die Robath soll dermassen auferlegt werden:

das die, so zu iren Heusern gehörige Äcker haben, die Robath mit Roß und Wägen, die, so zu iren Heusern nit haben, allein mit der Handt verrichten sollen (Cap. 19, 3).

Item sie sollen auch über die gewönnliche Tagzeit zu robathen durch den Herrn nit getrungen werden (Cap. 19, 3).

Wenn ein Zinßmann den Grundtdienst drei Jar lang einander unbezahlt anstehen lässt, so mag der Grundtherr den Grund einziehen (Cap. 11, 1).

Doch soll er solliches aus eigner Gewalt nit thun, sondern mit Erkanntnus eines ordentlichen Grundrechtes (Gerichtes) (Cap. 11, 1).

Wenn ein Dienstmann oder Hold sein Erbguet in Verödung kommen läst, als dann der Grundtherr Fueg hab, sollich Guett zu seinen Handen einzuziehen (Cap. 20, 1).

Ein Grundtherr hat Fueg und Macht, sein Grundobrigkeit einem andern zu verkauffen oder zu übergeben, wie in lust, darinnen im die Zinsleut kein Irrung thuen mögen (Cap. 21, 1).

Wenn ein Grundtherr einem andtern sein Grundobrigkeit zu kauffen gibt, so hat der Käufer nit Macht, die Zinsleute von iren Erbguettern abzuschaffen (Cap. 21, 2).

Einem yeden Holden oder Zinßman steet bevor, seine Erbgründt zu verkauffen und zu vermachen, darinn ime der Grundtherr kein Eintrag oder Verhindernuß thuen mag ... Wan der Grundtherr wider den Jhenigen, dem das Guet übergeben worden ist, billiche Ursachen fürzuwenden hat, so ist er in die Verkauffung zu bewilligen nit schuldig, so lang, biß ime ein ander tauglicher Kauffer fürgestalt wirdt (Cap. 22).

B. Walther: a.a.O.

c) Die gegenseitigen Pflichten der Herren und Bauern

Pflichten der Grundherren:	*Pflichten der Grundholden:*
1. Militärischer Schutz nach außen	1. Zugrobot
2. Schutz im Innern	2. Handrobot
3. Schutz gegen gesundheitliche Schäden	3. Getreidezins
4. Schutz gegen soziale Not	4. Sonstige Zinsabgaben
5. Schutz gegen wirtschaftliche Not	5. Kleinabgaben
6. Sicherung des wirtschaftlichen Erfolges	
7. Steigerung des wirtschaftlichen Erfolges	
8. Hilfe für Verkehrsverbesserung	
9. Hilfe für die Seelsorge	
10. Hilfe für die Verbesserung des Lebens	

III. Die landesfürstlich gebundene Wirtschaft

A. Die Wirtschaftsgesinnung

1. Die Hinwendung zur Natur

„Fahre fort, uns in der Erkenntnis dessen zu fördern, was in Wahrheit der Himmel, die Planeten und die Sterne sind, wie jede dieser unendlich vielen Welten sich von jeder anderen unterscheidet, wie es im unendlichen Raum nicht nur möglich, sondern notwendig ist, daß eine unendliche Ursache eine unendliche Wirkung habe. Lehre uns, was wahre Substanz, Materie und Tat, wer der Schöpfer des Ganzen ist, wie jedes empfindende Wesen aus denselben Elementen und Anfängen zusammengesetzt ist! Überzeuge uns von der Lehre des unendlichen Weltalls! Öffne uns das Tor, durch das wir hinausblicken können in die unermeßliche Sternenwelt!

G. Bruno: Vom Unendlichen, lib. I, Dialog III

a) Die Entdeckung der Naturgesetze

Mein Ziel (Keplers) ist es zu zeigen, daß die himmlische Maschine nicht eine Art göttlichen Lebewesens ist, sondern gleichsam ein Uhrwerk, insoferne nahezu alle die mannigfaltigen Bewegungen von einer einzigen, ganz einfachen, magnetischen, körperlichen Kraft besorgt werden, wie bei einem Uhrwerk alle Bewegungen von dem einfachen Gewicht. Und zwar zeige ich auch, wie diese physikalische Vorstellung rechnerisch und geometrisch darzustellen ist.

J. Kepler: nach: M. Caspar: Kopernikus und Kepler, München 1943, S. 55

„Auf diese Weise ist die Philosophie ziemlich mechanisch geworden", sagte die Marquise. „So mechanisch", antwortete ich, „daß ich glaube, man wird sich bald dessen schämen. Man wünscht, die Welt sei eben das im Großen, was eine Uhr im Kleinen ist, und daß in ihr alles auf die ordentlichen Bewegungen ankomme, die von dem Ineinandergreifen ihrer Teile herrühren. Gestehen Sie mir die Wahrheit: Haben Sie sich nicht bisweilen eine weit edlere Vorstellung von der Welt gemacht?"

„Und ich", erwiderte sie, „schätze sie desto höher, nachdem ich weiß, daß sie einer Uhr ähnlich ist. Es ist merkwürdig, daß die herrliche Ordnung der Natur in so einfachen Dingen beruht."

Bernard de Fontenelle: Dialogues des morts, 1683: Gespräch eines Gelehrten mit einer Dame

b) Die Naturgesetze im Dienste der Wirtschaft

Der Regent muß seine Land nach Größe, Lage, natürlicher Beschaffenheit und Fruchtbarkeit, so wohl als die darinnen befindlichen Einwohner nach ihrer Menge, Fähigkeiten, Geschicklichkeiten, Genie, Sitten, Neigungen und Leidenschaften vollkommen kennen; besonders aber muß er von dem Zustande seiner Unterthanen in Ansehung ihres Reichthumes, ihrer Commercien, Manufakturen, Landwirthschaft und übrigen Gewerbe eine zureichende Wissenschaft und Erkenntniß besitzen. Denn wie will man unschädliche Nutzungen daraus ziehen können, wenn man den *Zusammenhang*, das *Verhältniß* und die *Proportion* nicht einsieht, in welchen alle Theile des Staatsvermögens mit einander stehen (Bd. 2, § 4).

Die Künste und Wissenschaften sind selbst unter die Nahrungsarten zu rechnen. Ihr Einfluß, den sie auf den gesamten Nahrungsstand haben, ist gewiß beträchtlich. Alle Manufakturen, Fabriken, Handwerker und Gewerbe, so wohl als die Landwirthschaft und die Bergwerke müssen von den Gelehrten und Künstlern ihre Vollkommenheit erwarten ... Denn es ist unstreitig die Pflicht der Gelehrten, die eine viel größere Erkenntniß und viel höhere Kräfte des menschlichen Verstandes besitzen wollen, als andere Leute, daß sie der Wohlfahrt des Staates, und zu dem Besten der menschlichen Gesellschaft ungleich mehr beitragen sollen (Bd. 1, § 257).

J. H. G. Justi: Staatswirtschaft, Leipzig 1755

Die Wissenschaften haben nämlich ein wichtiges Verhältnis zum Besten des Staates, indem sie sowohl das Volk vernünftig und gesittet als auch dasselbe fähig machen, alle Art von künstlerischen Arbeiten mit desto größerer Vollkommenheit zustande zu bringen. Ja! Viele Wissenschaften halten selbst die Erkenntnis und Hilfsmittel in sich, wodurch das Beste des Staates und das Aufnehmen des Nahrungsstandes befördert werden kann (Bd. 2, § 57). Das Genie und die Arbeitsamkeit des Volkes ist unstreitig das erste Beförderungsmittel eines blühenden Nahrungsstandes. Man kann sich unmöglich einen blühenden Nahrungsstand vorstellen, wenn man nicht das Genie der Nation zur Arbeitsamkeit und Geschicklichkeit in den Manufakturen und in den Commercien zu bilden weiß. Dies ist das erste und wichtigste Beförderungsmittel (Bd. 1,).

J. H .G. Justi: Die Grundfeste zu der Macht und Glückseligkeit der Staaten, Leipzig 1760

2. Die Entdeckung des Staates

a) Die Staatsraison: die Politik der Machtsteigerung

Wenn es um Sein oder Nichtsein des Staates geht, darf es kein Erwägen geben, ob eine Handlung gerecht oder ungerecht, mild oder grausam, löblich oder schimpflich sei; *ohne jede Rücksicht* müssen die Maßnahmen getroffen werden, die dem Staat das Leben retten und die Freiheit erhalten (III, Cap. 41).

Obgleich der Betrug in jedem Geschäft schändlich ist, ist er doch im Kriege löblich und ruhmvoll. Wer nämlich den Feind durch *Betrug* überwindet, wird im gleichen Maße geehrt wie der, der ihn durch Gewalt besiegt (III, 40).

Das Vaterland ist gut verteidigt, wie immer es auch verteidigt werde: mit Trug oder Gewalt (III, 41).

N. Machiavelli: Discorsi sopra la prima decade di Tito Livio (dtsch.: Vom Staate), 1519

Wenn man die Sache genau betrachtet, so gibt es Tugenden, durch die man zugrunde geht, und Laster, auf denen die Sicherheit und Fortdauer des Wohlstandes beruht (Cap. 15). Wer es darauf anlegt, in allen Situationen gut zu handeln, muß in einem Haufen, der sich nicht daran hält, zugrundegehen. Daher muß ein Fürst, der sich behaupten will, sich darauf verstehen, je nach Gelegenheit schlecht zu handeln, und dies und jenes tun, so wie es eben die Notwendigkeit erfordert (Cap. 15).

N. Machiavelli: Il principe, 1513, gedruckt 1532

Fast keine Untreue, Schandtat oder Leichtfertigkeit wird zu nennen sein, die nicht an etlichen verkehrten Orten mit dem Staat, ratione status oder Staatssachen entschuldigt werden sollen.

V. L. v. Seckendorff: Der teutsche Fürstenstaat, Frankfurt a. M. 1656, nach: C. Gebauer: Geistige Strömungen und Sittlichkeit im 18. Jahrhundert, Berlin 1931, S. 17

Also ist ein *rechtmäßiges Verstellen* für gar keine Falschheit zu rechnen, sondern vielmehr für eine Tugend, durch welche ein Politikus dasjenige erlangen kann, was er sonst hätte entbehren müssen (Maxime 17).

Baltasar Gracian (1603 - 1658): Oraculo manual y arte de prudencia, 1613, mit 300 Lebensregeln; ins Deutsche übersetzt von A. Schopenhauer (Gracian war Rektor des Jesuiten-Kollegiums in Tarragona)

Anders sein und anders scheinen,
Anders reden, anders meinen.
Alles loben, alles tragen,
Allen heucheln, stets behagen,
Allem Winde Segel geben,
Bös' und Guten dienstbar leben,
Alles Thun und alles Tichten,
Blos auf eignen Nutzen richten,
Wer sich dessen will befleißen,
Kann politisch heute heißen.

Friedrich von Logau (1604 - 1655):
Heutige Weltkunst

Der Fürst muß ein Gemüt haben, das ihn befähigt, sich so zu wenden, wie es die Winde und wechselnden Glücksfälle erfordern. Er soll nicht den geraden Weg verlassen, sooft dies die Lage ermöglicht; er muß aber auch den krummen Weg gehen, wenn dies die Notwendigkeit fordert (Cap. 18).

Alles, was vom Fürsten kommt, muß Mitleid, Treue, Menschlichkeit, Redlichkeit und selbst Frömmigkeit atmen. Nichts aber ist notwendiger als der Schein der genannten Tugenden (Cap. 18).

N. Machiavelli: Il principe

Die Masse der Menschen gibt sich ebensogut mit dem Schein wie mit der Wirklichkeit zufrieden (I, 25).

N. Machiavelli: Discorsi

Ein mächtiger und entschlossener Fürst wird alle Schwierigkeiten stets überwinden, wenn er bei seinen Untertanen einmal Hoffnung erregt und sie dann wieder in Furcht versetzt (Cap. 10).

Ich bin der Meinung, daß beides: geliebt und gefürchtet zu werden, vorteilhaft ist. Da es aber schwer ist, beides miteinander zu verbinden, ist es viel sicherer: gefürchtet als geliebt zu werden. Es kann sehr wohl möglich sein, gefürchtet und nicht gehaßt zu werden (Cap. 17).

Der Fürst muß: den guten Menschen und das reißende Tier spielen können (Cap. 18).

Es ist wohl zu merken, daß einer, der sich der Herrschaft bemächtigen will, alle Grausamkeiten mit einem Male vollbringen muß (Cap. 8).
Wohltaten müssen nach und nach erwiesen werden, damit das Volk ohne Unterbrechung davon spricht (Cap. 8).

N. Machiavelli: Il principe

Er (Castruccio, Condottiere von Lucca, 1281 - 1328) war nicht nur für seine Zeit, sondern auch für die Vergangenheit ein seltener Mensch. Er besaß soviel Anmut und Leutseligkeit, wenn er mit den Menschen sprach, daß jeder, der jemals mit ihm sprach, von ihm begeistert war.

Er war gut zu den Freunden, grausam gegen die Feinde, gerecht gegenüber den Untertanen und treulos gegen die Treulosen. Er versuchte nie etwas mit Gewalt zu erobern, was er auch mit List erreichen konnte. Niemand war mutiger bei einer herannahenden Gefahr und niemand konnte sich ihr gewandter entziehen als er.

Er sagt immer: Gott liebt die Mächtigen, denn, wie jedermann sehen kann, züchtigt er immer die Schwächlinge durch die Mächtigen.

N. Machiavelli: Vita di Castruccio Castracani, 1532

b) Die Souveränität: die Politik der umfassenden Macht

Der Staat ist zu definieren als die höchste und dauernde Macht (summa perpetuaque potestas) über eine Vielzahl von Familien und über die Gemeinschaft dieser (I, Cap. 8).

J. Bodin: De republica, 1586, zitiert nach der lat. Ausgabe

Eine Vielzahl von Menschen, so sie in einer Person vereinigt ist, wird Staat (common wealth, lateinisch: civitas) genannt (Chap. 17).

Th. Hobbes: Leviathan, 1655

Die landesfürstliche Hoheit (majestas) ist die höchste Gewalt gegen die Bürger und Untertanen, sie ist auch frei von der Bindung an die Gesetze (legibus solutus) (I, Cap. 8). Der hat die höchste Macht, der neben dem unsterblichen Gott niemand Höheren als sich anerkennt (I, Cap. 8).

J. Bodin: De republica

Suprema potestas oder die oberherrliche oder die oberste Macht ist die Gewalt desjenigen, welcher allein Herr in dem Staate ist. Die oberste Macht, das ist die Macht über jede andere Macht, indem sie sonst nicht mehr die oberste wäre; die Macht, welche den Begriff jeder anderen von ihr unanhängigen notwendigerweise ausschließet, indem nichts in dem Staate sich befinden kann, ohne von der oberherrlichen Macht daselbst aufgenommen oder bestellet worden zu seyn, und alles, was darin sich befindet, von ihr allein bestellet und gemacht worden ist; mit anderen Worten: über welcher oder neben welcher keine in dem Staat sich befindet, noch befinden kann, als insoweit sie von ihr nach ihrem Wohlgefallen etwa gemacht oder bestellet worden.

Wenzel Anton Graf v. Kaunitz: Von der oberherrlichen Gewalt, 1768/69, nach: F. Maaß: Der Josephinismus. Quellen zu seiner Geschichte in Österr., 1760 - 1850, Bd. 1, S. 371

Die höchste Gewalt ist weder durch eine höhere Macht noch durch irgendwelche Gesetze, noch auf eine bestimmte Zeit beschränkbar.

Majestas vero nec a majore potestate nec legibus ullis nec tempore difinitus (I, Cap. 8).

J. Bodin: De republica

Die oberste Gewalt ist dasjenige, was man auch als die Majestät, die oberherrliche Gewalt und die Landeshoheit ausdrückt. Ein jedes Volk, das frey und unabhängig ist und mithin über den Gebrauch seiner vereinigten Kräfte ohne Einrede eines anderen Verfügungen machen kann, besitzt die Majestät. Dieser

Begriff geht auf die Unabhängigkeit und den freyen Gebrauch der vereinigten Kraft des Volkes.

J. H. G. Justi: Die Natur und das Wesen der Staaten, 1760, S. 72

c) *Der Fürst: der Träger der Souveränität*

Der einzige Weg, eine gemeinsame Macht (common power) zu errichten, die die Staatsgemeinschaft verteidigen kann, ist, *alle Macht und Gewalt* (all their power and strength) *auf einen Mann zu übertragen* (confer) (Chap. 17).

Das ist die Generation des großen Leviathan, des sterblichen Gottes, dem wir unter dem unsterblichen Gott Frieden und Freiheit verdanken (Chap. 17).

Th. Hobbes: Leviathan

Wenn die Notwendigkeit des Staates drängt, dann braucht man nicht die Zustimmung des Volkes abzuwarten, um dessen Wohl es sich handelt, das außer auf dem unsterblichen Gott auf der Klugheit des Fürsten beruht (I, Cap. 8).

J. Bodin: De republica

Durch die ihm (den Fürsten) von jedem einzelnen übertragene Autorität hat er den Gebrauch von soviel Macht und Gewalt in sich vereinigt, daß er bei Gefahr imstande ist, den Willen aller so zu formen, daß er den Frieden im Lande und die gegenseitige Hilfe gegen auswärtige Feinde garantieren kann (Chap. 17).

Er (der Fürst) wird Souverain genannt und er hat die souveräne Macht (sovereign power). Jeder andere ist sein Untertan (subject) (Chap. 18).

Wenn einer Person die Macht übertragen ist, können die Untertanen selbst dies nicht mehr ändern (Chap. 18).

Die Macht und die Ehre der Untertanen schwindet (vanishet) in der Gegenwart der souveränen Macht (Chap. 18).

Dies sind die Rechte, welche das Wesen der Souveränität ausmachen. Sie sind die Elemente, woran man erkennen kann, in welchem die souveräne Macht (sovereign power) gelegen ist. Sie sind nicht übertragbar (incommunicable) und nicht teilbar (inseperable). Er (der Fürst) kann entscheiden, welche Weltanschauung und Doktrinen (opinions and doctrines) abträglich und zuträglich sind. Durch die Herrschaft über die Anschauungen beherrscht er die Taten der Menschen (for the actions of men proceed from their opinions) (Chap. 18, 6).

Der Souverän entscheidet, welche Dinge dem Frieden förderlich oder hinderlich sind. Er urteilt über die Mittel für den Frieden und die Verteidigung (Chap. 18, 6).

Der Souveränität ist die Macht beigegeben, Regeln vorzuschreiben, wodurch jeder wissen kann, welche Güter er genießen darf und welche Handlungen er setzen kann (Chap. 18, 7).

Der Souveränität ist das Recht über die Rechtsprechung zugegeben (Chap. 18, 8).

Der Souveränität ist die Macht anvertraut, mit Gaben und Ehre zu belohnen und mit körperlichen und geldlichen Strafen zu bestrafen (Chap. 18, 11).

Zur Souveränität gehört es, Ratgeber, Minister, Beamte und Offiziere zu ernennen (Chap. 18, 10).

Er (der Fürst) hat die Befugnis über die Marktvorgänge und über die Geldordnung (Chap. 18, 12).

Th. Hobbes: Leviathan

Es bleibt Unserer höchsten landesfürstlichen Gewalt allemal vorbehalten, nach Erfordernissen des gemeinsamen Wohlstandes nicht allein den Gebrauch der

Sachen Unserer Unterthanen zu bestimmen, zu beschränken oder gar zu verbieten, sondern auch die Sachen selbst zum Dienst des gemeinsamen Besten zu gebrauchen und zu verwenden (T. 2, Cap. 3, § 3, 25).

Maria Theresia: Codex Theresianus, 1765

Die Souveränität kann nicht verwirkt werden (forfeited) (Chap. 18, 2).

Th. Hobbes: Leviathan

3. *Die landesfürstliche Wohlstandspolizei*

a) *Die Steigerung des Reichtums und die Zunahme der Bevölkerung*

Denn mächtig und reich seyn ist zu einem Relativo worden gegen diejenigen, so schwächer und ärmer seyn (S. 20).

Ph. W. Hornigk: Österreich über alles, wann es nur will; zitiert nach der Auflage von 1727

Ein Staat, der mit kleinen Staaten umgeben, kann alle innere Stärke haben, die er zu seiner Glückseligkeit nöthig hat. Dahingegen eben dieser Staat, wenn er von größeren Reichen umgeben wäre, nicht genugsame Stärke zur Glückseligkeit haben würde (S. 69).

Die Macht oder Stärke des Staates ist nur ein *relativer* Begriff, der sich auf die Kräfte anderer, in Sonderheit: der benachbarten Staaten bezieht. Ein mittelmäßiger Staat, der an mächtige grenzet und im Vergleich mit denselben vor schwach zu achten ist, würde stark seyn, wenn er mit kleinen Staaten umgeben wäre.

Es ist demnach eine Hauptregel, daß ein jeder Staat seine Macht mit den Kräften seiner Nachbarn in ein Verhältnis zu setzen suchet: denn davon hängt seine politische Freyheit und die Sicherheit des Staates ab (S. 434).

J. H. G. Justi: Die Natur und das Wesen der Staaten, 1760

Je volkreicher also ein Staat ist, je mächtiger ist er auch. Derohalben ist es leicht zu erachten, daß die vornehmste Staats-Regul oder maxima einer Stadt oder Lands seyn soll: *volkreiche Nahrung*. Dannhero der Landsfürst oder Länder considerabel seyn, wenn sie arm von Volk seyn, denn sie können sich nicht defendiren auß Mangel an Menschen und werden derohalben zur Beut jedem, der da komt und sie anfeindet (Cap. 1).

J. J. Becher: Politischer Discurs von den Ursachen des Auf- und Abnehmens der Städt, Länder und Republiken, 1668

Zur Vollstreckung und zum Beyschaffen oder Herfürbringen der rohen Güter als zu deren Verarbeitung; dannhero so vil Menschen nur immer sich drinnen ernähren können, als eines wollgeordneten Staats höchst Angelegenheit (Cap. 9).

Ph. W. Hornigk: Österreich über alles, wann es nur will

Wenn die Bevölkerung so überaus wichtig vor den Staat ist, so verdinet die Vergrößerung der Bevölkerung ein großes Augenmerk der Regierung.

Wenn die Regierung die Bevölkerung befördern will, braucht sie nur die Menschen in den Stand setzen, daß der ordentliche Lauf der Natur in Vermehrung des Geschlechtes wirken kann, das ist, sie muß die *Hindernisse aus dem Weg zu räumen* suchen, welche die natürliche Vermehrung der Menschen in der Unterdrückung erhalten (Bd. 1, T. 2, Buch 7, § 243).

J. H. G. Justi: Die Grundfeste der Macht und Glückseligkeit der Staaten

Ein Staat, der den Anwachs seiner Einwohner befördern will, muß seinen jungen Leuten die Mittel erleichtern, sich verheirathen und ihre eigene Haushaltung anfangen zu können (§ 256).

Aus eben dieser Regul ergibt sich, daß man die Mannspersonen zum Ehestand aufmundern soll, nämlich daß man den Mannspersonen den Eintritt in den Ehestand und die Errichtung ihrer Haushaltung und ihres Gewerbes auf alle Art erleichtern muß (§ 249).

Endlich daß der Staat für die Erziehung armer Kinder und vor die Kinderzucht überhaupt große Sorgfalt tragen muß. Die Kinder sind die Pflanzreiser der künftigen Bevölkerung (§ 250).

Es kann gezeigt werden, daß eine Sozietät zur *Ausstattung armer Mägde* (Brautlassen) einem jeden Mädchen zu seinem 18ten Jahre 30 Rthaler geben kann, das in seinem 3ten Jahr in die Sozietät eingeschrieben worden und jährlich einen Thaler zur Sozietäts-Casse kontribuiret hat (§ 261).

Ja! Wenn der Staat nur einige Aufmerksamkeit für die Beförderung der Bevölkerung haben wollte, so sollte er diejenigen, *die 6 lebende Kinder haben* und nicht von großen Vermögen wären, *mit einem Gnadengehalte unterstützen* (§ 263).

J. H. G. Justi: Die Grundfeste der Macht und Glückseligkeit der Staaten

Wenn einem Staat daran liegt, in der so wichtigen Sache der Bevölkerung bald etwas Ansehnliches zu bewirken, so muß er nicht nur die Fremden, die in das Land zu ziehen Lust haben, aufnehmen und unterstützen, sondern auch *die Fremden auf alle Art anzureizen suchen* (§ 277).

Man kann einem Staate nicht gänzlich das Recht absprechen, daß er die Auswanderung seiner Unterthanen verbiethen kann. Das Band zwischen den Bürgern und der obersten Gewalt ist so enge, daß man nicht nach eigner Wilkür, ohne Einwilligung des andern Theils aus dieser Verbindung heraustreten kann. Wenigstens würde *der Staat* allemal zu fordern *befugt seyn*, daß solches *nicht zur Unzeit und ohne seine Einwilligung geschehe* (§ 304).

J. H. G. Justi: ebenda

b) Der „Endzweck des Staates": Wohlstand und „vergnügtes Leben"

Der Endzweck (des Staates) kann kein anderer seyn als das allgemeine Beste, die *Wohlfahrt* aller und jeder Familie, kurz: die gemeinschaftliche *Glückseligkeit* des gesamten Staates.

J. H. G. Justi: Die Natur und das Wesen der Staaten, S. 45

Die Wohlfahrt und der Wohlstand der Untertanen ist das Fundament, worauf die Glückseligkeit eines Fürsten gegründet sey.

W. Schröder: Fürstliche Schatz- und Rentkammer, 1686, nach der Aufl. v. 1713, S. 83

So muß ein Regent nichts anderes wollen, als die Glückseligkeit seines Volkes. Dieses ist die erste und höchste von allen seinen Pflichten, daraus alle anderen abfließen. Ein guter Regent muß nicht allein den Willen haben, sondern auch den Willen in der Tat ausüben.

J. H. G. Justi: Die Natur und das Wesen der Staaten, S. 254

Die Gesetze sind von der höchsten Gewalt zur Wohlfahrt der Untertanen erlassene Verordnungen.

Codex Theresianus: T. 1, Cap. 1, § 2, 12

Es ist leicht zu erweisen, daß kein Regent groß und glücklich genannt werden kann, der nicht glückliche Untertanen hat.

J. H. G. Justi: Die Natur und das Wesen der Staaten, S. 222

... meiner Schuldigkeit nachzukommen oder der Länder Bestes zu fördern, welche zwei Puncta allzeit meine Hauptmaximen waren.
Und so lieb ich auch meine Familie und Kinder habe, so hätte ich der Länder allgemein Bestes denen allzeit vorangezogen, wann ich in meinem Gewissen überzeugt gewesen wäre, daß derselben Wohlstand dieses erheischete, weilen ich der Länder *allgemeine und erste Mutter* bin.

Maria Theresia: Instructions-Puncta, 1. Abteilung, 1. Denkschrift, 1750

Die Glückseligkeit der Unterthanen ist eine solch gute Einrichtung und Beschaffenheit des Staates, daß jeder durch seinen Fleiß vermögend sey, sich diejenigen moralischen und zeitlichen Güter zu erwerben, die er nach seinem Stande zu einem *vergnügten Leben* nöthig hat.

J. H. G. Justi: Staatswirtschaft, 1755, Bd. 1, § 32

Es ist aber nicht genug, die populirung und Volkreichmachung einer Stadt oder Lands, wenn die Nahrung nicht dabey ist; denn damit ein volkreiches Land bestehen könne, muß es zu leben haben, ja, eben dieß letztere ist ein Anfang deß ersten: die Nahrung ist ein Angel, wodurch man die Leut herzulocket.
Das ist die andere Fundamental-Staats-Regul: umb ein Land popular zu machen, muß demselben guter Verdienst und Nahrung geschaffen werden (Cap. 1).

J. J. Becher: Politischer Discurs

Die Vorsorge der Regierung vor den Unterhalt des Volkes kommt eigentlich auf zwey Puncte an. Sie muß davor sorgen, daß Nahrung und Gewerbe im Lande blühen, damit jedermann Gelegenheit findet, sich seinen Unterhalt zu verdienen, und zweytens muß sie ihre Aufmerksamkeit darin richten, daß die Lebensmittel im Lande allemal zureichend vorhanden sind und in mäßigem Preiße stehen und keine Theuerung einreiße (§ 314).

J. H. G. Justi: Die Grundfeste der Macht und Glückseligkeit der Staaten

Bernhard von Rohr: Einleitung zur Zeremonialwisenschaft der großen Herren (Berlin 1729) weist zu verschiedenen „divertissements“ an und nennt als solche (4. Buch): Aufzüge, Tourniere und andere Ritterspiele, Karusells, Ringelrennen und Roßballette, Konzerte, Tänze, Bälle, Ballette, Opern, Komödien, Karneval und Maskeraden, ländliche Feste, Bauernhochzeiten, Schäfereien, Schlittenfahrten, Illuminationen, Feuerwerk, Lustschießen, Lustjagden, Tierkämpfe, Fuchspreller, Fischzüge, Schiffahrten, Winzerfeste und andere bäuerliche, zuweilen durch derbe Scherze gewürzte Lustbarkeiten.

nach: C. Gebauer: Geistige Strömungen und Sittlichkeit im 18. Jahrhundert, Berlin 1931, S. 43

Hochzeit des Andreas Stainhauser, Salzburgischer Bürger und Handelsmann, mit Katharina Geizkofler, Tochter des fürsterzbischöflichen Münz- und Pfenningmeisters am 11. September 1581 mit 99 Personen samt „khleinen Medeln und Bueblein“. Aufgezeichnet von Raphael Geizkofler, Bruder des Brautvaters.
„Umb 3 Uhr Nachmittag ist man mit Sayten-Spil als Geigen, Harpfen, Trumel und Pfeifen ... in die hiesige Pfarrkirchen gangen, alda das Preyt-Volkh der Behör nach ehelich zusammengeben worden; volgendts ist man aufs Rathhauß zum Tanz und hernach zum Nachtmahl in des Preytigams Hauß gangen. Auf

großen syben Rundtaffl und anderen Neben-Tisch worden hierunden beschriebene Speißen gesetzt:

zum ersten Gang:

1 Pumberantschen Sallat
2 Kelsten oder Köpfl-Sallat
3 Pratten Äll (= Aal)
4 Zeller Krebs
5 Gesotenen Kopaun
6 Groß Pratten Vögel
7 Westfalisch Schweinshamen

zum andern Gang:

8 Lung Pratten
9 Zween Koppaunern gebratten
10 Allerley gebratten Feder-Wildbret
11 Allerley gebrattenes Stiebendt-Wildbret
12 Hayßgsotten Höchten
13 Barmb (Barben)
14 Rutten
15 Salbling
16 Forchen (Forellen)
17 Kellkraut (Kohl)
18 Mandl Dortten
19 Geselchte Lax-Forchen

zum dritten Gang:

20 Grundl in Butter
21 Ferchen-Sulzen
22 Dattl-Dortten
23 Eingemacht Hiener
24 Wildbret Pasteten
25 Abgesottne Partlßgadner Saibling
26 Gesulzte Milch

zum vierten Gang:

27 Artcockhi
28 Himel-Brot
29 Wißkotten oder hörts Zuckerbrot
30 Groß und khlaine Hollehipen
31 Windtstrickh, so endtliche Kiechl seind
32 Feil Valtten, das seind auch zusammengewickhelte Hollehipen."

„Des andern Tags hat sich das Hochzeit-Volk in des Preitigams-Hauß versambelt und nach dem musicirten Ambt zum Morgenmal wiederumb ins Preitigambs Hauß gangen, allda man an sollichen Ayrnschmalz abermals auf syben runde und andere Tisch gegessen." Es folgen nun wieder vier Gänge mit 25 Speisen.

Den dritten Tag hernach hat der Preytigam zum Morgenmal noch zu zween Dischen Volcks gehabt. Denselbigen Abendt hat der Praut-Vater noch in der Münz ain Gasterey gehalten. Damit ist also soliche Hochzeit Gottlob wol und in Frelich- auch Ainigkhait verricht worden. Gott verleihe inen weiter seinen Segen!"

nach: B. Paumgartner: Salzburg, 1960, S. 335 ff.

c) Die landesfürstliche Wohlstandspolizei als staatliche Planwirtschaft

Gleich wie die Volkreichmachung aus der Nahrung eines Orts quellet, so entspringet die Nahrung aus der Gemeind, nemlich so, daß die Leut eines Orts einander unter die Arme greiffen und einer dem andern durch gemeinen Handl und Wandl zu seinem Stück Brod verhelffe.

Dieß ist die rechte Gemein, wann die Glider der Gemein ihre Sachen so anstellen, daß einer vor dem andern leben, einer vor dem andern sein Stück Brod verdienen kann, ja einer dem andern die Nahrung in die Hand reichet (Cap. 1).

J. J. Becher: Politischer Discurs

Der erste Stand ist der größte, nemlich der Bauernstand, der andere der Handwercksstand und der dritte der Kaufmannsstand.

Es ist klar, daß der Bauernstand der größte und nöthigste Stand für die gemeyne Nahrung sey. Der andere besteht in den Handwercks-Leuten, denn diese müssen verarbeiten und verzehren die Materien, welche ihnen der Bauersmann bringt.

Der dritte Stand der Menschen in der Civilsozietät bestehet in den Kauf-Leuten, welche mit allerhand rohen und verarbeiteten Waren handeln.

Wiewol diese Stände mit einander so nah verwand seyn, daß einer ohne den andern nicht bestehen kann, so seind sie gleichwol von einander unterschieden, daß sie sich nicht untereinander vermischen lassen, sondern ihre proportion gegeneinander halten sollen (Cap. 2).

J. J. Becher: Politischer Discurs

Der Zusammenhalt des Nahrungsstandes besteht darin, daß die Städte dem Landmann seine erzeugten Früchte und Produkte abnehmen, vollkommenere Waren daraus machen, den Landmann und das gesamte Land damit versorgen, den Überfluß den Fremden zuführen und davor Geld und fremde nothwendige Waren zurückbringen, welche beide sich wieder durch den Canal der Städte in das gesammte Land und den Nahrungsstand verbreiten (§ 358).

J. H. G. Justi: Grundfeste der Macht und Glückseligkeit der Staaten, a.a.O.

Soll nämlich die Haushaltung eines Volkes dauerhaft seyn, so müssen alle im Staat vorhandenen Glieder und Theile fest zusammenhalten und sich wohl ineinanderfügen. Sie müssen daher von einerlei Hand entworfen, gebildet und bestimmt sein.

L. B. M. Schmid: Lehre von der Staatswirtschaft, 1780, Bd. 1, S. 9

B. Die landesfürstliche Gesellschaftspolitik

1. Die staatliche Manipulation der Gesellschaft

a) Die versuchte Einebnung der ständischen Gesellschaft

Es ist überhaupt anzumerken, daß die ständische, per abusum eingeschlichene allzu große Freiheit an dem Verfall meiner Erblande hauptsächlich die Schuld trage.

Maria Theresia: Instructions-Puncta: 1. Abteilung, 1. Denkschrift, 1750

Wir wollen, daß eyne jede oberkeyt abschaffen und daran sein soll, daß sie (die mancherorts üblichen Gewohnheiten) hinfürther nit geübt, gebraucht oder gehalten werden, als Wir dann aus keyserlicher macht die selben hiemit auffheben, vernichtigen und abthun, und hinfürter nit eingefürt werden sollen (§ 218).

Karl V. (1519 - 1556): Peinliche Gerichtsordnung, 1532

Aber an der hier inbegriffene satzung sollen von allen Ständen, als Unsere und des heiligen Reichs Recht gehalten werden und dawider kein gewohnheit noch freiheit stadthaben, so durch Unsere vorfarn oder Uns gegeben.

Projekt einer Peinlichen Gerichtsordnung: Vorentwurf 1529: Vorrede

Wir wollen kein wider Unsere Gesetze laufende Gewohnheiten statthaben lassen, sondern alle gänzlich abgestellet und aufgehoben und zu allen Zeiten ernstgemessen verboten und als ein strafbares Beginnen angesehen haben (Cap. 1, § 3, 40).

Codex Theresianus, 1766 (Vorschlag, ein gleiches Landrecht einzuführen)

Die zu den alten Gewohnheiten vorhangenden Privatneigungen müssen der gemeinsamen Nutzbarkeit jederzeit weichen.

Codex Theresianus: Vorwort

Gegen dieses Unser Gesetz soll keine widrige Gewohnheit den mindesten Bestand haben. Wir wollen alle vor Einführung dieses unseres Gesetzes bestehenden Gewohnheiten gänzlich aufgehoben und abgestellet haben (T. 1, Cap. 1, § 12).

Horten: Entwurf zum Allg. bürgerlichen Gesetzbuch, 1786

b) *Die Vereinheitlichung des Rechts: ein Fürst — ein Recht*

Alle Gesetze, welche wir entweder aus eigener Bewegung oder sonst erlassen, erhalten ihre Bindungskraft ganz allein von der uns beiwohnenden höchsten Gewalt (T. 1, Cap. 1, § 3).

Wenn wir aus unserer höchsten Machtvollkommenheit bewogen werden, besondere Begünstigungen, Gnaden und Freiheiten zu ertheilen, so darf niemand dem entgegenhandeln (T. 1, Cap. 1, § 20).

Horten: ebenda

Also hat Uns auch ein Unserer landesmütterlichen Aufmerksamkeit würdiger Gegenstand zu sein geschienen, für alle Unsere Erblande ein allgemeines und *ganz gleichförmiges Recht* einzuführen und ein gleich verbindliches Gesetzbuch verfassen zu lassen.

Codex Theresianus: Vorwort

Alle, die in Unsern Staaten unter Unserer Höchsten Gewalt vereinigt leben, sind für Unsere Unterthanen zu halten und genießen ohne Unterschied die Unseren Unterthanen allgemein gebührenden Rechte (T.1, Cap. 2, § 3).

Horten: Entwurf zum Allg. bürgerlichen Gesetzbuch

Nichts ist natürlicher, billiger und ordentlicher, auch für die Justiz beförderlicher, als daß zwischen verbrüderten Erblanden unter einem nämlichen Landesfürsten ein gleiches Recht festgestellet werde.

Constitutio criminalis Theresiana, 1769

Die Gerechtigkeit soll bei allen Gerichten nach unseren Gesetzen gleichförmig ertheilt werden (T. 1, Cap. 1, § 18).

Horten: Entwurf zum Allg. bürgerlichen Gesetzbuch

Es könnte zum gemeinsamen Besten aller österreichischen Erbländer nichts ersprießlicher und heilsamer sein, als wenn in allen unter einem Landesfürsten stehenden Landen eine gleiche Gerichtsordnung und gleiches Landesrecht eingeführt würde, mithin die gesamten Unterthanen zur allgemeinen Wohlfahrt *unter einem Gott, einem Landesfürsten und einerlei Gesetz* vereint zu sein sich zu erfreuen hätten.

Codex Theresianus: Vorwort

c) *Die Einheit im Glauben: ein Gott — ein Fürst — ein Glaube*

Die Wachsamkeit und Sorgfalt des Souverains für die Religion ist nicht nur eine christliche, sondern politische Beschäftigung, womit die Wohlfahrt des Staates auf das engste verknüpft ist. Tugendhafte und christliche Unterthanen erfüllen im vollkommenen Maaß ihre Pflichten gegen ihren Landesfürsten und die Einheit in der Religion vereinigt die Kräfte des Staates.

Kaunitz an Maria Theresia: Vorschläge zur Änderung des kirchenpolitischen Systems v. 27. Jänner 1768;
nach: F. Maaß: Der Josephinismus, Bd. 1, S. 114

Damit solcher Fried auch der spaltigen Religion halben, wie aus hievor vermelten und angezogenen Ursachen, die hohe Nothdurfft des Heiligen Reichs Teutscher Nation erfordert, desto beständiger zwischen der Röm. Kayserl. Maj. Uns, auch Churfürsten, Fürsten und Ständen des H. Reichs Teutscher Nation angestellt, aufgericht und erhalten werden möchte:

So sollen wir, Churfürsten, Fürsten und Stände keinen Stand des Reichs von wegen der Augspurgischen Confession und derselbigen Lehre, Religion, und Glaubens halb mit der That gewaltiger Weißheit überziehen, beschädigen, vergewaltigen oder in andere Wege wider sein Conscientz, Wissen und Willen von dieser Augspurgischen Confessions-Religion, so sie aufgericht, in ihren Fürstenthumen, Landen und Herrschaften tringen, beschweren und verachten, sondern bey solcher Religion, Glauben und Ceremonien Land, Leuthen, Herrschaften, Obrigkeiten ruhiglich und friedlich bleiben lassen (§ 15).

Dagegen sollen die Stände so sie der alten Religion anhängig, geistlich und weltlich gleicher Gestalt bey ihrer Religion, Glauben und Ceremonien Landen, Leuthen, Herrschaften, Obrigkeiten unbeschwert bleiben und derselbigen friedlich und ruhiglich gebrauchen, genießen und unweigerlich folgen lassen (§ 16).

Augsburger Reichstags-Abschied v. 25. September 1555 (Augsburger Religionsfriede)

Wir Ferdinand ... nichts mehrer angelegen seyn lassen als denen eingeschlichenen und allzuweit überhandgekommenen schädlichen glaubensuneinigkeit und spaltung zu remedieren, so seyn Wir hochbeweglichen motiven gantz billich verursacht worden, auch sie, unsre unkatholischen landleuthe des herrn- und ritterstands, manns- und weibsperson, welche sich noch in dem irrthum des glaubens befinden, kraft dieses patents oder generalmandats gleichfalls zu unterwerfen.

Wir nichts lieber sehen und wünschen wollten, als daß hinfüro gleichmäßige einigkeit der religion erhalten werden und im Landt verbleiben möchten.

Daß deshalben ein jedweder sich innerhalb einer jahresfrist mit eyfrigen hertzen und begierlichkeit des gemüths zu seinem heyl, nutz und frommen mit uns und der allgemainen christlichen apostolischen römischen kirchen sich vergleichen, auch deretwegen anmelden und erklärt;
im widrigen sich jemand nit vergleichen würde, seynt Wir gäntzlich entschlossen: dass sodann keinem eintzigen in Unsern i.-ö. erbfürstenthumben und Landen länger zu wohnen und seine güter persönlich zu besitzen, nit verstattet und zugelassen, sondern dasselbe zu räumen und seine habende eigenthümbliche güter vorhero um einen gebührlichen werth zu verkaufen.

Sodann wollen Wir verordnet haben, daß alle diejenigen mann- und weibsperson, sie seyen herren, ritter und andre adelich oder unadelichen Geschlechts, standts oder wesens, welche wegen ihrer unverhofften halsstörrigkeit ihren abzug genommen oder nemmen müssen, auch in allen andren unsren fürstenthumben und landen kein undterkommen oder verbleiben nit haben.

Ferdinand II.: Generalmandat und Reformationspatent v. 1. August 1628

Die Giunta Economale, dazu errichtet, unparteiisch und mit gleicher Aufmerksamkeit die legitimen Rechte des Klerus und der Staatsgewalt wahrzunehmen, wird in allen Fällen, die in ihren Kompetenzbereich gehören, niemals aus dem Auge verlieren, sondern sich pflichtgemäß zur absoluten und konstanten Richtschnur nehmen:

89. Kalorisches Kraftwerk in St. Andrä: die neuartige Arbeitsstätte elitärer Kräfte

daß alles, das nicht nach göttlicher Einsetzung vor das Forum des Sacerdotiums gehört, der höchsten gesetzgebenden und ausführenden Gewalt der weltlichen Herrscher unterliegt; daß vom göttlichen Erlöser nur die folgenden geistlichen Aufgaben übertragen wurden: die Predigt des Evangeliums, die Christuslehre, der Gottesdienst, die Spendung der Sakramente, die Disziplin vor Geistlichen, soweit sie in den Gewissensbereich fällt; daß über die oben angeführten Punkte hinaus die Geistlichkeit weder ein *Vorrecht* besitzt noch eine *Einflußnahme* auf den weltlichen Bereich aus sich zu Recht besteht; daß es sich ebenso verhält mit den Anordnungen der Konzilien und der Kanones, die sich nicht auf rein geistliche Gegenstände beziehen, da sie ihre verpflichtende Kraft nur aus der Zustimmung der Fürsten haben. Diese Grundsätze hat man in Zukunft bei der Schlichtung aller etwa auftauchenden Jurisdiktionsstreitigkeiten zugrunde zu legen.

Die Geheiminstruktionen für die Giunta Economale in Mailand v. 2. Juni 1768;
nach: F. Maaß: Der Josephinismus, Bd. 1, S. 289 f.

Die Pfarrer wären durch die Aufsicht der ordinariorum dahin anzuhalten, daß sie einen ihrem Stande gemäßen Lebenswandel führen, die Seel-Sorge, den Unterricht in der Religion fleißig verrichten.

Von Seiten des Gouvernement wäre dafür zu sorgen, daß von gelehrten Männern eine *christliche Bauern-Moral* nach dem Begriff und den Umständen gemeiner Leuthe verfasset, darinnen die Schuldigkeit gegen Gott, den Landesfürsten, den Nächsten und sich selbsten kurz und deutlich angezeiget, die Liebe des Vaterlandes ausgeprägt und die Gelindigkeit der gegenwärtigen Regierung vorstellig gemacht würde.

Und dadurch den großen Endzweck zu befördern, daß dem Volke die nöthigen Känntniß in der Religion, Moral, Landwirtschaft und den landesfürstlichen Verordnungen nach und nach beygebracht.

Kaunitz: Über die Verbesserung des systematis in internis v. 1. Mai 1773;
nach: F. Maaß: Der Josephinismus, Bd. 2, S. 180 f.

Wir Josef ... sehen Uns verbunden aus der Uns von Gott verliehenen Macht gesetzmäßig zu verordnen:

Es werden von nun an die Ordenshäuser, Klöster, Hospitien, so sie keine Jugend erziehen, keine Schulen halten, nicht Kranke warten, für aufgehoben und dissolirt erkläret.

Josef II.: Patent über Klosteraufhebung v. 12. Jänner 1782

2. Die Überschichtung der ständischen Gesellschaft

Die Beamten: die Diener des Fürsten

Von erst soll ein jeder, so unserer österreichischen hofcanzlei verwant (verwendet) und darin angenomben ist oder wirdet,

zuvorderist Uns als dem herrn und oberhaupt getreu, gehorsamb und gewertig sein, Uns vor schaden warnen, fromben füerdern und alles das thuen, das ein getreuer diener seinem herrn zu thuen schuldig und verbunden ist,

danebens auch Unsere geschäft administrationen regierung recht und gerechtigkeit, wo die an sie gelangen, vor allen andern fürdern verfertigen und darinen kainen vleiss sparen ohne gefehrde;

zudem auch kainem andern potentaten, fürsten, herrn noch andern personen mit dienst oder verrern pflichten oder in ander weeg veraindet sein noch bestimbte sölden von ihnen haben oder nehmben, es wäre denn dass wir ime solches aus redlichen ursachen verwilligen wolten.

Es soll sich auch ein jeder canzleiverwanter redlicher und tapferer erbarkeit befleissen und ob ime etwas von den canzlei wegen von Uns oder Unserm hofcanzler zu concipiren oder zu schreiben vertraut wirdet, den gewohnlichen stylum Unserer canzlei gebrauchen und halten.

Ferdinand II.: Instruktion für die Österr. Hofkanzlei v. 1. September 1628

Es soll mit 1. Jänner 1527 ein „hofstat" errichtet werden (Verwaltungsorganisation), „dem also auf kgl. Mt. bevelh gelebt und nachkumen werden soll".

1. Der *Hofmeister* sol die erst person bei kgl. Mt. geacht werden und nit minder dann grafen und herrn oder rittermessigs stants herkomens sein.

Am ersten sol ain hofmeister am hofe in abwesen kgl. Mt. person ir Mt. bei andern fürsten, zu kirchen, lantschaften, versamblungen, wo anderst sonder personen darzue nit verordnet werden, ordinari representiren und vertreten.

Item der stat des ganzen hofs ausserhalb die procedirung der canzlei und hofcamerordnung sollen ir gehorsam und aufsehen auf ine haben, darob er tapfer halten soll, damit in allen ämptern, hofordnungen, reten, raitungen aller officir ordentlich procedirt und gehandlet werde.

Es soll auch hofmeister alle, die für hofgesint under kgl. Mt. diensten am hofe angenommen werden, mit pflicht und aiden gegen kgl. Mt. in iren diensten treu gewertig zu sein, wie sich gebürt, verstricken.

2. Der *Canzler* soll im rate, es sei bei kgl. Mt. in dem gehaimen rate oder im hofrat, die merern stimb collegiern und materi proponiern.

Der Canzler soll sein fleissig und ernstlich aufsehen haben, damit die canzlei gehaim und erbar gehalten werde.

3. Ain *hofmarschalh* soll nit von mindern stant seine herkomens dann wie der hofmaister sein.

Er soll zu allen reten aussagen lassen und in den reten die umfrag thuen.

Item er soll am hofe neben dem hofmaister under dem hofgesint und wer zum hofgesint zu clagen hat, verhör, entschit, recht und straf ergehen lassen, ... damit under hofgesint löblich ordnung gehalten werde.

4. Der *Hofprovos* soll seinem ampt, wie sich gebürt, treulich und fleissig auswarten, und was zu jeder zeit durch den marschalh überantwurth wirdet, demselben nachkumen.

5. Der *Schatzmeister* soll sein ordenlich raitung halten und die jerlich beschliessen und ordenlich auszüg davon geben und nicht on bevelh und quittung nach ordnung seins stats, so man ime uberantworten soll, ausgeben noch zuwider handeln.

6. *Rathaltung.* Item es soll aus den öbristen ämptern und reten etlich wenig person von kgl. Mt. fürgenommen werden, die sollen sondern bevelh haben, teglich, man halt rat oder nit, zusamen komen, all künftig, hoch, schwer und gehaim sachen, geverlichheiten zu bewegen und für zu komen.

Ferdinand I.: Hofstaatordnung vom 1. Jänner 1527

Es soll auch keiner, es sei secretari, registrator, taxator, schreiber oder diener, mit keiner person, so in der canzlei zu thuen hat, durch sich selbst oder andere ohne unsern gnädigen willen ganz kein practika oder fürderung, schenkung, ehrung oder vermuethung der schenkung haben noch thuen, sondern jedermeniglich mit seinem vleiss, auf mass und ordnung alles zu fertigen ime angelegen sein lassen.

Es soll aber sonderlich in den zimmern oder stuben, so unserer canzlei zum schreiben verordnet, ein jeder gegen dem andern sich aller einmüthigkeit und gueten fürderlichen willens erzaigen und allen vleiss anwenden, damit es allenthalben aufrecht und redlich zugehe.

Welche aber mit einander spännig würden, sollen si oder die andern, die dessen wissens trugen, schuldig sein, ohne alle schmach, zerstehrung oder aufruhr solches an unsern hofcanzler gelangen lassen und dessen entscheids erwarten.

Wo aber einer oder mehr solches überfahren, darüber mit worten oder werken freveln und in gemelter unser canzlei und unter denen personen unlust zu erwecken unterstehen würden, der- oder diejenigen sollen nicht allein in unser straf nach gelegenheit irer verwürkung gefallen, sondern auch der beurlaubung gewisslich gewertig sein.

Ferdinand II.: Instruktion für die Österr. Hofkanzlei v. 1 .September 1628

3. *Der Fortgang der ständischen Gesellschaft*

a) *Das Beharrungsvermögen der ständischen Gesellschaft*

b) *Die staatliche Kleiderordnung für die Stände*

Wir, Leopold, entbieten allen Unser Gnad und alles Gute und geben Euch zu vernehmen. Indem die nidren Standspersonen nach und nach die Ordnung in den Kleidungen überschritten und Anlaß gegeben haben, daß auch die höheren zur Erhaltung deß gebührenden Unterschieds sich einer mehreren Freyheiten gebraucht und der jetzt sich vor Augen zeigende Luxus und Unordnung entstanden: als haben Wir eine hohe Nothdurft zu seyn erachtet gegenwärtiges Patent verfassen lassen.

Damit alles in mehrere Ordnung gesetzes werde, haben Wir drey Classen zu formieren für nöthig erachtet:

In die erste Classe gehören Unsere zwey Oberen politischen Ständ, deß *Herrn und Ritter-Stands* wie auch Unsere wirklich dienende Räthe; in die anderte Classe die *ordinari novilirte* (seit 1687 auch: die doctores der Rechten und Artzney); in die dritte Class die *Bürger*.

Also statuiren Wir zur haltung einer billichen Unterschiede,

daß in der ersten Class alleinig der Flügel-Ermel, der reiche Zug, der silber und guldene wie auch seidene und weißen Spitz und Porten in dem höheren Werth zu gebrauchen befugt seyn sollen;

die in der anderten Class sollen sich nur Zeuge, Spitz und Porten daß mindisten Werth, wie auch der schlechteren Tücher gebrauchen.

Die in der dritten Class aber haben sich der seidnen Zeuge, Spitzen, Porten und andern Mobilen von Seiden zu enthalten.

Leopold I.: Patent über die Kleiderordnung v. 27. Mai 1686 (und öfter)

C. *Die landesfürstliche Wohlstandspolizei: die staatliche Wirtschaftspolitik*

C. *Die landesfürstliche Wohlstandspolizei*

1. *Die Berg- und Hüttenpolizei*

a) *Die landesfürstliche Berghoheit*

Wir Ferdinand von Gottes Gnaden Römischer Kayser, zu Hungarn und Behamb König, Ertzhertzog zu Österreich entbieten allen und jeden Unsern Unterthanen und fürnemblich denen, die in Unsern Nider Oesterreichischen Fürstenthumben und Landen Pergkwerck bawen, Unser Gnad und alles guts und geben euch genedigklich zu vernehmen. Daß Wir auß beweglichen Ursachen für nottürfftig bedacht haben die Pergk-Ordnung zu nutz und fürderung zu verfassen und außgeben zu lassen (Prooemion).

Ferdinand I.: Berg-Ordnung v. 1. Jänner 1553

aa) *Das Bergregal*

Nachdem Uns als regierenden Herrn und Landesfürsten alle *Bergwerck* und *Fünd*, wo sie allenthalben in unseren Fürstenthumen, Landen, Herrschaften seyn oder künfftig gefunden, aufgeschlagen und gebauet werden samt allen andern und jeden Hoheiten ohn alles Mittel als Unser Cammergut zustehen: so wollen wir Uns dieselbe hiemit gäntzlich vorbehalten; also, daß niemand unterstehe, dieselben Bergwerck aus eigener Gewalt ohne sondere Unsere Erlaubnus und Bewilligung auffzuschlagen, zu bauen und zu arbeiten (art. 1).

Ferdinand I.: Berg-Ordnung v. 1. Jänner 1553

Dem allerhöchsten Khayserl. Majestät als Regierender Herr und Landesfürst stehen alle *Perckwerck* und *Funde*, wo allenthalben in dero Erbkönigreich und Landten sambt allen andern Hohaiten über Wasser, Flüssen, Hoch- und Schwarzwäldern, Weegförten und anderen dergleichen Zuegehörungen, ohn weliche die Perckwerck nit nützlich erhöht, gepaut, im aufnehmen gebracht und erhalten werden, als landesfürstliche Regalie und Cammerguet zu.
Demnach werden alle sowoll geistlich als weltlich Landtsassen Städt und unterthanen allen landtsfürstlichen Perckwercks-Ordnungen die schuldigkeit bezeigen und sich denselben in den Wäldern, Wasserflissen, Weg und stögen zu und von den Perckwercken kainerley verhinderung zu thuen anmassen (Teil 4, art. 1).

Ferdinand II.: Hauptkapitulation über die Haupteisen-Gewerkschaft v. 20. Oktober 1625

bb) *Die vorbehaltenen Mineralien*

Wir behalten Uns aber alle Saltz, Eysen, Quecksilber und alaun-Bergkwerck vor, die sollen allein durch Uns selbst verlyhen werden (art. 8).

Ferdinand I.: Berg-Ordnung v. 1. Jänner 1553

cc) *Die Bergbehörden und die Berginspektion*

Damit Uns und dem gantzen Bergwerkswesen zu ersprießlicher Fürderung und diese Unsere Ordnung in wirklichen volzug gebracht, auch allen Gewerckhen und Arbeiten gebürlicher Schutz, Fried und Recht mitgetheilet werde, so wöllen Wir als Landsfürst einen *Obersten Bergkmaister*, sondere *Bergkrichter*, Geschwornen, Fröner, Schiner und andere Ambtsleuth, sie söllen vleissig auffsehen haben und sunst aller dergestalt handeln und volziehen, daß Unser und der Bergwerck nottdurft und wolfahrt erfordert (art. 7).

Es sollen hinfür an Unser Oberster Bergkmaister oder die solche Ämbter verwalten ,an den Orten ihrer Ambtsverwesung nit aigene Bergwerck bauen (art. 3).

Ferdinand I.: Berg-Ordnung v. 1. Jänner 1553

Der Bergkrichter und andere Ambtsleut sollen ihr fleissig auffsehen haben und mit ernst darob sein, daß man guet schaidwerch mach. Damit solches geschehe, ordnen Wir an, daß der Bergkrichter alle Qatember einmal an den Berg gehen und auf alle Gebrechen und Nottdurft der Gruben getrewlich sehe und was zu schaden und nachthail raicht, abstelle (art. 81).

Unsere Bergkrichter sollen macht haben, wo Irrung oder anders an sie kumbt, bey allen Gebäwen und als offt es nöthig, einzufahren, zu beschawen und laut der gegenwärtigen Ordnung zu handeln (art. 42).

Ferdinand I.: Berg-Ordnung v. 1. Jänner 1553

b) Die Bergordnung

aa) Das Bergnutzungsrecht und der Bergzehent

Die Bergkwerck und Fund, welcherley die seyn, die sollen sambt den Wasserflüssen, Hüttschlägen, Kolplätzen, Wäldern, Rechen und allen anderen anhangenden stückhen an Unserstat von Unsern Bergk-Richtern empfangen, sonder vermög gegenwärtiger Ordnung verliehen werden (art. 9).

Auf allen Unseren Bergkwerchen, wo nit sunder Freyhaiten vorhanden, soll Uns, als Landtsfürsten der *zehendt Centu,* oder wo man das ärzt nach Kübl abthailt, der *zehendt Kübl* zu fron geschütt und geben.

Es soll keiner ohne Unsers Bergkrichters wissen und willen solche Theilung machen, sondern schuldig sein auff einen benannten Tag fürgenommen werde, damit der Bergkrichter dabey seyn müge (art. 87).

bb) Der Erwerb des Bergnutzungsrechtes und das Bergrechtsbuch

Wer von Unseren Bergkmaister oder Bergkrichter ein Baw, Newschurff oder anderes auff stehenden oder flachen Klüfften verfahren will, der soll es dem Richter mit namen aigentlich nennen und anzeigen, wo und welchem Gebyrg es gelegen sey, auch was für gruben oben oder unten daranstossen und ob er Stollen oder Schachtrecht empfahn wölle (art. 13).

Ein offener Newschurff an den hohen Gebyrgen hat nit lenger denn vierzehntag Freyrecht. Danach soll der wie einem baw zugehört mit Joch und Stempel verfangen und eingenommen werden.

Ein Newschurff an den nieder Gebyrgen, wozu man täglich kommen mag, hat nur drey Tag Freyung.

Wo dann in derselb vorgeschriebner Zeit nit baulich gearbeitet und beleget wird, mag Unser Bergkrichter den ferner verleyhen (art. 23).

Was Rechten alsdann der Richter verleicht, das solt von stund an in das *Verfach-Buech* bey gericht eingeschrieben und dabey die jahreszahl und an welchen Tag der Verfahrung beschiecht, vermeldt werden (art. 13).

Wenn sich begeb, daß ain new Bergkwerck, Hüttschläg, Kolperen, Grueben auf jemands eingezeunten Gründten, Äckern und Wisen von einem Bergkrichter nach Bergkwercks-Ordnung zu lehen begebet, so soll der Bergkrichter denselben endegewalt haben zu verleyhen. Wo aber mit dem Lehen schäden gethan werde, die sollen allweg zuvor erstatt werden (art. 21).

Ferdinand I.: Berg-Ordnung v. 1. Jänner 1553

c) *Die Arbeits- und Feiertagsordnung am Berg*

aa) *Die Arbeits- und Schichtordnung*

α) *Der Dienstantritt und der Bergmannseid*

Niederlassung: Der Knappen und Arbeiter halben wöllen Wir, wenn sie auff Unsere Bergkwerck kommen und sich niederlassen und Häuser bawen wolln, daß denselben von den Bergkrichtern ein Ort für eine Hofstett auf der Gemain aufgezaigt werde. Davor soll ein zimblicher Zins gegeben werden (art. 4).

Einstellung der Arbeiter: Es sollen die Huetleut und die Lehen- und Geding-hewer keinen Arbeiter mehr zuelegen ohne Willen und Wissen Unseres Bergkrichters. Es soll keiner zuarbeiten mehr gefördert werden, er habe denn ein Paßport, Urkundt oder einen genugsamen versprecher (art. 70).

Ferdinand I.: Berg-Ordnung v. 1. Jänner 1553

Wir befehlen, daß wenn ein fremder Knapp mit Passport von den Gewercken aufgenommen und dem Bergrichter vorgestellet ist, ein solcher in die Knappen-Bruder-Lad nit mehr als 1 fl 30 Kr zu erlegen schuldig seyn solle (art. 31).

Maria Theresia: Berg- und Radwerk-Ordnung v. 24. April 1759

Wir haben vernommen, daß sich die Knappen zu Hüttenberg so weit vermessen, daß sie sogar denen Gewerken vorschreiben wollen, ob dieser oder jener Jung oder Bergarbeiter aufgenommen werden solle, gleich als ob die Gewerken sich nach dem Willen ihrer Brod-Bedienten richten sollen.

Also befehlen Wir ernstlich, daß jeder Gewerck so viel fremde oder einheimische *Knappen* oder *Lehrjungen* aufnehmen oder ablegen können, als ihnen gelüst (art. 81). Wenn ein Bergkgesell oder Arbeiter zur Arbeit zugelassen würdet, der soll zuvor vor Unseren Bergkrichter den Eyd thun (art. 71).

Ihr werdet geloben und schweren, dem durchlauchtigisten Fürsten und Herrn, deroselben Oberst Bergkmaister und eurem fürgesetzten Bergkrichter jederzeit getrew, gehorsam und gewertig seyn, der Gewerkhen nutz im Bergkwerch allenthalben beachten, frumen fürdern und schaden, als vielmöglichst ist, wenden, eure Arbeit trewlich warten und in allweg der Bergkordnung gehorsamblich gelegen und von diesem Bergkwerch nit ohn ein Paßport abscheyden (art. 207).

β) *Die Schicht- und Lohnordnung*

Es soll auf den Bergkwerchen allenthalben *fünf und halbe schicht für ein Wochen* und *acht gantze stund für ein Schicht* gearbeit werden, wie es von alter herkommen ist. Also daß die Arbeiter am Montag frue umb siben stund bey der grueben seyn, einfaren und vier stund vor Mittag, deßgleichen vier stund hienach und also für und für die gantzen Wochen getrewlich arbaiten bis auff den Sambstag, daran nur die halbe Schicht gemacht.

So offt in der Wochen zween feyertag kämmen, soll ihnen der ein auffgehebt und der andere bezahlet werden (art. 84).

Ferdinand I.: Berg-Ordnung v. 1. Jänner 1553

Welcher Knapp alltäglich *länger in der Berg-Arbeit verbleiben* und einen Ueberlohn verdienen wollte, woher niemand ein Hinderniß zu machen sich unterstehen solle, *der kann solches mit erlaubnuß seines Gewerken thun.* Alle solche Extra-Geding solle *dem Bergrichter angezeiget* werden, widrigens solche einverständnis von sich selbst aufgehoben seyn sollen (art. 35).

Welcher Knapp seine Schichten *nicht getreulich verrichtete, soll für jede versäumte Schicht dem Gewercken 30 Kr verfallen* (art. 31).

Maria Theresia: Berg- und Radwerk-Ordnung v. 24. April 1759

Jedem soll nach Gelegenheit des Bergkwercks und nach seiner arbeit der ziembliche Lohn gerait und gegeben werden (art. 84).

In all Unseren Bergkwercken soll im Jahr sibenmal ungefähr zu Faßnacht, Ostern, Pfingsten, Jacobi, Michaelis, Martini und Weynachten vor dem Bergkrichter durch den Huetmann im beysein der Gewerkhen oder ihrer verweser ordentlich gerait und einem jeden arbaiter sein Lohn, den er verdient hat, eingeleget und innerhalb vierzehn tagen in barem gelt bezahlet werden (art. 95).

Ferdinand I.: Berg-Ordnung v. 1. Jänner 1553

γ) Der „Betriebsrat“

Wir gestatten, daß die Knappschaft bei der Quatember-Raittung ihre *Fähnrich* (als Sprecher für alle) erwählen möge. Wir befehlen, daß die Knappschaft neben der Erwählung eines Fähnrichs andere zwey bescheidene ehrbare, friedliebende Männer als bevollmächtigten Ausschuß erwählen und selben alles, was immer bey den Berg-Gericht anzubringen, mitgeben.

Dieser Ausschuß hat alles, was die gesamte Knappschaft betrifft, beim Bergkgericht nicht allein anzubringen, sondern auch die von selben erhaltene Befehle wiederum der gesamten Knappschaft bekanntzumachen (art. 37).

Maria Theresia: Berg- und Radwerk-Ordnung v. 29. April 1759

bb) Die Sonn- und Feiertagsordnung

Hienach volgt die Ordnung für die Fest- und Feyertäg bei den Erbperckwercken.

Es sollen im Jar *Fest- und Feyertäg* gehalten werden:

erstlich die drey hohen Fest: Weihnachten, Ostern, Pfingsten und unseres Herrn Fronleichnambstag,

item alle Sonntag sollen gefeyert werden,

dann sollen gefeyert werden: das Neue Jahr, der H. Drey König Tag,

item die zwölf Aposteltäg und der St. Thomastag,

die großen vier Frauentagen: Lichtmeß, Himmelfahrt, Verkündigung und Geburtstag, item Himmelfahrt Christi, der Fest Johannis Babtista, St. Oßwaldstag und St. Barbara als der Knappschaft Patron (im gesamten: 79 Tage).

Ferdinand II.: Haupt-Kapitulation v. 20. Oktober 1625

d) Die Hütten- und Hammerwerksordnung

aa) Das Hütten- und Hammerwerks-Regal

Wir verordnen ausdrücklich und ernstlich, daß niemand wess Würde oder Standes sich unterstehe oder sich gelüsten lassen solle, ein Eisen-Werkgaaden, es bestehe in einem Hammer-, Haitz-, Renn- oder Schmidt-Feuer, Nagel-, Stock-, Drat-ziehen oder anderer Eisen-Werkstatt ohne Unsere ausdrückliche pro Quotlibet casu erforderlichen landesfürstlichen Bewilligung weder zu erlauben noch abzuändern, widrigenfalls nicht allein 200 Ducaten ipso facto bestraffet, sondern ein solches Eisen-Werkgaaden ohne weiteres abgerissen und geschlisset werden solle (art. 2).

Maria Theresia: Hammer-, Nagel-, Schmied- und Drahtordnung v. 24. April 1759

bb) Die Hütten- und Hammerwerksbehörde und die staatliche Berginspektion

Wir ordnen und setzen, daß ein Bergrichter, welcher geprieft, in Eid genommen und auf Beobachtung der Bergwerks-ordnung in Unserem Namen angewiesen und verbunden wird, mit eigenem Rucken und Wohnung zu Hüttenberg sammt den zwei Geschworenen sitzen bleiben und fleißig, getreulich und vorsichtig verwalten und vollkommen Macht und Gewalt haben sollen (art. 1).

Wir statuiren, daß Unser landesfürstlicher Bergrichter in Kärnten in allen Bergwerksgaaden, Eisen- und Waldungs-Kohl-Verschleisses als rechtmäßige erste Instanzien vorgesetzet und authorisiret seyn soll (art. 44).

Wir befehlen, daß von dem Bergrichter zu Hüttenberg und Unserem Land-Markscheider so offt und wo es die Noth erfordert, am Berg eingefahren, aller alljährlich einmal mit den Gewerken eine Hauptbefahrung aller in Bau stehenden Gruben vorgenommen werde (art. 28).

So verordnen wir, daß die Geschworenen bald da, bald an jenem Ort sich einfinden, ihr fleißig Obsicht tragen und wo Mängel vorhanden, solche sogleich dem Bergrichter und den Gewerken anzeigen, damit das Schädliche ohne Verschub abgestellet werden könne (art. 28).

Wir verordnen, daß der Bergrichter so oft als es möglich in die Plähäuser und Hammer gehen solle, allda mit guten Fleiß Erkundigungen einziehen: Ob das Erzt wohl geschiden, geröstet, ob unter den Arbeitern kein Zwiespalt, ob das Eisen wohl gepläet, sauber geschmidet und mit gebührlichen Waarenzeichen bewertet sey, ob die Erz-Kohl-Maaß und Gewicht nach Unserem Landesfürstlichen Ciment vorhanden und gebrauchet werde (art. 56).

Maria Theresia: Berg- und Radwerks-Ordnung v. 27. April 1759

Der Bergrichter soll auch mit höchsten Fleiß arbeiten, daß die Rad- und Hammermaister von ihren Verlegern nicht durch vortheilige Practiquen betrenget werden.

Hätte aber ein Rad- und Hammermaister das Geld, so ihnen auf die Arbeit fürgelihen wird, verthan und also muthwillig die Verleger ansetzen, solche Nachlässigkeiten solle der Bergrichter nicht gestatten und gegen denselben Rad- und Hammermaister mit gebührlicher Straff verfahren (art. 27).

Dann soll der Bergrichter jederzeit achten, ob die *Eysen-Kauff-Satzordnung* (Preisliste der Eisenwaren), wie wir geordnet, gehalten wird (art. 29).

Erzherzog Karl: Ordnung über die Eisenbergwerck zu Hüttenberg v. 10. Juni 1567

e) Die Arbeitsordnung in den Rad- und Hammerwerken

Jeder Hammer- und Eisen-Arbeiter soll ein ganzes Jahr zudienen, sich getreu, ehrbar, fleißig, nüchtern und gottesförchtig aufzuführen schuldig seyn (art. 8). Wir erlauben, daß ein Arbeiter, wenn er sein Glück verbessern will und aus einem Wasser-Geher ein Haitzer, aus einem Haitzer ein Hammerschmied werden kann, auch unter dem Jahr *Urlaub* nehmen möge, wenn er dem Gewerken solches vier Wochen vorhero andeutet und ihm einen tauglichen Arbeiter stellet (art. 11). Wenn ein Arbeiter liederlich, ungehorsam, dem Sauffen und Spielen zu sehr ergeben ist, soll über zweymalig gütiges Vermahnen vom Gewerke auch unter dem Jahr mit einem Raitschein versehen abgeleget werden (art. 10).

Die Gewercken sollen den Werckzeug stellen, die Reparirung haben die Arbeiter zu besorgen, wofür den Arbeitern jährlich ein fl zu bezahlen sey (art. 34).

Maria Theresia: Hammer-, Nagel-, Schmied- und Drahtordnung v. 24. April 1759

Der Plähauß-Leuth halben ordnen und setzen Wir, daß die Pläher, Gradler, Röster guten Fleiß haben, ihre Schicht treulich warten, die Öfen nicht übersetzen und den Massen nicht zu wenig Kohl geben, damit das Eysen nicht unsauber geplaet werde.

Es sollen die Pläher zur rechten Zeit zu der Arbeit gehen.

Es sollen die Hammer-Schmied und Plähaus-Leuth nit von der Arbeit zum Wein oder anderswohin gehen.

Es soll auch kein Pläher oder Gradler Urlaub nehmen, sondern seinen Unfleiß mit gutem Fleiß erstatten (art. 25).

Erzherzog Karl: Ordnung über die Eisenbergwerck zu Hüttenberg v. 10. Juni 1567

f) *Die staatliche Rohstofflenkung*

aa) *Die Sicherung der Kohlversorgung*

Es sollen alle Hoch- und Schwarzwälder Uns als Herrn und Landesfürsten, wo Bergkwerch seyn oder noch aufferstehen, zu Unsern Bergwerchen ervolgen (gewidmet werden). Alle Wäld sollen zu Unserer Bergwerckfürderung bevorstehen (art. 101).

Darinn Unser Bergkrichter Ordnung machen soll, damit der holtz ordentlich gehackt und gebaut werde (art. 104).

In den Wäld, da die Bergkwerch liegen, soll verbotten seyn, daß jeglicher nach seinem Willen darinnen schlag. Die Wäld sollen ringsum in einer halben Meil Weg oder mehr ohne der Bergkrichter Willen und Wissen zu schlahen in verbott geleget werden (art. 105).

Es sollen in den Wäldern die Stamm auffs maist über ein Däumchen von der Erd nit abgestöckt und dieselben sambt den Wipflen fleissig auffgearbait werden (art. 116).

Ferdinand I.: Berg-Ordnung v. 1. Jänner 1553

Dieweil Uns fürkombt, daß bisher von den Rad- und Hammer-Maistern eine große Unordnung in Annehmung des Kohlsgehalt inwerden, fürnemblich in dem, daß einer den andern fürgeeylet, den Köhlern mehrers bezahlet oder kleineres Maaß angenommen und dadurch die Theuerung verursachet und sich selbst in Schaden und Nachtheil gebracht haben, so ordnen Wir an, daß hiefür keiner dem andern Kohl absticke, noch keines anders Maaß gebrauch, denn das ordentliche Kohlmaaß.

Welcher Rad- oder Hammer-Maister den andren sein Kohl abstickt, der soll jedesmahl nach Grösse seiner Verbrechung mit Erkenntnuß des Richters gestraffet werden (art. 51).

Erzherzog Karl: Ordnung über die Eisenwerck zu Hüttenberg v. 10. Juni 1567

bb) *Die Sicherung der Erz- und Eisenversorgung*

Die Gewercken sollen dem Bergrichter ansagen, von welcher Grueben das ärzt bracht, kauft oder gewunnen sey; danach vom Bergrichter besiht werden, damit kein Gefahr darinnen gebracht.

Wir wollen auch, daß diese aigen Schmelzhütten haben, kein anderen schmelzen lassen ohne Unserer Bergrichter wissen und zugeben (art. 92).

Ferdinand I.: Berg-Ordnung v. 1. Jänner 1553

Wir befehlen ernstlich, daß die Floß-Hütten-Gewercken soviel Blätt, als die Hammergewerken immer bedürftig seynd, erzeigen sollen (art. 50).

Maria Theresia: Berg- und Radwerks-Ordnung v. 24. April 1759

g) *Die staatliche Marktordnung für Eisen und Stahl*

aa) *Die Lenkung der Eisen-Erzeugung*

Damit bey denen Hammerwerken die gebührende Proportion und Ordnung beobachtet werde, so haben Wir für die Hammer-Werke folgende Richtschnur vestgelegt:

1. Class: *Groß- und Welsch-Hämmer:*

Diesen ist erlaubet alles Rauch-Eisen, als Stück oder Maß, Flossen, Blatl, Graglach und Waschwerk einzurennen und daraus folgende Gattungen auszuarbeiten:

Breit-, Hacken-Eisen, Groben Stück und Stahel;

2. Class: *Wallsch-Hämmer:*

Diesen ist erlaubet alles Raucheisen, Stück, Flossen, Graglach und Waschwerk einzurennnen und daraus folgende Gattungen auszuarbeiten:

Wallsch-Eisen, Blech-Flammen, Pixen-Eisen, Pfann-Eisen;

3. Class: *Streck-Hämmer:*

Diesen ist allein erlaubet Flossen und Blatl einzurennen und daraus folgende Gattungen zu erzeugen:

Sengsen, Zeug-Stahel in dicken Stangen;

4. Class: *Stahel-Hämmer:*

Diesen gebühret nichts anderes als das Breit-Eisen in kleineren Gattungen auszustrecken;

5. Class: *Blech-Hämmer:*

Diesen ist erlaubet aus Blech-Flammen allerhand Schwarz-Blech zu machen (art. 3).

Maria Theresia: Hammer-, Nagel-, Schmid- und Drahtordnung v. 24. April 1759

bb) *Die Garantie der Qualität für Eisen und Stahl*

Damit in Zukunft nicht, wie bisher geschehen, schlechtes Scheid-Werk vom Berg abgeführet, vergeblicher Fuhrlohn verursacht, schlechtes Rauch-Eisen erzeuget und vieles Kohl vergeblich verbrennet werde,

so ordnen Wir an, daß die Erzt-Knappen am Berg wohl und sauber scheiden und überhaupt reines, gutes Scheid-Werk zu machen, sich befleissen sollen (art. 24). So statuieren Wir, daß jeder Rad- und Hammermeister sein erzeigtes Eisen mit seinem Zeichen vermerken soll (art. 48).

Also befehlen Wir, daß die Radmeister künftighin kein Eisen, ohne daß bevor alles Unrat geschieden ist, verkaufen (art. 51).

Maria Theresia: Berg- und Radwerk-Ordnung v. 24. April 1759

Er erfordert nicht allein der Hammer-Gewerken Bestes, sondern auch die Wohlfahrt Unseres Erblandes, daß die Eisen- und Stahel-Gattungen gut, förmlich und sauber ausgearbeitet und ausgegeben, damit daß inländische Publikum genügsam und auch zufrieden versehen werde (art. 17).

Maria Theresia: Hammer-, Nagel-, Schmid- und Drahtordnung v. 24. April 1759

cc) *Das zentrale Eisen-Verlags-Magazin*

Damit die Hammer-Gewercken mit erforderlichen Rauch-Eisen in einem satzmäßigen Preis jederzeit genugsam versehen seynd, haben wir Uns entschlossen, *ein Rauch-Eisen-Verlags-Magazin* in Unserer Cammer-Stadt St. Veit [in Parallele zu: Steyr für das Innerberger Eisen und Leoben für das Vordernberger Eisen], wohin alles von der Hüttenbergischen Haupt-Eisen-Wurzen ersteigende und zum Verkauff kommende Eisen ausgeliefert werden muß, aufzurichten.

Dahin wollen wir alle Hammer-Gewercken mit ihren ganzen Rauch-Eisen Bedurfnus angewiesen und anbefohlen haben, daß alles rauch- und halbrauches Eisen allzeit von dem Verlags-Magazin nach Unseren taxierten Preisen genommen und in bestimmter Zeit bezahlet seyn solle (art. 2).

Maria Theresia: Hammer-, Nagel-, Schmid und Drahtordnung v. 14. April 1759

Wir verordnen, daß alles erzeigte Eisen an das Eisen-Verlags-Magazin einzuliefern ist.

Wir befehlen, daß dann, wenn ein Rad- oder Hammermeister sein Eisen anderswo zu verkaufen untersteht, er vom Berggericht empfindlich gestraffet werden solle (art. 58).

Maria Theresia: Berg- und Radwerk-Ordnung zu Hüttenberg v. 24. April 1759

dd) *Die staatlich gesetzten Preise für Eisen und Stahl*

So bevehlen Wir euch, Unsern Amptleuthen, ganz ernstlich, daß ihr ewer fleißig achtung geben, damit die radmaister über den gesetzten Eysenkauff nit schreiten, und allen Bürgermaistern und Richtern und Obrigkeiten in Stätten und Märkten, daß ihr ewer Aufmerken habet, damit die Eysenhändler den gerechten Kaufpreis gegen Inn- und Außländern gehalten werden und wo darwider gehandelt wurde, unverzogenlich anzeigen, auff daß gegen den Verbrecher mit Straffverfahren verfahren werden möge.

Ferdinand II.: Eisensatzung v. 31. März 1618 (immer wieder neu gefaßt)

ee) *Die staatliche Regelung der Absatzgebiete*

Es ist eine allgemein bekannte Sach, daß in Unseren Landen jedem davon seinen *Verschleiß-District* sowohl in als ausser Land klar ausgemessen ist (art. 43). Es ist als Richtschnur zu halten, daß kein Kärntnerisches Rauch-, Geschlagen oder was immer Art Eisen oder Eisenwar, es sey ein Berg-Eisen von den Hauptwurzen oder ein Waldeisen, gegen das Herzogtum Steyer, nach Salzburg oder Tirol, sondern alles, was ausser Kärnten zu senden nicht verbotten ist, gegen Crain, Windische March und Italien gefüret werden soll (art. 43).

Maria Theresia: Hamer-, Nagel-, Schmid- und Drahtordnung v. 24. April 1759

h) *Die verstaatlichte Innerberger Hauptgewerkschaft*

aa) *Die Gründung der Gesellschaft*

Der allerdurchleuchtigste Fürst, Herr Ferdinand der Andere Röm.-Kayser zu Germanien, unser aller gnädigster Herr und Landesfürst hat für die drey Haubteisenglider: Radtmaister, Hammermaister und Verlöger zu Steyer eine Commission angehalten, das Innerpergerische Eisen und Hammerguetwesen zu resolvieren, so es durch die im Landt für gegangene schädliche Aufrührer und der daraus ervolgten Theuerung und allerhandt unglücksfertigkeiten in ruin und genzlichen erligen geraten.

Auf gründlichen Befund vorhergegangener Information und vernünftiger Guetbedenken kain anders mittel befunden als das gesambte Innerpergische Cammerguetwesen im Landt Österreich und Steyer, so wie es in drey glidern bestehet, in ain *gemain Gewerckh und Handelsgesellschaft* zusammen gezogen wird.

Demnach haben wir nachstehende Capitulation in Kraft gesetzt (Einleitung).
Die drey Innerpergerischen Glider sollen in ain ainziges, beständiges corpus gezogen und das Handlungswesen auf Gewinn und verlust ex societatis contracta fürehin gefüret werden (T. 1, art. 5).

Haupt-Capitulation über das Haubt-Eisen-Gewerkschafft und Compagniewösen v. 20. Oktober 1625

In die *Innerberger Hauptgewerkschaft* wurden einbezogen:

19 Radwerke zu Innerberg (= Eisenerz),

18 welsche und kleine Hämmer in Großreifling, St. Gallen, Weißenbach und Altenmarkt,

17 welsche und kleine Hämmer in der Lausia, zu Kleinreifling und Reichramming,

7 welsche und kleine Hämmer zu Weyer,

2 welsche und kleine Hämmer zu Hollenstein,

alle zu diesen Gewerkschaften gehörigen Gebäude, Grundstücke und Wälder die Eisenhandelsgesellschaft in Steyr mit ihren Verlagsrechten.

A. Pantz: Die Innerberger Hauptgewerkschaft, Graz 1906, S. 23

Die Rad- und Hammerwercksgueter und was daselben zur bewirtschaftung nöthig und gehörig ist, sollen in gebührliche schätzung genommen werden. Soviel jeder Glidt oder dessen Interessirte in richtiger abraittung und gegeneinander wert ist, soll in die dargemain Compagnia werch zum capital eingelögt werden (T. 2, art. 5).

Haupt-Capitulation über das Haubt-Eisen-Gewerkschafft und Compagniewösen v. 20. Oktober 1625

Der Gesamtwert der zu verstaatlichenden Unternehmung betrug:

aus den Radwerken	257.109 fl 58 kr
aus den Hammerwerken	487.672 fl 25 kr

Nach Abzug der Forderungen verblieben als Einlagen bei der Hauptgewerkschaft:

von den Radmeistern	155.774 fl 35.5 kr
von den Hammermeistern	240.275 fl 56.5 kr
von der Eisenhandels-Compagnie	348.731 fl 53 kr
im Gesamten:	744.781 fl 45 kr

A. Pantz: Die Innerberger Hauptgewerkschaft, Graz 1906, S. 26 f.

Wir sagen zu und versprechen gedachten in N (= „Mitgewerken") auch allen Erben und Erbeserben oder Brief-Inhabern soliche Summen geltes, wann er oder seine Erben dieselbe vorhero nach endung des ersten Jars aufkünden werden, sambt ertragnus wiederumb bar in gueter, annemblicher landtgängiger Münz abzustatten und bezahlen.

Aine soliche Bezahlung soll jedoch nach endt des ersten auf Khündt Jars in den negst folgenden drey jaren (je) ein dritl vom Haubgued sammt dem dritl auf gewinn oder verlust (erfolgen).

Es soll auch Ime N oder seinen Erben jedes jar fünf gulden von Hundert auf Raittung der gesellschaft ertragnus getreulich erfolgen, doch sollen ungewisse und verlorene schulden so nach Handelsbrauch pro rata aufgehöbt werden.

Wir hypotheciren und versözen Ihnen hiemit durch diesen Brieff Unsere in das gesambte compagnia-werck zusammengelögte Capital in ligend und vahrender Haab und guettern für das unterpfand. Hierauf gelten auf den erst verwisenen Satz vor allen andern gläubigern am Haubtguet Interesse und ertragnus wie auch aller erlittner schäden und uncosten, alsoweit sich gewin und verlist erstrekhen wird, bis alle genzlich befridigt, bezahlt und schadlos gehalten worden sein (T. 2, art. 5).

Haupt-Capitulation über das Haubt-Eisen-Gewerkschafft und Compagniewösen v. 20. Oktober 1625

bb) *Die Leitung und Geschäftsführung der Gesellschaft*

Ihre Kayserliche Majestät bewilligen, daß auf den drey Glidern und zwar aus jedem Glidt vier als *vorgeher* und *vorsprecher* des gesambten Radts-Hammerwercks- und Handlungswesen vorgesäzt sind.

Aus diesen Vorgeher soll ainer von denen von Steyer, der andere von beyden Landt-Hammer-Maistern und der dritte von den Innerpergischen Radmaistern in Steyer zur Führung der Hauptgesellschaft bleiben.

Diesen dreyen soll ain Casirer, ain Buchhalter, ein Zeugenhandler, ain Camrer, ain Zeugenpfaher, ain Castner und Pfundaußwäger fürs gesambte werch zur verrichtung gewisen werden.

Es solle bey den vorgeher zusammenkünften und beratschlagungen die ordnung gehalten werden, daß jeder Zeit der Obriste vorgeher presidieren, die umbfrag halten und verrichten solle.

Die vorgeher jeder Art sollen zwey Jar lang zu dienen schuldig sein. Zu Ausgang der zwey jar soll jeder selbst sein Officium regniren.

Es sollen die Gewerckschafftvorgeher vordrist auf Erben Qualität und des gemainen Wesens wolerfarene Subjecta sonderlich aber der Gewerckhen Sönne und Befreundt vor all andern zu befürdern gedacht sein.

Der Vorgeher Verrichtung sey fürnemlich hierin begriffen: daß sie alle Ihrer Mayestät und dieses gemain Perckwerckswesens wolfart, Ehrung und Fromen aufs threulichst bedenkhen ein jeder an seiner Stöll das seinige embsig und erbar verrichte und überall nichts vernachlasse oder versäumbe.

Alle Quartall sollen die Cassiere unter dem Obercassierer, der zu Steyer ist, Ire ordentliche Bilanz oder den Extract über Empfang und Außgaben überschicken. Der zu Steyer solle revidieren und dann zu Buech göben.

Nicht weniger sollen die quatemberlichen Exträct den vorgehern eingeraicht werden:

Was in Pläheusern für Raucheisen gemacht,
in beiden Landt-Hämmern fürgeschlagen Zeug von Stahel und Eisen aufgebracht und in Eisen-Cammer nach Steyer geliefert,
was zur selben Zeit in und ausser Landts versilbert,
wohin das gelt, so dafür einkhomen und wiederumb verwendt,
was noch für vorrath von rauchen und geschlagen Eisen überall vorhanden.

Die *Hauptraittung* soll jedes Gliedt mit endt des jars geschlossen und lengist zway monat nach dem Neuem jar durch die Buechhaltung übergöben. In den negsten zwey Monaten soll die Haubtcassa und Buchhalterey den befundt justificieren und den Beambten den gebreuchigen Raitbrieff darüber ausstellen.

Die *Kassenführung:* Zu Aufrichtung einer auf die Fürfallenheit hoch notwendigen Vorraths baren gelts (Reservefonds) bey dem gesambten Werckh solle vor jeden Centner Eisen und Stahel sechs Kreuzer so außer Landt gehet und drey Kreuzer im Landt zur Cassa gelögt und zusammenbehalten werden.

Die Vorgeher sollen ain durch sie verpätschierten Schlüssel haben, auff das Kainer ohne des andern beysein solich Cassa eröffnen könne (T. 3, art. 1).

Haupt-Capitulation über das Haubt-Eisen-Gewerkschafft und Compagniewösen v. 20. Oktober 1625

Damit das Haubt-Compagniewerckh in schwung gebracht und erhalten werde, solle allen und jeden dabey interessierten Glidern und Pergkleuthen, Burgern, Inwonern, Gewerken und Handelsleuthen *gebürlicher schuz und schirmb* in Bürgerlichen, Peinlich- und Pergsachen erteilt und verholfen werden.

So soll die Innerpergerische Hauptgewerckschaft mit sonderlichen Steuern, Rüstgelt und Kriegsunkosten, schickung (= stellung) des 30isten manns nit beschwärdt werden, sondern von denselben alles befreyet sein.

Es sollen auch alle Stätt und Märckt so von Steyer, Waidhoven, Scheibs, Eisenärzt aller Muster an- und abzügen oder Guarnisonen und einquartierungen des Kriegsvolcks zu Roß und Fueß überhaben sein und dazue in kainerley wais gezogen werden und befreyet sein.

Es sollen auch diser Haubtgewerkschaft alle und jede Wasserflüß und schiffbare Strömb inner und außer Landtes darauf sie das geschlagene Zeug von Stahl und Eisen versendten wollen gegen bezahlung des gebürlichen Zoll und Mauthfrey und offen stehen und durch niemandes gespört verhindert, benachtailt und beschädigt werden.

Gleichfalls sollen die Pergkwerkhsnottdurften an Proviant und Victualien wie auch das nöttige Roßviech zu Wasser und Landt von andern Ländtern oder Inland mit unterzeichneten Paßbrieff ohne alle verhinderung der Grundobrigkeiten zuegefiret werden.

Was auch in ander mehr weeg diser Haubt Compagniewerch zu dessen Befürderung und Erhaltung nöttig, ersprießlich und erpaulich zu sein befunden wierdt, soll die Compagnie von allerhöchst Kays. Majestät bedacht und versehen werden (T. 4, art. 2).

Haupt-Capitulation über das Haubt-Eisen-Gewerkschafft und Compagniewösen v. 20. Oktober 1625

2. *Die Waldpolizei*

Wir, Maria Theresia, von Gottes Gnaden Römische Kaiserin Wittib, Erzherzogin zu Österreich, zu Steyer ... entbiethen allen und jeden, die in Unseren Erzherzogthum Steyer seind, Unser Gnad und alles Gute und geben Euch zu vernehmen, daß Uns an *guter Holzung und Erhaltung sämmtlicher Waldungen* gelegen und daß dem genannten Interesse die Nothdurft an Brenn-, Bau-, Saag- und Weingartenholz in erschwinglichen Preisen verschaffet werden möge.

Wir mußten erfahren, welcher gestalten zuwider deren Gebothen und Verbothen, die Hoch- und Schwarzwälder und Laubwälder ausgehacket, verwüstet, geschwendet und durch das häufige Sengen und Brennen, durch Halten, Weyden, Schwaigen und Abbrennen dergestalt verödet worden, daß durch den ausgebrochenen Kohlmangel das Aufligen der Inner- und Vorderbergischen Eisenkammergut schon würklich vor der Tür wäre und daß sogar die Erfordernuß an Brenn- und Bauholz empfindlich zu gebrechen beginne.

In Abwendung dieses Unwesens haben wir anzuordnen geruhet.

Maria Theresia: Waldordnung v. 26. Juni 1767

a) *Das Waldregal und die Waldbehörden*

Nachdem Uns als regierende Frauen und Landesfürstin alle Bergwerck und Fünd sammt allen Hochleiten, Hoch- und Schwarzwäldern als Unsern Kammergut zustehen, wollen wir Uns die Hoch- und Schwarzwälder hiemit gänzlich vorbehalten (art. 1).

Vor allem wollen wir jene Unwissenheit heben, welche über die eigentliche Weesen- und Beschaffenheit der drey Hauptgattungen als: landesfürstlich-eigenthümliche, landesfürstlich-reservirte und privat-eigenthümliche Behölzungen beheben.

Die *landesfürstlich-eigenthümliche* Waldungen sind die, worinnen Uns das vollkommene Eigenthum zugehörig ist.

Unter die *landesfürstlich-reservirten* Waldungen gehören sämtliche Behölzungen, sie mögen eigenthümlich seyn, wenn sie immer mögen, also zwar, daß sie in so viel derselben zu Unseren Berg- und Hammerwerken, Fabriquen zu Wasser und zu Land bringlich und von dem Eigenthümer über die eigene Hausnothdurft entbehrlich seynd, zu Unseren Willen und Gebrauch ein für alle Zeiten vorbehalten bleiben.

Unter *privat-eigenthümliche* Wälder versteht sich von selbsten, daß es jene Behölzungen seyen, worüber ein Unterthan oder Gemeinde das Eigenthumsrecht mit rechtsbeständigen Titul inne hat. Dannhero mögen sie dieselben zur ihriger Nothdurft waldordnungsmäßig gebrauchen. Jedoch sollen Unsere *Waldämter* von Pflichtswegen genaue Obsicht und Sorg tragen, damit sie die Grundherrschaften und Unterthanen nicht verwüstlich arbeiten, verhacken und veröden, sondern so viel möglich *in gutem Wachstum und Stande* zugeben und erhalten (art. 2).

Wir befehlen, daß von Unseren Oberkammergrafenamt in Eisenärzt und dem Amt Vordernberg alles genauest vollkommen und authoritative vollzogen, beschuldigten Waldbeschädiger und Übertreter dieser Ordnung mit Präzisierung eines 14tägigen Termini vor sich berufen und nach summariter vorgenommener Untersuchung nicht allein zu den verdienten Straffen verurtheilen sollen, sondern sogleich durch executivè einzubringen haben (art. 2).

Wir wollen Unsern beeden Waldämtern, denen die Direktion obliget, daß sie ihre Waldförster verhalten, so oft es des Jahres hindurch möglich, die Waldungen zu visitiren, damit die Übertrethungen in ihrem Gebiet ersticket werden (art. 47).

b) *Die Walderhaltung und der Schutz des Waldes*

Das *Stockrecht* besteht in dem, daß jene Orte, welche als Stockrechte ausgemerket, als Holz und Wald verbleiben müssen, als solche waldmännisch genossen und wenn Stämme von der Dicke eines Mannes Umgriffes abgestocket und zu Saag-, Brenn- und Bauholz verwendet oder verkohlt werden, hiernach aber wiederum zum Holzaufflug und Nachwuchs ruhig zu belassen und zu hegen sey (art. 3).

Verbot der Viehweide im Jungwald: Wo ein besaamender oder ein nur mit kurzen Waldbäumchen beschütteter Holzgrund existiert, da soll zur Vermeidung des Viehfras und der Vertrottung kein Vieh aufgetrieben werden (art. 6).

Wir befehlen weiters, daß alles Gaißvieh in den Hoch- und Schwarzwäldern von nun an abgethan werde (art. 7).

Verbot der Schlägerung für Verzäunung: Wir verbieten, daß Stangen zur Verzäunung, Verhag und Einfriedung ausgehacket werden (art. 15).

Es wird verboten, Maybäume zu setzen (art. 35).

Schutz der Wälder vor Feuer: Es wird befohlen, daß zur Verhütung eines Brandes behutsam mit dem Feuer und dem Tabakrauchen umgegangen wird (art. 17).

Maria Theresia: Wald-Ordnung v. 26. Juni 1767

Verbot von Schlägerung ohne amtliche Erlaubnis: Wir befehlen euch allen und jeden, eure Wälder oder Gehölz ohne Vorwissen Unserer Wald-Amtleute, keineswegs zu unterstehen, als oft ihr einen Wald aufzuthun willen seid, dasselbe Unserem Waldamt zuvor schriftlich anzudeuten.

Karl VI.: Wald-Patent v. 13. April 1722

3. *Die landesfürstliche Bauernpolitik und Agrarpolizei*

a) *Die Stellungnahme zum Bauernproblem*

aa) *Die Stellungnahme des Grundherrn*

Die *Unterthanen* sind ein solch vornehmer Theil der Güter, daß nach deren Vermögen und Anzahl der Werth derselben vergrößert und verringert wird. Also soll eine christliche Obrigkeit sich billich hütten, die armen bedrangten Unterthanen nicht zu überladen, sondern mit ihrer billichen Schuldigket vorlieb nehmen, sie nicht mit Übersatz und Neuerungen steigern, sondern sie schützen, befördern und ihnen wenn sie kann und mag (= vermag), helffen, die Gerechtigkeit handhaben, die Frevelhafften zähmen, die Unterdrückten retten, ihre Freyheiten und alt-hergebrachten löbliche Bräuche nicht wegreissen und vergewältigen, sie willig hören, sanfftmütig verabschieden, sich mit keinem Anspruch vor Vernehmung und Untersuchung beider Partheyen das Recht präcipitiren; nie nach eigenen Begierden, sondern nach Billigkeit handeln und allzeit gedenken, daß, wie sie gegen ihre Unterthanen also auch Gott gegen sie verfahren werde.

Sonderlich sollen sie auf die Pfleger und Beamten ein Obsicht haben, ob sie die Unterthanen nicht mit Gewalt und Unrecht beschweren, solches ist desto leichter zu verwehren, wenn sie wissen, daß der Unterthan jederzeit des Herrn Ohr hat und er fürkommen kann, so offt er will (T. 1, Bd. 1, Cap. 72).

Ein Herr ist vor Gott und der Welt schuldig:

Erstlich, die Unterthanen wie seine Kinder zu lieben, alle Klagen und Beschwernisse selbst anzuhören, allen Überdrang und ungerechte Zumuthungen abzustellen und sich in allen Noth-Fällen und Begebnissen ihrer annehmen;

Zum andern, soll er die Bösen und Trotzigen straffen, die Unschuldigen und Frommen lossprechen und beschirmen;

Drittens, wenn Kriegs-Läuffte, Einquartirungen, Durchzüge von außen her fürfallen, soll er es nach Möglichkeit abstellen, bey zeiten vorbauen und also dahin richten, daß den Unterthanen nicht Zugedrang geschehe;

Viertens, soferne seine Pfleger, Beamten oder dergleichen denen Unterthanen einiges Unrecht zufügeten, soll er sie mit allem Ernst bestraffen.

In allen seinen Vornehmen und Anstellungen soll er mit Gelindigkeit sowol gegen die Unterthanen also mischen, daß er wegen der Leutseligkeit nicht verächtlich und wegen zu großer Schärfe nicht gehasset, sondern mit sorgfältiger Liebe und Ehrerbietung von allen angesehen werde (T. 1, Bd. 2, Cap. 22).

W. H. v. Hohberg: Georgica curiosa oder Adeliges Landleben, Nürnberg 1682

bb) Die Stellungnahme des Untertanen

Viel *Edelleut* gehören auch in des Judas Iscarioths saubere Bruderschaft, wann sie wie Egel das Blut ihrer Unterthanen saugen. Gar viel Edelleut werden reich von lauter Zwiffel; der Zwiffel tragt mehr ein, dann Wälder und Felder. Wann sie nemlich ihre Bauern also zwiffeln, daß selbige viel ärger besehen, als daß Davids seine Gesandte, welche Aaron als ein hochmütiger und übermüthiger König die Bärth halben Teils hat abschneiden lassen. Aber die Bauern werden von allen Seiten geschunden. Die Felberbäume pflegt man nur einmal im Jahr zu stutzen, aber die armen Unterthanen werden gar offt von ihrer allzuharten Herrschafften fast alle Tag gestutzet.

Abraham a Santa Clara: Judas, der Ertz-Schelm, T. 1, Cap. 11

Man frist und saufft sich voll und toll,
Dem Bauern scheert man ab die woll,
Durch Anlag und durch Gaben,
Bis zuletzt der arme Unterthan,
Sambt Bauern und den Edelmann
Kein kreutzer Geld mehr habn.

Abraham a Santa Clara, Lauberhütt

cc) Die Stellungnahme des Landesfürsten

Was massen Wir Zeit unserer Landesfürstlichen Regierung wahrgenommen, daß zwischen denen Partheyen in materia iurium incorporalium, des öffteren Stritt und Irrungen guten Theils darumben entstanden, weilen in diesem Land hierinfalls noch keine Lands-Fürstliche Satzungen publicirt worden. Damit zuforderst Wir selbsten als auch Unsere nachgesetzten Gerichts-Stellen mit unnothwendigen Rechtsführungen umb so viel weniger behelligt werden, haben Wir die Verordnung gethan, diejenigen iura incorporalia auff Unsere teutsche Sprach in einen Tractatus verfaßt (Einleitung).

Leopold I.: Tractatus de iuribus incorporalibus v. 13. März 1679

Der Endzweck des Staates durch eine verhältnismäßige Untertheilung der Grundabgaben die Gleichheit herzustellen und dadurch die Grundbesitzer bey Kräften zu erhalten, daß sie ihre Bürgerpflichten ohne Beschwerlichkeit zu tragen und ihre Ämsigkeit nicht bloß fortzusetzen fähig seyn, sondern auch zu vermehren angeeifert werden sollen, könnte niemals erreicht werden, wenn nicht denjenigen Unterthanen, welche die Last ihrer Grund-, Vogt- und Zehentherren zu schwer drückt, Erleichterung verschafft würde (§ 9).

Josef II.: Patent in Steuersachen v. 10. Februar 1789

b) Die Rechte und Pflichten der Grundherrschaften

Der Herr hat von seinen Holden den schuldigen Dienst einzunehmen und zu fordern, hingegen ist der Herr seine Holden jederzeit treulich zu schützen verbunden (art. 2, § 5).

Leopold I.: Tractatus de iuribus incorporalibus v. 13. März 1679

aa) Die Rechte und Pflichten der Grundherren

Einem Grundherrn seynd seine Unterthanen in Real- und Personal-Sprüchen unterworfen (art. 4, § 1). Dahero über alle wider solche Unterthanen fürkommende Civil-Klagen als erste Instantz ordentlich zu erkennen und zu versprechen hat; jedoch die Appelation an Unsere Regierung vorbehalten (art. 4, § 2). Desgleichen seynd alle Straffen und Fälligkeiten von Schmach-, Schelten-, Rauff-, Rumor- und anderen dergleichen Händeln, die unter dem Dachtropfen fürgehen und nicht landgerichtsmäßig seynd, den Grundherrn zugehörig (art. 2, § 3).

Er hat auch die gewöhnliche Roboth von den Unterthanen zu begehren; Item die ausgeschriebene Steuer und andere Lands-Anlagen von ihnen einzunehmen (art. 4, § 4).

Das Sterbhaubt aber, als nemblich das beste Stück Vieh oder anderen Fahrnussen wollen Wir bey allen Herrschaften, ungehindert des alten Herkommens, als eine unzulässige Beträngnuß hiemit völlig auffgehebet haben und solle selbiges ferners weder begehrt noch genommen werden (art. 4, § 5).

Ein Grundherr mag seine obrigkeitlichen Gerechtigkeiten einem anderen verkauffen oder sonsten übergeben, jedoch hat der Käuffer oder Übernehmer nicht die Macht, die Unterthanen von ihren Erb-Gütern abzuschaffen (art. 4, § 6).

Leopold I.: Tractatus de iuribus incorporalibus v. 13. März 1679

bb) Die Rechte und Pflichten der Untertanen

α) Die Gruppen der Untertanen

Die Untertanen können *Grunduntertanen* oder *andere Untertanen* sein. Die Grunduntertanen stehen unter der grundoberkeitlichen Gerichtsbarkeit, haben die Grundzinsung zu leisten, sind jedoch persönlich frei und können bei Abgang ohne Entlassungsbrief nicht zurückgerufen werden.

Die Grunduntertanen können *Erbholden* oder auch *keine Erbholden* sein. Die Erbholden sind Grunduntertanen, die zur Bebauung der dem Herrn gehörigen Grundstücke auch robot- und zinspflichtig sind.

Sie können *kaufrechtliche Erbholden* sein, wenn sie die Bodennutzung durch Kauf erworben, sie können *miethweise Erbholde* sein, wenn sie die Bodennutzung nur „mietweise" haben, und sie können *Freistifter* sein, wenn sie dem Herrn nur ein Teil des Kaufschillings (Ehrung) leisteten.

Die kaufrechtlichen Erbholden können ihr Recht verkaufen, aber nur an solche, die dem Herrn genehm sind.

Die mietweisen Erbholden können nur mit Bewilligung der Herrn weggehen. Die Freistifter können bei Kündigung durch den Herrn und nach Rückgabe der Ehrung oder bei Kündigung durch den Freistifter unter Zurücklassung der Ehrung weggehen. Grunduntertanen, die nicht Erbholden sind, besitzen „bestiftete Höfe", unterstehen der grundobrigkeitlichen Gerichtsbarkeit, sind diesen abgabepflichtig, aber persönlich frei.

Alle anderen Untertanen sind aus irgendwelchen Titeln Untertanen, gehören aber nicht zu den Grunduntertanen.

Entwurf der Compilations-Commission zum Codex Theresianus v. 1755

β) Die Robot

Ein jeder Hold und Unterthan auff dem Land ist vom behaußten Gut seinem Grund-Herrn zu *robathen* schuldig (§ 1). Von unbehaußten Gütern als Burgrechten und Überländen seynd Robath zu thun nicht schuldig (§ 2). Den Inleuthen mag zwar eine Hand-Robath, doch nicht über 12 Tag im Jahr aufferlegt werden (§ 3).

Die behaußten Unterthanen Robath betreffend lassen Wir es bei der Resolution anno 1563, wollen aber wegen deß bishero fast durchgehend eingeschlichenen Mißbrauchs ernstlich ermahnen; widrigenfalls auff der Unterthanen einkommenden Klagen wir die Bedrängnussen nicht allein einstellen, sondern gegen die Übertretter mit Straff verfahren lassen (§ 4).

Leopold I.: Tractatus de iuribus incorporalibus v. 13. März 1679

Jene Untertanen, welche bisher nur mit der Hand zu roboten schuldig waren, bleiben auch künftig *Handroboter*, wie auch jene, welche bisher mit Zug gerobotet haben *(Zugroboter)* (art. 1, 5).

An Roboten werden die *Handroboter* künftig nicht mehr als folgendes zu leisten haben:

ein *Inmann* und *Innweib* jährlich mit einer Person 13 Tage,
ein *behaußter Untertan*
welcher nicht über 57 Kr Steuer zu entrichten hat, jährlich mit einer Person 26 Tage,
welcher mehr nicht als 57 Kr aber nicht über 2 fl 51 Kr gesteuert hat, mit einer Person wöchentlich 1 Tag,
welcher mehr als 2 fl. 51 Kr aber nicht über 4 fl 45 Kr gesteuert hat, mit einer Person wöchentlich 1½ Tage,
wer mehr als 4 fl 45 Kr aber nicht über 7 fl 7½ Kr gesteuert hat, mit einer Person wöchentlich 2 Tage,
wer mehr als 7 fl 7½ Kr aber nicht über 9 fl 30 Kr gesteuert hat, mit einer Person wöchentlich 2½ Tage (art. 1, 6).

An Roboten werden die *Zugroboter* künftig nicht mehr als folgendes zu leisten haben:

ein Unterthan, welcher nicht über 14 fl 15 Kr gesteuert hat, mit ein Stück Zugvieh wöchentlich 3 Tage,
welcher nicht mehr als 28 fl 30 Kr gesteuert, mit 2 Stück Zugvieh wöchentlich 3 Tage,
welcher nicht mehr als 42 fl 45 Kr gesteuert hat, mit 3 Stück Zugvieh wöchent- 3 Tage,
welcher nicht mehr als 45 fl 45 Kr gesteuert hat, mit 3 Stück Zugvieh wöchentlich 3 Tage,
welcher mehr als 42 fl 45 Kr gesteuert hat, mit 4 Stück Zugvieh wöchentlich 3 Tage (art. 2, 2).

Sonn- und Feiertagsordnung: An Sonn- und Feiertagen soll kein Untertan zur Robot angehalten werden. Wenn in einer Woche ein gebotener Feiertag fällt, so hat der Untertan, wenn er durch 3 Tage zu roboten hat, keinen Nachlaß an seinen Robottagen zu fordern, dagegen werden denselben, wenn er wöchentlich durch mehr als 3 Tage zu roboten hat, ebenso viele Robottage nachzulassen, als gebotene Feiertage in die Woche einfallen (art. 3, 1 u. 2).

Arbeitsordnung: Ein ganzer Zug- und Handrobotstag wie auch ein Lohnarbeitstag soll

in kürzeren Tagen vom 1. Oktober bis letzten März aus *8 Stunden,*
an längeren Tagen vom 1. April bis letzten September aus *12 Stunden* bestehen.

Jedoch ist von den 8 Stunden eine Rast- und Futterstunde und von 12 Stunden zwei Rast- und Futterstunden zu verstatten.

Es soll auch jene Zeit abzuschlagen sein, welche der Unterthan verlieren muß, um von seinem Haus auf den Robotplatz und von diesem wiederum nach Hause zu kommen (art. 3, 3).

Ein zu spät in die Arbeit ankommender oder zu früh abgehender Roboter hat die versäumten Arbeitsstunden an einem anderen Tag nachzutragen (art. 3, 7).

Die Robote in einer Woche sollen dem Unterthan spätestens am Sonntag vorher angesagt werden (art. 3, 9).

Die Robote müssen durch arbeitsfähige und taugliche Personen und durch taugliches Gerät geleistet werden (art. 3, 10).

Es ist nicht erlaubt, dem Unterthan wider seinen Willen eine gewisse Arbeit aufzuerlegen, da er nur stets durch eine angemessene Stundenzeit gut und fleißig zu arbeiten hat (art. 4, 8).

Alte, elende, preßhafte oder 60 Jahre alte Inleute, alle Söhne und Töchter, alle Invaliden und verabschiedeten Soldaten sollen, solange sie nur unbehauste Inleute sind, von aller Robot freibleiben (art. 4, 9).

Gegenwärtiges Patent, auf dessen Befolgung die Kreisämter und das Landesgubernium von Amtswegen eifrig zu sehen haben, soll den Obrigkeiten, Beamten und Untertanen zur Richtschnur dienen und beide Teile wider alle Bevorteilung und Bedrückung schützen (art. 6, 1).

Wenn ein Unterthan der Meinung ist, daß die Obrigkeit ihm mehr auflege als dieses Patent erlaubet, soll er sich zum Kreisamte begeben, welches ihm entweder seine Rechte angedeihen lassen oder aber denselben seines Irrtum überzeugen soll (art. 8, 3).

Maria Theresia: Robot-Patent v. 13. August 1775

γ) Der Zehent

Weil von alters her ein Land nicht an allen Orten auff ein Weeg die *Zehend* umb eine bestimmbte Summa der Früchten oder Geld gereicht werden, sind Irrungen entstanden, ob man von allen Gründen und Früchten den Zehend zu reichen schuldig sey, wird bestimmt, daß von allen dem, was mit dem *Pflug,* der *Hauen* oder sonst mit der *Hand* auff zehendgründen erbauet wird, der Zehend gereicht oder bezahlt werden soll. Der Zehend soll von *allen Früchten,* es sey Wein, Saffran, Waitz, Korn, Gersten, Habern, Linset, Hanff, Brein, Mahden, Erbeiß (Erbsen), Wicken, Kraut, Zwiffel oder ander Frücht, was im Jahr erbaut oder gefechsnet, gegeben werden.

Ferdinand II.: Zehend-Ordnung v. 14. August 1628

Der Zehend seyn zweyerley: der *große* und *kleine,* zu *Feld* und *Dorf.*

Der große zu Feld ist der *Traid-* und *Wein-Zehend,* unter dem Traid ist Weitz, Gersten, Korn, Habern, Arbes, Linsen, Bohnen, Haiden, Brein und dergleichen;

der kleine zu Feld besteht in Saffran, Kraut, Rüben, Haar und dergleichen; zu Dorf im großen und kleinen Vieh, Ayern, Käsen und anderley Sorten (§ 2).

Der Zehend von allem Getraid soll in Mändel zu Feld gereicht werden. Der Zehendherr soll solche Mändel auff dem Baugrund abzehlen, die Zehend ausstecken und zu erheben befugt seyn (§ 6).

Es ist nicht zulässig, einen Acker auf Unfleiß oder dem Zehend-Herrn zum Abbruch ungebaut ligen zu lassen. Wann dergleichen vermerket wird, soll der Anbau durch die Obrigkeit verschafft werden.

Leopold I.: Tractatus de iuribus incorporalibus v. 13. März 1679

c) Die Agrar-Markt-Ordnung

aa) Die Sicherung der Marktbelieferung durch Verbot der Ausfuhr und des Fürkaufes

Entbieten allen unsern nachgesetzten Obrigkeiten, Geistlichen und Weltlichen Landsassen, Unterthanen und Getreuen Gnad und fügen euch gnädigst zu wissen.

Es ist jeder menniglich zu genüge bekannt, was gestalten das liebe Getraid dieses Jahr zimlich mißrathen und dahero dasselbe in dieser Zeit von Tag zu Tag in höheren Wert gestigen ist.

Dannenhero und damit das Getraid zu unserer getreuen Unterthanen Nothdurfft im Lande erhalten werde, gebieten Wir, daß niemand ohne ordentlichen mit Kayserl. Insigil gefertigten Paß-Brieff Getraid *außer Lands* verführn, nicht verkauffen möge, sondern sich dessen sowohl der Herr als der Unterthan gänzlich bey unausbleiblicher Straff und Einziehung deß Getraids enthalte.

Damit das Getreid nicht in frembde Länder verschwärzt werde, massen Wir allen Obrigkeiten und insonderheit Unsern Mautherrn und Auffschlägern an, das Getraid nicht ausser unserer Länder passieren lassen.

Leopold I.: Getreide-Ausfuhr-Verbot v. 7. Oktober 1661 (immer wiederkehrend)

Entbieten allen und jeden Obrigkeiten, Geist- und Weltlichen, Unsere Gnad und geben gnädigst zu vernehmen:

obwohlen in den allgemeinen Rechten alle *Monopolia* und dem gemeinen Wesen höchst schädlicher *Fürkauff* bei Leib- und Gut-Straffen ernstlich verbotten, so ist dannoch abermahlen mißfällig vorkommen, daß diesem allen zuwider, und an allerhand Unbürgerliche und Bürgerliche, darunter auch teils Unsere Hartschier und Tabanten, Laggiren und andere Hoff-Bediente wie auch die Haußmeister, vornehmlich von den Guardi-Soldaten und deren Weiber und sogar die Juden, straffmäßig unterstehen:

den zuführenden Leuthen die Victualien abzuhandeln und gleich an der Stelle ohne Scheu umb zwey oder wohl gar umb dreyfaches Geld widrumb zu verkauffen. Uns als Regierenden Herrn und Lands-Fürsten obliegt, alle dawider fürgebende und gebührlichen Handlungen, sonderlich den verderblichen Fürkauf ernstlich abzustellen und gegen freventliche Übertretter mit unausbleiblicher Straff zu verfahren.

Leopold I.: Verbot des Fürkaufs v. 14. Dezember 1665 [Von 1540 bis 1665 wurden 34 Verbote des Fürkaufs erlassen; dem folgten weitere.]

bb) Die räumliche Marktordnung: die Widmungsdistrikte

Wir, Maria Theresia, entbieten allen Unsere Gnade und alles Gute, und geben hiermit gnädigst zu vernehmen.

Nachdem Wir glaubwürdig verständigt worden, daß den Eisen- und Proviantgeneralien höchst sträflich und ganz ungescheut zuwider gehandelt wurde. So hauptsächlich daher rühret, weil theils Herrschaften, Landleute und Obrigkeiten, oder derselben Pfleger, Verwalter und Hofrichter solches selbst zu verüben, und dadurch andre zu animiren keinen Scheu tragen, ja sogar ihren Unterthanen, daß sie ihnen ihr Getreid, Schmalz und andere Victualien vorhero anfeilen sollen, des suchenden eignen Nutzens willen aufgetragen, und mit solchen auf die ausgezeigten Wochenmärkte zu fahren ausdrücklich verbieten, und nebst dem die Steuern, Dienstcontribution und andere Herrenforderungen von den armen Unterthanen an baarem Gelde nicht annehmen, sondern statt dessen Getreid oder Schmalz abfordern.

Da nun aber Wir als Frau und Landesfürstin derley eine geraume Zeit her eingeschlichene Mißbräuche, sträfliche Unternehmungen und offenbare Übertretungen der von Unseren glorwürdigsten Vorfahren Höchstseligsten Andenkens ausgegangenen zahlreichen Generalien fernershin zu gedulden keineswegs gesinnt sind, setzen, ordnen und befehlen Wir.

Es ist schon lang ausgemachte und landeskundige Sache, daß zu Erhaltung vieler tausend Kammergutsarbeiter zu Werth- und Unwerthszeiten mit verschiedenen Proviantsorten, sonderlich aber mit Schmalz, dem schweren und geringem Getreide und anderem Pfennwerte zuzuhalten oder solches zu versehen verbunden sind, damit in den übrigen Kammergutstädten,Märkten, Dörfern und Flecken die stäte Wohlfeile erhalten, die unnöthige *Theuerung* und hieraus nebst andren schädlichen Sequenzen entstehende Eisensteigerung hingegen abgehindert werden möge.

Der *Scheibbser-Proviantsdistrikt* hat seinen Anfang enthalb der Ybbs im Voit, von dannen in die Mendling, und über das Gebirge gegen den Ursprung des Bielachflusses und längst dessen bis solcher unterhalb Mölk in den Donaustrom einfällt, von dannen diesem Strome nach aufwärts bis an den Ybbsfluß und längst der Ybbs bis Waydhofen, denn Uisitz, Oppanitz und St. Georgen im Rait bey Gollenstein, daß also alle zwischen diesen beeden Flüssen Bielach und Ybbs liegende Klöster, Schlösser, Städte, Märkte, Dörfer, Frey- und Edelsitze, Mühlen, Bräu- und Wirths- auch einschichtige Häuser schuldig und verbunden seyn, das Gekörn, und alles andere Proviant der Eisenwurzen zuzuliefern.

Der *Waydhofer-Proviantdistrict* erstreckt sich von Opannitz, Uisitz, Waydhofen an der Ybbs und diesem Flusse nach neben dem Scheibbserdistricte bis an die Stadt Ybbs, von dieser Stadt an der Donau aufwärts bis an die Enns, von hier bis auf St. Pantaleon, St. Valentin, Ramingsdorf, und was längs des Wassers der Raming bis zu dessen Ursprunge durch die Neustift gegen den waydhoferischen Confin, und daselbst wieder auf Gellenstein; alle diese haben innerhalb dieses Districts liegende Orte und Insassen ebenfalls, wie jene in dem Scheibbserkreise ihr Getreide und andres Proviant der Eisenwurzen zuzuliefern.

Der *steirische Proviantdistrict* nimmt seinen Anfang vom hintersten Orte der Laussau längst dieses Bachs bis an die Enns, bis in die Reih-Ramming, zu hinterst desselben Grabens hinein, und daselbst über das Gebirge auf Mollen gegen der Klauße des Windischgerstnerthals, auf Michelndorf und Kirchdorf längst der Traun bis an die Donau, und der Donau nach bis gegen Enns, dannen bis St. Peter, darnach von dorten nach dem Wege der Haunoldstange über das Gebirge an die Neuschanze bey Gaflens im Weyer, Holenstein und daselbst über das Gebirge in die Frentz wieder an die Enns heraus. All diese sind schuldig, das Getreide und anders Proviant dem steirischen Distrikt zuzuliefern.

Hierauf befehlen Wir ernstlich, daß aus diesen erstbenannten zum Behufe und Versehung der Innerbergischen Haupteisenwurzen, wie auch zu Erhaltung beständiger Wohlfeile, und Abhinderung höchst schädliche Theuerung ausgezeigten oder gewidmeten Districten unter ausgesetzter Bestrafung des Käufers und Verkäufers von niemanden, es sey ein Inn- oder Ausländer weder für Unsre Hofstatt, noch für das Kriegsvolk weder schweres noch geringes gefechtes Getreid, Schmalz, Käse, Butter, Eyer, Mehl, Grieß, Kraut, Rüben, rohes und gedörrtes Obst, item an Pferden, Schlacht- und anderem jungen Viehe, wie auch Most, Essig, Brandwein und Bier, als zu des gemeinen Manns Speise und Trank nötige Victualien und Getränke ohne von Unsrer Eisenobmannschaft habenden Paßbrief ausgeführt oder ausbetrieben, sondern von den Bürgern und Bauern die selbst sammelnde Victualien außer der Hausnotdurft auf die ordentliche Wochenmärkte nach Steyer, Waydhofen an der Ybbs, Scheibbs und Weyer geführet, und allda nach den errichteten Ordnungen zum Verschleiße gebracht.

Maria Theresia: Eisen- und Proviant-Generale v. 5. Dezember 1748

4. *Die Gewerbepolizei*

Wir, Ferdinand von Gottes Gnaden, bekhennen für Uns, Unser Erben und Nachkhommen Ertzhertzogen zu Österreich offenbar vor meniglich.
Nachdem lange Zeit heer in manig weyse villerlay unordnungen, menngl und beschwärden bey unsern erblanden geswebt, wellen Wir gute *Ordnung* und *polizey* aufrichten. Dies haben Wir volgendermaßen geordnet, gesetzt und aufgericht mit und in Krafft dises libellbriefs.

Ferdinand I.: Neue Polizei- und Handwerksordnung v. 1. April 1527

Wir, Carl VI., entbieten allen Unsere Kayserliche und Lands-Fürstliche Gnade und geben zu vernehmen.
Nachdem Wir die zur abstellung der bey den Handwerkern insgemein und sonderlich mit den Handwerks-Gesellen, Meisters-Söhnen und Lehr-Jungen eingerissenen Mißbräuch bereits vor geraumer Zeit und zu verschiedenen malen ergangenen Verordnungen zu erneuern, zu vermehren und zu verbessern für nöthig erachtet, haben Wir in Anschauung des gemeinen Wesens und der hieraus erwachsenden Ersprießlichkeit aus Landts-Fürstlicher Macht-Vollkommenheit folgende Satzungen in Handwerks-Sachen öffentlich kundmachen lassen.

Carl VI.: Handwerks-Ordnung v. 19. April 1732

a) *Die Auflösung der Zunftprivilegien*

Wiewol vil Zeit her zechen und Zunfften der Handtwerck gewesen sein, die villerley Gesetz und Ordnungen irer Wesen, arbait, belönung und anderer sachen halben aufgericht und darüber etwas Bestättung hinderrukhs und on wissen irer Oberkait erlangt, alles wider gemainen nutz und meniglich beschwerung; aus den und andern ansehnlichen gründethen Ursachen und zur fürderung des gemeinen nutz, sonderlich auch zu guten Regiment und zu aufnemen der Stat und Märkht, *heben Wir auf und thun ab die Zechen und Zunfften aller und jedlicher Handtwerck,* nit allein mit den namen, sond- auch mit allen iren selbst gemachten Satzungen, Ordnungen und darüber erlangten bestättungen (Präambel).

Und also sollen sy hinfüro kainerley gemain gesellschaft oder versamblung in kainerley sachen *on wissen und willen eines Bürgermeisters* oder Richters und Rats halten noch kainerlai gesetz oder ordnung under sich machen (Cap. 2).

Ferdinand I.: Neue Polizei- und Handwerksordnung v. 1. April 1527

b) Die staatliche Gewerbehoheit

Es sollen in Unsern Erz-Hertzogthum Österreich (dann auch für ganz Inner-österreich) die Bruderschaften und Handwerkszünfte auch in Sachen, so ihre Profession und Handwerk betreffen, sowohl Meister als Gesellen unter sich Zusammenkünfte nicht anders als mit Vorwissen ihrer Obrigkeit und in jedesmaliger Gegenwart eines verordneten *Commissarii* bey sonst empfindlicher Straff anzustellen Macht haben (Cap. 1).

Künftighin sollen Handwerker und Zünfte auch in Sachen ihrer Profession und Handthierung ihre Beschwerden nicht mehr bey der Zunft, sondern bei der *Obrigkeit* vor- und anbringen (Cap. 2).

Wenn es sich zutrüge, daß ein Meister oder Gesell unredliches und dem Handwerk nachtheiliges begangen zu haben bezichtigt würde, soll die Sache bey der Obrigkeit angezeiget werden (Cap. 5).

Was Handwerker in verschiedenen Orten oder Ländern unter sich zu correspondieren haben, mögen die Briefe anderst nicht, denn durch die Orts-Obrigkeit bestellet werden (Cap. 6).

Es solle künftig das Handwerks- oder Bruderschafts-Sigil in obrigkeitlicher Verwahrung verbleiben, damit ohne sein Vorwissen nichts damit gefertigt werden könne (Cap. 6).

Bey einigen Zünften hat sich die böse Gewohnheit eingeschlichen, daß bey Eyd die Zunft-Heimlichkeiten verschwiegen werden sollen, so werden sie von solchem Eyd hiemit völlig losgesprochen (Cap. 10).

Carl VI.: Handwerks-Ordnung v. 19. April 1732

Ain *jedes Handwerch* soll zwen Maister und zwen gesellen erkhieren, die dem Burgermaister oder Richter zu allen hernach volgenden Sachen gelobt und geschworen sein (Cap. 3).

Ferdinand I.: Neue Polizei- und Handwerksordnung v. 1. April 1527

Schon das Zunft-Generale vom Jahr 1732 erklärt alle ohne landesfürstliche Erlaubniss errichtete Zunft als *null und nichtig*, ungültig und unkräftig.
Bey diesen Bestimmungen hat es fortan zu verbleiben.
Es wird der Landesstelle zur Pflicht gemacht, streng darüber zu wachen, daß nirgends illegal bestehende Zünfte geduldet werden.

Franz I.: Hofkammer-Dekret vom 13. Juni 1834

c) Die Freisetzung des Gewerbes

Wenn ein Maister in ainem handtwerck zu sein begert, soll er sich dem *Bürgermaister* oder *Richter* ansagen.

Der Bürgermaister solle zwen aus dem Rat zusammb den zwen geschworenen Maistern und Gesellen des handtwercks zu ime beordern. Dieselben sollen ime fünf bis sieben artikeln des handtwercks frei aufgeben, darauf er antworten soll und wie er das handtwerck als ein Maister zu verrichten wisse (Cap. 17).

Wenn er dem Bürgermaister in sein handt gelobt, als dem soll der neue Maister dem Bürgermaister einen Eyd schweren, daß er in seinem handtwerck nymand überzimlich Belohnung übernemen und sein gattung richtig verkhauffen soll und jede Ainigung (= Vereinbarung) treulich halten wolle. Ein Maisterstückh zu machen, ist er nicht schuldig (Cap. 18).

Derselbe newe Maister soll zu erkenntnis seiner Untertanigkeit Uns als Herren und Landesfürsten den Ayd leisten; darnach soll er an jedem Ort für einen Maister des handtwercks gehalten werden. Er mag auch sein Tafel aushenkhen, ime soll durch die gesellen unverhindert gedienet werden (Cap. 18).

Die Witiben sollen nach irer Hauswirt absterben alldieweil sy unverheyrat bleiben, auch arbeiten und gesellen haben mögen (Cap. 26) (Witwenbetrieb).

Wenn ein Maister mer (= mehrere) Handtwerck treiben will, wenn er es gelernt hat, der soll sie treiben, so soll er aber zu einem jeden Handtwerck eine besondere Werkstatt halten (Cap. 14).

Es soll ein jeder Maister, was handtwerck es sey, Khnecht halten, so viel er nach gelegenheit seynes handtwercks zu halten weiß (Cap. 43) (Freiheit in der Gesellenzahl). Es sollen die handtwercker *kein Vereinigung oder pact* machen: wie man die Waren ires Handtwercks verkauffen oder arbaiten soll, sondern ain jeder soll nach *Zimlichkait* sein arbeit verkauffen und auffs treulichst solcher arbeit aufwarten, wo aber darwider gehandelt, da soll darumben schwärlich gestrafft werden (Cap. 10).

Es sollen die Handwercher kain verainigung oder pact machen: wie man die gattung ires Handwerks geben, kaufen oder arbeiten noch daß ainer vor dem andern an die Arbeit nit geen, sonder ain jeder soll nach zimlichkeit sein arbeit verkauffen und auffs treulichst solcher arbeit aufwarten, wo aber darwider gehandelt, da soll darumben schwärlich gestrafft werden (Cap. 10) (Kartellverbot).

Die geschwornen Maister und gesellen eines jeden Handwerks sollen mit dem Bürgermaister und Richter auf iren ayd ainer jeden Arbeit den *zimlichen werdt* (= Preis) setzen, wenn ein Käuffer beschwärung tuth (Preiskontrolle). Wo sich dieselben nicht vergleichen können, da soll durch den Bürgermeister oder Richter entscheid gegeben werden (behördliche Preisfestsetzung) (Cap. 11).

Ferdinand I.: Neue Polizei- und Handwerksordnung v. 1. April 1527

d) *Die staatliche Aufsicht über Gesellen und Lehrlinge*

Wir wollen auch, wenn ein Maister einen Gesellen aufnimbt, solle er ine für den *Bürgermaister* bringen, damit er ime die gewöhnliche Pflicht thue (Cap. 20). Der Geselle solle bey seinen trewen und Eeren geloben, all dieweil er in derselben Stat, Marcht oder Fleckhen arbeit und wonet, Uns getrew und gehorsam zu sein (Cap. 28).

Wo auch wir oder gemain Stat wider die veindt oder ein anderen Nötten seyn, hat er dasselben on widerredt umb ain zimlichen sold zu dienen (Cap. 28).

Wir wellen auch, daß die handtwercksgesellen iren Maistern in gebürlichen Dingen gehorsam seyn; auch sy und ir hausfrawn Eeren vor augen haben und iren Maistern und hausfrawn nicht unzimlich und uneerlich Wort zuesetzen; in irer Maisterheuser nicht unerbar Frawen füren. Dazu sollen auch die handtwercksgesellen selbst untereinand nicht schelten oder miteinander ungefür anfahren (Cap. 31).

Wir wellen auch, so sich Maister und handtwercksgesell zueinander verdingen, daß die Maister den Gesellen in der verdingten Zeit ohn seinen Willen nit Urlaub geb, oder der Gesell von den Maister nicht aufsteen oder Urlaub vordern soll (Cap. 36).

Wir verpieten hiermit, daß die handtwercksgesellen iren Maistern aus Unwillen nicht aufstehen oder sich ainicherlay stolz oder pochens gebrauchen (Cap. 34).

Es sollen die Maister den gesellen, ainem jeden nach seiner Kunst, schikhligkait und gelegenhait seiner arbeit, den lon geben und bezahlen (Cap. 22).

Wo ein dienstperson seinen Dienst in ander Weg zu verbessern weste oder bei seinem herren nicht mer dienen wollte, wenn hinwiderumb ein herr aines dieners nicht mer notturftig sein, so soll ainer dem andern solches auff wennigst zwey Monat vor ausgang seiner gedingten Zeit anzaigen, damit sich jeder weyter zu versehen wisse (Cap. 50).

Welche dienstperson erbarlich von iren herren abscheiden, den soll ir herr glaubwürdig Paßport oder abschiedszedel geben (Cap. 52).

Ferdinand I.: Neue Polizei- und Handwerksordnung v. 1. April 1527

Es sollen die Handwerker, so sie wider ihrer Profession Einverleibte und Verwandte (Maister und Gesellen) Beschwerden haben, nicht mehr lang vor der Zunft, sondern bey oder vor beklagten Maister- und Gesellen-Obrigkeit vorbringen. Diese soll beede Parteyen vernemen und ihnen das Urtheil ertheilen, jedoch den Rekurs zu höherer Instanz unbenommen (Cap. 2).

Wofern die Gesellen sich weiter gelüsten ließen, einen Aufstand zu machen, sich zusammenrotten und keine arbeit thun, so sollen sie mit Gefängnis, Zuchthaus, Festungsbau oder Galeerenstraf beleget werden (Cap. 5).

Carl VI.: Handwerks-Ordnung v. 19. April 1732

Die Lehrjungen sollen gedingt und aufgenommen werden, wie aines jeden handtwerks gelegenhait ist. Dieselben Leerjungen sollen sich gegen iren Maistern und Maisterin aller gehorsam und Trew beflaissen.

Wo ir ainer seinem Maister aus den Leerjahren gieng, wider seines Maisters willen, soll ine khain ander Maister aufnemen. Er hat sich mit seinem vorigen Maister zu vertragen (Cap. 47).

Ferdinand I.: Neue Polizei- und Handwerksordnung v. 1. April 1527

Wenn ein Lehrjung aufgedungen wird, soll sein Geburtsbrief und andre Urkund seines Herkommens an dem Ort, wo er in die Lehre tritt, in die Maisterhand gelegt, und wann er losgesprochen worden, den erhaltenen Lehrbrief auch in die Maisterhand zu Verwahrung gegeben werden.

Der Lehrbrief: Wir Zechmeister des Handwerks N in der Stadt N bescheinigen: daß gegenwärtiger Gesell namens NN von N gebürtig ist, so — Jahre alt bey uns — Jahre, — Wochen in Arbeit gestanden und sich solche Zeit über treu, fleißig, still, friedsam und ehrlich verhalten hat; welches wir also attestieren und deshalben unsere Mitmaister, diesen gesellen nach Handwerksgebrauch überall zu fördern, geziemend ersuchen wollen. N des N-Zech-Maister.

Carl VI.: Handwerks-Ordnung v. 19. April 1732

5. *Die Manufakturpolizei*

Diejenigen Bearbeitungsarten der rohen Materialien, die schon seit vielen Jahrhunderten unter uns eingeführet und welche gewisse Gesellschaften und Verfassungen unter sich haben, welche man Innungen und Zünfte nennet, heißen *Handwerke*. Dahingegen diejenigen Bearbeitungsarten, welche erst in neueren Zeiten bei uns gegründet worden sind, bey welchen die Zünfte entweder gar nicht oder doch nicht nach den alten Verfassungen eingerichtet sind, werden *Manufakturen* oder *Fabriken* genannt (§ 49).

Es bedarf keines Beweises, daß die Manufakturen für ein Land nothwendig und nützlich sind. Die Manufakturen, welche uns alles liefern, was zur Bekleidung der Menschen und zu ihrer Bequemlichkeit erfordert wird, gehören zum zweyten Grad der Nothwendigkeit; die Fabriken, welche die Gerätschaften der Landwirtschaft, der Manufakturen und aller anderen Hanthirungen verschaffen, gehören zum dritten Grad der Nothwendigkeiten.

Wenn diese Waaren im Lande gewonnen werden, so wird dadurch nicht allein die Abhengigkeit von anderen Nationen verkleinert, sondern auch der Reichthum des Staates vermehrt. Überdies finden durch die Manufakturen eine Menge Menschen ihre Nahrung und ihren Unterhalt (§ 497).

J. H. G. Justi: Grundfeste zu der Macht und Glückseligkeit der Staaten, 1760, Bd. 1

a) Die landesfürstlichen Manufakturprivilegien

aa) Das Porzellan-Manufakturprivileg für du Paquier

Wir, Carl VI., bekennen öffentlich mit diesem Brief und thun Kund allgemäniglich, daß bey Uns Unser Hof-Kriegs-Agend und getreuer *Claudius Innocentius du Paquier* allerunterthänigst vor- und eingebracht, nebst seinen drey assoziierten Mitconsorten Peter Heinrich Zender, Christoph Conrad Hunger und Martin Becker in Unserer Stadt Wien zu getreuender Befolgung Unserer Wegen bestmöglicher einführung in Unseren Erblanden bis dato noch nicht introducirt gewester manufacturen letzthin ergangene öffentliche Ausschreibung, sich nunmehr allergehorsamst entschlossen und bereits schon im werk begriffen, ein dergleichen *neues, Manufakturs- und Kunstwerk:* vermög dessen allerley feinster Porcellan-Majolica-Indianisches Geschirr, -Gefäß und -Gezeug, wie solches in fremden Ländern gemacht worden, mit weit schöneren Farben, Zierath und Gestalt mittels deren hiezu allbereiten Künstlern und Arbeitern, auch in Unseren Erblanden befindlichen materialien hierzuland aufzurichten.

Sie haben Uns allerunterthänigst gebeten, daß Wir Regierender Römischer Kayser, König und Landesfürst in Österreich, das new aufrichtende Kunstwerkh und manufacturey in Unseren besonderen höchsten Schutz und protection zu nehmen. Da von Uns selbsten zu Etabilir- und Vermehrung der Commercien die introducierung derley bis dato noch nicht vorhandenen Manufacturs-werken verlangt und ausgeschrieben worden, dahero zu gehorsamster befolgung dieser Unserer Lands-Väterlichen Intention, das geldt für derley waaren im Land conserviert werden, mithin auch sonst in mehr weeg denn gemeinen Nutz- und fruchtbaren Vortheil hieraus bevorstehen; also haben Wir gleich irzt anfangs kräftiglich unterstizet und allgnädigst erkläret, die manufacturensfabric in Unsern besonders allerhöchsten Schutz und Schirm und protection an- und aufgenommen und geschlossener Societäts-Kontracts-gegenwärtigen Spezial-Privilegium und Freyheit auf fünfundzwanzig Jahr lang bewilligt und ertheilt.

Erstens: Er, Impetiant du Paquier, und die drey associerten drey Consorten haben irzt anfangs allhier in Wien als auch in anderen Orthen, wo es ihnen beliebig, Porcellan-Majolica und indianisches Geschirr vorträglich und anständig zu verfertigen, nachzumachen und zu formieren und damit als in grosso und als in minuto zu handeln. Sie bleiben gleich anderen dergleichen privilegirten fabriquen in Unser sicheres glaith und Salva Quartier für derley verfertigte waaren, wo dieselbe zu- oder abgeführet, niderleget und aufbehalten oder verkauft und verhandelt werden, zu dem von Einquartierungen, Exactionen, Contributionen und derley beschwörlichkeiten exemt zu seyn. Niemand, was stands er sein mag, darf das nöthig habende behausung, fabric oder manufacturrayon sambt allen angehörigen Leuthen, materialien und Waren, Rossen, Vieh, Wägen und andere sachen beschwöhren, betrüben oder überlästigen.

Zweytens: Daß Unsern privilegierten fabricanten du Paquier und Mit-Consorten frey stehe, alle dienliche arbeiter, hafner und andere leuth umb bezahlung an- und aufzunehmen, auch nach ihren willen abzurichten und zu gebrauchen, ohne daß ihme von der Hafnerzunft im geringsten Nachteils werde.

Drittens: Die zur Manufactur dienstsamen metale, ärtz, Erde und andere materialien und requisiten, wo die fabricanten sie finden umb ordentliche bezahlung und ablösung ihnen ohne Weigerung oder hindernis ausfolgen.

Viertens: Neben und außer du Paquier und die drey Mit-Consorten solle kein anderer Hafner oder andere Leuth solcherley Porcellan-Majolica-Geschirr, allhier in Österreich in gnädigst bestimmten 25 Jahren nachzumachen verstattet noch zugelassen werden.

Endlich: Weil diese neue Kunst-fabric Unsern Erblanden zum Vortheil und nutz gereicht und hiedurch viel Leuth im Land durch ihre beytragende mühe und fleiß ernährt und unterhalten werden, (mögen) die Haffner nicht den geringsten schaden oder Nachtheil tun, noch minder die Handelsleuth geringstes in Weg legen. Auch bey allen Landsobrigkeiten und Mauthambtern gebührende Hilf und in allmöglichen weeg befördert werde.

So wollen Wir zum beschluß gnädigst verordnet haben, daß obbegriffene puncte nicht allein den buchstaben nach, sondern wie es zur beförderung dieser manufactur nutzbar sey, verstanden werden.

Gegeben auf Unsern Schloß zu Laxenburg, den 27. Mai 1718: Carl

(Hofkammerarchiv in Wien)

bb) Das Sichel-Manufakturprivileg für Anton Mosdorfer

Ansuchen Anton Mosdorfer um die Bewilligung für die Sichelerzeugung:

Hochlöbl. kais. Hofkammer in Münz- und Bergwesen, Eure Exzellenzien!

Über mein ehedem gestelltes unterthänigstes Ansuchen: womit mir die *Effabricirung der Sicheln und Strohmesser* hier zu landes gestattet werden möchte, haben Eure Excellenzien und Gnaden sich dato 12. Martii 1778 dahin zu resolviren befunden: daß ich mich unterdessen mit meiner Glingen- und Rohrschmid-arbeit zu begnügen hätte.

Wann meine sämmtliche Umstände gnädigst erwogen werden, wie nehmlichen

1. alle Glingen Arbeit von den militar-oeconomie-Commision auf einmal ihr Ende genommen und daß ich

2. gleich wohlen meine so geschickt als kunstreiche Gesellen, gemäß allerhöchsten Befehls nicht hindern lassen — somit dermalen vacirend mit Kost und Lohn versorgen, auch mich

3. zur Unterhaltung meiner zahlreichen Hausgenossenschaft unzulänglicher Waffenschmiedarbeit begnügen solle;

so ist die richtige Folge, daß ich außer Nahrungs- und Contributions-Stande würde und sofort bemüßigt werde, meine innehabende Glingen-fabrique nebst allen Realitäten zu verkaufen und mich um einen anderen Nahrungszweig zu besorgen ohne rückzusehen, wie und wo meine abgerichteten fabriksleuthe zerstreut werden.

Es will also die Nothwendigkeit erheischen, daß eine gnädigste Remedur getroffen werde, wozu die Verfassung der hierländigen Sensenschmidmaister den Stoß geben möchte. Denn altbekannt ist es, daß nur 4 an der Zahl Sensenschmieden bestehen und daher viele 100 Sicheln aus Kärnten hereingeschwärzt werden.

Daher ich mich höchst Hulden und Gnaden fußfälligst empfehle, unterthänigst gehorsamster

Anton Mosdorfer, Glingenschmidmaister zu Weiz in Steyer.

Eingabe des Kammergrafenamtes:

Bey Euer Excellenz bittet in der gehorsamsten Eingabe der Klingenschmidmaister Anton Mosdorfer zu Weiz ihme bei Ermangelung der Klingenarbeit die Sichelerzeugung in hohen Gnaden zu erlauben (Es folgen Gründe und Bedingungen).

Unterthänigst gehorsamster Karl Schoißnig; Herr Kammergraf ist dienstlich abwesend.

Eisenärzt, 29. Juli 1780

Zustimmender Bescheid der Hofkammer:

An das K. K. Oberkammergrafenamt in Steiermark.

Auf dessen Bericht ddo 29. Julii wird dem Anton Mosdorfer, Klingenschmidmaister zu Weiz die Verfertigung der Sicheln gegen die vorgeschlagenen Bedingnissen ad dies vitae gestattet.

Unterschrift

Wien, den 4. August 1780

b) *Die staatlichen Manufakturen*

aa) *Die staatliche Porcellan-Manufaktur*

Zu vernehmen inen ordentlichen *Kauff- und Verkauffs-Contract* zwischen einer hochlöblichen Kgl. Ministerial Banco Deputation an einen den Claudio Innocentio du Paquier am anderen Theils verabredet und folgendermaßen beschlossen.

1. Du Paquier hat Ihre Königl. Majestät sehr beweglich vorgestellet, seine große Schuldenlast und daher unvermögend seine Fabrique zu erhalten, folgsam gebeten, die mit besonderer müh und willen auslagen errichte Fabrique nebst darauf haftenden schulden zu übernehmen, anbey auch vor seinem und seines Weibs nöthigen unterhaltung nöthigen gehalt oder pension lebenslang in gnaden ausgeworfen werden möge. Ihro Kgl. Majes. Ministerial Banko Deputation sich entschlossen, wiederholte Porcellan Fabrique käufflich an sich zu bringen.

2. Du Paquier übergibt der Banko Deputation die errichtete Porcellan-Fabrique nebst allen Vorhandenen vor 70 000 Gulden und vor 40 000 Gulden taxirten Porcellangeschirr und allen vorhandenen Materialvorrath.

3. Der Verkeuffer übergibt nach schluß dieses Contracts die ganze Fabrique nebst allen gemalten original Documenten wie auch alle arbeither oder künstler.

4. Genannter du Paquier soll so lang Ihme Gott das Leben fristen läßt, nach seinem Wißen und Gewissen mit der nöthigen Direktion vorstehen.

7. Obgemelder du Paquier erhält jährlich vor seinen unterhalt 1500 fl nebst einer zimlichen Wohnung und nach dessen Todt bekommt die hinterlassene Wittib alle Jahr 600 fl.

Wien, den 10. May 1744

Unterschrift: Du Paquier

bb) Das staatliche Tabak-Monopol

Nachdem das früher verpachtete Tabakgefälle nunmehr unmittelbar durch eine *eigene Direkzion* verwaltet werden soll, das dahin abziele, einem größeren Nutzen zum Besten der Staatsbedürfnisse und zur allgemeinen Erleichterung zu erreichen. Niemand ist berechtigt, rohen oder fabrizirten Tabak aus fremden Landen einzuführen (§ 1).

Niemand soll ohne erhaltene Erlaubnis Tabak anbauen und an jemanden andern als allein an die Direkzion verkaufen (§ 5).

Diejenigen, welche von der Direkzion fabrizirten Tabak zum allgemeinen Gebrauch verschleissen wollen, haben sich bei der Administration zu melden, welche ihnen, falls sie dazu anständig gefunden werden, die Erlaubnis ertheilen wird. Diese Verkäufer sind verpflichtet, die festgesetzten Preise, Maass und Gewicht auf das genaueste beobachten, widrigenfalls sie nicht nur ihre Erlaubnis verlieren, sondern auch wegen Betrug bestraft werden (§ 7).

Josef II.: Hofdekret vom 3. Jänner 1785

6. Die Verkehrspolizei

Man kann schwerlich ein Land genugsam cultivieren, wenn sich die Landstraßen in einem schlechten Zustand befinden. Da ein volkreiches Land sowohl unter sich selbst als auch mit den benachbarten Völkern so viel Handel hat; und die Menschen einander beständig so vielerley Bedürfnisse und Waaren zuführen, so hat man nur geringe Einsicht nöthig, um wahrzunehmen, was vor einen großen Einfluß gute Landstraßen für die Beförderung der Commercien und Gewerbe haben (§ 427).

J. H. G. Justi: Grundfeste zu der Macht und Glückseligkeit der Staaten, 1760, Bd. 1

a) Die Straßenpolizei

aa) Bau und Erhaltung der Straßen

Wir, Rudolf II., entbieten allen Unsern Unterthanen Gnad und alles Gute und geben euch gnädigst zu erkennen, wie gefährlich, übel und schädlich es an vilen Orthen im Land mit den Land-Straßen und Brucken beschaffen.

Dahero haben Wir Uns entschlossen, Unser *General-Mandat der Weg und Land-Straßen* ausgeben zu lassen. Wie wollen hiemit ernstlich: daß

1. fürehin an Orthen, wo Mauth oder Zölle seyn, die Inhaber derselben Weeg und Land-Straßen zu verbessern verbunden,
2. alsdann die Städt und Märkt soweit ihre Burgfrid reichen,
3. auf dem Land jede Dorfs-Obrigkeit

schuldig sey, alle Unterthanen, so unter solche Obrigkeit und Freiheit gesessen, auf einen gewissen Tag zusammen zu fordern und zugreifen lassen, darunter diejenigen, so Roß und Geschirr haben, mit der Fuhre, die anderen mit ihrer Handarbeit getreu und fleißig erzeigen und die Wege und Straßen brauchsamb und tauglich machen, damit berührte Wege und Trassen jederzeit beharrlich und wirklich erhalten werden mögen.

Rudolf II.: General-Straßen-Mandat v. 12. März 1594

bb) Die Straßen-Verkehrspolizei

Wir, Ferdinand I., entbiethen allen Unsern Land-Leuthen, denen dieß Unser General fürkombt, Unser Gnad und alles Gute. Wiewohl Wir euch aufferlegt und befohlen haben, die Weg und Land-Strassen zu erweitern und das Gehöltz und Staudach auf acht Klafter weit zu beeden Seiten wegzuräumen, damit die beschwärlich Raubereiy und Mörderey verhüt und Unsere Unterthanen auch andere frembde, sicherer reisen und vor Nachtheil und Schaden verhütet werden möchten, so wollen Wir verordnen, daß, wo Gehöltz bey den Strassen seyn, auff 12 Klaffter weit wegzuräumen und abzuhacken.

Wer solches zu thun unterlassen, nicht allein das Holtz, sondern auch den Grund, auff dem selbes Holtz stehet, verlohren haben sollen.

Und empfehlen euch allen mit allen Ernst und wollen, daß ihr innerhalb dreyer Monate solcher Gehöltz und Staudack abhacken und wegräumen lasset.

Ferdinand I.: Straßen-Mandat v. 18. Mai 1559

b) *Die Schiffahrts- und Hafenpolizei*

aa) *Die Sicherung der Wasserstraßen*

Wir Ferdinand I., entbieten allen, so am Wasser-Strom der Donau zwischen Wien und Crembs zu beeden Gestatten Auen haben, Gnad und alles Gute und geben euch zu erkennen, weilenden den handthirenden Personen, die die Donau mit Entgegen- und Herabführung ihrer Güter Gewerbs gebrauchen, an den rauhen Bäumen und Stöcken, so in den Furthen des Wassers ligen, an Leib und Gut merklichen Schaden und Gefährlichkeiten zugestanden, haben Wir befohlen, das Holtz in den Auen zwischen Wien und Crembs beschwerlich die grossen Stöck, Stämme und rauhen Bäume sechs Klafter weit von der Donau zwischen diß Unserer Briefs- und St. Georgen-Tag allenthalben abamissen, wegschleifen und ziehen.

Welche hier ungehorsam erscheinen, haben dann mit gebührlicher Straff zu thun.

Ferdinand I.: Mandat über die Regulierung der Donau v. 17. Februar 1540 (öfter wiederholt)

bb) *Die Sicherung des Schiffsverkehrs*

Wir, Maximilian der andere, entbiethen allen Schiff-Leuthen, so um und ausserhalb Unseres Erz-Herzogthums wohnhaft seyn und mit ihren Schiffungen Wein, Traid oder andere Kauffmanns-Waaren auf der Donau auffwärtsfahren, Unsere Gnad und alles Gute.

Dieweilen große und gefährliche Anhäng durch euch sonderlich also aber die außländischen Schiff-Leuth, welche neben dem großen Haubschiffen zwo, drey, vir und mehr Schiffungen anhängen, welches nicht allein Euch an den Gegen-Fuhren zu grosser Verhinderung und Saumsal und zu vorderlichen Nachtheil Leibs und Guts gereichen, so stellen Wir Krafft dieses offenen Generals gänzlich ab und befehlen: daß ihr euch der großen Anheng neben der Haubtschiffung, außerhalb von der Fudter-Zille, anzuhengen gäntzlich enthaltet; welcher aber das übertreten und von unseren Mauthnern betretten wird, der soll in Unsere Cammer 100 fl hungarisch in Geld verfallen seyn und dazu noch am Leib ernstlich gestrafft werden.

Maximilian II.: Generale für die Donau-Schiffahrt v. 10. Juni 1568 (und öfter)

cc) *Die Freihafenpolitik für Triest und Fiume*

Allen und jeden, was Nation, Stands oder Religion sie seyn mögen, ist erlaubt in beeden privilegirten Meer-Porten Triest und Fiume einzulaufen, um hier-

innen frey und ungehindert handeln zu können. Es ist behörig Sorg zu tragen, daß von den zur See eingeführten Waaren in die Inner-österreichischen Länder nichts ohne Bezahlung der Mauth-Gebührniß eingeführt werde (art. 2).
Alle zur See aus fremden Ländern eingeführten Waaren haben *weder Mauth und Aufschlag* zu bezahlen, wenn selbe wiederum zur See ausgeführet werden (art. 3).

Carl VI.: Instruction an die Befehlshaber der Meer-Porten Triest und Fiume v. 19. Dezember 1725

c) *Die Post*

Wir, Leopold, entbiethen allen Unsern Obrigkeiten, nicht weniger allen Post-Meistern, Verwaltern, Post-Befördern Landesfürstl. Gnad und alles Gute und geben folgende Post-Ordnung, damit Verhinderungen, Beschwörnisse, Unordnungen, Mißbräuch, Auffhaltungen abgestellet werden. Also befehlen Wir:

1. daß keiner Truhen oder schwere Sachen denen Posten auffgebe,
2. wollen Wir allen Gud-Herrschaften aufferlegen, daß sie die Post-Beförderer nicht beschwären,
3. wollen Wir jeden, so sich der Postreittern oder Fahrern bedinen, gestracks annehmen und einführen,
4. statuiren Wir, daß kein Post-Beförderer bei Einquartirung vor Kriegsvolk Beschwärung angethan;
5. allen Obrigkeiten anbefehlen, daß sie den Post-Verwaltern und Beförderern auf ihre Anreissen alle gebührliche Assistenz leisten.

Leopold I.: Post-Ordnung v. 16. April 1695 (und öfter)

7. *Die Handelspolizei*

Die Consumption ist die Seel der Gemeind, die Consumption ist der eintzige Bundschlüssel, welcher die Ständ aneinander bindet und hafftet und voneinander leben macht, ja, der Consumption wegen ist der *Kauffmann-Stand* so nöthig in der Gemeind, so groß darinnen der Bauren-Stand, dann dieser vermehrt zwar die popularität, jener aber ernehrt sie, dann alle erhalten ihre Nahrung allein vom Kauffmann. Von diesem lebt der Handwercksmann und von demselben der Bauer. Dann von einem Verläger können etlich hundert Menschen leben, davon die Bauern und von diesen der Edelmann nicht wenig Nutzen haben. Es ist leicht zu erachten, daß beede folgende Ständ, der Handwercks- und Bauernstand, von ihnen dependiren, dann von ihnen lebt der Handwercksmann und von diesen der Bauer, von diesen der Edelmann, von diesen der Landesfürst: das seynd die Ständ, welche einander vereinigen müssen (Cap. 3).

J. J. Becher: Politischer Discurs

a) *Die Binnenhandelspolitik*

aa) *Ein einheitliches Wirtschaftsgebiet durch Aufhebung der Binnenzollschranken*

Wir, Maria Theresia, von Gottes Gnaden Römische Kaiserin Wittib, entbiethen allen Unsere Kaiserl. Königl. und Landesfürstliche Gnade und geben euch hiemit zu vernehmen:

Obwohlen nun durch die Einführung dieser neuen Consumo-, Esito- und Transito-Tarifen, welche künftig in allen Eingangs benannten deutschen Erbländern auf einen gleichförmigen Fuß zu beobachten sind, die vorhinigen ungleich lautenden Zolltarifen aufgehoben werden, so haben Wir doch Unsere mütterliche Sorge zum Besten Unserer Länder noch weiter erstrecket, und wollen, daß nebst diesen alten Zolltarifen auch alle übrige bey der Aus- und Durchfuhr bishero für Unser Aerarium eingehobene *Abgaben, Imposten, Aufschläge, und andere Abnahmen,* was Namen sie immer haben mögen, die von den aus fremden Ländern *kommenden oder dahin abgehenden* Gütern durch Unsere Mautmänner bisher abgenommen wurden, *gänzlich aufhören* sollen, bis auf jene, die in gegenwärtiger Zollordnung ausdrücklich beygerücket werden (§ 7). Imgleichen haben künftig zu größerer Erleichterung des Commercial-Zuges inner Unsern Ländern alle die zwischen den deutschen Erbländern bestehende inn- und erbländische *Stückmäute, Zölle und Aufschläge gänzlich aufzuhören,* sie mögen landesfürstliche, ständische oder Privatmäute seyn, in so weit solche nicht durch Uns von neuem bestättiget werden (§ 8).

Maria Theresia: Zoll-Ordnung und -Tarif v. 15. Juli 1775

bb) Die Marktordnung der gewerblichen Wirtschaft

Alle drey Stände haben drey gefährliche schädliche verderbliche Feinde gemein, deren erste die popularität hindert und das ist das *Monopolium,* der andere verhindert die Nahrung und das ist das *Polypolium,* der dritte zerstreuet die Gemeinschaft und das ist das *Propolium* (Cap. 3).

J. J. Becher: Politischer Discurs

α) Die Verhinderung der Monopole durch die Öffnung der Zünfte

Das *Monopol* besteht darinnen, wann ein Glied in der Gemeind das allein hat in der Nahrung, wovon sonsten in der Gemeind viel andere leben können. Da das Monopolium nur einem oder deren wenigen dasjenige gibt, wovon viele ehrlich leben könnten, so folgt, daß die, welchen dadurch die Nahrung entzogen wird, verderben und aus dem Land müssen, wodurch das Land arm und depopulirt wird. Denn der Monopolist umb so viel reicher wird, als er anderer Nahrung an sich gezogen, ist es doch der Gemeind, Stadt und Land, besser, wann sie viel mittelmäßige reiche Leut hat, als wann sie arm von Menschen ist und nur etliche wenige hauptreiche Leute unter sich hat.

Wann *ein* Schuster in Wien wäre und könnten doch 50 ihrer sich darinnen ernähren, so hat dieser Schuster ein Monopolium, dann er triebe 49 Menschen auß der Gemeind (Cap. 4).

J. J. Becher: Politischer Discurs

Es sollen die handtwercker kein vereinigung oder pact machen, wie man die gattung ires handtwerckes geben, kaufen oder arbeiten soll. Wo aber darwider gehandelt, da soll schwärlich gestrafft werden (Cap. 10).

Und sollen sy (die Zunftmeister) hinfüro kainerlay gesellschaft oder versamblung in kainerlay sachen on wissen und willen eines Bürgermaister halten noch ainerlay gesetz machen (Cap. 2).

Wenn ain Maister in einem handtwerck zu sein begert, der soll sich dem Bürgermaister ansagen. Der Bürgermeister soll zween aus dem Rat zusamt zwayen geschwornen maister und gesellen des Handtwercks zu ime beordern. Dieselben soll ime (dem Kandidaten) fünf bis siben artikeln des handwercks aufgeben, darauf er antworten soll.

Er soll den gepurdtbrif bringen und das Maisterstukh zu machen nicht schuldig sein. Darnach soll er an jeden ort für ainen Maister des handtwercks gehalten werden (Cap. 18). Wenn ein maister *mer* handtwerch treiben will, so soll er für jedes eine besondere werckstatt halten (Cap. 14).

Es soll ain jeder maister Khnecht halten, sovil er nach gelegenheit zu halten weiß (Cap. 43).

Ferdinand I.: Polizei- und Handwerksordnung v. 1. April 1527

β) Die Hintanhaltung der Polypole durch das Verbot des Störgewerbes

Das *Polypolium* gibt vielen, wovon nur etliche leben können, also ist das Polypolium ein Verderb der bürgerlichen Nahrung. Denn es ist der Gemeind auch nützlicher, wenn eine gewisse Anzahl mittelmäßig reiche Leut als eine übergrosse Menge Bettler und arme Polypolisten in ihrer Gemeind hat, denn solche Leut werden im Fall der Noth oder Belagerung eines Ortes entweder aus Hunger rebiliren oder mit Schaden und Schand dem Feind zugewiesen werden.

Ließe man in Wien die Gewerbe frey, so daß noch 150 Schuster dazu (zu den 50) kämen, so wäre kein Zweiffel, das Handwerck wäre überhäuft und es würden nicht allein die vorigen 50, sondern die dazugekommenen 150 miteinander verdorben, dann würde es wenig arbeit und schmale Bissen geben (Cap. 23).

J. J. Becher: Politischer Discurs

Von der Kayserl. Majestät wird durch Herrn Land-Marschallen hiemit angezeiget. Da die hiesigen bürgerlichen Goldschmidt mit Beschwär einkommen, daß zuwider den Patenten von Anno 1598, 1611 und 1619 sich um und vor der Stadt je länger je mehr Störer, Juden und Tändler hauffenweiß einschleichen, derweilen sie den Goldschmiden großen abbruch an ihrer Nahrung zur Verderbung ihrer armen Weib und Kinder thun, wird befunden, daß derley *Störer, Stimpler, Winckelarbeiter* als ein herrenloses, nirgends ansessenes, unverpflichtetes, auch schädliches Gesindel, keineswegs zu dulden, sondern billich abgeschlossen und von der Stadt wie auch von den Vorstädten zu vertreiben.

Ferdinand II.: Patent gegen störerische Goldschmid v. 2. Mai 1636 (und öfter, ähnlich für alle Branchen)

γ) Die Einschränkung der Propole durch Sicherung des Freikaufes

Das *Propolium* ist auf deutsch der *Vorkauf*. Diesem übel ist umb so viel böser zu steuern, je größeren Schaden Schein an Billigkeit und raison es hat, dann es will einem verwehren, daß er nicht zur rechten Zeit vor anderen und vor der ersten Hand einkauffe, denn darin bestehet einzig und allein der Vortheil eines Handelsmannes. Dieses aber macht noch kein propolium, sondern das wird ein propolium, wenn durch den Vorkauf verursacht wird, daß niemand anders zu dem freyen Einkauf gelangen kann (Cap. 23).

Die Käufer machen unter sich Vertrag, daß sie nichts kauffen noch verkauffen wollen, als um diesen oder jenen Preyß (Cap. 24).

J. J. Becher: Politischer Discurs

Was das propolat mit den Gesellen anbelangt, so ist bei den Handtwerkern ein sehr beschwerlich Ding, denn bald kann man sie haben, wann wenig zu arbeiten, bald kann man sie nicht haben, wo viel zu arbeiten, ja, wann die Gesellen wissen, daß der Maister am nöthigsten zu arbeiten, gehen sie fort;

welches alles sie wohl bleiben lassen, wann sie nicht ein heimlich propolat dazu animiert (Cap. 25).

J. J. Becher: ebenda

Woferne Gesellen unter irgends einigen Prätext sich gelüsten liessen, einen Aufstand zu machen, folglich sich zusammen zu rotten, bis ihnen in dieser oder jener Beschwärde gefüget werde, keine Arbeit mehr zu thun oder selbst hauffenweis auszutreten und was darinnen einschlagenden rebellischen Unfuges mehr wero.

Dergleichen Frevler oder Missetäter sollen nicht allein mit Gefängniß, Zuchthaus, Festungsbau oder Galeeren-Straf beleget, sondern auch nach Beschaffenheit der Umstände am Leben bestrafet werden (Cap. 5).

Carl VI.: Handtwercks-Ordnung v. 19. April 1732

δ) Die Lenkung der Nachfrage durch Eindämmung des Luxus

Weilen wegen kostbaren Waaren und Kleidung vil Familien und andere wohlhabende Leuth in Ruin geraten:

also hat Uns für nothwendig angesehen, durchgehend und universaliter zu verbiethen, nemblich:

die ganz guldene und silberne Stuck, wie auch andere mit Gold und Silber eingetragene Zeug, deren Elen über sechs, acht und höchsten zehn Gulden werth;

item ganz guldene und silberne Porten, Spitz, Gallonen, Frantzen und anderes Gestickwerck, dern Elen über drey, vier und höchstens sechs Gulden kostet;

die seidene Spitz, von was für Farben sie seyn, deren Elen über ein, zwei und höchstens drey Gulden;

item die seidenen Bänder, deren Elen im Werth über einen Reichsthaler; item allen Sammet und seidene Zeug und Procat zu Kleidern, deren Elen über vier, fünff und höchstens sechs Gulden werth ist.

Leopold I.: Patent über die Kleiderordnung v. 27. Mai 1686

b) Die Außenhandelspolitik

aa) Die Maximen der Außenhandelspolitik

Bei den *ausländischen Commercien* kommt es darauf an, daß eine Nation ihren Überfluß anderen Nationen überläßt, um davor nothwendige Waaren zu erhalten (§ 585). Die Commercien, die ein Volk treibt, bestehen entweder in einem Activhandel oder in einem Passivhandel. Unter *Activhandel* versteht man, wenn ein Volk seine überflüssigen Güther anderen Nationen selbst zuführet. Der *Passivhandel* hingegen zeiget an, daß andere Nationen uns die Waren, die wir nöthig haben, überbringen und davor unsern Überfluß abholen. Da durch den Activhandel noch Menschen ernähret und die Kosten der Fracht im Lande bleiben, so ist es vor ein Volk allemal vorteilhafter, den Activhandel zu treiben (§ 586).

In Ansehung des inneren Wesens der Commercien kann man sie in drey Hauptarten eintheilen.

Die *erste* ist, wenn man auswärtige Waaren zum Verbrauch ins Land kommen läßt und davor Geld außer Landes sendet. So treibt dieses Volk einen sehr nachtheiligen Handel, denn es kommt der Zeitpunkt, daß dieser Handel von selbst aufhöret. Wenn dieses Land kein Geld mehr hat, die Waaren der Ausländer zu bezahlen, so nehmen die Commercien von selbst ein Ende (§ 588).

Die *zweyte* Art des Handels ist, daß man Waaren von anderen Völkern abholet, um sie wieder an andere Völker zu verkaufen. Dieser ist ein vorteilhafter Handel. Dieser Handel kann nicht länger bestehen, als die zwey Nationen, mit welchen wir Handel treiben, einfältig genug sind, daß sie ihren wahren Vortheil nicht einsehen (§ 589).

Die *dritte* Art des Handels gründet auf den eigenen Landesprodukten. Die Landesprodukte beruhen fast allein auf den Manufakturen, weil man heute möglichst vermeidet, die Güter roh auszuführen, weil man einsehen gelernt hat, daß diese rohen Materialien vielen Menschen Beschäftigung und Nahrung geben können, wenn sie im Lande bearbeitet werden (§ 590).

J. H. G. Justi: Grundfeste zu der Macht und Glückseligkeit der Staaten, 1760, Bd. 2

bb) Die orientalischen Handels-Compagnien

Wir, Carl VI., entbiethen Unsern nachgesetzten Obrigkeiten, insonderheit denen Kauf- und Handels-Leuten, Landesfürstliche Gnad und alles Gute und fügen euch zu wissen. Nachdem Wir beobachtet, daß die Commercien gäntzlich darniederliegen und dahero wiederum zu erheben nicht allein die hiezu erforderlichen Veranstaltungen und Regulirung der Mauthen usw. dienlich, haben Wir Uns entschieden, einer gegen Orient zu Land und auf den Flüssen unternehmenden Commercii nunmehr angehenden Compagnia oder Societät folgende Privilegien allgnädigst zu bestätigen und zu verleihen.

1. Solle männiglich In- und Ausländer frey stehen, in diese Societät einzutreten und mit so viel Einlags-Quoten, deren eine auf 1000 fl Rheinisch taxirt ist, als jeden beliebet, einzulegen.
2. Ihre Compagnia unter dem Namen einer *Kayserlich-privilegirten orientalischen Compagnia* mit allen Kaufmannsgütern und Waaren, die verbotenen ausgenommen, in die Türkische Länder all „in grosso" *zu handeln.*
3. Zu solchem Ende die Compagnia zu Wien, in Belgrad und wo sie es nöthig findet, Niederlagen anzustellen;
4. wollen Wir der Compagnia hinsichtlich der Inländer den Mitkauf und hinsichtlich der Ausländer den Vorkauf gestatten.
5. Selbst neue Manufakturen, so in Unsern Ländern noch nicht sind, ertheilen Wir die Privilegien.

   Ebenso versehen Wir die Compagnia mit Unserem Schutz-Brief, um den Zünften nicht unterworfen zu seyn.
6. Wir haben allgnädigst zugestanden, daß die Compagnia von allen in die Türkey führenden Waaren und von den aus der Türkey führenden orientalischen Waaren drey per conto bezahlen soll.
7. Wir haben dem von der Compagnia einlegenden Capital-Fundi die Immunität verliehen, daß auf diese Einlagen kein gerichtlich Verbot noch Steuern in spezi *Vermögen-Steuer* beleget werden möge.
8. Es soll der Compagnia freystehen, ihren Vorsteher und Directores und übrige Officianten selbst zu erwählen und soviel das Capo betrifft zu Unserer Genehmigung vorzuschlagen und zu präsentiren.
9. Wenn über lang oder kurz mit der ottomanischen Horde ein Krieg entstünde und die Compagnia in ein schädliches Stocken geriete, dann kann sie sowohl in das Königreich Hungarn als in angränzende Erb-Länder ihren Trassito hin und wieder treiben.

10. Unsere privilegirte Compagnia und deren Membra wird in Commercien-Wesen unter keine andere Instanz als dem hiezu angestellten *Wechsel-Recht* stehen.

Schließlich wollen Wir, als Supremus Protector dieser Unserer Compagnia nicht nur diese Privilegien kräftig schützen, sondern auch solche mit mehreren begaben und begnaden.

Mit Urkund Unseres offenen Patents gegeben zu Laxenburg, den 27. Mai 1719

8. *Die Geld- und Kreditpolitik*

Als die Menschen tausenderley Dinge zur Nothdurft und Bequemlichkeit des Lebens erfanden und mithin ein Mensch nicht im Stande war, seine sämtlichen Bedürfnisse selbst zu gewinnen und zu verfertigen, so konnte er sich dasjenige, was er von andern nöthig hatte, auf keine andere Art verschaffen, als daß er dasjenige, was er überflüssig hatte, davor hergab. Dadurch entstand der Handel, allein es mußten sich zeitig Schwierigkeiten zeigen: erstlich, daß die Waaren in Ansehung ihrer Unentbehrlichkeit und Seltenheit einen verschiedenen Werth hatten und dahero der Vergleich schwer war, und sodann, daß derjenige, welcher die Waare überflüssig hatte, nicht diejenigen nöthig hatte, welche der andere hingeben wollte (§ 680).

Man mußte solche Mittel für den Tausch wählen, die allgemein anerkannt wurden. Aus dieser Ursache waren auch die Vergütungsmittel nicht mehr gleichgültig. Alle nothwendigen Eigenschaften hat man in den Metallen *Gold* und *Silber* gefunden (§ 682).

Der richtige Begriff, den man sich von dem Gelde in Ansehung seines Verhältnisses gegen die Güter machen muß, ist, das man es als ein *allgemeines Vergütungsmittel* aller Waren und Güter betrachtet (§ 691).

Man kann sagen, der Umlauf des Geldes ist ein oft wiederholter Zusammenfluß des Geldes und der Waaren, die sich beständig wieder in alle Theile des Nahrungsstandes zertheilen (§ 697).

Es ist leicht einzusehen, daß kein Nahrungsstand einen guten Zusammenhang hat und blühend werden kann, wenn nicht eine gemeinsame Menge Geldes sich in Circulatio befindet (§ 698). Wenn die Summe des im Land circulirenden *Münzgeldes* nicht zureichend ist, so ist es ein gar gewöhnliches Mittel, daß man aus den Schulden eines Staates ein *Banko* errichtet und deren Papiere als *bares Geld* circuliren läßt (§ 701).

J. H. G. Justi: Grundfeste zu der Macht und Glückseligkeit der Staaten, 1760, Bd. 2

a) *Die Regelung des Münzgeldes*

Wir, Leopold, entbiethen allen Unterthanen Unsere Gnad und geben zu vernehmen.

Dieweilen allerhand frembde Hand- und Scheid-Müntz in Unsere Lande häufig eingelauffen und dadurch Unsere Müntz fast ganz hinaußgezogen worden. So Wir zu grossen Nachtheil und Schaden Unserer Länder dieser nicht länger zu verstatten gedacht seyn und damit dadurch der gemeine Mann nicht zu Schaden komme, also ordnen Wir, daß frembde Müntz noch fortan gangbar bleiben, jedoch nachfolgende Sorten nicht höher dann in folgenden Werthen getauscht. Wann einer sich unterstehe, einen höheren Werth aufzuzahlen oder anzunehmen, soll er mit empfindlicher Straff beleget werden.

Leopold I.: Müntz-Satzordnung v. 31. Mai 1659

Satzung: Reichs-Thaler	90 Kr	Philipps-Thaler	1 fl 40 Kr
Haller-Thaler	45 Kr	72ger Thaler	1 fl 34 Kr
		Silber-Cronen	1 fl 44 Kr

(v. 3. Dezember 1623)

b) Die Ausgabe von Banknoten

Es ist Unsere heylsame Intention, welche Uns zur Einführung und Eröffnung dieses Banco *(Banco del Giro)* bewogen hat, nicht weniger dessen Dotierung und Sicherheit sambt dessen Privilegio und Administrationsarten von Uns unter heutigen dato gnädigst ertheilten Fundations-Diplomato zu genügen abzunehmen.

Das Collegium soll am allerersten die Vermögen des Fundations-Diplomatis einlegen und noch weiters von Uns und anderen Particularen oder baare Mittel auf die benennte Cameral-Fundos hinaus ertheilten Assignations-Quittungen in Empfang nehmen, denen Privatis aber dafür die gewöhnliche Banco-Zettel extradiren lassen.

Ein oder anderer dieser auff dem Banco situirten assignatorium seine assignation an andere weiters ciriren wollte, so jeder zu thun befugt ist.

Formel der Giro-Zettel:

„Anweisung krafft welcher bei der Kayserl. Banco del Giro von einem daselbst habenden Auanzo den NN eine Summe von Gulden x gutgeschrieben werden solle, Wien, den", worunter des Anweisers Fertigung mit Handschrift zu stellen ist.

Leopold I.: Ordnung der Banco del Giro v. 15. Juni 1703

Wir, Josef, entbiethen und thun kund: wie allen bekannt seyn wird, hat Unser Herr Vater zur Hebung und Festigung des Credites das Institutum eines Banco eingeführt. Es hat aber daran gestoßen, daß die gewidmeten Mittel unterbrochen worden oder nicht zum Effekt gebracht. Dahero haben Wir zur Fortsetzung und Perfektionierung befohlen: daß Unserer Haupt- und Residenz-Stadt Wien selbige (die Bank) zum Eigentum übergeben werde *(Wiener Stadt-Banco)*. Die Stadt Wien soll die Banco fortführen und unsere Schuld, als Schuldner und Zahler übernehmen.

Wir haben zu verordnen erachtet, daß auf diesem Banco kein Kapital mit größerem Interesse oder Zins als zu fünff per cento angelegt oder aufgenommen solle werden.

Josef I.: Patent über die Wiener Stadt-Bank v. 24. Dezember 1705

Wir, Maria Theresia, entbiethen allen Unseren Obrigkeiten und Unterthanen Unsere Gnad und alles Gute.

Es ist jedermann begreiflich, daß die aus der Uns abgenöthigten Gegenwehr erfolgte Kosten auf den noch fürwährenden Preußischen Krieg einen außerordentlichen, die Einkünfte weit übersteigenden Aufwand erfordert haben und noch erfordern.

Wir haben Uns ein von Unser Ministerial-Baues-Hof-Deputation vorgeschlagenes Hilfsmittel gnädigst gefallen lassen, daß nämlich der Wiener Stadtbanco nach und nach zu Bestreitung der nothgedrungenen Kriegsaufgaben *zwölf Millionen Bank-Zettel* gegen den ausstellte, die Wir gegen ausgefertigte Recesse ertheilet haben.

Damit aber jedermann wisse, was diese Bankozettel eigentlich für eine Beschaffenheit haben und wie und wo solche gebraucht und angewendet werden möge.

So stellet die Wiener Stadtbanco für zwölf Millionen auf fünferley Summen nämlich 5, 10, 25, 50 und 100 fl seine Bankozettel aus und wird von jeder Gattung folgende Anzahl verfertigt.

900 000 Zettel von	5 fl, welche betragen	4 1/2	Millionen	
350 000 Zettel von	10 fl, welche betragen	3 1/2	Millionen	
100 000 Zettel von	25 fl, welche betragen	2 1/2	Millionen	
20 000 Zettel von	50 fl, welche betragen	1	Millionen	
5 000 Zettel von	100 fl, welche betragen	1/2	Millionen	
1 375 000 Zettel		12	Millionen	(§ 1).

Die gesamten Bankozettel sind unter einem gleichen Dato, das ist der 1. Juli 1762, ausgefertigt (§ 2).

Die Bankozettel werden bey allen *Kaiserl. Königl. Contributional- und Cameral-Kassen,* nicht weniger in den Bankokassen zur Hälfte der dahin zu leisten habenden abgaben in ihrem vollen Werth als bares Geld angenommen (§ 3).

Ungeachtet diese Bankozettel zwischen Uns und Unsern Unterthanen sowohl als zwischen dem Banko und derselben eine Art des Gelds vorstellen, nachdem dieser von Unserem Aerario und dem Banko an Zahlungsstatt ausgegeben werden, haben Wir gleichwohl, da Wir allen Zwang vermeiden wollen, Uns allermildest vorgesetzet, die Ansehung desselben unter Privatpersonen keineswegs gebieten, sondern daß niemand wider seinen Willen weder für baares Geld noch an Zahlungsstatt anzunehmen gezwungen seyn solle (§ 6). Wir setzen, daß diese Bankozettel in allen Unsern Constitutions- und Cameral-Kassen zum vollen Werth, in allen Abgaben und Zahlungen zur Hälfte der zu leistenden Abgabe mit Zulage der anderen Hälfte in baaren Geld wie baare Münze angenommen werden sollen (§ 7).

Maria Theresia: Patent über die Banko-Zettel-Ausgabe v. 15. Juni 1762

c) *Die Kreditorganisation*

Wenn sich jemand um eine *Verleihung einer Summe Geldes gegen Versatz* bey dem Verwalter (des Leyh-Hauses) meldet, hat dieser den Versatz durch den Schätzer schätzen zu lassen und nach der Schätzung folgende Richtschnur zu nehmen:

auf Gold und Silber von jedem Gulden des geschätzten Wertes .. 45 Kr,
auf Juwelen .... 30 Kr,
auf alle anderen Versätze aber von jedem Gulden .... 20 Kr

gegeben werden solle (§ 14).

Es sollen von den versetzenden Parteien dem Leihhaus 4 Prozent nach Verhältnis der Zeit und der dargeliehenen Summe bezahlet werden;

wenn aber das Darlehen unter einem Gulden ist, wird davon gar kein Interesse gegeben (§ 20). Jede Partey hat innerhalb 6 Wochen, vom Tage des gemachten Versatzes an gerechnet, ihren Versatz gegen Rückzahlung des empfangenen

Kapitals und der Interessen auszulösen, als sonst dasselbe *öffentlich versteigert* und dem Meistbietenden ausgehändigt wird (§ 21).

Stiftungsurkunde des Leyh-Hauses zu Salzburg v. Jahre 1747, gegründet von Erzbischof Jakob Ernst Graf von Lichtenstein

D. Die landesfürstliche Fürsorgepolitik: die staatliche Sozialpolitik

1. Das allgemeine Arbeitsrecht

a) Die Pflichten der Dienstnehmer

Das Band, welches sie an die häusliche Gesellschaft knüpfet, bestehet in einem ausdrücklichen oder stillschweigenden Beding, wodurch dieselbe sich in die Dienste verdingen und in solche aufgedungen werden (2).

Die *allgemeinen Dienstpflichten* bestehen in Gehorsam, Fleiß, Treue und ehrbaren Wandel, welche ein jeder Herr von seinen Dienstleuten zu fordern und selbe auch gestalter Dingen nach mit mäßigem Zwang hiezu anzuhalten berechtigt ist (8).

Weder der Diener kann sich während der Dienstzeit seinem Herrn entziehen, noch darf jemand anderer denselben abwendig machen. Widrigens ist der Herr gefugt, nicht allein den flüchtigen Diener aller Orten in Anspruch zu nehmen, damit derselbe anwiederum in seinen Dienst gestellet werde, sondern auch Denjenigen, welcher ihn abwendig gemacht oder wissentlich einen Aufenthalt giebt, zur Ausfolgung unter einer nach richterlichen Befund zu bestimmenden Geldstrafe nebst Ersetzung der erweislichen Dienstversäumniß und aller Schäden und Unkosten zu belangen (9).

In Dienst selbst müssen sich Dienstleute ehrlich, fromm und getreu aufführen, ihrem Herrn geziemende Ehrerbietung und Gehorsam bezeugen, desselben *Nutzen befördern, Schaden abwenden* und den ihnen anvertrauten Dienst mit allem erforderlichen Fleiß verrichten (12). Was einem frommen und redlichen Lebenswandel entgegen ist, dieses lieget dem Herrn ob, durch ernstliche Ermahnungen und gutes Beispiel so viel wie möglich, zu verbessern, hierinnen nicht nachzusehen, noch viel weniger sie durch gebende Aergerniß in dem Bösen zu bestärken (13).

Unehrerbietigkeit, Ungehorsam in billigen Sachen, Widersetzlichkeit und dergleichen Unfug, der unmittelbar gegen den Herrn oder gegen die Seinige laufet, ist derselbe nicht nur scharf zu verweisen, sondern auch gestalter Dinge nach *mit mäßiger Züchtigung* zu ahnden, und, da dieses nicht verfinge, den widerspänstigen Dienstboten vor Ausgang der Dienstzeit zu *entlassen*, auch allenfalls eine empfindlichere Bestrafung bei Gericht anzusuchen berechtiget (16).

Codex Theresianus, Cap. VII, § 1

b) Die Pflichten der Dienstherrn

Dagegen ist aber auch der Herr verbunden, denen Dienstleuten alles Dasjenige zu reichen, was denenselben bedungen worden, und er kann auch einen Dienstboten vor Ausgang der bestimmten Zeit ohne erheblicher Ursache wider dessen Willen des Dienstes nicht entlassen (20).

Ist kein gewisser Lohn und sonstiger Gehalt bedungen, sondern dessen Ausmessung von dem in die Dienste Tretenden dem Herrn überlassen worden, so hat dieser das Recht, einen ihme billig scheinenden Lohn seiner Zeit aufzuwerfen.

Wo aber der Herr dem Diener gestattet hätte, einen Lohn, den er verdienet zu haben glaubete, anzubegehren, so mag der Diener solches thun (21).

Worwider die Einwendungen, daß ein Dienstbot ein wenige Zeit seinem Dienst nicht vorgestanden, daß während dem seinem Dienst ein Schaden geschehen seie, daß sich dessen Arbeit verminderet habe und dergleichen, zur Aufhaltung des Lohns nicht zureichend sind, wann derselbe durch Krankheit oder sonstigen Zufall eine kurze Zeit seinem Dienst abzuwarten verhinderet worden, an dem Schaden keine erweisliche Schuld trägt, und der Lohn nicht nach der Menge der Arbeit, sondern nach der Dienstzeit verglichen ist (26).

Dahingegen ist der Herr bei länger anhaltender Krankheit eines Dienenden den Lohn zu zahlen nicht verbunden; es würde dann von dem Diener ein anderer zu dieser Dienstleistung Tauglicher und dem Herrn Annehmlicher für die Zeit seiner Krankheit anstatt seiner bestellet (27).

Doch hat der Herr in Krankheitsfällen für die Wiedergenesung des Dieners zu sorgen (28). Wo er aber *Unkosten* darauf verwendet hätte, kann er solche zurückfordern oder sich abdienen lassen, wie dann auch ihme die vorgeschossene Begräbnisunkosten aus des Dieners Verlassenschaft zu ersetzen sind (28).

Übrigens ist ein Herr seinen Diener zu schützen, gegen unbillige Zudringlichkeiten zu vertheidigen, ihme den des Dienstes halber an dessen Sachen ohne eigener Schuld erleidenden Schaden zu ersetzen, und wegen etwan in einer anbefohlenen gefährlichen Verrichtung oder aus sonstiger Veranlassung des Herrn widerfahrener Beschädigung an dessen Leib und Gliedern *Genugthuung zu leisten schuldig,* und hat hierinfalls der Richter den sich beschwerenden Diener nach der sich aus der Tat selbst ergebenden Billigkeit klaglos zu stellen (30).

Codex Theresianus: Cap. VII, § 2

c) *Der Kinder- und Jugendschutz*

Es wird anbefohlen:

1. müssen die Mädchen und Knaben in den Schlafzimmern gänzlich abgesondert werden,
2. darf in einem Bette nur ein Kind und nicht mehrer liegen,
3. müssen die Kinder alle Wochen wenigstens einmal durch Waschen und Kämmen gereinigt und gesäubert werden,
4. muß den Kindern alle acht Tage neu gewaschene Wäsche, Hemden etc. gegeben werden,
5. alle Monate müssen die Bettstätten gereinigt und die Leintücher mit neu gewaschenen gewechselt werden,
6. Zweimal des Jahres, nämlich im Frühjahre und Herbste hat der Kreis-Physikus diese Kinder zu visitiren und das Nöthige zu verordnen,
7. haben über alle vorstehenden Puncte das Kreisamt, die Ortsobrigkeit und die betreffenden Seelsorger die Aufsicht und Obacht zu tragen, und darüber vierteljährig unter eigener Dafürhaftung den Bericht zu erstatten.

Cabinettschreiben über Kinderschutz v. 20. November 1786;

nach: J. J. Knolz: Darstellung, Verfassung und Einrichtung der Baumwoll-Spinnerei-Fabriken in Niederösterreich, Wien 1843, S. 42 f.

1. Das zurückgelegte *12. Lebensjahr* ist in der Regel als das Alter festgesetzt, nach dessen Erreichung die Jugend beiderlei Geschlechts zur *regelmäßigen Arbeit* aufgenommen werden darf.
2. *Ausnahmen* von dieser Regel sind unter folgenden Bedingungen zu gestatten:
   a) daß die aufzunehmenden Kinder wenigstens das neunte Lebensjahr zurückgelegt haben,
   b) daß sie vor ihrer Aufnahme durch 3 Jahre den Schulunterricht empfangen haben,
   c) daß zur Verwendung derselben die Bewilligung der Ortsobrigkeit eingeholt werde, welche sie nur nach vorläufiger Überzeugung von der Erfüllung dieser Bedingungen zu ertheilen hat,
   d) daß für eine angemessene Fortsetzung des Religions- und Schulunterrichtes solcher Kinder — solange sie im schulpflichtigen Alter sind, — gesorgt werde.
3. Zur Hintanhaltung übermäßiger, gesundheitsschädlicher Anstrengung der in Fabriken verwendeten Jugend ist ein Maximum der Arbeitszeit festgesetzt, welches vom 9. bis 12. Jahre täglich in *10 Stunden*, vom 12. bis 16. in *12 Stunden* zu bestehen hat. Diese Arbeitszeit muß immer durch eine Ruhe von wenigstens einer Stunde unterbrochen werden. Vor dem zurückgelegten 16. Jahre ist die *Beschäftigung zur Nachtzeit*, d. i. von 9 Uhr abends bis 5 Uhr morgens gänzlich untersagt.
4. Die Fabriksinhaber haben für die Bewahrung guter Sitten in ihren Werkstätten und Anstalten, insbesondere für die Hintanhaltung von Verführung und Ärgerniss von Seite der erwachsenen Fabriksarbeiter zu sorgen.
5. Übertretungen dieser Vorschrift sollen an den Fabriksherrn oder deren Vertreter von den politischen Obrigkeiten mit Geldbussen von 2 bis 100 fl. Conv. Mze., nach Beschaffenheit der Umstände geahndet werden; bei wiederholten Übertretungsfällen ist den betreffenden Fabriksinhabern die Bewilligung zur Aufnahme und Verwendung von Kindern unter 12 Jahren ganz zu entziehen.
6. Den Ortsobrigkeiten, Schuldistricts-Aufsehern und Seelsorgern liegt die Pflicht ob, für die Aufrechterhaltung dieser Vorschriften zu sorgen, und sich von deren Befolgung durch zeitweise Nachsicht in den Fabriken zu überzeugen.

Hofkanzleidekret über den Kinderschutz v. 11. Juni 1842;
nach: J. J. Knolz: Darstellung, Verfassung und Einrichtung der Baumwoll-Spinnerei-Fabriken in Niederösterreich, Wien 1843, S. 28 ff.

d) Die Vorsorge für die Krankheit

Vorsorge für die Handwerksgesellen

Ob sich ergäb, das ain handtwercksgesell bey aynem Maister krankh wurde, und der Maister ime, so guetwillig ist und *in seiner Krankheit aufhelft* biß er wieder gesundt würdt, so soll derselb handwerchsgesell von dem Maister wider seinen willen nit abschaiden, biß er im solchs abdient, mit paarem gelt bezalt oder sonst daran der Maister zufriden ist (Cap. 44).

Wär aber sach, das ain kranker handtwerchsgesell bey seinem Maister *nicht* underhaltung hat und selbs so arm wäre, das er sich nicht unterhalten kann, so soll ime die geschworenen Maister und Gesellen mit den verordneten aines Rats aus dem gelt, so sy in irer *Büchsen* zu dem Gotsdienst oder Almosen haben, ain zimlich darstrecken thun. Doch soll er angeloben, daß er on ir erlaubniß von dannen nit ziehen well. Er hab dann sollichs ehe bezahlt oder zufriden gestelt, und das sol er also, sofern in leben bleibt, thun. War aber sach, das er mit todt vergieng, so sollen die geschworenen Maister und Gesellen sambt den verordneten Rats sein gelassen guet inventieren, das Jar und Tag behalten, ob des abgestorbnen gesellen freundt bezalle.

Khäme aber innert jahrfrist niemand, so sollen sy das schätzen lassen und verkhauffen und sich des so dem gestorbnen dargesteckte bezallen (Cap. 45).

Ferdinand I.: Neue Polizei- und Handwerksordnung v. 1. April 1527

Vorsorge für die Fabriksarbeiter

Damit die Inhaber von Fabriken im eigenen Interesse angehalten werden, alle Krankheit erzeugenden Schädlichkeiten von den Fabriksarbeitern und den in den Fabriken verwendeten Kindern hintanzuhalten und sich der Aufrechterhaltung eines guten Gesundheitszustandes unter denselben fortan zu befleißen, sind erstere verpflichtet, alle *Cur- und Verpflegskosten* für ihre an sporadischen oder epidemischen Krankheiten erkrankten Fabrikarbeiter zu bestreiten, sowie alle jene Fürsorgen zu treffen, damit allen Erkrankten die erforderliche *unentgeltliche* ärztliche Behandlung, Wartung und Pflege entweder in den Krankenzimmern der Fabrik oder in anderen öffentlichen Spitälern zu Theil werde.

Regierungsverordnung v. 14. Dezember 1816, Z. 44925;
nach: J. J. Knolz: Darstellung der Verfassung und Einrichtung der Baumwoll-Spinnerei-Fabriken in Niederösterreich, Wien 1843, S .44

e) Die Vorsorge für das Alter

Die Vorsorge für die Armen und Dienstboten

Aus Kayserl. Majestäts ergangenen Befehl wird kundgethan:

die inländischen würdigen Bettler sollen im ganzen Land Österreich von den Grundobrigkeiten und Gemeinden, all wo sie gebohren oder erarmet seynd, mittelst Reichung der Haus-Manns-Kost oder patentmäßiger Verpflegung *versorget* werden; an nebst die Dienstboten, verwaiste Kinder und mehr der gleichen andere Unglück-Fälle kraftlos, alt und mühselig gewordene Leute fernerhin aus der *Armen-Leut-Cassa* nach Proportion der Bedürftigkeit, soviel es die Mittel der Cassae zulassen, hinlänglich erhalten werden sollen.

Carl VI.: Polizei-Ordnung v. 16. Oktober 1732

Das „Pensions-System" der Bergleute und Hammergesellen

Das Pensions-Kassen-Statut

Pensions Sistem, welches in Betref der unter 19. Juni 1799 entworffenen und durch Intimat von dem Wohllöbl. K. K. Oberbergamt und Berggerichte in Vordernberg am 25. Jänner 1800 Nr. 138 begenehmigten *Bruderlaade* zur Versorgung der im Grazer Viertl durch Alter oder anderen Unglücksfällen Dienst untauglichen Hammerarbeitern bei den am 3. April 1800 abgehaltenen Viertelsitzungen errichtet und nachhin unterm 26. Märzen 1801 bestättiget worden ist.

1. Wird unter der Gräzerl. Eisenhammerl. Viertels Gewerkschaft festgesetzet, daß jeder Hammer- und Blecharbeiter, welcher nicht über 50 Jahre alt ist, und während oder durch die Arbeit auch anderer Leibes-Gebrechen wegen so verunglücket wird, daß er nicht mehr arbeiten kann, sich der Wohltat einer *Pension*, ohne eine gewissen Zeit in diesem Viertel gedienet zu haben, zu vertrösten habe *(Invalidenrente)*.

2. Wird denen pensionsfähigen Hammerschmieden eine jährliche Pension von 36 Gulden zugesichert *(Altersrente)*. Jedoch kann dießes bestimmte Quantum nach Umständen vermindert, aber niemals vermehret werden, es seye denn, daß sich der um Pension bittende Hammerschmied auszuweisen vermöge, daß er entweder mehrere taugliche Hammer- und Blecharbeiter abgerichtet, oder sich zur Kostenersparung oder Emporbringung des Hammerwerks Manipulation besonders verwendet habe.
3. Die Hammerknechte erhalten, wenn sie pensionsfähig werden, jährlich 24 Gulden.
4. Einer armen zu keiner Arbeit mehr tauglichen hinterlassenen Witwe werden jährlich 12 Guld. zugetheillet *(Witwenrente)*.
5. Ein in der Ehe erzeugtes armes verwaißtes Kind, das noch nicht 7 Jahre alt ist, soll jährl. mit 6 Guld. beschenket werden, welch Betrag jenem Hammergewerken zu verabfolgen ist, in dessen Gegend das verwaißte Kind aufgezogen wird, damit er besorge, daß die 6 Guld. zum Besten des Kindes verwendet werde *(Waisenrente)*.
6. Ist eben jener Hamergewerk, in dessen Gegend ein so verwaißtes und pensioniertes Kind sich befindet, verpflichtet, zu besorgen, daß solches, wenn es 7 Jahre erreicht hat, irgendwo im Dienste untergebracht werde.
7. Hat ein jeder Hammergewerk bei dem jährlichen Viertels-Congresse/: welcher allzeit vor dem Palmsonntage in Graz abgehalten werden will:/ ein genaues Verzeichnüß seiner Hammerarbeiter einzureichen.
8. Muß jeder Hammer- oder Blecharbeiter seine Bittschrift um Pension bei dem für alle Jahre im obigen § bestimmten Congreße : wenn es anderst seine Gesundtheits Umstände zulaßen:/ persönlich einreichen, und solche mit einem von seinem zu lezt in Arbeitgestandenen oder noch stehenden Hammersgewerken schriftlichen Zeugnüße belegen, welches die Jahre seiner Dienstleistung, seine Aufführung und dazu die zur Überkommung einer Pension nothwendigen Beweggründe anzeiget und beweiset.
9. Sollte aber die persönliche Einreichung des Bittwerbenden aus gegründeten Ursachen nicht geschehen können, so hat der betreffende Gewerk die Bittschrift und das Zeugniß bei dem bestimmten Congreße vorzulegen, damit zu gleicher Zeit die Pensionssumme bestimmet und erhoben werden könne.
10. Bei der obbesagten Zusammenkunft, wo die Pensionen bestimmet und erhoben werden, ist der Betrag für das ganze Jahr in die Theille auf die Zerrensteuer verhältnißmäßig zu berechnen und von jedem Hl. Gewerken in Gegenwart der ganzen Versammlung zu bezahlen, wo zugleich die Vertheillung zu geschehen hat, und die Beträge gegen Schein hinausgegeben werden sollen, damit der betreffende Gewerk, wo sich ein oder mehrere Pensionisten befinden, sogleich seine Austheillung an sie machen könne. Anbei ist jeder Gewerk verbunden, den Sterbtag eines derley Pensionisten dem Viertelsmandatar sogleich anzuzeigen, damit die weitere Auszahlung der Pension dadurch eingestellet, oder der schon für das ganze Jahr hinausbezahlte Pensionsbetrag pro rata zurückgezahlet werde. Auch hat jener Hammersgewerk, bei welchem sich ein pensionierter Arbeiter befindet, bei dem jährlichen Congresse das Zeugnüß, daß der Pensionist noch am Leben seye, dem Viertels Mandatar vorzuweisen.
11. Es entstehet die Nothwendigkeit, daß jeder Hammergewerk bei dem erwähnten Congreße entweder in eigener oder hiezu genugsam bevollmäch-

tigter Person nicht für den Fall, wenn derselbe einen Pensionsfähigen anzuzeigen hat, sondern allzeit unausbleiblich zu erscheinen habe.

12. Ist eine eigene Pensions-Rechnung zu führen, welche bei vorbemelten Viertels Congresse den Herren Hammersgewerken zur Einsicht und Adjustirung vorzulegen ist.

13. Hat auch bei dem in § 7 bestimmten jährlichen Viertels-Congress alle 3 Jahre die Wahl des künftigen Viertels Mandatar zu geschehen, bei welchem demselben auch die fälligen Akten werden übergeben werden.

14. Es wird jeder Hl. Hammersgewerk durch eine Abschrift der gegenwärtigen Satzungen mit dem Beisatze verständigt, daß:

a) Jeder Hammergewerk seinen Arbeitsleuten in Gegenwart ihrer Weiber den vollen Inhalt dießer wohltätigen Pensions-Anstalt vorlesen und nach ihrem Begriff auslegen wolle;

b) Andererseits aber jeder, der einer Untreu in seinem Dienste überwiegen wird, ohne weiters dießes Pensions-Anspruches verlustiget und im Entstehungsfalle zur Unterstützung seines Alters oder seiner Gebrechlichkeit für sich und seine Familie unfähig seyn solle.

c) Daß dieße Vorlesung jährlich gleich nach Ostern wiederhollet und ihnen zugleich namhaft gemacht werde, wer und mit wie viell jeder pensionieret geworden sey.

Gräz, in des Viertels Sitzung am 7. Aprill 1802.

Johannbapt. Schnepfleithner
Hammergewerk zu Eiwaswald und Krumpach
p. t. Mandatar

Steir. Landesarchiv: Weiz: Mosdorfer, Schuber 63, Heft 200

Das Ansuchen um eine Pension

An das löbliche gewerkl. Viertlmandatariat Gratz
zu Handen des Hl. Mandatars Carl v. Hochecker.

Bitte des Hammerwerks Kainach,
dem arbeitsunfähig gewordenen Hammermeister G. Spieß die möglichste Unterstützung angedeihen zu lassen.

Herrn Carl v. Hochecker, Eisenhändler, Hammergewerk und Mandatar hier.

Vorweise dieses, Bittsteller Georg Spieß von Obdach geburtig, 67 Jahre alt, hat in seinen jungen Jahren im Viertl Murboden, insbesondere neun Jahre in Ainbach, damahls Weninger nun Hfr. Forcher (mehrere Jahre bey Hl. Baron v. Hagen & Hl. B. Schröckenfuchs in Feistritz & Uibelbach), als Haitzer und Hammermeister ordentlich und zur Zufriedenheit gearbeitet, diente dann ebenso vom 1816 bis Ende 1833 im Gratzer Viertl bey dem Hammerwerk Kainach, worauf selber in den Murboden zurück wanderte, und 1834, 1835 bey dem Hammerwerk Göß Trannwieser als Hammermeister gearbeitet hat, endlich von den Augen verlassen, arbeitsunfähig, brodlos und einer Unterstützung aus einer gewerk. Viertls Cassa sehr bedürftig wurde. Viertl Murboden hat den Bittsteller, dessen Äußerung nach, aus seinem Viertl wo derselbe zwar zu arbeiten angefangen und aufgehört hat, zurückgewiesen, obwohl es dessen augenscheinliche Arbeitsunfähigkeit, Preßhaftigkeit, Dürftigkeit, und auch die Würdigkeit anerkannt habe.

Er ist der Sohn eines Schmiedes, der 27 Jahre als Hammermeister auf dem Sulzer Werk in Obdach gearbeitet hat, war 42 Jahre Meister, über 50 Jahre Schmied, wovon er die größere Zeit im oberen Viertl zugebracht hat, und wurde aus dem Grund an das Viertl Graz zurückgewiesen, weil er hier 18 Jahre ohne Wechsel bey einem Werk ausgehalten habe.

Das unterzeichnete Werk kann ihme dieß nur zum Lobe anrechnen, hält ihn für bedürftig und würdig, ist ausser Stand, ihn mit einem Pensionsbeytrag zu unterstützen, bittet aber, das löbl. Mandatariat wolle sich deselben wohlwollend, gütig und ernstlich annehmen und ihm die mögliche Unterstützung angedeihen lassen, wobey das Werk sich den Umstand anzuführen erlaubt, daß es die Viertlsbeyträge stäts unweigerlich geleistet, und noch nie mit einem seiner Arbeiter die Viertels-Cassa belastet habe.

Gratz, 13. December 1837.

Für das Hammerwerk Kainach
Dr. Jos. Marco

Steir. Landesarchiv: Weiz: Mosdorfer, Schuber 63, Heft 200

2. *Die Dienstboten-Ordnungen*

a) *Die Dienstboten-Ordnung für die Stadt*

Wir, Leopold, entbiethen allen unsern Unterthanen unsere Gnad und geben zu vernehmen. Es ist zum öfftern vorgekommen, daß den Kayserl. Generalien keineswegs nachgelebt wurde, ja es gibt die tägliche Erfahrenheit das üble und schlechte Dienen, in sonderheit allhier bey unserer Residenz-Stadt Wien überhand genommen. Also wollen Wir, wie es künfftig mit den Dienstboten gehalten werden solle.

Wir wollen allen aufferlegen, daß sie hinfüro keinen mehr, weder Manns- noch Weibspersohnen *ohne ordentlichen Abschied* (Eintragung in das Dienstbüchel) in Dienst anzunehmen (§ 1).

Vor das anderte sollen in der Stadt eingeschworene Zubringer und Zubringerinnen bestellet werden, bei welchen sodann alle, so einen künftigen Dienst verlangen, sich anmelden (mit Taufschein, Abschied usw.). Wenn eine Persohn in Dienst gebracht, soll auch der Herr oder Frau eingetragen werden (staatliche Dienstvermittlung). Es sollen die Zubringer und Zubringerinnen keinen ohne Abschied in die Dienst befördern (§ 3) *(Arbeitsvermittlung)*.

Wir wollen ein ordentlich *Dienstbotten-Gericht* dergestalt aufrichten, daß jederzeit alle Dienstag nachmittag um 2 Uhr Gericht gehalten, allhero nicht allein die Dienstbotten, sondern auch sollen Herrn und Frauen ihre Klag anbringen, die möglichst gleich erörthert und gesprochen und abgestrafft werden (§ 4).

Dann hero sollen keiner Persohn, wann sie über die 14tägige Prob gedienet hätte, der Abschied verweigert werden (§ 8).

Wir befehlen allen, die Dienstbotten halten, daß wider die Billigkeit erhöhte Besoldung und Lohn wiederum in Proportion der Zeiten und Verrichtung zu bringen (§ 12).

Leopold I.: Dienstboten-Ordnung v. 15. Juli 1688

b) *Die Dienstboten-Ordnung für das Land*

Wir, Maria Theresia, entbieten allen Unsere Gnad. Wir beobachten nicht ohne Mißfallen, was große Plagen, Unlust und Schaden der Bauersmann von seinem Dienstgesinde zu ertragen habe, und wie der Muthwille dieser Leute bereits so hoch steige, daß sie dem Hauswirthe gleichsam Gesetze vorschreiben.

Solchens nach haben Wir uns entschlossen, für das Dienstgesinde auf dem Land eine Ordnung einzuführen.

Es sollen alle Dienstboten auf dem Lande wenigstens auf *ein* Jahr sich verdingen und vor Ausgang den Dienst nicht verlassen, widrigens der Hauswirth keinen Lohn zu reichen schuldig ist (§ 1).

Wir wollen den *Ab- und Zuzugstermin* auf den letzten Dezember und den 1. May bestimmen (§ 2). Die Dingung der Dienstleute soll nicht ehender als zu Josephi und Martini statthaben (§ 3). Bei Aufdingung soll die Darangabe in nicht mehr als dem 20ten Theil des Lohnes bestehen (§ 4).

Wenn ein Dienstbot einmal verdungen und das Darangeld angenommen, ist er unweigerlich aufzuziehen schuldig (§ 5).

Keine Ursache kann den Dienstboten berechtigen, vor Ausgang des Jahres seine Entlassung zu suchen, es sey denn, daß er in eine langwierige Krankheit verfalle oder eine anständige Heurath überkomme oder auch das Gut seiner verstorbenen Eltern zu übernehmen habe (§ 11).

Ein jeder Hauswirth ist verbunden, seinen Dienstboten bey dem Austritte einen Abschied wegen seines Verhaltens zu ertheilen (§ 12).

Daferne sich ein Dienstbot unterstünde, ohne Vorwissen seines Herrn zu entweichen, ist die Obrigkeit, unter welcher er sich aufhält, verbunden, auf Ansuchen des Hauswirths den entwichenen Dienstboten in gefängliche Haft zu nehmen (§ 16).

Es soll kein Dienstbot an Sonn- und Feiertagen ohne Bewilligung seines Herrn ausgehen (§ 21).

Jeder Hausvater hat Sorge zu tragen, damit das Dienstvolk männlichen und weiblichen Geschlechts wohl abgesondert werde und alle ungeziemende Vertraulichkeit vermieden bleibe (§ 22).

Die Dienstboten haben sich mit der landüblichen Kost und Lohn zu begnügen (§ 23). Um zu verhüten, daß die Dienstboten ihren sauer gewonnen Lohn nicht leichtsinnig verschwenden, soll kein Hauswirth einen Vorschuß auf den Liedlohn geben (§ 25).

Maria Theresia: Dienstboten-Ordnung v. 14. Mai 1756

3. *Das Dienstrecht der Verwalter und Rechnungsführer*

Über die gemeine Schuldigkeiten aller Dienstleute haben jene Bedienten und Beamten, denen das Gut ihres Herrn zu verwalten anvertrauet wird, noch die besondere Verbindlichkeit auf sich, daß sie über das von ihnen verwaltende Gut ihrem Herrn *Rechnung zu legen* schuldig sind (33).

Ein jeder unter Raiting stehender Diener ist dahero verbunden, nicht nur das ihme anvertraute Gut mit dem erforderlichen Fleiß und also, wie es seinem Herrn nützlich ist, zu verwalten, und sich von allem dieser Pflicht zuwiderlaufenden Unfug, und besonders von aller Veruntreuung, sie geschehe durch Eingriff, Unterschlagung, heimliche Entwendung, Vorenthaltung oder durch andere Gefährde und Arglist, zu enthalten, sondern auch sich nach Beschaffenheit oder Erforderniß seines Amts oder Dienstes zu betragen, folglich Empfang und Ausgab, Zuwachs und Abnahme seinem Herrn ordentlich zu verrechnen, bei Legung der Raitung den Bestand auszuweisen und den Abgang vollständig zu ersetzen (34).

Die Rechnungsart, wie auch die Zeit, wann die Rechnung zu legen ist, hat zwar der Herr zu bestimmen, doch erforderet die gute Ordnung und die selbsteigene

Sicherheit sowohl des Herrn, als des unter Raitung stehenden Dieners, daß die Rechnungsrichtigkeit längstens *von Jahr zu Jahr* gepflogen werde (35).

Ein Herr kann von seinem unter Raitung stehenden Diener zu allen Zeiten Rechenschaft fordern, den Stand deren ihme anvertrauten Gütern und Habschaften erforschen, und bei gegründetem Verdacht oder wirklichem Befund einer üblen Gebarung sich der Person und Habseligkeiten des Dieners entweder selbst, inwieweit er aus obrigkeitlicher Gewalt darzu berechtiget ist, oder mittelst gerichtlicher Hilfe versicheren, bis daß der Diener oder Beamte vollständige Richtigkeit gepflogen, den Abgang ersetzet oder annehmliche Sicherheit für Alles bestellet habe (68).

Die Rechnungen der Bedienten und Beamten betreffen verschiedene Gegenstände nach Manchfältigkeit der Güter oder Geschäften, welche ihnen unter Verrechnung zu verwalten anvertrauet werden.

Ingleichen muß derselbe die Ausgaben mit Bemerkung des Jahrs, Monats und Tags ordentlich anzeigen, mit Quittungen, Scheinen und anderen Beweisen bewähren, und anbei, wo es nicht unausweisliche oder überhaupt anbefohlene Zahlungen betrifft, die hierzu erhaltene schriftliche Anschaffung beibringen (44).

Nicht minder lieget ihnen ob, die *Unterthanen und andere Untergebene zu schützen,* da, wo es nöthig, *zu vertreten,* dieselbe auf keinerlei Weise Unseren Verordnungen und der Billigkeit zuwider an ihren Rechten und Gerechtigkeiten zu kränken, und sich anbei von allem Eigennutz und Erpressung oder Annehmung auch freiwillig von ihnen anbietender *Geschenken* über das, was die ausgesetzten Gebühren betragen, wie auch von unbilligen Bedrohungen, Verfolgung und unmäßiger Härte zu enthalten (54).

Codex Theresianus: Cap. VII, § 3

4. *Das landesfürstliche Recht*

a) *Das gleiche Recht für alle Untertanen*

Alle, die in Unseren Staaten unter Unserer höchsten Gewalt vereinigt leben, sind für Unsere Untertanen zu halten und genießen *ohne Unterschied* die Unseren Untertanen für allgemein gebührenden Rechte.

Entwurf Horten, 1786: Teil 1, Cap. 2, § 3

Von dem Regenten erwartet ein jeder Untertan Schutz und Sicherheit. Dem Regenten obliegt es, die Rechte der Untertanen deutlich zu bestimmen und ihre Handlungen so zu leiten, wie es der allgemeine und besondere Wohlstand erfordert.

Entwurf Horten, 1786: Teil 1, Cap. 1, § 1

b) *Das Obereigentum des Landesherrn*

Das *Eigentum* ist ein Recht und Befugnis, mit Sachen frei und vollkommen zu schalten und zu walten, es sei denn, jemand wird durch Gesetz oder Verträge oder aus letztem Willen hieran verhindert (T. 2, Cap. 3, § 1, 2).

Mit eigenen Sachen kann jedermann nach Gefallen ordnen, schalten und walten, sie beschweren, veräußern, anderen übertragen, auch zu seinem oder eines anderen Gebrauch verwenden (T. 2, Cap. 1, § 6, 157).

Wenn das gemeine Wohl die Erhaltung gewisser Sachen absonderlich erheischet oder ein gewisser Gebrauch vorgeschrieben oder ein widriger Gebrauch ausdrücklich verboten wäre, ist auch niemand zu einem widrigen Gebrauch und Mißbrauch berechtigt.

Denn gleich wie die *gemeine Wohlfahrt* des Staats dem sonderheitlichen Wohl einzelner Personen vorzuziehen ist, also hat auch das Recht einzelner Personen über ihre Sachen der Befugniß der höchsten Gewalt allerdings zu weichen (T. 2, Cap. 1, § 6, 159 u. 160). Es bleibt Unserer höchsten landesfürstlichen Gewalt einmal vorbehalten, nach Erfordernissen des gemeinen Wohlstandes nicht allein den Gebrauch der Sachen Unserer Unterthanen zu bestimmen, zu beschränken oder gar zu verbieten, sondern auch die Sachen selbst zum Dienst des *gemeinen Besten* zu gebrauchen und zu verwenden (T. 2, Cap. 3, § 3, 25). Es beruhet bei Uns, alle Sachen und Rechte einzelner Personen so zu ordnen, wie es die Nothdurft oder der Nutzen des gemeinsamen Wesens erfordert. Wenn Wir dahero wegen des gemeinsamen Wohlstandes

> Unsere Unterthanen *im Gebrauch* gewisser Sachen *beschränken,*
> ihnen einen *bestimmten Gebrauch vorschreiben* oder
> wenn Wir die *Erhaltung gewisser Sachen* besonders *anbefehlen,*
> so darf *niemand* dem *entgegenhandeln.*

Ebenso, wenn es die *Nothdurft* erforderte, die Sachen selbst zum Dienst des gemeinen Wesens zu gebrauchen, so mag Niemand über die Verletzung seines Rechtes, über einen ihm zugegangenen Schaden oder entzogenen Nutzen klagen (T. 2, Cap. 2, § 2).

Entwurf Horten, 1786

Wenn ausdrücklich politische Verordnungen der Ausübung des Eigentumsrechtes in Rücksicht auf das allgemeine Beste Ziel und Maß geben, so wird dadurch das Eigentum der Staatsmitglieder *keineswegs geschmälert,* sondern demselben vielmehr nur eine *gemeinnützige Richtung* gegeben.

Entwurf Martini, 1796, Teil 2, 3. Hauptstück, § 10

Die Beschaffenheit der *unbeweglichen Güter* des Landes muß mit dem *gemeinschaftlichen Besten* beständig in genauester Verbindung und Übereinstimmung stehen, um dem Staat alle innerliche Stärke zu verschaffen. Es folgt hierin die Regel von der bestmöglichen Cultur des Landes und der Aufsicht der Landespolizey, daß sie wohl genutzet werde.

Da die Wohlfahrt des Staates auf den *beweglichen Gütern* beruhet, folget hieraus: die beweglichen Güter müssen mit der Wohlfahrt der einzelnen Familien als auch mit dem *gemeinsamen Besten* übereinstimmen. Diese Hauptregel ist eine glückliche Quelle, woraus viele Regeln und Gesetze der Polizey abfließen.

J. H. G. Justi: Die Natur und das Wesen der Staaten, 1760, S. 477 f.

IV. Die ungebundene Wirtschaft

Alle Menschen haben gleiche, angeborene und unveräußerliche Rechte, deren wichtigste sind: das Recht auf Selbsterhaltung, auf persönliche Freiheit, auf Unbescholtenheit und auf Förderung des eigenen geistigen und materiellen Wohles.

Die Ausübung dieser Rechte findet nur in den gleichen Rechten jedes anderen ihre natürlichen und notwendigen Beschränkungen.

Diese Rechte wirksam zu fördern und zu schützen, ist Aufgabe des Staates.

Die einzelnen Staatsbürger übertragen von der Gesamtheit ihrer Rechte nur so viel an den Staat, als zu dessen Zwecken *notwendig* ist.

Entwurf der Grundrechte nach den Beschlüssen der Ersten Lesung im Konstitutionsausschuß des Österr. Reichstages vom Jahre 1848; in: Wiener Zeitung v. 29. September 1848, Abendbeilage

A. Die Wirtschaftsgesinnung

1. Der Glaube an die Dynamik des Eigenutzes

Der Mensch braucht die Hilfe seiner Mitmenschen fast immer und würde diese vergeblich von ihrem *Wohlwollen* allein erwarten. Er wird leichter Erfolg haben, wenn er ihre Eigenliebe zu seinen Gunsten interessieren und ihnen zeigen kann, daß es ihr eigener *Vorteil* ist, für ihn zu tun, was er von ihnen erfordert. Wer einem anderen einen Handel irgendwelcher Art anträgt, verfährt auf diese Weise. Gib mir dies, was ich brauche, und du sollst das haben, was du brauchst — ist der Sinn jedes solchen Anbietens; auf diese Weise erhalten wir voneinander den bei weitem größten Teil der guten Dienste, deren wir benötigen.

Nicht vom Wohlwollen des Fleischers, Brauers oder Bäckers erwarten wir unsere Mahlzeit, sondern von ihrer Bedachtnahme auf ihr eigenes Interesse. Wir wenden uns nicht an ihre *Humanität*, sondern an ihre *Eigenliebe*. Wir sprechen mit ihnen nie von unseren Bedürfnissen, sondern von ihren Vorteilen.

A. Smith: Untersuchungen über das Wesen und die Ursachen des Volkswohlstandes, 1786, Bd. 1, Cap. 2

Das *persönliche Interesse* ist jene unbezwingbare Gewalt des Individuums, welche uns von einem Fortschritt zum andern treibt.

F. Bastiat: Volkswirtschaftliche Harmonien, 1850, Cap. 10

Der Mensch hat von Haus aus einen *egoistischen Erwerbstrieb* im Sinne, daß er größere Vorräte sachlicher Güter für sich anzuhäufen strebt.

Der Erwerbstrieb wird zur Schule der Arbeit, der Anstrengung, er hebt das Individuum auf eine ganz andere Stufe des Daseins; er gibt durch seine Erfolge dem Individuum erst die wahre *Selbständigkeit* und *Unabhängigkeit*, die *Würde* und die *Freiheit*.

G. Schmoller: Grundriß der allgemeinen Volkswirtschaftslehre, 1900, Bd. 1, S. 33 ff.

Existenz und Fortentwicklung oder Rückgang und Untergang des Geschäftes beschäftigt mich Tag und Nacht, und dieser Gesichtspunkt ist der vorherrschende für mich bei der Beurteilung aller Fragen. *Das Selbstinteresse muß sich dem Geschäftsinteresse unterordnen* (J. G. Halske).

nach: R. Ehrenberg: „Selbstinteresse" und Geschäftsinteresse, in: Thünen-Archiv, Bd. 1, 1906, S. 292

Für Unternehmungen, die unter marktwirtschaftlichen Bedingungen arbeiten, gilt grundsätzlich, daß sie bestrebt sein müssen, aus dem eingesetzten Kapital einen möglichst hohen Gewinn zu erzielen. Dieses *erwerbswirtschaftliche Prinzip* findet sich in vielen Formen und Abwandlungen. Man kann es mehr kurzfristig, aber auch mehr langfristig zu realisieren versuchen. Kurzfristig in dem Sinne, daß ein Unternehmer bestrebt ist, aus jedem Geschäft das *Maximum an Gewinn* herauszuholen oder für „kurze" Zeitabschnitte den Gewinn zu maximieren. Hiebei kann es allerdings geschehen, daß Folgen eintreten, die, auf die Dauer gesehen, schädlich sind. Um solchen Gefahren vorzubeugen, werden die Unternehmer bestrebt sein, unter Verzicht auf kurzzeitig realisierbare Gewinnchancen langfristig zu einem möglichst günstigen Geschäftsergebnis zu kommen. Im allgemeinen wird man damit rechnen, daß sich bei langfristiger Gewinnmaximierung ein günstigeres Geschäftsergebnis erzielen läßt.

E. Gutenberg: Grundlagen der Betriebswirtschaftslehre, Berlin 1955, Bd. 2, S. 7 ff.

2. *Die Hoffnung auf die prästabilierte Harmonie*

Es ist einsichtig, das jedes Glied der Gesellschaft durch Verfolgung seines Eigennutzes das Gemeinwohl fördert.

Mirabeau, d. Ä.: Philosophie rurale, 1763, Bd. 1, S. 130

Jeder einzelne ist stets darauf bedacht, die vorteilhafteste Anlage für das Kapital, über das er verfügt, ausfindig zu machen. Die Bedachtnahme auf seinen eigenen Vorteil führt ganz von selbst dazu, daß er diejenige Anlage bevorzugt, welche zugleich für die Gesellschaft die vorteilhafteste ist. Er beabsichtigt in der Regel, weder das allgemeine Wohl zu fördern, noch weiß er, in welchem Maße er es fördert ... In diesem wie in allen anderen Fällen wird er von einer *unsichtbaren Hand* geleitet, einen Zweck zu fördern, der ihm keineswegs vorschwebte.

A. Smith: Untersuchungen über das Wesen und die Ursachen des Volkswohlstandes, 1786, Bd. 4, Cap. 2

Die *Concurrenz* bringt eine beständige Annäherung aller Menschen an ein immerfort sich erhöhendes Niveau, mit anderen Worten: Vervollkommnung und Ausgleich: die *Harmonie*. Das ist schließlich das Resultat der großen Naturgesetze, wenn sie ungehindert walten. Beim Anblick dieser Harmonien können wir wohl ausrufen: Hier ist der Finger Gottes!

Das persönliche Interesse ist jene unbezwingbare Gewalt des Individuums, welche uns von einem Fortschritt zum anderen treibt. Die Concurrenz dagegen ist jene andere *unvertilgbare Kraft*, welche sich jedes Fortschrittes bemächtigt, um ihn aus dem Besitztum des einzelnen zum gemeinsamen Gut der ganzen Menschheit zu machen. Beide Kräfte kann man, jede für sich, bekritteln, in ihrem Zusammenwirken aber begründen sie die Harmonie der Gesellschaft ...

Es ist ein wunderbares Schauspiel: wie das Privatinteresse unaufhörlich das schafft, was es immer meidet. Der Mensch gehorcht seinem eigenen Interesse, und was schafft er, ohne es zu wissen und zu wollen — das *Allgemeinwohl.*

F. Bastiat: Volkswirtschaftliche Harmonien, 1850, Cap. 10

Der *Naturpreis* (Kostenpreis) ist gleichsam der *Centralpreis*, nach welchem die Preise aller Waren unabhängig hinstreben. Zwar können sie durch Umstände verschiedener Art, manchmal ziemlich hoch über ihn emporgehalten werden und manchmal sogar etwas unter ihn herabgedrückt werden; aber sobald das Hindernis aufhört, gehen sie nach ihm, als ihrem eigentlichen Ruhestand, zurück.

Chr. J. Kraus: Staatswirtschaft, 1808, T. 1, S. 171 f.

Ein Übermaß der Produktion sey nicht zu besorgen, denn jedes *Angebot* einer Gütermenge schließe eine gleiche *Nachfrage* in sich. Immer werde daher eine neue Hälfte der Produktion mit der anderen Hälfte eingetauscht, und alles, was produziert wurde, gehe auf diese Weise wieder in die Verzehrung über; die Furcht vor einem Übergewicht der Produktion sey somit eitel.

J. Kudler: Die Grundlehren der Volkswirtschaft, 1846, T. 1, S. 268

Die *Concurrenz* stellt durch ihre unmeßbare, aber unaufhörliche Wirkung ein gerechtes und genaueres Gleichgewicht her, als es die fehlbare Weisheit irgendeiner Regierungsbehörde im Stande wäre.

F. Bastiat: Volkswirtschaftliche Harmonien, 1850, Cap. 10

Am allerwenigsten können aber politische Parteien und die von diesen ausgehenden Akte diesen Prozeß (der Konkurrenz), der sich unwiderstehlich vollzieht, hervorrufen und aufhalten.

v. Plenner in der Generaldebatte des Herrenhauses v. 14. Februar 1883; Sten. Prot., IX. Sess., 71. Sitzung, S. 1094

3. Die Freiheit: der Garant der Sicherheit

Der Staatsmann, der sich versucht fühlte, Privatleuten Anleitungen zu geben, wie sie ihre Kapitalien anlegen sollten, würde sich nicht allein eine höchst unnötige Fürsorge aufladen, sondern sich eine Autorität anmaßen, die nicht einmal einem Ministerium oder einem Senat, geschweige denn einem einzelnen Manne getrost überlassen werden könnte, und die nirgends so gefährlich sein würde als in der Hand eines Mannes, der töricht und dünkelhaft genug wäre, sich dazu fähig zu erachten.

A. Smith: Untersuchungen über das Wesen und die Ursachen des Volkswohlstandes, 1786, Bd. 4, Cap. 2

Die *Freiheit* ist schließlich das *Prinzip der Harmonie*, die Bindung das Prinzip der Dissonanz! Der Kampf dieser beiden Mächte erfüllt die ganze Geschichte des menschlichen Geschlechtes (Cap. 10).

Durch mißbräuchliche Einmischung der Staatsmacht ändert man das Verhältnis der Arbeit zur Belohnung, stört die Handels- und Gewerbegesetze, maßregelt die natürliche Entwicklung des Unterrichtes, mißleitet die Kapitalien und Arbeitskräfte, verfälscht die Ideen, entflammt die albersten Ansprüche, erregt ein Gaukelspiel fiebrischer Hoffnungen, bewirkt eine unerhörte Verschleuderung menschlicher Kräfte, verdammt die Erfahrung selbst zur Unwirklichkeit — kurz: man gibt allen Interessen künstliche Unterlagen und macht sie miteinander handgemein (Cap. 1).

„Ihr habt mich mit der Staatsmacht bekleidet, ich werde sie nun dort gebrauchen, wo die Einmischung der Gewalt erlaubt ist: nur da, wo die Gerechtigkeit verletzt ist. *Ich* stehe für Sicherheit der Person und des Eigentums: das ist mein Beruf, den ich erfüllen werde — aber ich übernehme nichts weiter."

„Vereinigt Eure Anstrengungen zum persönlichen wie zum gemeinen Wohl, gehorcht Euren Neigungen, bringt Euer Leben zu nach Euren Fähigkeiten, Euren Zwecken, Eurer Vorsicht. Von mir aber erwartet nur zweierlei: *Freiheit und Sicherheit* — und merkt Euch wohl: Ihr verliert beides, sobald Ihr noch etwas drittes von mir verlangt!" (Cap. 4)

Wer die Freiheit zu handeln vernichtet, der vernichtet die Möglichkeit und die Fähigkeit zu wählen, zu urteilen, zu vergleichen, er tötet die Intelligenz, den Gedanken, mit einem Wort: den Menschen (Cap. 10).

F. Bastiat: Volkswirtschaftliche Harmonien, 1850

„Laissez faire“ sollte die allgemeine Übung sein, jede Abweichung hievon ist ein sicheres Übel.

J. St. Mill: Grundsätze der politischen Ökonomie, 1848, T. 10, cap 11, 7

Durch die Behauptung, daß der einzelne, indem er auf dem Gebiete der Industrie seinen eigenen Vorteil verfolge, in der Regel zugleich den Wohlstand des Volkes befördere, wird die Regierung der lästigen Zumutung, die Wirtschaft der Produktion zu leiten, enthoben (T. 1, § 133, S. 17).

Man stellt nicht in Abrede, daß sich auf dem Wege der freien Concurrenz der Gewerbsleute in Bedienung des Publikums der angemessene, dem Wohl des letzteren zusagende *Preis* der Feilschaften einfacher und zuverlässiger einfinden wird, als auch deren obrigkeitliche Taxierung (T. 2, § 109, S. 116).

J. Kudler: Grundlehren der Volkswirtschaft, 1846

Die Gesamtgesetzgebung muß sich auf den nie erschütterten Grundsatz stellen: *dem Talent und der Strebsamkeit offene Bahn* zu schaffen.

v. Toggenburg in der Generaldebatte des Herrenhauses über die Gewerbeordnungsnovelle am 14. Februar 1883; Sten. Prot., IX. Sess., 71. Sitzung, S. 1103

4. Der Unternehmer: der Träger des Fortschrittes

Auf welche Gattung des Gewerbefleißes jemand sein Kapital verwenden soll, und bei welcher das Produkt den größten Wert verspricht, kann offenbar jeder einzelne (*Unternehmer*) weit besser beurteilen, als ein Staatsmann oder ein Gesetzgeber es für ihn tun könnte.

A. Smith: Untersuchungen über das Wesen und die Ursachen des Volkswohlstandes, Bd. 4, Cap. 2

Der Arbeiter muß vom Unternehmer in Dienst genommen sein, um sich beschäftigen zu können; der Erfinder bedarf des Unternehmers, damit seine Erfindung nutzbar wird, und nicht zuletzt bedarf desselben der Kapitalist, so weit nicht eine andere Anlagemöglichkeit ihm genügt.

J. Wolf: Die Stellung des Unternehmers in der Volkswirtschaftslehre und Volkswirtschaft;
in: Zeitschrift für Sozialwissenschaft, Jg. 2, 1899, S. 411 ff.

Derjenige, der das *Zusammenwirken der Produktionsmittel* besorgt, ist der *Unternehmer*. Er befriedigt jeden Teilnehmer an der Produktion mit dem ihm zukommenden Anteil, auf seine Rechnung wird die Unternehmung betrieben, er hat die dabei unterlaufenden Gefahren zu tragen. Seine Wirksamkeit bei der Gütererzeugung besteht im wesentlichen darin, daß er für die Zusammenbringung der mitwirkenden Produktivkräfte sorgt und solche verfügbar macht,

die Art ihrer Wirksamkeit bestimmt und ordnet,
ihre wirkliche Anwendung leitet und überwacht,
für den Absatz der erzeugten Güter Sorge trägt.

J. Kudler: Die Grundlehren der Volkswirtschaft, 1846, T. 1, § 99, S. 143

Das Wesen des Unternehmers tritt in der *Führerschaft* in Erscheinung. Die Natur dieser Schwierigkeiten kann in drei Punkten gefaßt werden.

Erstens fehlen dem Unternehmer außerhalb der gewohnten Bahnen die Daten für seine Entschlüsse und die Regeln für sein Handeln. Insbesondere gilt dies von den Daten, durch die das Verhalten des Unternehmers verändert wird, und jenen, die dadurch erst geschaffen werden sollen. Wohl handelt er auch jetzt nach einem Plan, aber dieser Plan muß erst erarbeitet werden. Nach ihm handeln und nach dem gewohnten Plan handeln, ist so verschieden, wie einen Weg bauen und einen Weg gehen: und das Bauen eines Weges ist so wenig ein bloß gesteigertes Gehen wie das Durchsetzen neuer Kombinationen. Unternehmer sein heißt: *Mehr leisten und Andersartiges leisten.*

Zweitens ist es nicht nur sachlich schwieriger und etwas anderes, Neues zu tun als das Gewohnte und Erprobte. In der eigenen Brust dessen, der Neues will, erheben sich die Elemente der gewohnten Bahnen und legen Zeugenschaft ab gegen den werdenden Plan. Eine neue und anders geartete Willensaufwendung wird dadurch nötig. Diese geistige Freiheit setzt einen größeren Überschuß von Kraft über das Erfordernis des Alltages voraus, sie ist etwas Eigenartiges und ihrer Natur nach selten.

Der *dritte* Punkt besteht im Gegendruck, mit dem die soziale Welt jedem begegnet, der überhaupt oder speziell wirtschaftlich etwas Neues tun will. Immer ist das Überwinden dieses Widerstandes eine Aufgabe besonderer Art, die es im gewohnten Ablauf des Lebens nicht gibt, eine Aufgabe, die ein *besonderes Verhalten erfordert.*

Führerschaft gibt es nur aus diesen Gründen — Führerschaft als eine Funktion eigener Art im Gegensatz zu bloß übergeordneter Organstellung, die es in jedem kleinsten wie größten Sozialkörper gibt. Der neuen Möglichkeit und nur dieser gegenüber entsteht die eigentliche Führungsaufgabe. Diese Aufgabe enthält die Fähigkeit: *allein und voraus zu gehen.*

J. Schumpeter: Theorie der wirtschaftlichen Entwicklung, 1911, 5. Aufl. 1952, S. 124 ff.

Ganz offenbar vollzieht sich die Kombination der Elementarfaktoren (Arbeit, Kapital und Boden) weder „mechanisch" noch „organisch". Sie geschieht vielmehr durch Akte bewußten menschlichen Handelns. Die Aufgabe dieses besteht darin: in Gewinnungs- und Dienstleistungsbetrieben die beiden Produktionsfaktoren Arbeitsleistung und Betriebsmittel, in Fabrikationsbetrieben zusätzlich den Faktor Werkstoff zu einer *funktionsfähigen betrieblichen Einheit* zusammenzufassen. Im System der Marktwirtschaft vollziehen *„Unternehmer"* diese kombinativen Akte.

E. Gutenberg: Grundlagen der Betriebswirtschaftslehre, 1951, Bd. 1, S. 6

Die Aufgabe des Unternehmers in der sozialen Wirtschaft ist es, *die jeweils potentiellen Kräfte der Wirtschaft zu aktuieren,* um so die arbeitsteilige Wirtschaft in der Gliederung ihrer Erzeugungsweise zu verlebendigen. Da jede Wirtschaftshandlung in der Produktion und in der Zirkulation die Möglichkeiten und Notwendigkeiten weiterer Handlungen nach sich zieht, da jeder Erzeugungsakt weitere Rohstoffe und Arbeitsleistungen „zum Einsatz beordert", kommt es für den Unternehmer darauf an, die in der sozialen Wirtschaft jeweils vorgegebenen Potenzen und Gewinnchancen zu nutzen. Soweit der Unternehmer dies tut, setzt er die Volkswirtschaft in Gang. Indem der Unternehmer seine aus den Daten der Volkswirtschaft abgeleiteten Pläne erstellt, gibt er für die nachfolgenden Wirtschaftshandlungen die Voraussetzungen. Sofern er seine unternehmerische Leistung vollbringt, zwingt er die anderen Unternehmer seiner Stufe zum Wettbewerb. Durch diesen wird der ergiebigste Produktionsausstoß und die kostengünstigste Warenerzeugung und Warenvermittlung erwirkt. So sind die Unternehmer die *dynamische Kraft der wirtschaftlichen Entwicklung.*

A. Tautscher: Die österreichische Wirtschaftsordnung, 1971, S. 48 f.

B. *Die freie Gesellschaft*

1. *Die Freisetzung der Gesellschaft*

Die Freisetzung der Person

Die *Leibeigenschaft* wird von nun an gänzlich aufgehoben und folgendes gesetzmäßig vorgeschrieben:

1. Jeder Untertan ist bloß gegen vorhergehende Anzeige sich zu verehelichen berechtigt.
2. Jedem Untertanen steht es frei, von der Herrschaft wegzuziehen und sich innerhalb des Landes niederzulassen oder Dienste zu suchen.
3. Die Untertanen können nach Willkür Handwerke und Künste erlernen und ihrem Nahrungsverdienst da, wo sie ihn finden, nachgehen.

Josef II.: Hofrescript und Patent v. 1. November 1781 *(Untertanenpatent)*, in: Handbuch der Verordnungen und Gesetze unter Josef II., Bd. 1, S. 74 ff.

Jeder *Untertänigkeits-* und *Hörigkeitsverband* ist für immer aufgehoben (Art. 7).

Staatsgrundgesetz v. 21. Dezember 1867, RGBl. 142/1867

Sklaverei oder Leibeigenschaft und die Ausübung einer darauf sich beziehenden Macht wird in diesen Ländern nicht gestattet (§ 16).

Allg. bürgerl. Gesetzbuch v. 1. Juli 1811, JGS. Nr. 946

Jeder Sklave wird in dem Augenblick frei, da er das k. k. Gebiet oder was immer für ein österreichisches Schiff betritt.

Ebenso erlangt jeder Sklave auch im Ausland seine Freiheit in dem Augenblick, in welchem er unter was immer für einem Titel an einen österreichischen Untertan als Sklave überlassen wird.

Cirkular des Hofkriegsrates v. 13. Juni 1833, F 690, MGS. 50

Die Untertänigkeit und das schutzobrigkeitliche Verhältnis ist samt allen diese Verhältnisse normierenden Gesetzen aufgehoben (§ 1).

Gesetz über die Grundablöse v. 17. September 1848, Wiener Zeitung 1848, Nr. 246

Jeder Mensch hat *angeborene*, schon durch die Vernunft einleuchtende *Rechte* und ist daher als eine Person zu betrachten (§ 16).

Was den angeborenen, natürlichen Rechten angemessen ist, dieses wird solange als bestehend angenommen, als die gesetzmäßige Beschränkung dieser Rechte nicht bewiesen wird (§ 17). Jedermann ist unter den von den Gesetzen vorgeschriebenen Bedingungen fähig, Rechte zu erwerben (§ 18).

Allg. bürgerl. Gesetzbuch v. 1. Juli 1811, JGS. Nr. 946

Die Freiheit der Person ist gewährleistet (Art. 8).

Staatsgrundgesetz v. 21. Dezember 1867, RGBl. 142/1867

Niemand darf seinem gesetzlichen Richter entzogen werden (§ 1).

Die Verhaftung einer Person darf nur kraft eines richterlichen, mit Gründen versehenen Befehls erfolgen (§ 2).

Niemand kann zum Aufenthalt in einem bestimmten Ort oder Gebiet ohne rechtlich begründete Verpflichtung verhalten (interniert, konfiniert) werden (§ 5).

Ebenso darf niemand außer in den durch ein Gesetz bezeichneten Fällen aus einem Ort oder Gebiet ausgewiesen werden (§ 5).

Gesetz zum Schutz der persönlichen Freiheit v. 27. Oktober 1862, RGBl. 87/1862

Alle Menschen haben gleiche, angeborene und unveräußerliche Rechte, deren wichtigste sind: das Recht auf Selbsterhaltung und Förderung des eigenen geistigen und materiellen Wohles.

Entwurf der Grundrechte nach den Beschlüssen der Ersten Lesung im Konstitutionsausschuß des Österr. Reichstages vom Jahre 1848; in: Wiener Zeitung v. 29. September 1848, Abendbeilage

Der Mann, der ein Gewerbe antreten oder zu einem anderen übertreten will, der will die *Freiheit der Arbeit*, er will die freie Wahl seines Berufes und seines Erwerbszweiges als sein gutes Recht ausüben, er will es als ein durch die Staatsgrundgesetze ihm gewährleistetes Recht zur Geltung bringen, er will aber nicht vom Gutdünken und der Meinungsverschiedenheit der Behörden abhängig sein.

v. Plenner in der Generaldebatte des Herrenhauses über die Gewerbeordnungsnovelle am 14. Februar 1883, Sten. Prot., IX. Sess., 71. Sitzung, S. 1093

Die *Freizügigkeit* der Person und des Vermögens innerhalb des Staatsgebietes unterliegt keiner Beschränkung (Art. 4).

Jeder Staatsbürger kann an jedem Ort des Staatsgebietes seinen *Aufenthalt* und Wohnsitz nehmen (Art. 6).

Die *Freiheit der Auswanderung* ist von Staats wegen nur durch die Wehrpflicht beschränkt (Art. 4).

Staatsgrundgesetz v. 21. Dezember 1867, RGBl. 142/1867

Freiheit des Gewissens und der Meinungsäußerung

Seine römische Kayserl. Königl. Majestät überzeugt einerseits von der Schädlichkeit allen Gewissenszwanges und andrerseits von dem großen Nutzen, der für die Religion und den Staat aus einer wahren kristlichen Toleranz entspringet, haben allergnädigst folgende Maaßregeln festgesetzet:

daß den akatholischen, das ist augspurgischen und helvetischen Confessions-Verwandten, sowie den Graecis non unitis, wo deren in genugsamer Anzahl vorhanden, als *exercitium religionis privatum* allenthalben von nun an gestattet sey;

daß dieselben in keinem Fall zu einer anderen Eidesformel als zu derjenigen, die ihren Religionsgrundsätzen gemäß ist, oder zu Beywohnung der Umgänge oder Funktionen der dominanten Religion, wenn sie nicht selbst wollen, zu verhalten seyen;

es soll bey Wahlen und Dienstvergebungen keineswegs auf den Unterschied *der Religion*, sondern auf Rechtschaffenheit und Fähigkeit der Competenten Bedacht genommen werden.

Josef II.: Toleranz-Patent v. 13. Oktober 1781

Jedermann hat das Recht, durch Wort, Schrift, Druck oder bildliche Darstellung seine *Meinung* innerhalb der gesetzlichen Schranken frei zu äußern (Art. 13).

Die *Wissenschaft* und ihre *Lehre* ist frei (Art. 17).

Staatsgrundgesetz v. 21. Dezember 1867, RGBl. 142/1867

Der Grundsatz bedeutet, daß niemand wegen der Aufstellung eines wissenschaftlichen Lehrsatzes gerichtlich oder behördlich verfolgt werden kann.

Erkenntnis des Verfassungsgerichtshofes v. 25. März 1955, Slg. 2.823

Freiheit des Eigentums

Als Recht betrachtet ist *Eigentum* das Befugnis, mit der Substanz und den Nutzungen einer Sache *nach Willkür* zu schalten und jeden anderen davon auszuschließen (§ 354).

Kraft des Rechtes, über sein Eigentum zu verfügen, kann der vollständige Eigentümer in der Regel seine Sache nach Willkür benützen oder unbenutzt lassen, er kann sie vertilgen, ganz oder zum Teil auf andere übertragen oder unbedingt sich derselben begeben, das ist, sie verlassen (§ 362).

Allg. bürgerl. Gesetzbuch v. 1. Juli 1811, JGS. Nr. 946

Grund und Boden ist zu entlasten; alle Unterschiede zwischen Domicial- und Rusticalgründen werden aufgehoben (§ 2).

Alle aus dem Untertänigkeitsverhältnis entspringenden, dem untertänigen Grund anklebenden Lasten, Dienstleistungen und Giebigkeiten jeder Art, sowie alle aus dem grundherrlichen Obereigentum aus der Zehent-, Schutz-, Vogt- und (Wein-)Bergherrlichkeit und aus der Dorfobrigkeit herrührenden, von den Grundbesitzungen oder von Personen bisher zu entrichten gewesenen Natural-, Arbeits- und Geldleistungen, mit Einschluß der bei Besitzveränderungen unter Lebenden und auf den Todesfall zu zahlenden Gebühren sind von nun an aufgehoben (§ 3).

Gesetz über die Grundablöse v. 7. September 1848, Wiener Zeitung 1848, Nr. 246

Jede aus dem Titel des geteilten Eigentums auf Liegenschaften haftende Schuldigkeit ist ablösbar. Es darf in Zukunft keine Liegenschaft mit einer derartigen unlösbaren Leistung belastet werden (Art. 7).

Staatsgrundgesetz v. 21. Dezember 1867, RGBl. 142/1867

Alle Sachen sind Gegenstände des Eigentumsrechtes und jedermann, den die Gesetze nicht ausdrücklich ausschließen, ist befugt, dasselbe durch sich selbst oder einen anderen in seinem Namen zu erwerben (§ 355).

Allg. bürgerl. Gesetzbuch v. 1. Juli 1811, JGS. Nr. 946

Jeder Staatsbürger kann Liegenschaften jeder Art erwerben und über dieselben frei verfügen (Art. 6).

Das Eigentum ist unverletzlich. Eine Enteignung gegen den Willen des Eigentümers kann nur in den Fällen und in der Art eintreten, welche das Gesetz bestimmt (Art. 5).

Staatsgrundgesetz v. 21. Dezember 1867, RGBl. 142/1867

2. *Die Verwirtschaftlichung der Gesellschaft*

3. *Die Tendenz der Klassenbildung*

Der Gesamtwert der Güter wird in zwei Teile zerlegt: Der eine besteht aus Kapitalprofit, der andere aus dem Arbeitslohn.

Gesetzt, Getreide und Manufakturwaren ließen sich stets zum selben Preis verkaufen, so würden sich die Profite hoch oder niedrig gestalten, je nachdem der Lohn niedrig oder hoch wäre.

D. Ricardo: Grundsätze der Volkswirtschaft und Besteuerung, 1817, Cap. 6

Es löset sich der Werth, welchen die Arbeiter dem Material zusätzen, in zwei Teile auf: Wovon der eine ihren Lohn, der andere den Profit ihres Beschäftigers bezahlt (S. 151). Bei dem Vertrage, der zwischen den Arbeitern und ihren Beschäftigern über den Lohn beschlossen wird, haben beide Partheien ein entgegengesetztes Interesse (S. 204).

Chr. J. Kraus: Staatswirtschaft, 1808, T. 1

Es gibt den Widerstreit zwischen den Interessen der Arbeiter und der Unternehmer: die Arbeiter begehren einen hohen Lohn und die Unternehmer suchen einen niederen Lohn zu zahlen.

J. Kudler: Die Grundlehren der Volkswirtschaft, 1846, T. 1, § 67, S. 104

C. Die Freisetzung der Wirtschaft

Kunst und Gewerbe können nur durch *Freiheit* gewinnen. Freiheit ist der Schild, Freiheit das unfehlbare, notwendige und unausweichliche Mittel, um zum Gedeihen derjenigen Klassen, die sie betreiben, zu gelangen.

v. Scrinzi in der Generaldebatte des Herrenhauses über die Gewerbeordnungsnovelle am 10. Februar 1883, Sten. Prot., IX., Sess., 71. Sitzung, S. 1332

Die Gesetzgebung muß sich auf den nie erschütterten Grundsatz stellen: Die Gesetzgebung und Verwaltung hat auf dem Gebiet des Gewerbewesens mit Beschränkungen nur dort einzugreifen, wo diese durch Rücksicht auf die Ordnung, Sicherheit und Gesundheit, kurz durch polizeiliche Rücksichten geboten ist, ja es ist vielmehr ihre Pflicht, *dem Talente und der Strebsamkeit offene Bahn* zu schaffen, damit die industrielle Macht des Staats sich hebe.

v. Toggenburg in der Generaldebatte des Herrenhauses über die Gewerbeordnungsnovelle am 14. Februar 1883, Sten. Prot., IX. Sess., 71. Sitzung, S. 1103

Den Gang der wirtschaftlichen Entwicklung, welche sich nach den Gesetzen einer *höheren Ordnung* vollzieht, meistern zu wollen, ist außerhalb der menschlichen Macht gelegen. Am allerwenigsten können aber politische Parteien und die von diesen ausgehenden gesetzgeberischen Akte diesen Prozeß, der sich unwiderstehlich vollzieht, entweder hervorrufen oder aufhalten.

v. Plenner in der Generaldebatte des Herrenhauses über die Gewerbeordnungsnovelle am 14. Februar 1883, Sten. Prot., IX., Sess., 71. Sitzung. S. 1094

1. Die Freiheit des Erwerbes und des Marktes

Freiheit der Berufswahl und des Erwerbes

Es steht jedermann frei, seinen *Beruf* zu wählen und sich für denselben auszubilden, wie und wo er will (Art. 18).

Jeder Staatsbürger kann unter den gesetzlichen Bedingungen jeden Erwerbszweig ausüben (Art. 6).

Staatsgrundgesetz v. 21. Dezember 1867, RGBl. 142/1867

Von der Absicht geleitet, die gewerbliche Betriebsamkeit in unserem Reiche gleichmäßig zu regeln und möglichst zu erleichtern, haben wir der nachfolgenden Gewerbeordnung unsere Genehmigung erteilt und verordnen wie folgt:

Die Gewerbe können entweder gegen bloße Anmeldung betrieben werden (*freie* Gewerbe) oder sind an eine besondere Bewilligung gebunden (*konzessionierte* Gewerbe) (§ 1).

Alle Gewerbe, welche nicht als konzessionierte erklärt werden, sind freie Gewerbe (§ 3). Fabrikmäßig betriebene Unternehmungen sind von der Einreihung unter die handwerksmäßigen und gebundenen Gewerbe ausgenommen (§ 1 c).

Kaiserliches Patent v. 20. Dezember 1859, RGBl. 227/1859 (Gewerbeordnung)

Wer sich erkläret, daß er jemandem sein Recht übertragen, das heißt, daß er ihm etwas gestatten, etwas geben, daß er für ihn etwas tun oder seinetwegen etwas unterlassen wolle, macht ein Versprechen; nimmt der andere das Versprechen gültig an, so kommt durch den übereinstimmenden Willen beider Teile ein Vertrag zustande (§ 861).

Über alles, was im Verkehr steht, können Verträge geschlossen werden (§ 878, alte Fassung) *(Vertragsfreiheit)*.

Allg. bürgerl. Gesetzbuch v. 1. Juli 1811, JGS. Nr. 946

Im Recht der Schuldverhältnisse herrscht Vertragsfreiheit.

Robert Mayr: Lehrbuch des bürgerlichen Rechtes, Reichenberg 1923, Buch 3, S. 172

Alle Sachen sind Gegenstände des Eigentumsrechtes, und jedermann ist befugt, dasselbe zu erwerben (§ 355).

Allg. bürgerl. Gesetzbuch v. 1. Juli 1811, JGS. Nr. 946

Jedermann ist berechtigt, die Märkte mit allen im Verkehr gestatteten Waren zu beziehen (§ 62).

Gewerbeordnung v. 20. Dezember 1859, RGBl. 227/1859

2. *Das Koalitionsverbot*

Verabredungen von Gewerbsleuten, Fabriks- oder Arbeitsunternehmern, um den Preis einer Ware oder einer Arbeit zum Nachteil des Publikums zu erhöhen oder um einen Mangel zu verursachen, sind als Übertretungen zu bestrafen (§ 479).

Die Urheber solcher Verabredungen sind nach der größeren oder minderen Wichtigkeit des Gegenstandes mit Arrest von ein bis zu drei Monaten zu bestrafen (§ 480) *(Koalitionsverbot)*.

Kaiserliches Patent v. 27. Mai 1852 über das Strafrecht, RGBl. 117/1852

Verabredungen von Gewerbsleuten zu dem Zwecke, um den Preis einer Ware zum Nachteil des Publikums zu erhöhen (§ 4), haben keine rechtlichen Wirkungen (§ 2, 3).

Gesetz v. 7. April 1870, RGBl. 14/1870

Das Verbot der Aussperrungen

Verabredungen von Arbeitgebern, welche bezwecken, mittels Einstellung des Betriebes oder Entlassung von Arbeitern diesen eine Lohnverringerung oder überhaupt ungünstige Arbeitsbedingungen zu erzwingen, haben keine rechtlichen Wirkungen (§ 2).

Gesetz v. 7. April 1870, RGBl. 14/1870

Verabredungen von Berg- und Hüttenarbeitern, Handwerksgesellen, Hilfsleuten, von Lehrjungen, Dienstboten oder überhaupt von Arbeitern, um sich durch gemeinschaftliche Weigerung zu arbeiten oder durch andere Mittel einen höheren Tag- oder Wochenlohn oder andere Bedingungen von Arbeitgebern zu erzwingen, sind Übertretungen und an den Rädelsführern mit verschärftem Arrest von acht Tagen bis zu drei Monaten zu bestrafen (§ 481).

Kaiserliches Patent v. 27. Mai 1852, RGBl. 117/1852

Verabredungen von Arbeitnehmern (Gesellen, Gehilfen, Bediensteten oder sonstigen Arbeitern um Lohn), welche bezwecken, mittels Einstellung der Arbeit von Arbeitgebern höheren Lohn oder überhaupt günstigere Arbeitsbedingungen zu erzwingen, haben keine rechtlichen Wirkungen (§ 2, 2).

Gesetz v. 7. April 1870, RGBl. 14/1870

Die Arbeit ist eine Ware, die ihren Wert und Preis hat; der Preis regelt sich nach dem Gesetz der Nachfrage und des Angebotes. Über den jeweiligen Preis dieser Ware hat ihr Eigentümer — der Arbeiter — unstreitbar ein freies Verfügungsrecht.

Bericht des Ausschusses zur Regelung der Arbeitsverhältnisse, Sten. Prot. des Abgeordnetenhauses, V. Sess., Beilagen Nr. 46

Die Festsetzung der Verhältnisse zwischen selbständigen Gewerbetreibenden und ihren Hilfsarbeitern ist innerhalb der durch Gesetze gezogenen Grenzen Gegenstand freier Übereinkunft (§ 72).

Novelle zur Gewerbeordnung v. 8. März 1885, RGBl. 22/1885

3. Das einheitliche Wirtschaftsgebiet

Die Wirtschaftsgebiete beider Teile (Österreich und Ungarn) bilden zusammen *ein Zoll- und Handelsgebiet,* umgeben von einer gemeinsamen Zollgrenze (Art. I).

Beide Teile erklären sich bereit, nach Möglichkeit ein gleiches Maß- und Gewichtssystem in beiden Ländern einzuführen (Art. XIII).

Die Angehörigen des einen Staatsgebietes (Österreich), welche mit den anderen (Ungarn) Handel und Gewerbe treiben wollen oder Arbeit suchen, sollen bezüglich des Gewerbeantrittes, der Gewerbeausübung und der zu zahlenden Abgaben mit den Einheimischen gleich behandelt werden (Art. XIV).

Die österreichische Währung bleibt bis zu ihrer gesetzlichen Änderung die gemeinsame Währung (Art. XII).

Zoll- und Handelsbündnis v. 28. Dezember 1867, RGBl. 4/1868

Anstelle der bisherigen Währung tritt die Goldwährung, deren Rechnungseinheit die Krone ist (Art. I).

Die Landesgoldmünzen werden im Mischverhältnis von 900 Tausendteilen Gold und 100 Tausendteilen Kupfer ausgeprägt (Art. II).

Auf ein Kilogramm Münzgold gehen 2 952 Kronen, demnach auf ein Kilogramm feines Gold 3 280 Kronen (Art. III).

Gesetz v. 2. August 1892, RGBl. 226/1892

V. Die sozial gebundene Wirtschaftsordnung

A. Die Wirtschaftsgesinnung

1. Die Sicherheit: der Garant der Freiheit

Jeder Mensch hat als Mitglied der Gesellschaft das *Recht auf soziale Sicherheit.* Er hat das Recht, in den Genuß der für seine Würde und freie Entwicklung seiner Persönlichkeit unentbehrlichen wirtschaftlichen, sozialen und kulturellen Rechte zu gelangen (Art. 22).

Jeder Mensch hat Anspruch auf eine Lebenshaltung, die seine und seiner Familie Gesundheit und Wohlbefinden einschließlich Nahrung, Kleidung, Wohnung, ärztlicher Betreuung und der notwendigen Leistungen der sozialen Fürsorge gewährleistet (Art. 25).

Allgemeine Erklärung der Menschenrechte v. 10. Dezember 1948

Das Recht des einzelnen auf soziale Sicherheit wird damit begründet, daß erst das Freisein von Existenzsorgen die Würde und die freie Entfaltung der Persönlichkeit gewährleistet.

Abgeordneter Dr. Schwer in der Debatte über das Gewerbliche Selbständigen-Pensionsversicherungsgesetz am 18. Dezember 1957; Sten. Prot. des Nationalrates, VIII. Ges. Per., 50. Sitzung, S. 2303

Die soziale Sicherheit ist in Österreich wahrlich zu einer Einrichtung geworden, die umfassenden Charakter hat.

Abgeordneter Uhlir in derselben Debatte, S. 2263

Lassen Sie mich noch sagen, daß dieser Tag, der zehntausend selbständig Erwerbstätigen die Sicherheit ihres Lebensabendes bringt, für uns Wirtschaftstreibende für alle Zeiten ein bedeutsames Datum bleiben wird.

Abgeordneter Gruber in derselben Debatte, S. 2299

Auch der bäuerliche Mensch hat ein Recht auf soziale Sicherheit. Voraussetzung für diese Sicherheit ist aber die wirtschaftliche Sicherheit.

Abgeordneter Dr. Schwer in derselben Debatte, S. 2303

Das Allgemeine Sozialversicherungsgesetz bringt soviele Verbesserungen, daß man mit Fug und Recht sagen darf, daß der Arbeiter und der Angestellte in Zukunft um seine Existenz nicht mehr besorgt zu sein braucht.

Abgeordneter Böhm in der Debatte über das Allgemeine Sozialversicherungsgesetz am 9. September 1955; Sten. Prot. des Nationalrates, VII. Ges. Per., 79. Sitzung, S. 3612

Die Sicherung des Einkommens

Jeder Mensch hat das Recht auf angemessene und befriedigende Entlohnung, die ihm und seiner Familie eine der menschlichen Würde entsprechende Existenz sichert (Art. 23, 3).

Allgemeine Erklärung der Menschenrechte v. 10. Dezember 1948

Die Sicherung des paritätischen Einkommens für die Landwirtschaft

Hat denn die Landwirtschaft nicht ebenso das Recht, den gerechten Lohn für ihre Arbeit zu verlangen wie jeder andere arbeitende Mensch in diesem Lande? Vorenthaltung des gerechten Lohnes ist eine himmelschreiende Sünde.

Abgeordneter Sebinger in der Sitzung des Nationalrates am 1. Juli 1950; Sten. Prot. des Nationalrates, VI. Ges. Per., 29. Sitzung, S. 990

Da die Landwirtschaft nur in sehr beschränktem Umfange die Fähigkeit besitzt, die Vorteile der freien Marktwirtschaft zu nutzen, sie aber von allen ihren Nachteilen in voller Wucht getroffen wird, haben sich die Agrarmarkt-Regelungen vor allem zum Ziel gesetzt, der Landwirtschaft den Absatz der Hauptprodukte zu stabilen und kostendeckenden Preisen zu sichern.

Motivenbericht zum Landwirtschaftsgesetz; Sten. Prot. des Nationalrates, IX. Ges. Per., Beilage 233

Es soll der Zweck des Landwirtschaftsgesetzes sein, die Disparität auf verschiedenen Gebieten, nicht zuletzt auf dem des Einkommens, zu lindern oder zu beseitigen.

Bundesminister Dipl.-Ing. Hartmann im Nationalrat am 13. Juli 1960; Sten. Prot., IX. Ges. Per., 38. Sitzung, S. 1570

Die Sicherung des Arbeitseinkommens durch Kollektivvertragslöhne

Alle Arbeitnehmer haben das Recht auf ein gerechtes Arbeitsentgelt, das ihnen und ihrer Familie einen angemessenen Lebensstandard sichert (Teil I, 4).
Um die wirksame Ausübung des Rechtes auf Kollektivverträge zu gewährleisten, verpflichten sich die Vertragsparteien, gemeinsame Beratungen zwischen Arbeitnehmer und Arbeitgeber zu fördern ... mit dem Ziel, die Beschäftigung durch Kollektivverträge zu regeln (Art. 4).

Europäische Sozialcharta v. 18. Oktober 1961

In Wirklichkeit ist der Arbeitnehmer beim Abschluß des Arbeitsvertrages nicht frei. Als wirtschaftlich schwächere Vertragspartei ist der Arbeitnehmer nur zu oft gezwungen, einen Arbeitsvertrag einzugehen, der zur schrankenlosen Ausbeutung seiner Arbeitskraft führt. Die Gewerkschaften streben daher danach, für ihre Mitglieder kollektive Tarifverträge abzuschließen.

Antrag der Abgeordneten Dr. Resch, Spalowsky und Kunschak in der Nationalversammlung; Sten. Prot. der konstituierenden Nationalversammlung 1919, Beilage 154

Der individuelle Arbeitsvertrag, bei dem das Übergewicht des Arbeitgebers zum Ausdruck kam, ist längst schon auf weiteren Gebieten durch den kollektiven Arbeitsvertrag ersetzt worden, der die Schwäche, die der einzelne beim Vertragsabschluß hat, durch die Stärke der zusammengeschlossenen Masse auszugleichen sucht.

Berichterstatter Spalowsky in der Nationalversammlung am 18. Dezember 1919; Sten. Prot. der Konstituierenden Nationalversammlung, 49. Sitzung, S. 1398

Die Sicherung des Unternehmereinkommens

Da nach der „Auffüllung“ der erweiterten Absatzräume die Industrie in die konjunkturellen Zyklen mit Absatzbrüchen geriet, mußten auch die Industriellen marktdirigierende Organisationen wie Kartelle und Unternehmerverbände gründen. Die immer stärkere Technisierung und Kapitalintensivierung änderte die Kostenstruktur der Industrieunternehmungen derart, daß die fixen Kosten rascher als die variablen wuchsen. Dadurch wurden die Unternehmungen weniger elastisch und brauchten einen verhältnismäßig konstanten Absatz zu kostendeckenden Preisen für ihre Waren. Dies war aber nur durch eine Organisation der Marktlenkung erreichbar. Das Ziel dieser war und ist die *Sicherung des Markterlöses* zur Abdeckung der Kosten, zur Sicherung des optimalen betrieblichen Beschäftigungsstandes und im letzten zur Sicherung des Unternehmereinkommens.

Tautscher-Pöschl: Handbuch der österreichischen Wirtschaftspolitik, Wien 1961, S. 55

2. *Die Steigerung des Lebensstandards*

Der *Lebensstandard* wurde zum allgemeinen Leitbild der modernen Gesellschaft.

E. Zahn: Soziologie der Prosperität, Köln u. Berlin 1960, S. 36

Der Lebensstandard wird zum Gott des Zeitalters und die Reklame ist sein Prophet.

H. Freyer: Theorie des gegenwärtigen Zeitalters, Stuttgart 1956, S. 91

Das *Quantum* des Verbrauches bestimmt das soziale *Quale* des Menschen.

A. Tautscher: Lebensstandard und Lebensglück, Berlin 1963, S. 67

Das Ziel ist, jedem einzelnen Staatsbürger vermehrte Aufstiegschancen zu bringen und die Möglichkeit zu bieten, am Zuwachs des Nationalproduktes durch eine seiner Leistung entsprechende Erhöhung des Lebensstandards teilzuhaben.

Regierungserklärung des Bundeskanzlers Dr. Gorbach am 16. April 1961; Sten. Prot. des Nationalrates, IX. Ges. Per., 64. Sitzung, S. 2683

3. Die Entfaltung der Persönlichkeit in der Wirtschaft

Wenn die Lebensnot einer Gesellschaft gedeckt ist, dann entscheidet nicht mehr *der Lebensunterhalt,* sondern *der Lebensinhalt.* Grundsätzlich hat das Persönliche und das Gesellschaftliche gegenüber dem Ökonomischen den Vorrang.

Bundesminister Dipl.-Ing. Hartmann in der Rede vor dem Rheinländischen Landwirtschaftsverband in der Beethovenhalle am 8. März 1963 in Bonn

Jeder *Selbständige* hängt mit seinem ganzen Herzen an seinem Betrieb, selbst wenn er nur eine kleine, dunkle Werkstätte oder ein altes Geschäftslokal ist. Sein Betrieb, auch wenn er einen noch so kleinen Gewinn abwirft, ist eben seine Welt, sein *Lebensinhalt.*

Abgeordneter Dwôřak in der Debatte über das Gewerbliche Selbständigen-Pensionsversicherungsgesetz am 18. Dezember 1957, Sten. Prot. des Nationalrates, VIII. Ges. Per., 50. Sitzung, S. 2276

Der Unternehmer trägt eine *Verantwortung,* die ihm niemand abnehmen kann. Das ist zunächst die Verantwortung für den Betrieb. Unlösbar ist damit die Verantwortung für die Mitarbeiter verbunden, die den Betrieb zu einer Leistungsgemeinschaft machen, in deren Mittelpunkt die Sorge für den Menschen stehen muß.

Der Unternehmer trägt auch eine Verantwortung für den Verbraucher und damit die Verantwortung für das Gedeihen der Gesamtwirtschaft. Daraus ergibt sich auch die Verantwortung für Politik und Kultur; lauter Verantwortungsbereiche, die schließlich zu der umfassenden sittlichen Verantwortung des Unternehmers vor der Gesellschaft führen.

Selbstbesinnung der Unternehmer;
in: Der moderne Unternehmer, Jg. 3, 1962, H. 1, S. 4

Der Unternehmer sollte nicht nur die Absatz- und Beschaffungsmärkte seines Betriebes überblicken, mit den Methoden der Marktforschung und der Reklame vertraut sein, seine Erzeugnisse und deren Herstellungsmethoden in technischer Hinsicht aufs Genaueste kennen, sondern auch die Kalkulation beherrschen, das Rechnungswesen beherrschen, mit dem geltenden Handels- und Steuerrecht vertraut sein, das Personal zu führen wissen, die Organisation ständig verbessern, schöpferische Ideen gebären, Verhandlungen führen können, die Beziehungen mit der Öffentlichkeit pflegen, in Branchenverbänden mitwirken und hundert andere Dinge mehr.

Der moderne Unternehmer, Jg. 4, 1963, H. 3, S. 33

Die *Bauern* wollen frei und selbständig bleiben und stellen ein Bollwerk für unsere staatliche Ordnung vor. Wir wollen unserer Heimat einen gesunden und lebensfähigen Bauernstand erhalten. Wir müssen unsere Landwirtschaft und besonders unsere landwirtschaftlichen Betriebe konkurrenzfähig machen.

Abgeordneter Strommer in der Debatte über das Landwirtschaftsgesetz am 13. Juli 1960; Sten. Prot. des Nationalrates, IX. Ges. Per., 38. Sitzung, S. 1527

Der Bauer wird in der Zukunft zur Sicherung seiner Existenz neben dem Ausbau seiner Selbsthilfeorganisationen mehr *unternehmerische* Qualitäten entfalten und sich neuen Produktions- und Verwertungsverfahren zuwenden müssen.

Präsident Stürgkh in der Sitzung der Landwirtschaftskommission des Europarates am 12. März 1963 in Paris

B. Die Gesellschaft der sozial gebundenen Wirtschaft

1. Die Tendenz zur horizontalen Gesellschaft der Gleichen

Die Sozialisten wollen eine Gesellschaftsordnung, deren Ziel die freie Entfaltung der menschlichen Persönlichkeit ist (1).

Freiheit ohne Gleichheit ist ebenso undenkbar wie Gleichheit ohne Freiheit. Wer die ganze Freiheit will, muß die Gleichheit wollen. Gleichheit heißt: politische, juristische Gleichberechtigung und wirtschaftliche Gleichheit (3).

Wiener Programm der Sozialistischen Partei Österreichs vom Mai 1958

Gleichheit und Freiheit sind keine Gegensätze, sondern bilden eine Einheit: auch die Freiheit muß gleich verteilt werden, sowohl politisch wie ökonomisch und kulturell. Klassenunterschiede arbeiten dem wirtschaftlichen Fortschritt entgegen, sowohl durch die ungleichmäßige Nutzung der menschlichen Reserven wie auch durch die von ihnen verursachten Spannungen und Konflikte. Gleiche Rechte und Möglichkeiten bedeuten größere Vielfalt in der persönlichen Entwicklung des Menschen. Die Gleichheit ist eine grundlegende Voraussetzung für eine gut funktionierende Gesellschaft (T. III).

Bericht der Studiengruppe für Gleichheitsfragen des Sozialistischen Parteitages Schwedens im Juni 1968 (Alva Myrdal-Report); deutsch: Ungleichheit im Wohlfahrtsstaat, Hamburg 1971

Zunächst beschränkten sich die Gleichheitsbestrebungen unter dem Einfluß des Liberalismus darauf, politische und rechtliche Standesprivilegien zu beseitigen. Die liberale Gesellschaft führte in der Praxis zu neuen Klassenunterschieden und Privilegien. Die Sozialdemokratie gab der Idee von der Gleichheit den Inhalt: alle Menschen seien gleichermaßen dazu berechtigt, ein befriedigendes und entwicklungsfähiges Leben zu führen. Dieses Recht muß in allen realen Chancen zum Ausdruck kommen. Die rein formalen Rechte auf Bildung, Gleichheit vor dem Gesetz, auf politischen und wirtschaftlichen Einfluß genügen nicht.

Das von den Sozialdemokraten erstrebte gesellschaftliche Zusammenleben soll unter gleichen Bedingungen zwischen Gleichen erfolgen. *Das Ziel der Gleichheit wird zur gesellschaftspolitischen Richtlinie.* Die Gleichheit kann nicht zu einem gegebenen Zeitpunkt „erreicht" werden. Statt dessen muß sie zu einer ständigen, alle politische Tätigkeit durchdringenden Bestrebung werden. Die Gleichheitsforderung verlangt deshalb, neu entstehende Unterschiede zu mildern und vor allem, ihnen vorzubeugen.

Schließlich muß es Ziel werden, für den Abbau der hierarchischen Organisation in Unternehmungen und Verwaltungen in der autoritären Beziehung zwischen Vorgesetzten und Unterstellten zu arbeiten.

Der Gleichheitsgedanke soll zu einer Volksbewegung werden, die einen harten Kampf gegen die Interessen starker Machtgruppen und gegen elitäre Vorstellungen führen muß.

Alva-Myrdal-Report: T. 1

2. *Der Trend zur vertikalen Gesellschaft der Eliten*

Die utopische Sucht nach egalitärer Gesellschaft kann kaum anderen Motiven entsprungen sein als dem Unvermögen, mit dem eigenen Neid der noch weniger günstig situierten Mitmenschen fertig zu werden.

H. Schoeck: Der Neid, eine Theorie der Gesellschaft, 1966, S. 122

Wir stehen vor der welthistorischen Entscheidung, ob unsere weitere Zukunft uniform oder individualistisch sein soll. Die uniformierte Gesellschaft ist der sicherste Weg in die Knechtschaft.

G. Weisser: Vortrag in der Wiener Arbeiterkammer am 24. November 1971

Die vollständige Nivellierung und die Auflösung aller Bindungen hat zur Masse geführt. Diese Masse erwies sich in ihrer Vollendung als ein Gebilde, daß jede Entfaltungsmöglichkeit des einzelnen verhindert und alle persönliche Freiheit verschlingt. Der einzelne wird zu einem schematisch abgestempelten und numerierten Bestandteil derselben. In der vollendeten Masse besteht die Gleichheit nicht nur in einer rechtlichen und materiellen Gleichheit, sondern auch in einer geistigen. Wer geistig über den Durchschnitt hinausragt, ist eben unerwünscht und „als Schädling" zu beurteilen, wie einst bei Beginn der Massenbildung der rechtlich und materiell Ungleiche, wobei die Tendenz in der geistigen Höhenlage des Durchschnittes notwendigerweise nach unten weist. In der Masse bedeutet der einzelne nichts, er ist nicht mehr in der Lage, seine in ihm liegende Fähigkeit zu entwickeln, und er verkümmert endlich.

E. Guilleaume: Überwindung der Masse. Vom Prinzip der Gleichheit zur Lebensgemeinschaft, 1954, S. 75

Ich bin nicht gemacht, wie irgendeiner von den Menschen, die ich je gesehen habe, auch nicht wie irgendeiner von den Sterblichen. Bin ich nicht besser, so bin ich wenigstens anders.

J. J. Rousseau: Confessions, 1781

Jede Ordnung innerhalb einer Societät besitzt einen mehr oder weniger deutlich hervortretenden hierarchischen Aufbau. Sie hat ihre natürliche Grundlage in dem Drang der Mehrheit, einer autoritären Leitung die Führung der Gemeinschaft anzuvertrauen. Eine Minderheit regiert, die weitaus größere Mehrheit wird regiert.

G. Mosca: Die herrschende Klasse, 4. Aufl. 1947, S. 45

Die Massendemokratie braucht eine feste Führung und ein gut funktionierendes Elitesystem.

O. Stammer: Die Elitenprobleme in der Demokratie;
in: Schmoller Jahrbuch, Jg. 71, 1951, S. 15

Das Führertum ist eine notwendige Erscheinung jeder Form gesellschaftlichen Lebens.

R. Michels: Zur Soziologie des Parteiwesens in der modernen Demokratie, 1911, S. 383

Je mehr Eliten in einer Gesellschaft vorhanden sind, desto mehr verliert jede einzelne Elite ihre Funktion und ihren führenden Einfluß, da sich die einzelnen Gruppen gegenseitig neutralisieren. In der demokratischen Massengesellschaft kann sich keine Gruppe soweit durchsetzen, daß sie die gesamte Gesellschaft zu prägen vermöchte.

K. Mannheim: Mensch und Gesellschaft im Zeitalter des Umbaues, 2. Aufl. 1967, S. 101

C. Die sozial gebundene Wirtschaftsordnung

1. Die Träger der Wirtschaftsordnung

a) Die Unternehmer: die dynamische Kraft

Die geltende Wirtschaftsordnung kann mit Recht als unternehmerische Wirtschaftsordnung angesprochen werden, weil die Dynamik der Volkswirtschaft von den Unternehmern ausgeht. Hierbei ist es, äußerlich gesehen, ohne praktischen Unterschied, ob der Unternehmer ein selbständiger Wirtschafter mit eigenem Kapitaleinsatz und eigener Risikobelastung ist oder ob er „Angestellter und verbeamteter Leiter" einer Unternehmung ohne Einsatz des eigenen Kapitals und ohne Risikobelastung ist. Dem Wesen nach entspricht aber nur der selbständige Unternehmer der unternehmerischen Wirtschaftsordnung. Die Aufgabe des Unternehmers in der sozialen Wirtschaft ist es, die jeweils potentiellen Kräfte der Wirtschaft zu aktuieren, um so die arbeitsteilige Wirtschaft in der Gliederung ihrer Erzeugungszweige zu verlebendigen. Da jede Wirtschaftshandlung in der Produktion und in der Zirkulation die Möglichkeiten und Notwendigkeiten weiterer Handlungen nach sich zieht, da jeder Erzeugungsakt weitere Rohstoffe und Arbeitsleistungen zum „Einsatz beordert", kommt es für den Unternehmer darauf an, die in der sozialen Wirtschaft jeweils vorgegebenen Potenzen und Gewinnchancen zu nutzen. Indem die Unternehmer dies tun, setzen und halten sie die Volkswirtschaft in Gang. Indem der Unternehmer seine aus den Daten der Volkswirtschaft abgeleiteten Pläne erstellt, gibt er für die nachfolgenden Wirtschaftshandlungen die Voraussetzung. Indem er so seine unternehmerische Leistung vollbringt, zwingt er die Erzeuger seiner Stufe zum Wettbewerb. Durch diesen wird der ergiebigste Produktionsausstoß und die kostengünstigste Warenerzeugung und Warenvermittlung erwirkt. So werden die Unternehmer die dynamische Kraft der wirtschaftlichen Entwicklung.

Auf Grund der erzeugten Waren und der erstellten Leistungen steht den Unternehmern als Entgelt für den Beitrag am Sozialprodukt der entsprechende Anteil am Nationaleinkommen zu. Der vom Unternehmer in der sozialen Wirtschaft geleistete Einsatz muß nach dem allgemeinen Rationalprinzip so geleistet werden, daß mit den jeweils gegebenen Mitteln der optimale Erfolg erreicht wird. Der Unternehmer ist in Vollzug seiner sozialwirtschaftlichen Aufgabe Träger der Volkswirtschaft und daher der eine Ordnungspol der gegenwärtigen Wirtschaftsordnung.

A. Tautscher: Die österreichische Wirtschaftsordnung, Salzburg 1971, S. 48 f.

b) *Die Wirtschaftsverbände: die ausgleichenden Kräfte*

Der zweite gestaltende Pol der gegenwärtigen Wirtschaftsordnung sind die verschiedenen Verbände und Kammern. Sie leisten ihren Mitgliedern die gewünschte Sicherheit und die erreichbare Gesichertheit.

Zunächst treten überall die auf Grund der Gesetze geschaffenen Kammern mit der von den Kammergesetzen statuierten Zwangsmitgliedschaft hervor.

Die wichtigsten drei Kammern (Kammer der gewerblichen Wirtschaft, Kammer für Land- und Forstwirtschaft, Kammer für Arbeiter und Angestellte) haben ihren Unterbau in den Bezirksstellen, ihre Organisationszentralen in den Landeskammern und ihren Überbau in den verschiedenen „Dachkammern".

Dann kommen die verschiedenartigen, freiwillig gebildeten Selbsthilfeorganisationen wie Genossenschaften und Gewerkschaften, die den Organisierten im Dienst konkret organisierter Hilfe weitere Sicherheiten bringen. Diese Organisationen beginnen mit den Ortsgruppen, den eigentlichen Genossenschaften, setzen sich über die „Landesverbände" der Genossenschaften und die „Landesexekutiven" des Gewerkschaftsbundes fort und enden bei den Dachorganisationen der Genossenschaftsverbände und beim Österreichischen Gewerkschaftbund.

Als politische Parallelanstalten haben diese Verbände und Kammern noch ihre Dependancen in den verschiedenen Bünden und Parteien, die ihrerseits wieder über Ortsgruppen, Landesverbände und Bundesverbände verfügen.

Durch diese verschiedenen Organisationen der einzelnen Gruppen und „Stände" werden die Mitglieder von verschiedenen Seiten her organisatorisch und richtungsmäßig erfaßt, sodaß sich kaum irgend einer der zweckhaften Ausrichtung entziehen kann und daher alle in ausgerichteter „Gestrafftheit" mittun können oder sogar auch mittun müssen. Dafür erhalten sie im wachsenden Maße eine Sicherungsrente.

A. Tautscher: Die österreichische Wirtschaftsordnung, Salzburg 1971, S. 54 f.

aa) *Die Genossenschaften*

α) *Die Ziele und Ansätze der Genossenschaften*

Das Wesen der Erwerbs- und Wirtschaftsgenossenschaften besteht darin, daß den Mitgliedern, die allein stehen, zumeist nur auf den Arbeitslohn angewiesen sind und keinen Credit genießen, durch die Association die Gelegenheit geboten wird, an dem Credit der Gesamtheit teilzunehmen, sich Kapital- und Unternehmungsgewinne zuzuwenden und dadurch eine wirtschaftlich unabhängige Stellung zu erlangen.

Motivenberichte zum Gesetz über Erwerbs- und Wirtschaftsgenossenschaften, Sten. Prot. des Abgeordnetenhauses, VI. Sess., Beilagen Nr. 96

Die Bestimmungen dieses Gesetzes haben Anwendung zu finden auf Vereine von nicht geschlossener Mitgliederzahl, welche die *Förderung des Erwerbes oder der Wirtschaft* ihrer Mitglieder mittels gemeinschaftlichen Geschäftsbetriebes oder mittels Kreditgewährung bezwecken, wie auf: Vorschuß- und Kreditvereine, Rohstoff- und Magazinvereine, Produktionsgenossenschaften, Konsumvereine und Wohnungsgenossenschaften (§ 1).

Erwerbs- und Wirtschaftsgenossenschaften können entweder mit unbeschränkter oder beschränkter Haftung ihrer Mitglieder errichtet werden (§ 2).

Gesetz über die Erwerbs- und Wirtschaftsgenossenschaften v. 9. April 1873, RGBl. 70/1873

Die auf Grund des Gesetzes vom 9. April 1873 registrierten Erwerbs- und Wirtschaftsgenossenschaften sind verpflichtet, ihre Einrichtungen und ihre Geschäftsführung in allen Zweigen der Verwaltung mindestens in jedem zweiten Jahre der Prüfung durch einen der Genossenschaft nicht angehörigen Sachverständigenrevisor zu unterwerfen (§ 1). Ein den Anforderungen dieses Gesetzes entsprechender Verband kann für die ihm angehörigen Genossenschaften den Revisor bestellen (§ 2).

Der Verband muß auf Grund des Gesetzes vom 9. April 1873 gebildet sein und die Revision der ihm angehörigen Genossenschaften zum Zwecke haben (§ 3).

Gesetz über die Revision der Erwerbs- und Wirtschaftsgenossenschaften v. 10. Juni 1903, RGBl. 133/1903

Die erste gewerbliche Kreditgenossenschaft: Klagenfurt 1850

Da die Kenntnis der Organisation eines ähnlichen Vereins uns nicht zugute kam, war die Konstituierung eine mühevolle Arbeit (Gründungsmitglied Zimmermeister Karl Staudinger).

Der Zweck des *„Gewerblichen Aushilfskassenvereines in Klagenfurt"* ist die Hebung und Förderung des Wohlstandes der Vereinsmitglieder, als Mittel ist das Zusammenlegen von beliebigen Summen in eine gemeinschaftliche Sparkasse zu gegenseitigen Unterstützungen mit Darlehen aus derselben wie die Heranbildung eines Reservefonds bestimmt.
Jedes Mitglied ist verpflichtet, beim Eintritt 1 fl CM, fortan aber monatlich mindestens 10 kr. in die Vereinskasse zu legen. Diese Einlagen sollen zu 5 pCt verzinst, die Zinsen erst nach drei Jahren zum Kapital gerechnet werden.

Gründungsurkunde der ersten gewerblichen Kreditgenossenschaft in Klagenfurt,
nach: 75 Jahre Kreditgenossenschaft, Klagenfurt 1925

Die erste Konsumgenossenschaft: Teesdorf 1856

Der Zweck des Vereines *„Wechselseitiger Unterstützungsverein der Fabriksarbeiter zu Teesdorf"* ist die Beischaffung der für die Vereinsmitglieder erforderlichen Nahrungsmittel im großen zur Erzielung möglichst billiger Anschaffungspreise nach Maßgabe der jeweils vorhandenen Barfonds. Die Mittel zur Errichtung dieses Zweckes werden durch die von den einzelnen Mitgliedern zu leistenden periodischen Beiträge beigeschafft.
Um als Mitglied in den Verein aufgenommen zu werden, hat sich der Erwerber vor allem bei dem Vereins-Direktor über seinen ehelichen Stand legal auszuweisen und auf Aufforderung hat er eine Bestätigung über seine ordentliche, in sittlicher Beziehung tadellose Lebensweise beizubringen.

Statuten des ersten Konsumvereins in Teesdorf im Jahre 1856;
nach: A. Vukovich: Hundert Jahre Konsumgenossenschaften in Österreich, Wien 1956

Die erste bäuerliche Genossenschaft: Übelbach 1874

Wenn wir auf die früheren Verhältnisse in Österreich zurückblicken, wo noch die herrschaftlichen Domenien in Tätigkeit waren, so finden wir eine sehr einfache Art von Vorschußkassen. Die Herrschaftsverwaltungen, welche in ihren kleinen Verwaltungsbezirken die Verhältnisse jedes Untertanen genau kannten, konnten dem Landmanne bei einer Geldverlegenheit ein Darlehen sehr leicht auf den einfachsten direkten Personalkredit gewähren.

Mit dem Aufhören der lokalen Herrschaftsverwaltungen traten die mehr zentralistischen Behörden an deren Stelle, mit welchen natürlich jeder derartige

Verkehr aufhören mußte. Obschon der Landmann nun mehr Geld brauchte als früher, so wurde doch an die Errichtung eigener Geldinstitute für die Beschaffung kleinerer Beträge nicht gedacht. So hat denn auch das Institut der Vorschußkassen (nach Raiffeisen), welche diesem letzten Zweck dient, in so überraschender Weise Anklang gefunden. Nur durch die Solidarhaftung wird es möglich, daß der einzelne, der an sich kreditlos ist, durch die Vereinigung kreditfähig wird.

Dr. Leyer in der Versammlung der Steiermärkischen Landwirtschafts-Gesellschaft am 10. März 1874; Sten. Prot. der 50. Versammlung der Steir. Landwirtschafts-Gesellschaft, S. 8 ff.

Niemand wird leugnen wollen, daß es an Geldmitteln fehlt. Wir fragen nun, wie soll man diese Mittel schaffen. In uns selbst müssen wir die Mittel suchen und das ist nur möglich — durch die Genossenschaften. Der Bauer soll mit seinen Genossen, die um ihn wohnen, zusammentreten, und auf gegenseitiges Vertrauen gestützt, vorwärts gehen!

Edgar Baron Ecker in der Versammlung der Steir. Landwirtschafts-Gesellschaft am 20. Jänner 1882; Sten. Prot. der 58. Sitzung der Steir. Landwirtschafts-Gesellschaft, S. 6

Der Hohe Landtag wolle beschließen:

Der Landesausschuß wird beauftragt, das allgemeine Verständnis über Zweck und Organisation der Darlehenskassenvereine nach dem System Raiffeisen in der Bevölkerung möglichst zu verbreiten.

Berichterstatter Endres in der Sitzung des Steir. Landtages am 25. April 1893; Sten. Prot. des Steir. Landtages, VII. Landtagsper., 3. Sess., 19. Sitzung, S. 163

Der Vorschußkassenverein führt die Firma *„Vorschuß-Cassen-Verein Übelbach“* (§ 1). Der Vorschußkassenverein hat den Zweck, seinen Mitgliedern Geldvorschüsse gegen Zinsen zu gewähren (§ 3).

Mitglieder des Vereins können nur Personen sein, welche in der Gemeinde den ordentlichen Wohnsitz oder einen Grundbesitz haben und eigenberechtigt sind (§ 5).

Die Vorschüsse werden nur auf ein bis drei Monate gegeben; der Ausschuß kann die Rückzahlungsfrist nur einmal auf höchstens drei Monate verlängern (§ 30). Die Höhe der Zinsen wird mit Rücksicht auf ihre Bestimmungen zur Deckung der Passivzinsen und der Verwaltungskosten wie auch zur Erzielung einer entsprechenden Dividende von Zeit zu Zeit vom Ausschuß festgesetzt (§ 31).

Übelbach; am 10. März 1874

β) Der Aufbau der Genossenschaften

Die Bezirksgenossenschaft der Milchwirtschaft

Die Genossenschaft besteht unter dem Namen *„Obersteirischer Molkereiring Murboden“* in Knittelfeld (§ 1).

Der Gegenstand der Unternehmung ist die Förderung der Wirtschaft ihrer Mitglieder durch:

die gemeinsame Verarbeitung und Verwertung der in den Wirtschaften der Mitglieder erzeugten Milch (§ 2).

Als Mitglied können Personen aufgenommen werden, die in den Bezirken Judenburg und Knittelfeld ihren Wohnsitz haben und Landwirtschaft betreiben (§ 3).

Die Mitglieder sind *berechtigt*, alle genossenschaftlichen Einrichtungen zu benutzen. Sie haben ferner das Recht, an den Vollversammlungen teilzunehmen und sich an den Beratungen, Beschlußfassungen und Wahlen zu beteiligen. Die Mitglieder haben auch das Recht der Wählbarkeit (§ 9).

Jedes Mitglied ist *verpflichtet:* beim Eintritt die Beitragsgebühr zu erlegen, die festgesetzten Geschäftsanteile zu zeichnen, *die gesamte im Betrieb erzeugte Milch zu liefern* (§ 10).

Jedes Mitglied muß mindestens einen Geschäftsanteil erwerben. Die Anzahl der weiterhin zu erwerbenden Geschäftsanteile hängt von der angelieferten Milchmenge ab und zwar derart, daß für je volle 500 kg Jahresanlieferungsmenge ein Anteil zu erwerben ist (§ 30).

Knittelfeld, am 3. Dezember 1930 (in der Fassung v. 28 Mai 1949)

Der Landesverband

Die Firma der Genossenschaft lautet: *„Verband der Molkereigenossenschaften in Steiermark und Kärnten"* in Graz (§ 1).

Die Genossenschaft hat den Zweck, den Erwerb und die Wirtschaft der ihr angeschlossenen Mitglieder zu fördern. Dies soll insbesondere erreicht werden durch:

1. gemeinsame Verwertung landwirtschaftlicher Produkte (z. B. Milch, Milchprodukte u. a.), wobei die Verwertung mit und ohne vorherige Bearbeitung und Verarbeitung erfolgen kann;
2. Durchführung von Maßnahmen, die zur Sicherung eines gerechten Erzeugerpreises, zur Erzielung der bestmöglichen Qualität und der geordneten Verteilung der Erzeugnisse dienen. Zu diesem Zweck können auch Preisausgleichskassen eingerichtet werden.

Der Geschäftsbereich der Genossenschaft beschränkt sich im allgemeinen auf den Kreis der Mitglieder (§ 2).

Mitglieder der Genossenschaft können sein:

Milch- und Molkereigenossenschaften in Steiermark und Kärnten (§ 3).

Jedes Mitglied ist *berechtigt:* alle Einrichtungen der Genossenschaft nach den getroffenen Bestimmungen zu benutzen (§ 7).

Jedes Mitglied ist *verpflichtet:* beim Eintritt die Beitrittsgebühren zu erlegen, die Geschäftsanteile sofort einzuzahlen, das *Verfügungsrecht über Milch* und Milcherzeugnisse der Mitgliedsgenossenschaften *an den Verband zu übertragen* und sich damit der Geschäfts- und Betriebskontrolle sowie der Betriebsberatung zu unterziehen, sich weder mittelbar noch unmittelbar an einem gleichen oder ähnlichen Unternehmen zu beteiligen (§ 8).

Jedes Mitglied ist verpflichtet, einen Geschäftsanteil zu erwerben und einzuzahlen. Für je 5000 hl Jahresanlieferung ist ein weiterer Geschäftsanteil zu erwerben (§ 21).

Graz, am 27. Juni 1957

Der Bundes-Zentral-Verband

Die Firma der Genossenschaft lautet *„Österreichischer Molkerei- und Käsereiverband"* in Wien (§ 1).

Die Genossenschaft hat den Zweck, den Erwerb und die Wirtschaft der Mitglieder zu fördern.

Dies soll insbesondere erreicht werden durch:

1. Ein- und Verkauf von Erzeugnissen und Betriebserfordernissen im Auftrag und für Rechnung der Mitglieder sowie auf eigene Rechnung, Verwahrung, Bearbeitung und Verarbeitung dieser Erzeugnisse;
2. Durchführung der Ein- und Ausfuhr solcher Erzeugnisse sowie Abschluß von einschlägigen Verträgen mit in- und ausländischen Firmen;
3. Durchführung von Maßnahmen zur Sicherung eines gerechten Erzeugerpreises;
4. Zur Durchführung ihrer Aufgaben soll die Genossenschaft sich derzeit schon bestehender Einrichtungen ihrer Mitglieder bedienen (§ 2).

Mitglieder der Genossenschaft können sein: die genossenschaftlichen Molkerei-, Sennerei- und Käsereibetriebe in den österreichischen Bundesländern (§ 3).

Jedes Mitglied hat das *Recht*, seine genossenschaftlichen Zweckgeschäfte und die hiefür erforderlichen Gegengeschäfte selbständig zu betreiben.

Jedes Mitglied ist berechtigt, alle genossenschaftlichen Einrichtungen nach Maßgabe der getroffenen Bestimmungen zu benutzen (§ 6).

Jedes Mitglied ist *verpflichtet:* die Geschäftsanteile in barem Gelde voll einzuzahlen, über seine Geschäfte regelmäßig Monatsberichte oder über Anforderung Sonderberichte an die Genossenschaft einzusenden, Bedarfserhebungen durchzuführen und an die Genossenschaften weiterzugeben (§ 7).

Der Genossenschaftsanteil beträgt S 100. Die Mitglieder sind verpflichtet, für je 20 000 l an Tagesanlieferungen an Milch einen Geschäftsanteil zu zeichnen (§ 10).

Registerbescheid über die Eintragung: Handelsgericht Wien, Abt. 7: Gen. 31/276 v. 6. Jänner 1948

bb) Die Gewerkschaften

a) Ansätze, Zwecke und Aufbau der Gewerkschaften

Der „Erste Allgemeine Arbeiterverein"

An die Arbeiter! Liebe Freunde und Brüder!

Es hat sich hier ein Verein gebildet, dessen Zweck es ist, das Interesse an höheren und geistigen Dingen in unserem Stande zu erregen und zu fördern, den Gemeingeist zu beleben und die Vorurteile gegen uns zu vernichten.

Wir laden Euch ein, die Ihr es wünscht, daß sich ein engeres Leben unter uns entwickle, die Ihr das Bedürfnis fühlt, mitzubauen an der herrlichen Idee der Freiheit, die Ihr einsam und verlassen steht. Euch alle laden wir ein, teil an diesem Verein zu nehmen. Der Vorstand: Sander, Gennert, Hillisch, Brandstätter, Hafner, Gerschmann, Fischer. Gründung des Arbeitervereins am 24. Juni 1848.

nach: J. Deutsch: Geschichte der österreichischen Gewerkschaftsbewegung, Wien 1929, Bd. 1, S. 35

Der Arbeiterverein hat sich zur Aufgabe gestellt, eine Versammlung aus Arbeitern aller Gewerbe ins Leben zu rufen. In dieser sollen hauptsächlich die Innungsverhältnisse sowie alle Gegenstände zur Beratung kommen, welche in gewerblicher und staatsbürgerlicher Beziehung jedem von Wichtigkeit sind, als: *Gleichstellung der politischen Rechte der Arbeiter* mit denen anderer Stände, *Einsetzung von Arbeitsministerien,* wozu auch Unternehmer und

Arbeitnehmer gehören, freies Niederlassungsrecht, freie Gewerbeordnung, *Feststellung der Arbeitszeit, Errichtung von Kranken- und Invalidenkassen.* Wien, 4. September 1848

nach: J. Deutsch: a.a.O., S. 44

Der erste Arbeiterbildungsverein

Der Zweck des Vereines ist es, die geistige Ausbildung seiner Mitglieder zu fördern. Er sucht dies zu erreichen durch:

Unterricht in den Realfächern und Sprachen;

wissenschaftliche Vorträge in leicht faßlicher Weise von kompetenten Männern gehalten;

freie Besprechung von Tagesfragen, welche in Beziehung zur Arbeiterwelt stehen und eine soziale Tragweite haben.

Gründung des Vereins am 5. Dezember 1877 (durch Einfluß von Lassalle).

nach: J. Deutsch: a.a.O., S. 60

Die freien, sozialistischen Gewerkschaften

Der Parteitag der Österreichischen Sozialdemokratie vom Jahre 1891 in Wien erklärt, daß die Gewerkschaftsorganisation in Rücksicht auf die gegenwärtigen Produktionsverhältnisse und in Hinsicht auf die politischen Verhältnisse den Arbeitern zu empfehlen ist.

Der Parteitag geht von der Erwägung aus, daß die gewerkschaftliche Organisation erzieherisch bessernd zu wirken vermag, daß dieselbe, wenn sie im sozialdemokratischen Sinne gehandhabt wird, auf das politische Leben vorzubereiten imstande ist. Doch erklärt der Parteitag ausdrücklich, daß durch die Gewerkschaftsorganisation die sozialdemokratische Bewegung in keiner Weise hintangehalten werden darf.

Jede Gewerkschaft muß die *Unterstützung der Arbeitslosen,* die Ansammlung eines *Widerstandsfonds,* die *Arbeitsvermittlung* sowie die Gewährung von Rechtsschutz in ihr Statut aufnehmen.

Antrag Högner am 2. Parteitag der österreichischen Sozialdemokratie in Wien 1891;

nach: J. Deutsch: a.a.O., S. 245

Die christlichen Gewerkschaften

Die *christlichen Gewerkschaften* in Österreich haben das Ziel, die christliche Arbeiterschaft durch gemeinsames Vorgehen zur Wahrung ihrer geistigen und materiellen Interessen zu befähigen und ihnen die gebührende Einflußnahme auf die Gestaltung der Lohn- und Arbeitsverhältnisse zu sichern. Auf den sozialen Grundsätzen des Christentums aufbauend, sind die christlichen Gewerkschaften eine Organisation, die als Teil der gesamten christlichen Arbeiterorganisation gilt.

Die christlichen Gewerkschaften stehen *nicht auf dem Boden des Klassenkampfes.* Unternehmer und Arbeiter erscheinen heute als notwendige Faktoren eines Produktionsprozesses, zwischen denen in vielen Punkten eine *Interessengemeinschaft* besteht.

Spalowsky: Über die Grundlagen der christlichen Gewerkschaften auf der ersten Konferenz der christlichen Gewerkschaften Österreichs am 17. November 1907 in Wien;

nach: Klenner: Die österreichischen Gewerkschaften, Wien 1953, Bd. 2, S. 1043

Der Zweck der Gewerkschaften

Der *Österreichische Gewerkschaftsbund* ist eine auf demokratischer Grundlage aufgebaute Organisation. Er umfaßt alle unselbständigen Erwerbstätigen (Arbeiter, Angestellte, Beamte) zur Vertretung ihrer sozialen und wirtschaftlichen Interessen (§ 1, 1).

Die Mitgliedschaft wird durch *freiwilligen* Beitritt erworben (§ 1, 2).

Der Gewerkschaftsbund ist in Verfolgung seines Zweckes zu einem kraftvollen Mitwirken am Aufbau Österreichs sowie zu einem unentwegten Kampf zur *Hebung des Lebensstandards der Arbeitnehmerschaft* berufen (§ 3, 1).

Dem Gewerkschaftsbund und den angehörigen Gewerkschaften obliegen insbesondere folgende Aufgaben:

a) die Förderung der gewerkschaftlichen Aktionen zur Herbeiführung günstiger Arbeitsverhältnisse; die Mitwirkung an der Erlassung von Gesetzen wirtschaftlicher und sozialpolitischer Art; die Vereinbarung von Einzel-, Betriebs- und Kollektivverträgen mit den Arbeitgebern sowie die Führung von Unterhandlungen in Streitfällen aus den Arbeitsverhältnissen; die Schaffung einer wahren Wirtschafts- und Betriebsdemokratie durch gesetzlich geregelten Einfluß der Gewerkschaften und der Betriebsräte auf die Führung der Betriebe und wirtschaftlicher Institutionen;

b) die Wahrung, Verbesserung und der Ausbau des gesamten Arbeiter- und Angestelltenschutzes;

c) die Schaffung von Bildungseinrichtungen;

d) die Schulung der Vertrauensmänner, Betriebsräte und Funktionäre;

e) die Einflußnahme auf die Entwicklung der Sozialversicherungseinrichtungen;

f) die Gewährung von unentgeltlichem Rechtsschutz in allen aus dem Arbeitsverhältnis entspringenden Streitfällen;

g) die Unterstützung der Gewerkschafter bei Durchführung von gewerkschaftlichen Kämpfen (§ 3, 2).

Statuten des Österreichischen Gewerkschaftsbundes, beschlossen am 2. Mai 1948

Der Gewerkschaftsbund gliedert sich in sechzehn Gewerkschaften (§ 4, 1).

Jedes Mitglied ist *berechtigt*, die Einrichtungen des Gewerkschaftsbundes nach Maßgabe der geltenden Bestimmungen in Anspruch zu nehmen. Aus der Mitgliedschaft kann kein Rechtsanspruch auf Unterstützungsleistung abgeleitet werden (§ 17).

Jedes Mitglied hat die *Pflicht:* zur Erreichung der Ziele des Gewerkschaftsbundes nach besten Kräften beizutragen, die Vorschriften der Statuten einzuhalten, die Mitgliedsbeiträge regelmäßig zu entrichten (§ 18).

Statuten des Österreichischen Gewerkschaftsbundes v. 2. Mai 1948

β) Die Freiheit und die Gewerkschaften

Die Vereinigung von Gewerbetreibenden hatte eine Liste (schwarze Liste) angelegt, in der die Namen solcher Arbeiter verzeichnet waren, von deren Aufnahme in die Arbeit *abgeraten* wird. Drei von der in die Liste aufgenommenen Arbeiter, A und Genossen, traten nun gegen ihren ehemaligen Chef B klagbar auf und verlangten Schadenersatz unter der Behauptung, daß sie durch das Vorgehen des Beklagten an ihrem Arbeitsverdienst eine Einbuße erlitten haben, indem sie längere Zeit hindurch keine Arbeit finden konnten.

Beide Vorinstanzen wiesen das Klagebegehren dem Grunde nach ab, indem sie dic Frage, ob der Verfasser und Verbreiter der sogenannten „schwarzen Listen“ für den entstandenen Schaden ersatzpflichtig sei oder nicht, nach dem gegenwärtigen Stande der Gesetzgebung verneinen zu müssen glaubten.

Der Oberste Gerichtshof hob das Berufungsurteil aus folgenden Gründen auf: Mit der vorliegenden Klage verlangen die Kläger den Ersatz des Schadens, indem sie durch die Eintragung in das Verzeichnis eine längere Zeit keine Arbeit finden konnten. Mit Recht machen die Kläger den Revisionsgrund des § 503 Z. 4 ZPO geltend aus dem das Gewerberecht beherrschenden Grundsatz, daß der gewerbliche Hilfsarbeiter beim Aufsuchen von Arbeitsgelegenheiten durch ein allfälliges ungünstiges Urteil, welches sich ein früherer Arbeitgeber über ihn gebildet hat, nicht behindert werden darf.

Als eine Verletzung dieses Grundsatzes stellt sich die Verfassung und Verbreitung von Verzeichnissen von Arbeitnehmern dar, welche den Zweck verfolgen, die letzteren von der Aufnahme der ersteren in die Arbeit abzuhalten.

Entscheidung des OGH v. 20. Juni 1905, Nr. 8369

Das Verbot des Beitrittszwanges zu einer Gewerkschaft („rote Listen“)

Das im vorliegenden Fall angewendete Mittel, nämlich die Erzwingung der *Entlassung* des Klägers durch die Drohung mit dem Streik, verstößt nach Anschauung des Berufungsgerichtes gegen die guten Sitten.

Gewiß ist die Organisation der Arbeiterschaft von hervorragender Bedeutung für die Wahrung ihrer Interessen, insbesondere für die Hebung des Lebensstandards, weil erst durch die Organisation die bis dahin amorphe Masse der Arbeiterschaft in die Lage versetzt wurde, mit Aussicht auf mehr Erfolg mit den Arbeitgebern über die Arbeitsbedingungen zu verhandeln. Auch ist es nicht zu verkennen, daß, je umfassender eine solche Organisation ist, umso gewichtiger sie auftreten kann und daß sich daraus das Bestreben nach möglichster Erweiterung der Organisation ergibt.

Der erstrebenswerte Zweck rechtfertigt noch nicht das angewandte Mittel, auch nicht, wenn es in einzelnen Kreisen als erlaubt angesehen wird.

Im vorliegenden Falle und zur jetzigen Zeit der Arbeitslosigkeit muß die Existenzunterbindung als unsittlich bezeichnet werden.

Entscheidung des OGH v. 4. April 1929, 2 Ob 259/29, SZ XI/79

Der Schutz der Arbeitnehmer vor der Übermacht der Gewerkschaften

Bestimmungen in kollektiven Arbeitsverträgen und anderen Gesamtvereinbarungen zwischen Arbeitgebern und Arbeitnehmern sind *nichtig*, wenn sie unmittelbar oder mittelbar:

a) bewirken sollen, daß in einem Betrieb nur Angehörige einer bestimmten Berufsvereinigung oder anderer freiwilliger Vereinigungen beschäftigt werden;

b) verhindern sollen, daß in einem Betrieb Personen beschäftigt werden, die keiner Berufsvereinigung oder die einer bestimmten Berufsvereinigung oder anderer Vereinigungen angehören (§ 1, 1).

Gesetz zum Schutz der Arbeitsfreiheit v. 5. April 1930 (Antiterrorgesetz), BGBl. 113/1930

Der Austritt aus dem Gewerkschaftsbund darf nicht den politischen und wirtschaftlichen Tod eines Menschen bedeuten.

Abgeordneter Prinke in der 31. Sitzung des Nationalrates am 28. Oktober 1955; Sten. Prot. des Nationalrates, VII. Ges. Per., S. 3760

γ) *Der Kollektivvertrag*

Die gesamte Lohnpolitik der Gewerkschaften hat das Ziel, das Arbeitseinkommen in nomineller Höhe und realer Kaufkraft zu sichern. Das Lohneinkommen wird durch den Kollektivvertrag so abgesichert, daß es einen Bruch in der Lohnentwicklung nicht geben kann. Dazu kommt noch, daß die Kollektivverträge unter dem Schutz des Arbeitsgerichtes stehen. Dadurch schützt der Staat jedem Lohnempfänger die ihm aus dem Kollektivvertrag zustehende Lohngröße. Mit dieser umfassenden Sicherung des Lohnes ist die Arbeiterschaft aus dem Zustand der wirtschaftlichen Proletarität herausgetreten.

A. Tautscher: Vom Arbeiter zum Mitarbeiter, Berlin 1961, S. 92

Kollektivverträge im Sinne dieses Gesetzes sind *Vereinbarungen*, die zwischen kollektivvertragsfähigen Körperschaften der Dienstgeber und der Dienstnehmer schriftlich geschlossen werden und die die gegenseitigen aus dem Dienstverhältnis entspringenden Rechte und Pflichten oder Rechtsbeziehungen zwischen den Kollektivvertragsparteien regeln (§ 2, 1).

Die Bestimmungen in Kollektivverträgen können durch Arbeitsordnung oder Dienstvertrag weder aufgehoben noch beschränkt werden (§ 2, 1).

Auf Antrag der entsprechenden Stellen kann durch Beschluß des Einigungsamtes ausgesprochen werden, daß ein kundgemachter Kollektivvertrag, der eine überwiegende Bedeutung erlangt hat, in allen oder in einzelnen Bestimmungen auch außerhalb seines Geltungsbereiches maßgebend sein kann. Die in den Beschluß aufgenommenen Bestimmungen des Kollektivvertrages werden als Satzungen bezeichnet (§ 14).

Gesetz über die Regelung von Arbeits- und Lohnbedingungen durch Kollektivverträge v. 26. Februar 1947, BGBl. 76/1947 (erste Fassung 1919)

δ) *Der Streik*

Der Streik ist die *planmäßig durchgeführte Arbeitseinstellung* einer größeren Zahl von Arbeitnehmern innerhalb eines Berufes oder Betriebes zu einem Kampfzweck mit dem Willen, die Arbeit nach Erreichung des Kampfzieles oder Beendigung des Arbeitskampfes fortzusetzen.

H. C. Nipperdey: Streikrecht;
in: Handwörterbuch der Sozialwissenschaften, Stuttgart 1959, Bd. 2, S. 226

Es müssen immer *zwei* Voraussetzungen gegeben sein, wenn ein Streik nicht rechtswidrig sein soll:

Das Bestehen einer rechtlich und wirtschaftlich billigen Forderung und die Anwendung solcher Mittel, die sittlich erlaubt sind und nicht außer dem Verhältnis zu dem zu erreichenden Erfolg stehen.

R. Seiler: Das wirtschaftliche Streikrecht im österreichischen Strafrecht;
in: Juristische Blätter, Jg. 80/1958, S. 89

Damit überschreitet aber nicht nur der sogenannte „Sympathiestreik", der sich nicht gegen den eigenen Arbeitgeber wendet, sondern lediglich eine Demonstration der Solidarität mit anderen Arbeitergruppen darstellt, den Rahmen der *Streikfreiheit*, sondern auch jeder *politischer Streik*, der sich z. B. gegen den Staat richtet.

Urteil des OLG Wien v. 19. Dezember 1962, Zl. 5 R 213/62

Der Streik soll nur ein *letztes Mittel* sein und kein Akt des Mutwillens.

Abgeordneter Olah (Präsident des ÖGB) in der Sitzung des Nationalrates am 30. Oktober 1956; Sten. Prot. des Nationalrates, VIII. Ges Per., 9. Sitzung, S. 2081

Der Streik ist weder anerkannt noch verboten. Es gibt nur die Freiheit und nicht das *Recht* zum Streiken.

K. Kummer: Lehrbuch des Arbeitsrechtes, Wien 1961, S. 264

Dem Bundesvorstand (des ÖGB) obliegt die Beschlußfassung über beantragte Angriffs- und Abwehrstreiks, soferne sie die Gesamtbewegung oder das öffentliche Interesse berühren. Jedenfalls sind alle beabsichtigten Streiks und drohenden Aussperrungen zeitgerecht dem Präsidium zur Kenntnis zu bringen (§ 12, 3, d).

Statuten des Österreichischen Gewerkschaftsbundes v. 2. Mai 1948

Mitglieder des ÖGB, die an einem von den zuständigen gewerkschaftlichen Instanzen anerkannten Streik beteiligt sind, erhalten eine Streikunterstützung (III, 1). Diese Unterstützung erhält in der Regel jedes Mitglied, welches 26 Wochen oder sechs Monate Vollbeiträge geleistet hat (III, 2).

Über Beginn und Dauer des Streikes entscheidet das geschäftsführende Organ der zuständigen Gewerkschaft (III, 4).

Die Höhe der Streikunterstützung beträgt in der Regel pro Woche das 35fache des durchschnittlichen Wochenbeitrages der vor dem Streik geleisteten 26 Wochenbeiträge (III, 6).

Die von einer Aussperrung betroffenen Mitglieder werden in der gleichen Art unterstützt (III, 9).

Unterstützungsordnung des Österreichischen Gewerkschaftsbundes (gültig ab 1. Juli 1960)

cc) Die Kammern

α) Die Ansätze der Kammern

Die Landwirtschaftskammer

Wir, Franz I., überzeugt von dem Einfluß wahrer Geselligkeit auf die Fortschritte der Geisteskultur und besonders auf die *Verbesserung der Landwirtschaft*, haben über einen Uns nach den allgemeinen Wünschen des Landes von Unserem Herrn Bruder, dem Erzherzog Johann, gemachten Vorschlag schon unter 16. November 1817 zur Errichtung einer Landwirtschaftsgesellschaft in der Steiermark Unsere Bewilligung erteilt.

Nachdem Uns die Grundfassung dieser Gesellschaft vorliegt, genehmigen Wir dieselbe nach ihrem Inhalt und bestimmen den Wirkungskreis der k. k. Landwirtschaftsgesellschaft in Steiermark:

1. daß sie sich die Beförderung aller Zweige der Landwirtschaft angelegen sein lasse,
2. daß sie den Wissenschaften, ohne welche die Landwirtschaft nicht zweckmäßig gehoben werden kann, ihre vorzügliche Aufmerksamkeit widme,
3. daß sie sich von dem gegenwärtigen Zustand des Landes in die vollständige Kenntnis setze.

Zum Beweis Unseres Zutrauens erteilen wir der Gesellschaft hiermit Unseren Schutz und folgende Rechte:

a) sie ist befugt, wirkliche und korrespondierende Mitglieder durch Wahl zu ernennen.

b) sie ist befugt, sich einen Präses zu erwählen, dessen Wahl Uns jedoch immer zur Bestätigung vorgelegt werden muß,

c) sie ist berechtigt, sich derart zu teilen, daß die Centrale ihren Sitz in der Hauptstadt Graz und mehrere Unterabteilungen in den Kreisstädten haben soll.

Wir verordnen ferner, daß das Steiermärkische Gubernium bei Verhandlungen über wichtige Gegenstände der Landwirtschaft das Gutachten der Gesellschaft einhole.

Wien, 4. Hornung 1819. Franz I.

Die Handels- und Gewerbekammer und die gewerblichen Genossenschaften

Die Handels- und Gewerbekammer

Es werden Handels- und Gewerbekammern errichtet und dergestalt unter das ganze Reich verteilt, daß die *Handels- und Gewerbeinteressen* aller Kronländer darin ihre Vertretung finden (§ 1).

Der Wirkungskreis der Handels- und Gewerbekammern erstreckt sich ausschließlich auf Handels- und Gewerbeangelegenheiten. Sie sind das Organ, durch welches der Handels- und Gewerbestand seine Anliegen dem Handelsministerium eröffnet und die Bemühungen des letzteren zur Förderung des Verkehrs unterstützt (§ 3).

Den Handels- und Gewerbekammern sind folgende Obliegenheiten zugewiesen:

1. sie haben Gutachten, Vorschläge und Auskünfte über alle zu ihrem Wirkungskreis gehörenden Angelegenheiten zu erstatten,
2. ihre Wahrnehmungen über die Bedürfnisse des Handels und Gewerbes und über den Zustand der Verkehrsmittel zu eröffnen (§ 5).

Als Mitglied oder als Ersatzmitglied kann nur berufen werden, in dessen Person sich nachstehende Erfordernisse vereinigen: die österreichische Staatsbürgerschaft, Vollgenuß bürgerlicher Rechte, ein Alter von mindestens 30 Jahren und ein mindestens fünfjähriger Besitz und selbständiger, gewerblicher Betrieb oder eine Handelsunternehmung (§ 13).

Verordnung des Handelsministeriums über die Errichtung von Handels- und Gewerbekammern v. 26. März 1850, RGBl. 122/1850

Die gewerblichen Genossenschaften

Unter denjenigen, welche gleiche oder verwandte Gewerbe in einer oder in nachbarlichen Gemeinden treiben, ist ein gemeinschaftlicher Verband *(Genossenschaft)* zu erhalten oder herzustellen (§ 106).

Eine Genossenschaft kann nach Umständen auch die Gewerbetreibenden mehrerer Gemeinden oder verschiedener Gewerbe umfassen (§ 106).

Wer in dem Bezirk eines solchen Verbandes das Gewerbe selbständig betreibt, wird schon durch den Antritt des Gewerbes Mitglied der Genossenschaft und hat die damit verbundenen Verpflichtungen zu erfüllen (§ 107).

Gehilfen und Lehrlinge der Genossenschaftsmitglieder werden als Angehörige der Genossenschaften betrachtet und sind als solche den Vorschriften unterworfen (§ 113).

Der Zweck der Genossenschaft besteht in der Förderung derjenigen Anstalten, welche die Bedingungen der gemeinsamen gewerblichen Interessen abgeben. Insbesondere obliegt ihnen:

a) die Sorge für die Erhaltung geregelter Zustände zwischen den Mitgliedern der Genossenschaft und ihren Angehörigen,

b) die Gründung oder Förderung von Fachschulen,

c) die Gründung von Anstalten zur Unterstützung der Mitglieder und Angehörigen der Genossenschaft in Fällen der Erkrankung oder sonstiger Notlagen,

d) die Erstattung der verlangten Auskünfte und Gutachten an die Behörde und die Handels- und Gewerbekammern,

e) die Mitwirkung in allen Vorkehrungen der öffentlichen Verwaltung, welche sich auf die Gesamtheit der Erwerbsgenossen beziehen (§ 114).

Gewerbeordnung v. 20. Dezember 1859, RGBl. 227/1859

Die Arbeiterkammer

Es handelt sich darum, für die in Gewerbe und Industrie, in Handel und Verkehr beschäftigten Arbeiter und Angestellten Kammern zu schaffen, die den entsprechenden Kammern der gewerblichen Unternehmer nicht nur völlig gleichwertig, sondern auch in ihrem Wirkungskreis und in ihrer Organisation derart ähnlich gestaltet sind, daß ein Zusammenwirken der beiden Körperschaften bei der Lösung von wichtigen Aufgaben der volkswirtschaftlichen Verwaltung ohne Schwierigkeiten möglich ist.

Erläuternde Bemerkungen zur Vorlage der Staatsregierung über das Gesetz zur Errichtung von Arbeiterkammern; Sten. Prot. der Konstituierenden Nationalversammlung 1919 und 1920, Beilage 596

β) Der Zweck und Aufbau der Kammern

Zur *Vertretung der Interessen* der Land- und Forstwirtschaft, zur Beratung und Führung der Land- und Forstwirte und zur Durchführung von Aufgaben, die der Land- und Forstwirtschaft dienen, wird die Landeskammer für Land- und Forstwirtschaft errichtet (§ 1).

Gesetz über die Errichtung von land- und forstwirtschaftlichen Berufsvertretungen in Steiermark (Bauernkammerngesetz), Steir. LGBl. 57/1929

Die Kammern der gewerblichen Wirtschaft sind berufen, die *gemeinsamen Interessen* aller physischen und juristischen Personen sowie offener Handelsgesellschaften *zu vertreten,* die sich aus dem selbständigen Betrieb von Unternehmungen des Gewerbes, der Industrie, des Handels, des Geld-, Kredit- und und Versicherungswesens, des Verkehrs sowie des Fremdenverkehrs innerhalb ihres räumlichen Wirkungsbereiches ergeben (§ 1).

Bundesgesetz über die Errichtung von Kammern der gewerblichen Wirtschaft (Handelskammergesetz) v. 24. Juli 1946, BGBl. 182/1946

Zur *Vertretung der wirtschaftlichen Interessen* der Arbeiter und Angestellten und zur Förderung der auf die Hebung ihrer wirtschaftlichen und sozialen Lage abzielenden Bestrebungen werden Kammern für Arbeiter und Angestellte errichtet (§ 1).

Gesetz über die Errichtung der Kammern für Arbeiter und Angestellte (Arbeiterkammergesetz) v. 20. Juli 1945, StGBl. 95/1945

Als beratende Körperschaften sind die Kammern innerhalb ihrer Zuständigkeit im besonderen berechtigt:

a) den Behörden und gesetzgebenden Körperschaften *Berichte, Gutachten und Vorschläge* zu erstatten,

b) Gutachten zu erstatten über die Errichtung und Organisation von öffentlichen Anstalten oder Einrichtungen, die die Förderung der Wirtschaft zum Gegenstand haben,

c) an der *Festsetzung von Preisen* für Erzeugnisse oder Dienstleistungen jeder Art durch Erstattung von Gutachten und Vorschlägen mitzuwirken,

Handelskammergesetz (§ 4), Arbeiterkammergesetz (§ 2), Satzungen der Präsidentenkonferenz der Landwirtschaftskammern Österreichs (§ 2, 1, a)

d) *Einrichtungen und Anstalten zur Förderung der Wirtschaft* oder des ihr dienenden *Bildungswesens* ins Leben zu rufen und zu verwalten oder an der Schaffung und Verwaltung solcher Einrichtungen mitzuwirken,

e) *Vertreter in andere Körperschaften* und Stellen zu entsenden oder für solche Körperschaften und Stellen Besetzungsvorschläge zu erstatten, sofern dies besondere Gesetze oder Verordnungen vorsehen.

Handelskammergesetz (§ 5), Arbeiterkammergesetz (§ 2), Satzungen der Präsidentenkonferenz der Landwirtschaftskammern Österreichs (§ 2, 1, b)

Es werden errichtet: die Landeskammer für Land- und Forstwirtschaft und die Bezirkskammern für Land- und Forstwirtschaft (§ 1).

Steir. Bauernkammerngesetz

Der räumliche Wirkungsbereich der *Landeskammern* erstreckt sich auf je ein *Bundesland* (§ 3, 1).

Die *Bezirksstellen* haben die ihnen durch die Geschäftsordnung zugewiesenen Aufgaben ihrer Landeskammer innerhalb eines *politischen Bezirkes* zu besorgen (§ 14).

Handelskammergesetz

Ihre Standorte und Sprengel (der Arbeiterkammern) werden durch die Standorte und Sprengel der Kammern für Handel, Gewerbe, Geld- und Kreditwesen bestimmt (§ 1, 4).

Arbeiterkammergesetz

Zur Beratung und Durchführung gemeinsamer Angelegenheiten wird die *Präsidentenkonferenz der Landwirtschaftskammern Österreichs* gebildet. Der Verein hat seinen Sitz in Wien. Seine Tätigkeit erstreckt sich auf das Bundesgebiet Österreich (§ 1).

Satzungen der Präsidentenkonferenz der Landwirtschaftskammern Österreichs

Der räumliche Wirkungsbereich der *Bundeskammer der gewerblichen Wirtschaft* erstreckt sich auf das ganze Bundesgebiet (§ 18).

Der Bundeskammer fallen alle Aufgaben der Länderkammern zu, die über die Zuständigkeit einer Landeskammer hinausreichen (§ 19).

Handelskammergesetz

Zur Beratung und Durchführung gemeinsamer Angelegenheiten wird der *Österreichische Arbeiterkammertag* gebildet (§ 23).

Arbeiterkammergesetz

Die Präsidentenkonferenz der Landwirtschaftskammern Österreichs kann mit anderen zur Vertretung wirtschaftlicher Interessen gesetzlich berufenen Körperschaften *zur Beratung gemeinsamer Angelegenheiten* oder zur *Leitung gemeinsamer Einrichtungen Ausschüsse* schaffen (§ 15).

Satzungen der Präsidentenkonferenz der Landwirtschaftskammern Österreichs am 27. Februar 1953 beschlossen und am 28. März 1953 bestätigt.

Das Bundesministerium für Handel und Wiederaufbau kann im Einvernehmen mit den fachlich zuständigen Bundesministerien verfügen, daß einzelne Landeskammern und die Bundeskammer mit anderen zur Vertretung wirtschaftlicher Interessen gesetzlich berufenen Körperschaften zur Beratung gemeinsamer Angelegenheiten oder zur Leitung gemeinsamer Einrichtungen Ausschüsse schaffen, in denen diese Körperschaften *gleichmäßig vertreten* sind (§ 64).

Handelskammergesetz

Das Staatsamt für soziale Verwaltung kann im Einvernehmen mit den fachlich zuständigen Staatsämtern verfügen, daß die Kammern oder der Österreichische Arbeiterkammertag mit anderen zur Vertretung wirtschaftlicher Interessen gesetzlich berufenen Körperschaften zur Beratung gemeinsamer Angelegenheiten oder zur Leitung gemeinsamer Einrichtungen Ausschüsse schaffen, in denen die Unternehmer einerseits und die Arbeiter andererseits gleichmäßig vertreten sind (§ 26).

Arbeiterkammergesetz

dd) Die Paritätische Kommission für Lohn- und Preisfragen

Der Ministerrat trat gestern zu seiner dieswöchigen Sitzung zusammen.

Wie amtlich bekanntgegeben wird, berichtete Bundeskanzler Raab über das Ergebnis des in der Vorwoche von der Wirtschaftskommission eingesetzten Unterkomitees. Auf Grund dieses Berichtes beschloß der Ministerrat, an die Bundeskammer der gewerblichen Wirtschaft, den Österreichischen Arbeiterkammertag, den Österreichischen Gewerkschaftsbund und die Präsidentenkonferenz der Landwirtschaftskammern Österreichs das dringende Ersuchen zu richten, in ihrem Bereich alle Vorkehrungen zu treffen, um im laufenden Jahr die Aufrechterhaltung eines stabilen Preisgefüges zu gewährleisten.

Der Ministerrat würde es begrüßen, wenn der *bereits konstituierte Unterausschuß* der Wirtschaftskommission dazu übergeht, die Notwendigkeit von Preiserhöhungen vor ihrem allfälligen Wirksamwerden unter gesamtwirtschaftlichen Gesichtspunkten zu prüfen.

Der Unterausschuß wird bei seiner Tätigkeit zu beachten haben, daß Preiserhöhungen nur dann gerechtfertigt erscheinen, wenn wesentliche Kostenveränderungen eingetreten sind, die durch den Effekt von Rationalisierungsmaßnahmen, Produktionssteigerungen usw. nicht ausgeglichen werden können. Über die Ergebnisse solcher Beratungen ist die Öffentlichkeit in geeigneter Form zu unterrichten.

Die Bundesregierung erwartet dagegen vom Gewerkschaftsbund, daß neue Anträge auf *Lohn- und Gehaltsregelungen* an die Arbeiterorganisation erst gestellt werden, sobald *im Rahmen einer paritätischen Kommission* sowohl die Höhe der Forderungen als auch ihre Dringlichkeit überprüft wurden. Die Kommission wird festlegen, ob die Kollektivvertragspartner in Verhandlungen einzutreten haben.

Wiener Zeitung v. 13. März 1957

Die „Paritätische" ist auf einem volkswirtschaftlich und sozial richtigen Grundgedanken aufgebaut. Die Bedeutung der „Paritätischen" liegt weniger darin, daß sie einzelne Preis- und Lohnforderungen prüft und sie gegebenenfalls mäßigt oder hinaufsetzt. Viel wichtiger ist, daß mit ihr ein *Forum* für einen intensiven und *regelmäßigen Meinungsaustausch der Interessenvertretungen* geschaffen wurde.

Koordinierung der Einkommenspolitik;
in: Der moderne Unternehmer, 3. Jg., 1962, H. 5/6, S. 11

Durch die Paritätische Kommission ist ein *Ausgleichsorgan* geschaffen, das *ohne Hoheit und Befehlsgewalt* in frei geschaffenen und freiwillig übernommenen Übereinkommen für die Sozialpartner unter Vorsitz eines Staatsorganes die Parität in der *Einkommensverteilung nach dem Prinzip der volkswirtschaftlichen Richtigkeit und der sozialen Gerechtigkeit* zu erreichen sucht.

Solange dieses Organ keinen staatlichen Behördencharakter mit Anordnungs- und Weisungsbefugnis erhält, ist es ein Organs des Interessenausgleiches und daher ein systemgerechtes Organ in einer Wirtschaftsordnung der Wirtschaftsorganisationen. Die Paritätische Ausgleichskommission wirkt als *Organ einer wirtschaftlichen und sozialen Friedensordnung.*

A. Tautscher: Wirtschaftsordnung und Wirtschaftspolitik;
in: Handbuch der österreichischen Wirtschaftspolitik, Wien 1961, S. 57

ee) Die politischen Verbandsorganisationen

α) Die Unternehmerverbände

αα) Der „Österreichische Wirtschaftsbund"

Der Österreichische Wirtschaftsbund ist im Rahmen der Österreichischen Volkspartei die *freiwillige Berufsorganisation der in der Wirtschaft* mit Ausnahme der Landwirtschaft *selbständig oder in leitender Stellung Tätigen* (§ 1, 1).

Der Österreichische Wirtschaftsbund verfolgt den *Zweck*, die von der Österreichischen Volkspartei vertretenen Grundsätze innerhalb der Wirtschaft durchzusetzen, die Berufsgruppen in wirtschaftlichen, sozialen und kulturellen Beziehungen zu fördern, ihnen bei allen staatlichen und öffentlich-rechtlichen Stellen die ihnen zukommende Vertretung und Geltung zu erwirken, schließlich die Interessen seiner Einzelmitglieder zu vertreten (§ 2).

Zur Erreichung seines Zweckes bedient sich der Österreichische Wirtschaftsbund aller gesetzlich zulässigen *Mittel;* solche sind insbesondere:

a) die Einflußnahme auf die Wahlen in alle öffentlich-rechtlichen Vertretungskörper und wirtschaftlichen Organisationen und auf die Erlassung von Gesetzen und Verordnungen,
b) Werbung für seine Ziele durch Abhaltung von Vorträgen und Versammlungen,
c) Errichtung von Rechts- und Beratungsstellen für die Mitglieder,
d) Befürwortung und Interventionen im Interesse einzelner Mitglieder (§ 3).

Satzungen des Österreichischen Wirtschaftsbundes v. 15. Juli 1946 (in der Fassung v. 27. Juni 1961

ββ) Der „Freie Wirtschaftsverband Österreichs"

Der Zweck des Verbandes ist die Wahrung und *Förderung der wirtschaftlichen, sozialen und geistigen Interessen der Mitglieder.* Dieser *Zweck* soll erreicht werden durch:

a) Einflußnahme auf eine erfolgreich planende Wirtschaftspolitik in Österreich, wie sie im Programm der Sozialistischen Partei festgelegt wurde,
b) Stellungnahme zu allen betreffenden Gesetzesentwürfen,

c) Bekämpfung von Gesetzesentwürfen oder Gesetzen, die die gleichen Startbedingungen zu beeinträchtigen geeignet sind,

d) Initiative zur Ausarbeitung und Durchsetzung von Gesetzen, die den berechtigten wirtschaftlichen, sozialen und geistigen Interessen *der gewerblichen Klein- und Mittelbetriebe* sowie der freien Berufe dienen,

e) Teilnahme an Wahlen in die Kammern durch die Aufstellung geeigneter Kandidaten,

f) Gewährung von Rechtsberatung sowie von Rat und Hilfe in allen Steuer- und Buchhaltungsfragen (§ 2).

Ordentliche *Mitglieder* des Verbandes können Personen werden, die zum selbständigen Betrieb von Unternehmungen der gewerblichen Wirtschaft berechtigt sind oder in solchen Betrieben eine leitende Stellung innehaben oder Selbständige der freien Berufe sind (§ 3, 3).

Statuten des Freien Wirtschaftsverbandes Österreichs, nach dem Beschluß des Verbandtages v. 8. November 1959 (in der Fassung v. 30. September 1963)

γγ) Die „Vereinigung Österreichischer Industrieller“

Der Verein *bezweckt,* die österreichischen Industriellen in Ergänzung der gesetzlichen Berufsorganisation in freier und demokratischer Form zusammenzufassen und das Verständnis für industrielle Fragen zu pflegen und zu fördern. Diesen Zweck verfolgt der Verein insbesondere durch:

a) eine möglichst innige Vereinigung aller Mitglieder untereinander durch gemeinschaftliche Zusammenkünfte und Beratungen,

b) durch Regelungen der Arbeitsbedingungen für Betriebe der Mitglieder der Vereinigung,

c) durch Anregung gesetzlicher und Verwaltungsmaßnahmen, die im Interesse der Industrie gelegen sind.

Insbesondere ist die Vereinigung berufen, alle jene Aufgaben durchzuführen, mit welchen sie allenfalls von den Behörden oder Körperschaften des öffentlichen Rechtes zur Erledigung im übertragenen Wirkungsbereich betraut wird (§ 2).

Als ordentliche *Mitglieder* können österreichische Industrielle oder in leitender Stellung tätige Angestellte beitreten (§ 4).

Satzungen der Vereinigung Österreichischer Industrieller v. 29. Mai 1946 (in der Fassung v. 31. Mai 1960)

β) Die Bauernbünde

αα) Der „Österreichische Bauernbund“

Der Bauernbund ist ein wirtschaftspolitischer Verein; er ist eine Dachorganisation der mit vereins- und vermögensrechtlicher Stellung ausgestatteten Landesbauernbünde in den Bundesländern (§ 1).

Der Bauernbund *bezweckt:*

a) den österreichischen Bauernstand und dessen Hilfskräfte und Familien *zu einigen* und zur vereinigten Arbeits- und Kraftenfaltung zu bewegen,

b) das Gefühl der Zusammengehörigkeit zu prägen und das Standesbewußtsein zu stärken,

c) die Bodenständigkeit und Unabhängigkeit des Bauernstandes zu verteidigen, das Eigentum zu schützen und schädliche Formen der Agrarpolitik zu verhindern,

d) eine Agrarpolitik zu treiben und zu unterstützen, die gewährleistet, die heimatliche Scholle frei zu halten, Verschuldung, Ausbeutung und Verschleuderungen aufzuhalten, den Bauern und ihren Mitarbeitern und ihren Familien eine gesicherte ordentliche Lebensführung zu garantieren (§ 2). (§ 2).

Um diesen Zweck zu erreichen, wird sich der Bauernbund vor allem folgender Mittel bedienen:

a) Aufklärung durch Wort und Schrift,

b) Einreichung von Eingaben, Entschließungen, Denkschriften und Gesetzesentwürfen,

c) Einflußnahme auf die Entsendung von Vertretungen in die gesetzgebenden Körperschaften, Berufsorganisationen, sozialen und kulturpolitischen Institutionen,

d) Einflußnahme auf die Gestaltung der staatlichen und gesellschaftlichen Verhältnisse auf die Agrar-, Preis-, Absatz-, Produktions-, Handels- und Sozialpolitik, auf die Tätigkeit der Landwirtschaftskammern, ferner Einflußnahme auf das land- und forstwirtschaftliche Bildungswesen, auf die Ausgestaltung der Tätigkeit der land- und forstwirtschaftlichen Genossenschaften und überhaupt auf alle Maßnahmen und Einrichtungen, die die Land- und Forstwirtschaft betreffen (§ 3).

Ordentliche *Mitglieder* des Bauernbundes sind die *Landesbauernbünde*. Die Mitglieder der Landesbauernbünde sind gleichzeitig Mitglieder des Österreichischen Bauernbundes (§ 5).

Satzungen des Österreichischen Bauernbundes

ββ) Der „Österreichische Arbeitsbauernbund“

Der Verband *bezweckt* die wirtschaftliche Besserstellung seiner Mitglieder. Dieses Ziel soll erreicht werden durch:

Förderung von Einrichtungen, die den Absatz von Agrarprodukten ermöglichen, Pflege und Förderung der geistigen und materiellen Interessen aller Mitglieder, Förderung der Interessen und Vertretung der Forderungen der Mitglieder in den öffentlichen Körperschaften und den Behörden gegenüber,

Förderung des landwirtschaftlichen Unterrichtes und Fortbildungswesens (§ 1). Der Verband sorgt im Wege der Landesorganisationen für die Erteilung von Rechtsauskünften und Beratung in Steuersachen und gewährt Rat und Hilfe in allen wirtschaftlichen Fragen (§ 2).

Mitglieder des Verbandes können alle Personen werden, welche Eigentümer oder Pächter von Grundstücken sind und welche Landwirtschaft oder Viehzucht betreiben (§ 4).

Verbandsstatuten des Österreichischen Arbeitsbauernbundes v. 4. März 1946

γ) Die politischen Organisationen der Arbeiter und Angestellten

αα) Der „Österreichische Arbeiter- und Angestelltenbund“

Er ist gemäß seines „Wiener Programmes“ eine *soziale Reformbewegung* und in seinem politischen Wirken ein selbständiger Bund der Österreichischen

Volkspartei (§ 2). Aus der programmatischen Zielsetzung ergeben sich folgende Aufgaben:

1. Mitarbeit und Mitbestimmung in allen zur Vertretung der politischen, sozialen, wirtschaftlichen, kulturellen Interessen der Bevölkerung berufenen Körperschaften, Organen und Einrichtungen,
2. Schaffung und Ausbau von Einrichtungen aller Art für die Förderung der Interessen seiner Mitglieder,
3. Befürwortung und Interventionen für einzelne Mitglieder und Mitgliedergruppen,
4. Zusammenarbeit mit anderen gleichen Zielen dienenden Vereinigungen (§ 5).

Bundesorganisationsstatut des Österreichischen Arbeiter- und Angestelltenbundes in der Fassung der Beschlüsse v. 3. Jänner 1960

Aus dem *„Wiener Programm"* des Österreichischen Arbeiter- und Angestelltenbundes v. 9. Februar 1946:

Wir erkennen das Wesen des Menschen als das frei ordnende Ebenbild Gottes, das seinem Schöpfer unmittelbar verantwortlich ist. Daher besteht unter den Menschen eine Ordnung, die vor dem einzelnen Menschen gegeben ist; daher trägt jeder Mensch vorbestimmte Rechte und Pflichten in sich.

Wir erkennen als wesentliche Rechtsbeziehungen der Menschen im besondern:

das Recht auf Leben und die Pflicht zur Erhaltung des Lebens,
das Recht auf Arbeit und die Pflicht zur Arbeit,
das Recht auf den Ertrag der Arbeit und die Pflicht zur Leistung,
das Recht auf Eigentum und die Pflicht aus dem Eigentum,
das Recht auf gesellschaftlichen Zusammenschluß und die Pflicht in der Gemeinschaft (Kap. 1).

Wir unterscheiden uns von jeder Art Individualismus und jeder Art Kollektivismus;

vom *Individualismus:* Wir sind der Ansicht, daß die wirtschaftlichen Rechte des Menschen nicht dem unverantwortlichen Spiel der wirtschaftlichen Kräfte überlassen werden können, weil die Wirtschaft kein Spiel ist, sondern die Grundlage der Lebensgestaltung für den Menschen;

vom *Kollektivismus:* Wir sind der Ansicht, daß es nicht der Würde des Menschen entspricht, sich von irgendeiner wirtschaftlichen Leitstelle ohne eine wirtschaftliche Mitbestimmung Wirtschaftsgüter zuteilen zu lassen, und daß die freie, aber auf Gemeinschaft hingeordnete Entfaltung aller persönlichen Kräfte, die auch den Mut zum wirtschaftlichen Wagnis in sich schließt, für die Entwicklung des Wirtschaftslebens gut und unentbehrlich ist.

Will man unsere Auffassung in ein Kennwort fassen, so können wir sie als Personalismus, genauer als *gesellschaftlichen Personalismus* bezeichnen (Kap. 4).

Programm des Österreichischen Arbeiter- und Angestelltenbundes v. 9. Februar 1946 (Autor: Professor Dr. Lugmeyer)

ββ) Die „Sozialistische Internationale"

Der Sozialismus erstrebt die *Befreiung der Völker* aus ihrer Abhängigkeit von einer Minderheit, die die Produktionsmittel besitzt oder beherrscht. Es ist sein Ziel, dem ganzen Volk das Bestimmungsrecht über die Wirtschaft zu sichern

(Präambel, § 3). Die unmittelbaren wirtschaftlichen Ziele sozialistischer Politik sind Vollbeschäftigung, Produktionssteigerung, stetige Vergrößerung des Wohlstandes, *soziale Sicherheit* und *gerechte Verteilung der Einkommen und Vermögen* (II, 1).

Grundsatzerklärung der Sozialistischen Internationale, beschlossen auf der Internationalen Sozialistenkonferenz in Frankfurt a. M. am 3. Juli 1952

c) Der Staat: der nivellierende Faktor

aa) Der Staat unter dem Gesetz der Zunahme seiner Aufgaben

α) Die Zunahme der Staatsaufgaben

„Beobachtungsmäßig, historisch und statistisch nachweisbar, zeigt sich im Staate eine deutliche *Tendenz zur Ausdehnung der öffentlichen bzw. Staatstätigkeiten* mit dem Fortschritt der Volkswirtschaft und Kultur auf den Gebieten der beiden organischen Staatszwecke (Rechts- und Machtzweck und Kultur- und Wohlfahrtszweck). Diese Ausdehnung erscheint als *etwas so Regelmäßiges* und läßt sich so deutlich auf ihre inneren Ursachen und Bedingungen zurückführen, daß es statthaft erscheint, von einem *‚Gesetz'* der wachsenden Ausdehnung der öffentlichen (einschließlich kommunalen usw.), besonders der Staatstätigkeiten zu sprechen, in dem Sinne, in welchem dieser Ausdruck auf dem Gebiete der sozialen und wirtschaftlichen Erscheinungen gebraucht wird und wohl auch gebraucht werden darf. Nationalökonomisch aufgefaßt bedeutet dieses Gesetz *absolut* und selbst *relativ* wachsende Ausdehnung der öffentlichen, besonders der staatlichen gemeinwirtschaftlichen Organisationsform neben und statt der privatwirtschaftlichen innerhalb der Volkswirtschaft."

„Die öffentlichen, besonders die *Staatsfinanzen* dehnen sich in *Einnahmen* und *Ausgaben* immer mehr aus und nehmen neue Formen an": „die *Steuern wachsen* ohne fest bestimmbare Grenzen."

„In der Entwicklung, Ausdehnung, Vergrößerung der öffentlichen, besonders der Staatsfinanzen, reflektiert sich daher die Ausdehnung der öffentlichen Tätigkeiten."

A. Wagner: Finanzwissenschaft, 3. Aufl. Leipzig u. Heidelberg 1883, T. 1, S. 76. — A. Wagner: Der Staat in nationalökonomischer Hinsicht; in: Handwörterbuch der Staatswissenschaften, 2. Aufl., Jena 1901, Bd. 6, S. 946

„Niemand hat sich der Bedeutung des ‚Gesetzes' des wachsenden Finanzbedarfes verschließen können und die neueste Geschichte der modernen Staaten ist ja ein lehrreiches Beispiel für die Richtigkeit dieses Gesetzes. Das genannte Gesetz ist deshalb nicht nur von Wagner, sondern allgemein, gewissermaßen *als eine Selbstverständlichkeit hingenommen* worden. An einer genauer begründeten Formulierung fehlte es aber durchaus. Die Erklärung hiefür ist offenbar einmal in der Tatsache zu erblicken, daß es sich um einen Satz handelt, *dessen Richtigkeit mindestens den denkenden Angehörigen des modernen Staates evident sein mußte*, zum anderen muß jede Untersuchung, die sich mit dem Grad der Richtigkeit des genannten Gesetzes beschäftigen wollte, auf erhebliche Schwierigkeiten stoßen, obwohl Wagner sich gerade auf die empirische Beobachtung berief."

J. Jessen: Das „Gesetz der wachsenden Ausdehnung des Finanzbedarfs", in: Schmollers Jahrbuch für Gesetzgebung, Verwaltung u. Volkswirtschaft, Jg. 67, 1943, S. 540

β) Die Ursachen für die Zunahme der Staatsinterventionen

Das Bundesgesetzblatt der Republik Österreich enthielt			
im Jahre	Stück	Nummern	Paragraphen u. Artikel
1946	67	213	1 340
1947	59	269	2 474
1948	51	260	2 074
1949	60	282	2 395
1950	63	248	2 346
1951	65	274	2 659
1952	52	230	1 203
1953	41	186	2 365
1954	60	270	2 491
1955	74	290	3 661
1956	72	279	2 510
1957	78	295	3 140
1958	79	300	2 293
1959	74	306	2 689
1960	77	314	2 437
1961	90	322	2 318
1962	88	337	2 406
1963	91	340	1 376
1964	93	325	1 928
1965	97	373	2 879
	1 431	5 713	46 984

γ) Die umfassende Wirtschaftspolitik durch die staatlichen Lenkungsgesetze

Die Lenkung von Rohstoffen

Der Verkehr mit Waren der im nachfolgenden bezeichneten Warengruppen unterliegt nach Maßgabe der Bestimmungen dieses Gesetzes einer *Lenkung* durch das Bundesministerium für Handel und Wiederaufbau, soweit dies durch Anordnungen bestimmt wird:

Eisen- und Stahlmaterial, Nichteisenmetalle, Erdöl und seine Derivate, feste mineralische Brennstoffe, Häute und Felle vom Rind, Roß und Kalb, textile Rohstoffe, Halbfabrikate und Garne, Papierzeug, Altpapier, Papierpappe, Alt- und Abfallstoffe, Baustoffe, Rundholz und Schnittholz (§ 1).

In Anordnung des § 1 kann verfügt werden:

1. die Ermittlung des Bedarfes, Feststellung von Vorräten und deren Erfassung,
2. Erteilung von Anweisungen und Auflagen für die Aufbringung, Erzeugung und Lieferung sowie für den Umfang der Lagerhaltung (§ 2, 1).

Zur Sicherstellung der ungestörten Fortführung der Produktion kann das Bundesministerium für Handel und Wiederaufbau gelenkte Waren (§ 1) *beschlagnahmen* und den Eigentümer, Besitzer, Inhaber (Verwahrer) verpflichten, die Waren *gegen Entgelt abzuliefern* (§ 3, 1).

Kommt über die Höhe des Entgeltes keine Vereinbarung zustande, so setzt das Ministerium das Entgelt unter Ausschluß des Rechtsweges fest (§ 3, 3).

Einschlägige Rechtsgeschäfte sind nur in Rücksicht auf die Bestimmungen dieses Gesetzes wirksam (§ 5, 2).

Zuwiderhandlungen werden von der zuständigen Bezirksverwaltungsbehörde als Verwaltungsübertretungen mit Geld bis zu 500 000 S oder mit Arrest bis zu fünf Monaten bestraft (§ 9, 1).

Zur Beratung und Begutachtung der Fragen der in diesem Gesetz vorgesehenen Regelungen wird beim Bundesministerium für Handel und Wiederaufbau ein *Rohstofflenkungsausschuß* errichtet (§ 6, 1).

Zusammensetzung: Vertreter des Ministeriums und der Kammern (§ 6, 2).

Rohstofflenkungsgesetz v. 4. April 1951, BGBl. 106/1951 (in mehreren Novellen (1952, 1955) mit jeweils terminisierter Wirkungsdauer); ähnliche oder entsprechende Maßnahmen sind vorgesehen für den Verkehr mit Heilmitteln auf Grund des Chemikalienbewirtschaftungsgesetzes v. 20. Juli 1945, StGBl. 96/1945 (in vielen Abänderungen) und für den Verkehr mit Futtermitteln auf Grund des Futtermittelgesetzes v. 20. Mai 1952, BGBl. 97/1952

Die Bewirtschaftung der elektrischen Energie

Zur Sicherung der Elektrizitätsversorgung wird eine *Lenkungsstelle für Elektrizitätswirtschaft* gebildet (§ 1).

Die Funktionen der Lenkungsstelle übt der *Bundeslastverteiler* aus (§ 2, 1).

Dem Bundeslastverteiler obliegt es:

den Bundesländern Verbrauchskontingente vorzuschreiben;

die Abgabe der verfügbaren elektrischen Energie an die Verbraucher nach dem Grad der Dringlichkeit zu regeln, insbesondere den Strombezug auszuschließen oder zu beschränken;

den Elektrizitätsversorgungsunternehmungen Anweisungen zu geben, welche sich zur Sicherstellung der Versorgung mit elektrischer Energie für notwendig erweisen (§ 3, 1).

Die Pflicht zur Einhaltung ergangener Anordnungen gilt als Bestandteil der Stromabgabebedingungen und der Stromlieferungsverträge.

Für mehrverbrauchte Energie sind als Vertragsstrafe Mehrgebühren einzuheben (§ 3 a, 1).

In den Ländern werden *Landeslastverteiler* bestellt, die entsprechende Befugnisse in den Ländern haben, wie sie der Bundeslastverteiler für das Bundesgebiet hat.

Zuwiderhandlungen gegen Anordnungen auf Grund dieses Gesetzes werden von Bezirksverwaltungsbehörden mit Arrest bis zu drei Monaten oder an Geld bis zu 30 000 S bestraft (§ 12).

(Ein *Beirat* in üblicher Zusammensetzung wird beim Bundesministerium für Verkehr und verstaatlichte Betriebe bestellt.)

Lastverteilungsgesetz v. 29. Oktober 1952, BGBl. 207/1952 (mit terminisierter Wirkungsdauer)

Die Sicherstellung und Lenkung von Lebensmitteln

Brotmehl darf nicht verfüttert werden (§ 2, 1).

Die Mühlen dürfen Brotmehl nur an die mit Brotmehl handelnden Betriebe und an mehlverarbeitende Betriebe liefern (§ 2, 2).

Ist die Versorgung mit Brot und Mehl in bestimmten Gebieten gefährdet, wird vom Bundesministerium für Land- und Forstwirtschaft der *Verkehr* mit Brotgetreide oder daraus erzeugtem Mehl bis zu den Verarbeitungsbetrieben in dem Umfang *gelenkt,* als es zur Beseitigung der Verkehrsstörungen notwendig ist (§ 3, 1).

Die genannten Unternehmungen sind verpflichtet, über Lagerbestand, den Zu- und Abgang an Brotgetreide und Mehl Nachweisungen und Auskünfte zu erteilen (§ 4, 1).

Zuwiderhandlungen werden von der Bezirksverwaltungsbehörde als Verwaltungsübertretungen mit Geld bis zu 30 000 S, im Falle der Uneinbringlichkeit mit Arrest bis zu sechs Wochen bestraft (§ 8).

Gesetz zur Sicherung der Versorgung mit Brot und Mehl v. 14. Februar 1951, BGBl. 72/1951 (mit terminisierter Wirkungsdauer)

Roggen, Weizen, Gerste, Hafer und deren Gemenge, Mais, Kartoffeln, Zuckerrüben, Hülsenfrüchte, Ölsaaten, Obst und sonstige für die menschliche Ernährung bestimmte Produkte aus diesen, Tiere und Schlachterzeugnisse sowie Milch, Eier, Saat- und Pflanzgut werden auf Grund der Bestimmungen dieses Gesetzes bewirtschaftet, wenn und insoweit Bewirtschaftungsmaßnahmen nach Anordnung getroffen werden: (§ 1, 1).

Die *Bewirtschaftung* besteht im folgenden:

die landwirtschaftlichen Erzeugnisse sind von den Erzeugern gegen Vergütung abzuliefern, und zwar in bestimmten Kontingenten oder zur Gänze,

die Ablieferung hat an bestimmte, befugte Ankäufer zu erfolgen, die Lager- und Vorratshaltung, die Feststellung von Vorräten sowie die Erstattung von Meldungen hat nach besonderen Vorschriften zu erfolgen,
die Waren sind derart zu bearbeiten und zu verarbeiten, daß der größtmögliche ernährungswirtschaftliche Erfolg eintritt; soweit es für bestimmte Waren angeordnet wird, kann die Abgabe und der Bezug von Waren an eine *Bezugsscheinpflicht* gebunden werden (§ 2).

Rechtsgeschäfte, die gegen die Bestimmungen dieses Gesetzes und der ergangenen Anordnungen verstoßen, sind nichtig (§ 10).

Übertretungen der Bestimmungen dieses Gesetzes und der ergangenen Bewirtschaftungsmaßnahmen werden von der Bezirksverwaltungsbehörde mit Arrest bis zu drei Monaten oder mit Geldstrafe bis zu 30 000 S bestraft (§ 15).

Lebensmittelbewirtschaftungsgesetz v. 18. Dezember 1947, BGBl. 28/1948 (in der novell. Fassung v. 22. Juli 1952, BGBl. 183/1952; in mehreren Novellen mit jeweils terminisierter Wirkungsdauer)

Die Lenkung von Einfuhr und Ausfuhr

Die Rechtsgeschäfte oder Handlungen, welche die *Aus- und Einfuhr* von den in den Anlagen zu diesem Bundesgesetz angeführten Waren zum Gegenstande haben, sind nach Maßgabe der Bestimmungen dieses Gesetzes bewilligungspflichtig (§ 2, 1).

Die Bewilligungspflicht besteht ohne Rücksicht darauf, ob es sich um entgeltliche oder unentgeltliche Rechtsgeschäfte handelt (§ 2, 3).

Die Bewilligungen sind zeitlich befristet und nicht übertragbar (§ 3).

Rechtsgeschäfte, zu deren Durchführung eine Aus- und Einfuhrbewilligung erforderlich ist, gelten kraft Gesetzes als unter aufschiebender oder auflösender Bedingung abgeschlossen (§ 2, 4).

Aus- oder Einfuhr von Waren ohne erforderliche Bewilligung ist verboten (§ 2, 6). Anlage A 1: Haare aller Art, Abfallfette, Erdöle, Baumwollgarne, Wolle, Papierzeug, Brennholz, Eisen und Stahl, unedle Metalle, . . .

Anlage A 2: Weizen, Roggen, Gerste, Hafer, Mais, Mehl, Rindvieh, Milch, Naturbutter, Kleie, Fleisch, u ...

Anlage A 3: Kakaobohnen, Kaffee, Tee, Zitronen, Rübenzucker, Ölsaat, Margarine, Speisefett, Speiseöl, ...

Anlage B 1: Tabak, Tabakerzeugnisse, Bier, Steinkohle, Braunkohle, Erdöl, Zellwolle, Flachs, Papierzeug, Eisen- und Stahlstäbe, Kochsalz, ...

Einer Verwaltungsübertretung macht sich schuldig, wer eine Ware ohne erforderliche Bewilligung ein- und ausführt (§ 8, 1).

Die Verwaltungsübertretung ist mit Arrest bis zu acht Wochen oder mit Geldstrafe bis zu 150 000 S zu ahnden (§ 8, 3).

Zuwiderhandlungen werden vom Gericht als Vergehen mit strengem Arrest von drei Monaten bis zwei Jahren oder mit Geldstrafe von 500 000 S geahndet, wenn der Wert der Waren, die aus- und eingeführt werden, 30 000 S übersteigt (§ 8, 2).

Die Bewilligung erteilt:

das Bundesministerium für Handel und Wiederaufbau für Waren der Anlage A 1 und B 1,

das Bundesministerium für Land- und Forstwirtschaft für Waren der Anlage A 2 und B 2,

das Bundesministerium für Inneres für Waren der Anlage A 3 und B 3 (§ 3, 1). (Für die Beratung der Ministerien gibt es einen *Beirat* in der üblichen Zusammensetzung von Ministerial- und Kammervertretern).

Außenhandelsgesetz v. 3. Dezember 1956, BGBl. 226/1956 (in der novell. Fassung v. 17. Dezember 1959, BGBl. 284/1959 mit terminisierter Wirkungsdauer)

Die Staatswirtschaft als Organisationswirtschaft der Volkswirtschaft

bb) Der Staat als Unternehmer: der ökonomische Leviathan

Verstaatlichte Grundstoffindustrie in % der öst. Erzeugung

100,0 Kupfer- und Bleizinkerz	95,6 Rohstahl
99,6 Eisenerz	93,0 Erdöl
99,4 Roheisen	85,5 Steinkohle
99,0 Erdgas	85,0 Elektrizität
95,6 Braunkohle	69,3 Aluminium

nach: Mensch und Staat, Handbuch der österreichischen Politik, Wien 1962, Bd. 2, S. 143

Verstaatlichte Banken in % der öst. Kreditwirtschaft

6,5 Anzahl der Anstalten	77,5 Einlagen; insgesamt
77,2 Anzahl der Zweigstellen	65,5 Kommerzielle Kredite
60,0 Wechselforderungen	66,0 Bilanzsumme
69,1 Spareinlagen	75,0 Effektenumsätze
81,8 Kontokorrenteinlagen	90,0 Devisengeschäfte

nach: E. Langer: Die Verstaatlichung in Österreich, Wien 1966, S. 445

cc) Die freie und gebundene Marktordnung

α) Die Freiheit am Markt

αα) Die Maxime des freien Marktes

Jedermann ist berechtigt, die Märkte mit allen im Verkehr gestatteten Waren zu beziehen, so weit selbe nach der Gattung des Marktes zum Verkehr auf denselben zugelassen sind (§ 62).

Ausländer werden rücksichtlich des Rechtes zum Marktbesuch wie Inländer behandelt, soweit nicht eine Abweichung hievon in Anwendung der Reziprozität verfügt wird (§ 64).

Es ist in Orten, wo durch die seßhaften Gewerbsleute dem Konsumbedarf nicht entsprochen wird, der politischen Landesstelle unbenommen anzuordnen, daß für die bezüglichen Artikel auswärtige Gewerbetreibende auf den Wochenmärkten zugelassen werden (§ 67, 2).

Patent über die Gewerbeordnung v. 20. Dezember 1859, RGBl. 227/1859

Alle Waren dürfen im Zollgebiet eingeführt, ausgeführt und durchgeführt werden (§ 2).

Zollgesetz v. 10. Juni 1920, StGBl. 250/1920

Die *Aus- und Einfuhr* von Waren in die Grenzen des österreichischen Zollgebietes unterliegt, soweit nicht dieses Gesetz oder sonstige Vorschriften anderes festsetzen, *keiner Einschränkung* (§ 1).

Außenhandelsgesetz v. 3. Dezember 1956, BGBl. 226/1956

ββ) Die Maxime der freien Konkurrenz

Der *Wettbewerb* ist sicherlich der wichtigste *Garant einer Preisgerechtigkeit.* Er honoriert die Leistung und sorgt dafür, daß sich die Produktion nach den Bedürfnissen orientiert und daß damit die vorhandenen Kräfte und Güter bestmöglich genutzt werden. Wettbewerb ist aber nicht nur ein Recht, sondern auch eine *Pflicht* gegenüber der gesamten Gesellschaft.

Abg. Dr. Hofeneder über die Kartellgesetz-Novelle am 26. Juni 1958; Sten. Prot. des Nationalrates, VIII. Ges. Per., 61. Sitzung, S. 2759

Wir bejahen die Konkurrenz und wir wollen, daß der Konsument wählen kann, welche Ware seinen Ansprüchen am ehesten gerecht wird.

Abg. Dwořak in der Sitzung des Nationalrates am 28. Oktober 1955; Sten. Prot. des Nationalrates, VII. Ges. Per., 81. Sitzung, S. 3771

Wir bejahen grundsätzlich eine wirklich *freie Konkurrenz, wo sie möglich und im Interesse unseres Gesamtvolkes ist.*

Abg. Kostroun in der Sitzung des Nationalrates am 11. Dezember 1956; Sten. Prot. des Nationalrates, VII. Ges. Per., 18. Sitzung, S. 765

β) Die Bindung des Marktes

αα) Die totale Bindung des Marktes im Falle der Not

ββ) Die beschränkte Bindung des Marktes

a) Die Regelung von Angebot und Nachfrage

Die Abstimmung der Erzeugung auf den „Lokalbedarf"

Die Konzession für die im § 15 Z. 1 bis 4, 7, 9, 12, 14 a, und b, 15 und 23 wie auch im § 21 und 21 a bezeichneten Tätigkeiten darf nur erteilt werden, wenn die *Lokalverhältnisse* die Erteilung der Konzession zulassen, insbesondere wenn ein Bedarf der Bevölkerung nach der Gewerbeausübung vorliegt (§ 21 b). Vor Erteilung der Konzession hat die Behörde die für das betreffende Gewerbe zuständige Fachgruppe über die Lokalverhältnisse zu hören (§ 21 b). Ferner ist vor der Erteilung der Konzession für solche Gewerbe, bei deren Verleihung auf die Lokalverhältnisse Bedacht zu nehmen ist, die Gemeinde des Standortes des Gewerbes zu hören (§ 23 a, 5).

Gesetz über die Gewerbeordnung v. 20. Dezember 1859, RGBl. 227/1859

Die Sicherung des Kundenstockes

Die unterzeichneten Brauereien versichern sich gegenseitig wider etwaige Kundenverluste, die sie in ihren österreichischen Absatzgebieten infolge direkter Belieferung durch eine andere Brauerei erleiden sollten.

Diese Versicherung erfolgt derart, daß die einlagerberechtigte Brauerei in allen Fällen, in welchen sie eine Kundschaft an eine andere auf diesem Vertrage mitgefertigte Brauerei verliert, hiedurch den in diesem Vertrage vereinbarten Entschädigungsanspruch gegen diese andere Brauerei erwirkt und sich diese andere Brauerei hiemit zur Leistung dieser Entschädigung an die einlagerberechtigte Brauerei verpflichtet (§ 1).

Bierbezugsverträge sind dem Verband im Original innerhalb von 10 Tagen nach Abschluß bei sonstiger Unwirksamkeit für den Erwerb eines Einlagerrechtes mittels rekommandierten Schreibens einzusenden. Die interessierten Brauereien müssen vom Verband von einem solchen Vertragsabschluß verständigt werden (§ 26). Verliert eine Verbandsbrauerei eine ihr mit 100 % geschützte Absatzstätte durch Biereinlagen einer oder mehrerer Verbandsbrauereien ganz oder auch nur teilweise, so hat sie Anspruch auf Entschädigungsleistung für jede seitens einer Verbandsbrauerei an diese Absatzstätte direkt oder indirekt gelieferte Biermenge (§ 32).

Der Normalentschädigungsbetrag stellt sich je Hektoliter auf S 58 (§ 49).

Der Verband hat in jedem einzelnen Falle einer Verletzung der Bestimmungen dieses Vertrages eine Ordnungsstrafe in der Höhe bis zu S 7500 aufzuerlegen (§ 73).

Kundschafts-Versicherungsvertrag österr. Brauereien nach dem Stande v. Juli 1957

Die Ordnung von Einzugs- und Versorgungsgebieten in der Milchwirtschaft

Einzugsgebiete (für Milch) sind die geographisch begrenzten Gebiete, aus denen bestimmte Bearbeitungs- und Verarbeitungsbetriebe oder ihre Zusammenschlüsse die von den Erzeugern zur Abgabe gelangende Milch oder die Erzeugnisse aus Milch zu beziehen berechtigt und zu übernehmen verpflichtet sind. Innerhalb der Einzugsgebiete sind die Erzeuger verpflichtet, Milch und Milcherzeugnisse an die Bearbeitungs- und Verarbeitungsbetriebe oder deren Zusammenschlüsse abzuliefern (§ 9, 2).

Versorgungsgebiete sind in der Regel geographisch begrenzte Gebiete, die mit Milch oder bestimmten Erzeugnissen aus Milch bestimmte Bearbeitungs- und Verarbeitungsbetriebe oder ihre Zusammenschlüsse zu beliefern berechtigt oder zu beliefern verpflichtet sind. Die Bearbeitungs- und Verarbeitungsbetriebe sind verpflichtet, Milch und Milcherzeugnisse von anderen Bearbeitungsbetrieben zu kaufen, soweit dies zum Ausgleich von Überschüssen bzw. einer für die ordnungsgemäße Versorgung unzureichenden Erzeugung fallsweise erforderlich ist (§ 9, 3). Für die Abgrenzung der Einzugs- und Versorgungsgebiete sind maßgebend:

die Art und Ausgestaltung der Betriebsanlagen und ihre Leistungsfähigkeit, die Milchergiebigkeit des Gebietes, die verkehrstechnischen Verhältnisse, die Lage zu größeren Verbrauchssorten, die Bevölkerungsdichte, die Qualität der erzeugten Produkte (§ 10). Wer den Bestimmungen des § 9, 2 und 3 zuwiderhandelt, begeht eine Verwaltungsübertretung und wird von der Bezirksverwaltungsbehörde mit Geld bis zu 30 000 S oder bis zu sechs Wochen Arrest bestraft (§ 53, 2).

Marktordnungsgesetz v. 16. Dezember 1958, BGBl. 276/1958 (mit terminisierter Wirkungsdauer)

2. *Die Regelung der Preise*

Die *Preise* und Entgelte für die in der Anlage A bezeichneten Sachgüter und Leistungen *unterliegen* der Regelung nach den Bestimmungen dieses Gesetzes (§ 1, 1).

Anlage A: *Sachgüter:* Eisen, Schrott, Stein- und Braunkohle, Koks, Briketts, Erdöl und seine Derivate, Rohstoffe und Halbfabrikate für pharmazeutische Produkte, Weizen, Roggen, Mahlprodukte, Brot- und Backwaren, Raps, Speiseöle, Margarine, Schlachtschweine, Rinder und Kälber, Kuhmilch und deren Erzeugnisse, Zucker, Zuckerrüben, Eier, Energielieferungen (beispielsweise Aufzählung).

Leistungen: Vermietung von Bestandsobjekten, bei denen die Mietzinsbestimmungen nicht dem Mietengesetz unterliegen, Verpachtungen von Liegenschaften, Leistungen von folgenden Unternehmungen: Bäcker, Fleischhauer, Molkereien, Mühlen.

Die Preise für die in der Anlage B bezeichneten Sachgüter *können* vom Bundesministerium für Inneres im Einvernehmen mit den zuständigen Ministerien der Regelung unterworfen werden, wenn diese Regelung von der Bundeskammer der gewerblichen Wirtschaft, vom Österr. Arbeiterkammertag oder von der Landwirtschaftskammer Niederösterreich beantragt wird (§ 1, 2).

Anlage B: Eisenrohblöcke, Eisenwalzwaren, Mauerziegel, Zement, Oberkleidung, Bettwäsche, Meterwaren, Gebrauchsgeschirr, Steingut, Zündhölzer (beispielsweise Aufzählung).

Wenn es wirtschaftliche Verhältnisse erfordern oder für Waren durch künstliche Ausschaltung des Wettbewerbes die Preise hochgehalten werden, *kann* die Bundesregierung mit Zustimmung des Hauptausschusses des Nationalrates über Antrag des Innenministeriums Sachgüter oder Leistungen, die in der Anlage A und B nicht angeführt sind, durch Verordnung vorübergehend den Bestimmungen dieses Gesetzes unterwerfen (§ 1, 3).

In gleicher Weise können durch Verordnung für einen ganzen *Berufszweig* Höchstgrenzen des zu fordernden Entgeltes festgelegt werden, wenn die Entgelte in einer nicht zu rechtfertigenden Weise hochgehalten werden (§ 1, 4).

Preisregelungsgesetz v. 5. September 1950, BGBl. 194/1950

Das Bundesministerium für Inneres kann auf Antrag oder von sich aus *Preise* von Sachgütern oder *Entgelte* für Leistungen nach Prüfung durch die Preiskommission durch *Bescheid* oder *Verordnung* bestimmen.

Die Anträge können von den zuständigen Ministerien nach einer Vorprüfung durch ein Vertretungskollegium der Kammern eingereicht werden.

Die *Preisprüfung* nimmt die Preiskommission auf Grund von Betriebsprüfungen vor. Die Preiskommission setzt sich unter dem Vorsitz des Bundesministers für

Inneres zusammen aus: je einem Vertreter des Bundesministeriums für Handel, Landwirtschaft, soziale Verwaltung, Finanzen, Verkehr und je einem Vertreter der Kammern für gewerbliche Wirtschaft, der Landwirtschaft (Niederösterreich) und des Arbeiterkammertages (Wiedergabe des § 2). Wer gegen die angeführten Vorschriften zuwiderhandelt, wird von der Behörde mit Geld bis zu 50 000 S oder im Falle der Uneinbringlichkeit mit Arrest bis zu drei Monaten bestraft (§ 5).

Preisregelungsgesetz v. 5. September 1950, BGBl. 194/1950; Wiederverlautbarung des Gesetzes v. 30. Juni 1949, (mit mehreren Novellen und terminisierter Wirkungsdauer)

Die Preisregelung importierter Waren

Für *ausländische Waren,* soferne sie nicht im Inland bearbeitet und verarbeitet werden, darf im inländischen Geschäftsverkehr höchstens der *Preis* gefordert, versprochen oder gewährt werden, der dem tatsächlichen Einkaufspreis zuzüglich der volkswirtschaftlich gerechtfertigten Kosten und Gewinnaufschläge entspricht (§ 1).

Verordnung über Preisbildung für ausländische Waren vom 15. Juni 1937, DRGBl. I, S. 881

Die *importierten Lebensmittel* sind vom Importeur zum *Importabgabepreis* abzugeben. Die Importabgabe setzt sich aus dem Grundpreis, der Importspanne, den Bezugskosten und der Schwundvergütung zusammen (§ 2).
Der Grundpreis ist der tatsächliche Einkaufspreis franko österreichische Grenze (§ 3).
Die Importspanne bildet den Bruttoverdienst des Importeurs. Die Importspanne ist vom Grundpreis zu berechnen. Sie darf höchstens betragen: bei Frischwaren 9 v. H., bei Trockenfrüchten 11 v. H., bei anderen Lebensmitteln 6 v. H. (§ 4). Unter Bezugskosten sind die notwendig anfallenden Kosten zu verstehen, die dem Importeur bis zur Weitergabe der Ware erwachsen (§ 5).
Als Schwundvergütung werden dem Importeur die Verluste abgegolten, die sich durch eine allfällige Qualitäts- oder Quantitätsminderung der Ware bei deren Beförderung oder Lagerung ergeben. Sie beträgt höchstens: bei Frischwaren 4 v. H., bei Trockenfrüchten 1 v. H., und bei allen anderen Lebensmitteln 1 v. H. (§ 6).

Importpreisordnung v. 12. November 1951, BMfInneres Zl. 406, 600 - 15/51; in: Wiener Zeitung v. 15. November 1951

Das Verbot der Preistreiberei

Einer *Preistreiberei* macht sich schuldig, wer für Sachgüter (Bedarfsgegenstände) oder Leistungen (Bedarfsleistungen), die unmittelbar oder mittelbar der Befriedigung lebenswichtiger Bedürfnisse dienen, ein *offenbar übermäßiges Entgelt* fordert, annimmt oder sich versprechen läßt (§ 1, 1).

Als offenbar übermäßig ist ein Entgelt anzusehen, das den *amtlich festgelegten* Preis überschreitet oder einen amtlich geregelten Preis übersteigt; besteht ein solcher Preis nicht, so gilt ein Entgelt als offenbar übermäßig, das den *jeweils üblichen Preis* erheblich überschreitet (§ 1, 3).

Die Preistreiberei begründet eine *Verwaltungsübertretung* und wird mit Arrest bis zu sechs Wochen oder mit Geldstrafe bis zu 5000 S geahndet (§ 2, 1). Die Preistreiberei wird, wenn das unzulässige Entgelt den Betrag von 3000 S übersteigt, vom Gericht als *Übertretung* mit Arrest von 1 bis 6 Monaten bestraft, daneben kann eine Geldstrafe bis zu 10 000 S verhängt werden (§ 2, 2).

Die Tat wird, wenn das unzulässige Entgelt den Betrag von 30 000 S übersteigt oder wenn der Täter bereits einmal vom Gericht einschlägig verurteilt wurde, als *Vergehen* mit strengem Arrest von 3 Monaten bis zu 3 Jahren bestraft, neben der Freiheitsstrafe kann eine Geldstrafe bis zu 100 000 S verhängt werden (§ 2, 3). Betriebe, in denen nach diesem Bundesgesetz strafbare Handlungen begangen wurden, die öffentlich Ärgernis zu erregen geeignet sind, können *gesperrt* werden (§ 9 a). Wurde ein Gewerbeinhaber bereits einmal rechtskräftig verurteilt, kann das Gericht auf *Verlust der Gewerbeberechtigung* auf bestimmte Zeit oder auf immer erkennen (§ 10).

Preistreibereigesetz v. 18. Februar 1959, BGBl. 49/1959 (mit mehreren Novellen und terminisierter Geltungsdauer)

a) Der gebundene Agrarmarkt und die geregelten Agrarpreise

Zweck der Agrarmarktpolitik

Bei der Vollziehung dieses Landwirtschaftsgesetzes ist davon auszugehen, daß es dessen *Zweck* ist: eine wirtschaftlich gesunden Bauernstand zu erhalten, der Landwirtschaft die Teilnahme an der fortschreitenden Entwicklung der österreichischen Volkswirtschaft zu sichern, die Produktivität und Wettbewerbsfähigkeit der Landwirtschaft zu erhöhen und die Landwirtschaft unter Bedachtnahme auf die Interessen der Verbraucher zu fördern, damit sie imstande ist, naturbedingte Nachteile gegenüber anderen Wirtschaftszweigen auszugleichen, die wirtschaftliche Lage der in der Landwirtschaft Tätigen zu bessern und der Bevölkerung die bestmögliche Versorgung mit Lebensmitteln zu sichern (§ 2, 1).

Maßnahmen der Agrarpolitik

Das Bundesministerium für Inneres kann im Einvernehmen mit dem Bundesministerium für Land- und Forstwirtschaft für die inländischen landwirtschaftlichen Erzeugnisse zur Gewährleistung der Produktion von solchen Erzeugnissen und zur ordnungsgemäßen Versorgung der Bevölkerung *Richtpreise* bestimmen. Die Richtpreise können in Form von *Preisbändern* (Festsetzung einer Ober- und Untergrenze) gehalten sein (§ 4, 1).

Das Bundesministerium für Land- und Forstwirtschaft kann *bei Über- oder Unterpreisen* nach Maßgabe der jeweiligen finanziellen Möglichkeiten Maßnahmen für eine *verstärkte oder verminderte Marktbeschickung* (z. B. Erhöhung oder Verminderung der Einfuhren, Vermarktung eingelagerter Waren) oder Maßnahmen zur Marktentlastung veranlassen (§ 4, 2).

Landwirtschaftsgesetz v. 13. Juli 1960, BGBl. 155/1960 (mit terminisierter Geltungsdauer)

Die Richtpreise haben nur insoweit *normative Wirkung,* als sie das Bundesministerium für Land- und Forstwirtschaft berechtigen und verpflichten, bei Über- oder Unterschreitungen die vorgesehenen Maßnahmen zu treffen.

Motivenbericht zum Landwirtschaftsgesetz; Sten Prot. des Nationalrates, IX. Ges. Per., Beil. 233

Zur Durchführung der im Landwirtschaftsgesetz vorgesehenen markt- und preisregulierenden Maßnahmen wurden das *Marktordnungsgesetz* vom 16. Dezember 1958, BGBl. 276/1958 in der Fassung BGBl. 85 und 156/1960 erlassen und der *Milchwirtschaftsfonds* (§ 3 - 19), der *Getreideausgleichfonds* (§ 20 - 32) und der *Viehverkehrsfonds* (§ 33 - 39) geschaffen.

Kalkulationsgrundlagen für die Preisgestaltung

Bei der Feststellung der Gestehungskosten von Agrarprodukten wird außer dem erforderlichen *Personal- und Sachaufwand* (einschließlich der Amortisation der Betriebsanlagen) auch ein angemessener Lohnanteil für die Arbeit des Betriebsleiters und der mitarbeitenden Familienmitglieder sowie ein *Zinsenanteil* für das investierte Kapital zu berücksichtigen sein. Als *Lohnanteil des Betriebsleiters* wird nach den Grundsätzen der landwirtschaftlichen Betriebslehre das Durchschnittseinkommen eines Wirtschafters (Meisters) zuzüglich eines entsprechenden Zuschlages für die selbständige Führung des Betriebes angenommen werden können.

Als *Lohnanspruch der mitarbeitenden Familienmitglieder* kann etwa das durchschnittliche Arbeitseinkommen von landwirtschaftlichen Facharbeitern und Landwirtschaftsgehilfen gelten.

Motivenbericht zum Landwirtschaftsgesetz; Sten. Prot. des Nationalrates, IX. Ges. Per., Beil. 233

D. Das Recht als Spiegel der sozial gebundenen Wirtschaft

Das Eigentum als freies Verfügungsrecht über Sachen

Als Recht betrachtet ist das Eigentum das Befugnis, mit der Substanz und den Nutzungen einer Sache *nach Willkür* zu schalten und jeden anderen davon auszuschließen (§ 354).

Allg. bürgerl. Gesetzbuch v. 1. Juli 1811, JGS. 946

Die Leugnung des Eigentums durch Sozialisierung

Die *Sozialisierung* der Volkswirtschaft muß mit der Schwerindustrie beginnen. Der Kohlen- und Erzbergbau, die Eisen- und Stahlindustrie werden zuerst vergesellschaftet werden müssen, denn wer über Kohlen und Eisen verfügt, beherrscht die ganze Industrie. Die Sozialisierung beginnt mit der *Enteignung*. Der Staat erklärt durch ein *Gesetz* die bisherigen Eigentümer der Schwerindustrie des Eigentums für verlustig. Das arbeitende Volk kommt in den Besitz der Schwerindustrie.

Wer soll die verstaatlichte Industrie verwalten? Die Regierung? Durchaus nicht! Wenn die Regierung alle möglichen Betriebe beherrschte, dann würde sie dem Volk und der Volksvertretung gegenüber allzu mächtig. Zugleich würde die Regierung die vergesellschaftete Industrie schlecht verwalten; *niemand verwaltet Industriebetriebe schlechter als der Staat*. Deshalb haben die Sozialdemokraten nie die Verstaatlichung, sondern immer nur die Vergesellschaftung der Industrie gefordert.

O. Bauer: Der Weg zum Sozialismus, Wien 1919, S. 5 f.

Auf Grund des *öffentlichen Wohles* können hiezu geeignete *Wirtschaftsbetriebe* zugunsten des Staates, der Länder und der Gemeinden *enteignet* werden (§ 1, 1). Durch Gesetz können geeignete Wirtschaftsbetriebe zu Genossenschaften öffentlichen Rechtes vereinigt und unter Aufsicht des Staates oder anderer öffentlich-rechtlicher Körperschaften gestellt werden (§ 2). Die Vertretung der Angestellten und Arbeiter in der Verwaltung der Wirtschaftsbetriebe, in denen sie beschäftigt sind, wird durch ein besonderes Gesetz gewährleistet (§ 3).

Gesetz über die Vorbereitung der Sozialisierung v. 14. März 1919, StGBl. 181/919

Die Leugnung des Eigentums durch Verstaatlichung

Mit dem Inkrafttreten dieses Bundesgesetzes gehen die Anteilsrechte an den in der Anlage genannten Gesellschaften und die dort angeführten Unternehmungen und Betriebe *in das Eigentum der Republik Österreich* über (§ 1).

Bundesgesetz über die Verstaatlichung von Unternehmungen vom 26. Juli 1946, BGBl. 168/1946

Die Unternehmungen, Betriebe und Anlagen zur Erzeugung und Verteilung elektrischer Energie werden nach Maßgabe der folgenden Bestimmungen auf die öffentliche Hand übertragen (verstaatlicht) (§ 1).

Bundesgesetz über die Verstaatlichung der Elektrizitätswirtschaft v. 26. März 1947, BGBl. 81/1947

Es ist ein Erfolg demokratischer Zusammenarbeit, daß es im Wege von Parteienverhandlungen gelungen ist, im Sinne des vorliegenden Gesetzesentwurfes einen Versuch zu unternehmen, *Produktionsmittel und abeitende Menschen zu verbinden*, um zu einer gerechten Eigentumsverteilung zu kommen.

Antrag der Abgeordneten Altenburger, Grubhofer, Dr. Maleta, Dengler; Sten. Prot. des Nationalrates, V. Ges. Per., Beilage 198

Ein Teil des Gesellschaftskapitals (Kapitalanteil) der staatseigenen Unternehmungen, deren Betrieb arbeitsintensiv ist und keinen Monopolcharakter hat, ist für eine *Werksgenossenschaft der Belegschaft* zu widmen (§ 1, 1).

Der Kapitalanteil darf die Hälfte des Gesellschaftskapitals (der Beteiligung) nicht erreichen (§ 1, 3).

Jeder Dienstnehmer ist nach einjähriger Dauer seines Dienstverhältnisses Mitglied der Gesellschaft (§ 2, 2).

Jeder Genossenschafter kann nur einen Geschäftsanteil besitzen (§ 2, 3).

Gesetz über die Werksgenossenschaften v. 26. Juli 1946, BGBl. 169/1946

Die Verpflichtung des Eigentums

Die Bindung des Eigentums

Es gibt *kein unbeschränktes Eigentum*. Eigentum *berechtigt, verpflichtet* aber auch. Das Recht auf Eigentum und der staatliche Schutz, den das Recht genießt, haben dort aufzuhören, wo es beginnt, durch mißbräuchliche Anwendung für die Allgemeinheit schädlich zu werden.

Die Grundsätze und Ziele der Österreichischen Volkspartei, Wien 1949, S. 65 u. 139

Wenn es das *allgemeine Beste* erheischt, muß ein Mitglied des Staates gegen eine angemessene Schadloshaltung selbst das *vollständige* Eigentum einer Sache abtreten (§ 365).

Allg. bürgl. Gesetzbuch v. 1. Juli 1811, JGS. 946

Die Verpflichtungsstufen des Eigentums

Da auch in der Sozialwirtschaft das Prinzip der Subsidiarität gilt, haben die kleinen und dichten Wirtschaftsgemeinschaften für das Eigentum ihrer Mitglieder einen höheren Verpflichtungsgrad als die Wirtschaftsgemeinschaften mit einer geringeren Dichte. Daraus ergeben sich die *verschiedenen Verpflichtungsstufen* des Eigentums für die einzelnen Wirtschaftsgemeinschaften: Familie, Werksgemeinschaft, Berufsgemeinschaft und Staatsgemeinschaft.

Zu diesen gemeinschaftsbedingten Verpflichtungsstufen kommen für das Eigentum noch solche, die aus der Art der Vermögenschaften stammen. Aus der Stufenfolge der sozialwirtschaftlichen Bedeutung und Funktion der verschiedenen Wirtschaftsgüter ergibt sich eine Stufenfolge der Verpflichtungen für die wirtschaftlich verwertbaren Güter, wie Grund und Boden, Roh- und Hilfsstoffe, Betriebsanlagen und Geld.

A. Tautscher: Die sozialwirtschaftlichen Verpflichtungsstufen des Eigentums;
in: Eigentum und Gesellschaft, Graz 1956, S. 40

Die Beschränkung im Eigentumserwerb von Grundstücken

Seit Jahrzehnten zeigte sich besonders in den Alpenländern die Erscheinung, daß selbständige Bauernwirtschaften im steigenden Maße aufgekauft und ihrer bisherigen Betriebsart entzogen werden. Mit einzelnen Höfen fing es an, bald folgten andere und schließlich lagen ganze Hochtäler, die früher weit hinein in einer geschlossenen Reihe von Bauerngehöften besiedelt waren, still und verödet. Dagegen sind Vorkehrungen vonnöten, um die Ursache auszuschalten, die zur Lockerung und Abbröckelung des bäuerlichen Besitzes den Anstoß geben.

Bericht des Ausschusses für Land- und Forstwirtschaft über Antrag der Abgeordneten Fink, Schoiswohl u. a.; Sten. Prot. der konstituierenden Nationalversammlung, Beilage 473

Die Übertragung des Eigentums an einen ganz oder teilweise dem land- und forstwirtschaftlichen Betrieb gewidmeten Grundstück durch Rechtsgeschäfte unter Lebenden ist nur mit *Zustimmung der Grundverkehrskommission* zulässig (§ 1, 1).
Wird die Zustimmung versagt, so ist das Rechtsgeschäft ungültig. Wurde das Grundstück bereits vorher übergeben, so ist der Übernehmer wie ein unredlicher Besitzer zu behandeln (§ 1, 2).
Die Übertragung des Eigentums ist von der Grundverkehrskommission nur zuzulassen, wenn sie dem allgemeinen Interesse an der Erhaltung eines leistungsfähigen Bauernstandes und an der Erhaltung und Schaffung eines wirtschaftlich gesunden, mittleren und kleineren landwirtschaftlichen Grundbesitzes nicht widerspricht (§ 4).

Gesetz über die Veräußerung land- und forstwirtschaftlicher Grundstücke v. 13. Dezember 1919, StGBl. 583/1919

Sind bei der gesetzlichen Erbfolge nach dem Alleineigentümer eines *Erbhofes* mehrere Miterben berufen, so kann nur einer von ihnen, der Anerbe, Eigentümer des Erbhofes werden (§ 3). Erbhöfe sind bebaute, landwirtschaftliche Betriebe, die im Alleineigentum einer natürlichen Person oder im Eigentum von Ehegatten stehen und mindestens einen zur angemessenen Erhaltung einer bäuerlichen Familie von fünf erwachsenen Personen ausreichenden, jedoch das Siebenfache dieses Ausmaßes nicht übersteigenden Durchschnittsertrag haben (§ 1).

Gesetz über die besonderen Vorschriften der bäuerlichen Erbteilung v. 21. Mai 1958, BGBl. 106/1958

Das Geltungsbereich des Anerbenrechtes wurde durch Verordnung des Bundesministeriums für Justiz festgelegt.

Verordnung v. 20. August 1959, BGBl. 200/1959

Die Auflagen auf das Eigentum durch die Bauordnungen

Von der Sorgfalt für das öffentliche und private Wohl geleitet, findet es die Statthalterei für gut, bei dem großen Einfluß des Baustandes auf die Gesundheit, die Gesittung, das Eigentum und die Sicherheit der Staatsbürger darüber eigene fürsorgliche und leitende Bestimmungen zur allgemeinen Richtschnur vorzuschreiben (§ 1).

Alle Bauherstellungen müssen dem Gesundheitswohle der Eigentümer, dem öffentlichen Anstande, der Bequemlichkeit, dem guten Geschmack und dem Rechte der Anrainer entsprechen (§ 3).

Kundmachung der Statthalterei v. 9. Februar 1857, LGBl. der Steiermark 5/1857

Eine *Baubewilligung* ist erforderlich:

a) zur Errichtung und zur Abtragung von Gebäuden aller Art,

b) zur Errichtung aller sonstigen ober- und unterirdischen Bauwerke, wenn sie gemauert sind (§ 27, 1).

Einer Baubewilligung bedürfen ferner alle baulichen Veränderungen an den genannten Objekten, soferne sie sich als Zu- und Umbauten darstellen (§ 27, 2).

Gesetz über die Bauordnung für das Burgenland v. 14. Jänner 1926, LGBl. für das Burgenland 37/1926

Die Auflagen auf das Eigentum von Roh- und Hilfsstoffen

Der Verkehr mit Waren nachfolgender Warengruppen unterliegt nach Maßgabe der Bestimmungen dieses Bundesgesetzes einer Lenkung durch das Bundesministerium für Handel und Wiederaufbau, soweit dies durch Anordnung bestimmt wird:

Eisen- und Stahlmaterial, Nicht-Eisenmetalle, Erdöl und seine Derivate, feste mineralische Brennstoffe aller Art, Häute und Felle von Rind, Roß und Kalb und das daraus hergestellte Leder, textile Rohstoffe und Erzeugnisse daraus, Papierzeug, Altpapier, Papier und Pappe, Kautschuk, chemische Rohstoffe und Chemikalien, sowie deren Halb- und Endprodukte, Alt- und Abfallstoffe, Baustoffe, Rundholz aller Art und Schnittholz (§ 1, 1).

In Anordnung gemäß § 1 kann verfügt werden:

1. Ermittlung des Bedarfes, Feststellung von Vorräten und deren Erfassung.
2. Erteilung von Anweisungen und Auflagen für die Aufbringung, Erzeugung und Lieferung sowie für den Umfang der Lagerhaltung (§ 2, 1).

Zur Sicherstellung der ungestörten Fortführung der Produktion kann das Bundesministerium für Handel und Wiederaufbau gelenkte Waren *beschlagnahmen* und den Eigentümer, Besitzer und Innehaber verpflichten, diese Waren gegen Entgelt abzuliefern (§ 3, 1).

Vom Tage des Inkrafttretens dieses Bundesgesetzes dürfen Rechtsgeschäfte über solche Waren nur im Rahmen der Bestimmungen der in Durchführung dieses Bundesgesetzes erlassenen Anweisungen abgeschlossen werden, andernfalls sind diese Rechtsgeschäfte nichtig (§ 5).

Bundesgesetz über die Lenkung des Verkehrs mit industriellen Rohstoffen v. 4. April 1951, BGBl. 106/1951

Die Auflagen auf das Eigentum von Betriebsanlagen

Die *Genehmigung der Betriebsanlage* ist bei allen Gewerben notwendig, welche mit besonderen für den Gewerbebetrieb angelegten Feuerstätten, Dampfmaschinen, sonstigen Motoren- oder Wasserwerken betrieben werden, oder welche durch gesundheitsschädliche Einflüsse, durch sicherheitsbedrohende Betriebsarten, durch üblen Geruch oder ungewöhnliches Geräusch die Nachbarschaft zu gefährden oder zu belästigen geeignet sind. Vor erlangter Genehmigung dürfen diese Betriebsanlagen nicht errichtet werden (§ 25).

Gewerbeordnung in der Fassung v. 15. März 1883, RGBl. 39/1883

Die Aufgabe der Gewerbeinspektoren besteht in der Überwachung der Durchführung der gesetzlichen Vorschriften betreffend die Vorkehrung und Einrichtungen, welche die Gewerbeinhaber zum Schutze des Lebens und der Gesundheit der Arbeiter sowohl in den Arbeitsräumen als auch in den Wohnräumen, falls sie solche beistellen, zu treffen verpflichtet sind (§ 5).

Gesetz über die Gewerbeinspektoren v. 17. Juni 1883, RGBl. 117/1883

Die Minderung des Eigentums durch die Geldentwertung

Die wichtigste Aufgabe, die unser Budget in seiner Gesamtheit zu erfüllen hat, ist, daß wir alles tun, um den Menschen in Stadt und Land eine Beschäftigungsmöglichkeit und damit ein *gesichertes Einkommen* zu garantieren.

Abgeordneter Slavik in der Debatte des Nationalrates am 29. Oktober 1953, Sten. Prot. des Nationalrates, VII. Ges. Per., 18. Sitzung, S. 570

Wir wissen, daß es leicht ist, Banknoten drucken zu lassen, um auf diese Weise eine erhöhte Güternachfrage und damit eine erhöhte Investitionslust vorzutäuschen und derart vorteilhaft auf die Beschäftigungslage einzuwirken. Das Ergebnis ist jedoch früher oder später die offen zu Tage tretende Diskrepanz zwischen Gütervolumen und Geldvolumen, ein ständiger *Preisauf*trieb, der notwendigerweise zu Lohnforderungen und schließlich zur *Geldentwertung* führt.

Finanzminister Dr. Kamitz in der Erläuterung zum Bundesvoranschlag 1954, Sten. Prot. des Nationalrates, VII. Ges. Per., 17. Sitzung, S. 544

Personenregister

Sachregister

Abbildungsverzeichnis und Quellennachweis